GRAETZ · GESCHICHTE DER JUDEN

GESCHICHTE DER JUDEN

VON DEN ÄLTESTEN ZEITEN
BIS AUF DIE GEGENWART

Aus den Quellen neu bearbeitet von

DR. H. GRAETZ

DRITTER BAND

ZWEITE HÄLFTE

Fünfte verbesserte und vermehrte Auflage

Bearbeitet von Dr. M. Brann

Mit einer Tafel
judäischer Münzen aus der Zeit des Aufstandes

GESCHICHTE DER JUDÄER

VON DEM TODE JUDA MAKKABIS
BIS ZUM UNTERGANGE DES JUDÄISCHEN STAATES

Von

DR. H. GRAETZ

arani

Reprint der Ausgabe letzter Hand, Leipzig 1906

© arani-Verlag GmbH, Berlin 1998
Gesamtherstellung: Ebner Ulm
ISBN 3-7605-8673-2

Geschichte der Juden

von

den ältesten Zeiten bis auf die Gegenwart.

Aus den Quellen neu bearbeitet

von

Dr. H. Graetz,

weil. Professor an der Universität Breslau.

Dritter Band.

Zweite Hälfte.

Fünfte verbesserte und vermehrte Auflage.

Leipzig,
Verlag von Oskar Leiner.
1906.

Geschichte der Judäer

von dem

Tode Juda Makkabi's

bis

zum Untergange des judäischen Staates.

Von

Dr. H. Graetz,

weil. Professor an der Universität Breslau.

Fünfte verbesserte und vermehrte Auflage,
zweite Hälfte.

Bearbeitet von Dr. M. Brann.

Mit einer Tafel
judäischer Münzen aus der Zeit des Aufstandes.

Leipzig,
Verlag von Oskar Leiner
1906.

Das Recht der Übersetzung in fremde Sprachen behält sich der Verfasser vor.

Inhalt

der zweiten Hälfte des dritten Bandes.

Die letzten Jahre Jerusalems.

Dreizehntes Kapitel.

Seite

Ausbreitung des judäischen Stammes und der judäischen Lehre. Verbreitung der Judäer im römischen Reiche und in Parthien. Der judäische Raubstaat in Naarda. Vorurteile der Heiden gegen das Judentum. Angriffe judäischer Schriftsteller auf das Heidentum. Die judäischen Sibyllinen. Die antiheidnische Literatur. Der Aristeasbrief. Das Buch der Weisheit. Die Allegoristen. Philos Bestrebungen und philosophisches System. Proselyten. Das adiabenische Königshaus. Die königliche Proselytin Helene. Der Apostel Paulus . . . . 369—425

Vierzehntes Kapitel.

Agrippa II. und Ausbruch des Krieges. Eingerissener Sittenverfall. Agrippas II. Charakter. Die letzten Hohenpriester. Die Zeloten und die Sikarier. Eleasar ben Dinaï. Streit mit den Samaritanern. Reibungen in Cäsarea. Die Landpfleger. Florus' maßlose Frechheit. Aufstand in Cäsarea. Blutbad in Jerusalem. Friedens- und Revolutionspartei. Der Zelotenführer Eleasar ben Anania. Der Sikarierhäuptling Menahem. Aufstand und Sieg. Gemetzel zwischen Judäern und Heiden. Die zweite Niederlage der Römer. Stimmung in Jerusalem und Judäa. Das Synhedrion und sein Präsident Simon ben Gamaliel. Wahl der Statthalter und Feldherren. Haltung des Synhedrion . . . . 426—475

Fünfzehntes Kapitel.

Der galiläische Krieg. Bodenbeschaffenheit und Bevölkerung Galiläas. Die galiläische Erhebung. Johannes von Gischala und Justus von Tiberias. Flavius Josephus, seine Jugend und sein Charakter. Sein Verhalten als Statthalter von Galiläa. Beginn des galiläischen Krieges. Zerstörung Gabaras.

Kämpfe und Untergang Jotapatas. Josephus geht zu den
Römern über. Fall Tariches. Unmenschlichkeit Vespasians
gegen die judäischen Gefangenen. Belagerung und Fall Gamalas
und des Berges Tabor. Übergabe Gischalas. Johannes von
Gischala entflieht nach Jerusalem . . . . 476—503

Sechzehntes Kapitel.

Untergang des judäischen Staates. Die galiläischen Flüchtlinge
in Jerusalem. Die Hauptstadt, ihre Bevölkerung und Befestigung.
Gärung. Schreckensherrschaft. Die Idumäer. Die Führer
Eleasar ben Simon, Johannes von Gischala und Simon bar
Giora. Zwietracht unter den Führern. Unterwerfung Judäas
nach drei Feldzügen. Die Kaisermorde im römischen Reiche.
Vespasian wird durch judäische Helfershelfer zum Kaiser ernannt.
Titus belagert Jerusalem. Hartnäckiger Widerstand. Hungers-
not. Fall der Burg Antonia. Brand des Tempels. Zerstörung
der Stadtteile. Anzahl der Gefallenen . . . . 504—542

Siebzehntes Kapitel.

Die Nachwehen des Krieges. Die Gefangenen und ihr Leid. Die
Tierkämpfe. Titus' Unmenschlichkeit. Judenhaß der Antiochenser.
Triumph der Kaiser über den Fall Judäas. Das Ende von
Simon bar Giora und Johannes von Gischala. Die Münzen
über das besiegte Judäa. Titus' Triumphbogen. Der judäische
Fiskus. Fall der letzten Festungen Herodium, Masada und
Machärus. Zelotenaufstände in Alexandrien und Kyrene. Das
Ende des Oniastempels. Der letzte Zelote. Das Ende Berenices
und Agrippas. Flavius Josephus und seine Schriften . . . 543—558

Noten.

1. Die Fastenrolle oder das Megillat Ta'anit als authentische Geschichtsquelle 559
2. Die Entstehung der Septuaginta und der Aristeasbrief 577
3. Die judäisch-hellenistische Literatur 599
4. Die judäischen Ethnarchen oder Alabarchen in Alexandria . . 631
5. Die Religionsstreitigkeit zwischen Judäern und Samaritanern in
Alexandrien 651
6. Das Dokument über Simons Wahl zum Fürsten 652
7. Hyrkans I. Königstitel 653
8. Datum von Hyrkans I. Krieg gegen Antiochos Sidetes und die
historischen Sabbatjahre 654
9. Die judäischen Gesandtschaften nach Rom und die Urkunden zugunsten der Judäer 657

		Seite
10.	Das Sendschreiben der Palästinenser an die ägyptisch-judäischen Gemeinden wegen der Feier der Tempelweihe	673
11.	Hyrkans I. Abfall vom Pharisäertum	687
12.	Das Trihäresion	689
13.	Simon ben Schetach, Alexander Jannaï und Salome Alexandra	705
14.	Juda ben Tabbaïs und Simon ben Schetachs Verordnungen	707
15.	Der Bruderkrieg zwischen Hyrkan und Aristobul	710
16.	Schemaja und Abtalion	711
17.	I. Hillel. II. Rabban Gamaliel I.	713
18.	Der Polemos des Varus	716
19.	Die Wahl- oder absetzbaren Hohenpriester in der herobianischen und nachherobianischen Zeit	723
20.	Die Abfassungszeit der Evangelien	755
21.	Präzisierung der Zeit für die die Judäer betreffenden Vorgänge unter dem Kaiser Caligula	761
22.	Die Vorstadt Bezetha	772
23.	Die Zeit der Anwesenheit der adiabenischen Königin in Jerusalem, der Regierung des Königs Jzates und der Bekehrung des Apostels Paulus.	786
24.	Der politische Zelotismus der Schule Schammaïs	797
25.	Philo und seine Schriften	800
26.	Eleasar ben Ananias und die achtzehn Verbote (ח״י דבר)	805
27.	Das Verhalten der Hilleliten in dem Kriege gegen die Römer	813
28.	Eine eigentümliche Volkszählung während des zweiten Tempelbestandes	815
29.	Der erste Schritt zum Kriege gegen die Römer	820
30.	Die judäischen Münzen in der nachexilischen Zeit	822

Die letzten Jahre Jerusalems.

Dreizehntes Kapitel.

Ausbreitung des judäischen Stammes und der judäischen Lehre.

Verbreitung der Judäer im römischen Reiche und in Partien. Der judäische Raubstaat in Naarda. Vorurteile der Heiden gegen das Judentum. Angriffe judäischer Schriftsteller auf das Heidentum. Die judäischen Sibyllinen. Die antiheidnische Literatur. Der Aristeasbrief. Das Buch der Weisheit. Die Allegoristen. Philo's Bestrebung und philosophisches System. Proselyten. Das adiabenische Königshaus. Die königliche Proselytin Helene. Der Apostel Paulus.

40—49.

Keinem Volke der Erde ist an der Wiege schon das Lied von endloser Wanderung und Zerstreuung vorgesungen worden wie dem judäischen, und dieses schaurige Wiegenlied ist in erschrecklicher Buchstäblichkeit in Erfüllung gegangen. Es gab kaum einen Winkel in den beiden damals herrschenden Reichen, dem römischen und dem parthischen, worin nicht Judäer wohnten[1]), und wo sie nicht zu einer religiösen Gemeinschaft zusammen gewachsen wären. Der Rand des großen Mittelmeerbeckens und die Mündung aller Hauptströme der alten Welt: des Nil, des Euphrat, des Tigris, der Donau, waren von Judäern bevölkert. Ein unerbittliches Verhängnis trieb die Söhne Israels immer weiter von ihrem Mittelpunkte fort. Diese Zerstreuung war aber auch ein Segen und ein Werk der Vorsehung. Die Unvertilgbarkeit und Unsterblichkeit des judäischen Stammes ward dadurch gesichert. In dem einen Lande verfolgt, gehetzt, zertreten, sammelte er sich in einem andern und gründete Stätten für die immer teurer gewordene Lehre. Es waren ausgestreute Samenkörner, die bestimmt waren, überallhin lautere Gotteserkenntnis und reinere Gesittung zu tragen. Wie die Kolonisierung der Griechen dazu beigetragen hat, den Sinn für Kunst und Wissenschaft unter den verschiedenen Nationen zu wecken, wie die Ansiedelungen der Römer dazu dienten, ein durch Gesetz geordnetes Gemeinwesen in vielen Ländern zu fördern, so hat die noch viel aus-

---

[1]) Strabo bei Josephus Altert. XIV. 7, 3.

gebreitetere Zerstreuung des ältesten Kulturvolkes, der Judäer, den nicht zu übersehenden Zweck, den Wahngebilden und den tierischen Lastern des Heidentums entgegen zu wirken. Wie zersprengt aber auch der judäische Stamm war, so waren seine Glieder doch nicht von einander losgelöst; sie hatten einen Einigungspunkt im Tempel zu Jerusalem und in dem Synhedrion in der Quaderhalle, an denen die Zerstreuten mit ganzem Herzen hingen. Dorthin waren aller Blicke gerichtet, dorthin sandten alle ihre Spenden, um sich an dem Opferkultus wenigstens durch Beiträge zu beteiligen[1]). Vom Synhedrion erhielten sie ihre Norm für das gesetzliche Leben, die um so bereitwilliger befolgt wurde, als sie nicht durch Zwang aufgelegt war. Das Synhedrion sandte von Zeit zu Zeit Abgeordnete zu den Gemeinden nah und fern, um sie mit den wichtigsten Beschlüssen bekannt zu machen[2]).

Der Besuch des Tempels durch die außerpalästinensischen Judäer befestigte das Band der Einheit, und diese Besuche müssen so häufig gewesen sein, daß die auswärtigen Judäer eigene Gotteshäuser in Jerusalem hatten, wo sie sich zum Gebete versammelten. Es gab in der Hauptstadt Synagogen der Alexandriner, Kyrenaïker, Libertiner, Elimäer und Asiaten[3]). Die Zahl von 480 Synagogen, welche sich in Jerusalem befunden haben sollen[4]), dürfte nicht allzusehr übertrieben scheinen. Von der großen Zahl der Judäer in dieser Zeit kann man sich einen Begriff machen, wenn man bedenkt, daß in Ägypten allein vom Mittelmeere bis zu den Grenzen Äthiopiens beinahe eine Million wohnte[5]). In dem benachbarten Lande Kyrenaika wohnten zahlreiche Judäer, die teils von Ägypten aus dahin verpflanzt und teils freiwillig dahin ausgewandert waren (o. S. 229). In Syrien und namentlich in der Hauptstadt Antiochien bildeten Judäer einen ansehnlichen Teil der Bevölkerung. Die auf Antiochos Epiphanes folgenden Könige von Syrien, besonders Alexander Balas und Demetrios Nikator, hatten ihnen alle Rechte und besonders die Gleichstellung, deren sie der halbwahnsinnige Epiphanes beraubt hatte, wieder eingeräumt. Einer dieser Könige hatte ihnen sogar die aus dem Tempel geraubten Weihegeschenke

---

[1]) Philo de Monarchia § 1; in Flaccum 7; legatio ad Cajum 7, 29; 36, 7 fg.
[2]) Vergl. Apostelgeschichte 28, 21. o. S. 348.
[3]) Das. 6, 9. Tosephta Megilla II, 5. Jerus. Megilla III, p. 73 d. In Babli Megilla 26 a würde die Lesart Tarsiim (טרסיים) auf eine Synagoge der Judäer von Tarsus schließen lassen.
[4]) Jerus. Megilla III, 1, p. 73 d; Ketubbot XIII, 35 c, vergl. Midrasch zu Threni Peth. XII. und zu 2, 2.
[5]) Philo in Flaccum 6.

zugestellt, und diese wurden in ihrer Synagoge aufbewahrt[1]). In Damaskus wohnten an zehntausend Judäer, und der nabatäische König Aretas hatte da einen vornehmen aus ihrer Mitte zum Ethnarchen, wie in Alexandrien, als Oberhaupt der Gemeinde eingesetzt[2]). In der Welthauptstadt Rom, dem Anziehungspunkte für Ehrgeizige, Gewinnsüchtige, Schwärmer und Unzufriedene, sammelte sich die judäische Bevölkerung nach ihrer Ausweisung unter Tiberius (o. S. 266) wieder so massenhaft an, daß, als der Kaiser Claudius sie wegen einer unbekannten Veranlassung auszuweisen beschlossen hatte, er wegen ihrer großen Menge nicht wagte, den Beschluß auszuführen. Er verbot ihnen indes religiöse Versammlungen[3]). Erst gegen Ende seiner Regierung hat Claudius wegen Unruhestiftung eines christlichen Apostels, Namens Chrestus, sie, gewiß nur teilweise, aus Rom vertrieben[4]). Eine judäische Gemeinde behauptete sich trotzdem in Rom. Sie hatte eine anerkannte Verfassung mit Oberen an ihrer Spitze, welche Archonten und Gerusiarchen betitelt waren. Sie besaß mehrere Synagogen mit einem religiösen Oberhaupte, welches Archisynagogos hieß, auch eigene Begräbnisplätze. Auf den Grabdenkmälern waren zumeist griechische Inschriften angebracht, weil die Gemeindeglieder ursprünglich aus griechisch redenden Ländern stammten, aus Alexandrien und Kleinasien, mit dem Namen der Verstorbenen und dem Schlußworte „Friede" oder „in Frieden sei der Schlaf". Die Grabsäulen trugen öfter als Symbol einen siebenarmigen Leuchter[5]). Von Rom aus verbreiteten sich judäische Gemeinden nach Norditalien (Bologna) und nach dem Süden (Capua) bis in die Nähe von Neapel, und diese behielten ihre Gemeindeordnung und Gebräuche von der Urgemeinde bei[6]).

Größer noch als in Europa, Syrien und Afrika war die Zahl der Judäer in den parthischen Ländern. Sie setzte sich aus Überresten der ehemaligen Exulanten zusammen, die in Mesopotamien und Babylonien ganze Striche inne hatten. Zwei Jünglinge aus Naarda (Nahardea am Euphrat) mit Namen Asinaï (Chasinaï) und Anilaï (Chanilaï) gründeten sogar in der Nähe dieser Stadt einen Raubstaat, welcher den Nachbarländern

[1]) Josephus jüd. Kr. VII, 3, 3.
[2]) Das. II, 20, 2. II. Korintherbrief 11, 32. [Vergl. Schürer I³, 737. II³, 119.]
[3]) Dio Cassius 60, 6. Orosius 7, 6, 15.
[4]) Sueton Claudius 25. Judaeos impulsore Chresto assidue tumultuantes Roma expulit. Vergl. Monatsschr., Jahrg. 1877, S. 296 fg., wo nachgewiesen ist, daß auch in Korintherbrief 1, 12 die Rede von einem Apostel Chrestos sein muß [Vergl. Schürer III³, 33].
[5]) Vergl. Schürer, Die Gemeindeverfassung der Juden in Rom in der Kaiserzeit [Leipzig, 1879 und Gesch. des jüd. Volkes ꝛc. III³, 44 ff.].
[6]) Vergl. das. und die unten S. 373 angeführte Schrift von Ascoli. [Weitere Literatur s. bei Schürer III³, 357.]

Schrecken einflößte (um 30). Asinaï und Anilaï waren Weber von Handwerk, und sammelten, als sie einst von ihrem Lehrmeister bestraft wurden und entflohen waren, eine Schar Unzufriedener um sich und brandschatzten die Hirten. Täglich wuchs die Zahl der naarbesischen Raubritter, und sie konnten waffengeübt und tollkühn große Streifzüge und kriegerische Überfälle ausführen. So lose waren die Zügel des parthischen Regiments, daß der König Artaban II. mit ihnen ein Bündnis einging und sie förmlich als Herrscher eines unabhängigen Gemeinwesens anerkannte. Fünfzehn Jahre hat dieser sonderbare judäische Staat bestanden, bis er durch Übermut und innere Zwietracht unterging. Anilaï hatte sich in eine schöne heidnische Gefangene verliebt, sie zur Frau genommen und aus Schwäche geduldet, daß sie die Götter ihrer Heimat in ihrem Hause verehren durfte. Darüber war die fromme Schar und auch der ältere Bruder entrüstet, und sie hielten mit ihrer Unzufriedenheit dem Führer gegenüber nicht zurück. Das Zerwürfnis führte dahin, daß Asinaï von der heidnischen Schwägerin vergiftet wurde. Mit Asinaïs Tod wich der Geist aus diesem Staate. Als Anilaï und seine Scharen von Mithridates, dem Schwiegersohne des Königs von Parthien, der die Schmach rächen wollte, die er in der Gefangenschaft der Judäer früher erduldet, angegriffen wurden, wurden sie zersprengt und konnten sich nur durch Raubzüge gegen die heidnischen Babylonier erhalten. Die gegen die Judäer erbitterten Babylonier überfielen aber einst Anilaï plötzlich und machten ihn und seine Schar nieder. Darauf wendeten sie sich gegen die babylonischen Judäer in den offenen Städten, um sie die von Anilaï erduldeten Beraubungen entgelten zu lassen. Viele babylonische Judäer suchten daher in Seleucia, an der Westseite des Tigris, eine Zufluchtsstätte; aber auch hierher hatte sich der Judenhaß verpflanzt. Die Bevölkerung Seleucias bestand nämlich aus Judäern, Griechen und Syrern. Die letzteren lebten vor der Ankunft der Judäer in steter Fehde miteinander. Nach deren Ankunft vereinigten sie sich aber, überfielen plötzlich die Judäer und töteten fünftausend derselben (um 41); die übrigen suchten Schutz in der parthischen Hauptstadt Ktesiphon. Die zwischen Judäern und Heiden ausgebrochene Feindseligkeit hörte damit nicht auf und zwang die Judäer, in den zwei befestigten, von ihren Stammesgenossen bevölkerten Städten Naarda und Nisibis Sicherheit zu suchen[1]).

---

[1]) Josephus Altert. XVIII, 9, 1—9. Die Zeit dieser Vorgänge läßt sich nicht genau bestimmen. Da der parthische König dabei eine Rolle spielte und dieser 41 starb, so muß diese Geschichte vorher angesetzt werden. Josephus reiht sie chronologisch nach Caligulas Tod ein = 41, und zwar die Schlußkatastrophe, die Verfolgung der Judäer in Seleucia. In § 5 bestimmt er den glücklichen Bestand des Naardensischen Raubstaates auf 15 Jahre.

Auch in den Ländern jenseits des Tigris, in Persien und Medien, bestanden judäische Gemeinden, und der Synhedrialpräsident Gamaliel erließ auch an sie ein Sendschreiben (o. S. 348). Von den Euphrat- und Tigris-Gegenden sind wohl viele nach Armenien ausgewandert, ehe noch Tigranes Gefangene aus Judäa mitgebracht hatte. — Wie Naarda und Nisibis die Mittelorte für die Euphratländer waren, so bildeten sich in jedem Landstriche Mittelpunkte, von wo aus sich die judäische Bevölkerung in die Nachbarländer verbreitete, von Kleinasien aus einerseits nach der Gegend des schwarzen Meeres, andererseits nach Griechenland und den Inseln. Die Städte Athen, Korinth, Thessalonica, Philippi hatten judäische Gemeinden[1]. Rom sandte sicherlich judäische Kolonien westwärts nach Südfrankreich und Südspanien, obwohl sich keine sicheren Spuren von ihrem Vorhandensein in diesen Gegenden vor der Tempelzerstörung nachweisen lassen.

Der erste Eindruck, den das judäische Wesen auf die Heiden machte, war ein abstoßender; die Judäer erschienen ihnen in ihrer eigentümlichen Lebensweise und Tracht und in ihrer religiösen Anschauung wie etwas Sonderbares, Rätselhaftes, Geheimnisvolles, das sie sich nicht zu erklären vermochten, und das sie bald mit tiefer Scheu, bald mit Spott erfüllte. Der Gegensatz zwischen Judentum und Heidentum war so durchgreifend, daß er sich in jedem Tun und Lassen äußerte. Alles, was den Heiden als heilig galt, war in den Augen der Judäer ein Gegenstand des Abscheues, und was wiederum jenen gleichgültig war, galt diesen als Sache der Frömmigkeit. Die Absonderung der Judäer von gemeinsamer Tafel, ihre Scheu vor Ehebündnissen mit Heiden, ihre Enthaltsamkeit von Schweinefleisch und warmen Speisen am Sabbat legten ihnen die Heiden als Verkehrtheit und die Beschränkung des innigen Umganges auf die eigenen Glaubensgenossen als Menschenfeindlichkeit aus[2].

"Jegliches Land und jegliches Meer ist von Dir erfüllet,
"Jeglicher Dir feindlich gesinnt, ob Deiner Gebräuche"[3].

[1] Folgt aus der Apostelgeschichte. Im allgemeinen sprechen von der Verbreitung der Judäer in Europa, Philo in Flacc. § 7; legatio ad Cajum § 36, ed. M. II, 587. Josephus Altert. XIV, 7, 2; jüd. Kr. VII, 3, 3. Judäische Inschriften fand man aus Athen Corp. Inscrr. Graec. IV. No. 9900; aus Paträ das. 9896; aus Pantikapaion (am schwarzen Meere) das. II. p. 1005, wo auch von προσευχαί die Rede ist. Aus Süditalien G. J. Ascoli, Iscrizioni inedite etc. Roma 1880. [Vergl. jetzt Schürer III³, 17 ff. 26 f. und die das. angegebene Literatur].

[2] Josephus gegen Apion II. 13—14 f. Tacitus historiae 5, 4—5. Philo de circumcisione § 1, M. II, 210. Sueton, Augustus 76.

[3] Sibyllinen III, 271—72.

Das judäische Bundeszeichen der Beschneidung war den Heiden besonders ein Gegenstand des Staunens und Lachens. Selbst der Ernst der Judäer, der keinen Anteil nahm an den kindischen Belustigungen und Kampfspielen, erschien ihnen als eine Ausgeburt einer düstern Gemütsart, die an dem Schönen keinen Gefallen findet. — Oberflächliche Geister betrachteten daher das Judentum als einen barbarischen Aberglauben, der Lieblosigkeit gegen das Menschengeschlecht lehre [1]), während Tieferblickende von der reinen, bildlosen Verehrung eines einzigen Gottes, von der Anhänglichkeit und der tiefen Teilnahme der Judäer aneinander, von ihrer Keuschheit, Mäßigkeit und Standhaftigkeit zur Bewunderung hingerissen wurden [2]).

Mehr Blößen zeigte das Heidentum und das daraus entsprungene unsittliche Leben dem scharfen Blicke der Judäer. Das wüste Götzentum mit seiner fabelhaften Mythologie, welche die Götter noch niedriger als die Menschennatur machte, der Wahnwitz, lasterhaften Kaisern als Göttern zu opfern, die immer mehr einreißende Sinnlichkeit durch den Verfall Griechenlands und die Berührung der Römer mit den entarteten Völkern, die täglichen Erscheinungen des ehebrecherischen Lebens, die Entartungen der Knabenliebe, der bacchantische Taumel von Wahnglauben und Unglauben machten die Judäer auf ihr geistiges Eigentum um so stolzer und forderten sie gewissermaßen heraus, die Vorzüge ihrer Gotteserkenntnis im Gegensatze zu der heidnischen Religion geltend zu machen. Da wo die griechische Sprache den Gedankenaustausch erleichterte, wie in Ägypten, Syrien, Kleinasien und Griechenland, kam es zu geistigen Reibungen zwischen Judäern und Heiden. Das Judentum lud gewissermaßen das Heidentum vor das Tribunal der Wahrheit und stellte seine eigene Erhabenheit der niedrigen heidnischen Denkweise gegenüber.

Die in der Brust lebende Überzeugung der Judäer rang nach einem Mittel, sie auch den Betörten und Verblendeten beizubringen. Weil aber das Judentum bei den Völkern verhaßt war, griffen die Gebildeteren zu einer Art frommen Betruges, indem sie heidnische Dichter und Wahrsager selbst die Größe des Judentums verkünden ließen. Dem in den Nebel der Sage gehüllten Sänger Orpheus und dem die Allgewalt der Götter darstellenden tragischen Dichter Sophokles legten judäisch-griechische nachbildende Künstler Verse in den Mund, die judäische Lehren und deren Gegensatz gegen das Heidentum offenbaren. Der letztere verkündete:

---

[1]) Cicero pro Flacco 28.
[2]) Tacitus daf. Dio Cassius 37, 17.

Die judäische Sibylle.

„Einzig in Wahrheit, einzig in Gott,
„Der den Himmel erschaffen und der Erde Räume,
„Des Meeres schäumende Wellen und der Ströme Gewalt.
„Aber wir Sterbliche, im Herzen betört,
„Machen zum Troste für Leiden und Elend
„Aus Stein oder Erz künstliche Gebilde der Götter,
„Wir gestalten sie auch aus Elfenbein und aus Golde.
„Diesen bringen wir Opfer und weihen Festesversammlung.
„Solches halten wir für fromme Gottesverehrung"[1]).

Sobald das römische Wesen sich verbreitet hatte und die Sage von der weissagenden Sibylle bekannt geworden war, beeilten sich judäische Dichter das, was sie im eigenen Namen nicht aussprechen durften, oder wofür sie kein Gehör gefunden hätten, dieser in den Mund zu legen. Die Sibylle spricht den tiefen Gehalt des Judentums in Orakelform aus, erschüttert die Gemüter durch Ausmalen der schrecklichen Folgen der Gottvergessenheit, reicht den Völkern, die sich in blutiger Zwietracht aufreiben, den Olivenzweig des Friedens und der Eintracht hin, wenn sie sich zu dem einen unsterblichen Gott des Judentums bekennen, und eröffnet ihnen glanzvolle Aussichten auf glückseligere Zeiten, von denen die Propheten geweissagt haben. Zur Probe mögen folgende sibyllinische Verse dienen. Im Eingange wird den heidnischen Völkern zugerufen:

Sterbliche Menschen, fleischlich gesinnte und nichtige Wesen,
Wie überhebt ihr so bald euch und schaut nicht aufs Ende des Lebens?
Zittert ihr nicht, und fürchtet ihr Gott nicht, euren höchsten
Herrscher, der Alles als Schöpfer ernährt, welcher pflanzte den süßen
Geist in Alle hinein und zum Herrn aller Menschen ihn machte?
Ein Gott ist, ein einiger Gott, unendlich und ewig,
Herrscher des Alls, unsichtbar, selbst jedoch Alles erblickend;
Aber er selbst wird nimmer gesehen von sterblichen Wesen. . . . .
Ja, ihr werdet gebührenden Lohn für die Torheit empfangen,
Denn den wahren und ewigen Gott nach Gebühr zu verehren,
Ließet ihr nach; statt ihm Hekatomben, hehre, zu opfern,
Habt den Dämonen ihr Opfer gebracht, den Geistern im Hades.
Und im Dunkel und Wahn geht ihr; vom ebenen, geraden
Pfad abweichend, zieht ihr hin auf dornigen Wegen,
Über Gestein irrt ihr. Hört auf denn, Sterbliche, Toren,
Die ihr tappet in Nacht, in lichtlos finsterem Dunkel[2])!

Dann wendet sich die Sibylle an Griechenland, als Vertreter des Heidentums:

Griechenland aber, warum vertrautest du sterblichen Herrschern,
Welche dem endlichen Tod nicht zu entfliehen vermögen?

---

[1]) Clemens Alexandrinus, Strom. V, 14. 114 aus Pseudo-Hekataios.
[2]) Sibyllinen nach Friedliebs Übersetzung, erstes Fragment S. 3, V. 1—7. 19—26.

Und warum bringst du dar den Toten vergebliche Gaben,
Opferst den Götzen? Wer hat den Irrtum gelegt in die Seele
Dir, um dieses zu tun und den großen Gott zu verlassen?
Allvaters Namen verehr' und nie sei dir er verborgen.
Tausend Jahr aber sind's und fünfhundert andere Jahre,
Seitdem über die Griechen geherrscht übermütige Herrscher,
Welche zuerst das Böse gelehrt die sterblichen Menschen;
Die viel Götzenbilder gemacht für die, welche tot sind,
Wegen welcher man euch unterwies, auf Eitles zu sinnen.
Aber wenn über euch kommt der Zorn des allmächtigen Gottes,
Dann werdet ihr des großen Gottes Antlitz erkennen.
Aber die Seelen der Menschen zumal werden seufzen gewaltig,
Und zum Himmel empor, dem großen, die Hände erheben,
Und man beginnt einen Helfer zu nennen den mächtigen König
Und des gewaltigen Zornes Abwehr, wer sie sei zu erfragen[1]).

Im Gegensatz zum Heidentume hebt die Sibylle die Vorzüge des Judentums folgendermaßen hervor:

Eine breitstraßige Stadt gibt's im asiatischen Lande;
Aus ihr ist das Geschlecht der gerechtesten Menschen entsprossen,
Die stets trefflichen Sinns und herrlicher Werke gedenken.
Denn um der Sonne kreisförmigen Lauf nicht, noch um des Mondes,
Noch um gewaltige Dinge sind sie auf Erden bekümmert!
Aber sie sind nur bedacht auf Gerechtigkeit und auf die Tugend.
Auch besitzen sie nicht Geldgier, die den sterblichen Menschen
Tausend Übel gebiert, den Krieg und den schrecklichen Hunger.
Auch ein richtiges Maß haben sie in den Dörfern und Städten,
Auch vollführen sie nicht des Nachts Diebstahl an einander,
Treiben die Heerden nicht weg der Ochsen, Schafe und Ziegen,
Nicht nimmt der Nachbar hinweg die Grenzen vom Lande des Nachbarn,
Und der reichere Mann bereitet dem ärmeren nicht Kränkung
Und betrübet die Witwen nicht; vielmehr leistet er Hilfe,
Steuert der Not mit Weizen stets, mit Wein und mit Öle
Und ist freigebig stets bei dem Volke, für die, welche arm sind.
Ja den Armen gewährt er den Teil von der eigenen Ernte,
Gottes, des großen, Befehl erfüllend, den Laut des Gesetzes:
Denn allen gab der Himmlische ja die Erde gemeinsam[2]).

Israels Vortrefflichkeit rühmt die Sibylle an einer anderen Stelle:

Denn verständigen Rat hat die Gottheit gegeben
Ihnen allein und Treue und trefflichen Sinn in dem Herzen;
Sie, die nicht mit eitlem Trug die Gebilde der Menschen,
Goldene oder von Erz, von Elfenbein oder von Silber,
Und die Bilder von Holz oder Steinen hinfälliger Götzen,
Oder von Ton mit Mennig gefärbt, tierähnliche Bilder
Ehren, wie immer der Mensch in eitlem Sinne es treibet;
Sondern welche zum Himmel die reinen Hände erheben,

---

[1]) Sibyllinen Buch 3, V. 546—561.
[2]) Das. V. 218—224. 234—247.

Früh vom Lager und stets rein waschen mit Wasser die Hände;
Welche verehren den Herrn, die ewig allmächtige Gottheit,
Die unsterbliche, dann ihre Eltern, und darnach vor allem
Denken an Menschen, die ein keusches Lager besitzen;
Auch sich nicht unkeusch vermischen mit männlichen Kindern,
Wie die Phönizier tun, die Ägypter und auch die Lateiner,
Griechenland auch, das gedehnte, und sehr viele andere Völker,
Perser und Galater und ganz Asien; die überschreiten
Gottes heilig Gesetz, des unsterblichen, das sie verachten[1]).

Von der glücklichen Zukunft des messianischen Reiches, an welcher alle Völker der Erde teil haben werden, prophezeit die Sibylle:

Elendes Hellas, so höre doch auf, dich stolz zu erheben.
Zu dem Unsterblichen fleh', dem Hochherzigen, und nimm in acht dich.
Sende zur selbigen Stadt das Volk unkundig des Rates,
Das aus dem heiligen Lande des großen Gottes abstammet . . . .
Diene dem mächtigen Gott, auf daß dir einstens ein Teil wird,
Wenn auch dies sein Ende erreicht, und der Tag der Bestimmung,
Kommt zu den Menschen heran, den Guten, nach Gottes Befehle.
Denn den Sterblichen wird in Menge die nährende Erde
Geben die trefflichste Frucht an Weizen, an Wein und Oliven,
Auch das süße Getränk des lieblichen Honigs vom Himmel,
Bäume und Früchte vom Baum und auch gemästete Schafe;
Ochsen und Lämmer von Schafen und auch von Ziegen die Böcke.
Quellen fließen sie läßt von Milch, der weißen und süßen.
Auch werden sich wiederum mit Gütern die Städte anfüllen;
Und der Boden ist fett, weder Krieg ist auf Erden, noch Schlachtlärm.
Auch wird nicht mehr tief aufstöhnend die Erde erschüttert
Nicht wird Krieg mehr sein, nicht Trockenheit fürder auf Erden:
Nicht mehr Hunger und nicht der Früchte zerstörender Hagel;
Sondern ein großer Friede herrscht auf der sämtlichen Erde
Und bis ans Ende der Zeit wird Freund sein ein König dem andern:
Und nach einem Gesetz wird die Menschen auf sämmtlicher Erde
Der unsterbliche Gott im gestirnten Himmel regieren;
Ein Gesetz, für was immer getan die elenden Menschen.
Denn er selbst ist ein einiger Gott, es gibt keinen andern;
Und mit Feuer wird er die schrecklichen Männer verbrennen[2]).

Dieser begeisterte judäische Sänger, der den heidnischen Völkern die Wahrheit des Judentums in Orakelform näher bringen wollte, war derselbe, welcher zur Zeit der letzten ägyptischen Königin Kleopatra und des zweiten römischen Triumvirats die Ankunft des Messias in Herrlichkeit verkündete (o. S. 273).

Unter der Maske des griechischen Spruchdichters Phokylides hat ein anderer judäischer Verskünstler den Griechen und Römern die sittlichen Wahrheiten des Judentums nahe gelegt. Diese Wahrheiten

---

[1]) Sibyllinen V. 584—600.   [2]) Das. V. 732—735. 740—761.

hat er gleich dem Sibyllinendichter in das bequeme griechische sechsfüßige Versmaß gebracht, wodurch sie sich leichter dem Gedächtnis einprägen konnten. Dieser Pseudo-Phokylides, welcher wohl in der Zeit der ersten Kaiser gelebt hat, durchschaute das Siechtum, woran die beiden Kulturvölker damaliger Zeit kränkelten: unnatürliche geschlechtliche Laster und Herzensverhärtung, an denen sie untergehen müßten, wenn sie sich nicht zur Besserung aufrafften. Zu ihrer Besserung reichte er ihnen den Balsam der höheren Sittlichkeit, wie sie in Moses Lehre und sonst noch niedergelegt ist. „Das sind die Geheimmittel der Gerechtigkeit. Wer nach diesen lebt, wird ein glückliches Leben bis zu des Alters Schwelle erreichen", sagte er ihnen. Um diesen Lehren der Sittlichkeit und sanftmütigen Menschenliebe wirksamen Eingang zu eröffnen, versteckte er geflissentlich ihren judäischen Ursprung und seine judäische Abstammung, und dieses ist ihm so sehr gelungen, daß er nicht erkannt wurde, und daß seine Sittensprüche in den Schulen gelehrt wurden, als stammten sie von einem griechischen Dichter.

Vor allem warnte Pseudo-Phokylides vor der unkeuschen Liebe und der Unnatur der Knabenliebe, wodurch Griechen und Römer sich schwächten und dem Untergang zueilten.

„Eros ist keine Gottheit, nur Unheil erzeuget er allen".

Wie sehr stach die Lehre der Feindesliebe gegen eine Welt ab, welche auf Krieg und Menschenmord gebaut war!

„Gegen den Feind umgürte das Schwert nicht, sondern zur Abwehr.
„Besser Du brauchst es nicht, seis rechtlich, seis zum Unrecht.
„Denn erlegst Du den Feind, so sind Deine Hände befleckt".

Noch mehr Verse sind der Feindesliebe gewidmet, welche das Judentum von Anbeginn an gepredigt hat. Die Gleichheit aller Menschen, die Ebenbürtigkeit des Fremden mit dem Einheimischen, das Mitleid mit dem Armen und Unglücklichen legt dieser judäische Spruchdichter seinen Lesern ans Herz. Der Unsitte der Griechen und Römer, die Frucht im Mutterschoße zu vernichten und neugeborene Kinder, wenn sie schwächlich zur Welt kamen, ungerührt auszusetzen — eine Freveltat, welche selbst die Blüte der griechischen Weisheit in Plato empfohlen hat — hält der Dichter entgegen:

„Töten soll nicht die Mutter ihr Kind im eigenen Schoße
„Noch Neugeborene werfen Hunden und Geiern zur Speise."

Auch die Grausamkeit rügt er, mit der die Römer ihre Sklaven behandelten und ihnen sogar mit glühenden Eisen ein Zeichen ins Fleisch brannten. Wenn auch Pseudo-Phokylides die Heimstätte dieser Lehre geflissentlich verleugnet hat, wie die Königin Esther ihre Abkunft, weil Römer und Griechen von einem Vorurteile gegen Judäer und Judentum befangen waren, so deutet er doch die Wurzeln an, aus welchen die edle Frucht der Menschlichkeit und lauteren Gesinnung entsprießen konnte, und diese Wurzel ist die Erkenntnis von dem einig= einzigen Gotte. Aus dem Munde des Propheten Jeremia sagt er in zwei griechischen Versen:

„Sei auf Weisheit nicht stolz, auch auf Stärke nicht, oder auf Reichtum,
„Gott nur allein ist weise, voll Macht und glückselig vollauf"[1].

Die Griechen aber waren stolz auf ihre Weisheit und die Römer auf ihre Macht und ihren Reichtum. Darum sahen sie verächtlich auf Judäa und das Judentum herab, verkannten ihre hohe Bedeutung und gingen in der Irre. Dabei entsprang eine ganze Reihe prosaischer Schriften aus der judäisch=griechischen oder hellenistischen Schule, die keinen andern Zweck hatte, als einerseits die Haltlosigkeit des Heidentums aufzudecken und andererseits das Judentum in ein günstiges Licht zu stellen. Ihre Verfasser gingen geradezu darauf aus, die Heiden zur Erkenntnis des Judentums zu bewegen. Sie stellten ihnen heid= nische Könige als Muster auf, die zu der Einsicht gelangt waren, daß das Heidentum hohl und nichtig sei, das Judentum aber heilvolle Wahrheiten enthalte. Nebenher hielten sie ihrem Volke eine warme Schutzrede und widerlegten die Beschuldigungen, welche die heidnischen Schriftsteller gegen das Judentum oder die Judäer erhoben haben. Die persischen Könige **Darius** und **Artaxerxes**, den griechischen König **Ptolemäus Philadelphus** und selbst den verruchten **Antiochus Epiphanes** ließen sie Zeugnis für die Vortrefflichkeit des Judentums oder die Harmlosigkeit des judäischen Volkes ablegen[2]. Solche zugleich Verteidigungs= und Angriffsschriften wurden unter erdichteten Namen in Umlauf gesetzt, um den Eindruck zu erhöhen.

Eine eigene Schutzschrift für das Judentum ist der sogenannte **Aristeasbrief** oder das Sendschreiben Aristeas an seinen Bruder Philokrates über die Entstehung der griechischen Übersetzung zum Pentateuch, deren Erdichtung eine geraume Zeit für historisch wahr gehalten wurde. Der Verfasser desselben lebte allerdings in Alexandrien, aber nicht unter dem Könige Ptolemäus Philadelphus als Grieche, sondern höchstwahrscheinlich zur Zeit des Kaisers Tiberius[3]. Ihm fehlte noch die Gewandtheit und Feinheit der griechischen Darstellungs=

[1] Über Pseudo=Phokylides s. Note 3 [und die Bemerkung dazu].
[2] Vergl. die Zusätze in Esra Apokryphus c. 3—4, die zu Esther, namentlich das zweite Rundschreiben des Artaxerxes c. 8 und Antiochus Epiphanes freund= lichen Brief in II. Makkabb. 9, 18 fg.
[3] Über Pseudo=Aristeas s. Note 2 [und die Bemerkungen dazu].

weise, und er glaubte diese durch Geziertheit und Geschraubtheit des Stiles ersetzen zu können. Ihn quälte nämlich in tiefer Brust die Verkennung des Judentums und besonders des Gesetzbuches Moses, das ihm als Höchstes galt; darum unternahm er es, dasselbe griechischen Lesern von der günstigsten Seite zu zeigen.

Die merkwürdige Entstehung der Septuaginta gab ihm Stoff zur Ausschmückung. Der zweite Ptolemäer Philadelphus selbst, der die erste große Büchersammlung angelegt hat, hätte — was dieser Darstellung das Wichtigste war — dem Judentume seine Bewunderung nicht versagen können. Der Hauptinhalt dieser sagenhaften Schrift ist folgender: Aristeas, ein hoher Beamter des ägyptischen Königs, beschreibt seinem philosophisch gebildeten Bruder Philokrates die Vorgänge bei der Übersetzung des Pentateuchs ins Griechische und mischt in die Erzählung Betrachtungen über die Vortrefflichkeit der judäischen Lehre ein. Unter dieser Einkleidung widerlegt der Verfasser auch die gegen das Judentum erhobenen Anschuldigungen. Der König Philadelphus, begierig, seine Büchersammlung zu vergrößern, erfährt von Demetrius Phalereus, dem angeblichen Aufseher derselben, daß die Judäer ein Gesetzbuch besitzen, das würdig sei, aufgenommen zu werden, weil es „göttlichen Ursprungs und philosophischen Gehaltes" sei. Darauf läßt sich der König angelegen sein, zwei Gesandte, Aristeas und Andreas, mit reichen Geschenken für den Tempel an den frommen Hohenpriester Eleasar zu senden und sich von ihm zweiundsiebzig Übersetzer auszubitten. Um sich ihm gefällig zu zeigen, schenkt er den judäischen Gefangenen, die sein Vater nach Ägypten verpflanzt und als Sklaven behandelt haben soll, die Freiheit und zahlt für sie das Lösegeld an deren Besitzer. Der Hohepriester nimmt die Gesandten freundlich auf, zeigt ihnen die Merkwürdigkeiten der Hauptstadt und des Tempels und wählt zweiundsiebzig Dolmetscher aus, und zwar aus je einem der zwölf Stämme sechs, die er der Huld des Königs empfiehlt. Eleasar gibt den Gesandten auch Aufschlüsse über manche auffallende Gesetze des Judentums, namentlich über das Genußverbot gewisser Speisen und unreiner Tiere. Von dem Grundsatze ausgehend, daß, wie der Umgang mit edlen Menschen zur Tugend, ebenso die Gesellschaft von entarteten Menschen zum Laster führe, beabsichtige das Gesetz mit solchen Bestimmungen, die der lauteren Gotteserkenntnis und der reinen Gesittung ergebenen Judäer von dem Umgange mit Götzendienern und Lasterhaften fernzuhalten. Verehrten doch die Griechen Bilder von Stein und Holz und die Ägypter gar Tiere und Reptilien! Darum habe der judäische Gesetzgeber den Verehrern des wahren Gottes die Absonderung empfohlen und sie wie mit „unzerstörbaren Mauern und eisernen Wällen" von dem verführerischen Umgange ferngehalten. Doch habe das Genußverbot mancher Tiere auch einen tiefen sittlichen Grund. Die zum Genuß gestatteten Vögel sind zahmer Natur und nähren sich von Pflanzen; die vom Gesetze verbotenen hingegen sind wilder Natur, leben von Fleisch und fallen sogar Menschen an. Die göttliche Gesetzgebung habe daher mit diesem Verbote die Menschen Gerechtigkeit und Mäßigkeit lehren wollen. Ebenso habe das Gestatten des Genusses von Tieren mit gespaltenen Klauen und wiederkäuendem Magen eine symbolische Bedeutung; die Gespaltenheit der Klauen bedeute Unterscheidung und Auswahl im Genusse und lehre die Judäer, von den geschlechtlichen Vergehungen der Heiden fern zu bleiben, weil diese sich in fleischlichem Umgange mit Knaben und mit den eigenen Töchtern besudeln. Das Wiederkäuen bedeute symbolisch die Erinnerung, die den Judäern eingeschärft werde, damit sie nicht die wunderbare Leitung Gottes vergessen mögen. Denselben Zweck hätten auch die Pfosteninschriften (τὰ λόγια, Mesusa) an Haustüren und Stadtpforten, und das Anlegen der Zeichen (σημεῖον) an die Hand; sie bedeuten, daß jede Tätigkeit mit Hinblick auf Gott geschehen solle. Dieses Alles habe der Hohepriester Eleasar den Gesandten des Königs auseinandergesetzt.

Als die Dolmetscher in Ägypten angekommen waren, seien sie vom König huldvoll empfangen und bewirtet worden; dieser habe seinem Diener aufgetragen, den judäischen Weisen nur „solche Speisen vorzusetzen, die ihnen ihr Gesetz gestatte". Während der Tafel habe der König an jeden der Dolmetscher eine philosophische Frage gerichtet, die sie so treffend und schnell beantwortet hätten, daß sich selbst die anwesenden griechischen Philosophen darüber verwunderten.

Der König seinerseits habe den tiefen Sinn der judäischen Gesetzgebung so sehr angestaunt, daß er nicht begreifen konnte, warum kein griechischer Geschichtsschreiber oder Dichter die judäische Gesetzgebung erwähne. Darauf habe ihn Demetrios belehrt: diese Gesetzgebung sei so heilig und göttlich, daß diejenigen, welche sie zu unheiligen Zwecken gebrauchen wollten, durch göttliche Fügung bestraft worden seien. Theopemptos, der den judäischen Gesetzgeber Mose in sein Geschichtswerk habe einflechten wollen, sei in Wahnsinn verfallen. Ähnliches sei dem Tragödiendichter Theodektes (Ezekielos o. S. 355) zugestoßen, weil er etwas aus diesem Buche in ein Drama verwebt habe. Er sei seiner Sehkraft beraubt gewesen, bis er den Himmel wieder versöhnt habe. — In den Augen des Verfassers des Aristeasbriefes hatte der Pentateuch einen so hehren Charakter, daß dessen Mißbrauch die Strafe des Himmels nach sich ziehe. Nicht bloß der Urtext, sondern auch die Übersetzung habe einen geheiligten Charakter. Darum läßt der Verfasser den Heiden Demetrius Phalereus einen Fluch aussprechen über jeden, der etwa die Übersetzung durch Zusätze oder Weglassungen irgendwie zu ändern sich erkühnen sollte. Und der König Ptolemäus Philadelphus selbst habe die Übersetzung als etwas Heiliges aufs Sorgfältigste aufbewahrt wissen wollen. Neben manchem Albernen enthält daher die Schrift manches Beherzigenswerte.

Noch viel entschiedener, als die Sibyllinen, Pseudo-Phokylides und der Aristeasbrief fordert „das Buch der Weisheit" das Heidentum heraus. In poetischem Gewande hebt der unbekannte Verfasser mit philosophischer Schärfe die Verkehrtheit des Götzentums hervor und betrachtet es als Ursprung aller Entsittlichung und Lasterhaftigkeit. Aus diesem dunkeln Schatten läßt er den Glanz des Judentums in um so hellerem Lichte hervortreten. Die judäische Weisheit selbst, verkörpert in dem weisen Könige Salomo, stellt diese Betrachtung an, und in seinem Namen wendet sie sich an die Könige der Erde (an die römischen Machthaber) und geißelt ihre unverschämte Selbstvergötterung. „Liebet die Gerechtigkeit, ihr Richter der Erde", ruft Salomos Weisheit ihnen zu, „erkennet den Herrn in Güte, und in der Einfalt des Herzens suchet ihn"[1]. — Die Erfindung der Götzen ist nach der Ansicht des Verfassers der Ursprung der Unzucht und führt zum Untergang des Lebens. Der Götzendienst sei nicht von Anfang an gewesen und werde auch nicht auf ewig bestehen. Nur durch die Eitelkeit der Menschen sei er in die Welt gekommen, und in ihr werde seine Dauer kurz sein. Ein Vater, von herbem Schmerze über den plötzlichen Tod seines Kindes verzehrt, habe sich ein Bildnis desselben gemacht, das tote Bild dann als einen Gott verehrt und seinen Untergebenen Mysterien und Zeremonien aufgezwungen. Mit der Zeit sei diese gottlose Sitte als Gesetz beobachtet und seien die Bildnisse auf Befehl der Tyrannen verehrt worden. Konnten dann die Menschen wegen der Entfernung den König nicht verehren, so machten sie sich ein Bild von ihm, um dem Abwesenden, als wäre er gegenwärtig, eifrig zu schmeicheln. Des Künstlers Ehrgeiz verleitete noch dazu die unwissende Menge zur Verbreitung der Götzenverehrung. Denn um den Mächtigen zu gefallen, strengte er seine Kunst an, die Nachbildung aufs schönste auszuarbeiten, und die Menge, von der Schönheit des Werkes geblendet, zollte demjenigen göttliche Huldigung, den sie früher bloß als einen Menschen geehrt hatte. Und dieses wurde ein Fallstrick, indem die durch Unglück oder Tyrannei geknechteten Menschen den unmit-

---

[1] Buch der Weisheit 1, 1. Vergl. darüber Note 3.

teilbaren Namen Gottes Holz und Stein beilegten. Nicht genug, daß sie in der Gotteserkenntnis irren, leben sie auch aus Unwissenheit im Kriege mit einander und nennen doch diese Übel tiefen Frieden. Sie begehen kindesmörderische Bräuche, feiern dunkle Mysterien, halten rasende Gelage und achten kein züchtiges Eheverhältnis. Einer lauert dem Andern auf oder kränkt den Freund durch Schändung des Ehebettes. Denn Alle ohne Unterschied sind sie besessen von Blut, Mord, Diebesgelüste, List, Verderbnis, Falschheit, Auflehnung und Meineid, Undankbarkeit, Verunreinigung der Seele, Verwechselung der Geburten, wildem Ehebruch und Schamlosigkeit. Denn die Verehrung wesenloser Götzen ist Anfang und Ursache und Ziel jedes Übels[1]. Sie flehen das Schwache um Gesundheit, das Tote um Leben, das Hilflose um Beistand an[2].

Gegen die Vergötterung der Kaiser, welche den Wahnwitz des Heidentums auf die Spitze trieb, eifert die Weisheit Salomos in folgender Wendung. „Auch ich (Salomo), obwohl König, bin ein sterblicher Mensch, allen Andern gleich, ein Sohn des erdgeborenen ersten Menschen. Und im Mutterschoße bin ich in zehn Monaten aus Fleisch gebildet worden, aus Blut geknetet. Auf die Welt gekommen, sog ich die gemeinsame Luft ein und weinte mit einer Allen ganz gleichen Stimme. Auch ein König hat keinen andern Anfang der Geburt. Alle haben denselben Eingang ins Leben und denselben Ausgang"[3]. Der dichterisch und philosophisch gebildete Verfasser lebte unter dem Kaiser Caligula und spielt offenbar auf dessen wahnwitzigen Befehl an, ihn als Gott anzubeten.

Nachdem er das Heidentum solchergestalt abgefertigt hat, stellt der Verfasser die Grundanschauungen des Judentums zusammen. Es gibt keinen Gott, außer dem Einen, den die Judäer verehren, der die Welt aus ungestalteter Formlosigkeit ($\dot{\epsilon}\xi$ $\dot{\alpha}\mu\acute{o}\rho\varphi ov$ $\ddot{v}\lambda\eta\varsigma$) erschaffen, sie mit Gerechtigkeit regiert, Alles mit Maß und Zahl und Gewicht ordnet und Maß mit Maß vergilt[4]. Von ihm stammt die wahre Weisheit, sie ist der Hauch seiner Allmacht, der fleckenlose Spiegel seiner Majestät, der Ausfluß seiner lautern Herrlichkeit, die Ausstrahlung des ewigen Lichts, das Bild der göttlichen Güte. Obwohl die Weisheit nur einzig ist, vermag sie Alles, geht in jedem Geschlechte in heilige Seelen ein und beschattet die Freunde Gottes und die Propheten[5]. Den Menschen schuf Gott zur Unsterblichkeit und nach dem Bilde seines Wesens gestaltete er ihn[6]. Den Tod hat Gott nicht

---

[1] Buch der Weisheit 14, 12—27.
[2] Das. 13, 18. [3] Das. 7, 1—6. [4] Das. 11, 16—17; 20.
[5] Das. 7, 22 ff. [6] Das. 2, 23.

erschaffen, er hat keinen Gefallen an dem Untergange des Lebendigen; denn er bildete Alles, damit es fortbestehe. Heilbringend sind die Geburten der Welt, kein Gift des Todes ist in ihnen und es gibt kein Reich des Satans auf Erden [1]). Die Weisheit hütete den erstgeborenen Menschen, rettete den Gerechten (Noah) aus Wasserflut, erhielt den Gerechten (Abraham) tadellos vor Gott, erlöste den heiligen Samen (das jüdische Volk) aus den Drangsalen der Völker, ging ein in die Seele des Gottesdieners (Mose), und er stand vor Königen mit fürchterlichen Zeichen und Wundern. Sie gab den Heiligen den Lohn ihrer Mühseligkeit, führte sie auf wunderbare Wege und wurde ihnen zum Wegweiser des Tages und zum Lichte in der Nacht, führte sie durch das rote Meer und leitete sie durch die Flut. Israel ist der Gerechte, den Gott auserwählt hat, er hat die Erkenntnis Gottes und darf sich den „Sohn Gottes" nennen, da dieser sich ihm in Gnaden zuwendet [2]). Diese Gerechten leben ewiglich; in Gott ist ihr Lohn und ihre Fürsorge beim Höchsten. Daher empfangen sie das Reich des Glanzes und das Diadem der Schönheit aus der Hand des Herrn; denn mit seiner Rechten schützt er sie, und mit seinem Arm verteidigt er sie [3]). Wenn die Herrscher der Erde den Gerechten (Israel) verfolgen, weil sein Weg verschieden ist von ihren Wegen, und weil er ihren gottlosen Wandel tadelt, sie wie Unreine verwirft und Gott seinen Vater nennt [4]), wenn die Völker der Erde dem Gerechten auflauern, ihn foltern und mit unrühmlichem Tode verfolgen, so sind dies nur Prüfungen, die Gott seinem Auserwählten auflegt, um ihn seiner würdig zu finden. Wie Gold im Schmelztiegel prüft er ihn und nimmt ihn wie reine Opfer an. Er wird einst die Völker richten und die Nationen beherrschen und über ihn wird Gott in Ewigkeit regieren [5]). Dann wird der Gerechte mit vieler Standhaftigkeit vor dem Angesichte seiner Dränger stehen, sie werden von Schrecken ergriffen sein, über sein glanzvolles Heil werden sie staunen und reuig werden sie sagen: „Der ist's also, der uns zum Gelächter gedient und zum Spottlied der Verachtung! In Unkenntnis haben wir sein Leben für Wahnsinn gehalten und sein Ende für ehrlos. Wie wird er nun unter die Gottessöhne gezählt und bei den Heiligen ist sein Los! Wir irrten von dem Wege der Wahrheit ab, das Licht der Gerechtigkeit leuchtete uns nicht" [6]). Vermittelst Israel gab Gott der Welt das

---

[1]) Buch der Weisheit 1, 13—14; 2, 23.
[2]) Das. 2, 18; 4, 9; 10, 1—20.
[3]) Das. 5, 15 ff.   [4]) Das. 2, 16 f.   [5]) Das. 3, 1—9 ff.
[6]) Das. 5, 1—6.

unvergängliche Licht des Gesetzes[1]). In Allem hat Gott sein Volk erhoben und verherrlicht; er verwarf es nicht, sondern stand ihm zu jeder Zeit und an jedem Orte treu bei[2]). Wie der babylonische Jesaia[3]) stellte der alexandrinisch-judäische Weise Israel als Ideal dar, das eine hohe Sendung zu vollbringen habe und künftig in Herrlichkeit prangen werde.

In diesem Gedankenkreise bewegt sich das Buch der Weisheit, um die Lichtseiten des Judentums und die Schattenseiten des Heidentums hervorzukehren. Es enthält keine philosophische Auffassung des Judentums, aber es nimmt einen Anlauf dazu und ersetzt die strenge Gedankengliederung durch eine reiche Bilderpracht. Es beschließt seine Auseinandersetzung mit den Worten: „In allem hast du, o Herr, dein Volk groß und herrlich gemacht und in keiner Zeit und an keinem Orte es verachtet"[4]).

Während die griechisch redenden Judäer sich in das griechische Schrifttum und in die griechisch-philosophische Anschauungsweise vertieften und den Wohllaut der hellenischen Zunge als Waffe gegen den heidnischen Kultus und heidnische Unsitten gebrauchten, wurden sie über das Ziel hinausgetrieben, das sie sich gesteckt hatten. Sie waren von dem Punkte ausgegangen, das Judentum, sein Alter und sein Wesen gebildeten Griechen annehmlich zu machen; aber unter der Hand ging es ihnen selbst verloren. Ihre Denkweise war von griechischen Vorstellungen so sehr angefüllt, daß sie zuletzt in den Lehren des Judentums nichts anderes als die gangbaren Gedanken der griechischen Weltanschauung erblickten. Aber die ererbte Lehre war ihrem Herzen so teuer, daß sie sich in eine Selbsttäuschung hineinklügelten. Wenn sie von Bewunderung für die philosophischen Gedanken der griechischen Denker hingerissen waren, so bildeten sie sich ein, dieselben seien nicht griechisches Ureigentum, sondern dem Judentum entlehnt, da dieses viel älter sei[5]). In dieser Befangenheit schwärmten sie jedoch nur äußerlich

---

[1]) Buch der Weisheit 18, 4. [2]) Das. 19, c 2. [3]) B. II b, S. 61 fg.
[4]) Das. 19, 22.
[5]) Philo sagt eigentlich nirgends direkt, wie Aristobul oder Pseudo-Aristobul, daß die griechischen Philosophen ein Plagiat an Mose begangen hätten. Nur einmal bemerkt er, daß sich zwar Heraklit gerühmt habe, den Gedanken von den Gegensätzen in der Erscheinungswelt gefunden zu haben, es sei aber eine alte Entdeckung Moses (quis rerum divv. her., § 43, M. I, 503): αὐχεῖν (Ἡράκλειτον) ὡς ἐφ' εὑρέσει καινῇ· Παλαιὸν γὰρ εὕρεμα Μωϋσέως ἐστι. An einer andern Stelle (de judice § 2, M. II. 345) bemerkt er, daß einige griechische Gesetzgeber von Moses heiligen Tafeln das Gesetz entlehnt hätten, nicht vom Hörensagen Zeugnis abzulegen: διὸ καὶ τῶν παρ' Ἕλλησιν ἔνιοι νομοθετῶν μεταγράφαντες ἐκ . . Μωϋσέως στηλῶν . . . μὴ μαρτυρεῖν ἀκοῇ. Nur in den Quaestiones wird nachdrücklich hervorgehoben, daß Heraklit von Mose die

für das Judentum, als enthielte es die erhabensten Lehren aller Philosophen, und merkten nicht, daß sie damit eigentlich dem griechischen Geiste huldigten. Aber mit dieser Auskunft beschwichtigten sie ihr Gewissen und hatten zugleich einen weiten Spielraum, die philosophischen Gedanken im heiligen Schrifttum wiederzufinden. Das biblische Schrifttum bot zwar nicht so viele Anlehnungspunkte, um für jeden philosophischen Satz einen entsprechenden daraus heranbringen zu können. Aber auch über diese Verlegenheit halfen sich die judäisch-hellenistischen Denker hinweg.

Nach dem Vorgange griechischer Denker, die ihre eigene Weltanschauung in Homers Versen wiederfanden oder aus ihnen herausdeuteten, und dazu eine eigene spielende Kunst der Auslegung anwendeten, die Allegorie[1]), indem sie dem schlichten Wortsinne eine andere, scheinbar höhere unterlegten, verfuhren auch die judäischen Denker mit ihrem Grundbuche, mit der heiligen Schrift. Von der Voraussetzung ausgehend, daß nicht alles darin wörtlich genommen werden könne, ja nicht genommen werden dürfe, weil sonst die Erhabenheit Gottes geschmälert und die Größe der Gottesmänner in der Bibel verkleinert und entwürdigt erscheine, verlegten sie sich auch ihrerseits auf die Künstelei allegorischer oder tropologischer Auslegung und Umdeutung. Nicht bloß hinter jedem dunkeln Ausdrucke suchten sie eine versteckte höhere Bedeutung, sondern sie erklärten auch die einfachsten geschichtlichen Tatsachen und die einleuchtendsten Gesetze für Allegorieen, um aus ihnen philosophische Gemeinplätze herauszuschrauben[2]). So taten sie der Schrift den größten Zwang an und deuteten

---

„Gegensätze" entlehnt habe (in Gen. III, 5, ed. Richter Vol. VII, p. 11): Hinc Heraclitus .. a theologo nostro mutuatus sententias de contrariis. Das. IV, 152, Richt., p. 157, Heraklit habe von Mose gestohlen: qua de re Heraclitus ... furtim a Moyse dempta lege et sententia. In Quaestiones in Gen. II, 6, Vol. VI, p. 311 kommt der Satz vor: ut Socrates ait, sive a Moyse edoctus sive ex rebus ipsis motus. Allein die Quaestiones sind schwerlich aus Philos Feder geflossen, vergl. Note 24. [Sie werden jetzt allgemein für echt gehalten, vergl. Schürer III³, 497—501.] In der Schrift de incorruptabilit. mundi, § 5 (M. II, 490) kommt vor, daß lange vor Hesiod der judäische Gesetzgeber etwas Philosophisches ausgesprochen habe. Aber diese Schrift ist entschieden unecht. Vergl. dieselbe Note.

[1]) Vergl. die Zusammenstellung der allegoristischen Interpretation bei den Griechen, C. Siegfried, Philo von Alexandrien 1875, S. 9 fg.

[2]) Eine Spur bewußter tropologischer Auslegung vor Philo findet sich nur im Aristeasbriefe (bei Josephus ed. Haverc. II, p. 117 ed. Schmidt, S. 40, [ed. Wendland § 150]) τροπολογῶν ἐκτέθαιται, nämlich die Deutung der gespaltenen Klauen. Das Buch der Weisheit und das IV. Makkabb. enthalten keine allegorische Auslegung, auch sind diese Schriften nicht älter als Philo; Pseudo-Aristobul ist noch jünger. Philo selbst nennt aber teils ältere, teils zeitgenössische Allegoriker (de Somniis II, § 20) παρ' ἡμῖν τοῖς ἀλληγορικοῖς; de Abrahamo § 20 [M. II, 15] ἤκουσα .. καὶ φυσικῶν ἀνδρῶν ... τὰ περὶ τὸν τόπον ἀλληγορούντων; de

an den einfachsten Worten so lange herum, bis sie einen philosophischen Sinn herausbrachten. Die griechische Übersetzung der heiligen Schrift, deren sie sich bedienten, leistete ihren Verzerrungen Vorschub, da in derselben öfter der ursprüngliche Sinn verwischt ist und etwas ganz anderes als der Urtext aussagt. Reichen Stoff zu Allegorieen boten ihnen besonders die hebräischen biblischen Eigennamen. Indem sie dieselben gut oder schlecht auf ihre Wurzeln zurückführten, deuteten sie und zwängten sie so lange, bis ein brauchbarer Sinn daraus gewonnen war. Abraham bedeutete den Allegoristen nicht die kräftige, geschichtliche Erscheinung, welche zuerst der Welt die wahre Gotteserkenntnis gebracht hat, sondern galt ihnen als Symbol. Sie lösten ihn in die fade Allegorie des „eifrigen Sinnes" ($νοῦς\ σπουδαῖος$[1]) auf. Dem entsprechend war ihnen Sara, in der Bedeutung „Herrscherin", das Symbol der Tugend, und daraus spannen sie einen künstlichen Faden philosophisch scheinender Lehrsätze. Die schlichte biblische Erzählung von Jakob, daß er an einem Orte ankam, als die Sonne unterging, deuteten die Allegoristen folgendermaßen: „Die Sonne bedeutete „Wahrnehmung", der Ort das göttliche Wesen ($θεῖος\ λόγος$) und Jakob die durch äußerliche Übung erlangte Weisheit ($ἀσκητικὴ\ σοφία$). Vermöge dieser Spielerei mit den Wortbedeutungen brachten sie den Satz heraus: der Mensch könne nur das Göttliche erkennen, wenn sein natürlicher Verstand untergegangen, wenn er an seiner beschränkten Erkenntnis verzweifle[2]).

So ansteckend war diese allegorisierende Manier und so sehr hatte sie sich der Köpfe bemächtigt, daß selbst die Menge an den schlichten Erzählungen der heiligen Schrift, an den einfach erhabenen Lehren und Gesetzen keinen Geschmack mehr fand und sich nur an gekünstelten Ausdeutungen ergötzte. Die frommen Männer, die an den Sabbaten die Schrift auszulegen pflegten[3]), mußten dem Geschmacke der Zeit huldigen und sich herbeilassen, Geschichte und Lehre zu allegorisieren. Von einem dieser frommen Prediger ist eine allegorische Deutung eines ganz verständlichen und einleuchtenden Gesetzes aufbewahrt worden, welche die krankhafte Manier der Allegoristen aufs treffendste kennzeichnet. Das Gesetz, daß eine unverschämte Frau bestraft werden soll, wenn sie,

Josepho § 26, M. II 63: $ἤκουσα\ μέντοι\ καὶ\ καθ'\ ἑτέραν\ ἰδέαν\ τροπικώτερον\ ...\ ἀκριβούντων$. Von rationalisierenden Auslegern der heiligen Schrift de Decalogo § 4, M. II, 182: $φασὶ\ δέ\ τινες$. Über verschiedene Deutungen der Beschneidung de circumcisione § 1 und zum Schlusse § 2, M. II 211 $ταῦτα\ ...\ εἰς\ ἀκοὰς\ ἦλθε\ τὰς\ ἡμετέρας\ ἀρχαιολογούμενα\ παρὰ\ θεσπεσίοις\ ἀνδράσιν\ ...\ Ἐγὼ\ δὲ\ κ.\ τ.\ λ.$

[1]) Philo de Abrahamo § 20, M. II 15.
[2]) de somniis I, 19, M. I, 638. [3]) Das. de Mose III, 28, M. II, 168.

um ihrem Gatten im Streite beizustehen, nach den Schamteilen des Gegners greift, soll symbolisch bedeuten: die Seele habe eine männliche und eine weibliche Seite; jene sei auf das Göttliche, diese auf das Irdische gerichtet, und das Gesetz wolle hierdurch lehren, daß die dem Vergänglichen zugewendete Richtung der Seele ausgemerzt werden müsse[1]). Eine Folge dieser allegorischen Auslegung war jene oben (S. 333) berührte Erscheinung, daß die gebildeten Judäer Alexandriens lau gegen ihre väterliche Religion wurden. Die Allegorie erschütterte die festen Wälle des Gesetzes. „Wenn die Gesetze nichts anderes sind als Einkleidungen philosophischer Ideen, wenn der Sabbat nur die „Macht des unerschaffenen Göttlichen" bedeute, die Beschneidung „die Beschränkung der Leidenschaften", so genüge es ja, sich diese Gedanken anzueignen, sie theoretisch zu wissen, wozu dann noch die Übung[2])?" Von der Lauheit gegen die Gesetze bis zum Abfalle vom Judentum war nur ein Schritt, und so ist die Erscheinung erklärlich, daß manche die Prüfung gehäufter Drangsale nicht bestanden haben und zum Heidentum übergetreten sind. In Alexandrien trat zuerst der Gegensatz von Wissen und Glauben im Judentum hervor, ohne jedoch ausgetragen und zur Versöhnung gebracht zu werden.

Dieser Lauheit gegen das gesetzliche Judentum arbeiteten allerdings manche entgegen, die sich nicht in der griechischen Bildung verloren hatten.

Zu ihnen gehörte besonders Philo, der größte Geist, den die alexandrinische Judenheit erzeugt hat. Mit seiner hoheitsvollen, begeisterten Sprache redete er der fortdauernden Verbindlichkeit des Gesetzes das Wort und flößte seinen Zeitgenossen wieder Liebe dafür ein. Philo, von dessen persönlichen Verhältnissen und eifriger Tätigkeit für das Wohl seiner Stammesgenossen bereits (S. 336) die Rede war, teilte zwar die Irrtümer und die Befangenheit seiner Zeitgenossen, überragte aber mit seinem hellen Kopfe ihre Unklarheit und Verschwommenheit.

Er machte zwar ebenfalls den ausschweifendsten Gebrauch von der allegorischen Auslegungsweise seiner Vorgänger und stimmte ihnen bei, daß alle Teile des Pentateuchs oder mindestens doch der größte Teil desselben, die geschichtlichen wie die gesetzlichen Bestandteile, allegorisch gedeutet werden müßten[3]). Er verfiel ebenfalls, um diese Methode

---

[1]) Philo de specialibus legibus III, 32., M. II, 329. Vergl. de circumcisione § 2, M. II, 211; de sacrificantt. § 3, M. II, 253.
[2]) Das. de migratione Abrahami § 16, M. I, 450.
[3]) Das. legum allegoriae I, § 1 M I, 44; II, § 6 M I, 69 u. a. St. Über Philos Allegoristik vergl. Siegfried, a. a. O.

durchzuführen, in Spielereien der Zahlensymbolik, erklärte hebräische Wörter mit griechischen, und deutete aus einer und derselben Stelle Verschiedenes und Entgegengesetztes. Die allegorische Auslegung war für ihn sozusagen ein gebieterisches Bedürfnis, und er hätte sie wohl erfunden, wenn er sie nicht vorgefunden hätte. Er wollte nämlich die reiche Gedankenfülle, die er teils selbst erzeugt, teils aus den Philosophenschulen der Akademie, der Stoa und der Neupytagoräer sich angeeignet hatte, durch die heilige Schrift bezeugt und bewahrheitet wissen. Die überkommenen und gefundenen Ideen hatten in seinen Augen erst dann den Stempel der Wahrheit, wenn sie von dem göttlichen Gesetzgeber entweder deutlich oder doch andeutungsweise besiegelt waren. Das im Pentateuch niedergelegte Gotteswort galt ihm als der echte Prüfstein für die Wahrheit eines philosophischen Gedankens, dem er mehr zutrauen zu müssen vermeinte, als der Logik und Dialektik. Die allgemeinen Wissenschaften, Grammatik, Musik, Geometrie, Redekunst samt der Dialektik, die er sich angeeignet hatte, standen in seinen Augen nur in einem dienenden Verhältnis zur göttlichen Weisheit und verhielten sich zu ihr wie Hagar (die Fremde) zu Sara, der wahren Fürstin[1]).

Die metaphysische Spekulation Heraklits, Platos, Zenos durfte ihm im Gesetzbuche nicht fehlen, sie mußte sich also irgendwie nachweisen lassen, und die Allegorie bot ihm den Weg dazu. Philo legte um so größeren Wert auf seine allegorische Auslegungsweise, als sie ihm nicht als eine Künstelei, sondern als eine göttliche Eingebung, gewissermaßen als eine Offenbarung im Zustande gesammelter Stimmung und Verzückung der Seele kundgegeben schien. Ohne Ruhmredigkeit, ja mit einer gewissen Feierlichkeit erzählt er, seine Seele sei öfter von Gott begeistert worden (ϑεολημπτεῖσθαι) und habe Deutungen biblischer Stellen prophetisch gelernt, von denen sie früher im nüchternen Zustande nichts gewußt[2]). Außerdem schien ihm durch zwei Betrachtungen die Schrift selbst eine höhere Auslegung zu fordern. Viele Ausdrücke in der heiligen Schrift, wo von Gott in menschlicher Weise die Rede ist, als wenn ihm eine örtliche Bewegung zugeschrieben oder Gliedmaßen und menschliche Affekte beigelegt werden, könnten doch unmöglich buchstäblich genommen werden, da ja die Schrift selbst spreche: Gott ist nicht Menschen gleich. Solche Ausdrücke seien daher eine Anbequemung an die Schwäche der Menschen und fordern von selbst die Eingeweihten

---

[1]) Philo de congressu quaerendae eruditionis gratia § 3 fg., M. I 521.
[2]) Ἤκουσα δέ ποτε καὶ σπουδαιοτέρου λόγου παρὰ ψυχῆς ἐμῆς εἰωθυίας τὰ πολλὰ θεοληπτεῖσθαι, καὶ περὶ ὧν οὐκ οἶδε μαντεύεσθαι (de Cherubim § 9, M. I, 143).

heraus, den versteckten höheren Sinn zu suchen[1]). Die andere Betrachtung ging von der Vollkommenheit der heiligen Schrift aus. Da sie göttlicher Abstammung sei und die Wortfügung genau abwäge, dürfe kein Satz, kein Wort, keine Redewendung überflüssig sein; jedes überflüssig scheinende deute vielmehr einen tieferen Sinn an[2]). Also gerade die hohe überschwengliche Verehrung, die Philo für die Schriftquellen des Judentums hatte, schien ihm die Auslegungsweise zu empfehlen, die unserer heutigen Auffassungsweise der Schrift so geschraubt und unhaltbar vorkommt.

So sehr Philo aber auch die Verkehrtheit der Allegoristen teilte und sie noch überbot, so himmelweit wich er von ihr gerade in dem wesentlichen Punkte über die fortdauernde Gültigkeit der gesetzlichen Übung ab, und darin besteht eben seine Bedeutung. Entschieden und scharf sprach er sich gegen diejenigen aus, welche sich mit dem in dem Gesetze gefundenen höheren Sinne begnügten und das Gesetz selbst gleichgültig behandelten; er nannte sie leichtsinnig und oberflächlich. „Als wenn sie, auf sich selbst beschränkt, in der Wüste lebten oder unkörperliche Wesen wären und weder Stadt, noch Dorf, noch Haus, noch überhaupt Umgang mit Menschen kennten, verachten diese das bei der Menge Beliebte und suchen die Wahrheit unverhüllt. Das heilige Wort aber lehre, sich wohl einer höheren Denkweise zu befleißigen, aber auch nichts von den Gebräuchen fahren zu lassen, welche gottbegeisterte und größere Männer als wir eingeführt haben. Sollen wir, weil wir den geistigen Sinn des Sabbats kennen, die gesetzlichen Vorschriften für denselben hintansetzen?" „Sollen wir also", ruft er aus, „am Sabbat mit Feuer umgehen, den Boden bebauen, Lasten tragen, vor Gericht laden und Recht sprechen, Schulden eintreiben und überhaupt alles Werktägige verrichten? Sollen wir, weil die Festeszeiten ein Sinnbild des Seelenfriedens und des Dankgefühles gegen Gott bedeuten, die festliche Weihe verwerfen? Oder weil wir die symbolische Bedeutung der Beschneidung kennen, sollen wir dieses Gesetz aufgeben? So müßten wir auch die Heiligkeit des Tempels und andere Religionsgebräuche aufgeben, wenn wir nur die geistige Bedeutung derselben gelten lassen wollten. Man muß vielmehr beides, die höhere Wahrheit eines Gesetzes und das Gesetz selbst gleich schätzen, jene als die Seele, dieses als den Leib. So wie wir den Leib als Sitz der Seele pflegen, so müssen wir auch den Buchstaben der Gesetze (ῥητοὶ νόμοι) beachten. Gerade durch die Be-

---

[1]) Philo de mundi opificio, § 23, M. I 16 u. a. St.
[2]) Das. de migratione Abrahami § 16, M. I, 450.

obachtung können wir der Gesetze tieferen Sinn besser begreifen und entgehen zugleich den Vorwürfen und Beschuldigungen der Menge"¹).

Die Göttlichkeit, Heiligkeit und Unverbrüchlichkeit des judäischen Gesetzes betont Philo also mit besonderem Nachdrucke, und wenn er auch hin und wieder aufstellt, nur die zehn Gebote, als die Hauptprinzipien des Judentums, seien unmittelbar von Gott gegeben, die übrigen Gesetzesbestimmungen hingegen stammten von Mose, so verfehlt er doch nicht, hinzuzufügen, daß Gott selbst Mose als Dolmetsch der Gesetze auserwählt habe, und daß das von ihm Mitgeteilte mithin ebenfalls als göttlich beurkundet angesehen werden müsse²). „Daher bleiben, bei dem Wechsel der Gesetze bei andern Völkern, die Gesetze des Judentums stets fest, unberührt, unerschüttert, wie mit dem Siegel der Natur gezeichnet, von dem Tage an, da sie geoffenbart worden, bis auf den heutigen Tag, und gewiß werden sie in aller Ewigkeit fortdauern, so lange Sonne und Mond und die Welt bestehen werden". So viel das judäische Volk an Glück und Unglück erfahren, hat es auch nicht das Geringste von dem Gesetze aufgegeben, weil es dasselbe als heilig und göttlich verehrt. Weder Hungersnot, noch Seuchen, noch Krieg, noch des Tyrannen Drohen hat das Gesetz aufzulösen vermocht, wie sollte es nicht geschätzt und Allem vorgezogen werden?³). Philo war der Überzeugung, daß die Zehnworte, von der Gottheit offenbart, vom ganzen Volke, Männern und Frauen, vernommen worden seien. „Also hat Gott sich einer Stimme bedient? Fern sei es, daß so etwas in den Sinn käme! Gott bedarf nicht wie der Mensch des Mundes und der Sprache. Aber es scheint mir, daß damals etwas Wunderbares und Gottwürdiges vorgegangen ist, indem Gott in der Luft einen **unsichtbaren Klang**, angenehmer als jede Harmonie, gebildet hat"⁴). So dachte sich Philo die sinaitische Offenbarung.

In den Schriftdenkmälern des Judentums ist, nach Philos Ansicht, die tiefste Weisheit enthalten. Was die bündigste Philosophie ihren Jüngern gelehrt, das schöpfen die Judäer aus ihren Gesetzen und Sitten, namentlich die Erkenntnis des ewigen Gottes, die Verwerfung der eitlen Götter und Milde und Menschlichkeit gegen alle Geschöpfe. „Sind die Gesetze nicht würdig, hochverehrt zu werden," ruft er aus, „welche die Reichen lehren von ihren Gütern den Dürf-

---

¹) Philo, de profugis § 10, M. I 554.
²) Das. de decalogo § 4, M. II 182 u. a. St.
³) Das. de Mose II, 3; II 137 M.
⁴) Das. de decalogo, § 9 auch das. 11, M. II 185, 188 u. de praemiis § 1, M. I 408
Philos ἠχὴ ἀόρατος entspricht dem קול נברא der mittelalterlichen Philosophen.

tigen mitzuteilen und die Armen trösten, daß eine Zeit für sie kommt, wo sie nicht an den Türen der Reichen zu betteln brauchen, sondern ihr veräußertes Besitztum wieder erlangen? Mit dem Eintritt des siebenten Jahres werden die Witwen, Waisen und alle Enterbten mit einem Male wieder begütert"[1]. Gegen die feindseligen Schmähungen des Judentums von seiten eines Lysimachos, Apion und ihrer Genossen hebt Philo hervor, wie die judäischen Gesetze von Menschlichkeit durchweht sind, die sie sogar gegen Tiere und Pflanzen einschärfen. „Und da verschreien die elenden Sykophanten das Judentum als menschenfeindlich, während es doch gerade auf Liebe beruht"[2].

Wie groß Philos Verehrung für jeden Buchstaben der heiligen Schrift war, erhellt aus einer Nachricht, die er mitteilt, und die zugleich Licht auf die Stimmung der alexandrinischen Judäer wirft. Ein Spötter hatte sich über die Namensveränderung, welche, nach der Schrift, Abraham und Sara erfahren haben, lustig gemacht und die Worte gebraucht: „Welche glänzende Geschenke hat doch der Herr dem Patriarchen und seiner Frau gemacht! Dem einen schenkte er ein Alpha, dem Andern ein Rho (nach griechischer Aussprache (Sarrha)!" Als später dieser Spötter sich erwürgt hatte, erblickte Philo darin die strafende Hand des Himmels für seine ironische Äußerung gegen die Erhabenheit der heiligen Schrift[3]. Die hohe Verehrung für das Gesetz beurkundete er auch dadurch, daß er mit schüchterner Demut an die Erklärung desselben ging und dem Schöpfer dafür dankte, daß er gewürdigt worden, Dolmetsch desselben zu sein, um das der Menge Unverständliche zum Verständnis zu bringen[4].

Um den Spöttern und Gesetzesverächtern unter seinen Stammesgenossen und den Griechen, welche nur eine falsche Vorstellung vom Judentume hatten, eine bessere Meinung für die Schriftdenkmäler des Judentums beizubringen, arbeitete Philo seine Schriften aus, die eine Art philosophischen Kommentars zum Pentateuch bilden. Es war der erste Versuch dieser Art, die Wahrheiten des Judentums in gedankenmäßige Form zu bringen. Er teilte seine Schriften in zwei Teile ein, in das Buch „über die Weltschöpfung" ($\kappa o \sigma \mu o \pi o \iota \alpha$) — das aber zugleich alles Geschichtliche in der Genesis bis zu Abrahams Geburt umfaßt — und in das Buch „über die Gesetze" ($\nu \acute{o} \mu o \iota$), wozu er auch die Geschichte der drei Patriarchen, sowie Josephs und Moses zählte, deren Leben er als ungeschriebene, gewissermaßen persönlich

---

[1] Philo de septenario § 12. M. II, 289.
[2] Das. de humanitate § 19, M. II, 399.
[3] Das. de nominum mutatione § 8. M. I, 587.
[4] Das. de specialibus legibus. Anfang. M. II, 299.

gewordene Gesetze betrachtete¹). Wenn er in dem ersten Teil über die Weltschöpfung sich der Maßlosigkeit der allegorischen Auslegung ganz und gar überläßt, so bleibt er dagegen in dem zweiten über die Gesetze nüchtern und besonnen. Er suchte das Vernünftige, Sittliche, ewig Wahre in der pentateuchischen Gesetzgebung hervorzukehren, stellte dieser Lichtseite die Schattenseite anderer Gesetzgebungen entgegen, wozu seine Belesenheit ihm reichen Stoff bot, und konnte dadurch die Vorzüge des Judentums noch schärfer hervortreten lassen. Nur selten mäkelt er an den Buchstaben einer Gesetzesvorschrift, um sie in allegorischer Bedeutung zu fassen²). Meistens läßt er die Gültigkeit der Gesetze in ihrer buchstäblichen Auffassung unangefochten, nur legt er den Zeremonialgesetzen einen symbolischen Sinn unter, deren Zweck eben sein soll, eine höhere Wahrheit zur Anschauung zu bringen. Als Beweis für die Vortrefflichkeit der judäischen Gesetze führt Philo an, daß einige derselben, wie namentlich die Ruhe am siebenten Tage, von allen Völkern der Erde angenommen worden seien³); andere, wie das Fasten am Versöhnungstage, die Enthaltung von allen irdischen Genüssen, welche die Erhebung zum Geistigen bedinge, von allen Völkern bewundert worden seien⁴).

Philos philosophische Auslegung der Gesetze hing eng zusammen mit seiner Ansicht von der idealen Bedeutung der judäischen Nation. Obwohl Himmel und Erde Gottes sind, habe er doch aus dem ganzen Menschengeschlechte das Volk Israel, die **Menschen im wahren Sinne**, auserwählt, es seiner besondern Vorsehung gewürdigt und es zu seinem Dienste, der ewigen Quelle aller Tugenden, berufen⁵). Die Israeliten haben nach seiner Ansicht die Aufgabe erhalten, dem ganzen Menschengeschlechte als Priester und Propheten zu dienen, ihm die Wahrheit und namentlich die reine Gotteserkenntnis zu vermitteln. Darum habe sich auch das judäische Volk der besondern Gnade Gottes zu erfreuen, von der es niemals verlassen und aufgegeben werde. Mit andern Völkern verglichen, erscheine die judäische Nation als eine Waise. Andere Nationen stehen einander bei, sie hingegen, durch eigene Gesetze abgesondert, könne niemals auf andere Hilfe rechnen. Denn gerade die äußerste Strenge der judäischen Gesetze, welche zur Erreichung des höchsten Grades der Tugendhaftigkeit so notwendig

---

¹) Philo de Abrahamo. Anfang. M. II, 2.
²) Das. de Somniis I, § 16; M. I, 635 vergl. noch de sacrificantibus § 13, M. II, 261.
³) Das. de Mose II, 4; M. II, 137; vergl. Josephus c. Apionem II, 39; Dio Cassius 37, 18.
⁴) Philo, de Septenario § 13, M. II, 290.
⁵) Das. de sacrificantibus § 13, M. II, 261.

sei, stoße die andern Völker ab, welche meistens dem Leben des Genusses ergeben sind. Aber gerade wegen der Verwaistheit des judäischen Volkes könne es auf die Barmherzigkeit Gottes um so eher rechnen[1]). Philo war von dem Glauben durchdrungen, daß die zerstreuten und leidenden Israeliten einst wieder durch eine messianische Veranstaltung gesammelt und heimgeführt werden würden, und daß sich ihnen die Gnade Gottes wieder leuchtend zuwenden und sie für ihre unsäglichen Leiden und ihre ausdauernde Standhaftigkeit belohnen werde (o. S. 275). Das Sinnbild des Priestervolkes sei der blühende Mandelstab Ahrons, welcher andeute, daß es immer in Blütenfrische bleiben und den ewigen Frühling genießen werde[2]).

Wenn so Philo auf der einen Seite ganz auf judäischem Boden stand, die Schriftdenkmäler des Judentums für verehrungswürdig, seine Gesetze für heilig, vernünftig und unverbrüchlich hielt und die Hoffnungen auf die messianische Zukunft in vollem Maße teilte, so war er andererseits von den, dem Judentume zuwiderlaufenden Lehrsätzen der griechischen Philosophen-Schulen nicht minder erfüllt. Der judäische und der hellenische Geist beherrschten ihn gleich stark und machten sich den Besitz seiner Gedankenwelt streitig. Vergeblich mühte er sich ab, die Gegensätze in Einklang zu bringen; das von Hause aus Feindliche ließ sich nicht versöhnen. Daher die Widersprüche, in die sein Denken geriet; daher die Erscheinung, daß er sich einmal mehr den judäischen Lehren, das andere Mal mehr den philosophischen Anschauungen zuneigte. Das Gedankensystem, das in seinen Schriften zerstreut angetroffen wird, verrät dieses Schwanken in auffallender Weise; aber er selbst hatte kein Bewußtsein von diesem Widerspruche. Er war fest überzeugt, daß die philosophischen Lehren der Griechen in dem judäischen Schrifttum enthalten seien. Das ist seine schwache Seite. Wie sehr er auch die Befangenheit seiner Zeitgenossen überflügelte, so blieb er doch hinter der rechten Würdigung des Judentums zurück oder vielmehr nur an dessen Oberfläche stehen; das wahre Wesen desselben hat sich ihm nicht erschlossen. Der Gedankenbau, der sich aus den zerstreuten Aussprüchen der philonischen Schriften zusammenstellen läßt, trägt dieses Gepräge des halb-judäischen und halb-hellenischen Geistes unverkennbar an sich.

Philos System[3]) hat vor Allem einen durchgängig religiösen

---

[1]) Philo de creatione principum § 6, M. II, 365 fg.
[2]) Das. de Mose III, 22. M. II, 163.
[3]) Das philonische System hat Zeller in seiner Geschichte der griechischen Philosophie III, 2 lichtvoll behandelt. Die Zitate sind daselbst zu finden. Die Logosidee hat genetisch behandelt Heinze, die Lehre vom Logos in der griechischen

Charakter, und hierin zeigt sich der Einfluß des Judentums auf seine Gedankenwelt am mächtigsten. Gott allein ist ihm das Gute, Vollkommene und Wirkliche; der Stoff, aus welchem die Welt besteht, ist endlich, hat nur ein scheinbares Sein und ist die Quelle des Bösen. Gott als der Unendliche und Unerschaffene ist mit nichts Gewordenem zu vergleichen. Er hat keine Ähnlichkeit mit den Geschöpfen, ist erhaben über Zeit, Raum und menschliche Affekte; er ist selbstgenügsam. Er ist besser als die Tugend und das Wissen, besser als das Schöne und Gute (das Ideal der griechischen Weisheit), einfacher als das Eins, seliger als die Seligkeit. Daher könne eigentlich Gott keinerlei Eigenschaft beigelegt werden, oder nur verneinende; man müsse daher sagen, Gott sei eigenschaftslos (ἄποιος). Daher können auch keine Namen Gottes Wesen bezeichnen; man könne nur von ihm aussagen, er ist der **Seiende** (ὁ ὤν) oder das **Sein im Allgemeinen** (τὸ ὄν). Diesen philosophischen Begriff bezeichne das Judentum durch den vierbuchstabigen Namen Gottes (Tetragrammaton), der nur in dem Heiligtum ausgesprochen und nur von Solchen, deren Sinn und Sprache durch die Weisheit geläutert sind, vernommen werden dürfe[1]). Gott könne daher vom endlichen Verstande gar nicht begriffen werden, der Mensch könne nur wissen, daß Gott ist; was er aber ist, bleibt dem Sterblichen verborgen. Um aber die Persönlichkeit Gottes zu retten, mußte das philonische System zum Teil von dieser **Eigenschaftslosigkeit** abgehen und Gott auch die höchste Wirksamkeit zuschreiben. Ihm gebühre ebenso die unendliche **Tätigkeit**, wie das wahre **Sein**. Das Wirken ist Gott ebenso eigentümlich wie dem Feuer das Brennen und dem Schnee die Kälte, und dieses um so mehr, als er ja der Grund ist alles dessen, was wirksam ist. Gott wirkt unaufhörlich, und sein Tun ist der Inbegriff seiner Vollkommenheit und Wahrheit. In dieser Wirksamkeit Gottes lassen sich nach Philo zwei Seiten unterscheiden; die Macht und die Güte, welche in der Bibel durch zwei Gottesnamen Adonai-Elohim (κύριος-θεός) bezeichnet sein sollen. Die Macht ist die **königliche**, die **gesetzgebende**, die **strafende**, die Güte die **wohltätige**, die **gnadenreiche**, die **erbarmende** Eigenschaft Gottes.

Vermöge seiner unendlichen Wirksamkeit und seiner Allmacht müsse Gott schöpferisch gedacht werden, aber vermöge seiner Erhabenheit und Vollkommenheit könne er mit dem das Böse enthaltenden Urstoff nicht in Berührung kommen. Daher nimmt das philonische

Philosophie 1872. Vergl. dazu Frankel-Graetz, Monatsschr. Jahrgang 1872, S. 269 fg. [Weitere Literatur bei Schürer III³, 543 f.]
[1]) Philo vita Mosis III, 11, 14. M. II, 152, 155.

System Mittelwesen zwischen Gott und der Welt an. Gott schuf zuerst die geistige Welt der Ideen, die nicht bloß Urbilder der zu schaffenden Dinge werden sollten, sondern zugleich wirkende Kräfte und Ursachen wurden, die Gott, wie ein Gefolge diensttuender Wesen, umgeben. Durch diese geistigen Kräfte wirkte Gott mittelbar in der Welt. Sie sind seine Statthalter und Boten, die Ordner der Welt, die unzerreißbaren Bänder, die Gott durch das Weltall gespannt, die Säulen, auf welche er sie gestützt hat. Sie sind die reinen Seelen, welche die Griechen als gute Dämonen bezeichnen, Mose aber Engel nennt. Philo schwankte bei der Beschreibung dieser Kräfte; bald läßt er sie als unzertrennliche Teile Gottes, bald als selbständige, persönliche Wesen wirken, je nachdem der philosophische oder der judäische Einfluß in seinem Denken überwiegt. Wie Gott diese Kräfte hervorgebracht hat, darüber gibt das philonische System nur ungenaue Auskunft. Bald erklärt es diese geistige Schöpfung durch Erweiterung und Spannung des göttlichen Wesens (ἐκτείνειν), bald durch ein Ausströmen Gottes in die Welt (ἀπόρροια).

Der Inbegriff dieser geistigen Kräfte als Vermittler zwischen Gott und der Welt ist nach Philo der Logos oder die wirksame göttliche Vernunft, die göttliche Weisheit, der Geist Gottes, die Kraft aller Kräfte. Der Logos ist, nach Philos mehr schwärmerischer als philosophischer Schilderung, der erstgeborene Sohn Gottes, der an der Grenze zwischen dem Unendlichen und Endlichen steht und beide zugleich verbindet und scheidet. Er ist weder unerschaffen wie Gott, noch geschaffen wie die endlichen Dinge. Der Logos ist das Urbild der Welt, der Stellvertreter Gottes, der dessen Befehle der Welt überbringt, der Dolmetsch, der ihr seinen Willen verkündet, der Vollstrecker, der ihn sogleich vollzieht, der Erzengel, der die Wirkungen und Offenbarungen Gottes an die Menschen vermittelt, der Hohepriester, der Fürbitte für die Welt bei Gott einlegt. Den Begriff der Weltvernunft, der unabänderlichen Gesetze, wodurch die Ordnung in der Welt erhalten wird, hat die griechische Philosophie aufgestellt, und den Namen Logos hat die stoische Schule dafür eingeführt. Aber dieser Begriff hatte für Philo nicht den Charakter der Wahrheit, solange er ihn nicht in der heiligen Schrift bestätigt fand. Diese Bestätigung ist ihm in einer tiefen Verzückung zugekommen, und mit einem Wonnegefühle erinnerte er sich später dieser ihm zuteil gewordenen inneren Offenbarung. Er fand den Logos, seine Bedeutung und Wirksamkeit in der Schrift durch das feurige Schwert bezeichnet, welches neben den beiden Cherubim, als Symbol der beiden Grundkräfte Gottes,

Wache vor dem Eden hält[1]). Philo ging aber keineswegs soweit, den Logos in einem gewissen Sinne den zweiten Gott zu nennen[2]). Wenn es nun heißt: Gott habe die Welt erschaffen, so ist das nach der philonischen Auffassung so zu verstehen: Gott habe den Logos, als Urbild der Welt, erschaffen, die eigentliche Weltschöpfung habe Gott nicht unmittelbar, sondern durch den Logos vollbracht. Die Welt ist ein Abbild des Logos, der sie in geziemende Form gebracht hat und sie in Ordnung erhält; er ist die Seele des Weltalls, die sie bewegende Kraft, das sie beherrschende Gesetz. Er ist auch die geschichtliche Vorsehung, welche die gewöhnliche Sprache Glück nennt; er bewirkt den Auf= und Niedergang der Völker und Staaten[3]).

Die Welt dachte sich Philo allerdings als erschaffen, und er betont diesen Gedanken ausdrücklich als die Lehre des Judentums gegen diejenige Behauptung, die der Welt Anfangslosigkeit zuschreibt; aber diese Weltschöpfung war nach seiner Ansicht doch mehr eine Weltbildung, indem die göttliche Weisheit, der Logos, den toten Stoff belebt, geschieden und geordnet hat. Der Mensch ist nach seiner geistigen Seite gleich den höheren Wesen oder Engeln ein Erzeugnis des Logos, und durch ihn hat er Teil an der Gottheit oder ist, im biblischen Sinne, im Ebenbilde Gottes erschaffen. Daher besitzt der Mensch das göttliche Geschenk des Denkvermögens und der Willensfreiheit. Vermöge der Verbindung der von Gott stammenden Seele mit dem Leibe steht der Mensch an der Grenzscheide des Ewigen und Vergänglichen. Er ist eine Welt im Kleinen, das edelste unter den Geschöpfen, aber niedriger als die unkörperlichen Wesen. Die Unsterblichkeit der Seele bedurfte für Philo keines besondern Beweises; da die Seele göttlichen Ursprungs ist, muß sie eben dadurch unvergänglich gedacht

---

[1]) Philo, de Cherubim, § 9. M. I, 144.

[2]) De Somniis I, § 39. M. I, p. 655. Die Stelle ist instruktiv. Philo verwahrt sich dagegen, als ob er mit der Annahme des Logos einen Dualismus in der Gottheit statuierte. „Ἐγώ εἰμι ὁ θεὸς ὁ ὀφθείς σοι ἐν τόπῳ θεοῦ..." Μὴ παρέλθῃς δὲ τὸ εἰρημένον, ἀλλ᾽ ἀκριβῶς ἐξέτασον εἰ τῷ ὄντι δύο εἰσὶ θεοί... τί οὖν χρὴ λέγειν; Ὁ μὲν ἀληθείᾳ θεὸς εἷς ἐστιν. Hier spricht Philo durchaus nicht von einem zweiten Gotte. Wenn es nun in den bei Eusebius angeführten Quaestiones (Praepar. evang. III, 83) lautet: διὰ τί ὡς περὶ ἑτέρου θεοῦ φησι τό: ἐν εἰκόνι θεοῦ κ. τ. λ. und dann weiter: πρὸς τὸν δεύτερον θεόν, ὅς ἐστιν ἐκείνου λόγος, so kann diese Auslegung schwerlich Philo angehören, sonst hätte er an andern Stellen, wo er den Vers Genesis 1, 27 anführt — und er legt ihn öfter aus — vom Logos als dem zweiten Gotte, sprechen müssen. Es ergibt sich also auch daraus, daß die Quaestiones nicht echt philonisch sind. Man ist daher nicht berechtigt aufzustellen: Philo habe den Logos als den zweiten Gott bezeichnet. [Die Quaestiones gelten jetzt allgemein für echt, vergl. Schürer III³, 497 ff.]

[3]) Das. quod Deus immutabilis § 36.

werden. Im Tode löst sich die Seele vom Leibe ab, um zu ihrem Ursprunge, in ihre Heimat zurückzukehren, vom Kerkerleben des Irdischen befreit, aus dem sie sich, wie die Israeliten aus Ägypten, schon im Leben weggesehnt hat. Solange die Seele aber mit dem Leibe in Verbindung ist, wird sie zu Boden gedrückt und ist nicht frei von Sünde: der Leib reizt die Seele zur Sinnlichkeit.

Der Lebenszweck der Seele des vollkommenen Menschen, des Weisen, und das höchste Gut ist daher **Unterdrückung der Sinnlichkeit und aller irdischen Affekte und Erstreben der reinen Sittlichkeit oder Heiligkeit.** In diesem Punkte konnte Philo die Lehren der stoischen Schule mit dem Judentum in Einklang bringen. Die Sittlichkeit läßt sich nach Philo in zwei Verpflichtungen zusammenfassen: in **Verehrung gegen Gott und in Liebe und Gerechtigkeit gegen alle Menschen.** Aber der Mensch vermag, auf seine eigene Kraft beschränkt, sich nicht von der Sinnlichkeit loszumachen und dem Höchsten zuzustreben; er bedarf dazu der gnadenvollen Mitwirkung Gottes. Er muß daher, wenn er ein tugendhaftes Leben führen will, stets in Verbindung mit Gott bleiben: die wahre Weisheit ist die Furcht Gottes. Der Weise soll sich daher ausschließlich der Betrachtung Gottes widmen. Selbst die Philosophie, die ein Geschenk Gottes ist, hat nur den einen Zweck, den Zug der Seele zu Gott zu befördern. Aber sie genügt nicht, um ein höheres Leben zu erzeugen. So wie der Mensch Erkenntnis seiner selbst erlangt, gewahrt er die Unzulänglichkeit seines Verstandes. Er soll daher, wenn er das Hauptziel, das dem Menschen gesteckt ist, erreichen will, seine Verstandeserkenntnis aufgeben und sich ganz in Gott versenken. Das menschliche Licht muß in dem Göttlichen erlöschen. Der Mensch muß sich in den Zustand der Verzückung, in eine Art göttlichen **Wahnsinns** (ἔκστασις ἔνθεος) versetzen; denn sobald das göttliche Licht aufleuchtet, geht das menschliche unter und ebenso umgekehrt. Dieser hochgestimmte verzückte Seelenzustand ist die Eigentümlichkeit der Propheten gewesen, bei denen das menschliche Denken ganz vor dem göttlichen Geiste verschwand. Über den verzückten, ganz in Gott aufgegangenen Menschen kommt nämlich der prophetische Geist, und er ist dann imstande, das wahre Wesen der Gottheit zu erkennen und in Gemeinschaft mit ihr zu treten. Die Propheten sind als die Organe der Gottheit zu betrachten, durch welche sie ihren Willen kundgibt. Denn der wahre Prophet verkündet nicht eigene Gedanken aus sich heraus, ja begreift selbst nicht einmal das von ihm Verkündete, sondern fühlt sich wie von einem andern außer und über ihm befindlichen Wesen unsichtbar getrieben, dessen Eingebungen wiederzutönen. Daher kann kein Lasterhafter Prophet werden; nur der wahre Weise ist würdig als göttliches Organ zu dienen[1]). Da nun Mose, der größte aller Propheten, Freund und Liebling der Gottheit war, so ist er am vorzüglichsten gewürdigt worden, die **Offenbarung und den Willen Gottes** zu vernehmen. Diese Offenbarung ist in den von Mose niedergeschriebenen Büchern über die Weltschöpfung, die Geschichte und die Gesetze niedergelegt, die eben dadurch den Stempel des Göttlichen an sich tragen[2]).

Durch diese Gedankenreihe glaubte Philo Judentum und griechische Weltanschauung zur Versöhnung gebracht zu haben. Indessen war diese Versöhnung keineswegs so innig, um den Widerstreit auszugleichen; die Unverträglichkeit beider war durch diese Auffassungsweise nur verdeckt, nicht aufgehoben. Es war der philonischen Zeit noch nicht möglich, das Grundwesen des Judentums und ebensowenig das des Griechentums in aller Schärfe zu erkennen; darum kamen in derselben nur die springenden Punkte beider in Betracht, die übrigen, nicht minder wesentlichen Seiten wurden gar nicht mit hineingezogen. Das philonische System ist daher mangelhaft und schwankend. Allein bei aller Mangelhaftigkeit und Schwäche entwickelt es doch eine so sprudelnde und tiefe Gedankenfülle, daß es nachfolgenden Denkern reichen Stoff für ihren Geist darbot. Einige Vorstellungen des philonischen Systems fanden besonders, eben weil sie neu und eigentümlich waren, eine günstige Aufnahme und wirkten in größern Kreisen, besonders die Lehre von dem zwischen Gott und der Welt vermittelnden Urbild alles Erschaffenen (Logos), von der Überweltlichkeit Gottes und von seiner Erkenntnisweise durch Seelenverzückung. Die Logoslehre benutzte das junge Christentum, um seinem Wesen ein philosophisches Gepräge zu geben. Der letzte Sproß, den die griechische Philosophie unter der Form des Neuplatonismus trieb, baute ein neues System auf einigen dem philonischen Gedankenkreise entlehnten Ideen. Philo wurde solchergestalt auch, ohne es zu wollen, der Stammvater einer mystischen Weltanschauung, die auf vielfachen Umwegen und Krümmungen zum Judentume zurückkehrte und unter mannigfacher Wandlung die Kabbala erzeugte.

Als wollte Philo selbst gegen die mystischen Wahngebilde, die man aus seinen hingeworfenen Äußerungen ziehen könnte, mit aller Kraft protestieren, stellte er gleich im Eingange zu seiner philosophischen Schriftauslegung die Grundlehren des Judentums unzweideutig und

---

[1]) Philo quis rerum divinarum heres § 53, M. I, 511; de Monarchia I, 1, M. II, 222 f. de specialibus legibus § 8, M. II, 307.
[2]) Das. de decalogo § 5, M. II. 183.

gewissermaßen nüchtern zusammen. In der Darstellung der Weltschöpfung habe Mose fünf vortreffliche Punkte gelehrt: Zunächst daß es einen Gott gebe gegenüber den Zweiflern und Gottesleugnern; sodann die Einzigkeit dieses Gottes gegenüber denen, welche die Zwietracht auf Erden auch in den Himmel verlegen; ferner: daß die Welt von diesem Gotte erschaffen sei, und daß es nur eine einzige Welt gebe, und endlich, daß die göttliche Vorsehung die Welt leite und regiere[1]). Nichtsdestoweniger verschmähte die Nachwelt und besonders das Christentum die gesunde Geistesnahrung, die Philo gereicht hatte, und griff gerade die unverdaulichen Zutaten auf, die er ihr, der verdorbenen Geschmacksrichtung der Zeit zu Liebe, beigegeben hatte.

Ungleich kraftvoller als alle seine Vorgänger hat der fürstliche Philosoph von Alexandrien aus dem Arabarchenhause das in Laster und Vertierung versunkene griechische und römische Heidentum herausgefordert und bekämpft. Seine ganze Auseinandersetzung über die Gesetze des Judentums zielt im Grunde darauf hin, in der Lichtseite derselben die Schattenseite des Heidentums, die geschlechtlichen Verirrungen, die Gemütsleere und Fäulnis in der griechisch-römischen Welt zu zeigen. Nichtsdestoweniger hielt Philo es für nötig, weil verlogene Anklagen gegen das Judentum zu seiner Zeit allzuhäufig vorkamen, dieses in Schutz zu nehmen und seine Hoheit in einfacher Auseinandersetzung zu beurkunden. Seine Hauptschriften waren zunächst für Stammes- und Glaubensgenossen ausgearbeitet; er wollte aber auch mit den draußen Stehenden ein ernstes Wort reden.

Leichtsinnige und boshafte Schwätzer, Sykophanten, wie sie Philo nennt — Lysimachos aus Alexandrien oder Kyrene und der Lügenschmied Apion (o. S. 325, 328) — hatten den Gesetzgeber Mose einen Gaukler und Betrüger genannt und die von ihm stammenden Gesetze als menschenfeindlich und verwerflich bezeichnet. Gegen diese Verleumder verfaßte Philo eine eigene Schrift[2]), um ihre von Bosheit gegen die Judäer eingegebenen Anklagen zu widerlegen. Es konnte ihm nicht schwer werden gegenüber den geringzähligen Spuren der Menschlichkeit, deren sich die Griechen aus alter Zeit rühmten, wie z. B. Keinem Feuer zu versagen, einem Verirrten den rechten Weg zu zeigen, eine lange Reihe von Gesetzen der Barmherzigkeit aufzuzählen, die teils im Gesetzbuch ausdrücklich befohlen sind oder ungeschrieben sich mündlich fortgepflanzt haben. An die Spitze der ungeschriebenen Gesetze stellte Philo Hillels goldenen Spruch auf: „Was dir verhaßt ist, das tue einem andern nicht" (o. S. 207, 283). Das

---

[1]) Philo de opificio mundi § 61, M. I, 41.
[2]) Eusebius, praepar. evangel. VIII, 358 fg. Vergl. Note 25.

Judentum verbietet nicht bloß, Jemandem Feuer zu versagen und Jemandem vom Wasser auszuschließen, sondern es besiehlt auch, den Armen und Schwachen, was sie zum Leben brauchen, zu verabreichen. Es verbietet ferner, falsches Gewicht und Maß und falsches Geld zu halten. Es verbietet, die Kinder von den Eltern und die Frau vom Manne zu trennen, wenn sie auch rechtmäßig als Sklaven erworben sind. Auch gegen Tiere gebietet das Gesetz Mitleid. „Was sind eure wenigen Gesetze dagegen", ruft er den Griechen zu, „die ihr, als aus uralter Zeit stammend, so sehr hervorhebt?" Zum Schlusse hob Philo den Segen der Sabbatruhe und des siebenten Brachjahres hervor. Durch das erstere sind die Judäer in der Lage, je einen Tag unter sieben ihre Gesetze durch Vorlesung und Auslegung kennen zu lernen, um vor Unwissenheit gewahrt zu sein; der Gatte kann die Frau, der Vater die Kinder, der Herr die Sklaven belehren, so daß alle imstande sind, über die Gesetze Auskunft zu geben. Das Sabbatjahr dient nicht bloß dazu, den Acker durch periodische Ruhe zu kräftigen, sondern auch dem Besitzlosen Lebensmittel zu gewähren, da es jedem freisteht, die Feldfrüchte zu sammeln, und das Eigentumsrecht in diesem Jahre aufgehoben ist. — Den boshaften Anklägern gegen den Gesetzgeber antwortete Philo in neckischem Tone: Ja, Mose müsse sich der Zauberei bedient haben, da er ein ganzes Volk in Durst und Hunger bei Unkunde der Wege und Mangel an allem und jedem nicht bloß in Überfluß inmitten der Völker erhalten, sondern es auch trotz der Zwietracht in dessen Mitte und der Auflehnung gegen ihn selbst außerordentlich gefügig gemacht habe.

Von den drei sittlichen Größen, welche innerhalb eines Jahrhunderts aufeinander gefolgt sind: Hillel, dem Babylonier, Jesus, dem Nazarener und Philo, dem Alexandriner, hat dieser am nachdrücklichsten das Judentum im großen und einzelnen verherrlicht und es gegen Verunglimpfung in Schutz genommen, wie er überhaupt beide nicht bloß an Formgewandtheit, sondern auch an Gedankenfülle weit überragte und an Glut der Überzeugung ihnen nicht nachstand. Die beiden ersteren haben lediglich eine Anregung gegeben, und erst ihre Jünger haben den von ihnen ausgegangenen Grundgedanken nicht ohne vielfache Entstellung in größere Kreise gebracht. Philo hatte wahrscheinlich auch einen Jüngerkreis, aber dieser scheint sich nur an die Schale seines Systems angeklammert zu haben, an die allegorische Auslegung der heiligen Schrift, die in Form von Fragen und Antworten vorgetragen wurde[1]). Nachhaltiger hat Philo durch seine

---

[1]) Die sogenannten Quaestiones, dieselbe Note.

künstlerisch ausgearbeiteten Schriften gewirkt, die von gebildeten Heiden vielleicht noch mehr als von Judäern gelesen wurden und den Lesern die Wärme, mit der er von Gott, dem Gesetzgeber Mose und dem Geiste der Gesetze schrieb, mitgeteilt haben. Philos Todesjahr ist ebenso unbekannt geblieben, wie das Hillels und Jesu; ihre Anhänger und Zeitgenossen haben ihren Lebensgang nicht der Nachwelt überliefert.

So hat das Judentum in seiner alexandrinischen Gestalt das gebildete, verfeinerte Heidentum gedanklich aufgehoben und vernichtet. Die alexandrinischen Weisen haben das Werk der großen Propheten Jesaia, Habakuk, Jeremia nach dieser Seite hin glücklich fortgesetzt und die Unvernunft, Haltlosigkeit, Verkehrtheit und Unsittlichkeit der heidnischen Religionsform dem blödesten Auge bloßgelegt. Den durchsichtig schimmernden Äther, welcher in den Augen der Griechen und Römer den Olymp umstrahlte, lösten sie in Dunst und Nebel auf. Tief fühlende sittliche Gemüter unter Griechen und Römern kamen zur Einsicht und wandten sich mit Verachtung von einer Religion ab, welche, neben einer so unwürdigen Vorstellung von der Gottheit, das lasterhafte Leben durch das aufgestellte Muster der Götter zu heiligen schien. Religionsbedürftig, wie die Völker der alten Welt überhaupt waren, schlossen sich solche nach Wahrheit und Sittlichkeit ringende Heiden dem Judentume an, dessen Wesen ihnen durch den Umgang mit gebildeten Juden, durch die griechische Übersetzung der judäischen Religionsquellen und durch die griechisch-alexandrinische Literatur immer mehr erschlossen wurde. In den letzten Jahrzehnten vor dem Untergange des judäischen Staates gab es, wie in keiner frühern Zeit, viele Proselyten[1]). Nicht bloß um äußerer Vorteile willen, um eine Heirat mit judäischen Frauen eingehen zu können oder um die Gunst der judäischen Fürsten zu erlangen — solche nannte man spottweise Proselyten der königlichen Tafel (Gere Schulchan Melachim)[2]) — sondern aus reiner Überzeugung bekannten sich nicht wenige zum Judentum. Sie fanden darin Beruhigung für ihre Zweifel und Nahrung für Geist und Gemüt. Philo berichtet als eine erlebte Erfahrung, daß die in seinem Vaterlande zum Judentum übergetretenen Heiden auch ihren Lebenswandel änderten und ein mit den Tugenden

---

[1]) Josephus gegen Apion II, 10; jüd. Krieg II, 18, 2; VII, 3, 3. Vergl. Seneca bei Augustinus, de civitate Dei VI, 11: Cum interim usque eo sceleratissimae gentis (Judaeorum) consuetudo convaluit, ut per omnes jam terras recepta sit, victi victoribus leges dederunt.

[2]) Jerus. Kidduschin c. 4, S. 65 b.

der Mäßigkeit, der Milde und Menschenliebe geziertes Leben führten¹).
„Diese, welche die natürlichen Sitten, in denen sie erzogen waren, aufgaben, weil sie von lügenhaften Erdichtungen und Eitelkeit voll sind, wurden echte Verehrer der Wahrheit und wendeten sich der lauteren Frömmigkeit zu"²). Namentlich fühlten sich Frauen, deren zartes Gemüt von der Schamlosigkeit der mythologischen Erzählungen verletzt wurde, von der zugleich kindlichen und erhabenen biblischen Darstellung angezogen. Auch war es für Frauen leichter, in den judäischen Bund zu treten, da sie nicht nötig hatten, sich einer schmerzhaften Operation zu unterwerfen. In Damaskus waren die meisten heidnischen Frauen zum Judentum übergetreten³). Manche, welche einen Ekel an dem künstlerisch-anziehenden, aber sittlich verletzenden heidnischen Kultus empfanden, gingen nicht gerade in die judäische Lebensgemeinschaft ein, sondern behielten ihre Lebensweise bei, verehrten aber nur den einig-einzigen Gott Israels, sandten Gaben an den Tempel in Jerusalem, der eine und andere feierte auch den Sabbat. Diese wurden als „Gottesverehrer" bezeichnet; es waren Halbproselyten. Solche soll es auch in Athen gegeben haben⁴). Hillels mildere Ansicht, Heiden nicht herb und finster abzuweisen, welche sich vom Judentum angezogen fühlten, war maßgebend geworden. In Jerusalem selbst wurden Proselyten mit zarter Rücksicht behandelt. Einer Proselyten-Familie Agathobulos, welche sich daselbst niedergelassen hatte, und wegen Verarmung wieder auswandern wollte, wurde aus dem Tempelschatze eine nicht unbedeutende Summe zur Lebensfristung verabreicht⁵). Einige für die Ausbreitung des Judentums allzu eifrige Judäer mögen geradezu auf Bekehrung der Heiden ausgegangen sein, wie die Geschichte jener römischen Patrizierin Fulvia beweist (v. S. 266).

Durch einen solchen Bekehrungseifer fand die judäische Lehre Eingang in einen asiatischen Hof, dessen Glieder während einiger Menschenalter treue Anhänger des Judentums blieben. Adiabene, das Hauptland des ehemaligen Assyrien, ein Vasallenstaat von Parthien, an den Ufern des Tigris, wurde von einem Königspaare Monobaz und Helene beherrscht. Diese Fürsten scheinen griechisch-macedonischen Ursprungs gewesen zu sein; dafür spricht nicht nur der griechische Name Helene, sondern ganz besonders der Umstand, daß das königs-

---

¹) Philo de poenitentia § 2, M. II 406.
²) Das. de sacrificantibus 10, M. II 258. ³) Josephus jüd. Krieg II, 20, 2.
⁴) Josephus jüd. Altert. XIV, 7, 2; jüd. Kr. II, 18, 2. Vgl. Graetz, jüd. Proselyten im Römerreiche, S. 13 f.
⁵) Monatsschrift 1881, S. 289 f.

liche Ehepaar nach macedonischer Unsitte zugleich Geschwister waren[1]). Dieser kleine aber nicht unmächtige Staat, obgleich von den großen Reichen Rom und Parthien berührt, wußte seine Selbständigkeit zu behaupten und hat sich mehrere Jahrhunderte erhalten. Unter den Kindern, die Monabaz mit dem Beinamen **Bazaios**, teils von Helenen, teils von anderen Frauen hatte, war **Izates** (geb. um 1, st. um 55), obwohl jünger als seine Brüder, der Lieblingssohn der Eltern. Um nicht wegen dieser Bevorzugung dem Neide der älteren Brüder von andern Müttern zum Opfer zu fallen, schickte ihn Monabaz an den Hof eines befreundeten Königs, der die Gegend inne hatte, wo die beiden Arme des Tigris (Pasitigris) zusammenfließen bis zu ihrer Mündung in den persischen Meerbusen. Dieses Gebiet führte den Namen **Mesene** (Mittelland) oder auch **Charakene**[2]) von der Hauptstadt **Charax-Spasinu**, welche der erste König derselben **Hyaspasinos** zuerst erbaut hatte, und die mit der Zeit Mittelpunkt des Welthandels geworden war. Einer der Nachfolger desselben, mit Namen **Abinerglos** (Abennerig), fand soviel Wohlgefallen an dem ihm anvertrauten jungen Prinzen Izates, daß er ihm seine Tochter zur Frau gab. An dem Hofe dieses Königs pflegte ein judäischer Kaufmann mit Namen **Anania** zu verkehren, der den Prinzessinnen nächst seiner Ware auch das Judentum empfahl und sie dafür gewann. Izates, dessen Frau **Samach** ebenfalls zu den Bekehrten gehörte, wurde auf Anania aufmerksam gemacht, ließ sich mit ihm in Unterredungen ein und faßte eine solche Anhänglichkeit an das Judentum, daß er sich dazu bekannte (um 18), und an den Mann, der es ihm gepredigt, daß er ihn an sich zu fesseln beschloß. Auch noch andere Heiden in Mesene teils eingeborene und teils aus der Stadt Palmyra, welche der schwunghafte Handelsverkehr in diesem Lande herangezogen hatte, bekannten sich zum Judentum. Auch Izates' Mutter, die Königin Helene, war, ohne daß der Sohn es wußte, von einem andern judäischen Heidenbekehrer für das Judentum gewonnen worden. Welchen tiefsittlichen Eindruck das Judentum auf die königlichen Neubekehrten gemacht hatte, zeigte sich bei dem nächsten Thronwechsel. Der sterbende Monobaz hatte seinen Lieblingssohn Izates mit Übergehung der älteren Söhne zum Nachfolger bestimmt. Als Helene den letzten Willen ihres Gatten den adiabenischen Großen verkündete, rieten diese zu einer Uutat, die an den parthischen und asiatischen Höfen oft genug vorgekommen ist. Zur Sicherheit des Staates, damit die Brüder des Izates

---

[1]) Josephus Altert. XX, 2, 1. Über das Chronologische vergl. Note 23.
[2]) Über Charakene oder Mesene, ihre Könige und ihre Bedeutung vergl. Graetz, das Königreich Mesene.

nicht aus Neid und Haß einen Bruderkrieg gegen ihn anfachen könnten, sollte sie dieselben durch den Tod unschädlich machen. Aber Helene, die durch die Annahme des Judentums gesänftigt und über eine so barbarische Politik entrüstet war, wies den Blutrat zurück und ging nur insofern darauf ein, als sie die Königsbrüder in Gewahrsam hielt; nur ihr älterer Sohn Monobaz II. blieb verschont und mit der Regentschaft betraut. Als Jzates in der adiabenischen Hauptstadt angekommen war und nach des Vaters letztwilliger Verfügung aus Monobaz' Hand die Krone empfangen hatte (um 22), hielt er es sogar für grausam, seine Brüder der Sicherheit wegen ihr lebelang im Kerker schmachten zu lassen. Er soll sie als Geißeln, d. h. zu einer Art ehrenvoller Verbannung, teils nach Rom teils nach der parthischen Hauptstadt gesandt haben.

Auf den Thron gelangt, wollte Jzates mit dem Judentum Ernst machen und sogar die Beschneidung an sich vollziehen lassen. Allein seine Mutter und selbst sein Lehrer Anania widerrieten aufs nachdrücklichste einen so gewagten Schritt, der seine heidnischen Untertanen zur Empörung gegen ihn treiben könnte. Anania, vermutlich ein hellenischer Judäer, suchte ihn vielmehr zu überzeugen, daß die Beschneidung für ihn nicht wesentlich sei. Jzates beruhigte sich anfangs dabei, bis später ein gesetzesstrenger Judäer aus Galiläa, mit Namen Eleasar, an seinen Hof kam und ihm eine andere Ansicht beibrachte. Eleasar fand den König einst beim Lesen des Pentateuch — ohne Zweifel in griechischer Übersetzung — und konnte sich nicht enthalten zu bemerken, daß es um dem judäischen Bekenntnisse ganz anzugehören nicht genüge, die Gesetze zu lesen, sondern daß man sie auch üben müsse. Darauf ließ sich Jzates, nach einer andern Nachricht auch sein älterer Bruder Monobaz, heimlich beschneiden[1]). Die sorgenvolle Ahnung, welche die Königin-Mutter für den Fall hegte, daß der vollständige Übertritt des adiabenischen Königs seinen Untertanen kund werden würde, traf nicht sobald ein. Jzates' Regierung wurde nicht angefochten, war vielmehr so geachtet, daß er als Vermittler zwischen dem parthischen König Artaban und dessen aufständischen Großen auftreten konnte, wofür er als Belohnung die Landschaft und die Stadt Nisibis erhielt, die eine zahlreiche judäische Gemeinde hatte. Später aber, als sämtliche Verwandte des Königs sich öffentlich zum Judentum bekannten, zettelten einige adiabenische Große eine Verschwörung gegen ihn an und forderten den Araberkönig Abia, welcher in dem Gebiete Edessa herrschte, heimlich auf, Jzates mit Krieg zu überziehen

---

[1]) Josephus, Altert. XX, 2, 2—4; Genesis Rabba c. 46.

Dieser folgte der Einladung und machte einen Einfall in Adiabene. Viele adiabenische Krieger gingen im entscheidenden Augenblicke zu ihm über. Dennoch wurde sein Heer von Izates besiegt, und Abia nahm sich aus Verzweiflung darüber das Leben. Später stachelten die adiabenischen Großen den Partherkönig Vologäses zum Kriege gegen ihren der Religion der Väter abtrünnigen König auf. Dieser Krieg hätte für Izates verderblich werden können, wenn nicht Vologäses vor der Schlacht plötzlich die Nachricht erhalten hätte, daß einige wilde Horden, Daher und Saker (Skythen), sein Land verheerten, und er dadurch gezwungen worden wäre, den Krieg aufzugeben. Seit dieser Zeit blieb Izates' Regierung, die einige dreißig Jahre dauerte, bis ans Ende ungetrübt[1]). Ob auch einige seiner Untertanen, dem Beispiele des Königs folgend, sich zum Judentume bekannten, wird nicht berichtet.

Wie groß die Anhänglichkeit des adiabenischen Königshauses an das Judentum war, bezeugt der Umstand, daß Helene eine Sehnsucht hatte, Jerusalem zu sehen; von ihrem Sohne unterstützt, trat sie die weite Reise an (um 43). Izates schickte auch fünf von seinen vielen Söhnen nach Jerusalem, um sie in der judäischen Religion und der hebräischen Sprache unterrichten zu lassen[2]). Welch ein Hochgefühl müssen nicht die Jerusalemer empfunden haben, als sie eine Königin einziehen sahen, die aus dem fernen Osten kam, um ihrem Gotte und ihrem Gesetze mit aufrichtigem Gemüt zu huldigen! Hatte sich jetzt nicht vor ihren Augen das prophetische Wort erfüllt, daß der zweite Tempel größer sein werde, als der erste, indem die Heiden in demselben den einen-einzigen Gott anbeten werden! Bald hatte auch Helene Gelegenheit, sich als Wohltäterin des Volkes zu zeigen. Eine Hungersnot hatte während ihrer Anwesenheit auf dem Lande schwer gelastet und besonders die ärmeren Klassen hart betroffen. Ein Assaron Mehl (ungef. 4 Liter) kam auf vier Drachmen (mehr als 3 Mark) zu stehen. Im Tempel war nicht hinlänglich Mehl für die Speiseopfer vorhanden, und doch mochten die hungernden Priester von dem Teil, der für das Feuer des Altars bestimmt war, auch nicht einen Krumen für sich gebrauchen. Von der ärmeren Klasse wurden viele durch die Not hingerafft. Die Königin Helene ließ ganze Schiffsladungen Getreide aus Alexandrien und Feigen aus Cypern aufkaufen und verteilte Alles unter die Bedürftigen (um 48). Izates gewährte ihr reichliche Mittel, ihre Neigung zur Freigebigkeit zu befriedigen[3]). Den Tempel be-

---

[1]) Josephus Altert. XX, 2, 3—4; 4, 1—2. Vergl. Note 23.
[2]) Jos. das. 3, 5; 3, 4. Über die Chronologie Note 23.
[3]) Das. 2, 5; 5, 2. Vergl. das. III, 15, 3 und Note 23.

Die proselytische Königin Helene.

schenkte sie königlich mit einer goldenen muschelartigen Scheibe für die Pforte des innern Heiligtums, die den ersten darauf fallenden Strahl der Morgensonne vielfach zurückwerfend, erglänzte und den dienstthuenden Priestern den Anbruch des Tages verkündete[1]). Auch mit einer goldenen Tafel beschenkte sie den Tempel, auf welcher der Gesetzesabschnitt eingegraben war, der beim Verfahren gegen eine des Ehebruchs verdächtige Frau gebraucht wurde[2]). Dieses Geschenk war kein günstiges Zeichen; es beweist, daß durch den Einfluß der Römer und des herodianischen Hauses Ehebruch oder Verdächtigung der Treue judäischer Frauen häufig vorgekommen sein müssen. Einige Jahrzehnte später mußte sogar das Verfahren bei des Ehebruchs verdächtigen Frauen wegen Überhandnahme des Verdachtes ganz eingestellt werden. Die Nation bewahrte der Proselytin Helene wegen ihrer Frömmigkeit und Wohltätigkeit ein dankbares Andenken[3]). Sie überlebte noch ihren Sohn Izates, der im Alter von fünfundfünfzig Jahren starb (um 55) und nächst vierundzwanzig Söhnen ebenso viele Töchter hinterlassen haben soll. Ihm folgte auf den abiabenischen Thron sein älterer Bruder Monobaz II., der eine nicht minder innige Anhänglichkeit an das Judentum an den Tag legte. Als auch Helene gestorben war, ließ Monobaz ihre Gebeine sowie die seines Bruders nach Jerusalem führen und in dem großartigen Grabmal beisetzen, welches sie während ihrer Anwesenheit dort hatte bauen lassen. Dieses Mausoleum Helenes, etwa drei Stadien (570 Meter) nördlich von Jerusalem, galt als ein Kunstwerk und war durch drei Pyramiden oder Säulen von weißem durchsichtigem Marmor[4]) kenntlich.

Das eigentliche Grabgewölbe war unterirdisch aus Steinen gehauen, ebenso die Eingangstür, die durch einen künstlichen Mechanismus sich einmal im Jahre zu einer bestimmten Stunde von selbst geöffnet und dann wieder geschlossen haben soll[5]). Als wenn diese kluge Königin geahnt hätte, daß Jerusalem in die Hände eines schonungs-

---

[1]) Mischna Joma III, 10. Eine Erklärung für das Wort נברשתא lautet in Jerus. z. St. (p. 41a) קינביתא. Es muß aber dafür gelesen werden קונכיתא = κόγχη, etwas Muschelartiges (so richtig emendiert von N. Brüll, Jahrb. für jüd. Gesch. I, S. 76 N). Dazu gehört die Erklärung in Jerus. (das.) שבשעה שהיתה החמה זורחת היו הניצוצות מנתה והיו יודעין שזרחה החמה.

[2]) Joma das. und a. a. St. [3]) Das.

[4]) Josephus Altert. XX, 4, 3. Eusebius Kirchengeschichte II, 12 bemerkt, daß man noch zu seiner Zeit das Grabmal gezeigt habe.

[5]) Pausanias VIII, 16. Vgl. Beschreibung und Abbildung der sogenannten Königsgräber in Robinson und Smith, Palästina II, 163 ff., wo die Identität der sogenannten Königsgräber mit dem Grabmal der Helene nachgewiesen ist.

losen Feindes fallen werde, wollte sie die Gebeine ihrer Familie durch die Erschwerung des Zuganges schützen. Noch jetzt sind die Trümmer des Grabmals vorhanden, aber unter dem falschen Namen „Königsgräber". Man sieht noch eine Felsenvertiefung mit mehrern unterirdischen Räumen, Hallen und Nischen und mit Spuren von Sarkophagen, Säulen und zierlichen Bildhauerwerken von Weintrauben, Blumen und Kränzen, die der zerstörenden Zeit getrotzt haben. Diese Grabtrümmer sind die beinahe zweitausendjährigen Zeugen von der Anziehungskraft, welche das Judentum auf hochgestellte Heiden ausgeübt hat. Das adiabenische Königsgeschlecht bewährte seine Anhänglichkeit an Jerusalem durch Bauten und Geschenke. Helene hatte einen Palast in der Unterstadt und ihre Enkelin, die Prinzessin Grapte, einen andern in dem Stadtteile Ophla bauen lassen[1]). Monobaz, der ebenfalls einen Palast in Jerusalem hatte[2]), ließ die Tempelgefäße, die am Versöhnungstage gebraucht wurden, aus Gold anfertigen[3]). Die Adiabener hielten treu zur judäischen Nation und standen ihr in der Not kräftig bei.

Dieser Zug religiösgesinnter heidnischer Gemüter nach dem Judentume, der sich in der Sage abspiegelt, daß ein äthiopischer Schatzmeister einer Königin Kandake (vielleicht die Königin Helene?) auf einem Wagen sitzend den Propheten Jesaia vorgelesen habe[4]), kam dem jungen Nazaräertum am meisten zu statten. Indem es sich dieser Stimmung bemächtigte und sie noch mehr steigerte, legte es den ersten Grundstein zu seiner Weltherrschaft. Zwei Judäer aus griechisch redenden Ländern, **Saulus aus Tarsus** (bekannt unter dem Namen **Paulus**) und **Jose Barnabas aus Cypern**, ein Levite, haben der kleinen christlichen Gemeinde dadurch, daß sie geradezu darauf ausgingen, Heiden zu Proselyten zu machen, eine Ausbreitung gegeben, welche das Nazaräertum aus der Beschränktheit einer judäischen Sekte zu einer eigenen Religionsform erhob, aber eben dadurch auch seinen ursprünglichen Charakter veränderte. In dem kurzen Jahrzehnt seit dem Tode des Stifters hatte die geringzählige Gemeinde einen Zuwachs von Anhängern aus zwei Kreisen erhalten, von **Essäern** und **Judäern aus griechischen Ländern**. Die ersteren, die bis dahin ins Blaue hinein geschwärmt und durch ein Wunder das Himmelreich erwartet hatten, mögen in Jesus die Verwirklichung ihrer Träume erblickt haben. Sobald diese Mystiker sich mit dem Gedanken eines leidenden Messias vertraut gemacht hatten und glaubten, daß dieser, anstatt als

---

[1]) Josephus jüd. Krieg V, 9, 11; IV, 6, 1; VI, 6, 3.
[2]) Das. V, 6, 1. [3]) Joma III, 10.
[4]) Apostelgeschichte 8, 27—30.

Befreier und Erlöser aufzutreten, den Kreuzestod erlitten haben könne, wurden sie warme Anhänger des Kreises, der aus unmittelbaren Jüngern Jesu bestand, und wandten ihm ihren ganzen Eifer zu. Die Essäer, die, ohne Familie, sich nicht aus sich selbst ergänzen konnten und neue Mitglieder durch ihre mystische Überredung suchen und anwerben mußten, setzten als gläubig-gewordene Jesu-Jünger ihr Werbewerk (Propaganda) fort und zogen neue Mitglieder aus den untersten Volksschichten an, welche von den Führern der Pharisäer vernachlässigt oder gar gemieden wurden. Sie steckten mit ihrer Rührigkeit und ihrem Werbeeifer auch die urchristliche Gemeinde an, die in ihrer Einfalt keineswegs einen Zuwachs von Gläubigen, sondern die baldige Wiederkehr Jesu in aller Herrlichkeit auf den Wolken des Himmels erwartete. Bald streiften auch aus ihrer Mitte, die ihren Hauptsitz in Jerusalem hatte, Sendboten (Apostel) zur Verbreitung der Überzeugung umher, daß noch mehrere oder recht viele glauben sollten, Jesus sei der wahre Messias gewesen.

Zur Anwerbung von recht vielen Gläubigen gehörte aber vor allem eine Redegewandtheit, wie sie die einfältigen galiläischen Fischer und Handwerker am wenigsten besaßen. Da kam der nazaräischen Gemeinde der Zutritt von griechisch-redenden Judäern zu statten. Aus Syrien, Kleinasien, Ägypten, Kyrene und den Inseln Kreta und Cypern strömten alljährlich Judäer nach Jerusalem zu den Festen herbei und weilten auch längere Zeit daselbst, neben Gemütsmenschen und Schwärmern auch Abenteurer, Neuerungssüchtige, Bettlergesindel. Von diesen ergriffen nicht wenige das ihnen zugetragene Neue um so begieriger als sie im allgemeinen im Schrifttum und in den Satzungen unwissend waren so daß ihnen die grundverkehrte Anwendung der Schriftverse aus den Propheten auf Jesus (o. S. 308) keineswegs durch Mark und Bein fuhr, vielmehr als das einzig Richtige erschien. Die Gütergemeinschaft und die gemeinsamen Mahle, welche die ebionitisch-christliche Gemeinde von ihrem essäischen Ursprunge beibehalten hatte, sagte diesen judäisch-griechischen Heimatlosen und Abenteurern besonders zu. Wer etwas Hab und Gut besaß, verkaufte es und legte den Erlös in die Ordenskasse, und wer nichts besaß, lebte sorglos in der Gemeinschaft[1]). Diese griechischen Judäer, welche von ihren heidnischen Nachbarn die Kunst erlernt hatten, über alles und jedes zu sprechen und auch einem leeren Inhalt eine ansprechende Form und Klang zu geben, verliehen der neuen Religionsform die erforderliche Sprache: sie redeten in Zungen[2]). Sie wurden die Prediger der jungen Gemeinde

---

[1]) Apostelgeschichte 2, 44 fg., 4, 34 fg.
[2]) Das. 2, 4 fg. Der Mystik entkleidet, kann das $\gamma\lambda\omega\sigma\sigma\alpha\iota\varsigma\ \lambda\alpha\lambda\varepsilon\tilde{\iota}\nu$ nur diesen Sinn haben.

und eigneten sich am besten zu Sendboten. Kaum bekehrt, warfen sie sich auf die Bekehrung Anderer. Freilich vertrugen sich die Fremden nicht immer mit den Einheimischen, beklagten sich öfter über Zurücksetzung und setzten es durch, daß auch aus ihrer Mitte sieben Verwalter für die gemeinsamen Mahlzeiten gewählt wurden[1]), damit sie nicht zu kurz kämen. Es dauerte nicht lange, so waren die galiläischen, ebionitischen und essäischen Elemente in dieser Mischung von dem griechischen überwuchert.

Die griechisch redenden Judäer oder Hellenisten, welche die Entwicklung des Gesetzes in den Schulen Jerusalems nicht kannten und überhaupt in der Gesetzeskunde unwissend waren, mochten sich manches Vergehen gegen die Satzung unwissentlich oder auch geradezu, weil es ihnen vernunftwidrig schien, haben zuschulden kommen lassen. Dabei ertappt und zur Rede gestellt, scheinen sie, rechthaberisch und streitsüchtig wie sie waren, ihre gesetzwidrigen Handlungen gerechtfertigt und mit ihrem Glauben an Jesu Messianität verteidigt zu haben, als wenn auch er sich über Satzungen hinweggesetzt hätte. In Jerusalem aber, das als heilige Stadt galt, wurde es mit jedem Brauche und jeder Satzung höchst ernst genommen. Man begann Argwohn gegen die in Zungen redenden Nazaräer zu schöpfen, daß sie Neuerungen einzuführen und das Gesetz zu verhöhnen trachteten. Nicht bloß die Behörden, sondern auch fromme Männer, welche in dem Bestehenden das Heil erblickten, begannen die Jesu=Anhänger zu beobachten und ihre Äußerungen in den Synagogen, auf Märkten und Plätzen zu behorchen. Am meisten fanatisch eingenommen gegen die neuerungssüchtigen Nazaräer war Saulus aus Tarsus, da er ein eifriger Anhänger der pharisäischen Lehre war und das Gesetz, das mündliche wie das schriftliche, im ganzen Umfange für unantastbar hielt[2]). Er, der griechisch sprach, war imstande, die Tragweite der Äußerungen der judäisch=christlichen Hellenisten in Jerusalem zu ermessen, und er war empört darüber. Einer dieser Griechen, Namens Stephanos, hatte sich am meisten gehen lassen und rücksichtslos gegen die Heiligkeit des Gesetzes und den Tempel gesprochen. Ihn scheint Saulus als Lästerer angegeben zu haben, und Stephanos wurde — es läßt sich nicht sagen, ob von einem Gerichtshofe oder von der Menge — gesteinigt[3]). Seit der Zeit wurden die Nazaräer noch mehr beargwöhnt und zur

---

[1]) Apostelgesch. 6, 1 fg. [2]) 1. Galaterbrief 1, 14. Zu beachten ist da der Ausdruck: ζηλωτὴς ὑπάρχων τῶν πατρικῶν μου παραδόσεων, d. h. הורה שבעל פה mit allem Zubehör. Vergl. Philipperbrief 3, 5.

[3]) Aus Apostelgeschichte 7, 57; 8, 1; 22, 20 geht hervor, daß Saulus=Paulus beim Tode Stephanos' beteiligt war. Da Stephanos ein Grieche war,

Verantwortung gezogen, und wiederum war es Saulus, welcher in die Häuser der griechisch redenden Gläubigen ging, sie aushorchte, sie anklagte und bewirkte, daß sie vor die Gerichte geladen wurden. Die Angeklagten wurden ins Gefängnis gebracht. Diejenigen, welche beim Verhör schuldig befunden worden waren, mit Berufung auf Jesu Messianität gegen das Gesetz gehandelt oder gesprochen zu haben, wurden keineswegs mit dem Tode bestraft, sondern zu Geißelhieben verurteilt[1]). Durch diese Strenge erschreckt, entflohen die fremden Nazaräer aus Jerusalem, zerstreuten sich und suchten griechische Städte auf, wo es judäische Gemeinden gab, um unter ihnen das Werbewerk fortzusetzen[2]). Aber nur die hellenistischen Jesu-Anhänger wurden verfolgt, die einheimischen dagegen, welche ungeachtet ihres neuen Glaubens die fortdauernde Heiligkeit des Gesetzes nicht leugneten, blieben unbehelligt. Ihre drei Vorsteher, Jakobus, Bruder oder Verwandter Jesu, Kephas oder Petrus und der Zebedaïde

so konnte ihn nur ein Grieche wegen seiner Reden denunzieren. Worin Stephanos' Vergehen bestand, ist aus der Apostelgeschichte nicht zu erkennen. Daſ. 6, 14 lautet die Anklage, daß er im Namen Jesu von der Zerstörung des Tempels und von der Abschaffung der Gesetze Moses gesprochen. καὶ ἀλλάξει τα ἔθη ἃ παρέδωκεν ἡμῖν Μωϋσῆς. Aus 7, 56—58 scheint hervorzugehen, daß eine Volksjustiz an Stephanos wegen Blasphemie geübt wurde. — Die für das Verständnis der apostolischen Zeit so fruchtbare Idee, daß die Bekehrung hellenistischer Judäer eine Gährung hervorgebracht hat, hat Herr Hippolyte Rodrigues lichtvoll auseinandergesetzt (St. Pierre, p. 181 fg.)

[1]) Die Apostelgeschichte, deren Abfassungszeit in die zweite Hälfte des zweiten Jahrhunderts fällt, und die voller Sagenhaftigkeit ist, gibt kein zu verlässiges Bild von der Verfolgung der Nazaräer. Das eine Mal läßt ſi° Paulus sprechen (22, 19): „ich war es, der ich die Gläubigen einsperrte und stäupte" (ὅτι ἐγὼ ἤμην φυλακίζων καὶ δέρων), dagegen an einer anderen Stelle (26, 10) läßt sie ihn aussagen, daß er bei der Todesstrafe veranlaßt habe (ἀναιρουμένων αὐτῶν κατήνεγκα ψῆφον). Da aber Paulus selbst erzählt, daß er fünfmal von den Judäern vierzig Hiebe weniger einen empfangen (d. h. מלקות ארבעים) und dreimal gestäupt worden sei (d h. מכות מרדות, II. Korintherbrief 11, 24—25), so geht daraus hervor, daß selbst gegen ihn, den fanatischen gesetzesverachtenden Nazaräer, nur Geißelstrafe in zweierlei Formen angewendet wurde. Wenn Paulus daſ. noch hinzufügt, er sei einmal gesteinigt worden, ἅπαξ ἐλιθάσθην, so ist das auf seine übertreibende Sprache zurückzuführen. Denn wer einmal gesteinigt wurde, kanns nimmermehr erzählen. Es war also keineswegs eine blutige Verfolgung und auch nicht gegen sämtliche Nazaräer, sondern lediglich gegen die herausfordernden und gesetzesverachtenden griechischen Gläubigen, vergl. Apostelgeschichte 5, 40 und weiter unten.

[2]) Apostelgesch. 8, 4; 11, 19—20. Philippus, ein hellenistischer Nazaräer, entfloh nach Samarien, Azotus und Cäsarea (daſ. 8, 5; 40), Agabos, gewiß auch ein solcher, kam mit anderen nach Antiochien (daſ. 11, 27—28).

Johannes, hatten ihren festen Wohnsitz in Jerusalem, ohne verfolgt zu werden[1]). Selbst gegen die Bestrafung der großsprecherischen und wühlerischen Nazaräer aus griechischen Ländern soll der Patriarch Gamaliel I. sich ausgesprochen haben. Er soll zu denen, welche für strenges Verfahren waren, geäußert haben: „Lasset ab von diesen Menschen. Ist dieser Rat oder dieses Werk von Menschen, so wird es untergehen, ist es aber von Gott, so werdet ihr es nicht zerstören können." Doch ist diese Nachricht wohl sagenhaft[2]).

Die flüchtigen Nazaräer setzten indes ihre Wühlereien und ihren Bekehrungseifer an andern Orten fort. Heimatlos, wie sie waren, ging ihr Streben nur dahin, sich einen Kreis von Anhängern zu verschaffen und die Gütergemeinschaft in demselben einzuführen, um eben dadurch sorglos in den Tag hinein leben zu können. Zwei Städte zogen sie besonders an, Antiochien und Damaskus, in denen es eine zahlreiche griechisch redende Gemeinde gab, und auch viele Prosely-

---

[1]) Paulus erzählt, er habe nicht bloß 3 Jahre nach seiner Bekehrung, sondern auch noch 11 Jahre später die drei Säulenapostel in Jerusalem angetroffen, und zwar ohne Behelligung (Galaterbr. 1, 18—19; 2, 2; 9). Das Schreiben deutet auch nicht an, daß dieser Zustand eine Änderung erlitten hätte. Es ist frühestens in den fünfziger Jahren geschrieben, also mehr als 14 Jahre nach Pauli Bekehrung haben die drei galiläischen Apostel in Jerusalem unbehelligt leben können. Paulus konnte sie ungehindert in Jerusalem aufsuchen. Was ist nun von der Erzählung der Apostelgesch. (12, 1 fg.) zu halten, daß der König Hand an einige der Gemeinden gelegt, Jakobus, Johannes' Bruder, hinrichten und Petrus ins Gefängnis habe bringen lassen? Historisch kann sie keineswegs sein. Ohnehin zeigt die Apostelgesch. gerade bei dieser Erzählung ihre chronologische Konfusion. Sie läßt Herodes die Christen verfolgen um dieselbe Zeit, als eine große Teuerung, noch dazu über den ganzen Erdkreis eingetreten war (11, 28 fg., 12, 1 fg), d. h. zur Zeit der Hungersnot in Judäa. Diese wütete nach Josephus zur Zeit der Prokuratur des Tiberius Alexander 48 [S. auch Schürer I³, 567]. Aber damals lebte dieser Herodes, den die Apostelgesch. vielleicht im Sinne hatte, nämlich Agrippa (das. 12, 21 fg.), nicht mehr, er starb 44. Die Apostelgeschichte verwechselte ihn mit seinem Bruder Herodes; aber auch dieser starb 48 (o. S. 361 f.). Die Verfolgung der Christen durch diesen König beruht auf einer plumpen Sage. Eine blutige Verfolgung derselben ist überhaupt nicht vorgekommen. Nur Stephanos wurde — vielleicht — gelyncht.

[2]) Apostelgesch. 5, 34 fg. Sagenhaft erscheint diese Relation, weil Gamaliel auf das Beispiel des Theudas und Juda des Galiläers, d. h. des Zelotenstifters, hingewiesen haben soll. Aber sie setzt den letzten, welcher beinah ein halbes Jahrhundert vor Theudas aufgetreten war, später: μετὰ τοῦτον ἀνέστη Ἰούδας. setzt ferner diese ganze Geschichte kurz nach Jesu Tod, lange vor Herodes (Agrippa), aber Theudas trat erst nach dem Tode dieses Königs auf, unter Cuspius Fadus. Dieser krasse Anachronismus macht auch Gamaliels Ausspruch verdächtig [Vgl. auch Schürer I³, 566, gegen II³, 364 f].

tinnen (o. S. 403), wo sie einen weiten Spielraum für Bekehrungen
fanden. Die halb oder ganz unwissende Menge lauschte auf die Worte
der Sendboten, welche ihnen die Nähe des Himmelreichs der Seligkeit verkündeten, und vorgaben, daß, um in dasselbe aufgenommen zu
werden, es weiter nichts bedürfe, als an Jesus, als an den erschienenen, gekreuzigten und wiedererstandenen Messias zu glauben und die
Taufe zu nehmen. Alsbald sahen diese beiden Städte eine nazaräische
Gemeinde in ihren Mauern, deren Glieder als Judäer galten, auch
eine judäische Lebensweise führten, beteten, Psalmen sangen und zum
Schluß auf die Lobgesänge das übliche „Amen" sprachen[1]), aber doch
durch Eigenheiten den Ansatz zu einer neuen Sekte erblicken ließen.
Sie kamen zu einem gemeinsamen Mahle zusammen, das sie „Herren-
mahl" oder „Liebesmahl" (Agape) nannten, sprachen den Segen
über Wein, tranken nacheinander aus demselben Kelche, brachen das
Brot zur Erinnerung an Jesu letzte Stunde und gaben einander einen
Kuß, Männer und Weiber ohne Unterschied[2]). Dabei traten Einige
auf, welche in Verzückung Weissagungen verkündeten; Andere sprachen
in Zungen, wieder Andere nahmen magische Heilung im Namen Jesu
vor oder rühmten sich der Wundertätigkeit[3]). Es herrschte eine so
unnatürliche Aufgeregtheit und Schwärmerei in diesem hellenisch-naza-
räischen Kreise, daß er mit der Zeit dem Gespötte verfallen wäre und
den Untergang in Lächerlichkeit gefunden hätte. Noch weniger hätte
sich das judäische Nazaräertum, das in Jerusalem durch die drei
Männer Petrus, Jakobus und Johannes vertreten war, behaupten
können, weil es sich starr an das Hergebrachte anklammerte und das
Neue, welches in Jesu Auftreten lag — von seiner verfehlten messianischen Rolle abgesehen — denn doch nicht zu befruchten vermochte.
Kurz, das junge Christentum wäre mit seiner Phantasterei bei seinem
ersten Ausfluge an der Wirklichkeit zerschellt und hätte, wie die An-
hängerschaft anderer Messiasse, einen klanglosen Tod gefunden, wenn
ihm nicht Saulus aus Tarsus eine neue Richtung, eine große Tragweite gegeben und ihm eben dadurch Lebensfähigkeit und Aufschwung
verliehen hätte. Ohne Jesus hätte der Tarser allerdings nicht die
Gelegenheit gehabt, weitgreifende Seeleneroberungen zu machen;
aber noch weniger hätte sich das Jesustum ohne ihn behaupten
können.

[1]) I. Korinthbr. 14, 15 fg. Was bei der heidnischen Gemeinde üblich war,
ist um so mehr bei der judäischen vorauszusetzen.
[2]) Das. 10, 16 fg., 11, 20. Römerbr. 16, 16. [II. Kor. 13, 12. I. Tess.
5, 26. I. Petr. 5, 14.]
[3]) Korinthbr. das. 12, 8 fg., 20 fg. Römerbr. 12, 6. Epheserbr. 4, 11.

Saulus (geb. in Tarsus in Cilicien im Anfange der christlichen Zeitrechn. starb um 64?), angeblich vom Stamme Benjamin, war eine eigenartig angelegte Natur. Schwach an Körper und kränklich, war er dennoch von einer Zähigkeit, die vor keinem Hindernisse zurückwich. Reizbar und heftig an Seelenstimmung, war er maßlos einseitig, eckig, beharrlich und verfolgungssüchtig gegen solche, die seine Meinung nicht teilten oder auch nur um ein geringes davon abwichen. Er hatte nur geringe Kenntnis vom judäischen Schrifttume und kannte die heilige Schrift nur aus der griechischen Übersetzung[1]). Zu den Füßen Gamaliels hatte er wohl nicht gesessen[2]), sonst hätte er gewiß mehr Gesetzeskunde und Milde von ihm gelernt. Er wird vielmehr wohl von Winkelgelehrten in Tarsus unterrichtet worden sein. So eng wie seine Kenntnisse, war auch sein Gesichtskreis. Dabei war er schwärmerisch und von Vorstellungen besessen, die er für wirkliche Vorgänge hielt, und von denen er sich bestimmen ließ. Kurz, Saulus war zugleich eine krankhafte und eiserne Persönlichkeit, wie geschaffen um Neues zu begründen und das unmöglich Scheinende zu verwirklichen. Mit eigensinnigem Feuereifer hatte er die hellenischen Nazaräer verfolgt, sie aus den Schlupfwinkeln gezogen, um sie der Strafe zu überliefern, weil sie von dem pharisäischen Judentume, das er für das einzig wahre und gerechte hielt, abgewichen waren. Das hatte ihm aber nicht genügt. Sobald der tarsische Eiferer erfahren hatte, daß manche von ihnen sich nach Damaskus begeben hatten, zog er ihnen nach, gleichviel ob im Auftrage oder aus eigenem Antriebe, um mit unerbittlicher Verfolgungssucht auch da ihre Gemeinde zu zerstören. Aber plötzlich wurde er andern Sinnes. In Damaskus waren viele Heiden zum Judentume übergetreten, namentlich vom weiblichen Geschlechte (o. S. 403). Großes Aufsehen hatte die Bekehrung des adiabenischen Königshauses zum Judentume erregt. Saulus war wahrscheinlich Zeuge des Ereignisses[3]), wie die Königin Helene mit den adiabenischen Prinzen und ihrem Gefolge zum Triumphe des Judentumes ihren Einzug nach Jerusalem angetreten hatte (o. S. 406). Sie hatte sicher auf ihrer Reise Damaskus berührt und Huldigungen von der judäischen und proselytischen Bevölkerung dieser Stadt empfangen. Diese Vorgänge haben wohl einen tiefen Eindruck auf

---

[1]) Es genügt, um Paulus Bibelkunde zu beurteilen, die Tatsache, daß er einen Vers aus Jesaia als im Pentateuch geschrieben zitiert (I. Korinthbr. 14, 21): ἐν τῷ νόμῳ γέγραπται

[2]) Wie sagenhaft angegeben ist Apostelgesch. 22, 3.

[3]) Vergl. Note 23, wo nachgewiesen ist, daß Paulus erst in den vierziger Jahren, etwa gleichzeitig mit der Reise der Königin Helene sich zum Christentum bekehrt haben kann.

Saulus gemacht und ihm die Frage nahe gelegt, ob nicht die Zeit gekommen sei, von der die Propheten geweissagt hatten, daß alle Völker den in Israel geoffenbarten Gott anerkennen werden, daß vor ihm sich jedes Knie beugen, bei ihm jede Zunge schwören werde. Beschäftigte ihn diese Frage, so mußte er auch den sich daran haftenden Zweifel überwinden. Wird es denn möglich sein, bei aller Geneigtheit vieler Heiden zum Judentume, die ganze Heidenwelt zu bekehren, wenn für sie das Gesetz verbindlich gemacht, wenn ihnen aufgelegt werden sollte, Sabbat und Feiertage zu beobachten, die Speisegesetze zu erfüllen, Reines vom Unreinen zu unterscheiden und gar sich der Beschneidung zu unterziehen? Sollen die Heiden gar zur strengen Erfüllung der pharisäischen Erschwerungen angehalten werden? Dann könnte der Eintritt der Völker in die Lebensgemeinschaft des Judentums unmöglich erfolgen. Auf der andern Seite: soll das Gesetz um der Heiden willen aufgehoben und ihnen nur die Gotteserkenntnis und die höhere Sittlichkeit beigebracht werden? Das ganze Gesetz stammte ja von Gott, der es offenbart und zu deren Erfüllung eindringlich ermahnt hat! Wie sollte es aufgehoben werden? Da mochte sich Saulus eines Ausspruches seiner Lehrer erinnert haben, daß das Gesetz nur bis zur Zeit des Messias eine erziehliche Bedeutung und Geltung habe, daß eben, sobald der Erlöser erschienen sei, dessen Verbindlichkeit von selbst aufhöre[1]). Erschiene der Messias, oder wäre er erschienen, so wäre das Hindernis für Gewinnung der Heiden beseitigt. Ist er vielleicht erschienen? Ist vielleicht Jesus wirklich der Messias gewesen? Dieser Gedankengang beschäftigte Saulus aufs tiefste. Sein nervös krankhafter Zustand und sein phantastischer Sinn halfen ihm über den Zweifel hinweg. Er glaubte steif und fest, daß Jesus ihm erschienen sei[2]). Viel später sagte er selbst von dieser ihm gewordenen Erscheinung: „Ob es leiblich gewesen? ich weiß es nicht, ist es außerleiblich gewesen? ich weiß es nicht. Gott weiß es; ich wurde bis in den dritten Himmel entrückt[3]), — ein nicht sehr glaubwürdiges Zeugnis für einen tatsächlichen Vorgang. Die spätere Zeit mußte diese Erscheinung glaubwürdiger zu gestalten. Die Sage

---

[1]) Vergl. Nidda p 61 b: מצוה בטלות לעתיד לבא; Midrasch zu Mischle c. 9: שכל המועדים יהיו בטלין (לעולם הבא) וימי הפורים לא יעבדו ׳ ר׳ אומר אף יום הכפורים אינו בטל לעולם (So die L.-A. Respp. Ben-Aderet No. 93). Auch in einem anderen Midrasch heißt es: לעתיד לבא כל המצות בטלות; das will doch nichts anderes sagen, als daß in der zukünftigen Zeit, d. h. in der Messiaszeit, sämtliche Gesetze von selbst aufhören. Das meinte Paulus unbedingt mit den Worten (Galaterbr. 3, 24): ὥστε ὁ νόμος παιδαγωγὸς ἡμῶν γέγονεν εἰς Χριστόν.

[2]) I. Korinthbr. 9, 1; 15, 8.

[3]) II. Korinthbr. 12, 2.

schmückte diese für das Christentum so folgenreich gewordene Bekehrung gebührend aus: Ein Licht habe Saulus auf seiner Reise nach Damaskus umleuchtet, wovon er entsetzt auf die Erde gefallen sei, und er habe eine Stimme vernommen, die ihm zugerufen habe: „Saul, Saul, warum verfolgst du mich?" Von der Erscheinung erblindet, habe er Damaskus erreicht und erst in einer Unterredung mit einem Christen, der ihm geraten, die Taufe zu nehmen, sei es ihm wie Schuppen von den Augen gefallen [1]).

Mit der Gewißheit, daß er Jesus wirklich gesehen, löste sich für Saulus ein anderer Zweifel oder eröffnete sich ihm ein neuer messianischer Gesichtskreis. Ist Jesus zwar gestorben oder gekreuzigt worden und dennoch ihm erschienen, so muß er von den Toten auferstanden sein, ja, er muß der erste Auferstandene sein und hat damit die Auferstehung, welche Gegenstand der Schulstreitigkeit war, bewahrheitet, hat damit die Nähe des Himmelreichs angezeigt, bei dessen Eintreffen nach der Verkündigung des Propheten Daniel [2]) die Toten auferstehen werden. So standen dem ehemaligen Pharisäer aus Tarsus drei Dinge unerschütterlich fest: Jesus sei auferstanden, sei der wahre verkündete Messias, und das Himmelreich, die zukünftige Zeit mit der Auferstehung, sei nahe, und das lebende Geschlecht oder richtiger die Jesus-Gläubigen werden dessen Eintreffen bald erleben [3]). Dieser Glaube führte ihn zu weitern Folgerungen: Ist der Messias erschienen, oder war Jesus tatsächlich der Christus, so ist das Gesetz von selbst aufgehoben, so können die Heiden des Segens Abrahams teilhaftig werden, ohne das Gesetz zu beobachten. Das war ein Sporn für seinen Tatendrang. Er fühlte sich berufen, die versunkene Heidenwelt zu bekehren, sie vermittels Christus dem Vater zuzuführen. Saulus glaubte, er sei eben dazu vom Mutterleibe her auserkoren, Apostel der Heiden zu werden. Bei einem solchen Feuergeiste war zwischen Gedanke und Tat kein langer Zwischenraum. Unter dem Namen Paulus schloß er sich in Damaskus den Nazaräern an, die verwundert genug darüber waren, daß ihr Verfolger plötzlich ihr Genosse geworden war und auf Bekehrung ausging.

In Damaskus fand zwar Paulus Gelegenheit genug dazu, da dort die Vorliebe für das Judentum heimisch war, und manche sich nur wegen der Opfer, die es erheischte, davon fern hielten. Der neubekehrte Apostel konnte diesen den Schritt erleichtern, indem er ihnen

---

[1]) Apostelgesch. 9, 3 fg.; 22, 6 ff; 26, 12 ff.
[2]) S. B. II b, S. 339.
[3]) Römerbr. 6, 5; 8, 11; I. Korinthbr. 6, 14; 15, 4, 12 fg.; II. Korintherbrief 4, 14.

die Verpflichtung auf das Gesetz vermöge des Glaubens an Jesus er=
lassen konnte. Allein er scheint mit seinem auf Klügelei beruhenden
Glauben keinen Anklang gefunden zu haben, nicht einmal bei seinen
landsmannschaftlichen Gläubigen. Seine Theorie von der Außerkraft=
setzung des ganzen Gesetzes mochte ihnen, als etwas ganz Neues,
nicht geheuer vorkommen. Auch scheinen sie noch immer Mißtrauen
gegen ihren ehemaligen Verfolger gehabt zu haben. Kurz, Saulus=
Paulus konnte sich in Damaskus nicht halten und entwich nach Arabien,
d. h. nach Auranitis [1]), wo es ebenfalls judäische Gemeinden gab.
Als er aber zum zweitenmal nach Damaskus zurückkehrte, und seine
Glaubensgenossen mehr Vertrauen zu ihm faßten und mit ihm ge=
meinschaftliche Sache machten, konnte er sich seinem Bekehrungseifer
hingeben. Indessen reizte er mit seinem ungestümen, rücksichtslosen
Wesen und mit seiner Behauptung, daß das Gesetz aufgehoben sei, die
judäische Gemeinde in Damaskus. Der judäische Ethnarch dieser
Stadt, welcher von Aretas Philodemos eingesetzt oder bestätigt
worden war (o. S. 371), suchte ihn gefangen zu nehmen. Seine Ge=
nossen retteten ihn aber, indem sie ihn in einem Korbe durch ein
Fenster in der Mauer ins Freie setzten [2]). So entkam er den Händen
derer, welche mit Recht in ihm den Zerstörer des Judentums erblickten.
Wohin sich Paulus von da begab, ist ungewiß. Nach Jerusalem kam
er erst drei Jahre nach seiner Bekehrung, anstatt sich dort sofort von
den unmittelbaren Jüngern Jesu Gewißheit zu verschaffen, was Jesus
getan und gelehrt, und was er beabsichtigt hatte. Er fühlte wohl,
daß ein großer Abstand zwischen ihm und den christlichen Galiläern
vorhanden war, und daß er sich mit ihnen nicht werde verständigen
können. Paulus war von dem einzigen Gedanken erfüllt, daß der
Segen für alle Geschlechter oder die Verheißung ($\dot{\epsilon}\pi\alpha\gamma\gamma\epsilon\lambda\iota o$) an
Abraham: er werde Vater vieler Völker sein, und daß die Fülle der
Heiden zur Kindschaft Abrahams herangezogen werden sollte [3]), end=
lich eine Wahrheit werden müßte, und daß er berufen sei, dieses
Werk zu vollbringen. Den Unterschied zwischen Judäern und Griechen
oder Heiden, zwischen Knechten und Freien wollte er verschwinden
machen und alle zu Brüdern in dem Bunde Abrahams, zu Abrahams
Samen nach der Verheißung vereinigen [4]). Das war die frohe Bot=
schaft ($\varepsilon\dot{\upsilon}\alpha\gamma\gamma\varepsilon\lambda\iota o\nu$), die er den Völkern zu bringen gedachte. Es war aller=
dings ein umfassender Gedanke, für den freilich die Ebioniten in Jerusalem
und auch die sogenannten Säulenapostel kein Verständnis hatten.

[1]) Galatbr. 1, 17.   [2]) II. Korinthbr. 11, 33. Apostelgesch. 9, 23—25.
[3]) Römerbr. 4, 17. 11, 25 f. Galatbr. 3, 14. 16. 18. 20.
[4]) Galatbr. 3, 28.

Nach kurzem Aufenthalte in Jerusalem trat Paulus seine Bekehrungswanderung in Begleitung des Cypters José Barnabas an. Von Antiochien aus, wo es viele jüdische Proselyten gab[1]), und wo die beiden Heidenapostel Gelegenheit hatten, diese und auch heidnische Griechen zu bekehren, begaben sie sich nach Cilicien, Paulus' Heimatsland, durchzogen Kleinasien und Macedonien, setzten nach Griechenland (Achaia) über, und Paulus' Streben wurde von überraschenden Erfolgen gekrönt. Er gründete an vielen Orten griechisch-christliche Gemeinden, besonders in Galatien (in Antiochien, Ikonium, Lystra, Derbe), in Ephesus, in Philippi, in Thessalonica und in der Stadt Korinth. Zum Teil konnte sich das Judentum diese Erfolge zuschreiben; denn wenn Paulus die Heiden gewinnen wollte, mußte er einen Teil der so glänzenden Vergangenheit des judäischen Volkes aufrollen, um zu Jesus zu gelangen[2]). Er mußte ferner den geläuterten Gottesbegriff dem wüsten Heidentume gegenüber hervorkehren. Empfänglichkeit für die reine Lehre des Judentums fand er unter Heiden vor. Nicht wenige derselben empfanden, wie bereits gesagt, Ekel an den mythologischen Göttergeschichten und an der Menschenvergötterung. Noch war in frischem Andenken, wie alle Völker des römischen Reichs in beispielsloser Niedertracht dem Scheusal Caligula Altäre geweiht, ihn als Gott anerkannt und zu ihm gebetet hatten. Verzweifelte und reine Gemüter suchten einen Gott, zu dem sie sich erheben könnten, und fanden ihn nicht. Nun war Paulus gekommen und brachte ihnen diesen, allerdings von Wundergeschichten umgebenen Gott, der aber mit seinem mythologischen Anstriche um so mehr gefiel; „den Sohn Gottes" verstanden die Heiden besser als den „messianischen Erlöser". Auch die weit verbreitete Krankheit der Unsittlichkeit, die in Griechenland und im ganzen römischen Reiche das Tageslicht nicht zu scheuen brauchte, weil sie in Rom auf dem Throne saß, die Unzüchtigkeit der Weiber, die Geilheit der Männer, die Knabenliebe, alles dieses bot Paulus Handhaben, die judäische Lehre empfehlenswert und annehmbar zu machen. Was der alexandrinisch-judäische Geist in Schriften nachgewiesen hatte, in den sibyllinischen Versen, im Buche der Weisheit, in den Schriften Philos, daß die Wurzel der Vertierung unter den Heiden in der Vielgötterei liege, führte Paulus in hinreißenden Predigten vor die Seele heidnischer Zuhörer: „Sie haben die Herrlichkeit des unvergänglichen Gottes in die Ähnlichkeit des Bildes eines vergänglichen Menschen, der Vögel, der Vier-

---

[1]) Josephus jüd. Kr. VII, 3, 3.
[2]) Vergl. darüber die angebliche Rede Paulus' an die Athener (Apostelgeschichte 17, 22—33), die, wenn auch unecht, charakteristisch dafür ist, wie der Anfang der Heidenbekehrung vor sich ging.

füßler und der Kriechtiere verwandelt, darum gab sie Gott in ihren Herzensgelüsten hin, ihren Leib an sich selbst zu schänden"¹).

Solche Predigten, mit Feuereifer vorgetragen und von einer Persönlichkeit unterstützt, die ihre ganze Seele in die Worte legte, konnte des Eindrucks auf bessergesinnte Heiden von reinerem Gemüte nicht verfehlen. Dazu kamen noch die geheimnisvollen Schrecknisse jener Zeit und die Furcht, daß der Weltuntergang nahe sei, welche Paulus durch seinen festen Glauben an die bevorstehende Auferstehung und an das Wiedererscheinen Jesu in die Hoffnung verwandelte, daß die Toten in einem verklärten Leibe auferstehen würden, wenn die Posaune erschallen werde, und daß die Lebenden in einer Wolke zum Himmel emporgehoben werden würden²). So gewann Paulus die Phantasie vieler Heiden auf seiner Apostelwanderung von Jerusalem bis Illyrien³). Indessen erweckte er anfangs nur Personen aus dem niedrigen Stande, Ungebildete, Sklaven und besonders Weiber für seine frohe Botschaft⁴). Den gebildeten Griechen erschien das Christentum, das Paulus predigte, und das er einzig und allein mit der angeblich erfahrenen Auferstehung Jesu bewies und stützte, als eine belachenswerte Torheit⁵). Den Judäern mußte es notwendigerweise Ärgernis bereiten⁶). Paulus' Ausgangspunkt bei seiner Heidenbekehrung war das judäische Volk, das judäische Schrifttum und die judäische Lehre; ohne diese waren seine Predigten von einem Messias und einer Heilslehre vollständig inhaltslos. Selbst die Griechen, an die er sich gewendet hatte, mußten etwas von Israel und Jerusalem vernommen haben, sonst hätte er tauben Ohren gepredigt. Er konnte daher nur in solchen Städten anknüpfen, wo es judäische Gemeinden gab, von welchen die heidnischen Nachbarn mindestens eine schwache Kunde von dem Ursprung und der Lehre des Judentums erhalten hatten.

Paulus ging aber geradezu darauf aus, die Fäden zu zerreißen, welche die Christuslehre mit dem Judentume verknüpfte. Weil ihm das Gesetz zur Aufnahme heidnischer Proselyten im Wege war, setzte er es tief herab. Es sei geradezu der Erlangung einer höhern Lebensheiligkeit und des Tugendwandels hinderlich und schädlich. Nicht bloß

---

¹) Römerbr. 1, 23 f. Vergl. o. S. 383 f., woraus hervorgeht, daß Paulus diesen Gedanken direkt oder indirekt aus dem Buche der Weisheit entlehnt hat.
²) Römerbr. 13, 11; I. Korinthbr. 7, 29; 15, 35 fg. I. Thessalonicherbr. 4, 16—17.
³) Römerbr. 15, 19.
⁴) I. Korinthbr. 1, 26 f. 7, 22; f. auch daf. 6, 4.
⁵) Daf. 1, 22—23. ⁶) Daf.

die sogenannten Zeremonialgesetze des Judentums, sondern auch die Sittengesetze hielt Paulus als Hemmnisse für die Heilsordnung. Ohne das Gesetz hätten die Menschen die Begierde nicht gekannt, erst durch das Verbot: „Du sollst nicht gelüsten", sei das Gelüste geweckt worden; durch das Gesetz sei erst die Erkenntnis der Sünde gekommen[1]); der Mensch sei fleischlich und zur Sünde geneigt; denn das Fleisch sei schwach und wirke dem Gesetze entgegen[2]). Dagegen stellte Paulus eine neue Lehre auf. Der Mensch sei erst fleischlich, schwach und sündhaft geworden, weil der erste Mensch gesündigt habe; Adams Übertretung habe eine unvertilgbare Erbsünde erzeugt und dadurch auch den Tod über die Menschen gebracht. Das Gesetz sei nicht im stande, die den Menschen angeborene Sünde zu überwinden. Um die Sünde und den Tod zu vernichten, habe Gott eine eigene Veranstaltung treffen müssen[3]): er habe den Messias, seinen Sohn, dem Tode übergeben und ihn darauf wieder lebendig gemacht, und dieser sei der zweite Adam geworden, welcher die Erbsünde getilgt, den Tod überwunden und ewiges Leben gebracht habe. Wer an Jesus glaube, habe Anteil an diesem Leben und sei gegen die Sünde, die Versuchung und das Gelüste gewissermaßen gefeit. Jesus oder Christus sei des Gesetzes Ende, wer an ihn glaube, sei an sich schon gerecht. Er habe, statt der Erlösung vom Joche der Völker, die Erlösung von der Sünde gebracht[4]).

Paulus faßte daher das Christentum als völligen Gegensatz gegen das Judentum auf. Dieses sei auf Gesetz und Zwang begründet, jenes hingegen beruhe auf Freiheit und Gnade. Nach dem Judentume könne der Mensch nur Gerechtigkeit oder Verdienst ($\delta\iota\kappa\alpha\iota\sigma\sigma\acute{v}\nu\eta$, Sechût) durch des Gesetzes Werke finden, nach dem Christentume genüge der Glaube an den auferstandenen Messias, um diese Gerechtigkeit oder Rechtfertigung zu erlangen[5]). Jesus oder das Christentum habe die von den Propheten verheißene neue Heilsordnung gebracht. Das Alte ist hin, und ein Neues ist geworden[6]); das alte Bündnis (Testament) müsse dem neuen weichen. Abraham selbst sei nicht durch Gesetzeswerke gerecht befunden worden, sondern durch den Glauben[7]), so deutete Paulus in klügelnder Weise die Schriftverse. Er ging aber noch weiter in seinem Deuten. Er folgerte aus der Schrift, daß jeder, der unter dem Gesetze stehe und es nicht ganz und voll erfülle,

---

[1]) Römerbr. 3, 20 ff; 7, 7 f. [2]) Das. 7, 14 ff.
[3]) Das. 5, 12 ff; I. Korinthbr. 15, 21 ff.
[4]) Römerbr. 10, 4 ff; 3, 23—24.
[5]) Das. 3, 25; 6, 18; 9, 30 ff; 10, 3; 11, 6 ff; Galatbr. 5, 1.
[6]) II. Korinthbr. 5, 17. [7]) Römerbr. 4, 1 ff; Galatbr. 3, 6 ff.

unter dem Fluche stehe. Die Judäer, welche das Gesetz vom Sinaï beobachteten, stünden demnach unter dem Fluche. Jesu Verdienst sei eben gewesen, daß er alle von diesem Fluche erlöst habe, indem durch ihn das Gesetz aufgehoben sei [1]).

Interessant ist es, wie Paulus dabei die haggadische (homiletische) Auslegungsweise handhabte, — was eben beweist, wie verbreitet diese Manier war. Wollte er dartun, daß die Verheißungen an Abraham auf Jesus hinweisen, so konnte er es nur haggadisch herausklügeln: es heiße nicht, „alle Völker der Erde werden durch Deine Samen, als die vielen, sondern durch Deinen Samen, als den einen, nämlich Jesus, gesegnet werden" [2]). Wollte Paulus die Ungültigkeit des Judentums in Folge des aufgetretenen Christentums beweisen, so bediente er sich dazu wiederum der haggadischen Deutelei. Er sagte: Von den zwei Söhnen Abrahams sei der eine (Ismael) von der Sklavin (Hagar) nach dem Fleische, der andere (Isaak) von der Freien (Sara) nach der Verheißung geboren. Beide seien Vorbilder der zwei Bündnisse; der alte Bund, der vom Sinaï stammt, gleiche der Hagar, indem der Berg Sinaï in Arabien (Nabatäa) Hagar (Chagra) heiße; das bedeute das gegenwärtige Jerusalem mit seiner Knechtschaft des Gesetzes. Der neue Bund hingegen und das höhere Jerusalem seien durch die Freie repräsentiert, und bedeutsam füge die Schrift hinzu: „Vertreibe die Sklavin mit ihrem Sohne, denn nicht soll erben der Sohn der Sklavin mit dem Sohne der Freien." Von der Freien heiße es aber im Jesaia: „Freue dich, du Unfruchtbare, denn mehr werden sein die Söhne der Verödeten als die Söhne der Verheirateten" [3]).

Hätten die Judäer dieses Ärgernis, diese offen ausgesprochene Verachtung ihres Gesetzes, für welches ihre Vorfahren vielfache Todesarten erlitten und sie erst jüngsthin unter Caligula ihr Leben hinzugeben entschlossen waren, geduldig mit anhören und ertragen sollen? Es ist nicht zu verwundern, wenn sie überall gegen den Gesetzesverächter eiferten waren und ihn, wo sie mächtig waren, verfolgten. Indessen haben sie Paulus, sobald er in ihre Hände gefallen war, nur mit Geißelhieben bestraft, aber ihm nicht sein Leben bedroht; fünfmal, erzählt er selbst, sei er mit vierzig Hieben weniger einem gezüchtigt worden [4]). Mit eindrucksvollen Worten indes trat seiner sophistischen Lehre von der Nutzlosigkeit des heiligen Gesetzes ein gewandter Prediger von der Kanzel entgegen. In einer hellenistischen Gemeinde einer Großstadt (etwa Antiochien), wo unter den Judäern

---

[1]) Galatbr. 3, 10 ff; vergl. noch das. 3, 13.
[2]) Das. 3, 16.   [3]) Das. 4, 22. 31.
[4]) II. Korinthbr. 11, 24 vergl. o. S. 417.

griechische Bildung und griechischer Geschmack heimisch waren, suchte dieser Prediger seine Zuhörer vom Gegenteile zu überzeugen, daß der durch die Religion des Judentums erzogene und gefestigte Vernunft= wille (εὐσεβής λογισμός) wohl imstande sei, die Triebe und Leiden= schaften zu beherrschen. Ausgerüstet mit der feinen Kunst griechischer Beredsamkeit und durchglüht von dem Feuer tiefer Über= zeugung von der Heilskraft des „Gesetzes" setzte dieser Prediger sie auseinander bald mit trockenen Beweisen des nüchternen Verstandes, bald mit schwungvollen Redewendungen und kam immer auf seinen Ausgangspunkt von der Allmacht des Vernunftwillens zurück. Er benutzte dazu, wie es scheint, das Fest der Tempelweihe (Chanukka), und knüpfte an den heldenhaften Tod des Greises Eleasar und der Mutter mit ihren sieben Söhnen (II. B., S. 317) in der Makkabäer= zeit seine Beweisführung, daß der Vernunftwille stark genug sei, um Todesqualen zu überwinden, und um so eher die fleischlichen Triebe mit dem Hinblicke auf das göttliche Gesetz zu bemeistern. Als Gott den Menschen schuf und ihn mit der Sprache und Willensfreiheit schmückte, pflanzte er ihm auch Triebe und Seelenstimmungen ein, setzte aber auf den Thron die Vernunft, welche die Sinneswahr= nehmung leitet." Ihm gab er auch das Gesetz, und wenn er sich von diesem bestimmen läßt, vermag er eine besonnene, gerechte, gute und kräftige Herrschaft auszuüben[1]). Schnurstracks entgegen der pauli= nischen Lehre, daß das Verbot des Gelüstes erst diesen Trieb geweckt habe, stellte die Predigt auf[2]): Unser Gesetz sagt: „Du sollst nicht begehren das Weib des Nächsten, noch Alles, was Deinem Nächsten gehört, so gibt es die Überzeugung, daß der Vernunftwille imstande sei, die Begierden zu beherrschen, so wie alle Triebe, welche die Ge= rechtigkeit hemmen". — „Da wir glauben, daß Gott das Gesetz ge= geben hat, so wissen wir auch, daß der Gesetzgeber es uns unserer Natur angemessen gemacht hat[3]). Aus der Erzählung von dem Märtyrertode der sieben Söhne und ihrer Mutter für das Gesetz folgert die Predigt: „Wenn nun ein Weib und zwar ein bejahrtes, Mutter von sieben Kindern, beim Anblicke der Folterqual ihrer Lieb= linge standhaft geblieben ist, so muß man zugestehen, daß der von der Religion durchdrungene Vernunftwille Herr der Triebe werden kann"[4]). Zum Schlusse rief der Prediger seiner Gemeinde zu, in welcher sich wohl manche befanden, welche von Paulus' zur Abtrünnigkeit vom Gesetze verlockenden Lehre schwankend geworden waren: „O Ihr Nach=

---

[1]) Viertes Makkabäerbuch c. 3. Vergl. darüber Freudenthal, die Josephus beigelegte Schrift über Herrschaft der Vernunft und unten Note 3, Nr. 16.
[2]) Das. [3]) Das. c. 5. [4]) Das. c. 16.

kommen Abrahams, besolget dieses Gesetz und verehret es auf jede Weise in der Erkenntnis, daß der Vernunftwille Herrscher ist der Triebe[1].″ Diese Predigt, welche unter dem Titel: „Das vierte Makkabäerbuch" in Aufnahme kam, sollte geradezu eine Widerlegung der allzu verfänglichen Lehre bilden: Der Geist ist willig, aber das Fleisch ist schwach[2].

Aber nicht bloß die Judäer, sondern auch die Nazaräer waren gegen Paulus wegen seiner Gesetzesstürmerei erbittert, und es entstand dadurch eine Spaltung innerhalb des jungen Christentums. Petrus oder Kephas, welcher als Sendbote sich bloß an die Judäer wandte, lehrte ein anderes Christentum als Paulus, und andere Apostel, die auch auf Heidenbekehrung ausgegangen waren, Apollos aus Alexandrien und ein gewisser Chrestos, predigten wieder anders[3]. Paulus gab nicht viel auf die Taufe, weil es doch auch ein Gesetzes=werk ist[4], während Apollos großes Gewicht darauf legte und die Seligkeit daran knüpfte[5]. Die Judenchristen sahen mit Schrecken, welche Früchte die von Paulus gelehrte evangelische Freiheit trug. In den von diesem gegründeten Gemeinden in Ephesus und Korinth hatten mehrere mit dem Gesetze jede Scham aufgegeben, trieben Unzucht, waren Trunkenbolde, auch Knabenschändung kam unter ihnen vor; einer lebte mit seines Vaters Weib[6]. Judenchristliche Apostel reisten daher Paulus nach, erklärten dessen Lehre als Irrtum und Fälschung und bestanden darauf, daß das Gesetz des Judentumes auch für die Christen verbindlich sei, indem nur durchs Gesetz die tierischen Leiden=schaften gebändigt werden könnten. Ganz besonders gab die Frage über die Verbindlichkeit der Beschneidung für die Heidenchristen Ver=anlassung zu heftigen Reibungen zwischen den judenchristlichen Aposteln und Paulus. Dieser hatte selbst eine Zeit lang auch heidnische Proselyten in den Abrahambund eingeführt. Als er aber durch Ent=stehung vieler heidnisch-christlichen Gemeinden sich unabhängig von der Urgemeinde in Jerusalem fühlte, gab er die Beschneidung auf und

---

[1]) Viertes Makkabäerbuch c. 17 Ende.
[2]) Matthäus-Evangelium 26, 41 [Mrc. 14, 38].
[3]) I. Korinthbr. 1, 12; 3, 4. 22; 4. 6. Statt $X\varrho\iota\sigma\tau o\tilde{\upsilon}$ muß man wohl lesen $X\varrho\eta\sigma\tau o\nu$, und es ist hier wohl von jenem Chrestus die Rede, von dem Sueton im Leben Claudius' erzählt (c. 25): Judaeos impulsore Chresto assidue tumultantes Roma expulit o. S. 371. Unmöglich kann Christus den andern daselbst genannten Aposteln Paulus und Apollos entgegengesetzt sein. [An der Identität von Chrestos bei Sueton mit Christus ist wohl nicht zu zweifeln, Vergl. Schürer III³, S. 33.]
[4]) Das. 1, 14—17. [5]) Apostelgesch. 18, 24 fg.
[6]) I. Korinthbr. 5, 1. 9. 11; 6, 9; 7, 2; 10, 8; Epheserbr. 5, 3 ff.

brachte einmal einen unbeschnittenen Jünger Titus nach Jerusalem, wohin er infolge einer ihm gewordenen Offenbarung zum zweitenmale gereist war, wahrscheinlich um die gänzliche Aufhebung des Gesetzes durchzusetzen. Da er für die in Armut darbende jerusalemische Gemeinde Gelder mitbrachte, die er gesammelt hatte, so schwiegen die Oberen dazu, obwohl es ihnen als eine Übertretung galt. Nach seiner Abreise nach Antiochien ermannten sie sich aber und schickten ihm Leute nach, welche seine Lehre verdammen sollten. In Antiochien kam es zu einem heftigen Streite zwischen Paulus und den judenchristlichen Aposteln. Petrus, welcher bis dahin sich über die Speisegesetze hinweggesetzt und mit den Heidenchristen an einer Tafel gespeist hatte, mußte, von den Vertretern der strengen Partei des Jakobus gewarnt, welche zur Überwachung nach Antiochien gekommen waren, sein Vorgehen einstellen und sich gegen Paulus' Gesetzesverachtung aussprechen. Natürlich warf ihm dieser offen in großer Versammlung Heuchelei vor. Indessen war der Einfluß der strengen, gesetzestreuen judenchristlichen Apostel so gewaltig, daß sich nicht bloß sämtliche Judenchristen in Antiochien vom Tische der Heidenchristen trennten, sondern selbst Barnabas, Paulus' Begleiter und Mitarbeiter bis dahin[1]). Dadurch war eine weitgreifende Spaltung im Schoße des Christentums ausgebrochen. Judenchristen und Heidenchristen standen einander gegenüber als feindliche Parteien. Die Rassenabneigung trug dazu bei, die Spaltung zu vergrößern. Die christlichen Griechen verachteten die Judenchristen und sahen mit einer gewissen Überlegenheit auf sie herab[2]), wie die Hellenen auf die Judäer. Paulus, der nun allein stand, wurde vermöge der Leidenschaftlichkeit seines Gemütes und seiner eigensinnigen Art um so erbitterter gegen die judenchristliche Partei, sprach mit Verachtung von den sogenannten Säulen der Muttergemeinde in Jerusalem, nannte die Apostel, welche die Heiligkeit des Gesetzes betonten, falsche Brüder, welche das Evangelium aus Neid und Streit fälschten, und beschuldigte sie, daß sie alle nur ihren eigenen Vorteil suchten, nicht den Jesu[3]). Er richtete heftige Sendschreiben gegen die Gesetzesanhänger, eiferte gegen das Gesetz und sprach einen Fluch über diejenigen aus, welche die Heilsverkündigung anders lehrten denn er[4]). Die gesetzestreuen Christen schonten ihn auch nicht, nannten

---

[1]) Galatbr. 2, 1—4: 11—14. Auf Barnabas' Trennung von Paulus in Antiochien wegen der Differenz bezieht sich entschieden auch die Nachricht in Apostelgesch. 15, 36—39.
[2]) Vergl. Römerbr. 11, 13 ff.
[3]) Galatbr. 2, 4. 6. Philippbr. 1, 17; 2, 20.
[4]) Galatbr. 1, 8—9.

ihn einen Abtrünnigen vom Gesetze, einen Irrlehrer und erzählten von ihm, er sei ursprünglich ein Heide gewesen, habe sich nur aus Liebe zur Tochter eines Hohenpriesters zum Judentume bekehrt, und weil er abgewiesen worden, habe er aus Unwillen gegen Beschneidung, Sabbat und das Gesetz überhaupt geeifert[1]). Sie beriefen sich auf den Stifter selbst für die fortdauernde Verbindlichkeit des Gesetzes und wandten auf den gesetzesstürmenden Apostel Jesu die Worte an: „Wer eins der geringsten Gesetze auflöst und die Menschen also lehret, wird der Geringste im Himmelreiche sein"[2]). Ein anderer Ausspruch unter den Sprüchen und Gleichnissen, welche Jesu judenchristliche Anhänger ihm in den Mund legten und überlieferten, lautet: „Das Himmelreich gleicht einem Menschen, der guten Samen auf den Acker säet. Da kam sein Feind und säete Unkraut zwischen den Weizen, da nun das Kraut wuchs und Frucht brachte, da fand sich auch Unkraut. Die Knechte sprachen: „Woher hat denn der Acker das Unkraut?" Da sprach der Hausherr: „Das hat der Feind getan". Der Feind bedeutet Paulus, welcher dem Christentum Unwürdige zugeführt habe. Die Heidenchristen blieben den Nazarenen nichts schuldig und legten Jesus einen Spruch in den Mund, welcher die Verbindung des Christlichen mit dem Judäischen verurteilte. „Niemand flickt ein Kleid mit einem neuen Lappen. Man faßt auch nicht Most in alte Schläuche"[3]). So spaltete sich das Christentum in kaum dreißig Jahren nach dem Tode des Stifters in zwei Sekten, in eine judenchristliche und heidenchristliche. Die Judenchristen blieben auf dem Boden des Judentumes stehen verpflichteten auch die übergetretenen Heiden auf das Gesetz und verehrten Jerusalem, wo sie die Wiederkunft des Messias erwarteten. Die Heidenchristen hingegen entfernten sich immer mehr vom Judentume und nahmen eine feindselige Haltung gegen dasselbe an.

[1]) Irenaeus contra Haereses 1, 26; Eusebius Kirchengeschichte 3, 27; Epiphanius Haeresea 30, 10.
[2]) Matthäus-Evangelium 5, 19.   [3]) Note 20.

Vierzehntes Kapitel.

Agrippa II. und der Ausbruch des Krieges.

Gereizte Stimmung. Eingerissener Sittenverfall. Agrippas II. Charakter. Die letzten Hohenpriester. Die Zeloten und Sicarier. Eleasar ben Dinaï. Streit mit den Samaritanern. Reibungen in Cäsarea. Die Landpfleger. Florus' maßlose Frechheit. Aufstand in Cäsarea. Blutbad in Jerusalem. Friedens- und Revolutionspartei. Der Zelotenführer Eleasar ben Anania. Der Sicarierhäuptling Menahem. Aufstand und Sieg. Gemetzel zwischen Judäern und Heiden. Die zweite Niederlage der Römer. Stimmung in Jerusalem und Judäa. Das Synhedrion und sein Präsident Simon ben Gamaliel. Wahl der Statthalter und Feldherrn. Haltung des Synhedrion.

49—66.

Welche Triumphe das Judentum auch durch den Zutritt von Proselyten und selbst durch Bekehrung der Heiden zum Christentume feierte, wie sehr auch das Morgenrot des von den Propheten geschauten schönen Tages angebrochen schien, an dem die Völker der Erde ihren Blick nach Zion wenden, und an dem von dort aus Licht für das Menschengeschlecht ausstrahlen werde: im Heimatlande, und ganz besonders in Jerusalem, empfand die Nation nur die schwere Fessel des Römertums, welche seit Agrippas I. Tode täglich drückender wurde. Der jammervolle und beengende Zustand in der Gegenwart ließ das freudige Gefühl über solche bedeutsame Ereignisse, welche die Weltherrschaft des Judentums in der Zukunft anzubahnen schienen, gar nicht aufkommen. Ein düsterer Trauerflor ist über die letzten zwanzig Jahre des judäischen Staates gebreitet, der auch nicht einen Augenblick eine frohe Stimmung aufkommen ließ. Es herrschte eine Beklommenheit darin, die den Betrachtenden nicht gleichgültig läßt und ihm unwillkürlich dieselbe Empfindung mitteilt. Die letzten Jahrzehnte zeigen das judäische Volk in dem ergreifenden Bilde eines Gefesselten, den seine Kerkermeister unaufhörlich peinigen und aufstacheln, daß er mit der Heftigkeit der Verzweiflung an seinen Fesseln solange rüttele, bis er sie zerbreche. Der blutige Kampf zwischen Rom und Judäa — jenes siegesgewöhnt durch unerschöpfliche Kriegsmittel und Arglist, dieses von äußern Mitteln entblößt und nur stark durch den Willen — erregt ein um so höheres Interesse, als die schwache Tochter Zions nach menschlicher Berechnung trotz des Mißverhältnisses der beiderseits aufgebotenen Kräfte zuletzt gesiegt hätte, wenn sie nicht durch innere Parteiung zerrissen, von Verrat umgeben gewesen wäre und nur einen günstigeren Augenblick abgewartet hätte, d. h. nicht von der Vorsehung zum Untergange als Nation bestimmt gewesen wäre.

Dieser Riesenkampf, der in der Weltgeschichte nur wenige Seitenstücke hat, galt aber nicht bloß der Freiheit, wie ihn die Gallier, Germanen und Britannier ebenfalls gegen Rom führten, sondern hatte einen religiösen Charakter; das judäische Volk fühlte sich in seinen religiösen Gefühlen durch Roms Willkürherrschaft täglich gekränkt und wollte seine Unabhängigkeit nur zum Zwecke unbeengter Religionsübung erkämpfen und behaupten. Darum stumpfte sich das Freiheitsgefühl trotz öfteren Unglücks im Kampfe nicht ab, steigerte sich vielmehr mit jedem Tage zu einer Empfindlichkeit, die in dem geringfügigsten Anlasse Angriffe auf die heiligsten Überzeugungen erblickte. Rom hat zwar nur selten, wie unter Caligula, das Judentum bedroht, es schonte vielmehr im allgemeinen die religiöse Empfindlichkeit der Judäer, aber es verletzte sie doch unwillkürlich durch sein strenges Regiment und seine eifersüchtige Überwachung. Außerdem hatte es durch seine Verführungskünste den edelsten Teil der Nation vergiftet und ihn gegen Pflicht und Überzeugung taub gemacht. Die Wachsamen des Volkes fürchteten mit Recht, daß diese Erstorbenheit der edelsten Glieder bald den ganzen Nationalkörper ergreifen würde.

In der Tat herrschte in den aristokratischen Familien eine so tief eingewurzelte Sittenverderbnis, daß ihr vergiftender Einfluß auf die Mittelklassen nicht ausbleiben konnte. Das schlechte Beispiel ging von den letzten Gliedern des herodianischen Hauses aus, die, in Rom oder an den kleinen Höfen der römischen Vasallenfürsten erzogen, die Entartung der Römer nachahmten. Agrippa II. (geb. 27, gest. 91—93), Sohn des letzten edlen judäischen Königs Agrippa I., sog beim Tode seines Vaters als siebzehnjähriger Jüngling die verpestete Luft des römischen Hofes ein, wo die Messalinen und Agrippinen die scheußlichsten Laster offen zur Schau trugen. Nach dem Ableben Herodes II., des Titularkönigs, der das Recht hatte, die Hohenpriester abzusetzen und zu ernennen (o. S. 361) übertrug ihm Claudius dieses Recht und belehnte ihn auch kurz darauf mit dem winzigen Königreiche Chalkis (49 bis 50), dem Herrschergebiete eben dieses Herodes[1]). Man flüsterte sich heimlich zu, daß dieser Sproß des hasmonäischen und herodianischen Hauses mit seiner nur um ein Jahr jüngern, wegen ihrer Schönheit berühmten Schwester Berenice in Blutschande lebte[2]),

---

[1]) Jos. Altert. XX. 5, 2. Vgl. o. S. 344.
[2]) Das. XX. 7. 3. Juvenal Sat. 6, 153 fg.

nachdem sie nach dem Tode ihres Gatten, Herodes II., Wittwe geworden war. Das Gerede muß wohl einen Grund gehabt haben, denn es zwang Agrippa, es verstummen zu machen. Er verlobte seine Schwester mit dem Könige von Cilicien Polemon, der von ihren Reichtümern mehr noch als von ihrer Schönheit angelockt, ihretwegen das Judentum annahm; aber bald darauf verließ sie Polemon wegen ihrer Unbeständigkeit wieder und war wieder für leichtsinnige Liebeleien frei. Agrippas zweite Schwester, Mariamne II. (geb. 34), welche, von ihrem Vater einem Judäer Julius Archelaus, dem Sohne seines Freundes Chelkias, (o. S. 353) versprochen, ihn auch geheiratet hatte, löste die Ehe auf, obwohl sie ihm eine Tochter geboren hatte, und verheiratete sich mit dem judäischen Arabarchen Demetrios aus Alexandrien, wahrscheinlich dem Sohne des Arabarchen Alexander und also Bruder des Apostaten Tiberius Alexander. Ausgelassener noch war die jüngste Schwester, die schöne Drusilla (geb. 38). Der Vater hatte sie als Kind dem Prinzen Epiphanes, Sohn seines Freundes Antiochos von Commagene, versprochen, aber nur unter der Bedingung, daß derselbe Judäer würde. Da Epiphanes aber nach Agrippas Tode mit einer schönen Frau das Judentum nicht in den Kauf nehmen mochte, so verheiratete der jüngere Agrippa seine Schwester Drusilla an den König von Emesa, Namens Aziz, der sich bereitwillig zeigte, Judäer zu werden. Trotzdem war Drusilla so pflichtvergessen gegen ihren Gatten, daß sie ihn verließ, einen heidnischen Römer, den Landpfleger Felix, heiratete, ihm zu Liebe das Judentum aufgab und Heidin wurde. Ein falscher Prophet, Namens Simon aus Cypern, spielte dabei den Kuppler. Der Neid Berenices auf die Schönheit der jüngsten Schwester soll der Beweggrund zu Drusillas Ehebruch und Religionswechsel gewesen sein[1]. — Obwohl Agrippa II. anfangs nur Fürst von Chalkis war, galt er doch als judäischer König. Rom hatte ihm den Titel gelassen, aber ihm die Macht genommen und gebrauchte ihn als gefügiges Werkzeug, die Bewegung der Nation überwachen zu helfen. Agrippa hing auch dem Kaiserhause mit Hingebung an, auch er nannte sich „Freund des Kaisers". Schwach, wo es galt, die römische Anmaßung in Schranken zu weisen, zeigte er sich nur stark, wenn es darauf ankam, den Freiheitsbestrebungen seines Volkes entgegen zu treten. Und so waren auch die entferntesten Verwandten dieses Hauses, zwei Brüder, Kostobar und Saul, und ein Antipas, sämtlich entsittlicht, volksfeindlich, räuberisch[2]. Der

---

[1] Jos. das. XIX, 9, 1; XX, 7, 1—3.
[2] Das. 9, 4; jüd. Krieg II. 17, 4; 20, 1.

einzige Einfluß, den Kaiser Claudius oder vielmehr seine Räte, dem Titularkönig gelassen, und den sein Nachfolger bestätigt hat, war die Aufsicht über den Tempel und die Ernennung der Hohenpriester¹). Rom konnte keinen ergebenern Geschäftsführer wählen. Agrippa sah auch bei der Ernennung der Hohenpriester nicht auf die sittliche und religiöse Würdigkeit, sondern einzig und allein auf deren Gesinnung gegen Rom. Derjenige, der am weitesten in der Kriecherei und Verleugnung des Nationalgefühles ging, oder der die größte Summe bieten konnte, erhielt den Vorzug. In kaum zwei Jahrzehnten setzte Agrippa mindestens sieben Hohenpriester ein, unter ihnen Anania (Sohn Eleasars?), der einen außerordentlichen Reichtum ererbt oder erworben hatte, damit die Bestechlichen für sich gewann und sich Gesetzlosigkeit und Gewalttätigkeit erlauben durfte²).

Seitdem das Hohepriestertum durch Herodes so entwürdigt war, daß es durch Käuflichkeit und niedrige Gesinnung erworben werden konnte, gab es Familien, die gewissermaßen ein Anrecht auf dasselbe hatten: die Familien Boëthos, Kantheras (Kathras), Phiabi³), Kamith und Aran; nur selten fiel die Wahl auf einen, der nicht einem dieser Geschlechter angehörte. Die Glieder dieser hohenpriesterlichen Familien wetteiferten meistens miteinander an Gesinnungslosigkeit und Niedrigkeit; öfter brach die gegenseitige Eifersucht in Tätlichkeiten aus, und die Straßen von Jerusalem sahen zuweilen, wie die Anhänger der feindlichen Häuser aufeinander losschlugen und sich mit Steinen warfen⁴). Jeder erwählte Hohepriester suchte für die Dauer seiner Tätigkeit sein Amt möglichst auszubeuten und beförderte seine Verwandten und Freunde zu einträglichen Tempelämtern, wobei er wenig auf deren Würdigkeit achtete. Mit solcher Frechheit verfuhren die regierenden Hohenpriester, daß sie ihre Sklaven, mit Knitteln bewaffnet, in die Tennen schickten, um die Zehnten, die jeder beliebig verteilen konnte, gewaltsam für sich einziehen zu lassen. Eine Folge davon war, daß diejenigen Priester, die nicht so glücklich waren, zur Verwandtschaft der Hohenpriester zu gehören, ihrer Nahrungsquelle beraubt wurden und in drückende Armut gerieten⁵). Habgier, Herrschsucht und Gesinnungslosigkeit waren die Triebfedern der Handlungen derer, welche berufen waren, das Ideal der Sittlichkeit zu verwirklichen⁶); der Tempel war durch seine Würdenträger geschändet, ehe

---

¹) Jos. Altert. XX, 9, 7.
²) Das. 6, 2; 9, 2—4. Vgl. Note 19.
³) Tosephta Menachot XIII, 21, und b. Pesachim 57a.
⁴) Jos. Altert. XX, 8, 8; 9, 4.
⁵) Das. 8, 8; 9, 2. Vergl. Note 19. ⁶) Josephus jüd. Krieg VII. 8, 1.

noch der Feind mit dem mörderischen Stahl eindrang. Seit dieser
Zeit, so erzählte man sich, haben die sichtbaren Gnadenzeichen im Tempel
aufgehört. Das eine Licht, das im Heiligtume auf dem heiligen
Leuchter die ganze Nacht hindurch zu leuchten pflegte, sei dann regelmäßig noch vor Tagesanbruch erloschen. Der rote Streifen an dem
Halse des Sündenbockes am Versöhnungstage, der als Zeichen der
Sündenvergebung sonst die Unschuldsfarbe angenommen, habe das Rot,
die Farbe der Sünde, behalten[1]). Seit dieser Zeit hörten die Priester
auf, beim Segen im Tempel den heiligen Gottesnamen (Jhwh) auszusprechen; sie hielten sich und ihre Zeit nicht würdig dafür. Auch die
Hohenpriester, deren Ehrenamt es war, den Gottesdienst am Versöhnungstage zu begehen und die Gottheit um Sündenvergebung zu
bitten, sprachen diesen Namen so leise aus, daß kaum die Umstehenden
ihn vernahmen[2]). Sie wurden wahrscheinlich von den strengen Pharisäern, welche das Volk hinter sich hatten, dazu angehalten und mußten
sich fügen. Das Aussprechen des vierbuchstabigen Gottesnamens
außerhalb des Tempels im gewöhnlichen Leben war wohl schon früher
nicht mehr Brauch. Es war dafür der Name „Herr" (Adonaï) eingeführt. Der heilige Name schien den Frommen nicht mehr zur sittlichen Haltung der herodianischen Zeit zu stimmen.

Wie ein Krebsschaden griff diese Entsittlichung der fürstlichen und
hohenpriesterlichen Geschlechter immer weiter um sich und erzeugte in
den zunächst stehenden Ständen häßliche Auswüchse, die ein Zeitgenosse
mit düstern Farben schildert. Der Richterstand war, seitdem die peinliche Gerichtsbarkeit im Namen des Kaisers geübt und von den Landpflegern überwacht wurde, in Abhängigkeit von den Römern und den
Einflußreichen geraten. „Immer mehr nehmen Eigennutz, Bestechung,
feige Rücksichtnahme, Einflüsterungen zu", klagt diese Sittenschilderung
bitter, „das Himmelsjoch werfen sie ab und legen sich dafür das Joch
von Menschen auf, die Urteile fallen ungerecht aus, und die Handlungen sind verkehrt. Die Gesinnungslosen steigen und die Edlen
sinken, und damit sinkt das Gemeinwesen immer tiefer. Engherzigkeit,
Neid, Gewalttätigkeit nehmen überhand, die Vornehmtuerei (Jehirin)
spreizt sich, und die Töchter Israels wollen sich nur mit Vornehmen
verheiraten; denn in unserem Zeitalter sieht Alles nur auf das Äußerliche"[3]). Der Leichtsinn der Frauen und die Verführungskünste der
Männer waren so sehr an der Tagesordnung, daß der angesehenste
Gesetzeslehrer dieser Zeit, Jochanan ben Sakkaï, das Ritual für den

---

[1]) Joma 39 b jerus 43 c. Vergl. Note 19.
[2]) Dieselbe Note.
[3]) Tosephta Sota c. 14. b. Sota 47 b.

Verdacht des Ehebruchs abzuschaffen sich veranlaßt sah¹). Die Edel=
gesinnten beklagten mit tiefer Wehmut einen Zustand, in welchem die
äußerliche Frömmigkeit höher stand als die Sittlichkeit, und man
sich im allgemeinen mehr über die Verunreinigung des Tempels, als
über einen Totschlag ereiferte²). Unter den untern Volksklassen kam
ein anderes, aber nicht minder schreckliches Laster vor. Die häufigen
Aufstände, die seit dem Tage, als Rom die Vermessenheit hatte, Judäa
als eine eroberte Provinz mit Siegerwillkür zu behandeln, durch die
Zeloten angezettelt und gescheitert waren, erzeugten Freischaren, die
im Lande wild umherschwärmten und, Freiheit mit Zügellosigkeit ver=
wechselnd, Recht und Gesetz mit Füßen traten. Sie hausten in Berges=
klüften und Grotten, an denen das judäische Gebirge so reich ist, und
machten von da aus häufig Angriffe, um ihren Freiheitsdrang oder
ihre Bedürfnisse nach Lebensmitteln zu befriedigen. Einige Zeloten=
scharen, welche von Eleasar ben Dinaï und Alexander geführt
waren, gingen zwar von einem edlen Nationalgefühle aus — sie
hatten den Römern Tod und Verderben geschworen — dehnten aber
ihren Haß auch auf alle diejenigen aus, welche es mit den Römern
hielten. Sie erkannten sie nicht als Judäer an und glaubten kein
Unrecht zu begehen, wenn sie sich an ihrer Habe und an ihrem Leben
vergriffen. Die Römlinge waren nach deren Ansicht und Schwur
vogelfrei, und sie hielten ihren Schwur nur allzu gewissenhaft. So
fielen sie die Vornehmen an, so oft sie ihnen in den Weg kamen, zer=
störten ihre Besitzungen und fügten ihnen überhaupt jeden möglichen
Schaden zu³). Galt es eine Unbill zu rächen, die von Seiten der
Feinde ausgeübt worden war, so waren sie die ersten, dem verletzten
Nationalgefühle ihr Racheschwert zu leihen. Eleasar ben Dinaï und
seine Genossen waren keine Räuber und Meuchelmörder, wie sie die
Römer und ihre Augendiener geschildert haben. Sie waren vielmehr
von dem Gedanken des Zelotenstifters erfüllt und wollten die ein=
gebüßte Freiheit ihrer Nation wiedererobern oder rächen⁴); allein

---

¹) Sota 47 a.
²) Joma 23 a.
³) Josephus Altert. XX, 6, 1; jüd. Krieg II, 12, 4; 13, 6; VII. 8, 1.
⁴) Vergl. die interessante Stelle im Midrasch zum hohen Lied z. V. 3. 5.
Hischbati p. 16: כנגד ד׳ דורות שדחקו על הקץ ונכשלו ואלו הן אחד בימי עמרם ואחד
בימי דיניי. Über Amram vergl. o. S. 360. Neben ben Dinaï wird noch ein
gesinnungsgenössischer Führer in der Mischna Sota IX, 9, (8) genannt, wenn
die richtige L.=A. beachtet wird, welche bereits Lippmann Heller (in תוספות י״ט)
richtig erklärt hat. Diese lautet: משרבו הרצחנים בטלו עגלה ערופה, משמת אליעזר בן
(Siphre) בן דינאי ותחינה בן־פרישה. בן פרישה היה נקרא חזרו לקרוחו בן הרצחן.
Deut. N. 205: הרצחנ״ם בן.) Als Mordeshauptleute, wegen deren Treibens das

weil sie es zur Unzeit und mit unlautern Mitteln versuchten, brachten sie statt Erlösung nur noch größern Jammer über das Volk.

Eine andere Zelotenbande, die in ihrer Verwilderung den edlen Zweck der Befreiung vergaß, machte aus dem Angriff auf ihre Feinde ein Handwerk. Man nannte diese Zeloten Sicarier von dem kurzen Dolche (Sica), mit dem sie bewaffnet waren, und den sie unter ihren Kleidern verbargen, damit ihre Feinde anzugreifen und öffentlich oder meuchlings zu ermorden. Die Sicarier waren der Auswurf der Zelotenpartei, deren Führer später die Enkel des Galiläers Juda mit Namen Menahem und Eleasar ben Jaïr geworden sind. Im Beginne dieser Epoche standen diese Banden jedoch unter keiner Disziplin, sondern schwärmten planlos umher und liehen ihren Arm demjenigen, der ihnen Lohn oder Gelegenheit zur Befriedigung ihres Racheburstes gab. Mit ihren Dolchen mischten sie sich unter dichte Gruppen, namentlich in den Säulengängen des Tempelberges an den Festzeiten, wenn große Menschenmassen hin und her wogten, und machten denjenigen unvermerkt nieder, der als ihr Opfer ausersehen war. Solche Mordtaten führten sie mit so großer Schnelligkeit und Geschicklichkeit aus, daß die Urheber eine lange Zeit unentdeckt blieben; aber gerade diese Dunkelheit erzeugte eine unheimlich bange Furcht in den Gemütern[1]). Jeder glaubte sich von unsichtbaren Feinden umgeben und ward des Lebens nicht froh; der Freund mißtraute dem Freunde, der Herr seinem treuesten Diener. Mordtaten kamen so häufig vor, daß die Gesetzeslehrer mit Jochanan ben Sakkaï das Sühnopfer für unschuldig vergossenes Blut abschafften[2]), es hätten deren zu viele für die gefallenen Menschenopfer geschlachtet werden müssen. Um diese Zeit mag das große Synhedrion, als es die überhandnehmende Zucht- und Sittenlosigkeit mit blutendem Herzen wahrnahm, seine Funktionen eingestellt haben, es verlegte seinen Sitz aus der Quaderhalle des Tempels in die Kaufhallen (Chanujot) bei Bethanien[3]), ein Akt, der einer Vertagung ähnlich war.

In dieser immer wachsenden Zerrüttung scharten sich die Edelsten des Volkes, die sich von dem Getriebe fern hielten, mit noch größerer

---

Sühnopfer aufgehoben wurde, werden zwei genannt: ben Dinaï und Tdchina ben Parischa, diesem letzteren gab man den Schimpfnamen: Sohn des Mordes (nicht des Mörders); das will auch die lakonische Erklärung in Jeruf. z. St. (24 a) besagen: בריה (ה) קטולא בן הרוצח, Sohn des Mordes, nicht בריה דקטלא.

[1]) Jos. jüd. Krieg II, 13, 3.
[2]) Sota 47 a.
[3]) Note 22.

Liebe um das geistige Gut des Judentums. Die Lehre zu erhalten, war ihnen die höchste Lebensaufgabe. Als Repräsentant derselben kann R. Jochanan ben Sakkaï gelten. Er war, nächst dem Synhedrialpräsidenten Simon ben Gamaliel von Hillelschem Geschlechte, und wohl noch mehr als dieser, der angesehenste Gesetzeslehrer dieser Zeit; Hillel selbst, dessen jüngster Schüler er keineswegs war, soll ihn den „Vater der Weisheit und den Träger der Zukunft" genannt haben. Infolge seiner tiefen Gesetzeskunde und seiner Würdigkeit war R. Jochanan ben Sakkaï Stellvertreter des Präsidenten. In dieser Stellung schaffte er diejenigen Gesetze ab, die in der sturmbewegten Zeit nicht mehr anwendbar waren. Seine Hauptbeschäftigung war indessen die Lehrtätigkeit. In dem Schatten der Tempelmauern saß er im Kreise seiner Jünger und überlieferte ihnen die überkommenen Gesetze und die Auslegung der Schrift[1].

Zu den Übeln der Anarchie kam noch ein anderes hinzu, welches, an sich zwar unschuldiger Art, Blutvergießen und Jammer aber noch gesteigert hat. Je hoffnungsloser der Zustand war, um so mehr regte sich in den Herzen der Gläubigen die Sehnsucht nach dem erwarteten Befreier und Friedensbringer. Mehr noch als zur Zeit der ersten Landpfleger durchzuckten messianische Hoffnungen die Gemüter und erweckten Schwärmer, die sich als Propheten und Messiasse ausgaben und beim Volke Glauben fanden[2]. Alle diese Schwärmer stellten die Befreiung vom römischen Joche als letztes Ziel ihrer Unternehmungen hin, müssen daher ebenfalls als Zeloten angesehen werden und unterschieden sich von jenen handfesten Eiferern nur durch die Mittel. Was die Anhänger Judas mit Waffengewalt durchzusetzen gedachten, das wollten die Nachfolger des Theudas ohne Kampf, durch Zeichen und Wunder vollbringen[3]. Sie waren keine Betrüger, sondern glaubten selbst fest an ihre Sendung, das Werk der Befreiung zu vollziehen; nur der unglückliche Ausgang ihrer Unternehmungen stempelte sie zu falschen Messiassen und trug ihnen den Namen Zauberer ($\gamma \acute{o} \eta \tau \varepsilon \varsigma$, $\mu \acute{a} \gamma o \iota$), ein. Als ein solcher Messias trat Simon aus Cypern auf[4].

Ein Judäer aus Ägypten, der sich als Prophet ausgab, fand ebenfalls Gläubige (an 3000, nach einer andern Quelle gar 4000),

---

[1] Pessachim 26 a. Jerus. Nedarim 6, 6, p. 39 b. Diese Stelle ist authentischer als die Nachricht in Babli Succa 28 a. Hillels Jünger kann Jochanan nicht gewesen sein, da jener etwa um 5 der vorchr. Zeit. starb, und dieser den Untergang Jerusalems überlebte, also, selbst wenn er 80 Jahre alt geworden wäre, Hillel unmöglich gehört haben könnte.
[2] Josephus Altert. XX, 8, 6.
[3] Josephus jüd. Krieg II, 13, 4.
[4] Altert. XX, 7, 2.

berief sie zum Ölberge und verhieß ihnen das Wunder, mit dem Hauche seines Mundes die Mauern von Jerusalem einstürzen zu machen und die römischen Soldaten zu bezwingen[1]). Wenn auch nur dieser namhaft gemacht wird, so war er doch nicht der Einzige, der, von Begeisterung getrieben, seinen Anhängern das Eintreffen besserer Zeiten prophezeit hat. Und warum hätte er keinen Glauben finden sollen? Ein Volk, das eine so reiche Vergangenheit hat, und dessen Herz von glänzenden Bildern einer schönern Zukunft erfüllt ist, ist nur zu leicht geneigt, einem schönen Traumbilde zu folgen und in der Schwärmerei den Jammer der Gegenwart zu vergessen oder gar zu überwinden.

Solche unschuldige Vorgänge erhielten erst durch den blutigen Ernst, mit dem die Landpfleger sie betrachteten, eine traurige Wichtigkeit. War das Volk auf seine religiösen Überzeugungen eifersüchtig, betrachtete es die unbedeutendste Verletzung derselben von seiten eines Römers in übertriebener Empfindlichkeit[2]) als einen Angriff auf das Judentum und machte dafür den Statthalter, den Kaiser, den römischen Senat verantwortlich, so waren die kaiserlichen Abgeordneten in Judäa nicht minder empfindlich, behandelten die bedeutungsloseste Volksbewegung als eine Majestätsbeleidigung gegen den Kaiser und verfolgten Schuldige und Unschuldige mit gleicher Grausamkeit. Vergebens zeigte der Kaiser Claudius und nach ihm Nero die wohlwollendste Gesinnung gegen die Nation; die Landpfleger überschritten jedesmal ihre Vollmachten und benahmen sich aus Habgier und Herrschsucht wie Tyrannen. Judäa hatte das Unglück, fast nur verworfene Kreaturen, die ihre Beförderung den bei Hofe herrschenden gesinnungslosen Günstlingen und Weibern zu verdanken hatten, als Landpfleger zu bekommen. Sie wetteiferten miteinander an Schlechtigkeit, Habgier und Blutdurst, vermehrten dadurch die Unzufriedenheit des Volkes und reizten es zum Äußersten.

Die Reihe dieser fünf Geld und Blut saugenden Landpfleger eröffnete Cumanus (um 48 bis 52), der auf Tiberius Alexander gefolgt war. Dieser war nur etwa zwei Jahre (47 bis 48) auf seinem Posten geblieben. Möglich, daß die judäischen Großen den Kaiser auf den Anstoß aufmerksam machten, den der vom Judentum abtrünnige Landpfleger dem Volke gab. Gleichviel, Tiberius wurde abberufen,

---

[1]) Josephus das. XX, 8, 6; jüd. Krieg II, 13, 5. Apostelgesch. 21, 38. Ungenau wie diese Quelle ist, läßt sie die Anhänger des ägyptischen Propheten aus Sicariern bestehen.

[2]) Bezeichnend sind Tacitus' Worte (Annales 12, 54): Manebat metus (in Judaea), ne quis principum eadem imperitaret (ac C. Caesar de statua erigenda).

obwohl er bei dem Kaiserhause in großer Gunst stand. Er stieg zu immer höhern Würden auf, wurde später gar Statthalter von Ägypten und übte einen bestimmenden Einfluß auf eine Kaiserwahl aus. An seine Stelle wurde Cumanus als Landpfleger gesandt, doch soll er nur die Landesteile Judäa und Samaria zur Verwaltung gehabt haben, Galiläa soll Claudius dem Bruder seines Lieblings, des Freigelassenen Pallas, Schatzmeisters des Kaisers, Namens Felix, überlassen haben, der von der Kaiserin Agrippina begünstigt wurde; Cumanus und Felix waren Todfeinde[1]). Der Landpfleger Judäas stachelte zuerst die Volksempfindlichkeit auf. Von tiefem Argwohn gegen jede Versammlung im Tempel, der seit dem Aufstande wegen des Census für die römischen Statthalter Tradition geworden war, erfüllt, stellte Cumanus am Passahfeste eine bewaffnete Kohorte in den Säulengängen des Tempels auf, um das zahlreich anwesende Volk zu überwachen. Bei dieser Gelegenheit machte ein Soldat mit der den niederen römischen Soldaten eigenen Rücksichtslosigkeit eine unanständige Geberde gegen das Heiligtum, welche das Volk als Beschimpfung des Tempels und als Gotteslästerung auslegte. Die Judäer, von Eifer hingerissen, warfen Steine auf die Soldaten und beschimpften den Landpfleger, als wäre diese verächtliche Behandlung des Heiligtums mit seinem Willen geschehen. Infolgedessen entstand ein Tumult und schien in einen Aufstand übergehen zu wollen. Cumanus ließ neue Truppen anrücken, die Burg Antonia besetzen und nahm eine drohende Haltung an, welche die Menge auf dem Tempelberge so sehr in Schrecken setzte, daß jeder eilte, aus dem Bereiche des Angriffs zu kommen. An den Ausgängen entstand ein so heftiges Gedränge, daß mehr als 10000 oder gar 20000 Menschen dabei erdrückt oder zertreten worden sein sollen[2]).

Eine ähnliche Veranlassung hätte beinahe zu demselben Ausgange geführt, wenn nicht Cumanus diesmal besonnen genug gewesen wäre, den Volkswillen zu befriedigen. Eine Bande Sicarier hatte nämlich einen kaiserlichen Diener auf offener Straße unweit Bethoron überfallen und beraubt. Dafür ließ Cumanus die Dörfer in der Nähe des Schauplatzes hart büßen, sie von seinen Soldaten plündern und zerstören. In der Wut über den Angriff auf einen Römer zerriß ein Soldat ein ihm in die Hände geratenes heiliges Gesetzbuch und warf die Stücke ins Feuer. Neuer Stoff zur Aufregung des Volkes und neue Klagen über Verletzung der Heiligtümer. Massenhafte

---

[1]) Vergl. Note 19.
[2]) Josephus Altert. XX, 5, 3; jüd. Krieg II, 12, 1.

Scharen strömten zu Cumanus nach seiner Residenz Cäsarea, schrieen neuerdings über Gotteslästerung, „sie könnten weit eher ihren Untergang als die Entweihung ihrer heiligen Schriften ertragen", und verlangten den Tod des Schuldigen. Der Landpfleger gab diesmal auf den Rat seiner Freunde nach und ließ den Soldaten in Gegenwart der Verletzten hinrichten[1]).

Einen ernstern Charakter nahm ein dritter Vorfall unter Cumanus an und führte zu blutigen Reibungen. Von den Galiläern, welche zum Feste nach Jerusalem durch Samarien zogen, wurden mehrere[2]) in der Stadt Ginäa (am südöstlichen Ende der Ebene Jesreel) von feindlichen Samaritanern in einem Handgemenge ermordet. War der Mord aus einer zufälligen Veranlassung oder infolge der herrschenden Gehässigkeit zwischen den Judäern und Samaritanern entstanden? In dem einen wie in dem andern Falle waren die Vertreter der galiläischen Gemeinden berechtigt, von dem Landpfleger strenge Gerechtigkeit gegen die Mörder zu verlangen. Aber Cumanus behandelte die Sache mit unerhörter Gleichgiltigkeit und zwang die Judäer zur Selbsthilfe. Die Zelotenführer Eleasar ben Dinaï und Alexander, von den Galiläern und auch von Felix, dem Landpfleger von Galiläa, aufgestachelt, nahmen die Sache in die Hand, überfielen mit ihrer Bande den von den Samaritanern bewohnten Landstrich Akrabatene und mordeten und plünderten ohne Schonung und Erbarmen. Auf die Klage der Samaritaner über den gestörten Landfrieden gestattete ihnen Cumanus sich zu bewaffnen und sandte ihnen römische Truppen, unter andern auch die judenfeindlichen Sebastener (o. S. 359), zu Hilfe, die wiederum unter den Zeloten ein Blutbad anrichteten.

Diese so offenkundige Parteilichkeit des kaiserlichen Abgeordneten regte das Volk von Jerusalem so sehr auf, daß es, von einem angesehenen Manne Dortos und andern aufgestachelt, auf dem Wege war, Cumanus' Truppen anzugreifen und Verwickelungen herbeizuführen, die vielleicht die Katastrophe um zwanzig Jahre beschleunigt hätten, wenn nicht die angesehensten Männer Jerusalems, erschreckt über die unabsehbaren Folgen einer solchen Widersetzlichkeit gegen die römischen Waffen, den Kampf zu hintertreiben gesucht hätten. In Trauergewänder gehüllt, beschworen sie die aufgeregte Volksmenge, die Zukunft nicht aus den Augen zu verlieren und lieber Unbill zu ertragen, als den unvermeidlichen Untergang des Gemeinwesens und des Tempels

---

[1]) Jos. Altert. das. 5, 4; jüb. Kr. das. 12, 2.
[2]) Die Angabe, daß nur ein einziger Galiläer ermordet worden sei (jüb. Kr. II, 12, 3) berichtigt Josephus selbst in den Altert. XX, 6, 1, wo er von vielen ermordeten Galiläern spricht.

heraufzubeschwören. Das Volk legte darauf die Waffen nieder. Aber weder die Judäer, noch die Samaritaner beruhigten sich über die Ermordung der Ihrigen; beide sandten vielmehr Abgeordnete an den syrischen Statthalter Ummidius Quadratus, klagten einander vor ihm an und baten ihn, die Streitsache zu untersuchen. Zu diesem Zwecke fand sich Quadratus in Samaria ein, handelte aber parteiisch und ließ die gefangenen Judäer ans Kreuz schlagen. Dann erst errichtete er in der Stadt Lydda ein Tribunal und lud beide Parteien vor seine Schranken. Allein die Streifache war durch die Folgen, die sie herbeigeführt, so verwickelt geworden — indem Felix für die Galiläer gegen die Samaritaner Partei nahm — daß Quadratus sie nicht zu schlichten vermochte und daher den Befehl gab, daß beide Parteien Abgeordnete an den Kaiser absenden und dessen Entscheidung entgegennehmen sollten. Von seiten der Judäer gingen der ehemalige Hohepriester Jonathan und der Tempelhauptmann Anan, Sohn des Hohenpriesters Ananias, mit noch anderen nach Rom. Auch Cumanus mußte auf Quadratus' Verfügung seinen Posten verlassen und sich zur Rechtfertigung nach Rom stellen.

Dieser Prozeß setzte in Rom das ganze Räderwerk der Hofintriguen in Bewegung; er hatte dadurch, daß der Landpfleger selbst als Angeklagter darin verwickelt war, eine größere Tragweite erhalten. Einerseits versuchte Cumanus auf Claudius' Günstlinge einzuwirken, daß sie den Kaiser für ihn günstig stimmten, und andererseits ließen es die judäischen Abgeordneten, Jonathan[1]) und der König Agrippa II., der noch immer in Rom weilte und bei Claudius beliebt war, nicht an Mühe fehlen, diesen für die Sache der Judäer zu gewinnen. Der Kaiser bestimmte eine Gerichtssitzung für diesen Prozeß; den Ausschlag gab aber nicht er, sondern seine ihn beherrschende verworfene Gemahlin, die berüchtigte Agrippina, deren Buhle Pallas, Felix' Bruder, war. Felix selbst war in das Tribunal berufen. Es war auch zwischen den judäischen Gesandten und Pallas abgemacht worden, daß, sobald Cumanus verurteilt würde, der Kaiser gebeten werden sollte, Felix an dessen Stelle zum Landpfleger Judäas zu ernennen. Daher fiel des Kaisers Entscheidung zu Gunsten der Judäer aus, nicht weil er erkannt hatte, daß die Samaritaner die Urheber des Streites waren. Mehrere schuldig befundene Samaritaner wurden hingerichtet und Cumanus in die Verbannung geschickt[2]). Zur selben Zeit erhielt Agrippa, wahrscheinlich durch Fürbitte der Kaiserin, ein Königreich in der Nordostgegend Judäas, das aus den Landesteilen bestand, die einst

---

[1]) Note 19.
[2]) Josephus XX. 6, 3; Tacitus Annalen 12, 54.

zu Philipps Tetrarchie gehört hatten: Batanäa, Gaulanitis, Auranitis, Trachonitis, auch Paneas und Abilene (53)¹); dagegen verlor er sein Fürstentum Chalkis, mit dem er früher belehnt war. Das eigentliche Judäa hielt aber Rom so fest umklammert, daß es an der Spitze desselben einen judäischen Fürsten, wenn er auch noch so sehr gezähmt und gefesselt war, nicht dulden mochte.

Die Vorgänge unter Cumanus und die dadurch veranlaßte heftige Verbitterung der Samaritaner gegen das judäische Gemeinwesen nötigten das Synhedrion eine durchgreifende Veränderung in der Kundmachung des Festkalenders vorzunehmen. Die Hauptfestzeiten — das Passahfest im Beginne des Frühlings, das Wochenfest fünfzig Tage später und die drei Feste zu Ende des Sommers, (Posaunenfest, Versöhnungstag und Hüttenfest) — waren veränderlich und abhängig von dem Neumonde. Denn die Judäer zählten nach Mondjahren, und nur wenn der Frühling sich verspätete, wurde ein Monat zur Ausgleichung des Mondjahres mit dem Sonnenjahre eingeschaltet. Der Monat sollte mit der Sichtbarkeit des ersten Streifens des Mondwechsels beginnen, welche von Zeugen wahrgenommen und vor dem Synhedrion oder dem Vorsitzenden durch ein strenges Verhör sicher festgestellt wurde. War so der Tag des Neumondes bestimmt, so wurde er am Abend vermittelst Bergfeuer dem ganzen Lande und auch darüber hinaus kundgegeben. Von Bergspitze zu Bergspitze wurden mit Brennstoffen umwickelte lange Cedernstangen so lange hin und her geschwungen, bis das Zeichen auf der nächsten Spitze wahrgenommen und weiter gegeben wurde. So pflanzte sich das Feuerzeichen fort vom Ölberg bei Jerusalem bis zur Kuppe Sartaba (Alexandrion), von da bis zum Tabor, dann auf eine Höhe Gruphina, dann jenseits des Jordans zum Gileaditischen Gebirgszuge von Machärus im Süden, bis nach Gadara im Norden. Von diesen aus wurde das Bergfeuer auf dem hohen Gebirge Hauran wahrgenommen und für die nächste Anhöhe, Bet-Beltin (Bairam), angezeigt, die in der Nähe des Euphrat lag, wodurch auch die babylonischen Gemeinden den Monatsanfang zu gleicher Zeit mit den judäischen erfuhren und ihrerseits von Stadt zu Stadt durch helllodernde Fackelfeuer kundzumachen pflegten. Von diesen durch Bergfeuer angekündigten Monatsanfängen zählten die Gemeinden Judäas, Babyloniens und vielleicht auch Syriens die Tage bis zu dem bestimmten Tage, an welchem das Fest begangen werden sollte. Diese Zeichen für den Festkalender, welche die judäische Bevölkerung an der Scheide zwischen dem abgelaufenen und eintretenden

---

¹) Jos. bas. 7, 1; jüd. Krieg II, 12, 8.

Monate jedesmal mit Spannung zu erwarten pflegte, vereitelten die Samaritaner in dieser Zeit infolge ihrer haßerfüllten Erregtheit. Um ihren Feinden einen Streich zu spielen, zündeten sie nämlich von ihren Bergen aus zur Unzeit Bergfeuer an und täuschten damit die nördlich von ihrem Landstriche wohnenden Gemeinden.

Um für die Folgezeit eine solche Täuschung und Verwirrung zu verhüten, hob das Synhedrion unter dem Vorsitz R. Gamaliels[1]) die Kundgebung durch Bergfeuer auf und ersetzte sie durch Boten, welche von Gemeinde zu Gemeinde den Monatsanfang bekannt machten. Es war ein mühsamer Weg und konnte nicht einmal immer zum Ziele führen, wenn nämlich die Sendlinge vor dem Beginne der Festzeiten ihre Reise nicht beendigen konnten. Die entfernten Gemeinden, denen die Kundmachung nicht zeitlich genug zukommen konnte, gewöhnten sich daran, zweifelshalber zwei Tage hintereinander feiertägig zu begehen. Um es aber den Boten zu ermöglichen auch die entferntesten Ortschaften zu erreichen, wurden sie schon an dem Abende, an welchem der Neumond astronomisch eintreffen mußte, mit der Ankündigung ausgesandt. Seit dieser Zeit wurde auf die astronomische Berechnung der Monatsanfänge mehr Wert gelegt als auf die Aussage der Zeugen, daß sie den Mondstreifen wahrgenommen hätten, und diese nur noch gewohnheitshalber beibehalten. Die astronomische Berechnung des Mondlaufs kannte die Familie der Patriarchen aus dem Hause Hillels durch ihren Stammvater, der sie höchst wahrscheinlich aus Babylonien mitgebracht hatte, wo sie seit alter Zeit bekannt war und angewendet wurde. So hatte die parteiliche Ungerechtigkeit des Landpflegers Cumanus oder seine Feindschaft mit Felix noch für die Folgezeit Nachwirkungen, und zwar neben dieser Änderung der Kundmachung noch die andere, daß die Galiläer, wenn sie sich zur Passahfeier nach Jerusalem begeben wollten, das samaritanische Gebiet vermeiden und einen Umweg jenseits des Jordans machen mußten, um nicht Mißhandlungen ausgesetzt zu sein.

Cumanus' Nachfolger in der Landpflegerschaft Judäas wurde Felix, der Bruder des am römischen Hof vielvermögenden Günstlings Pallas, den der ehemalige Hohepriester Jonathan[2]) vom Kaiser ausgebeten hatte. Daß die judäische Prinzessin Drusilla, die schöne Schwester des Königs Agrippa II., sich mit Felix verheiratete, wobei der Schwärmer Simon den Vermittler gespielt hat, und daß sie durch diese ehebrecherische Heirat zum Heidentume überging, ist bereits erwähnt. Felix übertraf in seiner mehrjährigen Verwaltung (53 bis 59)

---

[1]) Note 17, II.
[2]) Oben S. 437.

seinen Vorgänger an Übermut und Frechheit. Diese Sklavenseele dachte an nichts als daran, sich in Judäa zu bereichern und ihre Gelüste zu befriedigen. Das Blutvergießen nahm unter Felix noch mehr zu, da er, auf den Einfluß seines Bruders bei Hofe gestützt, ungestraft jedes Verbrechen begehen durfte[1]). Diese Macht zu schaden, behielt er auch nach Claudius' Tode (54). Denn, obwohl der junge Kaiser Nero — oder seine Mutter Agrippina — dem herobianischen Hause ebenso wohlgesinnt war, wie Claudius, und den Sohn des Herodes von Chalkis, Aristobul, zum Könige von Kleinarmenien ernannte und für Agrippa vier bedeutende Städte mit ihren Bezirken, das wichtige Tiberias nebst Tarichea in Galiläa und Julias mit Abila in Südperäa zu dessen Gebiet hinzufügte (56)[2]), so ließ er doch gern Judäa unter dem Regimente eines Blutdürstigen. Felix gab sich das Ansehen, als verfolge er nur die ruhestörenden Aufwiegler; aber wie wenig Ernst es ihm damit war, bewies er dadurch, daß er sich sogar mit den verwilderten Sicariern in Verbindung setzte, um sich durch sie seiner Tadler zu entledigen. Unter ihm wurden zwar die Zeloten des Eleasar ben Dinaï zersprengt und der Häuptling selbst durch List gefangen und nach Rom gesendet, wo er ohne Zweifel seine wilde Freiheitsliebe mit dem Tode büßte, nachdem er eine lange Reihe von Jahren einen abenteuerlichen Guerillakrieg geführt hatte[3]). Auch auf die Propheten und Messiasse ließ Felix fahnden; die Anhänger des ägyptischen Propheten wurden teils niedergemacht, teils gefangen, aber der Führer selbst entkam glücklich[4]). Als daher später der Heidenapostel Paulus bei seinem Auftreten in Jerusalem von den kleinasiatischen Judäern als Gesetzesverächter angeklagt und einem römischen Hauptmanne überliefert wurde (59), hielt ihn derselbe für den verschwundenen ägyptischen Schwärmer[5]). Aber Felix ließ nur die Zeloten und Schwärmer verfolgen, die Sicarier dagegen begünstigte er. Wie viele Unschuldige muß er indessen unter dem Vorwande, daß sie Römerfeinde und Aufwiegler seien, mit dem Tode bestraft haben, wenn sogar der ehemalige Hohepriester Jonathan selbst, der ihn vom Kaiser ausgebeten hatte, sein Verfahren streng zu rügen wagte! Dafür ließ ihn der

---

[1]) Tacitus Annalen 12, 54. Historien 5, 9.
[2]) Josephus Altert. XX, 8, 4; jüd. Krieg II, 13, 2.
[3]) Das. Altert. XX. 8, 5; jüd. Krieg II. 13, 2. Nach der letzten Stelle soll Eleasar sein Unwesen zwanzig Jahre getrieben haben; die Zahl scheint aber ungenau, sonst müßte er bereits unter Agrippa I. und noch vor ihm als Häuptling existirt haben.
[4]) Das. Altert. 8, 6; jüd. Krieg II, 13, 4—5.
[5]) Apostelgeschichte 21, 38.

Landpfleger meuchlings ermorden und bediente sich dazu der Sicarier, die gedungen waren, ihn am hellen Tage zu überfallen[1]). Zum Hohenpriester ernannte Agrippa abermals Ismaël II. aus dem Hause Phiabi (um 59). Unter diesem nahm die freche Gewalttätigkeit der hohenpriesterlichen Familien so überhand, daß sie mit gedungenem handfestem Gesindel den Zehnten von den Bodenbesitzern für sich eintreiben ließen, wodurch die niedern Priester ihrer Einnahmen beraubt wurden und aus Not umkamen[2]). Felix, durch Bestechung gewonnen, drückte zu diesen Gewaltstreichen die Augen zu.

Die rücksichtslose Anmaßung, mit der die Landpfleger die Nation zu behandeln sich gewöhnt hatten, blieb nicht ohne Wirkung auf das Benehmen der fremden Bevölkerung, die namentlich in den Seestädten zahlreich vertreten war. Die Syrer, Griechen und Römer, die in Judäa angesiedelt waren, durften ihren feindseligen Sinn gegen ihre judäischen Mitbewohner an den Tag legen und sich anmaßen, die Herren im Lande zu spielen. Der Zug in dem grausigen Strafgemälde des großen Propheten: „Der Fremde in Deiner Mitte wird immer mehr steigen, Du aber wirst immer tiefer sinken", ging fast buchstäblich in Erfüllung. Am weitesten trieben die griechischen Syrer in Cäsarea die Unverschämtheit gegen die Judäer, indem sie ihnen die Gleichberechtigung in der Verwaltung der städtischen Angelegenheiten streitig machten. Um ihrer Anmaßung einen scheinbaren Rechtsgrund zu geben, beriefen sie sich darauf, daß Cäsarea, als es von dem judäischen Könige Herodes neuerbaut wurde, keinen judäischen Einwohner gehabt, ferner daß der Erbauer nur deswegen heidnische Tempel und Bildsäulen darin aufgeführt habe, weil er die Stadt für heidnische Bewohner habe bestimmen wollen. Aber die Judäer, welche sich wahrscheinlich unter Agrippa I. daselbst angesiedelt hatten und durch Gewerbefleiß, Wohlstand und kriegerischen Mut ihren heidnischen Mitbürgern weit überlegen waren, ließen sich die Entziehung des Bürgerrechts nicht gefallen, und es kam dadurch fast täglich zu Reibungen und Straßenkämpfen. Als einst die judäische Jugend eine erlittene Beschimpfung mit blutigen Köpfen der Syrer rächte und ihre Gegner aus dem Felde schlug, mischte sich der Landpfleger Felix in die Händel, befahl den zusammengerotteten Judäern auseinanderzugehen, und ließ, als sie sich seiner Aufforderung widersetzten, die bewaffnete Macht einschreiten, die teilweise aus eingeborenen Griechen und Syrern bestand und daher mit ganzem Herzen Partei für ihre Stammesgenossen nahm. Viele Judäer kamen dabei um, andere ge-

---

[1]) Josephus Altert. XX, 8, 5.
[2]) Das. 8, 8.

rieten in Gefangenschaft; die Häuser der Reichen wurden geplündert und zerstört. Bei dem Anblicke des Blutbades und der Zerstörung beeilten sich die angesehensten Judäer Cäsareas, die um ihre Habe besorgt waren, Unterwürfigkeit gegen den Landpfleger an den Tag zu legen; darauf ließ derselbe die Truppen zurückziehen[1]). Die eigentliche Streitsache war aber dadurch nicht entschieden; beide Teile waren durch das vergossene Blut nur noch erbitterter geworden und schickten Abgeordnete nach Rom, den Kaiser Nero als Schiedsrichter anzurufen. Da damals die cäsareensischen Syrer den Geheimschreiber des Kaisers, Burrus [oder Beryllus], durch Bestechung für sich zu gewinnen wußten, so entschied der Kaiser zum Nachteile der Judäer, und sie büßten ihre Gleichstellung ein[2]). Diese ungerechte Entscheidung vermehrte die Gereiztheit des Volkes gegen Rom und veranlaßte später den ersten Ausbruch des Aufstandes gegen die römische Gewaltherrschaft. Felix wurde indessen wegen seiner parteiischen Einmischung in die Streitsache der Cäsareenser abberufen (um 59).

Die Landpflegerschaft des Festus, Felix' Nachfolgers, dauerte nur kurze Zeit (um 59 bis 61). Die Lage hatte sich nicht verändert, womöglich noch verschlimmert. Die Sicarier trieben ihr Unwesen weiter fort, und der neue Landpfleger mußte einen Vertilgungskrieg gegen sie führen. Ein neuer messianischer Schwärmer weckte die Hoffnung auf Befreiung und Heil, sammelte Anhänger und teilte das Los seiner Vorgänger[3]). Die gegenseitige Beargwöhnung nahm immer mehr zu. Der König Agrippa II., der endlich seine Residenz in Jerusalem aufgeschlagen hatte, erhöhte den dem Tempel gegenüberliegenden Hasmonäerpalast noch mehr, um von diesem hohen Standpunkte aus die freie Aussicht auf Alles, was in den Tempelvorhöfen vorging, zu haben und von seinem Speisezimmer aus jede Bewegung überwachen zu können. Er mochte ahnen, daß eine Verschwörung im Anzuge sei, deren Herd der Tempel sein werde, und wollte sich nicht davon überraschen lassen. Die Vertreter des Tempels beklagten sich aber darüber, daß Agrippa sich Eingriffe in die Tempelprivilegien angemaßt habe; es sei keinem Laien gestattet, zu jeder Stunde seinen Blick in die Tempelräume zu werfen. Sie ließen daher an der Westseite eine hohe Mauer aufrichten, um die Aussicht vom Palaste zu verdecken. Damit waren wieder Agrippa und der Landpfleger nicht zufrieden und wollten die kaum vollendete Mauer wieder niederreißen lassen; es kam zum erbitterten Wortwechsel, bis beide Teile, besonnen genug, dem Kaiser

---

[1]) Josephus Altert. XX, 8, 7; jüd. Krieg II, 13, 7.
[2]) Das. Altert. 8, 9.
[3]) Das. XX, 8, 10.

die Entscheidung überließen. Zwölf Abgeordnete, darunter der Hohepriester Ismaël und der Schatzmeister Helkia, wurden zu diesem Zwecke nach Rom gesendet. Aber nicht Kaiser Nero, sondern seine Buhlerin Poppäa Sabina legte den Streit bei. Dieses ebenso schamlose, wie schöne Weib hatte unbegreiflicher Weise eine Vorliebe für das Judentum, und da an Neros Hofe alle Staatsangelegenheiten durch Intriguen geleitet wurden, so bedienten sich die judäischen Abgeordneten dieses glücklichen Zufalles, um das Staatsoberhaupt für ihre Sache günstig stimmen zu lassen. Die heimkehrenden zehn Abgeordneten brachten die Weisung mit, daß die argwöhnische Überwachung des Tempels unterbleiben sollte[1]).

Zwei der Abgeordneten, Ismaël und Helkia, waren auf Poppäas Wunsch in Rom geblieben. Zu des erstern Nachfolger ernannte daher Agrippa Joseph, den Sohn Simons Kabi (Kamith um 60[2]), und nicht lange darauf Anan, den jüngeren, aus der Familie Anan ben Seth[3]). — Einige Jahre später verwendete sich Poppäa abermals zu Gunsten zweier Judäer, die von dem Landpfleger Felix als Verbrecher nach Rom gesandt worden waren, die aber so fromm lebten, daß sie im Kerker nichts Anderes als Früchte genießen mochten, wie Daniel und seine Freunde. Auf den Wunsch der nunmehr Kaiserin gewordenen Poppäa schenkte ihnen Nero die Freiheit (63[4]).

Als der Landpfleger Festus nach etwa zweijähriger Verwaltung starb, ernannte Nero Albinus zum Nachfolger, der im Vergleiche zu seinen Vorgängern und Nachfolgern gerecht erschien. Ehe er in seiner Provinz ankam, nahm sich der damalige Hohepriester Anan heraus, das halb erstorbene Sadducäertum wieder zu beleben.

Die Anhänger dieser Sekte hatten sich seit dem Untergange der ihrer Theorie huldigenden makkabäischen Fürsten in den Schmollwinkel zurückgezogen. Weil sie im Volke keinen Anhang hatten, ordneten sie sich in der Ausübung der Religionsgesetze und der Rechtsverhältnisse der Auslegung der Pharisäer völlig unter und wagten nicht, ihren

---

[1]) Josephus Altert. 8, 11.
[2]) Das. Da es unter den vorangegangenen Hohenpriestern nur drei des Namens Simon gab, nämlich S. b. Boëthos, b. Kantheras und b. Kamithos, so ist $Ka\beta\iota$ wohl ein Corruptel statt $Ka\mu\epsilon\iota$ wie XX, 1, 3 und Beide verschrieben statt $K\alpha\mu\iota\vartheta o\varsigma$ nämlich קמית ב [Vgl. Schürer II³, S. 220, Anm. 19].
[3]) Das. Note 19.
[4]) Das. Vita 3. Für Poppäas Hinneigung zum Judentum scheint auch die Art ihrer Bestattung zu sprechen; ihre Leiche wurde, wie Tacitus (Annalen 16, 6) berichtet, nicht nach römischem Brauche verbrannt, sondern nach fremder Sitte beerdigt: Regum externorum consuetudine differtum odoribus conditur.

Widerspruch dagegen geltend zu machen, selbst wenn sie mit einem Amte oder der Hohenpriesterwürde bekleidet waren. Nur dieser Hohepriester Anan hatte den Mut, den Pharisäern zu trotzen und die sadducäische Theorie furchtlos zu betätigen. Am Versöhnungstage gleich nach seiner Wahl wagte er es, den Gottesdienst im Tempel nach sadducäischer Gesetzauslegung auszuüben und rühmte sich seinen Anhängern gegenüber seiner herausfordernden Selbständigkeit. So brach der alte Streit um die Gesetzauslegung, welcher unheilvoll die Einmischung der Römer in das judäische Staatswesen und Herodes' Mißregierung herbeigeführt hatte, von neuem aus. Er hatte aber diesmal nicht die unglücklichen Folgen wie früher. Der Streit über vielfache Punkte der Ritualien und des Erbrechtes, ob z. B. das Pfingstfest jedesmal an einem Sonntag oder nur sieben Wochen nach dem Passahfeste gefeiert, wie das Räucherwerk mit Wohlgerüchen am Versöhnungstage im Heiligtume angezündet werden solle, über levitische Reinheitsbestimmungen, über die Erbberechtigung der Töchter oder über einige andere Gegenstände wurde auf schulmäßigem Wege behandelt. Anan und die ihm anhängenden sadducäischen Schriftgelehrten rechtfertigten ihre Ansicht, gestützt auf das Schriftwort oder durch andere Gründe; der sie widerlegte, war der angesehenste Gesetzeslehrer unter den Pharisäern, R. Jochanan ben Sakkaï[1]). Als aber Anan vor dem Eintreffen des Landpflegers einen Gerichtshof zusammentreten ließ, der Unschuldige als Gesetzesübertreter vor sein Tribunal zog und verurteilte[2]), waren die Pharisäer mit diesem ungesetzlichen Synhedrion und dessen strengem Verfahren so unzufrieden, daß sie den König Agrippa aufforderten, dem Hohenpriester das Amt zu nehmen.

Einige gingen gar dem auf der Reise begriffenen Landpfleger Albinus entgegen, um Anan anzuklagen, er habe in die römische Strafbefugnis eingegriffen, und brachten es dahin, daß der sadducäische Hohepriester abgesetzt wurde; seine angemaßte Macht dauerte nicht länger als drei Monate[3]). Sein Nachfolger war Josua ben Damnaï (um 61 bis 63), der nach kurzer Zeit Josua ben Gamala (Gamaliel um 63 bis 64) Platz machen mußte[4]). Diese Hohenpriester

---

[1]) Vergl. Note 19.
[2]) Josephus Altert. XX, 9, 1. Der Passus, daß Anan auch Jakobus, Jesu Bruder, habe hinrichten lassen, ist entschieden unecht, da Josephus nirgends etwas von Jesus erwähnt hat, und nur die Kirchenväter ihm einen derartigen Bericht zuschreiben. Er ist vielmehr eben so interpolirt, wie der über Jesus und Johannes, o. S. 277 N. [u. die Bemerkungen dazu].
[3]) Josephus Altert. XX, 9, 1. Note 19.
[4]) Josephus das. XX, 9, 4.

mußten vor ihrer Funktion im Tempel am Versöhnungstage einen Eid leisten, daß sie nicht im sadducäischen Sinne vom Hergebrachten abweichen würden. Sie und ihr Nachfolger wurden bei Dem, welcher seinen Namen auf den Tempel hat nennen lassen, beschworen, daß sie nicht wie Anan dem Sadducäertum huldigten[1]). Ben Gamala hatte eine wegen ihres Reichtums berühmte Witwe geheiratet, Martha, Tochter aus dem hohenpriesterlichen Hause Boëthos, die den König Agrippa II. für zwei Maß Denare gewonnen haben soll, ihrem Gemahle die Hohenpriesterwürde zu übertragen[2]). Dieser Schacher mit dem Heiligsten benahm dem Volke die Hochachtung vor Königtum und Priestertum zugleich, und es schritt, sobald es die Macht erlangt hatte, über den bestechlichen König und die bestechenden Hohenpriester mit Verachtung hinweg. Die Würdenträger trugen selbst dazu bei, sich verächtlich zu machen. Zwischen Josua ben Damnäi und seinem Nachfolger herrschte eine solche Gehässigkeit, daß ihre Leute sich einander in den Straßen mit Schimpfwörtern und Steinwürfen befehdeten[3]).

Erstaunlich ist es, daß manche Hohenpriester nicht einmal imstande waren, aus der heiligen Schrift zu lesen. Ein beständiger Vorleser wurde den letzten vor dem Untergange beigegeben, ihnen in der Nacht des Versöhnungstages vorzulesen, um sie wach zu erhalten. Dieser Vorleser Zacharias b. Kabutal pflegte ihnen aus dem apokalyptischen Buche Daniel vorzulesen und auszulegen, weil darin Andeutungen gefunden wurden, daß das frevelhafte vierte Reich Rom ebenso dem Untergange geweiht sei, wie die vorangegangenen Reiche[4]). Die Hohenpriester wurden damit gewarnt, sich nicht auf Rom zu stützen. Es war ein Wink von seiten der Zelotenpartei.

Josua ben Gamala gehörte übrigens nicht einmal zu den schlimmsten Hohenpriestern. Die Verbesserung des Unterrichtswesens, die von ihm ausging, zeugt, daß er für gemeinnützige Anstalten Sorge trug. — Bis zu seiner Zeit bestanden nur die von Simon ben Schetach eingeführten Schulen für erwachsene Jünglinge von sechszehn Jahren aufwärts (S. 139), Kinderschulen für Knaben von fünf Jahren ab in jeder Stadt rief erst Ben Gamala ins Leben, und sein Name wurde deswegen von den Spätern mit Segen genannt[5]). Auch er blieb nicht lange in seiner Würde, er mußte sie Matthia b. Theophil abtreten (um 65), dem letzten der achtundzwanzig Hohenpriester durch römische und herodianische Wahl[6]). Die Entwürdigung des Hohenpriestertums

---

[1]) Mischna Joma I, 4. Tosefta das. I, 8. Vergl. Note 19.
[2]) Jebamot 61 a.   [3]) Josephus das.
[4]) Vergl. o. S. 264.   [5]) Baba Batra 21 a.
[6]) Josephus das. 9, 7. Vergl. Note 19.

reizte die den Priestern untergeordneten Leviten, eine gewisse Gleich=
stellung mit denselben zu beanspruchen. Von den drei Klassen Leviten:
den Sängern (Meschorrerim, ὑμνῳδοί), den Türhütern (Schoarim,
πυλωροί) und den Gehilfen (Mescharetim, λειτουργοῦντες), waren die
ersten am meisten bevorzugt, da sie vermöge ihrer musikalischen Fertig=
keit den Priestern, wie den Leviten der übrigen Klassen überlegen
waren und den gefälligsten Teil des Tempelkultus ausführten. Nach
einem alten Brauche mußten die Levitenabteilungen bei den ihnen
erblich zugefallenen Funktionen verbleiben und durften nicht in die
einer andern übergreifen. In dieser Zeit verlangte aber die Sänger=
klasse, den Priestern gleich linnene Obergewänder beim Gottesdienste
zu tragen, und ein Teil der Gehilfenklasse beanspruchte, auch zu den
Chören zugelassen zu werden. Agrippa entschied zu gunsten der Bitt=
steller, vielleicht aus Groll gegen die priesterlichen Geschlechter, welche
seine Beaufsichtigung des Tempels durch die Klage am römischen Hofe
vereitelt hatten. Die Aharoniden fühlten sich aber über diese Be=
günstigung der Leviten tief gekränkt, weil es den Anschein hatte, als
seien diese ihnen völlig gleichgestellt. Es scheint, daß der priesterliche
Adel deswegen Rache an den Leviten genommen und ihnen den ihnen
gebührenden Zehnten entzogen hat[1]). An Mitteln zur Vergewaltigung
fehlte es ihm nicht.

Der Landpfleger Albinus, der etwa drei Jahre herrschte (um 61
bis 64), ließ sich besonders angelegen sein, die zelotischen Sicarier zu
vertilgen, und seine Kohorten gegen sie auszusenden, um sie massen=
weise niederzumetzeln oder einzufangen. Aber es gelang ihm nicht,
diese verwegenen Freischaren aufzureiben. Sie schlichen sich verkleidet
zu den Festzeiten unter der großen Menschenmenge in Jerusalem ein
und befreiten durch kühne Streiche ihre eingekerkerten Genossen. Das
Volk erbitterte Albinus durch unerträgliche Steuern, von denen
ein Teil in seine Tasche floß[2]). Als er vernahm, daß ihm ein Nach=
folger bestimmt wurde, ließ er die gefangenen Sicarier, welche schwerer
Verbrechen angeklagt waren, hinrichten und die um leichterer Vergehen
willen eingesperrten für ein Lösegeld in Freiheit setzen[3]). Die aus
dem Kerker befreiten Sicarier gaben später dem Volksaufstande Nach=
druck und befleckten die gerechte Sache durch Grausamkeiten. Der letzte
Landpfleger Gessius Florus, ein Klazomenier von Geburt, von
Poppäa zu diesem Amte befördert, beschleunigte durch seine schamlose

---

[1]) Josephus das. 9, 6. Vergl. Monatschr. 1886, S. 97.
[2]) Josephus jüd. Krieg II, 14, 1.
[3]) Jos. Altert. XX. 9, 5. Hier hat Josephus die übertriebene Schilderung
von Albinus' Raubgier, die er im jüd. Krieg entworfen, vielfach gemildert.

Parteilichkeit und Habgier und durch seinen Blutdurst den längst gehegten Plan der Unzufriedenen, das Joch der römischen Tyrannei abzuschütteln. Florus war eines jener entsittlichten Geschöpfe, denen nichts heilig ist, und die sich nicht einmal durch ein beschworenes Versprechen gebunden halten. Was seine Vorgänger unter dem Scheine gesetzlicher Formen oder im Geheimen taten, das führte er mit frecher Stirn und mit Verhöhnung des Gesetzes vor Aller Augen aus. Unzugänglich für Erbarmen, hatte er nur Nachsicht mit den Sicariern, die ihm einen Anteil von dem Geraubten gaben[1]). Es fehlte nur noch, daß er durch Herolde verkünden ließ, jede Art Gewalttat sei gestattet, wenn dem Landpfleger nur ein Teil des Gewinnes zufließe. Während seiner Verwaltung (64 bis 66) wurden viele Städte völlig ausgeplündert, da die Sicarier ungestraft ihr Handwerk treiben durften[2]). Viele, die um ihre Habe und um ihr Leben besorgt waren, wanderten aus und suchten in der Fremde den ruhigen Lebensgenuß, der ihnen in der Heimat verkümmert war[3]). Die Furcht vor der Habgier der Landpfleger war so groß, daß man den Tempelschatz nicht mehr für sicher hielt und ihn daher lieber gut angewendet wissen wollte. Als 18000 Arbeiter, welche bis dahin mit dem Ausbau des Tempels beschäftigt waren, nach Vollendung aller Werke entlassen wurden, stellte das Volk an Agrippa das Verlangen, daß ein neuer Bau an dem östlichen Säulengange unternommen werde, um diesen bis zum Kidrontal zu erweitern; es war dabei zugleich von Mitleid für die brotlos gewordenen Arbeiter geleitet. Agrippa erfüllte aber den Wunsch nicht, erlaubte jedoch, daß für das Geld die Straßen Jerusalems mit Marmor gepflastert werden durften[4]). Florus wußte einen solchen Schrecken um sich zu verbreiten, daß Niemand wagte, Klagen über ihn bei dem ihm übergeordneten Statthalter von Syrien, Cestius Gallus, zu führen[5]).

Der Zustand war so unerträglich geworden, daß auch einem feigen Volke die Geduld ausgegangen wäre. Der Mut der judäischen Nation aber war trotz der tausend Unfälle, trotz des schwerlastenden Joches und der täglich sich wiederholenden und häufenden Gewalttätigkeiten nicht gebrochen; sie fühlte in sich noch die Kraft, und die Verzweiflung verdoppelte sie, diesem unaufhörlichen Elende ein Ende zu machen. Kaum blieb ihr ein anderer Ausweg übrig. Sollte sie etwa durch

---

[1]) Jos. Altert. 11, 1; jüd. Krieg II, 14, 2.   [2]) Das.
[3]) Das. Altert. XX, 11, 1; jüd. Kr. II, 14, 2.
[4]) Das. Altert. 9, 7. Im Widerspruch damit scheint die Relation im jüd. Krieg V, 1, 5 zu stehen.
[5]) Jüd. Kr. II, 14, 3.

Abgeordnete den Kaiser Nero um Mitleid anflehen, diesen Menschen-
schlächter und Muttermörder, diesen Brandstifter und wahnsinnigen
Wüstling, der nur noch daran Vergnügen fand, für sein elendes
Schauspielertalent, sei es auch nur durch Furcht, erzwungenen Beifall
hervorzurufen? Rom glich damals einem Toll- und Lotterhause, in
welchem der Kaiser Torheiten über Torheiten beging und Verbrechen
auf Verbrechen häufte in der Zuversicht, daß Senat und Volk ihm
den Beifall nicht versagen würden. Sollten die Schwergeprüften ihren
Titularkönig Agrippa als Vermittler anrufen, ihn, der sich in
Schmeicheleien gegen Nero erschöpfte und die mit Glanz neuerbaute
Stadt Cäsarea Philippi Neronias nannte, ihn, der gleich seinem Ahn
Herodes mit dem Schweiße seiner Untertanen auswärtige Städte aus-
schmückte und ihnen heidnische Bildsäulen schenkte?[1]). War er doch
so zaghaft, daß er vor Florus zitterte, und so unempfindlich gegen die
Leiden des Volkes, daß er diesem systematischen Blutsauger das Wort
redete! Es gab also keinen andern Ausweg als Selbsthilfe; das
fühlten die Bessergesinnten, alle diejenigen, welche nicht an Rom verkauft, von seinem falschen Glanze geblendet oder von seiner Macht
betäubt waren. Die Kühnen dachten damals schon an einen Aufstand.
Sie hatten sogar schon Vorkehrungen dazu getroffen und sich mit den
Stammesgenossen in Babylonien und mit dem dem Judentume begeistert anhänglichen adiabenischen Fürstenhause in Verbindung gesetzt,
damit sie ihnen für einen ausbrechenden Unabhängigkeitskrieg Unterstützung
zusendeten[2]). Von der Gärung und Spannung im judäischen Volke
hatte indes der Statthalter Cestius Gallus, wahrscheinlich durch
Agrippa und die übrigen Herodianer, Kunde erhalten. Er berichtete
darüber auch an den Hof und ließ es nicht an Warnungen fehlen, daß
Judäa an Aufstand und Abfall dächte, und daß möglicherweise die
Parther vermittels des judäisch-adiabenischen Königshauses ihm zu
Hilfe eilen würden. Er fand aber kein Gehör. Nero hatte keine
Zeit, sich um solche Kleinigkeiten zu bekümmern; er mußte die Zither
spielen, Theaterstücke aufführen, Orgien feiern und Mordbefehle erlassen.
Die Kaiserin Poppäa, die Gönnerin der Judäer, war tot. Ihr Gatte
hatte ihr mit einem Fußtritte das Leben geraubt (65). Die Kreaturen
des Hofes, der Präfekt Tigellinus, ein roher, herzensverhärteter Lust-
mensch, Anicetus, Nymphidius sie glichen alle dem entmenschten Gessius
Florus, verachteten die Judäer und mögen über Gallus' Gespenster-
furcht gelächelt haben.

[1]) Jos. Altert. XX, 9, 4.
[2]) Das. Eingang zum jüdischen Krieg 2; jüdischer Krieg II, 16, 4 in
Agrippas Rede.

Da schlug dieser ein Mittel vor, um dem Neronischen Hofe zu beweisen, wie zahlreich bevölkert Judäa und wie diese Bevölkerung nicht zu unterschätzen sei. In Verabredung mit Agrippa und dem damaligen Hohenpriester Matthia sollte zum Passahfeste eine großartige, aber stille Volksdemonstration durch eine eigentümliche Volkszählung stattfinden[1]). Ein Rundschreiben wurde — wahrscheinlich von dem Vorsitzenden des Synhedrion, Simon II., Sohn Gamaliels, und dem Hohenpriester — an die Gemeinden in und außerhalb Judäas erlassen, sich zahlreich zum bevorstehenden Feste einzufinden; es handle sich darum, das Joch der Römer zu erleichtern und das Ungeheuer Florus loszuwerden. Darauf strömte eine so großee Menge, wie nie vorher, zur Passahfeier (Frühjahr 66) aus Städten und Dörfern Judäas, aus Syrien, wohl auch aus den Euphratländern und Ägypten nach Jerusalem, daß die Stadt sie kaum fassen konnte. Es kamen im Gedränge derer, die sich zum Tempelberg begaben, Erdrückungen vor, und man nannte dieses Fest: das Passah der Erdrückungen. Bei der Zählung wurde derart verfahren, daß von jedem Passahopfer eine Niere den Priestern verabreicht wurde. Dann wurden die empfangenen Nieren gezählt, und es wurde berechnet, daß bei jedem Lamme, das nur in Gesellschaft verzehrt wurde, mindestens zehn Personen beteiligt waren. Es ergab sich, daß damals beinah drei Millionen Menschen in Jerusalem anwesend waren. Cestius Gallus war selbst nach Jerusalem gekommen, um sich von der Tatsache zu überzeugen. Die Anwesenden flehten ihn an, Mitleid mit ihren unsäglichen Leiden zu haben und sie von der „Pest des Landes" zu befreien. Der anwesende Florus lächelte dabei. Der Statthalter versprach zwar, den Landpfleger milder gegen das Volk zu stimmen. Er mag auch nach Rom über die gewaltige und nicht zu unterschätzende Volksmenge, die er mit eigenen Augen gesehen hatte, berichtet haben. Er hatte sich aber entschieden über die Wirkung der von ihm angeregten Volkszählung und der Anklage gegen Florus getäuscht. Nero stand damals auf der Höhe seines Übermutes! Tiridat, der stolze Nachkomme der Arsaciden, der Bruder des Königs der Parther, Vologeses, welche zusammen kurz vorher in Rom Schrecken erregt hatten, war aus dem fernen Osten nach Rom gekommen, hatte vor Nero das Knie gebeugt, sich dessen Sklaven genannt und von ihm die Krone Armeniens empfangen. In seinem Gefolge waren die Söhne des judäisch-abiabenischen Königs Monobaz[2]), der die Parther kräftig unterstützt hatte, um

---

[1]) Das. VI, 9, 3; II, 14, 3. Vgl. Note 28.
[2]) Dio Cassius 63, 1. Über Monobaz' Verhalten im parthisch-römischen Kriege unter Nero vgl. Tacitus Annalen XV, 1, 14. Dio Cassius 62, 20.

Rom zu demütigen. Auch er hatte Roms Macht sich unterwerfen müssen, das von dem Wollüstling und Feigling Nero beherrscht war. Sollte dieser, dessen Triumphe scheinbar diejenigen Pompejus', Cäsars und Augustus' übertrafen, sich vor den Judäern fürchten? Cestius Gallus' Bericht über die Volksmenge in Jerusalem zur Passahfeier wurde wahrscheinlich von Nero gar nicht gelesen, und wenn er gelesen wurde, jedenfalls von ihm in den Wind geschlagen.

In Judäa und besonders in der Hauptstadt wurden die Jugend und die Männer der Tatkraft täglich ungeduldiger, Roms Fesseln zu brechen. Die Geduld war erschöpft[1]). Sie warteten nur auf einen günstigen Augenblick, der dem Wagnis Erfolg verhieße. Ein geringfügiger Vorfall, oder vielmehr die dabei an den Tag gelegte beispiellose Frechheit des Landpfleger Florus spornte die Ungeduld an und ließ die Besonnenheit nicht zu Worte kommen. Es war von der Vorsehung beschlossen, daß Israel zum zweiten Male seinen nationalen Mittelpunkt verlieren und in die Fremde hinausgestoßen werden sollte.

Der Vorfall, durch den die ganze Nation wie von einem Taumel ergriffen und veranlaßt wurde, die Waffen zu ergreifen und die Fahne des Aufstandes aufzupflanzen, war im Verhältnis zu dem tragischen Ausgange unbedeutend: neue Reibungen zwischen den Judäern und Griechlingen in Cäsarea. Jene konnten es nicht verschmerzen, daß Nero ihnen ohne Fug und Recht die Gleichstellung entzogen hatte, und diese, wegen des errungenen Sieges übermütig geworden, ließen die Judäer die erlittene Niederlage empfinden. Aber diese Reibungen, wie sie in Städten von gemischter Bevölkerung häufig vorkamen, hatten deswegen eine so große Tragweite, weil unter der Oberfläche ein tiefer gegenseitiger Religionshaß und eine eingewurzelte Rassenfeindschaft schlummerten, die der geringste Anlaß entfesselte. Um den Judäern Kränkung auf Kränkung zu bereiten, ließ ein heidnischer Cäsareenser einen ihm gehörigen Platz vor der Synagoge durch Werkstätten so bebauen, daß nur ein enger Zugang zu derselben geblieben war. Die heißblütige judäische Jugend versuchte die Arbeit zu stören, Florus mischte sich hinein, bis er durch eine große Geldsumme gewonnen ward, den Absichten der Judäer nicht hinderlich zu sein. Um nicht Zeuge des zu befürchtenden Auftrittes zu sein, entfernte sich der Landpfleger nach Samarien und überließ die gegen einander erbitterten Parteien der ganzen Wut ihres gegenseitigen Hasses. Daß die Judäer sich zuerst leidend verhalten haben, wie die Quelle andeutet, ist unwahrscheinlich; denn dann hätten sie ganz umsonst Florus bestochen, daß er ihrem

---

[1]) Tacitus historiae V, 10. Duravit tamen patientia Judaeis usque ad Gessium Florum procuratorem.

Vorhaben durch die Finger sehe. Gewiß haben sie vielmehr ihre Feinde herausgefordert, und diese haben mit einer Beschimpfung geantwortet, welche die heiligsten Gefühle der Judäer verletzte. An einem Sabbat (Ijar, Mai 66), während die Judäer dem Gottesdienste beiwohnten, stellte ein Grieche ein Gefäß auf dem Synagogenplatze auf und opferte darauf Vögel, was bedeuten sollte, die Judäer stammten von vertriebenen Aussätzigen her. Diese Verunglimpfung des Ursprunges der judäischen Nation, die von dem ägyptischen Geschichtschreiber Pseudo=Manetho erfunden und von judenfeindlichen Schriftstellern verbreitet war (o. S. 322 f), nahm die judäische Jugend nicht ruhig hin, sondern bewaffnete sich und fiel ihre sie verhöhnenden Feinde an. Vergebens suchte der Stellvertreter des Landpflegers, der Reiteroberst Jucundus, dem Streite Einhalte zu tun; beide Teile setzten den Straßenkampf so lange fort, bis die Judäer unterlagen. Darauf verließen sie sämtlich mit den heiligen Büchern am Sabbat die Stadt, begaben sich nach dem nahegelegenen Städtchen Narbata und schickten eine Gesandtschaft von zwölf Männern, darunter den reichen Zollpächter Jonathan, nach Samarien zu Florus. Die Gesandten erinnerten ihn an die empfangene Geldsumme und an sein Versprechen, ihnen dafür Schutz zu verleihen. Anstatt ihnen Gehör zu geben, fuhr der Landpfleger sie hart an, machte ihnen zum Vorwurf, daß sie die heiligen Bücher aus Cäsarea entfernt hätten, und warf sie in den Kerker[1]).

Sobald die Nachricht von dieser neuen Gewalttätigkeit nach Jerusalem gedrungen war, regte sie die ganze Bevölkerung auf; aber ehe sie noch Zeit hatte, einen Entschluß zu fassen, trat Florus mit einer neuen Herausforderung auf, als wenn er es darauf angelegt hätte, das Volk zum Äußersten zu treiben. Er schickte einen Befehl an die Tempelvorsteher, daß ihm siebzehn Talente aus dem heiligen Schatze eingehändigt werden, deren er für des Kaisers Interesse bedürfe. Dieser Befehl, dessen Endabsicht die Bewohner von Jerusalem durchschauten, rief sie zum Tempelplatz zusammen, als wenn sie das bedrohte Heiligtum schützen müßten. Die Mutlosen brachen in Klagen aus, die Entschlossenen beschimpften den Namen des römischen Landpflegers und trugen eine Büchse umher, als wenn sie für den armen Florus eine Geldsammlung veranstalten wollten. Dieser kam aber selbst nach Jerusalem in der Voraussicht, er werde Gelegenheit haben, seine Habgier und seinen Blutdurst zu befriedigen, und schürte durch seine Anwesenheit das Feuer noch mehr. Am Tage seiner Ankunft

---

[1]) Jos. jüd. Krieg II, 14, 4—5.

hielt sich die Menge in banger Erwartung dessen, was da kommen werde, still in den Häusern. Tags darauf setzte sich Florus vor dem herodianischen Palaste in der Oberstadt zu Gerichte, lud den Hohenpriester und die angesehensten Männer vor sich und verlangte von ihnen, daß sie ihm diejenigen ausliefern sollten, welche gewagt hätten, ihn zu beschimpfen. Als diese die Vorgänge zitternd zu entschuldigen suchten und um Verzeihung baten, befahl er den römischen Soldaten, den Obermarkt, das Quartier der Reichen, zu plündern. Wie Dämonen stürzten sich die wilden Soldaten auf den Platz und in die angrenzenden Straßen, alles niederhauend, was ihnen in den Weg kam, Männer, Weiber, Kinder. Sie zerstörten die Häuser und trugen den Raub davon. Es kamen an diesem Tage (16. Ijar) mehr als 3600 Mann um; die Gefangenenen ließ Florus geißeln und ans Kreuz schlagen, obwohl sich mehrere darunter befanden, welche die römische Ritterwürde besaßen und als solche vor entwürdigenden Strafen geschützt sein sollten. Vergebens hatte die Prinzessin oder Königin Berenice, welche gerade in Jerusalem anwesend war, um ein Nasiräergelübde zu erfüllen, Florus' Kniee umfaßt und um Einhalt des Blutvergießens und der Zerstörung gebeten; Florus hörte nicht auf sie. Sie geriet sogar in Gefahr, mißhandelt zu werden, und mußte in ihrem Palaste Schutz suchen[1]).

Tags darauf versammelte sich die Menge in der halbverwüsteten Oberstadt (Zion), stieß Wehklagen über die Ermordeten und Schimpfreden über den Massenmörder Florus aus, und nur mit Mühe gelang es den angesehenen Männern deren Unmut zu beschwichtigen. Florus aber steigerte seine Frechheit und verlangte als Beweis für die friedfertige Gesinnung der Vornehmen und des ganzen Volkes, daß sie den einziehenden Truppen entgegengehen und sie freundlich begrüßen sollten. Es kostete den Vertretern des Heiligtums Mühe, die Menge dazu zu überreden, weil die Patrioten vor dieser neuen Demütigung warnten und Vielen ihre Überzeugung einflößten[2]). Dennoch gelang es dem Hohenpriester Matthia und andern ehemaligen Hohenpriestern, die mit Asche auf dem Haupte und zerrissenen Kleidern und im Vereine mit den übrigen Priestern, die heiligen Gefäße aus dem Tempel in Händen, und mit den Levitischen Sängern samt ihren Zithern und Lauten erschienen waren und sämtlich das Volk bei dem ihm Teuren beschworen, die Masse zu bewegen, den Bruch zu verhüten und die

---

[1]) Jos. jüd. Kr. II, 14, 6—9. 15, 1.
[2]) Das. 15, 2—3. Es ist wohl zu beachten, daß es damals schon, im ersten Stadium, eine entschlossene, wenn auch geringzählige Revolutionspartei gab. Josephus bezeichnet sie als στασιώδες und weiter unten als οἱ στασιασταί.

römischen Cohorten freundlich zu empfangen. Bald zeigte sich aber die arglistige Absicht des Landpflegers. Die Entgegenziehenden brachten das schwere Opfer und begrüßten die anrückenden Soldaten in erzwungener Freundlichkeit; allein diese, von Florus vorher bedeutet, blickten sie finster an und beantworteten den Gruß nicht. Sobald die römische Truppe aber den ersten Laut unzufriedenen Murrens vernahm, hieb sie auf die Menge ein und trieb sie vor sich her, und die Reiter überritten die Fliehenden. Ein furchtbares Gedränge entstand an den Toren, da sich jeder beeilte, vor den wütenden Soldaten Sicherheit in der Stadt zu suchen. Der Weg in die Stadt bis zur Vorstadt Bezetha war besäet von Zertretenen, Verwundeten und Erschlagenen, die niemand aufzunehmen und zu bestatten wagte. Als die Vorsichtigen bemerkten, daß die Soldaten ihre Schritte nach der Burg Antonia und dem Tempel richteten, konnte es ihnen nicht verborgen bleiben, daß es Florus auf den Tempelschatz abgesehen und daß er deswegen Verstärkung herbeigerufen hatte. Sie beeilten sich daher ihm zuvorzukommen. Von den Dächern warfen sie Steine auf die Soldaten und hinderten sie, die engen Gassen zu passieren. Die Säulengänge, welche die Burg Antonia mit dem Tempel verbanden, brachen sie ab (17. Ijar) und betrogen den Landpfleger um die Hoffnung, ein zweiter Crassus zu werden[1]). Damit hatten die Einwohner Jerusalems, ohne daß sie es gewahrten, den Aufstand begonnen.

Sobald Florus das Volk in entschlossener Haltung sah, verließ ihn der Mut; er verkündete den Vertreten der Hauptstadt, er wolle, um die Ruhe wiederkehren zu lassen, mit den meisten Truppen Jerusalem verlassen und nur eine kleine Besatzung zurücklassen. Auf ihre Vorstellung, daß die meisten Truppen wegen ihres unmenschlichen Benehmens dem Volke verhaßt seien, stellte er ihnen frei, diejenigen auszuwählen, die am wenigsten bei dem Gemetzel beteiligt waren. Die judäischen Vertreter gaben den Soldaten des Führers Metilius den Vorzug, weil dessen schwächlicher Charakter ihnen eine Bürgschaft schien, daß er die Unruhen nicht fortsetzen werde[2]). Sobald Florus abgezogen war, klärte sich die wilde Gährung zu festen Entschlüssen. Die Einwohner Jerusalems zerfielen in eine Revolutions- und eine Friedenspartei. Die erstere bestand größtenteils aus den jungen, kräftigen Männern, die den Grundsätzen des Zelotenstifters huldigten; sie wollten mit Aufopferung ihres Lebens endlich das Joch des heidnischen und tyrannischen Roms abwerfen und die eingebüßte Freiheit wieder erringen. Die unbezwingliche Macht des Römerreiches erschreckte

[1]) Jüd. Kr. II, 15, 4—6.
[2]) Das. 15, 6.

sie nicht. Sie setzten ihre Hoffnung auf den Gott Israels, der die
judäische Nation schon so oft auf wunderbare Weise errettet hatte[1]. Sie
gedachten die ganze Nation mit ihrem Feuereifer zu entflammen, alle
Bedenklichkeiten und Schwächen durch die Hinweisung auf das schöne
Ziel hinwegzuräumen und aus jedem Manne einen Krieger, aus jedem
Krieger einen Helden zu bilden. Nächstdem war diese Revolutions=
partei nicht ohne staatsmännische Einsicht; sie hatte bereits Verbin=
dungen mit dem, dem Judentume so warm ergebenen adiabenischen
Fürstenhause angeknüpft und die parthisch=babylonischen Gemeinden für
ihre gerechte Sache interessiert. Die Hilfe, die von dieser Seite ver=
sprochen wurde, bot Aussicht auf eine kräftige materielle Unterstützung[2].
Wohl mögen manche aus unedlen Beweggründen die Umkehr der
Ordnung gewünscht haben, allein ganz ungereimt ist es, die zelotische
Revolutionspartei mit den zuchtlosen Sicariern zu verwechseln und
sie durchweg als Ehrgeizige, Habgierige und Räuber zu schildern.
Schon die warme Sympathie, die das Volk für diese Partei zeigte,
beweist, wenn es eines Beweises bedürfte, daß eine solche Schilderung
der Ausfluß der Parteilichkeit ist. Der größte Teil der Revolutions=
partei bestand vielmehr, wie sich zeigen wird, aus hochsinnigen, hin=
gebungsvollen Männern, die auf die Engherzigkeit der Alltagsmenschen
herabblickten, aus Männern des Ideals und der Tatkraft, die nicht
eher Befriedigung finden wollten, bis sie der Wirklichkeit den Stempel
ihres Ideals aufzudrücken vermöchten. Sie schwuren einen feierlichen
Eid, lieber zu sterben als sich den Römern zu ergeben, und hielten
diesen Schwur im brausenden Schlachtengewühl, unter dem Hagel der
Wurfgeschosse, unter Folterqualen und in den aufgezwungenen Kämpfen
mit den wilden Tieren[3]. Beruhte auch das Bestreben der Zeloten,
ein vom Judentum durchwehtes republikanisches Gemeinwesen zu
gründen, dessen Oberhaupt Gott allein sei, vielleicht auf einer Selbst=
täuschung, so war es darum nicht minder berechtigt. Die Seele der Revo=
lutionspartei in Jerusalem war Eleasar ben Anania aus einem hohen=
priesterlichen Geschlechte. Über seine persönliche Geschichte ist wenig
bekannt; aber er muß wohl frühzeitig einen reifen, männlichen Geist
gezeigt haben, da man ihn in noch jugendlichem Alter zum Tempel=
hauptmann ernannte[4] und ihm hiermit eines der wichtigsten Ämter
anvertraute. Sein Vater Anania, wie es den Anschein hat, ein

---

[1] Folgt aus Agrippas Rede das. 16, 4.   [2] Das.

[3] Vergl. jüd. Kr. VI, 6, 3; VII, 10, 1. Vergl. das. VII, 8, 1. Καίτοι
τὴν προσηγορίαν αὐτοῖς ἀπὸ τῶν ἐπ' ἀγαθῷ ζηλουμένων ἐπέθεσαν . . .
τελευτῆς, ἣν ὑπέμειναν ἐν πολυτρόποις αἰκίαις ἀποθανόντες.

[4] Das. II, 17, 2. Altert. XX, 9, 3. Vergl. Note 26.

Sohn Eleasars aus der Familie Garon, hatte durch außergewöhnlichen Reichtum, hohe Stellung und Einsicht einen großen Einfluß auf das Volk, wie auch auf den König Agrippa und die Landpfleger[1]), war aber mit seinem Bruder Ezekias ein Römerfreund oder mindestens ein Feind von aufständischen Bewegungen. Eleasar war gesetzkundig und gehörte zu der strengen schammaitischen Schule, die größtenteils zelotisch gesinnt war. In wie hohem Grade muß er sich das Vertrauen der zelotischen Partei erworben haben, wenn sie ihn nicht nach den Gesinnungen seines Vaters beurteilte. Eleasars Feuereifer hat die Nation mit Nachdruck in die Revolution hineingetrieben und die ersten Waffentaten gegen die Römer angefacht.

Für den Frieden waren die Besonnenen und Erfahrenen, die bei der Winzigkeit Judäas gegenüber der Riesenmacht Roms den schmählichen Ausgang des Aufstandes ahnten, die Hilleliten, die grundsätzlich den Krieg verabscheuten und Blutvergießen vermieden wissen wollten, die Vornehmen, die sich in Roms Glanz sonnten, die Reichen, die durch eine so gewaltige Veränderung für ihren Besitz fürchteten[2]). Sie alle wünschten den Fortbestand des damaligen Zustandes unter römischer Herrschaft, ohne darum minder ergrimmt gegen den frechen Florus zu sein. Die ehrlichen Friedensfreunde sahen aber nicht ein, daß das Übel, an dem das judäische Gemeinwesen siechte, nicht in der zufälligen Persönlichkeit, sondern an dem System der Bevormundung und Ausbeutung, an der Grundverschiedenheit der herrschenden Fremden und der beherrschten Einheimischen lag. Auch die besten Landpfleger mit dem ernstesten Willen für die Erhaltung der Ordnung und eines gesicherten Rechtszustandes hätten es kaum vermeiden können, die erregbare Empfindlichkeit der Nation, die in ihrer Hingebung an ihre Religion wurzelte, zu verletzen und dadurch stets Reibungen zu erzeugen. Personenwechsel ohne Systemwechsel hätte wenig an der gegenseitigen Erbitterung ändern können, und einen Systemwechsel den Kaisern abzuzwingen, wäre ohne Revolution nicht möglich gewesen. Die Selbsttäuschung der Friedenspartei war demnach nicht geringer als die der Revolutionspartei, wenn sie glaubte, daß durch Florus' Entfernung Ruhe und bessere Zustände einkehren würden.

An der Spitze der Friedenspartei standen der König Agrippa und die Verwandten seines Hauses, die Herodianer Kostobar, Saul und Antipas und endlich die aus hohenpriesterlichem Geschlechte stammenden Vornehmen, die alles aufboten, um den Bruch nicht un-

---

[1]) Jüd. Kr. Altert. XX, 9, 2—4. Vergl. Note 18.
[2]) Vergl. jüd. Krieg II, 16, 2.

heilbar zu machen. Da das Volk, wiewohl tief erbittert, noch unentschieden war, wenigstens noch nicht den äußersten Schritt getan hatte, so suchten beide Parteien es auf ihre Seite zu ziehen. Die Friedensfreunde gaben sich alle erdenkliche Mühe, einerseits den Volksunwillen wegen der letzten Vorgänge zu mäßigen und andererseits dem syrischen Stadthalter Cestius den Widerstand des Volkes gegen Florus ins rechte Licht zu setzen und die Schuld für die ausgebrochenen Unruhen auf den Landpfleger zu schieben. Sie beeilten sich, Cestius von allem in Kenntnis zu setzen, und baten ihn, nach Jerusalem zu kommen, die von dem Landpfleger ausgegangenen Verwüstungen in Augenschein zu nehmen und sich von dem freundlichen Verhalten des Volkes zu überzeugen. Cestius, zu träge, die Streitsache zu untersuchen, schickte einen Kriegstribunen, Neapolitanus, an seiner Stelle[1]). Die Führer der Revolutionspartei hatten es indessen doch soweit gebracht, daß die Steuern an die Römer zurückgehalten wurden[2]), und daß das Volk dem Abfalle von Rom immer günstiger gestimmt wurde. Dieser Volksstimmung entgegenzuwirken, gab sich der König Agrippa die erstaunlichste Mühe. Während der in Jerusalem vorgefallenen Metzeleien war er in Ägypten[3]) gewesen, um den abtrünnigen Tiberius Alexander zur Übernahme der Statthalterschaft von Ägypten, die ihm Nero verliehen hatte, zu beglückwünschen. Dieser abtrünnige Arabarchensohn, der Rom und den Kaisern völlig ergeben war, wurde dafür mit Ehren und Ämtern belohnt. Claudius hatte ihn zum Landpfleger Judäas ernannt, Nero hatte ihn zum römischen Ritter erhoben, ihn als Zivilverwalter dem Feldherrn Corbulo gegen die Parther beigegeben und jetzt eben ihm den hochwichtigen Posten der Statthalterschaft von Ägypten anvertraut[4]). Um ihn zu dieser Ehrenstellung zu beglückwünschen, war der König Agrippa nach Alexandrien geeilt; er war mit ihm sowie mit dem Arabarchenhause innig befreundet. Tiberius Julius Alexander sollte in dem judäischen Revolutionsdrama eine einflußreiche Rolle spielen. Auf seiner Rückreise traf Agrippa mit Neapolitanus zusammen, und beide zogen in Jerusalem ein. Die scheinbare Ruhe, von welcher der römische Abgeordnete sich hatte täuschen lassen, schien aber dem Könige so wenig dauerhaft, daß er das Volk zusammenrufen ließ, um ihm die Augen über die Ge-

---

[1]) Vergl. jüd. Krieg II, 16, 2.
[2]) Folgt aus Josephus jüd. Kr. II, 16, 5. Vergl. Note 1, N. 24.
[3]) Daf. 15, 1.
[4]) Tacitus Annalen 15, 28. Vergl. Leon Renier, mémoires de l'institut, académie des inscriptions et belles lettres T. 26, 1. Jahrg. 1867, p, 294 ff. [Weitere Literatur bei Schürer I³, S. 568, Anm. 9.]

Agrippas Bemühen gegen die Revolution.

fahren zu öffnen, in die es sich zu stürzen bereit schien. Auf der Erhöhung einer Gallerie (Xystus), dem Tempel gegenüber, redete er das Volk an; die Prinzessin Berenice, welche sich so warm für die Gemißhandelten verwendet hatte, war in seiner Nähe, um ihn mit dem Schilde ihrer Volksbeliebtheit zu decken.

Agrippas Rede setzte alles auseinander, was sich vernünftiger Weise oder sophistisch gegen einen Krieg mit den Römern vorbringen ließ. Er suchte zuerst Klarheit in die verwickelten Empfindungen zu bringen, um die von den Landpflegern erduldeten Bedrückungen nicht als Vorwand gelten zu lassen. Wenn die Landpfleger ihre Vollmacht überschritten hätten, so sollte man doch nicht sämtliche Römer und nicht den Kaiser dafür büßen lassen, der doch nicht überall seine Augen haben könne. Es sei überhaupt jetzt zu spät, das Joch abschütteln zu wollen. Damals, als Pompejus zuerst den Fuß auf den Nacken der Nation gesetzt, sei es an der Zeit gewesen, für die Freiheit einzustehen; aber was die mächtigern Vorfahren mit reicheren Mitteln nicht vermocht hätten, das werde das schwächere, von allem entblößte Geschlecht noch weniger durchsetzen können. Es sei übrigens keine Schande, den Römern zu dienen. Mächtigere, weisere und eblere Nationen lassen sich die römische Oberhoheit gefallen, Athener und Spartaner, Macedonier und Asiaten, Syrer und Ägypter, Karthager und Numidier, Briten und Araber, Gallier und Deutsche und so viele, viele andere Völker. Die Revolutionsführer sollten ihre Blicke nicht über den Euphrat schweifen lassen und nicht auf die Unterstützung der Religionsgenossen von dorther zählen. Die Parther, die mit Rom in Frieden lebten, würden einen solchen Angriff auf Bundesgenossen nicht zugeben. Auf den Schutz des Himmels könnten sie noch weniger rechnen, denn dieser sei entschieden auf Seiten der Römer; ohne den göttlichen Willen hätten die Römer eine solche Machtfülle nicht erreichen können. Ohnehin würde die judäische Nation durch einen Krieg weit eher den Zorn des Himmels auf sich laden, da sie dann weder den Sabbat, noch die übrigen Religionsgesetze würden beobachten können. „Recht ist es o Freunde", so schloß die Rede, „Recht ist es, so lange das Schiff noch im Hafen ist, den heranziehenden Sturm vorauszusehen, ehe es von den Wogen zerschellt wird." Die über den Aufstand siegenden Römer würden nicht nur die heilige Stadt zerstören, sondern auch den ganzen judäischen Stamm zum warnenden Beispiel für die übrigen Völker völlig ausrotten. Die Übriggebliebenen würden nirgends eine Zufluchtsstätte finden, da der größte Teil der bewohnten Erde entweder den Römern gehöre oder von den Römern freundlichen Völkern beherrscht werde. Agrippa beschwor endlich das Volk unter Tränen,

Mitleid mit Frauen und Kindern, Mitleid mit der heiligen Stadt und dem Tempel zu haben, den die Römer nicht zum zweiten Male schonen würden. Er beteuerte bei dem Tempel und den „heiligen Engeln", er werde alles aufbieten, um den gerechten Beschwerden Abhilfe zu verschaffen[1]).

Agrippas Rede verfehlte nicht durch die Tränen, die er und seine Schwester dabei vergossen, einen tiefen Eindruck auf die Zuhörer zu machen. Die meisten riefen aus, sie hätten nichts Feindliches gegen die Römer im Sinne, sondern wollten sich nur Florus vom Halse schaffen. Darauf ermahnte Agrippa das Volk, wenn es wirklich friedlich gesinnt sei, die abgebrochene Säulenhalle wieder herzustellen und die zurückgehaltenen Abgaben, 40 Talente, an den Kaiser abzuliefern, da weder das Eine noch das Andere Florus gehöre. Es schien für den Augenblick, als wenn alles wieder beim Alten bleiben sollte. Man ging an die Ausbesserung der abgebrochenen Säulengänge und zerstreute sich in die nahegelegenen Städte und Dörfer, um die Steuern zu sammeln. Als Agrippa seinen Einfluß befestigt sah, ging er einen Schritt weiter und suchte das Volk zu überreden, Florus so lange Gehorsam zu leisten, bis sein Nachfolger ernannt sein würde. Allein diese Zumutung verdarb wieder alles. Die Revolutionspartei gewann in der öffentlichen Meinung wieder die Oberhand. Man warf Steine auf Agrippa und zwang ihn, Jerusalem zu verlassen[2]). Die so oft Getäuschten fürchteten, von dem Manne, der Florus, dem Inbegriffe aller Ungerechtigkeit und Schamlosigkeit, das Wort redete, von neuem betrogen und zum Spielball von Intriguen gemacht zu werden. Nach Agrippas Abzug war von Steuerzahlen nicht mehr die Rede. Jeder war froh, den Steuerdruck los zu sein; die Zöllner wagten wohl nicht, in der aufgeregten Zeit die Eintreibung zu erzwingen. Man feierte den Tag, an dem die Steuerpächter (demosnai $\delta\eta\mu o\sigma\iota\tilde{\omega}\nu\alpha\iota$) beseitigt waren, als Siegestag (25. Siwan, Juni)[3]). Inzwischen hatten sich auch die Sicarier geregt. Für sie war der Zeitpunkt gekommen, eine Rolle zu spielen. Sie sammelten sich unter Anführung Menahems, der ein Verwandter des Zelotenstifters Juda war, überfielen die Festung Masada, töteten die römische Besatzung darin, eigneten sich den Waffenvorrat an und erschienen wohlgerüstet auf dem Kampfplatze[4]).

Die der Revolution geneigte Volksstimmung ließ der Zelotenführer Eleasar nicht vorüberstreichen. Er trieb sie vielmehr zum

---

[1]) Jos. Jüd. Krieg II, 16, 3—4.
[2]) Jüd. Kr. II, 16, 5; 17, 1. [3]) Vergl. Note 1, Nr. 24.
[4]) Josephus jüd. Krieg II. 17, 2; 8. An der letzten Stelle muß der Passus: $\varkappa\grave{\alpha}\nu$ $\tau o\acute{\upsilon}\tau\psi$ $M\alpha\nu\acute{\alpha}\eta\mu\acute{o}\varsigma$ $\tau\iota\varsigma$ ... $\grave{\alpha}\nu\epsilon\chi\acute{\omega}\varrho\eta\sigma\epsilon\nu$ $\epsilon\grave{\iota}\varsigma$ $M\alpha\sigma\acute{\alpha}\delta\alpha\nu$ als Plusquamperfekt genommen werden.

völligen Bruche mit Rom. Er wußte die unter seiner Aufsicht stehenden Priester zu bewegen, daß fortan kein Geschenk und kein Opfer von Heiden angenommen werde. Und ein solches Ansehen hatte dieser kühne Mann, daß die diensttuenden Priester sofort das tägliche Opfer für den Kaiser Nero einstellen wollten. Das war der Wendepunkt des Aufstandes; dem Kaiser wäre damit der Gehorsam aufgekündigt worden. Die Friedenspartei sah auch die Tragweite dieses Schrittes wohl ein und gab sich Mühe, ihn nicht ausführen zu lassen. Angesehene Gesetzeslehrer, sicherlich aus der Hillelschen Schule, erklärten in einer großen Volksversammlung, die in dem innern Vorhofe vor dem Nikanortore abgehalten wurde, daß es ungesetzlich sei, die Heiden von Opfergaben an das Heiligtum auszuschließen. Betagte Priester überlieferten, daß es von Alters her Brauch gewesen sei, Weihgeschenke von Heiden anzunehmen. Eine fieberhafte Aufregung muß damals in den höhern Kreisen Jerusalems geherrscht haben, ehe der Schritt zum Bruche erfolgte. Ein Priester aus der strengen Schammaïtischen Schule, Namens Zacharia ben Amphikalos (Abkalos), wurde angegangen, seine Meinung darüber kundzugeben. Und da er sich nicht gegen Eleasars Vorschlag aussprach, so kümmerten die diensttuenden Priester sich nicht um die Warnung der Friedliebenden, sondern wiesen das Opfer für den Kaiser Nero zurück und entschieden sich damit ohne Rückhalt für den Aufstand. Als dann später dieser erste Schritt die traurigsten Folgen nach sich zog, gaben die Hilleliten diesem Priester Zacharia die Schuld an dem Unheil[1]). Der Tempel gehorchte von jetzt an dem Führer Eleasar, der Hauptmann desselben war, und wurde der glühende Herd des Aufstandes.

Die Friedenspartei sah mit Schmerz den Fortschritt der kriegerischen Stimmung und wollte die Flamme der Unruhe dämpfen, ehe sie verderblich zusammenschlug; aber die Mittel, die sie zur Dämpfung anwandte, fachten das Feuer noch mehr an. Sie sandten Abgeordnete an Florus und Agrippa und baten beide dringend, sofort eine hinlängliche Truppenzahl in Jerusalem einrücken zu lassen. Florus ging auf die Aufforderung nicht ein, aus Zaghaftigkeit oder Rachsucht, um die ihm verhaßten Judäer sich immer mehr verstricken zu lassen. Agrippa dagegen sandte dreitausend Reiter, Auraniten, Batanäer und wilde Trachoniten, unter Anführung des Bathyreners Philipp und eines Reiterobersten Darius, der Friedenspartei zu Hilfe. Als diese Truppen ankamen, fanden sie den Tempelberg und die Unterstadt bereits von Zeloten besetzt; es blieb ihnen nur noch die Burg Antonia und das vornehme Quartier der Oberstadt. Zwischen den Parteien entspann sich ein heißer Kampf, an dem die königlichen Truppen

---

[1]) Jüd. Krieg II, 17, 2. Vergl. Note 29.

und die zurückgebliebene römische Besatzung sich beteiligten. Sieben Tage dauerte der erbitterte Kampf (8.—14. Ab, August), wobei auf der einen Seite mit Kriegsgeschicklichkeit, auf der andern mit dem Ungestüme der Begeisterung gekämpft wurde; der Kampf blieb aber unentschieden. Am Holzfeste (15. Ab) änderte sich die Lage[1]). Die Zeloten schlossen die Friedlichgesinnten vom Tempelbesuche aus, gewannen die Menge, die zum Feste mit Holzspenden gekommen war, für ihre Sache und nahmen auch die Sicarier auf, die sich mit der Volksmenge eingeschlichen hatten. Durch diesen Zuwachs verstärkt, verdrängten sie ihre Gegner und wurden Herren der Oberstadt. Die Volkswut ergoß sich gegen die Römischgesinnten, verbrannte in der Oberstadt die Paläste des Königs Agrippa und der Prinzessin Berenice, das Haus des reichen Priesters Anania und endlich das Archiv, worin die Schuldverschreibungen lagen. Das Rachegefühl der geschundenen Volksklasse machte sich gegen die Vornehmen und Reichen Luft. Die erschrockenen Römlinge, namentlich diejenigen, welche als Gesandte gedient hatten, versteckten sich in den Kloaken oder schlossen sich mit den Truppen in Herodes' Palast im Westen ein. Tags darauf belagerten die Zeloten die römischen Wachen der Antonia[2]), besiegten sie nach zweitägiger Anstrengung und ließen sie über die Klinge springen (17. Ab). Darauf griffen sie den Herodespalast an, worin sich die römischen und agrippinischen Truppen befanden; da dieser aber befestigt war, und die Besatzung alle Kriegskunst aufbot, die Belagerer müde zu machen, gelang es ihnen erst, einen Erfolg zu erzielen, als sich die Sicarierbande des Menahem mit ihnen vereinigte. Nach achtzehntägiger angestrengter Belagerung, wobei der Kampf Tag und Nacht nicht aufhörte, kapitulierte die Besatzung. Die judäischen Truppen unter Philipp[3])

---

[1]) Jüd. Kr. II. 17, 4—6 und Note 1.

[2]) Jüd. Kr. II, 17, 7. Josephus erzählt, daß die Aufständischen auch τὸ φρούριον verbrannt hätten. Darunter kann unmöglich die Antonia verstanden sein, da diese Festung noch 4 Jahre intakt geblieben ist, und die Römer sie erst unter Titus nach vieler Anstrengung genommen und zerstört haben; vergl. weiter unten. Unter φρούριον kann daher nur das Gefängnis verstanden werden. Unverständlich ist daher, was Josephus (das. VI, 5, 4.) referiert: es sei eine üble Vorbedeutung gewesen, daß infolge der Zerstörung der Antonia von seiten der Judäer der Tempel eine viereckige Gestalt erhalten habe, ὅπου γε Ἰουδαῖοι καὶ τὸ ἱερὸν μετὰ τὴν καθαίρεσιν τῆς Ἀντωνίας τετράγωνον ἐποίησαν; die Judäer haben ja gar nicht die Antonia zerstört. Oder soll darunter das Abbrechen der Verbindung und des Zusammenhanges der Antonia mit dem Tempel zu verstehen sein?

[3]) Ergänzt ist die Relation in Vita § 11. Hier nennt er den Führer der Sikarier richtig Μανάημος = מנחם, in jüd. Kr. dagegen Μαναῖμος [Niese hat auch an letzterer Stelle Μανάημος in den Text gesetzt].

erhielten freien Abzug, die Römer hingegen, die das Schamgefühl verhinderte, um Gnade zu flehen, verließen den Palast und suchten Schutz in den drei Türmen der Mauer, Hippikos, Phasael und Mariamne. Die Sicarier, die nach Abzug der Römer in das Lager eindrangen, machten alle nieder, die sich nicht durch die Flucht gerettet hatten (6. Elul, August oder September)[1].

Bald genug gewahrten die patriotischen Zeloten unter Eleasar, wie nachteilig ihnen die Gemeinschaft mit den zuchtlosen Sicariern werden konnte, indem ihre gerechte Sache, für die sie die Waffen ergriffen hatten, durch jene befleckt zu werden drohte. Menahem und seine Trabanten, aufgebläht von dem Siege über die agrippinischen Truppen, die vor ihnen die Waffen gestreckt hatten, benahmen sich mit empörender Unmenschlichkeit. Sie töteten Anania und Ezekia, die sich aus dem Verstecke der Kloaken hervorgewagt hatten[2], obwohl oder weil sie nahe Verwandte Eleasars waren. Auch Philipp, den Anführer der agrippinischen Truppen, wollte Menahem trotz der Kapitulation aus dem Wege räumen; allein die Babylonier unter den Zeloten, die mit Philipp verwandt waren, widersetzten sich einer solchen Untat, so daß dieser Jerusalem glücklich verlassen konnte. Außerdem verlangte Menahem, der ein gewandter Krieger war, die Führerschaft und betrug sich überhaupt mit verletzendem Hochmut. In königlichem Gewande und stolzer Haltung schritt er nach dem Siege in den Tempel. Es scheint, daß er sich als Messias geberdete und als solcher Verehrung und Gehorsam verlangte, weil sein Name Menachem (der Tröster) nach der damaligen mystischen Schriftdeutung eine höhere Beziehung andeute[3]. Es kam zum Wortwechsel zwischen Eleasar und Menahem; jener warf diesem seinen Hochmut vor und äußerte, es lohne sich der Mühe nicht, für die Freiheit zu kämpfen, wenn man dahin gebracht werde, einem Manne wie dem Sicarierhäuptling gehorchen zu müssen. Vom Wortwechsel kam es zum Kampfe. Die Sicarier wurden besiegt; Menahem, der nach dem Stadtteile Ophla (südlich vom Tempelplatze) entflohen war, wurde eingeholt und hingerichtet. Nur ein kleiner Rest der Sicarier unter Eleasar ben Jaïr, einem Nachkommen des Zelotenstifters Juda, entkam in die von ihren Genossen besetzte Festung Masada[4].

[1]) Jüd. Kr. II. 17, 7—8.   [2]) Jüd. Kr. II, 17, 9.
[3]) A. Geigers Kombination (jüd. Ztschr. für Wissenschaft, Jahrg. 8, 1870, S. 39), daß in der sagenhaften Erzählung, jerus. Berachot p. 5 a und Midrasch zu Klag. 1, 16 חזקיה דאבוי ושמיה מנחם משיחא מלכא auf diesen Menahem anspiele, ist recht plausibel. מנחם hat gleichen Zahlenwert mit צמח, und dieses war der mystische Name für Messias.
[4]) Das. jüd. Krieg II, 17, 9; VII, 8, 1.

Nach dieser blutigen Episode, die der Vorbote ähnlicher Vorgänge war, schritten die Zeloten unter Eleasar zur Belagerung der römischen Truppen. Der Hauptmann Metilius wurde am Ende doch gezwungen, um Gnade zu flehen. Die judäischen Abgeordneten, die mit ihm unterhandelten, Gorion ben Nikomed (oder Nikodem), Anania ben Zadduk und Juda ben Jonathan, versprachen den Römern freien Abzug ohne Waffen und Gepäck. Sobald diese aber Schwert und Schild abgelegt hatten, fiel Eleasars Schar, von Römerhaß getrieben, über sie her und machte sie sämtlich nieder. Nur Metilius blieb verschont, weil er in der Todesangst versprochen hatte, zum Judentum überzugehen[1]). Er blieb eine lebendige Trophäe von dem Siege der Judäer über die Römer. Welch ein Jubel muß in Jerusalem geherrscht haben, als die Römer verschwunden waren, deren Anblick den Bewohnern so lange zugleich Schrecken und Ingrimm eingeflößt hatte! Der Tag, an dem Jerusalem von den Römern gesäubert war (17. Elul), wurde daher unter die Zahl der Siegestage aufgenommen[2]). Wie edel die Bestrebung Eleasars und seiner Partei war, beweist nichts mehr als die Mäßigung, die sie nach dem Siege beobachteten. Die Stadt war in ihren Händen, die Gegner ihnen hilflos preisgegeben, und doch weiß die parteiische Quelle keine Spur einer Verfolgung von ihnen zu berichten. Um das Andenken an die Römer zu tilgen, wurden die umlaufenden Münzen mit dem Namen des verhaßten Kaisers Nero beseitigt und dafür eigene Geldstücke mit althebräischer Schrift und mit dem Namen Jerusalem eingeführt. Darauf wurde eine neue Zeitrechnung geprägt: „Das erste Jahr zur Erlösung Israels". Es war nah am Hüttenfeste, und so wurden auf der neuen Münze Symbole dieses an Freude erinnernden Festes angebracht: auf der einen Seite der Feststrauß, der bei den Lobgesängen an diesem Feste geschwungen zu werden pflegte (Palme mit Myrthe und Weidenzweig nebst der zitronenartigen schönen Frucht Ethrog) und auf der andern Seite das Bild einer schön gebauten Festhütte, ein Portal mit vier Säulen und andern Verzierungen[3]).

Bisher blieb der Aufstand auf Jerusalem beschränkt; das übrige Judäa, wiewohl in nicht geringerer Spannung, verhielt sich während der Vorgänge in der Hauptstadt ruhig und erwartete die Dinge, die daraus folgen würden. Florus, der ebenfalls ruhig in Cäsarea geblieben war, sorgte aber dafür, daß sich die Revolution wie ein Feuerstrom mit verheerender Gewalt über das ganze Land und über die Grenze hinaus verbreitete. Bei der Nachricht von dem Kampfe der

---

[1]) Jüd. Kr. II, 17, 10. [2]) Note 1, Nr. 25. [3]) Note 30.

Zeloten gegen die römische Kohorte in Jerusalem überfielen die Griechen und Syrer Cäsareas, ohne Zweifel auf seine Weisung, die Judäer, welche wieder dahin zurückgekehrt waren. Es muß ein grauenerregendes Gemetzel dabei vorgekommen sein, da mehr denn 20 000 Judäer umgekommen sein sollen, und diese sich wohl nicht ohne Gegenwehr haben abschlachten lassen. Cäsarea behielt nicht einen einzigen Judäer. Die Flüchtlinge ließ Florus einfangen, in Fesseln schlagen und als Galeerensklaven auf Schiffe verteilen[1]). Diese Stadt bildete auch diesmal das Vorspiel für das Los, das der Hauptstadt bereitet werden sollte. Das beispiellose Gemetzel versetzte die ganze Bevölkerung Judäas in fieberhafte Aufregung und steigerte ihren Haß gegen die Heiden bis zum Wahnsinne. Es bildeten sich überall wie auf gemeinsame Verabredung Freischaren, welche die heidnischen Bewohner überfielen, niedermachten, ihre Häuser verbrannten und ihre Güter zerstörten[2]). Solche blutige Streifzüge forderten wiederum die Heiden in Judäa und Syrien zur Selbstverteidigung und Rache heraus. Von Tiberias aus machten judäische Jünglinge Einfälle in die Nachbarstädte Gadara, Hippos und andere, die zur Dekapolis gehörten, töteten die Griechen, die in ihre Hände gefallen waren, verbrannten die Dörfer und drangen racheschnaubend bis Skythopolis[3]) vor. So überfielen ihrerseits die Heiden ihre judäischen Mitbewohner, wo diese in der Minderzahl waren, und machten sie nieder. Mehrere judäische und syrische Städte waren infolgedessen in zwei Parteien gespalten, die sich am Tage unerbittlich befehdeten und bei Nacht in Furcht vor einander auf der Lauer lagen. Auch die dem Judentume Zugeneigten (die Judaisierenden) wurden den Feinden verdächtig. In manchen Städten waren Leichen angehäuft, die unbeerdigt blieben[4]). Es war ein Religionskampf, wie er in dieser Ausdehnung im Altertume sonst nicht vorgekommen ist. Die Beute, die der syrische und griechische Pöbel aus den Häusern der Judäer wegschleppte, reizte seine Habsucht zu immer neuen Plünderungen. Auf diese Weise wurden die Judäer in Askalon, Ptolemaïs und einigen peräischen Städten Hippos und Gadara beraubt, getötet oder zu Sklaven gemacht. Nur die heidnischen Einwohner von Sidon, Apamea und Antiochia ließen ihren judäischen Mitbürgern Ruhe, weil sie ihnen an Zahl weit überlegen waren und nichts von ihnen zu fürchten hatten[5]).

---

[1]) Jüd. Krieg II, 18, 1.   [2]) Das.
[3]) Vita 9. 12. 65. 74.
[4]) Jüd. Krieg II, 18, 1—2. 5.
[5]) Josephus' Darstellung über die Gemetzel von und an Judäern in einigen Städten das. 18, 1 und 5 ist sehr verworren.

Einige Monate später reizte jedoch ein abtrünniger Judäer mit Namen Antiochos die Heiden in der syrischen Hauptstadt zu Feindseligkeiten gegen seine Stammesgenossen auf. Antiochos war der Sohn des Vorstehers der antiochensischen Gemeinde, und sein Abfall vom Judentume erfüllte ihn mit Haß gegen seine Stammesgenossen und sogar gegen seinen eigenen Vater. Er rief das Volk von Antiochien ins Theater und log ihm vor, daß sein Vater und sämtliche Judäer damit umgingen, die Stadt in Brand zu stecken. Sollten die Heiden einer von einem Judäer gegen seine Religionsgenossen erhobenen Anschuldigung nicht Glauben schenken? Nachdem er das Volk gegen die Judäer aufgestachelt hatte, überredete er es, alle diejenigen als Feinde zu behandeln, die den heidnischen Göttern nicht opfern würden. Ungeachtet der Todesgefahr entschlossen sich indes nur Wenige zum Opfern, die übrigen blieben standhaft, und viele von ihnen büßten ihre Standhaftigkeit mit dem Tode. Die dem Blutbad Entkommenen zwang Antiochos mit der Bosheit eines Abtrünnigen am Sabbat zu arbeiten und dehnte seine Wut gegen den Sabbat auch auf die Judäer der Umgegend aus[1]). In der Stadt Bethsan fiel infolge des Rassenkampfes eine Scene vor, welche die Reihe der haarsträubenden Selbstzerfleischungen, an denen die Geschichte der Tempelzerstörung so reich ist, eröffnet. Die heidnischen Einwohner dieser Stadt hatten mit ihren judäischen Mitbürgern ein Bündnis geschlossen und ihnen versprochen, mit ihnen in Frieden zu bleiben, wenn sie ihnen behilflich sein wollten, die Angriffe der judäischen Streifscharen zurückzuschlagen. Das taten die Judäer von Bethsan redlich, bekämpften ihre Brüder schonungslos und vertrieben sie aus der Nähe der Stadt. Dabei zeichnete sich ein Judäer von riesiger Kraft und hohem Mute, Simon ben Saul, am meisten aus. Sobald aber die Heiden von dieser Seite beruhigt waren, überfielen sie die sorglosen Judäer in der Nacht, töteten nahe an 13,000 und richteten ein furchtbares Blutbad an. Nur Simon mit seiner Familie blieb noch übrig, da er die Feinde, die sich ihm näherten, mit der Geberde der Verzweiflung und gezückter Waffe in Schrecken setzte. In zerknirschter Selbstanklage wegen des Kampfes gegen seine Stammesgenossen für die Heiden wollte er nur durch seine eigene Hand sterben. Nachdem er dann seine greisen Eltern, seine Frau und seine Kinder getötet hatte, stieß er sich das Schwert in die Brust und brach auf den Leichen der Seinigen zusammen[2]).

---

[1]) Jüd. Kr. VII, 3, 3. Der Zeitpunkt ist gegeben durch die Nachricht, daß Vespasian eben zu Schiffe in Syrien gelandet war, d. h. Febr. oder März 67.
[2]) Das. II, 18, 3.

Die zwischen Judäern und Heiden ausgebrochene Feindseligkeit, die in Cäsarea ihren Anfang genommen hatte, wälzte sich bis nach Alexandrien[1]) fort und veranlaßte unter den Judäern der ägyptischen Hauptstadt ein Gemetzel, welches um so betrübender war, als es auf den Befehl eines Abtrünnigen erfolgte. Die alexandrinischen Griechen, deren Eifersucht auf ihre judäischen Mitbürger nicht erloschen war, wollten den Kaiser Nero angehen, den Judäern die Gleichstellung zu entziehen, obwohl Claudius sie ihnen bestätigt und besiegelt hatte (o. S. 344). Sie versammelten sich zu diesem Zwecke im Amphitheater der Stadt, um eine Gesandtschaft auszuwählen. Als die aufgeregte Volksmenge einige Judäer bemerkte, die sich in die Versammlung eingeschlichen hatten, um Kunde von dem sie so nahe angehenden Beschlusse zu haben, fielen sie über dieselben her, beschimpften sie als Spione und schleiften drei davon durch die Straßen, um sie lebendig zu verbrennen. Aufs tiefste durch die Mißhandlung ihrer Brüder erregt, setzten sich die Judäer zur Wehr, ergriffen Fackeln und drohten, das Amphitheater, wo die Griechen noch versammelt waren, in Brand zu stecken. Als sie aber schon Miene machten es auszuführen, mischte sich der Statthalter Tiberius Alexander ein, um dem Umsichgreifen eines verheerenden Bürgerkrieges zu steuern. Aber er goß noch mehr Öl in die Flamme; die Judäer Alexandriens haßten ihn als einen Abtrünnigen und warfen ihm seinen Abfall vor. Tiberius Alexander verlor dabei so sehr alle Besonnenheit, daß er seine Legionen auf das Quartier der Judäer losließ und ihrer nur mühsam zurückgehaltenen Wildheit die Zügel löste. Sofort ergossen sich die blut- und raubgierigen Soldaten gleich wilden Tieren auf das schöne Quartier Delta, ermordeten jeden, der ihnen in den Weg kam, verbrannten die Häuser und füllten die Plätze mit Blut und Leichen. 50000 Judäer verloren in diesem Gemetzel ihr Leben, und der Mann, der diesen Mordbefehl erteilt hatte, war der Brudersohn des für seine Nation so begeisterten judäischen Philosophen Philo.

So hatte die von dem Zelotenführer Eleasar ben Anania angefachte Bewegung die erschrecklichste Ausdehnung gewonnen. Das vergossene Blut wirkte verhängnisvoll. Die Revolution ergriff bald selbst die Gleichgültigsten und verwandelte fast die ganze Nation in Zeloten. Die Zahl der mutigen Kämpfer vermehrte sich von Tag zu Tage; die erwartete Unterstützung aus Adiabene und Babylonien traf ein. Die Glieder des adiabenischen Königshauses, Brüder und Söhne des Königs Izates, die zum Teil in Jerusalem erzogen waren, von denen zwei

---

[1]) Jüd. Kr. II, 18, 7—8.

dem Namen nach bekannt geworden sind, Monobaz und Kenebaï[1]), stellten sich zur Verfügung und hielten bis zum letzten Augenblicke aus. Drei Helden waren in Jerusalem eingetroffen, welche eine ganze Armee aufwogen: Niger von jenseits des Jordan, Silas der Babylonier, und Simon bar Giora[2]), der wilde Patriot, der seit seinem ersten Zusammentreffen mit den Römern bis an das Ende des Krieges ihnen furchtbar war. Die Revolutionsführer in Jerusalem unternahmen indessen nach der Besiegung der Römer und ihrer Gegner nichts Bemerkenswertes. Nur eine Tatsache wird erwähnt, daß sie die von Herodes angelegte Festung Kypros unweit Jericho überfallen, die Besatzung niedergemacht und die Stadt zerstört haben. Zur selben Zeit verließ die römische Besatzung die starke Festung Machärus, weil der Posten sehr entlegen war[3]). Machärus blieb sechs Jahre in den Händen der Zeloten.

Cestius Gallus, der Statthalter von Syrien, dem die Ehre der römischen Waffen und die Erhaltung der römischen Oberherrlichkeit über die ihm anvertrauten Länder oblag, durfte das Umsichgreifen des Aufstandes nicht länger geduldig mit ansehen. Er sammelte daher seine Legionen und die Hilfstruppen der benachbarten Fürsten, die bereitwillig ihre Truppen gegen die Juden zur Verfügung stellten. Selbst Agrippa ließ 3000 Fußtruppen und 2000 Reiter zu der römischen Armee stoßen und bot sich als Wegweiser für das durch Berge und Schluchten gefährliche Terrain an. Cestius führte über 30,000 Mann erfahrener Krieger aus Antiochien gegen Judäa und zweifelte nicht, daß er die judäischen Aufständischen mit einem Schlage vernichten werde. Auf seinem Zuge längs der Meeresküste ließ er in allen Städten Blutspuren und Brandstätten zurück. Die schön gebaute Stadt Chabulon[4]) wurde ein Raub der Flammen. In Joppe wurden über 8000 Juden hingeschlachtet und die Stadt verbrannt; ebenso erging es den Einwohnern des Landstriches Narbata unweit Cäsarea und denen von Antipatris. Lydda fand das römische Heer fast menschenleer, weil die Bevölkerung sich zum Hüttenfeste nach Jerusalem begeben oder sich den Freiheitskämpfern zur Verfügung gestellt hatte. Es wurde ebenfalls angezündet, und die darin angetroffenen fünfzig Wehrlosen und Altersschwachen wurden getötet. Widerstand fand nur

---

[1]) Jüd. Kr. II, 19, 2; VI, 6, 4.   [2]) Das. II, 19, 2.
[3]) Das. II, 18, 6.
[4]) So muß es überall heißen, anstatt der sinnlosen Lesart Zabulon, wie vita 43. [So auch Buhl, a. a. O., S. 221.] Was das. j. Kr. II, 18, 9 ἡ καλεῖται ἀνδρῶν bedeuten soll, ist zweifelhaft. Möglich, daß die Stadt den Namen führte כבול גברי, wie Meron den Beinamen hatte מירון מסרביא (o. S. 158 N.).

ein von dem Hauptheer detachierter Truppenteil unter dem Hauptmann Gallus, der einen Teil von Galiläa durchstreifte. Sepphoris, der Hauptort dieser Gegend, nahm die römischen Truppen mit Freudenrufen auf; die Bewohner haben sich die ganze Zeit hindurch römerfreundlich gezeigt. Die judäischen Freischaren Galiläas hatten sich indes auf einem Berge Asamon (?) Sepphoris gegenüber gesammelt, leisteten den römischen Angriffen hartnäckigen Widerstand und töteten zweihundert römische Soldaten. Als sie aber von allen Seiten umzingelt und von der Reiterei verfolgt wurden, ließen 2000 ihr Leben auf dem Kampfplatze[1]).

Sobald die Zeloten Jerusalems Nachricht von dem Anzuge des römischen Heeres erhielten, griffen sie zu den Waffen, obwohl es Sabbat war, und zeigten, daß sie die römischen Legionen nicht fürchteten, und sich im Kriege von den Sabbatgesetzen nicht gehindert fühlten. Cestius hatte bei Gabaot, eine Meile von Jerusalem, Halt gemacht und erwartete vielleicht reuige Unterwerfung. Aber die Zeloten griffen das römische Heer mit solchem Ungestüm an, daß sie die Reihen desselben durchbrachen und im ersten Anlaufe über 500 töteten, während sie selbst nur zweiundzwanzig Mann einbüßten (26. Tischri, Oktober). In diesem ersten Treffen zeichneten sich die adiabenischen Fürsten aus. Wäre nicht die römische Reiterei den Fußtruppen zu Hilfe gekommen, so wären letztere an diesem Tage aufgerieben worden[2]). Cestius mußte seine Truppen den Rückmarsch auf Bethoron zu antreten lassen. Simon bar Gioras fiel den Römern in den Rücken, zersprengte die Nachhut und brachte Beute nach Jerusalem. Während die Sieger Hosiannalieder anstimmten, blieb Cestius im Lager müßig und wagte nicht vorzurücken. Zwei Männer, die Agrippa abgesandt hatte, um die Einwohner Jerusalems aufzufordern, die Waffen zu strecken, wurden mit Geschossen empfangen; der eine wurde getötet, der andere schwer verwundet.

Am nächsten Tage näherte sich das römische Heer wieder der Hauptstadt, ließ aber drei Tage ohne Angriff verstreichen. Die Zeloten hatten die äußern Stadtteile, die keinen hinlänglichen Schutz boten, verlassen und sich auf die durch feste Mauern geschützte innere Stadt und den Tempel zurückgezogen. Endlich rückten die Römer ein, zerstörten die erste Vorstadt Bezetha, die Neustadt und den sogenannten Holzmarkt, dann drangen sie weiter bis zu dem Punkte im Westen, der dem Herodespalaste gegenüber lag (auf Zion), und schlugen dort ihr Lager auf (30. Tischri). Dies erschreckte aber die Zeloten nicht,

---

[1]) Jüd. Kr. II, 18, 9—11; 19, 1.   [2]) Das. 19, 1—2.

sie warfen die Verräter, die auf den Rat des Anan ben Jonathan dem Feinde die Tore öffnen wollten, über die Mauer und rüsteten sich zur Verteidigung der eingenommenen Plätze. Fünf Tage hintereinander stürmten die Römer gegen die Mauern, wurden aber stets von den Geschossen der Judäer zum Weichen gebracht. Erst am sechsten gelang es ihnen, die nördliche Mauer gegen den Tempel zum Teil zu unterminieren[1]). Aber Cestius verfolgte den erlangten Vorteil nicht. Er hielt es nicht für ratsam, mit begeisterten Helden einen Kampf fortzusetzen, der den Feldzug in die Länge gezogen haben würde. Die Regenzeit des Herbstes nahte heran und war schon eingetreten und verhinderte die Zufuhr von Lebensmitteln. Bei einer fortgesetzten Belagerung hätte sich das römische Heer der Gefahr ausgesetzt, in einer gebirgigen Gegend auf allen Seiten von Plänklern angegriffen, beunruhigt und einzeln aufgerieben zu werden. Deswegen mochte es Cestius für klüger halten, den Rückzug anzutreten[2]). Schwerlich aber hat ihm Feigheit den Entschluß eingegeben.

Sobald der unerwartete Abzug der Römer den Einwohnern von Jerusalem bemerkbar wurde, setzten sie ihnen nach und griffen sie von den Gebirgskämmen aus im Rücken und in den Flanken an, da das römische Heer nur die gebahnten Wege in den Tälern und Pässen einhalten konnte. Eine große Zahl getöteter Römer, darunter selbst hochgestellte Führer, bedeckte die Wege. Als das Heer das Lager in Gabaot erreichte, sah es sich von judäischen Scharen umschwärmt; Cestius hielt sich nicht mehr für sicher, beschleunigte den Rückzug und ließ das beschwerliche Gepäck zurück. Im Engpaß von Bethoron erging es dem römischen Heere noch viel schlimmer; von allen Seiten angegriffen, wurde es in Unordnung gebracht und konnte sich wegen der Bergwände, von wo aus die Judäer Pfeile auf sie regnen ließen, nicht zur Wehr setzen. In wilder Flucht eilten die Römer auf Bethoron zu und wären völlig aufgerieben worden, wenn sie nicht die hereinbrechende Nacht vor weiterer Verfolgung geschützt hätte[3]). Um mit dem anbrechenden Tage nicht denselben verderblichen Kämpfen entgegen zu gehen, führte Cestius eine Kriegslist aus, um die Judäer, welche die Gegend von Bethoron die ganze Nacht besetzt hielten, zu täuschen. Er ließ 400 tapfere Soldaten im Lager zurück und das ganze übrige Heer geräuschlos weiter marschieren, so daß es bei Tagesanbruch, als die Judäer die List bemerkten, bereits einen Vorsprung gewonnen hatte. Die 400 zurückgelassenen Soldaten, die lange Stand hielten, machten die Judäer nieder und verfolgten das römische

---

[1]) Jüd. Kr. II, 19, 2—6.   [2]) Das. 19, 7.   [3]) Das. 19, 8.

Heer bis Antipatris, ohne es jedoch erreichen zu können. Aber sie fanden reiche Beute an Waffen und Belagerungswerkzeugen, die sie als Trophäen nach Jerusalem brachten, und deren sie sich später gegen ihre Feinde bedienten. Cestius' Kriegskasse, die in ihre Hände gefallen war, vermehrte den Tempelschatz. Nahe an 6000 Römer und Bundesgenossen hat Cestius' Heer in diesem ersten Feldzuge gegen die verachteten Judäer eingebüßt, und die Legion, die Cestius aus Antiochien als Kerntruppen gegen Jerusalem geführt hatte, verlor ihren Adler, was bei den Römern als die größte Schmach und einer schimpflichen Niederlage gleich galt[1]).

Unter jubelnden Kriegsliedern kehrten die Zeloten nach Jerusalem zurück (8. Marcheschwan, Oktober), und frohe Hoffnungen auf Freiheit und Selbstregierung erfüllten ihre Brust. Die glückliche Hasmonäerzeit schien wiedergekehrt und noch übertroffen. War nicht das auf der ganzen Erde gefürchtete römische Heer geschlagen und zu schimpflicher Flucht gezwungen worden? Welche Veränderung in kaum sechs Monaten (17. Ijar bis 8. Marcheschwan)! Damals zitterte noch Alles vor dem Feigling Florus und seiner geringen Mannschaft, jetzt waren die Römer geflohen! Hatte sich ihnen die Hilfe Gottes nicht ebenso gnadenvoll erwiesen, wie den Vorfahren? Und das Herz der Zeloten beschlich keine Bangigkeit um die Zukunft. „Wie wir die zwei Feldherrn (Metilius und Cestius) geschlagen haben[2]), so werden wir ihre Nachfolger besiegen". Diese Zuversicht beseelte sie für die bevorstehenden Kämpfe. Die Zeloten glaubten sich im Rechte, wenn sie alle Diejenigen, die noch von Unterhandlung mit den Römern und Unterwürfigkeit sprachen, als Vaterlandsverräter und Feinde des Judentums betrachteten. Die Friedenspartei hatte für den Augenblick den Boden verloren, das ganze Volk war, von dem wunderbaren Siege berauscht, mit ganzer Seele den zelotischen Führern zugetan, und die Römlinge wagten nicht, ihre innere Gesinnung laut werden zu lassen. Viele von ihnen verließen heimlich Jerusalem, andere heuchelten zelotischen Römerhaß und Freiheitsliebe[3]). Während die Herodianischen Brüder Kostobar und Saul, die bereits nach dem ersten Siege der Zeloten Jerusalem verlassen hatten, auf Cestius' Anregung, sich zu Nero nach Griechenland begaben, um den Ausbruch des Aufstandes zu entschuldigen, die Schuld dafür auf Florus zu wälzen und den Kaiser der treuen Ergebenheit der judäischen Nation — mit Aus-

---

[1]) Jüd. Kr. II, 19, 9. Sueton Vesp. 4. Vergl. Josephus vita 7.
[2]) Josephus vita 6; jüd. Krieg III, 2, 1; darauf spielt auch die echthistorische Stelle in Abot di R. Nathan c. 6 an. Vergl. Note 27.
[3]) Josephus jüd. Krieg II, 20, 1, 3; vita 6.

nahme einiger Brauseköpfe — zu versichern¹), prägten die siegestrunkenen Zeloten nach diesem Siege neue Münzen mit der Inschrift: „**Das erste Jahr zur Erlösung Israels**" auf den Namen „**Eleasar der Priester**", wahrscheinlich Eleasar, Sohn Simons, der Schatzmeister des Tempels und von den Zeloten als Haupt angesehen war²).

So gewaltig und hinreißend war die Bewegung für die Befreiung von der Fremdherrschaft, daß selbst einige friedliche, blut- und berührungsscheue Essäer ihr nicht widerstehen konnten, sondern, ihre Peinlichkeit überwindend, in die Reihen der Kämpfer traten³). Selbst die Samaritaner verbannten ihren alten Groll gegen die Judäer und machten aus Haß gegen die Römer gemeinschaftliche Sache mit ihren Gegnern von gestern⁴). Nur die Judenchristen waren der Nationalsache schon so sehr entfremdet, daß die jerusalemische Gemeinde, auf eine höhere Mahnung sich berufend, Jerusalem verließ und nach der heidnischen Stadt Pella jenseits des Jordan auswanderte⁵). ✕

Eine Rührigkeit war in der Hauptstadt eingetreten, die ihr einen veränderten Anblick gewährte. Überall sah man Waffen schmieden und Kriegswerkzeuge anfertigen, um für erneute Angriffe gerüstet zu sein. Die Mauern Jerusalems wurden befestigt und so widerstandsfähig gemacht, daß sie dem Feinde lange Zeit Trotz bieten konnten, besonders die Mauer im Norden um die Vorstädte Bezetha, welche Agrippa I. hatte unvollendet lassen müssen. Die Jugend hielt täglich kriegerische Übungen⁶) und die Begeisterung ersetzte den Mangel an Kriegserfahrung. In allen Teilen Judäas erhoben die Römerfeinde und Patrioten ihr Haupt und bildeten provisorische Ausschüsse für Vorbereitungen zum Riesenkampfe. Auswärtige Judäer beteiligten sich bei dieser Erhebung mit glühendem Eifer.

Von den inneren Einrichtungen, die infolge der gewaltigen Erhebung und des Sieges über Cestius eingeführt wurden, sind nur unbestimmte Andeutungen vorhanden. Es hat dem römerfreundlichen Geschichtsschreiber der den Abfall von Rom nicht genug anschwärzen

---

¹) Josephus, jüd. Krieg II, 20, 1.
²) Vergl. Note 30. [S. jedoch Schürer I³, S. 770 f.].
³) Folgt aus Jos. jüd. Krieg II, 8, 10, wo angegeben ist, daß die gefangenen Essäer Folterqualen gleichmütig erduldet haben; das. II, 20, 4 und III, 2, 1 wird der Essäer Johannes als Anführer genannt.
⁴) Folgt aus Jos. das. III, 7, 32; vergl. auch Vita 52.
⁵) Eusebius Kirchengeschichte III, 5, 3. Ganz zuverlässig ist diese Nachricht keineswegs, denn diese dekapolitanische Stadt bot damals, wie die anderen, keine Sicherheit (vergl. oben).
⁶) Jos. jüd. Krieg II, 22, 1.

konnte, nicht gefallen, darüber zu berichten. Ganz ohne Zweifel erhielt das große Synhedrion wieder seine unbeschränkte Machtvollkommenheit und hatte die Befugnis über die politischen und kriegerischen Angelegenheiten[1]. An der Spitze des hohen Rates stand S i m o n b e n G a m a l i e l, aus dem Hillelschen Hause, ein Mann, selbst nach der Schilderung seines Gegners, voller Einsicht und Tatkraft, der, wenn sein Rat immer befolgt worden wäre, die Schilderhebung zu einem ersprießlichen Ende geführt haben würde[2]. Diese Besonnenheit empfahl er auch seinen Anhängern in einem Spruche. „Alle meine Tage bin ich unter Weisen aufgewachsen und habe gefunden, daß nichts dienlicher ist als Schweigen, und wer viel spricht, veranlaßt Sünde." Gegen diejenigen pharisäischen Lehrer beider Schulen, welche sich auf Deutungen der Gesetzesbuchstaben verlegten, neue Bestimmungen daraus folgerten und sich dieses als Verdienst anrechneten, bemerkte Simon ben Gamaliel: „Nicht das Auslegen ist Haupttugend, sondern die Betätigung"[3]. Er gehörte zwar nicht zu den übertriebenen Zeloten, dennoch war er für energische Mittel der Kriegführung und unterstützte mit dem ganzen Gewicht seines Ansehens diejenigen, welche die Revolution zur Wahrheit machen wollten[4]. Auf Münzen aus dem ersten und zweiten Jahre seit der errungenen Selbständigkeit findet sich die Inschrift: „S i m o n, d e r F ü r s t (Vorsitzender) v o n I s r a e l"[5], was sich höchstwahrscheinlich auf den Patriarchen Simon, Sohn Gamaliels, bezieht. Daß die peinliche Gerichtsbarkeit wieder unbeschränkt in die Hände der judäischen Tribunale übergegangen war, versteht sich von selbst; es findet sich auch ein Beispiel, daß das Synhedrion wie vor der Einmischung der Römer Verbrecher bestraft hat. Die unzüchtige Tochter eines Priesters wurde nach der Vorschrift des Gesetzes dem Feuertode übergeben[6]. Der tiefe Haß der Heiden in Palästina und Syrien gegen die Judäer scheint in dieser Zeit judäischerseits Maßregeln der Strenge hervorgerufen zu haben, welche die Schammaïten, die Ultrazeloten, mit aller Rücksichtslosigkeit eingeführt haben.

Nach Cestius' Niederlage machte sich nämlich die Erbitterung der Heiden gegen ihre judäischen Nachbarn noch mehr Luft. Aus Vorsicht, um einem Überfall der Judäer begegnen zu können, oder aus

---

[1]) Folgt aus jüd. Krieg II, 20, 5. Es wird gewöhnlich als τὸ κοινόν, das Gemeinwesen, bezeichnet, vita 12, 13, 38, 49, 52, 60, 65, 70, einmal aber auch als συνέδριον τῶν Ἱεροσολυμιτῶν das. 12.
[2]) Josephus vita 38. Vergl. Note 30.   [3]) Traktat Abot I, 17.
[4]) Folgt aus Josephus vita 38—39.
[5]) S. Note 30 [und dazu Schürer a. a. O.].
[6]) S. Note 22. Ende.

Nachsucht wegen der den Römern zugefügten Niederlage rotteten sich die Heiden zusammen und mordeten schonungslos die Judäer in ihren Städten mit Weibern und Kindern[1]). Die Einwohner von Damaskus trauten sich nicht, ihren Anschlag auf die Judäer laut werden zu lassen und aufzuschieben, weil fast sämtliche damascenische Frauen dem Judentume anhingen. Darum lockten sie sie in das Gymnasium und töteten in den eingeschlossenen Räumen über 10 000 von ihnen mit einem Male[2]). Solche Metzeleien mußten die Patrioten um so mehr mit Entsetzen erfüllen, als die Wut öfter ganz unschuldige judäische Gemeinden traf, die nicht im entferntesten an Aufstand gedacht hatten. Selbstverständlich nahmen die Judäer, soweit ihre Macht reichte, Wiedervergeltung an den benachbarten Heiden. Solche Wiedervergeltung suchten wieder die Heiden zu rächen. So steigerte sich ein Rassenhaß zwischen Judäern einerseits und Römern und Griechen andererseits, der weit über die engen Grenzen Palästinas hinausging. Da nun alle Völkerschaften im Umkreise Judäas: Syrer, Griechen, Römer, Alexandriner, die Sache des römischen Kaisers zu der ihrigen machten, so glaubten die Ultrazeloten berechtigt zu sein, ihre Feindschaft gegen Rom auf sämtliche Heiden übertragen zu dürfen. Infolgedessen scheinen die Anhänger der schammaïtischen Schule in einer Synode einen Antrag eingebracht zu haben, eine Scheidewand zwischen Judäern und Heiden aufzurichten, jede Gemeinschaft mit diesen auszuschließen, jeden Verkehr mit ihnen zu hemmen. Bereits längere Zeit vorher wurde es untersagt, Öl von den Heiden zu genießen. Jetzt wurde diese Absonderung noch verschärft. Judäer sollten künftighin von Heiden weder Wein, noch Brod, noch andere Speisearten kaufen, auch nicht Gaben für den Tempel von ihnen annehmen, nicht ihre Sprache sprechen, noch sie zur Zeugenschaft zulassen, noch überhaupt mit ihnen verkehren. Diese Bestimmungen sind unter dem Namen der „achtzehn Dinge" bekannt geworden. Religiöse Strenge und politischer Zelotismus gingen in diesen sturmbewegten Zeiten Hand in Hand. War ja die Hochflut des Freiheitsdranges aus der tiefsten Religiosität hervorgegangen. Die politisch und religiös gemäßigten Hilleliten waren aber mit diesen tief in die Einzelverhältnisse eingreifenden Absonderungsmaßregeln nicht einverstanden. Sie mochten teils die Schwierigkeit der Ausführbarkeit teils die auswärtigen Judäer berücksichtigt haben, die dadurch in den Strudel der Feindseligkeit hineingerissen werden würden. Sie waren daher mit dem Antrage unzufrieden, mußten sich aber der Mehrzahl der Synode, die

[1]) Josephus vita 6.
[2]) Das. jüd. Krieg II, 20, 2.

aus Schammaiten bestand, fügen. Bei der Zusammenberufung der
Synode war es recht zelotisch zugegangen. Eleasar ben Anania —
wahrscheinlich der Zelotenführer —, der selbst Gesetzeslehrer war, hatte
die Anhänger beider Schulen in seinem Hause versammelt. Bewaffnete Trabanten standen am Eingange und hatten die Weisung, jedermann hinein- und niemanden herauszulassen. Viele Hilleliten sollen
bei der hitzigen Debatte den Tod gefunden haben. Der Tag, an
welchem die Schammaiten ihre strengen Bestimmungen zum Beschluß
durchgesetzt haben (9. Abar, Febr.), galt daher den Spätern, wegen
der gewalttätigen Art dieser Synode als ein Unglückstag[1]). Auch
andere schammaitische Erschwerungen erhielten in dieser Synode
Gesetzeskraft.

Derselbe Eleasar ben Anania, auf dessen Veranlassung diese
Beschlüsse zu Stande gekommen waren, hat zu derselben Zeit noch
andere Mittel in Bewegung gesetzt, um die Nation mit dem Feuer
hingebender Vaterlandsliebe zu erfüllen. Die Hasmonäergeschichte,
die vielleicht nur stückweise im Umlaufe war, ließ er sammeln, zu einem
Ganzen verbinden und übergab die Rolle dem Volke zum Nach-
eifer der hasmonäischen Heldentaten (Megillat Bet-Chaschmonaim).
Glänzendere Muster konnte man der Nation nicht vorführen. Das
noch vorhandene erste Makkabäerbuch scheint aus dieser Sammlung
hervorgegangen und mit Zusätzen aus jener Zeit bereichert worden
zu sein. Die Worte, die dem sterbenden hasmonäischen Stammhaupte
Matthatia in den Mund gelegt werden: „Und nun, Kinder, eifert
fürs Gesetz und gebet euer Leben für den Bund eurer Väter hin",
spiegeln den Feuereifer der Zeloten deutlich ab. „Pinehas, unser
Vater, als er eiferte fürs Gesetz, erhielt den Bund ewiger Priesterschaft. Elias eiferte fürs Gesetz und wurde dafür zum Himmel
erhöht". Der Eifer fürs Gesetz gegen die Heiden wird darin als
die höchste Tugend gepriesen. Eleasar ben Anania ließ auch die
Gedenktage seit der ältesten Zeit bis auf den letzten Aufstand in
kurzen, dem Gedächtnisse einprägbaren Sätzen zusammentragen und
in chaldäischer Sprache niederschreiben (die Fastenrolle, Megillat Taʻanit)[2]).
Die Nation sollte sich an den Siegestagen erinnern, daß sie oft in
großer Gefahr geschwebt, und daß der Gott Israels sie stets auf
wunderbare Weise vom Rande des Abgrundes gerettet hatte. Die
Geschichte sollte das Feuer der Begeisterung entzünden und unter-
halten. Wie es scheint, wurde in dieser Zeit auch der Kanon der
heiligen Schrift nochmals zur Sprache gebracht. Die beiden Bücher, in

---

[1]) Vergl. über alles Note 1, 24 und 26.   [2]) Note 1 und 26.

denen nicht der Geist der judäischen Überzeugung weht, das Hohelied und der Prediger Kohelet, deren Heiligkeit schon früher beanstandet wurde, sollten nach dem Vorschlag der Schammaïten dem Gebrauch entzogen und verborgen werden. Selbst der Prophet Ezechiel sollte aus der Reihe der heiligen Schriften gewiesen werden, weil manche gesetzliche Bestimmungen darin der Thora widersprechen. Eleasar ben Anania ließ es sich aber angelegen sein, diesen Propheten zu retten und die Widersprüche — gut oder schlecht — auszugleichen. Und so wurde Ezechiel als kanonisches heiliges Buch beibehalten[1]).

Die kriegerische Rührigkeit, die mit der innern Bewegung Hand in Hand ging, ruhte dabei nicht einen Augenblick. Vor allem war man darauf bedacht, Feldherren und Statthalter für den bevorstehenden Krieg zu wählen. Wie es scheint, ging die Wahl vom Volke selbst aus, das auf dem Tempelberge versammelt wurde und seine Stimme abgab. Irgend etwas muß aber vorgegangen sein, wodurch eine den Ultrazeloten ungünstige Stimmung erzeugt wurde. Eleasar ben Anania, der den ersten Anstoß zu der gewaltigen Bewegung gegeben hat, wurde nur zum Statthalter der ganz unwichtigen Landschaft Idumäa eingesetzt und mußte seine Befugnis noch mit einem andern, Josua ben Sapphia, teilen. Von ihm ist auch im weitern Verlaufe des Krieges nicht mehr die Rede. Ein Ultrazelote, Eleasar ben Simon, wurde bei der Wahl ganz übergangen, obwohl er von edlem Geschlechte war und die Aufsicht über den Tempelschatz hatte. Er war in den Augen derer, die das Regiment an sich gerissen hatten, ein zu eifriger Freiheitsfreund. Dafür erhielten gemäßigte Männer, ja selbst solche, welche früher Römerfreunde waren, den Vorzug. Joseph ben Gorion und Anan, Sohn Anans, welcher eine kurze Zeit Hohepriester war, (o. S. 445), erhielten wichtige Posten, die Aufsicht über Jerusalem und die Befestigung. Außer diesen wurden noch fünf Statthalter über verschiedene Landesteile ernannt: Joseph ben Simon über den Landstrich von Jericho, Manasse über Peräa, der Essäer Johannes über die Gegend von Thamna, wozu Lydda, Emmaus und Joppe gehörten, und Johannes ben Anania über Gophnitis und Akrabatene, nordöstlich von Jerusalem. Den allerwichtigsten Posten erhielt Joseph ben Matthia[2]). Das Volk war noch immer von dem Zauber der adeligen Familien geblendet und konnte sich nicht entschließen, mutige und hingebungsvolle Männer von unbekannter Herkunft an die Spitze zu stellen. Sein Vertrauen zu dem zweideutigen priesterlichen Adel hat es hart genug

---

[1]) Note 26.. [2]) Josephus jüd. Krieg II, 20, 3—4.

Wahl der Befehlshaber über die Provinzen.

büßen müssen. Die Statthalter waren zugleich mit unbeschränkter Vollmacht für die ihnen zugeteilten Landesteile versehen, doch waren sie der Zentralregierung verantwortlich. Der Schwerpunkt der Regierung lag im großen Synhedrion und demnach in dessen Vositzenden Simon ben Gamaliel und den Beiräten Anan und Joseph ben Gorion. Obwohl Simon Oberhaupt der Pharisäer war und der ehemalige Hohepriester Anan aus seiner sadducäischen Gesinnung kein Hehl machte (o. S. 443), so hat diese religiöse Scheidung sie nicht verhindert, Hand in Haud miteinander zu gehen[1]. Die Vaterlandsliebe überwog den Parteizwist. Indessen war die Einheit doch trügerisch, da hohe Adelige und heimliche Römerfreunde Sitz und Stimme im Synhedrion hatten und durch ihre Meinungsverschiedenheit öfters Schwankung in die Beratungen brachten. Aus der Verschiedenheit der Ansichten entstand Halbheit in den Unternehmungen, welche die Tatkraft lähmte. Ohnehin wurde das Synhedrion öfter von der wechselnden Volksstimmung beherrscht, die in der Revolutionszeit sich stets Geltung verschafft. So regierte das Synhedrion ohne Tatkraft kaum zwei Jahre, bis es, durch Haltlosigkeit gestürzt, den Ultrazeloten die Zügel überlassen mußte.

---

[1] Folgt aus vita 38—39, 44, 60. Vergl. dazu Erubin VI, 2, woraus hervorgeht, daß ein Sabbuzäer in die nächste Nachbarschaft des S. b. Gamaliel gezogen ist, ohne daß dieser es verhindert hätte (אמר רבן גמליאל מעשה בצדוקי' אחד שהיה דר עמנו במבוי ואמר לנו אבא יכי'). Dieser Sabbuzäer war vielleicht Anan b. Anan.

Fünfzehntes Kapitel.

Der galiläische Krieg.

Bodenbeschaffenheit und Bevölkerung Galiläas. Die galiläische Erhebung. Johannes von Gischala und Justus von Tiberias. Flavius Josephus, seine Jugend und sein Charakter. Sein Verhalten als Statthalter von Galiläa. Beginn des galiläischen Krieges. Zerstörung Gabaras. Kämpfe und Untergang Jotapatas. Josephus' Übertritt zu den Römern. Fall Tarichäas. Unmenschlichkeit Vespasians gegen die judäischen Gefangenen. Belagerung und Fall Gamalas und des Berges Tabor. Übergabe Gischalas. Johannes von Gischalas Flucht nach Jerusalem

66 — 67.

Die Landschaft, die dem Statthalter Josephus, dem Sohne des Matthias, zur Verteidigung zugeteilt wurde, war wegen ihrer Lage, ihrer erstaunlichen Fruchtbarkeit, ihrer Hilfsquellen und ihrer kräftigen Bevölkerung nächst der Hauptstadt der wichtigste Posten; sie war das Bollwerk für Jerusalem. Galiläa, ein gebirgiges Land von ungefähr 675 Kilometern Umfang, hatte im Norden die Phönicier und Syrer zu Grenznachbarn, erstreckte sich südlich bis an den Rand der Ebene Jesreel (der sogenannten großen Ebene μέγα πεδίον) und stieg im Norden terrassenförmig bis zum Grundstock des riesigen Gebirges Antilibanon (Hermon), auf. Im Osten fällt Galiläa steil an die Rinne des Jordan und die zwei Süßwasserseen Merom und Genezaret (Tiberiassee) ab, und im Westen geht die Abdachung zum Mittelmeere. Wegen dieser Abwechslung von Hochland und langgestreckten Ebenen hatte das Land zu jener Zeit, als fleißige Hände es anbauten, eine fast wunderbare Ertragsfähigkeit und eine paradiesische Schönheit. Es war im buchstäblichen Sinne ein Land, "wo Milch und Honig fließt", gesegnet an Getreide und Baumpflanzungen[1]), so namentlich in der Gegend von Tiberias und Sepphoris[2]). Der Ölreichtum Galiläas war so groß, daß er die Syrer und Phönicier speiste und eine ergiebige Einnahmequelle für die Bewohner war[3]); "man tauchte in Öl seinen Fuß". Besonders war die Gegend der Stadt Gischala wegen ihrer vielen Ölpflanzungen berühmt und hatte von dem fetten Boden

---

[1]) Josephus jüd. Krieg III, 3, 2—3. [2]) Megilla 6a.
[3]) Josephus jüd. Krieg II, 21, 2.

ihre Benennung (Gusch-Chalab)[1]). Der Kessel des Genezaretsees war der fruchtbarste der ganzen Landschaft. Wegen seiner höhern Temperatur trugen die Bäume das ganze Jahr ihren Laubschmuck; die edelsten Früchte kamen in Genezaret um einen Monat früher zur Reife. Die Palmen, Dattelpalmen, Zitronen, Oliven, Mandeln und Melonen des Genezaret galten als die schmackhaftesten von ganz Palästina[2]). Chorazin und Kapernaum am Westrande des Sees erzeugten den vortrefflichen Weizen[3]). Die Gegend um Sichin (Asochis) bei Sepphoris und Kephar=Chanina lieferte feinen Ton, aus dem die Töpfer dauerhafte Geräte zu verfertigen wußten[4]). Der immer klare Spiegel des Genezaretsees lieferte seltene Fische in Fülle und seine Oberfläche war stets von Kähnen belebt, welche die Bewohner der entgegengesetzten Ufer in Verbindung brachten[5]). Die warme Quelle von Emmaus (Chamtan) bei Tiberias war wegen ihrer Heilkraft gesucht und gab manchem Siechen die Gesundheit wieder.

Galiläa war unter allen Teilen Palästinas am reichsten und dichtesten bevölkert, es hatte die erstaunliche Zahl von 200 Städten und Dörfern, von denen die kleinste Stadt 15000 Einwohner umschlossen haben soll[6]). Die galiläische Bevölkerung überstieg demnach die Zahl von drei Millionen, so daß auf die Quadratmeile über 60,000 Menschen kamen[7]). Auf den Höhen und Gebirgsabhängen prangten Städte, von denen einige von alters her befestigt waren, weil die Natur selbst ihnen Wälle verliehen hatte, und die Menschenhand nur wenig nachzuhelfen brauchte. Zwei Städte galten als Mittelpunkte für Galiläa, Sepphoris (Zippori) auf einem Bergplateau und Tiberias an dem gleichnamigen See, beide von den herodianischen Fürsten verschönert und vergrößert (o. S. 268). Nächst Tiberias lag rings um den Kessel des Genezaretsees in nur geringer Entfernung vom Ufer eine Reihe von Städten, teils in der Ebene, teils auf dem Gebirgsabhange. Ganz nahe bei Tiberias lag das Städtchen Bet Maon[8]). Eine Meile von Tiberias nördlich lag Magdala=Tarichea und nicht weit davon Arbela, berühmt wegen seiner vielen Grotten ('Αρβήλων σπηλαια), wo die Freischaaren stets eine sichere Zufluchtsstätte fanden. Weiter nördlich lagen die zwei

---

[1]) Menachot 85 b. Sifri zu Ha'asinu No. 316.
[2]) Josephus III, 10, 8. [3]) Daf. Menachot 85 a. Vergl. o. S. 290.
[4]) Sabbat 120 b. Baba Mezia p. 74 b. Genesis Rabba No. 86, p. 97 b. über Sichin o. S. 125.
[5]) Josephus jüb. Krieg II, 21, 8; III, 10, 7.
[6]) Daf. vita 45; jüb. Krieg III, 3, 3.
[7]) Vergl. Raumer, Palästina, 430.
[8]) Josephus vita 12. Jerus. Erubin 5, 1. p. 2 b.

wegen ihrer reichen Weizenernte berühmten Städte: **Kapernaum** und **Chorazin**. Ganz im Norden lag **Betsaida**, welches der herodianische Fürst Antipas **Julias** genannt hatte. Unweit des Südostrandes des Sees lag **Gamala**, das ebenfalls Josephus zugeteilt war, dessen Einwohner später eine so bewunderungswürdige Tapferkeit in dem galiläischen Kriege bewiesen haben. Die nördlichsten Städte Galiläas waren **Gabara**, nächst **Sepphoris** und **Tiberias** die bedeutendste Stadt Galiläas, ferner **Jotapata** und **Gischala**; die beiden letzten galten als alte Festungen[1]). Nur bis dahin erstreckte sich die Grenze Galiläas; die nördlich gelegene Gegend von **Kesib** (Ekdippa) an galt in jeder Beziehung als Ausland[2]). Galiläa war in Ober= und Niedergaliläa eingeteilt (ἡ ἄνω Γαλιλαία, ἡ κάτω Γαλιλαία, Galil eljon, Galil tachton[3]), deren Grenzscheibe aber sich nicht genau bestimmen läßt. Wie es scheint, ging die Grenze von der Spitze des Tiberiassees bis Ptolemaïs (Akko)[4]).

Die Galiläer waren fleißig und betriebsam und wußten die Ergiebigkeit ihres gesegneten Landes zu benutzen. Es war ein kräftiger, kriegerischer und zäher Menschenschlag[5]), der an den guten und schlechten Sitten, an Glauben und Aberglauben mit unerschütterlicher Zähigkeit hing und Gut und Blut dafür opferte. Aber gerade ihr rohes, ungelenkes, bäurisches Wesen machte die Galiläer um so hingebender für einen Aufstand, der im Namen der Religion zur Verteidigung der Heiligtümer unternommen wurde. Mit dieser Bevölkerung, aus welcher Jesus von Nazaret, die ersten christlichen Sendboten und Juda, der Stifter der Zeloten, hervorgingen, hätte ein kühner, einsichtsvoller, konsequenter Feldherr Wunder ausrichten können, da ihm der Reichtum des Bodens, die festen, widerstandsfähigen Städte, die Blüte der Jugend und eine unerschöpfliche Begeisterung zur Verfügung standen.

Dieses Land voller Feuerköpfe blieb nicht ruhig bei der Nachricht von der Erhebung in Jerusalem und der Niederlage des Cestius. Es stürzte sich vielmehr in den Freiheitstaumel mit jener maßlosen Eilfertigkeit, die kein Bedenken aufkommen läßt. Wie hätten die Galiläer auch gleichgültig bleiben können? Sahen sie ja in ihrer unmittelbaren Nähe ihre Brüder von den Heiden niedergemetzelt. Täg-

---

[1]) Vergl. Bd. IIb, S. 270.   [2]) Gittin 7b.
[3]) Josephus jüd. Krieg III, 3, 1. Schebiit IX, 2.
[4]) Der einzige Anhaltspunkt für die Grenzscheide zwischen Ober= und Niedergaliläa ist Josephus' Nachricht, daß die Städte Achbara und Meroth — sicherlich das talmudische Meïron unweit Achbara (Baba Mezia 84b) und unweit Safet — zu Obergaliläa gehörten, vita 37, jüb. Krieg II, 20, 6. Nach der Mischna bildete Kephar=Chanina die Grenze (Schebiit IX, 2.)
[5]) Josephus jüd. Krieg III, 3, 2, s. o. S. 281.

lich kamen unglückliche judäische Flüchtlinge in ihre Städte und suchten bei ihnen Schutz. Hatten sie doch selbst von ihren heidnischen Grenznachbarn jeden Tag das Schlimmste zu befürchten. Daher rüsteten sich die meisten kleineren und größeren Städte, um einem Angriffe gewachsen zu sein, und erwarteten Verhaltungsmaßregeln von dem hohen Rat in Jerusalem. Drei Brennpunkte bildeten sich in Galiläa für die Revolution: Gischala im äußersten Norden, Tiberias im Süden und Gamala gegenüber Tiberias am östlichen Ufer des Sees. Die judäischen Einwohner von Gischala wurden zum Aufstande gewissermaßen herausgefordert; die heidnische Bevölkerung der Nachbarstädte: Thyrier, Soganer und andere[1]) hattet sich zusammengerottet, Gischala angefallen, es zum Teil durch Feuer zerstört und dem Erdboden gleich gemacht. Darauf stellte sich ein Mann an die Spitze der wutentbrannten Gischalenser, der berufen war, den Krieg gegen die Römer bis zur letzten Stunde zu führen und mit Simon ben Giora der Schrecken der Römer zu werden. Johannes ben Levi aus Gischala fing seine Laufbahn damit an, die unzufriedenen Judäer Ober-Galiläas unter seiner Fahne zu sammeln und die Flüchtigen aus den syrischen Städten an sich zu ziehen, um mit ihnen die heidnische Bevölkerung der Nachbarstädte anzugreifen und sie für ihre Raubzüge zu züchtigen. Johannes von Gischala war von Hause aus arm und von schwächlicher Gesundheit[2]), aber er gehörte zu jenen Charakteren mit Feuerseelen, welche die drückenden Lebensverhältnisse und die Fesseln des Körpers überwinden und die Umstände zwingen, ihren Plänen dienstbar zu sein. Für seinen Mut, seine Standhaftigkeit und seine Hingebung an die Sache des Vaterlandes und der Unabhängigkeit werden die Taten sprechen, die er vollführt hat. Für Johannes' edle Gesinnung ist die innige Freundschaft Bürge, die das Synhedrialoberhaupt Simon ben Gamaliel für ihn hegte[3]). Die Schilderung, daß er ränkesüchtig, doppelzüngig, selbstsüchtig, blutdürstig gewesen sei[4]), hat sein erbitterter Feind entworfen, dessen leidenschaftliche Gereiztheit kein Maß kannte, und den politischen und persönlichen Gegner noch über das Grab hinaus verunglimpfte. Johannes von Gischala hatte aber im Beginne des galiläischen Aufstandes keinen andern Ehrgeiz, als die Mauern seiner Geburtsstadt zu befestigen, sie zum Herde des Aufstandes zu machen, um die feindlichen Nachbarn von neuen Angriffen fern zu halten und dem Einzuge der Römer ein Bollwerk mehr entgegenzusetzen. Als Johannes später bedeutende Summen an

---

[1]) Josephus vita 10. Der Text ist hier gewiß korrumpiert.
[2]) Josephus vita 16; jüd. Krieg II, 21, 1—2. 6.
[3]) Das. vita 38.   [4]) Das. jüd. Krieg II, 21, 1. VII, 8, 1.

Öl verdiente, welches er an Judäer von Syrien und Cäsarea Philippi verkaufte, da diese sich des heidnischen Öles nicht bedienen mochten, so verwendete er sie nur dazu, patriotische Freischaren zu besolden. Er hatte bereits über vier Tausend[1]) um sich gesammelt, teils Galiläer, teils Flüchtlinge aus Syrien, deren Zahl immer mehr zunahm. Das bedeutende Gabara, welches dem Anstoß des angesehenen Streiters Simon folgte, der Johannes' Freund war, unterstützte ihn nachdrücklich[2]).

In Tiberias, dem zweiten Herde der Bewegung, hatte die Revolutionspartei mit römischgesinnten Gegnern hart zu kämpfen, und es erfolgten daraus traurige Reibungen. Die schöne Stadt am See gehörte seit mehreren Jahren dem Könige Agrippa, genoß wohl unter seiner Regierung einen leidlichen Zustand und hatte sich wenig über Druck zu klagen. Dennoch war der größte Teil der tiberiensischen Bevölkerung zelotisch gesinnt und beeilte sich, sich von Agrippa loszumachen)[3]. Die Seele des Aufstandes war Justus, Sohn des Pistos, aus einem berühmten Geschlechte, der sich griechische Bildung angeeignet hatte und später die Geschichte seines Volkes in griechischer Sprache beschrieben hat. Justus besaß eine hinreißende Beredsamkeit, mit welcher er das Volk nach seinen Plänen lenken konnte[4]); sein Einfluß beschränkte sich indes lediglich auf die wohlhabendere Bevölkerung. Ihn unterstützte ein Zelot Josua ben Sapphia, der die niedrige Volksklasse, die Schiffer und Lastträger von Tiberias beherrschte[5]). Ihnen gegenüber stand eine Aristokratenpartei, die treu zum Könige Agrippa und den Römern hielt; sie war von Julius Capellus, Herodes ben Miar, Herodes ben Gamala und Kompse ben Kompse vertreten[6]). Die Friedenspartei war aber ohne Anhang im Volke und mußte es dulden, daß Tiberias sich immer tiefer in die Revolution stürzte. Sobald die Tiberienser von Cestius' Niederlagen hörten, unternahmen sie, geführt von Justus und Josua ben Sapphia, einen Rachezug gegen die Heiden derjenigen Städte, die ihre judäischen Mitbewohner auf eine so unmenschliche Weise niedergemetzelt hatten. — Die Stadt Gamala, die wichtigste am Südostufer des Sees, wegen ihrer hohen Lage und unbequemen Zugänge leicht zu verteidigen und schwer zu erobern, wurde durch den Judenhaß der benachbarten Syrer zum Aufstande förmlich gereizt.

[1]) Jüd. Kr. II, 21, 1. An der Stelle ist zwar nur von 400 Anhängern des Johannes die Rede, aber die Zahl ist falsch und läßt sich aus 21, 7, wo von 5000 die Rede und vita 66 berichtigen, wo 5500 angegeben ist.
[2]) Das. vita 25, 45.
[3]) Das. 9, 65; über die Zeit an letzterer St.   [4]) Das. 9.
[5]) Das. 12, 27. Auch in c. 9 ist von Josua b. S. die Rede.
[6]) Das. 9, 12.

In der Nähe von Gamala wohnte ein judäisch-babylonisches Geschlecht, welches, wie oben erwähnt (S. 198), unter Herodes I. eingewandert, sich in Batanäa angesiedelt und mehrere kleine Städte und eine Festung Bathyra erbaut hatte. Die Babylonier (so nannte man diese Kolonie) waren treue Anhänger des herodianischen Hauses, und Philipp, ein Enkel jenes ersten Gründers Zamaris, war Anführer der agrippinischen Truppen, die gegen die Zeloten in Jerusalem kämpften. Als diese sich ergeben mußten, wurde ihr Anführer von den Babyloniern in der Reihe der Zeloten gegen Menahems Absicht gerettet, weil er vorgab, daß er sich ihnen zum Kampf gegen Rom anschließen werde. Indessen gelang es Philipp, in Verkleidung aus Jerusalem zu entkommen und zu den Seinigen zu gelangen. Seine Ankunft war dem Statthalter Varus, welchen Agrippa während seiner Abwesenheit in Cäsarea (Neronias) eingesetzt hatte, höchst unangenehm; denn dieser, ein Verwandter des Königs Soëm von Emesa, hatte sich geschmeichelt, er werde der Nachfolger Agrippas werden, den die Römisch-gesinnten zu verdächtigen suchten, als hätte er bei der Revolution heimlich die Hand im Spiele. Zur Durchführung seines Planes hetzte Varus die Syrer von Cäsarea Philippi gegen die dortigen Judäer, um alle Zeugen, die seine ehrgeizige Unternehmung an Agrippa hätten verraten können, aus dem Wege zu räumen. Er fürchtete indes die Babylonier und besonders Philipp, die dem König treu waren, und war außerdem besorgt, daß diese die Niedermetzelung ihrer Stammesgenossen zu rächen suchen würden. Er suchte daher Philipp an sich zu locken, um ihn zu beseitigen; glücklicherweise lag dieser aber krank an einem hitzigen Fieber, das er sich durch die überstandenen Gefahren in Jerusalem und auf der Flucht zugezogen hatte. Allein es gelang Varus, siebzig der angesehensten Babylonier in seine Nähe zu bringen und die meisten von ihnen töten zu lassen. Schrecken ergriff bei der Nachricht die Babylonier, die sich nunmehr in ihren Städten nicht mehr sicher fühlten. Sie retteten sich eilig nach Gamala und schwuren nicht nur Varus Rache sondern auch den Syrern, die ihn unterstützt hatten. Auch Philipp flüchtete sich nach dieser Bergfeste, hatte aber Mühe, seine Leute von einem Rachezuge abzuhalten[1]).

---

[1]) Josephus jüd. Krieg II, 18, 6; vita 11. An der letzteren Stelle hat Josephus manche Tatsachen und Umstände, die ihm erst später bekannt geworden sind, hinzugefügt. Anstatt Νόαρος an der ersten Stelle muß Varus, wie in der andern gelesen werden, was durch Rufinus' Übersetzung bestätigt wird. Die zweite Stelle enthält manche Corruptelen, die zum teil in Havercamps Annotationen berichtigt sind. Statt ἐπὶ τοὺς ἐν Ἐκβατάνοις Βαβυλωνίους Ἰουδαίους muß gelesen werden ἐν Βαταναίᾳ Βαθυρηνοις [Vgl. Kohout a. a. O. S. 611].

Aber auch nachdem Agrippa den gewissenlosen Varus seines Amtes entsetzt hatte — züchtigen durfte er ihn aus Furcht vor Soëm nicht — waren die batanäischen Babylonier noch so aufgeregt und geneigt, sich den Römerfeinden anzuschließen, daß der König an Philipp den gemessenen Befehl ergehen lassen mußte, sie aus Gamala zu entfernen und nach Batanäa zurückzuführen. Dadurch entstand indessen eine solche Gärung in dieser Stadt, daß die Einwohner feindselig gegen die abziehenden Babylonier verfuhren und Philpps Verwandter Chares dabei ums Leben kam. Joseph, der Sohn einer Hebamme, entflammte die Jugend von Gamala zum Abfall von Agrippa und zur Erkämpfung der Freiheit[1]. Auch das obere Gaulanitis mit dem Vorort Sogane und die Stadt Seleucia am Merom=See fielen von Agrippa ab[2]. Der Vulkan der Revolution hatte sich also bereits in Galiläa an mehreren Punkten Öffnungen verschafft, an anderen war er dem Ausbruch nahe, noch bevor Josephus ben Matthia als Abgeordneter des Synhedrion die Verwaltung übernommen hatte. Nur die größte Stadt Galiläas, die eigentliche Hauptstadt, Sepphoris, blieb den Römern treu und wußte den Aufstand von sich fern zu halten. Der Grund dieser auffallenden Römerfreundlichkeit einer judäischen Stadt liegt in dem Umstande, daß sie größtenteils von Eingewanderten bewohnt war, seitdem sie durch den Statthalter Quinctilius Varus zerstört und ihre judäischen Ureinwohner, die es mit dem Zelotenstifter Juda gehalten hatten, als Sklaven verkauft worden waren (o. S. 251). Es herrschte aber auch in ganz Galiläa eine tiefe Erbitterung gegen Sepphoris, und ganz besonders waren die Tiberienjer eifersüchtig auf dasselbe, weil es ihrer Stadt den Rang abgelaufen hatte und unter Agrippa II. zur Hauptstadt erkärt worden war[3]. Die Aufgabe des Statthalters von Galiläa wäre es gewesen, einen Ausgleich herbeizuführen und die Sepphoriten für den Aufstand zu gewinnen. Auf den Schultern dieses Mannes lastete also eine schwere Verantwortung; denn von seinem Verhalten hing es ab, ob die mit so krampfhafter Anstrengung unternommene Revolution zu dem erwünschten Ziele gelangen oder einen tragischen Ausgang nehmen sollte. Unglücklicher Weise war Josephus nicht der Mann, eine so riesige Aufgabe glücklich zu lösen, und trug durch sein Benehmen zum Untergange des judäischen Staates wesentlich bei.

---

[1]) Vita 35—36. Die Zeit läßt sich dadurch bestimmen, daß der Abfall Gamalas geschah, während Agrippa und Berenice in Berytus waren. In Berytus waren sie noch bei Cestius (daf. 11, falsch im jüd. Krieg II, 18, 6 in Antiochien), also noch im Beginne der Revolution.

[2]) Daf. 37, vergl. jüd. Kr. IV, 1, 1.   [3]) Daf. vita 8—9.

Joseph ben Matthia, mehr bekannt unter dem Namen Flavius
Josephus aus Jerusalem (geb. 37—38, gest. wahrscheinlich 95),
stammte aus einer angesehenen priesterlichen Familie und soll in weiblicher Linie mit dem hasmonäischen Hause verwandt gewesen sein[1]).
Er erhielt mit seinem Bruder Matthia eine sorgfältige Erziehung und
erlangte durch den Umgang mit Gesetzeslehrern Kenntnisse in der Gesetzeskunde[2]), die indessen nicht sehr hoch anzuschlagen sind. Drei Jahre soll
er Jünger eines Einsiedlers Banus gewesen sein, der in einer Wüste
lebte, sich von Feldfrüchten ernährte und nach Essäerweise täglich in
kaltem Wasser badete[3]). Josephus' Wissensdurst trieb ihn auch, sich
auf die griechische Bildung zu legen. Mit vieler Mühe erlernte er
indessen das Griechische; die Aussprache wurde seinem Organ so
schwer, daß er selbst nach jahrelanger Beschäftigung eine große Geläufigkeit darin nicht erreichen konnte[4]). Im siebenundzwanzigsten Lebensjahre hatte er Gelegenheit, nach Rom zu reisen, um sich für zwei als
Gefangene dorthin gesandte Priester zu verwenden. Durch einen
judäischen Schauspieler Alityros bei der Kaiserin Poppäa eingeführt,
gelang es ihm, die Befreiung dieser Gefangenen auszuwirken[5]). Die
judenfreundliche Kaiserin beschenkte ihn noch dazu reichlich. Der
Aufenthalt in Rom war für Josephus' Charakterbildung entscheidend.
Der Glanz des Neronischen Hofes, das Treiben der Weltstadt, die
Riesenhaftigkeit der Staatsinstitutionen blendeten ihn so sehr, daß er
die römische Macht für die Ewigkeit gebaut und von der göttlichen
Vorsehung besonders begünstigt glaubte. Er sah hinter dem Purpur
und dem Golde die Eiterbeulen nicht, an denen Rom gerade damals
krankte. Josephus war von diesem Augenblicke an ein Anbeter des
Römertums.

Mit überschwenglicher Bewunderung für Rom erfüllt, mußten
ihm bei seiner Rückkehr nach Jerusalem die Verhältnisse Judäas verkümmert und zwerghaft erscheinen. Wie mußte er über das Gebahren
der wütenden Zeloten lachen, die von nichts Anderem träumten, als
davon, die Römer aus Judäa zu werfen! Sie kamen ihm wie Wahnsinnige vor. Er versuchte daher mit seinen gesammelten Erfahrungen
die keimenden Revolutionspläne zu erschüttern[6]). Er hielt sich, kaum
dreißig Jahre alt, für den Klügsten seiner Nation; war er doch durch

---

[1]) Vita 1; Altert. XVI, 7, 1. Das Geburtsjahr genau bestimmt
Clinton Fasti Rom. I. ad. A. 38, über sein Ende Monatsschr. 1877, 236 ff.
[Vergl. jedoch die Ausführungen Schürers I³, 88. 597ff., die ich für durchschlagend halte. Danach ist Josephus erst zu Beginn des 2. nachchristlichen
Jahrhunderts gestorben.]

[2]) Vita 1. [3]) Das. 2. [4]) Das. Altert. Ende. [5]) Das. Vita 3.
[6]) Das.

die Kenntnis des Griechischen seinen Landsleuten überlegen, „welche" — wie er verächtlich von ihnen sagt — „die griechische Literatur verschmähen und nur auf Kenntnis ihrer Gesetze und Auslegung der heiligen Schrift Wert legen"[1]. Als er aber das Volk ernstlich zu den Waffen greifen und den Kampf gegen die Römer aufnehmen sah, verbarg er sich mit einigen Gesinnungsgenossen im Tempel und wagte sich nicht eher hervor, als bis er hörte, daß die gemäßigten Zeloten unter Eleasar ben Ananias am Ruder waren[2]. Aus Furcht, wegen seiner bekannten römerfreundlichen Gesinnung den Zorn der Zeloten zu erregen, heuchelte Josephus Sympathie für die Freiheit, freute sich aber heimlich, daß Cestius bald mit seiner gesamten Macht heranrückte, um dem Freiheitsschwindel ein Ende zu machen[3]. Der Erfolg täuschte jedoch seine Hoffnungen. Cestius trat einen fluchtähnlichen Rückzug an.

Woher es kam, daß dieser Römling Josephus gerade den wichtigsten Landesteil, Galiläa, zur Verwaltung erhielt, ist unbegreiflich. Vielleicht hat ihn sein Freund, der ehemalige Hohepriester Josua ben Gamala, der eine wichtige Stimme im Rate hatte, befördert. Sollte er seine Verstellung so weit getrieben haben, sich als Zelot zu gebärden? Nächst seiner Eitelkeit machten allerdings Verstellung und Gesinnungslosigkeit seinen Grundcharakter aus. Auch die Religion mißbrauchte er zum Deckmantel seiner Schwäche, und unter dem Scheine der Frömmigkeit zettelte er die schlimmsten Dinge an. Wie aber alles an diesem Manne kleinlich und kümmerlich war, so hatte auch seine Verstellungsgabe nichts Großes; es war vielmehr die Pfiffigkeit eines Kleingeistes, der mit Hintansetzung der Ehre sich geschickt aus peinlichen Lagen zu befrein und noch Vorteil daraus zu ziehen wußte[4]. Es scheint, daß die heldenmütige Anstrengung, mit der die Revolution in Jerusalem durchgeführt wurde, und der Sieg über Cestius' Heer auf Josephus wie auf andere nüchterne Alltagsmenschen einen gewaltigen Eindruck gemacht haben. Völlige Loslösung von Roms Allmacht schien ihm allerdings als ein wahnwitziger Plan. Aber er mochte hoffen, daß der römische Hof dem hartnäckigen Widerstande von seiten der Judäer so weit Zugeständnisse machen würde, Judäas Verwaltung dem König Agrippa zu überlassen und ihm die Stellung einzuräumen, die sein Vater von Claudius und sein Vorahn Herodes von Augustus erhalten hatten. Für Agrippa hat Josephus in der Tat gearbeitet und insofern hat er nicht ganz unehrlich und verräterisch gehandelt. Agrippa selbst war die Revolution nicht ganz unwill-

---

[1] Jos. Vita 1. Altert. Ende. [2] Das. Vita 5. [3] Das.
[4] Das. 44 ff.

kommen; auch er hoffte Nutzen für die Vergrößerung seiner Macht daraus zu ziehen. Schritte, die er als Roms Vasall nicht tun durfte, ließ er durch Josephus tun, mit dem er eng befreundet war [1]).

Das Synhedrion gab Josephus zwei gesetzeskundige Männer mit, Joasar und Juda, die er bald vortreffliche Männer, bald bestechliche Kreaturen nennt [2]). Sie waren aber ganz unbedeutend und zogen sich bald vom Schauplatze zurück oder wurden von Josephus zur Heimkehr bewogen. Wenn er auch nur echten Ehrgeiz besessen hätte, so hätte er sich durch das größte Vertrauen, das ihm die Ver-

---

[1]) Josephus' Charakter und Tätigkeit sind äußerst schwer zu beurteilen, weil die beiden Quellen, der jüdische Krieg und die Selbstbiographie (Vita), grelle Widersprüche darüber enthalten. Um doch einen Anhalt für ein einigermaßen sicheres Urteil darüber zu haben, muß man davon ausgehen, daß er sich in der Vita schwärzer gemalt hat, als er war, und daß er aus Furcht vor Domitian, unter dessen Regierung er die Vita geschrieben hat, sich lieber als Verräter an seinem Volke gegeben hat, um als Römerfreund zu gelten. Der Geschichtsschreiber Justus hatte ihn öffentlich angeklagt, daß er und die Galiläer Schuld an dem Abfall von den Römern gehabt hätten (Vita 65). Unter Domitian traten mehrere Delatoren gegen ihn auf, darunter sogar der Erzieher eines seiner Kinder (das. 76 Ende). Um sich gegen diese Anklagen der Römerfeindlichkeit zu verteidigen, verfaßte er eben die Vita und stellte seine Tätigkeit so dar, als wenn er von Anfang an im Interesse der Römer gehandelt hätte. Dieser tendenziösen Apologie darf man also nicht trauen. Unmöglich kann er von den Ersten Jerusalems den geheimen Auftrag übernommen haben, weil Galiläa noch nicht ganz von Rom abgefallen gewesen sei, in dieser Landschaft das gemeine Volk oder die „Räuber" zu entwaffnen, wie er es darstellt (das. 7). Zu den „Ersten Jerusalems" gehörten jedenfalls Simon b. Gamaliel und Anan b. Anan, und diese haben gerade eine energische Kriegsführung in Galiläa gewünscht und Josephus wegen seiner zweideutigen Rolle absetzen wollen, wie er selbst erzählt. Unmöglich kann er ferner den von ihm in Sold genommenen „Räubern" eingeschärft und zur Bedingung gemacht haben, die Römer nicht anzugreifen, weil er vor allem Galiläa in Frieden habe halten wollen (das. 14). Unwahr ist gewiß sein Bericht, daß er den von ihm aus den Kerkern entlassenen Tiberiensern, unter denen auch sein Feind Justus gewesen, freimütig eröffnet habe: er kenne wohl die Unbesiegbarkeit der römischen Waffen, verschweige es aber aus Furcht vor den „Räubern" und habe den Tiberiensern geraten, eine gelegene Zeit abzuwarten, zu den Römern überzutreten (das. 35). Auf die Darstellung in der Vita ist demnach nichts zu geben, wenn sie mit der Erzählung im jüd. Krieg im Widerspruch steht. Das Richtige wird wohl sein, daß Josephus Anfangs ebenfalls vom Taumel der Revolution ergriffen war, und bona fide die Erhebung Galiläas übernommen hatte. Er hat wohl in Agrippas Interesse gehandelt, die Römer aber nicht heimlich und verräterisch unterstützt. Erst nach und nach trat seine Ernüchterung ein, und erst ganz zuletzt, als Vespasian immer mehr Fortschritte machte, scheint er in ein geheimes Einverständnis mit dem römischen Feldherrn getreten zu sein.

[2]) Josephus vita 7, verglichen mit 12—13.

treter der Nation schenkten, befriedigt fühlen und seine Ehre darein setzen müssen, es zu verdienen. Er hätte seine persönlichen Überzeugungen fahren lassen und nur im Sinne seiner Vollmachtgeber handeln müssen. Er war aber nicht ehrgeizig, sondern nur eitel.

In der ersten Zeit, als Josephus den Schauplatz seiner Wirksamkeit betreten hatte, schien es, als wenn es ihm Ernst damit wäre, der Revolution in Galiläa zum endgültigen Siege zu verhelfen. Er ließ eine Art Synhedrion aus siebzig angesehenen Männern zusammentreten, nach dem Muster des hohen Rates in Jerusalem[1], vielleicht um mit einem solchen unabhängig von dem Jerusalemischen handeln zu können. Für die peinliche Gerichtsbarkeit stellte er über einzelne Teile Galiläas Beamte an und wählte in jeder Stadt sieben Männer für die innere Verwaltung aus. Er hob Truppen aus, angeblich die erstaunliche Zahl von 100,000 Kriegern, gab ihnen Waffen, übte sie nach römischem Kriegsbrauch ein, lehrte sie Ordnung und Mannszucht halten und dergleichen Äußerlichkeiten mehr, die für eine kriegerische Nation unentbehrlich, für ein freiheitsbegeistertes Volk aber minder wichtig sind. Sogar eine Reiterschar schuf er und nahm Freischaren (nahe an 5000) in Sold, denen er die Weisung gab, nur auf seinen Befehl unter die Waffen zu treten und das Plündern aufzugeben. Er umgab sich auch mit einer Leibwache von sechshundert handfesten Trabanten, die nur seinem Winke gehorchen sollten[2]. Eine Reihe von Städten in Ober- und Niedergaliläa begann er zu befestigen, und ließ Mundvorrat darin ansammeln[3]. Er machte also anfangs mit der Verteidigung der Landschaft gegen die Römer Ernst. Gleich bei seiner Ankunft in Galiläa ging Josephus, sei es aus eigenem Antriebe oder im Auftrage des Synhedrion, in seinem religiös-zelotischen Eifer so weit, die Zerstörung des Palastes in Tiberias, den Antipas erbaut hatte, und der dem Könige Agrippa gehörte, zu befehlen, weil darin gegen das judäische Gesetz Tierbilder angebracht waren. Er hatte zu diesem Zwecke die Angesehensten aus Tiberias nach dem nahegelegenen Beth-Maon kommen lassen und suchte die Königlichgesinnten zu überreden, daß sie sich der Zerstörung des Palastes nicht widersetzen sollten. Während er aber noch mit Capellus und Genossen darüber unterhandelte, kam ihm Josua ben Sapphia zuvor. Mit seinen Anhängern aus dem Schiffervolke verbrannte er den Palast und verteilte die Beute unter sie. Das war Josephus nicht recht; denn er wollte es mit Agrippa nicht verderben. Er eilte daher nach Tiberias, um die im Palaste gefundenen Schätze in Empfang zu nehmen und sie treuen

---

[1] Jüd. Krieg II, 20, 5; vita 14.
[2] Das. jüd. Krieg II, 20, 5. 7. 8.   [3] Das. 20, 6. Vita 37.

Händen zu übergeben, damit sie dem Könige Agrippa nicht abhanden kämen¹). So zeigte er ungeachtet der Verantwortlichkeit, die er übernommen hatte, stets ein doppeltes Gesicht; dem Volke gegenüber geberdete er sich als Zelot, den Freunden der Römer dagegen gab er sich als heimlichen Gesinnungsgenossen zu erkennen. Durch diese zweideutige Haltung lähmte er die Bewegung, anstatt ihr Nachdruck zu geben.

Ganz besonders verhaßt war ihm Johannes von Gischala, dessen unermüdliche Rührigkeit und geistige Überlegenheit seine Eifersucht rege machten, während dieser sich ihm anfangs unterordnete. Ihm, wie allen Patrioten, bemühte sich Josephus Hindernisse in den Weg zu legen. Suchte Johannes bei ihm um die Erlaubnis nach, das kaiserliche Getreide in den obergaliläischen Dörfern, das ohne Zweifel von den Naturalienlieferungen gesammelt war, verkaufen zu dürfen, um mit dem Erlöse die Mauern seiner Vaterstadt aufzubauen, so verweigerte sie ihm Josephus, weil er das Getreide, wie er selbst erzählt, entweder für die Römer aufbewahren oder selbst davon Gebrauch machen wollte. Nur durch Vermittelung der beiden Mitgesandten Joasar und Juda erlangte Johannes die Erlaubnis, das Getreide im Interesse des Vaterlandes verwenden zu dürfen²). Bei dieser Gelegenheit durchschaute Johannes die Falschheit des Statthalters und gab sich Mühe, sie unschädlich zu machen. Das, was Johannes augenblicklich klar wurde, zeigte sich bald auch den trübsten Augen, daß nämlich von Josephus eher Unheil als Hilfe zu erwarten war.

Einige Jünglinge aus einem Städtchen Dabaritta am Fuße des Thaborberges hatten der Frau eines Verwalters der Berenice und des Königs Agrippa, die tollkühn mitten durch ein Land reiste, dessen Bewohner dem Könige Agrippa, als römischem Parteigänger, Feindschaft geschworen hatten, reiche Beute an edlem Metall und wertvollen Gewändern abgenommen und sie zu Josephus gebracht, der sich damals in Tarichea aufhielt. Aus übergroßer Zuneigung für den König sorgte Josephus dafür, daß das Erbeutete diesem wieder zugestellt werde, während er den Jünglingen vorlog, er werde es nach Jerusalem für den Nationalschatz senden. Die Dabarittenser durchschauten ihn aber und verbreiteten in der umliegenden Gegend, Josephus sei ein Verräter und wolle das Land den Römern überliefern. Sofort strömten die Nachbarn schon mit Tagesanbruch nach Tarichea in erbitterter Stimmung gegen Josephus zusammen. Josua ben Sapphia stachelte das Volk noch mehr auf; er nahm das heilige Gesetzbuch in

---

¹) Vita 12, 13. ²) Das. 13.

den Arm und beschwor die Menge, wenn nicht um ihrer selbst willen, so doch um des heiligen Buches willen den Verräter nicht ungestraft zu lassen. So allgemein war die Erbitterung gegen Josephus, daß selbst seine Leibwache bis auf wenige ihn im Stiche ließ. Es wäre um ihn geschehen gewesen, denn schon näherte sich die Menge seinem Hause, um es ihm über dem Kopfe anzuzünden, wenn der Bedrohte sich nicht durch eine List und eine Lüge gerettet hätte. Er legte ein Trauergewand an, hängte sich das Schwert um den Hals und trat in diesem flehenden Aufzuge in das Hippodrom von Tarichea, um Mitleid zu erregen. Sobald er zu Worte gekommen war, machte er die Taricheer mit unverschämter Doppelzüngigkeit glauben, er bewahre die Beute weder für Agrippa, noch für Jerusalem auf, sondern beabsichtige damit die Mauern ihrer Stadt zu befestigen. Die leichtgläubigen Taricheer nahmen diese Rechtfertigung, die ihnen Vorteil verhieß, an, erklärten sich für ihn und gerieten mit den Auswärtigen seinetwegen in hitzigen Streit; währenddessen schlich sich Josephus in sein Haus. Von der aufgeregten Menge, die sich beruhigt und verlaufen hatte, blieben indessen einige Hundert zurück, die sich nicht von Josephus' schönen Redensarten betören ließen; sie näherten sich seinem Hause und trafen Anstalten, es in Brand zu stecken. Der von neuem Bedrohte wußte aber den Hauptanführer ins Haus zu locken, ließ ihn hierauf bis aufs Blut geißeln, ihm eine Hand abhauen und sie ihm an den Hals hängen, und stieß dann den Verstümmelten auf die Straße zu seinen Genossen, die sich hierauf vor Entsetzen entfernten[1]). Von diesem Augenblicke an war die Aussicht auf eine mannhafte Verteidigung Galiläas verschwunden. Josephus, dem die Aufgabe gestellt war, über die Eintracht zu wachen, glich dem Dämon der Zwietracht. Er begann mit kleinlichen Zänkereien und Reibungen, bald mit Johannes von Gischala, bald mit den Einwohnern von Tiberias, und endete mit blutigen Fehden, die er seinen Gegnern lieferte. Er spaltete Galiläa in zwei Parteien, von denen sich die eine um ihn, die andere um Johannes scharte.

Zu Johannes hielten sich die glühenden Patrioten, die über Josephus' falsches Spiel nicht mehr im Zweifel waren, namentlich standen die Einwohner von Gabara auf seiner Seite; das übrige Volk von Galiläa aber hing meistens Josephus an. Der beschränkte Sinn der Galiläer vermochte nicht, seine zweideutige Rolle zu durchschauen. Die beiden Parteiführer haßten sich auf den Tod, gaben aber einander an Schlauheit und Verstellung nichts nach.

---

[1]) Jos. jüd. Krieg II, 21, 3—5; vita 26—30 nicht übereinstimmend.

Johannes war mit seinen Anhängern nach Tiberias gekommen, wie Josephus erzählt, unter dem lügenhaften Vorwande, für seine Leiden Genesung in den heißen Quellen von Tiberias zu suchen[1]), in Wahrheit aber, um in Gemeinschaft mit Justus, dessen Vater Pistos und den Sapphia die Tiberienser zu bearbeiten, daß sie von Josephus keinen Befehl mehr annehmen sollten. Dieser hatte aber von der Wühlerei gegen ihn Kunde erhalten, eilte von Kana nach Tiberias und überraschte seine Gegner, die auf sein Erscheinen nicht gefaßt waren. So groß war damals bereits die Erbitterung gegen ihn, daß einige von Johannes' Trabanten sich ihm näherten, um ihn zu ermorden. Nur durch schnelle Flucht auf ein Schiff, das ihn nach dem ihm befreundeten Tarichea brachte, entging er den Streichen. Diese Stadt stachelte Josephus so sehr gegen die Tiberienser auf, daß sie denselben den Untergang schwor und er Mühe hatte, ihren Zorn ein wenig zu mäßigen[2]). So war Galiläa durch Josephus' verräterische Halbheit in zwei Lager gespalten.

Da Johannes überzeugt war, daß die meisten Galiläer von dem Wahne verblendet waren, Josephus sei ein treuer und zuverlässiger Patriot, und ihn mit aller Macht unterstützten, sandte er seinen Bruder Simon mit hundert andern Abgeordneten an das Synhedrion nach Jerusalem, um über Josephus' Verkehrtheiten Klage zu führen und den hohen Rat zu bewegen, ihm die Vollmacht zu entziehen und ihn abzuberufen. Der Synhedrialpräsident Simon ben Gamaliel, der Johannes' Freund war und Josephus' Zuverlässigkeit nicht viel traute, und auch Anan, der ehemalige Hohepriester[3]), unterstützten diesen Antrag und setzten es durch, daß vier Abgesandte nach Galiläa geschickt wurden, die den Auftrag hatten, Josephus mit allen Mitteln zur Niederlegung seines Amtes zu zwingen und ihn lebend oder tot

---

[1]) Zu den vielen Widersprüchen, die sich Josephus in seinen doppelten Berichten über den galiläischen Krieg hat zu Schulden kommen lassen, gehört auch dieser, daß er (in Vita 16 fg.) Johannes vor dem Vorfall infolge der dabarittensischen Jünglinge nach Tiberias kommen läßt, während er im jüd. Krieg II, 21, 6 berichtet, es sei nachher geschehen. Das letzte ist wahrscheinlicher, während der erste Bericht unter dem Verdacht steht, Johannes noch mehr anschwärzen zu wollen, als habe er ihn angefeindet, noch bevor etwas gegen ihn vorlag.

[2]) Josephus Vita 18, 19. Jüd. Kr. das. 21, 6, 7, vielfach abweichend.

[3]) Sehr kurz wird dieser Vorgang jüd. Kr. das. 21, 7, ausführlich Vita 38 fg. erzählt. An der ersten Stelle steht der Name des Führers der vier Abgeordneten falsch im Genitiv, als Vater der Delegirten Simon und Juda, statt Ἰωνάθην. Es ist entschieden eine Verleumdung, daß Anan erst durch Bestechung dafür gewonnen wurde. Dieser war reich, Johannes' Bruder dagegen arm. Womit sollte er bestochen haben?

nach Jerusalem zu senden. An die größeren Gemeinden Tiberias, Sepphoris und Gabara ergingen Synhedrialschreiben des Inhaltes, daß Josephus ein Feind des Vaterlandes sei, daß sie ihm keinen Schutz gewähren, vielmehr Johannes unterstützen sollten. Eine große Gefahr schwebte über Josephus' Haupte. Er entwickelte dabei aber eine so tief angelegte Schlauheit und vielseitige Tätigkeit, daß er den gegen ihn erlassenen Achtbefehl vereitelte. Er mochte einerseits das ihm liebgewonnene Amt nicht lassen und wollte sich anderseits dem Synhedrion nicht ungehorsam zeigen; daher nahm er zu pfiffiger List seine Zuflucht. Sobald er von seinem Vater die feindliche Gesinnung des Synhedrion gegen ihn erfahren hatte — das Synhedrialmitglied Josua ben Gamala hatte es diesem verraten — traf er Gegenanstalten. Er gab sich den Anschein, als sei er mit den Vorbereitungen zum Kriege gegen die Römer beschäftigt, die von Ptolemaïs aus einen Einfall in Galiläa beabsichtigten, und gab den Synhedrialabgeordneten auf ihre Aufforderung, sich zu stellen, ausweichende Antworten, immer mit der Miene der Resignation, als wenn er sein Amt gern niederlegen wollte. Vor allem gab er sich Mühe, die galiläische Menge gegen die Abgesandten einzunehmen. Diese zogen daher von einer Stadt in die andere, ohne das Ziel ihrer Sendung zu erreichen, und gerieten einigemale in die Gefahr, von Josephus' Anhängern, die dieser gegen sie aufgestachelt hatte, mißhandelt zu werden [1]).

Des langen Umherziehens müde, beschlossen die Abgeordneten auf Johannes' Rat, heimlich Sendboten in ganz Galiläa umherzusenden mit der Nachricht, daß Josephus in die Acht erklärt und jedermann entbunden sei, ihm zu gehorchen. Aber ein Verräter hinterbrachte ihm den Beschluß. Mit einer Rührigkeit, die einer bessern Sache würdig gewesen wäre, ließ nun Josephus von seinen Trabanten die Pässe besetzen, die von Gabara, dem Aufenthaltsorte der Abgeordneten, nach den nächstgelegenen galiläischen Städten und nach Jerusalem führten, die Sendboten mit den Briefen aufgreifen und zu sich bringen. Dann ließ er alle seine Anhänger aus den kleinen Städten und Dörfern unter Waffen treten und sich um ihn versammeln und stellte sich ihnen als auserlesenes Opfer einer teuflischen Bosheit dar. Durch solche schlaue Vorspiegelungen wurde die Menge gegen die Abgeordneten so sehr erbittert, daß sie dieselben, als sie ihrer ansichtig wurde, in Stücke zerreißen wollte, und Josephus konnte sich den Schein der Friedensliebe und der Großmut geben, als er dem von ihm selbst heraufbeschworenen Sturme wieder Einhalt gebot. Um die öffentliche Meinung

---

[1]) Vita 40—45.

zu berücken und für sich einzunehmen, wählte er aus vielen Städten einfältige Männer aus, die sich nach Jerusalem begaben, um seine Verwaltung aufs Höchste zu preisen und das Synhedrion zu bitten, ihn in Galiläa zu lassen und die Abgeordneten Jonathan und seine Kollegen zurückzurufen[1]).

Diese hatten sich indessen von Obergaliläa entfernt, als sie sahen, daß sie da nichts auszurichten vermochten, und begaben sich nach Tiberias, in der Hoffnung, hier kräftigere Unterstützung zu finden. Josephus folgte ihnen aber auf dem Fuße und wußte alle ihre Pläne durch größere Verschmitztheit zu vereiteln. In der Verlegenheit hatten die Synhedrialabgeordneten unter anderm beschlossen, einen allgemeinen Fast- und Bußtag zu veranstalten, um die Hilfe des Himmels, ohne dessen Beistand die Waffen nichts vermögen, für den glücklichen Ausgang der Revolution zu erflehen[2]). Alles Volk strömte in die große Proseuche von Tiberias, welche viele Tausend Menschen faßte. Obwohl jedermann unbewaffnet erscheinen mußte, versäumten Josephus und seine Trabanten nicht, Waffen unter ihren Oberkleidern zu tragen. Sobald es nach dem Gebete zu Erörterungen kam, und die Gegner Hand an Josephus legten, hieben seine Freunde mit den Waffen auf die Angreifer ein; das Volk nahm Partei für ihn, und so entkam er zum wiederholten Male glücklich der ihm drohenden Gefahr[3]).

Indessen hatten die von Josephus nach Jerusalem abgesandten Abgeordneten der galiläischen Städte und seine Freunde in der Hauptstadt eine günstige Stimmung für ihn erwirkt. Das Volk soll darum gegen Simon ben Gamaliel und Anan ben Anan erbittert gewesen sein, weil sie ohne vorangegangene Beratung mit sämtlichen Gliedern des Synhedrion einen so vertrefflichen Statthalter, von dessen Lob die Galiläer voll waren, verfolgen ließen; die Menge soll sogar das Haus des Simon ben Gamaliel haben stürmen wollen. Darauf erging vom Synhedrion ein Befehl an Jonathan und seine Kollegen, Galiläa zu verlassen. Josephus aber wurde von neuem in seinem Amte bestätigt[4]). Da sich Jonathan und einer seiner Kollegen, Anania ben Zadduk, nach der Hauptstadt begeben wollten, um Aufschluß über die wahre Sachlage in Galiläa zu geben, ließ ihnen Josephus auflauern, sie zu Gefangenen machen und in Fesseln schlagen. Der dritte Synhedrialabgeordnete Simon fiel durch List in Josephus' Gewalt und gegen den vierten Joasar ben Nomikos, der in Tiberias geblieben war, unternahm er einen förmlichen Kriegszug. Es kam zu

---

[1]) Vita 46—53.   [2]) Das. 55—56.
[3]) Das. 56—59.   [4]) Das. 60.

einem Scharmützel zwischen Josephus' Anhang und den Tiberiensern. Die letztern wurden besiegt; die Sieger drangen in die Stadt ein, zündeten einige Häuser an und plünderten, als wenn sie es mit einer feindlichen Bevölkerung zu tun hätten. Durch solche Mittel blieb Josephus der Liebling von Galiläa; die Abgeordneten schickte er zum Hohne des Synhedrion in Fesseln nach Jerusalem[1]).

Durch solche Winkelzüge, bei denen Josephus den Schein des glühenden Patriotismus zu bewahren wußte, trieb er die Einwohner von Tiberias so sehr zur Verzweiflung, daß sie dem König Agrippa anboten, sich ihm reuig zu unterwerfen. Josephus wurde dadurch in dem Netze seiner eigenen Ränke gefangen. Innerlich freute er sich über das Erlöschen des Revolutionsbrandes und die Kundgebung versöhnlicher Stimmung für Agrippa. Aber aus Rücksicht auf die Galiläer, die ihn nur wegen seines erheuchelten Hasses gegen den König auf den Schild erhoben und geschützt hatten, mußte er gegen das treulose Tiberias feindlich verfahren. Vermittelst einer Kriegslist bemächtigte er sich der angesehensten Männer dieser Stadt, auch des Justus und seines Vaters, brachte sie nach Tarichea in Gewahrsam und befahl dem Urheber des beabsichtigten Abfalles, Namens Kleitos, auf den die Tiberienser die Schuld wälzten, sich selbst einen Arm abzuhauen[2]). Den Verhafteten, die er befreit und zur Tafel gezogen, will Josephus seine innere Gesinnung offenbart und ihnen geraten haben, eine günstigere Zeit zum Abfall abzuwarten und ihm Vertrauen zu schenken[3]). Diese Milde ermutigte die Tiberienser noch mehr, sich Agrippa zu ergeben. Sie schrieben zum zweiten mal an ihn und baten ihn, Besitz von ihrer Stadt zu nehmen. Selbst Justus von Tiberias, der Hauptanstifter der galiläischen Revolution, ging zu Agrippa über, weil ihm Josephus den Tod geschworen hatte. Er besaß nicht die, alle Hindernisse überwindende Ausdauer und Todesverachtung des Johannes von Gischala. Bei der Nachricht von Tiberias' beabsichtigtem Abfalle von der Revolution geriet Josephus in Verlegenheit. Die Galiläer, die er betört hatte, drangen in ihn, sie gegen die treulose Stadt zu führen; Josephus war dieser Abfall zwar nach Wunsch, er durfte das aber nicht merken lassen. Doch wußte er durch Überredungskünste den Zorn der Menge zu beschwichtigen und den königlich Gesinnten heimlich gute Dienste zu leisten. Den Vermittler Crispus, den Agrippa mit Briefen an die Tiberienser abgeordnet, und den Josephus gefangen und eingekerkert hatte, ließ er heimlich zum

---

[1]) Vita 61—63.   [2]) Daf. 32—34; jüd. Kr. II, 21, 8—10.
[3]) Vita 35—36. Vergl. o. S. 485 Anmerkung.

König entfliehen¹). Auch Johannes' Anhang schwächte er, nachdem er Sieger über den Abgeordneten geworden war. Durch Herolde ließ er bei Androhung schwerer Strafen Johannes' Anhänger auffordern, die Waffen niederzulegen und von ihm abzufallen. Dreitausend gehorchten aus Furcht, und nur zweitausend syrische Flüchtlinge, die nichts zu verlieren hatten, harrten bei Johannes aus²). Das Johannes treugebliebene Gischala überfiel er feindlich und gab es seinen Trabanten zur Plünderung preis³). Dagegen handelte Josephus außerordentlich rücksichtsvoll gegen das römerfreundliche Sepphoris. Wegen der Wichtigkeit dieser Stadt hatte sich Cestius Gallus ihre Treue dadurch gesichert, daß er sich von den angesehenen judäischen Familien Geißeln stellen ließ, die er nach Dora schickte. Josephus soll, wenn man ihm Glauben schenken kann, den Sepphoriten gestattet haben, mit ihren Verwandten in Dora in stetem Verkehre zu bleiben. Ja, er befestigte diese Stadt oder gestattete, daß die Bewohner sie auf eigene Kosten befestigten, ohne sie seinem übernommenen Auftrage gemäß in Besitz zu nehmen und eine Besatzung hineinzulegen⁴).

Während Josephus so durch sein falsches Spiel und seine kleinliche Eitelkeit Galiläa in den Bürgerkrieg stürzte, das Synhedrion verhöhnte, die Patrioten schwächte und die wichtigste Stadt Tiberias zum Abfall trieb, hatte die römisch gesinnte galiläische Hauptstadt Sepphoris Spielraum, mit den Römern Unterhandlung zu pflegen. Die Einwohner schrieben an Cestius, er möge ihnen eine römische Besatzung senden, um sie vor dem Überfalle der ihnen feindlichen Galiläer zu schützen. Dieses Mal wurde Josephus denn doch von der Menge gedrängt, die Sepphoriten für ihre verräterische Gesinnung mit Krieg zu überziehen. Die Stadt wurde eingenommen, und die Menge war nahe daran, sie dem Erdboden gleich zu machen. Allein Josephus war auf ihre Schonung so sehr bedacht, daß er die galiläischen Krieger durch den blinden Lärm, die Römer seien im Anzuge, den Rückzug antreten ließ; er selbst zog ebenfalls ab und ließ den Sepphoriten die Freiheit, Cestius noch dringender um eine römische Besatzung anzugehen. Bald darauf rückten römische Truppen in die galiläische Hauptstadt ein, ohne ein Hindernis zu finden, und Josephus hatte weder die Kriegsgeschicklichkeit, noch den guten Willen, sie wieder daraus zu vertreiben. Ein Sturmversuch, den er gegen Sepphoris unternehmen ließ, mißlang. Tags darauf wurden seine Truppen, die er nur gewöhnt hatte, gegen Religionsgenossen zu kämpfen, durch einen

¹) Vita 68—70.
²) Das. jüd. Kr. II, 21, 7; vita 66.
³) Das. jüd. Krieg II, 21, 10.   ⁴) Vita 8.

Ausfall der Römer aufs Haupt geschlagen und zerstreut[1]). Ein anderer Zug, den er gegen eine Schar des Königs Agrippa unter dem Hauptmanne Sylla unternahm, brachte ihm auch keine Lorbeeren[2]), und man darf mit Recht zweifeln, ob eine Niederlage ihm nicht mehr Freude gemacht hat, als es ein Sieg getan haben würde. Josephus trifft die ewige Schmach, daß er das starke Bollwerk Judäas, das kräftige, kriegerische Galiläa, durch Ungeschicklichkeit, Selbstsucht und Unverträglichkeit oder durch sein falsches Spiel zersplittert und entmannt hat. Er hat wohl einige Festungen wehrhaft gemacht[3]), das heißt, ihren Einwohnern die Befestigung nicht verwehrt. Als aber die Römer einrückten, stand ihnen weder ein Heer, noch das Volk im Wege. Jede Festung war auf sich selbst angewiesen, Mißtrauen und Erschöpfung hatten die Galiläer selbstsüchtig, wenn auch nicht feige gemacht. Man hätte Mühe, alle diese Jämmerlichkeiten und Tücken des Statthalters Flavius Josephus zu glauben, wenn er sie nicht mit beispielloser Frechheit selbst erzählte. Was die vier Monate des Aufstandes in Jerusalem errungen hatten, das vernichteten die fünf Monate während Josephus' Verwaltung in Galiläa, ehe noch das Land den Feind erblickt hatte (November 66 bis März 67).

Während dieser neun Monate hatten die Römer wenig gegen Judäa ausgeführt. Nur einige Plänkeleien von Ptolemaïs aus und die Besetzung von Sepphoris durch Placidus hatten sie gewagt, nicht sowohl aus Gleichgiltigkeit oder Verachtung gegen das winzige Judäa, sondern vielmehr aus ängstlicher Vorsicht, weil sie dem judäischen Aufstande eine große Wichtigkeit beilegten. Der Kaiser Nero befand sich gerade in Griechenland, um als Wagenlenker, Zitherspieler und Sänger den Beifall der Griechen zu gewinnen, den ihm seine für die Kunst unempfindlichen römischen Untertanen nicht in so reichem Maße spendeten. Wie ein Blitzstrahl traf ihn da die Nachricht von dem Aufstande der Judäer und der Niederlage des römischen Heeres unter Cestius. Nero zitterte, die Revolution in Judäa könnte eine weite Ausdehnung erhalten, die Euphratländer und die Parther mit hineinziehen und den andern römischen Provinzen das Beispiel zur Schilderhebung geben[4]). Dazu kam noch die Nachricht, daß Cestius Gallus vom Tode ereilt war, und man nicht wußte, ob er eines natürlichen Todes gestorben war oder aus Gram über seine Niederlagen gegen die Judäer den Geist aufgegeben hatte[5]). Nero betraute daher den besten Feldherrn seiner Zeit, Flavius Vespasianus, der im Kriege mit den Briten

---

[1]) Vita 67—71. Vergl. das. 12, 15, 22.
[2]) Das. 72—73.   [3]) Das. 37; jüd. Krieg II, 20, 6.
[4]) Das. jüd. Krieg Einleitung 2; III, 1, 1.   [5]) Tacitus, hist. 5, 10.

sich Lorbeeren und Triumphe erworben hatte, mit der Kriegsführung gegen Judäa. So groß war die Furcht vor dem judäischen Aufstande und seinen möglichen Folgen, daß, um Gefahren von Parthien aus begegnen zu können[1]), für Syrien ein eigener Statthalter Licinius Mucianus ernannt wurde. Vespasian war damals sogar in Ungnade, weil er einen Augenblick sich so weit vergessen hatte, bei einem von Nero aufgeführten Schauspiele einzuschlummern. Es fiel Nero daher schwer, demjenigen eine große Truppenmacht anzuvertrauen, den er als seinen Feind betrachtete. Allein es blieb ihm keine andere Wahl. Um die Unruhen in Judäa zu dämpfen, bedurfte es eben eines kräftigen Armes. Im Winter (67) begab sich Vespasian von Griechenland aus nach dem Kriegsschauplatze und traf in Ptolemaïs Vorbereitungen zum Feldzuge. Sein Sohn Titus, der sich im Kriege gegen Judäa die ersten Sporen verdient hat, brachte aus Alexandrien zwei Legionen mit, die fünfte und die zehnte, jene wilden Decumani, deren Grausamkeit die alexandrinischen Juden erfahren hatten und nun auch die palästinischen erfahren sollten. In Ptolemaïs strömten die Nachbarfürsten zusammen: Malchos, König der Nabatäer mit seinen Bogenschützen; Antiochos, König von Commagene; Soëm, König von Emesa und Agrippa mit seiner Schwester Berenice, die dem römischen Feldherrn ihre Huldigung darbrachten und ihm Truppen zuführten, um ihre Römerfreundlichkeit an den Tag zu legen[2]). Agrippa war gewissermaßen gezwungen, seine Abneigung gegen die Revolution und seine Treue gegen Rom zu betätigen; denn die Tyrier klagten ihn bei Vespasian an, er stehe mit den aufständischen Judäern in heimlicher Verbindung. Sein Unterfeldherr Philipp wurde in diese Anklage hineingezogen, als hätte er den Aufstand in Jerusalem begünstigt und durch Verrat den Tod der römischen Truppen unter Metilius verschuldet. Die Ankläger gaben zu verstehen, daß Philipp dabei in Agrippas Auftrag gehandelt habe. Vespasian schien nun zwar diesen Angebern keinen Glauben zu schenken, sandte aber doch Philipp nach Rom zur Rechtfertigung. Justus von Tiberias, der sich ebenfalls eingefunden hatte und von den Einwohnern von Hippos und Gadara mit vieler Erbitterung angeklagt wurde, sollte enthauptet werden, aber Berenice verwendete sich für ihn und rettete ihm das Leben[3]). Agrippa legte jetzt einen besonderen Eifer für die Römer an den Tag, um jeden Argwohn zu verscheuchen. Seine Schwester knüpfte in dieser Zeit mit Titus ein Liebesverhältnis an, welches viele Jahre hindurch dauerte, obwohl sie um vieles älter als der Sohn des Feldherrn war; ihre Schönheit hatte der Zeit getrotzt.

[1]) Tacitus das. 1, 10. [2]) Jos. jüd. Krieg III, 4, 2. [3]) Vita 74, 65.

Das Heer aus römischen Kerntruppen und Bundesgenossen bestehend, mit welchem Vespasian die judäische Revolution dämpfen wollte, betrug über 50,000 Mann, außer dem zahlreichen Trosse, der dem Heere zu folgen pflegte. Erst im Frühjahr war die Rüstung vollendet, und der Feldzug begann mit der Aussendung kleiner Truppenkörper, welche die Straßenzüge zu den festen Plätzen Galiläas von den judäischen Streifscharen säubern sollten. Vespasian, vorsichtiger als sein Vorgänger Cestius, unternahm den Krieg nicht mit Ungestüm, sondern führte ihn von Anfang bis zu Ende mit jener zaudernden Bedächtigkeit, die dem Feinde Schritt für Schritt Boden abzugewinnen sucht. Er ließ zunächst das treugebliebene Sepphoris besetzen, und von hier aus zog die römische Reitervorhut unter Placidus in der Nachbarschaft umher, zerstörte Städte und Dörfer und erfüllte die ganze Gegend mit Brandstätten. Josephus vermochte mit seinen Scharen nicht Stand zu halten, sondern zog sich immer weiter zurück. Wo er den Kampf aufnahm, erlitt er schimpfliche Niederlagen, weil seinem Heere die Zuversicht fehlte, die nur ein hingebender Feldherr einzuflößen vermag. Sein Heer zerstreute sich daher in der Regel beim ersten Anblicke des Feindes[1]). Von einem ganz andern Geiste waren diejenigen Galiläer beseelt, die Johannes von Gischala entflammt hatte. Sobald sich Placidus Jotapata näherte, griffen ihn die Einwohner dieser Stadt mit Ungestüm an, und obwohl sie die geschlossenen Reihen der Römer nicht durchbrechen konnten, kämpften sie dennoch so tapfer, daß sie die römische Vorhut in die Flucht schlugen[2]). Was hätte Galiläa vermocht, wenn es so viele Krieger aufgestellt hätte, als es Jünglinge und Männer hatte, und von einem erfahrenen, mutigen, hingebenden Feldherrn geführt worden wäre! Doch es war geteilt, geschwächt, entmutigt und mußte am Ende die Beute des Siegers werden.

Vespasians Feldzugsplan war darauf berechnet, zuerst Galiläa zu unterwerfen, um nicht auf dem Zuge nach Judäa gegen die Hauptstadt einen verwegenen Feind im Rücken zu haben. Das römische Heer marschierte daher auf die nordgaliläischen Festungen zu, namentlich gegen Gabara und Jotapata. Das erste, von Mannschaft entblößt, war bald eingenommen und verbrannt. Die ganze Bevölkerung von Gabara ließ Vespasian als Sühnopfer für die Niederlage der Römer vor Jerusalem über die Klinge springen[3]). Alle kleinen Städte und Dörfer der Umgegend traf dasselbe Los, die Bewohner wurden hin-

---

[1]) Jüd. Krieg III, 4, 1; 6, 1—3.   [2]) Das. 6, 1.
[3]) Das. 7, 1; es muß aber statt Γαδαρέων gelesen werden Γαζαρέων, wie schon Roland emendiert hat (Palaestina 771) [vgl. auch Kohout a. a. O. S. 626].

Belagerung und Fall Jotapata's.

geschlachtet oder als Sklaven verkauft[1]). Der Krieg nahm von vornherein den Charakter eines Rachekrieges an. Josephus aber hielt sich in dieser Zeit fern vom Kriegsschauplatze in Tiberias auf, das er durch seine Flucht mit Schrecken erfüllte. Er dachte damals schon daran, zu den Feinden überzugehen, in der festen Überzeugung, daß ihm kein Haar gekrümmt werden würde. Nur ein gewisses Schamgefühl hielt ihn noch zurück, sogleich beim Beginne des Krieges einen so schimpflichen Schritt zu tun. Er schilderte daher dem Synhedrion die Sachlage, verlangte Verhaltungsbefehle, ob er mit dem Feinde unterhandeln oder den Krieg fortsetzen sollte, und erbat sich im letzteren Falle Verstärkung[2]). Galiläa, das dichter bevölkert war als Judäa und über drei Millionen Einwohner zählte, brauchte jetzt schon Verstärkung. So sehr war es durch Josephus' strafbare Verkehrtheit geschwächt.

Von Gabara zog Vespasian nach Jotapata. Das römische Heer mußte sich aber mit vielen Anstrengungen einen Weg bahnen, denn die Judäer hatten in die Engpässe und Täler Hindernisse gelegt und die Wege unzugänglich gemacht. Der Felsen, auf dem Jotapata erbaut war, war von steilen und hohen Hügeln umgeben, welche tiefe Abgründe von der Stadt trennten. Nur auf der Nordseite war ein zugänglicher Abhang; diesen hatten die Jotapatenser durch eine Schanze und mehrere Türme befestigt. Auf dieser Schanze waren Felsblöcke, Wurfgeschosse, Pfeile, Schleudern und Verteidigungsmittel aller Art angehäuft, mit denen die Feinde empfangen werden sollten. Gegen diese mehr zugängliche Seite richteten die Römer ihre Angriffe, stellten sechzig Belagerungsmaschinen auf und schleuderten ohne Unterbrechung Speere, Steine und Holzstücke, mit brennbaren Stoffen versehen, in die Festung. Die Belagerten kämpften aber mit solcher Erbitterung und Todesverachtung, daß sie die Römer ermüdeten. Sie schlugen wiederholentlich Sturmangriffe zurück, zerstörten häufig die Belagerungswerke, machten auch wohlberechnete und glückliche Ausfälle. Ein einziger judäischer Krieger Eleasar ben Samea aus Saab, sprang von der Mauer hinab, zerschmetterte den gegen die Mauer gerichteten eisernen Widder, ergriff den Kopf desselben und kletterte wieder die Mauer hinauf. Aber von den Pfeilen der Feinde getroffen, stürzte er nieder. Zwei andere Jünglinge, zwei Brüder, Netira und Philipp aus Ruma, sprangen ebenfalls von der Mauer und griffen eine Abteilung der Römer mit solchem Feuer an, daß sie

[1]) Jüd. Krieg III, 7, 1.
[2]) Das. 7, 2.

Graetz, Geschichte der Juden. III.

dieselben zum Wanken brachten[1]). Vespasian sah sich zuweilen als den Belagerten und die Judäer als die Belagerer an. Als eine römische Sturmkolonne eines Tages beinahe die Höhe der Mauer erklommen hatte, gossen die Jotapatenser siedendes Öl auf sie und zwangen sie zur Umkehr. Aber der beispiellose Widerstand war vergeblich. Es fehlte den Belagerten an Trinkwasser, und so verschmachteten sie unter den ermattenden Anstrengungen bei Tag und Nacht. Die Belagerung zog sich mehr als vierzig Tage hin[2]) (17. Jjar — 1. Tammuz, Mai — Juni); dennoch erlagen die Jotapatenser nicht, und ihre Festung wurde nur durch den Verrat eines Überläufers eingenommen, der dem Feinde einen schwach besetzten Posten verriet. Vor Tagesanbruch rückten die Römer an diesem Punkte ein, überfielen die ermüdeten Krieger im Schlummer und machten Alles nieder. Viele Judäer gaben sich selbst durch das Schwert oder den Sturz von der Mauer den Tod. Vierzigtausend Mann kamen bei dieser Belagerung um, und im ganzen wurden noch über tausend Frauen und Kinder gefangen und zu Sklaven gemacht; die Festung wurde geschleift[3]) (1. Tammuz = Juni 67). Jotapata gab dem übrigen Lande das Beispiel, wie es mit Ehren und der Strahlenkrone des Heldenmutes untergehen sollte. Einige Tage vorher war Japha (Japhia) unweit Nazaret gefallen, das im Rücken der Römer operieren wollte. Seine männlichen Bewohner, Jünglinge und Greise, ließ Titus hinschlachten, die Weiber und Kinder zur Sklaverei verurteilen (25. Sivan, Mai oder Juni[4]).

Zwei Tage später kam die Reihe an die Samaritaner. Der hartnäckige und heldenmütige Widerstand, den die Jotapatenser den römischen Belagerungsmaschinen und Belagerungskünsten entgegengesetzt, hatte diese, so wie die Japhaenser ermutigt, sich zu sammeln und den Römern die Eroberung des Landes zu erschweren. Die Chuthäer, uneingedenk ihrer alten Feindschaft gegen die Judäer, machten gemeinschaftliche Sache mit diesen, und auf ein gegebenes Zeichen sammelten sie sich auf dem ihnen heiligen Berge Gerisim. Vespasian, welcher von dieser An=

---

[1]) Jüd. Krieg III, 7, 21. Das Städtchen Σααβ ist unbekannt [Vergl. Buhl a. a. O. S. 221 u. Kohout a. a. O. S. 629.]. Dagegen kommt Ῥοῦμα unter den Namen רומא und ארומא in der talmudischen Literatur vor. Es ist wohl identisch mit Tell-Ruma zwischen Sefurijeh und Kana el-G'elil [So auch Buhl S. 220ff.].

[2]) Josephus gibt die Dauer der Belagerung Jotapatas nicht genau an; das. 7, 3 berichtet er, daß er am 5ten Tage der Belagerung, am 21. Artemisios = Jjar, nach Jotapata gekommen sei. Folglich begann die Belagerung am 17. Das. 7, 36 gibt er als das Ende 1. Panemos = Tammus an. Folglich dauerte sie 44 Tage. Das. 33 und 8, 9 rechnet er 47 Tage.

[3]) Über Jotapata das. 7, 3—30, 33—36.

[4]) Das. 7, 31.

sammlung Nachricht erhalten hatte, sah darin eine Gefahr für den Fortschritt der römischen Waffen und sandte zur Bekämpfung der Samaritaner Cerealis, den Tribunen der fünften Legion, mit 3000 Fußtruppen und 600 Reitern. Dieser belagerte zuerst den Berg und schnitt ihm jede Zufuhr ab. Dadurch trat für die belagerten Samaritaner ebenso wie für die Jotapatenser Wassermangel und brennender Durst ein, wodurch nicht wenige verschmachteten. Aber nur die Feigen gingen zu den Römern über; die meisten dagegen, 11 600, trotzten dem Durste, widerstanden der Verlockung der Römer, welche ihnen Amnestie zusicherten, und wurden auf Befehl Cerealis', der die Verschmachteten auf der Bergspitze angreifen ließ, sämtlich hingeschlachtet (27. Sivan, Mai=Juni[1]).

Josephus war vor der Belagerung Jotapatas in die Stadt gekommen und hatte anfangs den Widerstand geleitet. Als er aber die Erfolglosigkeit desselben einsah, wollte er die Stadt verlassen. Die Einwohner hinderten ihn jedoch daran. Bei der Überrumpelung der Festung verbarg er sich in einer Zisterne, die mit einer Höhle in Verbindung stand, wo er vierzig Krieger antraf, die hier gleich ihm augenblickliche Zuflucht gefunden hatten. Ihr Aufenthalt wurde indessen verraten, und die Römer forderten Josephus auf, sich zu ergeben. Dieser überwand jedes Bedenken und war bereit, zu einem Freunde Nikanor, der ihm im Namen des römischen Feldherrn das Leben zugesichert hatte, hinaufzusteigen, als seine Leidensgefährten die Schwerter gegen seine Brust kreuzten und ihn mit dem Tode bedrohten, wenn er darauf bestände, die Judäer durch eine solche Feigheit zu entehren. Durch die Überzahl überwunden, mußte er sich in den Beschluß ergeben, daß sie allesamt sich dem Tode weihen wollten. Die Flüchtlinge schworen, diesen Beschluß auszuführen, und hielten ihren Schwur. Sie fielen je einer durch die Hand des andern. Nur Josephus, der ebenfalls zu sterben geschworen hatte, brach den Toten das Wort, wie er es den Lebenden gebrochen hatte. Er war mit einem Gefährten bis zuletzt geblieben, entwaffnete denselben durch Überredung und Gewalt und ergab sich den Römern[2]). Er war also endlich an dem Platze, wohin ihn die Sehnsucht längst gezogen hatte. Vespasian behandelte ihn mit vieler Milde, als wenn er von vornherein keinen Feind in ihm erblickt hätte. Oder hat sich die schöne Berenice für ihn bei ihrem Anbeter Titus verwendet, wie früher für Justus von Tiberias? Er sollte anfangs dem Kaiser Nero zu einem etwaigen Triumphzuge

---

[1]) Über Jotapata Jüd. Krieg III, 7, 32. Die samaritanischen Chroniken haben keine Erinnerung an dieses Gemetzel erhalten.
[2]) Das. 8, 1—7.

zugeschickt werden; Vespasian stand aber davon ab. Josephus mußte zwar eine Fessel tragen und wurde unter Wache gestellt; aber das war nur ein Schein. Denn Vespasian gestattete ihm, sich aus den gefangenen Jungfrauen eine Ehefrau auszusuchen und ein Prachtgewand zu tragen, beschenkte ihn reichlich, behielt ihn bei sich und gab ihn seinem Sohne Titus zum beständigen Begleiter. Die Ausnahme, die zu Josephus' Gunsten gemacht wurde, wirft kein günstiges Licht auf ihn. Mit einer alle Grenzen überschreitenden Ruhmredigkeit erzählte er von sich, er habe die Begnadigung dem Umstande zu verdanken gehabt, daß er im voraus Vespasian prophezeit habe, er werde Neros Nachfolger und Herr des römischen Reiches werden. Er will sogar im voraus verkündet haben, die Belagerung von Jotapata werde so und so lange dauern, und er selbst werde unter allen Kriegern am Leben bleiben[1]). Das letztere war nicht schwer zu prophezeien.

Nach der Zerstörung von Japha und Jotapata kam die Reihe an die Seestadt Joppe. Hier hatte sich eine Menge zelotischer Flüchtlinge gesammelt, welche die von Cestius zerstörte Stadt wieder aufzubauen begannen und Schiffe bestiegen, um die Zufuhr nach Cäsarea von Ägypten aus aufzufangen. Vespasian, der in Cäsarea weilte, sandte Truppen zur Bekämpfung derselben. Diese nahmen die Stadt nachts ein, und die Judäer mußten sich auf ihre Schiffe retten. Da erhob sich ein wütender Sturm auf dem Meere, das sich mit den Römern verschworen zu haben schien, zerstreute die Fahrzeuge, schleuderte sie an die mächtigen aus dem Meere emporragenden Felsblöcke und in die Strudel und vollendete den Untergang der judäischen Patrioten. Ohne Aussicht, in irgend einen der von den Römern besetzten Häfen einlaufen zu können, kamen viele durch Strandung um, andere töteten sich selbst[2]). Nicht lange darauf kam auch Tiberias in die Gewalt der Römer, da seine Einwohner, durch die steten Reibungen mit Josephus entmutigt, keinen Widerstand leisteten und die Tore öffneten[3]). Die Zeloten mit Josua ben Saphat an der Spitze warfen sich nach dem benachbarten Tarichea und kämpften tapfer gegen die Römer von der Mauer und auf Fahrzeugen von der See aus. Aber es brach eine Spaltung im Innern aus, und diese begünstigte die Eroberung. Die Patrioten büßten mit dem Leben. Die Gefangenen, über zehntausend, wurden nach Tiberias geführt und ihnen anfangs die Hoffnung auf das Leben gelassen. Sechstausend der kräftigsten Jünglinge, die während des galiläischen Krieges in Gefangenschaft geraten waren, wurden Nero nach Griechen-

---

[1]) Über Jotapata Jüd. Krieg III, 8, 8—9; IV, 10, 7; Vita 75.
[2]) Das. j. Kr. 9, 2—3.   [3]) Das. 9, 7—8; vergl. Vita 65.

land zugesandt, um an dem Durchbruch der Landenge von Korinth mitzuarbeiten. Mehr als dreißigtausend wurden als Sklaven verkauft, und zwölfhundert Greise und zur Arbeit Untaugliche befahl Vespasian von einer Bühne herab mit kaltem Blute zu töten (8. Elul, August[1])). Ein Jahr nach dem Aufstande in Jerusalem war der größte Teil von Galiläa, das sich mit dem ganzen Feuer der Vaterlands- und Freiheitsliebe und der Begeisterung für die Religion der Väter erhoben hatte, eingeäschert, entvölkert und mehr als früher geknechtet. Agrippa zeigte bei dieser Gelegenheit, daß er nicht bloß aus Politik und aus Furcht vor den Römern feindlich gegen sein Volk handelte. Vespasian überließ ihm die Gefangenen aus seinen Gebietsteilen zu freier Verfügung. Er hätte sie freilassen oder züchtigen können. Er verkaufte sie aber als Sklaven[2]) und bewies damit, daß er seinem Ahnen Herodes ähnlicher war als seinem Vater Agrippa.

Nur noch drei feste Punkte waren in den Händen der galiläischen Zeloten: Gamala, der Berg Tabor und Gischala im äußersten Norden. Gamala war durch die Bemühungen zweier Zelotenführer, Joseph von Gamala und Chares, zum Aufstande gebracht worden. Vergebens hatte es der Unterfeldherr des Königs Agrippa mehrere Monate belagert, die Zeloten hielten sich standhaft. Da rückte Vespasian mit seinem Heere gegen diese, Tarichea gegenüber hochgelegene Stadt (24. Elul). Der Kampf um Gamala war einer der heldenmütigsten des ganzen Krieges. Die Vorteile, welche die Lage des Ortes den Gamalensern darbot, waren von dem Nachteile aufgewogen, daß im ganzen kaum 9000 Kämpfer sich in der Festung befanden, und diese wurden noch dazu von Flüchtlingen aller Art, Greisen, Weibern und Kindern, welche die Unmenschlichkeit der Römer vom unbewohnten Lande nach Gamala getrieben hatte, an freier Bewegung gehindert. Die Stadt lag auf einem Felsen, der die Gestalt eines Kamelhöckers hatte, wovon Gamala seinen Namen erhielt. Die natürliche Festung war außerdem durch Wälle und Türme geschützt. Die Häuser waren an den Abhängen des Berghöckers terrassenförmig gebaut.

Mehrere Tage kämpften die Gamalenser von den Außenwerken mit einem Eifer, würdig ihres Landsmannes, des Zelotenstifters Juda. Agrippa, der sie zur Übergabe ermahnte, erwiderten sie mit einem Steinwurfe, der ihm den Arm verwundete. So wie aber die römische Belagerungsmaschine die Höhe der Wälle erreichte, zogen sich die Belagerten in das Innere der Stadt zurück und bildeten mit ihren Leibern einen neuen Wall. Nach drei Wochen der Belagerung hatten

---

[1]) Jüd. Krieg IV 10, 1—6; 9—10. Ἰησοῦς παῖς Σαφάτου ist verschieden von J. b. Sapphia.   [2]) Das. 10, 10.

die Maschinen eine enge Öffnung in die Mauer gebrochen, durch welche eine Anzahl römischer Krieger in die Stadt eindrang. Die Belagerten zogen sich nach dem höher gelegenen Teile zurück, die Römer folgten ihnen auf dem Fuß nach, verwickelten sich in den engen Gäßchen und wurden von den Hausdächern angegriffen und zurückgeworfen. Da versuchten die Römer, von dem wütenden Angriffe bestürzt, sich auf die Dächer der niedriger gelegenen Häuser zu retten, aber diese hielten die Wucht nicht aus, stürzten zusammen und begruben einen Teil der römischen Mannschaft unter ihren Trümmern. Die Gamalenser warfen große Felsstücke, sozusagen die ganze eigene Stadt, den fliehenden Feinden auf die Köpfe, daß sie kaum den Rückzug antreten konnten. Es war ein schöner Tag für Gamala, ein Tag des Sieges (am Hüttenfeste), aber er war um schweren Preis erkauft. Die Leichenhaufen der Römer bedeckten viele gefallene judäische Kämpfer, deren Abgang nicht zu ersetzen war. Chares, einer der Anführer, lag tödlich verwundet. Tags darauf verleiteten die Römer die judäischen Krieger, einen Turm zu verteidigen, der von ihnen unterminiert war. Unter fürchterlichem Krachen stürzte der Turm zusammen und begrub den Rest der Helden, darunter auch den letzten Anführer, Joseph, den Sohn der Hebamme. An eine Fortsetzung der Verteidigung war nicht mehr zu denken. Die Römer rückten ein und erwürgten, was sie noch antrafen, an viertausend Menschen. Beinahe fünftausend gaben sich selbst den Tod. Von der ganzen Bevölkerung Gamalas blieben nur zwei Mädchen am Leben, die sich einige Tage versteckt hielten. Da sie zu den Verwandten des Babyloniers Philipp gehörten, schenkte ihnen der Sieger das Leben. Gamala fiel am 23. Tischri (October)[1] beinahe ein Jahr nach Cestius' Niederlage.

Inzwischen war auch die Festung des Berges Tabor (Itabyrion) durch Placidus' Kriegslist eingenommen worden. Die Stadt Tabor lag auf einer gerade aufstrebenden Höhe, die sich aus der Ebene Jesreel fast 1600 Fuß von allen Seiten isoliert erhebt. Sie war durch diese Lage uneinnehmbar. Aber Placidus wußte die Verteidiger durch eine Scheinflucht aus der Bergfestung zu locken, dann ließ er seine Reiterei umkehren und die Angreifer niedermachen; die Übrigen, am Widerstand verzweifelnd, entflohen auf der entgegengesetzten Seite nach Jerusalem, und die schwache Bevölkerung ergab sich aus Mangel an Trinkwasser[1].

Die kleine Stadt Gischala, die Johannes befehligte und die nur wenige Verteidiger zählte, von denen die meisten Ackerbauer waren, konnte sich nicht halten. Als Titus sich ihr mit einer großen Heeres-

[1] Jüd. Krieg IV, 1, 1—7; 9—10.
[2] Das. 1, 8.

Jerusalem vor dem Untergange.

macht näherte und die Besatzung aufforderte, sich zu ergeben, bat sich Johannes einen Tag Waffenstillstand aus, weil es gerade Sabbat war; diese Ausflucht benutzte er, um mit mehreren Tausenden die Stadt zu verlassen. Tages darauf ergab sich Gischala, und die Mauern wurden geschleift. Titus ließ Johannes nachsetzen, dieser hatte aber bereits einen Vorsprung gewonnen und erreichte glücklich Jerusalem. Die eingeholten Flüchtlinge jedes Alters und Geschlechtes wurden von den römischen Soldaten niedergemacht[1]). Das war das letzte Todesröcheln des besiegten Galiläa. Die Römer waren von der blutigen Anstrengung so sehr ermüdet und ihre Reihen von dem Kampfe so sehr gelichtet, daß Vespasian den Truppen Ruhe gönnen und die Lücken ausfüllen mußte[2]).

[1]) Jüd. Krieg IV, 2, 1—5.   [2]) Das.

Sechszehntes Kapitel.

Untergang des judäischen Staates.

Die galiläischen Flüchtlinge in Jerusalem. Die Hauptstadt, ihre Bevölkerung und Befestigung. Gährung. Schreckensherrschaft. Die Idumäer. Die Führer Eleasar ben Simon, Johannes von Gischala und Simon bar Giora. Zwietracht unter den Führern. Unterwerfung Judäas nach drei Feldzügen. Die Kaisermorde im römischen Reiche. Vespasian wird durch judäische Helfershelfer zum Kaiser ernannt. Titus belagert Jerusalem. Hartnäckiger Widerstand. Hungersnot. Fall der Burg Antonia. Brand des Tempels. Zerstörung der Stadtteile. Anzahl der Gefallenen.

67 — 70

Jerusalem war der Sammelplatz aller galiläischen Flüchtlinge. Johannes von Gischala hatte mehrere tausend Galiläer nach Jerusalem gebracht und aus Tiberias waren 2000 Flüchtlinge eingetroffen[1]). Der Freiheitsdrang, die Vaterlandsliebe, der Ehrgeiz, die Rache, die Verzweiflung sandten ihre Vertreter dorthin, wo die letzte Entscheidung erfolgen sollte. Die Schilderungen, welche die galiläischen Zeloten von dem Heldenkampfe der galiläischen Städte, trotz aller Hindernisse, und von dem Gemetzel der Römer an Wehrlosen und Schwachen entwarfen, setzten das Blut der einheimischen Kämpfer in stürmische Wallung und steigerten die fieberhafte Spannung. In diesem von Fanatismus glühenden Kreise der Zeloten schöpfte der Verzagte neuen Mut, der Mutige wurde tollkühn. Die Schar der Vaterlandsverteidiger, die mit jedem Tage anwuchs, und von denen die meisten schon Proben des Heldenmuts und der Todesverachtung abgelegt hatten, hielt sich für unüberwindlich. Sahen die Zeloten auf die Festungswerke der Hauptstadt, so schwand bei ihnen auch der letzte Schatten von Besorgnis. Die Römer müßten Flügel haben, sagten sie sich, wenn sie diese Bollwerke, diese Mauern, diese Türme, die von Männern mit Stahlherzen verteidigt werden, in ihre Gewalt bekommen sollten. Wenn die Einnahme der unbedeutenden Festungen Galiläas den Römern so viel Schweiß und Anstrengungen gekostet hatte, was hatte da die starkbefestigte Hauptstadt zu fürchten![2]) Die krampfhafte Stimmung wurde von der zu-

---

[1]) Jos. j. Kr. IV, 9, 10; Vita 65.
[2]) Das. jüd. Krieg IV, 3, 1.

versichtlichen Hoffnung genährt, daß die große Erlösungszeit, welche die Propheten verkündet hatten, nahe sei, daß der so lange erwartete Messias bald eintreffen und dem Volke Israel die Herrschaft über alle Völker der Erde verschaffen werde[1]). Unbekümmert um den Verlust Galiläas und so vieler tapferer Streiter prägte man in Jerusalem Münzen „im ersten und im zweiten Jahr der Erlösung oder der Befreiung Israels"[2]). Die Zeloten fühlten sich zu sicher, und diese Zuversicht brachte nicht geringeren Schaden, als Josephus Verrat und der Verlust Galiläas. Die gerechte Sache, für die sie sich so sehr erhoben hatten, die große Zahl der Verteidiger, die dafür zu sterben entschlossen waren, die Verteidigungsmittel der Hauptstadt verblendeten sie so sehr, daß sie den übermächtigen Feind gar zu sehr verachteten und nicht mit der nötigen Umsicht zu Werke gingen. Sie griffen, um das zelotische Prinzip siegreich zu machen, zu verkehrten Mitteln und wurden durch die eigene Verkehrtheit mehr geschwächt, als durch die Kriegskunst des Feindes.

Jerusalem war nie so volkreich, so schön und so fest, als zur Zeit, da es dem Untergange geweiht war, gleich als ob sich an der judäischen Hauptstadt bewähren sollte, daß äußerliche Stärke und äußerlicher Glanz zu nichts frommt. Der Umfang Jerusalems innerhalb der Ringmauern[3]) mit den Vorstädten Ober- und Nieder-Bezetha betrug beinahe sieben Kilometer (33 Stadien), dazu gehörten die Dörfer Bethanien (Bet-Hine) und Bethphage, die den Festgästen Herberge gewährten. Die damalige Bevölkerung Jerusalems läßt sich nicht genau ermitteln. Eine Quelle schätzt sie auf 600000[4]). Aber man muß die Volksmenge mit hinzuzählen, welche von auswärts zuströmte. Jerusalem war in mehrere Quartiere geteilt[5]); die Oberstadt oder der Zion war das vornehme Viertel, hier prangten die Paläste des Herodes und des Agrippa, die aber schon beim Beginn der Revolution ein Raub der Flammen geworden waren. Nördlich von einem Zwischentale breitete sich die Unterstadt aus (Akra), die halb-

---

[1]) Jüd. Krieg VI, 5, 4. Diese Stelle: $\mathit{ἦν}$ $\mathit{χρησμὸς}$ $\mathit{ἀμφίβολος}$ $\mathit{ὁμοίως}$ $\mathit{ἐν}$ $\mathit{τοῖς}$ $\mathit{ἱεροῖς}$ $\mathit{εὑρημένος}$ $\mathit{γράμμασιν}$, $\mathit{ὡς}$ $\mathit{κατὰ}$ $\mathit{τὸν}$ $\mathit{καιρὸν}$ $\mathit{ἐκεῖνον}$ $\mathit{ἀπὸ}$ $\mathit{τῆς}$ $\mathit{χώρας}$ $\mathit{τις}$ $\mathit{αὐτῶν}$ $\mathit{ἄρξειν}$ $\mathit{τῆς}$ $\mathit{οἰκουμένης}$ hat Tacitus aus Josephus entlehnt (Hist. V. 13): antiquis sacerdotum libris contineri, eo ipso tempore fore, ut valesceret oriens, profectique Judaea rerum potirentur. Auch Sueton, obwohl in anderer Fassung, hat sie entlehnt (Vespasian 4): Percrebuerat oriente toto vetus et constans opinio: esse in fatis, ut eo tempore Judaea profecti rerum potirentur.

[2]) Vergl. Note 30 [und die Bemerkungen dazu].
[3]) Jos. jüd. Krieg V, 4, 3.   [4]) Tacitus Historiae V, 13.
[5]) Vergl. Note 22.

mondförmig gebaut war. Hier standen der Palast der Hasmonäer, ein anderer Palast des Herodes, ein Theater, der Palast der Königin Helene, das Rathaus (βουλευτήριον) und das Archiv (ἀρχεῖον), das ebenfalls beim ersten Revolutionssturme verwüstet worden war. Nördlich von der Unterstadt waren die Vorstädte Ober- und Nieder-Bezetha, die Agrippa I. zu befestigen angefangen hatte. Darin war er damals durch die Eifersucht der Römer gestört worden, und die Zeloten benutzten jetzt die liegen gebliebenen Baumaterialien zur Vollendung der Befestigungen[1]). Hier wohnten die Kleinbürger und Handwerker und befanden sich Marktplätze für Wollenwaren, Metallgefäße und Kleider, für Holzverkauf und wahrscheinlich auch für Vieh[2]). Der Tempel mit der im Nordwest angrenzenden Burg Antonia machte einen eigenen Stadtteil aus; die Antonia war im Norden durch einen tiefen Graben von Bezetha getrennt. Südlich vom Tempel lag der Stadtteil Ophla, auf dem der Palast der adiabenischen Fürstin Grapte lag. Die meisten Straßen und Plätze Jerusalems waren in letzter Zeit mit Marmor gepflastert worden[3]).

So schön aber auch Jerusalem an Gebäuden war, so entbehrte es doch der erquickenden Zier der Gärten. Außer einem Rosengarten gab es nichts Grünes, die Frucht- und Ziergärten lagen außerhalb der Stadt[4]). Die Festungswerke machten Jerusalem düster, aber auch fast unüberwindlich. Von drei Seiten, Süden, Osten und Westen war der Hügel, auf dem die Hauptstadt gebaut war, durch Schluchten und steile Felswände unzugänglich und noch dazu durch einen Wall geschützt. Die Nordseite, die dem Angriffe weniger Hindernisse entgegensetzte, war durch eine dreifache Umwallung befestigt. Der Wall der Vorstädte Bezetha war 25 Ellen hoch und 10 Ellen dick und hatte 90 hohe starke Türme, unter denen der höchste und festeste der Turm Psephinos war; seine Höhe betrug siebzig Ellen. Bei Sonnenaufgang konnte man ihn von weiter Ferne erblicken, von jenseits des Jordans und dem Meere. Der Psephinosturm war in dem nordwestlichen Winkel der Mauer erbaut. Ein anderer Turm in der Mitte dieser Mauer führte den Namen Weiberturm. Diese äußerste Mauer war nicht in gerader Linie, sondern im Zickzack angelegt, um von jedem Punkte aus den Feind im Auge behalten zu können. Die zweite Mauer, welche die Unterstadt einschloß, war mit 14 Türmen versehen, und die innerste Mauer, welche die älteste, festeste und höchste

---

[1]) Jüd. Krieg V, 4, 2.
[2]) Das 8, 1, s. Note 22.   [3]) Altert. XX, 9, 7.
[4]) Das. jüd. Krieg VI, 1, 1. Tosephta Negaïm VI, 2; Talm. Babakamma 82 b.

war, hatte 60 Türme, darunter die drei berühmten von Herodes I. erbauten Hippikos im Norden, Mariamne in der Mitte und Phasael in der Richtung des Tempels. Der Turm Hippikos maß mit den Brustwehren und Zinnen an achtzig Ellen, und der Phasael war hundert Ellen hoch. In den Türmen waren Wohnungen nebst Cisternen zum Ansammeln des Regenwassers eingerichtet[1]). Der Tempel selbst war eine starke Festung für sich, deren Stärke Pompejus und Sosius einen schweren Kampf gekostet hatte. Das solchergestalt befestigte Jerusalem widerstand auch den römischen Legionen mit ihren kolossalen Belagerungsmaschinen nahe an fünf Monate[2]), und wenn die Spaltung im Innern und der Hunger nicht die Zahl der Kämpfer vermindert hätten, wer weiß wie lange die Römer die Belagerung hätten fortsetzen müssen, oder ob sie nicht vorgezogen hätten, günstige Unterhandlungen anzuknüpfen. Ungeachtet des Verlustes des galiläischen Bollwerkes war die Bevölkerung Jerusalems unverzagt und hoffte, den Aufstand zu einem glücklichen Ausgang zu führen. Man prägte wiederholt Münzen mit dem Namen „Simon" und der Inschrift: „Das zweite Jahr der Freiheit Israels." Zur Zeit des Hüttenfestes wurden auf diesen Münzen ebenfalls die Abbildungen des Feststraußes und der Festhütte angebracht[3]).

In Jerusalem konzentrierte sich, nachdem Galiläa entwaffnet war, ganz Judäa, wie sich die Lebensäußerungen eines absterbenden Körpers in einem Punkte sammeln. Die Landesteile Judäas zu behaupten, war den Zeloten während des galiläischen Kriegszuges nicht gelungen. Drei tapfere Führer, Johannes, der Essäer, Silas aus Peräa und der Babylonier Niger, hatten eine Schar von 10000 Mann gegen Askalon geführt, dabei aber Unfälle erlitten. Der römische Befehlshaber von Askalon, Antonius, hatte sie zweimal in einen Hinterhalt gelockt und mit seiner Reiterei aufgerieben. Die ganze Mannschaft fand den Tod, darunter auch Johannes und Silas, nur Niger entkam wie durch ein Wunder. Er sprang von einem hohen Turme, den die Römer belagerten, verbarg sich in einer Höhle und kehrte mit Wunden bedeckt nach Jerusalem zurück[4]). Das römische Heer unter Vespasian konnte daher längs der Küste sich Jerusalem nähern, ohne Widerstand zu finden. Jamnia und Azotus fielen nach kurzem Kampfe in die

---

[1]) Jüd. Krieg V, 4, 1—4; vergl. Tacitus histor. V, 11.
[2]) Wenn es in den talmudischen Quellen heißt, die Belagerung Jerusalems habe drei Jahre oder drei und ein halbes Jahr gedauert (Gittin 56a, Midrasch Threni zu Vers 1, 5, fol. 64a), so ist dieses nicht auf die eigentliche Belagerung Jerusalems sondern auf den ganzen Krieg zu beziehen.
[3]) Note 30.   [4]) Jüd. Krieg III, 2, 1—3.

Hände der Römer[1]). Die Landesteile Judäa und Peräa waren zwar noch unangetastet. Der erstere bestand aus elf Bezirken, von denen nur Jamnia und Joppe unterworfen waren. Die übrigen: Jerusalem mit der Umgebung, Gophnika und Akrabatene (an der Grenze Samarias) im Norden, im Westen Thamna, Lydda, Emmaus (Gimso), im Osten Jericho und im Süden die Bezirke Bethlehem, Herodium und Engadi (am toten Meere) und die Landschaft Idumäa[2]), alle diese Bezirke hatten den Feind noch nicht gesehen. Peräa, das ebenfalls noch verschont war, hatte seinen Stützpunkt in Jaser (Jazer)[3]). Die Bewohner aller dieser Kreise glühten von dem patriotischen Eifer, die Freiheit und die heiligen Güter gegen die frechen römischen Eindringlinge zu verteidigen. Aber die Leiter der Revolution scheinen sich um die Landstädte, an denen sie eine Vormauer gegen den Zug der Römer hätten haben können, nicht viel gekümmert zu haben. Was aus den dafür ausgewählten Statthaltern geworden ist (o. S. 474), ist nicht bekannt; der Essäer Johannes, dem die Verteidigung der Westbezirke anvertraut war, hatte sein Leben auf einem andern Schauplatze, vor Askalon, gelassen. Die allzusichern Zeloten in Jerusalem scheinen nicht einmal so viel für die Landstädte getan zu haben, um mit ihrer Begeisterung die Friedensfreunde zu entflammen oder sie unschädlich zu machen. Die Wohlhabenden und Klugen, die sich von der Fortsetzung des Kampfes kein Heil versprachen, waren nämlich zur Unterwerfung geneigt; nur die Jugend und die Besitzlosen unterhielten fortwährend das Revolutionsfeuer. In jedem Familienkreise, in jeder Gemeinde gab es Reibungen zwischen den Friedensfreunden und den Kriegslustigen, und da die letztern in den offenen

[1]) Jüd. Krieg IV, 3, 2.

[2]) Das. III, 3, 5 gibt Josephus die Einteilung Judäas. Die meisten Namen sind auch anderweitig bekannt. Aber zwischen Emmaus und Idumäa wird Πέλλη genannt, was gewiß ein Fehler ist. Das. IV, 8, 1 referiert Josephus, daß Vespasian Emmaus zum Mittelpunkte der Expedition im Süden und Westen gemacht, von hier das Heer ἐπὶ τὴν Βεθλεπτηφῶν τοπαρχίαν geführt und von da rings um Idumäa Kastelle angelegt habe. Die verschiedenen L.-A., welche bei Havercamp dabei aufgeführt sind, weisen auf keine sonst bekannte Örtlichkeit, welche zwischen Emmaus und Idumäa den Vorort einer Toparchie hätte bilden können. Man muß also dafür Βεθλεέμων = בית לחם lesen. Von Bethlehem südwärts hieß die Gegend Idumäa; vergl. w. u. Pelle an der ersten Stelle ist gewiß auch korrumpiert aus Bethlehem — Βεθλεπτηφῶν. Das. II, 20, 4; IV, 9, 9 u. a. St. bezeichnet Josephus Gophnitika und Akrabatene als Toparchien. Daraus folgt, daß sämtliche in der ersten Stelle aufgezählten Ortschaften Toparchien bildeten [Vergl. jedoch Buhl a. a. O. S. 82 und Kohout a. a. O. S. 622.].

[3]) Das. IV, 7, 3 fg.; vergl. über die hier genannte Ortschaft Gadara weiter unten.

Städten keinen Stützpunkt hatten, wanderten sie nach Jerusalem und vergrößerten die Zahl der Zeloten[1]). Nur die Festung Masada von Eleasar ben Jaïr befehligt, war ein Herd für die entschiedene Revolution; es war das Jerusalem der Sicarier. Die Sicarierbande erhielt Verstärkung durch Simon bar Giora. Dieser Mann, der eine Hauptrolle in diesem Kriege spielen sollte, stammte aus der Stadt Gerasa. Er zeichnete sich durch Körperkraft und Tollkühnheit aus, die er bis zum letzten Hauch nicht verlor. Bei der Flucht des römischen Heeres unter Cestius war er in der ersten Reihe, um sich an die Fersen der Fliehenden zu heften. Dann sammelte er eine Schar um sich und führte ein Freibeuterleben in der Gegend des toten Meeres, welche Akrabatene[2]) genannt wurde. Als die Bewohner dieser Gegend sich in Jerusalem über ihn wegen ihrer Sicherheit beklagten, sandte die gemäßigte zelotische Partei Truppen gegen ihn und zwang ihn, in Masada Zuflucht zu suchen. Von hier aus unternahm er mit den Sicariern Streifzüge in Idumäa, um Nahrungsmittel für die Besatzung herbeizuschaffen[3]). Ihre Räubereien stachelten indes die Idumäer zur Gegenwehr auf und bald bildete sich eine idumäische Freischar von 20000 Mann unter eigenen Anführern, den Brüdern Johannes und Jakob ben Sosa, Simon ben Kathla und Pinehas ben Klusoth[4]). Die idumäischen Banden glichen den Sicariern an Patriotismus, Wildheit und Schonungslosigkeit.

Der Strom der Freiheitskämpfer, der sich täglich über Jerusalem ergoß, erzeugte bald aufgeregte Stimmungen und gewaltsame Bewegungen. Josephus' verräterisches Spiel und Übergang zu den Römern gab gewissermaßen die Veranlassung dazu. So lange man in Jerusalem glaubte, Josephus sei unter den Trümmern Jotapatas begraben, weihte man seinem Andenken aufrichtige Trauer. Als aber die Kunde sich verbreitete, daß er sich im römischen Lager befände und von dem Feldherrn mit Rücksicht behandelt werde, verwandelte sich das Gefühl des Bedauerns in bittern Haß gegen ihn. Die Mildesten beurteilten sein Benehmen als Feigheit, die Strengen nannten es geradezu Verrat[5]). Mißtrauen und Argwohn schlichen

---

[1]) Jüd. Krieg III, 3, 2.
[2]) Das. II, 22, 2; IV, 9, 3. Das hier genannte Ἀκραβατηνή ist durchaus verschieden von der Toparchie Akrabatene an der Grenze Samarias. Es bildete vielmehr einen Teil von Idumäa und hieß eigentlich Akrabattine (I. Makkabäerbuch 5, 3): πρὸς τοὺς υἱοὺς Ἠσαῦ ἐν τῇ Ἰδουμαίᾳ [Swete hat nichtsdestoweniger „Ἰουδαίᾳ" in den Text aufgenommen] τὴν Ἀκραβαττίνην. So erzählt Josephus selbst jud. Kr. IV, 9, 4: Simon bar Giora habe Akrabatene bis zu Groß-Irumäa durchstreift [So auch Buhl a. a. O. S. 88.].
[3]) Das. jüd. Kr. IV, 9, 3.   [4]) Das. IV, 4, 2.   [5]) Das. III, 9, 5—6.

sich in die Gemüter der Ultrazeloten ein, sie betrachteten alle diejenigen, die nicht für die äußersten Maßregeln waren, als Verräter. Sie erinnerten sich, wie sie bei der Wahl der Führer für die verschiedenen Landesteile übergangen, wie die wichtigsten Posten mit Männern besetzt worden waren, deren zweideutige Haltung jetzt durch den Erfolg nur allzusehr an den Tag kam. Besonders Eleasar ben Simon, ein Mann von Scharfblick und Tatkraft, jetzt Führer der Zeloten[1]), der noch dazu den Staatsschatz in Händen hatte, hegte einen tiefen Groll gegen das Synhedrion, das ihn, den mutigen rastlosen Patrioten, zur Untätigkeit verdammt hatte. Wer saß im Synhedrion? Josephus' Gesinnungsgenosse und Freund, Josua ben Gamala, der nichts getan hatte, um den Abgeordneten für Galiläa, als dessen Winkelzüge nicht mehr zweifelhaft waren, zu entsetzen[2]). Wer war der Schatzmeister? Antipas, ein Herodianer, ein naher Verwandter des Königs Agrippa. Antipas und seine Verwandten, Levia und Sophas, verhehlten nur mit Mühe ihre römerfreundliche Gesinnung[3]). Werden das Synhedrion und die Herodianer nicht bei der Annäherung der Römer ihnen die Tore der Stadt öffnen, im Staube um Verzeihung flehen und die Urheber des Krieges der Rache der Römer ausliefern? Das war die herrschende Stimmung der Zeloten, und sie glaubten sich stark genug, den Gemäßigten oder heimlichen Römlingen die Regierung aus den Händen zu winden und den Krieg mit krampfhafter Anstrengung ungehindert fortführen zu können. Man darf nicht vergessen, daß diese Zeloten nicht Räuber und Mordbrenner waren, sondern in ihren Reihen angesehene Bürger und Glieder des priesterlichen Adels zählten. Der Führer Eleasar ben Simon hatte einen Kollegen an Zacharias ben Amphikalos (oder Abkalos), ebenfalls aus einem angesehenen priesterlichen Hause von der strengen Schammaitischen Schule[4]). Zu ihnen hielten Juda ben Chelkia, Simon ben Ezron und Ezekia ben Chabron aus adligen Geschlechtern[5]).

Die Spannung zwischen den jerusalemischen Zeloten und der gemäßigten Synhedrialpartei steigerte sich von Tag zu Tage und erzeugte eine Schreckensherrschaft, wie sie in einem Kriege auf Tod und Leben, wo der politische und religiöse Fanatismus durch Argwohn genährt wird, nicht ausbleiben kann. Die Zeloten wagten einen Streich, der eine blutige Spaltung zum Ausbruche brachte. Sie überfielen diejenigen Personen, welche vermöge ihrer Verwandtschaft mit dem

---

[1]) Jüd. Krieg II, 20, 3; IV, 4, 1.
[2]) Vergl. das. vita 38, 41.   [3]) j. Kr. IV, 3, 4.
[4]) Vergl. Note 29.   [5]) Josephus jüd. Krieg V, 1, 2.

Königshause und ihrer zweifelhaften Gesinnung ihnen als heimliche Verschwörer gegen die Freiheit galten. Antipas, Levia und Sophas ben Raguel wurden eingezogen, in den Kerker geworfen und bald darauf hingerichtet. Die Zeloten machten dann bekannt, daß sie nur Verräter und Feinde der Freiheit aus dem Wege geräumt hätten, weil diese im Schilde geführt, Jerusalem den Feinden zu übergeben[1]). Wie viel an der Beschuldigung wahr gewesen, läßt sich nicht ermitteln. Die Zeloten blieben bei diesem Schritte nicht stehen. Ihr Haß gegen die hohenpriesterlichen Geschlechter, die sich früher von den Römern als Werkzeuge gegen die Freiheit hatten gebrauchen lassen, trieb sie, ihnen die geschändete Hohepriesterwürde und die Ämter im Tempel zu entreißen. Bis dahin waren diese allein im Besitze derselben. Sie waren die Aufseher über den Tempelschatz, über Einnahmen und Ausgaben, über die heiligen Gefäße, über die Kleinodien, über die pracht- und wertvollen Vorhänge, über die Priesterkleider, über die Bedürfnisse für die Opfer: Wein, Öl, Salz und Holz. Einer aus ihrer Mitte leitete den Opfer- und Gottesdienst im Tempel und nach seinem Befehle mußten sich die niedrigen Priester und die Leviten richten (Memunneh[2]). Dieses den demokratischen Gesinnungen der Zeloten zuwiderlaufende Regiment wagten diese endlich zu stürzen, setzten die Tempelbeamten aus den aristokratisch-priesterlichen Familien ab und ernannten an ihrer Stelle Männer aus dem niederen Priesterstande. Waren die Aristokraten über diesen Schritt empört, so gerieten sie in eine förmliche Wut, als die Zeloten den zweiten Schritt taten. Sie entsetzten den von Agrippa zuletzt erwählten Hohenpriester, Matthia ben Theophil, der es heimlich mit den Römern hielt, ließen die Priesterabteilung Jachin (oder Eljachin), welche zur Zeit den Dienst im Tempel hatte, zusammentreten und nach dem Lose einen Hohenpriester wählen. Das Los fiel auf einen bis dahin unbekannten Priester, Pinehas ben Samuel aus dem Städtchen Aphta. Die Einen erzählten zu seiner Schmähung, er sei bis dahin ein Steinmetz, andere, er sei ein Landmann gewesen. Pinehas wurde von den Tempelbeamten feierlich vom Lande hereingeholt, mit dem Priesterornate geschmückt[3]), und weil er arm war, schossen die Reichen Geld

---

[1]) Jos. Jüd. Krieg IV, 3, 4—5.
[2]) Vergl. Monatsschrift 1885, S. 194 f.
[3]) Das. 3, 7. Altert. XX, 10, 1. Tos. Joma I, 6 Sifra zu Levit. 21, 10. Josephus stempelt diesen Hohenpriester zum Idioten; das war von Parteigehässigkeit diktiert. Auch in der angeführten talm. Stelle wird er geringschätzig beurteilt, er sei ein Steinhauer gewesen. ⋯ אמרו עליו על פנחס איש הבתה ומצאיהו חוצב. Dagegen legt ein angesehener Gesetzeslehrer eine Apologie für

für ihn zusammen, damit er seinen Stand würdig vertreten könne. Dieser Schritt brachte die Synhedrialpartei, deren Führer zum Teil aus hohenpriesterlichen Männern bestanden, außer sich; sie betrachteten diese Wahl als eine Schändung der heiligen Würde, als eine Entweihung des Heiligtums. Nicht bloß Anan und Josua ben Gamala, ehemalige Hohepriester, sondern auch der Synhedrialvorsitzende Simon ben Gamaliel, sprachen ihren Unwillen laut darüber aus. Anan, der vermöge seiner Keckheit und seines Reichtums das Übergewicht in der Ratsversammlung hatte und seine Gegner durch seine Beredsamkeit auf seine Seite zu ziehen oder unschädlich zu machen wußte[1]), regte geradezu die gemäßigten Bürger Jerusalems auf, die dem Hohenpriestertum angetane Schmach nicht zu dulden und die Zeloten mit den Waffen in der Hand zu bekämpfen[2]). Sein aufrichtiger oder erheuchelter Revolutionseifer hatte einen Umschlag erfahren; aus Vorsicht oder Berechnung arbeitete er darauf hin, mit den Römern Frieden zu machen. Tatkräftig und gewalthaberisch wie er war, hetzte er gegen die kriegslustigen Zeloten und fachte den Bürgerkrieg an.

Von Anan geführt, unternahmen viele Jerusalemer einen Kampf gegen die Zeloten, welcher der Anfang der blutigen Spaltung im Innern war. Die Gemäßigten, an Zahl überlegen, drängten die Gegenpartei Schritt für Schritt aus allen Stadtteilen nach dem Tempelberge und zwangen sie, sich in dem Tempelraume hinter der zweiten Mauer (Chel) zu verschanzen. Blut war an der Schwelle des Tempels geflossen. Im Heiligtume selbst ein Treffen zu liefern, schien den Siegern doch gar zu bedenklich. Sie belagerten aber ihre Gegner Tag und Nacht und wollten sie zur Niederlegung der Waffen und zur Übergabe des Tempels zwingen. Indessen verbreitete sich in Jerusalem das Gerücht, Anan und seine Parteigenossen gingen damit um, die Römer herbeizurufen, und dieses Gerücht, mag es nun wahr oder unwahr gewesen sein, bewog auch Johannes von Gischala, welcher von der Aristokratenpartei ins Vertrauen gezogen war, den im Tempel belagerten Gesinnungsgenossen zu schneller Hilfe zu raten. Er verabredete mit ihnen, die Idumäer durch Briefe einzuladen, der von Gefahren umringten und den Händen der Verräter überlieferten Hauptstadt beizustehen. 20,000 Idumäer, froh, eine Gelegenheit für ihre

---

וכי בתח היה?. והלא חתנינו היה?. לא מצאוהו אלא חורש כענין שנאסר והוא חורש ihn ein: Das Beispiel vom Propheten Elisa wird angeführt, um zu belegen, daß es durchaus nicht entwürdigend sei, sein Feld selbst zu pflügen, was dieser Hohepriester getan habe.

[1]) Jüd. Krieg IV, 5, 2; vergl. die Anmerkung weiter unten.
[2]) Das. IV, 3, 9—11.

wilde Kampflust zu haben, waren sogleich bereit und rückten unter
ihren vier Führern Johannes, Simon, Pinehas und Jacob
vor Jerusalem. Anan hatte aber Wind davon bekommen und ließ die
Tore verschließen und stark bewachen. Von den Mauern herab redete
Josua ben Gamala sie an und beschwor sie, abzuziehen und die innere
Verwirrung durch ihr Erscheinen nicht noch zu vergrößern. Simon
ben Kathla, ein Führer der Idumäer, erwiderte darauf, daß die
siegende Partei kein Recht habe, Judäer von dem Betreten der allen
angehörigen Hauptstadt auszuschließen, daß sie sich tyrannisch gegen die
Besiegten benähme, daß sie dadurch nur den Verdacht bestärkte, die
Römer in bekränzten Toren empfangen zu wollen, da sie denen, welche
die Freiheit und die heilige Stadt mit ihrem Leben zu verteidigen
kämen, zumutete, die Waffen niederzulegen. Er schloß seine Rede damit, daß die Idumäer gesonnen seien, vor den Toren zu liegen, um
die im Anzug begriffenen Römer zurückzuschrecken und die Gemäßigten
zur Änderung ihrer Gesinnung zu zwingen. Sie hielten Wort und
lagerten vor dem Eingang der Hauptstadt.

Eine Nacht brachte Entsetzen über Anans Partei. Die Elemente
des Himmels rasten mit entfesselter Wut, Sturm und Donnergekrach
wechselten mit einander ab, die Menschen zu betäuben und mit Grausen
zu erfüllen. Blendende Blitze zuckten unaufhörlich und ein wolkenbruchähnlicher Regen strömte herab. Die Idumäer, gegen Schrecken
gestählt, rührten sich nicht. Wohl aber schlichen viele Wachen in der
Stadt von ihren Posten und suchten in den Häusern Schutz. Anan
selbst vernachlässigte diesmal seine sonst unermüdliche Wachsamkeit. Da
näherten sich einige Zeloten im Dunkeln und sägten die eisernen Riegel
eines unbewachten Tores durch; das Geräusch der Sägen wurde vom
Donner und dem Windesgeheul übertönt. Den Idumäern war der
Eingang geöffnet. Sie machten einen Angriff von der einen Seite,
und die Zeloten, welche die Wachen überraschten und in die Flucht
jagten, von der andern Seite. Die Bürger wurden unter die Waffen
gerufen, und es entspann sich ein gräßlicher Kampf, der mit dem
Schrecken der Elemente wetteiferte. Bald streckten die Gemäßigten
mutlos die Waffen, und die Idumäer ergossen sich wutschnaubend in
alle Stadtteile und töteten alle diejenigen, von denen sie wußten, daß
sie nicht zu ihren Gesinnungsgenossen gehörten. Die aufgehende Sonne
beleuchtete ein blutiges Leichenfeld. Über 8000 Tote sollen in der
Stadt gefunden worden sein (Adar = Febr. — März 68[1]). Die Ze-

---

[1]) Jüd. Kr. 3, 12—14; 4, 1—7; 5, 1. Die Zeit folgt aus dem Faktum
des Gewitterregens, der nur im Spätherbst und Vorfrühling im Monat Adar
vorkommt. Da Johannes von Gischala bereits lange in Jerusalem weilte, so

loten blieben Sieger. Tages darauf begann das Blutgericht der Schreckensherrschaft. Alle diejenigen, die einer Verschwörung verdächtig waren und alle, die sich an dem Kampfe beteiligt hatten, wurden hervorgesucht und gewiß nicht ohne Verhör hingerichtet. Die Reihe eröffneten Anan und Josua ben Gamala. Gegen den erstern waren die Zeloten mit Recht am meisten erbittert, weil er einen Teil der Jerusalemer zu den Waffen gerufen und den Bürgerkrieg entzündet hatte. Josua ben Gamala war längst verdächtig, da er mit Josephus in geheimer Verbindung gestanden und zuletzt den Idumäern die Tore Jerusalems verschlossen hatte. Die Erbitterung gegen diese beiden nicht allzuwürdigen Hohenpriester war so gewaltig, daß ihre Leichname unbeerdigt blieben, als Speise für die Hunde. Der sadduzäische Hohepriester Anan, welcher mehrere Jahre vorher erbarmungslos verfolgte (o. S. 443), fand seinerseits schonungslose Richter[1].

Mit dem Tode dieser beiden Ratsmitglieder und wohl auch einiger ihrer Gesinnungsgenossen war das beim Ausbruch der Revolution eingesetzte Synhedrion gesprengt. Es scheint, daß die Zeloten damals ein neues zusammengesetzt haben, nicht mehr aus hohenpriesterlichen und aristokratischen, sondern aus demokratischen Elementen; es zählte ebenfalls siebzig Mitglieder[2]. Was aus dem Vorsitzenden und Leiter

kann dieses Ereignis nur im Adar stattgefunden haben. Damit stimmt, daß Josephus darauf die Bewegung der Sicarier erzählt, und zwar zur Passah-Zeit (das. IV. 7, 2). Im Monat Adar = Δύστρος ließ Vespasian den peräischen Feldzug eröffnen (das. 7, 3.)

[1] Es kann kein Zweifel darüber obwalten, daß der Ananos, Sohn Ananos', welcher mit Simon ben Gamaliel in den ersten zwei Jahren der Revolution eine Rolle gespielt hat und beim Eindringen der Idumäer seinen Tod fand, identisch ist mit dem, welchen Josephus (Altert. XX, 9, 1) schildert: θρασὺς ἦν τὸν τρόπον καὶ τολμητὴς διαφερόντως. In j. Kr. IV, 3, 9 nennt er den, welcher das Volk gegen die Zeloten aufstachelte, Ananos, Sohn Ananos', also gerade so wie den Hohenpriester zur Zeit Albinus'. Freilich im jüd. Kr. schildert er ihn ganz anders, um recht grelle Farben für die Verworfenheit der Zeloten auftragen zu können: Ananos sei der ehrwürdigste, gerechteste Mann und ein Freund der Gleichheit auch für die Niedrigen gewesen. Aber, als wollte Josephus selbst seine Wahrheitsverdrehung dokumentieren, sagt er hier von Anan aus: er habe stets seinen Vorteil dem allgemeinen Besten hintangesetzt, während er in der etwa zwanzig Jahre später verfaßten Vita erzählt, Ananos habe sich durch Bestechung bestimmen lassen, seine Meinung aufzugeben (vita 39). Das Richtige über Anans Charakter wird wohl dasjenige sein, was Josephus in der Vita und in den Altert. berichtet, wo er ihn als keck, gewalttätig und grausam schildert. Die Anfachung des Bürgerkrieges in Jerusalem ist nur ihm zur Last zu legen.

[2] Folgt aus jüd. Kr. IV, 5, 4: συγκαλοῦσιν ἐξ ἐπιτάγματος ἑβδομήκοντα τῶν ἐν τέλει δημοτῶν. Josephus will zwar damit sagen, daß ein Gerichtshof für den einzigen Fall, den Prozeß des Zacharia b. Baruch zusammenberufen

Simon ben Gamaliel geworden ist, bleibt dunkel. Er wurde wahrscheinlich seines Amtes entsetzt, weil er zur aristokratischen Partei gerechnet wurde, und weil er sich mißbilligend über die Wahl des demokratischen Hohenpriesters ausgesprochen hatte (o. S. 511). Er wurde sicherlich nicht von den Zeloten zum Tode verurteilt; sonst hätte der Anklagen gegen sie häufende Geschichtsschreiber Josephus diese Blutschuld nicht verschwiegen. Eine unverbürgte Sage läßt ihn von Vespasian hinrichten. Simon ben Gamaliel scheint noch vor Vespasians Eintreffen vor Jerusalem den Tod gefunden zu haben. Zwölftausend Jerusalemer sollen durch die Hand der Zeloten und der Idumäer umgekommen sein. Allein die Zahl ist wohl, da sie von dem Zelotenfeinde Josephus berichtet wird, geflissentlich übertrieben. Es liegt ein Beweis vor, daß die Zeloten nicht ohne formelle Anklage vor einem Tribunal gegen die Verdächtigen verfuhren. Ein angesehener Bürger, Zacharia ben Baruch, war im Verdacht, eine Verschwörung angezettelt und Boten an Vespasian mit dem Versprechen, ihm die Stadt zu überliefern, abgesandt zu haben. Darauf ließen ihn die Zeloten von dem Synhedrion von siebzig Mitgliedern im Tempel zum Verhör vorladen. Der Angeklagte leugnete die Tatsache und machte den Revolutionsmännern bei dieser Gelegenheit bittere Vorwürfe. Das Tribunal sprach ihn aus Mangel an Beweisen von der Anklage frei. Zwei fanatische Zeloten verfolgten ihn aber und machten ihn im Tempel nieder. Und die Glieder des Gerichtshofes sollen darauf mit Spott auseinander gejagt worden sein [1]).

Den Zeloten waren aber die Idumäer eben so unangenehm wie die Gemäßigten; jene gaben sich daher Mühe, sie durch freundliche Worte zu überreden, die Stadt zu verlassen. Viele von ihnen zogen darauf ab. Die zurückgebliebenen Idumäer schlossen sich aber mehr an die Bürger als an die Zeloten an [2]). Die Letztern fuhren fort mit Schrecken zu regieren. Alle diejenigen, welche die Waffen gegen

---

worden sei. Allein dazu brauchte man nicht die große Zahl von 70. Es scheint vielmehr, daß dieser Prozeß dem bereits früher erwählten demokratischen Synhedrion zur Beurteilung vorgelegt wurde.

[1]) Das. 5, 2—4. Matthäus 23, 35 wird [vielleicht?] darauf angespielt.
[2]) Das. 5, 5; 6, 1. Daß sämtliche Idumäer Jerusalem verlassen haben, folgt aus IV, 9, 11. Josephus berichtet die inneren Vorfälle mit so viel Verworrenheit, daß man daraus erkennt, daß er keine richtige Kunde davon gehabt hat. Nicht ein einziges Datum weiß er anzugeben, während er doch die Züge der Römer nach Monat und Tag genau bestimmt. Nur Gräuelszenen zu schildern, ist er unerschöpflich, wie sie teils die Überläufer übertreibend dargestellt haben, teils sein Haß gegen seine Gegner ausgemalt hat Vergl. w. u.

sie ergriffen hatten, wurden dem Tode geweiht, unter diesen ein angesehener Mann Gorion (vermutlich Joseph ben Gorion, der Stadthauptmann) und der peräische Held Niger, wohl weil er die aristokratische Synhedrialpartei unterstützt hatte. Auch hier bewährte sich die traurige Erfahrung, daß jede Revolution ihre Urheber verschlingt. Niger gehörte zu denen, die von Anfang an ihre ganze Kraft dem Aufstande geweiht hatten. Sein Tod bleibt daher ein Schandfleck auf den Zeloten. Um der Anarchie zu steuern, die nach dem Sturze des Synhedrion herrschte, warf sich Johannes von Gischala als Oberhaupt auf und wurde von den zahlreichen galiläischen Flüchtlingen unterstützt[1]). Vermöge seines heldenhaften Wesens, das aus einem kränklichen Leibe herausstrahlte, zog er feurige Jünglinge und Männer an, und diese hingen ihm so treu an, wie die Galiläer. An Kühnheit und Todesverachtung den übrigen Führern gleich, übertraf sie Johannes an Scharfblick und Erfindungsgabe; er war zum Herrscher geboren. Diese Überlegenheit erregte selbstverständlich die Eifersucht der zelotischen Führer; sie fürchteten, daß er sich zum Alleinherrscher aufwerfen, daß der Fremde den Einheimischen Gesetze vorschreiben würde. Indessen gingen anfangs die galiläischen Zeloten oder die Johannisten mit den jerusalemischen Hand in Hand und verfuhren mit Strenge gegen die Verräter und Lauen. Daß auch viele Unschuldige Opfer des zelotischen Fanatismus geworden sind, ist nicht unwahrscheinlich, obgleich die Übertreibungen über die Gräuelszenen von Raub, Mord und Weiberschändung zum Teil auf Rechnung des gegen die Zeloten erbitterten Geschichtsschreibers Josephus zu setzen sind. Viele Wohlhabende und Friedliebende verließen die Stadt und nötigten die zelotischen Führer zu strenger Wachsamkeit, um das Entweichen und die Fahnenflucht zu verhindern. Indessen gelang es doch nicht Wenigen in Vespasians Lager zu flüchten, und diese schilderten die Zustände in Jerusalem mit düstern Farben, sei es um ihre Flucht zu beschönigen oder um den Römern die Überzeugung beizubringen, daß, mit Ausnahme einiger Bösewichter und Ehrgeizigen, das Volk sich nach dem Einzug der Römer sehnte. Diese unwahre oder doch jedenfalls übertriebene Schilderung von der Schreckensherrschaft hat der verlogene Geschichtsschreiber Josephus aus Haß gegen die Zeloten und be-

---

[1]) So ist die schwierige Stelle Josephus jüd. Krieg IV, 9, 10, zu verstehen, nur muß man statt der sinnlosen Konstruktion καὶ ἐν τούτοις ἐπίνοια κακῶν καὶ τόλμῃ τὸ σύνταγμα τῶν Γαλιλαίων διέφθειρε lesen: καὶ ἐν τούτοις ἐπινοίᾳ κακῶν καὶ τόλμῃ τὸ σύνταγμα τῶν Γαλιλαίων διέφθρε. Grade die von Havercamp verworfene L.-A. des Leidener Kodex διέφθρε gibt hier einen guten Sinn: Die galiläische Schaar übertraf an Grausamkeit die Römer und Zeloten. [So hat auch Niese den Text festgestellt.] Vergl. noch das. 7, 1.

sonders gegen Johannes von Gischala verewigt und die helden=
haften Vaterlandsverteidiger als eine schamlose Räuberbande ge=
brandmarkt¹).

Während dieser Zeit verhielten sich die Römer ruhig. Der vor=
sichtige Vespasian wagte nicht, die Löwen in ihrem Verstecke anzu=
greifen, so sehr auch die Überläufer ihn drängten, einen Angriff auf
Jerusalem zu machen, und ihn zu überreden suchten, er werde leichte
Arbeit haben. Er zog es vor, die Zeit abzuwarten, bis der Bürger=
krieg die Kämpfer geschwächt haben würde²). Den Winter (67—68)
ließ er sein Heer in den Winterquartieren ruhig liegen; erst mit dem
Beginne des Frühjahres führte er es zum Kampfe, aber nicht gegen
Jerusalem, sondern gegen Peräa, dessen judäische Bewohner erst jetzt
zu den Waffen griffen³). Das Verhängnis wollte, daß hier die Auf=
ständischen vereinzelt auftraten und einen kriegstüchtigen Feldherrn,
der verstanden hätte, die Hingebung und den Todesmut so Vieler auf
ein einziges Ziel zu lenken und die Römer von allen Seiten mit Un=
gestüm anzugreifen, nicht gefunden hatten. Die Zersplitterung hatte
aber keinen andern Erfolg, als die Zahl der Opfer ins Unglaubliche
zu steigern. Der Feldzug gegen Peräa begann mit der Festung Jaser
(Jazer), die damals den Mittelpunkt des peräischen Gebietes bildete.
Hier hatten sich die Mutigen und Kriegslustigen angesammelt, um
einen Zug gegen die Römer zu unternehmen. Es gab unter ihnen
aber auch eine römischgesinnte Friedenspartei aus den Reichen und
Angesehenen, an deren Spitze das Haupt der Judenschaft, Namens

---

¹) Josephus contra Apionem I, 9: καὶ τὰ παρὰ τῶν αὐτομόλων ἀπαγ-
γελλόμενα μόνος αὐτὸς συνίειν. Er allein will also beim Verhör der Über=
läufer zugegen gewesen sein. Er war wohl der Dolmetscher der Überläufer,
da Vespasian ihre Sprache nicht verstand.
²) Das. jüd. Kr. IV, 7, 3.
³) Das. 7, 3—5. Im Texte lautet die L.=A. τὰ Γάδαρα, μητρόπολις τῆς
Περαίας, aber sie kann unmöglich richtig sein. Gadara war eine hellenische
Stadt (Altert. XVII, 11, 4) und gehörte zur Dekapolis, kann also unmöglich
Hauptstadt des judäischen Peräa gewesen sein. Ferner erzählt Josephus, daß
sich die Flüchtlinge dieser Stadt nach Βηθεννα3ρὶν gerettet hätten. Es ist un=
streitig mit de Saulcy dafür zu lesen: Βηθεναμρὶν = בית־נמרין. Aber dieses
Städtchen war mehr als 12 geogr. Meilen von Gabara entfernt. Wie konnten
die Flüchtlinge daran denken, auf so weitem Wege Schutz zu suchen? Man
muß wohl statt Γάδαρα lesen Ἰάζαρα. Das II. Makkabb. hat ebenfalls die
Corruptel Γάζαρα (10, 32) statt Ἰάζηρ (I. Makkabb. 5, 8). Jaser kann
Hauptstadt von Peräa gewesen sein und eine durchweg judäische Bevölkerung
gehabt haben. Jaser (jetzt Sar) ist nur 3 geographische Meilen von Beth=Nimrin
(jetzt Nimrin) entfernt. [Vgl. jedoch Buhl a. a. O. S. 263, Kohout a. a. O
S. 652 und Schürer II³, S. 125, Anm. 231.].

Dolesos, stand. Diese Partei schickte heimlich eine Gesandtschaft an Vespasian und flehte ihn um baldiges Einrücken in die aufrührerische Stadt an. Ehe es die jaserenfischen Zeloten gewahrten, standen die Römer vor den Toren. Es blieb ihnen nur noch so viel Zeit übrig, um Rache an den Römlingen zu nehmen und zu fliehen. Vespasian zog ohne Kampf in Jaser ein (4. Adar, März 68). Die römischgesinnten Judäer zerstörten selbst die Festungswerke, um damit den Beweis ihrer Friedensliebe zu geben. Die flüchtigen Zeloten wurden darauf von Placidus verfolgt und retteten sich nach dem etwa drei Meilen westlich von Jaser gelegenen befestigten Städtchen Beth-Nimrin. Die Bewohner desselben machten mit ihnen gemeinschaftliche Sache, warfen sich den anrückenden Römern entgegen, konnten aber nicht standhalten. Beth-Nimrin wurde genommen und verbrannt, die wehrlosen Bewohner erschlagen und der Rest der Kämpfer zu neuer Flucht gezwungen. Die meisten von ihnen kamen im Treffen gegen die Römer oder im Jordan um, in dessen angeschwollene Strömung der Feind sie getrieben hatte. Über 2000 gerieten in Gefangenschaft, 15,000 fielen durch das Schwert, und unzählige Leichen führte der Jordan ins rote Meer. Placidus besiegte auch die Zeloten in Abila[1]), Livias und Besimoth (Bet-Jeschimot), welche ebenfalls eine kriegerische Haltung angenommen hatten. Er verfolgte dann mit seinen Truppen, die er zu rascherer Bewegung in Kähnen auf dem toten Meere übersetzen ließ, die Flüchtlinge, welche in dem steilen und zerrissenen Ufer dieses Sees eine Zuflucht gesucht hatten. Nur die feste Bergstadt Machärus konnten die Römer nicht nehmen.

Inzwischen hatte Vespasian selbst andere Gebietsteile Judäas unterworfen. Die Nachricht, daß die gallischen und spanischen Legionen den schandbaren Kaiser Nero verleugnet und Galba zum Nachfolger ausgerufen hatten (April 68), stachelte Vespasians zaudernde Kriegsführung zu rascher Tat, weil er mit Judäa fertig sein wollte, um in der voraussichtlich sturmbewegten neuen Lage der Dinge eine Rolle spielen zu können[2]). Aber noch immer wagte er sich nicht an Jerusalem heran, sondern umzog es von Ferne westlich und südlich. Leicht war die Arbeit, mit so vielen Legionen und Hilfstruppen die kleinen Städte von Antipatris bis Betlehem zu unterwerfen und die Wider-

---

[1]) Jüd. Kr. IV, 7, 6. Dieses Abila ist verschieden von dem nördlichen, westlich von Ebreï gelegenen, das auch einer Landschaft den Namen Abilene gegeben hat. Es lag vielmehr im Süden unweit Livias (jüd. Kr. II. 13, 2, wo Josephus ebenfalls den Lapsus 'Ιουλίας statt Livias hat) und ist vielleicht identisch mit אבל השטים [Vgl. hierzu Buhl a. a. O. S. 264 f].

[2]) Das. 8, 1.

Simon Bar-Giora.

stehenden mit Feuer und Schwert zu vertilgen. Nur Emmaus konnte Vespasian nicht zu völliger Unterwerfung bringen und ließ darum die fünfte Legion zur Überwachung der Zugänge zurück[1]). Auch in Idumäa muß er tatkräftigen Widerstand gefunden haben; denn bei der Einnahme der beiden befestigten Orte Beth-Gubrin (Betaris) und Kaphertaba haben seine Truppen mehr als 10000 Mann erschlagen, mehr als 1000 Gefangene gemacht und sämtliche Bewohner verjagt[2]). Die Mitte und den Osten der Landschaft Idumäa, die gebirgig und wegen der Guerillabanden gefährlich waren, wagte Vespasian nicht anzugreifen, sondern kehrte auf halbem Wege um, umging die Toparchie Akrabatene, die ihm auch nicht leicht bezwingbar schien, und ging über Samaria bei Sichem (Neapolis) vorbei, um im Osten zur Jordanaue hinabzusteigen und von da Jericho anzugreifen (3. Siwan, Mai 68). Diese wichtige Stadt, zu deren Eroberung Vespasian einen weiten Umweg gemacht hatte, fand er leer. Denn die kriegerische Mannschaft hatte sich in das westlich davon gelegene Gebirge zurückgezogen, und die wehrlose Menge war kurz vorher von den römischen Würgern, die in Peräa und am toten Meere Blut und Leichen zurückgelassen hatten, hingeschlachtet worden[3]). Zur Sicherung dieser Gegend ließ der römische Feldherr ein Lager bei Jericho und ein anderes bei Adida im Westen errichten und durch eine Besatzung überwachen[4]). Er unterwarf dann die beiden noch übrigen Landstriche, die gebirgigen Bezirke von Gophna und Akrabatene, wobei viele Judäer getötet wurden und viele in Gefangenschaft gerieten. In den Städten Bethel und Ephraim ließ er eine Besatzung zurück[5]).

---

[1]) Das. über Bethleptepha s. o. S. 507 Anmerkung. Emmaus scheint Vespasian nicht genommen zu haben, wenn die L.-A. richtig ist: εἰς Ἀμμαοῦντα ἀφικνεῖται. Καταλαξόμενος δὲ τὰς ἐπὶ τὴν μητρόπολιν αὐτῶν εἰσβολάς, στρατοπεδόν τε τειχίζει καὶ τὸ πέμπτον ἐν αὐτῷ τάγμα καταλιπών. Die L.-A. das. ἐπὶ Λύδδης κ. Ἰαμνίας ἐχώρει kann nicht richtig sein, da Jamnia schon früher in römischer Gewalt war (das. IV, 3, 2). Vielleicht ist zu lesen Ἀδίδα; vergl. das. 9, 1.

[2]) Das. IV, 8, 1; über Betaris, nach Rufinus L.-A. Begabris, gleich Bet-Gubrin vergl. Monatsschr. Jahrg. 1876, S. 8 fg. [Vgl. Buhl S. 192 und Kohout S. 654].

[3]) Das. jüd. Kr. 8, 1—2.

[4]) Das. 9, 1.

[5]) Das. 9, 9. Hier ist angegeben, daß Vespasian von Cäsarea am 5. Daisios aufgebrochen sei, um die nördlichen Toparchien zu unterwerfen. Das muß noch im Jahre 68 gewesen sein, denn im folgenden Jahre war Stillstand. Tacitus histor. 5, 11 intra duas aestates cuncta camporum omnesque ... urbes ... tenebat (scil. Vesp.) Proximus annus civili bello intentus ... per otium transiit, d. h. also 67—66. Chronologisch verworren reiht Jos. der Erzählung vom Tode Galbas und Othos (69) Vespasians

So war fast die ganze Gegend rings um Jerusalem unterworfen und der Zugang zu der Hauptstadt von drei Seiten für die Römer frei.

Nach diesen Waffentaten zog sich Vespasian nach Cäsarea zurück und ließ Jerusalem fast zwei Jahre in Ruhe. Warum dieser Stillstand nach der vorangegangenen stürmischen Eile? Zwei Nachrichten haben ihn dazu bestimmt: der von neuem ausgebrochene Bürgerkrieg in Jerusalem und die Kunde von Neros Tode und dem Einzuge eines neuen von den spanischen und gallischen Legionen ausgerufenen Kaisers. Den Bürgerkrieg in der judäischen Hauptstadt hatte der wilde Simon bar Giora angefacht. In Masada, wo er von den Sicariern aufgenommen worden war, ließ es ihn nicht ruhen; er war ehrgeizig und tatendurstig. Er verließ diese Festung nach dem Untergange des ihm feindlichen Anan (o. S. 513) und nach der Sprengung des aristokratischen Synhedrions[1]. Um eine Schar um sich zu sammeln, lockte er Sklaven an sich, denen er die Freiheit verhieß, und Heruntergekommene aller Art. Mit jedem Tage wuchs sein Anhang, da er die Beute redlich mit seinen Leuten teilte, und auch Bürger sich ihm anschlossen. Seine Schar soll sich bis auf 20000 Bewaffnete belaufen haben[2]. Mit diesen gelang es ihm, nicht bloß den Landstrich Akrabatene (im Westen des toten Meeres), woraus er früher verdrängt worden war (o. S. 508), zu durchstreifen, sondern auch weiter nördlich bis in die Gegend, welche Groß-Idumäa genannt wurde, vorzudringen. In dieser Gegend legte bar Giora bei einem Städtchen Aïn[3] südlich von

Eroberung von Gophnitica und Akrabatene an, als wenn diese in demselben Jahre erfolgt wäre: ἐν τούτῳ. — Die Monatszeit dieser Eroberung, 5. Daisios, kann auch nicht richtig sein. Denn wenn Vespasian am 2. dieses Monats in Korea eingetroffen und dann nach Jericho gezogen sein soll (das. 8, 1), so kann er nicht drei Tage später wieder in Cäsarea eingetroffen und von da zu neuen Kämpfen ausgezogen sein.

[1]) Das. Jüd. Kr. IV, 9, 3.
[2]) Das. 9, 5.
[3]) In der topographischen Bestimmung der Züge bar Gioras das. 9, 4 fg. ist Vieles dunkel. Welche Gegend wurde μεγάλη Ἰδουμαία genannt? Welche Städte gehörten damals zu Idumäa? Einige Angaben das. dürften zur Orientierung beitragen. Josephus erzählt, bar Giora habe eine Festung Naïn angelegt, die er als Stützpunkt betrachtet habe. Seine Schätze habe er in einer Schlucht Pharan in Höhlen verborgen, und in diesen Höhlen hätten auch viele seiner Schar gehaust. Von Naïn aus habe er Herodium zur Übergabe aufgefordert und endlich Hebron genommen. Nun hat Havercamp (in Annott. das.) richtig bemerkt, daß man statt Ναΐν lesen muß Ἀίν; denn Rufinus hat in der Übersetzung Aiam und Aim. Das N ist von dem vorausgehenden Worte herübergezogen worden. Zu der Ortschaft עין (Josua 15, 32; 19, 7) bemerkt Eusebius' Onomastikon nach Hieronymus' Übersetzung: Ain in Daroma contra australem plagam Chebronis novem ab ea millibus separata. Mit

Hebron, eine Festung an. Da seine Leute in dieser Festung nicht Platz hatten, so brachte er sie in Höhlen nicht weit entfernt davon bei einer Schlucht Pharan unter, wo er auch seine erbeuteten Schätze verbarg.

Bar Gioras Sinnen und Trachten war indes darauf gerichtet, in Jerusalem einzudringen, dort den Herrn zu spielen und zugleich die Römer durch seine Tollkühnheit und durch die Manneszucht der ihm gehorchenden Streiter zu schrecken. Um aber von seiner Feste Aïn über Hebron dahin zu gelangen, waren ihm die judäischen Idumäer im Wege, die in dieser Gegend ihre Wohnsitze hatten. Diese zu überwinden fiel ihm schwer, weil sie eben so tollkühn und wild kämpften wie seine eigenen Leute. Indessen gelang es ihm doch, durch Verrat eines idumäischen Häuptlings, die Schar der Idumäer zu werfen und sich ihrer und ihrer Wohnsitze zu bemächtigen. Auch Hebron fiel in seine Gewalt, und er streifte mit seinen Scharen bis in die Nähe Jerusalems. Die Zeloten in der Hauptstadt fürchteten jetzt seine Nähe und suchten ihn unschädlich zu machen. Aber ihm ein Treffen zu liefern wagten sie nicht, weil sie gegen seine Scharen einmal den kürzern gezogen hatten. So lauerten sie ihm auf und machten seine Frau und einen Teil seiner Trabanten zu Gefangenen in der Hoffnung, er werde sich nun vor ihnen demütigen. Simon bar Giora war aber harten Sinnes; anstatt demütig um Rückgabe seiner Frau zu flehen, soll er mit Achilleszorn gegen die Jerusalemer, die aus den Toren gezogen waren, um Lebensmittel oder Holz hineinzuschaffen, gewütet haben. Dieses grausame Verfahren gegen Unbewaffnete bewog die Jerusalemer, bar Gioras Frau aus der Gefangenschaft zu entlassen[1]), was ihn zwar einigermaßen besänftigte, aber keineswegs von dem Plan abbrachte, in Jerusalem eine Rolle zu spielen. Tag und Nacht lauerte er vor den Toren der Hauptstadt, um Eingang zu finden. Die Gelegenheit dazu gab ihm die Adelspartei.

Recht identifiziert Robinson (Paläst. III. 189) das 2³/₄ geographische Meilen südlich von Hebron liegende Ghuwein mit Aïn, indem עין nur eine arab. Diminutivform von עין ist. [Vgl. Buhl S. 163 f.] ⁷/₈ Meilen südlich von Ghuwein bei Makhul finden sich in einem Hügel Höhlen (Robinson das. 187 fg.). In diesen Höhlen bei Makhul kann bar Giora seine Schätze und seine Mannschaft, welche in der Festung Aïn keinen Platz hatten, untergebracht haben, da sie in der Nähe lagen. Diese Lokalität bezeichnet Josephus als φάραγξ Φαράν [Vgl. jedoch Buhl S. 99]. Folglich bildete die Gegend südlich von Hebron, welche später Daroma genannt wurde, Groß-Idumäa. Herodium lag ebenfalls in Idumäa (Josephus Altert. XIV, 13, 9). Ob auch Hebron dazu gehörte, läßt sich aus Josephus nicht mit Sicherheit entnehmen. Der Passus (jüd. Kr. 9, 7) Ἔνθεν (ἀπὸ Χεβρὼν) ... διὰ πάσης ἐχώρει τῆς Ἰδουμαίας scheint dafür zu sprechen [vgl. auch Kohout a. a. O. S. 662]. ¹) Das. jüd. Kr. IV, 9, 8. 10.

Diese war mit dem Untergang ihrer Anführer nicht verschwunden, sondern stellte sich nur eine Zeit lang tot, während sie im geheimen wühlte, um den Zelotenführern, das Heft zu entwinden. An ihrer Spitze stand der Hohepriester Matthia, Sohn Theophils aus dem Hause Boëthos, und andere Männer aus hohenpriesterlichen Geschlechtern[1]) Sie wußte einen Teil des Volkes, die Wohlhabenden, die durch das Heranrücken des Krieges immer ängstlicher geworden waren und nicht entfliehen konnten, auf ihre Seite zu bringen, und verband sich mit den Idumäern in Jerusalem, die eine gute Klinge führten und unerschrocken waren. Auf Verabredung überfielen plötzlich die gegenzelotische Partei und die Idumäer die Zeloten und Johannisten, welche keines Überfalles gewärtig waren und töteten viele derselben. Die Übrigen retteten sich zuerst in den Palast der adiabenischen Prinzessin Grapte, wo Johannes seinen Aufenthalt hatte, und von da in den Tempelvorhof. Die beutesüchtigen Idumäer stürzten sich sogleich auf den Palast, um nach den Schätzen zu suchen, die der galiläische Zelotenführer angeblich dort angehäuft haben sollte. Indessen erholten sich die in allen Teilen der Stadt zerstreuten Zeloten vom ersten Schrecken, griffen zu den Waffen, sammelten sich auf dem Tempelberge und rüsteten sich, ihren Gegnern den blutigen Überfall heimzuzahlen. Dadurch gerieten diese in Bestürzung, traten zur Beratung zusammen und beschlossen, Simon bar Giora herbeizurufen und ihn mit seinen Leuten gegen die Zeloten zu hetzen. Der abgesetzte Hohepriester Matthia begab sich zu ihm, lud ihn ein und führte damit die Zwietracht in die Mauern Jerusalems ein. Bar Giora soll ihm hochmütig begegnet sein und ihm zu verstehen gegeben haben, daß, wenn er als Erretter der Jerusalemer einziehe, er auch ihr Herr sein wolle.

Mit seinem Einzuge (Nisan — April 68)[2]) begann der Bürgerkrieg in seiner entsetzlichsten Gestalt. Bar Giora eilte mit seiner

[1]) Josephus hat in seiner parteiischen Darstellung die Veranlassung zum zweiten Bürgerkriege, der bar Gioras Einladung nach Jerusalem zur Folge hatte, geflissentlich verwischt. Seine Schilderung von den Mordtaten, Räubereien und Ausschweifungen der Johannisten das. 9, 10 ist mindestens übertrieben, wenn nicht ganz unwahr. Johannes, der stahlharte Patriot, wird schwerlich seine Leute haben verweichlichen lassen. An einer Stelle verrät er die Veranlassung zum Bürgerkriege. Die ἀρχιερεῖς, d. h. Personen aus dem Geschlechtsadel, kamen darauf, bar Giora einzuladen, und Matthia hat ihn eingeladen (9, 11). An einer andern Stelle (V. 13, 1) verrät Josephus geradezu, Matthia (hier nennt er ihn ben Boëthos) habe das Volk überredet, Simon bar Giora herbeizurufen. Die Hetze gegen die Zeloten und Johannes ging also von ihm und den Hohenpriestern aus. Die Adelspartei wollte damit einen coup d'état für die Reaktion vollführen.

[2]) Josephus das. 9, 3 fg. erzählt bar Gioras Streifzüge und Einzug in Jerusalem nach Titus' Rückkehr von Korinth nach Cäsarea, also im Jahre 69.

Schar und den zu ihm übergetretenen Idumäern zum Tempelplatz, wohin sich die Zeloten zurückgezogen hatten. Von diesem hochgelegenen Punkte aus konnten diese die Angreifer von den Gallerien und Mauerzinnen mit Geschossen und Schleudern nicht bloß abwehren, sondern auch zum Weichen bringen. Trotz seines Ungestüms mußte sich bar Giora mit seiner Mannschaft zurückziehen, um in gedeckten Punkten der Stadt eine sicherere Stellung zu suchen[1]).

Diese Spaltung in der Hauptstadt, von der Vespasian durch Überläufer, welche die Vorgänge übertreibend schilderten, Kenntnis erhalten hatte, veranlaßte ihn wiederum, sich fern von ihr zu halten, in der Hoffnung, daß die unterliegende Partei ihn herbeirufen, ihm die Tore öffnen und einen leichten Sieg verschaffen werde. Er hatte lediglich die Landstriche im Norden und Westen von Jerusalem eingenommen und verwüstet, und sein Unterfeldherr Cerealis hatte den Rest von Idumäa unterworfen und verheert und die Stadt Hebron mit Gewalt bezwungen, sie verbrannt und Männer und Jünglinge, die in Gefangenschaft geraten waren, über die Klinge springen lassen[2]). Ohne Zweifel hatten ihm die judäischen Streiter in dieser allerältesten Stadt, die wohl aus Parteigängern bar Gioras und Idumäern bestanden, einen so verzweifelten Widerstand entgegengesetzt, und den Römern so viel Schaden zugefügt, daß er den vom Erlöse der Gefangenen zu erzielenden Gewinn dem Rachegefühl hintansetzte. Aber weder Cerealis, noch Vespasian ließ sich weiter auf die Erorberung der festen Plätze Jerusalem, Herodium, Masada diesseits und Machärus jenseits des Jordans ein. Denn die gewaltigen Ereignisse in Rom, Italien und den Provinzen, welche Schauplätze blutiger Fehden geworden waren, bestimmten Vespasian, die voraussichtlich schwierigen und langwierigen Belagerungen nicht zu unternehmen, um freie Hand zu haben, in die Umwälzung einzugreifen. Nero war ebenso schimpflich gestorben (9. Juni 68), wie er gelebt hatte; Galba war zum

---

Allein diese Vorgänge müssen sich bereits im Jahre 68 abgespielt haben. Denn bar Giora nahm vor dem Einzuge in Jerusalem die Stadt Hebron ein (das. 9, 7); diese Stadt aber wurde von Cerealis schon im Jahre 68 erobert (das. 9, 9), und Simon kann sie doch nicht den Römern entrissen haben. Folglich muß er sie vor Nisan 68 erobert haben. Josephus gibt auch an (das. 9, 12), bar Giora sei im Nisan im dritten Jahre in Jerusalem eingezogen, d. h. eben im Jahre 68.

[1]) Das. jüd. Kr. IV, 9, 12.
[2]) Das. 9, 9. Bei der Unterwerfung dieser Landschaft, welche Josephus als Ober-Idumäa: τὴν ἄνω καλουμένην Ἰδουμαίαν bezeichnet, nennt er einen Ort Καφεθρά als ψευδοπολίχνιον und Καφαραβίν. Beide sind unbekannt. Das erstere ist vielleicht verschrieben statt Καφαρθαμερά, nämlich כפר תמרתא ביהודה im Midr. Lev. c. 1. 24, und das letztere vielleicht כפר אגין im jer. Schabb. 5b.

Kaiser ausgerufen und hatte in Rom die Zügel der Regierung mit greisenhaft zitternder Hand ergriffen. Er war alt und kinderlos und mußte daran denken, einen Nachfolger zu erwählen. In dieser kritischen Zeit, in der jeder Tag eine ereignisreiche Neuigkeit bringen konnte, hielt es Vespasian nicht für geraten, sich auf die Belagerung Jerusalems einzulassen; er nahm vielmehr eine abwartende Stellung ein und sandte seinen Sohn Titus mit dem Könige Agrippa nach Rom, um den neuen Kaiser zu begrüßen, und von diesem, wie man sich sagte, vielleicht adoptiert zu werden. Als aber Titus in Korinth erfuhr, daß Galba getötet (5. Jan. 69) sei und an seiner Stelle zwei Kaiser gewählt seien, Otho in Rom und Vitellius in Niederdeutschland von den Legionen, kehrte er, neuer Hoffnung voll, um. Noch ein anderer Magnet zog ihn nach Judäa, die Reize der judäischen Prinzessin Berenice, die, wie fromm sie auch nach den Gebräuchen des Judentums lebte, doch ein sträfliches Liebesverhältnis mit dem Heiden Titus unterhielt[1]). Er erlag ihrem Zauber und war so innig mit dem judäischen Königshause verbunden, daß er Agrippa von Griechenland aus allein nach Rom reisen ließ, um durch ihn Gewißheit über die Vorgänge[2]) in Rom zu erlangen. Agrippa hatte bald Gelegenheit hochwichtige Nachrichten mitzuteilen. Otho blieb kaum hundert Tage Kaiser; denn er hatte bald gegen den neuen Gegenkaiser zu kämpfen, den die deutschen Legionen auf ihren Schild gehoben hatten, um den spanischen Legionen zu zeigen, daß sie besser verstünden, einen Kaiser zu wählen und zu unterstützen. Die verwundbare Stelle des römischen Riesenleibes war offenkundig geworden. Man sah, daß der Cäsar Augustus nicht bloß in Rom und von der prätorianischen Leibwache sondern auch in den Provinzen von den Legionen gewählt werden könne. Vitellius' Heer besiegte dasjenige Othos; dieser starb heldenmütig durch eigene Hand (16. April 69), und der sklavisch feige Senat, der Neros Torheiten und Verbrechen Beifall gezollt hatte, beeilte sich, den Wüstling Vitellius als Kaiser zu begrüßen, wie er seine beiden Vorgänger begrüßt hatte. Wäre damals nicht schon die Kraft der judäischen Nation gebrochen gewesen, hätten die todesmutigen judäischen Krieger, die schon im Staube lagen, wie ein Mann gegen das anarchische Rom auftreten können, hätte sich Agrippa an die Spitze der Bewegung gestellt und, gleich seinem Vater, ein Bündnis mit den asiatischen Völkern gegen Rom geschlossen, wer weiß, ob nicht damals schon der römische Koloß zusammenstürzt wäre. Allein es war von der Vorsehung bestimmt, daß Judäa seinen staat-

---

[1]) Tacitus hist. 2, 1—2.   [2]) Das. 2, 81. Joseph. das. IV, 9, 2.

lichen Charakter verlieren, und daß Rom noch vier Jahrhunderte die
Völker knechten sollte.

Als die Entscheidung zwischen Otho und Vitellius noch zweifelhaft war, hing Vespasian schon dem Gedanken nach, ob nicht er selbst den besudelten Kaisermantel sich umlegen sollte; aber er war unschlüssig, ob er die Idee ins Werk setzen sollte. Er wollte dazu getrieben werden. Zunächst fürchtete er seinen Nebenbuhler Licinius Mucianus, den Statthalter von Syrien, mit dem er in Spannung lebte, und der über mehr Legionen zu gebieten hatte. Falls dieser ihm nämlich entgegen träte, so wäre sein Kaisertraum rasch verflogen und selbst sein Leben gefährdet gewesen. Ihn gewann indessen Vespasians Sohn Titus, der aus seinem Ehrgeiz keinen Hehl machte. Er brachte Mucian dahin, daß er Vespasian vielmehr drängte und stachelte, sich zum Kaiser ausrufen zu lassen. Es war aber unerläßlich, einen zweiten mächtigen Verbündeten zu gewinnen, Tiberius Alexander, den Arabarchensohn, welcher Statthalter der wichtigen Provinz Ägypten war. Diese Masche in dem Netze, welches das Wild Rom einfangen sollte, hat eine Frauenhand geknotet. Die Prinzessin Berenice war mit dem ägyptischen Statthalter befreundet; sie war früher mit seinem Bruder verlobt (o. S. 354) gewesen und betrieb jetzt die Kaiserwahl als eine Herzensangelegenheit. Titus' Liebe zu ihr war so offenkundig, daß die Umgebung nicht daran zweifelte er habe ihr die Ehe versprochen[1]). Warum sollte sie nicht alle Mittel, die ihr Schönheit und weibliche Schlauheit an die Hand gaben, aufbieten, um dieses Ziel zu erreichen? Welch' eine glänzende Zukunft eröffnete sich ihr! Als Gemahlin des Titus, könnte, müßte sie nach menschlicher Berechnung römische Kaiserin werden. Sie würde auch ihrem Volke und ihrem Bekenntnisse, dem sie im Gemüte anhänglich war, außerordentlich nützlich werden können. Sie vermochte vielleicht eine Versöhnung zwischen Judäa und Rom herbeizuführen und den Untergang des judäischen Gemeinwesens abzuwenden. Titus' grenzenlose Liebe zu ihr werde ihr gewiß nichts versagen. Der wichtigste Schritt dazu war, Tiberius Alexander zu Vespasians Partei hinüberzuziehen, und dieser gelang ihr vollkommen. Der Statthalter von Ägypten beeilte sich, seine Truppen den Eid der Treue für den Kaiser Vespasian schwören zu lassen (1. Juli 69). Das war so entscheidend für das neue Kaiserhaus, daß es seine Regierungszeit von diesem Tage an zu zählen begann. Erst einige

---

[1]) Sueton Titus 7: propter insignem reginae Berenices amorem, cui etiam nuptias pollicitus (Titus) ferebatur. Dazu Tacitus' Bericht (hist. 2, 81): Nec minus animo regina Berenice partes (Vespasiani) juvabat, florens aetate formaque.

Tage später huldigten die in Judäa stehenden Legionen und noch später die syrischen unter Mucian dem erst dadurch ermutigten Vespasian[1]). Durch Ägypten hatte dieser den Schlüssel zum Hauptsitz des römischen Reiches in der Hand. Falls die Prätorianer und der Senat ihm die Anerkennung verweigern sollten, konnte er Rom aushungern, wenn er das ägyptische Korn zurückhielt. Infolge der erlangten Kaiserwürde trat für Vespasian Judäa, dessen Unterwerfung allerdings notwendig schien, um einen Triumphzug aufführen zu können, dessen Bedeutung aber gegen die Sorge zurücktrat, Vitellius' Legionen zu besiegen und ihn selbst zu entthronen, in den Hintergrund. Vespasian und sein Sohn Titus begaben sich daher nach Ägypten und blieben da, bis die Nachricht von Vitellius' Tode eingetroffen war, der unter Schimpf und Hohn erfolgte (21. oder 22. Dez. 69), nachdem Vespasians Feldherrn und Legionen Roms Straßen mit Blut und Leichen gefüllt hatten.

Was tat indes Jerusalem während der beinah zweijährigen Ruhe, die Vespasian ihm ließ, teils aus Furcht, seinen Ruhm gegenüber den verzweifelten Verteidigern einzubüßen, teils wegen der mannigfachsten Rüstungen und Vorkehrungen, die erlangte Kaiserwürde zu behaupten? Was tat Jerusalem während dieser Zeit? Der Geschichtsschreiber, welcher sich den Römern ergeben hatte, erzählt: die Parteien hätten Tag und Nacht Verderben und Tod gegen einander geschleudert, hätten die scheußlichsten Untaten begangen, hätten das wehrlose Volk wie Schlachtvieh behandelt, wären auf Leichenhaufen herumgetreten und hätten die Opfernden in der Nähe des Altars mit ihren Geschossen hingestreckt[2]). Aber ihm unwillkürlich entschlüpfte Äußerungen, daß während dieser Zeit viele auswärtige Judäer nach Jerusalem strömten, um ihrem religiösen Bedürfnisse zu genügen und besonders das Passahfest (69) zu begehen[3]), strafen seine düstern Schilderungen Lügen und stempeln sie zu frevelhaften Verleumdungen. Hätten sich Auswärtige der Gefahr ausgesetzt, wenn eine wilde, blutige Anarchie in Jerusalem geherrscht hätte, oder hätten sie den Tempel aufgesucht, wenn er besudelt und entheiligt worden wäre? Es kamen auch viele Judäer aus römischen Provinzen und aus den Euphratländern, um ihr Leben im

---

[1]) Tacitus das. 2, 79; Sueton, Vespasian 6. Joseph. jüd. Kr IV, 10, 5—6.
[2]) Josephus jüd. Kr. V, 2—5; 4, 1; 9, 4.
[3]) Das. 1, 3; καὶ πολλοὶ σπεύσαντες ἀπὸ γῆς περάτων περὶ τὸν ... χῶρον ἅγιον. Das. 3, 1: καὶ τῆς τῶν ἀζύμων ἐνστάσης ἡμέρας .. οἱ περὶ τὸν Ἐλεάζαρον, παρανοίγοντες τὰς πύλας ἐδέχοντο ἐκ τοῦ δήμου τοὺς προσκυνεῖν ἐθέλοντας εἴσω. Das kann nur im Jahre 69 gewesen sein, da im darauffolgenden Jahre zur Passahzeit die römischen Heere schon vor Jerusalem standen. Vergl. das. VI, 9, 3.

Kampfe gegen die Römer zur Verteidigung der heiligen Stadt einzusetzen[1]). Die Bevölkerung Jerusalems zur Zeit, als es vom Feinde bedrängt wurde, zählte mehr denn eine halbe Million Menschen, von denen alle, welche Waffen tragen konnten, sie auch wirklich trugen und zu handhaben verstanden[2]). Wenn auch nur der zehnte Teil der Bevölkerung bewaffnet war, so hätten es die Parteiführer und ihre Scharen, wenn sie auch noch so wild und blutdürstig gewesen wären, nicht wagen können, das Volk wie Schlachtvieh zu behandeln. Die Führer ließen es sich angelegen sein, den Tempel, den sie besonders zu schützen gedachten, mit hohen Türmen auf der Außenmauer zu befestigen. Die Cedernbohlen, welche der König Agrippa kurz vor dem Ausbruch des Krieges hatte nach Jerusalem schaffen lassen, um das innere Gebäude des Heiligtums zu erhöhen, und die liegen geblieben waren, benutzte Johannes von Gischala zur Errichtung der Türme[3]). Ist es denkbar, daß unter fortwährenden Parteikämpfen und bei gegenseitiger Zerfleischung zwei Jahre hindurch ein solcher Bau hätte unternommen und ausgeführt werden können? Wie er Zeit erforderte, so erforderte er auch Ruhe und Gefahrlosigkeit für die Arbeiter.

Es gab ursprünglich **vier** Parteien in der Stadt, wenn man die Gemäßigten nicht mitzählt. Die **jerusalemischen Zeloten**, unter **Eleasar ben Simon** und **Simon ben Ezron** sollen nicht mehr als 2400 Glieder gezählt haben. Sie hielten sich anfangs auf dem Tempelberg. Die **galiläischen Zeloten unter Johannes** beliefen sich auf 6000 Bewaffnete. Sie hatten zuerst ihr Hauptquartier auf der Ophla, südlich vom Tempel, wohl im Palaste der adiabenischen Prinzessin Grapte; später nahmen sie auch vom Tempelberge Besitz, sei es daß die Eleasaristen denselben mit ihnen geteilt, oder er ihnen durch List entrissen worden war. Die **Simonisten** mit den Sicariern waren durch die Zahl 10,000 den Übrigen überlegen. Sie hatten den größten Teil der Stadt inne, die Oberstadt (Zion), einen Teil der Unterstadt (Akra) und den ganzen nordwestlichen Stadt-

---

[1]) Dio Cassius 66, 4: καὶ οἱ Ἰουδαῖοι, πολλοὶ μὲν αὐτόθεν, πολλοὶ δὲ καὶ παρὰ ὁμοήθων, οὐχ ὅτι ἐκ τῆς αὐτῆς τῶν Ῥωμαίων ἀρχῆς, ἀλλὰ καὶ ἐκ τῶν πέραν Εὐφράτου προσγεγονηκότες βέλη . . . . ἔπεμπον.

[2]) Tacitus histor. 5, 13. Multitudinem obsessorum, omnis aetatis virile ac muliebre, sexcenta milia fuisse accepimus. Josephus jüb. Kr. VI. 9, 3 schätzt die Zahl der während der Belagerung Umgekommenen auf mehr als 1 Million: μυριάδες ἑκατὸν καὶ δέκα. Gewiß sehr übertrieben.

[3]) Josephus, jüd. Kr. IV, 9, 12; V, 1,5. Gewiß [?] sprechen beide Stellen von der Errichtung derselben Türme. Josephus' Angabe, daß sie zum Kampfe der Parteien gegen einander errichtet worden seien, ist gewiß erlogen.

teil. Bar Giora, ihr Führer, hatte sein Quartier in dem geräumigen Turm Phasael. Die Idumäer unter Jakob ben Sosa und Simon ben Kathla bestanden aus 5000 Mann[1]). 24,000 tollkühne Helden, welche Wunder der Tapferkeit hätten sie nicht in offener Feldschlacht ausführen können, wenn sie einmütig gehandelt hätten! Allein jede Partei beanspruchte den Oberbefehl über die andere, nicht bloß aus Ehrgeiz, sondern aus Überschätzung des eigenen Wertes. Keiner der Hauptführer hatte die Tugend der sich selbst verläugnenden Unterordnung. Die Eleasaristen pochten auf den Vorrang, weil sie die Einheimischen waren und der Bewegung den ersten Anstoß gegeben hatten. Johannes fühlte sich durch Erfindungsgabe und Gewandtheit den andern Führern überlegen. Simon brütete Rache gegen die Zeloten, weil sie seinem Unwesen zu steuern sich vermessen hatten. Doch hielten sich die jerusalemischen Zeloten mehr zu Johannes, die Idumäer mehr zu Simon[2]). Anfangs nach bar Gioras Eindringen in Jerusalem mögen die Parteien in den eingenommenen Stadtteilen sich verschanzt und Ausfälle gegen einander gemacht haben. Schlimm mögen besonders seine Anhänger gehaust haben, weil sie, aus zusammengelaufenem Gesindel zusammengesetzt, an ein freibeuterisches Leben gewöhnt und von Rachegefühlen erfüllt waren. Diese Fehden ließen dem Feinde Zeit, alle Teile Judäas und den Umkreis der Hauptstadt in eine Einöde zu verwandeln, weil keine Partei einen Ausfall gegen die Römer zu machen wagte, nicht etwa aus Zaghaftigkeit, sondern vielmehr um nicht ihre Gegner im Alleinbesitz der Hauptstadt zu lassen und von den Zurückgebliebenen ausgeschlossen zu werden. Bei diesen Fehden erlitten Gebäude und Stadtteile Verwüstungen und, was das Schlimmste war, Speicher, die reichlichen Vorrat für mehrere Jahre enthielten, gingen in Flammen auf[3]). Man erzählte sich, drei reiche Männer, Ratsmitglieder, ben Bizit ha-Khesset, ferner ben Khalba-sabua und Nikodemos (oder Nikomedes) ben Gorion, hätten Weizen, Gerste, Salz, Öl und Holz auf viele Jahre hinaus aufgespeichert gehabt, aber ihre Magazine seien infolge der Kämpfe ein Raub der Flammen geworden. Waren diese drei Reichen Friedensfreunde, wie eine Quelle ausdrücklich angibt[4]), so

---

[1]) Jüd. Kr. V, 1, 2—3; 6, 1. Statt Σίμωνι τῷ Ἀρίνου an der zweiten Stelle muß man τῷ Εἰρώνος lesen, wie an der ersten Stelle. [vgl. hierzu Kohout, S. 711]. — Auf der Ophla stand wohl der Palast der Grapte, da Johannes darin seine Schätze niedergelegt hatte (das. IV, 9, 11). Über bar Giora V, 1, 3.

[2]) Das. V, 3, 1; 6, 1.

[3]) Das. V, 1, 4. Tacitus hist. 5, 22.

[4]) Gittin 56a; Midrasch Threni zu 1, 5 und Midrasch Kohelet zu 7, 11. Abot di R. Nathan, ed. Schechter, p. 31 f. Ihrem Kern nach

ließe sich diese Zerstörung der Vorräte erklären. Diese Friedensfreunde mögen bar Giora zur Wut gegen die Zeloten und Johannes gehetzt haben, wie ihre Gesinnungsgenossen ihn nach Jerusalem berufen hatten, um durch einen verzweifelten Bürgerkrieg und durch die Vertilgung der Kriegseifrigen den Römern die Einnahme Jerusalems zu erleichtern. Und die Zeloten, gegen die Hetzer erbittert, mögen deren Gebäude und Vorräte, die sie wohl nicht zur Erhaltung der Kämpfer aufgespeichert hatten, in Brand gesteckt haben. Der Parteihader, der Verwüstungen im Innern und Untätigkeit nach Außen zur Folge hatte, war jedenfalls das Werk der Adelspartei und der Reichen, welche, wie öfter in Revolutionszeiten, zum Zwecke der Reaktion alle Mittel anwandten, die Umwälzung zu steigern und zu übertreiben und die Anarchie durch den Bürgerkrieg zu fördern. Sie bedienten sich des wilden bar Giora, um die Zeloten zu vertilgen, und dieser bediente sich ihrer, um seinen ungemessenen Ehrgeiz zu befriedigen. Beide aber haben grauenhaftes Unglück über die heilige Stadt herbeigeführt.

Wie kurz auch immer die innere Zerrissenheit angehalten haben mag[1]), so war sie doch ein eindringlicheres Vorzeichen des Unterganges,

scheint die Notiz historisch zu sein. Ein Gorion, S. d. Nikomedes (wohl versetzt statt: Nikodemos, S. Gorions = נקדימון בן גוריון) gehörte zu den Dreien, durch welche die Zeloten der Kohorte unter Metilius Frieden anbieten ließen (Jos. das. II, 17, 10; vergl. o. S. 462). Dieser und seine Genossen müssen also den Römern Vertrauen eingeflößt und demgemäß nicht zu den offenen Zeloten, sondern zu den ganzen oder halben Friedensfreunden gehört haben. Ben Gorion wird auch anderweitig als reich und in Verbindung mit dem römischen Prokurator geschildert (Taanit 19a fg.). Ben Khalbasabua wird ebenfalls als reich angegeben (Nedarim 50a und Parall.). Er soll R. Akibas Schwiegervater geworden sein, muß demnach die Zerstörung Jerusalems überlebt haben, d. h. von den Römern verschont worden sein. Eine Namensdeutung des Dritten stempelt auch diesen als Römerfreund (Gittin das.): איכא דאמרי בן ציצית הכסת (oder הכסף) שהיה כסתו מיטלת בין גדולי רומי. Diese Quelle stempelt überhaupt diese drei Reichen und Buleuten (בלוטי = βουλευταί) zu Römerfreunden: אמרו ניפוק ונעביד שלמא בהדייהו (בהדי רומאי). Und aus diesem Grunde sollen die Zeloten (קנאים) deren Vorräte verbrannt haben: כמו (בירוני) קלנרו להנה: אביברי דחישא ודשערי. In Abot II. das. וכשעמר הסקרין שרפו את האוצרות שבירושלם. Die andere Quelle stellt aber den Sachverhalt anders dar, als wenn ein Führer der Sikarier ראש בן בטיח [סקרין] סקריקון die Vorräte ohne Veranlassung verbrannt hätte, um die Bewohner durch Hungersnot zum verzweifelten Kriege aufzustacheln. Diese Version hat aber die Wahrscheinlichkeit gegen sich und steht im Widerspruch nicht bloß mit der Angabe der ersten Quelle, sondern auch mit Josephus und Tacitus, welche ausdrücklich bemerken, daß die Magazine infolge der Parteikämpfe in Flammen aufgegangen seien.

[1]) Josephus jüb. Kr. V, 3, 4 legt Titus die Äußerung seinen Soldaten

als jene, welche die aufgeregte Phantasie zu sehen glaubte. Ein schwertähnlicher Stern stand über Jerusalem; helles Licht beleuchtete zur Nachtzeit den Tempel und Altar; ein feuriger Wagen und Reiter bewegten sich in der Luft. Dieses alles sahen die Furchtsamen und erblickten darin Zeichen des herannahenden Unterganges. Auch wollten einige Priester, die nachts in das Tempelinnere gekommen waren, ein ungewöhnliches Geräusch, wie das einer großen Volksmenge vernommen und den Ruf unterschieden haben: „Wandern wir fort von hier!" Das größte und schwerste Tor des innern Tempels, dessen Verschluß sehr mühsam gewesen, soll in einer Nacht sich von selbst geöffnet haben. Am meisten inneres Grauen rief ein Unheilsverkünder, Josua ben Anan, hervor, der mehrere Jahre hindurch stets zur Hüttenfestzeit bei Tag und Nacht in den Straßen mit rauhem und düsterm Tone laut rief: „Stimme von Morgen, Stimme von allen vier Winden, Stimme über Jerusalem und den Tempel, Stimme über Bräutigam und Braut, Stimme über das ganze Volk!" Drohungen und Strafen fochten den Unheilsverkünder nicht an, er fuhr fort zu rufen: „Wehe, wehe über Jerusalem". Vergebens suchten die Machthaber ihn durch Geißelhiebe stumm zu machen. Es war vielleicht derselbe, der „Wehe, wehe" über die pflichtvergessenen, hohenpriesterlichen Familien gerufen hat, die alle Ämter an sich und die Ihrigen gerissen hatten und die Zehnten durch ihre mit Knütteln bewaffneten Sklaven für sich erzwangen. Bei der Belagerung traf den Unheilsverkünder ein Wurfgeschoß[1]).

Die Verteidiger Jerusalems und die gläubige Bevölkerung waren aber von der unerschütterlichen Überzeugung beseelt, Jerusalem könne nicht in Feindeshand fallen, der Tempel könne nicht untergehen, gerade wie zur Zeit Nebukadnezars es unmöglich schien, daß der Feind in Jerusalems Tore eindringen werde. Schlichte begeisterte Männer verkündeten: der Tempel könne nicht fallen, der Himmel werde für seine bedrohte Stadt und sein Heiligtum ein Wunder geschehen lassen, welches alle Anstrengung der Feinde zu Schanden machen werde[2]). Schienen

gegenüber in den Mund, den Judäern folge bei ihren Hinterhalten das Glück wegen ihres Gehorsams und ihres Wohlwollens und ihrer Treue gegen einander: διὰ τὸ πειθήριον καὶ τὴν πρὸς ἀλλήλους εὔνοιάν τε καὶ πίστιν Daraus geht hervor, daß die judäischen Kämpfer aller Parteien Friede gehalten und nicht mit Mißtrauen gegen einander erfüllt waren. Diese Äußerung, mag sie Titus ausgesprochen haben oder nicht, widerlegt Josephus' düstere Schilderung von der mörderischen Zwietracht der Parteien unter einander, selbst während der Belagerung, aufs bündigste.

[1]) Josephus jüd. Kr. VI, 5, 3. Vergl. Note 19.
[2]) Das. 5, 2.

sich die Verkündigungen nicht wunderbar zu erfüllen, da Vespasian sich so lange von Jerusalem fern hielt? Und nun hatte er und auch sein Sohn Titus den Kriegsschauplatz verlassen. Konnte die wundergläubige, exaltierte Menge dieses nicht für ein bedeutsames Werk des Himmels ansehen und sich dem Wahne hingeben, daß kein Römer je die heilige Stadt betreten werde?

Endlich kam der zum Thronfolger ernannte Titus als Feldherr nach Judäa (Febr./März 70). Jerusalem mußte mit allen Mitteln zur Unterwerfung gebracht werden. Dies schien dem Feldherrn eine gebieterische Notwendigkeit. Es war eine Schmach für die Römer, daß diese rebellische Stadt vier Jahre hindurch sich behaupten konnte. Auch hing das Ansehen des neuen Kaiserhauses von dem Falle Jerusalems ab. Widerstand Jerusalem noch länger, so war damit die militärische Tüchtigkeit Vespasians und seines Sohnes in Frage gestellt[1]).

Obwohl Titus Eile hatte, mit der Unterwerfung Judäas fertig zu werden, um seinen nach Genüssen hangenden Sinn zu befriedigen, so konnte er doch vor dem Beginn des Frühjahrs die Vorbereitungen zu der Belagerung Jerusalems nicht vollenden. Ein Heer von mindestens 80,000 Mann aus verschiedenen Truppenteilen wurde zusammengezogen und eine solche Anzahl von Belagerungswerkzeugen herbeigeschafft, wie sie bis dahin kein Krieg nötig gemacht hatte. Drei judäische Verräter waren Titus bei der schweren Arbeit behilflich. Der König Agrippa, der Truppen stellte und die Bewohner Jerusalems durch Überredung schwankend machte; Tiberius Alexander, der seinem Abfalle vom Judentum durch die Bekämpfung seiner Nation das Siegel aufdrückte; und Josephus, der überall Titus begleitete, nachdem er aus einem Gefangenen ein Wegweiser auf dem ihm bekannten Boden geworden war.

Unbekümmert um die schmerzlichen Zuckungen seines Volkes, ging er nach seinem Übertritt zu den Römern zweimal eine Ehe ein; er suchte Lebensbehaglichkeit und Ehefreuden. Zuerst heiratete er eine Jungfrau aus den Gefangenen, welche in Cäsarea eingepfercht waren — selbstverständlich mit Vespasians Erlaubnis. Als ihm dieser dann, nach seiner Wahl zum Kaiser, die Fesseln lösen ließ, angeblich weil er dem Feldherrn den Imperatorenrang voraus verkündet habe, nahm er ihn nach Alexandrien mit. Was sollte Josephus in dieser zweiten judäischen Großstadt machen? Gewiß sollte er auch da unter seinen Stammesgenossen im Interesse der Römer wirken. Während dieser Zeit verließ ihn seine aus den Gefangenen ausgewählte Frau — wohl

---

[1]) Tacitus hist. 5, 10.

aus Verachtung wegen seiner Gefühllosigkeit gegen sein Vaterland. Da suchte sich Josephus eine andere Frau in Alexandrien aus und begleitete Titus, als er zur Belagerung Jerusalems sich nach Judäa begab[1]). Tiberius Julius Alexander, welcher schon einmal ein Gemetzel unter seinen Stammesgenossen angerichtet hatte (o. S. 465), sollte das Werk in Judäa fortsetzen. Titus war im Kriege noch nicht erfahren genug. Darum sollte der judäische Apostat als Feldherr ihm zur Seite stehen. Er wurde zu einem höheren Range, zum Obergeneral der Leibwache (Praefectus praetorio) befördert[2]).

Unter den streitenden Parteien in Jerusalem hatte bei dem Herannahen der Gefahr eine Annäherung stattgefunden. Die jerusalemischen Zeloten und Johannisten versöhnten sich mit bar Giora[3]). Wieder strömten viele Mannschaften aus Judäa und dem Auslande nach Jerusalem kurz vor dem Passahfeste, so lange Jerusalem noch offen war, um die heilige Stadt zu verteidigen[4]). Die Anführer hatten zu ihren Stammesgenossen in der Euphratgegend Boten geschickt und sie gebeten, ihnen Mannschaften zu senden, und ihre Bitte war nicht vergeblich gewesen[5]). Die Mauern Jerusalems wurden noch

---

[1]) Jos. jüd. Kr. IV, 10, 7. Vita 75.

[2]) Das. jüd. K. V, 1, 6; 12, 2; VI. 4, 3. Vergl. über Tib. Alexander und sein Avancement Léon Renier's Abhandlung in den Mémoires de l'Académie des inscriptions et belles lettres T. XXVI. 1 (Jahrg. 1867) p. 294 ff, wo nachgewiesen ist, daß Tib. Alexander unter Titus in Judäa die hohe Charge des Praefectus praetorio bekleidet hat [und weitere Literatur bei Schürer I³, S. 568, Anm. 9 und S. 624, Anm. 85].

[3]) Jos. j. Kr. V, 2, 4. Hier erzählt J. unzweideutig, daß der Krieg von außen der Zwietracht der Parteien ein Ende gemacht habe: τότε πρῶτον ἀνέπαυσεν τὴν ἐπ' ἀλλήλοις ἔριν ὁ ἔξωθεν πόλεμος. Damit steht im Widerspruche die Gräuelschilderung, wie Johannes am 14. Nisan, gerade beim Beginn der Belagerung, durch heimlich Bewaffnete der Zeloten unter Eleasar habe angreifen und selbst viele von den zum Opfern im Tempel Anwesenden habe erschlagen lassen, dadurch habe die Zwietracht nicht mehr unter drei Parteien, sondern nur unter zweien fortbestanden (V, 3, 1): Ἡ μὲν οὖν στάσις, οὕτω τριμερὴς οὖσα πρότερον, εἰς δύο μοίρας περιίσταται. Aber es soll doch gar keine Zwietracht mehr bestanden haben! Undenkbar ist auch, daß die Opferer im Tempel zum Passahfeste sich von einigen heimlich Bewaffneten hätten erschlagen lassen. Josephus gibt selbst an (VI, 9, 3), daß mehr als 1,000000 Menschen beim Beginn der Belagerung in Jerusalem zum Passahfeste anwesend gewesen sein sollen, wovon die meisten auswärtige Judäer, also erwachsene Männer waren. Und diese Million soll sich von der geringen Zahl der Johannisten haben abschlachten lassen! Josephus hat seine Feder gegen Johannes geführt, um diesem solche Untaten anzudichten. Mit dem Beginn der Belagerung hat die Parteiung unter den Führern aufgehört. Eleasar b. Simon hat sich wohl von selbst Johannes untergeordnet.

[4]) Das. VI, 9, 3. [5]) Das. VI, 6, 2.

Die Belagerung Jerusalems.

mehr befestigt und gegen die Stöße der Belagerungsmaschinen widerstandsfähig gemacht.

Endlich zog Titus das römische Heer von allen Seiten zusammen und lagerte bei Skopos (Zophim, 7 Stadien, 1300 Meter, nördlich von Jerusalem). Ehe er zur Belagerung Jerusalems schritt, ließ er die Einwohner auffordern, ihm in Frieden die Tore zu öffnen; er verlangte nur Unterwürfigkeit, Anerkennung der Römerherrschaft und Leistung der Abgaben, wie vor dem Aufstande[1]). Zwei Umstände bewogen ihn, gelinde mit den Judäern zu verfahren und ihnen noch Zugeständnisse zu machen. Er hatte Eile nach Rom zurückzukehren, das er als Privatmann verlassen hatte, und das er als zukünftiger Cäsar wiedersehen sollte. Dort winkten ihm Genüsse und Machtfülle, die er rasch erhaschen wollte[2]). Sodann wollte er aus Liebe zu der judäischen Prinzessin, deren Herz trotz ihres Sündenwandels an der heiligen Stadt hing, Jerusalem nicht der Zerstörung preisgeben. Aber die mutigen Kämpfer schlugen alle durch Gesandte verheißenen Versprechungen aus. Sie hatten geschworen, die Stadt mit ihrem Leben zu verteidigen und mochten nichts von Ergebung hören[3]). Da die Aufforderung zur Ausgleichung erfolglos geblieben war, so wurde mit dem Angriff auf die Stadt Ernst gemacht. Alle Gärten und Baumpflanzungen im Norden und Westen Jerusalems, von wo der Angriff gemacht werden sollte, wurden schonungslos verheert[4]). Titus näherte sich mit einigen Begleitern dem nördlichen Walle, um das Terrain zu rekognoszieren, und da er keinen Krieger, nicht einmal eine Wache auf der Mauer bemerkte, glaubte er schon, die Kämpfer Jerusalems seien eingeschüchtert und würden sich leicht unterwerfen. Plötzlich stürzten die Judäer aus einem Tore heraus, trennten Titus von seinem Gefolge und hätten ihn beinahe zum Gefangenen gemacht, wenn das Schamgefühl, zum Gespötte der Judäer zu werden, nicht seine Kräfte verdoppelt, und wenn nicht seine Begleiter alle Anstrengungen gemacht hätten, ihn zu decken[5]). Die erste Waffentat der Jerusalemer gegen die Römer stellte ihnen ein günstiges Vorzeichen. Tages darauf, als die zehnte Legion auf dem Ölberge mit dem Lagerabstechen beschäftigt war, wurde sie von judäischen Kriegern überrumpelt und in solchen Schrecken versetzt, daß sie die Arbeit im Stiche ließ und zurückwich[6]). Indessen blieben diese Scharmützel, weil vereinzelt, ohne Erfolg. Die Judäer mußten sich stets wieder in die Festung zurückziehen; aber diese kühnen Ausfälle zeigten den Römern, welchen schweren Kampf sie zu

---

[1]) Jof. j. Kr. V, 2, 3; 9, 4. Dio Cassius 66, 4.
[2]) Tacitus hist. 5, 10.   [3]) Jof. jüb. Kr. VI, 6, 3 und 7, 2.
[4]) Daf. V, 3, 2.   [5]) Daf. V, 2, 2.   [6]) Daf. 2, 4—5.

bestehen haben würden. Es gelang ihnen jedoch, auf drei Seiten Lager aufzuschlagen und die Maschinen gegen die äußerste Mauer zu richten. Die Arbeiten zur Belagerung begannen gerade am Passahtage (März oder April 70[1]), weil Titus glauben mochte, die Judäer würden sie aus religiösen Rücksichten nicht stören. Die Belagerungsmaschinen wurden auf hohen Erdwällen und Plattformen errichtet, die bis zur Höhe der Mauer aufgeworfen wurden. Von hier warfen die Feinde Pfeile, Schleudern, schwere Holzstücke und Steine auf die Verteidiger der Mauer und in die Stadt; Sturmböcke und eiserne Widder arbeiteten an drei Stellen gegen die Mauer, um sie zu erschüttern. Sobald aber die Römer die Maschinen aufgestellt hatten, stürzten sich die Judäer wie Dämonen aus der Stadt und zerstörten sie, vertrieben die Arbeiter und zogen sich, nachdem sie Schrecken und Verwirrung unter den Feinden verbreitet hatten, wieder hinter die Mauer zurück[2]). Nicht bloß die Zeloten, sondern Alle, die nur Waffen tragen konnten, beteiligten sich an den Kämpfen; selbst Frauen zeigten den Männern gleich eine beispiellose Todesverachtung[3]). Die Belagerten warfen Felsblöcke auf die Feinde oder gossen siedendes Öl auf ihre Köpfe; nach und nach lernten sie mit schwerem Geschütz umgehen und kehrten die erbeuteten Geschosse gegen deren ehemalige Eigentümer. Indessen besserten die Römer die Schäden stets wieder aus und zwangen die Belagerten nach fünfzehntägiger Arbeit die äußerste Mauer zu verlassen (7. Ijar, Mai)[4]). Dann begann ein hitziger Kampf um die Zwischenmauer, welche die Verteidiger hinter der ersten aufgerichtet hatten. Als die Römer sie schon eingenommen glaubten, vertrieben sie die Judäer wieder. Erst nach mehreren Tagen gelang es den Römern, Meister derselben, und damit auch der Vorstadt Bezetha, zu werden[5]).

Die Kämpfe hatten damit noch lange kein Ende und wiederholten sich täglich mit neuer Erbitterung. Nach siebzehntägigen Anstrengungen hatten die Römer vier Dämme gegen die Antonia und die zweite Mauer errichtet und gedachten mit der Erschütterung derselben vorzugehen. Da stürzte Johannes mit seiner Schar durch einen unterirdischen Gang herbei und zündete die Werke gegen die Antonia an. Zwei Tage später steckten drei mutige Männer von bar Gioras Partei, Tephtai, Megassar und der Adiabener Chagira, Sohn des Nabatai, die an=

---

[1]) Jos. jüd. Kr. V, 13, 7.   [2]) Daj. V, 6, 2 ff.
[3]) Tacitus historiae 5, 13. Davon erzählt Josephus nichts, denn es lag in seinem Plane, die Bevölkerung Jerusalems als friedlich gesinnt darzustellen, und den hartnäckigen Widerstand auf die Zeloten und „Räuber" zu schieben.
[4]) Jos. jüd. Kr. V, 7, 2.   [5]) Jos. das. V, 7, 3—4; 8, 1 f.

dern Werke in Brand, ungeachtet der Geschosse, die auf sie nieder=
hagelten¹). Mit der nahen Gefahr stieg auch der Mut der Belagerten.
Alle Überredungskünste, die namentlich Josephus, von Titus dazu be=
nutzt, anwandte, fruchteten nichts. Es blieb ihnen auch kein anderer
Ausweg als Sieg oder Tod. Denn was sie von den Römern zu er=
warten hatten, zeigte sich sogleich beim Beginn der Belagerung. Die
Gefangenen, auch diejenigen, welche sich geflissentlich fangen ließen,
um der eingetretenen Hungersnot zu entfliehen, ließ Titus, „die Wonne
des Menschengeschlechtes", zuweilen 500 an einem Tage, ans Kreuz
schlagen, um den hartnäckigen Verteidigern die Aussicht zu eröffnen
auf das, was ihnen bevorstand. Es mangelte an Platz für die Kreuze
und an Kreuzen für die Schlachtopfer. Zuweilen schickte er sie mit
abgehauenen Händen in die Stadt zurück²).

Titus mußte auf die Hoffnung verzichten, den Krieg schnell zu
beendigen und richtete sich daher auf eine langwierige Belagerung ein.
Die Hungersnot sollte seine Bundesgenossin werden. Um den Be=
lagerten die heimlichen Ausgänge aus der Stadt zu verrammeln, ließ
er um die ganze Stadt einen Wall ziehen, der fast 7 Kilometer im
Umfange hatte³). Alle Gärten und Felder um Jerusalem wurden
zerstört und die ganze Umgegend, mehr als 15 Kilometer in der
Runde, einer Einöde gleich gemacht. Die Lebensmittel schwanden bei
der Überfüllung an Menschen mit jedem Tage mehr, und da die
Schleichwege, die benutzt wurden, um von außen Nahrung, wenn auch
mit Lebensgefahr, herbeizuschaffen, abgeschnitten waren, so stellte sich
der wütendste Hunger ein und raffte seine Opfer massenhaft hin. Er
ergriff zuerst die ärmern Klassen, deren geringe Vorräte bald aufge=
zehrt waren. Der Hunger machte das Mitleid verstummen und er=
stickte das Vater= und Muttergefühl. Die Häuser und Straßen füllten
sich mit Leichen, die nicht einmal von ihren Verwandten zu Grabe
gebracht wurden, sie mußten auf öffentliche Kosten weggeschafft werden.
Die Lebenden schlichen mit aufgedunsenen Leibern wie Gespenster um=
her. Empörend ist Josephus' heuchlerisch=fromme Entrüstung darüber,
daß Johannes von Gischala die im Tempel für die Opfer aufbewahrten
Wein= und Ölvorräte unter seine Leute verteilte⁴), als wenn es nicht
selbst nach dem Gesetze gestattet wäre, sich auf diese Weise vor Hungers=
not zu schützen.

---

¹) Jos. jüd. Kr. V, 11, 4—5. Von der Tollkühnheit des letztern hat sich
in der Pesikta Rabbati (No. 29—30, ed. Friedm. p. 139 b fg.) eine Sage
erhalten. Er wird אבוקה בן גביהי, lies: נביחי, genannt, von der Fackel, womit
er die Maschine angezündet; vergl. Güdemann in der Monatsschr. 1880, 132 ff.
²) Jos. das. 11, 1.   ³) Das. 12, 2.   ⁴) Das. 13, 6.

Der hohläugige Tod trieb endlich viele dazu, zu den Römern über=
zugehen, wo sie aber eine neue Todesart erwartete. Die Römer hatten
bald bemerkt, daß die Überläufer Goldstücke verschlungen hatten, zur
Fristung ihres kärglichen Lebens in der Gefangenschaft. Da schlitzten
sie ihnen kannibalisch den Leib auf und suchten nach den verborgenen
Goldstücken¹). Infolgedessen wurde ein Gesetz erlassen, Goldmünzen
nicht zu verschlingen²). Bei der Zunahme der Überläufer waren die
Zeloten um so strenger gegen die Verdächtigen; sie verlangten, daß
jedermann auf der Höhe der Vaterlandsliebe stehen und dem Tode
mutig ins Auge schauen sollte. Eine Verschwörung einiger Hauptleute
aus bar Gioras Heere, die zum Feinde übergehen wollten, entdeckte der
Führer und bestrafte die Schuldigen ohne Schonung³). Auch Matthia
ben Theophilos, der abgesetzte Hohepriester, der mit andern aus
dem priesterlichen Adel Simon bar Giora nach Jerusalem berufen
hatte, erlitt die Strafe für sein verräterisches Spiel. Er wurde mit
dreien seiner Söhne auf bar Gioras Befehl im Anblick der Römer
enthauptet und mit ihnen zugleich zwei andere Adlige und fünfzehn
aus dem Volke⁴). Nicht aus Lust am Morden sind diese hingerichtet
worden, sondern wegen erwiesenen oder mit guten Gründen vermuteten
Verrates. Denn weder die Zeloten noch Johannes noch bar Giora
vergriffen sich an Josephus' Eltern, obwohl sie Grund genug hatten,
gegen diese offenen Parteigänger der Römer erbittert zu sein. Die
Mutter blieb ganz und gar unbehelligt, der Vater, Matthia, wurde
nur in Gewahrsam gehalten, und es durfte niemand mit ihm ver=
kehren, aus Furcht vor Verräterei⁵). Wären die Führer in
Jerusalem so blutdürstig gewesen, wie sie Josephus nicht müde wird
zu schildern, so hätten sie dessen Eltern am wenigsten verschont.

So streng aber auch die Wachsamkeit der Zeloten war, so konnten
sie doch nicht jeder List, deren sich die Verräter bedienten, begegnen.
Die verkappten Römerfreunde in der Stadt steckten beschriebene Zettel
in die Pfeile, die sie in das römische Lager abschossen, und gaben
durch dieses Mittel dem Feinde von allem Kunde, was in Jerusalem
vorging⁶).

Die Zeloten aller Parteien ermüdeten indessen nicht, trotz Hungers=
not und Verrat, den Römern die Arbeit zu erschweren, so daß es
ihnen erst nach 21 Tagen gelang, unter hartnäckigen Kämpfen einen
neuen Damm gegen die Antonia aufzuwerfen. Ein Ausfall des Jo=

---

¹) Jos. jüd. Kr. V, 13, 4—5.
²) Tosephta Gittin IV, 4: אין מבליעין דנרי וזהב בשעת מלחמה מפני סכנת נפשות.
³) Jos. das. 13, 2. ⁴) Das. 13, 1. Vergl. o. S. 522 Note.
⁵) Das. 13, 1 und 3. ⁶) Vergl. Note 27.

hannes um das Werk anzuzünden, mißlang, und so stürzte die Mauer der Antonia unter den heftigen Stößen von außen zusammen (1. Tammus, Juni). Wie erschraken aber die Römer, als sie hinter dieser Mauer eine neue erblickten! Vergebens strengten sie sich an, diese mit Sturm zu nehmen. Einen Überfall in der Nacht schlugen die Judäer zurück, und der Kampf dauerte bis zum andern Morgen[1]). Aber die Antonia blieb in der Gewalt der Römer, und Titus ließ sie zerstören. In dieser Zeit (17. Tammus) hörten die täglichen Opfer aus Mangel an Tieren auf[2]). Von neuem ließ Titus das Volk zur Übergabe der Stadt auffordern und beteuerte, den Tempel verschonen zu wollen; aber er wählte stets einen Dolmetscher, dessen Erscheinen die Kämpfenden nur noch mehr erbitterte. Johannes erwiderte auf die Aufforderung: die Gottesstadt könne nicht untergehen, und das Ende gehöre Gott an[3]). Doch ließen sich von neuem einige Mutlose zum Überlaufen überreden, Söhne und Verwandte von hohenpriesterlichen Geschlechtern, darunter auch drei Söhne des Hohenpriesters Ismael ben Phiabi. Titus ließ diese Überläufer unter Bewachung nach der Stadt Gophna bringen[4]).

Die Belagerten verteidigten nach dem Fall der Antonia den Tempel. Eine römische Truppe, welche in der Nacht den Kampf wieder aufnahm, wurde von den Tapfersten der Tapfern, Juda ben Merton, Simon ben Josias, Jakob und Simon ben Kathla, Jakob ben Sosa, dem Idumäer, Gyphtai, Alexas und Simon ben Jair zurückgeschlagen. Da richteten die Römer ihre Angriffs= werke gegen die Tempelmauer, und die Judäer wurden gezwungen, die Säulengänge, welche die Antonia mit dem Tempel verbunden hatten, abzubrechen. Sie wendeten jede List an, um die Römer zu ermüden; sie zündeten einige Säulengänge des Tempels an und stellten sich, als wenn sie die Flucht ergriffen. Darauf erkletterten viele Römer die= selben und kamen teils durch das Schwert der Judäer, teils durch das Feuer um. Der Brand erstreckte sich aber längs der ganzen Westseite, und die schönen Säulengänge wurden ein Raub desselben (21—28. Tammus). Tags darauf verbrannten die Römer die nörd= lichen und einen Teil der westlichen Säulengänge[5]).

[1]) Jos. jüb. Kr. VI, 1, 1—6.
[2]) Daf. 2, 1. Taanit IV, 6. Josephus verdreht die Tatsache, als wenn der Mangel an Priestern das Einstellen der Opfer herbeigeführt hätte. Menschen gab es noch genug, aber Tiere fehlten.
[3]) Josephus daf. 2, 1.
[4]) Daf. 2, 2—3.
[5]) Daf. 2, 5—9; 3, 1.

Indessen schritt der Würgengel der Hungersnot durch die Bevölkerung Jerusalems, sog mit Gier alle Lebenssäfte aus, hob die Schranken zwischen Armut und Reichtum auf und entfesselte die niedrigsten Leidenschaften. Das Geld hatte seinen Wert verloren, denn man konnte kein Brot dafür kaufen. Um ein wenig Stroh, um Lederstücke und noch häßlichere Dinge stritten sich die Ausgehungerten, um sie einander zu entreißen. Die reiche Martha, Gemahlin des Hohenpriesters Josua ben Gamala, die einst auf Teppichen von ihrem Hause bis zum Tempel gewandelt sein soll, suchte gleich den Ärmsten in den Straßen nach ekelhaften Speisen, um den nagenden Hunger auf einen Augenblick zu stillen. Als sollte kein Zug in dem Schauergemälde der Strafandrohung des großen Propheten unerfüllt bleiben, fiel eine Entsetzen erregende Szene vor, die selbst den Feind mit Schauder erfüllte. Eine Frau Mirjam, welche sich aus Peräa nach der Hauptstadt geflüchtet hatte, schlachtete ihr junges Kind und verzehrte sein Fleisch[1]). Die aufgehäuften Leichen, die in der heißen Jahreszeit schnell in Fäulnis übergingen, verbreiteten einen üblen Geruch und erzeugten Seuchen, die mit dem Kriege und dem Hunger um die Wette die Bevölkerung hinrafften. Die Krieger aber ertrugen alle diese Beschwerden mit ungebrochenem Mute, sie stürmten zum Kampfplatze mit leerem Magen, umgeben von den düstersten Bildern des Todes, mit demselben Ungestüm, wie am ersten Tage der Belagerung. Von diesem todesverachtenden, unerschütterlichen Heldenmut der Zeloten und ihrer Hingebung an das Heiligtum und die Sache ihres Volkes waren selbst die Römer betroffen. Da sie täglich wahrnahmen, daß die judäischen Krieger trotz des nagenden Hungers immer mit frischem Mute in den Kampf gingen, so hielten sie sie für unüberwindlich und ihre Seelenstärke im Unglück für unverwüstlich. Einzelne Römer verließen ihre Fahnen und ihren Glauben und gingen zum Judentume über. Auch sie waren fest überzeugt, daß die heilige Stadt nicht in die Gewalt ihrer Feinde geraten könne. Die Bewohner Jerusalems waren auf diese aufrichtige Bekehrung einiger Römer in der Stunde der höchsten Gefahr so stolz, daß sie für sie auch in der Hungersnot sorgten, damit sie nicht zu darben brauchten[2]).

[1]) Jüd. Kr. VI, 3, 3—4. Vergl. Gittin 56a. Midrasch Threni 67c, 68b.
[2]) Dio Cassius 66, 5: Κἂν τούτῳ καὶ τῶν Ῥωμαίων τινὲς ἀδημονήσαντες, οἷα ἐν χρονίῳ πολιορκίᾳ, καὶ προυποτοπήσαντες, ὅπερ ἐθρυλλεῖτο, ἀπόρθητον ὄντως τὴν πόλιν εἶναι, μετέστησαν. καὶ αὐτοῖς ἐκεῖνοι, καίπερ σπανίζοντες τῆς τροφῆς, περιεῖπον, εἰς ἐπίδειξιν τοῦ καὶ αὐτοὶ αὐτομόλους ἔχειν. Josephus das. VI, 1, 2 erwähnt ebenfalls etwas von der Bewunderung der Römer für den Mut und die Seelenstärke der judäischen Krieger, erzählt aber nichts von dem Überlaufen der Römer zu den judäischen Fahnen.

Die Römer hatten indessen die Belagerungsmaschinen gegen die Außenwerke des Tempels aufgestellt und sechs Tage lang (2—8. Ab) unaufhörlich gearbeitet, ohne die Mauern erschüttern zu können. Einen Sturm, bei dem sie versuchten, auf Leitern die Mauer zu erklettern, schlugen die Judäer zurück und stürzten die Kletternden von der Mauer in die Abgründe. Da gab Titus den Plan auf, den Tempel zu schonen, und ließ an die Tore der äußern Ringmauer des Tempels Feuer legen, das einen ganzen Tag und die folgende Nacht wütete. Dann befahl er wieder, den Brand zu löschen und einen bequemen Zugang für die Legionen zum Angriff zu bahnen. Zugleich rief er einen Kriegsrat zusammen, in welchem beschlossen werden sollte, was mit dem Heiligtume geschehen solle. Der Rat bestand aus sechs der höchsten Anführer: Tiberius Alexander, der den Oberbefehl hatte, Sextus Cerealis, der wegen seiner Kriegstaten zum Führer der fünften Legion (Macedonica) befördert worden war, Larcius Lepidus, dem Führer der zehnten Legion (Fretensis), Tittius Frugi, dem Führer der fünfzehnten Legion (Apollinaris), Haternus Fronto, dem Führer eines Teils der zwölften Legion (Fulminata) und endlich Marcus Antonius Julianus, der zum Landpfleger über Judäa ernannt war, und dazu noch aus einigen Tribunen und Obersten. Einige hielten es für richtig, den Tempel zu zerstören, weil er immer ein Herd der Aufstände bleiben werde; Titus dagegen sprach sich entschieden für dessen Erhaltung aus. Aus ihm sprach die Prinzessin Berenice, der er sich gefällig zeigen wollte. Da sich auch Alexander, Cerealis und Fronto für Schonung erklärten, so wurde beschlossen, den Tempel zu erobern, aber ihn nicht zu zerstören. Gewiß hatte auch Agrippa Einfluß auf diesen Beschluß; denn durch die Erhaltung des Tempels hatte er die Aussicht, vermöge seiner Verbindung mit dem neuen Kaiser, König des neu restaurierten Gemeinwesens von Judäa zu werden. Tags darauf (9. Ab) machten die Judäer wieder einen kühnen Ausfall, wurden aber von der Übermacht der Feinde zum Rückzuge genötigt. Endlich schlug die Stunde des Unterganges, die in dem Andenken der Nation eine düstere Trauer auf Jahrtausende hinaus hinterließ. Die Belagerten machten am 10. Ab (August) einen neuen Ausfall gegen die Römer, wurden aber zurückgeworfen und verfolgt. In dieser Verwirrung ergriff ein Römer ein brennendes Holzscheit, ließ sich von einem Gefährten in die Höhe heben und warf es durch das sogenannte goldene Fenster in den Tempel. Das Holz der Tempelhallen fing Feuer und wälzte den Brand mit Windeseile in die benachbarten Räume, aus denen bald Flammen in die Höhe schlugen. Bei diesem Anblicke wichen auch die Mutigsten zurück. Titus eilte mit den Truppen herbei. Der Widerstand hatte aufgehört. Er befahl den Brand zu löschen. Seine Stimme wurde nicht gehört[1]). Die wütenden Soldaten

[1]) Ich kann Jakob Bernays' Annahme durchaus nicht zustimmen, daß, abweichend von Josephus' Darstellung (jüd. Krieg VI, 4, 3), und in allzugroßem Vertrauen auf die Darstellung des Mönches Sulpicius Severus, Titus selbst die Zerstörung des Tempels beschlossen habe (wissenschaftliche Beilage zum Jahresbericht des Breslauer jüd. theol. Seminars 1861, S. 48 ff.). Der Grund, den Sulpicius dafür angibt, klingt durchaus mönchisch und keineswegs taciteisch: „damit durch die Zerstörung des Tempels der Judäer und auch der Christen Glaube ausgerottet werde. Denn diese Religionen, obwohl einander entgegengesetzt und feindlich, sind von denselben Urhebern ausgegangen. Die Christen sind aus den Judäern entstanden. Sei erst die Wurzel (die Judäer) weggeschafft, so werde auch der Stamm (Christen) untergehen. At contra alii et Titus ipse evertendum inprimis templum censebant, quo plenius Judaeorum et Christianorum religio tolleretur. Quippe has religiones, licet contrarias sibi, iisdem tamen ab auctoribus profectas; Christianos ex Judaeis exstitisse, radice sublata, stirpem facile perituram". Das alles soll Titus geltend gemacht haben, er, dem die winzige Christengemeinde kaum dem Namen nach bekannt war! Man braucht sich bloß die Worte anzusehen, um sogleich darin die Expektoration eines Mönches zu finden. So etwas kann Titus unmöglich gesprochen, und Tacitus kaum geschrieben haben. Schon ein älterer Editor des S. Severus machte die Bemerkung dazu: Hoc cum vero non convenit... auctor ex ingenio finxit. Wenn Titus die Zerstörung des Tempels beschlossen hätte, so brauchte er sich bessen in den Augen der Römer, die im allgemeinen den Judäern nicht freundlich gesinnt waren, nicht zu schämen. Er hatte aber im Gegenteil Interesse, ihn zu schonen, weil er seiner Geliebten, der frommen judäischen Prinzessin Berenice damit gefällig sein wollte. Dazu kommt noch, daß Léon Renier (a. a. O., oben S. 532) durch scharfsinnige Kombinationen nachgewiesen hat, daß die Aufzählung der Mitglieder des Kriegsrates unter Titus nach der Abstufung ihrer Chargen von Josephus das. (4, 3) äußerst genau und authentisch ist. Josephus kann also diesen Vorgang nicht erdichtet haben. Ferner haben Vespasian selbst und Titus „Erinnerungen" an den judäischen Krieg geschrieben (ὑπομνήματα Vita 65 bis; contra Apionem I, 10). In diesen muß doch auch etwas über den Tempelbrand vorgekommen sein. Es ist doch aber undenkbar, daß, falls Titus darin erzählt haben sollte, er habe die Zerstörung des Tempels gewünscht, Josephus ihm den entgegengesetzten Wunsch in den Mund gelegt haben sollte und zwar in einer Schrift, die er Titus zu lesen gegeben (das.). — Auch de Saulcy (les derniers jours de Jérusalem, p. 374) hält Sulpicius Severus' Angabe für unhistorisch. Er macht mit Recht dagegen geltend, daß, selbst wenn die Stelle aus Tacitus geflossen sein sollte, diese Zeugenschaft von einem, der beinahe 30 Jahre später schrieb, zurücktreten muß gegen Josephus' Augenzeugenschaft, der darüber in Rom schrieb, als noch alle die Generale lebten, deren Votum bezüglich des Tempels er mitteilt, und die ihn hätten dementieren können. Auch diesen hat er sein Buch übergeben. Kurz, wenn Josephus auch an anderen Stellen aus Liebedienerei manche Tatsachen falsch dargestellt hat, muß dieser Bericht doch als historisch angenommen werden. [Dennoch scheint Bernays, dem u. a. auch v. Gutschmid, Harnack, Niese, Peter und Schiller zustimmen, im Rechte zu sein. Vgl. die Literatur über die Streitfrage bei Schürer I³, S. 631, Anm. 115].

zerstreuten sich in den Tempelräumen, um zu plündern, zündeten sie an vielen Stellen an und würgten alle, die in der allgemeinen Bestürzung nicht geflohen waren. Titus drang selbst, von Neugierde getrieben, in das Allerheiligste und weidete sich an dessen Anblick, bis ihn erstickender Qualm daraus vertrieb. Die ihm gehässige Sage erzählt, er habe da, im Allerheiligsten, mit einer Buhlerin (Berenice) Unzucht auf einer heiligen Thorarolle getrieben[1]). Bald drangen die judäischen Krieger wieder vor; auf der Brandstätte entbrannte ein neuer Kampf. Das Siegesgeschrei der Römer, das Wehklagen der Judäer beim Anblick der Verwüstung, das Geprassel der Flammen erschütterten den Erdboden, erschütterten die Luft; das Echo trug die Trauerbotschaft von dem Falle des Tempels bis zu den Bergen, und das Feuermeer gab den Bewohnern ringsumher das Zeichen, daß jede Hoffnung geschwunden sei[2]). Viele Judäer stürzten sich aus Verzweiflung in die Flammen, sie wollten den Tempel nicht überleben. Andere, viele tausend Männer, Weiber und Kinder, waren trotz der andringenden Feinde und der züngelnden Flammen in den südlichen Säulenhallen geblieben. Schwärmerische Propheten ließen sie ein Wunder erwarten: gerade im Augenblicke des Tempelbrandes werde Gott unerwartete Hilfe senden. Aber die Römer stürzten sich auf die Leichtgläubigen und machten sie alle, an 6000, nieder[3]). Der Tempel brannte vollständig ab, und nur die Grundfesten und einige Mauertrümmer an der Westseite ragten wie riesige Gespenster aus der Brandstätte hervor. Mehrere Priester, die sich auf die Mauer gerettet und dort einige Tage, trotz Hunger und Durst, ausgehalten hatten und endlich gezwungen waren, um Erbarmen zu flehen, ließ Titus hinrichten. „Priester müssen", sprach der Unmensch, „mit dem Tempel untergehen"[4]). Dabei gab er sich den Anschein, als handle er nur als Rächer des von den Zeloten vergossenen Blutes. Die siegenden Legionen opferten ihren Göttern auf der Tempelstätte, pflanzten ihre Fahnen auf und riefen Titus zum Imperator aus[5]). Der zweite Tempel wurde, verhängnisvoll, an demselben Tage eingeäschert wie der erste (10. Ab — August 70)[6]). Infolge des Tempelbrandes der Rücksichten gegen Berenice entbunden, legte sich Titus keinen Zwang mehr auf und erteilte den Befehl, die Stadtteile, welche die Römer beherrschten, zu verbrennen, die Akra und Ophla[7]).

---

[1]) Gittin 56 b.
[2]) Josephus jüd. Krieg VI, 4, 7—8; 5, 1.
[3]) Das. 5, 1—2.   [4]) Das. 6, 1.   [5]) Das.
[6]) Das. VI, 4, 8. Taanit 29 a und Parall.
[7]) Jos. das. 6, 3; 7, 2.

Noch immer war der Kampf nicht zu Ende. Die Häupter der Revolution hatten sich mit ihren noch übriggebliebenen Scharen in die Oberstadt zurückgezogen. Dort hatten sie eine Unterredung mit Titus. Johannes und Simon verlangten, da sie geschworen hatten, eher zu sterben, als die Waffen zu strecken, daß ihnen freier Abzug mit den Waffen zugestanden werde; unter dieser Bedingung wollten sie die Oberstadt überliefern. Titus bestand aber darauf, daß sie sich auf Gnade und Ungnade ergeben sollten, und so entbrannte der Kampf von neuem. Am 20. Ab (August) begannen die Römer die Arbeit, neue Dämme gegen die Mauer der Oberstadt aufzurichten, und waren erst nach 18 Tagen (am 7. Elul, September) damit fertig. Die Standhaftigkeit verließ die Zeloten auch da nicht. Die Jdumäer, welche heimlich mit Titus unterhandelten, wurden teils getötet, teils in den Kerker geworfen[1]). Aber die judäischen Kämpfer waren denn doch von den Anstrengungen und vom Hunger erschöpft und konnten den Sturm nicht mehr zurückschlagen. Die Römer überstiegen endlich die Mauer, besetzten die Türme und drangen mordend in die Oberstadt ein. Tags darauf (8. Elul) verbrannten sie auch den letzten Stadtteil, die Oberstadt (Zion). Die Mauern wurden völlig zerstört; nur die drei Türme Hippicos, Mariamne und Phasael ließ Titus unversehrt, damit sie als Zeugen seines erstaunlichen Sieges dastehen sollten. Sonst wurde die ganze Stadt dem Erdboden gleich gemacht[2]). Unter den Trümmern Jerusalems und des Tempels wurde der letzte Rest staat= licher Selbständigkeit Judäas begraben. Mehr als eine Million Menschen soll während der Belagerung umgekommen sein[3]). Rechnet man die Gefallenen von Galiläa, Peräa und den judäischen Städten hinzu, so kann man wohl annehmen, daß der judäische Stamm auf heimischem Boden zum großen Teile vernichtet war. Wiederum saß Zion auf der Brandstätte und weinte, ihre Söhne waren gefallen, ihre Töchter in schmähliche Sklaverei geführt oder den Soldaten zur Befriedigung ihrer Brunst zugeteilt[4]). Sie war noch viel unglücklicher als nach der ersten Zerstörung, da ihr jetzt kein Seher das Ende ihrer Witwenschaft und ihrer Trauer verkündet hat.

[1]) Jos. jüd. Kr. VI, 8, 1. 2.
[2]) Das. VII, 1, 1. Aus Mechilta und Midrasch zu Cant. 1, 9 u. a. St. geht bestimmt hervor, daß ein Teil der Westmauer des Tempels in II. und III. Jahrh. noch vorhanden war: כותל מערבי של בית המקדש.
[3]) Jos., das. VI, 9, 3.
[4]) Das. VII, 8, 7, ed. Havercamp II, p. 430—431.

Siebzehntes Kapitel.

Die Nachwehen des Krieges.

Die Gefangenen und ihr Leid. Die Tierkämpfe. Titus' Unmenschlichkeit. Judenhaß der Antiochenser. Triumph der Kaiser über den Fall Judäas. Das Ende von Simon bar Giora und Johannes von Gischala. Die Münzen über das besiegte Judäa. Titus' Triumphbogen. Der judäische Fiskus. Fall der letzten Festungen Herobium, Masada und Machärus. Zelotenaufstände in Alexandrien und Kyrene. Das Ende des Oniastempels. Der letzte Zelote. Das Ende Berenices und Agrippas. Flavius Josephus und seine Schriften.

70 — 73.

Wer ist imstande, die Leiden zu schildern, welche die in die Gefangenschaft der Römer Geratenen getroffen haben! Über 900000 waren in diesem Kriege zu Gefangenen gemacht worden. Die aus Jerusalem ließ Titus auf der Tempelstätte zusammenpferchen und überließ es einem freigelassenen Sklaven, sie zu bewachen, und einem Freunde, Fronto, über sie zu verfügen[1]). Nur die adiabenischen Prinzen verschonte Titus, er schickte sie aber in Fesseln nach Rom[2]), um an ihnen Geiseln für die Treue des adiabenischen Königs zu haben. Auch zwei Tempelbeamte erhielten Gnade, obwohl sie bewaffnet aufgegriffen waren, weil sie die Tempelgeräte, hohenpriesterlichen Ornate und Spezereien auslieferten[3]). Fronto ließ alle diejenigen, welche als Kämpfer erkannt oder verraten wurden, auf der Stelle ans Kreuz nageln. Die Übrigen beneideten sie um das schnelle Ende; denn viele Tausende von ihnen kamen vor Hunger um, indem die Aufseher ihnen nur schmale Bissen reichten. Ein Teil der Gefangenen weigerte sich Speisen von den Römern anzunehmen und verschmachtete lieber. Von den Überlebenden wählte Fronto die schönsten und kräftigsten Jünglinge für den Triumphzug aus; von denen, welche über siebzehn Jahre alt waren, wurde ein Teil in die Bergwerke Ägyptens gesandt, um dort lebenslänglich als Arbeitskräfte der Römer zu dienen, wie früher die galiläischen Gefangenen zur Fronarbeit für die korinthische Landenge verurteilt worden waren. Die meisten Jünglinge wurden an die Provinzen verschenkt, um sie zu Tierkämpfen zu gebrauchen. Die

---

[1]) Josephus, jüd. Kr. VI, 9, 2 — 3.
[2]) Das. 6, 4.   [3]) Das. 8, 3. Vergl. Monatsschrift Jahrg. 1885, 195 f.

übrigen unter siebzehn Jahr alten und die weiblichen Gefangenen wurden an die Meistbietenden verkauft. Wegen ihrer Menge mußten sie den Sklavenhändlern um einen Spottpreis überlassen werden. Von den zuletzt zu den Römern Übergelaufenen wurden nicht alle, sondern nur vierzigtausend begnadigt[1]). Auch Josephus erhielt als Gnade oder als Belohnung für seinen Verrat die Erlaubnis, sich Gefangene auszuwählen. Er befreite zuerst seinen Bruder und fünfzig Befreundete, dann suchte er sich unter den Söhnen und Töchtern seiner Bekannten hundertundneunzig aus, denen er, wie er sich rühmend hervorhebt, ohne Lösegeld die Freiheit schenkte. Auch heilige Schriften rettete er und nahm sie in seinen Besitz[2]). So wurden die Söhne und Töchter Zions als Sklaven im römischen Reich umhergeschleudert. Wie viele Jammerszenen mögen die Unglücklichen durchgemacht haben! Eine Szene, welche den Spätern in Erinnerung geblieben ist, mag als Probe dienen. Ein Jüngling und ein Mädchen von edler Abkunft waren zwei Herren als Sklaven zugefallen, und da beide von strahlender Schönheit waren, so beschlossen die beiden Eigentümer, sie mit einander zu verheiraten. Nachts in eine Kammer zusammengeführt, weinte der Jüngling und weinte die Jungfrau im Stillen über ihr trauriges Los, daß sie, edelgeborene Judäer, eine Sklavenehe eingehen sollten. Als die Dunkelheit schwand, erkannten beide einander als Bruder und Schwester, sanken einander in die Arme und gaben unter Freude und Schmerz ihren Geist auf[3]). Wie viele solche herzzerbrechende Schmerzen haben keinen Griffel gefunden, der sie der Nachwelt erzählte! Nur den Trost gab es noch für die Unglücklichen, nach einer Stadt verkauft zu werden, wo eine judäische Gemeinde bestand. Da konnten sie mit Gewißheit darauf rechnen, daß sie von ihren Religionsgenossen um jeden Preis losgekauft werden und brüderliche Teilnahme finden würden.

Als Titus den Schauplatz der Zerstörung verließ, blieb die zehnte Legion mit einem Anführer, wie es scheint, Sextus Cerealis, dem Verwüster von Sichem und Idumäa, zurück[4]). Zur Überwachung des Landes oder vielmehr des geringen Restes der Judäer sollte ein Lagerplatz für ausgediente Soldaten angelegt werden. Zuerst wurde Thekoa dazu in Aussicht genommen, dann wurde ein Ort sechzig Stadien (12 Kilometer) nordwestlich von Jerusalem dazu ausersehen, Ammaus (ha-Moza). Dort wurden achthundert ausgediente Soldaten zurückgelassen; das Städtchen erhielt römisches Bürgerrecht und wurde

---

[1]) Josephus, jüd. Kr. VI, 8, 2; 9, 2.
[2]) Vita 75.   [3]) Gittin 58 a. und a. St.
[4]) Folgt aus jüd. Kr. VII, 6, 1. Vergl. Vita 75.

in der Folge Colonia genannt (jetzt Kulonieh[1]). Vespasian erklärte ganz Judäa für sein Eigentum und befahl den römischen Beamten, es stückweise an Meistbietende zu verkaufen[2]). Warum denn nicht? Er hatte es ja mit Blut gedüngt. Auch war dieser Verkauf einträglich, und Vespasian war noch mehr geldgierig als ehrgeizig. Aber um wieviel niedriger erscheint der römische Eroberer als der chaldäische! Nebukadnezar hat nur sehr wenige der Gefangenen umbringen lassen, viele im Lande gelassen und ihnen das Land zum Bebauen eingeräumt und einen judäischen Statthalter darüber gesetzt; die Gefangenen, die er nach Babylonien transportierte, hat er milde behandelt. Wie verfuhr der „gütige" Titus, nachdem er Tausende hatte hinrichten und Abertausende zu Sklaven verkaufen lassen? Auf seinem Zuge nach Syrien wurden ihm kräftige judäische Jünglinge in Fesseln nachgeschickt. In Cäsarea hielt er Hof und veranstaltete Belustigungen in römischem Geschmack für seine Freunde. Wilde Tiere wurden in in einen geschlossenen Raum geführt, und die judäischen Gefangenen mußten so lange mit ihnen kämpfen, bis sie überwältigt und von ihnen zerfleischt waren. Zuweilen wechselte auch das Schauspiel. Die judäischen Gefangenen mußten gegeneinander anrennen, um einander zu durchbohren. So kamen in Cäsarea bei der Feier des Geburtstages seines Bruders, des saubern Domitian, 2500 jugendlich kräftige Judäer um (24. Oktober). Von hier begab er sich nach dem andern Cäsarea (Philippi) am Hermon, der Residenz des judäischen Königs Agrippa, und veranstaltete auch hier Tier- und Zweikämpfe, und abermals verröchelten viele Judäer unter den Augen Agrippas und Berenices. In Berytus entfaltete Titus zum Geburtstag seines Vaters (17. Nov.) einen verschwenderischen Glanz; dabei durften Tierkämpfe nicht fehlen, und wieder färbte eine Menge Judäer den Sand des Kampfplatzes mit ihrem Blute[3]). In allen Städten ge=

[1]) Über Thekoa Vita 75. Über Ammaus jüd. Kr. VII, 6, 6. ὀκτακοσίοις δὲ μόνοις, ἀπὸ τῆς στρατιᾶς διαφειμένοις χωρίον ἔδωκεν εἰς κατοίκησιν, ὃ καλεῖται μὲν Ἀμμαοῦς, ἀπέχει δὲ τῶν Ἱεροσολύμων σταδίους ἑξήκοντα [τριάκοντα liest Niese a. a. O. und notiert ἑξήκοντα nur als L. A. einer einzigen HS.]. Dieses Ammaus ist zweifellos identisch mit dem in Succa p. 45 (auch jer. 54 b) genannten מוצא ונקרא מירושלם למטה היה מקום, wozu weiter bemerkt ist: מקום היה קלניא d. h. dieses Moza wurde Colonia genannt; diesen Namen hatte es von Colonia veteranorum. Der gegenwärtige Name Kulonieh stammt unstreitig davon. Wahrscheinlich ist dieses מוצא identisch mit המוצא Josua 18, 26, wie Sepp kombiniert hat, und mit Emmaus (Lukas 24, 13) 60 Stadien von Jerusalem. [Vgl. hierzu Buhl a. a. O, S. 167 und 186 und Schürer I³, S. 640, Anm. 142].

[2]) Josephus jüd. Kr. VII, 6, 6. [Vgl. dazu die Bemerkung Schürers I³, 640, Anm. 141]. [3]) Das. 2, 1; 3, 1; 5, 1.

währte Titus dem Judenhasse der Syrer die Schadenfreude, sich an dem Todesröcheln der Unglücklichen zu weiden. **Das war Titus' Milde und Menschenfreundlichkeit.**

Wie viel fehlte, daß sämtliche Judäer im römischen Reiche, besonders die in Syrien, Kleinasien, Alexandrien und Rom das traurige Geschick ihrer Brüder in Judäa geteilt hätten! Denn die heidnische Bevölkerung war infolge des judäisch-römischen Krieges gegen die Söhne Jakobs auf das tiefste erbittert, ihr Judenhaß war bis zum Fanatismus gesteigert[1]), und sie machte keinen Hehl daraus, daß deren Vertilgung ihr Herzenswunsch war. Titus' Herz hätte sich nicht dagegen gesträubt. War es ein Zufall oder ein Werk der Vorsehung, daß Berenices Bild in diesem Herzen thronte und es milde gegen ihre Stammesgenossen stimmte? Sie war damals in dem traurigen Geschichtsgang ihres Volkes seine Beschützerin. Diesen Schutz genossen zunächst die Judäer der syrischen Großstadt Antiochien. Hier wurde der glühende Judenhaß noch durch einen ruchlosen abtrünnigen Judäer gesteigert. Jener Antiochos, der Sohn des Vorstehers der antiochensisch-judäischen Gemeinde, der aus irgend einem Grunde oder aus Herzensverdorbenheit ein Feind seiner Glaubensgenossen und seines Glaubens geworden war, hatte zur Zeit, als Vespasian den Feldzug gegen Galiläa eröffnete, in einer großen Volksversammlung diese und sogar seinen eigenen Vater angeklagt, daß sie eine heimliche Verschwörung angezettelt hätten, um in einer Nacht die Stadt in Brand zu stecken (o. S. 464). Einige Zeit später, als Mucianus nach Rom gezogen war, um Vespasians Sache gegen Vitellius durchzusetzen, und ein Teil von Antiochien in Flammen aufgegangen war, klagte abermals der Abtrünnige die Judäer der Brandstiftung an, und nur mit Mühe gelang es dem Stellvertreter des Statthalters, namens Collega, die Wut der Antiochenser gegen sie zu dämpfen. Die Untersuchung ergab die Unschuld der Judäer[2]). Indessen war ein fanatischer Haß gegen sie in Antiochien geschürt.

---

[1]) Jos. jüd. Krieg VII, 3, 3: Καθ' ὃν δὲ καιρὸν ὁ πόλεμος ἀνεκεκήρυκτο ... τὸ δὲ κατὰ τῶν Ἰουδαίων παρὰ πᾶσιν ἤκμαζε μῖσος.

[2]) Das. 3, 3—4. Die Zeit der ersten Anschuldigung durch Antiochos fiel (das. 3) in die Zeit, als Vespasian in Syrien landete, d. h. in das Frühjahr 67. Beim Sabbatzwang ist angegeben, στρατιώτας παρὰ τοῦ Ῥωμαίων ἡγεμόνος λαβών. Das kann nur Mucian gewesen sein, welcher zu gleicher Zeit mit Vespasian die Hegemonie über Syrien erhielt (o. S. 495). Die zweite Anklage muß später erfolgt sein, da Jos. (das. 4) bemerkt: Cäsennius Pätus, von Vespasian zum Statthalter von Syrien besigniert, war noch nicht eingetroffen, daher nur ein Legat, Ναῖος Κολλήγας, die Untersuchung geführt habe. Sie muß also nach Mucians Abreise erfolgt sein 69—70.

Als daher Titus sich dieser Stadt näherte, ging ihm die ganze Bevölkerung entgegen, und unter Schmeichelreden verlangte sie nichts weniger als die Ausweisung der Judäer aus ihrer Mitte. Da er darauf keine Antwort erteilte, sondern ohne Aufenthalt weiter zog, um die Huldigung des Partherkönigs entgegenzunehmen, schwebten die Judäer in peinlicher Angst. Auf seiner Rückkehr bestürmten ihn abermals Rat und Volk um die Verbannung der Judäer aus Antiochien. Da antwortete Titus, es wäre eine Ungerechtigkeit, sie auszuweisen, da sie kein Vaterland mehr hätten, das sie aufnehmen könnte. Nicht einmal die Bitte, den Judäern mindestens die Gleichstellung zu entziehen und die ehernen Tafeln zerbrechen zu lassen, worin deren Gerechtsame eingetragen waren, bewilligte er[1]). Diese für die Judäer so günstige Stimmung wird ihm seine Liebe zu Berenice eingeflößt haben. Auch die Alexandriner bestürmten Titus vergebens, den unter ihnen wohnenden Judäern ihre Freiheit und Gleichstellung zu nehmen[2]).

In Ägypten betrug sich Titus wie ein selbständiger Herrscher und setzte sich an einem Apisfeste eine Krone auf, und da die zur Zerstörung Jerusalems gebrauchten Legionen ihn fast mit Drohungen gedrängt hatten, bei ihnen zu bleiben, so war die Meinung verbreitet, er ginge damit um, den Kaisermantel an sich zu reißen und seinen Vater zu entthronen. Vespasian zitterte. Aber plötzlich traf Titus in Rom ein und sprach zur Beruhigung: „Ich bin da, Vater, bin da!"[3]). Er verlor nichts dabei; denn er war tatsächlich der Herrscher und galt als Vormund des alternden Kaisers[4]). War er doch ebenfalls von den Legionen zum Imperator ausgerufen worden. Er führte daher diesen Titel neben seinem Vater. In Rom sollte bei seinem Einzuge ein Triumph über Judäa gefeiert werden. Zu diesem Zwecke wurden siebenhundert judäische Gefangene von schönem Schlage und auch die beiden Zelotenführer Johannes von Gischala und Simon bar Giora vorausgeschickt[5]). Der erstere, kränklich und vor Hunger verschmachtet, hatte sich mit seinen Brüdern den Römern ergeben[6]), Simon aber hatte sich mit einigen Trabanten in die unterirdischen Gänge Jerusalems begeben, und hoffte, mit Werkzeugen versehen, sich einen Ausweg ins Freie zu bahnen, um an einem andern Orte die Römer zu befehden. Aber die Zeloten stießen an einen harten Felsen, an dem ihre Anstrengung scheiterte. Die knappen Nahrungsmittel gingen ihnen aus, und so entschloß sich bar Giora als Held zu sterben. In ein weißes Unterkleid und in einen Purpurmantel gehüllt, trat er

---

[1]) Jos. jüd. Kr. VII, 5, 1. Altert. XII, 3, 2. [2]) Altert. das.
[3]) Sueton, Titus 6. [4]) Das. [5]) Josephus jüd. Kr. VII, 5, 3.
[6]) Das. VI, 9, 4.

plötzlich aus der Erde an der ehemaligen Tempelstätte hervor und setzte die römische Schildwache durch seine ungewöhnliche Erscheinung in Schrecken. Als sie sich von ihrer Überraschung erholt hatte und ihn fragte, wer er sei, antwortete er ihr: „Führt mich zu eurem Hauptmann." Als dieser, Rufus, herbeigerufen war, sprach der Zelotenführer: „Ich bin Simon bar Giora" und wurde sofort in Fesseln geschlagen[1]). Er kannte das Loos, das ihn erwartete und sah ihm ruhig entgegen. Was aus dem dritten Zelotenführer Eleasar ben Simon geworden ist, ist nicht bekannt, wahrscheinlich hat er seine Heldenseele in der Schlacht ausgehaucht, und der hämische Geschichtsschreiber gönnte ihm die Unsterblichkeit nicht. Diese beiden Helden, Johannes und bar Giora, sollten auch Titus' Einzug in Rom verherrlichen.

Der Vater mit den zwei Söhnen Titus und Domitian feierte den Triumph über Judäa. Vor ihnen her wurden die Tempelgefäße, der goldene Leuchter, der goldene Tisch und eine Gesetzrolle, wahrscheinlich die im Tempel erbeutete, getragen und die Gefangenen in Fesseln geführt. Zugleich wurden Abbildungen der Schlachten und der Zerstörung der schaulustigen Menge gezeigt. Simon bar Giora wurde an einem Stricke durch die Straßen geschleift und endlich nach römischem Brauch, der ein Menschenopfer verlangte, vom tarpejischen Felsen geschleudert. Johannes von Gischala starb im Kerker[2]). Tiberius Alexander, der eigentliche Sieger über seine Stammesgenossen, machte den Triumph mit und erhielt eine Statue auf dem Forum Roms[3]). Josephus war nur Zuschauer desselben. Dieser großartige Triumph, wie ihn Rom schon lange nicht gesehen hatte, bezeichnete die große Freude am Siege über Judäa. Denn einen so hartnäckigen Feind hatten die römischen Legionen schon lange nicht bekämpft. Während Titus Jerusalem belagerte, hatten die Gallier, Germanen und Bataver ebenfalls einen Aufstand gegen die Römer versucht und für ihre Freiheit kämpfen wollen. Aber das Erscheinen eines römischen Führers und Domitians auf den Sammelplätzen des Aufstandes genügte, um diese für kriegerisch gehaltenen Völker zu zerstreuen[4]). Und

---

[1]) Jüd. Kr. VII, 2, 2. [2]) Daf. 5, 4—6.
[3]) Folgt aus Juvenal Sat. I, 124—131, vergl. Note 4.
[4]) Daf. 7, 2. Tacitus hist. 4, 54 ff. Das Urteil eines Generals, wie des Herrn de Saulcy, über die Heldentaten der Judäer verdient gegenüber den wegwerfenden Urteilen von Federhelden, welche den Judäern auch in der Vergangenheit den Heldenmut mißgönnen, besonders hervorgehoben zu werden. „Jamais en aucun temps", sagt er, „nation n'a tant souffert, et ne s'est jetée si bravement et toute entière entre les bras de la mort, pour échapper au plus poignant des malheurs, à l'envahissement par la force brutale

dieses Häuflein judäischer Kämpfer hatte den Römern vier volle Jahre zu schaffen gemacht. Sollten diese da nicht einen glänzenden Triumph begehen? Vespasian konnte nach Unterbrechung etwa eines Jahrhunderts abermals den Janustempel schließen; er ließ einen Friedenstempel bauen. So groß war die Freude über die Besiegung Judäas, daß mehrere Jahre hindurch Denkmünzen aus Gold, Silber und Erz zum Andenken daran geprägt wurden. Diese Münzen stellen das unglückliche Judäa im Bilde eines zerknirschten Weibes unter einem Palmbaum in Stellungen der Verzweiflung dar, bald auf der Erde sitzend, bald stehend mit gebundenen Händen. Manche derselben tragen noch das Bild eines judäischen Kriegers mit seinem Schilde und mit gefesselten Händen. Die Inschrift auf diesen Münzen lautet stets „das besiegte" oder „das gefangene Judäa" (Judaea devicta, Judaea capta, Ἰουδαίας ἑαλωκυίας[1]). Später wurde ein Triumphbogen für Titus erbaut, auf welchem noch heute die erbeuteten Tempelgefäße zu sehen sind (Arco di Tito). Die römischen Judäer sollen lange Zeit, um diesen Bogen nicht sehen zu müssen, lieber einen Umweg gemacht haben. Den Siegesnamen Judäus mochten indessen Vespasian und Titus nicht annehmen, weil dieser Name schon damals eine unliebsame Nebenbedeutung hatte[2]. Die Tempelbeute blieb lange Zeit in Rom im Friedenstempel und die Gesetzrolle im kaiserlichen Palaste[3]. Von hier aus wurden diese Überbleibsel des judäischen Heiligtums später, als Rom für seine schweren Sünden büßte, in andere Länder verschleppt.

Noch war indessen Judäa nicht vollständig unterworfen, drei Festungen hatten sich noch behauptet: Herodium, Machärus und Masada. Der Landpfleger Bassus, den Vespasian nach Judäa sandte, hatte den Auftrag, sie zu erobern[4]. Die Besatzung von Herodium, aus Simons Parteigängern und Idumäern bestehend, ergab sich bei der ersten Aufforderung[5]. Schwerer fiel es Bassus,

des armées étrangères. Honneur donc aux illustres martyrs du patriotisme judaïque; car ils ont payé de leur sang le droit de transmettre à leur descendance le souvenir de la plus belle résistance qui ait jamais été faite par les faibles contre les horreurs de la conquête. (de Saulcy, les derniers jours de Jérusalem, p. 437.) So ein französischer General. Hermann Schiller dagegen hat in seiner Geschichte der römischen Kaiser kein Wort der Anerkennung für den erstaunlichen Heroismus der judäischen Krieger.

[1]) Die zahlreichen Münzen dieser Gattung sind zusammengestellt bei Madden, jewish coinage, 183 ff. Vgl. deß. the international numismata orientalia II. p. 207 ff. [und Schürer I³, S. 636, Anm. 128].

[2]) Dio Cassius 66. 7.
[3]) Josephus jüd. Krieg VII, 5, 7.
[4]) Das. 6, 1.   [5]) Das. 6, 1.

Meister von Machärus zu werden. Diese von Alexander Jannai angelegte und von Herodes gegen die Nabatäer verstärkte Bergfestung war von allen Seiten durch tiefe und breite Schluchten und steile Zugänge uneinnehmbar. Die judäische Besatzung war mit Mundvorrat und Wasser versehen, welches Felsenquellen reichlich spendeten. Aus einer Höhle flossen zwei Wasserstrahlen, ein kalter und ein warmer. Die judäischen Zeloten fühlten sich unter einem tapfern Jüngling Eleasar durch die natürliche und künstliche Befestigung so stark, daß sie Ausfälle gegen die belagernden Römer machten und ihre Werke zerstörten. Aber eines Tages, als Eleasar, von einem Ausfall sich zurückziehend, in der Nähe des Feindes trotzig stehen blieb, wurde er von einem Römer ergriffen und gefesselt. Bassus ließ ihn foltern und machte Miene ihn zu kreuzigen. Von diesem Anblicke wurden die Belagerten so gerührt, daß sie ihre Unterwerfung zusagten, wenn ihr Anführer verschont würde. So hatte eine Unvorsichtigkeit Machärus in die Gewalt der Römer gebracht. Bassus hielt zwar gegen diejenigen Wort, mit denen er kapituliert hatte; von der Bevölkerung aber, die an einem tiefer gelegenen Teile des Berges wohnte und in den Vertrag nicht mit eingeschlossen war, ließ er 170 Männer und Jünglinge über die Klinge springen, Frauen und Kinder in die Sklaverei verkaufen.

Dreitausend Zeloten, die unter dem Anführer Juda ben Jaïr, der, glücklicher als bar Giora, einen unterirdischen Ausgang gefunden hatte, in einem Walde in der Nähe des Jordans ihren Schlupfwinkel hatten und zu den Flüchtlingen aus Machärus gestoßen waren, wurden von den Römern umzingelt und nach heißem Kampfe niedergemacht[1]). Masada einzunehmen verhinderte Bassus der Tod; sein Nachfolger Silva übernahm die schwere Aufgabe. Diese von dem Makkabäer Jonathan angelegte und ebenfalls von Herodes widerstandsfähig gemachte Bergfestung am toten Meere war womöglich noch unzugänglicher als Machärus. Der steile Fels, auf dem sie gebaut war, hatte nur zwei Steigen, die nur mit Gefahr betreten werden konnten. Die Besatzung, aus tausend Zeloten mit Weibern und Kindern bestehend, welche Eleasar ben Jaïr, ein Nachkomme des Zelotenstifters Juda, befehligte, hatte Überfluß an Mundvorrat, Wasser und Waffen. Auch kämpfte sie mit dem dieser Truppe eigenen Todesmute. Aber die römische Belagerungskunst erschütterte eine Mauer; die andere Holzmauer, welche die Besatzung gebaut hatte, geriet in Brand durch die brennbaren Stoffe, welche die Römer hineingeschleudert hatten. Die Hoffnungslosigkeit, mit so geringer Mannschaft Widerstand zu leisten,

---

[1]) Über Juda b. Jaïr s. Jos. jüd. Kr. VII, 6, 5.

Die Königin Berenice von Titus verstoßen.

gab Eleasar den Gedanken ein, die Besatzung zu überreden, sich selbst den Tod zu geben, um nicht in die Hand der Römer zu fallen. Alle stimmten freudig bei, und am ersten Passahtag (73) töteten die Männer ihre Frauen und Kinder und dann sich selbst. Die Römer, die auf einen Kampf gerüstet waren, gewahrten beim Eindringen in Masada eine unheimliche Todesstille, nur zwei Frauen und fünf Knaben kamen ihnen auf ihren Ruf entgegen. Das war das Ende der letzten Zeloten auf judäischem Boden[1]).

Vespasian nahm schwere Rache an den Judäern, die gewagt hatten, das römische Joch abzuschütteln. Ganz Judäa eignete er sich als Privatbesitzung an und verkaufte die Ländereien (o. S. 545). Die zurückgebliebenen begnadigten Judäer mußten das Erbe ihrer Väter käuflich an sich bringen. Nur seinem Günstling Josephus schenkte er einige Ländereien steuerfrei in der Ebene Saron[2]). Aber nicht nur die Bewohner Judäas, sondern auch sämtliche Judäer des römischen Reiches wurden für den Aufstand verantwortlich gemacht und bestraft. Die zwei Drachmen (2 Denare, etwa 1½ M.), die sie jährlich für das Heiligtum spendeten, sollten sie nunmehr für den kapitolinischen Jupiter liefern, und was früher freiwillige Gabe der Frömmigkeit war, wurde jetzt in eine Zwangsabgabe mit Gewissensverletzung umgewandelt. Vespasians Habgier eignete sich die Gelder für seinen Privatschatz an, und diese erste von ihm eingeführte Judensteuer erhielt den Namen: „**der judäische Fiskus**" (fiscus judaïcus[3]). Seine judäischen Freunde und Helfer belohnte Vespasian mit Reichtümern und Ehren. Berenice, die früher so fromme, die sich zur Erfüllung eines Nasiräergelübdes die Haare hatte abschneiden lassen, wurde als die künftige Kaiserin angesehen; sie wohnte in Titus' Palaste, als wäre sie schon seine Gattin[4]). Er war so eifersüchtig auf sie, daß er einen römischen Konsularen Cäcina, seinen Tafelgenossen, aus Verdacht eines geheimen Liebesverhältnisses mit Berenice erdrosseln ließ[5]). Um Titus zu schmeicheln, ließen der Rat des Areopag und der Rat der Sechshundert und das Volk von Athen eine Statue für Berenice setzen und widmeten ihr eine pomphafte Inschrift, worin sie sie die „große Königin,

---

[1]) Jos. jüd. Kr. VII, c. 8 u. c. 9.   [2]) Josephus Vita 76.

[3]) Jüb. Kr. VII, 6, 6. Dio Cassius 66, 7. Der Name bei Sueton, Domitian c. 12.

[4]) Dio Cassius 66, 15.

[5]) Aurelius Victor, epitome in Titum c. 9: Caecinam consularem, adhibitum coenae, vixdum triclinio egressum, ob suspicionem stupratae Berenices, uxoris suae, jugulari jussit. Auch bei Sueton (Titus 6), aber ohne das Motiv.

Tochter des großen Königs Julius Agrippa" nannten[1]). Titus scheint ernstlich daran gedacht zu haben, sie zu heiraten. Aber der Haß der Römer gegen die Judäer gab eine solche Ehe nicht zu. Es zeigte sich im Volke ein lautes Mißvergnügen darüber, und auch Vespasian scheint unzufrieden damit gewesen zu sein. Titus mußte sie entlassen; er mag ihr den Rat gegeben haben, Rom bis auf eine günstigere Zeit zu verlassen[2]). Als Vespasian gestorben und Titus Alleinherrscher geworden war (79), kam Berenice zum zweitenmal nach Rom und erinnerte ihn an sein Versprechen; aber sie kam zu früh oder zu spät. Titus begann gerade damals seine Tugendrolle zu spielen und wollte den Römern zeigen, daß er mit seiner Vergangenheit zu brechen und seine früheren Liebschaften aufzugeben gedachte. Er ließ sie aus Rom bringen, und zwar, wie man sich in höheren Kreisen zuraunte, mit gebrochenem Herzen[3]). Berenice personifiziert Roms Verhältnis zum judäischen Volke. Es hat zuerst mit Judäa geliebäugelt und es zuletzt in elende Verbannung geschickt. Wohin die letzte judäische Fürstin mit ihrem Jammer gewandert, und wann sie gestorben ist, wird nicht erzählt (wahrscheinlich vor 93). Nicht besser scheint es ihrem Bruder Agrippa ergangen zu sein. Von Vespasian geehrt, belohnt und ausgezeichnet, weilte er anfangs ebenfalls in Rom und erhielt Prätorenrang, wahrscheinlich auch den Landesteil Galiläa oder einen Teil davon. Aber unter Titus teilte er die Ungnade seiner Schwester und mag sich in sein zweifelhaftes Königreich zurückgezogen haben[4]).

[1]) Corpus Inscr. Graec. I, No. 361; vergl. o. S. 351, N. 1. Diese Statue können die Athener ihr nur bei ihrer Anwesenheit in Athen gesetzt haben. In Athen kann sie aber nur zur Zeit ihrer Reise nach Rom gewesen sein. Die Athener haben weder Herodes, noch Agrippa I. eine Statue gesetzt, obgleich sie beide als ihre Wohltäter priesen. Von Berenice sagt die Inschrift nichts von einer Wohltat gegen sie. Folglich [?] kann die Statue nur gesetzt sein, als sie als Titus' Gemahlin galt.

[2]) Dio Cassius das.

[3]) Das. 66, 18. Aus dem Ausdruck: ὁ δὲ Τίτος ... μοναρχήσας ... χρηστός ... καὶ σώφρων, καίτοι καὶ τῆς Βερενίκης ἐς Ῥώμην αὖθις ἐλθούσης, folgt, daß Berenice zum zweiten mal nach Rom gekommen war, und zwar als Titus Alleinherrscher war: μοναρχήσας. Zum erstenmal war sie gleich nach Titus' Eintreffen in Rom nach der Zerstörung Jerusalems gekommen. Auf ihr zweites Eintreffen bezieht sich Sueton (Titus 7): Berenicen statim ab urbe dimisit, invitus invitam. Das Wort statim will wohl sagen, sobald Titus Alleinherrscher geworden war.

[4]) Über Agrippa und sein Ende ausführlich Monatsschr. Jahrgang 1877. S. 337 ff. Hier nur so viel: als Josephus die Altertümer zugleich mit seiner Vita im Jahre 93 beendete (weiter unten), war Agrippa nicht mehr am Leben. Die Agrippa-Münzen reichen nur bis 90. Die Notiz bei

Glücklicher als beide war Josephus. Vespasian und Titus behandelten ihn mit solcher Aufmerksamkeit, als wenn sie ihn für geleistete Dienste belohnen wollten. Titus hatte ihm erlaubt, unter den Gefangenen seine Verwandten und Freunde auszusuchen und ihnen die Freiheit zu geben. Er begleitete Titus zum Triumphzuge nach Rom, sah die Demütigung seiner Nation mit empörender Ruhe an und empfand Schadenfreude über den schimpflichen Tod ihrer Helden. Vespasian schenkte ihm nicht nur ausgedehnte Ländereien in Judäa, sondern räumte ihm auch seinen Privatpalast in Rom zur Wohnung ein und erhob ihn zum römischen Bürger[1]. Josephus heiratete zum drittenmal, nachdem er sich von der zweiten Frau getrennt hatte, und zwar, wie er rühmend hervorhebt, aus einer der edelsten judäischen Familien der Insel Kreta. So hoch stand er in der Gunst des flavianischen Kaiserhauses, daß er dessen Familiennamen annahm und der Nachwelt unter dem Namen Flavius Josephus bekannt geworden ist. Aber dafür haßten ihn die judäischen Patrioten mit solchem Ingrimm, daß sie ihm den ruhigen Genuß seines Lebens zu stören versuchten. Vergebens gab er sich Mühe, sein Andenken durch Beschreibung des Krieges gegen die Römer für die Judäer in hebräischer Sprache zu erhalten[2]. Seine hebräische Schrift verfiel der Vergessenheit, sein Name wird in der Nationalliteratur nicht genannt.

Mit der Einnahme der letzten Festungen in Judäa war der Kampf der Zeloten noch immer nicht beendet. Sie verpflanzten ihren Römerhaß in diejenigen Länder, wohin sie ihr flüchtiger Fuß getragen hatte. Diejenigen, die so glücklich waren, durch die unterirdischen Gänge aus dem brennenden Jerusalem ins Freie zu gelangen, zerstreuten sich und suchten Schutz bei ihren Brüdern in der Euphratgegend, in Arabien, Ägypten und Kyrene. Die Zeloten, die nach Alexandrien geflohen waren, überredeten ihre Stammesgenossen, einen Aufstand gegen die Römer zu machen, und da die alexandrinischen Judäer das Blutbad noch in Erinnerung hatten, das die römischen Legionäre einige Jahre vorher unter ihnen angerichtet hatten, so waren sie bereit dazu. Nur die Reichen und die Glieder des Rates widersetzten sich diesem wahnsinnigen Unternehmen; da sie aber die aufgeregten Gemüter nicht be-

---

Photius, woraus hervorgehen soll, daß er im 3. Jahre Trajans gestorben sei, ist mißverstanden worden. Aus dieser Notiz, worin der Relativsatz lautet: τελευτῆς Ἀγρίππα ... ὃς παρέλαβε μὲν τὴν ἀρχὴν ἐπὶ Κλαυδίου, ηὐξήθη δὲ ἐπὶ Νέρωνος καὶ ἔτι μᾶλλον ὑπὸ Οὐεσπασιανοῦ, folgt, daß Vespasian dessen Gebiet vergrößert haben muß. [Das Todesjahr ist doch wohl das Jahr 100 n. Chr. Schürers (I³, S. 599, Anm. 47) Darlegungen scheinen mir durchschlagend zu sein.]

[1] Josephus vita 75—76   [2] Das. jüd. Krieg, Einleitung 1.

schwichtigen konnten, so machten sie eine Hetzjagd gegen sie. Darauf wurden 600 Zeloten gefangen, dem Statthalter Lupus überliefert und von diesem hingerichtet; die übrigen zerstreuten sich über Ägypten bis nach Theben. Sie wurden allmählich ergriffen und schwer gefoltert, damit sie den Kaiser als ihren Herrn anerkennen sollten. Aber sie erduldeten die grausamsten Qualen, Knaben und Männer um die Wette, ohne ihren zelotischen Grundsätzen untreu zu werden und starben lieber unter der Folter. Vespasian, der fürchtete, Ägypten könnte ein Herd für neue Aufstände der Judäer werden, befahl, den Oniastempel zu schließen, um sie des religiösen Mittelpunktes zu berauben. Die Weihgeschenke des Oniastempels wanderten wie die des jerusalemischen Heiligtumes in die kaiserliche Schatzkammer, und das heliopolitanische Heiligtum wurde, nachdem es 243 Jahre bestanden hatte, für immer geschlossen (73—74)[1]).

Der Teil der Zeloten, der nach den Städten von Kyrenaika geflohen war, erregte unter den dortigen Judäern ebenfalls einen Aufstand und hatte kein besseres Ende. Ein Zelot Jonathan sammelte viele kyrenäische Judäer um sich, führte sie in die libysche Wüste und verhieß ihnen Wunderzeichen. Auch hier zeigten die angesehenen Judäer den Aufstandsversuch dem römischen Statthalter, Catullus, an, der die Aufständischen ergreifen und zum Teil hinrichten ließ. Jonathan fiel erst nach großer Mühe in die Hände der Römer und rächte sich an den reichen Judäern von Kyrene dadurch, daß er sie als Mitschuldige angab. Catullus ließ 3000 (?) von ihnen hinrichten, darunter auch den Angesehensten von ihnen, Alexander und seine Gattin Berenice, konfiszierte ihr Vermögen und stellte es dem Kaiser zu. Jonathan und seine Mitgefangenen wurden in Fesseln nach Rom gebracht und wollten aus Rachegefühl Josephus und einige römische Judäer in ihre Mitschuld hineinziehen; Titus aber kannte Josephus' treue Gesinnung gegen die Römer zu gut, als daß er der Anklage Gehör geschenkt hätte. Er verwendete sich für ihn, und so wurden er und seine Mitangeklagten freigesprochen. Jonathan wurde zuerst ausgepeitscht und dann lebendig verbrannt[2]). Das war

[1]) Das. VII. 10, 1—4; vergl. o. S. 31 N.
[2]) Das. 11, 1—3; vita 76. Ob Josephus die Sache wahrheitsgemäß dargestellt hat, ist fraglich. Denn im jüd. Kr. VI, 2, 2 deutet er etwas an, was er zum Schluß nicht erzählt, nämlich, daß der Hohepriester Jsmaël in Kyrene enthauptet wurde. Die Worte lauten: ὧν (τῶν καταφυγόντων) ἦσαν ἀρχιερεῖς μὲν .. υἱοὶ δ᾿ ἀρχιερέων, τρεῖς μὲν Ἰσμαήλου τοῦ καρατομηθέντος ἐν Κυρήνῃ. In Kyrene sind aber Aufständische und Beteiligte oder Verdächtige hingerichtet worden. Wie kam der Hohepriester Jsmaël nach Kyrene? Vielleicht ist Κυρήνη eine Korruptel.

das Ende der zelotischen Bewegung, die einen großen Teil der Judenschaft im römischen Reiche schmerzlich durchzuckt hat. Der Zelotenaufstand in Judäa scheiterte durch Verrat der Römlinge, durch die Uneinigkeit unter den Führern und deren Unbesonnenheit, die zwar eine Revolution hervorzurufen, nicht aber sie zum Ziele zu führen verstanden. Am glücklichsten waren noch die Zeloten, die nach Nordarabien in die Gegend von Jathrib (Medina) entkommen waren. Es gelang ihnen, sich dort ein eigenes Gemeinwesen zu gründen und bis ins siebente Jahrhundert zu behaupten. Sie haben unter andern Verhältnissen eine nicht geringe Rolle gespielt.

Der hartnäckige Krieg gegen die Römer hat in der römischen Welt ein solches Aufsehen erregt, daß sich einige Schriftsteller angeregt fühlten, ihn zu beschreiben. Daß die heidnischen Schriftsteller dabei parteiisch zu Werke gingen und aus Schmeichelei gegen die Sieger die Heldentaten der Judäer zu verkleinern suchten, ist nicht befremdlich. Diese Parteilichkeit empörte aber Josephus, so sehr er auch Römling war; der Rest seines patriotischen Gefühls konnte es nicht ertragen, seine Nation der Feigheit beschuldigt zu sehen. Er sammelte daher seine Erlebnisse und Erinnerungen und beschrieb den judäischen Krieg mit den vorangegangenen Veranlassungen in sieben Büchern (um 75 bis 79). Aber auch seine Darstellung konnte nicht unparteiisch ausfallen, er selbst war zu tief dabei interessiert, er hatte darin als galiläischer Statthalter eine nicht ganz saubere Rolle gespielt und stand unter dem Einflusse des Kaiserhauses, der ihn befangen machte. Er legte seine Geschichte den Kaisern vor, und Titus gab ihm die Erlaubnis zu ihrer Veröffentlichung; sie war also darauf angelegt, von ihnen gelesen und gutgeheißen zu werden[1]). Justus von Tiberias hatte aber bereits einige Jahre vorher eine Geschichte des judäischen Krieges verfaßt (um 73), worin er Josephus als einen Römerfeind anklagte, ihm Schuld an dem Aufstande in Galiläa gab und auch seine angebliche Abkunft von der hasmonäischen Familie Lügen strafte[2]). Die beiden Führer der feindlichen Parteien setzten nach Beendigung des Waffenkrieges einen Federkrieg fort. Justus war gerade auch kein Tugendmuster. Nachdem er in Galiläa die Revolution geleitet und einen Rachezug gegen die benachbarten Griechen angeführt hatte

---

[1]) Vita 65; contra Apionem I, 9.

[2]) Das. Der Hauptanklagepunkt, den Josephus nicht verschmerzen zu können schien, lautet [ed. Niese § 340]: αἴτιοι γεγόναμεν ἐγώ τε καὶ Γαλιλαῖοι ... τῆς πρὸς Ῥωμαίους .... στάσεως und dann weiter: Οὐκ ἐγὼ τοίνυν αἴτιος .. ἀλλὰ .. [das. § 352]. Auch die ausführliche Aufzählung seiner Genealogie mit der Abfertigung τοῖς διαβάλλειν ἡμᾶς πειρωμένοις χαίρειν φράσας das. 1 [§ 6 N.] ist wohl gegen Justus gerichtet.

(o. S. 479), war er zu Agrippa übergegangen. Von diesem auf Verwendung der Berenice begnadigt und noch dazu reichlich beschenkt, trat er in dessen Dienst, wurde aber zweimal von ihm in den Kerker geworfen und verbannt. Ein unaufgeklärtes und unaufklärbares Verhältnis muß zwischen Justus und dem König Agrippa bestanden haben. Obwohl Agrippa so aufgebracht gegen ihn war, daß er ihn hinrichten lassen wollte und nur auf Berenices wiederholte Verwendung ihn begnadigt hatte, stellte er ihn doch als seinen Geheimschreiber an, und zwar darum, um ihn wiederum aus seinem Gesichte zu verbannen[1]). Justus besaß eine gründliche griechische Bildung, wie ihm selbst sein Feind Josephus einräumte[2]), und war außerordentlich in der griechischen Literatur bewandert[3]). In griechischer Sprache verfaßte er auch eine „Geschichte der judäischen Fürsten, welche die Krone getragen haben", deren Verlust bedauerlich ist. Er begann mit Mose und führte die Erzählung bis in das dritte Jahr Trajans (bis 100), in welchem er das Zeitliche segnete[4]). Seine Geschichte des judäischen Krieges ließ aber Justus zwanzig Jahre unveröffentlicht[5]) und trat erst damit hervor,

---

[1]) Daſ. 65, ed Haverc. II, p. 32 unten [ed Niese § 356]. Die Stelle ist wegen des eigenartigen Verhältnisses Agrippas und Justus' zu einander beachtenswert.

[2]) Daſ. 9.

[3]) Diogenes Laertius II, 41 zitiert von 'Ιοῦστος ὁ Τιβεριεὺς aus der Schrift ἐν τῷ στέμματι eine Anekdote über Plato bei Sokrates' Prozeß. Sie stand also in Justus' Schrift über „die judäischen Fürsten mit Kronen", wovon folgende Note.

[4]) Photius Codex 33 zitiert von Justus: χρονικόν, οὗ ἡ ἐπιγραφή: Ἰούστου Τιβεριέως Ἰουδαίων βασιλέων τῶν ἐν τοῖς στέμμασιν. Photius sagt dann weiter: ἄρχεται δὲ τῆς ἱστορίας ἀπὸ Μωυσέως, und schließt τελευτᾷ δὲ ἔτει τρίτῳ Τραϊανοῦ, nämlich Justus ist in diesem Jahre gestorben [Die Beziehung dieser Worte auf Justus ist, wie Schürer (I[3], S. 88, Anm. 20) mit Recht hervorhebt, ganz unmöglich.], und nicht etwa Agrippa. Diese Chronik über „die gekrönten Fürsten" ist durchaus verschieden von der Geschichte des judäischen Krieges, gegen welche Josephus in der Vita polemisiert, wie C. Müller richtig vermutet hat (Fragmm. historicc. Graecc. III, p. 523). Denn Josephus nennt nur diese Geschichte Vita 9: ᾗ Θορρῶν ἐπεχείρησεν (ὁ Ἰοῦστος) καὶ τὴν ἱστορίαν τῶν πραγμάτων τούτων. d. h. dieser Zeit, auch daſ. 65. Diese Geschichte über den judäischen Krieg zitiert auch Eusebius (histor. eccl. III. 10): Διαβάλλων δῆτα (Ἰώσηπος) Ἰοῦστον..; ὁμοίως αὐτῷ τὰ κατὰ τοὺς αὐτοὺς ἱστορῆσαι χρόνους πεπειραμένον. Aus Eusebius zitiert Stephanus Byzantinus Justus' Ἰουδαϊκὸς πόλεμος.

[5]) Josephus Vita 65, Haverc. II, p. 33 [Niese § 359 f.]: διὰ τί ... τὴν ἱστορίαν οὐκ ἔφερες εἰς μέσον; πρὸ γὰρ εἴκοσιν ἐτῶν εἶχες γεγραμμένην. Da Josephus die Vita zugleich mit den Altertümern geschrieben hat (wovon weiter), d. h. 93, so muß Justus seine Geschichte des judäischen Krieges um 73 verfaßt haben.

als er mit verbittertem, patriotischem Gefühle sah, wie sein Feind Josephus auch nach Titus' Tode bei dessen Nachfolger, dem verworfenen Domitian, und bei der nicht minder verworfenen Kaiserin Domitia in Gunst geblieben war.

Dieser hatte sich in seiner Muße, die er unter Titus' und Domitians Regierung genoß, mit einem umfassenden Werke über die judäische Geschichte von Beginn an bis auf die, dem Kriege vorangegangene Zeit beschäftigt. Sein Freund Epaphroditos, ein Mann von Geist und Kenntnissen, der eine Zuneigung zum Judentum hatte, ermunterte ihn dazu und half ihm dabei den griechischen Stil verbessern[1]). Erst im dreizehnten Jahre von Domitians Regierung (93) vollendete Josephus dieses Werk in zwanzig Büchern unter dem Titel „Altertümer" (Ἀρχαιολογία), das ihn mit Recht unsterblich gemacht hat. Mit vielem Fleiße und vielen Kosten hat er die außerjudäischen Quellen gesammelt und benutzt, sie mit den geschichtlichen Berichten der heiligen Schriften in Einklang gebracht und ein Nationaldenkmal geschaffen, das die Taten und Gedanken des judäischen Volkes dem Kreise der gebildeten Völker bekannt gemacht hat. Bald darauf aber setzte er sich ein Denkmal der Schande. Justus' Geschichte des judäischen Krieges war ihm inzwischen zugekommen und hatte ihn in leidenschaftliche Aufregung versetzt. Er fühlte sich nicht bloß an seiner Ehre angegriffen, sondern auch an seinem Leben bedroht. Es war in der Tat außerordentlich gefahrvoll für ihn, sich als Römerfeind angeklagt zu sehen. Wie viel bedurfte es bei dem argwöhnischen Tyrannen Domitian, um von der Stufe der höchsten Gunst in den Abgrund schmählichen Untergangs geschleudert zu werden! Judäer, die ihn als Römling aus dem Grunde ihrer Seele haßten, versuchten öfter ihn bei Domitian anzuklagen und ihn zu verderben. Sein eigener Haussklave, der Erzieher seines Sohnes, war als Ankläger gegen ihn aufgetreten[2]). Es war aber Josephus bis dahin gelungen, wer weiß durch welche schlauen Mittel, sich nicht bloß zu rechtfertigen, sondern auch seine Ankläger gezüchtigt zu sehen! Und nun trat Justus mit einer Schrift auf, die ihn als verkappten Römerfeind und als warmen Beförderer des Krieges gegen die Römer schilderte. Um sich gegen die Anklagen des Justus von Tiberias zu rechtfertigen, schilderte er als Anhang zu

---

[1]) Das. contra Apionem I, 9: χρησάμενός τισι πρὸς τὴν Ἑλληνίδα φωνὴν συνεργοῖς. Dazu gehörte wohl Epaphroditos, von dem er mit großer Emphase spricht, Einleit. zu den Altert. 2, und dem er diese und die Schrift contra Apionem gewidmet hat, Vita Schluß u. c. Apionem Ende. Welcher unter den historisch bekannten Epaphroditos Josephus' Freund war, kann nicht ermittelt werden [Vergl. Schürer I³, S. 80, Anm. 8].

[2]) Das. Vita Schluß.

den Büchern der Altertümer sein eigenes Leben (Βίος[1]) und sein Verhalten im Kriege. Um sich von dem Verdachte zu reinigen, als habe er aus eigenem Antriebe gegen die Römer gehandelt, stellt er sich in ein noch ungünstigeres Licht, als habe er von Anfang an es verräterisch mit den Römern gehalten. Durch sein viertes und letztes Werk hat er indessen wieder manches gut gemacht. Es ist eine „Entgegnung gegen Griechen"[2], die das Judentum und die judäische Nation verunglimpften und ihr hohes Alter leugneten; Josephus hat sich damit den Dank seiner Stammesgenossen erworben. Mit vielem Freimute und warmer Überzeugung widerlegte er in zwei Büchern die falschen Anschuldigungen und hob die religiösen und sittlichen Vorzüge des Judentums hervor. Hätte Josephus nur die Altertümer und die Schrift gegen die Griechen oder gegen Apion hinterlassen, so würde er gleich Philo eine hohe Verehrung genießen. Als Schriftsteller gebührt ihm jedenfalls der Lorbeerkranz, aber die Bürgerkrone des Patrioten hat er verwirkt. Jeremias, der in Fesseln auf den Trümmern Jerusalems seine Klagelieder aushaucht, bildet den Schluß des ersten Zeitraumes; Josephus, der in den Gemächern der Cäsaren in behaglicher Ruhe die Geschichte seines Volkes schreibt, bildet den Schluß des zweiten Zeitraumes.

[1]) Die Vita bildet den Schluß zu den Altert. wie Josephus zu Ende der Altert. angibt. So bezeichnet sie richtig Eusebius (histor. eccl. a. a. O.): τῆς ἀρχαιολογίας τὸ τέλος. Sie ist also ebenfalls 93 verfaßt worden. Falsch daher bei Paret (Einleitung zur Übersetzung des jüd. Kr.) und bei Schürer (L.-B. der neutestam. Zeitgeschichte S. 21 [jetzt I³, S. 88]), als wenn die Vita erst nach dem Jahre 100 verfaßt wäre. Diese und andere Historiker sind von der falschen Voraussetzung verleitet worden, als wenn Agrippa erst in diesem Jahre gestorben wäre [vergl. jedoch Schürer a. a. O. Anm. 20, der offenbar im Rechte ist].

[2]) Eusebius zitiert die in den Ausgaben contra Apionem betitelte Schrift unter dem Titel: περὶ ἀρχαιότητος Καθ' Ἑλλήνων. Praeparatio evangel. X, 13, p. 500 [Über den Titel der Schrift vgl. Schürer I³, S 89].

Noten.

1.
Die Fastenrolle oder das Megillat-Taʻanit als authentische Geschichtsquelle.

Geschichtskundige haben es oft bedauert, daß wir für die makkabäische und nachmakkabäische Zeit nur auf das erste und zweite Makkabäerbuch und auf Josephus angewiesen sind und keine anderweitige Quelle besitzen, die von diesen berichteten Tatsachen durch Vergleichung zu prüfen. Noch mehr, man kann eigentlich nur von einer einzigen Quelle sprechen; denn so weit das I. Makkabäerbuch reicht, kopiert es Josephus in den Altertümern, ohne wesentlich Neues hinzuzufügen, und erst mit Simons Tod beginnt seine Selbständigkeit. Man gewahrt ferner nicht bloß in Josephus' Altertümern, sondern auch im I. Makkabäerbuche, daß ihnen ältere Urkunden zu Grunde liegen. Durch welches Medium sind diese Urkunden gegangen? Sind sie unverfälscht wiedergegeben? Stehen wir auf sicherem Boden, wenn wir uns diesen Quellen anvertrauen? So lange die Gewißheit der Tatsachen nur auf diesem einzigen Zeugen beruht, beschleicht den Forscher hin und wieder der Argwohn, ob der Tatbestand und die pragmatische Verknüpfung nicht am Ende die Spiegelung der Subjektivität ist, der die Basis des Faktischen fehlt. Dazu kommt noch ein anderes Bedenken. Das Parteiwesen spielt bekanntlich in der nachmakkabäischen Zeit eine durchgreifende Rolle. Es stehen sich gegenüber Aßidäer und Hellenisten, Pharisäer und Sadduzäer, Nationale und Herodianer, Zeloten und Römlinge. Ist die Darstellung, wenn auch nicht sagenhaften Ursprunges, so doch vielleicht entstellt, ein Reflex der Parteianschauung? Und selbst wenn man sich solcher Bedenklichkeiten entschlüge, wäre es nicht wünschenswert, neben der einen Geschichtsquelle eine andere zu besitzen, welche als Korrektiv dienen könnte? Glücklicherweise besitzen wir in der Fastenchronik Megillat-Taʻanit[1]) eine andere von der Hauptquelle unabhängige Quelle, welche sich auf die Hauptbegebenheiten dieses Zeitraumes erstreckt, alle Zweifel niederschlägt und noch dazu eine bessere Einsicht in den inneren Gang der Ereignisse gewährt. So wichtig das Megillat-Taʻanit aber für die Geschichte dieser Zeit ist, so hat es doch im ganzen noch nicht die rechte Würdigung gefunden, weil es noch nicht hinlänglich geprüft ist. Im folgenden soll nachgewiesen werden welche reiche Ausbeute für die Geschichte diese vernachlässigte Chronik liefert[2]).

---

[1]) Im babylonischen Texte der Mischna-Taʻanit II,8 lautet der Titel מגילת תענית, im jerusalemischen dagegen kurzweg מגילה. Es war nächst der heiligen Schrift die einzige niedergeschriebene Quelle in der talmudischen Zeit. Vergl. Erubin 62 b: כגון מגילת תענית דכתיבא ומנחא.

[2]) Mein Urteil über Bedeutung, historische Verwertbarkeit und kritische Sichtung des M. T. hat so viel Anklang gefunden und ist durch Derenburgs essai sur l'histoire et la géographie de la Palestine so verbreitet und allgemein akzeptiert worden, daß ich mich überhoben fühlen könnte, diese Note in der neuen Auflage abzudrucken. Um aber nicht in den Verdacht zu geraten, daß ich mich mit fremden Federn schmücke, muß ich meine Priorität wahren.

Der Charakter dieser Quelle ist so eigentümlich, daß sie sich mit keinem einzigen historischen Schriftdenkmal vergleichen läßt und daher schwer zu benennen ist. Das Megillat-Ta'anit ist seinem Ursprunge nach ein wahrhaftes monumentum aere perennius, indem es die Zeit, die Zerstörerin der Denkmäler, gewissermaßen zur Wächterin derselben einsetzt und sie zwingt, in ihrer steten Verjüngung die historischen Erinnerungen mitzuverjüngen. **Fünfunddreißig** entweder die ganze Nation oder die Träger derselben betreffende, freudige Ereignisse wurden durch **Gedenktage** verewigt. An solchen Tagen mußte öffentliches Fasten, an einigen auch öffentliche Trauer eingestellt werden. Diese Gedenktage oder $\nu\iota\kappa\eta\tau\acute\eta\rho\iota\alpha$, wie sie Josephus nennt (Altert. XII, 10,5), sind so lange gewissenhaft beobachtet worden, bis die trostlose Gegenwart den Sinn für die Vergangenheit abgestumpft hat. Die Nation selbst, welche die Taten vollbracht oder die freudigen Begebenheiten erfahren hatte, war durch die Beobachtung der Gedenktage gewissermaßen die Tradentin jener Tatsachen. Erst kurz vor der Tempelzerstörung wurden diese Gedenktage schriftlich aufgezeichnet (vergl. Note 26), und zwar aramäisch im Lapidarstil. An diesen Kern haben sich Zusätze, teils in der talmudischen, teils in der nachtalmudischen Zeit, als Erläuterungen zu dem fast rätselhaften Texte angesetzt. Diese Erläuterungen unterscheiden sich auch äußerlich durch ihre hebräische Fassung von den chaldäischen Aufschriften. Das edierte Megillat Ta'anit enthält also dreierlei Bestandteile: 1. den **Text**, 2. die **Scholien**, die zum Teil schon aus der talmudischen Zeit stammen, und 3. **Glossen**, welche erst in der gaonäischen Epoche hinzugekommen sein mögen. Erwähnt werden diese Sieges- oder Freuden- oder Halbfeiertage, außer im Talmud, im Buche Judith (8, 6). Judith fastete alle Tage ihrer Witwenschaft mit Ausnahme der Vorsabbattage, der Sabbate, der Neumondtage, Festeszeiten und der **Freudentage des Hauses Israel** ($\kappa\alpha\grave\iota\ \grave\epsilon\nu\acute\eta\sigma\tau\epsilon\upsilon\epsilon\ \ldots\ \chi\omega\rho\grave\iota\varsigma\ \ldots\ \kappa\alpha\grave\iota\ \chi\alpha\rho\mu\omicron\sigma\upsilon\nu\tilde{\omega}\nu$ $\omicron\tilde\iota\kappa\omicron\upsilon\ 'I\sigma\rho\alpha\eta\lambda$). Ohne Zweifel spielt der Verfasser damit auf die Tage an, an welchen nicht gefastet werden durfte: יומיא דלא להתענאה בהון.

Daß die erste Sammlung nur die Aufschriften allein enthielt, und überhaupt, daß das in den Talmuden zitierte Megillat Ta'anit nicht die gegenwärtige Gestalt hatte, dürfte jetzt als ausgemacht gelten. Die Beweise dafür liegen auf der Hand. So werden im Talmud (Ta'anit 17b) die ersten zwei Halbfeiertage des Monats Nissan aus Megillat Ta'anit in einem Zuge zitiert, während sie in unseren Ausgaben durch eine lange Motivierung und Diskussion unterbrochen sind (c. 1). In das zweite Kapitel ist eine Kontroverse hineingekommen, die gar nicht einmal zur Motivierung dient, sondern einfach als Reminiszenz aus dem Talmud (Chullin 129b) entlehnt ist. In c. 3 ist eine Motivierung eingeführt, die erst R. Abbahu als individuelle Meinung aufgestellt hat, daß nämlich Migdal-Schur identisch sei mit Cäsarea. Man vergleiche die talmudische Stelle (Megilla 6a) mit der Fassung in M. T. und man wird sich überzeugen, daß die Motivierung nicht ursprünglich ist. אמר ר׳ אבהו עקרון תעקר זו קסרי בת אדום ... שהיא היתה יתד תקועה בימי יונים וכשגברו מלכות בית חשמונאים ונצחום היו קורין אותה אחידת מגדל שור. In M. T. wird diese Erklärung ohne weiteres angenommen: אחידת מגדל שור זו קסרי בת אדום וכו׳. In c. 5 Ende ist ein Stück aus Jerus. Baba Batra p. 17a aufgenommen, wo es aber keineswegs als Zitat aus M. T. aufgeführt wird. In c. 6 (Anfang und Ende) sind als Motivierung Stellen aus dem Talmud zitiert, die gar nicht dazu gehören. In c. 9 bei der Chanukafeier sind einige sich widersprechende Boraithas über die Veranlassung derselben zusammengeschweißt, und das, was im Tal-

Note 1. Die Fastenrolle oder das Megillat-Ta'anit.

mud (Sabbat 21 b), durch die Frageformel מאי חנוכה eingeleitet, erzählt wird, ist als Motiv aufgenommen und zwar im Widerspruch mit dem folgenden Motiv. Der Schluß gehört gar nicht mehr zum Thema. In c. 11 oder 12 (Cod. Halberstam) kommt eine ganze Boraitha vor über die Unterschiede zwischen den Halbfeiertagen und den Hauptfesttagen. In c. 12 Anfang macht sich der spätere Zusatz schon durch die Ausdrucksweise kenntlich. Es wird nämlich die Bemerkung eingeflochten, daß die Reihenfolge der namhaft gemachten Gedenktage nicht eine chronologische sei, sondern daß in jedem Monate die wichtigen Tage aneinander gereiht worden, ohne daß damit gesagt sei, daß der früher erwähnte auch wirklich dem später erwähnten chronologisch vorangegangen sei. ולא כל הכתוב במגילה הזאת ראשון הוא ראשון, שני הוא שני , שלישי הוא שלישי: אלא תפסו להם חודש ראשון וכל שיש בו תפסו להם. Man übersehe nicht, daß die Fassung: einen Scholiasten voraussetzt. In demselben Kapitel werden die Motive zu dem Trajans- und Nikanortag so angegeben, wie sie im Talmud vorkommen, aber dort werden sie durch die Frageformel מאי טרינוס? מאי נקנור? eingeleitet (Ta'anit 18 b), was wiederum voraussetzt, daß diese Motive nicht in der Sammlung des M. T. standen, welche bekanntlich in jedermanns Hand war und gleich Schriftversen zitiert wird. Als Zusätze verraten sich ferner die Erwähnung eines Amora R.Chidka, die lange Erzählung von Choni ha-Meaggel nach der Fassung der Boraitha, die ungeschickte Etymologie von Akra (חקרא) durch הקראים[1]). Interessant ist, daß im Talmud (Ta'anit 12a) diskutiert wird, ob es einfach heißt: ייסד oder ייסד בצלו, während in unserer Sammlung des Megillat T. c. 12 die letzte Ansicht rezipiert ist. Außerdem begehen die Zusätze manche argen Schnitzer und machen sich durch einige stehende Redensarten, wie: ולא היו יכולין לצאת ביום אלא בלילה. kenntlich.

Für den geschichtlichen Zweck haben von den drei Bestandteilen unseres M. T. nur die chaldäischen Aufschriften Wert. Die Motivierungen sind nur als Scholien zu betrachten, deren Richtigkeit davon abhängt, ob sie den Sinn der Aufschrift oder des Textes treffen oder nicht. Oft ist die Motivierung des Scholions ganz verfehlt, zuweilen bringt es jedoch eine Tatsache heran, die nicht auf der Hand liegt und aus älteren Quellen geschöpft scheint. Nur wenn die Erläuterung vor der sprachlichen und sachlichen Kritik bestehen kann, verdient sie Berücksichtigung, andernfalls muß die Aufschrift selbständig erläutert werden. Die selbständige kritische Erläuterung der mißverstandenen Aufschriften zu geben, ist meine Aufgabe im folgenden, und es werden sich dabei manche interessante Ergebnisse für die nachexilische Geschichte entwickeln, welche als Ergänzung oder Berichtigung des Josephus dienen können. Um Wiederholungen zu vermeiden, folgen hier die brachylogischen Aufschriften des M. T. der Reihe nach, wie sie in der ursprünglichen Sammlung gelautet haben, die zur Zeit

---

[1]) In Cod. Halberstam ist die L. A. מקום הגלוין(?), vergl. M. S. 1875 S. 44 gewiß inkorrekt. Die Anmerkung zu הקראים 2, 4 עכשו זה מקום הקראים בני חקרא beweist, daß die Schlußredaktion erst nach Entstehung des Karäertums, nach 760, entstanden ist [Ich möchte meine Deutung dieses Glossems in der M. S. 1876, S. 451 noch immer für beachtenswert halten.]. Die Scholien, für welche es keinen Beleg aus dem babylonischen Talmud oder Midrasch gibt, stammen ohne Zweifel [?] aus dem jerusalemischen Talmud und zwar aus Traktaten, die untergegangen sind. Insofern haben solche Scholien auch einen gewissen Wert.

Eleasars ben Anania ben Chiskia ben Garon angelegt wurde. (Vergl. Note 26.) Ich lege die Ed. princeps Mantua[1]) zugrunde.

אילין יומיא דלא להתענאה בהון ומכצתהון דלא לםםפד בהון[2]):

I. ניםן. (1 מן ריש ירחא דניםן ועד תמניא ביה איהוקם תמידא דלא למםפד.
2) ובתמניא ביה ועד סוף מועדא איתותב חגא דשבועיא דלא למםפד.
II. אייר. (3 בשבעה באייר חנוכת שור ירושלם דלא למםפד. (4 בארבעםר ביה
נכיםת פםחא זעירא דלא למםפד. (5 בעםרין ותלתא ביה נפקו בני חקרא מירושלים.
6) בעםרין ושבעה ביה אתנטילו כלילייא מיהודה ומירושלים.
III. םיון. (7 בשבעםר בםיון אחידת מגדל צור (שור). (8 בחמשעםר ביה ונשיתא
עםר ביה גלו אנשי בית שאן ואנשי בקעתא. (9 בעםרין וחמשא ביה[3]) אתנםילו דימוםנאי מיהודה ומירושלם.
IV. תמוז. (10 בארבעםר בתמוז עדא ספר גזירתא דלא למםפד.
V. אב. (11 בחמשעםר באב זמן אעי כהניא דלא למםפד. (12 בעםרין וארבעה ביה חנבנא לדיננא.
VI. אלול. (13 בשבעה באלול יום חנוכת שור ירושלים דלא למםפד. (14 בשבעםר ביה אתנטילו רומאי מיהודה ומירושלים. (15 בעםרין ותרתין ביה חנבנא לקטלא משמדיא.
VII. תשרי. (16 בתלתא בתשרי אתנטילת (בטילת) אדכרתא מן שטריא.
VIII. מרחשון. (17 בעםרין ותלתא אםתתר םוריגא מן עזרתא. (18 בעםרין וחמשא ביה אחידת שומרון שורא. (19 בעםרין ושבעה ביה תבת םולתא למיםק על םרבחא.
IX. כםלו. (20 בתלתא בכםלו אתנטילו םימואתא מן דרתא. (21 בשבעה ביה יום טוב. (22 בעםרין וחד ביה יום הר גריזים דלא למםפד. (23 בעםרין וחמשא ביה חנוכה תמניא יומין דלא למםפד.
X. טבת. (24 בעםרין ותמניא בטבת יתיב כנישתא על דינא.
XI. שבט. (25 בתרתין בשבט יום טוב דלא למםפד. (26 בעםרין ותרין ביה בטילת עבידתא דאמר םנאה להיתאה להיכלא דלא למםפד. (27 בעםרין ותמניא ביה אתנטיל אנטיוכם מלכא (מן ירושלם?)
XII. אדר. (28 בתמניא ובתשעה באדר יום תרועת מטרא. (29 בהרין עםר ביה יום טוריינוס. (30 בתליםר ביה יום נקנור. (31 בארבעםר ביה ובחמשעםר ביה יומי פוריא אינון דלא למםפד. (32 בשית עםר ביה שרי למבנא שור ירושלם דלא למםפד. (33 בשבעםר ביה קמו עממיא על פליטת ספריא במדינת בלקום ובית זבדאי והוה פורקן לבית ישראל. (34 בעםרין ביה צחו עמא למטרא ונחת להון. (35 בעםרין ותמניא ביה אתת בשורחא טבא ליהודאי דלא יעידון מפתגמי אוריתא דלא למםפד.
לרן כל אינש דאית עלוהי מקדמת דנא ייםר.

Die fünfunddreißig Gedenktage können in sechs Rubriken eingeteilt werden. A. In vormakkabäische, wie die Einweihung der Mauern Jerusalems unter Nehemia; B. Hasmonäische; C. Antisadduzäische; D. Anti-

---

[1]) [Neue Ausgaben des Textes aus Handschriften besorgten inzwischen Neubauer in Anecdota Oxoniensia, Mediaeval Jew. Chron. II (Oxford 1895) S. 3 ff. u. Dalman, Aramäische Dialektproben (Leipzig 1896) S. 1—3. Wissenschaftlich wenig wertvoll ist die soeben von M. Großberg veranstaltete neue Ausgabe (Lemberg 1905, 4)].

[2]) Derenbourg beging einen Irrtum anzunehmen, als gäbe es davon eine andere L.-A.: אילין יומיא דלא למםפד בהון ומכצתהון דלא להתענא. Diese im Namen des R'Jona gegebene L.-A. findet sich allerdings in Jerus. Ta'anit 66a. Dagegen lautet sie richtig in jerus. Megilla 70b wie oben angegeben.

[3]) Die L.-A. Sanhedrin 91a בכ"ה בניםן ist gewiß korrumpiert statt בםיון, wie denn überhaupt die abweichenden L.-A. in bezug auf die Tage im Talmud unrichtig sind.

Note 1.   Die Fastenrolle oder das Megillat-Ta'anit.

römische; E. Solche ohne besonders bekannte oder historisch-wichtige Beziehung und F. Diasporische, d. h. solche, welche erst in der Zeit nach der Tempelzerstörung aufgekommen sind. Bei den meisten ist die Veranlassung der Halbfeier angegeben, nur bei zweien, Nr. 21 und 25, steht die kurze Formel: יום טוב. Bei vierzehn Halbfeiertagen steht der Zusatz, daß an denselben nicht öffentliche Trauer angestellt werden dürfe, das sind die wichtigeren. Sie galten für so bedeutsam, daß sie auch den vorangehenden Tag mit in den Kreis der Halbfeier hineinziehen (nach einer Ansicht auch den nachfolgenden). Darüber wird schon in der Mischna (Ta'anit 15b) verhandelt. Wir sind dadurch in den Stand gesetzt, zu beurteilen, welchen Ereignissen eine höhere Wichtigkeit beigelegt wurde.

A. Ein vormakkabäischer Gedenktag.

Zwei Gedenktage sind für die Einweihung der Mauern Jerusalems angeführt Nr. 3 und 13. Das Scholion bemerkt dabei, der eine bezöge sich auf die Einweihung unter Nehemia und der andere auf die Wiederherstellung der von den Griechen zerstörten Mauern. Es ist wohl richtig, daß sich je einer derselben auf eine andere Zeit beziehe. Daß die Hasmonäer bei der Ausbesserung der Mauern eine Feierlichkeit eingeführt hätten, ist zwar nicht bekannt. Aber zu Nr. 13 deutet das Scholion wohl richtig an, daß dieser Gedenktag sich auf die Vergrößerung der Stadt durch eine Ummauerung beziehe. Vergl. darüber Note 22. Demgemäß gelte der erstere für die nehemianische Zeit, und auch dieses könnte stimmen. Nehemia hatte die Mauern am 25. Elul vollendet. Aber die Einweihung derselben muß erst später erfolgt sein, da die Stadt erst bevölkert werden mußte (vergl. Bd. IIb S. 149 fg.). Ein halbes Jahr mag darüber vergangen sein, von Elul bis Ijar, schwerlich aber ein ganzes Jahr von Elul bis Elul [Nach Dalman, a. a. O. S. 32 wäre der 7. Ijar nur eine falsche Dublette zum 7. Elul, wo aber der 27. zu lesen sei. Ein m. E. unannehmbarer Vorschlag].

B. Hasmonäische Gedenktage.

Diese Halbfeiertage erinnern teils an die Siege über die Syrer und Hellenisten, teils an glückliche Ereignisse, welche infolge derselben eingetreten sind, endlich an Unternehmungen, die von den Hasmonäern ausgegangen sind.

I. Unter Juda Makkabi.

1. Die Vorbereitung zur Tempelweihe und die Beseitigung der Bildsäulen aus dem Tempel 3. Kislew (20). Das Wort סימואות ist nichts anderes als σημαῖαι im Sinne von Bildsäulen überhaupt, wie es Josephus gebraucht (j. Kr. II. 9, 2), und דרתא ist dasselbe wie יורתא, wie es noch das Scholion hat; die syrische Version übersetzt konstant חצר mit דרתא. Gerade an dieser Stelle hat der Scholiast eine richtige Motivierung: die Griechen hatten Bildsäulen im Tempelvorhofe aufgestellt, und die Hasmonäer haben sie — zweiundzwanzig Tage vor der Tempelweihe — hinweggeräumt: מפני שבנו יונים סימואות בעזרה וכשגברה יד בית השמונאי בטלום והוציאום משם. Auch das I. Makkabb. erzählt von unreinen Steinen, welche die Tempelreiniger nach einem unreinen Platz hinweggeschafft haben; καὶ ἦραν τοὺς λίθους τοῦ μιασμοῦ εἰς τόπον ἀκάθαρτον (4, 43). Diese unreinen Steine unterscheidet das Makkabb. ausdrücklich von den verunreinigten Steinen des Altars,

über welche erst Beratung gepflogen wurde, was damit geschehen sollte, und der Beschluß war, sie nicht gleich jenen Steinen an einen unreinen Ort zu versetzen, sondern sie aufzubewahren, bis der Prophet (Elia) kommen werde, darüber zu entscheiden (das. 44—46; vergl. Middot 1, 6). Die unreinen Steine waren also nichts anderes, als steinerne Bildsäulen, welche die syrische Zwingherrschaft in den Tempelvorhof hatte stellen lassen. Hierher muß man auch das Scholion zu 8, 1 ziehen, das an eine unrechte Stelle geraten ist, es bedarf aber der Emendation, wovon man sich beim ersten Blick überzeugt: מפני שבנו יונים מקום בעזרה והיו מעמידים בתוכו אבנים טובות שהיו מונחות עד שיבא אליהו ויעיד עליהם אם טמאות הן. או טהורות ונכנסו עליהן וגנזו אותן. Die Edelsteine haben hier wahrlich keinen Platz; man lese dafür טמאות אבנים = λίθος τοῦ μιασμοῦ. Auch nach dieser Emendation gibt das Scholion noch keinen rechten Sinn. Das Beraten und das Appellieren an den Propheten Elia galt nicht den unreinen Steinen, sondern, wie gesagt, den Steinen des Altars. Es scheint ein ganzer Passus ausgefallen. Nach אבנים טמאות läßt sich ergänzen: נטלום ואבני מזבח נמנו שיהיו מונחות וכו׳. So stimmt dieses Scholion vollständig mit der Nachricht des Makkabb. überein und beleuchtet das Motiv des in Rede stehenden Gedenktages. Das Scholion erklärt deutlich das סימואתא durch die unreinen Steine, und es verdient in allen Fällen Glauben, wo es anderweitig unbekannte Nachrichten heranzieht [Vgl. hierzu Derenbourg a. a. O. S. 60 f. u. Schwab, Actes du onzième congrès international des Orientalistes, quatrième Section (Paris 1898) S. 213 ff, Dalman a. a. O. S. 33 möchte an die Entfernung der Feldzeichen unter Pontius Pilatus, Alt. XVIII, 3, 1, j. Kr. II, 9, 2 denken].

2. Die Tempelweihe (23), wobei weiter nichts zu bemerken ist, als daß das Scholion hierbei seinen kompilatorischen Charakter augenfällig an den Tag legt. Es trägt dabei alles zusammen, was über diese Halbfeier zu sagen ist, Halachisches und Haggadisches, Geschichtliches und Sagenhaftes. Daß ihm auch eine gute Quelle vorgelegen hat, beweist es durch die nüchterne Nachricht, daß die Tempelweihe deswegen acht Tage dauert, weil die Einweihung so lange Zeit erforderte. ומה ראו לעשות חנוכה זו ח' ימים? אלא בימי מלכות יון נכנסו בית חשמונאי להיכל ובנו את המזבח ושדרו בשיד ותקנו בו כלי שרת והיו מתעסקים בו ח' ימים. Es ahnt nicht einmal, daß dieses Motiv in Widerspruch steht mit der in einem Atemzuge erzählten Sage von dem wunderbaren Ölkrügchen, dessen Inhalt auf acht Tage gereicht hätte. Über die Feier der acht Tage vergl. Note 10, wo nachgewiesen ist, daß in dem Sendschreiben im Eingang zum II. Makkabb. angenommen wurde, die Einweihung des Tempels unter Salomo und unter Nehemia (Serubabel) habe acht Tage gedauert.

3. Der Todestag des Antiochos Epiphanes, 28. Schebat (27). Das Scholion hat hier die richtige Erklärung, daß der Todestag dieses Tyrannen deswegen denkwürdig erschien, weil er fern von seinem Lande umkam: שבט שבועות רעות והלך לו ונפל במקומו. Es bezieht sich auf Antiochos' Kriegszug gegen die Parther, wobei er einen schmählichen Untergang gefunden. Diese Quelle, so trübe sie auch im allgemeinen ist, teilt nicht jene Legende, daß Antiochos seine Grausamkeit gegen die Judäer und seine Lästerungen gegen den Gott Israels bereut und sich vorgenommen habe, sich zum Judentume zu bekennen, eine Legende, welche das II. Makkabb. so oratorisch ausschmückt (c. 9). Auch das I. Makkabb. kennt diese Sage von Antiochos' Reue, deutet sie aber nur wie hingeworfen an (6, 12—13). Dagegen hat sie das Sendschreiben der Jerusalemer an die Alexandriner noch nicht (Note 10) und wie es scheint, auch

nicht das IV. Makkabb. [Herzfeld, Gesch. d. Volkes Jsr. von Zerst. d. ersten Tempels bis zur Einsetzung des Makk. Schimon II, 1, 186 (Nordhausen 1855) will die Notiz vielmehr, und der Stilisierung mehr entsprechend, auf den Abzug Antiochus V Eupators, Dalman (a. a. O. S. 34) auf den des Antiochus VII Sidetes (Alt. XIII, 8, 3) beziehen.]

4. Der Nikanortag, 13. Adar (30). Dieser Gedenktag wird bekanntlich auch in den beiden Makkab. erwähnt: καὶ ἔστησαν τοῦ ἀγαγεῖν κατ' ἐνιαυτὸν τὴν ἡμέραν ταύτην τῇ τρισκαιδεκάτῃ τοῦ Ἀδάρ (I. 7, 49, II. 15, 36). Dieser Gedenktag ist demnach direkt zur Feier eingesetzt worden. Die Schilderung der Nebenumstände, wie die Sieger mit der Leiche Nikanors verfahren sind, hat zu vielfachen Ausschmückungen Gelegenheit gegeben, wobei sich das II. Makkabb. und das Scholion zu Megillat Ta'anit am meisten hervortun. Am einfachsten referieren I. Makkabb. und die beiden Talmude, man habe Nikanors Haupt und Hand (oder Teile derselben) bei Jerusalem oder am Tore Jerusalems zur Schau aufgehängt: παρὰ τὴν Ἱερουσαλήμ (7, 47). — בשערי ירושלם (Ta'anit 18b). בקונטס נגד ירושלם (Jerus. Ta'anit 2, 13, p. 66a.)

II. Unter Jonathan.

5. Ausbesserung der durch den Hohenpriester Alkimos niedergerissenen inneren Tempelmauer: 23. Marcheschwan (17). So erkläre ich das Wort סוריגא, das gleich סורג die Holzmauer bedeutet, welche den sogenannten Vorhof der Heiden von dem der Weiber trennte. Den Namen hat diese Mauer von ihrer durchflochtenen Arbeit erhalten. Vergl. Monatsschr. Jahrg. 1876, S. 386. 388. 397. Das erste Makkabb. 9, 54—56 nennt diese Mauer τὸ τεῖχος τῆς αὐλῆς τῶν ἁγίων τῆς ἐσωτέρας und bezeichnet sie als ἔργα τῶν προφητῶν. Dr. Landau in Dresden hat mit Recht darauf aufmerksam gemacht, daß der Gedenktag nicht für das Niederreißen des סורג, sondern für das Ausbessern eingesetzt wurde. Man muß also in Megillat Ta'anit lesen: אסתחם סוריגא oder אסתחר statt אסתחר. Die Mischna gibt nämlich an, daß die Risse der Holzmauer wieder ausgebessert wurden: סורג גבוה י' טפחים וי"ג פרצות היו בו שפרצום מלכי יון חזרו וגדרום וגזרו כנגדן י"ג השתחויות. Die Wiederherstellung geschah sicherlich erst unter Jonathans Regierung. Das Scholion hat diese Stelle ganz mißverstanden [Vergl. hierzu Derenbourg a. a. O. S. 60f. u. meine Bemerkung a. a. O. S. 454].

III. Unter Simon.

6. Eroberung der Akra und Vertreibung der Hellenisten, 23 Ijar (5). Monat und Tag dieses wichtigen Ereignisses werden von I. Makkab. 13, 51 bezeugt, dazu auch die Tatsache, daß der Tag direkt eingesetzt wurde. Vergl. über die richtige Lage der Akra als Burg Monatsschr. Jahrg. 1876 S. 145 fg., nämlich nordwestlich vom Tempel [Vergl. auch Buhl a. a. O. S. 142ff., 149f.].

7. Die Einnahme der Festung Betsur, 17. Siwan (7). Es ist bereits eingangs erwähnt, daß R. Abbahu unter צור מגדל Caesarea verstanden und beide noch dazu mit Ekron identifiziert hat (Megilla 6, o. S. 559). Indessen ist nirgends eine Andeutung über eine so folgenreiche Einnahme von Cäsarea zu finden, daß ihr ein eigener Gedenktag gewidmet worden wäre. Es war im Gegenteil stets von Griechen und Syrern bewohnt und erhielt erst unter Herodes judäische Einwohner. Wohl aber war die Vertreibung der Hellenisten aus Betsur wichtig, ebenso wichtig, wie die der Einwohner der Akra, und auf diesen Sieg bezieht sich ohne Zweifel der eben behandelte Gedenktag. Daß

צור בית auch צור מגדל heißen konnte, wird niemand in Abrede stellen. Über die Lesart des Wortes ist zu bemerken, daß sie in den talmudischen Ausgaben zwischen צור und שור (korrumpiert שיר) schwankt. Indessen beweist die Lesart שור gar nichts gegen die Identifizierung mit Betsur, indem die syrische Übersetzung des Makkab. stets für Betsur בית שורא hat. Die L.-A. מגדל שד, welche Aruch anführt und etymologisiert, verdient keine Beachtung. Das I. Makkab. erwähnt die Einnahme von Betsur, wo die Hellenisten gehaust, nur nebenher: καὶ ὠχύρωσεν (Σίμων) ... τὴν Βεθσούραν τὴν ἐπὶ τῶν ὁρίων τῆς Ἰουδαίας, οὗ ἦν τὰ ὅπλα τῶν πολεμίων τὸ πρότερον (14, 33).

8. Vertilgung der Hellenisten, 22. Elul (15). Es ist wohl zweifellos, daß unter אשמדיא Hellenisten zu verstehen ist. Das Scholion gibt hierzu die richtige Motivierung, die es sicherlich aus einer guten Quelle geschöpft hat. Man habe den Gottlosen drei Tage Bedenkzeit gegeben, und als diese verstrichen waren, ohne daß sie Bußfertigkeit gezeigt, habe man sie getötet: המתינו להם ג' ימים אם יעשו תשובה כיון שראו שלא עשו נמנו עליהם והרגום. Eine Nachricht des I. Makkabb. 13, 47—50 scheint zwar damit in Widerspruch zu stehen, indem erzählt wird, Simon habe den Hellenisten freien Abzug gewährt. Allein dieselbe Quelle läßt an anderen Stellen erraten, daß ein Teil der Hellenisten vertilgt worden ist: καὶ ἐξῆρεν (Σίμων) πάντα ἄνομον καὶ πονηρόν (14, 14), noch deutlicher (14, 36): καὶ ... εὐοδώθη ἐν ταῖς χερσὶν αὐτοῦ (Σίμωνος) τοῦ ἐξαρθῆναι .. τοὺς ἐν τῇ πόλει Δαυείδ ... οἳ ἐποίησαν ἑαυτοῖς ἄκρας.

9) Das Aufhören der Kronengelder für die syrischen Könige, 27. Ijar (6). Das Scholion gibt eine abgeschmackte Erklärung zu dem Worte כלילא. Es bedeutet aber nichts anderes als Kronengelder (στέφανος, auch im syrischen כלילא) und bezieht sich auf das im ersten Makkabb. erzählte Faktum, daß Demetrios II. dem judäischen Volke Kronengelder und Tribut überhaupt erlassen hat (13, 39). Das Jahr, in welchem die Kronengelder erlassen und Judäa Selbständigkeit eingeräumt wurde, galt für so wichtig, daß es als eine Aera bezeichnet wurde. Vergl. weiter Note 3, S. 603.

IV. Unter Johann Hyrkanos.

10) Zerstörung des samaritanischen Tempels auf dem Berge Garizim, 21. Kislew (22). Aus dem beigefügten Zusatze, daß am Garizimtage keine öffentliche Trauer stattfinden dürfe, ergibt sich eben die höhere Wichtigkeit dieses Sieges über den nebenbuhlerischen samaritanischen Tempel. Das Faktum selbst wird von Josephus (Altert. XIII. 9, 1) erzählt. Der Talmud (Joma 69a) setzt die Schleifung des samaritanischen Tempels und hiermit diesen Gedenktag in die Zeit Alexanders des Großen. Allein da der Garizimtempel bis in Hyrkanos' Zeit notorisch bestanden hat, so erscheint diese Erklärung sagenhaft.

11) Einnahme und Zerstörung von Samaria, 25. Marcheschwan (18). Das Scholion hat hierbei eine Erklärung, die um so sicherer einer alten Quelle entlehnt scheint, als sie mit Josephus in Nebenumständen merkwürdiger Weise übereinstimmt. Nur muß die Stelle ein wenig emendiert werden. Nach Josephus hat Hyrkan die Stadt Samaria nicht bloß zerstört, sondern auch durch Wassergräben so sehr überschwemmen lassen, daß sie einem Strome ähnlich sah und keine Spur einer bewohnten Stadt behalten hat: πᾶσαν αὐτὴν (Σαμαρείαν) ἠφάνισεν ἐπίκλυστον τοῖς χειμάῤῥοις ποιήσας. Διασκάψας γὰρ αὐτὴν, ὥστ' εἰς χαράδρας (χαράδραν) μεταπεσεῖν κ τ λ. (Altert. XIII. 10, 3). Die doppelte lateinische Übersetzung von εἰς χαράδρας μεταπεσεῖν

hat den richtigen Sinn verfehlt. Die Stelle bedeutet weder: ut in cavernas delaberetur, noch eam (Samariam) effossam in alveos torrentis injecit, sondern sie muß übersetzt werden: ut in torrentem mutaretur. Daß das durch Kanäle durchschnittene, in einen Strom verwandelte Samaria, עיר נברכת, Wasserkanalstadt, genannt werden konnte, springt in die Augen, und darauf beziehen sich die Worte des Scholion: והיו קורין אותה שעיר נברכתא. (Die Lesart עיר נברכתא ist jedenfalls korrumpiert). Der Eingang zu dieser Stelle beschreibt kurz die Entstehung des samaritanischen Gemeinwesens, wie sich mehrere Städte an Samaria (später Sebaste) angeschlossen haben! באו לסבסטי וישבו עיר חומה. אותה ודקיפיה חומה ist wieder eine Korruptel, ebenso wie ליס בוסטי statt לסבוסטי = Sebaste. Die Erklärung נברכתא als Narbata (Narbatene), die Derenbourg festhält, kann nicht folscher sein. Denn Narbata war nur 60 Stadien von Cäsarea entfernt und gehörte nicht zu Samaria. Auch hat Rufinus die L.-A. Nabata st. Narbata. Und endlich was soll denn bedeuten: והו קורין אותה עיר נברכתא?

12) die Einverleibung der Stadt Bethsan und der Ebene Jesreel in Judäa, 15. und 16. Sivan (8). Diese für die Gebietserweiterung Judäas unter Hyrkan so bedeutende Begebenheit wird von Josephus bestätigt, wenn auch nur kurz berührt. Antiochos der Kyzikener hat von Lathuros Hilfstruppen gegen Hyrkan erhalten und sie den Feldherren Kallimander und Epikrates zur Fortsetzung des Krieges überlassen. Nachdem der erstere geschlagen war, übergab der letztere für Geld Hyrkans Söhnen die Stadt Skythopolis und das dazu gehörige Land: Ἐπικράτης δὲ ὑπὸ φιλοχρηματίας τήν τε Σκυθόπολιν καὶ τὰ ἄλλα πρὸς ταύτῃ χωρία προὔδωκε τοῖς Ἰουδαίοις (Altert. das.). Welches der zu Skythopolis gehörige Landstrich war, erläutert Josephus an einer andern Stelle (jüd. Krieg I, 2, 7). Es gehörte dazu das Land von Skythopolis bis zum Karmelgebirge, d. h. die ganze Ebene Jesreel: ἀλλὰ προελθόντες ἅμα (οἱ Ὑρκανοῦ υἱοὶ) μέχρι τῆς Σκυθοπόλεως ταύτην τε κατέδραμον καὶ τὴν ἐντὸς Καρμηλίου τοῦ ὄρους χώραν ἅπασαν κατενείμαντο. Diese beiden Stellen geben den vollständigen Kommentar zu den beiden Gedenktagen, welche die Vertreibung der Heiden aus Skythopolis und der Ebene Jesreel zum Inhalte haben. Diese Ebene wird an dieser Stelle durch בקעתא bezeichnet.

C. Antisadduzäische Gedenktage.

Nachdem die Selbständigkeit Judäas nach außen gesichert war, begann eine Reihe von Reibungen im Innern zwischen Pharisäern und Sadduzäern, welche bis nach dem Tode Alexanders dauerten. Unter der Königin Salome Alexandra kam das pharisäische Prinzip zum Siege, und alle die Tage, an welche sich für die Pharisäer Siege über ihre Gegner oder andere glückliche Ereignisse knüpften, wurden als neue Niketerien eingesetzt oder gefeiert.

Es scheint aber, daß auch noch in späterer Zeit, kurz vor dem Ausbruche der Revolution, nachdem der sadduzäische Hohepriester Anan b. Anan auf kurze Zeit die sadduzäische Theorie zur Geltung gebracht hatte und abgesetzt worden war, antisadduzäische Gedenktage eingeführt worden sind. Es sind wohl solche, bezüglich deren im Scholion R. Jochanan ben Sakkaï mit den Sadduzäern disputierend über die streitige Gesetzesauslegung angeführt wird. Denn dieser Gesetzeslehrer hat mit dem genannten H. P. Kontroversen geführt (um 60 u.).

13) Die Besetzung des Synhedrion mit pharisäischen Mitgliedern und die Verdrängung der Sadduzäer aus demselben, 28. Tebet (24). Das Scholion gibt zu diesem Gedenktage eine in den Hauptmomenten historisch richtig

scheinende Erklärung. Es erzählt: Bis dahin sei das Synhedrion aus lauter sadduzäischen Mitgliedern zusammengesetzt gewesen, weil kein Pharisäer mit den Sadduzäern habe zusammen fungieren wollen. Nur Simon ben Schetach habe die Skrupel überwunden und sich als Mitglied aufnehmen lassen. Durch öftere Berufung auf das sadduzäische Prinzip, nur die biblische Norm anzuerkennen, habe Simon die Sadduzäer so sehr in die Enge getrieben, daß sie nach und nach ausgeschieden seien. Der König Jannaï und die Königin Salome haben den Sitzungen beigewohnt. Der Tag an welchem das Synhedrion von sadduzäischen Mitgliedern völlig gesäubert war, sei zum Gedenktag erhoben worden: מפני כשהיו צדוקין יושבין בסנהדרין ינאי המלך ושלמינוי המלכה יושבת אצלו ולא אחד מישראל יושב עמהן חוץ משמעון בן שטח והיו שואלין תשובות והלכות ולא היו יודעין להביא ראיה מן התורה ... עד שנסתלק; כולן וישנה סנהדרי ישראל על דעתה ובאותו היום שנסתלקה סנהדרין של צדוקין ... עשאוהו י״ט. Erfunden ist diese Erzählung sicherlich nicht, und sie paßt zu der Aufschrift vollständig. Es ergäbe sich daraus, daß die Pharisäer schon unter Jannaï ein Synhedrion gebildet haben, und daß dieser König einmal in gutem Einvernehmen mit ihnen gestanden habe. Jedenfalls beweist der Ausdruck in der Aufschrift על דינא „nach dem Gesetze", d. h. nach dem pharisäischen Gesetze, daß dieser Gedenktag in die Zeit der Reibungen zwischen den Parteien gehört [vgl. die wunderliche Meinung Dalmans (a. a. O. S. 33 f), der an die Anekdote im jüb. Kr. IV, 5, 4 denken möchte].

14) Das Aufheben des sadduzäischen Strafkodex 14. Tammuz (10). Dieser Gedenktag gehört zu den wichtigen. Das Scholion motiviert ihn, wie es den Anschein hat, durch eine Nachricht aus einer guten Quelle. Die Sadduzäer hatten einen eigenen Kodex neben den mosaischen Strafbestimmungen für das Strafmaß bei Verbrechen gebraucht, welchen die Pharisäer nach ihrem Siege verwarfen und zwar aus dem Grunde, weil Traditionen nicht niedergeschrieben werden dürfen: מפני שהיה כתוב ומונח לצדוקים ספר גזרות אלו שנסקלין וכו' ובשהיו כותבין (יושבין l.) אדם שואל והולך ורואה בספר אמרו להם מנין אתם יודעין וכו׳. Die Pharisäer hatten allerdings durch die Zuneigung der Königin Salome Alexandra zu ihrer Partei das Übergewicht erlangt, wie Josephus bezeugt (Altert. XIII, 16, 2): καὶ πάντα τοῖς Φαρισαίοις ἐπέτρεπεν ποιεῖν (ἡ Ἀλεξάνδρα) ... καὶ εἴ τι δὲ καὶ τῶν νομίμων Ὑρκανὸς .. κατέλυσεν, ὧν εἰσηνεγκαν οἱ Φαρισαῖοι κατὰ τὴν πατρῴαν παράδοσιν τοῦτο πάλιν ἀποκατέστησεν. Τὸ μὲν οὖν ὄνομα τῆς βασιλείας εἶχεν αὐτή, τὴν δὲ δύναμιν οἱ Φαρισαῖοι. Ebenso jüb. Kr. I, 5, 2. Die unter dieser Königin erlangte Macht haben die Pharisäer eben benutzt, auch die sadduzäische Gerichtsordnung zu kassieren, und ihre eigenen Normen dafür zu substituieren. Möglich, daß die Pharisäer nicht bloß an der schriftlichen Aufzeichnung der Gesetze, sondern auch an dem strengen Strafmaß der Sadduzäer Anstoß genommen haben. Wir wissen aus Josephus, daß die Sadduzäer in peinlichen Prozessen mit äußerster Strenge verfuhren, während die Pharisäer Rücksichten der Milde walten ließen: Σαδδουκαίων ... ὅπερ εἰσὶ περὶ τὰς κρίσεις ὠμοὶ παρὰ πάντας τοὺς Ἰουδαίους (Altert. XX, 9, 1) ... ἄλλως τε καὶ φύσει πρὸς τὰς κολάσεις ἐπιεικῶς ἔχουσιν οἱ Φαρισαῖοι (daf. XIII, 10, 6).

15) Die Gedenktage zur Erinnerung an die pharisäische Ansicht, daß die Gemeindeopfer aus einem Nationalschatze bestritten werden sollten, d. h. daß sie einen nationalen Charakter haben, 1.—8. Nissan (1); vergl. über diese Differenz Note 12, B, f. Das Scholion hat bei diesem Gedenktage einen höchst wichtigen Zusatz, der sich in der Parallelstelle des Talmud (Menachot 65a) nicht findet, daß nämlich das regelmäßige Einsammeln der Tempelspenden zum

Anlegen eines Tempelstockes für den Bedarf an Gemeindeopfern erst in Folge des Sieges des pharisäischen Prinzips über das sadduzäische eingeführt worden sei: וכשגברו עליהם ונצחום התקינו שיהו שוקלים שקליהם ומניחין אותה בלשכה. Diese Anordnung datiert demnach erst aus der Zeit der völligen Besiegung der Sadduzäer, d. h. aus der Regierungszeit der Königin Salome Alexandra. Sie hat ohne Zweifel die Synhedristen Juda ben Tabbaï und Simon ben Schetach zu Urhebern. Neben dieser Relation aus einer guten Quelle hat das Scholion aus subjektiver Auffassung einen Zusatz, der auf einem Irrtume beruht. Es erklärt die Ausdehnung dieser Halbfeier auf acht Tage, weil der Sieg über die Sadduzäer erst in Folge achttägiger Debatten errungen worden sei: וכל אותן הימים שדנום עשאוהו יום טוב. Nichts kann falscher sein. Die Ausdehnung auf acht Tage will nur die größere Wichtigkeit des Sieges andeuten, wie die achttägige Feier der Tempelweihe und des Sieges über die sadduzäische Ansicht von dem Wochenfeste. Was war wichtiger, als das Nationalitätsprinzip, das erst jetzt zum völligen Bewußtsein gebracht wurde! Daher ist sowohl bei diesen Gedenktagen, wie bei denen des Wochenfestes die Lesart דלא למספד (vergl. Jerus. Taʿanit p. 69a, Raschi zu Taʿanit 17b und Tosafot zu Menachot das.) [Dalmans (a. a. O. S. 32) abweichende Meinung ist ganz unannehmbar].

16) Der Gedenktag zur Erinnerung an den Sieg über die Sadduzäer bezüglich der Speiseopfer als Beigabe zu den freiwilligen Tieropfern, 27. Marcheschwan (19). Bei diesem Opfergesetz ist (Numeri c. 15) nicht angegeben, ob es auf dem Altar verbrannt oder von den Priestern verzehrt werden sollte. Die Sadduzäer hatten behauptet, daß dieses Speiseopfer wie die meisten für die Priester bestimmt sei. Aus dem Ausdruck חבת סולתא למיסק על מדבחא scheint zu folgen, daß es bis zur Zeit des dagegen geltend gemachten Antagonismus verbrannt worden sei, nur während der Herrschaft der Sadduzäer sei ein anderes Verfahren eingeschlagen worden, und später nach der Niederlage der Sadduzäer sei eine restitutio in prius eingetreten. Im Scholion ist angegeben, daß R. Jochanan ben Sakkai gegen die Sadduzäer deswegen polemisiert habe, נטפל להם ר' יוחנן בן זכאי. Die Kontroverse scheint daher erst zur Zeit dieses Gesetzeslehrers ausgebrochen zu sein, nämlich zur Zeit des Hohenpriesters Anan ben Anan (um 60 n.). Die Unterredung zwischen ihm und ben Sadduzäern, wie sie das Scholion tradiert, scheint auch aus frischer Erinnerung notiert zu sein. Die Sadduzäer hätten behauptet, Speiseopfer habe Mose für die Priester bestimmt, weil er ein Freund seines Bruders Aharon, also der Priester gewesen, und ihnen zum Tieropferfleisch auch Brot habe zuweisen wollen: מפני שהיה משה אוהב את אהרון אחיו אפר לא יאכל סלת (l.) בשר לבדו אלא יאכל סלת ובשר. Eine solche krasse nüchterne Anschauung kommt nur noch einmal vor (vergl. w. u.) [1]). Diese Eigenheit spricht für die Authentizität der Unterredung und beweist, daß sie aus frischer Erinnerung stammt. Dieser antisadduzäische Gedenktag ist also erst nach Anans Pontifikat begangen worden.

---

[1]) Als nicht ernst gemeintes Argument gegen die sadduzäische Behauptung, daß Mose aus Gefälligkeit für den Priesterstamm ein Gesetz gegeben haben soll, wird Exodus 15, 27: ושם שתים עשרה עינות מים angeführt. Die Pointe liegt darin, daß haggadisch gedeutet wurde, die 12 Quellen seien für die 12 Stämme vorhanden gewesen (Mechilta 46, 3. Jalkut zum B.). Aber wo war die Quelle für den 13ten Stamm, für den Priesterstamm? Für diesen hatte Mose also nicht gesorgt!

17) Der Gedenktag wegen der Feier des Wochenfestes, vom 8. Nissan bis zum [Ende des] Passafeste[s] (2), also 6 [14] Tage. Über die betreffende Differenz Note 12, B, e. Auch dieser Gedenktag oder diese Gedenktage scheinen erst in der Zeit R. Jochanan ben Sakkais in Aufnahme gekommen zu sein. Denn er wird auch dabei als mit den Sabduzäern disputierend eingeführt, und diese motivieren ihre Ansicht mit derselben Trivialität. Aus Liebe Moses für Israel habe er für dieses Fest zwei Tage bestimmt, Sonnabend und das stets am Sonntag zu feiernde Wochenfest. אורב ישראל היה ... לפיכך עמד ותקנה לאחר שבת כדי שיתענגו שני ימים זה אחר זה. R. Jochanan wies dieses Motiv scherzend ab, wie das für das Speiseopfer geltend gemachte. Diese Differenz ist also wohl ebenfalls während Anans Pontifikat zur Sprache gekommen. Allein es ist nicht recht denkbar, daß diese einschneidende Differenz über die Feier des Wochenfestes erst so spät ausgebrochen sein sollte. Man muß also annehmen, daß sie bereits früher bei dem Auftauchen des sabbuzäischen Antagonismus Gegenstand desselben gewesen und dann zum zweitenmal erneuert worden ist. Wegen der Wichtigkeit dieses Sieges, daß das Traditionsprinzip gegen den Wortlaut der Schrift zum Siege gebracht wurde, ist die Feier so lange ausgedehnt worden. Die Pharisäer legten auf dieses Prinzip soviel Gewicht, daß sie ein Gesetz erließen, daß, wenn das Wochenfest auf einen Sonnabend treffe, der Hohepriester am Sonntage nach dem Feste nicht zum Zwecke der zurückgebliebenen Festopfer in pontificalibus erscheinen dürfe, damit das Volk nicht den Sonntag als den eigentlichen Festtag ansehe: אין ... שאם חלה עצרת להיות בשבת כהן גדול מתלבש בכליו ומותרים בהספד ותענית שלא לקיים דברי האומרים עצרת לאחר השבת (Chagiga 17b; vergl. Tosafot z. St.) [Dalmans (a. a. O.) Interpretation ist ganz unmöglich.]

18) Der Gedenktag für die unerwartete Rettung, welche die verfolgten pharisäischen Gesetzeslehrer gefunden haben, 17. Adar (33). Auch tradiert Jerus. Ta'anit p. 66a: בשבעה (עשר) קמון עממיא על פלישת סטריא בטדינת בילקום ובית זבדין. In der Aufschrift ist nicht zu erkennen, ob die Verfolgung von Jannaï ausgegangen ist, nur das Scholion verlegt dieses Datum in Alexander Jannaïs Zeit. Es scheint allerdings aus einer guten Quelle geschöpft zu haben, da es einige ältere Autoritäten zitiert, also eine geschichtliche, wahrscheinlich aus dem jerus. Talmud entlehnte Boraitha vor sich gehabt haben muß. Es motiviert den Gedenktag folgendermaßen: als Jannaï die Gesetzeslehrer verfolgte, entflohen sie nach Syrien und weilten in der Gegend von Kuslikos. כששדר¹ ינאי המלך להרוג את החכמים ברחו מלפניו והלכי להם לסוריא ושרו בסדינת קוסלוקום. Die Flucht der Pharisäer, und zwar von achttausend derselben, vor Jannaïs Verfolgung ist allerdings durch Josephus (Altert. XIII, 14, 2) bezeugt, zugleich auch der Umstand, daß sie in der Nacht nach der Kreuzigung der achthundert Pharisäer entwichen und während Jannaïs Leben in der Verbannung geblieben sind: Οἱ δ' ἀντιστασιῶται αὐτοῦ (Ἀλεξάνδρου) τὸ πλῆθος ὄντες περὶ ὀκτακισχιλίους φεύγουσιν νυκτός, καὶ πᾶν' ὃν εἴη χρόνον Ἀλέξανδρος ἦσαν ἐν τῇ φυγῇ. Auch das. 16, 2. Indessen bezieht sich nach der Aufschrift in M. T. der Gedenktag nicht auf die Errettung „des Restes der Sopherim" vor Jannaïs Verfolgung, als vielmehr „vor der Verfolgung von seiten der Heiden" (עממיא). Diesen Umstand erläutert das Scholion dahin, daß „die Weisen" in ihrem ersten Zufluchtsorte angegriffen worden wären, und ein

---

¹) Die Mantuaner Ausgabe liest richtig כששדר statt des sinnlosen כשירד in den spätern Ausgaben.

Note 1. Die Fastenrolle oder das Megillat-Ta'anit.

Teil derselben von da nach Bet-Sabbai geflohen sei: ונכנסו האויבים עליהם שבאותו
מקום וצרו עליהם להרגם ... והכו בהם מכה רבה והשאירו בהם פליטה והלכו להם לבני זבדי.
Alle diese Züge sind sehr dunkel und werden auch nicht von den beigefügten Umständen erhellt, daß die Flüchtlinge die Feinde, um sie von der Spur abzulenken, dadurch getäuscht hätten, daß sie am Sabbat gesattelte Rosse vor ihren Türen stehen gehabt hätten, daß sie mit der Dunkelheit die Flucht angetreten hätten, und endlich daß zur Zeit der Verfolgung eine große Überschwemmung einen Teil des Landes verheert hätte. Ohne Parallelstelle wird man schwerlich den vollen Sinn des Gedenktages erraten können. Was die Lokalitäten betrifft, so haben die Aufschrift und die Parallele in Jeruf. Ta'anit (66a) die Lesart כולקוס, was wohl in כלקיס = Chalkis emendiert werden muß; das wäre Challis am Libanon. Das Scholion hat aber, wie schon zitiert, קוסליקוס gelesen. Man könnte es in סליקוס emendieren, Seleucia = Σελεύκεια am Meromsee gelegen, das zu Gaulanitis gehört hat (Jos. jüd. Kr. IV, 1, 1). In dem Gebiete zwischen dem Meromsee und Tiberiassee kann auch בית זבדאי gelegen haben. Denn es gab ein galiläisches Sabid (Genesis Rabba c. 98): ויככתו על צידון ר' אלעזר אמר: זו בצד דגליה). — Der Zusammenhang scheint folgender zu sein: Mehrere Tausend Pharisäer, welche Demetrius Eukairos gegen Alexander Jannai zu Hilfe gerufen hatte, waren nach Syrien entflohen, und zwar nach Chalkis, da die mazedonischen Syrer ihre Bundesgenossen waren. Aber auch da gefährdet, entkamen sie nach Bet-Sabbaï. Sicherlich bezieht sich der Gedenktag auf die Rettung der Pharisäer vor Jannai's Verfolgung. Dafür spricht besonders die Angabe im Scholion: יום שבכש: אויבים להרג חכמי ישראל. Daher ist Derenburgs Erklärung unrichtig, daß er sich auf eine kriegerische Begebenheit unter Jonathan bezöge (Essai p. 99f, Note).

19) Alexander Jannai's Todestag (21). In der Aufschrift ist der Grund dieses Gedenktages nicht angegeben, sondern es heißt nur einfach: יום טוב. Das selbe kommt noch einmal vor (XI, 1; Nr. 25): בתרתין בשבט י"ט דלא למספד; nur das Scholion bezieht beide Gedenktage auf den Todestag zweier verhaßter Könige, nämlich Jannai und Herodes. Zum 7. Kislew, also dem zuerst angeführten G. T. heißt es יום שמת הורדוס, und zum zweiten[1]): ולמה שינו זה מזה? אלא שבראשון מת הורדוס ובזה מת ינאי המלך. Wenn die Motivierung des Scholion auch richtig sein mag, so hat es jedenfalls die Tage verwechselt; denn die Relation von der Errettung der zum Tode Verurteilten paßt nur auf den Vorgang nach Herodes' Tode (vgl. w. u.). Wie Josephus erzählt, war Jannai vor seinem Tode darauf gefaßt, daß die Pharisäer nach seinem Ableben Rache an ihm wegen seiner Grausamkeit nehmen würden (Altert. XII, 15, 5). Es ist also wahrscheinlich, daß sein Todestag als Halbfeiertag begangen wurde, wenn auch nicht während der Regierung seiner Frau, so doch später, als die Hasmonäerfamilie überhaupt wegen ihrer Taten mißliebig geworden war. Daher kann man die beiden nicht richtig motivierten Gedenktage ebenfalls als sadduzäische bezeichnen! [Vgl. Schürers (I³, 417), mir noch immer nicht stichhaltig erscheinenden Widerspruch].

---

[1]) Der Sinn dieses Passus scheint zu sein: Warum ist bei einem, dem 2. Schebat, angegeben דלא למספד? Diese Abweichung wird dadurch motiviert, daß bei Jannai's Tode auch die Errettung der zum Tode verurteilten 70 Ältesten erfolgt sei, daher wird dabei die Differenz zwischen דלא למספד ודלא להתענאה auseinandergesetzt.

20) **Die Holzopfertage 15. Ab (11).** Die Bezeichnung: זמן אעי כהניא ist irreführend; denn die „Zeit der Holzopfer für die Priester", war nicht auf den 15. Ab allein beschränkt, sondern es gab neun solcher Tage, an welchen gewisse Familien Holz für den Altar spendeten und je an demselben das Fasten unterließen. So die Mischna (Ta'anit IV, 6) זמן עצי כהנים והעם תשעה. Diese neun Tage werden daf. aufgezählt. Aber der 15. Ab galt besonders als Holzspendetag, (Josephus jüb. Kr. II, 17, 6: τῶν ξυλοφοριῶν ἑορτῆς οὔσης) und aus dem folgenden § geht hervor, daß er im Monate Λῶος, d. h. אב, war; nur hat Josephus oder ein Kopist den 14. statt des 15. Loos gesetzt. Darauf bezieht sich unstreitig die Angabe des Simon b. Gamaliel (Ta'anit daf. 8). לא היו ימים טובים לישראל כט"ו באב וכיום הכפורים. Merkwürdig ist, daß mehrere Amoraim hin und her raten, welche Bedeutung der 15. Ab hatte, während diese doch in der Mischna selbst dahin angedeutet ist, daß an ihm nicht bloß eine bekannte Familie und solche, denen die Zugehörigkeit zu einem Stamme abhanden gekommen war, sondern auch zwei oder drei Familien mit Lebensgefahr Holz für den Altar spendeten, obwohl ein König solches streng untersagt hatte. Nur das Scholion hat die Veranlassung zu diesem allgemeinen Holzspendetag geahnt, ולפי שמסרו עצמם על המצות לכך נכתב להם שם טוב במגילה הזאת, hat sich aber von anderen Angaben im Talmud wieder irre machen lassen. Aus einer mit Varianten gegebenen Motivierung des Gedenktages des 15. Ab für die Holzspende ergibt sich, daß ein judäischer König einst das Holzspenden für den Altar verboten hatte, daß aber gewisse Familien es sich nicht haben nehmen lassen; zum Andenken daran ist der Tag eingesetzt worden. Dieser König war aller Wahrscheinlichkeit nach Alexander Jannaï wegen seiner sadduzäischen Intoleranz. Vergl. Note 13. Insofern könnte dieser Gedenktag unter die antisadduzäischen gezählt werden.

21) **Einstellen des Gebrauches des Gottesnamens bei Angabe der Regierungsjahre der Hohenpriester in öffentlichen Urkunden, 3. Tischri (16).** Der Talmud (Rosch ha-Schana 18b), und nach ihm das Scholion, motivieren diesen Gedenktag folgendermaßen: Man habe bei Bestimmung des Datums in Urkunden den Namen des regierenden Hohenpriesters mit Angabe seiner Regierungsjahre und mit Hinzufügung des Gottesnamens genannt, also בשנת כך וכך ליוחנן כהן גדול לאל עליון. Diesen Gebrauch des Gottesnamens bei weltlichen Dingen hätten aber die Gesetzlehrer als einen Mißbrauch angesehen und deswegen abstellen lassen. Und der Tag, an dem die Verordnung Eingang gefunden, sei als Gedenktag eingesetzt worden. Dagegen spricht aber der Umstand, daß die Schriftgelehrten zuerst diesen Brauch unbeanstandet gelassen und erst später ihn ungehörig gefunden haben sollen: וכשישמעו חכמים בדבר. War es denn so lange ein Geheimnis für sie, daß in Urkunden der Gottesname bei Nennung des regierenden Hohenpriesters gebraucht wurde? Es liegt auch ein Widerspruch darin. Zuerst heißt es: התקינו שיהיו מזכירים שם שמים אפילו בשטרות, d. h. doch wohl: eine Behörde habe diese Formel eingeführt. Wenn eine solche es für erlaubt gehalten haben sollte, wie konnte dieselbe oder eine spätere Strupel darüber empfinden? Die Sachlage scheint vielmehr folgendermaßen gedacht werden zu müssen. Bei der Erlangung der Selbständigkeit unter Simon, als die seleuzidische Ära abgestellt und dafür die nach dem regierenden Hohenpriester eingeführt wurde (I. Makkabb. 13, 42), hat man — vielleicht im Gegensatz zu den hellenistischen Hohenpriestern Menelaos und Alkimos — den Zusatz beigefügt כהן גדול לאל עליון oder vielleicht gar mit dem Tetragrammaton 'לה, wofür ארכרתא spricht. Als aber die hasmonäischen Hohenpriester sich zum

Sadduzäismus bekehrt hatten und bei den Pharisäern verhaßt waren, haben diese wahrscheinlich verboten, den Ehrentitel „Hoherpriester des höchsten Gottes" in Urkunden zu gebrauchen, weil sie sie nicht mehr als legitime Hohepriester anerkannt haben; und der Tag, an dem die Pharisäer solches durchgesetzt haben, mag zum Halbfeiertag erhoben worden sein. Auch dieses kann nach Alexander Jannaï's Tod vorgekommen sein, und deswegen könnte der Gedenktag als antisadduzäischer bezeichnet werden. Daß übrigens ארכדתא statt אדרכתא gelesen werden muß, ist selbstverständlich.

D. Gedenktage aus der römischen Epoche.

Es sind nur wenige Tage aus dieser Zeit aufgezeichnet im Verhältnis zu der größeren Zahl der Siegestage aus der syrischen Zeit. Aber auch diese wenigen zeugen von der lebendigen Beteiligung der Vertreter des Judentums und der Nation an den glücklichen Ereignissen dieser Zeit. Der Gedenktag für Herodes' Tod gehört ebenfalls in diese Gruppe, da er eigentlich als Römling verhaßt war.

22) **Herodes' Todestag, 2. Schebat (25).** Es ist schon erwähnt (o. S. 571), daß weder bei diesem Gedenktag, noch bei dem des 7. Kislew in der Aufschrift irgend eine Motivierung angegeben ist, sondern daß beide ganz trocken durch die Formel: יום טב דלא למספד und יום טוב ausgedrückt werden. Das Scholion setzt bei diesem Herodes' und bei jenem Jannaï's Tod an. Da es schwerlich die Motive für diese Gedenktage erfunden hat, so müssen sie traditionell gewesen sein. Herodes ist indessen nach Josephus' Angabe im Nissan oder frühestens im Abar gestorben, da die siebentägige Trauer um ihn erst gegen das Passahfest zu Ende ging (Altert. XVII, 8, 4). Man muß also annehmen, daß zur Zeit der öffentlichen Begehung dieses Gedenktages — gewiß erst nach Archelaus' Verbannung oder vielleicht noch später nach Beseitigung der Herodianer — Herodes' Todestag nicht mehr in sicherer Erinnerung geblieben war. Aber so viel ist sicher, daß das Scholion die Todestage des Jannaï und Herodes verwechselt hat. Es scheint aber durch Verkennung eines Namens zu dem Irrtum verleitet worden zu sein. Es berichtet zum Gedenktage des Monats Schebat von den Befehle, 70 judäische Gesetzeslehrer an den Todestage hinzurichten, und daß eine Frau Salominon diesen Befehl nach dem Tode des Tyrannen unausgeführt gelassen habe. Nach Josephus (das. 8, 2, jüd. Krieg I, 33, 6) war der Tyrann Herodes und die Befreierin seine Schwester Salome. Da der Scholiast aber nur die Königin Salominon, Jannaï's Frau, kannte, so hat er diese mit Herodes' Schwester verwechselt, das Faktum von dem Blutbefehl dem Könige Jannaï zugeschrieben und demgemäß auch Jannaï's Tod in den Schebat gesetzt. Einen Anhaltspunkt dafür, daß Herodes' Todestag als Festtag gefeiert wurde, gibt auch Josephus. Er läßt Herodes in der Vorahnung seines Todes sprechen: „ich weiß, die Judäer werden meinen Todestag feiertägig begehen" (jüd. Krieg das.): οἶδα, Ἰουδαίους τὸν ἐμὸν ἑορτάσοντας θάνατον.

23) Das Eintreffen der Nachricht vom Tode des Kaisers Cajus Caligula und das Unterbleiben des Befehls, das kaiserliche Standbild im Tempel aufzustellen, 22. Schebat, (26). Vergl. darüber Note 21.

24) Das Einstellen der Steuerleistungen an die Römer, 25. Siwan (9). So glaube ich diesen Gedenktag erklären zu können. Vor allem spricht der Wortlaut dafür; denn die דימוסנאי, welche aus Judäa und Jerusalem vertrieben

worden seien, bedeuten nichts anderes als Zöllner δημοσιῶναι = publicani. Dann spricht die ganz bestimmte Nachricht des Josephus dafür, daß im ersten Stadium des Aufstandes gegen die Römer die Steuerzahlungen eingestellt worden sind. Der König Agrippa machte dem Volke deswegen Vorwürfe und hielt diesen Akt mit Recht für den Abfall von Rom: Ἀλλὰ τὰ ἔργα Ῥωμαίοις ἤδη πολεμούντων ἐστίν, οὔτε γὰρ Καίσαρι δεδώκατε τὸν φόρον (jüd. Krieg II, 16, 5). Sogar die Zeit der Steuerverweigerung läßt sich annäherungsweise ermitteln; sie fällt zwischen den Tag nach Florus' Abzug, 16. oder 17. Ijar, und die Zeit, in welcher Agrippa das Volk zur Unterwerfung aufgefordert hat. Dieses letztere geschah noch vor dem beginnenden Parteikampfe in Jerusalem, also vor dem Monat Ab (vergl. Josephus das. 17, 5), mithin ist die Steuerzahlung zwischen den Monaten Ijar und Ab eingestellt worden, und zwar näher zu Ijar als zu Ab; denn nach Agrippas Abzug begann das Einstellen des Opfers für den Kaiser, die Absendung von Abgeordneten an Florus und Agrippa, und der Einzug der Truppen (Josephus das. 17, 2—4). So dürfte das Datum des 25. Siwan für die Vertreibung der Zöllner seine volle Richtigkeit haben. Der Talmud gibt zu diesem Tage eine Motivierung, die nichts weniger als zutreffend ist (Sanhedrin 91b) und auch in das Scholion übergegangen ist. Das Wort דימוסנאי, auf welches hier am meisten Gewicht zu legen ist, bleibt dabei ganz unerklärt; Raschis Erklärung durch Prozeßsüchtige מעררין ist ganz ungerechtfertigt. Der Midrasch zu Genesis c. 61 hat übrigens dieselbe Relation mit einigen Varianten, ohne sie jedoch mit der Vertreibung der Demosnaï in Zusammenhang zu bringen. [Herzfeld (a. a. O. I, 408) möchte hier vielleicht mit größerem Recht an die Entfernung der fremden Steuerpächter zur Zeit des Tobiaden Joseph denken. Dagegen ist die Beziehung Dalmans (a. a. O. S. 33) auf I. Makk. 13, 39 wenig einleuchtend.}

25) Vertreibung der Römer aus Judäa und Jerusalem, 17. Elul (14). Dieser Gedenktag hat den Kritikern viel zu schaffen gemacht und die wunderlichsten Erklärungen zutage gefördert, und doch sagt er nichts anderes, als was der Wortlaut bedeutet: die Vertreibung der Römer aus Jerusalem. Am 6. Elul (Gorpiaios) streckten die Truppen Agrippas die Waffen vor den Zelotenführern Eleasar ben Anania und Menahem; die römische Besatzung unter Metilius setzte den Kampf noch einige Zeit fort — wie lange, gibt die Quelle nicht an — bis auch sie gezwungen war, sich auf Gnade und Ungnade zu ergeben (Josephus, jüd. Kr. II, 17, 8 bis 10). Am 17. Elul war also in Jerusalem und dem eigentlichen Judäa kein Römer zu erblicken. Diesem hochwichtigen Ereignis ist der Gedenktag gewidmet. Die konfuse, sich selbst widersprechende Motivierung des Scholiasten verdient keine Auseinandersetzung.

26—27) Aus der römischen Zeit scheinen noch zwei Gedenktage zu stammen, nämlich der 16. Adar zur Erinnerung an den Beginn des Baues der Mauern Jerusalems (32) und der 7. Elul (13) zur Erinnerung an die Einweihung derselben. Diese Gedenktage müssen sich durchaus auf eine Zeit beziehen, in welcher der Aufbau der Mauern für so denkwürdig und wichtig galt, daß diesen Gedenktagen eine höhere Bedeutung durch das Unterlassen von öffentlicher Trauer beigelegt wurde. Bei beiden heißt es דלא למספד. Es ist bereits oben (S. 563) angegeben, daß das Scholion, entweder von der Tradition geleitet, oder mit richtigem Takt den Bau der Mauern in Verbindung mit der Erweiterung Jerusalems bringt.

Note 1. Die Fastenrolle oder das Megillat-Taanit.

Josephus erzählt, daß, als durch das Anwachsen der Bevölkerung Jerusalems zuerst der Stadtteil nördlich vom Tempel zur Stadt geschlagen und dann auch der Hügel Bezetha ringsherum besiedelt worden war, Agrippa die dritte Mauer um die neuerstandene Stadt aufgeführt habe (jüd. Krieg V, 4, 2): τοῦτο (τὸ τρίτον τεῖχος) τῇ προσκτισθείσῃ πόλει περιέθηκεν Ἀγρίππας, ἥπερ ἦν πᾶσα γυμνή· πλήθει γὰρ ὑπερχυομένη κατὰ μικρὸν ἐξεῖρπε τῶν περιβόλων, καὶ τοῦ ἱεροῦ τὰ προσάρκτια πρὸς τῷ λόφῳ συμπολίζοντες, ἐπ᾽ οὐκ ὀλίγον προῆλθον, καὶ τέταρτον περιοικηθῆναι λόφον, ὃς καλεῖται Βεζεθά. Über die Lage von Bezetha vergl. Note 22. Hier nur so viel, daß Josephus unzweideutig von zweierlei Erweiterungen Jerusalems im Norden spricht; zuerst wurde der Teil an dem Hügel Bezetha zur Stadt gezogen, und dann bei noch mehr zunehmender Bevölkerung auch der Hügel selbst. An anderen Stellen nennt Josephus diesen Stadtteil die Neustadt, und (das. V, 12, 2) spricht er von der untern Neustadt (ἐπὶ τὴν κατωτέρω Καινόπολιν ἦγε τὸ τεῖχος [ὁ Τίτος]). Wir sind demnach berechtigt, zweierlei Erweiterungen der Stadt aber der Bezetha anzunehmen, zuerst die Hinzunahme des unteren Teiles am Hügel und dann die des Hügels selbst. Den letzteren hatte Agrippa mit einer starken Mauer umgeben, mußte aber auf Claudius' Befehl die Arbeit einstellen lassen (Altert. XIX, 7, 2). Auch die talmudischen Quellen sprechen von **zwei neuen Stadtteilen, einem untern und obern** (התחתונה והעליונה) von denen der erstere vollständig konsekriert worden war und den Teilen der Altstadt ganz **gleich** galt, während der höhere nicht nach Vorschrift konsekriert worden war und daher nur dem Volke, nicht aber den Gesetzesstrengen (חברים), als Teil Jerusalems galt; vergl. die Stelle Note 22. Die Konsekration eines zu Jerusalem geschlagenen Stadtteils erfolgte durch Einschließung desselben vermittelst einer Mauer unter Zeremonien, wie zur Zeit Nehemias.

Vergegenwärtigen wir uns die Lage. Als die Bevölkerung zunahm und sich nur nach der Nordseite hin anbauen konnte, entstand eine Verlegenheit. Die Festopferteile und der zweite Zehnte, ganz besonders aber das Passahlamm, sollten in Jerusalem **innerhalb der Mauer** (לפנים מן החומה) verzehrt werden. So lange also der neue Stadtteil nicht umwallt und konsekriert war, mußte die dort wohnende Bevölkerung sich jedesmal in die Altstadt begeben, um ihre geweihten Mahle zu halten. Noch größer war die Verlegenheit für die zahlreichen Auswärtigen, die zur Passahzeit nach Jerusalem zu kommen pflegten. Ein großer Teil von ihnen mußte in der Vorstadt ein Unterkommen suchen, konnte aber da nicht das Passahlamm verzehren. Es galt daher als ein höchst wichtiger Akt, die Neustadt mit einer Mauer zu umgeben und sie einzuweihen. Die Bewohner derselben und die Fremden konnten seit der Zeit auch hier ihrer Pflicht genügen. Auf diesen Vorgang scheinen sich die beiden Gedenktage zu beziehen: der 16. Adar, an dem die Mauer um die Neustadt Jerusalems begonnen wurde: שריו למבני, und der 7. Elul, an dem sie vollendet war. Das Scholion bezieht auch diesen Gedenktag auf die Konsekrierung des neuen Stadtteils וכשנגמרו לבנותה איתו היום עשאוהו יום טוב. Es ist indessen fraglich, ob diese Konsekrierung eines Teils der Bezetha erst unter Agrippa I. oder schon früher erfolgt ist (vgl. o. S. 563). Beide Akte, durch welche die Vergrößerung Jerusalems und die Erleichterung der Gesetzeserfüllung herbeigeführt wurde, waren wichtig genug, um ihnen eine besondere Bedeutsamkeit beizulegen und öffentliche Trauer an den Tagen, die einer solchen Erinnerung galten, zu unterlassen.

28) Gedenktag für die Restauration der eigenen Gerichtsbarkeit (12), 24. Ab, nach L.-A. des Talmud im Monat Tebet (Baba Batra 115b). Das Motiv

ist im Talmud angegeben, und das Scholion hat es aufgenommen, aber ungeschickter Weise [vgl. hierzu meine Darlegungen in der M. S. XXV, S. 410 ff und XXVI, S. 141 ff] mit einer anderen Begebenheit in Zusammenhang gebracht. In einem Atem erzählt es: während der griechischen Zwingherrschaft sei den Judäern die fremde Rechtspraxis aufgezwungen worden, und die Sadduzäer hätten ein verschiedenes Erbrecht eingeführt, und wegen dessen sei der Gedenktag eingesetzt worden: בימי מלכות יון היו דנים בדיני נכרים שהצדוקים אומרים תירש... וכשגברה יד בית חשמונאי בטלום והיו דנים בדיני ישראל. Undenkbar ist es überhaupt, daß wegen des Sieges über die Sadduzäer bezüglich des Erbrechtes für einen selten eintretenden Fall ein Gedenktag in Gebrauch gekommen sein sollte. Indessen der Ausdruck תבנא לדיננא, „wir sind zu unserem Gesetze zurückgekehrt", deutet ein anderes Moment an. Es liegt zunächst darin, daß die Begebenheit, welche dem Tage zu Grunde lag, den Diaskeuasten noch erinnerlich war, und daß es sich um die Restitution der eigenen Gerichtsbarkeit handelte. Nun war unter der Herrschaft der römischen Prokuratoren den judäischen Gerichten die peinliche Gerichtsbarkeit entzogen; diese wurde ihnen restituiert während Agrippas I. Regierungszeit (40—44) und nach dem Ausbruch der Revolution. Auf das eine oder andere Faktum bezieht sich wohl dieser Gedenktag [Anders, aber kaum richtig, Dalman a. a. O. S. 33].

E. Chronologisch ungewisse Gedenktage.

29) Das wunderbare Eintreffen des Regens nach langer Dürre, 26. Adar (34). Der jerusalemische Talmud (Ta'anit III, p. 66d) und das Scholion bringen diesen Gedenktag mit der Geschichte von Choni ha-Meaggel in Verbindung, welcher um Regen gebetet habe, und dessen Gebet erhört worden sei. (Jeruš): מעשה בחוני המעגל... ותני כן: בעשרין ביה צמון כל עמא למטרא ונחת להון. Die Tatsache wird durch Josephus Relation bestätigt. (Altert. XIV, 2, 1): Ὀνίαν δέ τινα ὄνομα δίκαιον ὄντα καὶ θεοφιλῆ, ὃς ἀνομβρίας ποτὲ οὔσης ηὔξατο τῷ θεῷ λῦσαι τὸν αὐχμόν, καὶ γενόμενος ἐπήκοος ὁ θεὸς ὗσεν... ὡς ἐπαυσε τὴν ἀνομβρίαν. Da dieser Onias während der Belagerung Jerusalems im Bruderkriege umgebracht wurde (das.), so kann dieses Faktum und die Einsetzung des Gedenktages dafür im Beginne der Regierung Hyrkanos II. stattgefunden haben. Denn während Alexandras Regierung soll große Fruchtbarkeit geherrscht haben. Daß man das Eintreffen des Regens nach der Dürre den Tag feiertägig begangen hat, ergibt sich aus dem folgenden.

30) Zwei Gedenktage zur Erinnerung an öffentliche Bittgänge um Regen, 8 und 9. Adar (28). Bei diesen Gedenktagen ist nicht einmal im Scholion das Motiv angegeben, ob das Gebet erhört worden ist. Dieses findet es nur auffallend, daß zwei Tage hintereinander die Posaunen zur Begleitung des Gebetes um Regen ertönt haben sollen, und gleicht es dahin aus, daß die zwei Tage zu verschiedenen Zeiten eingesetzt worden seien. ואם התריעו בראשון למה התריעו בשני? אלא ראשון משנה זו ושני משנה אחרת. Jedenfalls setzen die Gedenktage das Eintreffen des Regens voraus. Denn es war Brauch, den Tag, an welchem Gebet um Regen mit Posaunenschall und Trauer angestellt worden war, falls Regen sofort eintrat, feiertägig zu begehen (Ta'anit III. 9) מעשה שגזרו תענית בלוד וירדו להם גשמים... אמר להם ר' טרפון צאו ואכלו ושתו ועשו יום טוב. Erfolgte der Regen nach angestelltem Bittgang unter frappanten Umständen, dann mag der Tag alljährlich festtägig begangen worden sein. Erzählt wird, daß während des Tempelbestandes auf dem Tempelberge einmal oder mehreremal solche Bittgänge um Regen veranstaltet worden sind (das. II, 5). Die Zeit für diese beiden

Note 2. Die Entstehung der Septuaginta und der Aristeasbrief. 577

Gedenktage läßt sich nicht ermitteln. Zu Herodes' Zeit in seinem 13. Regierungsjahre war einmal eine lang anhaltende Dürre (Jos. Altert. XV, 9, 1).

31) Zwei Purimtage, 14.—15. Adar (31). Aus einer Angabe im II. Makkabb. (15, 36) geht hervor, daß diese Tage erst spät gefeiert wurden. Es bemerkt nämlich, daß der Nikanortag, 13. Adar (B. II. b, S. 373) einen Tag vor dem Mardochaitage eingesetzt worden sei: πρὸ μιᾶς ἡμέρας τῆς Μαρδοχαϊκῆς ἡμέρας. Diese Bemerkung fehlt im 1. Makkabb. bei Erwähnung des Nikanortages (7, 48—49). Daraus läßt sich schließen, daß zur Zeit der Abfassung dieses Buches Purim noch nicht [?] gefeiert wurde; sonst würde der Verf. desselben diesen Umstand ebensowenig verschwiegen haben wie das zweite Makkabb. Purim ist also erst zwischen der Abfassungszeit des ersten und der des zweiten Makkabb. eingeführt worden. Das erste Makkabb. ist wahrscheinlich entstanden zur Zeit des Abfalls der hasmonäischen Hohenpriester vom Pharisäertum, weil es auf die treue Erfüllung des Gesetzes der ersten Makkabäer, als auf Musterbilder, hinweist, also wahrscheinlich unter Aristobul oder Jannaï Alexander. Auch spricht es von deren Vorgänger Hyrkan I., wie von einem nicht mehr lebenden. Das II. Makkabb. ist jedenfalls vor der Tempelzerstörung verfaßt worden. Man kann also annehmen, daß die Purimfeier erst zwischen 100 vor und 70 nach der chr. Zeit eingeführt wurde. Innerhalb dieser Zeit sind auch die apokryphischen Zusätze zu Esther entstanden. Diese nennen diese Tage zum Schluß Φρουραί (Φρουραῖα oder Φρουρίμ = Πουρίμ).

F. Gedenktage der diasporischen Zeit.

32) Der Trajanstag: 12. Adar (29). Vergl. darüber 4. Band der Geschichte, 2. Aufl. 445 fg [jetzt 3. Aufl. 413 ff.]

33) Das Ende der Hadrianischen Verfolgung: 29. Adar (35). Vergl. darüber das. 185 fg. [jetzt 3. Aufl. S. 171.]

Dazu noch die zwei folgenden:

34) Das kleine Pascha, 14. Ijar (4).

35) Die Einweihung der Mauern Jerusalems unter Nehemia (o. S. 563).

Soweit die Motivierung der Gedenktage und die Erklärung der Kalenderchronik des Megillat Ta'anit, die, wie ich mir schmeichle, durchweg sprach- und situationsgemäß und durch Belege aus anderweitigen Quellen bestätigt ist. Ich habe also keinen Anstand genommen, diesen historischen Kalender als vollgiltige Quelle zu benutzen. Über die Zeit, in welcher die Gedenktage, die früher nur in dem Gedächtnisse des Volkes gelebt haben, gesammelt und niedergeschrieben sind, gibt der Talmud selbst Aufschluß. Der Anreger der Sammlung war jener Eleasar ben Anania, der wegen so mancher Taten sich berühmt gemacht hat, vergl. Note 26. Die erinnerungsreichen Halbfeiertage sind noch im dritten Jahrhundert der christlichen Zeit beobachtet worden, wie sich aus den Kontroversen j. Ta'anit II, 13, p. 15 und b. Rosch ha-Schana, p. 18 b ff. ergibt. Erst im vierten Jahrhunderte unterschied man die Purim- und Tempelweihetage von den übrigen; jene seien für immer zu beobachten, diese aber seien fallen zu lassen.

2.

Entstehung der Septuaginta und der Aristeasbrief.

I. Die Septuaginta.

Meine Ansicht über die Abfassungszeit der sogenannten Septuaginta und die Veranlassung, der sie ihr Entstehen verdankt, weicht durchgehends so sehr von der Auffassung ab, welche man seit Scaliger, Richard Simon, Humphrey

Hody und in jüngster Zeit durch Frankels „Vorstudien zu der LXX." von dieser Frage hatte, daß es mir unerläßlich wird, sie ausführlich zu erhärten. Zwei Punkte sind es besonders, die im folgenden, wie ich hoffe, bis zu hoher Wahrscheinlichkeit erwiesen werden sollen: 1) daß die Septuaginta wohl auf den Wunsch eines Lagiden ins Leben gerufen wurde; 2) daß dieser Lagide aber nicht Ptolemäus II. mit dem Beinamen Philadelphus, sondern der VI. mit dem Beinamen **Philometor** war, und daß folglich, die Entstehung der LXX. nicht dem Anfang des dritten, sondern der Mitte des zweiten Jahrhunderts der vorchristlichen Zeit. angehört. Ich bin daher genötigt, nach zwei Seiten hin Front zu machen; einmal gegen die unvertilgbare Annahme, daß Philadelphus der Pate der Septuaginta gewesen sei, und dann gegen die von Frankel aufgestellte Behauptung, daß die Septuaginta ein naturwüchsiges Entstehen aus der Verdolmetschung der Perikopen in den Synagogen gehabt habe. Nach dieser kurzen Einleitung gehe ich an die Verteidigung der ersten These: **Der Pentateuch ist auf den Wunsch eines Lagiden ins Griechische übersetzt worden.** Dafür sprechen folgende Momente:

1) So sehr man auch allen Grund hat, die aristeäische Darstellung von der Entstehung der LXX. als Fiktion, richtiger als Tendenzschrift zu betrachten und ihr allen historischen Wert abzusprechen, zumal der Aristeasbrief erst um 20 b. nachchrist. Zeitr. entstanden sein kann [vergl. II und die Bemerkung dazu S. 599], so muß ihr doch irgend ein faktischer Kern als Ausgangspunkt gedient haben. Wäre die LXX nicht gewissermaßen auf höheres Verlangen, sondern allmählich durch die Arbeit der alexandrinischen Meturgemanim ins Leben getreten, wie Frankel in den Vorstudien behauptet, so wäre schwerlich ein Schriftsteller darauf verfallen, das Hauptfaktum nicht nur zu erfinden, sondern es solchen Lesern vorzuführen, die gerade am besten imstande waren, es als ein Phantasiestück zu beurteilen. Das aramäische Targum des Pentateuch stand bei den Palästinensern und Babyloniern in noch höherem Ansehen als die LXX, und doch ist es niemandem eingefallen, sein Entstehen durch den Pomp eines königlichen Mäcenats zu verherrlichen. Nur die syrischen Christen ließen die in ihrer Kirche kanonisierte Peschito fast auf dieselbe Weise durch den König Abgar von Edessa entstehen, der sich dazu Übersetzer aus Judäa hätte kommen lassen (Bar-Hebraeus Praef. zu seinem Horreum mysteriorum und Scholia zu Pf. X); aber dieses ist offenbar eine schlechte Kopie des Aristeasbriefes. Es ist vielmehr wahrscheinlich, daß der Verfasser des Aristeasbriefes die Sage, die unter den ägyptischen Judäern über die griechische Übersetzung zirkulierte, benutzt und vielfach ausgeschmückt hat und besonders in Eigennamen, wo ihn die Sage im Stiche ließ, erfinderisch verfahren ist.

2) Philo, der zwar im ganzen die Aristeassage vor Augen hatte, hat den bedeutsamen Zusatz, daß die Judäer Ägyptens den Tag, an welchem die Übersetzung vollendet war, noch zu seiner Zeit alljährlich auf der Insel Pharos festlich zu begehen pflegten (Vita Mosis II, 7 M I, 1400 [ed. Cohn-Wendl § 41]): διὸ καὶ μέχρι νῦν ἀνὰ πᾶν ἔτος ἑορτὴ καὶ πανήγυρις ἄγεται κατὰ τὴν Φάρον νῆσον, εἰς ἣν οὐκ Ἰουδαῖοι μόνον ἀλλὰ καὶ παμπληθεῖς ἕτεροι διαπλέουσι, τό τε χωρίον σεμνυνοῦντες, ἐν ᾧ πρῶτον τὸ τῆς ἑρμηνείας ἐξέλαμψε κ. τ. λ. Als einen Gewährsmann über Vorkommnisse seiner Zeit wird man Philo wohl gelten lassen müssen. Wenn also unter den alexandrinischen Judäern die Erinnerung an die Übersetzung so lebendig war, so muß sie wohl an einem bestimmten Tage vollendet oder übergeben worden sein. Wäre sie allmählich aus der synagogalen Verdolmetschung entstanden, so hätte sie weder

Note 2.   Die Entstehung der Septuaginta und der Aristeasbrief.

Wichtigkeit genug gehabt, einen Erinnerungstag zu hinterlassen, noch ließe sich überhaupt ein Tag für die Feier fixieren.

3) Diese Voraussetzung wird auch von einer andern Seite bestätigt. Eine, wie sich zeigen wird, für diese Frage wichtige palästinensische Nachricht erzählt, daß man in Judäa den Tag der griechischen Übersetzung für einen Unglückstag gehalten, gleich jenem, an dem das goldene Kalb als Gottheit substituiert worden, weil der Sinn der Thora nicht genügend in eine andere Sprache übertragen werden könne. Ihrer Wichtigkeit wegen setze ich die Stelle ganz hierher: מעשה בחמשה זקנים שכתבו לתלמי המלך את התורה יונית והיה היום קשה לישראל כיום Massechet Sepher Thora (שנעשה בו העגל שלא היתה התורה יכולה להתרגם כל צרכה) ed. Kirchheim I, Soferim I, 7). Ich halte diese Nachricht durchweg für sehr alt und darum auch für historisch[1]). Sie stammt aus einer alten Boraita. Alt ist sie, weil sie im grellsten Widerspruch steht zu der Apotheose der Septuaginta, welche R. Juda b. Ilai in der zweiten Hälfte des zweiten christlichen Jahrhunderts, offenbar auf Grund der Aristeassage, aus Alexandrien gebracht hat (Megilla 6, vergl. Frankels Vorstudien 27). Nachdem einmal durch R. Judas Autorität die wunderbare Entstehung der LXX anerkannt war, würde niemand gewagt haben, einen Tadel an ihr zu finden; folglich ist jene Nachricht älter als R. Juda. Ohne den Widerspruch zu ahnen, stehen in dieser Quelle beide Relationen von der Entstehung der LXX, die verdammende und die apotheosierende, dicht neben einander. Ferner ist der Umstand zu erwägen, daß nach jener Nachricht fünf Übersetzer daran gearbeitet haben, eine Zahl, die im Vergleich zu den zweiundsiebzig Übersetzern der Aristeassage sich von vornherein als historisch empfiehlt. Die Zahl zweiundsiebzig ist offenbar aus der Voraussetzung von dem Vorhandensein der zwölf Stämme entstanden, von denen je sechs Dolmetscher zum Geschäft der Übersetzung abgeordnet worden sein sollen, damit gewissermaßen das ganze δωδεκάφυλον dabei vertreten sei und ihr eine nationale Sanktion sichere. Hier zeigt sich die Sage in ihrer ganzen Kraßheit, und der Verf. des Aristeasbriefes war so unbesonnen, oder hat so wenig auf Kritik gerechnet, daß er sämtliche 72 Namen aufführt und die 12 Stämme angibt, denen die je 6 Dolmetscher angehört hätten. Fünf Übersetzer hingegen, wie sachgemäß! Der aus fünf Büchern bestehende Pentateuch konnte, ja man könnte fast sagen, mußte bei Verteilung der Arbeit gerade fünf Übersetzer beschäftigen. Außerdem weist der uns vorliegende Text der LXX, trotz der vielfachen Verunstaltung, auf fünf verschiedene Übersetzer hin. Frankel hat in seiner Schrift (Einfluß der palästinischen Exegese auf die alexandrinische Hermeneutik S. 228) diesen Punkt durch eine ins Einzelne eingehende Beweisführung zum Abschluß gebracht: daß fünf Männer von verschiedener Begabung und Kenntnis des Hebräischen an dem griechischen Pentateuch gearbeitet haben. Endlich ist nicht zu übersehen, daß die Frommen in Palästina nach der ganzen Richtung, die der Geist dort genommen hatte, die Übertragung der Thora allerdings als ein Nationalunglück betrachten mußten. Und erst später, viel später, als man den

---

[1]) M. Joëls Ausgleichung, daß diese tadelnde Tradition sich auf eine andere Übersetzung, auf die Aquilas bezöge (Blicke in die Religionsgeschichte I, 4), hat alles gegen sich. Gerade diese Übersetzung ist von den Gesetzeslehrern gelobt worden (j. Megilla 71 c). Außerdem wird auch dabei תלמי = Ptolemaeus genannt. Dagegen ist in bezug auf die fünf Männer, von welchen Esra (pseudepigraphus) XIV. spricht, und welche angeblich ausgewählt wurden, um schnell zu schreiben (Text in Hilgenfelds Messias Judaeorum, p. 180 f.) nicht das geringste gewiß. Von Übersetzern ist da keine Rede.

mächtigen Einfluß bemerkte, den die griechische Bibel auf die Verbreitung judäischer Lehren unter den Heiden hatte, konnte man sich mit ihr befreunden und sie als durch ein Wunder entstanden anerkennen. Hat nun die Nachricht in der alten Boraita durch diese drei Umstände, nämlich durch den Widerspruch gegen die Aristeassage, durch die Zahl der fünf Hermeneuten und durch die Mißliebigkeit der Übersetzung in Judäa, einen historischen Charakter, so wird auch das vierte Moment darin bedeutsam, daß man den Tag der Übersetzung in Judäa für einen Unglückstag gehalten habe. Eine zwar nur in einer jüngeren Schrift erhaltene, aber traditionell scheinende Notiz setzt diesen Tag unter die andern dies nefasti auf den achten Tebet an (Halachot Gedolot, Ta'anit, abgedruckt zu Ende der Megillat Ta'anit): — בשמונה בטבת נכתבה התורה יונית בימי (תלמי המלך ובא חושך לעולם ג' ימים¹). Galt der Tag der Übersetzung, der von den ägyptischen Judäern feiertägig begangen wurde, in Judäa als ein Trauertag, so setzt dieser Umstand ein mit einem Male eingetretenes, für wichtig gehaltenes Faktum voraus.

4) Endlich ist auch einiges Gewicht auf die Umschreibung des Wortes ארנבת durch δασύπους, „der Rauchfuß", anstatt λαγώς (Lev. 11, 5) zu legen. Die talmudischen Nachrichten erklären, diese Umschreibung sei durch die Rücksicht gekommen, die man auf die Lagiden genommen hat, um sie nicht durch einen Ausdruck, als würde auf Lagos, den Stammvater der mazedonisch-ägyptischen Könige, angespielt, zu verletzen. Nur mußten die Spätern das eigentliche Motiv nicht und rieten herum, man habe deswegen שעירת רגלים anstatt ארנבת gesetzt, weil die Mutter oder Frau des Ptolemäus so geheißen. In einer harmlosen, bloß für die Synagoge bestimmten, sozusagen keiner Zensur unterworfenen Übersetzung, die auf den Hof keinerlei Rücksicht zu nehmen brauchte, wäre man gar nicht darauf gefallen, in dem Worte Lagos etwas Verfängliches und Verletzendes zu finden. Es ist durchaus noch nicht ausgemacht, daß für „Hase" in der κοινή der mazedonischen Zeit δασύπους gebraucht worden sein sollte. Es folgt also daraus, daß die griechische Übersetzung ursprünglich für einen der Lagiden angelegt worden ist.

Sprechen diese Momente deutlich dafür, daß die Septuaginta durch eine äußere Veranlassung, und zwar, wie sich teils aus dem Vorangegangenen ergeben hat, teils aus dem Folgenden noch ergeben wird, durch die Teilnahme eines der ägyptischen Herrscher vollendet wurde, so kommt zunächst die Frage an die Reihe, welcher der Lagiden diese Teilnahme bewiesen hat. Nach dem Verfasser des Aristeasbriefes und denen, die ihm gefolgt sind: Philo, Pseudo-Aristobul, Josephus und den meisten Kirchenvätern, war es Ptolemäus Philadelphus, der durch das Verlangen, seine Bibliothek zu vervollständigen, die Übersetzung des Pentateuchs — die Kirchenväter fügen hinzu: des ganzen alten Testaments — veranlaßt habe. Es ist aber in der Tat merkwürdig, daß, obwohl die Kritiker den ganzen Aristeas mit Recht als fabelhaft verwerfen, sie noch immer — doch nur aus dieser sagenhaften Quelle des Aristeas — das Faktum festhalten, die LXX sei zur Zeit des Philadelphus entstanden! Aber während man nicht den Schatten eines Beweises weder für die Judenfreundlichkeit dieses Königs, noch überhaupt für eine einem solchen Unternehmen günstige Zeitlage unter ihm hat, übergeht man einen andern König, dessen Zu-

---

¹) Diesen Zug, daß infolge der Übersetzung eine dreitägige Finsternis eingetreten sei, hat auch das samaritanische Tarich Abul Fatachs: וקיל אן אטלמה אלדניא תלתה איאם (Paulus, Repertorium für bibl. morgenländ. Literatur, I, 124.)

Note 2. Die Entstehung der Septuaginta und der Aristeasbrief. 581

neigung zu den Judäern und dessen Bekanntschaft mit dem Judentum historisch beurkundet ist. Es geht mit diesem Faktum wie mit der Freundschaft des Antoninus mit dem Patriarchen R. Juda; man sucht mühsam unter den Antoninen einen judenfreundlichen Kaiser und übergeht Alexander Severus, dessen Judenfreundlichkeit konstatiert ist. Ich stelle daher die zweite These auf. **Die Septuaginta ist auf Veranlassung des Ptolemäus Philometor übersetzt worden.** Folgende Gründe werden diese These zweifellos machen:

1) Philometor war ein warmer Anhänger der Judäer, weil sie ihn in seinen Kriegen gegen die Seleuciden und gegen seinen Bruder Physkon aufs kräftigste unterstützt haben. Nicht nur Josephus erzählt, daß er die zwei judäischen Priester Onias und Dositheos zu seinen Feldherren ernannt und ihnen sein ganzes Reich überlassen habe, sondern auch der Judenfeind Apion hat in seiner Schmähschrift gegen die Judäer die Tatsache als bekannt vorausgesetzt (Josephus contra Apionem II, 5). Vergl. Note 4.

2) Philometor hat einen Religionsstreit zwischen den Judäern und Samaritanern Alexandriens über die Heiligkeit des Tempels in Jerusalem oder auf Garizim mit lebhaftem Interesse angehört, woraus eben seine Teilnahme an den religiösen Streitfragen der Judäer hervorgeht. Vergl. Note 5.

3) Philometor hat in seinem Reiche den Oniastempel erbauen lassen.

4) In dem ersten Sendschreiben aus Jerusalem an die ägyptischen Judäer wird ein Priester, Juda Aristobulos, Lehrer des Königs genannt (vergl. Note 10). Nun kann dieser Judäer nur Lehrer Ptolemäus des VI. Philometor gewesen sein. Dieser König konnte demnach einzig und allein Interesse für das Buch haben, für dessen Inhalt sich die Judäer in Palästina geopfert hatten.

In den ersten Ausgaben habe ich als Argument für die Entstehung der LXX in Philometors Zeit auch die Nachricht der kirchenväterlichen Literatur angeführt, daß der judäische Peripatetiker Aristobul zur Zeit dieses Königs gelebt und demselben eine „Exegese" oder „Hermeneia" der heiligen Schrift gewidmet habe und endlich zu den 70 Dolmetschern gezählt worden sei. Das Chronicon Paschale z. B. berichtet: Ἀριστόβουλος Ἰουδαῖος Περιπατητικός ἐγνωρίζετο, ὃς Πτολεμαίῳ τῷ Φιλομήτορι ἐξηγήσεις τῆς Μωϋσέως γραφῆς ἀνέθηκεν (ed. Bonn I, 337).

Diese Angabe stammt aus Eusebius' Chronicon. In der Kirchengeschichte (VII, 32, 16) zieht Eusebius aus Anatolius' Paschal=Kanon folgende Notiz aus: Ἀριστόβουλος . . . . ὃς ἐν τοῖς ἑβδομήκοντα κατειλεγμένος τοῖς τὰς ἱερὰς καὶ θείας Ἑβραίων ἑρμηνεῦσαι γραφὰς Πτολεμαίῳ τῷ Φιλαδέλφῳ καὶ τῷ τούτου πατρί, καὶ βίβλους ἐξηγητικὰς τοῦ Μωϋσέως νόμου τοῖς αὐτοῖς προσεφώνησε βασιλεῦσι. Infolge dieser Notiz gerieten die Kirchenväter Clemens Alexandrinus und Eusebius in arge Konfusion. Sie litten an dem Widerstreit zweier Relationen, der ihnen über den Kopf gewachsen war. Hier die Aristeassage, daß die Septuaginta unter Philadelphus und Eleasar entstanden seien, dort die Nachricht des Anatolius, daß Aristobul zur Zeit des Philometor einer der Übersetzer gewesen sei. Darum machten sie Aristobul zum Zeitgenossen des Philadelphus und Eleasar. Diesen durch Kritiklosigkeit noch mehr verwirrten Knäuel suchten die Forscher zu lösen. Eine besondere Monographie darüber schrieb Valckenaër, diatribe de Aristobulo Judaeo; vergebliche Mühe. Es läßt sich schlechterdings nichts damit machen, weil der judäische Peripatetiker Aristobul ebenso wie der Aristeasbrief ein Kind der Phantasie ist. Es hat wohl einen

Judäer Aristobul gegeben, welcher Lehrer des Königs Ptolemäus gewesen und eine Stellung unter den Judäern Alexandriens eingenommen haben mag. Aber einen judäischen Peripatetiker dieses Namens, der ein σύγγραμμα oder προςπεφωνημένα für Ptolemäus VI. Philometor oder für Philadelphus geschrieben haben soll, hat es entschieden nicht gegeben. Die einem solchen vindizierte Schrift, seine quasi-philosophische Auslegung, sowie die von ihm stammenden orphischen Verse und Homerica über den Sabbat, sind Pseudepigraphien, vergl. darüber Note 3 Schluß und M. Joël, Blicke in die Religionsgeschichte I, 80 f. Dieses Argument von Aristobul, einem der Dolmetscher unter Philometor, muß ich nach reiflicher Erwägung aufgeben. Aber es beweist denn doch etwas, daß ein Pseudepigraphist die griechische Übersetzung mit Philometor in Beziehung gebracht hat.

Fassen wir alle Momente zusammen, so spricht für das Entstehen der Septuaginta unter Philadelphus nur das Aristeasbuch, ferner Philo und Josephus, die von der Aristeassage beherrscht sind, und endlich die Kirchenväter, welche aus dogmatischen Gründen jene Sage aufrecht erhielten und weiter ausschmückten. Für die Zeit des Philometor hingegen spricht die ganze Situation der Zeit[1]).

Was den Wert dieser ersten griechischen Übersetzung betrifft, des Pentateuchs nämlich, so läßt sich nach der jetzigen Beschaffenheit des Textes kein sicheres Urteil darüber fällen. Sie hat durch so viele Einwirkungen eine so durchgehende Veränderung erfahren, daß man nicht mehr imstande ist, ihre ursprüngliche Gestalt zu rekonstruieren. Abschreiber haben Vieles daran geflissentlich oder unabsichtlich geändert, überarbeiter haben zwei oder mehrere Übersetzungen von derselben Stelle zusammengeworfen. Schon zur Zeit des Verfassers des Aristeasbriefes um 20 post hatte die LXX Veränderungen erfahren; darum läßt dieser einen Fluch über solche, welche an dem Texte etwas ändern sollten, aussprechen. Nichtsdestoweniger ist später nicht bloß von christlicher Seite bewußt und unbewußt Manches hineingetragen worden, was ursprünglich nicht darin stand, sondern auch von judäischer Seite ist manche Stelle verändert worden. Origenes, der sich Mühe gegeben hat, einen guten Text wiederherzustellen, hat durch seine Hexapla dazu beigetragen, daß der Text noch mehr verdorben wurde, indem Spätere Vieles aus andern Übersetzungen in die Septuaginta gebracht haben. Über den relativen Wert der Septuaginta zum Pentateuch hat Frankel ein lichtvolles Urteil dahin begründet, daß der Übersetzer des einen Buches mehr, der andere weniger Kunde des Hebräischen hatte, der eine mehr den Genius des Griechischen, mehr frei, der andere dem des Hebräischen folgend, mehr strikte übersetzt hat. Vergl. Frankel: Vorstudien 62 ff. und Einfluß usw. S. 228 ff. und das Schlußurteil, das auf eine eingehende Beweisführung begründet ist. Keineswegs darf man aber aus der Verschiedenheit der Übersetzung in den verschiedenen Büchern des Pentateuchs schließen, daß ein größerer oder geringerer Zeitintervall, z. B. zwischen den 4 ersten Büchern und dem Deuteronomium liege. Wenn z. B. der Übers. des Deuteron. צדקה durch ἐλεημοσύνη, der in Genesis dagegen es richtiger durch δικαιοσύνη wiedergibt, so beweist diese Verschiedenheit nur, daß die LXX keiner einheitlichen Redaktion unterlag,

---

[1]) [Ausschlaggebend für die Existenz der griechischen Pentateuchübersetzung im letzten Drittel des dritten vorchristlichen Jahrhunderts bleibt die Tatsache, daß Demetrius, der zur Zeit des Ptolemäus IV Philopator (222—205) geschrieben hat, die gr. Pentateuchübersetzung bereits benutzt hat. Schürer III[3], 310; Nestle in Herzogs Realencycl.[3] III, 3.]

sondern die Übersetzungen so aufgenommen hat, wie sie ausgefallen waren. Man darf sich auch nicht daran stoßen, daß manche hebräische Wörter pure wiedergegeben sind, wie πάσχα, σάββατα oder gar das Verbum שבתו (Levit 23, 32) σαββατιιτε, ich sage, man darf sich daran nicht stoßen; denn einmal war der Sabbat auch den Griechen bekannt, wie Philo behauptet (de Vita Mosis II, 3 ed. Mangey I 137 fg.), und wohl auch Pascha, und zwar aus dem judäischen Leben. Dann ist öfter ein erklärendes Wort hinzugefügt: zu σάββατα das Wort ἀνάπαυσις und zu πάσχα: ἐπίβασις, und endlich können diese Wörter später hineingebracht worden sein. Daraus läßt sich also keineswegs folgern, daß die Übersetzung ursprünglich nicht für einen griechischredenden König angelegt worden sei. Freilich, war sie einmal vorhanden, so diente sie selbstverständlich auch für den synagogalen Gebrauch.

II. Die Abfassungszeit des Pseudo-Aristeas.

Das angebliche Sendschreiben des Aristeas an seinen Bruder Philokrates oder das σύνταγμα, im siebzehnten und achtzehnten Jahrhundert Gegenstand lebhaften Streites unter den philologisierenden Theologen und theologisierenden Philologen, dann eine Zeitlang außer acht gelassen, hat in dem letzten Dezennium abermals die Aufmerksamkeit der Forscher auf sich gezogen. Der Holländer Cobet hat in der griechischen Zeitschrift (λόγιος Ἑρμῆς 1866, p. 177 fg.) über dieses Sendschreiben samt andern Erzeugnissen des judäischen Hellenismus ein wegwerfendes Urteil ausgesprochen. Moriz Schmidt hat (in Merx' Archiv für wissensch. Erforsch. d. alt. Test. 1869 I, S. 12) auf Grund zweier Pariser Codices die Korrektur des in den Editionen von Kopisten- und Druckfehlern wimmelnden Textes durch Angabe der variae lectiones angebahnt. Der Italiener Giacomo Lumbroso hat (in seinem preisgekrönten und in der Tat gediegenen mémoire: recherches sur l'économie politique de l'Égypte sous les Lagides 1870 im Vorworte p. XII ff.) die Wichtigkeit dieses Briefes für die Archäologie des Ptolemäerreiches hervorgehoben und zum Schlusse (Annexes p. 351) Lesarten aus einem Venetianischen Codex zusammengestellt. Lumbroso hat überhaupt eine ganze Reihe von Codices des Aristeasbriefes in England, Rom und der St. Marc.-Bibliothek in Venedig, welche bisher der gelehrten Welt unbekannt waren, ans Licht gezogen und kollationiert. [Über die Handschriften und Ausgaben s. jetzt Wendlands Ausgabe (Leipzig 1900), S. VII bis XIX u. S. XXVI ff.] Ferner hat Aemilius Kurz (in einer Promotionsschrift Aristeae epistola ad Philocratem, Bern 1872) von neuem die Frage über Echtheit oder Unechtheit dieser Epistel erörtert und glaubte auf Grund des von Schmidt gegebenen korrekteren Textes neue Momente für Beurteilung dieser Frage gefunden zu haben. Freudenthal endlich hat dem Verf. des Aristeasbriefes alle Sünden der judäisch-alexandrinischen Pseudepigraphie aufgeladen (Hellenistische Studien 1875, S. 162 fg.): Pseudo-Aristeas sei derselbe wie Pseudo-Artapanus und wie Pseudo-Hekataios. Der Verfasser aller dieser pseudepigraphischen Machwerke sei darauf versessen gewesen, um die judäische Vergangenheit und die judäischen Institutionen in den Augen der Griechen zu heben, Märchen zu erfinden und sie in den Mund pseudonymer Verfasser zu legen. [Weitere Literatur s. bei P. Wendland in Kautzschs Apokryphen und Pseudepigraphen d. Alten Test. (Leipzig 1900), II, S. 1—31, und in desselben Ausgabe des Briefes (Leipzig, 1900), S. XXV ff.]

Gälte es bloß die Unechtheit des Aristeasbriefes zu konstatieren, so könnten die Akten völlig geschlossen werden. Denn die Momente für die Unechtheit desselben, welche seit Scaliger geltend gemacht wurden, liegen so mächtig zutage, daß man sich nur verwundern kann, wie Moriz Schmidt nur noch ein Wort darüber verlieren konnte, um die Echtheit zu retten. Die unverkennbaren Momente der Fälschung sind: daß der Aristeasbrief den Demetrios Phalereus zum Oberbibliothekar macht, während dieser ein Fürst war und eine Zeit lang den athenischen Staat geleitet hat, ferner, daß er ihn zum Oberbibliothekar unter Ptolemäus Philadelphus macht, während dieser König, nach dem Berichte des Hermippus, den Demetrios gehaßt und in den Kerker gesetzt hat, weil er seinem Vater Ptolemäus Lagi geraten hatte, Philadelphus zu enterben und die Söhne der zweiten Gemahlin Eurydike als Thronfolger zu designieren[1]). Demetrios starb auch im Kerker.

Hermippus war ein jüngerer Zeitgenosse des Ptolemäus Philadelphus und trug Materialien für die Biographien der Philosophen zusammen. Die Biographica über Demetrios Phalereus sind ihm ohne Zweifel von dessen Zeitgenossen überliefert worden. Hermippus sagt zwar nicht mit deutlichen Worten, daß Demetrios' Ungnade und Kerkerhaft unmittelbar nach Philadelphus' Regierungsantritt erfolgt seien. Aber die Aufeinanderfolge liegt in der Motivierung. Philadelphus hatte triftigen Grund zum Hasse gegen Demetrios Phalereus, und diesem Hasse muß er **gleich beim Beginn seiner Regierung** Folge gegeben haben — oder niemals[2]).

---

[1]) Da dieses Argument von entscheidender Bedeutung ist, so mag hier das Referat mitgeteilt werden. Es lautet bei Diogenes Laertius (V, 78): φησὶ δ' αὐτὸν (Δημήτριον τὸν Φαληρέα) . . . παρὰ Πτολεμαῖον ἐλθεῖν τὸν Σωτῆρα. κἀκεῖ χρόνον ἱκανὸν διατρίβοντα συμβουλεύειν τῷ Πτολεμαίῳ . . . τὴν βασιλείαν τοῖς ἐξ Εὐρυδίκης περιθεῖναι παισί. Τοῦ δὲ οὐ πεισθέντος, ἀλλὰ παραδόντος τὸ διάδημα τῷ ἐκ Βερηνίκης μετὰ τὴν ἐκείνου τελευτὴν ἀξιωθῆναι πρὸς τούτου παραφυλάττεσθαι κ. τ. λ. Von dem abmahnenden Rat des Demetrios Phalereus an Ptolem. Lagi, seinen Sohn Philadelphus von der Berenike von der Thronfolge auszuschließen, berichtet auch Heraklides Lumbos mit dem Zusatze: Demetrios habe zu Ptol. Lagi die Worte gesprochen: ἐὰν ἄλλῳ δᾷς, σὺ οὐχ ἕξεις (bei Diogenes Laertius V, 79). Ich begreife nicht, wie man sich auf die neuerdings entdeckten Scholia von Johannes Tzetzes berufen kann, daß der Phalereer sich auf Sammlung von Schriften verlegt habe; der byzantinische Scholiast schrieb dem Pseudo-Aristeas oder den Kirchenvätern nach, ist also von gar keinem Gewichte.

[2]) Diejenigen, welche die Echtheit retten möchten, greifen zum Notbehelf, daß Demetr. Phalereus nicht unmittelbar nach Philadelphus' Thronbesteigung in Ungnade gefallen zu sein brauche, sondern noch eine Zeitlang unter diesem König als Bibliothekar fungiert haben könne [Auch nach Susemihl, Gesch. d. gr. Literatur in der Alexandrinerzeit I, 6. 138, dem Dr. P. Wendland (bei Kautzsch, S. 1) zustimmt, fiel die Verbannung des Dem. Phalereus in das Jahr 283]. Sie beachten aber nicht, daß der Aristeasbrief den Vorgang der Verdolmetschung lange nach der Thronbesteigung setzt. Er setzt voraus, daß Philadelphus bereits mit seiner Schwester Arsinoe verheiratet gewesen sei. In Eleasars Brief ist erwähnt ἡ βασίλισσα Ἀρσινόη, ἡ ἀδελφή. Diese Ehe fand aber erst um 276 [274, s. Wendland a a. O. S. 9, Note b] statt. Noch mehr. Der Brief läßt die Dolmetscher nach Alexandrien kommen, nachdem Philadelphus einen Sieg über Antigonos Gonatas gefeiert hat [In Wahrheit erlitt Ptolemäus in der Seeschlacht bei Kos eine Niederlage durch Antigonus Gonatas]. Dieser Sieg fand 262 statt. Philadelphus hatte damals bereits mehr als 20 Jahre den Thron eingenommen. Und so lange soll er Demetrios Phalereus, gegen den er mit Recht erzürnt war, an seinem Hofe behalten haben? Dazu kommt noch ein anderer Anachronismus. Der Brief läßt beim Eintreffen der

Ist schon die Erzählung von dem Bibliothekaramt des Phalereus unter Philadelphus unhistorisch, so ist es nicht minder die Angabe, daß dieser athenische Archon gewußt habe, daß es zwölf Stämme Israels gebe, daß er dem König geraten, von jedem Stamme je sechs Männer zum Werke der Übersetzung des Pentateuchs kommen zu lassen, und daß endlich wirklich 72 Dolmetscher, aus jedem Stamme je sechs, nach Alexandrien gekommen seien. Ein Schriftsteller, der in der nachexilischen Zeit den Bestand der zwölf Stämme voraussetzt, bringt sich um jede geschichtliche Glaubwürdigkeit.

Wie gesagt, gälte es bloß die Ungeschichtlichkeit der Darstellung von dem Zustandekommen der griechischen Übersetzung unter Philadelphus auf Anraten des Phalereus vermittelst der 72 Dolmetscher zu konstatieren, so brauchte man kein Wort darüber zu verlieren und die Untersuchung von neuem aufzunehmen. Der pseudepigraphische Charakter der Aristeasepistel ist sonnenklar. Aber es verdient doch untersucht zu werden, in welcher Zeit diese Pseudepigraphie entstanden ist, da die Momente, welche ihr eine ganz bestimmte Zeit zuweisen, bisher übersehen worden sind. Die Untersuchung über die Abfassungszeit dürfte nicht bloß die Tendenz des Briefes erschließen, sondern auch manches Interessante bezüglich des judäischen Hellenismus resultieren lassen. Sehen wir uns die Stellen an, die eine bestimmte Zeitlage voraussetzen.

1) Ein langer Passus handelt vom Delatorenwesen. Der Verf. läßt bei der Erläuterung der Speisegesetze in einem Dialog zwischen Eleasar und Aristeas auseinandersetzen, warum das Geschlecht der Wiesel (γαλῆ) für unrein gelte und zum Genusse verboten sei: weil es mit dem Ohre empfange und aus dem Munde gebäre. Dieses bedeutet, daß diese Sinnesart der Menschen unrein sei, die, was sie mit dem Ohre vernehmen, mit dem Munde übertreiben, andere ins Unglück verwickeln und sich mit der Unreinheit der Freveltat beflecken. „Mit Recht läßt daher euer König solche mit dem Tode bestrafen, wie wir vernehmen"[1]. Darauf Aristeas: „Du scheinst wohl von den Angebern zu sprechen?"[2] „Sie belegt er allerdings beständig mit Folter und und Tod zum Schmerze". Dann Eleasar: „Von diesen spreche ich allerdings. Ihre Wachsamkeit ist für die Menschen ein frevelhaftes Verderben"[3].

Es ist gar nicht zu verkennen, daß diese dialogische Auseinandersetzung das Delatorenwesen in der Kaiserzeit [?] brandmarken will. Denn auf griechische

Dolmetscher den Philosophen Menedemos, den Gründer der eretreischen Schule in Alexandrien anwesend sein und die philosophischen Tischgespräche derselben bewundern (p. 48). Menedemos müßte demnach nach 262 gelebt haben. Allein mehrere griechische Autoren geben an, daß er ein Zuhörer Platos gewesen sei und zwar im 24. Lebensjahre, und wenn er auch das Alter von 84 Jahren erreichte — oder gar 94 nach Hodys Emendation, — so war er in dieser Zeit nicht mehr am Leben. Noch mehr, dieselben Autoren lassen M. sogleich nach Besiegung' des Gallier vor Gram sterben um 278. Wie kann er dann 262 an Philadelphus' Hofe gewesen sein? Außerdem steht es fest, daß er nicht einmal in Ägypten als Gesandter, und zwar bei Ptol. Lagi, war. Im Alter blieb er demnach beständig in Mazedonien. Vergl. darüber Hodys Abhandlung zu Aristeas p. 37 fg. [und jetzt Zeller, Philos. d. Griechen II, 1, S. 276 ff. Wendland a. a. O. S. 21, Note b].

[1] καλῶς δὲ ποιῶν ὁ βασιλεὺς ὑμῶν τοὺς τοιούτους ἀναιρεῖ καθὼς μεταλαμβάνομεν, ed. Hody (H.), p. XIX; ed. M. Schmidt (Sch.), p. 42; [ed. Wendland, § 166 f.].

[2] τοὺς ἐμφανιστὰς οἴομαί σε λέγειν.

[3] ἡ γὰρ ἐπαγρύπνησις εἰς ἀνθρώπων ἀπώλειαν ἀνόσιος.

Zustände paßt sie so wenig, daß im Griechischen nicht einmal ein Wort für das, was die Römer in den Begriff delator gelegt haben, ausgeprägt wurde. Das hier dafür gebrauchte Wort ἐμφανιστής kommt in der klassischen Literatur gar nicht vor, sondern ist erst in der späteren Gräcität dem Worte delator nachgebildet worden [?]. Das Delatorenwesen konnte sich in der Tat nur auf römischem Boden entwickeln, aus der hoch hinauf geschraubten Vorstellung von der Majestät des Volkes. Als sich die Kaiser diese Majestät beilegten und jede Vergehung gegen dieselbe mit Strafen belegten, nahm dieses Unwesen außerordentlich überhand, weil jeder Verarmte die Empfindlichkeit der Machthaber benutzte, Angeberei anzubringen, um sich zu bereichern, wie Tacitus es schildert (Annal. I, 74): ... qui formam vitae iniit, quam postea celebrem miseriae temporum et audaciae hominum fecerunt. Nam egens, ignotus, inquies, dum occultis libellis saevitiae principis arrepit, mox clarissimo cuique periculum facessit ... ex pauperibus divites, ex contemptis metuendi perniciem aliis ac postremum sibi invenere. Sollte eine Anklage Erfolg haben, so wurde stets eine Majestätsbeleidigung damit in Verbindung gebracht, addito majestatis crimine, quod tum omnium accusationum complementum erat (das. III, 38). An einer Stelle schildert Tacitus dieses Delatorengezücht ganz so, wie der Verf. des Aristeasbriefes (das. IV, 30): Sic delatores, genus hominum publico exitio repertum et ne poenis quidem unquam satis coërcitum. Daraus ganz allein könnte man auch entnehmen, daß der Verf. in der römischen Zeit geschrieben hat. Ist ja durch das Zitat aus Tacitus auch die Angabe belegt, daß unter den Kaisern Strafgesetze gegen Delatoren erlassen und Strafen an ihnen vollstreckt worden sind. Auf dieses Argument kommen wir später noch einmal zurück, um daraus die Abfassungszeit näher zu fixieren. Hier genügt es zu konstatieren, daß der Brief einen römischen Zustand reflektiert. Nebenbei sei bemerkt, daß der römische Kaiser in Alexandrien auch βασιλεύς betitelt wurde.

2) Römische [?] Sitte verrät ferner die Schilderung im Aristeasbriefe, daß die 72 Dolmetscher jeden Morgen, ehe sie an ihre Geschäfte gegangen, sich **bei Hofe eingefunden hätten, um den König zu begrüßen**[1]), oder **den Morgengruß anzubringen**. Es braucht kaum weiter bewiesen zu werden, daß der Morgengruß, die **salutatio matutina**, lediglich [?] bei den Römern in Gebrauch, den Griechen dagegen auch unter den Ptolemäern fremd war. Diese Sitte stammte aus dem römischen Patronatsverhältnis. Jeder Klient mußte sich jeden Morgen zu seinem Patron begeben, um ihn zu begrüßen. Aus dieser Sitte wurde ein Huldigungsakt für die Kaiser, da diese im buchstäblichen Sinne Patrone waren und das ganze Volk ihr Klient. Diese abulatorische Schmeichelei kam bereits unter Augustus auf: Promiscuis salutationibus admittebat (Octavianus Caesar) et plebem, tanta comitate adeuntium desideria excipiens, ut ... (Sueton Augustus 53). Diese Aufwartung hieß unter den Kaisern officium salutationis (das. 27). Indem nun der Verf. des Briefes es als stehende Sitte betrachtet, dem Herrscher jeden Morgen einen Gruß oder „**den Gruß**" darzubringen, verrät er unverkennbar die Zeitlage unter den Kaisern.

3) Mehr noch gibt die Schilderung der Burg in Jerusalem zu erkennen, daß er frühestens in der herodianischen Zeit geschrieben hat. Diese Schilderung

---

[1]) ἅμα δὲ τῇ πρωΐᾳ παρεγίνοντο εἰς τὴν αὐλὴν καθ᾽ ἡμέραν, καὶ ποιησάμενοι τὸν ἀσπασμὸν τοῦ βασιλέως. ed. H. XXV, Sch. p. 6, [ed. Wendl. § 304.].

Note 2. Die Entstehung der Septuaginta und der Aristeasbrief. 587

paßt nämlich so augenfällig auf die von Herodes erbaute Burg Antonia, daß es eigentlich erstaunlich ist, wie dieses Moment übersehen werden konnte[1]). Man kann fast die ganze Beschreibung der Akropolis in Jerusalem, welche Aristeas besichtigt haben will, mit den Worten belegen, welche Josephus von der Antonia gebraucht. In den Altertümern gibt dieser Historiker nur kurz an, daß Herodes die von den Hasmonäern benutzte Baris zur Sicherheit und zur Überwachung des Tempels noch mehr befestigt habe[2]). Im jüdischen Kriege beschreibt er aber die Beschaffenheit der Antonia ausführlich, und diese Beschreibung trifft genau mit der zusammen, welche der Aristeasbrief von der Burg gibt. Drei Punkte sind besonders darin hervorzuheben, daß Herodes hohe Türme auf der Antonia habe anbringen lassen, daß sich eine Militärwache mit Waffen darin befunden habe, um jeden Aufstandsversuch zu unterdrücken, und endlich, daß sie den Tempel überwachte, wie dieser die Stadt. Dasselbe ist auch in dem Aristeasbrief angegeben, so daß man beide parallelisieren kann.

Josephus jüd. Kr. V, 5, 8.
Δεδόμητο δὲ (ἡ Ἀντωνία) ὑπὲρ πέτρας πεντηκονταπήχους μὲν ὕψος .... Πυργοειδὴς δὲ οὖσα τὸ πᾶν σχῆμα, κατὰ γωνίαν τέσσαρσιν ἑτέροις διείληπτο πύργοις .... ὡς καθορᾶν ὅλον ἀπ' αὐτοῦ τὸ ἱερόν .... δὲ ὧν κατῄεσαν οἱ φρουροί, καθῆστο γὰρ [ἀεὶ] ἐπ' αὐτῆς τάγμα Ῥωμαίων μετὰ τῶν ὅπλων .... ὡς μή τι νεωτερισθείη, παρεφύλαττον. φρούριον γὰρ ἐπέκειτο τῇ πόλει μὲν τὸ ἱερόν, τῷ ἱερῷ δὲ ἡ Ἀντωνία.

Aristeasbrief H. XIII Sch. p. 32. [ed. Wendl. § 10].
Ἡ (ἄκρα τῆς πόλεως) κεῖται μὲν ἐν ὑψηλοτάτῳ τόπῳ, πύργοις ἐξησφαλισμένη πλείοσι μέχρι κορυφῆς ... ὡς μεταλαμβάνομεν πρὸ φυλακὴν τῶν περὶ τὸ ἱερὸν τόπων. ἵν', ἐὰν ἐπίθεσίς τις ἢ νεωτερισμὸς .. ἐπικειμένων καὶ ὀξυβελῶν ἐπὶ τῶν πύργων τῆς ἄκρας ... τοῦ γὰρ ἱεροῦ τὴν πᾶσαν εἶναι φυλακὴν τὴν ἄκραν.

Pseudo-Aristeas kannte also im allgemeinen die Beschaffenheit und den Zweck der Antonia. Da nun Herodes den Tempel mit der Akra-Antonia erst in seinem 18. Regierungsjahre zu bauen begann, so folgt ohne weiteres daraus, daß dieser Brief nicht vorher, vor dem Jahre 15 ante, verfaßt sein kann. Wir haben also eine chronologische Grenze für die Abfassungszeit, von welcher aus man tiefer hinabsteigen, aber nicht höher hinaufgehen darf [Vgl. jedoch die Bemerkung Wendlands in der Einleitung zu seiner Übersetzung (in Kautzsch, Apokryphen und Pseudepigraphen des Alt. Test. Bd. II) S. 3, Anm. c].

4) Eine vierte Stelle in diesem Briefe zwingt uns, ihn sogar in die nachherodianische Zeit zu versetzen, nämlich die Beschreibung des jerusalemischen Tempels. So kurz sie auch gehalten ist, so läßt sie es doch an Deutlichkeit darüber nicht fehlen, daß sie nur von dem von Herodes erbauten und geschmückten Tempel verstanden werden kann. Die Angabe, daß der Tempel eine dreifache Umwallung von je mehr als 70 Ellen Höhe gehabt, ist allerdings nur als Phantasiebild zu betrachten. Ganz allgemein spricht der Brief von dem Umfang und der reichen Ausstattung desselben (μεγαλομετρία καὶ χορηγία). Auf-

---

[1]) Am meisten verkannte Ewald die Schilderung, indem er in B. IV, 3 behauptet, die Erwähnung der Akropolis weise auf die vorherodianische Zeit.

[2]) Altertümer XV, 11 4: Τότε δ' οὖν ὁ τῶν Ἰουδαίων βασιλεὺς Ἡρώδης καὶ ταύτην τὴν βᾶριν ὀχυρωτέραν κατασκευάσας, ἐπ' ἀσφαλείᾳ καὶ φυλακῇ τοῦ ἱεροῦ ... προσηγόρευσεν Ἀντωνίαν.

fallenderweise ist die Schilderung der Tempelpforten am meisten hervorgehoben [daß diese Schilderung am meisten hervorgehoben werde, ist aus dem Zusammenhang nicht ersichtlich]: „Aus den Pforten und den Fugen derselben, an den Pfosten und aus der Festigkeit der Oberschwellen war ersichtlich der darauf verwendete verschwenderische Aufwand an Gold" [1]). Warum wird die Aufmerksamkeit gerade auf diesen doch ziemlich untergeordneten Teil des Tempels gerichtet? Josephus hebt am Tempel die Pracht des weißen Marmors, woraus er gebaut war, und die Zierlichkeit der Säulengänge hervor, dagegen berührt er die Arbeit der Pforten nur nebenher. Es muß also eine eigene Bewandtnis damit haben, daß der Aristeasbrief gerade den Luxus an den Pforten betont.

Josephus berichtet nun an einer andern Stelle (jüd. Kr. V, 5, 3): daß außer dem Nikanortore im Weibervorhofe, welches aus Erz war, sämtliche Tore mit dickem Silber und Gold belegt waren. Diesen Belag habe Alexander, der Vater des Tiberius (Alexander Lysimachos) anfertigen lassen: καὶ τὸν κόσμον πολυτελέστερον, ἐπὶ δαψιλὲς πάχος ἀργύρου τε καὶ χρυσοῦ. τοῦτον δὲ ταῖς ἐννέα πύλαις ἐπέχεεν ὁ Τιβερίου πατὴρ Ἀλέξανδρος. Also nicht Herodes hat die reiche Vergoldung an den Tempelpforten anbringen lassen, sondern der reiche Arabarch, der ältere Bruder Philos. Da dieser in Alexandrien lebte, so war natürlich diese Tatsache den alexandrinischen Judäern bekannt, auch denen, welche diese Pracht nicht gesehen haben. Es ist nun begreiflich, daß der in Alexandrien lebende Verf. (vergl. weiter unten) gerade diese Partie am Tempel, von welcher in seiner Heimat ohne Zweifel viel gesprochen wurde, als besonders bemerkenswert hervorhebt. Es folgt also unwiderleglich daraus, daß der Verf. durchaus den herodianischen Tempel schildert, und daß er gar in der nachherodianischen Zeit geschrieben haben muß, nachdem Alexander Lysimachos „den verschwenderischen Aufwand" an den Torflügeln und Pfosten des Tempels hatte anbringen lassen. Es käme darauf an zu konstatieren, in welchem Jahre diese Verzierung angebracht wurde, um einen Terminus a quo daran zu haben. Alexander war schon unter Tiberius eine angesehene und reiche Persönlichkeit (vergl. weiter Note 4). Er kann also schon unter Tiberius die reiche Verzierung für die Tempelpforten geweiht haben. Wir müssen wieder darauf zurückkommen: da der Verf. diese Verzierung hervorhebt, so kann er nur in der nachaugusteischen Zeit gelebt haben. Schrieb der Verf. in der römischen Zeit, so ist es nicht auffallend, daß sein Stil Latinismen verrät, wie Cobet (a. a. O.) nachgewiesen hat.

5) Doch ehe wir diese chronologische Seite weiter verfolgen, müssen die von andern Kritikern übersehenen Unrichtigkeiten, Schnitzer und Anachronismen in diesem Briefe aufgedeckt werden, wodurch nicht nur der pseudepigraphische Charakter, sondern auch die Tendenz desselben hervorleuchtet. Es ist nicht ganz unerheblich zu bemerken, daß er die Stadt Akko von Ptolemäus Philadelphus erbaut und nach ihm Ptolemais genannt sein läßt[2]), während sie bereits vorher bestanden hat, von Ptolemäus I. Ptolemaïs genannt und von demselben zugleich mit Joppe, Samaria und Gaza in der Zeit zwischen der Schlacht bei

---

[1]) H. X, Sch. 29, [ed. Wendl. § 85]: καὶ (leg. κἂν) τοῦ θυρώματος δὲ καὶ τῶν περὶ αὐτὸ συνδέσμων κατὰ τὰς φλιὰς καὶ τῆς τῶν ὑπερθύρων ἀσφαλείας ἔκδηλος ἦν ἡ τῶν χρημάτων γεγονυῖα ἀφειδὴς δαπάνη. Die Emendation κἂν τοῦ statt καὶ τοῦ hat Schmidt vorgeschlagen.

[2]) H. p. XIV Sch. p. 34 [ed. Wendl. § 115]: ὁμοίως δὲ Πτολεμαΐδα τὴν ὑπὸ τοῦ βασιλέως (darunter ist Philadelphus zu verstehen) ἐκτισμένην (εἶχεν ἡ χώρα).

Note 2. Die Entstehung der Septuaginta und der Aristeasbrief. 589

Gaza und der bei Ipsos (312—301) geschleift wurde[1]). Es beweist, wie schlecht der Verf. in der Ptolemäischen Zeitgeschichte unterrichtet war [vgl. jedoch Wendlands Bemerkung zu seiner Übersetzung a. a. O. S. 15, Anm. a]. Aber noch unwissender erweist er sich in palästinensischen Verhältnissen, die Aristeas doch besichtigt und gekannt haben will. „Als wir in dem Orte (Jerusalem) angelangt waren, sahen wir die Stadt in der Mitte von ganz Judäa auf einem Berge liegen, welcher sich hoch erhob. Auf der Spitze (des Berges) war der Tempel prächtig erbaut"[2]). Diese Angabe allein stempelt den Brief zu einer Fiktion. Jerusalem, das auf drei Höhen erbaut war, von denen der Tempelberg nicht der höchste war, soll auf einem einzigen Berge errichtet gewesen sein, und der Tempel auf dessen höchster Spitze gestanden haben! Und Jerusalem soll in der Mitte des Landes gelegen haben! In grellem Widerspruch mit der Wirklichkeit wird die Ausdehnung des Landes Judäa höchst übertrieben angegeben. „Da sie (die Bewohner Judäas) richtig einsahen, daß die Plätze eine große Menschenmenge erfordern, so haben sie die Anlage der Stadt (Hauptstadt) und der Dörfer berechnet, da (das Land) von altersher nicht weniger als 6000mal 10,000 Aruren enthielt. Als dann später die Nachbarbewohner hinzukamen, so bestanden die Losteile für 60mal 10,000 Menschen aus je 100 Aruren"[3]). Die Bodenfläche des Landes betrug also 60,000,000 Aruren, und zwar ägyptische Aruren, die der Verf. doch nur im Sinne gehabt haben kann, zu 22,500 Quadratfuß! Welch eine übertriebene Ausdehnung! Wer den Jordan schildert, wie es in diesem Briefe geschieht: „Der sogenannte nimmer versiegende Fluß Jordan fließt um das ganze Land; da der Fluß, wie der Nil zur Zeit der Ernte überfließt, so bewässert er viel vom Lande"[4]); wer davon so spricht, der hat den Jordan niemals gesehen, auch keine sachgemäße Beschreibung davon vernommen, sondern muß aufs Geratewohl den Jordan mit dem Nil haben gleichstellen wollen, um die Bedeutung und Fruchtbarkeit Judäas zu illustrieren. Zu seiner Entschuldigung wollen wir den weiteren Unsinn, der in dem Satze steckt: „welcher die Flut in einen andern Fluß in der Gegend der Ptolemäer (?) ergießt; dieser mündet in das Meer", — diesen Unsinn, als wenn der Jordan in

---

[1]) Diodor XIX, 93 II, p. 390: κατέσκαψε (Πτολ. ὁ σωτήρ) . . Ἄκην· Ἰόππην κ. τ. λ. Über Ptolemaïs vgl. Pauly Reallexit. s. v

[2]) H. p. XIII, Sch. p. 29, [ed. Wendl. § 83]: ἐθεωροῦμεν τὴν πόλιν μέσην κειμένην τῆς ὅλης Ἰουδαίας ἐπ᾿ ὅρους ὑψηλὴν ἔχοντος τὴν ἀνάτασιν. ἐπὶ δὲ τῆς κορυφῆς κατεσκεύαστο τὸ ἱερὸν ἐκπρεπῶς (Var. εὐπρεπῶς) ἔχον.

[3]) Schmidt gibt richtig an, daß im Texte (p. 34 [ed. Wendl. § 113]) bei Beschreibung Palästinas eine Versetzung stattgefunden haben muß. Z. 30 fg. gehört zu Z. 16 fg. διὸ καλῶς ἔβλεψαν, ὅτι πολυανθρωπίας οἱ τόποι προσδέονται καὶ τὴν κατασκευὴν τῆς πόλεως καὶ τῶν κωμῶν ἔθεντο κατὰ λόγον . . . οὐκ ἐλάττον ἑξακισχιλίων μυριάδων ἀρουρῶν κατὰ τὸ ἀρχαῖον οὔσης, μετέπειτα δὲ οἱ γειτνιῶντες ὑπῆρξαν αὐτῆς, ἑξήκοντα μυριάδες ἀνδρῶν ἔγκληροι καθειστήκεισαν ἑκατοντάρουροι. Das letztere kann unmöglich mit zum Voraufgehenden gehören, da dieses von den Jordan spricht, und dabei kann ja unmöglich von Aruren und von Loosteilen die Rede sein. Es bezieht sich also auf die Ausdehnung des Landes, und man muß zur Konstruktion . . οὔσης ergänzen τῆς χώρας..

[4]) Sch. p. 34, 29, [ed. Wendl. § 116] περιρρέει δ᾿ αὐτὴν (τὴν χώραν) ὁ λεγόμενος Ἰορδάνης ποταμὸς ἀείρρους (V. ἀείρους). Dazu gehört, wenn man die zu einer anderen Stelle gehörenden ZZ. 30—33 ausscheidet, die Ergänzung p. 35, Z. 1—4 πληρούμενος δ᾿ ὁ ποταμός, καθὼς ὁ Νεῖλος, ἐν ταῖς πρὸς τὸν θερισμὸν ἡμέραις, πολλὴν ἀρδεύει τῆς γῆς. ὃς εἰς ἕτερον ποταμὸν ἐμβάλλει (V. ἐκβάλλει) τὸ ῥεῦμα κατὰ τὴν Πτολεμαίων χώραν. οὗτος δ᾿ ἔξεισιν εἰς θάλασσαν

einen andern Fluß und dieser ins Meer bei Ptolemaïs münde, wollen wir dem verderbten Texte zur Last legen. Er scheint dabei den Kischon im Sinne gehabt zu haben, der allerdings nicht allzuweit von Ptolemaïs ins Meer mündet. [So auch Schlatter, Zur Topogr. u. Gesch. Paläftinas, S. 86.]

Aber für die Unrichtigkeit in der Beschreibung der Bodenbeschaffenheit des Landes muß der Verf. selbst verantwortlich gemacht werden: „Da das Land umfangreich und schön ist, und einige Striche eben, namentlich die sogenannten samaritanischen, und die, welche an das Land der Jdumäer grenzen, andere wieder gebirgig sind"[1]. Die Gegend von Samaria, wozu doch auch die Berge Garizim und Ebal gehören, und das Hochplateau, welches bis zur Ebene Jesreel reicht, soll Ebene sein, und auch die südliche Gegend an der Grenze von Jdumäa! Aber welche andere Gegend soll gebirgig sein? Alle diese Verstöße gegen die Tatsachen genügen zum Beweise, daß nicht nur der vorgebliche Aristeas das Land nicht gesehen hat, sondern auch nicht der Verf. Es ist seltsam, wie M. Schmidt schreiben kann (S. 12 N.): „Alles, was der Verf. von der Lage der Stadt (Jerusalem) und vom Tempel erzählt, macht durchweg den Eindruck der Glaubwürdigkeit auf mich". Wir haben aber gefunden, daß seine Schilderung durchaus nicht der Wirklichkeit entspricht. Der Verf. hat sich nicht einmal die Mühe gegeben, sich über Lage und Beschaffenheit Judäas, Jerusalems und des Tempels unterrichten zu lassen.

So viel wußte er, daß Samaritis ebenfalls zu Judäa gehört. Aber damit verrät er wieder bie Unechtheit. Denn Samaria bildete zur Zeit der ersten Ptolemäer ein eigenes Gemeinwesen und wurde erst von Hyrkan I. gegen Ende seiner Regierung um 107 mit Judäa vereinigt. Wir brauchen indessen dieses Argument nicht weiter auszunutzen, um die Unechtheit zu konstatieren, da wir bereits noch beweiskräftigere dafür gefunden haben, daß der Aristeasbrief in der römischen Zeit verfaßt sein muß, da er den Morgengruß bei den Königen (Kaisern) und das Delatorenwesen kennt, ja daß er in der nachherodianischen Zeit geschrieben sein muß, da er nicht bloß die von Herodes befestigte und mit Türmen versehene Antonia, sondern auch die von dem Arabarchen Alexander herrührende Vergoldung der Tempeltorflügel kennt. Daraus folgt, daß er in der nachaugusteischen oder nachherodianischen Zeit geschrieben sein muß. Wir dürfen aber nicht allzutief in die Kaiserzeit hinabsteigen. Daß Philo, welcher in Claudius' Zeit seine Bücher oder Abhandlungen und Predigten niedergeschrieben hat, bereits den Aristeasbrief (o. S. 578) kannte, ist auch von andern Forschern bereits geltend gemacht worden. Denn wenn auch Philo in der Erzählung von der Verdolmetschung des Pentateuchs manche Nebenumstände, die im Aristeasbriefe vorkommen, verschweigt, so verrät er doch die Abhängigkeit davon durch die Erwähnung, daß die Dolmetscher vor dem König Philadelphus bei der Tafel philosophische Fragen beantwortet haben[2].

---

[1] Sch. p. 33, 17 [ed. Wendl. § 107]: καὶ τινων (τῶν τόπων) μὲν πεδινῶν, τῶν κατὰ τὴν Σαμαρεῖτιν λεγομένην, καὶ τῶν συναπτόντων τῇ τῶν Ἰδουμαίων χώρᾳ, τινῶν δὲ ὀρεινῶν κ. τ. λ.

[2] de Vita Mosis 6. Mangey II, p. 139, [ed. Cohn und Wendland IV, 207] ὡς δ' ἧκον (οἱ πρέσβεις), ἐπὶ ξενίαν κληθέντες λόγοις ἀστείοις καὶ σπουδαίοις τὸν ἑστιάτορα εὐώχουν ἀντεφεστιῶντες. Ὁ μὲν γὰρ ἀπεπειρᾶτο τῆς ἑκάστου σοφίας κ. τ. λ. Dieses Argument, welches auch Ewald geltend macht, beweist unwiderleglich, daß Philo den Aristeasbrief vor sich gehabt hat. Er verschweigt die Mitwirkung des Phalereus dabei, weil ihm daran lag, zu betonen, die Übersetzung sei lediglich aus der Initiative des Königs allein entstanden.

Note 2. Die Entstehung der Septuaginta und der Aristeasbrief.

Es ist eine gedrängte Wiedergabe alles dessen, was die Epistel durch Fragen und Antworten weitläufig (p. 46—65) [ed. Wendland §§ 187—300] auseinandersetzen läßt. Dieser gar nicht zur Sache gehörende Umstand, daß der König die Weisheit der Dolmetscher habe erproben wollen und ihnen Fragen vorgelegt habe, und daß sie dieselben vollzählig nach einander beantwortet haben, kann nur dem Aristeasbriefe entlehnt sein. Josephus, obwohl weniger feinfühlig als Philo und darum Prolixität nicht scheuend, kürzt ebenfalls diese sogenannte Philosophie, diese Gemeinplätze in einem Frage= und Antwortspiel, ab und verweist die Leser auf Aristeas selbst, indem er ihnen anheim gibt, sie dort nachzulesen (Altert. XII, 2, 12).

Hat Philo den Aristeasbrief benutzt, so muß er ihn für eine wahrhafte Geschichtserzählung gehalten haben — die Alten waren nicht besonders kritisch — und die Epistel muß vor seiner Zeit in Zirkulation gekommen sein. Da nun Philo unter dem Kaiser Claudius schrieb, so muß diese notwendigerweise [spätestens] unter Tiberius verfaßt worden sein, so daß etwa 2 oder 3 Jahrzehnte zwischen der Abfassung derselben und Philo gelegen haben. Auf Tiberius' Regierungszeit weist außer dem Argumente von Alexander Lysimachos noch manche andere Andeutung im Briefe hin.

6) Bei der Unterredung vom Delatorenwesen läßt der Verf. den Hohenpriester sprechen: „der König läßt solche höchst verderbliche Menschen umbringen", und hinzufügen, „wie wir vernehmen" (καθὼς μεταλαμβάνομεν). Damit ist angedeutet, daß die erfolgte Bestrafung der Delatoren als etwas Außerordentliches und Unerwartetes galt. Nun hat der Kaiser Tiberius, trotzdem Sueton über ihn berichtet: „nemini delatorum fides abrogata (Tib. 61)", tatsächlich an einem Tage die verrufensten Angeber hinzurichten befohlen und ein Verbot erlassen, daß künftighin kein verabschiedeter Kriegsmann als Ankläger auftreten dürfte[1]. Diese Tatsache hat nur Dio Cassius erhalten, der die Geschichte aus den Annalen ausgezogen hat. Tacitus und Sueton dagegen haben sie verschwiegen, weil sie zu ihrer Karrikatur von Tiberius nicht paßte. Aber auch der letztere kann den bedeutsamen Ausspruch Tiberius' nicht übergehen, den dieser gegenüber den gegen ihn geschmiedeten Schmähschriften getan hat: „in einem freien Staate müssen das Wort und der Gedanke ebenfalls frei sein, in civitate libera linguam mentemque liberas esse debere" (Sueton Tiberius 27). Und er verfolgte keineswegs die „famosa de se ac suis carmina", blieb vielmehr fest und geduldig, hat also den Delatoren kein Gehör gegeben. Räumen ja selbst die ihn verunglimpfenden Historiker ein, daß Tiberius in den ersten 8 oder 9 Jahren seiner Regierung ein vortrefflicher Herrscher gewesen sei, der alle Auszeichnungen des abulatorischen Senats zurückgewiesen habe, ein Muster der Einfachheit und eine Stütze der Gerechtigkeit gewesen sei und alles zur Kognition des Senats gebracht wissen wollte. Stahr, Sievers und G. Freytag, welche eine „Rettung Tiberius'" geschrieben haben, mögen hin und nach der andern Seite hin zu weit gegangen sein, haben jedenfalls das bewiesen, daß der zweite Kaiser keineswegs so schwarz war, wie ihn seine bittern Feinde, deren Anschwärzungen die Geschichtsschreiber vom Parteistandpunkt aus verewigten, geschildert haben. Wenigstens im ersten Drittel seiner Regierung zeigte er sich als bescheidener und gerechter Regent.

---

[1] Dio Cassius 58, 21: τοὺς δὲ ἐπιβοητοτάτους τῶν τὰς κατηγορίας ποιουμένων ἀποθανεῖν ἐν μιᾷ ἡμέρᾳ ἐκέλευσε, καὶ ... ἀπεῖπε μηδένα ἐστρατευμένον τοῦτο ποιεῖν.

Im Jahre 774 u. c. (21 post) wurden zwei Delatoren aus dem Ritterstande, die den Prätor Magius Caecilianus des Majestätsverbrechens angeklagt haben, auf Anregung des Kaisers und durch das Dekret des Senats bestraft (Tacitus, Annal. 3, 38). Auf diese Strenge gegen die Angeber bezieht sich unstreitig der Passus im Aristeasbrief: „Recht tut euer König, welcher solche hinrichten läßt, wie wir vernehmen". Folglich [ich möchte den Schluß kaum für stringent halten] ist dieser Brief in den ersten Regierungsjahren des Kaisers Tiberius verfaßt worden (um 15—21), und es war, als ihn Philo benutzte, beinahe ein Menschenalter dahingegangen, so daß er ihn als eine alte Quelle betrachten konnte. Unter Cajus kann die Abfassung nicht fallen, weil dieser kaum acht Monate den Schein eines guten Regenten gewahrt hat, und weil von ihm nicht berichtet wird, daß er die Delatoren bestraft habe, sondern lediglich, daß er die Äußerung getan habe, er werde ihnen nicht sein Ohr leihen (Sueton, Claudius 15). Man kann noch zur Unterstützung den Namen des Hohenpriesters Eleasar[1]) anführen, dem der Aristeasbrief eine wichtige Rolle zuteilt. Warum gerade diesen unter den Hohenpriestern der nachexilischen Zeit seltenen Namen? Gerade in der nachherodianischen Zeit gab es zwei Hohepriester dieses Namens: **Eleasar, Sohn Boëthos** und **Eleasar, Sohn Anans** (Jos. Altert. XVII, 13, 1; XVIII, 2, 2). Der letztere fungierte unter Tiberius, wurde von dem Prokurator Valerius Gratus eingesetzt und fungierte etwa um 16—17 post. Könnte man annehmen, daß der Aristeasbrief gerade während der Funktion dieses Hohenpriesters verfaßt wurde, so wäre das Jahr der Abfassung gefunden.

Ist er erst in Tiberius' Zeit entstanden, so ist es nicht weiter auffallend, daß der Verf., da in Alexandrien noch manche Einrichtungen und Benennungen aus der Zeit der Ptolemäer in Erinnerung geblieben waren, diese nur deswegen angeführt hat, um seinem Werke eine täuschende Lokal- und Zeitfärbung zu geben. Das Argument des Herrn Lumbroso von diesem Umstande ist also keineswegs von großer Beweiskraft für das höhere Alter oder gar für die Authentie des Briefes. Wenn auch manche Termini in demselben Parallelen an den ägyptischen Papyrusrollen haben, wie Lumbroso durch Vergleichung gefunden hat (Préface p. XIII und öfter im Texte), so fällt dieser Umstand durchaus nicht ins Gewicht, da diese Papyrus selbst zum Teil aus der nachptolemäischen Zeit, also aus der Zeit der römischen Okkupation stammen. Die Griechen in Ägypten haben, wie es scheint, gewissermaßen zum Trotz gegen ihre römischen Herren, Formeln und Titel aus der Zeit ihrer Selbständigkeit beibehalten.

7) Wenn also der Aristeasbrief eine Fiktion ist, woran kein Zweifel aufkommen kann, wie kam der Verf. darauf, gerade Demetrios Phalereus zum Bibliothekar des Königs Philadelphus und infolgedessen zum Anreger der Septuagintaübersetzung zu machen, da er doch darin keineswegs von der Tradition unterstützt war? Warum ist er nicht der beglaubigten Nachricht gefolgt, die den Kyrenaiker Kallimachos zum Aufseher über Philadelphus' Museen macht, und warum hat er nicht diesem die Rolle des Protektors für das judäische Gesetzbuch zugeteilt?

---

[1]) Dieser Hohepriester Eleasar verdankt seine Existenz lediglich dieser Schrift, und nach ihr hat ihn Josephus in die Reihenfolge der vormakkabäischen Hohenpriester eingefügt (Altert. XII, 2, 5; 4, 1). Woher er den Hohenpriester Manasse bezogen hat, Eleasars angeblichen Onkel, ist vor der Hand fraglich.

Note 2. Die Entstehung der Septuaginta und der Aristeasbrief.

Die Beantwortung dieser Frage wird uns einen wichtigen Aufschluß über manche judäisch-hellenistische Literaturerscheinungen geben. Josephus zählt eine Reihe von griechischen Schriftstellern auf, die das Alter des judäischen Volkes, wenn auch nur anstreifend, bekundet haben sollen. Dann fügt er hinzu: „der Phalereer Demetrios, Philo der ältere und Eupolemos haben zwar gegen die Wahrheit gefehlt, es muß ihnen aber verziehen werden, da sie nicht instande waren, mit aller Genauigkeit unsern Schriften zu folgen"[1]). Er will offenbar damit sagen, daß diese drei Schriftsteller, die auch über Judäer geschrieben haben, Griechen waren, und darum, weil ihnen die Urquellen fremd gewesen, in ihrer Darstellung die judäische Geschichte nicht ganz sachgemäß behandelt haben. Schon Huet hat die richtige Ansicht ausgesprochen, daß Josephus offenbar den judäisch-alexandrinischen Schriftsteller **Demetrios**, der über die Judäer und über die Könige Judäas geschrieben hat (vergl. weiter Note 3), für einen Griechen und für identisch mit Demetrios Phalereus gehalten hat. Und ebenso wie diesen hat er auch die andern beiden judäischen Autoren, Philo den ältern und Eupolemos, für Griechen gehalten, um sich auf deren Zeugnisse dafür zu berufen, daß der Vorwurf der judenfeindlichen griechischen Schriftsteller von der Sorte Apions, die das höhere Alter des jüdisch-israelitischen Volkes geleugnet haben, ungerecht sei.

Denselben Irrtum wie Josephus hat auch der Verf. des Aristeasbriefes begangen, der nur ein halbes Jahrhundert vor jenem geschrieben hat. Auch er hat den Judäer Demetrios mit dem Athener Demetrios Phalereus verwechselt, weil dieser als Schriftsteller berühmt war. In dieser irrtümlichen Annahme, daß Demetrios Phalereus über die Judäer eine Schrift hinterlassen habe, konnte er ihm eine Vorliebe für das judäische Schrifttum vindizieren. Und darum wies er ihm die Rolle zu, daß er bei dem König Philadelphus die Übersetzung des judäischen Gesetzbuches angeregt habe. Dieser Rolle gemäß mußte er ihn zum Bibliothekar Philadelphus' machen, unbekümmert darum oder in Unwissenheit darüber, daß dieser keineswegs Bücheraufseher gewesen und überhaupt nicht unter Philadelphus fungiert hat, vielmehr von diesem Könige bestraft worden ist. Darin haben wir den Schlüssel zu der Fabel von der Entstehung der Septuaginta auf Anregung des Demetrios Phalereus und von der Gunst des Philadelphus. Auch diesen mußte er anführen, weil es ihm bekannt war, daß er für die Vergrößerung der alexandrinischen Bibliothek Sorge getragen hat.

8) Noch auf einen andern ältern judäischen Schriftsteller weist Pseudo-Aristeas, und auch diesen hat er nicht für einen Stammesgenossen, sondern für einen Ägypter gehalten. Gleich im Eingange läßt er Aristeas an seinen Bruder Philokrates folgendes schreiben: „Früher schon habe ich dir in bezug dessen, was ich für denkwürdig hielt, die Schrift zugeschickt, welche ich von einem der gelehrtesten Oberpriester des gelehrten Ägyptens über das Geschlecht der Judäer empfangen habe"[2]) [Ganz anders versteht Wendland (a. a. O. S. 5, vgl. Anm. d) die Stelle]. Eine Schrift von einem gelehrten ägyptischen

---

[1]) Contra Apionem I, 23 Ὁ μέντοι Φαληρεὺς Δημήτριος .. καὶ Φίλων ὁ πρεσβύτερος καὶ Εὐπόλεμος οὐ πολὺ τῆς ἀληθείας διήμαρτον κ. τ. λ.

[2]) ed. H., p. 14, 3 Sch. I [ed. Wendl. § 6] καὶ πρότερον δὲ διεπεμψάμην σοι περὶ ὧν ἐνόμιζον ἀξιομνημονεύτων εἶναι τὴν ἀναγραφὴν ἣν μετελάβομεν παρὰ τῶν κατὰ τὴν [λογιωτάτην] Αἴγυπτον λογιωτάτων ἀρχιερέων περὶ τοῦ γένους τῶν Ἰουδαίων.

Priester über Judäer, darunter kann nur die Schrift von Artapanos περὶ τῶν Ἰουδαίων verstanden sein, von welcher Polyhistor einige Fragmente erhalten hat. Das hat Freudenthal treffend auseinandergesetzt (a. a. O. S. 150 fg. Note 3). Diese Schrift ist nämlich so gehalten, als wenn sie nicht ein Judäer, sondern ein Ägypter geschrieben hätte. Unter andern kommt darin vor: Mose (Moysos), welcher von den Griechen Musaios genannt werde, habe nicht bloß alle Künste und Wissenschaften gelehrt, sondern auch Ägypten in 36 Nomen eingeteilt und über jeden Nomos einen eigenen Gott gesetzt. Die artapanische Schrift will als Zeugnis eines ägyptischen Priesters über das Geschlecht der Judäer gelten. Ein Hinweis im Aristeasbuch auf Artapanos' Schrift scheint auch in einem sonderbar klingenden Passus zu liegen. Nachdem die Unterscheidung der judäischen Gottesverehrung von der anderer Völker auseinandergesetzt wurde, wird hinzugefügt: „Daher nennen uns die leitenden Priester der Ägypter, welche auf vieles acht hatten und der Dinge kundig waren, die **Menschen Gottes**[1]), was den andern nicht gebührt, sondern dem, welcher Gott in Wahrheit verehrt." Inwiefern sollen die ägyptischen Priester die Judäer so benannt haben? Es scheint sich auf die Angabe bei Artapan zu beziehen, daß die Judäer genannt werden „Hermiuth, welches in die griechische Sprache übersetzt, Judäer bedeuten soll. Hebräer aber werden sie von Abraham genannt[2])." Irre ich nicht, so hat Artapan, oder mindestens der Verf. des Aristeasbriefes dieses Wort Hermiuth in der Bedeutung „**Menschen Gottes**" genommen wissen wollen. Es soll jedenfalls ägyptisch sein. An den Anklang von Aram ist gewiß dabei nicht zu denken. Wie dem auch sei, so viel kann als ausgemacht gelten daß Pseudo-Aristeas Artapanos' Schrift ebenso wie die des judäischen Historikers oder Chronographen Demetrios gekannt, aber bona fide den erstern als einen ägyptischen Priester, den letztern als einen Urgriechen angesehen und mit dem Phalereer indentifiziert hat. Freudenthals Konjektur, daß Pseudo-Aristeas ein solcher Lügenschmied gewesen sei, daß er auch Artapans Schrift verfaßt, sie selbst unter dem Namen eines Ägypters zitiert, und noch andere Fälschungen sich habe zu Schulden kommen lassen, ist an sich unwahrscheinlich und nach dem Resultat dieser Untersuchung unhaltbar, da jener in Tiberius' Zeit, dieser aber noch vor Alexander Polyhistor geschrieben hat, sie also um mehr als ein Jahrhundert von einander getrennt sind.

9) Noch auf einen dritten judäischen Schriftsteller scheint der Aristeasbrief anzuspielen. Gegen das Ende läßt er den König die Frage aufwerfen: warum denn die Geschichtsschreiber und Poeten das so bedeutende „Gesetzbuch" nicht erwähnen, und darauf läßt er Demetrios Phalereus antworten: weil es zu heilig sei. Diejenigen, welche es als profane Literatur hätten benutzen wollen, seien von Gott bestraft worden. Als Beispiel wird ein Tragödiendichter **Theodektes** angeführt, welcher mit Blindheit geschlagen worden sei, weil er Stoff aus dem göttlichen Buche für ein Drama habe verwenden wollen[3])! Man nimmt gewöhnlich an, daß der Verf. den Tragödiendichter aus Lydien dieses Namens im Sinne gehabt habe, einen Schüler von Plato und Aristoteles.

---

[1]) Ed. Sch. p. 38, 23—26 [ed. Wendl. § 140]: ὅθεν Αἰγυπτίων οἱ καθηγεμόνες ἱερεῖς ... ἀνθρώπους θεοῦ προσονομάζουσιν ἡμᾶς.

[2]) Eusebius, praep. ev. c. IX 18: Ἀρτάπανος δέ φησιν ... τοὺς μὲν Ἰουδαίους ὀνομάζεσθαι Ἑρμιούθ κ. τ. λ.

[3]) Ed. Sch. p. 63 fg. [ed. Wendl. § 316]: καὶ παρὰ Θεοδέκτου δὲ τοῦ τῶν ἀγωδίων ποιητοῦ μετέλαβον κ. τ. λ.

Note 2. Die Entstehung der Septuaginta und der Aristeasbrief.

Allein sollte der Verf. nicht den Widerspruch gefühlt haben, den er damit begeht, daß er auf der einen Seite erzählt, wie das Gesetzbuch erst unter Philadelphus ins Griechische übersetzt worden sei, und auf der andern Seite angibt, daß ein Grieche ein halbes Jahrhundert vorher es bereits benutzt habe? [Er wußte eben nicht genau, wann der Tragiker Theodektes gelebt hat.] Woher sollte denn dieser lydische Tragödiendichter die Kunde von dem Gesetzbuch erhalten haben, wenn es zu seiner Zeit noch nicht ins Griechische übersetzt war? Diesen kann also der Verf. unmöglich gemeint haben, und ein anderer des Namens Theodektes, welcher später gelebt hätte, ist nicht bekannt. Sollte der Verfasser etwas geradezu Unwahres ersonnen haben? Er scheint aber den judäischen Tragödiendichter Ezekielos im Sinne gehabt zu haben, von dem das biblische Drama ἐξαγωγή bruchstückweise bekannt ist (Eusebius praepar. evang. IX, 18—29 und Clemens, stromat. I, p. 344 fg., Note 3). Eusebius nennt diesen τὸν τῶν τραγῳδιῶν ποιητήν[1]), grade so wie der Aristeasbrief den Theodektes. Dieser Name kann recht gut eine wörtliche griechische Übersetzung des Namens Ἐζηκίηλος sein, יחזקאל = Θεοῦ δέκτης אל = חזק‎. Möglich, daß dieser Dichter wirklich einmal einige Zeit an γλαύκωμα, Staar oder an einem sonstigen Augenübel gelitten hat. — Der Wechsel in der Diktion deutet auch an, daß davon wie von einer erfahrenen Tatsache gesprochen wird. Zuerst läßt der Verf. nämlich Demetrios Phalereus von der Strafe des Historikers erzählen, der das Gesetzbuch profaniert habe, und zwar in der Fassung eines on dit: ἔφησεν ἀκηκοέναι. Dann läßt er Demetrios Phalereus selbst ohne mögliche Bezweiflung hinzufügen: von Theodektes habe ich selbst erfahren, daß er usw. Das erstere wird bloß gerüchtweise erzählt, das andere aber von Theodektes' Augenübel sei eine Tatsache; das will die Konstruktion offenbar aussagen. Man stoße sich aber nicht an dem Umstande, daß von Theodektes angegeben wird, er habe erst einen Versuch machen wollen, während Ezekielos tatsächlich biblischen Stoff dramatisch verarbeitet hat. Der Ausdruck παραφέρειν μέλλων hat hier[?] die Bedeutung, „er unternahm" d. h. hatte bereits die Ausführung begonnen, hatte bereits ein Drama mit biblischem Stoffe geschrieben, wie es Josephus auffaßt, gleich ἐπιχειρεῖν. Pseudo-Aristeas kann also recht gut von Ezekielos gesprochen haben.

10) Wie Theodektes nicht ein Grieche gewesen sein kann, ebensowenig der Historiker, von dem vorausgesehen erzählt wird, er habe das heilige Gesetzbuch zu profanem Zwecke mißbraucht und sei gezüchtigt worden. Für den Namen dieses Autors hat die vulgäre L.-A. Theopompos, und man nimmt gewöhnlich an, daß der Aristeasbrief von dem pessimistisch schreibenden Historiker zur Zeit Alexanders und der Diadochen spreche. Allein die gute Handschrift B. (Cod. Paris), welche Schmidt verglichen hat und ein Kodex in der St. Marc-Bibliothek, welche Lumbroso kollationiert hat, beide haben die L.-A. Θεόπεμπτος statt Θεόπομπος [vgl. ed. Wendland zur Stelle]. Auch abgesehen davon, kann der Verf. gar nicht den berühmten Theopomp gemeint haben, sonst hätte er doch ein Epitheton hinzufügen müssen und dürfte nicht einfach hinstellen καὶ γὰρ ἔφησεν ἀκηκοέναι Θεοπόμπου. Wie soll auch der vor Philadelphus gestorbene Historiker aus Chios zur Benutzung des Gesetzbuches gekommen sein? Es war ja damals noch nicht übersetzt! Der Verf. kann ja bei dieser Angabe ebensowenig sich geflissentlich in einen Widerspruch verwickelt haben! Diesen Widerspruch will zwar der vorliegende Text ausgleichen,

---

[1]) Bei Clemens heißt er: ὁ τῶν Ἰουδαικῶν τραγῳδιῶν ποιητής.

indem er allerdings mehr andeutet als klar darstellt: Theopomp sei längere Zeit von Geistesverwirrung getroffen worden, weil er versucht habe, etwas von den schwankenden Vorübersetzungen aus dem Gesetze zu erzählen: διότι μέλλων τινὰ τῶν προηρμηνευμένων ἐπισφαλέστερον ἐκ τοῦ νόμου προσιστορεῖν. Allein dieser Text ist abgeschmackt; προερμηνεύειν kann unmöglich bedeuten: vor dieser Übersetzung übersetzt. Die L.-A. προσιστορεῖν gibt ebensowenig Sinn wie die L.-A. προϊστορεῖν, welche Kodex B und der von St. Marc haben. Josephus hat diese Verba nicht vor sich gehabt; er gibt die Stelle einfach wieder: Theopompos sei, weil er von diesen (dem Gesetze) etwas habe erzählen wollen, geisteswirr geworden[1]). Die Änderung des einfachen μέλλων τινὰ τῶν ἡρμηνευμένων ... ἱστορεῖν in προηρμηνευμένων und προσιστορεῖν scheint von einem Kopisten herzurühren, welcher den Verf. nicht geradezu eine Albernheit hat sagen lassen wollen. Selbst das Adverbium ἐπισφαλέστερον ist verdächtig; denn zum Schlusse dieser Erzählung ist angegeben, dieser Schriftsteller habe sich versündigt, weil er das Göttliche für gemeine Menschen habe veröffentlichen wollen: ὅτι τὰ θεῖα βούλεται ... εἰς κοινοὺς ἀνθρώπους ἐκφέρειν, und nicht etwa, weil er sich einer schlechten Übersetzung dabei bedient habe.

Hat also ein Theopompos oder Theopemptos, ehe noch eine griechische Übersetzung vorhanden war, aus dem Nomos etwas Geschichtliches zu veröffentlichen versucht, so kann er nicht ein Grieche gewesen sein, ebensowenig wie der Tragödiendichter Theodektes. Das scheint auch aus dem Umstande hervorzugehen, welchen der Brief hinzufügt, daß beide, nachdem sie wegen ihres sündhaften Vergehens an dem Inhalte des heiligen Buches mit Leiden heimgesucht worden, „Gott versöhnt haben": ἐξιλάσκεσθαι τὸν Θεόν. Hätte der Verf. griechische Heiden im Sinne gehabt, so hätte er den Plural oder einen bestimmten Gott anwenden müssen [?]. Möglich daß unter Theopemptos einer der judäischen Historiker, Theophilos oder der samaritanische Dichterling Theodotus zu verstehen ist, welche beide biblische Stoffe behandelt haben, und von denen Eusebius (praep. ev. IX, 22 und 34) Fragmente erhalten hat.

11) Das ist jedenfalls unbestreitbar, daß der Verf. durch die Schrift des judäischen Chronographen Demetrios auf Demetrios Phalereus gekommen ist, daß er unter dem gelehrten ägyptischen Priester den Artapan gemeint, und endlich daß der Tragödiendichter Theodektes kein anderer als der judäisch-hellenische Dramatiker der Exagoge gewesen sein kann. Er kannte demnach die judäisch-hellenistische Literatur, welche vor seiner Zeit in Zirkulation war, und die Alexander Polyhistor exzerpiert hat. Außer dieser zitiert er noch Hekatäus von Abdera, oder richtiger Pseudo-Hekatäus und zwar, um durch ihn ein apologetisches Moment bestätigen zu lassen: „Warum haben sich die Schriftsteller, Dichter und die große Menge der Geschichtsschreiber nicht um das Gesetzbuch bekümmert, wenn es wirklich so bedeutend sein soll, noch um diejenigen, welche darin lebten?" Darauf hatte Hekatäus geantwortet: „Weil die darin enthaltene Lehre etwas Heiliges und Erhabenes habe, darum haben sich diese fern davon gehalten" (p. 19) [ed. Wendl. S. 31]. Aus Hekatäus' Schrift scheint der Verf. des Aristeasbriefes noch manches über Palästina, Jerusalem und den Tempel entlehnt zu haben. Auch Hekatäus gibt über die Lage des Tempels unrichtig an, daß er in der Mitte Jerusalems erbaut sei (Ἐνταῦθα δ' ἐστὶ

---

[1]) Jos. Ant. XII, 2, 14: ὡς Θεόπομπός τε βουληθεὶς ἱστορῆσαί τι περὶ τούτων ἐταράχθη κ. τ. λ.

κατὰ μέσον μάλιστα τῆς πόλεως περίβολος λίθινος bei Joseph. c. Apionem I, 22). Auch er rühmt die Fruchtbarkeit Judäas über die Maßen. Er gibt zwar den Umfang Jerusalems auf 50 Stadien an, während Pseudo-Aristeas nur 40 dafür hat; allein die erste Zahl scheint verschrieben ν' statt μ'. Ein anderer Schriftsteller, Timochares, hat auch 40 Stadien dafür[1]). Selbstverständlich ist diese Zahl übertrieben; denn die Lage Jerusalems, beschränkt im Süden durch eine Schlucht und im Osten durch das Kidrontal, kann unmöglich eine geographische Meile im Umfang gehabt haben. Josephus mißt ihn aus seiner Zeit, als Jerusalem durch Vorstädte bereits erweitert war, auf 33 Stadien, und dieses Maß findet de Saulcy, der an Ort und Stelle das Terrain untersucht hat, noch immer zu groß (les derniers jours de Jérusalem, p. 229). Ein Vermesser Syriens (Xenophontes) gibt den Umfang nur auf 27 Stadien an. Daraus geht hervor, daß weder Timochares noch Pseudo-Hekatäus noch Pseudo-Aristeas Jerusalem aus Autopsie gekannt haben können, daß vielmehr einer von ihnen zuerst die runde Zahl 40 aufgestellt — wahrscheinlich war Timochares der erste — und daß von diesem wohl Hekatäus und von diesem wieder Aristeas die Zahl entlehnt hat. Auch die Ausdehnung Judäas scheint der letztere von dem zweiten entlehnt zu haben, wenngleich die Zahlen nicht stimmen. Hat also der Verf. des Briefes Pseudo-Hekatäus benutzt, so muß dieser in der Zeit zwischen Sulla und Tiberius geschrieben haben, d. h. zwischen 83 ante und 20 post. Denn Polyhistor hätte auch Hekatäus' Schrift exzerpiert, wenn sie zu seiner Zeit existiert hätte, da er doch 12 Schriftsteller über Judäer und Judäa ausgeschrieben hat [vergl. die Bemerkung zu Pseudo-Hekataios unten S. 611].

Der Verf. des Aristeasbriefes war demnach keineswegs ein unverschämter Fälscher. Er hat lediglich für eine Tendenz gearbeitet und dazu Vorgänger benutzt. Seine Tendenz war eine apologetische: das Gesetz Moses und Alles, was zum judäischen Volke, „das von dem Gesetze geleitet wird", gehört, zu verherrlichen. Daß der Brief eine Apologie sein will, ist nicht zu verkennen. Er scheint gegen eine der Schriften gerichtet zu sein, die eben dieses Gesetz verunglimpft hatten. Der seiner Zeit am nächsten lebende judenfeindliche Schriftsteller zwischen Apollonius Molo und Apion war Lysimachos, der Alexandriner oder Kyrenaiker. Dieser hat, wie sein Vorgänger Molo, aus Übelwollen (δυσμένεια) Moses als einen Zauberer und Betrüger und dessen Gesetze als Lehre der Schlechtigkeit und bar aller Tugendvorschriften dargestellt (Jos. c. Apionem II, 14). Diesem gegenüber hebt der Aristeasbrief die hohe Bedeutung des Gesetzes hervor und läßt sie auch von Demetrios Phalereus (in Verwechselung desselben mit dem Chronographen Demetrios) als hochheilig und göttlich preisen. Lysimachos Zeitalter ist nicht bekannt [vergl. Schürer III[3], 403 ff., der ihn in das erste vorchristliche Jahrhundert setzen möchte], er mag bereits im Beginne der Römerherrschaft geschrieben haben, oder, wenn er dem Verf. des Aristeasbriefes der Zeit nach nicht nahegestanden hat, so mag dessen Apologie gegen die Verunglimpfung des Judentums durch einen andern Griechen gerichtet gewesen sein.

Noch eine andere tendenziöse Nebenabsicht hatte diese Pseudepigraphie, wenn sie die Entstehung der LXX in Philadelphus' Zeit versetzte. Es sollte einerseits nachgewiesen werden, daß sie vor der Spaltung im Innern vollendet

---

[1]) Bei Eusebius praep. ev. IX, 35: τὰ Ἱεροσόλυμα τὴν μὲν περίμετρον ἔχειν σταδίους μ' [Vergl. Wendlands Übersetzung S. 14 und Anm. d in der Einleitung S. 2 und meine Bemerkung zu Pseudo-Hekataios unten S. 611].

worden sei, und andererseits, daß derselbe König, welcher den das judäische Altertum verunglimpfenden Schriftsteller Manetho oder Pseudo-Manetho und dessen ägyptische Geschichten begünstigt hat, auch Beförderer der Septuaginta gewesen sei. Es ist ganz gleichgiltig, ob die Widmung der manethonischen Schriften an Philadelphus historisch oder sagenhaft ist (vergl. C. Müller, Fragmenta histt. Graecc. II, 511 ff.); sie wurde als echt angesehen. Das ägyptische Altertum durfte keinen Vorzug vor dem judäischen haben, Philadelphus mußte auch für die Männer des judäischen Schrifttums eingenommen gewesen sein. Aus diesem Gefühl heraus mag die Aristeassage sich ausgebildet haben. Der König Philadelphus paßte hierzu auch darum, weil man ihn für den Gründer des alexandrinischen Museion hielt; der gelehrte Demetrius mußte ebenfalls herhalten. Dem fingierten Aristeasbriefe ist es aber gelungen, daß seine Fiktion eine lange Zeit als beglaubigte Geschichte behandelt wurde. Nicht bloß in Ägypten verehrte man die Septuaginta, die Verehrung steigerte sich durch die Kirche von Jahrhundert zu Jahrhundert immer mehr und fand auch in Palästina Anklang. R. Juda brachte sie aus Alexandrien mit, vertilgte die Antipathie, welche man anfangs gegen sie hatte (o. S. 579), und brachte diese so sehr in Vergessenheit, daß sie sich nur in einem halb-apokryphen Traktat erhalten konnte.

12) Aus der Konstatierung der Abfassungszeit des Pseudo-Aristeas ergibt sich noch ein anderes Resultat. Cobet und Schmidt haben nachgewiesen, daß der Verf. in der griechischen Diktion nicht heimisch war. Er schreibt unbeholfen, und gebietet durchaus nicht über den vollen Wortschatz der griechischen Sprache. An zahlreichen Stellen kann er den Barbaren nicht verleugnen (Schm. S. 9). Seine Sprache ist durchweg geziert, als wollte er durch Pomp die Armut seiner Diktion verdecken. Die Vermeidung des Hiatus in seiner Schreibweise, welche Schmidt festgestellt hat, braucht nicht gerade auf seinen Umgang mit Joniern hinzuweisen, sondern verrät ebenfalls Gesuchtheit und Ziererei [Vergl. hierzu die Bemerkung Wendlands in der Einleitung zu seiner Übersetzung S. 4 und seine observationes grammaticae am Ende seiner Ausgabe S. 221—225]. Diese ungriechische Schreibweise beweist, daß die in Ägypten und sogar in der Hauptstadt wohnenden Judäer bis zum Anfang des ersten christlichen Jahrhunderts in der griechischen Stilistik fremd waren, daß ihre Schriftsteller selbst da, wo sie eine griechische Maske vornahmen, sich durch Wortgebrauch und Redewendung als Fremdlinge verrieten. Bei Beurteilung der judäisch-hellenistischen Literatur darf dieses Moment nicht außer acht gelassen werden. Philo ist der einzige, welcher das Griechische mit tadelloser Korrektheit gebrauchte. Dagegen verraten nicht bloß der jüngere Sirach, der es mit der mühsamen Arbeit der Übersetzung aus dem Hebräischen zu tun hatte, sondern auch die Verff. des zweiten und dritten Makkabäerbuches die geringe Geübtheit in der griechischen Darstellungsweise. Inkorrekt schrieben auch noch die ältern Schriftsteller Demetrios, Eupolemos und besonders Artapan, obwohl ihre Sprache durch Alexander Polyhistors Überarbeitung hin und wieder gefeilt erscheint. Einen korrekteren griechischen Stil zeigen nur das Buch der Weisheit und das IV. Makkabäerbuch. Daraus folgt erstens, daß die alexandrinischen Judäer nicht so frühzeitig, wie man gewöhnlich annimmt, griechisch geschrieben haben können. Hätten sie sich bereits im dritten Jahrhundert auf die Handhabung des griechischen Stils verlegt und sich nach Mustern umgesehen, so wären sie nicht bis ins erste nachchristliche Jahrhundert Fremdlinge darin geblieben. Ihr Geschmack an der ebenmäßigen griechischen Prosa und die Ele-

Note 3. Die judäisch-hellenistische Literatur.

ganz ihres Stils hätten nicht abnehmen dürfen, sondern zunehmen müssen. Chronologisch konstatiert sind die Erstlinge des judäischen Hellenismus erst aus der zweiten Hälfte des zweiten Jahrhunderts (vergl. Note 3). Zweitens folgt aus dieser Wahrnehmung, daß die Autoren der besseren judäisch-hellenistischen Literatur, wie die Verff des IV. Makkabäerbuches und der Sapientia, nicht einer früheren Zeit angehören können, sondern dem Zeitalter Philos näher gestanden haben müssen. Kurz die Einreihung des Aristeasbriefes in die Zeit des Kaisers Tiberius zwingt dazu, einen ganz andern Gesichtspunkt von der judäisch-hellenistischen Literatur aufzustellen [Von allen Ansetzungen des Aristeas-Briefes scheint mir diejenige Wendlands, der die Schrift in die Zeit zwischen 96 und 63 vor Chr. bringt, am besten begründet zu sein, vgl. die Einleitung zu seiner Übersetzung S. 3 f.].

Die judäisch-hellenistische Literatur.

Infolge der Bibelübersetzung ins Griechische hat sich eine eigene literarische Erscheinung herausgebildet, welche man die hellenistische nennt. Sie ist, auch abgesehen von den philonischen Schriften, reichhaltig genug und hat einen Einfluß ausgeübt, der sich wie im Fluidum nicht im einzelnen nachweisen läßt. Die Vorliebe vieler Heiden für Judentum und Christentum (d. h. für Judentum in anderer Form) ist durch diese Literatur gefördert worden. Teilen wir die Erzeugnisse dieser Literatur nach ihrem Fundorte, ihrem Inhalte und ihrer Form ein.

I. Die durch Alexander Polyhistor erhaltenen Bruchstücke von geschichtlichen oder poetischen Bearbeitungen biblischen Stoffes:

1—5) Historische Fragmente von Eupolemos, Demetrios, Artapan, Kleodemos oder Malchos und Aristeas;
6) Bruchstücke eines Dramas „ἐξαγωγή" von dem Dichter Ezekielos;
7) " " Gedichtes über Abraham, Joseph und Jerusalem von Philo dem Älteren;
8) " " Heldengedichtes von Theodot über den Raub der Dina und den Kampf der Söhne Jakobs mit den Sichemiten.

Die meisten dieser Bruchstücke sind in Eusebius' Praeparatio Evangelica IX, 17—39, zum Teil in Clemens Alex. Stromata I enthalten, und zusammengestellt in Müllers Fragmenta historicorum graecorum III, 207—230.

II. Apokryphische Schriften in echt griechischem Stil und biblischem Kolorit:

1) das Buch der Weisheit,
2) das zweite Makkabäerbuch,
3) das dritte Makkabäerbuch,
4) Zusätze zum Buche Esther.

Die übrigen Apokryphen, wie der Brief Baruchs, der Brief Jeremiä, Susanna, können hier ebensowenig in Betracht kommen wie Judith und Tobias, weil es mindestens zweifelhaft ist, ob sie griechisches Original oder Übersetzungen sind. Dasselbe gilt auch von den sogen. Salomonischen Psalmen.

III. An die dichterischen Erzeugnisse schließen sich an pseudepigraphische Verse anderer judäischer Dichter, von denen die quantitativ und qualitativ bedeutendsten sind:

1) Jubäische Sibyllinen,
2) Pseudo-Phokylides.
IV. Pseudepigraphische Schriften in Prosa:
1) Pseudo-Hekataios von Abdera, Historisches und Poetisches;
2) Pseudo-Aristeas oder Sendschreiben des Aristeas an Philokrates de lege divina;
3) Das vierte Makkabäerbuch über die Herrschaft der Vernunft oder Pseudo-Josephus;
4) Pseudo-Aristobulos, Philosophisches und Verse.

Das Alter aller dieser teils vollständig teils fragmentarisch erhaltenen Schriften ist schwierig zu bestimmen, da nur zwei derselben ein chronologisches Datum enthalten, und dieses mit solchen Widersprüchen behaftet auf uns gekommen ist, daß es zweifelhaft erscheint, ob die Schriften dem dritten oder dem zweiten vorchristl. Jahrhundert angehören. Von der Klasse I kann man indessen wenigstens den chronologischen terminus ad quem bestimmen. Alexander Polyhistor hat eben diese Fragmente erhalten, und von diesem weiß man wenigstens so viel, daß er zwischen 82 und 60 in Sullas Zeit als Freigelassener in Rom gelebt und Kollektaneen angelegt hat (vergl. C. Müllers Fragm. hist. Graecc. III, p. 206 ff.). Diese Schriften sind also jedenfalls spätestens im ersten vorchristl. Jahrhundert verfaßt worden; von den übrigen läßt sich nicht einmal eine solche enge chronologische Einschränkung feststellen. Das Zeitalter der letzten drei Gruppen kann daher nur aus Andeutungen, welche gewisse geschichtliche Anhaltspunkte oder Zustände verraten, oder aus Anführungen aus denselben in späteren Schriften eruiert werden. Als Hilfsmittel zur Eruierung einer annähernden Zeitlage kann auch die Tendenz der meisten von ihnen dienen, da sie, wie sich erweisen wird, apologetischer oder polemischer Natur oder beides zugleich ist. Denn selbstverständlich waren die genannten teils anonymen teils pseudonymen Verfasser Judäer und eifrige Anhänger ihres Bekenntnisses. Die Apologie für das Eigene weist, wenn sie sich in einer Schrift kundgibt, sachgemäß auf einen vorangegangenen Angriff gegen dasselbe. Läßt sich dieser chronologisch ermitteln, so kann bei der apologetischen Schrift mindestens der terminus a quo festgestellt werden. Dagegen ist die Untersuchung des Verhältnisses einzelner dieser Schriften zur LXX, die ich selbst in den früheren Ausgaben angestellt habe, wie ich mich jetzt überzeugt habe, ohne den geringsten Belang. Denn abgesehen von der ungewissen Entstehungszeit der griechischen Übersetzung des Pentateuchs — nur diese kann dabei in Betracht kommen — und ferner von der Frage, ob sie der Art kanonisches Ansehen gehabt hat, daß später lebende Schriftsteller sich der darin vorkommenden Phraseologie sklavisch bedient haben müßten, abgesehen davon, sage ich, daß diese Punkte noch problematisch sind, würde dieses Moment für die Schriften, welche Vergleichungspunkte bieten, im besten Falle nur das ergeben, was eigentlich selbstverständlich ist, daß solche Schriften in dem Zeitalter nach der Entstehung der LXX verfaßt wurden. Historisch bezeugt ist eigentlich nur die literarische Produktivität ägyptischer oder richtiger alexandrinischer Judäer in der Zeit Ptolemäus' VII. (Euergetes II.), in dessen 38stem Jahre der jüngere Sirach in Ägypten eingewandert war und bereits eine Art Schriftstellerei unter den alexandrinischen Judäern angetroffen hat, also im besten Falle im zweiten vorchristl. Jahrhundert. Aus noch älterer Zeit dagegen liegt kein Zeugnis vor [vgl. hierzu jedoch meine Anm. auf S. 582].

Gehen wir mit diesen Voraussetzungen an die chronologische Untersuchung der Abfassung der aufgeführten judäisch-hellenistischen Literatur und beginnen

Note 3. Die judäisch-hellenistische Literatur.

wir mit zwei Schriftstellern, die dem Namen nach bekannt sind und scheinbar chronologische Anhaltspunkte geben, nämlich mit Eupolemos und Demetrios.

1) **Eupolemos.** Clemens Alexandrinus hat von dem judäisch-hellenistischen Schriftsteller oder Historiker Eupolemos eine chronologische Notiz erhalten, die auf den ersten Blick so zweideutig und so widerspruchsvoll gehalten ist, daß die Forscher sich bisher vergeblich bemüht haben, sie zu erklären. Die Notiz lautet (Stromata I, 21): Ἔτι δὲ καὶ Εὐπόλεμος ἐν τῇ ὁμοίᾳ πραγματείᾳ (περὶ Ἰουδαίων) τὰ πάντα ἔτη φησὶν ἀπὸ Ἀδὰμ ἄχρι τοῦ πέμπτου ἔτους Δημητρίου βασιλείας Πτολεμαίου τὸ δωδέκατον βασιλεύοντος Αἰγύπτου συνάγεσθαι, ἔτη ͵εριθ'. „Von der Zeit, daß Mose die Judäer aus Ägypten geführt bis zu genannter Frist 2580 Jahre". Es ist allerdings gleichgültig, welche Zählungsweise Eupolemos angewendet hat, um von Adam oder der Weltschöpfung bis zum fünften Jahr eines Königs Demetrios 5149 und vom Auszuge bis zu demselben Jahre 2580 J. herauszubringen. Dieses Moment kann nicht in die Untersuchung genommen werden. Die Schwierigkeit besteht darin, daß dieser Schriftsteller es unbestimmt läßt, ob er bis zum fünften Jahre Demetrios' I. Soter oder bis zu dem seines Sohnes Demetrios' II. Nikator gezählt hat. Der erste regierte von Nov. 162 bis August 150. Der Regierungsanfang des zweiten ist nicht ganz genau bekannt. Es gibt dafür nur eine einzige Quelle, das erste Makkabäerbuch (10, 67): „Im Jahre 165 (nach der seleuzidischen Ära) kam Demetrios, Sohn des Demetrios, aus Kreta in das Land seiner Väter" (Syrien-Babylonien). Das entspräche dem Jahr 148/147. Das 5te Jahr des ersten Demetrios wäre das Jahr 158/157, das des zweiten 144/143 oder 169 Sel. Noch dazu erweist sich darin ein Widerspruch, wenn man das 5. Jahr mit dem zwölften eines Ptolemäus kongruent machen will. Soll darunter Ptolemäus VI. Philometor verstanden sein, dessen Regierung 181 begann, so fiele sein zwölftes ins Jahr 170. Das stimmt gar nicht. Es müßte also von seinem Bruder Ptolemäus VII. (Energetes II. Physkon) die Rede sein, welcher mit Philometor gemeinschaftlich vom Jahre 170 an regierte. Sein zwölftes Jahr träfe allerdings ungefähr mit dem fünften des Demetrios I. zusammen, genau genommen zwar mit dem sechsten. Allein, da damals im Jahre 157 Ptolemäus VI. doch noch gelebt haben müßte, und wie man annimmt, auch der Verf. Eupolemos, so bleibt der Umstand auffallend: Warum zählte Eupol. gerade nach den Regierungsjahren des Bruders, obwohl dieser vom Jahre 164 an nicht mehr König von Ägypten war, sondern über Cyrene herrschte, und erst lange später, als er Alleinherrscher von Ägypten geworden war, sich auch die Zwischenjahre zurechnete? Aber ebensowenig wollen die Zahlen stimmen, wenn man an Demetrios II. denkt; denn dann sind die 12 Jahre des Ptolemäus VII. zu wenig, wenn man von seiner ersten Mitregentschaft 170, oder zu viel, wenn man von dem Todesjahre seines Bruders rechnet, da das erste Regierungsjahr dieses Demetrios und das des Ptolemäus VII. als Nachfolgers Philometors, nur um ein Jahr differieren. Das sind die Schwierigkeiten, welche Eupolemos' chronologische Angaben involvieren. C. Müller hat daher die Ausgleichung durch Emendation versucht. Statt τὸ δωδέκατον soll gelesen werden τότε τὸ ἕκτον. Indessen so wenig glücklich auch diese Emendation ist, so hat doch Müller in der Sache das Rechte getroffen, daß Eupolemos als terminus ad quem seiner chronologischen Berechnung das Befreiungsjahr der Judäer vom Joche der Syrer unter Demetrios II. zur Zeit Simons gewählt hat. Er bemerkt (Fragmm. historicc. Graecc. III, p. 208 b). „Innuit vero Demetrium Nica-

torem, qui regnum suscepit a. 146 exeunte. Ejus anno quinto, quum libertatem Judaeis rex concesserit, vides, cur ad hunc terminum Eupolemus numeros suos direxerit." Soweit Müller, dem M. v. Niebuhr folgte. Freudenthal, welcher mit Recht Müllers Emendation verwarf, nahm Demetrios I. wieder auf und stützte diese Annahme besonders auf die Notiz, welche Clemens zu Eupolemos' Berechnung hinzufügte. Diese lautet: „Von dieser Zeit an bis zum römischen Konsul Gajus Domitianus Cassianus sind 120 Jahre abgelaufen. ἀπὸ δὲ τοῦ χρόνου τούτου ἄχρι τῶν ἐν Ῥώμῃ ὑπάτων Γαίου Δομιτιανοῦ Κασιανοῦ συναθροίζεται ἔτη ἑκατὸν εἴκοσι. Masson hat bereits auf die richtigen Namen der hier entstellt genannten Konsuln hingewiesen. Es muß dafür gelesen werden: Γναίου Δομετίου καὶ Ἀσινίου (hist. crit. I, 35). Es sind das die Konsuln des Jahres 714 Roms, = 40, nämlich Cnaejus Domitius Calvinus und Cajus Asinius Pollio. Während ihres Konsulats wurde Herodes von Octavian und Antonius zum König von Judäa erhoben. Clemens Alexandrinus rechnete also von dem 5ten Jahre des Demetrios bis zum Jahre von Herodes' Ernennung 120 Jahre. Diese Zahl käme ungefähr heraus, wenn man von Demetrios I. ausgeht, dagegen würde die Zahl zu groß sein, wenn man Demetrios II. darunter verstehen soll. So weit Freudenthal (hellenistische Studien, N. 12, S. 212 fg.). Er entscheidet sich aus diesem und aus anderen Gründen gegen die andere Annahme für Demetrios I. (S. 123) und kommt infolgedessen zu dem Schlusse, daß Eupolemos gerade dieses, zwar durchaus nicht epochemachende Jahr 158 als terminus ad quem gewählt habe, weil er in dieser Zeit unter Philometor seine Schrift verfaßt habe.

Allein diese Annahme ist ganz unhaltbar. Denn, wie bereits bemerkt warum sollte Eupolemos, der doch Zeitgenosse des Philometor gewesen sein soll, nach den Regierungsjahren Physkons datiert haben, der damals 159/158 nicht über Ägypten geherrscht hat, und warum nicht viel einfacher und richtiger nach denen Philometors, der damals faktisch regiert hat? Es wäre ja eine Verkehrtheit ohne Gleichen! Man muß daher durchaus bei Demetrios II. stehen bleiben. Die Einwürfe, welche Freudenthal gegen diese Annahme aufgeführt hat, sind nicht unwiderleglich, man braucht nicht einmal zu Müllers allerdings wenig plausibler Emendation Zuflucht zu nehmen. Erscheint doch der ganze Passus, wie er uns bei Clemens vorliegt, durchaus fehlerhaft. Zunächst erscheint die Konstruktion so unrichtig als nur möglich: ἄχρι τοῦ πέμπτου Δημητρίου βασιλείας, Πτολεμαίου τὸ δωδέκατον βασιλεύοντος Αἰγύπτου. Sollte man nicht die Konstruktion erwarten: καὶ τοῦ δωδεκάτου Πτολεμαίου? [Notwendig ist das nicht.] Ferner müßte Eupolemos sehr nachlässig geschrieben haben, wenn er den Ptolemäer nicht bestimmt genug bezeichnet haben sollte. Sei es, daß er den VI. oder den VII. Ptolemäus gemeint hat, so hätte er doch entweder die indizierende Zahlreihe oder ein Epitheton zu dem König hinzufügen müssen, um ihn kenntlich zu machen. Ptolemäus schlechthin ist eine grobe Nachlässigkeit. Will man Eupolemos nicht diese zur Last legen, so muß man annehmen, daß er den Ptolemäus präzisiert haben muß. Diese Zahl steckt wohl in dem, die Konstruktion entstellenden τὸ δωδέκατον. Es scheint ursprünglich entweder ein Zahlbuchstabe gewesen zu sein, etwa τοῦ χ, oder ein Epitheton, und daraus scheinen Kopisten die irreführende und die Konstruktion nur störende Zahl 12 gemacht zu haben. Eupolemos braucht gar nicht das Regierungsjahr des Ptolemäus, von dem er spricht, angegeben zu haben, sonst hätte das καὶ vorher nicht fehlen dürfen. Er hat lediglich angeben wollen, daß zur selben Zeit der und der Ptolemäus in Ägypten regierte. Wie dem auch

Note 3. Die judäisch-hellenistische Literatur.

sei, das unbeholfene το δωδέκατον kann bei diesem chronolgischen Kalkül gar nicht in Betracht gezogen werden. Es ist einfach eine Korruptel.

Was den Einwand von dem 120. Jahr des Clemens betrifft, so ist ja Freudenthal selbst gezwungen, dazu Zuflucht zu nehmen, „daß die Konsularfasten schon zur Zeit der römischen Republik vielerlei Fehler aufwiesen und insbesondere dem christlichen Altertum in arger Verwirrung überliefert worden sind"; denn nach seinem Kalkül kommen nur 118 Jahre von Demetrios I. 5tem J. bis zum angegebenen Konsulat heraus. Es ist ganz richtig, daß die christlichen Annalisten bald einige Konsuln zu wenig, bald zu viel haben, indem sie durch die Namenanhäufung aus einem einzigen mehrere gemacht oder mehrere Namen zu einem einzigen zusammengezogen haben, (vergl. Clinton, introductio zu fasti romani I). Clemens kann also ebensogut 120 Jahre statt 103, wie statt 118 gezählt haben. Dieses Moment kann also ebensowenig in Betracht kommen und die sich selbst aufdrängende Annahme stören, daß Eupolemos bis zum 5. Jahre des Demetrios Nikator gezählt hat, weil es ein wichtiges Datum war, nämlich bis zu dem Jahre, in dem „das Joch von Israel genommen wurde," und das eine Ära in den Urkunden bezeichnete. Achten wir darauf, daß es das Jahr 169 Sel. war, dasselbe Jahr, in welchem die Jerusalemer das Sendschreiben an die ägyptischen Judäer erließen, um ihnen das freudige Ereignis der Befreiung mitzuteilen (Note 10). Denn Demetrios II. machte nicht erst im Jahre 170 die Konzessionen an Simon und das judäische Volk, sondern schon im vorangegangenen Jahre. Das erste Makabb. (13, 41–42) will uns sagen, daß im Jahre 170 das Joch der Völker von Israel genommen wurde und das Volk von Simons erstem Jahre zu zählen begann, d. h. faktisch begann die Selbständigkeit im Jahre 170 Sel. (von Nissan an gezählt). Demetrios' II. Freibrief aber kann mehrere Monate vorher, also 169 Sel., ausgestellt gewesen sein. Geht man davon aus, daß Eupolemos dieses Jahr als terminus ad quem für seine Zählung, von Adam und vom Auszug aus Ägypten bis dahin gebraucht hat, weil es epochemachend war, so begreift man auch, warum Clemens Alexandrinus dasselbe Jahr als terminus a quo angesetzt hat. Bezeichnete das Jahr 169 Sel. = 5 Demetrios II. den Anfang der legitimen, nämlich von den syrischen Königen anerkannten Herrschaft der Hasmonäer, so bildete das Jahr, in welchem Herodes als König von Juda anerkannt war, nämlich das Konsulat von Cn. Domitius und Asinius Pollio, das Ende dieser Herrschaft. Clemens muß durchaus das Datum: Demetrios' 5. J. in diesem Sinne als Beginn der Hasmonäerherrschaft aufgefaßt haben, und er will mit seinem Zusatz nur das aussagen, daß die Herrschaft der Hasmonäer (nach seiner Zählung der Konsulreihe) 120 Jahre[1]) gedauert habe. Daraus folgt ohne weiteres, daß Clemens selbst nur an Demetrios II. gedacht hat; denn innerhalb der Regierungszeit Demetrios' I. gab es kein für die Judäer epochemachendes Jahr. Der Waffenstillstand mit Jonathan, auf den Freudenthal einiges Gewicht legt, war so wenig bedeutsam, daß Jonathan nicht einmal nach Jerusalem kommen durfte, sondern in Michmas weilen mußte. Den Waffenstillstand gewährte auch nicht Demetrios, sondern sein Feldherr Bakchides, weil er sich nicht mehr durch einen Guerillakrieg

---

[1]) Die talmudische Tradition bestimmt die Dauer der Hasmonäer-Regierung auf 103 Jahre (Seder Olam, c. 30 gegen Ende. Aboda Sara p. 9 a), d. h. vom J. der Unabhängigkeit Judäas unter Simon 143 bis zu Herodes' Einsetzung als König 40. Dieser Kalkül ist also richtiger als der des Clemens Alexandrinus, nämlich 120 J.

erschöpfen mochte. Endlich fand dieser Waffenstillstand keineswegs so sicher im 5. J. Demetrios' I statt, sondern wohl später, wie aus Makkab. 9, 54—73 leicht zu ersehen ist. [Vgl. hierzu die Ausführungen Alfred v. Gutschmids, Kleine Schriften II, 191, ff. Danach ist die Angabe über Ptolemäus für ein Glossem zu halten und am Schluß ist zu lesen: *Γναίου Δομετίου καὶ Ἀσινίου ὑπὸ Κασιανοῦ συναθροίζεται*. Clem. Alex. hat demnach Demetrios Soter verstanden. Freilich hat er nicht präzis gerechnet. S. auch Schürer III³, 353].

Hat Eupolemos das fünfte Jahr Demetrios' II. wegen seiner epochemachenden Wichtigkeit für die Judäer in Palästina in der Voraussetzung, daß es auch denen anderer Länder bekannt sei, als Endtermin gebraucht, so braucht er nicht gerade in diesem Jahre 169 Sel. = 143 vorchr. Z. geschrieben zu haben, sondern kann ebensogut ein oder zwei Dezennien später sein Buch verfaßt haben. Noch mehr: er muß später geschrieben haben, weil er zu dem von ihm angegebenen Datum den Zusatz machen zu müssen glaubte, um die Zeit deutlich erkennen zu lassen, daß damals der und der Ptolemäus regiert hat. Von einem Zeitgenossen erschiene eine solche Präzisierung als Luxus. Dieser Ptolemäus muß ferner nicht mehr am Leben gewesen sein, sonst würde Eupolemos sich anders ausgedrückt haben. Da nun Ptolemäus Physkon 118 ante starb, so kann Eupolemos nur nach dieser Zeit geschrieben haben. [Zwingend sind alle diese Ausführungen nicht.] Eupolemos hat höchst wahrscheinlich das Sendschreiben an die ägyptischen Judäer gekannt, welches 124 ausgestellt ist (vergl. Note 10). — Es folgt aber auch aus diesem chronologischen Schluß ein Korrelat. Eupolemos muß in Ägypten unter den Ptolemäern gelebt haben. Denn wozu brauchte er sonst des Ptolemäus zu erwähnen? Er hatte aber für alexandrinische oder ägyptische Leser, welche von einem König Demetrios, der damals nicht mehr am Leben war, nichts mehr wußten, nötig, diesen Zusatz zu machen, um diesen kenntlich zu machen. Freudenthals Schlußfolgerung (a. a. O. S. 125 fg.), „daß Eupolemos' Schrift weder in Ägypten, noch im eigentlichen Syrien abgefaßt zu sein scheine," weil er dort nicht nach einem syrischen und hier nicht nach einem ägyptischen König datiert hätte, diese Schlußfolgerung ist nicht richtig. Eupolemos mußte das Jahr des syrischen Königs als Datum gebrauchen, weil es von Wichtigkeit und bekannt war, und mußte für ägyptische Leser den zur selben Zeit regierenden ägyptischen König als kenntlich machenden Zusatz hinzufügen. Er war also gewiß ein ägyptischer Judäer oder richtiger ein Alexandriner. [Andere wollen ihn für einen Palästinenser halten und mit dem I. Makk. 8, 17, II 4, 11 Genannten indentifizieren; vgl. Schürer a. a. O.] Sein griechischer Stil ist barbarisch.

Eupolemos' Schrift über die judäischen Könige (und wie es scheint, auch über die Propheten) muß übrigens einen apologetischen Zweck gehabt haben. Denn er verherrlicht darin Mose als Weisen und als Erfinder der Buchstabenschrift, welche die Phönizier von den Judäern und die Griechen von den Phöniziern angenommen hätten. Er verherrlicht ganz besonders den König Salomo, teilt einen selbstverständlich fingierten Briefwechsel desselben mit dem König von Ägypten Uaphres und mit dem König von Tyrus mit und beschreibt ausführlich den Bau des Salomonischen Tempels. Wozu das? Es ist nur als Apologie erklärlich, und diese scheint gegen einen griechischen Schriftsteller gerichtet zu sein, welcher die Judäer samt und sonders als unwissende Barbaren geschildert hatte. Nun kennen wir keinen judenfeindlichen Schriftsteller vor Apollonios Molo, welcher das judäische Altertum so sehr herab-

Note 3. Die judäisch-hellenistische Literatur.

gesetzt hätte. Dieser aber behandelte in seiner Schrift Mose als Zauberer und Betrüger, seine Gesetze als gottlos und menschenfeindlich und die Judäer als das beschränkteste und dümmste der barbarischen Völker, welches nicht den geringsten Beitrag zur Erfindung fürs Leben geliefert hätte (Jos. c. Apionem II, 14). Diesem gegenüber scheint Eupolemos hervorzuheben, daß Mose die Buchstabenschrift erfunden habe, deren sich die Griechen bedienen, und daß Salomo einen so überaus prachtvollen Tempel erbaut und eine goldene Säule dem König von Tyrus zugesandt habe[1]). Sämtliche darin vorkommende Übertreibungen und Anachronismen haben ihren Erklärungsgrund in der Apologie. Eupolemos, oder wie er sonst geheißen haben mag, hat demnach für griechische Leser geschrieben. Eupolemos könnte also nach Apollonios Molo geschrieben haben, den übrigens Alexander Polyhistor ebenfalls exzerpiert hat. Es ist bereits angegeben (S. 593), daß Josephus Eupolemos, sowie den Chronologen Demetrios, obwohl beide eingehende Kunde von der biblischen Geschichte zeigen, für heidnische Schriftsteller gehalten hat (c. Ap. I, 23).

2) Demetrios. Seine Schrift enthielt Chronologisches für die judäische und wahrscheinlich auch israelitische Königsreihe. Er hat ebenfalls eine chronologische Angabe, die ebenso voller Schwierigkeiten ist und Widersprüche enthält. Clemens referiert nämlich von ihm an derselben Stelle Stromat I, 21 folgendes: Δημήτριος δέ φησιν ἐν τῷ περὶ τῶν ἐν τῇ Ἰουδαίᾳ βασιλέων τὴν Ἰούδα φυλὴν καὶ Βενιαμὶν καὶ Λευὶ μὴ αἰχμαλωτισθῆναι ὑπὸ τοῦ Σεναχηρείμ, ἀλλ' εἶναι ἀπὸ τῆς αἰχμαλωσίας ταύτης εἰς τὴν ἐσχάτην, ἣν ἐποιήσατο Ναβουχοδονόσορ ἐξ Ἱεροσολύμων, ἔτη ἑκατὸν εἴκοσι ὀκτὼ μῆνας ἕξ· ἀφ' οὗ δὲ αἱ φυλαὶ αἱ δέκα ἐκ Σαμαρείας αἰχμάλωτοι γεγόνασιν ἕως Πτολεμαίου τετάρτου ἔτη πεντακόσια ἑβδομήκοντα τρία μῆνας ἐννέα. ἀφ' οὗ δὲ ἐξ Ἱεροσολύμων ἔτη τριακόσια τριάκοντα ὀκτὼ μῆνας τρεῖς. Also rechnete er von dem Exil der zehn Stämme bis zu Ptolemäus IV. 573 Jahre und vom Exile des judäischen Reiches bis dahin 338 Jahre.

Die chronologischen Widersprüche liegen auf der Hand. Zwischen der Gefangenschaft der zehn Stämme und der letzten Gefangenschaft unter Nebuchadnezar sollen nach der einen Angabe nur $128^{1}/_{2}$ Jahre liegen, nach der andern dagegen $235^{1}/_{2}$ J., nämlich $573^{3}/_{4}$ J. — $338^{1}/_{4}$ J. = $235^{1}/_{2}$ J. Dadurch ist auch der chronologische terminus ad quem widersprechend. 573 J. seit Gefangenschaft der zehn Stämme — die im ganzen ziemlich festgestellt ist, gleich 719 ante — würde auf das Jahr 146 oder — den Bruch berücksichtigt — auf 145 führen. Aber damals regierte nicht Ptolemäus IV., sondern der VII. Physkon. Nach der anderen Zahl $338^{1}/_{4}$ seit dem babylonischen Exil, das astronomisch-chronologisch auf 586 ante fixiert ist, kommen wir auf das Jahr $247^{3}/_{4}$. Aber damals regierte der dritte Ptolemäus I., Euergetes, möglicherweise sogar noch sein Vorgänger Ptolemäus II. Philadelphus, da dieser zwischen 248—247 starb. Was die sachlichen Schwierigkeiten betrifft, die man auch in diesem Passus gefunden hat, so sind sie unerheblich. Da Demetrios angibt: die drei Stämme Juda, Benjamin und Levi seien nicht unter Sancherib ins Exil geführt worden, und es lägen zwischen diesem Exile (ἀπὸ τῆς αἰχμαλωσίας ταύτης) bis zu dem unter

---

[1]) Die Sage von der goldenen Säule stammt vielleicht von Menander, Jos. c. Apionem I, 18, und ist noch mehr ausgeschmückt enthalten in dem kurzen Fragment des Theophilos, eines wahrscheinlich heidnischen Schriftstellers ungewissen Zeitalters, bei Eusebius a. a. O. IX, 34, 452 bei C. Müller das. p. 228

Nebuchabnezar so und soviel Jahre, so muß er voraufgehend von dem Exil der zehn Stämme gesprochen haben, wie er auch weiterhin von demselben spricht: ἀφ' οὗ αἱ φυλαὶ αἱ δέκα ... αἰχμάλωτοι γεγόνασιν. Daraus folgt, daß Demetrios einen historischen Schnitzer begangen hat, indem er den Untergang Samarias und das Exil der zehn Stämme unter Sancherib setzte, während sie unter Salmanassar erfolgten. Denn augenfällig ist es, daß seine Bezeichnungen αἰχμαλωσία, αἰχμάλωτοι, αἰχμαλωτισθῆναι nichts anderes als „Exil" und „Exulanten" oder „Deportation" und „Deportieren" bedeuten können. Freudenthal hat mit Unrecht, um den Widerspruch zu lösen, diesen Wörtern die Bedeutung „Plünderung" oder „Brandschatzung" untergelegt [Mir erscheinen Freudenthals (S. 58) Nachweise vielmehr höchst beachtenswert]. In dem Passus ἀφ' οὗ δὲ ἐξ Ἱεροσολύμων, nämlich αἰχμάλωτοι γεγόνασιν, soll ja das Wort geradezu exules ausdrücken; denn Dem. will damit das babylonische Exil bezeichnen. Durch die unstreitige Voraussetzung, daß Demetrius Sancherib mit Salmanassar verwechselt hat, vereinfachen sich die Widersprüche und werden lediglich auf die chronologischen reduziert.

Um diese zu heben, muß man davon ausgehen, daß die L.=A. Πτολεμαίου τετάρτου durchaus nicht zu halten ist, weil sie so oder so falsch ist. Man darf sich auch nicht verhehlen, daß die unbestimmte Angabe: bis zu Ptolemäus IV. (oder einem andern) bei der Absicht, einen exakt=chronologischen Kalkül zu geben, wunderlich erscheint. Das Regierungsjahr des betreffenden Ptolemäus hätte ja entschieden angegeben werden müssen, wenn die Berechnung genau sein soll! Demetrios will so außerordentlich genau chronologisch berechnen, daß er die Monate mit hineinzieht, und soll den terminus ad quem nach dem Jahre zu bestimmen vergessen haben! Das ist undenkbar. Daraus folgt, daß entweder der Terminus des Regierungsjahres des Ptolemäus fehlt, also der Text defekt ist, oder daß Demetrios diesen Terminus als allbekannt vorausgesetzt hat. Dieses vorausgeschickt, sind die chronologischen Widersprüche nicht so außerordentlich drückend, oder vielmehr: der eine derselben kann gehoben werden. Von den beiden Zahlen 573¾ seit dem Exil der zehn Stämme und 338¼ seit der Zerstörung Jerusalems ist eine jedenfalls verschrieben, entweder die erstere um ein Jahrhundert zu hoch oder die letztere um ebensoviel zu niedrig angegeben. Ein plus oder minus von 100 Jahren ist um so berechtigter anzunehmen, als ja Demetrios selbst das Intervall zwischen den beiden Exilsepochen auf 128½ Jahre ansetzt. Er kann ja nicht in demselben Atemzuge dieses Intervall auf 235½ Jahre ausgedehnt haben. Faktisch beträgt die Zwischenzeit zwischen den beiden Exilsepochen 133 Jahre, nämlich das assyrische Exil 719 und das babylonische 586 gerechnet. Die kleinere Zahl 128½ kommt also jedenfalls der richtigen näher als die größere 235½. Es bleibt also nur die Frage, ob eine Subtraktion von 100 Jahren von der ersten Zahl oder eine Addition von 100 Jahren zur zweiten berechtigter ist. Aus zwei Gründen empfiehlt sich nun die Umwandlung der Zahl 338 in 438. Denn bliebe die erstere bestehen, so könnte man der Zahl τετάρτου auf keine Weise beikommen. Denn offenbar hat Demetrios, vielleicht von einem variierenden Text geleitet, das Intervall zwischen den beiden Exilsepochen um 2 Jahre zuviel angesetzt, da wie schon angegeben, dieser nach der Königsreihe in unserem Texte vom 6. Jahr Chiskijas bis zum 11. Zidkijas nur 133 Jahre beträgt, und wenn man die 3 Monate Jojachins dazu zählt, 133¼. Da nun als die babylonische Exilsepoche unverrückbar 586 feststeht, würde die Subtraktion 338 von 586 auf das J. 248, und wenn man die zwei Jahre Differenz abzieht,

Note 3. Die judäisch-hellenistische Literatur.

immer noch auf das Jahr 246 treffen, d. h. in die letzten Regierungsjahre des Ptolemäus II. oder doch jedenfalls in die des Ptolemäus III. Die Emendation von τέταρτος in τρίτος würde also auch nicht richtig sein. Wenn man dagegen statt 338 setzt 438, so würde der Abzug von dem faktischen Exiljahre 586 das Jahr 148, beziehungsweise 146 ergeben. Dasselbe Ergebnis folgt auch, wenn man von dem assyrischen Exiljahre oder vom Untergang Samarias, nämlich von 719, die Zahl 573 abzieht = 146 ante. Dabei ist vorausgesetzt, daß Demetrios wirklich die chronologische Berechnung angewendet habe, die erst von den modernen bedeutenden Chronologen vermittelst komplizierter Kombination gewonnen wurde, nämlich 719 für das assyrische und 586 für das babylonische Exil. Hätte er die beiden Exilsepochen um 4 oder 3 Jahre früher angesetzt, also etwa die assyrische um 723 und die babylonische um 590, so träfen seine beiden Zahlenangaben auf das Jahr 143 oder 142, unter die Regierung Ptolemäus VII., d. h. auf das epochemachende Jahr der erlangten Selbständigkeit Judäas unter dem Hasmonäer Simon. Und es ist wahrscheinlich, daß auch er gleich Eupolemios dieses für die Judäer so hochwichtige Jahr als terminus ad quem angesetzt hat. Das Zahlwort τέταρτος, das doch jedenfalls falsch ist, könnte vielleicht auf [einer m. E. kaum annehmbaren] Verwechselung von δ und ζ beruhen. Wie dem auch sei, man hat durchaus keine Berechtigung als gewiß anzunehmen, daß Demetrios unter Ptolemäus Euergetes I., d. h. in der zweiten Hälfte des dritten Jahrhunderts geschrieben habe, da diese Annahme lediglich [daß sie nicht „lediglich" auf dieser Emendierung beruht, s. bei Schürer a. a. O. S. 350] auf Emendierung von τέταρτος in τρίτος beruht, und diese durch den Kalkül erschüttert ist. Der Beweis, der von diesem Momente für das höhere Alter der griechischen Pentateuchübersetzung entnommen wird, beruht demnach auf unsicherer Grundlage. Ohnehin ist es mißlich, durch scheinbare Wortparallelen Demetrios' Abhängigkeit von der Septuaginta zu urgieren. An einer bedeutsamen Stelle weicht er geradezu von dem Text der LXX ab. Diese übersetzen in erstaunlicher Ignoranz den Passus (Genesis 28, 20): ואולם לוז שם העיר mit καὶ Οὐλαμλούς [Swete hat: Οὐλαμμαύς] ἦν ὄνομα, Demetrios dagegen hat das richtige εἰς Λουζὰ τῆς Βαιθήλ." Er hat demnach [?] unabhängig von der griechischen Übersetzung seine Geschichte und Chronologie ausgearbeitet. Man darf daher keineswegs von Demetrios einen Rückschluß auf das Alter der LXX machen [vgl. jedoch oben S. 582, Anm. 1].

Was von Demetrios' Schrift zu halten ist, läßt sich schwer beurteilen. Sie gibt eine minutiöse, bis auf Monate ausgerechnete Chronologie von den Lebensjahren der Patriarchen, der Nachkommen Jakobs und Moses; wie sie auch die Exilzeit der zehn Stämme und Judas bis auf einen Ptolemäer nach Jahren und Monaten ausrechnet. Auch dahinter muß eine Tendenz stecken.

3) Dagegen ist der apologetische Charakter des dritten Schriftstellers, welcher über die alte Geschichte der Judäer geschrieben hat, und der sich Artapanos nannte, nicht zu verkennen (vergl. o. S. 593). Mose macht er zu einem Heldenkrieger, der die Äthiopier überwunden habe. Noch mehr, Mose habe nicht nur eine staatliche Ordnung in Ägypten eingeführt, sondern auch für die Menschen viel Nützliches gelehrt, Schiffsbau, Maschinen, ägyptische Waffen, Wasserwerke und auch noch die Philosophie erfunden. Das ist offenbar Tendenz, gegen die Schmäher der judäischen Stammväter und Gesetzgeber gerichtet, und ganz besonders gegen Apollonios Molo.

Artapanos oder, wie er sonst geheißen haben mag, war ein echter Pseudepigrapheus; seine Schrift zur Verherrlichung Moses will eigentlich von einem ägyptischen Priester geschrieben sein, welcher Mose noch gekannt habe. Daher wird von Mose eine Schilderung der Persönlichkeit gegeben, als wenn der Verf. ihn noch als Zeitgenossen gesehen hätte. Mose sei groß gewachsen, von gesunder Farbe gewesen und habe ein würdevolles Aussehen gehabt: γεγονέναι δέ φησι τὸν Μωῦσον μακρόν, πυρράκη, πολιόν, κομήτην, ἀξιωματικόν. Die Griechen hätten ihn unter dem Namen Musaios, als Lehrer des Orpheus, gekannt und verehrt. Von den Ägyptern sei er als Hermes, als Erfinder der Schrift, verehrt worden. Artapan sagt auch, die Hebräer heißen eigentlich Hermiuth (Ἑρμιούθ), und darunter hat er wohl angeben wollen, daß die Ägypter oder die ägyptischen Priester sie als „Menschen Gottes" angesehen (vgl. o. S. 594). Das alles ist augenscheinlich zugespitzte Tendenz, und zwar gegen Molo. Artapan hat höchstwahrscheinlich erst im ersten vorchristlichen Jahrhundert zur Zeit dieses judenfeindlichen Schriftstellers gelebt.

Diese drei Schriftsteller, die den gemeinsamen Zug haben, dem judäischen Altertum Relief geben zu wollen, waren entschieden Ägypter, d. h. Alexandriner. Artapan ist voll von ägyptischen Dingen. Er deutet auch an, daß der Tempel in Heliopolis, d. h. der Oniastempel, von den in Ägypten eingewanderten Hebräern erbaut worden sei: τούτους δέ ... τὸ ἐν Ἡλιουπόλει ἱερὸν κατασκευάσαι τοὺς Ἑρμιοὺθ ὀνομαζομένους.

Richtig bezeichnet Hieronymus Eupolemos und Demetrios als polemische, besser als apologetische Schriftsteller (de viris illustribus c. 38): Demetrium et Eupolemum scriptores adversus gentes refert, qui in similitudinem Josephi Ἀρχαιογονίας Moysis et Judaicae gentis asservant. Pseudo-Artapan dokumentiert diesen Charakter in einem noch höheren Maße. Man kann daher diese drei Schriftsteller mit Recht als alexandrinisch-judäische bezeichnen, in der richtigen Voraussetzung, daß die literarische Tätigkeit der ägyptischen Judäer nicht in den kleinen Landstädten, sondern in der Hauptstadt konzentriert war.

4) Ezekielos, der Tragödiendichter, von dessen Drama Ἐξαγωγή Alexander Polyhistor und Eusebius größere Fragmente erhalten haben. Der Inhalt ergibt gar nichts für die Bestimmung seiner Zeit. Man kann daher nur von ihm sagen, daß er von Alexander Polyhistor gedichtet haben muß. Vergl. über seine Verse L. Philippson, Ezechiel, des jüdischen Trauerspieldichters Auszug aus Ägypten und Philo des Älteren Jerusalem 1830, Dübner, Anhang zu Euripidis fragmenta, 1846. Vergl. o. S. 595 die Vermutung, daß er wohl identisch mit dem Tragödiendichter Theodektes im Aristeasbrief sei, daß er mehrere Tragödien judäischen Inhalts gedichtet, und daß er an Glaukoma gelitten habe. Seine Senarien sind nichts weniger als rhythmisch. Merkwürdig ist, daß er in einem Vers das Wort Pascha gebraucht:

157. Δεκομηνίᾳ τὰ πάσχα θύσαντας Θεῷ,

und daß er für Passahopfer auch Rinder annimmt (V. 176), nach Deuteronomium, wie es wahrscheinlich im Oniastempel üblich war.

5) Älter als diese war wohl der Dichter Theodotos (seine Fragmente bei Eusebius a. a. O. IX, c. 22, 426 fg.). Er preist Sichem, nennt es „die heilige Stadt" und erzählt nach dem Pentateuch die Geschichte, die sich an Sichem knüpft. Er wollte offenbar Sichem und den Tempel auf Garizim auf Kosten des Heiligtums von Jerusalem hervorheben; seine Verse haben entschieden eine apologetische Tendenz. Theodotos war demnach unstreitig ein Samaritaner und hat mit seinen Versen das Heiligtum der Chuthäer gegenüber den Schmähern desselben in Versen glorifizieren wollen. Daraus läßt sich auch

Note 3. Die judäisch-hellenistische Literatur.

sein Zeitalter bestimmen. Der Tempel auf Garizim wurde von Hyrkan I. zerstört vor 112 (o. S. 71), und seit der Zeit wurde er nicht mehr erbaut. Theodotos muß also vor dieser Zeit gedichtet haben. Er hat aber griechischen Lesern den Vorzug des Heiligtums von Sichem dartun wollen; er muß demnach zur Zeit gedichtet haben, als der Streit über die berechtigtere Heiligkeit Sichems oder Jerusalems zwischen Samaritanern und Judäern entbrannt war. Dieser wurde vor Ptolemäus VI. Philometor geführt (S. 44). Folglich hat er wohl um diese Zeit, um die Mitte des 2. Jahrh., gedichtet.

6) Dasselbe gilt auch von einem prosaischen Schriftsteller, dessen Fragment Eusebius (a. a. O. c. 17, 418 fg.) aus Polyhistors Exzerpten unter Eupolemos' Namen erhalten hat. Freudenthal hat mit unwiderleglichen Gründen festgestellt, daß dieses Fragment nicht dem früher genannten Eupolemos gehören könne, sondern daß es von einem Samaritaner stamme (a. a. O. S. 82 ff). Dieses Fragment nennt den Berg Garizim (ἱερὸν Ἀργαριζίν), „den Berg des Höchsten" und setzt voraus, daß auf demselben noch ein Tempel (ἱερόν) gestanden hat. Der samaritanische Verf., welcher Abrahams Kenntnisse preist, die durch ihn zu den Babyloniern gelangt seien, will zugleich indirekt eine Apologie für den samaritanischen Tempel auf Garizim halten. Dagegen kann mich die Auseinandersetzung Freudenthals (das. 150 fg.) nicht überzeugen, daß das kleine Fragment aus denselben Exzerpten bei Josephus (Altert. I, 15 und Eusebius a. a. O. IX, 20, p. 422 b) über die Söhne Keturas von Abraham und ihren Zusammenhang mit andern Völkern ebenfalls von einem Samaritaner namens Malchos (Malchas), griechisch Kleodemos, der ein Prophet genannt wird, stammen soll. Es ist wohl eine betrügerische oder selbstbetrügerische, auf einer schlechten Etymologie beruhende Ethnographie, daß die Assyrier und Afrikaner von Abraham durch Ketura abstammen, und Nachkommen Abrahams sogar mit Herakles verschwägert wurden, also mit den Herakliden stammverwandt seien. Durch eine ähnliche Insinuation wollten später die Juden in Arabien ihre Stammverwandtschaft mit den Arabern dartun.

7) Die wenigen dunkeln Verse bei Eusebius (das. 20, p. 421; 24, p. 430) die Philo beigelegt werden, verherrlichen Jerusalem und seinen Wasserreichtum. Sie scheinen eine dichterische Entgegnung auf Theodots Panegyricus auf Sichem zu sein. Dieser Philo wird von Josephus „der ältere Philo" (Φίλων ὁ πρεσβύτερος) genannt (c. Apionem I, 23). Josephus hat ihn, sowie Demetrios und Eupolemos, für griechische Schriftsteller gehalten, welche wie wenig gegen die Wahrheit (der biblischen Erzählung) gefehlt hätten (o. S. 593). Dieser ältere Philo, wenn er gegen Theodotos polemisiert hat, mag auch zu Philometors Zeit versifiziert haben. Er würde demnach zu den ältesten Schriftstellern der hellenistisch-judäischen Literatur gehören.

8) Das winzige Fragment über Hiobs Abstammung, das in den Exzerpten unter dem Namen Aristeas oder Aristaios mitgeteilt wird, bietet wegen seiner Kürze und der Harmlosigkeit des Stoffes keine Handhabe für die Untersuchung der Abfassungszeit. Das einzig Abweichende vom Buche Hiob in diesem Fragmente ist, daß Hiobs Freunde zu Fürsten gemacht werden: Eliphas zum König der Thaimaniten, Bildad zum Tyrannen der Sauchäer (שוח), und Zophar, zum König der Minäer. Sollte seine Schrift ebenfalls eine panegyrische Tendenz gehabt haben?

Bei den bisher behandelten Erzeugnissen der judäisch-hellenistischen Literatur konnte wenigstens noch als Endpunkt für die Chronologie festgestellt werden, daß sie mindestens vor der zweiten Hälfte des ersten vorchristlichen

Jahrhunderts geschrieben sein müssen. Bei den übrigen fehlt auch der terminus ad quem, und wir sind, wie gesagt, auf Vermutungen angewiesen. Indessen lassen sich doch noch einige derselben annäherungsweise chronologisch fixieren.

9) **Pseudo-Hekataios.** Von diesem sind mehrere Fragmente erhalten. Es zirkulierte noch im dritten Jahrhundert eine Schrift περὶ Ἰουδαίων, an deren Echtheit schon Herennius Philo von Byblos zweifelte (Origenes contra Celsum I, 15). Diese Schrift wird auch von Josephus (c. Apionem I, 22) zitiert und daraus ein größeres Fragment mitgeteilt über die Wanderung von Judäern nach Ägypten unter Ptolemäus I., über Leiden der Judäer unter den Persern und ihre Standhaftigkeit und über Jerusalem, den Tempel und den Kultus. In demselben Buche war auch enthalten, was Josephus über Alexander des Großen Verhalten zu den Judäern auszieht (das. II, 4). Die Echtheit dieser Schrift verwirft C. Müller mit Recht, namentlich durch Vergleichung des Urteils, über den echten Hekataios bei Diodor; s. Fragm. histt. Graecc. II, p. 385 und p. 393 fg., wo die Fragmente mitgeteilt werden. Verschieden von der Schrift περὶ Ἰουδαίων scheint eine andere gewesen zu sein, die unter dem Titel περὶ Ἀβράμου oder κατ' Ἀβραμον καὶ τοὺς Αἰγυπτίους ebenfalls von Josephus zitiert wird (Altert. I, 7, 2). Diese war, den Fragmenten nach zu urteilen, nicht historisch, sondern dogmatisch oder apologetisch. Clemens Alexandrinus zitiert daraus 9 Verse angeblich von Sophokles, welche die Einheit Gottes betonen und gegen das Götzentum polemisieren (Stromata V, c. 14, p. 717).

Ο μὲν Σοφοκλῆς, ὥς φησιν Ἑκαταῖος, ὁ τὰς ἱστορίας συνταξάμενος, ἐν τῷ κατ' Ἀβραμον καὶ τοὺς Αἰγυπτίους, ἄντικρυς ἐπὶ τῆς σκηνῆς ἐκβοᾷ:
  Εἰς ταῖς ἀληθείαισιν, εἰς ἐστιν Θεός.

Aus Clemens haben es Eusebius (Praep. evang. XIII, 13, p. 660) und andere Kirchenväter entlehnt; bei Justinus Martyr dagegen werden die pseudo-sophokleischen Verse ohne Quellenangabe zitiert (Cohortatio 18 und de Monarchia 2). Das Zitat will also sagen, daß der Verf. der historiae, nämlich de Judaeis, auch eine Schrift über Abraham und die Ägypter geschrieben habe, in welcher die Verse enthalten waren. Daß die Verse und auch die Schrift unecht sind, braucht nicht weiter bewiesen zu werden. Aus dieser Schrift ist ohne Zweifel das Citat in Pseudo-Aristeas: daß sich die griechischen Schriftsteller, Dichter und Geschichtschreiber von der Erwähnung der Gesetzbücher (Moses) fern gehalten hätten, weil die darin enthaltene Erkenntnis (θεωρία) heilig und ehrwürdig sei, „wie Hekataios von Abdera sagte", ὥς φησιν Ἑκαταῖος ὁ Ἀβδηρίτης (ed. Schmidt p. 19, [ed. Wendl. §. 31]). Ein Judäer hat demnach unter der Maske des unter Alexander und Ptolemäus I. lebenden Abderiten Hekataios zwei Schriften verfaßt: Über die Geschichte der Judäer und über Abraham und die Ägypter. Die Lebenszeit dieses Pseudo-Hekataios läßt sich aus folgenden Momenten eruieren. Da ihn Pseudo-Aristeas zitiert, so muß er vor diesem, d. h. vor der Zeit des Kaisers Tiberius (vgl. o. S. 592) gelebt haben. Aus dem längeren Zitate bei Josephus (a. a. O. I, 22) geht hervor, daß ein Hoherpriester damals noch an der Spitze des Gemeinwesens stand: οἱ .. ἱερεῖς τῶν Ἰουδαίων ... καὶ τὰ κοινὰ διοικοῦντες .. Judäa hatte also zur Zeit, als dieser schrieb, kein Königtum mehr. Zur Zeit der makkabäischen Könige hat er sicherlich nicht gelebt, sonst hätte auch Alexander Polyhistor von seinen Schriften Auszüge gegeben, die doch viel interessanter waren, als die sonst von ihm mitgeteilten. So kann Pseudo-Hekataios zur Zeit Hyrkans II., als Pompejus diesen seiner Königswürde entkleidet und ihm nur die Hohepriesterwürde und die Ethnarchie gelassen hatte, geschrieben haben, zwischen 63 und 40 v. vorchr. Zeit. Daß er ein Alexandriner war, ergibt sich aus den Fragmenten. Er teilt nur Fakta mit, welche die nach Ägypten gewanderten Judäer betreffen. Manche seiner Angaben können historisch sein [In einigen Bonner Universitätsprogrammen aus den Jahren 1894 und 1895 hat jetzt A. Elter unwiderleglich nachgewiesen, daß die von Josephus (Ant. I, 7, 2 u. c. Ap. I, 22) angeführten Stellen dem echten Hekatäus angehören, der eine ägyptische Geschichte geschrieben und in dieser an geeigneter Stelle einen besonderen Abschnitt der Geschichte der Juden gewidmet (p. 247, ff.), besondere Bücher περὶ Ἰουδαίων und περὶ Ἀβράμου aber nicht verfaßt hat. Die Verse bei den Kirchenvätern dagegen sind das Werk eines Fälschers, das erst kurze Zeit vor Clemens entstanden sein kann. Vgl. hierzu die Ausführungen Leop. Cohns in der Monatsschrift, Jahrg. 41, S. 286 ff.]

10) Der nächste in der Reihe der hellenistisch-judäischen Schriftsteller ist der Verf. eines Teiles des dritten Buches der Sibyllinen. Sibyllinische Verse kamen überhaupt erst seit der Herrschaft der Römer auf. Die Forscher sind gegenwärtig einig darüber, daß mindestens die Verse 45—92 des dritten Buches, welche den Anbruch der messianischen Zeit verkünden, zur Zeit des zweiten Triumvirats und der Zaubergewalt Cleopatras auf Antonius gedichtet sein müssen, d. h. vor der Schlacht bei Actium 31, als Antonius halb mit Octavian gebrochen hatte. Vergl. Friedliebs und Alexandres Anmerkungen in ihren Ausgaben der Sibyllinen. Es wird auch mit Recht von diesen angenommen daß das erste Fragment an die Spitze der Sibyllinen zum dritten Buche gehört Ich kann nicht Frankels Annahme beistimmen, die von Badt unterstützt und weiter ausgeführt wurde (Monatsschr. Jahrg. 1859, S. 261; Badt, de oraculis sibyllinis, 1869, p. 60), daß der Ausdruck Σεβαστηνῶν in V. 64 auf Sebaste-Samaria und auf die chuthäischen Samaritaner hinweise, und daß demgemäß diese sibyllinischen Verse erst nach der Umwandlung Samarias in Sebaste (25 vorchr. Zeit, s. o. S. 218 f.) gedichtet sein könnten. Es ist nämlich dagegen einzuwenden, daß Σεβαστηνοί eher noch auf die Bewohner oder die Soldaten der Hafenstadt Sebastos bei Cäsarea hinweisen (Jos. Altert. XIX, 9, 1. 2 vergl. o. S. 353, Anm. 1). Diese zeigten sich ganz besonders judenfeindlich und könnten eher zur Dichtung Veranlassung gegeben haben, daß der Beliar, der Antimessias, aus ihrer Mitte hervorgehen werde. Ferner sind Bewohner von Samaria-Sebaste ohne weiteres noch nicht identisch mit chuthäischen Samaritanern. Diese hatten vielmehr ihren Hauptsitz in Sichem-Neapolis. Auch damit kann ich mich nicht einverstanden erklären, daß unter dem Beliar Herodes gemeint sei. Der Beliar wird in diesen Versen weit eher als ein übermächtiges satanisches Wesen geschildert, welches die Menschen verführt.

V. 64. Ἐκ δὲ Σεβαστηνῶν ἥξει Βελίαρ μετόπισθεν,
V. 65. Καὶ στήσει ὀρέων ὕψος, στήσει δὲ θάλασσαν.
V. 67. Καὶ νέκυας στήσει . . .
V. 68. Ἀλλὰ πλάνα, καὶ δὲ μέροπας πολλοὺς πλανήσει.

Das Wort Σεβαστηνῶν muß korrumpiert sein, sonst versteht man den Sinn dieser Versreihe nicht [Nach Bleek und Lücke, denen sich Schürer a. a. O 441 anschließt, ist die Erwähnung der Sebastener in V. 63 auf Rechnung eines spätern Interpolators zu setzen]. Zwischen Vers 63 und 64 ist ohnehin eine Lücke erkennbar. In den fehlenden Versen war wahrscheinlich von Unholden die

Rede, von welchen der Beliar ausgehen werde. Das von den Fachmännern angenommene Resultat bleibt demnach unerschüttert, daß die messianische Partie im 3. Buche der Sibyllinen aus der Zeit des zweiten Triumvirats stammt. Noch manche Bücher der Sibyllinen oder Teile derselben stammen von judäischen Verfassern oder von der hebräischen Sibylle. Da sie aber durch christliche Hände auf uns gekommen sind, enthalten sie christliche Interpolationen. Daher ist ihr Ursprung nicht leicht zu ermitteln. Der Charakter der judäischen Sibyllinen ist die Androhung von Strafgerichten über die Heidenwelt wegen ihres abscheulichen Götzentums und ihrer noch abscheulicheren Unsittlichkeit und die Prophezeihung eines goldenen Zeitalters durch die Ankunft des Messias. Sie traten polemisch gegen das Heidentum auf. Das Vaterland der Sibyllinen kann nicht auf Alexandrien allein beschränkt werden.

11) Pseudo-Phokylides. Über das unter dem Namen Phokylides vorhandene Gedicht ποίημα νουθετικὸν hat Jakob Bernays eine gediegene und abschließende Monographie gegeben (als Beilage zum Jahresber. des jüd.-theolog. Seminars 1856 [Neu abgedruckt in den gesammelten Abhandlungen von Jakob Bernays, herausg. von G. Usener (Berlin 1885), S. 192—261]. Er hat unwiderleglich nachgewiesen, daß das Gedicht einen judäischen Verf. gehabt, und daß derselbe an der Hand des Pentateuchs die Ethik des Judentums zusammengestellt und versifiziert hat, mit Vermeidung einerseits auch der gelindesten Polemik gegen das Götzentum und andererseits der Erwähnung der lediglich ritualen Gesetze des Pentateuchs. Die Abfassungszeit läßt Bernays unbestimmt, weil der Inhalt keinen Anhaltspunkt dafür biete, nämlich in der Zeit zwischen Ptolemäus Philometor einerseits und einer spätern andererseits, also zwischen etwa 150 vor und 70 nach. Allein zwei Bv. scheinen auf die Abfassungszeit unter dem Kaiser Augustus zu weisen. Der Moraldichter ermahnt, nicht ehelos zu bleiben, sondern Kinder zu erzeugen.

V. 175. *Μὴ μείνῃς ἄγαμος, μή πως νώνυμος ὄληαι,*
Δός τι φύσει καὐτός, τέκε δ' ἔμπαλιν, ὡς ἐλοχεύθης.

Bekanntlich hatten im römischen Reiche infolge der 20jährigen Bürgerkriege und des überhandnehmenden Luxus die Ehelosigkeit und die orbitas (die Erzeugung illegitimer Kinder) so sehr überhand genommen, daß Augustus die Unterlassung der Ehe mit Vermögens- und Ehrenstrafen belegte, damit jedoch nicht durchbringen konnte und das mildere Gesetz Papia Poppea erließ (Tacitus Annalen 3, 25; Dio Cassius 54, 16; 56, 1—10, besonders c. 7). In den Strafreden, welche Augustus gegen die Ehelosen hielt, gebrauchte er bei Dio 56, 3 dieselbe Wendung wie V. 176: *ἵνα ὥσπερ ὑμᾶς ἐκεῖνοι (οἱ πατέρες) ἐγέννησαν, οὕτω καὶ ὑμεῖς ἄλλους τεκνώσητε.* Folglich ist das Gedicht wahrscheinlich in Augustus' Zeit entstanden.

Wenn der Dichter auch nicht direkt gegen das Heidentum polemisiert, so tut er es doch indirekt, indem er vor den Lastern warnt, welche ein Ausfluß des Heidentums waren, wie die Sibyllinen und das Buch der Weisheit auseinandersetzen.

Gleich im Anfang wird die Buhlerei und die Päderastie verdammt, welche unter den Heiden offen getrieben wurde:

V. 3. *Μήτε γαμοκλοπέειν μήτ' ἄρσενα κύπριν ὀρίνειν.*

Auch V. 189, 190, 193, am stärksten aber V. 213—214:

Παιδὸς δ' εὐμόρφου φρονέειν νεοτήσιον ὥρην.
Πολλοὶ γὰρ λυσσῶσι πρὸς ἄρσενα μίξιν ἔρωτος.

Note 3. Die judäisch-hellenistische Literatur.

„Behüte die Jugend eines schönen Knaben; denn viele rasen nach einer solchen Sünde". — Das Gedicht warnt auch vor Verbrechen, die in der römischen Welt im Schwange waren, und die kein Gesetz verbot: Kinderraub (V. 150) und Kindesmord (V. 183—184). Die Mutter vernichte nicht die Frucht im Leibe und werfe nicht Neugeborene Hunden und Geiern zum Fraße vor [Weitere Literatur bei Schürer III³, 473 ff.].

12) Der Zeit nach folgt darauf die Entstehung des Briefes des Pseudo-Aristeas über Entstehung der Septuaginta. Es ist eines der wenigen Bücher aus der judäisch-hellenistischen Literatur, die sich vollständig erhalten haben. Diese Schrift ist gewiß unter dem Kaiser Tiberius verfaßt, vergl. o. S. 583 ff. [und die Bemerkungen dazu].

13) Das Buch der Weisheit oder σοφία Σολομών (Σολομῶντος), die Sapientia. Über die paränetische und polemische Tendenz dieses Buches herrscht kein Zweifel, desto mehr über das Zeitalter seiner Entstehung. Die Kritik hat die Annahmen, daß Salomon oder Serubabel, Sirach oder Philo Verfasser derselben sei, bereits abgetan, ist aber bei dem vagen Resultate stehen geblieben, der anonyme Verfasser habe zu den Zeiten der Ptolemäer gelebt. Bei dieser Annahme beruhigt sich Ewald (III, 554); Zeller ist geneigt, die Abfassungszeit noch früher anzusetzen (Gesch. der griech. Philosophie III., 3. Aufl., S. 271 ff.). William J. Deane limitiert die Abfassungszeit zwischen 217 und 145, von falschen Prämissen ausgehend (Text und Kommentar zu the book of wisdom, 1881, p. 32). Übersehen ist dabei, daß die „Weisheit Salomos" nicht nur gegen das Götzentum, sondern auch scharf gegen die göttliche Verehrung der Menschen und besonders der Herrscher polemisiert. Sie kennt also schon die Divinisierung der römischen Kaiser und scheint geradezu auf Caligulas wahnsinnige Ansprüche auf Göttlichkeit anzuspielen. Dieses Thema behandeln die Verse 14, 16—20: „Die Entfernten, welche verhindert sind, den Herrscher selbst in der Nähe zu verehren, machen sich ein Bild von demselben, um dem Abwesenden zu schmeicheln, als wäre er anwesend": ἐμφανῆ εἰκόνα τοῦ τιμωμένου βασιλέως ἐποίησαν (οἱ ἄνθρωποι), ἵνα τὸν ἀπόντα ὡς παρόντα κολακεύσωσιν διὰ τῆς σπουδῆς. „Und die Künstler tragen zu zu dieser Verkehrtheit bei, indem sie ihre Kunst anstrengen, das Bildnis schön und verführerisch auszustatten." Darum läßt die Schrift Salomo selbst an seine menschliche Hinfälligkeit erinnern (7, 1—6). Auch er, obwohl König, ist ein sterblicher Mensch (εἰμὶ μὲν κἀγὼ θνητὸς ἴσος ἅπασι). Auch der König hat keinen andern Anfang des Lebens, wie jeder andere Sterbliche (οὐδεὶς γὰρ βασιλεὺς ἑτέραν ἔσχεν γενέσεως ἀρχήν); denn alle Menschen haben denselben Eingang ins Leben und denselben Ausgang. Man wird einräumen, daß diese zugespitzte Polemik nicht gegen die Ptolemäer, sondern nur gegen Caligula gerichtet sein kann. Wenn Ewald behauptet, daß das Buch mit C. 6, 22 seine Vollendung erreicht hat, so beweist er hiermit nur, daß er seine Tendenz vollständig verkannt hat. Gerade vom 7. Kapitel an geht der Verfasser auf das ihm naheliegende Interesse, die Kaiservergötterung, tiefer ein, weil dieses das den Judäern zugefügte Leid berührt. Auch die Leiden, welche die Alexandriner unter Caligula erduldeten, schildert der Verfasser deutlich (5, 1—4). „Dann wird der Gerechte (Israel) in voller Öffentlichkeit vor das Gesicht derer treten, welche ihn gebeugt und seine Mühen verachtet haben" (τότε στήσεται ἐν παρρησίᾳ πολλῇ ὁ δίκαιος κατὰ πρόσωπον τῶν θλιψάντων αὐτὸν καὶ τῶν ἀθετούντων τοὺς πόνους αὐτοῦ). „Das ist also der, werden die Bedrücker sprechen, den wir zum Gespötte, zum Beispiel des Schimpfes, und dessen Leben wir Gedankenlose für Wahnwitz ge-

halten haben". Das Buch tritt sogar indirekt den Anschuldigungen der judenfeindlichen Schriftsteller von der Klasse der Apionen entgegen, als wenn das Judentum menschenfeindlich wäre. Es stellt zu diesem Zwecke den Satz auf, Gott habe durch seine Werke sein Volk gelehrt, daß der Gerechte (Israel) menschenfreundlich sein müsse (12, 19): Ἐδίδαξας δὲ σου τὸν λαὸν — ὅτι δεῖ τὸν δίκαιον εἶναι φιλάνθρωπον. Wie treffend ist der Leichtsinn und die Genußsucht der Alexandriner geschildert, und wie sie die Judäer wegen der verschiedenen Religionsweise verfolgt haben! „Israel ist ihrem Anblick unerträglich, weil sein Leben und seine Wege von denen der andern so verschieden sind" (2, 15): ὅτι ἀνόμοιος τοῖς ἄλλοις ὁ βίος αὐτοῦ, καὶ ἐξηλλαγμέναι αἱ τρίβοι αὐτοῦ. „Die Heiden gelten ihm als etwas Unreines, und er rühmt sich Gottes als seines Vaters. Darum wollen sie sehen, ob seine Worte wahr sind. Wenn der Gerechte Gottes Sohn ist, möge er ihn halten und ihn befreien aus den Händen seiner Widersacher" (2, 16). Das ganze 2. und 3. Kapitel spiegeln die Leiden der alexandrinischen Judäer vonseiten des griechischen Pöbels so treu ab, daß es erstaunlich ist, wie man das alles übersehen konnte. Bemerkenswert ist der Vers (19, 16): Die Ägypter haben die mit Feierlichkeit aufgenommenen Judäer, obwohl diese derselben Rechte teilhaftig waren, mit schrecklichen Drangsalen gepeinigt: οἱ δὲ μετὰ ἑορτασμάτων εἰσδεξάμενοι τοὺς ἤδη τῶν αὐτῶν μετεσχηκότας δικαίων δεινοῖς ἐκάκωσαν πόνοις. Scheinbar ist hier von den alten Ägyptern die Rede; aber das Hervorheben der „Gleichberechtigung" und der Verhöhnung derselben vonseiten der Ägypter weist entschieden auf die Vorgänge in Alexandrien unter Caligula und dem Gouverneur Flaccus hin. Der Verfasser war demnach Philos Zeitgenosse. Sein Buch wollte zugleich eine Schutzschrift für seine Leidensbrüder, ein Panegyrikus auf das Judentum und eine Polemik gegen das Heidentum und die Kaiservergötterung sein.

Man hat in dem Buche der Weisheit essäische Spuren entdecken wollen, und war mit dem Urteil bald fertig, den Verfasser zu den ägyptischen Therapeuten zu zählen (Eichhorn, Gfrörer, Dähne und in neuester Zeit auch Zeller). Vor allem hätte man aber christliche Spuren darin entdecken sollen, das heißt nicht etwa, daß der Verfasser ein Christ gewesen, sondern daß christliche Kopisten daran gepfuscht und ihre Dogmatik hineingebracht haben. Vers 14, 7 ist ohne Zweifel ein Einschiebsel von christlicher Hand. Man vergegenwärtige sich den Zusammenhang der VV. 1—7: Die Menschen vertrauen ihr Leben auf dem wogenden Meere einem zerbrechlichen Fahrzeuge an. Gott aber regiert es, denn er macht in dem Meere eine Bahn, darum können die Menschen ihr Leben dem geringsten Holze auf dem Meere anvertrauen. Und als die Giganten untergegangen waren, ist die Hoffnung der Welt (Noah) in ein Schiff geflüchtet und hinterließ durch Gottes leitende Hand den Samen neuer Geburten. Darauf Vers 7: „Darum sei gesegnet das Holz, durch welches die Gerechtigkeit (oder die Rechtfertigung) wird": „εὐλόγηται γὰρ ξύλον δι' οὗ γίνεται δικαιοσύνη". Wie das Holz und die Gerechtigkeit mit der Schiffahrt und der Sündflut zusammenzureimen sind, wird keine gesunde Exegese herausbringen. Die Stelle ist nur als christliche Glosse verständlich. Beim Worte „Holz" dachte ein christlicher Kopist sofort an das „Kreuz" und an die Sündenvergebung durch die Rechtfertigung im Glauben. Deanes Erklärung dieses V., um die Echtheit desselben zu retten, ist geschraubt. Das Buch der Weisheit hat sehr früh in die Kirche Eingang gefunden und ist von den Kirchenlehrern vielfach zur Belehrung der Katechumenen zugelassen worden

Note 3. Die judäisch=hellenistische Literatur.   615

(vergl. de Wette, biblische Einleitung, § 26. 27). Wie „das Holz mit der
Rechtfertigung", so konnte auch ein christlicher Leser aus seinem eigenen dog=
matischen Kreise „die unbefleckte Unfruchtbarkeit und die Kinderlosigkeit mit
Tugend", d. h. das Nonnenkloster, hineinbringen (3, 13; 4, 1), Sätze, die sich auch
therapeutisch ausnehmen. Außer diesen Stellen hat man auch in Vers 16, 28
eine essäische Spur finden wollen, weil der Verfasser folgert: man müsse zum
Gebete der Sonne zuvoreilen und mit Gott vor dem Aufgehen des Lichtes zu=
sammenkommen. Indessen ist diese Eigentümlichkeit des Frühbetens nicht
gerade essäisch, sondern auch eine fromme Sitte jener pharisäischen ותיקין, welche
das Schemá noch vor dem Aufleuchten der Sonne zu lesen begonnen haben
(vergl. Bd II b, S. 419). Zieht man diese wenigen fremden Elemente ab, so
erscheint das Buch der Weisheit als ein schönes Erzeugnis des alexandrinisch=
judäischen Geistes, das unmittelbar nach der Leidenszeit der alexandrinischen
Gemeinde unter Caligula in die Welt gesetzt wurde, um die niedergebeugten
Judäer aufzurichten und die Götzendiener mit ihrer Lasterhaftigkeit zu beschämen.
Der Verf. war indessen mehr Dichter als Philosoph.

14) Das sogenannte dritte Makkabäerbuch gehört mit noch größerer
Gewißheit in dieselbe Zeit. Ewald hat das Richtige erraten, daß es nach
Herodes' Zeiten verfaßt wurde und an Szenen erinnere, die unter Caligula
vorgekommen .... Das Buch sollte dem Cajus ein weissagendes Geschichtsbild
darstellen (Gesch. d. Volkes Israel IV, S. 611—614). Aber seine Beweis=
führung ist so vage und seine Auffassung des durch und durch abgerundeten
Buches so verfehlt, daß er es nur als ein Bruchstück einer größeren historischen
Schrift ansah. Es hat vielmehr die ausgeprägte Tendenz, die leidenden
alexandrinischen Judäer durch Gottvertrauen zu ermutigen und die Apostaten
seiner Zeit zu geißeln, und dazu führt es eine fingierte Erzählung aus Philo=
pators Zeit als Analogie vor. Das, was die alexandrinischen Judäer unter
Caligula am meisten schmerzte, der Verlust der bürgerlichen Gleichstellung, sollte
ihnen schon, will der Verf. offenbar sagen, früher genommen werden (2, 30—32),
und durch das Wunder der Elephanten sind sie aus Nöten und Gefahren ge=
rettet worden, weil sie treu geblieben sind (6, 18—41; 7, 1—7). Mehr als
dreihundert sind aber, um Bürgerrecht zu behalten, zum Heidentum über=
gegangen, wurden aber später von dem Könige den Treugebliebenen zur Strafe
überlassen und getötet (2, 23; 7, 8—10). Zu diesem Zwecke wird gleich im
Eingange der Apostat Dositheos, Sohn des Drimylos, eingeführt (1, 3).
Das Buch spielt sogar auf Apions Schmähschrift gegen die Judäer an, „daß
sie wegen verschiedener Gottesverehrung und Absonderung von heidnischen
Mahlen dem Könige und „dem Heere" (Legionen) gehässig seien, daß sie über=
haupt gegen alle Völker Übelwollen hegten, und unter diesem Vorwande hätten
die Feinde der Judäer den König überredet, schwere Strafen über sie zu ver=
hängen (7, 4): προφερόμενοι .... ἔχουσιν οὗτοι πρὸς τὰ ἔθνη δυσμενίαν,
während die Judäer doch, wie der Verfasser besonders hervorhebt, stets Treue
und gute Gesinnung den Machthabern bewahrt haben (3, 3—4). Auch der Zug
von den Zusammenrottungen des alexandrinischen Pöbels, die Philo so an=
schaulich beschreibt, fehlt in diesem Buche nicht (3, 8).

Tatsächliches liegt allerdings diesem apokryphischen Buche zugrunde,
nämlich der Vorfall unter Physkon, welcher betrunkene Elephanten auf nackte
und gebundene Judäer hatte hetzen lassen, wobei die Bestien sich auf die Zu=
schauer stürzten (bei Josephus gegen Apion II, 5). Sogar den Umstand, daß

die alexandrinischen Judäer den Tag der Errettung unter diesem König als feiertägigen Gedenktag eingesetzt haben, hat das Apokryphon diesem Vorgang entlehnt, daß die 3 Tage zur Erinnerung an die Errettung (vom 5. bis zum 7. Epiph.) feiertägig begangen werden sollten (6, 36): τὰς προειρημένας ἡμέρας ἄγειν ἔστησαν εὐφροσύνους. Der Verfasser scheint aber geflissentlich die Begebenheit in Philopators Zeit versetzt zu haben, statt bei der historischen unter Physkon zu bleiben, weil er die Entweihung des Tempels in Jerusalem hineinziehen und es als Ausgangspunkt für die beabsichtigte Verfolgung gegen die Judäer hinstellen wollte, daß Philopator nach einem Siege an der Grenze Judäas nach Jerusalem gekommen sei, das Allerheiligste betreten wollte und, weil er daran verhindert wurde, gegen die ägyptischen Judäer erzürnt gewesen sei. Diese Wendung hätte für Physkons Zeit nicht gepaßt, weil dieser keinen Kriegszug gegen Syrien unternommen hat, was doch den Kundigen unter den alexandrinischen Judäern bekannt war. Philopator paßte aber gut zu dieser Rolle, und dadurch konnte die beabsichtigte Tempelentweihung hineingezogen werden, um eine Parallele zu Caligulas anbefohlener Tempelschändung herzustellen. Kurz, dieses Apokryphon ist ein griechisches Estherbuch, und wollte wie das hebräische die wunderbare Errettung in der Vergangenheit als Trost für die Gegenwart hinstellen. Dadurch läßt sich Jahr und Jahreszeit der Abfassung dieses Buches ziemlich genau limitieren. Denn Caligulas Befehl, eine Bildsäule in das Heiligtum zu stellen, erfolgte erst Herbst 40 post. Die Trauerbotschaft von dieser intendierten Entweihung erfuhren die alexandrinischen Gesandten mit Philo an der Spitze erst im Winter, während ihrer Anwesenheit in Rom (s. Note 21). Die alexandrinische Gemeinde hat es wohl ungefähr in derselben Zeit erfahren. Da nun das Buch von der Tempelentweihung ausgeht, also der Verf. bereits Kunde von dem Vorgang in Jerusalem gehabt haben muß, so kann er sein Buch erst im Winter 40 verfaßt haben. Daß das Ganze nur eine Fiktion oder eine Tendenzschrift ist, kann kein besonnener Forscher übersehen, und wird selbst von orthodoxen Isagogisten (Keil) zugegeben. Nichtsdestoweniger behauptet Deane die Historizität dieses Buches und nimmt an, daß das Buch der Weisheit ebenfalls zur Zeit dieser Begebenheiten verfaßt sein könnte [Auch Abrahams Jew. Qu. Rev. IX, 1897, S. 39-58 meint, daß der Verf. in einigen Punkten gute Kenntnisse der wirklichen Geschichte Ptolemäus Philopators besessen habe]. Aber wer Augen hat zu sehen, kann nicht verkennen, daß das dritte Makkabäerbuch im ganzen und einzelnen die Kalamitäten der alexandrinischen Gemeinde unter dem Statthalter Flaccus und unter Caligula treu abspiegelt. Es ermahnt zur Standhaftigkeit im Glauben, vgl. namentlich das Gebet des Priesters Eleasar (6, 1—14). Zu diesem Zwecke schließt das Buch so schön: Εὐλογητὸς ὁ ῥύστης Ἰσραὴλ εἰς τοὺς ἀεὶ χρόνους. Denselben Schluß mit derselben Absicht hat auch das Buch der Weisheit: „Gott hat sein Volk vergrößert und verherrlicht und nicht verachtet in allen Zeiten und allen Orten". Beide sind Tendenzschriften unter verschiedener Form und an ein verschiedenes Publikum gerichtet. Das Buch der Weisheit wendet sich an die Mächtigen der Erde, an griechische Leser, das 3. Makkabäerbuch an die gebeugten Judäer, und namentlich an die Lauen unter ihnen. Das letztere ist noch während der Verfolgung entstanden, das Buch der Weisheit spiegelt eher die Zeit nach Aufhören der Verfolgung ab und will einer Erneuerung ähnlicher Anklagen gegen die Judäer vorbeugen. Es ist wohl nach Caligulas Tode verfaßt, als die Selbstvergötterung dieses Kaisers allgemein als Torheit erkannt war und gerügt werden durfte.

Note 3. Die judäisch-hellenistische Literatur.

15) **Das zweite Makkabäerbuch** gibt sich selbst als einen Auszug aus einem größern Werke über die Makkabäergeschichte von einem Jason von Kyrene. Ein solches Werk scheint existiert zu haben und muß quellenmäßige Geschichte nicht bloß über Vorgänge in Judäa, sondern auch anch über solche in Antiochien, Ptolemaïs und Syrien überhaupt zur Zeit der Makkabäerkämpfe enthalten haben (vergl. B. II b, S. 440 fg.). Ob die Legenden von Wundern und Interventionen von Engeln in gefahrvollen Lagen und die langen Gebete in der Urquelle vorgekommen sind, ist schwer zu entscheiden, aber unwahrscheinlich. Derselbe Zweifel erstreckt sich auch auf die Dogmatik dieses Buches, welches öfter die Überzeugung von der Auferstehung, und zwar mit Polemik gegen Leugner derselben, betont (12, 44). So bleibt nur das eine Moment für die relative Entscheidung des chronologischen Punktes übrig, daß der Epitomator das Purimfest unter dem Namen $Μαρδοχαϊκὴ\ ἡμέρα$ kennt, und daß sein Buch demnach viel später [?] als das 1. Makkabb. verfaßt sein muß (vgl. o. S. 577).

Es muß sogar noch jünger als das vierte Makkabäerbuch sein; denn auch dieses kennt das Estherbuch oder die darin erzählte Geschichte nicht. In dem Gebet, das dem frommen Eleasar in den Mund gelegt wird, erinnert dieser an die alten Wundertaten Gottes für sein Volk, führt auch die Wunder aus dem Buche Daniel an, erwähnt auch die Errettung des Propheten Jona (6, 6—8). Warum nicht auch die Errettung des ganzen Volkes zur Zeit Esthers? Diese hätte um so eher betont werden müssen, als die Geschichte derselben doch frappante Ähnlichkeit mit dem Inhalte des II. Makkabäerbuches hat. Ganz gewiß [?] kannte der Verf. des vierten Makkabäerbuches weder das Buch noch die Purimfeier, obgleich diese für alle Länder, wo Judäer angesiedelt waren, angesetzt sein sollte. Das zweite dagegen kennt die Feier.

16) **Das vierte Makkabäerbuch.** Die Abfassungszeit läßt sich aus folgenden Momenten ermitteln. Der Verfasser führt Onias, den frommen Hohenpriester, folgendermaßen ein (IV, 1): $Σίμων\ γάρ\ τις\ πρὸς\ Ὀνίαν\ ἀντιπολιτευόμενος,\ τὸν\ τότε\ τὴν\ ἀρχιερωσύνην\ ἔχοντα\ διὰ\ βίου\ καλὸν\ καὶ\ ἀγαθὸν\ ἄνδρα$. Das heißt doch wohl: Onias habe damals das Hohepriestertum fürs ganze Leben, lebenslänglich inne gehabt. Combesis übersetzt daher diesen Passus: summo per vitam pontifice. So faßt es auch Grimm auf (Exegetisches Handbuch zu den Apokryphen 317, [ebenso Deißmann in E. Kautzschs Apokryphen und Pseudepigraphen des A. T. (Tübingen 1900) II, 156, N. 6.]. Der Beisatz ist nur begreiflich unter der Voraussetzung, daß der Verf. zu einer Zeit schrieb, wo infolge der häufigen Ab- und Einsetzung der H. P. durch die Staatsgewalt, einige dieses Amt nur $δι'\ ἐνιαυτοῦ$ bekleideten. Dieses war aber der Fall seit dem Sturze der Hasmonäer durch Herodes bis zum Untergange des Staates unter Titus. So hat Combesis diesen Passus verstanden (Annotatio zur St.): „$διὰ\ βίου$" ita dictum Josepho suae aetatis morem respiciente, quo pontifices non $διὰ\ βίου$ per omnem vitam illatum munere fungebantur, sed paene $δι'\ ἐνιαυτοῦ$, annui, saepe pontifices erant". Wir haben hierdurch einen einigermaßen faßbaren Anhaltspunkt für die Abfassungszeit des IV. Makkab., welches sonst nichts derartiges bietet.

Freudenthal hat dieses Argument dadurch zu erschüttern gedacht, daß er eine Textänderung annimmt und meint, daß nach $ἔχοντα$ das Wort $ὄντα$ zu supplieren sei (die Flav. Jos. beigel. Schrift über die Herrsch. d. Vernunft (Breslau 1869), S. 81 und 167, Nr. 15). Diese Emendation ist aber unannehmbar, weil sie das Zeitverhältnis $διὰ\ βίου$ zu dem folgenden ziehen muß: $διὰ\ βίου\ καλὸν\ καὶ\ ἀγαθὸν\ ἄνδρα$, Onias sei durchs ganze Leben hindurch ein vortrefflicher Mann gewesen. Das wäre aber ein überflüssiges Lob. Denn wenn einer Person das Epitheton der καλοκἀγαθία beigelegt wird, so wird ohne weiteres vorausgesetzt, daß sie diese Eigenschaft stets besessen habe, und ihr nicht etwa einmal im Leben untreu geworden sei. Man muß also bei der L A. des gegenwärtigen Textes bleiben, und diese gibt, wie gesagt, über die Abfassungs- zeit dieser Predigt (denn eine solche ist das ganze Buch, wie Freudenthal un- widerleglich nachgewiesen hat) eine willkommene Handhabe, einmal daß sie während der Periode gehalten wurde, in welcher absetzbare, ephemere Hpp. fungiert haben, also in der Zeit von Herodes abwärts, und dann daß sie zur Zeit angehört, in der es noch Hohepriester gab, also noch der Zeit des zweiten Tempelbestandes. Damit wäre die Annahme bestätigt, daß dieses Buch dem ersten christl. Jahrh. angehört, d. h. etwa der Zeit von 30 vor bis etwa 66 nach. Dieser ausgedehnte Zeitraum läßt sich noch mehr einschränken. Freudenthal hat in seiner trefflichen Monographie über dieses Buch nachgewiesen, daß der Verf. einen Gedanken aus dem Buche der Weis- heit weiter ausgesponnen hat (a. a. O. S. 93). Es ist also von der Sapientia oder von Pseudo-Salomo abhängig und jünger als dieser. Diese An- nahme wird noch durch andere Momente bestätigt. Für den Verfasser von Makkab. IV. ist das Gesetz des Judentums identisch mit der Weisheit oder der Philosophie. Er läßt sogar Antiochos Epiphanes das Gesetz als φιλοσο- φία ὑμῶν, als „eure Philosophie" bezeichnen (c. 5). Der Märtyrer Eleasar geht auf diese Bezeichnung ein (das.): „Du verspottest unsere „Philosophie", als wenn wir in ihr nicht mit vernünftigem Handeln leben könnten χλενάζεις δὲ ἡμῶν τὴν φιλοσοφίαν" (5, 22). Die Predigt redet den Märtyrer Eleasar apo- strophisch als Philosophen eines göttlichen Lebens an: φιλόσοφε θεῖου βίον (7, 7), und indem sie sein Verdienst summarisch kennzeichnen will, weiß sie nichts Prägnanteres von ihm (7, 9) auszusagen als: „Du hast vermittelst Deines Tuns die Worte der Philosophie beglaubigt (das.): ἐπιστοποίησας τοὺς τῆς φιλοσοφίας λόγους". Jakob wird vom Verf. geradezu πάνσοφος, der Hoch- weise, genannt (c. 3, [2, 4]). Diese übertriebene Potenzierung des Gesetzes, daß es sich mit der Philosophie völlig decke, ist erst in Philos Zeitalter aufge- kommen. Der Aristeasbrief aus der Zeit des Kaisers Tiberius ist noch weit von dieser Sublimierung entfernt; er begnügt sich apologetisch nachzuweisen, daß die judäischen Gesetze nicht so abgeschmackt seien, wie sie den Außenstehen- den erscheinen. Erst die Sapientia idealisiert das Gesetz und identifiziert es mit der Weisheit. Dem judäischen Volke ist unvergängliches Licht des Gesetzes für die Ewigkeit gegeben (18, 4 u. a. St.). Der Verf. des IV. Makkab. hat also erst nach der Entstehung der Sapientia gesprochen und geschrieben. Diese ist nach der Zeit des Bildsäulenzwanges unter Caligula 41—42 entstanden (vgl. o. S. 614). Folglich ist die Predigt zwischen 41—66 gehalten worden. Der terminus ad quem 66 ist deswegen gerechtfertigt, weil die Predigt keine Spur von kriegerischer oder revolutionärer Aufregung oder von Gefährdung des judäischen Staates verrät. Ihre Tendenz ist auch nicht, die Gemeinde, in der sie gehalten wurde, zu ermahnen, in Prüfungen des Religionszwanges wie die Märtyrervorbilder standhaft zu bleiben, sondern ihr nahzulegen, dem Gesetz zu gehorchen. Diese Tendenz ist zusammengefaßt in Kap. 17 Ende [18, 1]: „O Israeliten, Nachkommen des abrahamitischen Samens, gehorchet diesem Gesetze!" Die Predigt legt mehr Gewicht darauf nachzuweisen, daß der religiöse Vernunftwille (ὁ εὐσεβὴς λογισμός) die Begierde, also das Lustgefühl zu bezähmen im stande sei, als nach der andern Seite, daß er den Schmerz

Note 3. Die judäisch-hellenistische Literatur.

überwinden könne. Sie ist also nicht an solche gerichtet, welche vor dem Märtyrertum standen, sondern an solche, welche **das Gesetz geringschätzten**.

Es scheint fast, als ob der Prediger von der Macht des religiösen Vernunftwillens geradezu der **Theorie des Apostels Paulus habe entgegentreten wollen.** Paulus' Sophistereien gingen von dem Axiom aus, daß der Mensch ohne ganz besondere wundertätige Heilsveranstaltung gegen das Fleisch, die Gelüste und die daraus entspringende Sünde nicht zu reagieren vermöge. Der Leib, das Fleisch, sei nicht bloß Sitz der Sünde, sondern Urheber und Anreger derselben. Die Werke des Fleisches seien Ehebruch, Hurerei, Feindschaft, Zorn usw. (Galaterb. 5, 19 fg.). In dem menschlichen Wesen stecke einmal dieser unüberwindliche Gegensatz: „Das Fleisch gelüstet wider den Geist und der Geist wider das Fleisch, dieselben sind wider einander, daß ihr nicht das zu tun vermöget, was ihr wollt" (das. V. 17). Aus sich selbst, aus seiner ethischen Seelenanlage vermöge daher der Mensch wegen seiner fleischlichen Verdorbenheit nichts, gar nichts Gutes und Gottgefälliges zu tun. Nun habe zwar Gott das Gesetz geoffenbart, welches den menschlichen Willen zum Dienste des Guten anleiten und kräftigen solle. Paulus aber leugnete die ethische Kraft des Gesetzes in entschiedener Weise: „Wir wissen zwar, daß das Gesetz geistig ist, ich aber bin fleischlich unter die Sünde (als Sklave) verkauft. Denn ich weiß nicht, was ich tue; denn ich tue nicht, was ich will, sondern was ich hasse, tue ich .... Denn ich weiß, daß in mir, das ist in meinem Fleische, nichts Gutes wohnt. Willen habe ich wohl, aber zu vollbringen das Gute reiche ich nicht aus .... Ich habe Lust an Gottes Gesetze nach dem inwendigen Menschen, ich sehe aber ein anderes Gesetz in meinen Gliedern, das dem Gesetze meines Geistes widerstreitet ($\dot{\alpha}\nu\tau\iota\sigma\tau\rho\alpha\tau\epsilon\nu\acute{o}\mu\epsilon\nu o\nu$ $\tau\tilde{\omega}$ $\nu\acute{o}\mu\omega$ $\tau o\tilde{\nu}$ $\nu o\acute{o}\varsigma$ $\mu o\nu$) und nimmt mich gefangen in der Sünde Gesetz (Römerbrief 7, 14—23). Paulus ging noch viel weiter in der Achtung des Gesetzes, um dadurch die christliche Heilsanstalt als notwendig erscheinen zu lassen. Das Gesetz habe nur noch dazu beigetragen, die Sündhaftigkeit zu mehren oder die in Unbewußtheit begangene Übertretung zu einer mit Bewußtsein ausgeführten Sündenschuld zu potenzieren. „Die Sünde erkannte ich nicht, ohne durch das Gesetz. Denn ich wüßte nichts von der Lust, wo das Gesetz nicht gesagt hätte: „Laß dich nicht gelüsten" (Römerbrief 7, 7).

Die Predigt im IV. Makkabb. stellt nun das gerade Entgegengesetzte auf, und dieses bildet ihr Grundthema. Sie stellt die Untersuchung an, ob der religiös durchwehte Vernunftwille Herr der Gemütsbewegung ist (Eingang) und kommt durch mancherlei Beweismittel zu dem Resultate, daß er allerdings alle Leidenschaften beherrschen könne, nicht bloß in inneren, sondern auch in äußeren [Dingen]. Der Mensch vermöge durchaus seine Begierden oder sein Fleisch zu bezähmen, nicht bloß Männer, sondern auch schwache Weiber (c. 16). Das ist der Kernpunkt der Predigt. Unter dem $\varepsilon\dot{\nu}\sigma\varepsilon\beta\grave{\eta}\varsigma$ $\lambda o\gamma\iota\sigma\mu\acute{o}\varsigma$ versteht die Predigt das von Gott geoffenbarte Gesetz. Dieses sei wohl imstande, die menschlichen Neigungen oder das Fleischliche zu bezähmen (c. 3[2]). Die Predigt beweist dieses besonders durch Tatsachen aus der biblischen Geschichte. Joseph hat die Wollust besiegt (das.). David hat den brennenden Durst überwunden und das Wasser, das ihn laben sollte, für den Herrn ausgegossen. Jakob, das Ideal der Weisheit, hat den Zornesmut verwünscht. Daniel und seine Freunde haben um des Gesetzes willen die Liebe zum Leben überwunden. Und nun erst die leuchtenden Beispiele der Märtyrer, des Greises Eleasar und der jugendlichen sieben Brüder und ihrer Mutter in der Makkabäerzeit! Die Bedeutung dieser Predigt tritt erst recht hervor, wenn man annehmen kann, daß sie gegen die oder den Gesetzesverächter gerichtet ist, gegen die Behauptung, daß weder die ethische Natur des Menschen noch von der Religion oder dem Gesetze unterstützte Vernunftwille, der εὐσεβής λογισμός, imstande sei, gegen die fleischlichen Regungen des Menschen zu reagieren. Die Predigt wendet sich offenbar an judäische Bekenner, welche die heilige Schrift hochhielten, und will eben daraus und aus anderen Beispielen beweisen, daß es auf diesem Standpunkte absurd sei zu behaupten, der Mensch vermöge sich nicht zu beschränken, der Wille sei nicht stark genug, das Fleisch zu beherrschen. Man beachte folgendes. Paulus behauptet, das Verbot im Dekalog: „Du sollst nicht gelüsten", habe erst das Gelüste wachgerufen und zum Bewußtsein gebracht, das nun weder durch die natürliche Einsicht, noch durch das Gesetz unterdrückt werden könne. Unser Prediger folgert das Entgegengesetzte daraus (c. 3 Anf. [2,5]): „Das Gesetz sagt „Du sollst nicht nach dem Weib deines Nächsten gelüsten. Da es nun sagt, daß wir nach gar nichts gelüsten sollen, so hat es uns damit überzeugt, daß der λογισμός die Begierden beherrschen kann". — Man erwäge noch die Auseinandersetzung von der Schöpfung des Menschen (das.): „Zur Zeit als Gott den Menschen geschaffen und ihn doch mit Vernunft und Selbständigkeit (αὐτεξουσιότητι) geschmückt hat, da hat er ihm allerdings sowohl Gemütsbewegungen als auch sittliche Anlagen eingepflanzt (τα πάθη καὶ τὰ ἤθη), hat aber den Geist auf den Thron zum Anführer gesetzt. Diesem gab er ein Gesetz, von dem geleitet, er eine besonnene, gerechte, gute und mannhafte Herrschaft auszuüben vermag".

Klingt das alles nicht geradezu antipaulinisch? Nach dieser Theorie habe Gott in das Innere des Menschen neben den Trieben auch die Fähigkeit, sie zu beherrschen, eingepflanzt, und ihm außerdem noch das Gesetz zur Unterstützung gegeben. Vgl. die prägnannte Stelle c. 7 und Freudenthals Ausführung S. 62 ff. Nach Paulus dagegen ist das Fleisch so schwach, daß es sich garnicht zur ethischen Freiheit aufraffen könne, und das Gesetz, weit entfernt, es zu kräftigen, macht es nur noch rebellischer. Ist die Predigt eine antipaulinische Polemik so ist die Apostrophe an die Zuhörer recht prägnant: „O Ihr Israeliten von Abrahams Samen, gehorchet diesem Gesetze, indem ihr erkennet, daß der religiöse Vernunftwille Herr ist". Paulus hatte behauptet, daß Abraham nicht durchs Gesetz, sondern durch den Glauben gerecht befunden worden sei. Die scheinbare Tautologie τῶν Ἀβραμιαίων σπερμάτων ἀπόγονοι παῖδες Ἰσραηλεῖται könnte gegen diese Sophistik gespitzt sein. Hat diese Predigt Paulus' gesetzesfeindlichen Predigten entgegentreten wollen, so würden drei wichtige Momente daraus gewonnen werden können: 1. Die Predigt muß in den fünfziger Jahren während Paulus' erfolgreicher Thätigkeit, in Kleinasien, Mazedonien und Griechenland gehalten worden sein, als dieser immer offener mit seiner Gesetzesverachtung hervorgetreten war. 2. Sie muß auf einem der Schauplätze, wo Paulus Erfolge errungen hatte, gehalten worden sein, in Antiochien, Ephesus, Philippi oder Korinth, auf keinen Fall in Alexandrien. Man könnte sie also nicht zur eigentlichen alexandrinisch-judäischen Literatur zählen. 3. Man sieht, daß die gesetzestreuen Judäer den destruktiven Apostel auch mit den Waffen des Geistes bekämpft haben.

Außer dieser Predigt, die wahrscheinlich zur Feier der Tempelweihe gehalten wurde, haben sich noch zwei Predigten erhalten, die Philo zugeschrieben werden: de Sampsone und de Jona. Beide waren ursprünglich

Note 3. Die judäisch-hellenistische Literatur.

griechisch, sind dann ins Armenische übersetzt worden, und der Armenier Aucher hat sie ins Lateinische übertragen (Venedig 1826). Sie sind in der Richterschen Ausgabe von Philos Werke wieder abgedruckt (im B. VII). Der Inhalt gibt nicht den geringsten Anhaltspunkt für die Entstehungszeit. Von Philo stammen diese Predigten gewiß nicht, obwohl sie seine allegorische Deutungsweise zeigen. Ebensowenig läßt sich ihre Tendenz ermitteln. Es ist ebenso ungewiß, ob sie dem Prediger des IV. Makkabäerbuches angehören. — Außerdem hat Aucher noch das Fragment einer Predigt mitgeteilt unter dem Titel Philonis de Jona, und ein Anonymus hat dabei hinzugefügt Sermo II, was noch weniger Anhalt für die Chronologie bietet [Vgl. unten S. 799].

17.) Die Zusätze zum Buche Esther sind eigentlich selbständige Piecen, die Hieronymus getrennt vom Hauptbuche vorgefunden hat. Es gibt davon zwei Rezensionen, eine längere und eine kürzere, welche Fritzsche als Ἐσθήρ duplicem libri textum etc. 1848 ediert hat. Die Haupttendenz dieser Stücke ist, das zu ergänzen, was fromme Leser in der Estherrolle vermißt haben, den Mangel an Wundern, an Gebeten um Rettung, an Eingreifen Gottes in die Entwicklung. Durch den Traum Mardochais, sein und Esthers Gebet und die Auslegung des Traumes am Schlusse ist diesem pium desiderium Genüge getan. Auch im Texte wird hin und wieder, abweichend vom Original, Gott als Retter dargestellt. Diese Ergänzung ist wahrscheinlich für griechischredende Gemeinden, bei denen das Vorlesen aus dem Estherbuche ebenfalls Eingang gefunden, hinzugefügt worden, um das Nüchterne und Wunderlose in der Erzählung zu verdecken. Wann Übersetzung und Einführung stattgefunden hat, läßt sich nicht bestimmen, gewiß erst in der zweiten Hälfte des ersten christl. Jahrhunderts, da das vierte Makkabb. vom Jahre 50 post das Buch noch nicht kannte (o. S. 617). Josephus gibt teilweise zwei fingierte Rundschreiben des Ahasverus (Artaxerxes genannt) an die Satrapen wieder (Altert. XI, 6, 6 und 12; das letztere gekürzt aus apokryph. Esther 8, 10; 30). In diesem Sendschreiben ist ein Passus enthalten, daß die Judäer nicht so schlecht seien, wie ihre Feinde sie schildern (οὐ κακυεργοὺς ὄντας) und daß es ihnen gestattet sei, nach ihren Gesetzen zu leben (ἐὰν τοὺς Ἰουδαίους χρῆσθαι τοῖς ἑαυτῶν νομίμοις). Dieser Passus hat offenbar apologetische Tendenz und weist wohl auf die Zeit, als offiziös die Gleichstellung der Judäer wegen abweichender Gesetze angefochten wurde, also etwa in die Zeit Caligulas und später. Die Zeitangabe zum Schluß, die sich auf Übersetzung und Zusätze bezieht, erweist sich geradezu als Falsum. Den Brief, d. h. die Estherrolle (τὴν προκειμένην ἐπιστολήν), solle gebracht haben Dositheos und sein Sohn Ptolemäus, welcher sich als Priester und Levite ausgegeben, ὃς ἔφη εἶναι ἱερεὺς καὶ λευίτης. Das klingt schon befremdlich. Sie sollen sie überbracht haben im vierten Jahre des Königs Ptolemäus und seiner Frau Cleopatra. Aber welcher von den 4 Ptolemäern, deren Frau diesen Namen führte, soll damit bezeichnet sein? Der Epigraphist meinte wohl Philometor, der überhaupt in der hellenistischen Literatur öfter genannt wird. Aber im vierten Regierungsjahre war er noch Knabe und kann nicht mit Cleopatra verheiratet gewesen sein. Indessen ist es möglich, daß die Jahreszahl in diesem Datum ausgefallen ist. Aber der letzte Passus ist noch verfänglicher. Diesen Purimbrief (ἐπιστολὴ τῶν Φρουραί) soll übersetzt haben Lysimachos, der Sohn des Ptolemäus, in Jerusalem. Dieses ist aber sonderbar gegeben: ἣν ἔφρασαν εἶναι καὶ ἡρμηνευκέναι Λυσίμαχον Πτολεμαίου τὸν (Var. τῶν) ἐν Ἱερουσαλήμ. Ein Jerusalemer konnte schwerlich ins Griechische übersetzen; εἶναι καὶ ist gewiß fehlerhaft; εἶναι ist wohl der Rest eines Infinitiv Perfecti etwa συγγεγραφέναι. Kurz, so undeutlich auch die Nachschrift ist, so will sie doch so viel sagen, daß ein angesehener Mann aus Jerusalem die Übersetzung angefertigt, daß diese früh angelegt wurde, und daß sie ein Dositheos, wahrscheinlich Onias' Genosse gemeint (o. S. 28), zu Philometors Zeit nach Ägypten gebracht habe. Aber diese Angabe ist ebenfalls tendenziös.

18.) Der angebliche judäische Peripatetiker Aristobulos und seine Schriften. Noch immer wird Aristobul, der angebliche Vertreter des Aristotelismus innerhalb der Judenheit, als eine geschichtliche Persönlichkeit behandelt, der unter einem der Ptolemäer gelebt, diesen über das Judentum belehrt und ihm eine Schrift darüber gewidmet haben soll. Von mancher Seite ist zwar seine Existenz bestritten worden, nichtsdestoweniger wird er von angesehenen Schriftstellern noch immer als ein historischer Autor angesehen, der eine gewisse Stufe in der Entwicklungsgeschichte der hellenistisch-judäischen Philosophie vertrete. Aus dieser Annahme werden selbstverständlich für geschichtliche und chronologische Momente Konsequenzen gezogen. Es gilt also, diese Frage über Sein oder Nichtsein eines judäischen Peripatetikers Aristobul zum Abschlusse zu bringen. Zu diesem Zwecke ist es nötig, die Zeugnisse der Kirchenväter, welche seine Schriften vor Augen hatten, Auszüge daraus gemacht und Biographisches über ihn daraus mitgeteilt haben, kritisch zu prüfen. Die Monographie Valckenaers (diatribe de Aristobulo Judaeo) hat diese Frage durchaus nicht kritisch erledigt. Ihm, dem klassischen Philologen, lag mehr daran, nachzuweisen, daß eine ganze Reihe von Versen unter dem Namen griechischer Dichter unecht sei, und daß ein Judäer, und nicht ein Christ, sich solche Falschmünzerei habe zuschulden kommen lassen. Mit einer gewissen Genugtuung suchte der holländische Philologe diese Tatsache zu konstatieren, als wenn es unter den christlichen Gnostikern gar keine Fälscher gegeben hätte, als wenn die Urevangelien von dem Makel der Pseudepigraphie ganz rein wären. Die Untersuchung über Aristobul muß daher noch einmal aufgenommen werden.

Lange Auszüge aus Aristobuls angeblichen Schriften gibt nur Eusebius in seiner praeparatio evangelica an mehreren Stellen. An der einen sagt er von ihm aus: Aristobul habe sich an der Philosophie des Aristoteles beteiligt, unbeschadet seiner väterlichen (judäischen) Philosophie. Er sei derselbe, von dem das zweite Buch der Makkabäer im Anfang spreche. In der Schrift an Ptolemäus habe er diesen König belehrt[1]). Diese Angabe muß besonders beachtet werden, weil sie für die Kritik entscheidend ist. Auch Clemens aus Alexandrien identifiziert den Peripatetiker Aristobul mit dem, in dem angehängten Sendschreiben an die ägyptischen Judäer des II. Makkabäerbuches genannten Lehrer des Königs (vergl. Note 10). Er bemerkt dabei, daß der Schriftsteller Aristobul unter Ptolemäus Philometor gelebt habe. So weit das Biographische, das nicht gerade viel bietet. Wichtiger sind die Auszüge aus der Schrift selber. Sie war in zwei Bücher eingeteilt. Clemens Alexandrinus teilt ein Fragment aus dem ersten Buche mit (Stromata I, 22, 150, p. 410): Ἀριστόβουλος δὲ ἐν τῷ πρώτῳ). Der Titel dieser Schrift wird von den Kirchenvätern nicht genau angegeben. Anatolius nennt sie „erklärende

---

[1]) VIII, 9, 38, p. 375 d: ὁ δὲ Ἀριστόβουλος καὶ τῆς κατ' Ἀριστοτέλην φιλοσοφίας πρὸς τῇ πατρίῳ μετειληχώς . . . οὗτος δ' αὐτὸς ἐκεῖνος, οὗ καὶ ἡ δευτέρα τῶν Μακκαβαίων ἐν ἀρχῇ τῆς βίβλου μνημονεύει· ἐν τῷ πρὸς Πτολεμαῖον τὸν βασιλέα συγγράμματι, τοῦτον καὶ αὐτὸς διασαφεῖ τὸν τρόπον.

Note 3. Die judäisch-hellenistische Literatur.

Bücher βίβλοι ἐξηγητικαί τοῦ Μωϋσέως νόμου". Die Schrift war so gehalten, als wenn sie eigens für den König verfaßt worden wäre; in zwei Fragmenten daraus wird der König geradezu in zweiter Person angeredet. In dem einen, welches von der Übersetzung des „Gesetzes" und von der Vermittlung des Demetrius Phalereus dabei spricht, und wobei der König Ptolemäus Philadelphus genannt wird, heißt es: „der Philadelphus zubenannte König Ptolemäus, dein Vorfahr" (Eusebius a. a. O. XIII, 12, p 664 B): ἐπὶ τοῦ προςαγορευθέντος Φιλαδέλφου βασιλέως, σοῦ δὲ προγόνου. In einem andern Fragmente wird das Verhältnis zwischen dem Autor und dem König in folgender Weise dargestellt. Der erstere erinnert den König an eine Unterredung, die sie gepflogen hatten, und an eine Frage, die der König bezüglich der anthropomorphistischen Bezeichnungen von Gott in dem „Gesetze" aufgeworfen habe. Die Schrift knüpft demgemäß an eine vorangegangene Unterredung zwischen dem König und dem Autor über das „Gesetz" und über tiefere Fragen bezüglich der Anthropomorphismen darin an[1]).

Soweit man nach dem Material der Fragmente urteilen kann, war das Hauptinteresse des Verfassers bei der Ausarbeitung seiner Schrift, dem König zu beweisen, daß griechische Denker und Dichter vieles dem Judentum oder dem „Gesetze Moses" entlehnt hätten. Diese Entlehnung betont die Schrift an zwei Stellen.

In der einen behauptet sie: Es sei unbestreitbar, daß Plato der Mosaischen Gesetzgebung gefolgt sei, und daß Einzelheiten darin ihn außerordentlich interessiert hätten[2]). „Ferner hat Pythagoras vieles von uns in sein Lehrsystem übertragen und zusammengestellt"[3]). Aristobuls Schrift behauptete noch weiter, nicht bloß Plato und Pythagoras, sondern auch Sokrates habe aus Moses geschöpft. Er habe daraus Gedanken von der metaphorischen Bedeutung der „Gottesstimme" entnommen, worunter nicht hörbare Artikulationen, sondern eine gewisse Veranstaltung Gottes bei der Schöpfung des Weltalls zu verstehen sei, was Mose in der Genesis mit den Worten: „und Gott sprach und es ist geworden" gemeint habe[4]). Nach Clemens' Angabe habe Aristobul auch noch in seinen Büchern nachgewiesen, daß die peripatetische Philosophie aus Mose und den Propheten entnommen sei[5]). Zusammenfassend sagt der Passus in

[1]) Eusebius das. VIII, 10, p. 376 a: Πλὴν ἱκανῶς εἰρημένων πρὸς τὰ προκείμενα ζητήματα, ἐπεφώνησας καὶ σύ, βασιλεῦ, διότι σημαίνεται διὰ τοῦ νόμου τοῦ παρ' ἡμῖν, καὶ χεῖρες καὶ βραχίων, καὶ πρόσωπον καὶ πόδες καὶ περίπατος ἐπὶ τῆς θείας δυνάμεως.

[2]) Clemens Alexandrinus Stromat. a. a. O. Eusebius a. a. O. XIII, 12, p. 664 und IX, 7, p. 411 aus Clemens. Bei diesem lautet der Anfang: κατηκολούθηκε δὲ καὶ ὁ Πλάτων τῇ καθ' ἡμᾶς νομοθεσίᾳ καὶ φανερός ἐστι περιειργασμένος ἕκαστα τῶν ἐν αὐτῇ λεγομένων. Bei Eusebius an der ersten Stelle lautet der Anfang: φανερὸν ὅτι κατηκολούθησεν ὁ Πλάτων κτλ.

[3]) Eusebius a. a. O. XIII, als Fortsetzung der Angabe von Platos Entlehnung: καθὼς καὶ Πυθαγόρας πολλὰ τῶν παρ' ἡμῖν μετενέγκας εἰς τὴν ἑαυτοῦ δογματοποιίαν κατεχώρισεν. Auch bei Clemens p. 411.

[4]) Das. 4.: δοκοῦσι δέ μοι περιειργασαμένου πάντα κατηκολουθηκέναι τούτῳ Πυθαγόρας τε καὶ Σωκράτης καὶ Πλάτων λέγοντες ἀκούειν φωνῆς θεοῦ κτλ.

[5]) Clemens Stromat. V, 14, 97 p. 705. Ἀριστοβούλῳ δὲ τῷ κατὰ Πτολεμαῖον γεγονότι τὸν Φιλάδελφον, οὗ μέμνηται ὁ συνταξάμενος τὴν τῶν Μακκαβαϊκῶν ἐπιτομὴν βιβλία πεπόνηται ἱκανά, δι' ὧν ἀποδείκνυσι τὴν περιπατητικὴν φιλοσοφίαν ἔκ τε τοῦ κατὰ Μωϋσέα νόμου καὶ τῶν ἄλλων ἠρτῆσθαι προφητῶν. Die Handschr. haben hier Φιλάδελφος. Da aber Clemens an der

einem Fragment: „diejenigen, welche tiefe Einsicht haben, bewundern seine (Moses) Weisheit und den göttlichen Geist, vermöge dessen er als Prophet berühmt ist. Zu diesen gehören die früher angeführten Philosophen und **viele andere** und auch **Dichter**, welche durch ihn bedeutende Stoffe erhalten haben und deswegen bewundert werden"[1]).

Von den Dichtern, welche nach Aristobuls Annahme Mose gefolgt wären oder von ihm entlehnt hätten, wird Orpheus besonders hervorgehoben. Aus dessen Versen „ἱερὸς λόγος"[2]) werden 41 Zeilen angeführt, welche ein vollständiges judäisches Glaubensbekenntnis ablegen und Vertrautheit mit der Urgeschichte Israels zeigen[3]). Diese Verse sind nur bei Eusebius vollständig zitiert, und bei ihm ist auch ausdrücklich angemerkt, daß sie in Aristobuls Schrift enthalten waren. Einen großen Teil derselben mit demselben Eingang hat auch Justinus Martyr[4]), ferner Clemens Alexandrinus[5]) und jüngere Kirchenväter. Clemens und Eusebius, naiv-gläubig, wie sie waren, zweifelten nicht einen Augenblick an ihrer Echtheit d. h. daß sie Orpheus gedichtet und damit den Gottesbegriff des Judentums betont und gepredigt habe.

Ob auch Justin das um mehrere Verse gekürzt bei ihm erhaltene Gedicht als aristobulisch angesehen hat, ist nicht ganz klar, ebensowenig ob die Verse über die Heiligkeit des siebenten Tages, die Homer, Hesiod und andern griechischen Dichtern zugeschrieben werden, von denselben stammen, oder von einem christlichen

oben zitierten Stelle (p. 40) schreibt: „Aristobul sagt wörtlich in der ersten Schrift an **Philometor**" so wird mit Recht angenommen, daß die L.-A. Philadelphus von einem gelehrt sein wollenden Kopisten herrühre, welcher infolge der Aristeassage von Philadelphus diesen Namen statt Philometor gesetzt habe. Ohne allen Grund bezweifelt Valckenaer (p. 30) die Stelle: οὐ μέμνηται, daß der Auszug des II. Makkabb. sich auf diesen Aristobul beziehe. Warum sollte nicht Clemens ebensogut wie Eusebius diese Identität entweder überkommen oder kombiniert haben? Auch Anatolius, Clemens' Zeitgenosse, hat diese Identifikation (w. u.)

[1]) Eusebius (a. a. O. VIII, 10, p. 376 c.) ὧν εἰσὶν οἱ προειρημένοι φιλόσοφοι καὶ πλείονες ἕτεροι καὶ ποιηταὶ παρ' αὐτοῦ μεγάλας ἀφορμὰς εἰληφότες καθὸ καὶ θαυμάζονται.

[2]) Eusebius XIII, 12. 4, p. 664 c. ἔτι δὲ καὶ Ὀρφεὺς ἐν ποιήμασι τῶν κατὰ „τὸν ἱερὸν λόγον" αὐτῷ λεγομένων ... λέγει δὲ οὕτως: „φθέγξομαι οἷς θέμις ἐστί, θύρας δ' ἐπίθεσθε βέβηλοι".

[3]) Die am meisten judäisch klingenden Verse sind bei Eusebius:
20. Αὐτὸν δ' οὐχ ὁρῶ· περὶ γὰρ νέφος ἐστήρικται.
21. Λοιπὸν ἐμοί. στάσιν δὲ δέκα πτυχαὶ ἀνθρώποισιν.
22. Οὐ γὰρ κέν τις ἴδοι θνητῶν μερόπων κραίνοντα,
23. Εἰ μὴ μουνογενής τις, ὑπορρὼξ φύλου ἄνωθεν
Χαλδαίων· ἴδρις γὰρ ἔην ἄστροιο πορείης....
35. Ἀρχὴν αὐτὸς ἔχων καὶ μέσσην ἠδὲ τελευτήν,
Ὡς λόγος ἀρχαίων, ὡς ὑλογενὴς διέταξε.
Ἐκ Θεόθεν γνώμαισι λαβὼν κατὰ δίπλακα θέσμον.

Nachdem Eusebius diese Orphischen Verse, ferner eine Reihe von Versen aus Aratos, dann die Nutzanwendung daraus und endlich noch Verse über den siebenten Tag mitgeteilt hat, schließt er: τὰ μὲν οὖν Ἀριστοβούλου τοιαῦτα (a. a. O. p. 668 c).

[4]) Justinus Martyr, Cohort. ad. Graecos, 15, ed. Otto p. 50; de Monarchia 2, p. 116.

[5]) Clemens Alexandrinus, Protrept. p. 63; Stromat. V. 14, p. 693 und p. 723.

Interpolator (vgl. Joël, Blicke in die Religionsgeschichte des 2t. christl. Jahrh. I. S. 79 Exkurs I).

Die den Namen Aristobul tragende Schrift hatte jedenfalls eine systematische Anlage. Sie behauptete zunächst, daß der tiefere Gehalt der Philosophie und besonders der Gottesbegriff dem Judentume entlehnt sei. Ihre fernere Tendenz war, die Einwürfe zu entkräften, welche von den Anthropomorphismen im Pentateuch gemacht werden konnten und gemacht wurden. Sie läßt daher den König die Frage aufwerfen: warum darin von Gliedern Gottes die Rede sei. Es scheint, daß diese Ausstellung gegen den Pentateuch von griechischen Lesern gemacht worden war. Die Schrift behauptet, die tiefer denkenden Philosophen und Dichter hätten nicht bloß aus Mose entlehnt, sondern ihn auch wegen seiner Darstellung bewundert. Nur denjenigen, welche keinen Geist und keine Einsicht haben und an den geschriebenen Buchstaben sich halten, erscheine Mose, als wenn er nichts Bedeutendes verkündet hätte[1]). Die Art, wie die Aristobulische Schrift die Anthropomorphismen auslegt oder allegorisiert, zeugt keineswegs von Geist, wie denn auch der Stil Schwerfälligkeit und Unbeholfenheit in philosophischer Terminologie verrät. Der Eingang beginnt damit, den König zu belehren, wie die Darstellung im Pentateuch aufzufassen sei. Aber ohne Beweisführung wird vorausgesetzt, daß hinter dem scheinbar verfänglichen Worte ein sehr tiefer Sinn stecke. „Ich will Dich ermahnen," so redet Aristobul oder die Schrift den König an, „die Ausdrücke in einem höheren Sinne zu nehmen, einen angemessenen Begriff von Gott festzuhalten, und nicht in eine falsche und menschenähnliche Vorstellung zu geraten, denn oft verkündet unser Gesetzgeber in dem, was er sagen will, wenn er auch von anderartigen Dingen spricht — ich meine dem Scheine nach — eine höhere (philosophische) Darstellung und die Ordnung erhabener Dinge." Statt eines Beweises für die Notwendigkeit einer höheren Auffassung der Anthropomorphismen wird ein Zirkelschluß gemacht und auf die Bewunderung seitens der Philosophen und Dichter für Moses Weisheit und göttlichen Geist und auf die Entlehnung von demselben hingewiesen.

Sodann geht die Schrift auf drei anthropomorphische Bezeichnungen ein[2]): auf die „Hand Gottes", das „Stehen Gottes" und „Herabsteigen Gottes". Das erstere hört sich wenigstens gut an: „Hand" bedeute „Macht", was auch in der gewöhnlichen Redeweise gebraucht werde, dagegen erklärt die Schrift das Stehen Gottes außerordentlich gezwungen, und diese Geschraubtheit macht eine weitläufige Auseinandersetzung notwendig. Das Stehen bedeute die von Gott eingesetzte feste Ordnung in der Natur, daß der Himmel niemals Erde werde und umgekehrt, daß Tiere und Pflanzen dieselben bleiben, daß also alles unveränderlich sei und seinen Unterhalt in sich selbst habe.

Neu ist dagegen, was die Schrift von der dritten Anthropomorphie auslegt. Die Auslegung ist ebenfalls schwerfällig gehalten und ergeht sich in Tautologien. Das Niedersteigen Gottes auf den Berg — nach der Schrift — ist zwar geschehen, damit alle die Krafttätigkeit Gottes einsehen sollen: „Denn dieses Niedersteigen ist augenscheinlich, und man könnte es, mit der Wahrung des Begriffes von Gott so auslegen. Es wird im Gesetzbuche er-

---

[1]) Eusebius a. a. O. VIII 10, p. 376 c. τοῖς δὲ μὴ μετέχουσι δυνάμεως καὶ συνέσεως, ἀλλὰ τῷ γραπτῷ μόνον προσκειμένοις, οὐ φαίνεται μεγαλεῖόν τι διασαφῶν (Μωυσῆς).

[2]) Das. p. 376 b.

zählt, daß der Berg im Feuer gebrannt, weil Gott herabgestiegen ist, Stimmen von Posaunen seien vernommen worden und loderndes Feuer sei ohne Brennstoff gewesen. Da nämlich nicht weniger als 100 Myriaden der Menge — ohne die Unmündigen — rings um den Berg in einem Umkreise von nicht weniger als fünf Tagereisen versammelt waren, so ist das Feuer von jedem Orte aus, wo sie lagerten, allen diesen sichtbar gewesen, so daß dieses Niedersteigen nicht räumlich anzunehmen ist, — denn Gott ist überall. Indem die Macht des Feuers, das doch alles verzehrt, so wunderbar war, daß es ohne Stoff brannte und nicht verzehrte, zeigte es nicht, daß ihm eine göttliche Macht innewohnte? Das auf jenem Berge Wachsende, das doch sehr verbrennlich war, wurde nicht verzehrt, sondern jede Pflanze blieb vom Feuer unberührt. Die Schälle der Posaunen wurden mit dem Erscheinen des blitzenden Feuers außerordentlich vernommen, ohne daß solche Instrumente wahrnehmbar waren, auch nicht einer, welcher Töne ausgestoßen, sondern alles ist durch göttliche Veranstaltung geschehen. Dadurch ist augenscheinlich geworden, daß das Niedersteigen geschehen ist, indem die Schauenden das Einzelnste deutlich wahrgenommen haben, ohne daß das Feuer brannte und ohne daß die Schälle durch menschliche Kraft oder Vorrichtung von Instrumenten erfolgten, daß Gott seine Erhabenheit ohne ein Mittel in allem zeige[1]."

Allegorische Auslegung kann man diese Ausdeutung keineswegs nennen; sie will lediglich anthropomorphische Erzählungen von Gott beseitigen. Diese Auslegung hat durchaus keine Ähnlichkeit mit der maßlosen Allegorisierung Philos und seiner Vorgänger, welche dem Wortsinne Zwang angetan und abenteuerliche Etymologieen getrieben haben. Auch ein anderes Zitat, das Eusebius erhalten hat, und das als eine Art tropologischer Deutung erscheint, zeigt noch weniger einen allegorischen Charakter. Den Ausgangspunkt desselben hat Eusebius nicht mitgeteilt, so daß es zweifelhaft bleibt, woran es sich knüpfte. Indessen müssen doch allegorische Deuteleien in der Aristobulischen Schrift vorgekommen sein, die vielleicht nur wegen ihres nichtssagenden Charakters von den Kirchenvätern nicht ausgezogen worden sein mögen. Aus Origenes' Replik gegen Celsus geht nämlich hervor, daß sie auch Allegorieen enthalten hat. Auf Celsus' Spott gegen die abgeschmackte allegorische Auslegung des Gesetzes erwidert Origenes, daß dieser Christenfeind von Philos Schriften zu sprechen scheine oder von noch älteren, wie des Aristobul[2]).

In dieser Schrift war auch wohl, was Eusebius aus Anatolius von Aristobul über das Paschafest ausgezogen hat, es sei nämlich in die Zeit gesetzt, in welcher nicht bloß die Sonne, sondern auch der Mond den Teil der Tag- und Nachtgleiche des Frühlings durchgegangen ist[3]). Es sollte wohl damit bewiesen

---

[1]) Eusebius a. a. O. p. 377 c—d. 378 a—b. In kurzem Auszuge bei Clemens Stromata IV. p. 268, 24 fg.

[2]) Origenes contra Celsum IV. Nr 1, p. 543: ἔοικε (ὁ Κέλσος) δὲ περὶ τῶν Φίλωνος συγγραμμάτων ταῦτα λέγειν ἢ καὶ τῷ ἔτι ἀρχαιοτέρων, ὁποῖά ἐστι τὰ Ἀριστοβούλου.

[3]) Der Eingang zu diesem Zitat ist auch für das folgende wichtig. Eusebius Kirchengeschichte VII, 32, 7—8. Es stammt aus Anatolius' Schrift über den Pascha-Kanon. Es lautet: Μαθεῖν δ' ἔστιν ἐκ τῶν ὑπὸ Φίλωνος . . . . . ἀλλὰ καὶ τῶν ἔτι παλαιοτέρων, ἀμφοτέρων Ἀγαθοβούλων τῶν ἐπίκλην διδασκάλων Ἀριστοβούλου τοῦ πάνυ, ὃς ἐν τοῖς ἑβδομήκοντα κατειλεγμένος τοῖς τὰς ἱερὰς καὶ θείας Ἑβραίων ἑρμηνεύσασι γραφὰς Πτολεμαίῳ τῷ Φιλαδέλφῳ καὶ τῷ τούτου πατρί, καὶ βίβλους ἐξηγητικὰς το-

werden, daß das Gesetz eines der Hauptfeste mit dem astronomischen Gange in Einklang gebracht habe.

Nun die Fälschung blickt aus jeder Zeile dieser Schrift heraus. Ein Schriftsteller, welcher behauptet, daß die griechischen Dichter und Philosophen aus Moses Gesetzbuch ihren Gedankeninhalt entlehnt hätten, und um dieses zu beweisen, die Keckheit hat aufzustellen, ein Teil des Pentateuchs sei noch vor Alexander dem Mazedonier und vor der Perserherrschaft ins Griechische übersetzt worden, ein solcher Schriftsteller muß als Fälscher beurteilt werden, dem

Μωϋσέως νόμον τοῖς αὐτοῖς προσεγώνησε βασιλεῦσιν. Οὗτοι τὰ ζητούμενα κατὰ τὴν Ἔξοδον ἐπιλύοντές φασι δεῖν τὰ διαβατήρια θύειν ἐπίσης ἅπαντας μετὰ ἰσημερίαν ἐαρινήν . . . . . Ὁ δὲ Ἀριστόβουλος προστίθησιν, ὡς εἴη ἐξανάγκης, τῇ τῶν διαβατηρίων ἑορτῇ μὴ μόνον τὸν ἥλιον τὸ ἰσημερινὸν διαπορεύεσθαι τμῆμα, καὶ τὴν σελήνην δέ. Die Rätselhaftigkeit des Einganges von zwei Agathobulen, welche beide den Beinamen „Lehrer" gehabt haben sollen, von denen sonst keine Andeutung vorkommt, ist bisher nicht gelöst. Valckenaer hat darüber gespottet (p. 26), aber nichts daraus machen können. Der Passus scheint versetzt zu sein. Darauf führt das ἐπίκλην διδασκάλων. Wenn einer von diesen genannten Personen den Beinamen „Lehrer" verdient, so ist es doch wohl Aristobul, der von Clemens und Eusebius mit dem „Lehrer des Königs Ptolemäus" identifiziert wird. Es muß also zunächst gelesen werden: παλαιοτέρων Ἀριστοβούλου, καὶ Ἀγαθοβούλου, ἀμφοτέρων ἐπίκλην διδασκάλων, Ἀριστοβούλου τοῦ πάνυ, ὃς . . . Die beiden, welche noch älter als Philo und Josephus waren, nämlich Aristobul und Agathobulos, beide zubenannt „Lehrer", haben über die astronomische Zeit der Paschafeier geschrieben, besonders aber Aristobul, welcher unter den Dolmetschern aufgezählt ist u. s. w. Aber wer war Agathobulos, von dem sonst nichts bekannt ist? Darauf läßt sich leicht antworten. Agathobulos und Aristobulos war ein und derselbe Namen. Epikurs Bruder wird von einem Schriftsteller Agathobulos und von einem andern Aristobulos genannt (vgl. Pauly, Reallexikon s. v.). Aristobuls σύνταγμα hatte in einigen Codices oder in einigen Exzerpten aus dessen Schrift den Namen Agathobulos, und Anatolius, kritiklos wie er war, hat zwei Schriftsteller daraus gemacht. Da nur Aristobul den Beinamen διδάσκαλος führte, so konnte Anatolius sagen, beide hätten diesen Beinamen gehabt: ἀμφοτέρων τῶν ἐπίκλην διδασκάλων. Zum Beweise dient die Bemerkung über die Paschazeit dienen, welche Anatolius nur aus Aristobuls Schrift zitiert: Ὁ δὲ Ἀριστόβολος προστίθησιν. Hier läßt er den Agathobulos völlig fallen. Wir können also den Agathobulos eleminieren; aber wir gewinnen auch aus dieser Notiz, daß der Aristobul, welcher auch über die Paschazeit eine Art astronomische Bemerkung gemacht hat, den Beinamen „Lehrer" geführt hat, d. h. mit dem in den Sendschreiben der Palästinenjer an die ägyptische Gemeinde genannten διδάσκαλος Πτολεμαίου τοῦ βασιλέως identifiziert wurde. — Was das ὃς ἐν τοῖς ἑβδομήκοντα κατειλεγμένος betrifft, so will Valckenaers Einwand nicht viel sagen, daß dieser Name unter den im Aristeasbrief aufgezählten 72 Dolmetschern in unserem Texte sich nicht findet. Wer kann denn für die Richtigkeit aller dort aufgezählten Namen bürgen? Kann nicht Anatolius oder ein Vorgänger den Namen Aristobulos darunter gelesen haben? Hat er ihn gelesen, so konnte er die Kombination machen, daß derselbe, welcher den beiden Ptolemäern die exegetischen Bücher gewidmet hat, zugleich einer der 72 Dolmetscher gewesen sei. Solchergestalt hat Anatolius' Text sein richtiges Verständnis. Allerdings, kopflos kombiniert hat er jedenfalls, daß der Verfasser der exegetischen Bücher unter Philometor mit dem Dolmetscher unter beiden Ptolemäern, Philadelphus und seinem Vater, identifiziert hat. Er hat sich von einer falschen Tradition im christlichen Kreise dazu verleiten lassen.

man gar keinen Glauben schenken darf. Soll man ihm glauben, daß ein Ptolemäus sich so eingehend mit dem Pentateuch beschäftigt hat, daß er Anstoß an den Anthropomorphismen in demselben genommen und Fragen deswegen aufgeworfen oder an den Verfasser gerichtet habe? Verrät der Verfasser nicht seine Fälschung durch die Wendung, daß er einmal bei dem König, an den seine Schrift gerichtet sein soll, die Kunde von der Übersetzung des Pentateuchs durch Vermittlung des Demetrios Phalereus voraussetzt, und doch wieder denselben belehrt, daß diese Übersetzung „unter dem König, Deinem Vorgänger, welcher Philadelphus zubenannt wurde" erfolgt sei? Braucht er das dem Nachkommen dieses Königs zu bemerken, wenn er ihn von dem Vorgange bei der Übersetzung vollständig unterrichtet glaubte? Eine solche Darstellungsweise kann man nur als literarische Spiegelfechterei bezeichnen. Sie wollte nicht für den König, sondern für das lesende Publikum den ägyptischen Herrscher bezeichnen, welcher sich für die vollständige griechische Übersetzung interessiert haben soll.

Alle Kritiker von Kompetenz, Hody und Richard Simon, haben daher mit Recht den Aristobul samt seinem σύνταγμα zu den Pseudepigraphen geworfen. Auch Kritiker der Neuzeit haben die Aristobulische Schrift oder seine Schriften für unecht erklärt, darunter auch Lobeck (Aglaophamus I, 448). Zeller hat dagegen eifrig für die Ehrenrettung derselben plädiert (Philosophie der Griechen III. 2³, S. 257 fg. und besonders in den Noten). Er setzt diesen Aristobul mit Valckenaer in Philometors Zeit um 160 ante. Aber einen Beweis für die Echtheit konnte er nicht beibringen, der doch erforderlich wäre, wenn fast jede in dieser Schrift aufgestellte Behauptung auf den ersten Blick Fälschung und Erfindung verrät. Die Widerlegung Zellers gegen den Haupteinwand von der Entstehung der Septuaginta unter Philadelphus' Patronat, ist durchaus unhaltbar. Zeller meint, die Sage von der Beteiligung Philadelphus' und Phalereus' an dieser Übersetzung könnte in Umlauf gewesen sein, und Aristobul habe sie für seinen Zweck benutzt. Allein dieser Einwand beweist zu viel oder gar nichts. Hat man unter den alexandrinischen Judäern noch vor Philometor geglaubt, „daß die Septuaginta durch Anregung des Philadelphus und Demetrios Phalereus entstanden sei," dann muß dieser Glaube nicht bloß eine Sage, sondern eine Tatsache gewesen sein. Denn zwischen Philadelphus und der Zeit vor Philometor läge vielleicht kaum ein halbes Jahrhundert. Philadelphus starb 248 und Philometor kam 181 zur Regierung. Also innerhalb dieser 50 oder 60 Jahre, in welcher noch einige gelebt haben können, die in der Zeit der Übersetzung bereits gelebt haben, soll die Sage im Umlauf gewesen sein?

Indessen ist das ganze Räsonnement unrichtig. Nicht eine Sage hat Philadelphus und Demetrius Phalereus mit der Septuaginta in Verbindung gebracht, sondern ein einziger Schriftsteller, der Verfasser des Aristeasbriefes, und dieser hat aus einer falschen Kombination den letzteren hineingezogen, weil er aus Unkenntnis der Literaturgeschichte den judäischen Chronographen Demetrios mit Demetrios Phalereus identifiziert hat (vergl. o. S. 591 f.). So lange man im Dunkeln über den Verfasser dieses Briefes tappte, konnte man allenfalls annehmen, die Philadephus-Demetriosgeschichte sei eine Sage gewesen. Jetzt aber ist die Illusion verflogen. Es ist unwiderleglich [vergl. die Bemerkung oben S. 599] erwiesen, daß der Verfasser des Aristeasbriefes in der Zeit des Kaisers Tiberius geschrieben (o. S. 590 ff.), daß er mit seinem Schreiben eine Apologie gegen die Verleumder des Judentums hat geben

Note 3. Die judäisch-hellenistische Literatur.

wollen, daß er aus Ignoranz den athenienfischen Archonten Demetrios Phalereus mit einem für die Judäer günstigen Schriftsteller Demetrios kombiniert hat, und endlich, daß das ganze historische Gewebe als nichts anderes, denn als eine Fiktion anzusehen ist Jetzt läßt sich mit der Annahme einer Sage nicht mehr durchkommen. Es steht vielmehr kritisch fest, daß der Verfasser der Aristobulischen Schriften den Aristeasbrief bereits vor sich gehabt haben muß, ebenso wie Philo und Josephus, und daß er die in diesem Briefe erzählten Fiktionen als geschichtliche Tatsachen betrachtet und benutzt hat. Darum konnte er, zur Begründung seiner kecken Behauptung, daß die Griechen ihr bestes Teil von den Hebräern entlehnt hätten, den Satz hinstellen, ein Teil des Pentateuchs sei noch vor Philadelphus ins Griechische übersetzt worden.

Hat nun der Verfasser den Aristeasbrief gekannt und darauf weiter gebaut, so muß er unbedingt nach dem Verfasser desselben gelebt haben. Seine Schrift kann also nur in der Zeit nach der Regierung des Kaisers Tiberius geschrieben sein. Er will allerdings zur Zeit des Königs Philometor geschrieben und mit ihm verkehrt haben. Denn diesen Punkt hat Valckenaer zur Gewißheit erhoben, daß der König, an den die Schrift gerichtet ist, der sechste Ptolemäer sein soll. Clemens' ausdrückliche Angabe: „an den König Philometor" (o. S. 621), ist entscheidend gegen Eusebius' Unbestimmtheit: „an den König Ptolemäus," und gegen Anatolius' von Verwirrung zeugende Darstellung, als wenn die „exegetischen Schriften" Aristobuls den beiden Königen, Philadelphus und seinem Vater, gewidmet gewesen wären. Nun, den König Philometor hat der Verf. zu seiner fingierten Darstellung geradezu ausgesucht, er war auch mit Überlegung den Namen Aristobul angenommen hat. So viel wußte er aus der Überlieferung seiner Umgebung, daß unter allen Ptolemäern keiner so sehr die Judäer begünstigt hat und mit ihnen in Verkehr war, wie Philometor. Dieser eignete sich demnach am besten zur Rolle eines Fürsten, der sich fürs Judentum und judäische Philosophie interessiert, ein Gespräch darüber mit einem Vertreter des Judentums geführt und die Widmung einer Schrift darüber angenommen haben könnte. Dann hatte der Verfasser auch das Sendschreiben der Paläftinenser an die ägyptischen Gemeinden wegen der Feier der Tempelweihe gekannt, das an der Spitze des zweiten Makkabäerbuches steht; vergl. Note 10. Diesem Sendschreiben entnahm die Aristobulische Schrift die Tatsache, daß ein Judäer bei einem Ptolemäer die Funktion eines Lehrers gehabt hat. Wollte der Verfasser die Fiktion durchführen, daß ein judäischer Philosoph einen Ptolemäer über das Judentum belehrt hat, so eignete sich wiederum keiner besser zu dieser Rolle, als eben dieser Aristobul, der Lehrer des Königs Ptolemäus. Clemens Alexandrinus und Anatolius geben ausdrücklich an, daß der Verfasser der Aristobulischen Schrift mit Aristobul, dem Lehrer des Königs, identisch ist. Wahrscheinlich haben diese Kirchenväter diese Identität in der Schrift selbst gelesen. Haben sie bloß kombiniert, so waren sie von richtigem kritischen Takt geleitet. Das Sachverhältnis ist auch nicht anders aufzufassen. Der Verfasser hat sich mit diesem Aristobul, dem Lehrer des Königs Ptolemäus, identifiziert, um seine Fabel von dem Zwiegespräche eines judäischen Philosophen mit einem Ptolemäer glaublicher zu machen. Der Verfasser hieß keineswegs Aristobul; er verdient nur den Namen Pseudo-Aristobul, wie der Verfasser des Aristeasbriefes nur als Pseudo-Aristeas angesehen wird. Die beabsichtigte Eskamotage ist ihm gelungen: nicht bloß die leichtgläubigen Kirchenväter, sondern auch gewiegte Kritiker behaupten noch heute die historische Existenz eines judäischen Peripatetikers Aristobul, der unter Philometor gelebt und sein σύνταγμα oder exegetische Bücher an diesen König gerichtet hätte. Hoffentlich wird die Überzeugung durchdringen, daß an diesem Aristobul, an dem alles falsch ist[1]), auch der Name eine vorgenommene Maske ist. Selbst die Annahme, daß er ein Anhänger der peripatetischen Philosophie gewesen sei, ist aus den Auszügen aus seinen Schriften nicht erwiesen. Stellen, welche Zeller zum Beweise dafür anführt (a. a. O. S. 222 N. 7) beweisen nur, daß Pseudo-Aristobul die Existenz einer peripatetischen Schule gekannt, aber nicht, daß er selbst dazu gehört hat. Streng genommen kann man ihn nicht einmal als philosophischen Schriftsteller gelten lassen. Aus dem Zitat bei Anatolius, daß Aristobul die Zeit des Pascha oder διαβατήρια bestimmt habe, gerade zur Zeit der Konjunktion des Frühlingsäquinoktiums nach dem Stande des Mondes und der Sonne, würde allenfalls folgen, daß er zur Zeit gelebt hat, als dieses Opfer noch dargebracht wurde, also vor dem Untergang Jerusalems. In der Zeit zwischen Philo und der Tempelzerstörung, zwischen 50 und 70, war die judäisch-hellenistische Literatur noch fruchtbar. Die unechten Schriften Philos de incorruptibilitate mundi und der Auszug daraus de mundo und andere, ferner das IV. Makkabäerbuch, vielleicht auch einige Sibyllinen gehören dieser Zwischenzeit an.

Fassen wir das bisher Auseinandergesetzte zusammen. Es existierte eine Schrift in zwei Büchern, welche von den Kirchenvätern benutzt wurde, unter dem Autornamen Aristobul oder Agathobul. Der Verfasser gab sich als Lehrer des Königs Ptolemäus VI. Philometor aus, dem diese Schrift gewidmet war. Sie redete den König in zweiter Person an. Der Verfasser gab sich auch, wie es scheint, als Anhänger der peripatetischen Philosophenschule aus. Er behauptete darin, daß die griechischen Philosophen Plato, Pythagoras und selbst Sokrates mehr oder weniger aus Moses Gesetzbuch oder aus dem Judentum geschöpft hätten. Er behauptete ferner, daß auch griechische Dichter aus demselben mancherlei entlehnt hätten. Alle diese Denker und Dichter hätten aus dem Gesetzbuche Moses schöpfen können, weil es sehr früh, noch lange vor der Entstehung der griechischen Übersetzung des Pentateuchs unter Ptolemäus Philadelphus und Demetrios Phalereus von andern übersetzt worden sei. Diese mosaische Gesetzgebung sei daher von den Trägern der griechischen Gedankenwelt als erhaben, heilig und göttlich anerkannt worden. So sei es auch in der Tat. Zwar kämen in ihr Ausdrücke vor, welche scheinbar Gott vermenschlichen; aber man müsse hinter dem Wortlaut etwas Höheres suchen. Um die Anthropomorphismen zu eliminieren, hat die Schrift eine tropische Auslegung angewendet. Noch hat sie manches über die Paschahfeier und über die Zeit, in welche sie falle, enthalten.

Überblickt man das ganze Gebiet der hellenistischen Literatur und nimmt man die Erzeugnisse aus, welche an die eigenen Volksgenossen gerichtet sind, wie die Makkabb. II. III. IV., so scheinen die übrigen in zwei Klassen zu zerfallen und verschiedenen Perioden anzugehören. Die ältesten, Eupolemos, Artapan und auch noch Pseudo-Hekataios haben lediglich eine apologetische

---

[1]) [Auch Elter (de gnomologiorum graecorum hist. atque origine parte. V—IX. Bonn 1894/5) hat die Unechtheit der ganzen Schrift Aristobuls mit siegreichen Gründen, gegen welche die Einwürfe Schürers (III³, 388 ff.) nicht aufkommen können, nachgewiesen. Vgl. auch Wendland, Byzant. Ztschr. VII (1898), S. 445 und Cohn, Monatsschrift pp. XLI (1897), S. 288.]

Rolle. Sie nehmen das Judentum und seine Geschichte in Schutz, glorifizieren das Altertum des judäischen Volkes oder dieses selbst, oder dessen Lehre, das Gesetz, oder den Gesetzgeber Mose. Sie verfolgen offenbar den Zweck, Angriffe gegen dieselben und Verunglimpfungen abzuwehren. Die zweite Klasse verfährt dagegen polemisch gegen das Heidentum, sie legt die Verworfenheit des Götzentums und der heidnischen Unsitten bloß. Am stärksten tut dieses die judäische Sibylle und die sapientia. In der Mitte stehen Pseudo-Aristeas und Pseudo-Phokylides; das polemische Moment ist hier mehr versteckt. Philo gehört schon zu den geharnischten Polemikern. Pseudo-Aristobulos will noch dazu den Griechen ihren Hauptvorzug, ihre Weisheit, rauben und sie dem Judentum vindizieren, als hätten sie diesem ihr bestes Teil entlehnt. Es scheint, als wenn die Polemik gegen das Heidentum, die doch wohl von Alexandrien ausgegangen ist, erst mit der Herrschaft der Römer über Ägypten begonnen hat; dieser Zeit gehören sämtliche vollständig erhaltene Schriften an. So lange das Ptolemäische Reich, in dem doch das Heidentum die Staatsreligion war, Selbständigkeit besaß, mochten wohl die judäischen Schriftsteller es vermieden haben, mit ihm anzubinden.

4.

Die judäischen Ethnarchen oder Alabarchen in Alexandria.

Die Alabarchenfrage ist in den letzten Jahren vielfach ventiliert worden, aber zum befriedigenden Abschluß ist sie noch nicht gekommen. Schürer, der letzte, der sie behandelt hat in seinem Lehrbuch zur neutestamentlichen Zeitgeschichte S. 626 fg. und in Hilgenfelds Zeitschrift für wissenschaftliche Theologie 1875, S. 13—40[1]), hat sie keineswegs erschöpft. Er hat nur die eine Seite derselben, sozusagen die etymologische, endgiltig zum Austrag gebracht, was von Vorgängern bereits angedeutet oder hingeworfen worden war. Die judäisch-historische Seite dagegen, welche Bedeutung die Alabarchenwürde oder das Alabarchenamt für die ägyptischen Judäer hatte, hat er ebensowenig klar gemacht, wie die Vorgänger. Erst wenn die historische Seite mit der etymologischen in Harmonie gesetzt sein wird, kann die Frage als gelöst angesehen werden. Versuchen wir, sie von der historischen Seite in Angriff zu nehmen.

Es ist authentisch bezeugt, daß die in Ägypten oder in Alexandrien wohnenden Judäer eine Art Oberhaupt hatten, welchem dreierlei Funktionen

---

[1]) Das. ist auch die ganze Literatur über die judäisch-alexandrinischen Archonten und Alabarchen aufgeführt. [Die neuere Literatur darüber s. das. III³, 88, N. 39.] In seiner unter verändertem Titel erschienenen Geschichte des jüdischen Volkes zur Zeit Jesu (II. 550) beharrt Schürer, unbelehrt von schlagenden Argumenten, noch immer auf seiner korrupten Ansicht, daß die Alabarchen nichts weiter als Zollpächter gewesen wären. Er gehört zu der Koterie der protestantisch-theologischen Professoren auf kleinen Universitäten mit engem Gesichtskreis und verschleiertem Blick, die nichts zulernen und nichts vergessen. Hat einmal einer aus dieser Koterie eine Absurdität gedruckt, so wird sie gewissenhaft zitiert und gehätschelt, und jeder Einwand dagegen von ungetaufter Seite wird ignoriert und mit Vornehmtuerei abgefertigt. Diese aus begreiflicher Notlage entspringende Verhärtung gegen die Wahrheit hat Keim, Hausrath und auch Schürer zur Fälschung der neutestamentlichen Zeitgeschichte geführt.

zustanden: die administrative, richterliche und kommerziell-politische (nach Strabo, wovon weiter unten). Dieses Oberhaupt wird als Ethnarch bezeichnet. Einmal wird dieser Leiter mit dem Namen Genarch genannt. Beides bedeutet einen angesehenen Mann an der Spitze einer Volksklasse, welcher einem Souverän verantwortlich ist. Dieses Amt oder diese Würde ist aber erst für die augusteische Zeit bezeugt. Aus derselben Zeit wird aber auch das Vorhandensein eines Amts- oder Würdentitels bezeugt, welcher Alabarch lautet. Die Frage entsteht nun: sind die beiden Titel identisch oder nicht, und was bedeutet der letztere? Sieht man sich nämlich zwei Stellen, wo Josephus von Alabarchen spricht, genau an, so erhält man den Eindruck, daß es eine Art fürstlicher Würde gewesen sein muß, mit welcher der Inhaber bekleidet war. Das eine Mal (Antiq. XX, 5, 2) gebraucht er, um die Bedeutung des Alabarchen Alexander, des Vaters des Tiberius Alexander, zu bezeichnen: Ἀλεξάνδρου τοῦ ἀλαβαρχήσαντος ἐν Ἀλεξανδρείᾳ. Alabarchisieren bedeutet doch viel mehr [?] als bloß ein beschränktes Amt verwalten. An einer andern Stelle (das. 7, 3) sagt Josephus von einem Alabarchen Demetrios aus, mit dem der König Agrippa II. sich verschwägert hat, er habe die Alabarchie inne gehabt: τότε δὴ καὶ τὴν Ἀλαβαρχίαν αὐτὸς εἶχε. Josephus will an dieser Stelle eigentlich die Verbindung motivieren, wie denn der judäische König, der die eine Schwester an den König von Cilicien verheiratet hatte, die andere Schwester einem Demetrios gegeben hat: es sei keineswegs eine Mißheirat gewesen, denn dieser Demetrios gehörte durch Abstammung und Reichtum zu den Ersten, und außerdem hatte er damals die Alabarchie inne. Daraus folgt ohne weiteres [?], daß es nicht eine bloße untergeordnete Beamtenfunktion, sondern eine höhere Würde gewesen sein muß. Auch aus der Stelle, welche N. Brüll zu dieser Frage glücklich herbeigezogen hat (Geigers Zeitschrift für Wissenschaft und Leben III Jg., 1864—1865, S. 281), geht dasselbe hervor. Ein R. José erklärt das Wort אברך in der Genesis durch לברכים, und dieses definiert er, daß alles unter seiner Verwaltung stehe (Sifré zu Deuteronom, 1, 1):

אמר ר יוסי בן דורמסקת . . . . שאין אנדרך אלא לברכים[1] שהיו הכל נכנסין ויוצאים תחת ידו שנאמר ונתן אותו על כל ארץ מצרים. Brüll hat sehr treffend לברכים auf Alabarches zurückgeführt. Im zweiten Jahrhundert, in welchem dieser José gelebt hat, muß demnach der Alabarch noch eine hohe Stellung eingenommen haben. Offenbar hatte dieser José einen judäischen Würdenträger im Sinne, der noch zu seiner Zeit in Ägypten in Ansehen gestanden haben muß. Denn er vergleicht diesen לברכים mit Joseph in Ägypten und dessen Würde mit der des אברך, mit welcher Pharao Joseph benannt hat. Mag die Alabarchie im vierten Jahrhundert zum Zollamt herabgesunken sein, wovon w. u., in der vorangegangenen Zeit hatte der Titel noch einen vollen Inhalt [?], der ἀρχή entsprechend.

Aus Philos Darstellung ergibt sich keineswegs, daß dieses Amt in Augustus' Zeit aufgehört hatte (in Flaccum 10, ed. Mangey II, 257 ff.). Er will in der Auseinandersetzung die Leiden der alexandrinischen Judäer unter Caligula durch den Präfekten Flaccus schildern. Die Ruchlosigkeit des gegen die alexandrinischen Judäer in Haß entbrannten Flaccus will er dadurch noch mehr pointieren, daß dieser auch eine unerhörte Untat begangen habe: ἐπενόησεν ἔκτοπόν τινα καὶ παρηλλαγμένην ἐπίθεσιν. Er habe nämlich 38

---

[1] M. Friedmann statuirt richtig die L.-A. לברכים mit einer S-Endung aus dem Jalkut, statt לביכים in den Ausgaben.

von dem judäischen Senate, den Augustus selbst nach dem Tode des (judäischen) Genarchen auf besondern Befehl an den Statthalter Magnus Maximus erwählt hatte, ergreifen, binden, schimpflich behandeln und geißeln lassen. Τῆς γὰρ ἡμετέρας γερουσίας, ἣν ὁ σωτὴρ καὶ εὐεργέτης Σεβαστὸς ἐπιμελησομένην τῶν Ἰουδαϊκῶν εἵλετο μετὰ τὴν τοῦ γενάρχου τελευτὴν διὰ τῶν πρὸς Μᾶγνον Μάξιμον ἐντολῶν ... ὀκτὼ καὶ τριάκοντα συλλαβὼν τοὺς εὑρεθέντας ... δῆσαι ... κελεύει ... Ist damit gesagt, daß Augustus überhaupt das Amt des Genarchen oder Ethnarchen aufgehoben und statt dessen einen Senat zur Verwaltung der judäischen Angelegenheiten eingesetzt habe? Keineswegs [?]. Philo hebt lediglich Flaccus' Frechheit hervor, daß dieser den von Augustus' Majestät selbst eingesetzten Senat, welcher dadurch eine gewisse Unverletzlichkeit beanspruchen durfte, wie ganz gemeine Verbrecher aus der niedrigsten Volksklasse habe züchtigen lassen. Genau genommen, deutet Philo damit an, daß Augustus den ihm anhänglichen alexandrinischen Judäern einen besonderen Beweis von Gnade habe geben wollen. Man muß sich erinnern, was das zu bedeuten hatte. Augustus hatte den griechischen Alexandrinern wegen ihres Hanges zu Neuerungen nicht gleich den übrigen Städten gestattet von einem Kollegium regiert zu werden (Dio Cassius 51, 17): τοῖς δὲ Ἀλεξανδρεῦσιν ἄνευ βουλευτῶν πολιτεύεσθαι ἐκέλευσε[1]). Indem Augustus den Judäern Alexandriens ein Kollegium gewährte, räumte er ihnen ein Vorrecht ein. Die von ihm gewissermaßen designierten judäischen Senatoren durften daher als exempt gelten. Die Angabe „nach dem Tode des Genarchen," bildet in diesem Passus lediglich ein chronologisches Moment, ebenso wie die ausführliche Angabe, daß der Befehl dazu an Magnus (Manius) Maximus ergangen sei, als dieser zum zweiten Male zum ἐπίτροπος (Prokurator) von Ägypten designiert worden war.

Das Verhältnis kann auch gar nicht anders gedacht werden. Es ist ja historisch bezeugt, daß in der augusteischen Zeit die judäischen Ethnarchen nicht aufgehört haben[2]). Augustus selbst hat, als ein Ethnarch gestorben war, gestattet oder nicht verhindert, daß die Ethnarchie fortbestehen soll, wie ein Edikt des Kaisers Claudius ausdrücklich hervorhebt (bei Jos. Ant. XIX. 5, 2) ἅμα καὶ καθ' ὃν καιρὸν Ἀκύλας ἦν ἐν Ἀλεξανδρείᾳ τελευτήσαντος τοῦ τῶν Ἰουδαίων ἐθνάρχου τὸν Σεβαστὸν μὴ κεκωλυκέναι ἐθνάρχας γίγνεσθαι. Dieses Edikt ist für unsere Frage von großer Wichtigkeit. Es ist zunächst nicht zu übersehen, daß der Plural in diesem Passus gebraucht wird. Augustus hat nicht verhindert, daß nach dem Tode eines Ethnarchen noch einige solche weiter bestehen sollten. Dasselbe sagt ja auch Strabos Bericht. Wenn dieser Geograph und scharfe Beobachter tradiert (bei Jos. Ant. XIV. 7, 2), und zwar im Tempus der Gegenwart: „Ein großer Teil der Stadt Alexandrien ist diesem Volke (den Judäern) zugewiesen. Es besteht auch ihr Ethnarch, welcher das Volk sowohl regiert, als auch die Rechts-

---

[1]) Vergl. Marquardt, röm. Staatsverfassung I, S. 294 ff. [Weitere Literatur bei Schürer III[3], S. 40]. Aus Spartian (Septimius Severus 17) geht hervor, daß die Alexandriner auch unter den Ptolemäern keine kollegialische Gemeindeverfassung hatten (Alexandrini) sine publico consilio, ita ut sub regibus ante vivebant.

[2]) [Ähnlich wie der Verfasser, versteht auch Mommsen, Röm. Gesch. V, 517 die Josephus-Stelle. Th. Reinach dagegen (Rev. des Études juives XXVII, 80) und Ph. Kohout (Flav. Josephus jüd. Krieg, Linz 1901, S. 767, Anm. 46) stimmen rückhaltlos der Auffassung Schürers a. a O zu.]

streitigkeiten entscheidet, für die Handelsverträge und (kaiserlichen) Verordnungen Sorge trägt," so gibt er offenbar die Erfahrung wieder, die er selbst an Ort und Stelle gemacht hat. Nun war Strabo im Jahre 24 ante in Ägypten, also zu Augustus' Zeit. Folglich ist auch von dieser Seite die Fortdauer der judäischen Ethnarchie in Alexandrien zu dieser Zeit bezeugt. Allerdings könnte Augustus nach dem J. 24 die Ethnarchie aufgehoben haben, wenn sich nachweisen ließe, daß der ägyptische Präfekt Manius Maximus nach Aquila fungiert hat. Allein die Aufeinanderfolge dieser beiden Präfekten ist eben so ungewiß, wie ihre Amtszeit. Bekannt sind nur die Präfekten Cornelius Gallus (bis 26 ante), Älius Gallus (26—22), während dessen Funktion Strabo in Ägypten war, ferner Petronius (22 bis x, vergl. hierüber Mommsen Monument. Ancyranum p. 74 ff.), dann werden noch genannt Turanius auf einer Inschrift mit unleserlichem Datum, doch etwa zwischen 13—11 ante, und Publius Octavius (um 1). Für Aquila und Maximus gibt es gar keine Anhaltspunkte für ein Datum. Hätte nun der erstere nach dem letztern fungiert, so wäre erwiesen, daß Augustus auch nach dem Tode des Maximus die Ethnarchie hat fortbestehen lassen. Aber selbst im umgekehrten Falle geht aus Claudius' angeführtem Edikt der Fortbestand derselben hervor.

Das Sachverhältnis muß indessen so gedacht werden: die Judäer Alexandriens hatten schon vor Augustus einen Stammesgenossen an der Spitze, welcher ihre administrativen, gerichtlichen und handelspolizeilichen Angelegenheiten leitete; er war Ethnarch oder Genarch, d. h. leitete den eigenen Volksstamm, daher die Benennungen ἐθνάρχης und γενάρχης. Augustus bestimmte, daß noch dazu eine judäische Gerusia, ein Kollegium, fungieren sollte. Das war, wie gesagt, für die Judäer ein Gnadenzeichen und ein Vorrecht; denn er gewährte den Judäern im Ratskollegium mit eigener Verwaltung und Gerichtsbarkeit. Ihnen lag nämlich an der Erhaltung ihrer Gerechtsame und Privilegien und überhaupt an einer gewissen von den römischen Behörden unabhängigen Stellung außerordentlich viel, denn im judäischen Wesen war das Religiöse mit dem Juridischen und Administrativen eng verbunden. So konnte z. B. bei einer Vorladung vor Gericht eine Sabbatverletzung eintreten, worüber sich in Augustus' Zeit die kleinasiatischen und kyrenäischen Judäer beklagt haben. Hatte nun die alexandrinische Gemeinde einen eigenen Oberrichter, eben den Ethnarchen, — während die Griechen in Ägypten dem vom Kaiser ernannten juridicus Alexandriae, einem Römer, unterworfen waren[1]) — so konnten ihre Glieder nicht gezwungen werden, ihre Religionsgesetze zu übertreten. In der Urkunde hebt Claudius hervor, Augustus habe den Judäern Alexandriens ihre δίκαια (Privilegien) gelassen. Diese bestanden in zwei Punkten, einmal in der Gleichstellung mit den übrigen Griechen und dann in der Exemtion, einen eigenen Ethnarchen zu haben, indem Augustus, wie hinzugefügt wird, sie bei ihrem Gesetze lassen und nicht gezwungen wissen wollte, ihre Religion zu übertreten: μὴ παραβαίνειν ἀναγκαζομένους τὴν πάτριαν θρησκείαν. Diese Gerechtsame hat ihnen Julius Cäsar vorher bestätigt und, wie Josephus es als eine offenkundige Tatsache hinstellt (c. Apionem II, 4), sie zum Andenken und Nachachtung in eine Säule graben lassen; καὶ τὴν στήλην τὴν ἑστῶσαν ἐν Ἀλεξανδρείᾳ καὶ τὰ δικαιώματα περιέχουσαν, ἃ Καῖσαρ ὁ μέγας τοῖς Ἰουδαίοις ἔδωκεν. Dieses Moment ist besonders beachtens-

---

[1]) Vergl. Marquardt a. a. O. S. 294.

Note 4. Die judäischen Ethnarchen oder Alabarchen in Alexandria.

wert und für die Alabarchenfrage von entscheidender Beweiskraft. Es kann nicht genug wiederholt werden: zu den Gerechtsamen der alexandrinischen und überhaupt ägyptischen Judäer gehörte notwendig ein eigenes juridisches und h..ibpolitisches Oberhaupt, ein Ethnarch, dessen faktisches Vorhandensein unter Augustus durch Strabo bezeugt ist. Es ist ganz unerheblich, daß aus Tiberius' Zeit kein Zeugnis über den Fortbestand der Ethnarchen vorliegt. Indem Claudius' Edikt hervorhebt, daß Augustus die Privilegien der alexandrinischen Gemeinde unangetastet gelassen — wozu doch auch das Fortbestehen der Ethnarchie gehörte, — und daß nur Cajus Caligula, sein Vorgänger, darin Eingriffe gemacht habe, so folgt von selbst daraus, daß unter Tiberius keine Veränderung in dieser Beziehung eingetreten sein kann. Es folgt aber noch mehr aus dieser höchst interessanten und unbestritten echten Urkunde. Sie bemerkt, Augustus habe nicht verhindert, daß Ethnarchen fortbestehen sollten — und verordnet zuletzt, daß künftighin die Gerechtsame der Judäer beachtet werden sollte: βούλομαι ... φυλάσσεσθαι δ' αὐτοῖς (τῶν Ἰουδαίων ἔθνει) καὶ τὰ πρότερον δικαιώματα. Zu diesen „früheren Privilegien" gehörte aber auch, wie die Urkunde selbst hervorhebt, die Ethnarchie. Es ist also unbestreitbar, daß jedenfalls unter Claudius Ethnarchen fortfungiert haben. Aber dieser Titel wird seit Claudius' Zeit nicht mehr gehört, sondern lediglich der Titel Alabarch. Claudius ließ den Alabarchen Alexander Lysimachos, welchen Cajus in den Kerker geworfen hatte, wieder frei[1]). Zu Claudius' Zeit war ferner Alabarch D e m e t r i o s, welcher Agrippas' II Schwester geheiratet hatte. Dieser wird geschildert, als πρωτεύων τῶν Ἰουδαίων. Das heißt doch wohl, daß er den ersten Rang unter den Judäern Alexandriens eingenommen hat. Da nun unter Claudius ganz unzweifelhaft Ethnarchen fungiert haben, und diese doch jedenfalls den ersten Rang eingenommen haben müssen, so kann der Alabarch Demetrios nur der πρωτεύων gewesen sein — oder die Titel Alabarch und Ethnarch müssen zusammenfallen. Diese Schlußfolgerung ist unwiderleglich [?]. Unter Claudius gab es einen Alabarchen Alexander, der ein Freund des Kaisers war. Er muß [?] also Ethnarch gewesen sein, ebenso wie Demetrios. Im Grunde bedeutet πρωτεύων του γένους Ἰουδαίων [Diese Fassung des Ausdrucks ist eben, so viel ich weiß nicht bezeugt. Bei Jos. b. j. VII, 10, 1. steht „πρωτεύοντες τῆς γερουσίας"] dasselbe wie γενάρχης und dieser Titel wieder was ἐθνάρχης. Die Frage über Identität der beiden Titel ist damit erledigt [?] — die Alabarchen in Claudius' Zeit wenigstens müssen zugleich Ethnarchen gewesen sein.

Wir haben also festen Boden gewonnen. Die Alabarchen müssen Inhaber einer fürstlichen Stellung gewesen sein, nicht bloß unter Claudius, sondern auch noch im zweiten nachchr. Jahrhundert — ich erinnere an לברכים שהכל נכנסים ויוצאים תחת ידו, daß durch ihn alles verfügt wurde. — Die Alabarchen in der augusteischen und nachaugusteischen Zeit waren zugleich Ethnarchen (oder Genarchen. Als solche hatten sie eine Art Oberherrschaft über die Gemeinde und waren Archonten eines beinahe selbständigen Gemeinwesens (ὡς ἂν πολιτείας

---

[1]) Josephus Antiq. XIX. 5, 1: λύει δὲ καὶ Ἀλέξανδρον τὸν ἀλαβάρχην, φίλον ἀρχαῖον αὐτῷ γεγονότα καὶ Ἀντωνίαν αὐτοῦ ἐπιτροπεύσαντα τὴν μητέρα ὀργῇ τῇ Γαίου δεδεμένον. καὶ αὐτοῦ υἱὸς Βερενίκην τὴν Ἀγρίππου γαμεῖ θυγατέρα καὶ ταύτην μὲν τελευτᾷ γὰρ Μᾶρκος ὁ τοῦ Ἀλεξάνδρου υἱός, παρθένον λαβών, ἀδελφῷ τῷ αὐτοῦ Ἀγρίππας Ἡρώδῃ δίδωσι κτλ.

ἄρχων αὐτοτελεῖς), hatten die Gemeindeverwaltung (διοικεῖν τὸ ἔθνος) und das Richteramt (διαιτᾷ κρίσεις), hatten die Sorge für die Aufrechthaltung der Handelsverträge (ἐπιμελεῖσθαι συμβολαίων) und endlich die Exekution der kaiserlichen Befehle, wie Strabo bezeugt. Das war in der Römerzeit. Wie war es früher in der Zeit der Ptolemäer? Und warum wurden die Ethnarchen Alabarchen genannt? Diese beiden Fragen fallen zusammen.

Aus der Claudianischen Urkunde haben wir ersehen, daß Augustus dieses Amt oder diese Würde nicht geschaffen hat, sondern sie nur bestehen ließ. Aus dem Ausdruck: Σεβαστὸν μὴ κεκωλυκέναι ἐθνάρχας γίνεσθαι folgt eigentlich, daß er angegangen worden sei, dieses Institut aufzuheben. Es kann von den alexandrinischen Griechen ausgegangen sein, weil diese sich gegen die Judäer zurückgesetzt gefühlt haben müssen, indem sie dem römischen juridicus unterworfen waren, während die Judäer ihren stammgenössischen Archon πολιτείας αὐτοτελοῦς, das Oberhaupt eines selbständigen Gemeinwesens, behalten durften. Hat Augustus dieses Institut nur weiter bestehen lassen, so muß es schon in der Ptolemäerzeit bestanden haben. Das folgt ebenso gewiß, wie die Identität von Ethnarchen und Alabarchen. Die Benennung Alabarch führt ja ohnehin auf griechischen Ursprung. Nun, für diese Benennung hat der verstorbene Prof. M. A. Levy schon 1867 das Richtige gefunden (Geigers Zeitschrift, Jg. V S. 214). Allerdings hat es schon der kritisch taktvolle Wesseling angedeutet. Levy bemerkt: „Gegenüber dem Vorkommen der Würdennamen von Syriarchen, Galatarchen ... Asiarchen ... Phöniciarchen, ja sogar Thebarchen ist wohl kein Zweifel, daß Arabarches auch die richtige L.-A. für Alabarches sei, und demnach dieses Wort nur griechischen Ursprungs gewesen sein kann. Die besten Handschrr. bei Cicero und Juvenal[1]) nebst den Inschriften haben es zur Gewißheit erhoben, daß Ἀραβάρχης die richtige L.-A. sei, aus welcher bei Josephus Ἀλαβάρχης geworden ist. Der Teil Ägyptens, wo der Würdename vorkommt, wurde in ptolemäischer und römischer Zeit schlechtweg als Arabien betrachtet: Arabiae nomos; daher auch das Scholion zu Juvenal Ἀραβάρχης: Arabiae princeps erklärt." So weit Levy. Diese Erklärung ist zwar nicht neu, ist aber verdienstlich, gegenüber Lumbroso welcher in seinem lichtvollen Buche (Recherches sur l'économie politique sous les Lagides 1870, p. 250 ff.) diese Identität von Arabarch und Alabarch noch bekämpft, und gegenüber Blau, welcher noch 1871 sich skeptisch zu dieser Identifizierung verhielt (Z. d. D. M. G. 1871, S. 582). Mit Recht bemerkt Schürer, daß durch diese Identifizierung sämtliche wunderlichen Etymologien des Wortes Alabarches wegfallen, namentlich die bisher gangbare von Cujacius aufgestellte, daß der Name von ἀράβα „Dinte" herkäme, und daß der Alabarch „Dintenherrscher" gewesen wäre! Die Wandlung des Arabarchen in Alabarchen beruht auf dem Lautwechsel des ρ in λ. Man kann noch hinzufügen, daß diese Wandlung wohl nicht in Ägypten vollzogen worden ist, sondern in Palästina. In Alexandrien lautete der Würdename gewiß ἀραβάρχης; aber in Palästina hat die bequeme Aussprache Alabarches = אלברכי daraus gemacht, und Josephus gab die palästinensische Aussprache wieder. Nach dem Texte von Josephus' Altertümern änderten die Klosterkopisten, welche mit besser Schriften vertraut waren, in Cicero und Juvenal Arabarches in Alabarches; denn die alten Handschr. haben, wie gesagt, die erste L.-A. So weit das lautliche und etymologische Verhältnis der Frage, gegen dessen Ergebnis nichts einzuwenden ist.

[1]) Wovon weiter unten.

Note 4. Die judäischen Ethnarchen oder Alabarchen in Alexandria. 637

Steht aber das Resultat fest, daß die Arabarchen die Oberleitung über den östlichen Teil von Ägypten inne hatten, welcher Arabien hieß, wozu auch Heliopolis gehörte[1]), so müssen notwendigerweise irgend einmal Judäer diese Oberleitung inne gehabt haben. Denn nichtjudäische Arabarchen oder Alabarchen kennen wir aus der ersten Kaiserzeit gar nicht. Diese Würde oder die Ethnarchie oder Arabarchie muß sich auf ihre Nachkommen, die Arabarchen Alexander und Demetrios, vererbt haben. Wir bemerken hier gleich, daß der Beamte der Kommunalangelegenheiten der griechischen Bevölkerung in Alexandrien, welcher den Würdenamen ἐξηγητής führte und sich in Purpur kleiden durfte, dieses Amt und diese Würde in einer Familie vererben durfte (Strabo p. 792 vgl. Marquardt a. a. O. S. 297 nach corpus inscriptt. 4734, 4755). Das Wort stammt wahrscheinlich von den Athenern, bei denen die Exegeten aus dem Adelsgeschlechte zuerst die heiligen Gesetze auszulegen und dann auch die Aufsicht über das wichtige Amt der Totenbestattung hatten. Ebenso wie die Exegesie muß [?] auch die Ethnarchie und die Arabarchie, die, wie wir erkannt haben, zusammenfallen, in einer judäischen Familie erblich gewesen sein. Nur [?] durch eine solche Annahme wird das Rätselhafte in der Arabarchenfrage gelöst. Einer der Ptolemäer muß einmal einem angesehenen Judäer ein Amt über den arabischen Teil Ägyptens übertragen und ihn zum Ἀραβάρχης ernannt haben, da doch der Name auf griechischen Ursprung und also auf die Ptolemäerzeit weist.

Wir brauchen nicht lange zu raten, welcher Ptolemäer einen Judäer mit einer solchen Würde und einem solchen Amte bekleidet hat. Es kann kein anderer als Ptolemäus VI Philometor gewesen sein, von dem Josephus berichtet (contra Apionem II 15): er und seine Frau Cleopatra haben Onias und Dositheos ihr ganzes Reich anvertraut und sie zu Strategen ihrer ganzen Armee gemacht (contra Apionem II 5): Ὁ δὲ Φιλομήτωρ Πτολεμαῖος καὶ ἡ γυνὴ αὐτοῦ Κλεοπάτρα τὴν βασιλείαν ὅλην τὴν ἑαυτῶν Ἰουδαίοις ἐπίστευσαν, καὶ στρατηγοὶ πάσης τῆς δυνάμεως ἦσαν Ὀνίας καὶ Δοσίθεος Ἰουδαῖοι. Diese Tatsache gab selbst der schmähsüchtige und judenfeindliche Apion zu, obwohl er die Stellung der Judäer in Alexandrien in Gegenwart und Vergangenheit herabzudrücken bemüht war. Auch er berichtete, daß Onias einmal gegen die Stadt (Alexandrien) ein kleines Heer geführt, während der römische Gesandte Thermus (?) anwesend war (bei Joseph. das.): Ὀνίας ἐπὶ τὴν πόλιν ἤγαγε στρατὸν ὀλίγον, ὄντος ἐκεῖ Θέρμου (?) τοῦ παρὰ Ῥωμαίων πρεσβευτοῦ καὶ παρόντος (?). Die Zeit, in welcher Onias und Dositheos dem Königspaare Dienste geleistet, und in welcher der erste allein für Cleopatra auftrat, kann chronologisch näher bestimmt werden. Vom Jahre 170/169 bis 165/164 regierten beide Brüder Philometor und Physkon (Euergetes II) gemeinschaftlich. Darauf wurde der ältere Bruder von dem jüngeren verdrängt, wanderte in kläglichem Aufzuge nach Rom und wurde vom Senate wieder in sein Reich eingesetzt (Livius epitome 46): restitutus est (Ptolemaeus); κατάγουσιν οἱ Ῥωμαῖοι (Porphyrius bei Eusebius). Damals haben die judäischen Feldherren nichts für Philometor geleistet. Onias war damals noch zu jung und ohne Bedeutung. Den Römern beliebte es aber damals, eine Teilung des ägyptischen Reiches zu statuieren, Physkon erhielt Kyrene als Königreich, das von Ägypten getrennt wurde. Er war aber mit dieser Teilung unzufrieden, verlangte noch dazu Cypern und bestürmte öfters den Senat mit seinen Prätensionen. Obwohl Rom, um Ägypten zu schwächen, ihm das Recht auf Cypern zusprach, so lieferte Philo-

---

[1]) Strabo XV. 30 p. 866 ἡ μὲν οὖν Ἡλίου πόλις ἐν τῇ Ἀραβίᾳ ἐστίν.

metor diese Insel doch nicht aus. Im Jahre 154, zur Zeit, als der Konsul Quintus Opimius zum Kriege auszog, war Physkon wieder in Rom, um Klage gegen seinen Bruder zu führen, und der Senat sprach ihm wieder Cypern zu und forderte die Bundesgenossen auf, ihm beizustehen (Polybius 33, 5 vgl. Clinton, Fasti hellenici III, p. 387). Aber Philometor achtete auch diesmal die Entscheidung des Senats wenig. In dieser Zeit brach ein Krieg zwischen den Brüdern aus. Philometor hatte ein großes Heer um sich und konnte den Bruder hart bedrängen (Diodor Excerpta 31, 33, ed. Wesseling, II 588). Damals bei diesem zweiten Bruderkrieg leisteten Onias und Dositheos große Dienste. Sie waren der Feldherren des ganzen Philometorischen Heeres (στρατηγοὶ πάσης δυνάμεως ἦσαν 'Ονίας καὶ Δοσίθεος). Im Jahre 151/150 zog Philometor nach Syrien, um für Alexander Balas gegen Demetrios Partei zu ergreifen, (I Makk. 10, 57). Er muß also damals in völligem Besitz seiner Macht gewesen sein. Der Krieg zwischen Philometor und Physkon muß also diesem Unternehmen vorangegangen sein, also zwischen 154 und 150. Bis zu seinem Tode 146 genoß Philometor Ruhe von seinem Bruder. Über die Vorgänge nach dessen Tode sind die Quellen sehr dürftig und zum Teil widersprechend, und daher läßt sich nicht genau bestimmen, welchen Anteil Onias daran hatte. Justinus (35,5) stellt es so dar, als wenn nach Philometors Tode seinem Bruder Physkon durch Gesandte das Reich und die Witwe seines Bruders, eben die Königin Cleopatra, seine Schwägerin und Schwester, angetragen worden wäre. At in Aegypto mortuo rege Ptolemaeo, ei qui Cyrenis regnabat Ptolemaeo (Physconi) per legatos regnum et uxor Cleopatra regina, soror ipsius, defertur. Weiterhin deutet er an, daß Physkon von der Bevölkerung berufen worden sei: non mitior (Ptol.) in populares, qui eum vocaverant (Ptol.). Auch Porphyrius gibt an, daß Physkon aus Kyrene zur Übernahme der Regierung zurückgerufen worden sei (in Eusebius' Chronicon) μεταληθεὶς ἐκ Κυρήνης ὁ Εὐεργέτης. Diodor dagegen deutet an, daß das kyrenäische Heer Physkon nach Ägypten geführt d. h. ihm die Krone erkämpft hätte (excerpta 32 p. 595) προσέταξεν (ὁ Φύσκων) ἀποκτεῖναι τοὺς τῶν Κυρηναίων τοὺς συγκαταγαγόντας μὲν αὐτὸν εἰς Αἴγυπτον. Physkon hat demnach nicht auf gütliche Weise das Reich erlangt. Dasselbe scheint aus Josephus hervorzugehen, daß nach dem Tode Philometors ein Bürgerkrieg in Alexandrien ausgebrochen sei, indem Physkon sich mit Gewalt Ägyptens habe bemächtigen, Cleopatra und ihre Söhne verdrängen wollen, und daß Onias gegen ihn und für Cleopatra Krieg geführt, dieselbe Treue, die er ihr und Philometor bewiesen, auch ihr bewahrt und sie nicht verlassen habe. Ὁ γὰρ Φύσκων ... ἀποθανόντος αὐτῷ τοῦ ἀδελφοῦ Πτολεμαίου τοῦ Φιλομήτορος, ἀπὸ Κυρήνης ἐξῆλθε Κλεοπάτραν ἐκβαλεῖν βουλόμενος τῆς βασιλείας[1]) et filios regis, ut ipse regnum injuste sibimet applicaret; propter haec ergo Onias adversus eum bellum pro Cleopatra suscepit et fidem, quam habuit circa reges, nequaquam in necessitate deseruit. Demnach wäre dem Vertrage, daß Physkon die Regierung und die Königin erhalten sollte, ein Krieg vorangegangen, in dem Onias für Cleopatra gekämpft hat. Das folgt auch aus dem buchstäblich angeführten Zitat aus Apions Schrift: „μετὰ ταῦτα 'Ονίας ἐπὶ πόλιν ἤγαγε στρατὸν ὀλίγον", daß Onias gegen Alexandrien ein geringes Heer geführt habe. Durch die angedeutete Verbindung dieses Satzes

---

[1]) Von diesem Passus an fehlt das griechische Original und ist nur aus Rufinus' lateinischer Übersetzung erhalten.

Note 4. Die judäischen Ethnarchen oder Alabarchen in Alexandria.

mit dem folgenden ὁ γὰρ Φύσκων ist nicht zweifelhaft, daß Josephus dieses Faktum von der feindlichen Haltung des Onias mit der Usurpation Physkons in pragmatischen Zusammenhang hat bringen wollen. Daher der Schluß propter haec ergo Onias adversus eum bellum pro Cleopatra suscepit. Onias hat also für Cleopatra Partei ergriffen, muß aber damals ohne Erfolg gekämpft haben, was auch in Apions Angabe liegt, daß das Heer gering war, also gegen die Überzahl des Gegners nicht habe standhalten können. Wenn man diese Darstellung mit denjenigen Justinus' und des Porphyrius' einerseits und mit der Diodors andrerseits ausgleichen will, müßte man sich die Sachlage so denken, daß Physkon von einem Teil der Alexandriner zum Nachfolger berufen worden wäre, daß aber eine Gegenpartei sich ihm widersetzt hätte, daß also ein Bürgerkrieg entstanden wäre, wobei die Kyrener für Physkon gekämpft hätten, daß Onias für Cleopatra Partei ergriffen hätte, und daß endlich ein Vergleich zu Stande gekommen wäre, wonach Physkon die verwitwete Schwester heiraten und zur Mitregentin haben sollte. So wäre die scheinbare Differenz beseitigt, und die Ausgleichung, welche die beiden judäischen Feldherren zustande gebracht haben sollen, (das. οὗτοι — Ὀνίας καὶ Δοσίθεος — συμβάσεις ἐποίησαν) kann sich nicht auf das Faktum von Physkons Einsetzung beziehen, sondern auf ein vorangegangenes, vielleicht noch bei Philometors Leben während seiner Abwesenheit in Syrien (150—146).

Jedenfalls geht daraus mit Entschiedenheit hervor, daß Onias eine bedeutende Rolle bei den Vorgängen in Ägypten und Alexandrien gespielt, und daß er zuerst Philometor samt seiner Gemahlin und dann ihr allein Dienste geleistet hat. — Noch ein drittes Mal deutet Josephus Onias' feindliches Verhalten gegen Physkon an, und zwar wiederum, wie sich vermuten läßt, im Interesse der Cleopatra, nämlich bei der Relation, daß Physkon gegen die gefesselten Judäer Alexandriens Elephanten habe hetzen lassen. Der Eingang dazu lautet (das.): nam Physcon Ptolemaeus cum adversum exercitum quidem Oniae pugnare praesumeret. Nach dieser Relation hätte Physkon auch noch zur Zeit, da er bereits im Besitze von Alexandrien war, ein von Onias befehligtes Heer bekämpfen wollen[1]). Zu welchem Zwecke hat Onias ein Heer gesammelt,

---

[1]) In dieser Zeit, entweder während des Krieges zwischen Physkon und Cleopatra oder nach der Ausgleichung, muß der Vorfall, daß der erstere Elefanten auf die Judäer in Alexandrien hetzen ließ, vorgekommen sein, denn Josephus a. a. O. bringt ihn mit der Parteinahme der Judäer für Cleopatra in enge Verbindung. Nam. Ph. Ptol. cum adversum exercitum quidem Oniae pugnare praesumeret, omnes vero Judaeos in civitate positos . . . elephantis subjecisset . . . in contrarium evenere. Das wäre 146—145. Denn später scheinen die Judäer Ruhe vor ihm gehabt zu haben, da im Jahre 132—131 (38. Jahre Physkons) der jüngere Sirach nach Alexandrien (Prooemium zu Sirach, siehe Note) wanderte. Damals muß also für die Judäer Ruhe geherrscht haben. Allerdings wurde in diesem Jahre Physkon wegen seiner Grausamkeit aus Alexandrien vertrieben. Er war zwar nach einigen Jahren wieder Herrscher von Ägypten; denn 128 stellte er Alexander Zebina gegen seine Schwester-Frau Cleopatra und gegen ihren Schwiegersohn Demetrios Nikator als Gegenkönig auf. Aber dieser neue Zwist dauerte nicht lange; 127 waren sie wieder ausgesöhnt. Und bis zu seinem Tode 117 wird keine Grausamkeit von ihm erzählt. Der Vorfall mit den Elefanten muß also um 146—145 gesetzt werden. Indessen freundlich scheint Physkon den Judäern niemals gewesen zu sein. Denn im Jahre 124 scheint das Sendschreiben an die ägyptischen Judäer vorauszusetzen, daß diese ἐν καιρῷ πονηρῷ seien (vergl. Note 10).

da doch von 146—132 ein scheinbar erträgliches Verhältnis zwischen Physkon und Cleopatra, zwischen Bruder und Schwester, Gatten und Gattin, bestanden hat? Authentisch ist diese Relation jedenfalls, wie schon Wesseling nachgewiesen, da die Buhlerin Physkons, Namens Irene, von der in dieser Relation die Rede ist, auch von Diodor erwähnt wird. Dieser Onias, welcher für Philometor und Cleopatra zusammen und für diese allein kriegerisch eintrat, war ganz ohne Zweifel jener Hohepriestersohn, Onias IV, welcher infolge des Mißgeschickes seines Vaters noch jung nach Ägypten entflohen und von Philometor mit einer Ehrenstellung bedacht worden war. Auch die Pseudo-korrespondenz zwischen Onias und Philometor wegen der Errichtung des Oniastempels deutet an, daß der Onias, welcher diesen erbaut hat, auch Kriege für den König glücklich geführt hat (Jos. XIII. 3, 1): *πολλὰς καὶ μεγάλας ὑμῖν χρείας τετελεκὼς ἐν τοῖς κατὰ πόλεμον ἔργοις*[1]). Der Hohepriestersohn Onias hatte also Philometor und seiner Gemahlin Cleopatra wesentliche Dienste geleistet. Der Tochter dieser Cleopatra standen Onias Söhne Helkias und Ananias kräftig bei gegen ihren Sohn Lathurus (Lathyros), als dieser sie vom Throne verdrängen wollte um 107 (das. XIII. 10, 4). Diese beiden Söhne waren bei dieser Königin Cleopatra ebenso beliebt, wie ihr Vater bei den Eltern, nach Strabos oder seines Gewährsmanns Zeugniss (das.) *διὰ τὸ τοὺς πολίτας αὐτῶν (τῶν Ἰουδαίων) εὐδοκιμεῖν μάλιστα παρὰ τῇ βασιλίσσῃ, Χελκίαν καὶ Ἀνανίαν.* Hier haben wir Zeugnisse in Fülle und in unzweideutigen Wendungen, daß Onias und seine Söhne bei Philometor, seiner Gemahlin und deren Tochter hoch in Gunst standen, daß sie für dieselben Kriege geführt und von ihnen zu Strategen ernannt worden sind.

Wir erfahren aber noch mehr von der Stellung Onias' unter diesem Herrscherpaar. Philometor räumte ihm den Heliopolitanischen Nomos ein, worin dieser ein Kastell und den Oniastempel erbaute (J. Kr. VII. 10, 3): *Πτολεμαῖος ... δίδωσιν αὐτῷ (τῷ Ὀνίᾳ) χώραν ... νόμος δ' οὗτος Ἡλιοπολίτης καλεῖται· φρούριον ἔνθα κατασκευασάμενος Ὀνίας τὸν μὲν ναὸν ... ᾠκοδόμησε.* Ein Kastell zu kriegerischen Zwecke zu erbauen, erlaubt ein König nur einem Untertanen, zu dem er großes Vertrauen hat, und der bei ihm in hoher Gunst steht. [Schutzbauten neben Tempeln waren in Ägypten keine Seltenheit. Vgl. die Zitate bei Kohout a. a. O. S. 796.] Zu einem *φρούριον* gehören ferner Krieger, die es bei einem Angriffe verteidigen können. Es geht also auch schon aus diesem Umstande hervor, daß Onias, der Erbauer des Tempels, bei dem König Philometor in hohem Ansehen gestanden haben und von ihm militärische Exemtion erhalten haben muß. In diesem Nomos wohnten Judäer und auch Priester und Leviten (Ant. XIII. 3, 3). Das ganze

---

[1]) Daß die bei Jos. das. mitgeteilte Korrespondenz zwischen Onias und Philometer unecht ist, kann gegenwärtig als ausgemacht gelten. Unmöglich kann ein ägyptisch-griechischer König Skrupel empfunden haben, daß der Bau eines judäischen Tempels auf einem unreinen und durch den Tierkultus entweihten Platz nach dem Gesetze des Judentums erlaubt sein sollte. Der Zweck dieser Korrespondenz ist offenbar eine Apologie für den Oniastempel, daß ihm Heiligkeit beigelegt werden dürfe, obwohl er auf entweihtem Boden erbaut sei, weil er von Jesaia prophetisch verkündet worden sei. Zugleich wird darin hervorgehoben, daß dieser Tempel eine Einheit des Kultus erziele, während in den cölesyrischen und phönizischen Gemeinden bezüglich des Kultus Verschiedenheit und dadurch Uneinigkeit herrsche: *καὶ διὰ τοῦτο δύσνους ἀλλήλοις.* Diese Korrespondenz kann daher nur von einem Anhänger des Oniastempels fingiert worden sein.

Note 4. Die judäischen Ethnarchen oder Alabarchen in Alexandria. 641

Territorium, in welchem der Oniastempel stand, nicht bloß die Stadt, hieß Onion (j. Nr. VII. 10, 2): προσέταξε (Καῖσαρ) τῷ τόπῳ τὸν ἐν τῇ 'Ονίου καλουμένῃ (χώρᾳ) νεὼν καθελεῖν τῶν 'Ιουδαίων. [Daß das Territorium „Onion" geheißen habe, steht nirgends.] Es müssen viele Judäer in diesem Territorium gewohnt haben. Das „Heer des Onias," welches eine feindliche Haltung gegen Physkon annahm (o. S. 638), bestand schwerlich aus Griechen oder Ägyptern, sondern höchst wahrscheinlich aus Judäern. Eine kriegerische Bevölkerung in diesem Territorium bestand noch zur Zeit Julius Cäsars. Das zur Befreiung desselben in seiner bedrängten Lage in Alexandrien durch diese Gegend heranrückende Bundesgenossenheer mußte sich mit den Judäern freundlich auseinandersetzen, weil diese durch ihre Menge und ihre kriegerische Haltung dem Durchmarsch Widerstand und Hindernis entgegenzusetzen drohten (Jos. Ant. XIV. 8, 1. bell. Judaic. I. 9, 4): εἶργον . . . οἱ τὴν 'Ονίου προσαγορευομένην χώραν κατέχοντες· ἦσαν δὲ 'Ιουδαῖοι Αἰγύπτιοι. Sie wurden erst durch Antipaters Zureden mit Hinweis auf den Willen des Königs Hyrkan II für Cäsar gewonnen. Daß diese Judäer aus dem Territorium Onion kriegerisch und der Cleopatra, Philometors Tochter, treu waren, bezeugt auch die bereits angeführte Notiz bei Strabo (Jos. XIII. 10, 4). Die meisten Ägypter, welche Cleopatra, die jüngere, nach Cypern zur Bekämpfung ihres rebellischen Sohnes Lathurus gesandt hatte, gingen zu ihm über, aber treu blieben nur „die Judäer aus Onion," weil ihre Stammes- und Glaubensgenossen Helkias und Ananias bei der Königin viel galten: μόνοι δὲ οἱ ἐκ τῆς 'Ονίου¹) λεγόμενοι 'Ιουδαῖοι συνέμενον. Nebenbei sei bemerkt, daß nicht Strabo diese Tatsache berichtet, sondern ein Augenzeuge, der dabei beteiligt war: οἵ τε συνελθόντες ἡμῖν . . . μετεβάλλοντο . . . πρὸς τὸν Πτολεμαῖον. „die mit uns zusammen [Riese hat ἡμῖν nicht in den Text aufgenommen] (nach Cypern) gekommen waren." Cleopatra hatte also die Judäer aus dem Territorium Onion zur Bekämpfung ihres feindlichen Sohnes nach Cypern gesandt, und diese blieben ihr treu, während die übrigen Truppen zum Feinde übergingen.

Ziehen wir jetzt das Fazit. In der Gegend von Onion, wo Onias IV ein Kastell und einen judäischen Tempel erbaut hatte, wohnten kriegerische Judäer zur Zeit Philometors, seiner Gemahlin Cleopatra, noch zur Zeit Cleopatras, der jüngern, und auch noch zur Zeit Cäsars. Diese Gegend wurde der heliopolitanische Nomos genannt. Dieser Nomos gehörte zum arabischen Teile Ägyptens. Die Judäer dieses Nomos hatten also einen eigenen militärischen Bezirk inne. Da dort ein Tempel stand, so verstand es sich von selbst, daß nur ein Judäer die politische und militärische Gewalt darüber hatte, weil ein Heide, Grieche oder Ägypter, jeden Augenblick Eingriffe in die innersten Angelegenheiten hätte machen können. Wer hatte zuerst die Oberleitung dieses judäischen Bezirkes? Gewiß kein anderer als Onias, der Begründer dieses judäischen Gemeinwesens. Er leistete dem Königspaare größere Dienste, als daß es Anstand genommen haben sollte, ihm die ἀρχή über diese Gegend zu übertragen. Überdies war er Strategos dieses Königspaars. Es ist daher ganz in der Ordnung, daß er den Titel Arabarches, Herrscher über diesen arabischen Nomos, erhalten hat. Es war kein leerer Titel sondern war mit der faktischen Herrschaft über den arabischen Nomos verbunden. Seine

¹) Falsch gibt die lat. Übersetzung diesen Passus wieder ex Oniae factione Judaei. Es waren nicht Onias Parteigänger, sondern Judäer aus Onion.

Söhne Helkias und Ananias standen ebenfalls in Gunst bei der jüngeren Cleopatra und waren ihre Strategen. Auch sie waren ohne Zweifel Arabarchen über den heliopolitanischen oder arabischen Nomos. Zur Zeit Cäsars waren die Judäer dieses Nomos auch noch selbständig und kriegerisch. Ein Judäer muß also an ihrer Spitze gestanden haben. Dieser war ohne Zweifel damals Arabarches, was sich auch aus einer Anspielung bei Cicero ergibt. Und weil ein solcher mit der ihm gehorchenden Kriegerschaar aus dem Territorium von Onion oder dem ägyptischen Arabien ihm Dienste geleistet hatte, darum bestätigte Cäsar den alexandrinischen Judäern ihre Gerechtsame (o. S. 640). Zu den Gerechtsamen derselben gehörte es eben, ein eigenes stammesgenössisches Oberhaupt, einen Ethnarchen, zu haben. Alle diese Arabarchen oder Ethnarchen waren ohne Zweifel [?] Nachkommen Onias'. Denn die Arabarchie muß durchaus im Hause des Onias erblich gewesen sein. Zum Überflusse sei noch daran erinnert, daß der von Josephus genannte Alabarch oder Arabarch Alexander, Sohn des Lysimachos, Priester oder Ahronide war; denn sein Bruder, der Philosoph Philo, war Ahronide, wie Eusebius (hist. eccl. II, 4) bezeugt, [Hier liegt offenbar ein Irrtum vor. A. a. O. steht nichts derartiges. Hieronymus war vielmehr der erste, der von Philos ahronidischer Abstammung etwas zu melden weiß, vgl. Schürer III³, 489] und vielleicht auch aus Philos eigenen Worten (M. II, 646) folgt: εἰς τὸ πατρῷον ἱερὸν ἐστελλόμην εὐξόμενος καὶ θύσων, wenn nämlich im Aktivum θύειν, der Begriff: selbst die Opferhandlung begehen, liegt. Die Arabarchen, die die ersten nach dem Geschlechte waren, waren es nur deswegen, weil sie von den Ahroniden abstammten. Der judäische Hochadel gehörte in der Zeit lediglich dem ahronidischen Geschlechte an. Da die Arabarchen wegen ihrer Abstammung, ihres Ansehens und ihres Reichtums die ersten unter den Judäern waren, so verstand es sich von selbst, daß sie die Ethnarchen der alexandrinischen Gemeinde waren, da ohnehin die Identität der Alabarchen und Ethnarchen als erwiesen gelten kann (o. S. 635). Sollten sich die übrigen ägyptischen Gemeinden ihnen nicht untergeordnet haben? Ganz ohne Zweifel [?]. Bot ja der Arabarch als Hoherpriester des Oniastempels zugleich politischen Schutz und geistlichen Halt.

Betrachten wir jetzt noch die dritte Seite des Arabarchen. Josephus (contra Apionem II, 5) teilt mit, daß die ägyptischen Könige den Judäern Alexandriens wegen ihrer Treue die Bewachung des Flusses anvertraut und daß die Römer ihnen dieses Privilegium bestätigt haben Maximam vero eis fidem olim a regibus datam conservaveruṇt (imperatores), id est fluminis custodiam totiusque custodiae, nequaquam his rebus indignos esse judicantes. Diesen ebenfalls korrumpierten Passus hat Schürer glücklich emendiert und ihn dadurch zu einem wichtigen historischen Zeugnis gemacht (a. a. O. S. 541 [jetzt III³, 90]); fluminis custodiam, totiusque custodiae emendiert er richtig in Rückübersetzung τὴν τοῦ ποταμοῦ φυλακὴν καὶ τε πάσης τῆς θαλάσσης; aus θαλάσσης wurde φυλακῆς und daraus das zweite custodiae. Es folgt also aus diesem Passus, daß den Judäern Alexandriens die Obhut oder die Aufsicht über den Nil und das Meer anvertraut war, und diese Obhut wurde ihnen von den Königen eingeräumt Von welchen Königen? Nach dem Vorangegangenen können es nur Philometor und Cleopatra, die ältere und die jüngere, gewesen sein. Denn von Gunstbezugungen der ersten fünf Ptolemäer für die Judäer liegt keinerlei Zeugnis vor. Ptolemäus VII Physkon war ein vehementer Feind der Judäer, ebenso sein Sohn Pt VIII Lathurus; die nachfolgenden Ptolemäer vom Jahre 81

Note 4. Die judäischen Ethnarchen oder Alabarchen in Alexandria.

bis zur Okkupation durch die Römer hatten mit der Altersschwäche des Reiches zu kämpfen, zerfleischten einander und hatten keinerlei Beziehung zu den Judäern. So bleibt nur Philometor, seine Frau und die jüngere Cleopatra für dieses Faktum übrig. Diese haben ihnen unstreitig diesen wichtigen Posten wegen ihrer Treue anvertraut. Aber doch nicht etwa sämtlichen Judäern Alexandriens! Wir werden hier wieder auf Onias gewiesen. Dieser und seine Söhne haben den genannten Herrschern eine außerordentliche Treue und Anhänglichkeit bewiesen. Zur Belohnung dafür hatten sie dem ersteren die Erlaubnis erteilt, einen Tempel zu erbauen, ihm ein Territorium, eine αὐτοτελὴς πολιτεία, eingeräumt und ohne Zweifel noch dazu die Aufsicht über den Nil und das Meer anvertraut. Diese custodia oder φυλακή war eine Zollwache. Schürer belegt diese Deutung mit dem Passus in Cäsars bellum Alexandrinum (cap. 13): erant omnibus ostiis Nili custodiae exigendi portorii causa dispositae. Es war also ein Hafenzoll für Export und Import. Wegen ihrer Treue haben die Könige, d. h. Philometor und die beiden Cleopatra, dieses wichtige und zugleich einträgliche Amt den alexandrinischen Judäern, d. h. Onias und seinen Nachkommen, anvertraut, und daher waren die Arabarchen die ersten nicht bloß an Geschlechtsadel, sondern auch an Reichtum; die Aufsicht war gewiß einträglich. Noch im vierten Jahrhundert wurde die Erhebung des Hafenzolls von den Landesteilen Aegyptus und Augustamnica, d. h. vom Delta und Nordostägypten, Pelusium, Casium, Ostracine und Rhinoforura „vectigal Arabarchiae" genannt (Codex Theodosianus IV, 12, 9). In einem Edikt Justinians von 559 wird ein Beamter, welcher neben dem Augustalis die Befugnis hatte, den kaiserlichen Fiskus in Alexandrien zu vertreten, Alabarches genannt [1]).

Wie kamen sie zu dieser Benennung? Was hatte der Hafenzoll vom Meer und Nil, der dem Fiskus gehörte, mit dem arabischen Teil Ägyptens zu tun? Gewiß nur aus dem Grunde, weil die judäischen Befehlshaber über den arabischen Nomos oder die „Arabarchen" zugleich Oberzollaufseher waren. Die Arabarchie umfaßte also dreierlei amtliche Momente, die politische Herrschaft über den heliopolitanischen Nomos, wo Onion lag, die magistratliche, kommunale und juridische Gewalt über die alexandrinische Gemeinde und zugleich die allerdings nur zufällig damit verbundene Hafenaufsicht. Dieselben Könige, welche Onias die ersteren Befugnisse eingeräumt hatten, haben ihm auch die letztere anvertraut. Diese Ämter müssen [?] in der Familie des Hohenpriestersohnes Onias erblich gewesen sein. Von einer Wahl des Arabarchen oder Ethnarchen ist nirgends die Rede. Ich erinnere nur an den Ausdruck in Claudius' Urkunde: Augustus hat nicht verhindert, daß Alabarchen bestehen (γίγνεσθαι o. S. 633). Das Wort Wahl (αἴρεσθαι) ist nicht gebraucht. Wenn eine Wahl bei der Ethnarchie stattgefunden haben sollte, so kann sie nur innerhalb der Oniasfamilie erfolgt sein. Die Untersuchung über die Wählbarkeit der Ethnarchie hat gar keine Berechtigung.

Sehen wir uns das von Josephus angeführte kurze Zeugnis (nach Rufinus' Übersetzung) noch genauer an. Die den alexandrinischen Judäern anvertraute

---

[1]) Justiniani edicta XI, 2, Corpus juris (ed. Lips.) III. 701. Χορηγεῖν χρυσίον, τοῦτο μὲν τῷ ... Αὐγουσταλίῳ ... τοῦτο δὲ τῷ τε νῦν κατὰ καιρὸν ἀλαβάρχῃ.

Zollaufsicht über Nil und Meer haben ihnen die Kaiser gelassen und sie nicht unwürdig dazu befunden. Maximam vero eis (Judaeis) fidem olim ab regibus datam conservaverunt (imperatores), id est fluminis custodiam, totiusque custodiae (maris), nequaquam his rebus indignos esse judicantes. Das will doch sagen: weil die alexandrinischen Judäer den Kaisern dieselbe Treue und Anhänglichkeit bewahrt haben, haben diese ihnen den wichtigen Posten gelassen. Daß die alexandrinischen Judäer und die Arabarchen den Kaisern treu ergeben waren, geht aus mehr als einem Zeugnis hervor. Es ist bereits oben angeführt, daß die Judäer des Territoriums Onion gewonnen worden waren, für Cäsar Partei zu ergreifen, als dieser in Bedrängnis in Alexandrien war. Daß die ägyptischen Judäer Augustus Dienste geleistet haben, ist zwar nicht ausdrücklich bezeugt, folgt aber daraus, daß er die Arabarchen, welche für die religiösen Angelegenheiten der Judäer notwendig waren, bestehen ließ und ihnen sogar ein gemeindliches Kollegium gewährte. Indirekt ist es aber auch aus dem Hasse der letzten Cleopatra gegen die Judäer bezeugt, welche, nachdem Alexandrien nach der Niederlage Antonius' in der Schlacht bei Aktium eingenommen war, Partei für Augustus genommen haben müssen (contra Apionem II. 5): Novissime vero Alexandria a Caesare capta ad hoc usque perducta est (Cleopatra), ut salutem hinc sperare se judicaret, si posset ipsa manu sua Judaeos perimere. Sie haßte die Judäer mit einer solchen Wut, weil sie auf Seiten ihres Feindes Augustus gestanden haben. Noch ein anderes Zeugnis kann dafür geltend gemacht werden. Antonia, die zweite, die Mutter des Kaisers Claudius, die Nichte des Kaisers Augustus von seiner Schwester Oktavia und Antonius, und gewissermaßen die Schwiegertochter des Augustus (sie war die Gemahlin des Drusus, des Sohnes der Livia, der in der Ehe mit Augustus geboren war), die Schwägerin des Kaisers Tiberius, diese Antonia muß so viel Vertrauen in den Alabarchen Alexander gesetzt haben, daß sie ihn zum Verwalter ihres Vermögens eingesetzt hat (Jos. Altert. XIX, 5, 1). Dieses Vermögen muß in Ländereien bestanden haben, die in Ägypten lagen, sonst hätte sie doch der in Alexandria wohnende Alabarch nicht verwalten können. Diese Ländereien in Ägypten können nur zum Vermögen gehört haben, welches Augustus den Töchtern des Antonius von der Oktavia, den beiden Antonia, aus der Hinterlassenschaft des Antonius zugeteilt hatte (Dio Cassius 1, 15 Ende). Diese innige Beziehung der Alabarchenfamilie zu dem Kaiserhause ist also höchst wahrscheinlich noch zu Augustus' Lebzeiten angeknüpft worden. Denn diese Epitropie über die Ländereien der Antonia in Ägypten hat ganz ohne Zweifel [?] Augustus dem Arabarchen anvertraut, wahrscheinlich schon dem Vater des Alexander, Lysimachos; daher war der Kaiser Claudius, eben der Sohn der Antonia, ein Freund Alexanders. Alexanders Sohn, Tiberius Alexander, welcher aus dem Judentum ausgetreten und völliger Römer geworden war, zuerst vom Kaiser Claudius zum Prokurator von Judäa, später von Nero zum militärischen Präfekten von Ägypten ernannt, führte den Adoptivnamen Julius (Inschrift vom 28. Sept. 68 unter Galba): τοῦ πεμφθέντος μοι διατάγματος ὑπό τοῦ κυρίου ἡγεμόνος Τιβερίου Ἰουλίου Ἀλεξάνδρου ... Τιβέριος Ἰούλιος Ἀλέξανδρος λέγει (Inscrr. Graec III. Nr. 4957. [Weitere Literatur über ihn s. bei Schürer I³, S. 568]). Er war demnach in die gens Julia, d. h. in die kaiserliche Familie aufgenommen, ebenso wie der König Agrippa I, welcher ebenfalls den Beinamen Julius führte. Tiberius Alexander muß aber schon vom Kaiser Tiberius adoptiert worden sein, da er den Vornamen Tiberius Julius führen durfte, wie

Note 4. Die judäischen Ethnarchen oder Alabarchen in Alexandria. 645

Renier bedutziert hat¹). Da er aber zur Zeit des Kaisers Tiberius noch jung war und ihm keine Dienste geleistet haben kann, um mit der Adoption beehrt zu werden, so muß wohl schon [?] sein Vater Alexander von diesem Kaiser adoptiert worden sein. Josephus' Stillschweigen darüber beweist nichts dagegen, da er dem Sohne Tiberius Alexander ebensowenig den Namen Julius gibt, und eben so wenig dem König Agrippa. Die Königsfamilie in Judäa und die Arabarchenfamilie in Ägypten waren also in die gens Julia aufgenommen. Der Kaiser Claudius war zugleich mit Agrippa und dem Arabarchen Alexander befreundet. Bleiben wir einen Augenblick bei Tiberius Julius Alexander stehen. Dieser muß auch den Titel Arabarches geführt haben, was aus einer hämischen Anspielung Juvenals folgt. In der Satire (I, 127—131) schildert er die Tagesordnung eines vornehmen Römers, der unter andern müßigen Beschäftigungen sich auch die Ehrenstatuen ansieht, welche auf dem Forum des Apollo stehen,

    atque triumphales, inter quas ausus habere
      nescio quis titulos Aegyptius atque Arabarches,
    cujus ad effigiem non tantum mejere fas est.

Offenbar spielt er auf einen ägyptischen Arabarchen an, dessen Ehrenstatue neben anderen auf dem Forum aufgestellt war. Andreas Alciat (1517) hat richtig auf Tiberius Alexander geraten, und ihm folgten Rudorff²), Leon Renier und Lumbroso. Tib Jul. hat nämlich eine merkwürdige Karriere gemacht. Nachdem er vom Judentum abgefallen und zum römischen Kultus übergegangen war, wurde er von Claudius zum Landpfleger von Judäa (46 bis 48) ernannt. Im Jahre 63 hat er als „erlauchter römischer Ritter" den Krieg im Partherlande mitgemacht und wurde (66) von Nero zum Präfekten Ägyptens erhoben, was eine seltene Gunstbezeugung war, da nach Augustus' Anordnung kein Einheimischer an die Spitze der Prokuratur über Ägypten gestellt werden sollte. Auf seine Anregung haben (69) die ägyptischen Legionen Vespasian zum Kaiser proklamiert, wofür dieser und Titus ihm große Erkenntlichkeit erwiesen. Wie Renier nachgewiesen hat, war Tiberius Alexander bei der Belagerung Jerusalems nicht als Führer einer Legion, sondern als praei fectus praetorio tätig (πάντων τῶν στρατευμάτων ἔπαρχης³). Das war wieder eine große Auszeichnung. Allerdings hätte Vespasian ihn zum Senator machen können: allein ein abergläubischer Wahn der Römer verbot, einen Alexandriner in den Senat zu versetzen, weil nach einer Sage dadurch der Untergang Roms unfehlbar eintreten würde. Da nun Tiberius Alexander dem flavianischen Hause außerordentliche Dienste geleistet hat und dieses ihn doch nicht nach Verdienst belohnen konnte, so gestattete es, ihn an dem Triumphe über Judäa, zu dessen Besiegung er beigetragen hatte, teilnehmen und seine statua triumphalis aufstellen zu lassen. Es ärgerte nun den römischen Satiriker, daß ein Ägypter und ein Arabarch auf dem Forum einen Ehrenplatz haben sollte. Das ist die einzig richtige Auslegung dieser Stelle. Wie Renier

    ¹) Léon Renier in Mémoires de l'académie des inscriptions et belles-lettres T. XXVI, partie I, p. 297.
    ²) Alciat, praetermissorum libri; Rudorff, Rhein. Museum, Jahrg 1828, S. 156.
    ³) Renier das. p. 301: car c'est de lui (de Tibère Alexandre), on ne peut en douter, que Juvenal a voulu parler dans ces vers de sa première satire. In der Notiz fügt Renier hinzu: Juvenal n' aimait ni les Juifs, ni les Égyptiens.

weiter ausführt, war es ein Sohn des Tiberius Alexander, welcher unter dem Namen Julius Alexander unter Trajan Feldherr im parthischen Kriege (117) und Consul suffectus war[1]). Auch ein späterer Nachkomme desselben kommt vor: Julius Julianus Alexander.

Tiberius Alexander, der Sohn des Arabarchen Alexander, war also, nach dem sicheren Ergebnis dieser Untersuchung, ebenfalls Arabarches zubenannt; möglich, daß dieser Titel auf seiner Statue angebracht war. Aber er war doch schwerlich Arabarch im eigentlichen Sinne, sei es als Beherrscher des arabischen Nomos oder als Hafenaufseher. Noch weniger kann dieser sein Titel Vorsteher der alexandrinisch-jüdischen Gemeinde bedeutet haben. Es muß vielmehr weiter nichts als ein Titel gewesen sein. Weil er aus der Arabarchenfamilie stammte und diese Würde eine angesehene war, hat er sich ebenfalls damit geschmückt. Wenn wir also auf einen Alabarchen des Namens „Julius" stoßen sollten, so werden wir nicht anstehen können, anzunehmen, daß auch dieser derselben Familie angehört hat. Nach dem Arabarchen Alexander Lysimachos wird der Alabarch Demetrios genannt, als „den ersten Rang durch Geburt und Reichtum" einnehmend. Er heiratete die zweite Tochter Agrippas I, Mariamne; denn er war ihr ebenbürtig; auch er war, wenn nicht ein Sohn, doch jedenfalls [?] ein naher Verwandter des Arabarchen Alexander und in die julische gens adoptiert. Ein Sohn aus dieser Ehe hieß Agrippinos, von dem, sowie von andern Enkeln Agrippas, Josephus zu erzählen versprach, aber das Versprechen nicht erfüllte. Auch dieser war ohne Zweifel zur Zeit des letzten Krieges gegen die Römer Arabarch. Nach der Schließung des Oniastempels, welche einige Jahre nach dem Untergang des judäischen Staates erfolgte, hörte eigentlich die Bedeutung der Arabarchie nach der einen Seite auf. Denn der Mittelpunkt des onionischen Gemeinwesens, über welches die Arabarchen die $ἀρχή$ hatten, war doch der Oniastempel; war dieser geschlossen, so hörte auch das onionische Gemeinwesen und damit $ἀρχή\ τῆς\ Ἀραβίας$ auf. So blieb nur noch die Ethnarchie über die alexandrinische Gemeinde und die Überwachung der Hafenzölle im Hause der ehemaligen Inhaber der Arabarchie übrig. Der Terminus „Arabarches" war ein Titel geworden. Da die Glieder des Arabarchenhauses treu zu den Römern hielten und Adoptierte des kaiserlichen Hauses waren, so ist es nicht auffallend, daß einige von ihnen ganz und gar im Römertum aufgingen und nach dem Vorgange des Tib. Alexander das Judentum verließen. Wenn wir also auf eine Person stoßen, die den Titel Arabarches führte, ohne daß damit die Zollaufsicht verbunden ist, und die sich unzweideutig als Heide geriert, so kann uns diese Erscheinung keineswegs stutzig machen. Den Titel kann recht gut ein Abkömmling aus dem judäischen Arabarchenhause geführt haben, welcher zum Heidentum übergegangen oder nach der Sprache der damaligen Zeit ein כופר, $μεταβαλὼν\ τὰ\ νόμιμα$, wie es das 3. Makkab. bezeichnet, conversus, geworden war.

Sämtliche Inkongruenzen, welche bisher die Arabarchenfrage so sehr verdunkelt haben, können als beseitigt angesehen werden, wenn man von den berechtigten Voraussetzungen ausgeht und daraus die sich von selbst ergebenden Folgerungen zieht. Diese Voraussetzungen sind: daß Alabarches nichts anderes als Arabarches ist, und daß die Arabarchie eine gewisse Herrschaft über den arabischen Teil Ägyptens oder näher über den heliopolitanischen Nomos bedeutet, in welchem nur Judäer wohnten. Sie ergeben sofort folgende sichere Resultate:

---

[1]) Renier a. a. O. S. 303 nach Dio Cassius 68, 30.

Note 4. Die judäischen Ethnarchen oder Alabarchen in Alexandria.

1. Arabarchen gab es nur in Ägypten. Wenn daher eine Inschrift gefunden wurde, welche lautet:

(Π)οσ(ει)δῶνι εὐχή Μαυσόλου ἀλαβάρχου

(corp. inscrr. Graecc. III, N. 4267) „Gelübde des Alabarchen Mausolos für den Poseidon," so sind wir ebenso berechtigt anzunehmen, daß dieser Mausolos aus Ägypten stammte, wie daß Alabarches nur eine verdorbene und mundartliche Aussprache für Arabarches sei.

2. Arabarchen waren ursprünglich und eigentlich nur die faktischen Beherrscher des im heliopolitanischen Nomos gelegenen judäischen Gemeinwesens — πολιτεία αὐτοτελής — Onion, das zum Mittelpunkt einen von ägyptischen Judäern besuchten Tempel hatte.

3. Arabarchen waren die Oniaden, d. h. Abkömmlige des Hohenpriestersohnes Onias IV, welcher diesen Tempel erbaut, dieses Gemeinwesen geschaffen und dieses als militärischen Bezirk mit einem Kastell eingerichtet hat.

4. Selbstverständlich waren die Arabarchen Judäer, und diejenigen, welche als Heiden vorkommen, können lediglich als Abkömmlinge der Oniaden angesehen werden, welche zum Heidentum übergegangen sein müssen.

5. Die Oniaden oder Arabarchen hatten zugleich von einigen Ptolemäern das Aufsichtsrecht über den Hafen von Alexandrien und die Nilmündungen erhalten, und die Kaiser haben es ihnen bestätigt. Daher wird der Hafenzoll bis zur späteren Kaiserzeit herab „Arabarchenzoll", vectigal Arabarchiarum, genannt.

6. Die Arabarchen waren zugleich die ersten und angesehensten der alexandrinischen Gemeinde und leiteten zugleich deren Angelegenheiten nach mehreren Seiten hin, oder sie waren deren Archonten, Ethnarchen oder Genarchen. Ethnarchie und Arabarchie bedeuten zwar nicht dasselbe, waren vielmehr verschiedene Funktionen und Würden, aber da sie beide in den Personen aus dem Hause Onias vereinigt waren, so werden sie als gleichbedeutend gebraucht.

7. Da die Arabarchen oder alexandrinischen Ethnarchen zugleich Oberaufseher über den Hafenzoll waren, so waren sie in der Lage, große Reichtümer zu erwerben und galten als die begütertsten der alexandrinischen Judenheit.

8. Infolge ihres Reichtums und ihrer wichtigen Ämter genossen sie auch nach außen hin ein hohes Ansehen. Die Kaiser haben Glieder derselben in ihre Familie adoptiert, und das judäische Königshaus hat sich mit ihnen verschwägert.

9. Mit dem Untergange des Oniastempels und des onionischen Gemeinwesens (um 73) hörte die Bedeutung der Arabarchie auf. Wenn aber der Name noch später genannt wird, so war er entweder ein bloßer Titel oder bezeichnete lediglich den Inhaber des Amtes über das Hafenzollwesen. Dieses Amt wurde wahrscheinlich den spätern Nachkommen des Onias von den Kaisern gelassen, weil ihre Treue gegen die Römer bewährt war, und weil sie gewissermaßen eine ererbte Geschäftskenntnis und Umsicht für dieses Amt besaßen, wodurch sie die Einnahme ergiebig machen konnten.

Durch diese von selbst folgenden Ergebnisse aus der begründeten Prämisse stimmen sämtliche Zeugnisse über Arabarchen, Ethnarchen (Genarchen) und Personen, welche diese Würde inne hatten, vollkommen überein, es bleibt keine Dunkelheit oder Schwierigkeit zurück.

Werfen wir nun einen Überblick über die Arabarchen und Ethnarchen in chronologischer Reihenfolge. Der Begründer der Arabarchie und Ethnarchie war ohne Zweifel Onias IV, der Hohepriestersohn, der jung nach Ägypten gekommen ist, um 154 Philometor und Cleopatra Dienste geleistet hat, von ihnen zum Strategen ernannt wurde und den Oniastempel und das Gemeinwesen Onion gegründet hat; diese Institute bildeten die Grundbasis für die Arabarchie. Nach 146 war er noch militärisch für Cleopatra tätig.

Die Inhaber der von ihrem Vater erworbenen Ämter und Würden waren seine Söhne Anania und Chelkija, welche um 107 eben so für Cleopatra, die Tochter Philometors und der Cleopatra, tätig waren, wie ihr Vater für deren Eltern.

Von dieser Zeit an bis zum Jahre 59, also zwei Menschenalter, erfahren wir nichts über Ethnarchie und Arabarchie. Daß die letztere aber fortbestand, folgt aus dem Bestande des Gemeinwesens Onion in kriegerischer Tüchtigkeit. Im Jahre 59 spielte Cicero auf die Arabarchie an. Er machte sich in einem Briefe an seinen Busenfreund Attikus über Pompejus Luft, der sein Feind geworden war (Epistolae ad Atticum II, 17 a. u. c. 695 = 59) und nennt ihn zweimal Sampsiceramus (Sampsigeramus), mit Anspielung auf einen winzigen König von Emesa. Einmal nennt er Pompejus Arabarches; velim e Theophane expiscere, quonam in me animo sit Arabarches[1]). Es wird allgemein angenommen, daß diese Benennung ein Spitzname ist, den Cicero seinem damaligen Gegner beigelegt hat. Der Grund für diese Benennung liegt in den damaligen Vorgängen. Gerade in diesem Jahre hatten Julius Cäsar und Pompejus es durchgesetzt, daß der illegitime Sohn des Lathurus, genannt Ptolemäus Dionysios oder Auletes, vom Senate als König anerkannt wurde, und zwar für 6000 Talente (Sueton Caesar 54): ut qui (Caesar) uni Ptolemaeo prope sex millia talentorum suo Pompeiique nomine attulerit. (Über das Datum, Clinton fasti hell. III. ad. an. 60 und p. 393). Pompejus hatte sich demnach durch Ägypten bereichert. Deswegen gab ihm Cicero den Spitznamen Arabarches. Es bestand also im Jahre 59 ein Arabarch in Ägypten, der als reich galt, vielleicht auch im Geruche stand, sein Amt zur Bereicherung mißbraucht zu haben.

Der unwürdige König Dionysios oder Auletes konnte nur durch Rom gehalten werden. Nach seinem Tode 51 erhielt die letzte, berüchtigte Cleopatra die Regierung, und sie weihte sie durch Ermordung eines ihrer beiden Brüder und einer Schwester ein. Sie war eine Erzfeindin der Judäer (o. S. 642), und sie hat schwerlich dem zu ihrer Zeit lebenden Arabarchen Machtbefugnis und Ansehen gelassen. Allerdings, solange Julius Cäsar Herr war (48—44), konnte sie ihm nichts anhaben, weil gerade die Judäer von Onion ihm Dienste geleistet hatten (o. S. 639). Ein judäischer Militärbezirk setzt einen judäischen Führer voraus. Es muß auch zu Cleopatras Zeit einen Arabarchen gegeben haben. Aber nach Cäsars Ermordung, und während Antonius in ihren Zauberbanden verstrickt war (41—31), hat sie ohne Zweifel die Machtbefugnis desselben, wenn nicht ganz aufgehoben, so doch vermindert.

Mit dem Siege Oktavians über Antonius stieg wieder das Ansehen der judäischen Arabarchen. Er ließ ihnen die Hafenzollaufsicht (o. S. 641), ließ dem Ethnarchen von Alexandrien seine hohe Stellung über die alexandrinische

---

[1]) Es ist bereits bemerkt, daß die besten Handschriften bei Cicero und Juvenal Arabarches haben, statt der in den Editionen aufgenommenen L.-A. Alabarches.

Note 4. Die judäischen Ethnarchen oder Alabarchen in Alexandria.

Gemeinde und gab ihm aus Bevorzugung der Judäer vor den alexandrinischen Griechen eine Gerusia an die Seite (o. S. 631). Während Augustus' langer Regierung starben mindestens zwei Ethnarchen (o. S. 632), von denen der Name des einen sich noch ermitteln läßt. Im Jahre 24 lebte noch ein solcher, den Strabo noch angetroffen hat. Dieser muß den Namen Nikanor gehabt haben. Die talmudischen Quellen berichten nämlich, daß zum Bau des herodianischen Tempels ein Mann aus Alexandrien zwei Flügeltüren aus korinthischem Erz geweiht und sie aus Alexandrien nach Jerusalem gebracht habe. Diese Türen von Goldglanz sollen ebensoviel wert gewesen sein wie Gold. Die Pforte, welche in den ersten Vorhof (Weibervorhof) ins Innere des Tempels führte, wurde nach dem Spender genannt: **Nikanorpforte** (שער ניקנור). Es knüpfen sich Sagen an diese Türen, wie sie wunderbarerweise aus dem Schiffbruch gerettet wurden und nach Jerusalem gebracht werden konnten[1]). Das Faktum ist demnach unzweifelhaft, daß ein Mann namens Nikanor diese wertvollen Türen für den Tempel geweiht hat. Dieser muß außerordentlich reich gewesen sein, eben so reich wie der Arabarch Alexander Lysimachos, welcher später die Pforten desselben Tempels mit Silber und Gold belegen ließ. Aber nur [?] die Arabarchen konnten über einen solchen Reichtum verfügen. Es ist demnach konstatiert, daß zur Zeit des Baues des herodianischen Tempels ein Arabarch Nikanor gelebt hat. Der Tempelbau begann im Jahre 20, in Herodes' 18. Jahre. Damals lebte also Nikanor und wahrscheinlich auch vier Jahre vorher, von dem eben Strabo berichtet hat, daß er eine fürstliche Würde und eine gewisse Machtbefugnis besessen habe. Er starb wohl während Augustus' Regierung, nämlich als einer von den zweien, welche in dieser Zeit starben, und nach deren Tod Augustus Verfügungen für die alexandrinische Judenheit erlassen hat (o. S. 633). Der zweite derselben könnte Lysimachos gewesen sein, der Vater des Alexander. Dieser Alexander war wohl Arabarch in Tiberius' Zeit und muß jedenfalls in dieser Zeit ein Vierziger gewesen sein. Er verwaltete die Güter der jüngeren Antonia. Sein jüngerer Sohn Tiberius Alexander war von 46—48 Prokurator von Judäa noch mindestens als Dreißiger. Sein älterer Sohn Markus wurde noch von Agrippa I mit dessen Tochter verlobt, also noch vor 44, dem Todesjahr dieses Königs, und Markus muß doch wenigstens damals 20 Jahre alt gewesen sein. Ihn und nicht bloß seinen zweiten Sohn Tiberius, muß der Kaiser Tiberius in die gens Julia aufgenommen haben. (o. S. 645).

Großen Reichtum besaß dieser Arabarch Alexander noch unter Tiberius. Denn als Agrippa I. noch ein Privatmann und Abenteurer war und ein Jahr vor Tiberius' Tode tief verschuldet nach Rom reiste (36), machte ihm Alexander bedeutende Vorschüsse, damit er dort als Prinz auftreten könne[2]). Josephus berichtet gelegentlich von ihm, er habe die Pforten des Tempels mit Gold und Silber reich verzieren lassen (o. S. 319), was ebenfalls seinen Reichtum bekundet, wie es seine Anhänglichkeit an den Tempel in Jerusalem bezeugt. Wie (o. S. 645) nachgewiesen ist, muß Alexander diese Verzierung bereits in den ersten Jahren von Tiberius' Regierung angebracht haben. Ja, er kann

---

[1]) M. Middot II, 3. כל השערים שהיו שם (בבית המקדש) נשתנו להיות של זהב חוץ משער ניקנור . . ר' אלעזר בן יעקב אומר נחושתן קלונתא היה יפה כזהב (קלנתיא das **Wort** ist *Κορίνθιος*, aus korinthischem Erz). Vgl. Tosefta Joma II, 4. Darauf folgt das.: אמרו שהיה ניקנור מביא מאלכסנדריא. Über die Sage vergl. Monatsschrift 1881, 203 ff.

[2]) Josephus Altert. XVIII, 6, 3.

schon in Augustus' Zeit arabarchisiert haben. Denn nehmen wir an, daß er bis etwa um das Jahr 50 post gelebt hat (das Jahr, in welchem wohl Demetrios Arabarch war), so könnte er, wenn er auch nur 60 Jahre alt geworden, um 10 ante geboren sein und noch vor Augustus Tode (14 post) als Zwanzigjähriger zum Arabarchen eingesetzt worden sein. Wir hätten also in Augustus' Zeit zu verzeichnen:

Nikanor um 24 bis x ante und
Lysimachos von x ante bis etwa 10—13 post.

Josephus nennt noch einen Arabarchen Demetrios, welcher Agrippas I. zweite Tochter, Mariamne geheiratet hat (o. S. 354). Da diese Mariamne beim Tode ihres Vaters (44) zehn Jahre alt (also 34 geb.) war, und sie den ihr von dem Vater zugedachten Bräutigam, Archelaus, Sohn Chelkias', refüsiert hatte, ehe sie sich mit Demetrios verlobte, so muß sie doch bei dieser Äußerung ihrer Selbständigkeit mindestens 15 Jahre alt gewesen sein. Ihre Verheiratung mit dem Arabarchen Demetrios fand also um 50 statt, Josephus setzt sie auch vor Claudius' Tode an, vor 54 (Ant. XX. 7, 3). Demetrios kann also recht gut Alexanders unmittelbarer Nachfolger gewesen sein Er gibt zwar nicht die Verwandtschaft des erstern mit dem letztern an, aber da er beide gleich als solche bezeichnet, welche durch Abstammung und Reichtum den ersten Rang unter den Judäern Alexandriens eingenommen haben, so muß [?] auch Demetrios von den frühern Arabarchen abstammen und auch zur priesterlichen Familie der Oniaden gehört haben.

Aus Neros Zeit und während der Katastrophe des judäisch-römischen Krieges gibt es keine Andeutung von der Fortdauer der Arabarchie. Bei dem Aufstand der alexandrinischen Judäer gegen die Griechen und dem Blutbade, das ihr Stammesgenosse Tiberius Julius Alexander, damals Präfekt von Ägypten, unter den erstern angerichtet hat (Josephus j. Kr. II. 18, 8), wird nichts von der Anwesenheit und dem Eingreifen eines Arabarchen erwähnt. In der Erzählung von den Vorgängen nach der Zerstörung Jerusalems, daß die nach Ägypten entflohenen Zeloten dort den Krieg gegen die Römer fortsetzten, referiert Josephus, daß die Vornehmsten der judäisch-alexandrinischen Gerusia (das. VII. 10, 1): "πρωτεύοντες τῆς γερουσίας" geraten haben, zur eigenen Sicherheit die Zeloten zu bekämpfen. Unter diesen könnten allerdings der Arabarch oder Ethnarch und seine Verwandten verstanden sein; aber es ist nicht zwingend. Indessen während des hadrianischen Krieges wird der Name eines judäischen Leiters genannt, welcher auf einen Abkömmling von dem Arabarchen Alexander schließen läßt. Eine echte Tradition, anknüpfend an den Vers (Levitic. 26, 19): "ich werde den Stolz eurer Macht brechen," wendet ihn auf zwei Fürsten, auf Pappus und Julianus Alexander (oder einen Alexandriner) und seine Genossen an, welche die Größen und der Stolz Israels gewesen und gebrochen worden waren (Sifra zum Abschnitt Bechukkotai IV): אחרים אומרים (ושברתי גאון עזכם) אלו הגאים שהם גאונה של יש׳אל כגון פפוס (בן יהודה) ולוליינוס אלכסנדרי וחביריו. Julianus Alexander erinnert doch augenscheinlich an den Arabarchen Alexander und an Julius Alexander, den Unterfeldherrn in Trajans Heer, welcher mit Erucius Clarus Seleucia niederbrennen ließ zur Zeit des Aufstandes der Parther und Judäer im Rücken des Kaisers. Dieser Julius Alexander stammte von dem Apostaten Tiberius Julius Alexander ab, und einer seiner Nachkommen hieß Julius Julianus Alexander nach Reniers Annahme (o. S. 644 f). Wie Julius Alexander von der Arabarchenfamilie abstammte, so wohl auch Julianus Alexander. Daher wird dieser Julianus Alexander ein Großer und Angesehener, der Stolz Israels genannt.

Note 5. Die Religionsstreitigkeit zw. Judäern u. Samaritanern.   651

Mithin muß er zu den πρωτεύοντες gehört haben. Es ist also so gut wie gewiß [?], daß er zur Arabarchenfamilie gehört hat. Dieser Julianus kommt noch einmal mit Pappus vor, wenn auch ohne den Familiennamen Alexander, in einer authentischen Erzählung von dem Unternehmen der Judäer, in der Zeit Josua ben Chananjas', den Tempel zu erbauen. Diese beiden stellten Wechseltische von Akko bis Antiochien auf, um Gelder für den Tempelbau zu sammeln. Genesis Rabba I. 64: הושיבו פפוס ולוליאנוס טרפיין מעכו ועד אנטוכיא. Dieses geschah im Anfang von Hadrians Regierung, als dieser den Judäern Konzessionen gemacht hatte. Auch sonst ist bezeugt, daß Pappus und Julianus, die immer zusammen genannt werden, (einige Mal in umgekehrter Reihenfolge, Julianus und Pappus) in der Trajanischen und Hadrianischen Zeit gelebt haben. Daß in diesem Jahrhundert noch ein Arabarch, לברים, in Ägypten existiert hat, der, wie übertreibend angegeben ist, alles geleitet habe, folgt doch auch aus der interessanten Notiz, die bereits besprochen ist (o. S. 630). Diese Notiz stammt aus der zweiten Hälfte des zweiten Jahrhunderts und spricht von dem Arabarchen im Tempus der Gegenwart. Also in dieser Zeit war noch immer ein judäischer Arabarch, ohne Zweifel ein Verwandter des Julianus Alexander, vorhanden. Ein anderer Zweig dieser Familie war aber bereits vom Judentum abgefallen und im Römertum aufgegangen. Zu diesem gehörten Julius Alexander unter Trajan, sein Nachkomme Julius Julianus Alexander, ferner Ptolemaios, sein Sohn Apollonios und sein Enkel Julius Ptolemaios, welche auf einer Inschrift aufgeführt werden, deren Zeitalter sich aber nicht bestimmen läßt. Sie mögen Nachkommen des Tiberius Julius Alexander gewesen sein. Es gab also bei den Nachkommen der Arabarchen oder Oniaden mindestens bis ins zweite Jahrhundert eine heidnische und eine judäische Linie. Daraus ergibt sich die interessante Tatsache, daß während ein heidnischer Abkömmling der Arabarchenfamilie unter Trajan die Judäer in Verbindung mit den Parthern bekämpfte, ein anderer Abkömmling derselben, Julianus Alexander, für seine Stammes- und Glaubensgenossen unter Trajan und Hadrian eingetreten ist.

Wenn Schürer die Hoffnung aussprach, daß die Untersuchung über die Alabarchen nichts mit der Theologie zu tun haben dürfte, in so fern das Resultat seiner Abhandlung darüber richtig [ich möchte es dafür halten] ist, so dürfte es sich aus gegenwärtiger Abhandlung herausgestellt haben, daß sie aufs innigste, wenn auch nicht mit der Theologie, so doch mit der judäischen Geschichte verknüpft ist. Die Arabarchen gingen aus der eigentümlichen Stellung der ägyptischen Judäer zum König Ptolemäus Philometor hervor, oder richtiger aus dem Antagonismus des ptolemäischen Königshauses gegen das seleucidische. Antiochos Epiphanes hat den Hohenpriester Onias III. seiner Würde entsetzt, vielleicht ihn auch umbringen lassen und dafür Unwürdige zu Hohenpriestern ernannt. Dieser Onias war ein Gegner der Seleuciden und ein Parteigänger der Ptolemäer. Darum hat Philometor seinen Sohn Onias IV. begünstigt und ihn zum Arabarchen ernannt.

5.
Die Religionsstreitigkeit zwischen Judäern und Samaritanern in Alexandrien.

Josephus' Erzählung von der Polemik zwischen Judäern und Samaritanern vor Philometor über die Heiligkeit des Tempels in Jerusalem oder auf dem Berge Garizim (Altert. XIII, 3, 4) halte ich ihrem Grundkern nach für historisch.

Dafür sprechen die sicherlich geschichtlichen Namen der zwei samaritanischen Weisen Sabbaios und Theodosios, welche die Ansicht ihrer Sekte vertreten haben. Diese Namen sind auch in der Haggabaliteratur bekannt, welche sie anachronistisch für Stifter des Samaritanismus ausgibt. Sabbai ist in diesen Quellen noch vollständig erhalten. Theodosius hingegen, den das orientalische Organ in Dositheos verwandelt hat, erscheint als Dostai. Vollständig erhalten sind die Namen in Tanchuma (zu Wajescheb 40 b): את דוסתאי ואת סבייה ולמדו אותם (הכותים) בכתב. (Der Titel רבי und der Vatername von Dostai: בר ינאי sind als schlechte Reminiszenzen unwissender Kopisten zu streichen. Vgl. Jalkut zu II. Könige 234; in Pirke di R. Elieser c. 38 ist aus Dostai דביה geworden.) Auf diesen Dostai oder Dositheos oder Theodosios ist vielleicht der Ursprung der Dosithäer des Epiphanius und der Dostani bei arabischen Schriftstellern zurückzuführen (vgl. darüber de Sacy, Chrestomathie Arabe II, 210 und Kirchheim: Introductio in librum talmudicum de Samaritanis 25 ff.) Die Sabbäer bei Epiphanius, als samaritanische Sekte, mögen sich nach Sabbai genannt haben. Der Kern von Josephus' Erzählung über den Religionsstreit hat sich ferner in Abulfatachs Tarich erhalten, und wird mit der Übersetzung der Septuaginta in Zusammenhang gebracht (vgl. Paulus, Repertorium, I, 124). Allerdings mochte die von Philometor protegierte griechische Übersetzung den Streit der Samaritaner und Judäer heftiger entzündet und ihre Leidenschaft erregt haben. Es galt für die Samaritaner, die Ehre ihres Tempels auf Garizim zu retten. Die Kiblah bildet daher bei Josephus wie bei Abulfatach den Vordergrund des Streites, und bei dem letzteren reiht sich nur deswegen der Punkt über die Kanonizität der historischen und prophetischen Schriften an, damit die Beweise der Judäer aus diesen Schriften niedergeschlagen werden können. Es versteht sich von selbst, daß die Züge in Josephus von dem feierlichen Eide, daß die Überwundenen getötet werden sollen, und daß am Ende die Anhänger des Sabbai und Theodosios getötet worden seien, nur die ruhmredige Ausschmückung der alexandrinischen Judäer widerspiegeln. Noch sagenhafter erscheinen die Einzelheiten dieses Streites bei Abulfatach, wo der mythische Eleasar, aus der Aristeassage entlehnt, zum Vorkämpfer der Judäer gemacht wird. Nur der eine Punkt ist in Abulfatachs Erzählung historisch, daß auch unter den Samaritanern die Tradition von einer öffentlichen Polemik zwischen Judäern und Samaritanern am Hofe eines פלטמה (Ptolemäus) sich erhalten hat. Alles Übrige, die Namen der handelnden Personen, die Beweisführung und der Ausgang des Streites zugunsten der Samaritaner ist Parteidarstellung, teils um die Lücken der Tradition auszufüllen, teils auch um die andern Differenzpunkte zwischen Samaritanern und Judäern auf diese Polemik zurückzuführen. Aus dieser Polemik vor Philometor entstanden wohl die samaritanischen Schriften des Theodot und Eupolemos, des Samaritaners (o. S. 607).

6.

Das Dokument über Simons Wahl zum Fürsten.

Im griechischen Texte steht (Makkabb. I, 14, 27—49), die Wahl Simons habe stattgefunden: ἐν Σαραμέλ, wofür eine Handschrift und die Vulgata die Lesart haben: ἐν Ἀσαραμέλ. Dieses Wort hat den Interpreten viel Schwierigkeiten gemacht, und hat auch auf die Versabteilung Einfluß geübt. Einige Ausgaben haben das Wort zum Schlusse des 27. Verses: ἐπὶ Σίμωνος ἀρχιἱερέως ἐν Σαραμέλ; andere setzen es als Anfang des nächstfolgenden Verses: ἐν Σαραμὲλ ἐπὶ συναγωγῆς μεγάλης ἱερέων κτλ. Beides gibt keinen Sinn. Ewald in seiner Geschichte des Volkes Israel erklärt das rätselhafte Wort durch das hebräische בחצר עם אל, was sehr scharfsinnig scheinen mag, aber gewiß nicht wahr ist. Man hat aber dabei die Lesart des Syrers aus Ushers und Pocockes der Londoner Polyglotte einverleibten Codices ganz übersehen. Der Syrer las לשמען (כהנא) רבא דאישׂראיל. Also ist Saramel nur eine Korruption aus ישראל. Und doch hat Derenburg der so gefällig manche Berichtigungen und Resultate aus meiner Geschichte entlehnt hat, diese sich von selbst aufdrängende Emendation nicht [Essai sur l'hist. et la géogr. de la Palestine S. 67. 450 ff] berücksichtigt. Dieser, so wie andere Nachfolger blieben noch bei dem unmöglichen Worte Saramel stehen. — Es ergibt sich demnach aus diesem Dokumente nicht, auf welchem Platze die Volksversammlung und die Wahl Simons stattgefunden hat. — Nach dem erhaltenen Texte über diese Wahl ist das Andenken an dieselbe an verschiedenen Stellen aufbewahrt worden. C. 14, 48—49 gibt mit ausdrücklichen Worten an, das Dokument sei auf ehernen Tafeln im Vorhofe des Heiligtums aufgestellt worden: τὴν γραφὴν ταύτην ... θέσθαι ἐν δέλτοις χαλκαῖς καὶ στῆσαι αὐτὰς ἐν περιβόλῳ τῶν ἁγίων. V. 27 dagegen berichtet, das Dokument sei auf ehernen Tafeln und auf Säulen auf dem Berge Zion aufgestellt worden: καὶ κατέγραψαν ἐν δέλτοις χαλκαῖς καὶ ἔθεντο ἐν στήλαις ἐν ὄρει Σίων. Allein es ist doch nur von einem einzigen Platze die Rede. Der „Berg Zion" bedeutet im 1. Makkabb. der „Tempel" [Vergl. auch Schürer I³, 249, Anm. 17].

7.

Hyrkans I. Königstitel.

Nach Josephus führte Hyrkan noch nicht den Königstitel. Erst Aristobul I. habe sich das Königsdiadem aufgesetzt: διάδημα πρῶτος ἐπιτίθεται (Ἀριστόβουλος, Altert. XIII, 11, 1). Nach Strabos Bericht sei gar Alexander zuerst judäischer König geworden: πρῶτος ἀνθ' ἱερέως ἀνέδειξεν ἑαυτὸν βασιλέα Ἀλέξανδρος (Geographie 16, 2, 40). Das arabische Makkabäerbuch hingegen, das neben Josephus noch andere Quellen über judäische Geschichte benutzt hat und auch nicht von Josippon abhängig ist (wie anderweitig bewiesen werden soll), stellt die Sachlage so dar, daß bereits Hyrkan I. den Königstitel angenommen hat, als die Römer das Bündnis mit den Judäern erneuert haben. פלמא וצל כתאב אלרום אלי ארקאנוס סמי מלכא וכאן יסמי קבל דלך באלכאהן אלאכבר (c. 22). Aristobuls Aufsetzen des Diadems, welches das arabische Makkabäerbuch nicht übergeht, erläutert es dahin, daß diese Handlung Aristobuls eine Verachtung des Hohenpriestertums gewesen, daß er zu dem bereits von seinem Vater ererbten Königstitel ein großes Diadem hinzugefügt und das Hohepriestertum verachtet habe: וכאן ילבס (ארסטבלוס) תאגא עטימא עלי ראסהו אחתקארא לתאג אלכהאנת אלמקדס (c. 27). Auch der Talmud nennt hin und wieder ינאי המלך, worunter Hyrkan zu verstehen ist (Kiduschin 66a). Indessen ist darauf wenig zu geben, da es bloß eine ungenaue Titulierung ist, hergenommen von Alexander Jannai, der richtig ינאי המלך genannt wird. Richtig ist es doch wohl, daß erst Aristobul den Königstitel angenommen hat. Denn es lag darin eine Art Anmaßung, welche sein Vater, der bis in sein Alter pharisäisch gesinnt war, sich nicht erlaubt hätte. Simon, der Makkabäer, wurde vom Volke lediglich als ἡγούμενος d. h. als נשיא „Fürst" eingesetzt, nicht als König weil nach der Anschauung der damaligen Zeit diese Würde nur den Nachkommen Davids gebühre. Darum wird bei der Verleihung der Machtvollkommenheit hinzugefügt: ἕως τοῦ ἀναστῆναι προφήτην πιστόν, d. h. bis Elia, als Vorläufer des Messias, auferstehen werde; dann werde der Davidssohn König sein. Die Annahme des Königstitels involvierte demnach die Verleugnung des Messiasglaubens, gewissermaßen die Entthronung des Davidischen Hauses. Diese Anmaßung lag mehr in Aristobuls Charakter.

8.

Datum von Hyrkans I. Krieg gegen Antiochos Sidetes und die historischen Sabbatjahre.

Simons Todesjahr, Hyrkans I. Regierungsantritt, die Zeit der darauf folgenden Belagerung Jerusalems durch Antiochos Sidetes und endlich die des Friedensschlusses bieten nach den Quellen chronologische Schwierigkeiten. Simon ist ermordet worden im Monat Σαβάτ (שבט) 177 Sel. (I. Makkab. 16, 17), d. h Februar-März 135 ante. Gleich darauf trat Hyrkan die Regierung an und belagerte den Mörder seines Vaters Ptolemäus, soll aber die Belagerung aufgegeben haben, weil sie sich in die Länge gezogen und das Sabbatjahr eingetreten war (Jos. Ant. XIII. 8, 1). Der Ausdruck lautet: ἐνίσταται τὸ ἔτος ἐκεῖνο κτλ. Es kann in diesem Zusammenhang nur bedeuten, daß das Sabbatjahr damals noch lief. Denn gleich darauf erzählt Jos., Antiochos Sidetes habe Jerusalem belagert in seinem 4. Jahre, im ersten Jahre Hyrkans. Da Antiochos Sidetes 138 seinem gefangenen Bruder gefolgt war, so war sein 4tes Jahr 135, und dieses das erste Jahr Hyrkans. Dieses müßte also ein Sabbatjahr gewesen sein, und bereits Tischri 136 begonnen haben, es wäre also 136 bis 135 ein Sabbatjahr gewesen. Die Belagerung Jerusalems dauerte noch bei dem Eintritt der Plejaden, d. h. Marcheschwan (Okt.), und erst nach dem Hüttenfeste erfolgte der Friedensschluß, d. h. nach Tischri (Sept., Okt.). Aber in welchem Jahre? Das bleibt ungewiß. Noch ein zweites Sabbatjahr gibt Josephus bei einem wichtigen Faktum an, nämlich bei der Einnahme Jerusalems durch Herodes und Sosius. Dabei bemerkt Josephus, daß während der Belagerung ein Sabbatjahr war (XIV, 16, 2). Ein Sabbatjahr wird auch im I. Makkabb. angegeben, nämlich das Jahr 150 Sel. (6, 49 und 53). Aber alle diese chronologischen Data stimmen nicht mit einander, und die Fachmänner gehen deswegen bei der Fixierung eines Sabbatjahres auseinander. Noch eine vierte Notiz muß herangezogen werden. Die talmudischen Quellen geben an, der Tempel sei am Ausgange eines Sabbatjahres zerstört worden (מוצאי שביעית), d. h. das der Zerstörung vorangegangene Jahr 68—69 sei ein Sabbatjahr gewesen. (Vergl. darüber H. Sevin, Chronologie des Lebens Jesu, 2 Ausg. 1874 S. 57 fg.; Chr. Fr. Caspari, die geschichtlichen Sabbatjahre, Studien und Kritiken 1877, S. 191 fg.; ich nenne nur die jüngsten Arbeiten darüber [hierzu kommt jetzt die Abhandlung Ungers in den Sitzungsberichten der Münchener Akademie, philos.-philol. und hist. Klasse, 1895, S. 268 ff, vgl. die Bemerkungen Schürers I³, S. 38, Anm. 7 und 8], die älteren sind Legion). Da aus den Angaben selbst die Fixierung eines Sabbatjahres zweifelhaft ist, so müssen anderweitige sichere Momente herangezogen werden. Schürer hat das Richtige dafür angedeutet. Das nachchristliche Jahr 40—41, welches nach der Annahme vieler Chronologen ein Sabbatjahr gewesen sein müßte, war es keineswegs, weil in diesem Jahre (40), in welchem Caligula die

Note 8. Datum von Hyrkans I. Krieg gegen Antiochos Sibetes. 655

Bildsäule in den Tempel zu bringen befohlen hatte, die Judäer aus Verzweiflung zuerst den Boden unbestellt ließen und dann, Hoffnung schöpfend, die Äcker im Spätherbst oder anfangs Winter bestellten (Jos. das. XVIII, 8, 3; jüb. Kr. II, 10, 5). Da die Äcker faktisch bestellt wurden, so kann der Herbst 40 nicht ein Sabbatjahr gewesen sein. Soweit Schürer (Lb. b. neutest. Zeitgesch. S. 17, N. 13)¹). Es läßt sich aber noch ein positiver Beweis hinzufügen. Von Agrippa erzählt eine echte Tradition, er habe in feierlicher Weise nach Vorschrift des Gesetzes am Ausgange des Sabbatjahres aus dem Pentateuch vorgelesen (o. S. 348). Hier kann nur von Agrippa I, die Rede sein, denn sein Sohn Agrippa II. war im Grunde nicht König von Juda, um berechtigt zu sein, diese solenne Vorlesung vorzunehmen; auch wird er keineswegs als so gesetzestreu geschildert, daß er sich diese Funktion hätte angelegen sein lassen sollen. Dagegen wird Agrippas I. Gesetzestreue von Josephus besonders hervorgehoben. Nun war Agrippa I. König von Judäa von Januar 41 (Caligulas Tod) bis 44. Lange vor Caligulas Tod und auch noch während des Thronwechsels war er in Rom und kehrte, mit Ehren überhäuft, erst im Laufe von 41 [sogar erst im Jahre 42, wie ich bereits 1870 in der Monatsschrift S. 544, aus Alt. XIX, 5, 3 verglichen mit 6, 1 bewiesen habe] nach Judäa zurück. Er kann also Herbst 41 nicht den Schluß des Sabbatjahres begangen haben, sondern Tischri 42²). Ein anderes Sabbatjahr hat er nicht erlebt. Folglich muß das Jahr 41—42 ein Sabbatjahr gewesen sein. Dieser Beweis ist unerschütterlich, und wir werden uns überzeugen, daß eine zuverlässige Quelle diese Annahme bestätigt.

Also nachchristl. Zeit von Tischri 41 bis Tischri 42 ein Sabbatjahr,
„   48   —   49   „
„   55   ---   56   „
„   62   --   63   „
„   69   --   80   „

Das Jahr der Zerstörung Jerusalems war demnach ein Sabbatjahr³); die angebliche Tradition, welche dafür das Jahr 68—69 ansetzt, ist also unzuverlässig, und darf nicht als Anfangspunkt für die Berechnung gebraucht werden.

¹) [In der dritten Auflage, S. 36 läßt Schürer selbst diese Aufstellung fallen, und weist mit Recht darauf hin, daß „dieses indirekte Argument nicht stark genug ist, um die überlieferten positiven Daten in Betreff der Sabbatjahre umzustoßen"].

²) [Dieser Schluß ist nicht stringent. Mit demselben Recht könnte geschlossen werden, daß irgend ein anderes beliebiges Jahr zwischen 41 und 44 oder zwischen 37 und 44 ein Sabbatjahr gewesen sei. Korrekt ist vielmehr nur ein einziger Schluß: da hiernach Agrippa I. im Herbst 41 den Schluß des Sabbatjahres nicht begangen haben kann und er ein anderes Sabbatjahr als König nicht erlebt hat, so muß die Notiz der Mischnah Sotah sich auf einen anderen Agrippa und ein anderes Sabbatjahr beziehen. Ich habe sie demgemäß a. a. O. auf Agrippa II und das Jahr 62 bezogen, und jüngst hat Büchler (im Jahresbericht der isr.-theol. Lehranstalt in Wien für 1895, S. 14 f.) diese Ansetzung gebilligt. Der unterstellte, ohnehin zweifelhafte Maßstab der größeren und geringeren Gesetzestreue des Vaters und des Sohnes kann angesichts der chronologischen Notwendigkeit als Instanz gegen meine Ansetzung kaum ins Gewicht fallen].

³) [Auch diese Beweisführung ist unhaltbar. Es beweisen viel mehr die beiden geschichtlich beglaubigten Sabbatjahre 177 Sel. und 275 Sel. (vgl. Zuckermann, Sabbatjahrcyklus und Jobelperiode, S. 32 f.) die absolute Zuverlässigkeit der Angabe in Seder Olam c. 30, daß auch 380 Sel., b. h. 68/9 Chr., das Jahr vor der Zerstörung des zweiten Tempels ein Sabbatjahr gewesen sei].

Rückwärts Tischri 41 — Tischri 42 nachchr. Zeit ein Sabbatjahr.
„   „   27 —   „   28   „   „   „   „
„   „   13 —   „   14   „   „   „   „
„   „   6 —   „   7   „   „   „   „

Um in die vorchristliche Zeit überzugehen, ist es ratsam, um nicht in Konfusion zu geraten, lieber das Jahr fest zu halten, in welches $^3/_4$ des Sabbatjahres fällt. Das christl. Jahr 7 war also ein Sabbatjahr, folglich war das erste Jahr vorchr. Zeit ebenfalls ein solches, ferner die Jahre 8, 15, 22, 29, 36. Das Jahr 36 oder Tischri 37 — T. 36 war also ein Erlaßjahr. Josephus' chronologische Angaben über das Jahr der Eroberung Jerusalems durch Herodes widersprechen sich also in zweifacher Weise. Er bestimmt dieses 1) als Konsulatsjahr des M. Agrippa und Caninius, d. h. das römische Jahr 717 = 37. 2) als das letzte Jahr der 185. Olympiade, ebenfalls = 37. Diese Zahlen hatte Jos. wohl der Geschichte des Nikolaus von Damaskus entlehnt, welcher, als Zeitgenosse und Freund des Herodes, die Chronologie richtig angegeben haben wird. 3) Daß von dem Jahre der Eroberung Jerusalems durch Pompejus bis zu der durch Herodes 27 Jahre abgelaufen sind — d. h. von 63 an gerechnet bis 37 und dieses mitgerechnet 27 Jahre. Alle diese Data stimmen mit einander, nur die Angabe über das Sabbatjahr nicht. Denn das Jahr 37 war keineswegs ein solches, sondern das Jahr 36, wie wir gesehen haben. Das Sabbatjahr begann erst Herbst 37. Während der Belagerung, welche Frühjahr und einen Teil des Sommers dauerte, können demnach noch nicht wegen des Sabbatjahres und der Brache der Felder Mangel und Hungersnot eingetreten sein! Er widerspricht sich auch durch eine andere Angabe. Er erzählt nämlich: nach der Eroberung Jerusalems waren im Lande fürchterliche Drangsale, das Land blieb wegen des Sabbatjahres unbestellt, weil es in einem solchen verboten ist, zu säen (XV. 1. 2): ἐνειστήκει γὰρ τότε (τὸ ἑβδοματικὸν ἔτος) καὶ σπείρειν ἐν ἐκείνῳ τὴν γῆν ἀπηγορευμένον ἐστίν ἡμῖν. Aber die Saatzeit ist doch erst im Spätherbste; also begann das Sabbatjahr erst mehrere Monate nach der Eroberung Jerusalems, d. h. Herbst 37, und zog sich bis Herbst 36 hin. Es bleibt also richtig, daß die Eroberung Jerusalems Sommer 37 stattgefunden, aber falsch ist die Angabe, daß die Not während der Belagerung infolge des Sabbatjahres noch gesteigert gewesen sei. — War das vorchristliche Jahr 36 ein Sabbatjahr, so war das Jahr 134 ebenfalls ein solches und nicht 135. Soll sich die Belagerung gegen Ptolemäus von Seiten Hyrkans bis zum Sabbatjahr 134 hingezogen haben, so müßte diese bis zu Hyrkans zweitem Jahre gedauert haben; dann kann aber der Krieg des Antiochos Sidetes gegen Hyrkan nicht in Hyrkans erstem Jahre erfolgt sein. Auch bei dieser chronologischen Angabe hat sich Josephus ein Versehen zu Schulden kommen lassen, wie denn auch seine Angabe des Olympiaden-Jahres zu diesem Faktum falsch ist, wenn die Zahl nicht ein Korruptel ist. Wir sehen jedenfalls daraus, daß Josephus über das Sabbatjahr schlecht unterrichtet war, zweimal hat er es falsch angegeben[1]). Sicher ist wohl seine Angabe, daß Antiochos Sidetes den Krieg gegen Hyrkan im Jahre 135 begonnen hat, da zwei gleichstimmende Data dafür angesetzt sind; Hyrkans erstes und Antiochos' viertes Jahr, d. h. 135 und die Belagerung Jerusalems kann sich höchstens bis zum Herbste des Jahres 134 hingezogen haben, nicht bis 133, wie meistens angenommen wird.

---

[1]) [Man sieht zu welchen Konsequenzen der Verf. sich genötigt sieht. Das Richtige siehe bei Schürer I[3], S. 35 f.]

Dagegen ist die Angabe im Makkabb., daß das Jahr 150 Sel. = 162 ein Sabbatjahr gewesen sei, nach unserer Berechnung, durchaus richtig, und sie bestätigt eben die Berechnung[1]). — War das Jahr 150 Sel., ein Sabbatjahr, so war auch das Jahr 1487 Sel. ein solches, 1487 — 150 = 1337 dividirt durch 7, Rest 0. Das stimmt mit Maimonides' Angabe, daß das Jahr 1486 Sel. das sechste Jahr des Sabbatjahres gewesen sein müsse (Briefe in Respp.):
לפי חשבון זה תהיה שנה זו שהיא שנת (אלף) שש ושמונים וארבע מאות לשטרות
שנת ששית בשבוע. Also Sel. 1486 das 6. Jahr, 1487 ein Sabbatjahr = 1176 christl. Zeit. Falsch dagegen ist die von Maimonides erwähnte Tradition der Gaonen oder R'haïs, daß 1486 Sel. = 1175 ein Sabbatjahr gewesen sei[2]). Zuckermanns Sabbatjahrtafel, welche auf dieser falschen Voraussetzung basiert ist, erweist sich als unzuverlässig. (Progr. d. jüd. theol. Seminars 1857 S. 43 ff.) Diese Tafel setzt die Sabbatjahre um ein Jahr zu früh an.

9.

Die judäischen Gesandtschaften nach Rom und die Urkunden zu gunsten der Judäer.

I. Gesandtschaften.

Das erste Makkabäerbuch und nach ihm Josephus verfehlen nicht, bei gewissen markierten Momenten weitläufig oder kurz zu erzählen, daß die drei großen Hasmonäerführer Juda, Jonathan und Simon in Bundesgenossenschaft mit den Römern getreten seien, teils zur Befestigung der Errungenschaften gegen die Anfechtung der Syrer, teils um sich anderweitige Vorteile zu sichern. Von diesen Gesandtschaften wird weitläufig erzählt: unter Juda (I. Makkab. 8, 17—32. Josephus Altert. XII, 10, 6); unter Jonathan (I. Makkab. 12, 1 ff. Josephus das. XIII, 5, 8); unter Simon (I. Makkab. 14, 24. 15, 15). Die Geschichtlichkeit dieser Gesandtschaften und ihrer Erfolge in allen Einzelheiten ist problematisch, obwohl sie in Form von Dokumenten mitgeteilt und Namen dabei genannt werden. Unmöglich können die Römer mit Juda, der nur ein glücklicher Guerillas-Chef war, ein Bündnis der Freundschaft, noch dazu der Bundesgenossenschaft ($\sigma\nu\mu\mu\alpha\chi\iota\alpha$) geschlossen haben. Dadurch wird auch die Gesandtschaft unter Jonathan zweifelhaft, weil dessen kurzes Schreiben an die Römer sich auf die früher geschlossene Symmachie beruft. Noch mehr verdächtig wird die ganze Relation über diese Gesandtschaft, weil sie dieselbe auch nach Sparta delegieren läßt, um mit den Spartanern, den „Brüdern der Judäer", das Bruderverhältnis zu erneuern. Der Gesandtschaft an Sparta widmet sie eine bedeutende Ausführlichkeit, während die gleichzeitige an Rom mit wenigen Worten abgemacht wird. Auch das außerordentlich freundschaftliche Antwortschreiben aus Sparta wird wörtlich mitgeteilt (14, 20 fg.), während das Antigraphon aus Rom an Jonathan

---

[1]) [Allerdings. Doch ist die vorliegende Schwierigkeit durch die Vorschläge Schürers (a. a. O.) und Zuckermanns (S. 34) glücklich beseitigt.]

[2]) [Bekanntlich schließt sich Maimonides selber (Rga Peër-ha Dor, Nr. 127) der Tradition der Geonim an und erklärt 1507 Sel., also auch 1486 Sel., für ein Sabbatjahr. Vgl. über diesen Punkt Zuckermann a. a. O. S. 30 f. und S. 34, Anm. 33. Die Zuverlässigkeit der Zuckermannschen Sabbatjahrtafel ist demnach durchaus nicht erschüttert.]

fehlt. Nun ist das Verwandtschaftsverhältnis der Judäer und Spartaner die schwache Seite in dem Makkabäerbuche. Sind die Urkunden an und von Sparta fingiert und damit auch die Gesandtschaft nach Sparta ungeschichtlich, so flößt die damit in engste Verbindung gebrachte Erzählung von der Gesandtschaft nach Rom unter Jonathan nicht besonderes Vertrauen ein. Dazu kommt eine neue Verlegenheit. Der Bericht über Simons Gesandtschaft nach Rom erwähnt nichts von vorangegangenen Verhandlungen, spricht nicht von Erneuerung der Freundschaft und Symmachie, sondern erzählt trocken, Simon habe Numenios nach Rom gesandt, ein Bundesverhältnis zu schließen εἰς τὸ στῆσαι πρὸς αὐτοὺς τὴν συμμαχίαν (14, 24). Noch seltsamer ist es, daß eine Urkunde mitgeteilt wird, welche dieser Numenios (und seine Genossen) aus Rom mitgebracht haben soll, die aber nicht direkt für Simon oder das judäische Volk ausgestellt war, sondern für Ptolemäus und andere Fürsten, Städte und Inseln, um diesen die Erneuerung des Bündnisses von seiten Simons zu notifizieren. Warum hat das Makkabb. nicht die für Simon ausgestellte Urkunde mitgeteilt? Die enzyklische Urkunde aus Rom erweckt wieder neues Bedenken. An der Spitze derselben steht der Konsul Lucius: Λεύκιος ὕπατος Ῥωμαίων Πτολεμαίῳ (15, 16). Nun teilt Josephus eine Urkunde vom römischen Senat an den Hohenpriester Hyrkan mit, welche von einer Gesandtschaft der Judäer nach Rom referiert, und diese hat ebenfalls an der Spitze: Λεύκιος Οὐαλέριος Λευκίου υἱὸς στρατηγός (Altert. XIV. 8, 5). Josephus läßt zwar diese Urkunde unter Julius Cäsar für Hyrkan II. ausgestellt sein. Aber das wird von sämtlichen Fachmännern für einen Mißgriff angesehen. Diese Urkunde, gleichviel vorläufig, ob echt oder unecht, wird daher der Zeit Hyrkans I. zugewiesen. Also in der Urkunde für Simon ein Leukios und ebenso in der für Hyrkan I! Und damit man an der Identität gar nicht zweifle, sprechen beide von einem goldenen Schilde schweren Gewichtes, welchen die judäischen Gesandten nach Rom als Zeichen der Huldigung gebracht hätten. In Makkab. ἔχοντα ἀσπίδα χρυσῆν (14, 24), Jos. καὶ ἀσπίδα χρυσῆν σύμβολον τῆς συμμαχίας γενομένην ἀνήνεγκαν. Ja es scheint, daß selbst die Namen der Gesandten für die Identität zeugen. In Makkabb. wird zwar nur ein einziger Gesandter Simons genannt, Numenios, aber es wird auch hinzugefügt, daß noch andere bei ihm waren: καὶ οἱ παρ' αὐτοῦ [15, 15]. Nun ist dieser Numenios gewiß derselbe, welcher bei Jonathans Gesandtschaft genannt wird, nämlich Νουμήνιος Ἀντιόχου [I. Makk. 12, 16]. Also Simon hätte Gesandte mit einem goldenen Schilde beordert, von denen der eine Numenios b. Antiochos hieß. Und unter den Gesandten, welche Hyrkan mit dem goldenen Schilde dahin beordert haben soll (nach Jos. XIV, 8, 5), führt auch einer den Namen Numenios b. Antiochos. Es sind also Verdachtsgründe gegen die Echtheit dieser gesandtschaftlichen Urkunden vorhanden, und dadurch ist auch die Geschichtlichkeit der Gesandtschaften tangiert.

Diese Urkunden haben neben denen, welche Josephus anderweitig exzerpiert hat, in jüngster Zeit die Aufmerksamkeit der Forscher ersten Ranges auf sich gezogen. Fr. Ritschl und Th. Mommsen haben sie einer kritischen Prüfung unterworfen, um die lückenhaften Konsularfasten im zweiten vorchr. Jahrh. möglicherweise daraus ergänzen zu können[1]). Ludw. Mendelssohn hat

---

[1]) Diese Abhandlungen befinden sich: von Ritschl, im rhein. Museum, Jahrg. 1873, S. 586 ff., Jahrgang 1874, 337 ff., Jahrg. 1875, 428 ff.; von Mommsen, Hermes, Jahrg. 1875, 281 ff.; von L. Mendelssohn, im rhein. Museum 1875, 419 ff. [Die weitere Literatur bei Schürer I³, 252 f.]. Das

Note 9. I. Die judäischen Gesandtschaften nach Rom.

ihnen eine ausführliche und gründliche Abhandlung gewidmet in der Zeitschr. Acta societatis philologiae Lips., 1875, T. V. unter dem Titel: De senati consulti Romanorum ab Josepho Ant. XIV, 8, 5 relati temporibus. p. 89 ff. Indessen gilt diese Aufmerksamkeit mehr den Namen der römischen Würdenträger, welche in diesen Urkunden genannt werden, und nur nebenher wird auch die Seite der judäischen Geschichte behandelt. Es würde den einer Note zuzuweisenden Raum überschreiten, den weitläufigen und nicht immer klaren Ausführungen Mendelssohns zu folgen, um dessen Resultate kritisch zu prüfen. Nur auf das wesentlichste kann hier eingegangen werden.

Ich kann durchaus nicht Mendelssohn in der Annahme der durchgängigen Echtheit der Senatskonsulte, oder wie die Urkunden im 1. Makkabb. sonst heißen mögen, beistimmen; gegen die für Juda unter Jonathan ausgestellten liegen zu gewichtige Bedenken vor. Was das Faktische der Gesandtschaften betrifft, so müßten sie auch anderweitig bezeugt sein, wenn sie als historisch angesehen werden sollten. Nun spricht Justinus oder Trogus Pompejus von einem Bündnis der Judäer mit Rom und bestimmt die Zeit unter Demetrios. „Als die Judäer von Demetrios abfielen und die römische Freundschaft nachsuchten, erlangten sie unter allen orientalischen Völkern zuerst die Freiheit, da die Römer gerne über das verfügten, was ihnen nicht gehörte. A Demetrio cum descivissent (Judaei). amicitia Romanorum petita, primi omnium ex Orientalibus libertatem receperunt, facile tunc Romanis de alieno largientibus" (36, 3). Von welchem Demetrios hier die Rede ist, geht aus dem Beginn des Kapitels hervor, nämlich von Demetrios Nikator. Das erste Bündnis mit den Römern gehört also unter Simon. Dann erwähnt das II. Makkabäerbuch 4, 11 gelegentlich, daß Eupolemos, der Sohn des Johannes, dadurch bekannt sei, daß er einen gesandtschaftlichen Auftrag des Bundesgenossenschaft mit den Römern ausgeführt habe: διὰ Ἰωάννου τοῦ πατρὸς Εὐπολέμου τοῦ ποιησαμένου τὴν πρεσβείαν ὑπὲρ φιλίας καὶ συμμαχίας πρὸς τοὺς Ῥωμαίους. Diese Notiz, obwohl ganz unabsichtlich und wie zur Orientierung über den Namen hingestellt, hat indessen weniger Gewicht, weil auch hier von Bundesgenossenschaft die Rede ist. Auch bleibt dabei dunkel, in welcher Zeit Eupolemos judäischer Gesandter bei den Römern gewesen. Endlich wird in der Urkunde, welche das Volk für Simon zur Anerkennung seiner Verdienste um Vaterland und Religion ausgestellt hat, besonders hervorgehoben, Simon habe es bewirkt, daß die Römer die Judäer als Freunde und Bundesgenossen aufgenommen, und daß sie dessen Gesandte zuvorkommend behandelt hätten (I Makkabb. 14, 40). Wie sehr sticht dieser bescheidene Ton gegen jene Darstellungsweise ab, nach welcher die Judäer auf gleichem Fuße mit den Römern stehen! Hier betrachtet man es mit einer Art Befriedigung, daß man bereits so weit ist, ein Verhältnis mit den Römern angeknüpft zu haben, und daß die Gesandten Simons eine freundliche Begegnung in Rom gefunden haben: (καὶ ὅτι ἀπήντησαν [οἱ Ῥωμαῖοι] τοῖς πρεσβευταῖς Σίμωνος ἐνδόξως), während nach dem andern Dokumente schon Juda Makkabi ein engeres Bündnis mit Rom geschlossen haben soll, nach welchem die Römer sich verpflichtet hätten, im Falle eines Krieges den Judäern bundesgenössische Hilfe zu leisten. Bei Simon

Hauptargument Mommsens für die spätere Zeit der sogen. hyrkanischen Urkunde von dem Ὁμονοίας ναός in der betreffenden Urkunde, dem Tempel der Concordia in Rom, der in so früher Zeit noch nicht bestanden habe, hat R. erschüttert.

müssen wir also vorläufig stehen bleiben; er war in der Verfassung, die Römer wegen eines Bundesverhältnisses anzugehen, da er den beiden Königen Demetrios II. und Antiochos Sidetes die Unabhängigkeit Judäas abgekauft und abgetrotzt hatte. Simon war also sicherlich der erste, der im Bewußtsein der politischen Unsicherheit sich an das starke Rom anlehnen wollte, und die Nation zählte diese Tat unter die zahlreichen Verdienste, durch die er sie in den Rang der selbständigen Völker erhoben hat. Dagegen kann die Tatsächlichkeit der Gesandtschaft unter seinen beiden Vorgängern nur indirekt bewiesen werden. Der Delegierte Eupolemus wird unter Juda mit vollem Namen genannt: Εὐπόλεμος υἱὸς Ἰωάννου τοῦ Ἀκχώς (I Makkab. 8, 17). Der letzte Name entspricht dem Namen הקוץ; die בני הקוץ waren eine angesehene Familie, aber wegen Mangels an genealogischen Urkunden aus der Priesterschaft unter Nehemia gestrichen worden (Esra 2, 61; Parall. Neh. 3, 21). Dieser Name kann nicht fingiert sein. Es hat sich also eine Erinnerung erhalten, daß Juda zwei Gesandte nach Rom beordert hatte, Eupolemos aus der Familie Akchos (הקוץ) und einen Mitgesandten Jason b. Eleasar. Hat es Juda Makkabi getan, so hat es Jonathan wohl nicht unterlassen, aber beide haben wohl nicht, um die συμμαχία vom Senat zu erlangen, sondern um gegen die in Rom mißliebigen syrischen Machthaber Klage zu führen. Aus Simons Zeit dagegen ist nicht bloß das Faktum der Gesandtschaft bezeugt, sondern wir besitzen auch zwei Urkunden darüber, welche in dem Eingang ziemlich gleichlautend sind, nur daß sie im Makkabb. für Simon und bei Josephus für Hyrkan II. ausgestellt erscheinen. Die Identität ist gerade durch die Variante, daß dort der dabei fungierende Λεύκιος Konsul und hier Prätor betitelt wird, wahrscheinlich. Der Mißgriff ist auf Rechnung des griechischen Übersetzers aus dem Original des Makkabb. zu setzen, wie Mendelssohn wohl richtig annimmt (a. a. O. 117). Da die bei Josephus zitierte Urkunde unmöglich für Hyrkan II. ausgestellt sein kann, so gehört sie entweder zu Hyrkan I. oder zu Simon. Da sie aber tatsächliche Interessen berührt, ebensowie zwei andere bei Josephus, oder vielmehr alle drei dasselbe Interesse, nämlich die Anerkennung des Hafenrechtes für Judäa von Seiten Roms, so sind wir dadurch im Stande, die Personenfrage zu entscheiden.

Der Hafen von Joppe war für Judäa, wenn auch nicht für die Schiffahrt, so doch für den Export und Import von vitaler Wichtigkeit. Die haswonäischen Fürsten ließen daher auf ihren Münzen auch das Emblem eines Ankers anbringen. Dieser Hafen war faktisch im Besitze Judäas unter Simon. Denn Antiochos Sidetes verlangte die Herausgabe Joppes und des zum Schutze desselben dienenden Gazara, und weil Simon sie verweigerte, entstand ein Krieg. Unter den Friedensbedingungen, welche derselbe Antiochos Hyrkan I. auflegte, war auch diese, daß Judäa von Waren, die in Joppe aus- und eingingen, Zoll zahlen sollte (Jos. Ant. XIII. 8, 3): καὶ δασμὸν αὐτῷ τελεῖν Ἰόππης. Nun betreffen alle drei erwähnten Urkunden oder Senatskonsulte die Hafenfreiheit für Judäa. Alle drei können unmöglich in eine und dieselbe Regierungszeit, entweder unter Simon oder unter Hyrkan I., gesetzt werden. Folglich müssen sie unter dieselben verteilt werden. Nun gehören die Senatskonsulte, in denen ein König Antiochos ausdrücklich genannt wird, entschieden in Hyrkan I. Zeit. Folglich ist das, in welchem der Gesandte Numenios und das Überbringen eines goldenen Schildes erwähnt wird, unter Simon zu setzen, was auch Ritschl und Mendelssohn annehmen. — Das Senatskonsult bei Jos. (XIV, 8, 5), das für Judäa oder für Simon selbst

Note 9. I. Die judäischen Gesandtschaften nach Rom.

ausgestellt ist, gibt den Gegenstand der Petition genauer an. Die judäischen Gesandten hatten verlangt, ὑπὲρ τοῦ τήν τε χώραν αὐτῶν καὶ τοὺς λιμένας ἀδείας τυγχάνειν καὶ μηδένα ἀδικεῖσθαι, d. h Hafenfreiheit und Anerkennung ihrer Selbständigkeit. Sie hatten also im Namen Simons oder des Gemeinwesens um das Besitzrecht auf Joppe petitioniert, und der Senat hat es ihnen gewährt. Das Senatskonsult im Makkabb. (I, 15, 15 fg.) dagegen, welches für Simon an die römischen Bundesgenossen gerichtet ist, brauchte die Hafenfreiheit nicht zu erwähnen und berührt nur den Punkt, daß die römischen Bundesgenossen den Judäern nichts Böses zufügen, sie nicht bekämpfen und ihren Feinden keine Hilfe leisten sollten. Ritschl und Mendelssohn setzen diese gleichzeitigen Senatskonsulte in das Jahr 615 Roms = 139, was aber nicht streng erwiesen ist.

Gehören diese Senatskonsulte in die Zeit Simons, so sind die beiden andern (bei Jos. XIII, 9, 2 und das sogen. Pergamener das. XIV, 10, 22) selbstverständlich in die Zeit Hyrkans I. zu setzen. Denn in der kurzen Zeit, die Simon nach Erlaß der früher genannten Senatskonsulte noch gelebt hat, selbst 139 als richtig angenommen, also von 139 bis 135, kann er nicht noch zweimal wegen derselben Sache Gesandte nach Rom beordert haben; ja, er brauchte es nicht, da er faktisch im Besitze von Joppe und Gazara geblieben ist, nachdem seine Söhne Antiochos Sidetes' Feldherrn Kendebaios besiegt hatten. Aber Hyrkan I. muß wegen derselben Sache in Rom petitioniert haben, da er laut des Friedensschlusses mit Antiochos Sid. Joppe hatte ausliefern müssen. Da es aber ein dringendes Bedürfnis für das Land war, im Besitze oder wenigstens Mitbesitze der Hafenstadt zu bleiben, so hat er in Rom durch Gesandte die Bestätigung dieses Rechtes mit Berufung auf ältere Senatskonsulte nachsuchen lassen müssen. Wann hat er diese Gesandtschaft abgeschickt? Josephus setzt sie richtig nach Antiochos Sidetes' Niederlage in Parthien (Ant. XIII, 8, 4 wird von der Niederlage und 9, 2 von der Gesandtschaft erzählt). Und der Wortlaut des Senatskonsults spricht auch für diese Zeit: ὅπως τε Ἰόππη καὶ λιμένες καὶ Γάζαρα καὶ πηγαὶ (?) καὶ ὅσας πόλεις αὐτῶν ἄλλας . . . ἔλαβεν Ἀντίοχος παρὰ τὸ τῆς συγκλήτου δόγμα ταῦτα ἀποκατασταθῇ. Gesandtschaft und Senatskonsult kann daher nur nach 128, dem Jahre vor Antiochos Sidetes' Niederlage, stattgefunden haben. Denn vom Friedensschluß mit diesem König bis zu dessen Niederlage stand Hyrkan auf freundschaftlichem Fuße mit ihm; er begleitete ihn mit Truppen zur parthischen Expedition. Mit Unrecht setzt daher Mendelssohn dieses Senatskonsult in das Jahr 133 [Vgl. hierzu jedoch Schürer I³, S. 261 ff.]. Der Cajus Fannius, S. Marci, welcher in dieser Urkunde figuriert, war erst 174 geb. und 122 Konsul, wie Mommsen nachgewiesen hat. Er kann also erst nach 128 Prätor gewesen sein, wie er in diesem Senatskonsult betitelt wird. Rom hatte also durch das Organ des Fannius für Hyrkan das Recht auf Joppe und Gazara bestätigt, vergl. das. XIV, 10, 6, daß das Eigentumsrecht der Judäer auf Joppe von römischer Seite urkundlich anerkannt wurde. Und Hyrkan hat sich faktisch in den Besitz derselben gesetzt, wie Jos. erzählt. Wenn nun in der sog. Pergamenerurkunde (das. XIV, 10, 22) abermals eine Gesandtschaft Hyrkans nach Rom und abermalige Bestätigung des Hafenrechts für ihn durch ein Senatskonsult mitgeteilt wird, so kann dieses keineswegs unter Antiochos Sidetes gesetzt werden, da dieser für die politische Welt seit 128 nicht mehr existierte, selbst wenn er noch bis 126 gelebt haben soll. Zum Überfluß ist in dieser Urkunde ausdrücklich von einem andern Antiochos die Rede, nämlich von Antiochos, Sohn des Antiochos: ὅπως μηδὲν ἀδικῇ Ἀντίοχος ὁ βασιλεὺς Ἀντιόχου υἱὸς Ἰουδαίους .. ὅπως τε φρούρια καὶ λιμένας .. καὶ εἴ τι ἄλλο ἀφείλετο αὐτῶν ἀποδοθῇ. Unter diesem kann daher nur Antiochos Kyzikenos, Sohn des Antiochos Sidetes, verstanden werden, welcher von 113 bis 110 allein regierte. Dieser Antiochos hat Judäa verwüstet und den Bewohnern von Samaria gegen Hyrkan Hilfe geleistet (10, 1—2). Von dieser Vergewaltigung ist offenbar in der Pergamenerurkunde die Rede, es ist auch darin angedeutet, daß dieser Antiochos eine Besatzung nach Joppe gelegt hatte (καὶ τὴν ἐν Ἰόππῃ φρουρὰν ἐκβαλεῖν). Diese Vorgänge, Hyrkans zweite Gesandtschaft nach Rom und das darauf bezügliche Senatskonsult, erfolgten demnach zwischen 113 und 110. Mendelssohn setzt sie irrtümlich in das Jahr 133 gegen die ausdrückliche Angabe in diesem Senatskonsult, daß es gegen Antiochos, Sohn des Antiochos, also gegen Antiochos Kyzikenos, gerichtet ist [Vgl. Schürer a. a. O.].

Von den vier Senatskonsulten, welche Josephus als durch judäische Gesandte erwirkt exzerpiert hat, ist das älteste für Simon ausgestellt (Ant. XIV, 8, 5). Seine Gesandten waren Alexander, S. Jasons, Numenios, S. Antiochos (o. S. 657) und Alexander, S. Dorotheos'. Josephus hat es an unrechter Stelle angebracht, als wenn es zugunsten Hyrkans II. ausgestellt worden wäre. Das zweite ist für Hyrkan I. erlassen (XIII, 9, 2). Dabei fungierten die Gesandten, Simon, S. Dositheos', Apollonios, S. Alexanders und Diodoros, S. Jasons. Das Senatskonsult stammt aus der Zeit nach 128. Das dritte in chronologischer Reihenfolge ist ebenfalls für diesen Hyrkan ausgestellt, aber später, zwischen 113 und 110. Nur Apollonios, S. Alexanders, von Hyrkans erster Gesandtschaft fungierte auch bei der zweiten, und mit ihm noch vier, die früher nicht genannt sind. Diese Urkunde ist nun gar in ein Psephisma der Pergamener hineingeraten (XIV, 10, 22), als wenn es zugunsten Hyrkans II. ausgestellt wäre. Der Schluß stempelt die zweite Hälfte als apokryph, denn die Pergamener geben darin an, daß ihre Vorfahren zur Zeit Abrahams, des Vaters der Hebräer, mit diesen einen Freundschaftsbund gehabt hätten. Nur die vierte Urkunde ist zugunsten Hyrkans II. ausgestellt, auf Ersuchen der Gesandten Lysimachos, S. Pausanias', Alexander, S. Theodoros', Patroklos, S. Chaireos' und Jonathan, S. Oneios' (das. 10, 10). Von diesen Gesandten wurden Alexander und Lysimachos auch anderweitig von Hyrkan II. verwendet. Die Namen der Gesandten können zur kritischen Orientierung dienen.

II. Die Urkunden zugunsten der Judäer.

Es hat sich gezeigt, daß Josephus zwei Urkunden (1 u. 3) an unrechter Stelle angebracht hat. Im 14. Buche (10) teilt Josephus eine ganze Reihe von Urkunden, Erlassen und Senatskonsulten mit, meistens aus Cäsars Zeit, aber in so arger Verwirrung und zum Teil nur fragmentarisch, daß die Historiker verzweifeln, Ordnung hineinzubringen, die Fakta chronologisch zu ermitteln und historisch zu verwerten. Der Grund dieser Konfusion lag in Josephus' Verhältnissen. Er hat die exzerpierten Urkunden erst aus zweiter oder dritter Hand erhalten während seines Aufenthaltes in Rom von Freunden, welche Zutritt zu den Archiven hatten. Möglich, daß ihm Flavius Clemens, Vetter des Kaisers Domitian, dem als Agnaten und Konsuln die Archive zugänglich waren, dazu verholfen hat. Josephus sagt selbst, daß auch diejenigen Urkunden, welche in kleinasiatischen Städten gelegen haben, zu seiner Zeit auf dem Kapitol aufbewahrt wurden: καὶ ἔτι νῦν ἐν τῷ Καπιτωλίῳ χαλκαῖς στήλαις ἀναγέγραπται. Ihm lag sehr viel an diesen Urkunden nicht bloß in historischem Interesse, sondern mehr noch aus apologetischer Rücksicht, um Judenfreunde und Judenfeinde authentisch zu überzeugen, daß die Juden von den römischen Machthabern, von Julius Cäsar, andern Konsulen und Konsularen begünstigt und geschützt worden seien. Selbstverständlich mußte er sich Kopisten bedienen, welche sie für ihn aus den Archiven nutzbar machen sollten. Die Kopien scheinen ihm aber nicht in Ordnung, sondern bunt durch einander, und zum Teil unvollständig abgeschrieben worden zu sein. Josephus' Sache wäre es nun gewesen, diese Kopien irgendwie sachlich oder chronologisch zu ordnen, aber dazu fehlte ihm die kritische Begabung. Er urteilte nur nach oberflächlichem Anschein; daher brachte er Urkunden aus der Zeit Simons und Hyrkans I. in die Geschichte Hyrkans II. hinein. Ein wenig Mystifikation mag er sich dabei haben zuschulden kommen lassen. Es lag ihm daran, recht viele Beweise vorzubringen, daß Cäsar und seine Freunde günstige Beschlüsse für die Judäer erlassen haben; darum datierte er auch solche, welche lange vorher ausgestellt waren, aus Hyrkans II. Zeit, weil Julius Cäsar und der Senat ihn als Ethnarchen der Judäer bestätigt hätten. Ein anderer Mißstand war, daß er sich diejenigen Urkunden, welche lateinisch abgefaßt waren, hat ins Griechische übersetzen lassen müssen, wobei mancher Mißgriff bezüglich des Curialstils unvermeidlich war. Ludw. Mendelssohn hat nun diese konfus überlieferten Urkunden beleuchtet und chronologisch geordnet (in der o. angegebenen Abhandlung). Die von ihm angelegte chronologische Tabelle: Epimetrum II. Romanorum cum Judaeis commercium publicum complectens soll hier gegeben werden. Da ich aber nicht mit allen seinen Resultaten einverstanden bin, so muß ich meine Differenzpunkte rechtfertigen, gestehe indessen gerne ein, daß ich ohne seine Abhandlung nicht dazu hätte gelangen können.

Übersicht über die Urkunden.

	Altert. XIV, 10 §	Datum
1) Bericht über die öffentliche Verhandlung in Ephesus bezüglich der Befreiung der kleinasiatischen Judäer von der Aushebung zum Militärdienste wegen ihrer Religion und Beschluß des Konsuls L. Lentulus in diesem Sinne	19	19. Sept. 49 ante
2) Kurzer Bericht über die Vorverhandlung bezüglich dieses Punktes von Seiten der Militärausheber . .	18	dasselbe Datum
3) Kurzes Edikt des Konsuls Lentulus bezüglich der Befreiung der Judäer vom Militär für die Veröffentlichung	16	dass. Dat.
4) Sendschreiben des Titus Ampius Balbus an den Magistrat von Ephesus, daß auf seine Verwendung der Konsul Lentulus diese Befreiung genehmigt und daß die hohen römischen Beamten Fannius und Lucius Antonius das Edikt bestätigt haben	13	49 20. Sept.
5) Bescheid des Lucius Antonius an den Magistrat von Sardes, daß den Judäern dieser Stadt die Gerechtsame, Zusammenkünfte zu halten und eigene Gerichtsbarkeit zu haben, gewahrt bleibe	17	wahrscheinlich 49.
6) Bekanntmachung der Obrigkeit der Insel Delos, daß laut des Edikts des Konsuls Lentulus die Judäer vom Militär befreit bleiben sollen	14	Mai 48.

	Altert. XIV,10 §	Datum
7) Julius Cäsars Edikt zugunsten Hyrkans II. und Schreiben an die Sidonier, Hyrkans Begünstigung auf einer Erztafel in griechischer und lateinischer Sprache zu veröffentlichen	2	Etwa Juli 47.
8) Desselben Edikt, Jerusalems Mauern wieder aufrichten zu dürfen und Steuerverhältnisse betreffend	5	dass. Dat.
9) Senatsbeschluß, welcher Hyrkan und dem Lande mehrere Vergünstigungen einräumt. a. Steuerverhältnis und Vergünstigung für das Sabbatjahr. b. Befreiung von Militärlast, Winterquartier und Brandschatzung. c. das Verhältnis der Steuern von Joppe. d. Eigentumsrecht auf Plätze in der Ebene Jesreel, auf Lydda und auf andere Territorien, die ehemals zu Judäa gehört haben. e. Ehrenauszeichnung für Hyrkan und seine Gesandten in Rom. f. Entgegenkommen bezüglich etwaiger Gesuche Hyrkans an den Senat	6	vor Dezbr. 47.
10) Veröffentlichungsanzeige Cäsars und des Senats von ihrem freundlichen Verhältnis zu Hyrkan, von der Bestätigung seiner Rechte und von dem Dekrete, daß diese Anzeige auf einer Erztafel in zwei Sprachen nicht bloß auf dem Capitol, sondern auch in Sidon, Tyrus und Askalon veröffentlicht werde	3—4	dass. Dat.
11) Verweis eines Prokonsuls an die Bürgerschaft von Paros wegen ihres feindseligen Verhaltens gegen ihre jüdischen Mitbewohner bezüglich öffentlicher Zusammenkünfte und Geldsammlungen für den Tempel	8	wahrscheinlich Anf. 46.
12) Ermahnungsschreiben des Prokonsuls Publius Servilius an den Magistrat von Milet, die Judäer bei Ausübung ihrer religiösen Obliegenheiten nicht zu stören	21	46—45.
13) Antwortschreiben der Laodicäer an einen Prokonsul von Asien, daß sie seine Weisung, die Religionsübung der Judäer nicht zu stören, befolgen werden	20	46—45.
14) Beschluß der Bürgerschaft von Sardes, den Judäern auf ihren Antrag Religionsfreiheit zu gewähren, einen Platz für ein Bethaus einzuräumen und sogar für ritualgemäße Speisen Sorge zu tragen	24	46—45.
15) Beschluß der Bürgerschaft von Halikarnaß, auf Grund der von den Römern den Judäern eingeräumten Rechte ihre Religionsübung nicht zu stören	23	Februar 46—45.
16) Empfehlungsschreiben Cäsars an den Senat, Hyrkan und dem judäischen Volk für ihre früher bewiesene Anhänglichkeit an die Römer Dank zu zollen und Vergünstigungen zu gewähren	7	Februar ? 44.
17) Bezeugung der 12 Quästoren, daß der Senat auf Cäsars Antrag einen Senatskonsult zugunsten der Judäer gefaßt, und zwar noch vor den Iden des Februar, daß dieses aber nicht in das Aerarium niedergelegt worden sei, und daß die Konsuln Dolabella und Marcus		

Note 9. II. Die Urkunden zugunsten der Judäer.

	Altert. XIV, §	Datum
Antonius aufgegeben haben, dieses auf Tafeln in das Aerarium niederzulegen und in zwei Exemplaren auszufertigen	10	11. April 44.
18) Erlaß des Konsuls Dolabella, auf Hyrkans Antrag durch einen Gesandten Alexander, S. Theodoros', an die Bürgerschaft von Ephesus und andere kleinasiatische Städte, die Judäer von der Militäraushebung zu befreien, ihnen religiöse Übungen und Versammlungen und auch Sammlungen von Spenden für den Tempel zu gestatten	12	Jan. 43
19) Erlaß des Magistrats von Ephesus, infolge des Gesuches der Judäer beim Prokonsul Junius Brutus und der Bewilligung desselben, ihnen Beobachtung des Sabbats und anderer religiöser Observanzen zu gestatten und sie deswegen nicht in Strafe zu nehmen.	52	Ende März 42.

Erklärung und Begründung.

Bemerkenswert ist in den Urkunden Nr. 1 bis 4, daß die ἀστρατεία der kleinasiatischen Judäer mit so großem Eifer betrieben wurde, daß in 2 Tagen 19—20 Sept alle Formalitäten erledigt waren, ferner aus § 18, daß ein Alexandriner Dositheos eine Rede zugunsten derselben gehalten, welche die Sache gefördert hat, und endlich, daß sich der Legat Titus Ampius Balbus so angelegentlich dafür verwendet hat § 13: ἐμοῦ ἐντυχόντος ... (Λέντλος) ἀπέλυσε. αἰτησάμενος δὲ μετὰ ταῦτα ...

Zu Nr. 7 u. 8. Das erstere setzt auch Mendelssohn ins Jahr 47, zur Zeit als Cäsar in Syrien war und seinen Günstlingen, zu denen auch Hyrkan gehörte, Gunstbezeugungen gewährte. Das Hauptedikt für Hyrkan ist in dieser Urkunde enthalten, deren Quintessenz ist, daß Hyrkan und seine Nachkommen hohepriesterliche und Ethnarchenwürde genießen sollen. Mit Recht bemerkt Dr. Rosenthal, daß Hyrkan darin als ἐθνάρχης Ἰουδαίων bestätigt wird und nicht als Landesfürst. Das bedeutet nämlich, daß er eine Art Protektorat über die auswärtigen Judäer haben soll; dafür spricht der Satz: ἄν τε μεταξὺ γένηταί τις ζήτησις περὶ τῆς Ἰουδαίων ἀγωγῆς ... κρίσιν γίνεσθαι [παρ' αὐτοῖς]. Also Hyrkan als Ethnarch soll bei einer Frage über das, was zur Lebensweise und Observanz der Judäer überhaupt gehört, entscheiden (vgl. Rosenthal in der MSchr. 1879, S. 218 ff.). Auch § 3 gewährt Hyrkan ein Interventionsrecht für seine Glaubensgenossen: προΐστηται τῶν ἀδικουμένων. Nr. 8 (§ 5) gehört in dieselbe Zeit, da es zum Hauptinhalt den Wiederaufbau der Mauern Jerusalems hat. Der unverständliche Eingang: τούτοις ἔχειν καὶ τειχίσαι τὴν ... πόλιν, bezieht sich auf Hyrkan und Antipater, der zum Prokurator des Landes eingesetzt war, und der ebenfalls oder noch mehr für die Befestigung Jerusalems sorgen sollte (so richtig Rosenthal das. S. 305). Die Urkunde muß einen längeren Eingang gehabt haben, in welchem von Antipater ebenfalls die Rede war. Josephus scheint aber geflissentlich diesen Passus über Antipater weggelassen zu haben; Cäsar sollte nicht diesem Ränkeschmied, der mit seinen Söhnen Judäas Niedergang verschuldet hatte, Gunst zugewendet haben, sondern stets nur Hyrkan allein. Von diesem Passus ist nur der unverständliche Plural τούτους stehen geblieben; es ist also zu ergänzen: Ὑρκανὸν καὶ Ἀντίπατρον. Diese beiden müssen auch als Subjekt hinzugedacht werden zu dem sonst in der Luft schwebenden ὑπεξέλωνται. Dunkel bleibt aber trotzdem dieser Passus von dem Steuerverhältnis, daß sie (Hyrkan und Antipater) im zweiten Jahr der Pacht von dem Gewinn einen Kor (vermutlich von der Getreidelieferung) abziehen dürfen, daß niemand ihre Äcker in Pacht nehmen (ἐργολαβεῖν) und ihnen Steuern auflegen solle. Es bezieht sich wahrscheinlich auf das Steuerverhältnis und den Steuerdruck, welchen Pompejus und Gabinius Judäa aufgelegt hatten. Aber dieses Verhältnis ist nicht bekannt. Richtig bemerkt Mendelssohn (a. a. O. 202, Note): Acquiescendum igitur in eo est, φόρον a Pompeio Judaeis esse impositum, latere cetera et de summa et de exigendi ratione.

Nr. 9 ist die reichhaltigste Urkunde und enthält nicht minder Dunkelheiten, welche Mendelssohn auch nicht aufzuhellen vermochte. Sicher ist es, daß diese Urkunde ein Senatskonsult ist, indem zweimal der Senat genannt wird: ἀρέσκειν τῇ συγκλήτῳ und δοκιμάζει ἡ σύγκλητος. Auffallend ist aber, daß vorausgehend der Ausdruck gebraucht wird ἡμῖν ἀρέσκειν. Da zum Schluß von der Behandlung von Hyrkans Gesandten die Rede ist, so läßt sich annehmen, daß dieses Senatskonsult auf Anregung einer Gesandtschaft erfolgt ist, und es läßt sich belegen aus Josephus' Erzählung, daß Hyrkan Gesandte nach Rom abgeordnet hat, um die Freundschaft und Bundesgenossenschaft, welche Cäsar dem Ethnarchen gewährt hatte, zu befestigen (XIV, 10, 1). Vorher erzählt derselbe, daß Antipater Hyrkan bestimmt habe, Gelder nach Rom zu senden, um die Gunst konservieren zu lassen, und daß er es so angelegt habe, als wenn das Geld von ihm käme (das. 9, 3). Diese Gesandtschaft sandte Hyrkan, ehe Cäsar den Krieg in Afrika unternahm (das. 10, 1), d. h. vor Dezember 47. Sie hat wohl das Senatskonsult bewirkt; es ist also vor Ende 47 erlassen, und die erste Gesandtschaft gehört nicht, wie Mendelssohn annimmt, in das Jahr 46 (a. a. O p. 210). Übrigens braucht das Senatskonsult nicht förmlich vom Senate erlassen worden zu sein. Es wurden unter Cäsar Senatsbeschlüsse ausgestellt, die gar nicht einmal dem Senat vorgelegen haben.

Um die Unverständlichkeiten in diesen Paragraphen einigermaßen zu begreifen, muß vorausgesetzt werden, daß darin nicht die Pflichten, welche dem Volke unter Hyrkan aufgelegt wurden, aufgezählt werden, sondern lediglich die Rechte und Begünstigungen, die es genießen sollte. Daher werden nicht die Steuern präzisiert, welche zu leisten sind, sondern es wird nur hervorgehoben, daß Joppe von der angeführten Leistung ausgeschlossen, daß das siebente oder Sabbatjahr überhaupt davon befreit sei, und daß Hyrkan dadurch um seine Einnahmen nicht verkürzt werde. Von den Steuerpflichten werden nur namhaft gemacht eine jährliche, κατ' ἐνιαυτόν ... τελῶσιν ὑπὲρ τῆς Ἱεροσολυμιτῶν πόλεως — das waren stipendia, eine Geldsteuer — und dann die Auflage je im zweiten Jahre den vierten Teil der Aussaat nach Sidon abzuführen (ἵνα ἐν Σιδῶνι τῷ δευτέρῳ ἔτει τὸν φόρον ἀποδιδῶσι[1]). Während diese nur kurz und unbestimmt erwähnt werden, sind die dreierlei Begünstigungen explicite erwähnt, nämlich Befreiung im siebenten Jahre von der Naturalienlieferung, ungeschmälerte Leistung an Hyrkan, nämlich des Zehnten, und endlich das Ausnahmeverhältnis für Joppe.

---

[1]) Darunter ist wohl die annona militaris zu verstehen, eine Zusatzabgabe zur Grundsteuer, also Naturalienlieferung, welche in die Provinzialmagazine, horrea, abgeführt zu werden pflegte (Becker-Marquardt III, 2, S 183) Die Magazine waren wohl in Sidon; daher wird diese Stadt dabei genannt.

Note 9. II. Die Urkunden zugunsten der Judäer.

Dieses ist bereits im ersten Passus angedeutet: Ἰόππης ὑπεξαιρουμένης. d. h. daß diese Stadt oder ihre Bewohner von der jährlichen Steuer, welche Judäa an den römischen Staat zu leisten hatte, ausgeschlossen sei. Sie ist deswegen davon befreit, weil sie vollberechtigtes, von früher Zeit her von den Römern anerkanntes Eigentum der Judäer oder Hyrkans sei: Ἰόππην αὐτῶν (Ἰουδαίων), εἶναι καθὼς καὶ τὸ πρῶτον. Die Einnahmen von diesem Gebiete sollen also lediglich Hyrkan zugute kommen, und zwar die allgemeine Steuer, Grundsteuer und Einnahme von dem Hafenzoll: φόρους τε ταύτης τῆς πόλεως Ὑρκανὸν ἔχειν . . . παρὰ τῶν τὴν γῆν νεμομένων χώρας καὶ λιμένος ἐξαγωγίου¹) Hinzugefügt wird, daß obwohl die Einnahmen von Joppe nur Hyrkan gehören sollen, doch davon jährlich mehr als 26000 oder 20600 Modien nach Sidon abgeführt werden sollen, als Militarannona. Es braucht bloß vor κατ᾽ ergänzt zu werden, καὶ κατ᾽ ἐνιαυτὸν Σιδῶνι μοδίους . . . . ἀποδιδῶσι (was selbstverständlich ergänzt werden muß). Von dieser Ausnahme wird wieder eine Ausnahme gemacht. Wenn auch die Ackerbesitzer von Joppe jährlich Naturallieferung zu leisten haben, so sollen sie doch im Sabbatjahr davon befreit sein, weil es in diesem Jahre keine Ernte gibt²). Da Joppe zum heiligen Lande gehörte, und Hyrkans Tributgebiet war, so mußte das Sabbatjahr auch da beobachtet werden, wenn auch Heiden daselbst Ackerbesitzer gewesen sein sollten. So ist der nach Mendelssohn unverständliche Passus von Joppe durchsichtig.

Den Übergang zu dem Ausnahmeverhältnis Joppes macht der Passus ὅσα τε μετὰ ταῦτα ἔσχον κτλ. Es ist aus dem lateinischen Original ein schlecht wiedergegebenes Futurum exactum, nämlich: quae postea habuerint. Cäsar muß im Sinne gehabt haben, Hyrkan oder richtiger Antipater — den man sich stets im Hintergrunde anregend und beeinflussend stehen denken muß — mit benachbarten Territorien zu belehnen. Diese zukünftigen Besitzungen sollten als Eigentum betrachtet werden: „ταῦτα πάντα αὐτοὺς ἔχειν."

Innerhalb des Passus von dem Steuerverhältnis ist der andere angebracht von der Befreiung von Rekrutierung, Winterquartier und außerordentlichen Kriegssteuern. Die Verbindung mit dem voraufgehenden bildet der Gedanke, daß, obwohl Judäa gegen die Römer Steuerpflichten habe, es doch nicht als erobertes Land beurteilt werde.

Auf den Passus von Joppe folgte sachgemäß der von den Dörfern in der großen Ebene (Jesreel), daß Hyrkan und die Judäer wieder ihr Eigentumsrecht darauf zurück erhalten sollen — mit allen früheren Rechten. Darunter sind

---

¹) So ist der Passus verständlich, wenn man ὑπὲρ streicht. Es bleibt nur der Genetiv ταύτης τῆς πόλεως und die Fortsetzung des Genetivverhältnisses: χώρας καὶ λιμένος ἐξαγωγίου. Rufinus hat in der lat. Übersetzung den Passus von Ἰόππης ὑπεξαιρουμένης mißverstanden und so aufgefaßt, als wenn die Joppenser für Jerusalem steuern müßten: ut per singulos annos Ioppenses tributa Hierosolymorum civitati prestent excepto septimo anno. Diese Absurdität, welche von Haverkamp mit Recht zurückgewiesen ist, hat Mendelssohn dennoch als richtig adoptiert (a. a. O. p. 199, 203 Note).

²) Zweimal wird das Sabbatjahr erwähnt und die Ausnahme begründet, und zwar das erstemal: ἐπεὶ ἐν αὐτῷ μήτε τὸν ἀπὸ τῶν δένδρων καρπὸν λαμβάνουσιν μήτε σπείρουσιν und das zweite mal: οὔτε ἀροῦσιν οὔτε τὸν ἀπὸ τῶν δένδρων καρπὸν λαμβάνουσιν. In beiden fehlt ein Passus, nämlich im ersten, daß am Sabbatjahr nicht gepflügt wird, und im zweiten, daß nicht gesäet wird.

wohl Skythopolis und andere Plätze in dieser Ebene zu verstehen, die Pompejus davon losgetrennt hat; so richtig Mendelssohn. Daß aber lauter **Dörfer** (κῶμαι) in diesem Territorium gewesen sein sollen, ist wunderlich. Antipater muß die Bedeutung desselben verringert haben, um die Zession leichter zu erlangen. Der Passus, welcher mit μένειν δὲ καὶ τὰ ἀπ' ἀρχῆς δίκαια beginnt, ist unverständlich und gewiß arg korrumpiert. Denn unmöglich kann hier von dem Verhältnis der Judäer zu ihren Hohenpriestern nach der Bestimmung des **römischen** Volkes und Senats (ὅσα τε τοῦ δήμου ψηφισαμένου καὶ τῆς συγκλήτου ἔσχον) die Rede sein. Es scheint eher das Verhältnis der Judäer zu den heidnischen Bewohnern in dem wieder zu Judäa geschlagenen Territorium zu betreffen. Daher sachgemäß angefügt der Passus von Lybba, daß daselbst dieselben Rechte maßgebend sein sollen. (Ich möchte vorschlagen zu lesen: ἔτι τούτοις τοῖς δικαίοις ... ἐν Λύδδοις statt: ἐπί). Endlich ist noch sehr dunkel der Passus von den Plätzen, deren Nutznießung die Könige von Syrien und Phönizien, die Bundesgenossen der Römer, gehabt haben, und die Hyrkan verbleiben sollen. Was für Plätze sollen das sein? Und hatten denn die Römer je irgend ein Verhältnis zu den Königen von Phönizien? Mendelssohn bemerkt: id quod spectet, plane obscurum est (p. 236). Gewiß steckt ein Korruptel dahinter, aber nicht, wie dieser Historiker meint, durch Kürzung, sondern durch Versetzung der Satzglieder. Man lese τούς τε τόπους καὶ χώραν καὶ ἐποίκια Συρίας καὶ Φοινίκης, ὅσα βασιλεῦσι [᾿Ιουδαίων] συμμάχοις οὖσι Ῥωμαίων, κατὰ δωρεὰν ὑπῆρχε καρποῦσθαι κτλ. Es betrifft wohl Plätze in Syrien und Phönizien, deren Benutzung die Römer **früheren jüdischen Fürsten**, Simon und Hyrkan I., gestattet hatten, also wohl die am Meere, Dora und Stratonsturm, welche Pompejus frei gemacht hatte. Diese gehörten ehemals zu Syrien und Phönizien. Diese Auffassung wird unterstützt von einem Passus in § 3: καὶ τοὺς δεδομένους τόπους καρπίζωνται, sie, d. h. Hyrkan und seine Nachkommen, sollen die ihm eingeräumten Plätze nutznießen, nämlich eben dieselben, von welchen in § 6 die Rede ist. Dieses wird besonders den **Einwohnern von Sidon, Tyrus und Askalon** bekannt gegeben. Warum gerade diesen? Weil diese sich wohl die Plätze am Meere als ihr ehemaliges Territorium angeeignet hatten und durch dieses Senatskonsult aufgefordert werden, sie Hyrkan zu überlassen. Auch in Markus Antonius' Edikt (12, 3—4) ist von den Territorien die Rede, welche die Tyrier an sich gerissen hatten, und diese werden aufgefordert, sie zurückzuerstatten, § 3: καὶ ὅσα κατέχουσιν Ἰουδαίων, ταῦτα ἀποκαταστῆσαι κελεύω (Τυρίοις), und § 4: εἴ τινα χωρία Ὑρκανοῦ ὄντα ... νῦν ἔχετε, ἀποδοῦναι αὐτῷ. Allerdings ist in dieser Stelle die Rede von den Strichen, welche die Tyrier sich unter Cassius' Gewaltherrschaft angeeignet hatten; aber sie beweisen doch, daß sie vorher zu Judäa gehört haben müssen, und zwar, wie in § 4 hervorgehoben ist, wenn auch nur **einen Tag vor** Cassius' gewaltsamer Länderverteilung. Folglich müssen sie vorher Hyrkan zugesprochen worden sein; und dieses kann eben nur von Cäsar ausgegangen sein, und zwar gerade durch dieses Senatskonsult. Die Sidonier müssen überhaupt eine besondere Animosität gegen die Judäer gehabt haben. Darum richtete Cäsar sein erstes judenfreundliches Schreiben an Sidon (§ 2). In dieser Weise aufgefaßt, hat § 6 einen gedankenmäßigen Zusammenhang; er enthält lediglich Begünstigungen für Hyrkan und die Judäer, oder im Grunde für Antipater, da nur er über die erlangten Vorteile disponieren konnte und dadurch einen Machtzuwachs erhielt.

Note 9. II. Die Urkunden zugunsten der Judäer.

Der Schluß dieses § bestimmt, daß Hyrkan, seinen Kindern und seinen Gesandten Ehrenauszeichnungen in Rom erwiesen werden sollen, und daß den Gesandten, wenn sie zugelassen worden, etwas beim Senat zu petitionieren, das darüber gefaßte Senatskonsult innerhalb 10 Tagen mitgeteilt werde.

Diese Urkunde muß in der ersten Zeit von Cäsars Diktatur ausgestellt sein. Denn sie war für die Betreffenden so wichtig, daß sie deswegen eine Gesandtschaft nach Rom geschickt haben. Sollten sie auf die Bestätigung aller dieser Begünstigungen 3 oder 4 Jahre gewartet haben? Undenkbar. Das Datum ist dabei dasselbe, wie in § 2, das gewiß im Jahre 47 ausgestellt wurde: Αὐτοκράτωρ ... δικτάτωρ τὸ δεύτερον. Nur fehlt in § 6 das Wort δικτάτωρ vor τὸ δεύτερον

No. 10. Es ist bereits von Mommsen und Mendelssohn bemerkt worden, daß die beiden §§ 3—4 zusammengehören, und zwar scheint § 3 der Anfang zu sein und § 4 mit dem Eingang ὅπως τὰ τέκνα darauf zu folgen, wobei das Wort Ὑρκανὸς ausgefallen ist. Neues enthalten diese Piecen nicht, da sie bloß Affichen sind, um bekannt zu geben, daß Cäsar und der Senat Hyrkan wegen seiner Zuneigung zu den Römern als Ethnarch usw. anerkannt haben und sein Recht ungeschmälert wissen wollten (§ 4), und daß er die ihm eingeräumten Territorien nutznießen möge (o. S. 667) und das Recht habe, für seine Glaubensgenossen einzutreten, wo ihnen Unrecht geschähe (προϊστῆσαι τῶν ἀδικουμένων § 3 o. S. 664). Es ist ein avis au lecteur für die Sidonier, Tyrier, Askaloniten, die bösen Nachbarn, und auch andre Feinde der Judäer. Neu ist in dieser Piece nur die Tatsache, daß bei der Ausstellung dieser Anzeige judäische Gesandte in Rom waren, denen Gastbewirtung auf öffentliche Kosten bewilligt werden sollte: ξένια τοῖς πρεσβευταῖς παρασχεῖν. Von dieser Gesandtschaft ist schon früher die Rede; denn die L.-A. πέμψαι δὲ πρὸς ... Ὑρκανὸν ... πρεσβευτάς, daß der Senat an Hyrkan Gesandte senden soll, ist doch ganz unmöglich; πρὸς ist also zu streichen und einfach als Accusativ cum Infinitiv-Satz zu lesen: πέμψαι δὲ Ὑρκανὸν πρεσβευτάς. Vielleicht ist dieser Widersinn durch falsche Auffassung des lat. Originals entstanden: misisse ideo Hyrcanum .. legatos, indem der Übersetzer flüchtig ad gelesen und mit πρὸς übersetzt hat. § 3—4 sind also unstreitig zur Zeit der ersten Gesandtschaft Hyrkans erlassen, wie § 6, nämlich 47, nicht 46 (nach Mendelssohn).

Nr. 11 (§ 8) hat zwar auch die Aufschrift Julius Cäsar mit einigen Würdentiteln, aber sie muß falsch sein, denn im Verlauf beruft sich der Autor der Urkunde auf Cäsars Begünstigung der Judäer und gibt sich als Statthalter der Provinz Asien aus. Lange und Mendelssohn emendierten daher den Namen in Publius Servilius Vatia, welcher im Anfang des Jahres 46 bis Cäsars Tod 44 Asien verwaltet hat. Dieser hat also mit dieser Urkunde die Parianer ermahnt, ihre judenfeindlichen Beschlüsse aufzuheben, eben mit Berufung auf Cäsars Wohlwollen gegen die Judäer. Diese Beschlüsse betrafen im Allgemeinen die Erlaubnis, nach ihren Gesetzen zu leben und besonders religiöse Zusammenkünfte zu halten, Gelder für Jerusalem zu sammeln (χρήματα εἰς σύνδειπνα καὶ τὰ ἱερὰ εἰσφέρειν) und gemeinsame Mahle zu halten[1]). Judäer aus Paros hatten bei dem Statthalter Klage wegen Störung geführt, und zwar in

---

[1]) Dieser Passus ist nicht ganz verständlich. Vielleicht ist darin das gemeinschaftliche Speisen bei Beschneidungen, Hochzeiten und dergleichen, das im Talmud סעדת מצוה, religiöses Mahl, genannt wird, angedeutet. Es wurde vielleicht als Klubversammlung angesehen und als solche verboten.

Delos, als dieser Prokonsul sich nach Asien begeben wollte und dort Gesandte von kleinasiatischen Städten vor ihm erschienen waren. Daraus folgert Mendelssohn, daß diese Urkunde anfangs 46 erlassen worden sein muß (a. a. O. S. 216).

Nr. 12. Das Datum dieser Nr. ist nicht genau zu präzisieren. Der Name in der Aufschrift scheint auf denselben, wie in der vorausgehenden Nr. hinzuweisen. Mendelssohn emendiert den dritten Namen dieser Persönlichkeit Γάλβας in Οὐατίας, Vatia, den Gensnamen dieses Konsularen. Der Inhalt dieser Urkunde ist folgender: Prytanis, Sohn Hermas', habe vor dem Prokonsul, als dieser einen Konvent in Tralles abgehalten, selbst geklagt, daß die Milesier entgegen den Bestimmungen des Prokonsuls die religiösen Observanzen der Judäer stören, speziell den Sabbat zu feiern (τὰ Σάββατα ἄγειν), heilige Spenden zu steuern, (τὰ ἱερὰ τὰ πάτρια τελεῖν¹). Der Konsul befiehlt, nachdem er das Pro und Contra angehört, die Judäer nicht zu stören. Wenn das Schreiben von Servilius herrühren sollte, so würde es, wie in der vorigen Nr. aus dem Jahre 46 oder 45 stammen. Auffallend ist dabei nur, daß sich der Prokonsul darin nicht wie beim Erlaß an die Parianer auf Cäsars Vergünstigungen für die Judäer beruft.

Nr. 13. Der Inhalt ist wichtig zur Charakterisierung von Hyrkans Eifer für die Judäer. Die Laodicäischen Archonten berichten, Hyrkans Gesandter Sopatros habe ihnen ein Schreiben von ihm überbracht, worin er ihnen angezeigt hat²): a) daß Gesandte von Hyrkan Schriftstücke überbracht haben des Inhalts, daß den Judäern gestattet sei, den Sabbat zu feiern und andre religiöse Gebräuche zu üben, daß niemand sie daran hindere³), noch überhaupt ihnen Unbill zufüge, weil sie Freunde und Bundesgenossen der Römer seien; b) daß der Prokonsul den Trallianern, welche sich dem Dekret bezüglich der Judäer nicht fügen mochten, bedeutet habe, daß so geschehen müsse. Endlich berichten die Archonten, daß sie sein Schreiben in ihr Archiv niedergelegt haben und danach verfahren werden. An der Spitze dieses Schreibens steht der Name des Konsuls Gajus Rabellius, S. Gajus'. Mendelssohn weist nach, daß Rabellius, welcher nur einen Tag Konsul war, niemals Prokonsul in Asien gewesen sein könne, und emendiert den Namen ebenfalls in Publius Servilius, den Namen des Prokonsuls der letzten beiden Nrn. (p. 227 und 217), so daß dieser zugleich zugunsten der Judäer an die Parianer, Milesier und Laodicäer Ermahnungsschreiben gerichtet hätte. Allein diese Emendation ist nicht überzeugend und daher auch das Datum ungewiß. Da indessen der Prokonsul die Formel von der anerkannten Bundesgenossenschaft der Judäer mit den Römern gebraucht hat, διὰ τὸ φίλους αὐτοὺς ἡμετέρους (leg. ὑμετέρους) εἶναι καὶ συμμάχους, eine Formel, die Cäsar zur Motivierung gebraucht hat, und auch von Beschlüssen die Rede ist (τοῖς περὶ αὐτῶν δεδογμένοις verglichen mit § 3 Καισάρου .. δεδογμένα), so kann wohl Hyrkan im Jahre 46 sich auf Cäsars Dekret (§ 3) berufen und seine Gesandten nach Kleinasien delegiert haben, um die Religionsfreiheit seiner Glaubensgenossen gegen Anfechtung zu schützen.

Nr. 14 gibt gar keinen Anhaltspunkt für ein Datum. Da aber angegeben ist, daß die Judäer von Sardes in öffentlicher Sitzung das Senatskonsult und Plebiszit für ihre Religionsfreiheit geltend gemacht haben, so ist dieses wohl

---

¹) Das dritte „τοῖς καρποῖς μεταχειρίζεσθαι", die Früchte zu behandeln, zu handhaben, ist dunkel.

²) Mendelssohn konjiziert richtig δι' ἧς ἐδήλους ἡμῖν die zweite Person, statt ἐδήλου [So auch Niese].

³) μηδεὶς αὐτοὺς ἐμποδίζῃ hat Rufinus gelesen statt ἐπιτάσσῃ.

Note 9. II. Die Urkunden zugunsten der Judäer.

auf Grund der Anzeige des Dekrets in § 3 erfolgt, also ebenso im Jahre 46 oder 45. Bemerkenswert ist darin die Bereitwilligkeit der Sardianer, auf den Antrag der Judäer einzugehen, und die Bemerkung, daß der Magistrat die Agoranomen angewiesen habe, πρὸς τροφὴν ἐπιτήδεια zu sorgen, d. h. doch wohl für ritualmäßig geschlachtetes Fleisch zu sorgen, damit die Judäer nicht gezwungen seien, das ihnen verbotene Fleisch zu genießen.

Nr. 15. Auch das Psephisma von Halikarnaß vom Monat Anthesterion (Febr.-März) erklärt, den Judäern Religionsfreiheit zu gewähren, weil die Römer von Freundschaft oder Bundesgenossenschaft für sie geschrieben haben. Es ist also ebenso in Folge von Cäsars judenfreundlichen Dekreten erlassen.

Die Pergamener Urkunde (§ 22), kann, so viel Kritik auch die Historiker zuletzt darauf verwendet haben, nicht unter die Urkunden aus Cäsars Zeit gesetzt werden. Sie enthält anfangs nur Momente aus Hyrkans I. Zeit (o. S. 660) und zuletzt das Unmögliche, daß zwischen Pergamenern und Judäern aus Abrahams Zeit Freundschaft bestanden habe. Dieser Schluß ist gewiß ebenso fingiert, wie die Freundschaft mit den Spartanern im Makkabäerbuche. Der Gesandte Hyrkans, Theodor, in dieser Piece, das einzige tatsächliche darin, ist auch problematisch.

Nr. 16. In diesem Stücke ist das Datum genau angegeben; es ist erlassen während Cäsars lebenslänglicher Diktatur, d. h. zwischen dem 26. Januar, an dem ihm diese erteilt wurde, und seinem Todestage 13. März 44. Es ist offenbar eine Empfehlung und die Einleitung zu einem Gesetze, das der Senat sanktionieren sollte. Aber welche Begünstigung sollte es bestätigen? Mendelssohns Auseinandersetzung, daß dieser § in Verbindung stehe mit § 6, daß der Senat das Füllhorn von Gnaden, welche Cäsar auf Hyrkan ausgeschüttet hat, bestätigen sollte (a. a. O. S. 209, 229 f.), diese Auseinandersetzung kann mich nicht überzeugen. Sollte Hyrkan oder richtiger der berechnende Antipater die Bestätigung der vielen ihnen eingeräumten Hoheitsrechte so lange haben ausstehen lassen, wenn ihm daran lag, daß der Senat dazu Ja sagen sollte? Mendelssohn gibt ja selbst zu, daß Hyrkan zwei Jahre vorher eine Gesandtschaft nach Rom geschickt hatte, warum sollte er nicht schon damals um die Sanktionierung petitioniert haben? Ferner muß Mendelssohn zugeben, daß dieser § in Verbindung steht mit § 10 und besonders mit dem Passus: περὶ ὧν δόγματι συγκλήτου Γάιος Καῖσαρ ὑπὲρ Ἰουδαίων ἔκρινεν καὶ εἰς τὸ ταμιεῖον οὐκ ἔφθασεν ἀνενεχθῆναι. D. h. der Senatsbeschluß in bezug auf die Judäer ist bei Cäsars Leben nicht von den Quästoren ins Archiv niedergelegt worden, darum muß er später noch einmal bestätigt werden. Scilicet cum vivo Caesare in aerarium non esset a quaestoribus delatum, ideoque mortuo dictatore ... peculiari senatus comprobatione egeret (so M. S. 236 f.). Das ist allerdings richtig. Die Bezeugung der 12 Quästoren (§ 10) hängt zusammen mit dem Senatsbeschluß, der nicht formell eingetragen war, und mit Cäsars Empfehlung (§ 7). Aber in § 10 ist doch nicht die Rede von einer Vergünstigung für Hyrkan, sondern nur von einer solchen für die Judäer (ὑπὲρ Ἰουδαίων). Auch in § 7 ist angegeben, daß nicht bloß Hyrkan Eifer für die Römer gezeigt habe, sondern auch die Judäer im Allgemeinen τῶν αὐτοκρατόρων ... μαρτυρησάντων Ὑρκανῷ ... καὶ Ἰουδαίοις .. εὐχαριστήσαντος δὲ καὶ τοῦ δήμου καὶ ... αὐτοῖς, nämlich Hyrkan und den Judäern[1]).

---

[1]) Damit ist eine Schwierigkeit gehoben, welche die Historiker nicht bewältigen konnten. Hier und noch mehr in § 2 ist angegeben, daß viele römische Feldherren bezeugt haben (πολλοὶ μεμαρτυρήκασιν αὐτοκράτορες), daß Hyrkan

Um diese also, d. h. um diejenigen, welche im Auslande und besonders in Kleinasien angesiedelt waren, scheint es sich in diesem Stücke zu handeln. Ein vollgültiges Gesetz für die Unantastbarkeit ihrer religiösen Übungen, namentlich wenn sie in Konflikt mit anderweitigen Bestimmungen und Institutionen kommen sollten, war noch nicht erlassen. In Rom hatte Cäsar ihnen ausgedehnte Religionsfreiheit eingeräumt, aber in Tralles, Milet und besonders in der kleinasiatischen Hauptstadt Ephesus wurden die Judäer geradezu chikaniert. Hyrkan arbeitete mit vielem Eifer daran, seinen Stammesgenossen von dieser Seite Ruhe zu verschaffen, wie aus einigen Urkunden hervorgeht (N. 13). Ganz besonders wichtig schien es ihm, die Judäer im Auslande von der militärischen Aushebung zu befreien ($\dot{\alpha}\sigma\tau\varrho\alpha\tau\varepsilon\iota\alpha$ § 11 und 12). So lange ein Senatskonsult nicht diese Exemtion sanktioniert hatte, hing sie von der Laune jedes einzelnen Feldherrn, Prokonsuls und Prätors ab und konnte im besten Falle nur erkauft werden. Daher verwendete sich Hyrkan aufs Angelegentlichste dafür. Er schickte 4 Gesandte nach Rom (§ 10 Ende), doch wohl nur zu diesem Zwecke.

Die Gesandten waren in Rom, als Antonius und Dolabella das Senatskonsult zugunsten der Judäer ($\dot{\upsilon}\pi\grave{\varepsilon}\varrho\ \text{'}Iov\delta\alpha\acute{\iota}\omega\nu$) sanktionieren ließen: $\pi\varrho\grave{o}\ \tau\varrho\iota\tilde{\omega}\nu\ \varepsilon\dot{\iota}\delta\tilde{\omega}\nu\ \text{'}A\pi\varrho\varepsilon\iota\lambda\lambda\acute{\iota}\omega\nu$, d. h. am 11. April, kaum 4 Wochen nach Cäsars Tode. Ja, sie müssen schon in Rom gewesen sein, als das Senatskonsult gefaßt wurde, am 9. Februar[1]), noch vor Cäsars Tode (§ 10). Hyrkan muß sie demnach noch bei Cäsars Leben beordert haben, mindestens im Januar 44 (da die Reise von Jerusalem nach Rom mindestens einen Monat dauerte). Er hat also damit nur bezwecken wollen, von Cäsar und dem Senat das zu erreichen, was später die Konsuln Antonius und Dolabella sanktionieren ließen, nämlich nicht eine Vergünstigung für sich selbst, sondern für die Judäer. Es ist also höchst ungewiß, mit Mendelssohn anzunehmen, daß Cäsars Empfehlung in § 7 Hyrkans Prärogative laut des Inhalts von § 6 betroffen habe.

Nr. 17. Über Zahl und Namen der in diesem § 10 aufgeführten Quästoren, sowie über die darin vorkommenden Formalitäten vgl. Mendelsf. S. 239 f. Über das Datum vgl. zu N. 16. Leider ist in dieser Urkunde der wichtigste Teil, der Inhalt des Senatskonsults, zu kurz und unbestimmt gegeben $\dot{\upsilon}\pi\grave{\varepsilon}\varrho\ \text{'}Iov\delta\alpha\acute{\iota}\omega\nu$ in betreff der Judäer, vgl. o. S. 670. Das Datum des Erlasses ist im Anfang gegeben 3 Jbus April = 11. April; das nicht genügend offiziell ausgestellte Senatskonsult, welches Cäsar veranlaßt hat, ist vom 5 Jbus d. Februar = 9. Februar datiert.

schon vorher ($\dot{\varepsilon}\nu\ \tau\sigma\tilde{\iota}\varsigma\ \dot{\varepsilon}\mu\pi\varrho\sigma\sigma\vartheta\varepsilon\nu\ \chi\varrho\acute{o}\nu\sigma\iota\varsigma$) den Römern in Krieg und Frieden Treue und Eifer gezeigt habe. Es ist aber nicht bekannt, daß Hyrkan vor dem alexandrinischen Kriege den Römern oder Cäsar Dienste geleistet hätte. Er hatte auch keine Gelegenheit dazu An die gezwungenen Dienste für Pompejus und Gabinius darf man doch nicht denken (vergl. Mendelssohn S. 233, N. 3). Und wer sind die vielen Feldherren, welche diesen Eifer der Judäer für die Römer vor Cäsar bezeugt haben sollen? Es muß sich daher auf die Dienste beziehen, welche die kleinasiatischen Judäer den römischen Feldherren erwiesen hatten, von der Zeit an, als Kleinasien Eroberungsobjekt für die Römer wurde. In § 2 ist ein auffallender Ausdruck $\dot{\varepsilon}\pi\varepsilon\grave{\iota}\ \text{'}Y\varrho\varkappa\alpha\nu\acute{o}\varsigma\ldots\ \text{'}Iov\delta\alpha\acute{\iota}\omega\nu$, wozu dieses Epitheton? Es ist daher zu lesen: $\text{'}Y\varrho\varkappa\alpha\nu\acute{o}\varsigma\ldots\varkappa\alpha\grave{\iota}\ \text{'}Iov\delta\alpha\tilde{\iota}o\iota\ \varkappa\alpha\grave{\iota}\ \nu\tilde{\upsilon}\nu\ \varkappa\alpha\grave{\iota}\ \dot{\varepsilon}\nu\ \tau\sigma\tilde{\iota}\varsigma\ \dot{\varepsilon}\mu\pi\varrho\sigma\sigma\vartheta\varepsilon\nu\ \chi\varrho\acute{o}\nu\sigma\iota\varsigma\ldots\pi\acute{\iota}\sigma\tau\iota\nu\ \tau\varepsilon\ \varkappa\alpha\grave{\iota}\ \sigma\pi\sigma\upsilon\delta\grave{\eta}\nu\ \pi\varepsilon\varrho\grave{\iota}\ \tau\grave{\alpha}\ \dot{\eta}\mu\acute{\varepsilon}\tau\varepsilon\varrho\alpha\ \pi\varrho\acute{\alpha}\gamma\mu\alpha\tau\alpha\ \dot{\varepsilon}\pi\varepsilon\delta\varepsilon\acute{\iota}\xi\alpha\nu\tau\sigma,\ \dot{\omega}\varsigma\ \alpha\dot{\upsilon}\tau\sigma\tilde{\iota}\varsigma\ \pi\sigma\lambda\lambda\sigma\grave{\iota}\ \varkappa\tau\lambda.$ Darauf berief sich Cäsar in § 7 in der Urkunde.

---

[1]) $\dot{\varepsilon}\gamma\acute{\varepsilon}\nu\varepsilon\tau o\ \pi\varrho\grave{o}\ \pi\acute{\varepsilon}\nu\tau\varepsilon\ \varepsilon\dot{\iota}\delta\tilde{\omega}\nu\ \Phi\varepsilon\beta\varrho\sigma\upsilon\alpha\varrho\acute{\iota}\omega\nu.$

Nr. 18. In diesem Dekret ist die Motivierung der petitionierten Rekrutierungs-
Exemtion für die Judäer interessant. Aus § 11 geht hervor, daß, obgleich
nach der von Dolabella gebrauchten Ausdrucksweise, Hyrkan ihn nur um die
ἀστρατεία angegangen hatte (§ 12), er auch die Religionsfreiheit allgemein dabei
erwähnt haben muß. Das Datum bezeichnen die meisten Forscher als 2. Lunaion
= 24. Januar. Mendelssohn aber emendiert dafür März (249 f.). Allein im
März war Dolabella schon in Syrien und kann nicht von Kleinasien aus diese
Urkunde erlassen haben.

Nr. 19. In dem Psephisma der Ephesier ist der Name des Prokonsuls,
an den sich die Judäer um Abhilfe gewendet, unkenntlich: ἐντυχόντων τῶν
. . Ἰουδαίων Μάρκῳ, Ἰουλίῳ Πομπηίῳ υἱῷ Βροῦτον. Bergmann und
Mendelssohn haben dafür richtig emendiert: Ἰουνίῳ Καιπίωνι τῷ Βρούτῳ.
[Vgl. die Zitate Nieses zur Stelle]. Denn dieser Cäsarmörder führte auch den
Beinamen Caepio, und dieser Name wurde hier in Πομπηίῳ korrumpiert
(Mendelsf. p. 254). Da Brutus erst im Jahre 42 nach Kleinasien kam, und
der Monat Artemisios dabei angegeben ist (das. 251), so ist das Datum ge-
geben, nämlich März 42.

Der Inhalt und die Data der Urkunden von Antonius, Augustus
und Agrippa, welche Josephus mitteilt, bedürfen keiner Erläuterung.

10.

Das Sendschreiben der Palästinenser an die ägyptisch-judäischen Gemeinden wegen der Feier der Tempelweihe.

Im Eingange zum zweiten Makkabäerbuche findet sich eine merkwürdige
Pièce (1, 1—36, 2, 1—18), die den Charakter von Sendschreiben hat, Sendschreiben aus Judäa oder Jerusalem an die Judäer Ägyptens. Diese enthalten Historisches teils aus der Zeit der Makkabäerkämpfe teils retrospektiv
aus noch älterer Zeit und auch manche Andeutungen, die anderweitig nicht bekannt sind. Doch diese Punkte sind von geringem Interesse, da sie nicht viel
zur Aufhellung geschichtlicher Vorgänge beitragen. Interessant ist diese Pièce
lediglich teils wegen der Tatsache selbst, daß die Muttergemeinde mit der alexandrinischen Tochter in Verkehr und brieflicher Verbindung stand oder gestanden
haben soll, und teils wegen zweier chronologischer Data, die darin vorkommen
und den brieflichen Verkehr chronologisch präzisieren. Diese Data sind nach der
seleuzidischen Ära bestimmt, und einmal ist dabei die Regierung des Königs
Demetrios angegeben. „Als Demetrios regierte im Jahre 169 haben wir
Judäer euch geschrieben (1, 7)." Das andre Datum lautet: „Im Jahre 188"
(1, 10). Diese Data wären von bedeutender Wichtigkeit, wenn die Echtheit
dieser Pièce festgestellt wäre.

Allein diese wird schonungslos angefochten teils aus dem Inhalte der
sendschriftlichen Mitteilungen, teils wegen der Nachbarschaft derselben mit
dem zweiten Makkabäerbuche. Dieses Buch, angeblich ein Auszug aus fünf
Büchern von einem Jason von Kyrene, enthält so viel sagenhaftes, so gehäufte
Wundergeschichten und so viel Verstöße gegen anderweitig bekundete geschichtliche
Angaben, daß die Kritik einmütig [vergl. jedoch Schürer III[3], 360 f.] ihr
Verdammungsurteil darüber ausgesprochen und nur Weniges darin als geschichtlich
anerkannt hat (vergl. B. II b., S. 440). Der Eingang zu diesem Buche, eben

diese sendschriftliche Pièce, ist, weil man sie als integrierenden Bestandteil von jenem angesehen hat, in das Verdammungsurteil hineingezogen worden. Zwar ist es erkannt worden, daß der Eingang nicht zum ganzen Buche gehöre, daß er sich durch seine Stilfärbung davon wesentlich unterscheide, daß er also ein selbständiges literarisches Produkt bilde und von seiner Nachbarschaft nicht bloß losgelöst werden könne, sondern müsse. Diese Scheidung hat schon Hugo Grotius gemacht. Nichts desto weniger hat diese Pièce nach dem Urteile derer, welche die apokryphische Literatur einer kritischen Untersuchung unterzogen, das Schicksal des zweiten Makkabäerbuches teilen müssen, selbst derer, welche sie als besonderen Bestandteil behandelt.

Allein die Unechtheit dieses Einganges ist noch keineswegs über allen Zweifel erwiesen. Die Argumente, welche dafür geltend gemacht werden, sind keineswegs so durchschlagend, um ein endgültiges Resultat aufzubringen. Eine kritische Behandlung desselben dürfte vielleicht das Gegenteil ergeben. Grimms ausführlicher Kommentar darüber entscheidet die Frage keineswegs. Beweis dafür sind die schwankenden Urteile bezüglich der Grundsprache, in welcher es ursprünglich geschrieben war, sowie bezüglich des Zusammenhanges oder der Getrenntheit der scheinbar angedeuteten zwei Partien in demselben. Die meisten Ausleger halten das Ganze, d. h. beide Teile, für griechisches Original, Berthold dagegen behauptet, beide seien ursprünglich in hebräischer oder aramäischer Sprache geschrieben gewesen. Schlünkes[1]) meint, nur die ersten neun Verse seien eine griechische Übersetzung aus einem hebräischen Original, Ewald dagegen umgekehrt: gerade diese verraten griechisches Original, alles Übrige dagegen sei Übersetzung aus dem Hebräischen. Für das Verständnis der Einzelheiten und besonders des historischen Wertes ist diese Frage gar nicht gleichgültig, und es wäre Sache der Kritik oder des Kommentators gewesen, sie endgültig abzuschließen.

Noch mehr tangiert wird das Urteil über die Historizität von der Schwankung bezüglich der Zusammengehörigkeit oder Getrenntheit der scheinbaren zwei Partien. Es finden sich nämlich darin, wie schon angegeben, zwei Data; das zweite Datum (V. 10): „Im Jahre 188: ἔτους ἑκατοστοῦ ὀγδοηκοστοῦ καὶ ὀγδόου," ziehen einige zu den ersten 9 Versen, die andren dagegen trennen es von diesen und verbinden es mit den folgenden Versen, alle aber trennen die 54 Verse in zwei ungleiche Hälften, von denen sie die ersten 9 oder 9½ (wenn das Datum in V. 10 mitgerechnet) zur ersten Hälfte und die übrigen zur zweiten ziehen. Sie machen daraus zweierlei Sendschreiben. Nur Herzfeld (Geschichte des Volkes Israel II, 444) betrachtet beide Partien als ein einheitliches Ganzes; aber er hat diese seine Behauptung so wenig kritisch begründet, daß Grimm und Keil es nicht der Mühe wert hielten, näher darauf einzugehen und sie mit einem ungläubigen Fragezeichen abfertigten. Der letzte Bearbeiter dieser Partie, Wieseler, nimmt eben so wenig Rücksicht darauf und erklärt sich die scheinbare Inkongruenz durch eine Interpolation. Er meint: Der historische Bericht in 1, 11—17 sei ein späteres Einschiebsel, das Datum in V. 10 sei mit V. 18 und ff. zu verbinden (Theol. Studien und Kritiken, 1875, S. 625). Diese Meinungsdifferenz bezüglich eines literarischen Produktes von so wenigen Versen macht eine erneute kritische Untersuchung nicht überflüssig.

---

[1]) Schlünkes, epistolae, quae secundo Maccab b.libro I, 1—9 legitur, explicatio, Köln 1844. Dazu eine Programmschrift des Friedr.-Wilhelm-Gymnasiums in Köln von 1847 über die folgenden Verse.

Note 10. Das Sendschreiben der Palästinenser an die Gemeinden. 675

Diese Untersuchung soll folgende Punkte behandeln: 1) Textkritik, 2) die Ursprache, 3) die Einheit oder Verschiedenheit der Teile, und endlich 4) das Historische und Sagenhafte in dem Stücke.

Daß der Text nicht unverdorben erhalten ist, ist so auffallend, daß es in Erstaunen setzen muß, wie die Tatsache hat übersehen werden können. V. 1, 3. καρδία μεγάλη καὶ ψυχῇ βουλομένῃ. „Mit großem Herzen Gottes Willen tun" ist gewiß wunderlich und weder griechisch noch hebräisch. Allein dieser Passus spiegelt offenbar die hebräische Wendung (I. Chr. 28, 9) wieder: בלב שלם ובנפש חפצה, welche dort übersetzt ist durch: „καρδία τελείᾳ καὶ ψυχῇ θελούσῃ". Offenbar hatte auch in diesem Sendschreiben ursprünglich τελείᾳ gestanden und ist in μεγάλῃ korrumpiert worden.

V. 1, 7. Βασιλεύοντος Δημητρίου ἔτους ρξθ' ἡμεῖς οἱ Ἰουδαῖοι γεγράφαμεν ὑμῖν ἐν τῇ θλίψει καὶ ἐν τῇ ἀκμῇ τῇ ἐπελθούσῃ ἡμῖν. Um die Schwierigkeit der Konstruktion zu vertuschen, nehmen die Ausleger seit Hugo Grotius hierbei ein ἓν διὰ δυοῖν an, es sei darunter zu verstehen ἐν ἀκμῇ τῆς θλίψεως. Und aus diesem Notbehelf haben die Ausleger Kapital geschlagen, das Stück zu verdächtigen. Keil bemerkt darüber (Einleit. 3, S. 715). „Dieses Jahr (169) kann doch nicht als die ἀκμή der über die Juden gekommenen θλῖψις bezeichnet werden, . ., weil die Drangsale bereits unmittelbar nach dem Tode Juda Makkabis ihre größte Höhe erreicht hatten." Wie aber, wenn ἀκμή eine Korruptel wäre, so fiele ja dieser ganze Verdachtsbeweis? Und in der Tat übersetzen LXX zu Zephania צרה ומצוקה θλίψεις καὶ ἀνάγκη. Ganz entschieden lautete hier der Text ursprünglich ebenfalls: ἐν θλίψει καὶ ἀνάγκῃ, und aus dem letzten Wort wurde ἀκμή. Die syrische Version reflektiert auch diese L.-A.: אנן יודיא כתבן לכון בעקתא ובאולצנא. Auch die Vulgata hat den Parallelismus: in tribulatione et impetu, also auch nicht ἀκμή. Dieses Wort ist also unhaltbar und damit auch einer der Hauptbeweise für die Unechtheit.

In demselben V. ist der Passus: ἀφ' οὗ ἀπέστη Ἰάσων καὶ οἱ μετ' αὐτοῦ ἀπὸ τῆς ἁγίας γῆς καὶ τῆς βασιλείας · καὶ ἐνεπύρισαν τὸν πυλῶνα κ.τ.λ., außerordentlich unverständlich. „Seit Jason gewichen ist vom heiligen Lande und vom Reiche, haben sie die Pforte (oder die Pforten) verbrannt und unschuldiges Blut vergossen und ist Not und Drangsal über uns gekommen." Das Entweichen wird auf Jasons Flucht bezogen (II. Makkab. 4, 26); aber das war doch kein besonderes Unglück. Und wenn ἀπέστη „abfallen" bedeuten soll, ist es noch unverständlicher. Abfallen vom heiligen Lande und vom Reiche! Endlich, wer soll die Pforte verbrannt und unschuldiges Blut vergossen haben? Doch nicht etwa Jason und seine Leute nach seiner Flucht? Aber ein anderes Subjekt findet sich beim Prädikat nicht. Man muß also von vornherein annehmen, daß dieser Vers korrumpiert ist, und die Annahme wird durch die syrische Version bestätigt, welche verdient hätte von den Ausll. mehr konsultiert zu werden, da sie überhaupt einen besseren Text erraten läßt. Sie gibt diesen Passus folgendermaßen wieder: מן דאשתדר איסון (Plur.) ואילין דעמה מן מלכותא קדישתא לארעא ואוקד תרעא. Sie hat also gelesen: ἀφ' οὗ ἀπέβη Ἰάσων ... καὶ οἱ μετ' αὐτοῦ εἰς τὴν ἁγίαν γῆν ἀπὸ τῆς βασιλείας. Diese L.-A. ist allerdings weniger unverständlich als die vulgäre, befriedigt aber doch nicht vollständig: ἀπέστη ἀπὸ bedeutet wohl nichts anderes als „abfallen"; denn sonst hätte ἐκ stehen müssen, wenn es „weichen, sich entfernen" bedeuten sollte. Abfallen kann man aber nicht vom heiligen Lande, sondern vom heiligen Bunde: ἀπὸ τῆς ἁγίας διαθήκης.

Dieses Wort διαϑήκης erscheint aber korrumpiert in γῆς, und vor τῆς βασιλείας muß ergänzt werden οἱ, also ἀφ' οὗ ἀπιόντη 'Ιάσων καὶ οἱ μετ' αὐτοῦ ἀπὸ τῆς ἁγίας διαϑήκης καὶ οἱ τῆς βασιλείας ἐνεπύρισαν τὸν πυλῶνα (τοὺς πυλῶνας). Die Leute vom Reiche, die Leute des Antiochos Epiphanes, haben die Pforten verbrannt und unschuldiges Blut vergossen. Nur dieses ist der einzig richtige Sinn des Verses.

Überdies ist der Text nicht bloß korrumpiert, sondern auch defect. So z. B. 1, 23 b: τῶν τε λοιπῶν ἐπιφωνούντων ὡς Νεεμίου. Dieser Schluß mit dem Nomen im Genitiv giebt gar keinen Sinn. Grimm geht stillschweigend über diese Schwierigkeit hinweg. Die Vulgata zieht diesen Schluß zum folgenden Verse: ἦν δὲ ἡ προσευχή: Et Nehemia erat oratio hunc habens modum. Allein dabei kommt weder die Topik des Satzes, noch das voraufgehende ὡς zu seinem Rechte. Die syrische Version giebt aber an die Hand, daß hierbei ein Wort ausgefallen ist. Sie übersetzt: . . . ושרכא אמרין הוו דכבלוא דנחמיא דלקת. „Die Übrigen stimmten ein, daß durch Nehemias Gebet (das Feuer) angefacht wurde, sich entzündet hat." Man muß also im griechischen Texte ergänzen: ὡς Νεεμίου προσευχῇ ἀνήφϑη (τὸ πῦρ). Das darauffolgende Gebet kann ebensogut von Nehemia, wie von den Priestern gesprochen worden sein. — V. 2, 11 ist ebenfalls lückenhaft. Mose sprach: διὰ τὸ μὴ βεβρῶσϑαι τὸ περὶ τῆς ἁμαρτίας ἀνηλώϑη. Worauf sich das Verbum ἀνηλώϑη beziehen soll, giebt die Konstruktion nicht an. Die syrische Version ergänzt dazu „Feuer": על דלא אהאכל צפרתא דחטתא אכלתה נורא. Befriedigend ist diese Übersetzung auch nicht: denn es bleibt noch immer dunkel, wen oder was hat das Feuer verzehrt. Höchst wahrscheinlich bezieht es sich auf den Tod der beiden Söhne Ahrons, welche fremdes Feuer gebracht haben. Man muß also statt des Sing. den Plur. setzen: διὰ τὸ . . . ἀνηλώϑησαν πυρί Sie, die Söhne Ahrons wurden vom Feuer verzehrt. Der V. Leviticus 10, 1, von dem Feuertode der Söhne Ahrons muß also auch in diesem Sendschreiben angeführt gewesen sein, und zwar, um das Thema des Sendschreibens zu belegen, daß das allererste Opfer bei der Einweihung des Altars auf wunderbare Weise verbrannt worden sein müsse. Und weil die Söhne Ahrons das nicht beachtet haben, und fremdes Feuer dabei verwenden wollten, seien sie bestraft — vom Feuer verzehrt worden. Diese Partie ist also entschieden defekt.

Eine Korruptel steckt auch in 1, 11. „Aus großen Gefahren von Gott gerettet, danken wir ihm sehr: ὡς ἂν πρὸς βασιλέα παραταοσσόμενοι Dieser Schluß giebt gar keinen Sinn. Das Partizipium mit ὡς ἄν? Man sehe die gezwungene Auslegung de Wettes und Grimms zu diesem Verse. Liest man dafür παραταοσσόμενος im Sing., so giebt es einen guten Sinn ὡς mit dem Partizipium und der Partikel ἄν „als wenn, gleichsam Gott gegen den König zu Felde gezogen" wäre [Vgl. den Vorschlag Büchlers in der M. S. XLI (1897), S. 459]. Darauf wird erzählt, wie Antiochos Epiphanes auf eine unerwartete Weise von den Priestern der Nania umgebracht worden sei, und die Erzählung schließt (V. 17): „Für alles sei Gott gepriesen, der die Frevelübenden preisgegeben hat" Dieser unerwartete Untergang sei eine Veranstaltung Gottes gewesen, gleichsam als wenn Gott den grimmigen Feind bekämpft hätte. Liest man gar den Aorist ὡς ἂν . . . παραταξάμενος, so ist jede Schwierigkeit gehoben. — Korrumpiert ist wohl auch 1, 3. δῴη ὑμῖν καρδίαν πᾶσιν. Warum nicht lieber ὑμῖν πᾶσιν? Und überhaupt wozu die Verallgemeinerung? Man muß wohl statt πᾶσιν lesen σοφήν oder

Note 10.   Das Sendschreiben der Palästinenser an die Gemeinden.   677

Ähnliches, für das hebräische לב הכם oder נבון. — Ein Kopistenfehler scheint
auch in 1, 10 zu stecken. Wer ist der Judas, welcher zuletzt als Begrüßter
aufgeführt wird? Juda Makkabi kann es gewiß nicht sein; denn einen solchen
Anachronismus würde ein Fälscher gewiß nicht gemacht haben. Den Namen
in Johannes zu emendieren (nach Luther) ist zu gewaltsam und auch unrichtig,
da das Epitheton „Hoberpriester" dabei nicht fehlen dürfte. Man muß wohl
Ἰούδᾳ im Dativ lesen, und es bezieht sich wohl auf den folgenden Namen
Ἀριστοβούλῳ. Der judäische König Aristobul hieß hebräisch Juda, also wohl
auch der hier genannte Aristobul.

Andere Korruptelen sind aber dadurch zu erklären, daß das Original
hebräisch gewesen und von dem Übersetzer falsch gelesen oder falsch übersetzt
sein muß. V. 1, 35: ὁ βασιλεὺς πολλὰ διάφορα ἐλάμβανε καὶ μετεδίδου?
„Der König nahm und schenkte?" Das „nehmen" ist doch wahrlich überflüssig.
Wenn noch das Partizip stände: λαμβάνων . . . oder λαβὼν μετεδίδου. Es
setzt aber eine hebräische Fassung voraus . . . והמלך חלק ונתן כסף רב ל und
zwar חלק im Sinne von „austeilen, verteilen, spenden." Der
Vertent las לקח und übersetzte ἐλάμβανε . . . — V 1, 20 wird erzählt, wie
Nehemias die Priester aussandte, daß Feuer zu holen καὶ διεσάφησαν ἡμῖν.
„und sie machten uns bekannt, daß sie nicht Feuer, sondern Wasser gefunden
haben." Was soll hier das ἡμῖν, da die Briefschreiber doch eine Geschichte
erzählen, die dreihundert Jahre vorher vorgefallen ist? Grimms Notbehelf,
daß die Berichterstatter die Form der Autopsie gebraucht haben, ist doch gar zu
absurd. Es ist nur erklärlich, wenn man annimmt, daß der Vertent statt הודיעו אלי
gelesen hat אלינו. — V. 2, 14: Juda hat das durch den Krieg „διαπεπτωκότα"
gesammelt. Dem Zusammenhange nach kann es nur Schriften bedeuten; aber
von solchen das Verbum διαπίπτειν zu gebrauchen, ist doch gar zu auffallend.
„Zerstreut werden" kann es im Leben nicht bedeuten, allenfalls „zerfallen"
oder „verloren gehen". Würde ein griechisch Schreibender, selbst wenn er
nicht zu den besten Stilisten gehörte, nicht lieber διασπαρμένα oder διασκε-
δασμένα gebraucht haben? Nimmt man aber an, daß im Original zu lesen
war נפזור und der Übersetzer נפלו gelesen hat, so kann er aus Verlegenheit
das Wort διαπίπτειν gewählt haben. Der Satz könnte im Hebräischen gelautet
haben: גם יהודה קבץ כל אשר נפזרו על ידי המלחמה הבאה עלינו, והם אצלנו.

Vielleicht beruht das crux interpretum ἡμέρας τῆς σκηνοπηγίας (1, 9. 18)
ebenfalls auf einem Fehler im Original. Statt ימי סכה mag der Vertent ימי סוכה
gelesen haben. Der seltsame Genitivus absolutus 1, 23 καταρχομένων Ἰωνάθου,
ein Eigenname, der nicht näher bestimmt wird, und von dem bis dahin keine
Rede war, beruht wohl ebenfalls auf einer korrumpierten Stelle im hebräischen
Original, nämlich ידיהון statt יונתן. Der zweite Punkt unserer Untersuchung
bezüglich der Ursprache ist damit erledigt. Sämtliche 54 Verse waren
ursprünglich hebräisch.

Reflektiert das Sendschreiben oder die Sendschreiben einen hebräischen Text,
so erscheint die Historizität desselben, wenn auch noch nicht gesichert, so doch
wenigstens minder zweifelhaft. Denn daß die Behörden in Jerusalem griechisch
geschrieben haben sollen, und noch dazu halb hebraisierend und halb in gezierten griechischen Konstruktionen, wäre doch gar zu unwahrscheinlich. Sie
können auch nicht eine so vollständige Unkunde des Hebräischen bei den
ägyptischen (richtiger alexandrinischen) Judäern und bei dem Ahroniden
Aristobul, an den das Schreiben besonders gerichtet ist, vorausgesetzt haben,
daß sie mühsam eine griechische Epistel aufgesetzt haben sollten. Denkbarer

ist es also, daß die Vertreter Judäas an die Tochterkolonie in Alexandrien ein Sendschreiben in hebräischem Idiome gerichtet haben. Vereinzelt steht der Fall nicht. In beiden Talmuden wird tradiert, daß Jerusalem ein Schreiben an die alexandrinische Gemeinde gerichtet hat, einen Gesetzeslehrer, welcher zur Zeit der Verfolgung der Pharisäer von Seiten Jannaï Alexanders nach Alexandrien entflohen war, ihr zurückzugeben, d. h. nicht zurückzuhalten. (Richtig in Jeruſ. Talmud Chagiga II, p. 74d: Sanh. VI, p. 23c): ויהי בני ירושלים כותבין: מירושלים הגדולה לאלכסנדריא הקטנה: עד מתי ארוסי יושב אצלכם ואני יושבת עגומה עליו (minder richtig Babl. Sotah. p. 47 und Parallele, wo der Name anders angegeben ist und der Inhalt anders lautet).

War die Diktion ursprünglich hebräisch, dann lassen sich die ungefügen Konstruktionen leicht mildern und die Mißverständnisse beseitigen. Ganz besonders wird die anstößigste Stelle (V. 1, 7—9) leicht faßlich werden. „Als Demetrios regierte im Jahre 169, haben wir Judäer euch geschrieben: ἐν τῇ θλίψει καὶ ἀνάγκῃ (statt ἀκμῇ) . . . . καὶ ἐνεπύρισαν . . . καὶ ἔσφαξαν . . . καὶ ἐδεήθημεν . ., καὶ εἰσηκοίσθημεν, καὶ ἐξήγαμεν . . . Es ist offenbar eine zusammenhängende Konstruktion: „Wir waren in Not und Drangsal, als sie die Pforten verbrannten und unschuldiges Blut vergossen, und wir beteten, wurden erhört, brachten Opfer, zündeten die Leuchter an und setzten die Brote vor." Die ganze Geschichte der Makkabäer, die Drangsale, die darauffolgende Errettung und die Tempelweihe, wird in diesen zwei Versen zusammengedrängt erzählt. Ähnlich ist die gedrängte Mitteilung in einem angeblichen Sendschreiben an die Spartaner (Makkab. I. 12, 13 fg.). Man muß also den Passus: ἐν θλίψει καὶ ἀνάγκῃ ebenfalls als Vergangenes ansehen und dazu ergänzen ὡς ἦμεν oder es in Gedanken supplieren. Im Hebräischen würde die Konstruktion lauten: במלך דימיטריוס בשנת . . . כתבנו לכם כי בצרה וצוקה אשר עברה עלינו שנים האלה שעת סר יאסון ואת שערי (ההיכל) שרפו באש . . . ונתפלל אל ה' וישמע קולנו ונקרב זבח ומנחה ונדלק את הנרות וכו'. Die Jerusalemer haben dieses alles mitgeteilt während der Regierung des Demetrius im Jahre 169 als bereits alle diese Vorfälle der Vergangenheit angehört haben. Es ist also eine irrige Auffassung, daß dieses Sendschreiben in der Höhe der Drangsale, etwa ἐν ἀκμῇ, geschrieben sei. Nein, diese Partie ist geschrieben oder will geschrieben sein im Vollgefühle der erlangten Freiheit. Warum die Jerusalemer gerade damals den Alexandrinern diese Mitteilung gemacht haben, ist zwar nicht angegeben, aber erraten läßt es sich. Es geschah im Jahre 169 der Seleuziden unter Demetrios. „Im Jahre 170 wurde das Joch der Völker von Israel genommen und das Volk begann in den Urkunden und Verschreibungen vom ersten Jahre Simons zu schreiben" (Makkab. I. 13, 41 fg.). Das Volk bediente sich also mit dem Beginne des Jahres 170 einer eigenen Aera. Aber die Selbständigkeit begann bereits im Verlaufe des vorhergehenden Jahres, als der König Demetrius II. Nikator sie in einer Urkunde anerkannte, die Steuern erließ, Amnestie erteilte und einen Friedensschluß vereinbarte. (Daſ. 12, 36 fg.) Das Aufhören der Kronengelder setzt das Megillat Taanit in den Monat Ijar (איתכסילו בכילאי) d. h. Frühjahr, wenn dieses sich auf die Zeit des Demetrios bezieht (o. S. 566) Die Konzession kann jedenfalls im Jahre 169 Sel. = 143 gemacht worden sein. Aber selbst wenn sie ebenfalls dem Jahre 170 angehört, so können doch die Jerusalemer es als 169tes gezählt haben. Denn das Sendschreiben enthält die Aufforderung, die Tempelweihe zu feiern (vgl. weiter unten). Da diese im Monat Kislew begangen wurde, so muß die Einladung

Note 10.   Das Sendschreiben der Palästinenser an die Gemeinden.   679

dazu früher ergangen sein, jedenfalls zwischen Oktober und Dezember. Die
Syrer zählten mit dem Oktober den Jahresbeginn 170; für die Judäer da=
gegen, bei welchen das bürgerliche Jahr mit dem Nissan begann (wie aus
Stellen im I. Makkab. [vgl. Schürer a. a. O. I³, S. 32 ff.] erhellt) galt das=
selbe Jahr das ganze Wintertrimester hindurch noch als das 169te. Die
Jerusalemer konnten also schreiben, daß sie im Jahre 169 Sel. die Freiheit
erlangt haben. Dieses Jahr der Befreiung vom Joche galt so sehr als epoche=
machend, daß ein alexandrinisch=jüdischer Schriftsteller, Eupolemos, es als
Abschluß einer chronologischen Berechnung aufstellte, und auch ein anderer
Schriftsteller aus Alexandrien, Demetrios, scheint dasselbe Jahr als Abschluß
berechnet zu haben (o. S. 602. 605).

Es ist nicht zu verkennen, daß die Jerusalemer in der freudigen Auf=
wallung über diese Errungenschaft, welche die lange Reihe der Kämpfe und
Drangsale seit Antiochos Epiphanes' Eingriffen oder seit Jasons Abfall, seit
mehr als 30 Jahren, zum Abschluß brachte, daß in diesem Gefühl der Be=
friedigung die Jerusalemer an die Alexandriner geschrieben haben. Möglich
daß in diesem Schreiben noch ein mehreres enthalten war, was jene früher
zu einem gewissen Zwecke für mitteilenswert gehalten haben mögen. Diejenigen,
welche dieses Schreiben später auszüglich zitieren wollten, haben nur das=
jenige daraus mitteilen wollen, was ihnen für ihren gegenwärtigen Zweck
dienlich schien.

Wir kommen damit zu dem dritten Punkt, nämlich zur Untersuchung der
Frage, ob hier zwei Sendschreiben oder nur ein einziges vorliegen. Nun, die
Vertreter der Zweiheit sind mit ihrer Behauptung so sehr in Verlegenheit,
daß sie nicht mit Bestimmtheit angeben können, ob das zweite Sendschreiben
mit dem Anfang eines Verses oder mit der Mitte beginnt. Damit ist aber
auch diese Annahme gerichtet. Denn man müßte die enggefügte Konstruktion
entzwei reißen, wenn man zwei verschiedene Sendschreiben daraus machen will.
„Als Demetrios regierte, haben wir euch geschrieben ... und nun, damit ihr
die Tage des Monats Kislev begehen möget, schreiben wir euch." Ständen
die Worte in dieser Konstruktion so deutlich, so würde niemand an der Zu=
sammengehörigkeit der 54 Verse zweifeln. Allerdings fehlt der Eingang zum
folgenden Passus: γράφομεν oder ἐγράψαμεν. Aber liegt die Einleitung nicht
in der Konstruktion? γεγράφαμεν ὑμῖν, ... καὶ νῦν ἵνα ἄγητε ... οἱ
ἐν Ἱεροσολύμοις ... Ἀριστοβούλῳ ... χαίρειν. Die Konstruktion läßt
ja das Gegensätzliche nicht verkennen. Der mit καὶ νῦν (Vers 9) beginnende
Satz verbindet den vorhergehenden Satz γεγράφαμεν (V. 7) durchaus zu
einem ganzen. „Unter Demetrios im Jahre 169 haben wir euch geschrieben
und jetzt, damit ihr begehen möget ... im Jahr 188 ... die in Jerusalem
dem Aristobul ... und denen in Ägypten Heil." Der Nachsatz „schreiben
wir" wäre ja ganz überflüssig, da schon in der Grußformel diese Verbindung
liegt. Angedeutet ist doch auch der Nachsatz in V. 18: δέον ἡγησάμεθα δια-
σαφῆσαι ὑμῖν ... Gibt man zu, wie es Grimm tut, daß V. 1, 9 „damit
ihr die Tage begehen möget" mit dem vorausgehenden zusammenhängt, so
muß man notwendigerweise auch zugeben, daß auch das folgende dazu gehört,
da die Aufforderung, die Chanukafeier zu begehen, noch zweimal wiederholt
wird (I, 18; II, 16), und das zweite mal ebenso wie das erste mal mit der
Aufforderung: ἵνα καὶ αὐτοὶ ἄγητε. Reißt man das erste Stück mit dem
zweiten Datum davon ab, so ist ja das zweite unmotiviert. Warum sollen denn
die ägyptischen Judäer die Feier mitbegehen? Es wäre ja nicht einmal an=

gebeutet, daß die in Jerusalem sie begehen? Der Ausdruck der Feier liegt in ἐξήψαμεν τοὺς λύχνους; denn die Chanukafeier bestand nicht bloß nach den talmudischen Angaben, sondern auch nach Josephus in τὰ φῶτα = הדלקת הנרות, Anzünden der Lampen. Folglich bezieht sich die Aufforderung in der zweiten Hälfte notwendigerweise auf die Relation in der ersten Hälfte. Das ganze bildet also unstreitig ein einziges Sendschreiben, welches die Erinnerung einflicht, daß sie, die Schreiber, bereits 17 Jahre früher mit den Adressaten in brieflicher Verbindung getreten waren und ihnen von den frühern Leiden und der erfahrenen Errettung Mitteilung gemacht hatten.

Man darf sich nicht an der doppelten Begrüßungsformel V 1 und V. 10 stoßen und daraus die Annahme zweier Sendschreiben rechtfertigen. Die erste: Τοῖς ἀδελφοῖς χαίρειν kann als bloße Überschrift angesehen werden, die Fortsetzung οἱ ἀδελφοί ... εἰρήνην ἀγαθήν ..., will sagen, daß die Formel hier ernstlich gemeint sei. Die zweite Formel gibt genau an, an wen das Schreiben gerichtet ist, an Aristobul ganz besonders, von dem vorausgesetzt wird, daß er den Wunsch, den die Jerusalemer aussprechen, die Feier des Weihefestes in Ägypten heimisch zu machen, zu erfüllen imstande sein werde[1]). Mit der Erkenntnis der Einheitlichkeit des Stückes als eines Sendschreibens des hohen Rates in Jerusalem an die angesehenste Persönlichkeit der alexandrinischen Gemeinde tritt der historische Charakter desselben immer mehr heraus. Doch davon später. Noch müssen die Vorurteile gegen dasselbe gebannt werden.

War dieses Sendschreiben in hebräischem Stile geschrieben, wie wohl nicht mehr bezweifelt werden kann, so darf man manche Ausdrücke nicht urgieren, um etwas, was nicht im Zusammenhange liegt, zu folgern, denn sie gehören nicht dem Originale. Schon das ganz geschickten Übersetzung an. So die Wörter ἀπογραφαί (2, 1) ἀναγραφαί und ὑπομνηματισμοί. Das erste gibt gar keinen Sinn; denn ἀπογραφή bedeutet eine Katasterliste und allenfalls eine Abschrift; es ist wahrscheinlich dafür zu lesen ἀναγραφαί. Dieses Wort in Verbindung mit dem gezierten ὑπομνηματισμοί [v. 13] ist wohl einfach eine Übersetzung von ספר זכרון oder ספר הזכרונות. Wenn es in V. 2, 4 heißt ἦν δὲ ἐν τῇ γραφῇ, so darf man keineswegs mit Grimm das Wort so auffassen, als wenn eine kanonische Schrift oder mindestens ein Apokryphon darunter zu verstehen wäre, sondern das Wort bezieht sich auf das vorgehende ἀπογραφή oder ἀναγραφή, wie die syrische Version richtig wiedergibt בכתבא הדא: In derselben Schrift oder Gedenkschrift, in welcher erzählt gewesen sein soll, daß Jeremia die nachfolgenden Geschlechter[2]) ermahnt habe, von dem verborgenen Feuer zu nehmen und dem Gesetze treu zu bleiben

---

[1]) Wenn die Formel χαίρειν, die auch in dem zugestandenermaßen Hebräisch geschriebenen ersten Makkabb. vorkommt, dem שלום entspricht, so bedeutet das in V. 10 hinzugefügte ὑγιαίνειν = dem hebräischen חיים. LXX übersetzen die Schwurformel פרעה ח etc. mit νὴ τὴν ὑγίειαν. Es kann also, originaliter Hebräisch gewesen sein. ἡ γερουσία V. 10 ist Abstraktum für זקני; wie auch LXX dieses Konkretum abstrakt wiedergeben.

[2]) Sonderbar erklärt Grimm das Wort μεταγενομένοις (2, 2 fg) „μεταγίγνεσθαι in der Bedeutung transferri, deportari; sonst nicht vorkommend." Aber wenn es ohne Analogie ist, wie kann man darauf kommen, daß es überhaupt diese Bedeutung hat? Die syrische Version gibt die richtige Erklärung: ופקד לאילין דכן בתר דלין דוין „diejenigen, welche später sein werden." Hebräisch vielleicht: הבאים אחרים.

Note 10. Das Sendschreiben der Palästinenser an die Gemeinden. 681

(2, 1—3), sei auch erzählt gewesen, daß dieser Prophet die Stiftshütte, die Bundeslade und den Räucheraltar verborgen habe. Es war nicht ein irgendwie für heilig gehaltenes Buch, sondern eine Denkschrift. Es ist nun ganz gleichgültig, ob man liest (2, 1) Εὑρίσκεται δὲ ἐν ταῖς ἀπογραφαῖς Ἰερεμίας ὁ προφήτης ὅτι ἐκέλευσε oder ἐν ταῖς ἀπογρ. Ἰερεμίου τοῦ προφήτου, wie einige Codd., der Syrer und Vulgata haben. Es war jedenfalls eine Denkschrift, die man Jeremia zugeschrieben hat. — Die letzte L.=A. empfiehlt sich wegen ihrer Korrektheit besser. — Es mag eine solche Schrift zirkuliert haben und später untergegangen sein. In einer andern Denkschrift, die auf Nehemia zurückgeführt wurde, war erzählt, daß Nehemia, so wie Salomo die Einweihung des Tempels acht Tage begangen habe. Denn nur so ist V. 2, 13 zu verstehen: ἐξηγοῦντο δὲ καὶ ἐν ταῖς ἀναγραφαῖς καὶ ἐν τοῖς ὑπομνηματισμοῖς τοῖς κατὰ τὸν Νεεμίαν τὰ αὐτὰ, d. h. dasselbe, was vorangehend erzählt wird, daß Salomo eine achttägige Feier begangen habe, geschah auch unter Nehemia. So übersetzt es richtig die syrische Version: מתנין רון דין בתבא . . . דנהתיא הכנא עבד הוא. Grimm hat diesen wie andere Verse mißverstanden.

Hat Nehemia auch tatsächlich acht Einweihungstage gefeiert? Um diese Frage zu beantworten, müssen wir einen Haupteinwand gegen die Historizität dieses Sendschreibens in Betracht ziehen: Es könne ja nicht historisch sein, da es den Tempel von Nehemia erbaut und eingeweiht sein läßt, und überhaupt das, was Zerubabel geleistet hat, Nehemia zuschreibt. So lautet einstimmig das Verdammungsurteil sämtlicher kritischer Ausleger, und Keil schließt sich ihnen an.

Dieser Einwand ist aber keineswegs so schwerwiegend. Wenn als Milderungsgrund angeführt werden kann, daß das Sendschreiben oder der Verf. mit diesem Irrtum nicht allein steht, sondern ihn, wie sollen wir sagen, mit dem Talmud, oder wenigstens mit einigen Autoritäten des Talmud teilt, dann müßte man mit dem strengen Urteile zurückhalten. Und in der Tat wird im Talmud aufgestellt, daß Zerubabel und Nehemia identisch seien, daß der erste Name nur allegorischer Natur sei, „in Babel geboren", Nehemia aber sei der echte Name desselben gewesen (Sanhedrin p. 28 b): זרובבל שמיה בכבל ומה שמו נחמיה בן חכליה שמו. Veranlassung zu dieser irrtümlichen Identifizierung gab der Name התרשא, womit meistens Nehemia bezeichnet wird, der aber in dem Verzeichnis der rückkehrenden Exulanten (Esra c. 2 und Neh. c. 7), auch Zerubabel beigelegt zu sein scheint. Der chronologische Hiatus zwischen dem einen und dem andern störte diese Identifizierung nicht, da den Talmudisten die zweihundertjährige persische Dynastie in 34 Jahre zusammenschrumpfte, indem ihnen die Bedeutung der Könige Achaschwerosch und Artachschaschta nicht bekannt war und noch weniger die Regierungsjahre der persischen Könige (vergl. Seder Olam c. 22—30). Die chronologische Konfusion verrät auch das Buch Daniel, welches von Cyrus bis zum letzten Darius nur vier Könige voraussetzt (11, 1). Aus dieser Unkenntnis der persischen Geschichte und Chronologie konnte der Irrtum entstehen, daß Zerubabel, welcher zu Cyrus' Zeit die Exulanten zurückgeführt hat, identisch sei mit Nehemia, welcher unter Artachschaschta nach Jerusalem gekommen war. Existiert ja eine Sage, daß Zerubabel unter Darius nach Babylonien zurückgekehrt sei (Esra Apokryphus 4, 13 fg., Josephus Altert. XI, 3, 1). Man konnte also in chronologischer Konfusion annehmen, daß der in Jerusalem eingewanderte Nehemia identisch sei mit Zerubabel, welcher unter Cyrus der zurückkehrenden Kolonie der Exulanten vorgestanden und den Tempel erbaut und eingeweiht hat, und zwar sei er dann wieder nach Persien gewandert, Mundschenk des Königs Artachschaschta geworden und habe endlich, zum zweiten male nach Jerusalem zurückgekehrt, die Mauern wiederhergestellt. Man kann also nur den Briefschreibern oder der jerusalemischen Gerusia — vielleicht damals das Synhedrialpaar Josua b. Perachia und Nitthäi aus Arbela — zur Last legen, daß sie in den geschichtlichen Fakten, welche drei oder vier Jahrhunderte vor ihnen vorgefallen waren, sehr schlecht orientiert waren und darum Zerubabel mit Nehemia für identisch gehalten und dem letztern den Bau und die Einweihung des Tempels zugeschrieben haben. In der Drangsalszeit vom Beginn der hellenistischen Wirren und während der Makkabäerkämpfe ist eine solche Unwissenheit verzeihlich.

Steckten die Briefschreiber einmal in dem Irrtum, daß Zerubabel und Nehemia eine und dieselbe historische Persönlichkeit sei, und daß diese den Tempel erbaut und eingeweiht habe, so konnten sie mit Recht geltend machen, daß die Einweihungszeit acht Tage gedauert habe. In der Tat muß das Tempelweihfest unter Zerubabel achttägig begangen worden sein. Im kanonischen Esra (6, 15) ist die Zeit nicht angegeben, aber in Esra Apokryphus (7, 5—6) ist sie angedeutet. Es heißt da, der Tempel ist am 23. Adar vollendet worden, (abweichend vom kanonischen) und darauf sei die Einweihung erfolgt: ἀκολούθως τοῖς ἐν τῇ Μωυσέως βίβλῳ „übereinstimmend mit der im Buche Mose erwähnten Einweihung" (zu τοῖς ist wohl zu ergänzen ἐγκαινισμοῖς). Worin bestand die Übereinstimmung? In Exodus 40, 17 ist angedeutet, daß der erste Nissan bei der Einweihung der Stiftshütte eine Rolle gespielt hat, und in Leviticus 8, 33; 9, 1 ist angegeben, daß die Einweihung derselben acht Tage gedauert hat. Folglich war der Anfang der 23. Adar. Dieser Auffassung folgen die ersten mischnaitischen Autoritäten (vgl. darüber Ibn Esra zu Exodus Ende). Nach der Angabe des Esra-Apokr. hätten die zurückkehrenden Exulanten bei der Einweihung des Tempels die im Pentateuch angegebene Zeit der Einweihung der Stiftshütte zum Muster genommen, d. h. sie hätten die Einweihung ebenfalls am 23. Adar begonnen und am 1. Nissan vollendet. Das ist der Sinn des Verses im Esra-Apokr. Die Einweihung des Tempels unter Zerubabel hat demnach acht Tage gedauert. Die Sendschreiber konnten also mit Recht angeben (1, 2, 12): „Ebenso hat Salomo acht Tage (der Einweihung) begangen. Und es wird auch in den Denkschriften Nehemias dasselbe erzählt" (oder wie die syrische Version hat), daß Nehemia (d. h. Zerubabel) dasselbe getan hat." Unter ἀναγραφαί καὶ ὑπομνηματισμοί wäre demnach zunächst das Buch Esra zu verstehen. Von diesem Buche in Verbindung mit Nehemia und Chronik gilt wohl, was in diesem Sendschreiben weiter erzählt wird, daß Nehemia eine Büchersammlung angelegt habe. „Die Geschichte der Könige und Phropheten und (besonders) die Geschichte Davids und die Briefe der Könige in betreff der Weihgeschenke" (an den Tempel). Das letztere ἐπιστολαὶ βασιλέων περὶ ἀναθεμάτων bezieht sich unstreitig, wie Bretschneider, Hengstenberg und andere es aufgefaßt haben, auf die Gnadenbriefe der persischen Könige: Esra 1, 1 ff.; 6, 3 ff.; 7, 12 fg. Dazu ist noch zu rechnen ein Brief Darius', daß die Einkünfte von Samaria für den Bedarf des Tempels in Jerusalem verwendet werden sollen, der sich zwar nur bei Josephus findet (Altert. IX, 4, 9), aber ohne Zweifel aus dem Esra-Apokryphon stammt, das Josephus benutzt hat. Diese Rezension des Esra kann wohl den Briefschreibern vorgelegen haben, und darum konnten sie mit Recht sagen, daß Nehemia (oder Zerubabel oder Esra) diese Schenkungs-

Note 10. Das Sendschreiben der Palästinenser an die Gemeinden.

briefe gesammelt hat. „Das die Könige und Propheten und David Betreffende" bezieht sich auf die Chronik, in welcher die Geschichte Davids einen großen Raum einnimmt. Es würde daraus folgen, daß das Dreibuch Esra-Nehemia=Chronik zu dieser Zeit, als das Sendschreiben erlassen wurde — wenn es historisch ist — noch nicht kanonisches Ansehen hatte. Denn während es das, was im Pentateuch von Mose und Ahron und im Buche der Könige von Salomon erzählt wird, als allgemein bekannt voraussetzt, gibt es die Quelle an, in welcher von der Einweihung des zweiten Tempels unter Nehemia (Zerubabel) erzählt wird.

Mit der Annahme, daß das ganze Stück ein einheitliches Ganzes, ein einziges Sendschreiben bildet, daß es in hebräischer Sprache abgefaßt war, daß die Voraussetzung von Nehemias Tempeleinweihung auf einem verzeihlichen Irrtume beruht, und endlich nach Eliminierung der Kopisten- und Übersetzungsfehler, gibt es keinen Umstand in demselben, welcher die Historizität verdächtigen könnte. Die Relation von dem wunderbaren Feuer bei der Tempelweihe und von Jeremias Veranstaltung, die wichtigsten Tempelgeräte zu verbergen, waren wohl ältere Sagen, welche die Briefschreiber geglaubt haben. Was sonst noch gegen die Historizität desselben eingewendet wird, ist von keinem Gewicht. Mögen sie auch wundergläubig gewesen sein, darum können sie doch ein Sendschreiben an die Alexandriner im Jahre 188 Seleucidarum gerichtet haben. Der Einwurf von der ungeschichtlichen Voraussetzung, daß die Chanukafeier erst nach Antiochos' Tode angesetzt worden sei, beruht auf der Annahme von zwei Sendschreiben und auf der andern, daß das zweite mit V. 1, 10, getrennt vom vorhergehenden Datum, beginne, und daß dieses von Juda Makkabi mit unterzeichnet sei. Das sind aber falsche und doch jedenfalls unerwiesene Voraussetzungen. Der Einwand, warum die Palästinenser so lange gezögert haben, die Alexandriner zur Mitfeier des Chanukafestes aufzufordern, kann ja in einem uns unbekannten Umstande und in dem Verhältnis der Muttergemeinde zur Tochtergemeinde gelegen haben. Es kann z. B. daran gelegen haben, daß Onias, der nach Ägypten entflohene Hohepriestersohn, noch immer die Hoffnung gehegt haben mag, die erbliche Würde seines Vaters einzunehmen, und darum die Rangerhöhung der Hasmonäer nicht anerkannt sehen mochte. Das hasmonäische Hohepriestertum hing aber aufs engste mit der Tempelweihe zusammen. Das Verdienst, Tempel und Kultus in ihrer Reinheit wiederhergestellt zu haben, beschwichtigte in Judäa das Bedenken, von der Erblichkeit der Hohenpriesterwürde abzugehen. Die alexandrinische Gemeinde auffordern, sich an der Chanukafeier zu beteiligen, war gleichbedeutend mit dem Wunsche, die in Judäa bestehenden Veränderungen, also auch die Übertragung des Hohenpriestertums auf eine andere Familie anzuerkennen. Das hätte gewiß den in Ägypten in hohem Ansehen stehenden Onias verletzt. Aus diesem Grunde mögen die Palästinenser mit der Aufforderung gezögert haben, so lange noch Onias lebte. Im Jahre 188 Sel. = 124 war er wohl nicht mehr am Leben, da seine Söhne um 107 bereits als Feldherren der ägyptischen Königin Cleopatra ihr militärische Dienste geleistet haben (o. S. 638). Es ist also möglich, daß die Jerusalemer die Zeit nach dem Tode Onias' für gelegener hielten, den Alexandrinern die Anerkennung der Tempelweihe vielleicht mit Allem, was sich daran knüpfte, nahe zu legen. Damit wäre auch ein anderer Einwand beseitigt, den man machen könnte, warum denn der im Jahre 188 fungierende Hohepriester, Johann Hyrkan, die angesehenste Persönlichkeit im Staate, nicht in der Aufschrift aufgeführt wird. Es wäre aber wie Eigennutz erschienen, wenn die Aufforderung auch von ihm ausgegangen wäre; die Alexandriner und besonders die Söhne Onias' hätten darin die Absicht erblicken können, seine Hohepriesterwürde anzuerkennen, und mit diesen mochte man es nicht verderben; sie bildeten am alexandrinischen Hofe eine Stütze auch für Johann Hyrkan.

Der Einwurf, welcher noch gegen die Historizität der chronologischen Angabe in diesem Sendschreiben gemacht wird, als wenn Demetrios im Jahre 169 = 143 in Judäa anerkannt gewesen wäre, während „die Judäer in diesem Jahre von Demetrios abfielen und die Partei Tryphons ergriffen hätten," dieser Einwurf ist urkundlich falsch. Im Jahre 169 = 143 hat Tryphon Jonathan zum Gefangenen gemacht und ihn getötet. Darum fielen die Judäer von ihm ab und wendeten sich Demetrios II. zu; Simon, Jonathans Nachfolger, wandte sich an diesen, dem judäischen Gemeinwesen Konzessionen zu machen, und er ging darauf ein (I. Makkab. 13, 34 fg.).

So läßt sich diesem Sendschreiben von keiner Seite mit anfechtenden historischen Tatsachen beikommen. Nichts spricht gegen dessen Historizität, als daß die Briefschreiber einige Sagen über Tatsachen, die mehrere Jahrhunderte vorher vorgefallen waren, als historisch angenommen haben. Für die Geschichtlichkeit des Sendschreibens aber entscheiden der Umstand, daß es Antiochos Epiphanes' Tod nüchtern erzählt und keine Sage daran knüpft. Das erste Makkabb. berichtet, dieser König habe in seiner Krankheit seine Freveltat an den Judäern bereut, das zweite übertreibt noch diese Sage, er habe sich vorgenommen, zum Judentum überzugehen (9, 17). Von diesen Sagen weiß dieses Schreiben nichts. Es muß also vor der Abfassung dieser beiden Schriften geschrieben sein. Unerheblich ist es, daß es Antiochos Epiphanes ebenso enden läßt, wie sein Vater umgekommen war, durch einen Angriff der Priester auf ihn wegen Tempelschändung. Wenn es eine Verwechslung ist, so berührt sie nicht den Hauptinhalt des Briefes [Vgl. hierzu jedoch Büchlers Ausführungen a. a. O., S. 482—495].

Je schärfer man den Inhalt des Sendschreibens ins Auge faßt, desto mehr tritt die Geschichtlichkeit desselben ans Licht. Sein Zweck war, die Judäer in Ägypten dafür zu gewinnen, daß auch sie die Chanukafeier begehen mögen. Diese Aufforderung wird dreimal wiederholt (1, 9, 18; 2, 16). Zweimal ist angegeben, daß die Jerusalemer diese Aufforderung zur Zeit ergehen lassen, als sie im Begriff sind, die Feier zu begehen: μέλλοντες νῦν ἄγειν. Bei dem ersten mal ist angegeben, daß es im Jahre 188 Sel. tun. Um die Wichtigkeit dieser Feier zu begründen, werden zwei Umstände angeführt; der eine, daß Gott selbst die Errettung herbeigeführt habe, indem Antiochos Epiphanes auf eine ungewöhnliche Weise umgekommen sei, als wenn Gott selbst gegen ihn Krieg geführt hätte: ὡς ἂν πρὸς βασιλέα παρατασσόμενος (o. S. 676). Dafür sei Gott zu preisen, welcher die Frevler preisgegeben hat (1, 17). Als zweiter Grund wird angegeben, daß diese Feier noch an ein anderes wunderbares Faktum erinnere, an das außergewöhnliche Feuer für den Altar bei der Einweihung des Tempels unter Nehemia (Zerubabel). Die L.-A. (1, 18): ἵνα αἰτοὶ ἄγητε (ἡμέραν) τῆς σκηνοπηγίας καὶ τοῦ πυρός ist gegen die verschlimmbessernde L.-A. durch die lat. Übersetzung: ut et vos quoque agatis diem scenopegiae et diem ignis, qui datus est quando Nehemias etc. gesichert. Man muß demnach ergänzen τοῦ πυρός, ὃ ἐδόθη, ὅτε Νεεμίας κτλ. Damit will ausgedrückt sein, daß der 25. Kislew, der Tag für die Feier der Tempelreinigung, auch für das wunderbare Feuer eingesetzt sei. Es

Note 10. Das Sendschreiben der Palästinenser an die Gemeinden. 685

ist also ein argumentum ad hominem. Wenn die Alexandriner etwa
Bedenken tragen sollten, sich an der Chanukafeier zu beteiligen, so mögen
sie in Erwägung ziehen, daß dieser Tag auch an einen andern wunderbaren
Vorgang erinnert. Zu diesem Zweck wird die Geschichte von dem als dichtes
Wasser verborgenen Feuer vom Serubabelschen Tempel erzählt (1, 19—36).
Zur Bestätigung dessen wird hinzugefügt, daß dieses noch bis auf die Gegenwart genannt werde Nephtar (oder נפטיר? Syrer), dieses bedeute Reinigung
(καθαρισμός), die Menge spreche aber das Wort entstellt aus Nephthaei.
So rätselhaft dieses Wort auch ist, so will doch das Sendschreiben offenbar
damit beweisen, daß eine Erinnerung an die Tempelweihe durch nasses Feuer
noch in der Gegenwart geblieben sei. Es fügt noch weiter hinzu: In einer
Schrift Jeremias sei erzählt, daß dieser Prophet für die nachfolgenden Geschlechter (o. S. 680 N) angeordnet habe, mit dem von ihm verborgenen Feuer
so zu verfahren; er habe auch eingeschärft, das Gesetz nicht zu vergessen, und
habe Stiftshütte, Bundeslade und Räucheraltar auf dem Berge, von dem aus
Mose das Land übersehen, verbergen lassen. Diese würden erst wieder bekannt
werden, wenn die Zerstreuten Israels gesammelt werden würden (2, 1—8a).
Alle diese Angaben sollen für die ägyptischen Judäer die hohe Bedeutung
des wunderbaren Feuers und des dafür eingesetzten Gedenktages hervorheben,
damit sie gewonnen werden, auch ihrerseits den 25. Kislew zu feiern.

Zum Schlusse folgen Beispiele, um 2 Punkte zu konstatieren, einmal
daß die Einweihung des Heiligtums durch wunderbares Feuer sanktioniert
worden sei, und stets dadurch sanktioniert werden müsse, und dann, daß
die Einweihung acht Tage gedauert habe. Die dafür angeführten Beispiele
sind: die Einweihung der Stiftshütte durch Mose und die des Tempels
durch Salomo. Daran schließt sich die Einweihung des zweiten Tempels
unter Nehemia (Zerubabel). Diese Vergleichung beginnt mit V. 2, 8b und
wird ausgedrückt durch ὡς καί ... καθὼς καί ... ὡσαύτως καί. „So
wie Salomo wünschte, daß der Ort geheiligt werde ... und Einweihungsopfer
darbrachte, so wie Mose betete und Feuer vom Himmel kam und das Opfer
verzehrte", so betete auch Salomo, und Feuer verzehrte das Opfer. So ist der
Zusammenhang von V. 8b mit 9—10 zu erklären. Das ist der eine Beleg,
wodurch bestätigt werden soll, daß bei der Einweihung des zweiten Tempels
auch Gebet um himmlisches Feuer und Gewährung desselben notwendig gewesen sei. Diese Folgerung wird aber nicht weiter ausgeführt, weil schon
früher von dem Feuer unter Nehemia weitläufig erzählt war. Mehr lag den
Sendschreibern an dem Umstande, daß die Einweihung jedesmal acht Tage
gedauert habe. Für die Zeit Moses wird V. 11 angeführt, der aber jedenfalls defekt ist (vgl. o. S. 676). Daran reiht sich V. 11: ὡσαύτως καί
Σολομὼν τὰς ὀκτὼ ἡμέρας ἤγαγεν. „So wie auch Salomo eine achttägige Einweihungsfeier beging." V. 13 beweist, daß dasselbe, τὰ αὐτά,
nämlich die achttägige Feier, auch unter Nehemia (Zerubabel) stattgefunden
habe (vgl. o. S. 681). Nun hätte die Nutzanwendung gemacht werden müssen,
daß der Katharismos unter dem Makkabäer Juda ebenfalls acht Tage gedauert
habe, es sei also nach vollgültigen Mustern verfahren worden, und die Feier
vom 25. Kislew wäre also nachahmenswert und religiös geboten. Diese
Nutzanwendung wird aber nicht gemacht, sondern es wird ein anderes Ver-
gleichungsmoment herangezogen. So wie Nehemia Schriften gesammelt habe,
so habe auch Juda die durch den Krieg zerstreuten (Schriften) gesammelt
(13b—14). Unter diesem Juda ist ohne Zweifel Makkabi zu verstehen, sonst

686 Geschichte der Juden.

hätte der B. keinen Sinn [vgl. Büchler a. a. O. S. 549]. Auffallend genug ist es, daß eine andersartige Vergleichung gemacht wird. Entweder ist die Stelle defekt, oder die Schreiber haben die Vorgänge unter Juda Makkabi nicht scharf betonen wollen. Das Ganze schließt mit der Wiederholung der Aufforderung: „Da wir im Begriffe sind, die Tage der Reinigung zu begehen (nämlich im Jahre 188), schreiben wir euch; ihr würdet recht tun, die Tage (ebenfalls) zu begehen". So ist der Zusammenhang klar und abgerundet. Selbst die Schlußbetrachtung (2, 17—18) ist situationsgemäß: „Gott wird, wie er verheißen, sämtliche Söhne seines Volkes bald ins heilige Land sammeln, das er doch aus großen Übeln befreit und die Stätte gereinigt hat". Es ist eine Andeutung, daß die in Ägypten wohnenden Judäer, so behaglich sie sich auch dort fühlen mögen, doch nicht dorthin gehören, sondern zum heiligen Lande und zum heiligen Tempel, der doch in letzter Zeit, nach erfolgter Reinigung von der Entweihung, neuerdings der göttlichen Gnade gewürdigt worden sei. Diese sollen sich also nicht als eine gesonderte Gemeinschaft betrachten, sondern ihrer Zusammengehörigkeit mit den Bewohnern des heiligen Landes eingedenk sein und also mit ihnen gemeinsam die in Jerusalem eingesetzte Feier begehen. Vielleicht liegt auch darin ein leiser Protest gegen den Oniastempel.

Ist also der Inhalt des Briefes mit Ausnahme der Sagen und der Identifizierung Nehemias mit Zerubabel — welche die Schreiber bona fide gegeben haben, — historisch und nicht das Machwerk eines Falsarius, so gewährt er uns einen Einblick in das Verhältnis der Muttergemeinde zur ägyptischen Kolonie. Diese nahm keineswegs lebendigen Anteil an den Vorgängen in Judäa während der Makkabäerkämpfe, auch nicht an der Tempelweihe. Die Chanukafeier zu begehen, mußte sie erst aufgefordert werden. Wenn also das II. Makkab. angibt, daß in Jerusalem bestimmt worden sei, daß das ganze judäische Volk diese Feier begehen sollte (10, 8): παντὶ τῷ τῶν Ἰουδαίων ἔθνει κατ' ἐνιαυτὸν ἄγειν τάσδε τὰς ἡμέρας, so ist der Erfahrung einer späteren Zeit entnommen. Es geht aber auch aus dem Sendschreiben hervor, daß in Judäa ein hoher Wert darauf gelegt wurde, die ägyptischen Judäer zur Lebensgemeinschaft heranzuziehen. Zweimal ist von Jerusalem aus an diese ein Sendschreiben gerichtet worden, unter Simon im Beginne seiner Verwaltung 169 Sel. = 143 und unter Hyrkan I 188 Sel. = 124. Wir erfahren auch daraus, daß es damals eine Gerusia gegeben hat, was übrigens aus dem I. Makkabb. bekannt ist. Interessant ist auch in dem Sendschreiben das Kompliment, welches dem Aristobul gemacht wird, daß er vom Geschlechte der gesalbten Priester, d. h. der Hohenpriester, sei und zum König Ptolemäus in naher Beziehung stehe, dessen Lehrer sei. Es ist offenbar eine captatio benevolentiae. Unter dem König Ptolemäus kann nur Ptolem. VI. Philometor gemeint sein. Aus diesem Sendschreiben stammt der jüdische Peripatetiker Aristobulos. Ein anderes Dasein hat er nicht und der Verf. hat ihn mit Philometor in Verbindung gesetzt (o. S. 622 [u. die Bemerkungen dazu]).

Ist unser Sendschreiben historisch — und, wie erwähnt, spricht nichts dagegen, und nicht wenig dafür — so ließe sich daraus das Zeitalter des judäisch-alexandrinischen Schriftstellers Eupolemos, oder wenigstens die Zeit der Abfassung seiner Schrift: „über die Judäer oder die Könige Judas" limitieren. In einem Fragment bei Eusebius (praepar. evang. XI. c 39) ist nach Eupolemos angegeben, daß Nebuchadnezar alles Metall aus dem Tempel nach Babylonien transportiert habe, aber nicht die Bundeslade mit den steinernen Tafeln, diese habe Jeremia zurückgehalten: „χωρὶς τῆς κιβωτοῦ καὶ τῶν ἐν αὐτῇ πλακῶν. ταύτην δὲ τὸν Ἱερεμίαν κατασχεῖν". In unserem Sendschreiben ist eben diese Tatsache angegeben und werden zur Bewahrheitung derselben Schriften von Jeremia angeführt, welche solches bezeugen. Diese Sage war also nicht allgemein bekannt, indem das Sendschreiben die Quelle dafür namhaft zu machen für nötig hielt. Eupolemos, oder wer sonst Verf. jenes Fragments war, kann daher die Sage nur [?] aus diesem Sendschreiben entlehnt haben. Nun ist dieses 124 abgefaßt. Die, nennen wir sie Eupolemische Schrift, kann daher erst nach 124 geschrieben sein (vgl. o. S. 604).

11.

Hyrkans I. Abfall vom Pharisäertum.

Aus der Geschichtsliteratur über die letzten Hasmonäer hat sich außer den Berichten des Josephus, die zum großen Teil aus externen Quellen geschöpft sind, fast gar nichts erhalten. Es ist daher interessant, daß uns der Talmud ein Bruchstück aus einem größeren Geschichtswerke gerettet hat, das dazu dienen kann, Josephus zu berichtigen und zugleich eine Anschauung von dem hebräischen Geschichtsstil aus jener Zeit zu geben. Das Bruchstück lautet: (Kidduschin 66 a):

[מעשה ב]ינאי המלך שהלך לכוחלית¹) שבמדבר וכיבש שם ששים כרכים ובחזרתו היה שמח שמחה גדולה וקרא לכל חכמי ישראל. אמר להם אבותינו היו איכלים מלוחים בזמן שהיו עסוקים בבנין בית המקדש אף אנו נאכל מלוחים זכר לאבותינו. והעלו מלוחים על שולחנות של זהב ואכלו. היה שם איש אחד לץ לב רע ובליעל ואלעזר בן פועירה שמו. ויאמר אלעזר בן פועירה לינאי המלך. ינאי המלך לבם של פרושים עליך. ומה אעשה? הקם להם בציץ שבין עיניך. הקם להם בציץ שבין עיניו. היה שם זקן אחד ויהודה בן גדידיה שמו. ויאמר יהודה בן גדידיה לינאי המלך רב לך כתר מלכות הנח כתר כהונה לזרעו של אהרן. שהיו אומרים אמו נשבית במודיעים. ויבוקש הדבר ולא נמצא. ויבדלו חכמי יש׳ראל בזעם. ויאמר אלעזר בן פועירה לינאי המלך: ינאי המלך הדיוט שבישראל כך הוא דינו ואתה הוא מלך וכהן גדול כך הוא דינך? ומה אעשה? אם אתה שומע לעצתי רומסם ... ותוצא הרעה על ידי אליעזר בן פועירה ויהרגו כל חכמי ישראל והיה העולם משתומם עד שבא שמעון בן שטח והחזיר את התורה לישנה.

Diese Relation tradiert zwar ein Amora des 4. Jahrh. Aber sie ist entschieden alt und muß in einem Geschichtswerk enthalten gewesen sein. Der althebräische Geschichtsstil ist noch ganz lebendig eingehalten, ein Stil, der in der talmudischen Lit. sonst nicht mehr wiederkehrt. Mündlich kann sich eine solche Darstellung nicht rein erhalten. Allerdings ist darin Johann-Hyrkan mit Jonathan, Jannai-Alexander, zum Schlusse konfundiert. Aber diese Verwechselung kann von dem Zitator herrühren. Das Wort הקם hat hier die eigentümliche Bedeutung: auf die Probe stellen, wenn das Wort nicht korrumpiert ist. Josephus' Bericht über diesen Vorfall (Altert. XIII, 10, 5—6) stimmt mit diesem Bruchstück in den wesentlichsten Punkten überein. Auch nach seiner Relation brach die Spaltung bei einem Mahle aus: καλέσας αὐτούς (Φαρισαίους) ἐφ' ἑστίασιν, und die Pharisäer hätten an Hyrkan das Ansinnen gestellt, die Hohepriesterwürde niederzulegen, weil seine Mutter zur Zeit des Antiochos Epiphanes zur Gefangenen gemacht worden sei: τὴν ἀρχιερωσύνην ἀπόθου ... ὅτι ἀκούομεν παρὰ τῶν πρεσβυτέρων, αἰχμάλωτόν σου γεγονέναι τὴν μητέρα. Nur in den Eigennamen weicht Josephus ab. Nach

---

¹) Die unbekannte Landschaft כוחלית kommt noch vor in Verbindung mit Ysop אזוב כוחלי Neg. XIV, 6; Para XI, 7, auch Siphra und Siphre.

ihm war Eleasar ein Pharisäer und der aufreizende Ratgeber war der Sadducäer Jonathan. Die dunkle Stelle in dem Bruchstücke: „Ein Gemeiner in Israel würde dieses Recht genießen, und ein König in Israel sollte nur dasselbe Recht haben," erhält ihre Erläuterung aus Josephus' Parallele. Hyrkan war erbittert wegen der geringen Strafe von Geißelhieben und Haft, welche die Pharisäer (richtiger das pharisäische Synhedrion) über den Verläumder der Ehre seiner Mutter verhängt hatten; er hatte erwartet, daß sie denselben zum Tode verurteilen würden: Τοῦ δὲ Ὑρκανοῦ τοὺς Φαρισαίους ἐρομένου, τίνος αὐτὸν ἄξιον ἡγοῦνται τιμωρίας . . . „πληγῶν", ἔφασαν, „καὶ δεσμῶν". Auf welcher Seite in den Divergenzen die geschichtliche Wahrheit ist, läßt sich nicht entscheiden. Aber sicherlich geht aus der Übereinstimmung hervor, daß beide Relationen aus einer und derselben Quelle geflossen sind. Könnte man Josephus glauben, daß er vor der Abfassung der Bücher über den jüdischen Krieg die Geschichte in hebräischer Sprache für die Judäer in Barbarenländern, d. h. in Babylonien und Parthien geschrieben habe (Prooem. zu jüd. Kr. I, 1: ἃ τοῖς ἄνω βαρβάροις τῇ πατρίῳ (γλώσσῃ) συντάξας ἀνέπεμψα πρότερον), so könnte man annehmen, daß dieses Bruchstück aus seiner hebräisch-judäischen Geschichte sich erhalten hat. Allein Josephus verrät nicht selten völlige Unkunde des Hebräischen. — Der Eleasar, der nach beiden Quellen den ersten Anstoß zu Hyrkans Zerwürfnis mit den Pharisäern gegeben, ist vielleicht identisch mit jenem Eleasar ben Pachura, von dem in einer gewiß glaubwürdigen Notiz erzählt wird, er habe mit seinem Bruder Juda unter Hyrkan den Zehnten mit Gewalt an sich gerissen (Jerus. Sota p. 24 a und Parall.): משבא אליעזר בן פחורה ויהודה בני פחורה היו נוטלין אותן בזרוע. Die Lesart in betreff des Vaternamens von Eleasar schwankt zwischen פחורה und פכורה, und könnte ebenso פויירה gelautet haben. — Wie sich Hyrkan gegen die Pharisäer nach seinem Abfall benommen, darüber differieren ebenfalls die beiden Quellen, und beide scheinen die ursprüngliche Tatsache mit den spätern Vorgängen verwechselt zu haben. Nach dem Bruchstücke hätte Hyrkan die Pharisäer hinrichten lassen. Diese Wendung steht aber mit dem Passus in Widerspruch: ויהרגו חכמי ישראל בזים. Josephus weiß nichts von Hyrkans blutiger Verfolgung gegen die Pharisäer, aber er hat ein anderes Faktum, daß Hyrkan die pharisäischen Gesetzesbestimmungen zu beobachten verboten und die Übertretung des Verbots bestraft hätte: καὶ τά τε ὑπ' αὐτῶν (Φαρισαίων) κατασταθέντα νόμιμα τῷ δήμῳ καταλῦσαι καὶ τοὺς φυλάττοντας αὐτὰ κολάσαι (vergl. Altert. XIII, 10, 6). Das liefe auf dasselbe hinaus. Denn die Pharisäer haben wohl dieses Verbot mißachtet und können wohl deswegen der von Hyrkan verhängten Strafe verfallen sein. Möglich aber, daß dieser Passus ויהרגו כל חכמי ישראל sich nicht auf Hyrkan, sondern auf Alexander Jannäi bezieht, der allerdings die Pharisäer hatte hinrichten lassen.

Hier ist auch der Ort, auf Hyrkans-Verordnungen einzugehen, wozu auch die sogen. דמאי gehören, und eine irrtümliche Auffassung dabei zu berichtigen. Die Mischna tradiert: Jochanan der Hohepriester (Hyrkan) habe das Bekenntnis für die Darbringung der Zehnten aufgehoben, und zu seiner Zeit brauchte Niemand zweifelhaft zu sein, ob von dem gekauften Getreide der Zehnte abgesondert worden sei (Sota IX, 11): יוחנן כהן גדול העביר את הודיית המעשר אף הוא (יוחנן כ"ג.) גזר על הדמאי (l.) ובטל את הדמאי. ובימיו אין אדם צריך לשאול על הדמאי. Das Letztere will offenbar angeben, daß er solche Vorkehrungen getroffen hatte, daß zweifelhaft Verzehntetes gar nicht vorkommen konnte. Damit stimmt auch die Fassung in der Tosefta (das. XIII.) überein: Die Geschichte, welche daselbst darauf bezüglich trabiert wird, weist auch darauf hin, daß infolge von Hyrkans Verordnung gar kein Zweifel über die vorschriftsmäßige Verzehntung aufkommen konnte. Welche Vorkehrung hatte er getroffen? Jer. z. St. und Maasser Scheni (Ende) ist dabei angegeben: בימיו אין אדם צריך לשאול על הדמאי, שהעמיד זוגות. Unmöglich kann es bedeuten, er habe **Synhedrialpaare** eingesetzt, wie es bisher meistens aufgefaßt wurde; auch ich habe früher diesen Irrtum geteilt. Denn in wie fern hätten die zwei Vorsitzenden des Synhedrion die Vernachläßigung der Verzehntung verhüten können? Josephus berichtet, daß — mindestens zu seiner Zeit — zwei Leviten, als untergeordnete Beamte, jedem Amte beigegeben waren[1]. Es waren wahrscheinlich die Vollstrecker der Gesetze und Verfügungen. Es ist nicht zu verkennen, daß unter זוגות eben solche zwei Beamte zu verstehen sind; העמיד זוגות heißt dann einfach: er stellte an oder ernannte ein Paar. Indem Hyrkan in jedem Bezirke solche anstellte, um die Ausführung der Vorschriften für Hebe (תרומה) und Zehnten (מעשרות) zu überwachen, konnte auch der skrupulöseste Pharisäer ohne Bedenken Getreide vom ersten besten kaufen, weil die angestellten Leviten — auch im eigenen Interesse — für die pünktliche Ausführung Sorge getragen haben werden. Man brauchte also zu Hyrkans Zeit sich um etwa unverzehntetes Getreide (דמאי) nicht zu kümmern; es gab zu seiner Zeit kein Demaï. Im babyl. Talmud (Sota 48 a) ist die Tradition aber mißverstanden worden, als wenn Hyrkan eingeführt hätte, daß jeder Käufer zweifelhaft verzehntetes Getreide von Landleuten verzehnten müßte: וגזר על דמאי של עמי הארץ. Möglich, daß die zwei genannten Ben-Pachura zu diesen von Hyrkan ernannten Aufsichtspaaren gehört haben und den Zehnten brutal eingetrieben haben.

12.

Das Trihäresion.

Es ließe sich eine ansehnliche Bibliothek von dem anfüllen, was über die sogenannten drei Sekten: Pharisäer, Sadducäer und Essäer, geschrieben worden ist, und doch sind bei aller Gelehrsamkeit, die darauf verwendet worden, ihre Grundeigentümlichkeiten und ihre gegenseitigen Differenzen noch nicht genug erkannt, ja sie sind geradezu verkannt worden. Die Hauptveranlassung der Verkennung liegt unstreitig daran, daß man sie vom Gesichtspunkte des dogmatischen Sektenwesens beurteilt und den Maßstab kirchlicher Häresien an sie anlegt, wozu Josephus allerdings verleitet hat. Diese Beurteilung parallelisiert nämlich die Sadducäer mit den Karäern — abgerechnet einige geringe Besonderheiten — die Essäer etwa mit den gnostischen Enkratiten und die Pharisäer, wer kennt sie nicht? Das waren Scheinheilige, Heuchler, die mit ihren Gebetmänteln und Gebetriemen in den Straßen Jerusalems einherstolzierten und die Augen verdrehten! Nahm man noch die Sekten der Galiläer, der Zeloten, der Herodianer und der Samaritaner und die Untersekten derselben hinzu, so hatte man einen vollständigen Ketzerkatalog, wie ihn Eusebius und Epiphanius aufstellten, und ein Thema, über die Zerrissenheit des Judentums in der vorchristlichen Zeit zu predigen, und konnte die erbaulichsten Konsequenzen daraus ziehen. Aber wer mit einem solchen Maßstabe an die Beurteilung der

---

[1] Altert. IV. 8, 14: ἑκάστῃ δὲ ἀρχῇ δύο ἄνδρες ὑπηρέται διδόωσαν ἐκ τῆς τῶν Λευιτῶν φυλῆς.

Epoche der Blütezeit dieser Sekten geht, dem ist sie ein Buch mit sieben Siegeln. Die Pharisäer hatten ebensowenig Verwandtschaft mit den Jüngern Loyolas, wie mit den Stoikern, mit welchen sie Josephus zu vergleichen beliebt (Vita 1). Und ebenso hinkend ist der Vergleich der Sadduzäer mit den Karäern und der Essäer mit den Pythagoräern oder den mönchischen Asketen. Halten wir uns auch hier an die ersten Quellen, die uns den besten Aufschluß über diese Sekten oder richtiger Parteien, im Zusammenhang mit der Geschichte dieser Epoche, geben werden. In jüngster Zeit kam eine neue Verkennung der Sadducäer hinzu. A. Geiger, der nie ein glückliches historisches Aperçu gehabt hat, stellte die unglückliche Idee auf, daß die Sadducäer von den priesterlichen בני צדוק stammten, wofür er aber auch nicht ein einziges stichhaltiges Argument beizubringen vermochte. Er gelangte dadurch zu ganz verkehrten Konsequenzen und zur Mißdeutung klarer Schriftverse. Seltsam ist es, daß ernste Forscher ihm auf diesen Irrweg gefolgt sind, obwohl Geigers Busenfreund H. Schorr diesen Einfall mit gewichtigen Gründen als unhaltbar nachgewiesen hat. Vergl. Chaluz, Jahrg. IV, S. 76[1]).

I. Charakteristik des Sadducäismus und Pharisäismus.

Suchen wir zuerst die Differenzen des Pharisäismus und Sadducäismus aus den Faktoren jener Zeit, denen sie ihr Entstehen verdankten, zu ermitteln und verfolgen wir sie bis zu den letzten Ausläufern. Wenn Josephus auch Hauptquelle für diese Erscheinung wie für die ganze nachhasmonäische Zeit bleibt, so muß nichtsdestoweniger die andere, und eben, weil ohne Intention gehalten, um so glaubwürdigere talmudische Quelle hinzugezogen werden. Josephus stellt folgende Differenzpunkte zwischen Pharisäern und Sadducäern auf:

1) Die Pharisäer nahmen für die meisten menschlichen Lebensäußerungen die εἱμαρμένη an, die Sadducäer leugneten sie. Man sieht es dem Worte, wie es öfter erläutert wird, an, daß es dem Geschichtsschreiber Mühe gekostet hat, ein passendes für die eigentümliche judäische Anschauungsweise zu finden, und daß er froh war, ein leidlich zutreffendes aus der hellenischen Gedanken-

---

[1]) Es ist gegenüber der bodenlosen Beweisführung Geigers über die Genesis der Pharisäer und Sadducäer schwer, das de mortuis nil nisi bene zu befolgen und die treffende Bezeichnung für diese sonderbare Geschichtskonstruktion zu vermeiden. Sein Hauptargument von der Bildung der Pharisäer beruht auf einigen Versen in Esra und Nehemia, die er aber arg mißverstanden hat. Er behauptet nämlich, daß schon in der Zeit nach der Rückkehr aus dem Exile sich die Rigorosen von den בני צדוק, oder Zadokiten (Sadducäer), getrennt und sich überhaupt von dem Rest des Volkes ferngehalten hätten, und dieses werde עמי הארץ genannt. Aber die zwei prägnanten Verse, die, nach seiner Erklärung von הנבדלים, angeblich sich von Absondernden bedeuten sollen, sagen gerade das Entgegengesetzte aus, daß nämlich darunter Proselyten zu verstehen sind, welche sich von der Unreinheit des Götzentums gesondert und zur „Lehre" übergetreten sind. Nehemia 10, 29 werden aufgezählt: שאר העם . . . הנתינים וכל הנבדל מעמי הארצות אל תורת האלהים. Hinter den Nethinim werden die Proselyten aufgezählt. Esra 6, 21: die Israeliten, aus der (Gefangenschaft zurückgekehrt, aßen das Peßach und auch וכל הנבדל מטמאת גוי הארץ. Esra Apokryphus gibt diesen Vers noch deutlicher wieder (7 13): πάντες οἱ χωρισθέντες ἀπὸ τῶν βδελυγμάτων τῶν ἐθνῶν τῆς γῆς, ζητοῦντες τὸν κύριον, nämlich לבקש את ה׳. Es ist ganz unbegreiflich, wie Geiger aus übergetretenen Heiden Pharisäer machen konnte und auf dieser Basis die nachexilische Geschichte konstruieren konnte. Übrigens hat auch Schürer diese Verse mißverstanden, Einleitung S. 429.

Note 12. Das Trihäresion.

welt gefunden zu haben. Man würde daher sich irren, wenn man, von der gangbaren Bedeutung dieses Wortes in der nacharistotelischen Zeit verleitet, annehmen wollte, die Pharisäer seien Fatalisten gewesen, und ihre Gegner hätten das Fatum geleugnet. Josephus selbst verwahrt sich gegen ein solches Mißverständnis und bringt die εἱμαρμένη ausdrücklich mit Gott in Verbindung Φαρισαῖοι ... εἱμαρμένῃ τε καὶ θεῷ προσάπτουσι πάντα (jüb. Kr. II, 8, 14). Entkleiden wir diesen Gedanken seines hellenischen Gewandes, was Josephus Darstellung der Kritik oft genug zur Pflicht macht, und sehen wir uns nach dem demselben entsprechenden judäischen Gedanken um, so wird die Differenz ganz anders lauten. Sie hat zu ihrem Inhalte den Umfang und die Grenzen der göttlichen Einwirkung auf menschliche Handlungen oder das Verhältnis der menschlichen Freiheit zu der Vorsehung. Der Pharisäismus führt alles menschliche Tun, mit Ausnahme der unter Sittlichkeit fallenden Handlungen, auf Gott zurück; der Mensch sei nicht Herr seines Geschickes, sondern alles werde von Gott dem sich rein passiv verhaltenden Menschen zugeteilt; die Sadducäer hingegen behaupteten, Glück und Unglück seien Folgen seiner Handlungen, und die göttliche Vorsicht habe keinen Einfluß darauf. Am deutlichsten sind diese Ansichten von Josephus entwickelt in einem Nachtrage zur Schilderung der Pharisäer (Altert. XVIII, 1, 3): πράσσεσθαί τε εἱμαρμένῃ τὰ πάντα ἀξιοῦντες (οἱ Φαρισαῖοι), οὐδὲ τοῦ ἀνθρωπείου τὸ βουλόμενον τῆς ἐπ' αὐτοῖς ὁρμῆς ἀφαιροῦνται. δοκῆσαν τῷ θεῷ κρᾶσιν γενέσθαι κτλ. und von den Sadducäern (daf. XIII, 5, 9) οὐδὲ κατ' αὐτὴν (τὴν εἱμαρμένην) τὰ ἀνθρώπινα τέλος λαμβάνειν κτλ. Ein Nachhall der pharisäischen Ansicht findet sich in einer talmudischen Stelle, daß jedes den Menschen betreffende Ereigniß in Gottes Hand sei, mit Ausnahme der religiös-sittlichen Handlungen הכל בידי שמים חוץ מיראת שמים. Wenn diese Ansicht auch von einem Spätern tradiert wird, so zieht sie sich doch wie ein Faden durch den den Pharisäismus reflektierenden Talmud hindurch. Es ist aber ganz undenkbar, daß die Hauptdifferenz, die von Josephus als erste aufgestellt wird, sich um abstrakte Begriffe gedreht habe, oder daß die Sadducäer die göttliche Vorsehung überhaupt geleugnet hätten. Mir scheint daher die Differenz eine konkret-politische Tragweite gehabt zu haben. Denn wie die Chaßidäer, die leiblichen Väter der Peruschim, sich äußerten: „Verflucht der Mann, der Fleisch zu seiner Hilfe nimmt und sein Herz von Gott abwendet" (o. S. 6), ebenso scheint die pharisäische Partei stets einen Widerwillen gegen die Anknüpfung diplomatischer Verbindungen mit Heiden empfunden zu haben. Gegen diese Staatsweisheit war wohl zunächst das pharisäische Prinzip gerichtet, daß jeder Erfolg so wie jedes Mißlingen einzig und allein von Gott abhänge, und die menschliche Tat nicht das Geringste dazu beitrage. Und in der Tat, wenn die Prämisse zugegeben wird, konnte die politische Verbindung mit Heiden eher für gefährlich als förderlich für den Bestand des Judentums erachtet werden. Der Pharisäismus hat demnach keine neue Theorie aufgestellt, sondern hat nur die alte von Propheten und Psalmisten scharf genug betonte Anschauung, „daß das Kriegsroß eitel sei zum Siege, und auch mit großer Heeresmacht man sich nicht retten könne, sondern daß Gottes Auge über seine Treuen wache, ihr Leben dem Tode zu entziehen", auf die Situation seiner Zeit angewendet.

So naiv-gläubig konnte allerdings die Anschauungsweise der Sadducäer, dieser reichen oder reich gewordenen, in den Schlachten gegen die Syrer ergrauten Kämpfer, nicht sein. Daß die reiche judäische Aristokratie die Trägerin des Sadducäismus war, wiederholt Josephus öfter (z. B. Altert. XVIII, 1, 4):

εἰς ὀλίγους δὲ ἄνδρας οὗτος ὁ λόγος (τῶν Σαδδουκαίων) ἀφίκετο, τοὺς μέντοι πρώτους τοῖς ἀξιώμασι. Diese Aristokratie hat es daher vermieden, sich außerhalb ihres Kreises ehelich zu vermischen (j. Kr. II, 8, 14): αἵ τε ἐπιμιξίαι πρὸς τοὺς ὁμοίους (ὁμοιοθνεῖς) ἀπηνεῖς ὡς πρὸς ἀλλοτρίους. Sogar die sehr junge Quelle des Abot di R. Nathan hat noch eine versprengte Nachricht, daß die Sadducäer zu den Reichen gehört und auf ihren Tafeln silberne und goldene Geräte hatten: בכלי כסף ובכלי זהב כל ימיהן (הצדוקין) והיו משתמשין (c. 5). Ebenso deutet Josephus an, die Sadducäer seien von den hasmonäischen Feldherren wegen ihrer Leistungen in den Kriegen mit Ehren und Reichtümern beschenkt worden, und ihr Name schon habe den Feinden Judäas Schrecken eingeflößt (Altert. XIII, 16, 2). Solchen geübten Kriegern und Diplomaten mußte allerdings die pharisäische Ansicht kindisch erscheinen, Gott als den Lenker der Schlachten zu betrachten und die Benutzung günstiger Verhältnisse durch diplomatischen Verkehr mit Nachbarstaaten fahren zu lassen. Demnach war die Hauptdifferenz zwischen Pharisäismus und Sadducäismus ursprünglich eine praktisch-politische, die wohl erst im Verlaufe der Zeit eine theoretische Fassung und eine Art metaphysischer Formulierung angenommen hat.

2) Als zweite Differenz führt Josephus die Belohnung und Bestrafung nach dem Tode an; aber hier hat der Geschichtschreiber noch mehr nach griechischer Schablone gearbeitet, wobei er den Sadducäern Unrecht getan hat. Er faßt diesen dogmatischen Streitpunkt so auf, als wenn die Pharisäer mit der Annahme einer jenseitigen Vergeltung auch die Unsterblichkeit der Seele behauptet, ihre Gegner aber mit der Leugnung der jenseitigen Vergeltung auch die Vergänglichkeit der Seele gelehrt hätten: ψυχῆς τε τὴν διαμονὴν καὶ τὰς καθ᾿ Ἅιδου τιμωρίας καὶ τιμὰς ἀναιροῦσι (jüd. Kr. II, 8, 14). Allein es ist anderweitig nur das eine bekannt, daß die Sadducäer die Vergeltung nach dem Tode geleugnet haben. Talmudische und evangelische Quellen sprechen nur davon, daß die Sadducäer die Auferstehung geleugnet haben (Sanhedrin 16, 4): צדוקין אומרין אין תחית המתים מן התורה; Marc. 12, 12); Σαδδουκαῖοι ... οἵ τινες λέγουσιν ἀνάστασιν μὴ εἶναι. Die ganze eschatologische Differenz des Pharisäismus und Sadducäismus reduziert sich demnach bloß auf das Dogma, ob die Toten wieder erweckt werden, um ihren Lohn oder ihre Strafe zu empfangen, was der erstere gelehrt und der letztere geleugnet hat, aber dieses Dogma berührt die Unsterblichkeitslehre gar nicht. Man hat also keinen haltbaren Grund, die Sadducäer als dogmatische Materialisten zu stempeln oder gar mit der Apostelgeschichte anzunehmen, sie hätten das Dasein von Engeln und Geistern geleugnet (23, 8): Σαδδουκαῖοι μὲν λέγουσι μὴ εἶναι ἀνάστασιν, μηδὲ ἄγγελοι, μηδὲ πνεῦμα. Nun hängt diese eschatologische Theorie, wie wir sie entwickelt haben, mit der providentiellen aufs engste zusammen und scheint eine Konsequenz derselben zu sein. Weil der Pharisäismus ein Mißverhältnis zwischen der sittlichen Tat des Menschen und seinem Geschicke statuierte — in jener sei er frei, in diesem hingegen sei er der göttlichen Waltung unterworfen — so brauchte er eine Kompensation, um die göttliche Gerechtigkeit zu retten, da doch die Erfahrung oft genug an die Hand gab, daß die Frommen an einem herben Geschicke leiden, während die Sünder sich des besten Gedeihens erfreuen. Die Auferstehung sollte also dieses grelle Mißverständnis ausgleichen. Der Sadducäismus dagegen, der die menschliche Selbstbestimmung betonte und das Geschick von dem eigenen Tun abhängig machte, also Belohnung und Bestrafung schon hienieden annahm, brauchte die Auferstehung nicht.

Note 12. Das Trihäresion.

3) Als dritte Differenz nennt Josephus die Gültigkeit der religiösen Gesetze, die nicht in der Schrift enthalten sind, welche die Sadducäer geleugnet haben. (Josephus Ant. XIII, 10, 6): ὅτι νόμιμά τινα παρέδοσαν τῷ δήμῳ οἱ Φαρισαῖοι ἐκ πατέρων διαδοχῆς. ἅπερ οὐκ ἀναγέγραπται ἐν τοῖς Μωυσέως νόμοις, καὶ διὰ τοῦτο ταῦτα τὸ Σαδδουκαίων γένος ἐκβάλλει, λέγον ἐκεῖνα δεῖν ἡγεῖσθαι νόμιμα τὰ γεγραμμένα, τὰ δ' ἐκ παραδόσεως τῶν πατέρων μὴ τηρεῖν (auch XVIII, 1, 4). Da sie auf Tradition keinen Wert legten, so hielten sie sich auch nicht in der Schriftauslegung an eine Autorität, vielmehr betrachteten es die Jünger als ein Verdienst, wenn sie anderer Meinung als ihre Lehrer waren, mit ihnen zu disputieren (das.): Πρὸς γὰρ τοῖς διδασκάλοις σοφίας, ἣν μετίασιν, ἀμφισβητεῖν ἀρετὴν ἀριθμοῦσιν.

Es unterliegt keinem Zweifel, auch wenn Josephus es nicht ausdrücklich bezeugte, daß das Trihäresion erst in Jonathans Zeit auftauchte (das. 5, 9), daß die heterodoxe Opposition der Sadducäer nicht der vormakkabäischen Zeit angehört. Vor dieser Zeit konnte sich wohl durch Berührung mit dem Hellenismus eine antijudäische Partei bilden, aber keine Mittelpartei, die gewissermaßen zwischen Aßidäern und Hellenisten in der Mitte stand. Hierzu kommt noch, daß das erste Makkabäerbuch die Sadducäer auch nicht mit einem Hauche andeutet, und daß Talmud und Josephus den Ausbruch der Spannung zwischen Sadducäern und ihren Gegnern erst in Hyrkans Zeit verlegen. Alles spricht also dafür, daß diese Opposition erst unter den Hasmonäern sich gebildet hat und in den religiösen Zuständen dieser Zeit ihre Wurzel gehabt haben muß. Um es mit einem Worte auszusprechen: nur die durchgreifende Reaktion gegen den antinationalen judäischen Hellenismus konnte eine Oppositionspartei hervorrufen, die wider allzuscharfe Übertreibungen protestieren wollte. Die brutalen Angriffe auf das Judentum von Seiten der Hellenisten und des Syrerkönigs hatten den Pharisäismus (auch wohl den Essenismus) ins Leben gerufen, und wiederum erweckte die Maßlosigkeit der vom Drucke befreiten Frömmigkeit den Sadducäismus, wie andererseits die Ausschreitungen des Sadducäismus, als er zu Macht gelangte, dem Pharisäismus Nahrung gab. Solche Oszillationen und Reaktionen haben sich in der Völkergeschichte schon so oft wiederholt, daß sie als ein geschichtliches Axiom gelten können. Die syrische Verfolgung des Judentums hat bei den Treuen jeden frommen Brauch, jede religiöse Sitte ohne Rücksicht auf deren Berechtigung und Alter um so heiliger und teurer gemacht, und was früher bloß skrupulöse Observanz einzelner war, das wurde, weil es bedroht war, **religiöse Norm für alle**. Das Märtyrertum steigert nicht bloß die **Anhänglichkeit an die Religion, sondern vergrößert auch den Kreis der religiösen Observanzen**. Auch die Abtrünnigkeit der Hellenisten wirkte als Faktor dabei mit; um nicht zu den Aposten gezählt zu werden, war man um so peinlicher in der Religionsübung. Der Pharisäismus war also weiter nichts, als die energische Reaktion gegen die Abtrünnigkeit von Gesetz und Sitte, und stempelte alles als religiöses Gesetz, was irgend nur an das als religiös Anerkannte anstreifte. Und das Judentum, das auf religiösen Übungen beruht, bot der Skrupulosität ein weites Feld. Als Beispiel können die Observanzen gelten, die sich an den Tempel knüpfen. Das Heiligtum, das in der pentateuchischen Gesetzgebung gegen jede levitische Verunreinigung geschützt wird, wurde, nachdem es von den Syrern profaniert worden war, der Augapfel der Nation, von dem jeder Hauch der Verunreinigung fern gehalten werden sollte. Da man beim Volke die Beobachtung der vorgeschriebenen

Reinheitsgesetze nicht voraussetzen konnte, setzte sich der Brauch fest, alle Gefäße des Tempels nach den Feiertagen der Lustration zu unterwerfen, da sie von unreinen Händen berührt worden sein könnten (Chagiga II, 8): כל הכלים שהיו במקדש טעונין טבילה. Und als die Skrupulosität so weit ging, einst einmal sogar den goldnen Leuchter zu lustrieren, so verfehlten die Sadducäer nicht, sich darüber spottend zu äußern „die Pharisäer werden noch einmal den Sonnenball der Lustration unterwerfen" (Tossefta Chagiga das. Jerusch. das.) פעם אחת הטבילו את המנורה אמרו צדוקין: ראו פרושים מטבילין גלגל חמה. Ist es auch nicht erwiesen, daß dieser Vorfall der ersten Zeit des Schisma angehört, so erläutert er doch den verschiedenen Gesichtspunkt, nach dem die beiden Parteien das religiös Geltende beurteilt haben. Der Pharisäismus wollte die Rückkehr apostatischer Zeiten, wie die der Hellenisten, durch die skrupulöseste Beobachtung alles dessen verhüten, was im Volke als religiös eingeführt war. Der Sadducäismus wies dagegen solche Übertreibungen zurück, ohne dadurch dem Judentum minder anhänglich zu sein. Sehr gut charakterisiert Josephus das pharisäische Prinzip mit wenigen Worten: Φαρισαῖοι, σύνταγμά τι Ἰουδαίων, δοκοῦν τοὺς νόμους ἀκριβέστερον ἀφηγεῖσθαι (j. Kr. I. 5, 2). Durch diese Akribeia, dieses nicht bloß fromm, sondern frömmer sein wollen, differierte der Pharisäismus von seinem Widerpart; er setzte seine Strenge der gesetzesverachtenden Laxheit der Hellenisten entgegen und holte die Berechtigung dazu aus der schon vor dem Beginne der judäisch-hellenistischen Bewegung empfohlenen Maxime, eine Umzäunung um das pentateuchische Gesetz zu machen. Wir werden eine noch weiter fortgesetzte Konsequenz dieses Prinzips in dem Bestreben der schammaïtischen Schule finden. Wollte der Sadducäismus gegen die Überhandnahme dieser Strenge protestieren, so mußte er sich auch seinerseits nach einem Prinzip umsehen, und nichts lag so nahe, als an das pentateuchische Gesetz zu appellieren. Er machte daher dieses Prinzip in einem so ausgedehnten Maße geltend, daß er durch die Konsequenzmacherei oft einer noch größeren Erschwerung das Wort redete, als sein gegnerisches System. Namentlich waren die Sadducäer in der Auslegung der pentateuchischen Strafgesetze äußerst strenge, wie Josephus von ihnen berichtet: οἵπερ (Σαδδουκαῖοι) εἰσὶ περὶ τὰς κρίσεις ὠμοὶ παρὰ πάντας τοὺς Ἰουδαίους (Altert. XX, 9, 1). Doch darf man wohl auch bei den Sadducäern eine allmähliche Ausbildung ihres Systems annehmen; nicht auf einmal werden sie die Konsequenz aus der Prämisse gezogen haben, sondern eine Abzweigung derselben, die Boëthusäer, scheint den Sadducäismus weitergeführt und konsequent ausgebildet zu haben. Viele Tatsachen in der inneren Entwicklung würden deutlicher hervortreten, wenn man die Differenz zwischen Sadducäern und Boëthusäern ermitteln könnte[1]). Die Boëthusäer stammen entschieden von

---

[1]) Solche Differenzen, bezüglich deren R. Jochanan b. Sakkaï mit einem Sadducäer disputierend angeführt wird, scheinen aus späterer Zeit zu stammen. Denn zu dessen Lebzeiten ist die Opposition wieder erwacht, genährt durch den sadducäischen Hohenpriester Anan b. Anan, vgl. w. u. — Ich kann mich mit der Erklärung des Dr. Perles nicht befreunden, der die frühere Identifizierung der Boëthusäer mit den Essäern aufgenommen und sie durch die L.-A. in einem Codex בית סיין unterstützt hat, als wenn die Boëthusäer gleich שחרית טובלי wäre (Revue des études juives P. III. p. 119). Diese Ableitung ist gesucht, während die von einem Eigennamen Boëthos ביתוס auf der Hand liegt. Auch findet sich kein Beispiel, daß die Essäer sich mit einem halachischen Sujet befaßt hätten; ihre Domäne war die Haggada oder die Mystik.

Boëthos ab, der aus Alexandrien eingewandert war, und mit dessen Sohn Simon sich Herodes verschwägerte (Alterth. XV, 9, 3). Er war der Stammvater mehrerer Hohenpriester (das. XIX, 6, 2). Dieser Boëthos hat gewiß aus seiner Heimat Alexandrien eine von den Schulen Palästinas abweichende Schriftauslegung mitgebracht, die sich mit der des Sadducäismus wohl berührt haben, aber nicht mit ihm identisch gewesen sein mag. Allein bei der gegenwärtigen Beschaffenheit der talmudischen Texte muß man darauf verzichten, einen Unterschied zwischen Pharisäern und Boëthusäern zu statuieren. In demselben werden nämlich die beiden verwandten Sekten so zusammengewürfelt, als wenn sie vollkommen identisch wären. Setzen wir vor der Hand die Identität der צדוקים und ביתוסים voraus, so belaufen sich die durch das Chronikon des Megillat Ta'anit, die beiden Talmude und das Scholion zu Megillat Ta'anit bekannt gewordenen gesetzlichen Differenzpunkte zwischen den Pharisäern und Sadducäern auf elf, die sich teils auf juridische, teils auf rituelle Verhältnisse beziehen.

A. Juridische Differenzen.

a) Das kompensatorische Verfahren bei Körperverletzungen. Die Sadducäer (Boëthusäer) nahmen die Bestimmung Aug' um Auge, Zahn um Zahn buchstäblich. Im Talmud wird diese Differenz nicht deutlich erwähnt, nur das Scholion zu M. T. c. 4 führt sie an: שהיו ביתוסים אומרים עין תחת עין שן תחת שן הפיל אדם שנו של חבירו יפיל את שנו של חביריו סמא את עינו וכו'. Allein die weitläufige Begründung der entgegengesetzten Ansicht, die der Talmud (Baba kamma 53b ff.) mit so viel Aufwand geltend macht, beweist ebenfalls, daß sie ihre Gegner hatte, und daß das erwähnte Scholion aus einer historischen Quelle schöpfte.

b) Das Strafverfahren bei Zeugen, die des Alibi überführt wurden. Nach den Sadducäern tritt die Todesstrafe für solche Zeugen nur ein, wenn durch sie ein Justizmord bereits vollzogen worden, indem die Pharisäer hingegen auch schon für die Intention: אין העדים זוממין נהרגין עד שיגמר הדין שהרי הצדוקין אומרים עד שיהרג שנאמר נפש תחת נפש (Mischna Maccot I, 6). Die Tossefta Sanhedrin c. 6 hat anstatt צדוקים die Lesart ביתוסים.

c) Erbrecht. Hinterläßt ein Erblasser nur eine Tochter, und ist außerdem auch eine Tochter von einem vor dem Tode des Erblassers verstorbenen Sohne geblieben, so erbt nach der pharisäischen Ansicht die Enkelin mit Ausschluß der Tochter. Nach der sadducäischen Ansicht hingegen teilt die Erbin des Vaters in diesem Falle mit der Enkelin. הצדוקין אומרין תירש הבת עם בת הבן (Jerusch. Baba Batra 8, 1, Babli 115 b, Megillat Ta'anit V. 2). Auch hier hat die Tosetta (Jadaim Ende) ביתוסים. R. Simson (ר"ש) las aber צדוקים im Kommentar zu Jadaim 4, 7.

d) Verantwortlichkeit des Herrn für die durch Sklaven herbeigeführte Beschädigung nach Ansicht der Sadducäer. אמרו צדוקים קובלים אנו עליכם פרושים . . . עבד ואמה שאני חייב בהן מצות אינו דין שאהא חייב בנזקן (Jadaim 4, 7). — Das Scholion zu Megillat Ta'anit stellt auch eine Differenz auf in Betreff der Beweisführung bei einer Anklage gegen eine Neuvermählte über Abwesenheit der Symptome der Jungfräulichkeit (Deuteronomium 22, 13—19). Nach den Sadducäern sollte der Ausdruck: ופרשו השמלה wörtlich zu nehmen sein, nach den Pharisäern hingegen eine figürliche Bedeutung haben (c. 4) שהיו ביתוסין אומרין ופרשו השמלה דברים ככתבן. Indessen ist diese Angabe wohl unrichtig; denn auch ein Tannaïte, R. Eliëser ben Jacob, faßt diese Beweisführung in wörtlichem Sinne: הדברים ככתבן שמלה ממש (Siphre No. 237; Ketubbot 46; Jerusch. das.

p. 28 c.), ohne daß diese Deutung als sadducäisch perhorresziert wird. Eben so falsch ist wohl die andere Angabe desselben Scholion, daß die Sadducäer das Ausspeien der Schwägerin, welcher der Levir die vorgeschriebene Ehe versagt, buchstäblich „ins Gesicht speien" genommen wissen wollten (das.). Weder im Siphre, noch im Talmud (Jebamot 106 b) wird berührt, daß die Sadducäer in diesem Punkte eine differierende Ansicht gehabt hätten[1]).

B. Rituelle Differenzen.

e) Bezüglich des Tages, auf welchen das Wochenfest fallen müsse, haben die Sadducäer (Boëthusäer) dem Buchstaben gemäß angenommen, daß dieses stets ein Sonntag sein müsse: שהיו ביתוסין אומרין עצרת אחר השבת (Menachot 65 a: Megillat Ta'anit I, 2). Damit hing die andere Differenz zusammen, ob die frischen Garben, die zum Zweck des Erstlings-Speiseopfers am Tage nach dem Passa gebracht werden sollten, am Sabbat abgemähet werden dürfen. Die Sadducäer hielten das Abmähen am Sabbat selbst zum Opferzwecke für ein religiöses Vergehen: הביתוסין היו אומרין אין קצירת העומר במוצאי י"ט.

f) Über den Charakter, den die täglichen Opfer haben soller. Der Sadducäismus leugnete ihren nationalen Charakter und behauptete, daß sie nicht aus dem von der ganzen Nation zusammengeschossenen Stock bestritten werden müßten, daß es vielmehr der Frömmigkeit der einzelnen überlassen bleibe, für den Opferbedarf des Tempels zu sorgen; שהיו הצדוקין אומרים יחיד מתנדב זה מביא שבת אחת וזה מביא ב' שבתות (Menachot 65 a; Scholion zu Megillat Ta'anit I, 1). Als die pharisäische Ansicht von dem nationalen Charakter der Opfer durchgedrungen war, ist man beim Sammeln der Tempelsteuer zu den täglichen Opfern (שקלים) mit eben so großer Ostentation verfahren, wie bei andern streitigen Punkten, z. B. bei dem Abmähen des Omer und dem Wasserschöpfen. Dreimal des Jahres um die Zeit der drei Hauptfeste wurde die Tempelsteuer unter Beobachtung gewisser Formalitäten zusammengetragen (Schekalim III, 1, 3), um oppositionelles Aufsehen zu machen: כדי לעשות פומבי לדבר, Jerusch. Schekalim I, 1 (vergl. o. S. 568).

g) Die Wasserlibation auf dem Altar am Hüttenfeste, נסוך המים. Wegen dieses Ritus, gegen den der Sadducäismus so entschiedene Opposition machte, entspann sich das Zerwürfnis zwischen dem sadducäischen König Alexander Jannaï und den Pharisäern (w. u. S. 704).

h) Das Aufrichten von Weidenzweigen um den Altar am letzten Tage des Hüttenfestes, wenn dieser Tag auf einen Sabbat fiel, ein Ritus, der mit dem vorhergehenden zusammenhing und von den Sadducäern (Boëthusäern) nicht anerkannt wurde (Joma 43 b): לפי שאין הביתוסים מודים שחבוט ערבה דוחה שבת. Man darf aber nicht daraus schließen, daß die Boëthusäer nur gegen die Weidenprozession am Sabbat opponiert hätten, vielmehr war dieses bloß eine Konsequenz der Verwerfung dieses Ritus überhaupt.

i) Das Verfahren mit dem Weihrauch am Versöhnungstage im Allerheiligsten. Die Sadducäer behaupteten, der Weihrauch solle schon vor dem Eintreten ins Allerheiligste auf die Kohlen gelegt werden, eigentlich gegen den Wortlaut der Schrift (Levit. 16, 13). Die Pharisäer stellten dagegen auf, das Entzünden des Weihrauchs müsse erst innerhalb geschehen (Joma 19 b): שלא יתקן מבחון ויכנים כדרך שהצדוקין עושין.

---

[1]) Das Argument, welches Weiß dafür aus Jerus. Sanhedr. 19 a anführt: Zur Geschichte der jüd. Tradition I, p. 118, N. 1 רוקא · בראשונה היו כותבין דמהחויא לנא על ארעא ist von keinem Belang.

Note 12. Rituelle Differenzen.

k) Die Bestimmung der den freiwilligen blutigen Opfern beigegebenen Speiseopfer, ob für den Altar (Ansicht der Pharisäer) oder für den Priester (Ansicht der Sabducäer); Scholion zu Megillat Ta'anit VIII. 3: מפני שהיו צדוקין אוכלין מנחת בהמה.

l) Bei der Zubereitung der Reinigungsasche von der roten Kuh waren die Sabducäer gewissermaßen strenger als die Pharisäer, indem jene behaupteten, der dabei fungierende Priester müsse levitisch völlig rein sein, während diese es leichter damit nahmen (Para III, 7): שהיו הצדוקין אומרין במעורבי השמש היתה נעשית. — Soweit die Differenzpunkte zwischen Pharisäismus und Sabducäismus in Betreff der Gesetzesauslegung.

m) Auch bezüglich der Auslegung des Gesetzes für die Menstruierenden scheinen die Sabducäer differiert zu haben (Nidd. V, 3).

Man darf indessen nicht daraus schließen, daß diese Punkte die einzigen waren; der Streit erstreckte sich sicherlich noch auf andere Gesetzesbestimmungen, von denen uns jedoch keine Kunde zugekommen ist. Die Sabducäer waren namentlich durchweg gegen die Strupulosität in betreff der levitischen Reinheit, wie das oben (S. 692) angeführte Witzwort beweist: „die Pharisäer werden noch den Sonnenball der levitischen Lustration unterwerfen". So spotteten auch die Sabducäer über die später eingeführte Bestimmung, daß die Berührung kanonischer Schriften die Hände levitisch verunreinige, und daß demnach die heiligen Schriften geringer geachtet scheinen, als die profanen, welche doch dieser Bestimmung nicht unterliegen. אומרין צדוקין קובלים אנו עליכם פרושים שאתם אומרים כתבי הקדש מטמאין את הידים וספרי המירם[1] אין מטמאין את הידים (Jadaim IV, 6). Man vergleiche den Einwurf der Sabducäer gegen eine Erleichterung der Pharisäer, daß ein Wasserstrahl, aus einem unreinen Gefäße in ein reines gegossen, dasselbe levitisch nicht verunreinige, bei welcher Gelegenheit die Sabducäer ihren Gegnern ironisch eine Inkonsequenz vorwarfen: אומרים צדוקים קובלים אנו עליכם פרושים שאתם מטהרים את הנצוק (Das. 7). Überhaupt liebten es die Sabducäer, die Ansicht ihrer Gegner durch Antithesen ironisch ad absurdum zu führen. So legen die Evangelien den Einwand der Sabducäer gegen die Auferstehungstheorie ihnen in der Form eines frappanten, vielleicht aus dem Leben gegriffenen Beispieles in den Mund von einer Frau, die durch die Leviratsehe sieben Brüder nach einander zu Männern gehabt hat; mit welchem derselben werde sie bei der Auferstehung die Ehe fortsetzen können? Es wäre aber ein Irrtum, aus den angeführten Beispielen zu schließen, daß die Sabducäer sämtliche traditionelle Gesetze verworfen hätten. Es wird im Gegenteil vorausgesetzt, daß sie manche Traditionen anerkannt haben. Es gilt als Regel, daß traditionelle Bestimmungen, welche die Sabducäer unbestritten lassen, als unbestreitbar und als biblisch-begründet gelten, und daß in bezug auf solche keine heterodoxe Opposition, sondern nur Unwissenheit anzunehmen sei: אין בית דין חייבין ער שיורו בדבר שאין הצדוקים מודין בו אבל בדבר שהצדוקים מודין בו פטורין (Horajot 4 a). Dieser Grundsatz wird auf die Beurteilung einer faktischen Opposition gegen einen Synhedrialbeschluß angewendet (זקן ממרא). Nur derjenige wird als faktiöser Opponent behandelt, der in streitigen Fällen sich der Majorität widersetzt, wer aber nur allgemein angenommenen, auch von dem Sabducäismus anerkannten Gesetzen opponiert, verfällt keineswegs der für dieses Vergehen bestimmten Strafe (Sanhedrin 88 b): חומר דברי סופרים מדברי

---

[1] Über die Bedeutung von המירם = ἡμερήσια vergl. Mschr. Jahrg. 1870, S. 139 fg.

תורה האומר אין תפלין כדי לעקור על דברי תורה פטור חמשה טוטפות להוסיף על דברי סופרים חייב. So sonderbar auch diese Unterscheidung klingt, so ist sie aus den Zeitverhältnissen gerechtfertigt. Die Bestimmungen über die faktiöse Opposition eines Synhedrialmitgliedes scheint mir nämlich aus dem Verhalten der Sadducäer gegen die Majorität geflossen zu sein, und darin ihren faktischen Boden zu haben. Prozeßverfahren und Strafbestimmungen sind aus faktischen Vorkommnissen deduziert worden, und die vom Synhedrion bei vorgekommenen Fällen angewendeten Normen galten den Spätern als Gesetze. Um nun wieder auf die Sadducäer zurückzukommen, so ist es augenscheinlich, daß das Verfahren gegen sie, wenn sie als Synhedrialmitglieder opponiert und ihrer Opposition praktische Folgen gegeben haben, den betreffenden Halachas über Häresie zur Grundlage gedient hat. Da es also nicht vorgekommen ist, daß ausdrücklich biblische Gesetze oder anerkannte traditionelle Erweiterungen Opposition gefunden haben, so gab es dafür keine Norm, und man konnte daher die Regel aufstellen, daß nur solche Gesetzesbestimmungen in den Kreis der Strafe auf häretische Opposition gezogen werden sollen, welche streitiger Natur waren, d. h. die Differenz des Pharisäismus und Sadducäismus ausmachten. Es ergibt sich nun folgerichtig daraus, daß die Sadducäer gewisse traditionelle Gesetze anerkannt haben, wahrscheinlich solche, welche mit dem Nimbus des Alters umgeben waren, wie das Binden der Phylakterien um Arm und Haupt, das in der angeführten Mischna als Beispiel solcher Gesetze gebraucht wird, welche die Sadducäer nicht verworfen zu haben scheinen[1]).

Wie diese Anerkennung traditioneller Gesetzesbestimmungen verträglich war mit dem sadducäischen Prinzipe, nur biblisch Begründetes gelten zu lassen, läßt sich bei dem Mangel an Nachrichten nicht ermitteln. Doch bieten die Karäer eine vollständige Analogie dazu, da sie trotz ihrer Berufung auf die Biblizität bekanntlich Traditionen beibehalten haben, insofern sie nicht gegen den Wortlaut schriftlicher Gesetze verstießen.

Als weitere Grunddifferenz könnte noch angeführt werden, daß die Pharisäer einfach, sittlich, bescheiden, dem Luxus feindlich waren (οἵ τε γὰρ Φαρισαῖοι τὴν δίαιταν ἐξευτελίζουσιν, οὐδὲν εἰς τὸ μαλακώτερον ἐνδιδόντες (Altert. XVIII. 1, 3). Sie waren ferner freundlich und brüderlich gegen einander: φιλάλληλοί τε καὶ τὴν εἰς τὸ κοινὸν ὁμόνιαν ἀσκοῦντες (jüd. Kr. II, 8, 14); die Sadducäer dagegen waren unfreundlich, abstoßend: Σαδδουκαίων δὲ καὶ πρὸς ἀλλήλους τὸ ἦθος ἀγριώτερον κτλ. (daf.). Diese Verschiedenheit folgte aus ihrer verschiedenen gesellschaftlichen Stellung. Die Sadducäer hatten aristokratischen Hochmut, die Pharisäer demokratische Tugenden, die auf Religion beruhten. Diese drei Grunddifferenzen zwischen Pharisäismus und Sadducäismus — die Ansichten über die göttliche Einwirkung auf die Geschicke der Menschen und das Gemeinwesen, über die Belohnung und Bestrafung nach dem Tode und über die Giltigkeit der sopherischen Gesetzesbestimmungen — genügen, um ihre gegenseitige Stellung aus der historischen Situation zu erkennen. Die erste Partei ging von religiösen Gesichtspunkten aus; die Erhaltung des Judentums war ihr die Hauptsache, und darnach beurteilte sie die politischen Maßnahmen, die nach

---

[1]) Weiß' Behauptung, daß die Formel der Erörterung bezüglich irgend einer Vorschrift in Siphra und Siphre יכול . . . . אינו . . . אז תלמוד לאמר auf eine Differenz zwischen Sadduc. und Pharis. hinweise (a. a. O. p. 118), ist nicht haltbar, da diese Formel ganz besonders bei minutiösen Einzelheiten angewendet wird.

ihrer Ansicht dem religiösen Interesse völlig untergeordnet werden müßten. Ihr Maßstab für das Politische war die Religion, und als solche galt ihr alles, was im Volke als religiös angesehen wurde, mochte es von Alters her stammen oder erst neuerdings eingeführt worden sein. Die Sadducäer hingegen gingen von politischen Gesichtspunkten aus; die Erhaltung des judäischen Staates war ihnen die Hauptsache, sie räumten der Religion auf staatliches Verhalten nur einen geringen Einfluß ein. Die Religionsbestimmungen ließen sie überhaupt nur in dem Umfange gelten, den sie teils durch die pentateuchische Gesetzgebung teils durch die als uralt anerkannten Spezialitäten angenommen hatten. Aber so wie die Sadducäer, überall von einem politischen Prinzipe ausgehend, in eine religiöse Richtung gerieten und manches als irreligiös verwarfen, so schlugen die Pharisäer vom religiösen Prinzipe aus eine politische Richtung ein. Sie wurden allmählich Feinde des Königtums, religiöse Republikaner (Galiläer) und bildeten in ihren letzten Stadien den politischen Zelotismus aus. — Der Ursprung der Namen פרושים und צדוקים ist mit vieler Gelehrsamkeit behandelt worden. Mir scheint nach reiflicher Abwägung des pro und contra, daß die ersteren doch ihren Namen von ihren Funktionen, das Gesetz auszulegen, also vom Verbum פרש „erklären, auslegen", hatten. Josephus gibt öfter an, daß die Pharisäer das Gesetz am richtigsten auszulegen glauben (o. S. 692 und jüd. Kr. II. 8, 14). Φαρισαῖοι οἱ μετὰ ἀκριβείας δοκοῦντες ἐξηγεῖσθαι τὰ νόμιμα u. a. St. Er nennt sie geradezu τῶν πατρῴων ἐξηγηταὶ νόμων (Altert. XVII, 6, 2), d. h. Ausleger der Gesetze. Die Form Φαρισαῖοι weist auf die Chaldäische Form פרישאי, und daß ist eine aktive Form; wäre es eine passive Form, so müßte es Φερισσαῖοι פְּרִישָׁאֵי lauten. Vielleicht muß man in der talmudischen Literatur stets פרישים statt פרושים lesen. Das Abstraktum פרישות kann ursprünglich die „Art der Pharisäer" bedeuten und erst im Verlaufe den Nebenbegriff „Enthaltsamkeit" erlangt haben [Vgl. jedoch Schürer II³, 397 ff.]. — Der Name צדוקים stammt gewiß von dem Eigennamen eines Opponenten gegen die Pharisäer, wie בייתוס, von Boëthos, dem Stifter.

Seitdem während der Regierung Salome-Alexandras die Pharisäer die Oberhand erhielten, scheinen sich die Sadduzäer praktisch gefügt und keine Opposition gemacht zu haben, wie Josephus angibt aus Furcht vor der ihren Gegnern anhänglichen Menge (Altert. XVIII. 1, 4): ὁπότε γὰρ ἐπ' ἀρχὰς παρέλθοιεν, ἀκουσίως μὲν καὶ κατ' ἀνάγκας, προσχωροῦσι δ' οὖν οἷς ὁ Φαρισαῖος λέγει, διὰ τὸ μὴ ἄλλως ἀνεκτοὺς γενέσθαι τοῖς πλήθεσιν. Auch Talmud Nidda p. 33 b: אף על פי שנשי צדוקות הן מתיראות מן הפרושים (unvollständig Tosefta V, 3). Joma 19 b אע"פ שצדוקים אנו מתיראין אנו מן הפרושין (Ähnlich Tosefta das. I, 8; Jerus. das. 39 a). Es galt als eine besondere Kühnheit, als Anan ben Anan während seiner kurzen Funktion als Hohepriester praktisch nach der sadducäischen Theorie verfuhr.

II. Charakteristik des Essenismus.

Über die Bedeutung der Essäer (Josephus jüd. Kr. II, 8 fg., Altert. XVIII. 1, 5) herrscht selbst in der wissenschaftlichen Welt eine so bedeutende Verkennung, daß es wohl noch lange dauern wird, ehe sich das Richtige Bahn brechen wird. Während man die Pharisäer sehr niedrig stellte, hat man die Essäer bis in den Himmel gehoben und bei beiden nicht auf den historischen Hintergrund gesehen, aus dem sie als verschiedene Richtungen ein und derselben Anschauung herausgetreten sind. Schuld an der Verkennung tragen einerseits Josephus, anderseits ein dem Philo zugeschriebenes Buch über die Therapeuten oder „die Beter" [vgl. S. 799 und die Bemerkungen dazu], wodurch die Forscher sich berechtigt glaubten, die Essäer zu irrealisieren. Die kritische Geschichtsforschung wird von vorn herein annehmen müssen, daß der Essenismus mit seinen Eigentümlichkeiten ganz analog dem Pharisäismus und Sabbucäismus in den tieferen Bedingungen des judäisch-geschichtlichen Lebens gewurzelt haben müsse, und nicht aus einer fremden Anschauung, etwa aus der neupythagoräischen Schule hervorgewachsen oder aus den ägyptischen Cönobiten hervorgegangen sein könne. Glücklicherweise überhebt mich die tief eingehende, meisterhafte Arbeit des verewigten Dr. Zacharias Frankel über die Essäer der weitläufigen Beweisführung, daß diese aus den realen Faktoren der judäischen Geschichte hervorgegangen sind, daß sie eigentlich weiter nichts als stehengebliebene, oder richtiger konsequente Chaßidim waren, daß sie demnach von den Pharisäern nicht so weit abstanden, daß man sie als eigene Sekte betrachten könnte und endlich, daß sie vielmehr nur einen Zweig des Pharisäismus gebildet haben. Frankels Monographie über den Essenismus befindet sich in dessen Zeitschrift für religiöse Interessen des Judentums Jg. III, S. 441 ff., „die Essäer eine Skizze" und in der Monatsschrift Jg. II, S. 30 ff., 61 ff. „die Essäer, nach talmudischen Quellen." Ich nehme diese auf kritischer Forschung beruhenden Resultate über diese Sekte vollständig an und werde nur noch einige Punkte nachträglich beleuchten.

1. Vor allem kommt es darauf an, das Wesen der sogenannten Therapeuten kennen zu lernen, welche man auf Grund der philonischen Schriften von jeher als eine andere Art Essäer, als theoretische, gegenüber den praktischen Essäern, angesehen hat. Die Therapeuten, oder vielmehr die Nachrichten über dieselben, haben Forscher irregeleitet, und selbst den kompetenten Kritiker Zeller, der im dritten Bande seiner Geschichte der griechischen Philosophie den Ursprung dieser asketischen Sekte aus einem Entwicklungsstadium der griechischen Philosophie [III, 2³, S. 277 ff.] entstehen läßt, zu falschen Resultaten geführt. Ich halte aber das Buch über die Therapeuten, das soviel Konfusion angerichtet hat, für durchweg unecht; es verrät sich als ein Werk eines Christen, der die Tendenz hatte, einen Panegyrikus auf das asketische Mönchsleben zu verfassen und das höhere Alter desselben durch Philos Autorität zu bestätigen. Eusebius, der allein die Schrift zitiert, hielt die Therapeuten in der Tat für Christen. Die Beweise für die Unechtheit liegen für den aufmerksamen Leser der Schrift de vita contemplativa sive de supplicum virtutibus so offen zutage, daß es eigentlich für Kritiker genügt, darauf hingewiesen zu haben, um die Richtigkeit des Urteils einzusehen. Auch das Fragment über die „Essäer" bei Eusebius Praepar. evangelica VIII, 11, p. 379 ff., angeblich von Philo, ist unecht. Die Schilderung in demselben widerspricht der in der Schrift de vita contemplativa gegebenen. Vergl. w. u. B. Tidemann, der eine gründliche Monographie über das Essäertum geschrieben hat: het Essenisme (Leyden 1868); er hat aber diesen Widerspruch nicht beachtet.

2. Die Eigentümlichkeiten der Essäer lassen sich nicht genügend aus dem Wesen der im Talmud vorkommenden חסידים חסידים הראשונים und der in der Makkabäerzeit auftretenden „Aßidäer" erklären; man muß auch auf das nasiräische Wesen Rücksicht nehmen. Nasiräer gab es in der nachexilischen Zeit in großer Menge (I. Makkab. 3, 49; Tosefta Nasir c. 4; Babli Berachot 48a). Aber sie trugen zugleich einen andern Charakter, als die der biblischen Zeit: sie waren Nasiräer fürs ganze Leben: נזיר עולם (Nasir 4a). Die Mischna

Note 12. Rituelle Differenzen.

setzt das Vorhandensein solcher ohne weiteres voraus, und das Hauptmoment an dem Nasiräertum, das sich bei den biblischen Nasiräern an den Haarwuchs knüpfte, tritt bei jenen immer mehr zurück, hat vielmehr gar keine Bedeutung mehr: נזיר עולם הכביד שערו מיקל בשער (das.). Hingegen tritt bei den lebenslänglichen Nasiräern das Levitische, die Hut vor Verunreinigung, immer mehr in den Vordergrund (das.). Die Essäer werden also solche Nasiräer gewesen sein, die in ihrem Privatleben die höchste priesterliche Weihe darstellen wollten. Diesen Zusammenhang zwischen Nasiräertum und Essenismus haben auch Epiphanius und die arabischen Schriftsteller Makrisi und Abulfarag' geahnt; wenn auch Epiphanius die Ναζαραίοι von den Ὀσσηνοί unterscheidet, so sind die Eigenheiten, die er von den ersteren berichtet, doch ganz essäisch. Ebenso hat Makrisi die Essäer in drei Sekten zerspalten, in die Täufer (מטהרין = ἡμεροβαπτισταί), die Essäer (אסאנין) und in die Nasiräer (מתחשין) (in de Sacy, Chrestomathie Arabe, Ausgabe von 1806, arabischer Text 172 und tome II, 218). Das arabische Makkabäerbuch bezeichnet die Essäer durch Chaßibäer (c. 25). Die Identität von Nasiräern, Essäern und Aßidäern wird also von mehreren Seiten bestätigt. Auch aus Josephus' Angabe, die Essäer hätten eigene Bücher gehabt (jüd. Kr. II. 8, 7), läßt sich ihre Identität mit den Aßidäern erweisen. Im Talmud (Jeruschalmi Berachot cap. I, Midrasch zu Samuel) wird aus einem Buche der Chaßibäer der Satz mitgeteilt: „Verläßt du sie einen Tag, so verläßt sie dich zwei Tage": כתיב בספר חסידים אם תעזבה יום יומים תעזבך Siphre Nr. 48 eine abweichende L.-A.

3. Aus dem höheren nasiräischen Leben, welches die Essäer erstrebten, sind meines Erachtens manche Exzentrizitäten derselben zu erklären. Um nicht durch Berührung mit andern, welche nicht denselben hohen Grad levitischer Reinheit beobachteten, verunreinigt zu werden, mußten sie sich von der Gesellschaft zurückziehen und sich zu einem eigenen Orden verbinden, um in der Absonderung der priesterlichen Heiligkeit leben zu können. Die Absonderung führte auf das κοινός βίος, die kommunistischen Phalanstèren, wozu auch das sittliche Moment hinzutrat, daß der Chaßid kein Eigentum haben, sondern es als der Gesellschaft zugehörend betrachten soll: שלי שלך ושלך שלך חסיד. Die strenge Enthaltsamkeit von levitisch unreinem Kontakt mußte die Essäer ferner darauf führen, das weibliche Geschlecht zu fliehen und die Ehe zu meiden. Nicht wie Josephus die Erscheinung erklärt, weil sie das weibliche Geschlecht für ausschweifend und untreu hielten (was nur die unglückliche Erfahrung des Geschichtschreibers zu sein scheint), sondern weil das weibliche Geschlecht die Quelle fortdauernder Unreinheit ist, durch Menstruation, Geburten und andere Zufälle. Wollten die Essäer mit Frauen zusammenleben, so wären sie bei Berührung mit denselben oder deren Kleidern und Geräten in ihrem geweihten Leben gestört gewesen. Die Ehelosigkeit der Essäer war daher nicht Prinzip, sondern Konsequenz der streng levitischen Observanz. Darum kam es auch vor, wie Josephus berichtet, daß eine Fraktion der Essäer in Ehe lebte, deren Frauen sich aber derselben Strenge der λουτρά wie ihre Männer unterziehen mußten (das. II. 8, 13). Aus demselben Streben nach nasiräisch-priesterlicher Weihe ist endlich auch das tägliche Baden bei der Essäer zu erklären, um sich von etwa eingetretener Pollution zu reinigen (טבילת קרי). Auch die Schaufel (σκαλίς, ἀξινάριον), die sie bei sich führten, um die Ausleerung zu vergraben, hatte den Zweck, daß ihr Lager heilig und rein sei. Wahrscheinlich stand auch damit das Tragen eines Schurzfelles oder Handtuchs (περίζωμα) in Verbindung, das so wesentlich zum Essenismus gehörte, daß es jedem Eintretenden gereicht wurde

(Jos. daj. II, 8, 7). In talmudischen Quellen wird für einen Novizen, welcher sich einer höheren levitischen Reinheit befleißigen will, der Ausdruck gebraucht: מקבלין לכנפים ואחר כך מקבלין לטהרות (Tos. Demai II, 11; Jerus. Demai 2, 3; b. Bechorot 30 b[1]). Dieses περίζωμα oder כנפים diente wohl zum Trocknen der Hände bei vorgenommenen Waschungen. Das Tragen weißer Kleider wird wohl auch nicht eine zufällige Tracht gewesen sein, sondern mit dem Levitismus in Zusammenhang gestanden haben; sie sollten an ihren (frei gewählten) Priesterstand erinnern.

4. Diese Betrachtung führt darauf, daß die im Talmud angeführten Morgentäufer טובלי שחרית, sowie die von Hegesipp erwähnten Hemerobaptisten nicht nur unter sich, sondern auch mit den Essäern identisch sind, obwohl der letztere in der Sucht, einen langen Katalog judäischer Sektierer herauszubringen und die Zerspaltung des Judentums recht anschaulich zu machen die Essäer neben den Hemerobaptisten aufzählt: ἦσαν δὲ γνῶμαι διάφοροι ἐν τῇ περιτομῇ ἐν υἱοῖς Ἰοραήλ Ἐσσαῖοι, Γαλιλαῖοι, Ἡμεροβαπτισταί, Μασβωθαῖοι, Σαμαρῖται, Σαδδουκαῖοι, Φαρισαῖοι (Eusebius, Kirchengesch. IV, 22). Josephus, j. Kr. 8, 5, gibt zwar an, daß die Essäer erst nach dem Gebete zur ersten Mahlzeit „den Leib" in kaltem Wasser gebadet haben, und zwar erst nach der fünften Stunde, während טובלי שחרית auf ein Baden am frühen Morgen hinweist. Indessen mag Josephus aus Unkenntnis falsch berichtet haben. Denn seine Erzählung, daß er die Schulen der Essäer, wie die der Sadducäer und Pharisäer durchgemacht habe (Vita 2), wird man doch um so eher als Aufschneiderei ansehen müssen, als es ja solche Schulen nicht gegeben hat, und es ihm nur darum zu tun war, griechischen Lesern zu sagen, daß es bei den Judäern Analogien für die griechischen Schulen der Stoiker, Pythagoräer und Epikuräer gegeben habe. Aus einem interessanten Dialog zwischen einem Morgentäufer und einem Pharisäer erfahren wir, daß zwischen beiden eine Disharmonie stattgefunden hat, indem die letzteren die essäischen Übertreibungen verlachten. Die טובלי שחרית beklagten sich über die Gleichgültigkeit der Pharisäer, den Gottesnamen im Gebete ohne vorhergegangene Lustration des Morgens auszusprechen, worauf diese entgegneten, so dürfte man überhaupt den Gottesnamen nicht mit einem körperlichen Organ aussprechen, da der Körper der Sitz der Unreinheit ist: אומרים טובלי שחרית קובלנו עליכם פרושים שאתם מזכירים את השם בשחרית בלא טבילה. אומרים פרושים קובלנו עליכם טובלי שחרית שאתם מזכירים את השם מן הגוף שיש בו טומאה (Tos. Jadaim, Ende, in den Ausgaben korrumpiert, korrekt zitiert im Kommentar des R. Simson aus Sens zu Jadaim, Ende). Die Pharisäer waren demnach eben so weit entfernt von der asketischen Exzentrizität der Essäer, wie von der nüchternen Weltlichkeit der Sadducäer, und hatten ein klares Bewußtsein davon, daß der „närrische Chaßid", חסיד שוטה, das Bestehen der gesellschaftlichen Ordnung gefährdet (Sota 26a). Obwohl die Essäer zur Zeit der ersten Tannaïten noch bestanden zu haben scheinen, so kannte man doch ihre Bedeutung im dritten Jahrhundert nicht mehr. Ein Amora fragte: „was ist eigentlich an diesen Morgentäufern?" מה טיבן של טובלי שחרית (babli Berachot 22 a).

---

[1]) Die Bedeutung des Wortes ist zwar dunkel, aber Raschi erklärt es, gewiß nach Tradition, daß es mit Waschen und Trocknen der Hände in Beziehung stand. Ein Elisa, der eine ganz besonderen Wert auf levitische Reinheit gelegt hat, wird אלישע בעל כנפים genannt (Sabbat 49 a; 130 a; Jerus. Berachot II, p. 4 c). Kohelet 10, 20 ובעל הכנפים יגיד דבר bedeutet wahrscheinlich ebenfalls einen Essäer.

Note 12. Rituelle Differenzen.

5) Um zum Schlusse etwas über den vielgedeuteten Namen Ἐσσαῖοι zu sagen, so wäre ich geneigt, ihn von dem aramäischen Worte אסח „baden" abzuleiten (mit vorgesetztem Aleph), also gleich טבול und etwa als Abkürzung von אסחא אצרב, Morgentäufer, oder schlechtweg אסחאי. Daß der Guttural in אסח ganz verwischt wurde, braucht Kennern nicht gesagt zu werden; man sprach sogar מטוחא (Bad) = מטחותא. Aus אסחאי (Babende), ausgesprochen mit elidiertem ח Assaï oder Essaï, entstand ganz natürlich die im Josephus gebrauchte griechische Form Ἐσσαῖος, Ἐσσαῖοι. Die Form Ἐσσηνός ist lediglich eine andere Adjektivbildung, wie schon Scaliger bemerkt hat, und ist keineswegs etwa von צנוע abzuleiten. Die Ableitung von אסח, wie sie die Grammatik für sich hat, empfiehlt sich auch dadurch, daß sie das Wesen der Essäer, wie es den Außenstehenden erschien, vollständig ausdrückt. Man vergleiche dagegen die vielfachen Deutungen des Wortes „Essäer" von dem Verfasser des Therapeutenbuches und Epiphanius an bis auf die neueste Zeit. Sie erscheinen wahrhaft monströs, gerade wie die Ansichten, die man von dieser Sekte hatte. Man etymologisierte es von: ὅσιοι (Heilige); von einer Stadt Essa; von Isai, Davids Vater; von: עשה (Arbeiter); von יָשַׁע (Heilbringer); von: חסה (die Gottvertrauenden); von חסין oder עז (Stärke); von: אשי oder חס (Verschwiegene); von: אסא (syrisch: Fromme) oder abgekürzt von: חסיד; von: אסא (Spekulative); von: אסא (Heilende); endlich von: חן (Bewahrer, Wächter, Wärter). Diese letzte Etymologie ist trotz der Autorität Ewalds nicht minder unglücklich als die früher genannten[1]. Nach unserer Annahme würden die verschiedenen Benennungen, Essäer und Hemerobaptisten, nur eine und dieselbe Sekte bezeichnen, von ihrem täglichen Baden hergenommen.

6) Neben der strengen Beobachtung levitischer Reinheit, dem Einsiedlerleben, dem täglichen Baden, den gemeinsamen Mahlen, dem Kommunismus und der Ehelosigkeit, bildeten auch eigentümliche Kuren das Charakteristische an den Essäern, die noch nicht erschöpfend behandelt worden ist. Die essäischen Kuren waren magischer oder vielleicht magnetischer Natur; das deutet Josephus an. Er erzählt, daß sie sich nicht nur bei ihren Heilungen gewisser Wurzeln und Steine von eigentümlicher Beschaffenheit bedienten, sondern auch alter Schriften, die ohne Zweifel Beschwörungen und Exorzismen enthielten: σπουδάζουσι δὲ (οἱ Ἐσσαῖοι) ἐκτόπως περὶ τὰ τῶν παλαιῶν συγγράμματα, μάλιστα τὰ πρὸς ὠφέλειαν ψυχῆς καὶ σώματος ἐκλέγοντες. Ἔνθεν αὑτοῖς πρὸς θεραπείαν παθῶν ῥίζαι τε ἀλεξητήριοι καὶ λίθων ἰδιότητες ἀνερευνῶνται (jüd. Kr. II, 8, 6). Das ἔνθεν sagt zu hinlänglich, daß die alten Schriften „zum Nutzen der Seele und des Leibes" mit den Wurzeln und Steinen in Verbindung standen. Welches waren die alten Schriften, oder welche haben die Essäer für alt ausgegeben, daß Josephus es geglaubt hat? Der Talmud, byzantinische und arabische Schriftsteller schreiben Salomo ein Kurenbuch ספר רפאות, βίβλος ἰαμάτων, zu, das der König Chiskia verborgen haben soll (Pessach. 56a, Fabricius codex pseudepigraphus V. T. I. 1042f. Weil: biblische Legenden der Muselmänner S. 225 bis 279). Daß dieses Buch magische Kuren und Beschwörungen enthielt, wie Maimuni im Mischnakommentar zu (Pessachim das.) erraten

---

[1] E. Lucius hat in seiner Schrift: Der Essenismus in seinem Verhältnis zum Judentum (Straßburg 1881) wider die Etymologie von ὅσιοι = חסן, חסיא aufgenommen. Sie ist aber unhaltbar, weil im Palästinensischen dieses Wort nicht gebräuchlich ist.

hat, deutet Josephus an. Gott habe dem Salomo die Macht über die Dämonen zur Heilung der Krankheiten gewährt. Salomo habe Beschwörungen und Exorzismen gesammelt und hinterlassen, wodurch die Dämonen ausgetrieben worden seien, um nicht mehr wiederzukehren: ἐπῳδάς τε συνταξάμενος (ὁ Σολομών) αἷς παρηγορεῖται τὰ νοσήματα. καὶ τρόπους ἐξορκώσεων κατέλειπεν, οἷς ἐνδούμενα τὰ δαιμόνια ὡς μηκέτ᾿ ἐπανιλθεῖν ἐκδιώκουσι. Josephus fügt hinzu, diese Heilart sei noch zu seiner Zeit im Schwunge gewesen: καὶ αὕτη μέχρι νῦν παρ᾽ ἡμῖν ἡ θεραπεία πλεῖστον ἰσχύει. Er erzählt von einem Beschwörer Eleasar, welcher einem Besessenen einen Ring mit einer in Salomos Zauberbuch vorgeschriebenen Wurzel an die Nase gehalten und dabei den Namen Salomos angerufen habe, worauf der Dämon gewichen sei (Altert. VIII, 2, 5). Also solcher Schriften bedienten sich wohl die Essäer, um Kuren und Dämonenbeschwörungen zu betreiben. Es kann keinem Zweifel unterliegen, daß, wenn auch nicht der Ursprung, so doch gewiß die Pflege der Exorzismen und magischer Kuren bei den Essäern zu suchen ist. Nur ihr einsiedlerisches Ordensleben konnte solche Ausgeburten erzeugen. Die Pharisäer hingegen verboten das Beschwören von Krankheiten und sprachen einem Beschwörer den Anteil an der zukünftigen Welt ab: הלוחש על המכה אין לו חלק לעולם הבא (Sanhedrin 90 a). Mit dem magischen Unwesen der Essäer hing die Prophetengabung, deren sie sich rühmten, oder die das Volk ihnen beilegte, aufs engste zusammen (Josephus jüd. Krieg II, 8, 12). So sagte der Essäer Juda den Tod des Antigonos voraus (Altert. XIII, 11, 2), der Essäer Menahem Herodes' Thronbesteigung (das. XV, 10, 5), der Essäer Simon deutete Archelaus einen Traum (das. XVII, 13, 3). Die Propheten und Messiasse, welche von dem plötzlichen Hereinbrechen einer bessern Zukunft träumten und noch während des Tempelbrandes ein Wunder verheißen haben, waren wohl Essäer, wie man mit einiger Wahrscheinlichkeit annehmen kann. Hier haben wir das Konkrete jener Ansicht, daß פרישות und חסידות, Enthaltsamkeit und essäische Lebensweise, zu der Teilhaftigkeit des heiligen Geistes führen: מביא לידי רוח הקדש, und dieser führe die messianische Zeit mit der Totenauferstehung herbei (תחית המתים und עולם הבא¹). Das Verkünden des Himmelreichs (מלכות שמים) ging unzweifelhaft von den Essäern aus.

7) Von dem Aufenthalte der Essäer in einem besonderen Landstriche weiß Josephus nichts. Er spricht zwar von Ordensstädten πόλεις τοῦ τάγματος (jüd. Krieg II, 8, 4), ohne indessen damit eigene Essäerstädte zu bezeichnen. Nur in der Vita (c. 2) gibt er zu verstehen, daß die Essäer sich in eine öde Gegend zurückgezogen hatten. Der Ausdruck κατὰ τὴν ἐρημίαν läßt übrigens schließen, daß er sich darunter eine bestimmte Wüste, wahrscheinlich die Wüste „Juda" westlich vom toten Meere gedacht hat. Plinius ergänzt die Nachricht von dem Aufenthalte der Essäer. Nach seiner Beschreibung (historia naturalis V, 17) lebten die weiberlosen, geldverachtenden Essäer in der Einsamkeit auf der Westseite des toten Meeres und namentlich in Engadi, wo sie sich von den dort wildwachsenden Palmen nährten: Ab occidente litore (maris asphaltitis) Esseni fugiunt . . . gens sola . . . . sine ulla femina, omni venere abdicata, sine pecunia, socia palmarum . . . Infra hos (Essenos) Engada oppidum fuit . . . Auch die pseudophilonische Schrift quod omnis

---

¹) Diese im Namen R. Pinehas b. Jaïr tradierte Sentenz kommt an mehreren Stellen vor. Midrasch zu Cantic. I, p. 3c, babli Aboda sara 20 b, Sota Ende, Jerus. Sabbat 3c, Schekalim 47c, in abweichender L.-A.

probus liber hat den besonderen Zug, daß die Essäer in Dörfern wohnten und die Städte flohen. Οὗτοι (οἱ Ἐσσαῖοι) κωμηδὸν οἰκοῦσι, τὰς πόλεις ἐκτρεπόμενοι (M. II, 457). Die übrigen Züge des Stückes über die Essäer in dieser Schrift sind Josephus entlehnt, was sich besonders in der Zahl 4000 zeigt, die der Verf. aus Josephus (Altert. XVIII, 1, 5) genommen hat, wie er denn überhaupt seiner Diatribe über die Essäer Josephus' Bericht in diesem Kapitel zugrunde gelegt zu haben scheint [Vgl. jedoch Schürer II³, S. 561, Anm. 1]. Wir haben also nur Josephus als Hauptquelle über die Essäer; die pseudophilonische Schrift und Porphyrius' Referat über die Essäer (Praep. evang. IX, 3) sind von Josephus abhängig.

8) Daß eine Differenz zwischen Essäern und Pharisäern, wenigstens in der Zeit der letzten Phase ihrer Entwickelung bestanden hat, folgt aus dem vielgedeuteten Passus (Jos. Ant. XVIII, 1, 5): Εἰς δὲ τὸ ἱερὸν ἀναθήματά τε (?) στέλλοντες, θυσίας οὐκ ἐπιτελοῦσιν διαφορότητι ἁγνειῶν, ἃς νομίζοιεν, καὶ δι' αὐτὸ (Var. τοῦτο) εἰργόμενοι τοῦ κοινοῦ τεμενίσματος, ἐφ' αὑτῶν τὰς θυσίας ἐπιτελοῦσιν. Das heißt doch nichts anderes, als daß die Essäer nicht im Tempel opfern wegen der Verschiedenheit der Heiligkeit, d. h. der levitischen Reinheit, und daher sich selbst vom gemeinsamen Tempel ausschließen (oder fern halten εἰργόμενοι), aber für sich opfern lassen. Sie hatten also Skrupel gegen die von den Pharisäern aufgestellten Gesetze über Heiligkeit, d. h. Reinheit und Unreinheit.

9) Es kann kein Zweifel darüber obwalten, daß der Banus, bei dem Josephus drei (?) Jahre zugebracht haben will, und der in der Wüste lebte, sowie Tag und Nacht in kaltem Wasser badete (Vita 2), ein Essäer gewesen sein muß. Da Jos. die Essäer an anderen Stellen als eine philosophische Sekte geschildert hat, so führt er hier einen praktischen Essäer vor, wie er in Wirklichkeit war.

10) Die Proselytenmacherei der Essäer war eine Konsequenz ihrer Ehelosigkeit, die Scheu einen Eid zu leisten, eine Konsequenz ihrer übertriebenen Religiosität, den Namen Gottes beim Eide nicht auszusprechen. Was das zu bedeuten hatte, daß der Neueintretende geloben mußte, ihre Schriften und den Namen der Engel geheim zu halten, ist noch nicht erklärt.

13.

Simon ben Schetach, Alexander Jannaï und Salome Alexandra

1) Im Talmud wird ausdrücklich bezeugt, daß Simon ben Schetach, der eine so wichtige Rolle in dieser Zeit spielte, Bruder der Königin Salome, also Schwager des Königs Alexander war (Babli Berachot 48a: . . . . . ינאי מלכא ומלכתא אחוה שטח בן לשמעון איתחיה).‎ — In Midrasch zu Kohelet (p. 102 c. zu V. V. 12) und in Genesis Rabba c. 91: אמר שלמיהו אחתיה (דשמעין בן שטח) אנתתיה דינאי שלחי ואיתיה, אמרה ליה הב לי מילא ושלח עזקתך והוא אתי, יהב לה מילא ושלח ליה עזקתיה ואתא. (So lautet es vollständig in beiden Midraschim, nur in Genesis Rabba ein wenig korrumpiert). In Jerus. Berachot V. p. 11b; Nasir II. p. 54b ist das Wort אחתיה „die Schwester" des Simon ben Schetach, ausgefallen und es findet sich von dem Passus nur das Bruchstück: שלח ליה ואיתיה מילא, das gar keinen Sinn gibt. Nimmt man noch dazu den mächtigen Einfluß, welchen die Königin während ihrer Alleinherrschaft den Pharisäern eingeräumt hat (jüd. Krieg I, 5, 2): ἐκράτει δὲ τῶν ἄλλων αὐτὴ (ἡ Ἀλεξάνδρα) Φαρισαῖοι δὲ αὐτήν, auch Altert. XIII, 16, 2), daß sie nur den Namen

Königin, die Macht aber die Pharisäer gehabt haben, so gewinnt die Nachricht, daß sie S. b. Sch.'s Schwester gewesen sei, an Wahrscheinlichkeit. Damit stimmt auch Josephus' Angabe, daß die Königin die Übertreter des Gesetzes, d. h. die Sadducäer, aus den Ämtern gewiesen hat (daf. 1 τοὺς πλημμελοῦς ἐξ ἀρχῆς ἀπεφαίνετο) mit dem Scholion des Megillat Ta'anit, daß Simon b. S. das Synhedrion von den sadducäischen Mitgliedern gesäubert hat (o. S. 567). —
Es braucht Kennern nicht gesagt zu werden, daß die L.-A. של ציון oder שלצמה oder שלמית המלכה eine Korruptel ist und dafür gelesen werden muß: שלמינון, Salominon; die richtige L.-A. hat Megillat Ta. erhalten: שלמינון המלכה. Aber interessant ist die Notiz, aus welcher hervorgeht, daß die Spätern die Zeit nach dem Namen der Königin und dem Simon ben Schetachs bezeichnet haben: מעשה בימי שמעון בן שטח ובימי שלמצו המלכה שהיו נשים יורדין בלילי שבתות עד שנעשו חטים ככליות (Siphra zu Bechukothai Anf.; b. Ta'anit p. 23a, hier fehlt der Name der Königin, ist aber erhalten in Tossaphot zu Sabbat 16b). Auch die letzte Stelle ist nicht uninteressant, sie beweist, wie sehr sich Alexandra den Aussprüchen der Pharisäer gefügt hat. מעשה בשל ציון המלכה שעשתה משתה לבנה ונטמאו כל כליה ושברתן . . . ועשה מהן כלים חדשים ואמרו חכמים יהורו לטומאתן הישנה. Unter den חכמים wird daf. Simon b. Schetach verstanden, welcher verunreinigte Metallgeräte auch nach dem Umschmelzen für unrein erklärt hat. Das ist die Bedeutung der Angabe. גזר טומאה על כלי מתכת

2) Josephus' Bericht über die erste Veranlassung zum Bruche Alexanders mit den Pharisäern erhält erst Licht durch eine talmudische Nachricht, welche denselben Vorfall erzählt, nur ohne den Namen des Königs dabei zu nennen. Eine nähere Vergleichung beider Relationen läßt keinen Zweifel übrig, daß hier von einem und demselben Vorgange berichtet ist. Josephus erzählt: Als Alexander einst am Hüttenfeste auf dem Altar stand, habe das Volk nach ihm mit den zitronenähnlichen Früchten des Festtstraußes geworfen (Altert. XIII, 13, 5): τῆς ἑορτῆς ἀγομένης, καὶ ἑστῶτος αὐτοῦ (᾿Αλεξάνδρου) ἐπὶ τοῦ βωμοῦ καὶ θύειν μέλλοντος κιτρίοις αὐτὸν ἔβαλον). Die talmudische Quelle erzählt: Als einst ein Sadducäer auf dem Altar am Hüttenfeste das Wasser der Libation, anstatt auf den Altar zu gießen, zu seinen Füßen ausgeschüttet hatte, warf das ganze anwesende Volk die Festfrüchte auf denselben (Succa 48b): פעם אחד נסך אחד על גבי רגליו ורגמוהו כל העם באתרוגיהן. In der Boraita (Tossefta) wird dazu bemerkt, daß an demselben Tage eine Spitze des Altars so sehr beschädigt wurde, daß die Lücke durch ein Salzstück ausgefüllt werden mußte. Es wäre sonderbar, daß derselbe Vorfall, das Werfen mit Früchten auf dieselbe Weise sich zweimal wiederholt haben sollte. Man erwäge noch, daß Josephus' Nachricht unmotiviert bleibt, wenn man nicht das im Talmud erhaltene Motiv hinzunimmt. Das Volk warf erst die Etrogim auf ihn, als Alexander bereits auf dem Altar gestanden (ἑστῶτος ἐπὶ τοῦ βωμοῦ). Hätte sich Alexander schon früher so offen zum Sadducäismus bekannt, warum ließ ihn das Volk gar den Altar betreten, warum kehrte sich seine Unzufriedenheit nicht bei seinem Eintritt in den Tempel gegen ihn? Er muß also, auf dem Altar stehend, etwas gegen die pharisäische Norm begangen haben, um den Volksunwillen so mit einem Male zu reizen. Hier fügt sich der im Talmud erwähnte Zug gut ein. Alexander hatte sich durch das verächtliche Ausschütten der Wasserlibation für den Sadducäismus ausgesprochen. Daher entstand die Erbitterung gegen ihn. Wie Josephus dieses Motiv nicht deutlich genug ausdrückt, so hat der Talmud den Namen des Sadducäers übergangen. Es würde sich also aus dieser Erwägung ergeben, daß Alexander

bis dahin — so lange er unglückliche Kämpfe gegen Lathuros zu bestehen hatte — sich äußerlich zum Pharisäismus bekannte, dann aber — im Vollgefühle seiner Macht — mit dieser mächtigen Partei brechen zu können vermeinte und mit dem Ausschütten des geweihten Wassers eine eklatante Demonstration gegen den Pharisäismus beabsichtigte. Er mag zu diesem Behufe seine Soldtruppen von vornherein nach Jerusalem verlegt haben, um sie gegen die erwartete Opposition der Pharisäer in Bereitschaft zu haben. Wie Josephus andeutet, haben die Truppen sofort auf die Aufständischen eingehauen. — Einen anderen Beweis dafür, daß Alexander, äußerlich wenigstens, eine Zeitlang mit den Pharisäern in Eintracht gelebt, liefert der Umstand, daß diese erst infolge von Alexanders Grausamkeit, mit welcher er seine pharisäischen Gegner ans Kreuz schlagen ließ, in großer Menge auswanderten und bis zu Alexanders Tode im Exil blieben (Josephus Altert. XIII, 14, 2; jüd. Kr. I, 4, 6; vgl. S. 130). Unter diesen Flüchtlingen war auch Juda b. Tabbaï, welcher inzwischen in Alexandrien gelebt hat. Also waren die angesehensten Pharisäer während der ersten Hälfte von Alexanders Regierungszeit im Lande geblieben, was wohl schwerlich der Fall gewesen wäre, wenn Alexander gleich beim Antritt der Regierung ein Anhänger des Sadducäismus gewesen wäre und bei seiner grausamen Natur eine Verfolgung gegen die Pharisäer angestellt hätte.

14.

Juda ben Tabbaïs und Simon ben Schetachs Verordnungen.

Eine alte Boraita stellt drei Anordnungen (תקנות) der genannten Autoritäten zusammen: die Sicherstellung der für die Frau ausgesetzten Summe auf das Vermögen des Ehemannes, die Einrichtung von Schulen und endlich die gesetzliche Gleichstellung von Glasgeräten mit Metallgeräten in bezug auf levitische Unreinheit. (Jer. Ketubbot VIII. Ende): התקין שמעון בן שטח ג' דברים שיהא אדם נושא כתובה אשתו ושיהי' התינוקות הולכין לבית הספר ורוב התקין טומאה לכלי זכוכית. Wenn gleich hier nur Simon ben Schetach genannt wird, war ohne Zweifel auch Juda ben Tabbaï dabei beteiligt; bei der letzten Verordnung wird sein Name ausdrücklich genannt. Gehen wir auf diese zuerst ein, weil sie ein kulturhistorisches Moment enthält. Während ein Amora des vierten Jahrhunderts die Verordnung in betreff der Glaswaren auf vormakkabäische Autoritäten zurückführt, schreibt es ein anderer Juda ben Tabbaï zu: אמר ר' ועירא . . . יוסי בן יועזר איש צרידה ויוסי בן יוחנן גזרו טומאה על ארץ העמים ועל כלי זכוכית. ר' יונה אמר יהודה בן טבאי (daf. Sabbat I. p. 3d; Pessachim I. p. 27d). Diesen Widerspruch wollen einige ausgleichen und meinen, diese Anordnung wäre allerdings älter, aber Juda ben Tabbaï (und Simon ben Schetach) hätten sie, weil sie in Vergessenheit geraten war, wieder aufgefrischt — eine schlechte Harmonistik. Der babylonische Talmud, der hierin minder gut unterrichtet war, nimmt jene nur von einem Amora herangebrachte Relation für eine Boraita und registriert sie als historisch ein (Sabbat 14b, 17b). Nach einer andern Relation wäre diese Bestimmung gar erst 80 Jahre vor der Tempelzerstörung eingeführt worden. Aber die Lesart: פ' שנה עד שלא חרב הבית גזרו טומאה על כלי זכוכית fehlt in alten Codices, wie Serachja Halevi in seinem Werke Maor bemerkt: ויש ספרים שאין כתוב בהן הא דפ' שנה על כלי זכוכית (bei Alfassi zu Sabbat). Sieht man auf die politische Zeitlage, welche diese Verordnung voraussetzt, so kann es nicht zweifelhaft sein, daß sie nicht vorhasmonäisch sein kann. Glasfabrikate mit metallenen gesetzlich gleichstellen, setzt einen häufigen Gebrauch derselben voraus. Sie müssen also in jeder nur einigermaßen wohlhabenden Haushaltung angetroffen worden sein. In der Zeit des Jose ben Joëser, d. h. in der vorhasmonäischen, hatte Judäa aber keineswegs einen so hohen Grad von Wohlstand erreicht, daß der Luxus des Glases alltäglich geworden sein sollte; wohl aber läßt es sich in der nachhasmonäischen Zeit denken, als Kriegsbeute, ungestörter Landbau, ungehemmter Betrieb und Ausfuhrhandel den Wohlstand gehoben hatten. Als Judäa später von den Römern ausgesogen war, wurde Glas wieder ein so seltener Artikel in der Haushaltung, daß das Sprüchwort galt: wer sein Vermögen verschleudern will, soll Glasgeräte in seinen Haushalt einführen. So dürfte wohl die Annahme gerechtfertigt sein, daß Juda ben Tabbaï zugleich mit Simon ben Schetach die levitische Anordnung bezüglich der Glasfabrikate eingeführt habe. — Nehmen wir auch zugleich von dem Ergebnis Akt, daß, wenn bei Verordnungen der eine der beiden Synhedristen genannt wird, der andere stillschweigend mit inbegriffen gemeint ist. So wird im babylonischen Talmud die Bestimmung, daß verunreinigte Metallgeräte nach der Überschmelzung ihren unreinen Charakter behalten, auf Simon ben Schetach allein zurückgeführt (14 b, 17 b), während der jerusalemische (Sabbat I. p. 3 d) sie von diesem und Juda ben Tabbaï zugleich ausgehen läßt: יהודה בן טבאי ושמעון בן שטח גזרו טומאה על כלי מתכות. Es bezieht sich auf den Vorfall im Hause der Königin Salome Alexandra bei der Hochzeit ihres Sohnes (o. S. 706). — Die zweite Anordnung für das Schulwesen hat nicht minder eine kulturhistorische Wichtigkeit. Der für historische Erinnerungen sich interessierende Babylonier Rab hatte noch eine Erinnerung von der allmählichen Ausbildung des Schulwesens. Er tradiert: Zuerst, d. h. wohl in der biblischen Zeit, war der Unterricht der Jugend dem Vater überlassen, wobei diejenigen Knaben vernachlässigt wurden, die verwaist waren, oder deren Vater ungelehrt war. Später war eine Art Hochschule in Jerusalem eingerichtet, noch später sind Schulen in jeder größeren Stadt, welche den Mittelpunkt eines kleinen Kreises bildete, eingeführt worden, was eben von Simon ben Schetachs Zeit gilt, bis der Hohepriester Josua ben Gamala wenige Jahre vor der Auflösung des Staates für allgemeine Einführung von Schulen sorgte. Die Schulen, die Simon ben Schetach angeordnet hat, beschränkten sich also bloß auf die Kreisstädte. — Auch der erste Punkt, die Ketubba, hat eine Art historische Entwickelung durchgemacht. Die Bestimmung, daß der Gatte der geschiedenen Frau eine gewisse Summe zu zahlen habe, ist ohne Zweifel uralt und war gegen die Überhandnahme von Ehescheidungen gerichtet. Die Boraita, welche diese Verhältnisse tradiert, findet sich in Babli (Ketubbot 82b) und Jeruschalmi (c. VIII. Ende), aber in wenigen Punkten differierend. Stellt man beide Relationen zusammen, so würden sie folgendermaßen lauten: בראשונה היתה כתובתה אצל אבותיה זריחה קלה בעיניו לגרשה התקינ׳ שתהא כתובתה אצל בעלה . . . מונחת כתובתה אצל אבותיה זריחה קלה בעיניו לגרשה התקינ׳ שתהא כתובתה אצל בעלה . . . [ועדיין כשהיה והתקינו שיהא אדם לוקח בכתובת אשתו כוסות וקערות ותמחויות של כסף וזהב . . כועס עליה אומר לה טלי כתובתך ולכי] חזרו והתקינו שיהא אדם נושא ונותן בכתובת אשתו עד שבא שמעון בן שטח ותקן שיהא כותב לה על נכסי אחראי׳ לכתובתה. Ebenso (Sabbat 14 b, 17 b): שמעון בן שטח תקן כתובה לאשה. Es geht daraus hervor, daß die eigentliche Schuldverschreibung für die Frau und überhaupt der Name כתובה erst aus Simons Zeit datiert. Auf das Deponieren in der frühern Zeit paßt der Name Ketubba durchaus nicht. Die Spätern übertrugen jedoch diese Benennung auf das frühere durchweg verschiedene Verhältnis und bezeichnen mit כתובה auch die Summe. — Diese Schuldverschreibung der Ehe-

Note 14. Juda ben Tabbaïs u. Simon ben Schetachs Verordnungen. 709

pakten kommt auch im Buche Tobias (7, 14) unter dem Namen συγγραφή
vor. Bei der Verheiratung des jüngern Tobias mit der Sara, Tochter
Raguels, welche nach dem Gesetze Moses: κατὰ τὸν νόμον Μωϋσέως geschehen soll, wird eine Rolle genommen, ein Schriftstück ausgefertigt und ver-
siegelt: συγγραφὴν βιβλίον συνοικήσεως = ספר כתובה.

Andere Verordnungen, die sicherlich derselben Zeit angehören, werden zwar
nicht ausdrücklich auf Juda ben Tabbaï und Simon ben Schetach zurückgeführt,
gehören ihnen aber ohne Zweifel an, da beide Synhedristen eine durchgreifende
Restauration ins Werk zu setzen hatten. So gingen ohne Zweifel von denselben die Bestimmungen über das solenne Begehen antisadducäischer Religionsbestimmungen aus, wobei es darauf ankam, den Sadducäismus in der öffentlichen Meinung zu diskreditieren: לעשות פומבי לדבר oder כדי להוציא מלבן של צדוקים.
Von einer derartigen Demonstration gegen den Sadducäismus, der Hinrichtung eines als falsch überführten Anklägers auf Mord, sagt Juda ben Tabbaï
mit eigenen Worten, er habe sie in dieser Absicht vollstrecken lassen: כדי להוציא
מלבן של צדוקים (Makkot 5, 6). Von derselben Art war das pomphafte Begehen bei der Ernte der Garbe für das Speiseopfer des Omer קצירת העומר
Makkot 5, 6), ferner bei den Ritualen der roten Kuh (Para 3, 7), ganz
besonders beim Wasserschöpfen für die Wasserlibation am Hüttenfeste (שמחת בית
השואבה), endlich beim Einsammeln der halben Sekel für die Tempelbedürfnisse
(Schekalim 3, 3). Das Scholion zu Megillat Ta'anit (o. S. 569) bemerkt
ausdrücklich, daß die Verpflichtung, eine Beisteuer von einem halben Sekel für
die allgemeinen Opfer zu liefern, erst nach dem Siege über die Sadducäer
eingeführt wurde: וכשגברו עליהם (הפרושים) (את הצדוקים) ונצחום התקינו שירו שוקלין
שקלין ומניחין אותן בלשכה ויהי תמידין קרבן מש״ל צבור. Diese Notiz ist gewiß echt
historisch. Also erst nach dem Siege über die Sadducäer, d. h. unter Alexandra,
wurde diese Verordnung eingeführt. — Der Verbesserung der Rechtspflege
scheinen Juda ben Tabbaï und sein Kollege ebenfalls große Aufmerksamkeit zugewendet zu haben. Darauf führt Simons Sentenz in Abot (1, 6)
„Forsche die Zeugen vielfach aus" הוה מרבה לחקור את העדים, und der Ausspruch
von dessen Sohne, als dieser darauf bestand, der Verurteilung gemäß zum Richt-
platz geführt zu werden, obwohl die Zeugen selbst die Aussage gegen ihn
widerrufen hatten. Man darf den Ausdruck nicht übersehen, dessen sich Simons
Sohn bei dieser Gelegenheit bediente: „Wenn du", sprach er zum Vater, „das
Heil Israels begründen willst, so nimm keine Rücksicht auf mein Leben";
אבא אם בקשת לבא תשועה על ידך, עשה אותי כאסקופה (Jerusch. Sanhedrin I, 5
p. 23 b). Augenscheinlich bezieht sich Simons Sentenz, umsichtig beim Zeugen-
verhör zu sein, „damit sie nicht aus den Fragen des Richters lernen sollten,
ihren Lügen einen Schein von Wahrheit zu geben", auf diesen traurigen Vorfall des Justizmordes an seinem Sohne. Es würde sich daraus ergeben, daß
die Ausdehnung des Zeugenverhörs auf die näheren Umstände, die in der
talmudischen Prozeßterminologie בדיקות (Synhedr. 40 a) heißen von Simon ben
Schetach und seinem Genossen eingeführt worden ist. Darauf beruht zum
Teil die Tendenz des Buches Susanna, um die Notwendigkeit strenger Zeugen-
inquisition augenscheinlich zu machen[1]).

Auch die Volksfeier am Holzfeste (י״ט של קרבן עצים), welche zu den heitersten
gezählt wird (Ta'anit 26 b), war wohl eine antisadducäische Demonstration

---

[1]) Vergl. über die Entstehung, Tendenz und Abfassungszeit dieses Buches
N. Brüll, das apokryphische Susannabuch, in dessen Jahrb. für jüd. Gesch.
und Literatur, Jahrg. III., anfangs.

und stammt aus dieser Zeit (o. S. 572). Die talmudischen Quellen kennen die Veranlassung dieses Volksfestes nicht mehr genau. Einige beziehen zwar das Holzfest mit Recht auf das Aufhören des Verbotes, Holz in den Tempel zu bringen (שלא יעלו ישראל לרגל) hat wohl hier nur diese Bedeutung); allein von wem dieses Verbot ausgegangen war, darin widersprechen sich die talmudischen Quellen. Jer. bezieht es auf Jerobeam I. (Jerusch. Ta'anit IV. 6, p. 68): מרו נוכרי עלי ובני קוצעי קציעות? אלא בשעה שהושיב ירבעם בן נבט פרדסאות על הדרכים ולא היו מניחין לעלות לירושלים. Die Tosefta (c. 3) und das Scholion zu Megillat Ta'anit (c. 5) lassen dagegen das Verbot der Holzspenden von den „Königen Griechenlands" ausgehen: והושיבו מלכי יון פרוסטאות על הדרכים, was gewiß unhistorisch ist. Der babylonische Talmud läßt merkwürdigerweise die Dynastie, von welcher dieses Verbot ausgegangen sein sollte, ganz unbestimmt, und setzt einfach dafür eine Regierung: שגזרו גזרה אחת גזירה המלכות שלא יביאו עצים למערכה ושלא יביאו בכורים לירושלים (Ta'anit 28a). Das Auslassen der Dynastie ist keineswegs durch die Zensur entstanden, denn dieselbe L.-A. findet sich auch in der unzensierten Ausgabe. Alle an dieser Stelle angegebenen Tatsachen können aber ihre historische Richtigkeit haben, wenn man das Verbot auf Alexander Jannaï bezieht, der in seinem Haß gegen das Pharisäertum soweit gegangen sein mag, geheiligte Bräuche, wie die Holzspenden für den Altar, zu untersagen. Dabei mögen einige pharisäisch fromme Familien, die gewöhnt waren, alljährlich Holz zu liefern, eine fromme List ersonnen haben, das Holz in Jerusalem einzuschmuggeln. Als das Verbot mit der Regierung Alexanders sein Ende erreicht hatte, und man wieder den Brauch fortsetzen durfte, mag wohl ein besonders wichtiger Tag, der 15. Ab, für das Holzliefern (vgl. o. S. 572) eine höhere Bedeutung erhalten haben und zum Volksfeste erhoben worden sein. Das Volksfest mit dem Tanzen junger Mädchen und Wettgesang mag wohl noch einen anderen Anlaß gehabt haben. Volksfeste bewahren nur selten mit historischer Treue ihren ursprünglichen Charakter.

15.

Der Bruderkrieg zwischen Hyrkan und Aristobul.

In den Nachrichten über den Bruderkrieg und dessen Folgen zeigt es sich am augenscheinlichsten, wie Josephus durch die talmudischen Relationen berichtigt werden kann, und daß überhaupt die letzteren zuweilen aus guter Quelle fließen. In den Hauptmomenten stimmen Josephus und der Talmud überein, so namentlich darin, daß Hyrkan der Belagerer, Aristobul der Belagerte gewesen: כשצרו בית חשמונאי זה על זה היה הורקנוס מבחוץ ואריסטובולוס מבפנים (Sota Ende, Menachot 64b), nur an einer Parallelstelle (Baba kamma 82b) findet sich der Kopistenfehler הורקנוס מבפנים. Ferner harmonieren sie in dem Umstande, daß die Belagerten nur für schweres Geld Opfertiere für den Tempel geliefert erhielten, und daß die Opfer an der Mauer hinaufgezogen worden seien: ἀποροῦντες δὲ θυμάτων οἱ περὶ τὸν Ἀριστόβουλον ἠξίωσαν αὐτοῖς τοὺς ὁμοφύλους παρασχεῖν ..... τῶν δὲ, εἰ βούλονται λαβεῖν, χιλίας δραχμὰς ὑπὲρ ἑκάστης κεφαλῆς καταβαλεῖν κελευόντων .... καὶ διὰ τῶν τειχῶν καθιμήσαντες ἔδωκαν αὐτοῖς τὰ χρήματα (Altert. XIV. 2, 2). Kürzer, aber in demselben Sinne der Talmud: בכל יום ויום היו משלשלין להן דינרין בקופה ומעלין להן חמידין

Aber von hier ab beginnt eine Divergenz, deren Motiv nicht zu verkennen ist. Die talmudische Relation berichtet, daß die Belagerer eines Tags auf

Note 15. Der Bruderkrieg zwischen Hyrkan und Aristobul.

Anraten eines Alten, welcher mit der griechischen Weisheit vertraut gewesen, anstatt des Opfertieres für das Geld ein Schwein hätten hinaufziehen lassen: היה שם זקן אחד שהיה מכיר בחכמת יונית לעז להם ... כל זמן שעוסקין בעבודה אין נמסרין בידכם למחר ש׳׳שלו להם דינרין בקופה והעלו להם חזיר.

Josephus nimmt einen gewaltigen Anlauf, die Größe des Verrats von seiten der Belagerer, der Hyrkanisten, zu schildern; es scheint aber, er habe aus Scheu vor heidnischen Lesern, das Wort gewissermaßen auf der Zunge zurückgehalten. Er erwähnt nichts von dem Schweine, sondern berichtet bloß, die Belagerer hätten das Geld genommen, ohne dafür Opfertiere zu liefern: Κἀκεῖνοι λαβόντες οὐκ ἀπέδωκαν τὰ θύματα, ἀλλ' εἰς τοῦτο πονηρίας ἦλθον, ὥστε παραβῆναι τὰς πίστεις καὶ ἀσεβῆσαι τὸν θεὸν τὰ πρὸς τὰς θυσίας μὴ παρασχόντες τοῖς δεομένοις. Allein dies wäre höchstens eine Spitzbüberei, aber kein Verrat am Heiligen gewesen. Josephus vermied es offenbar, den Römern, die sich über die Enthaltsamkeit der Judäer vom Schweinefleisch oft genug lustig machten, Stoff zum Lachen zu geben. Der Talmud aber hatte keine Rücksicht, die Sache beim rechten Namen zu nennen. Der Fluch über die Schweinezüchter (das.), der an diese Tatsache angelehnt wird, gehört also mit Recht in diese Zeit; hingegen der Fluch über das Erlernen der rätselhaften חכמת יונית, der damit in Zusammenhang gebracht wird, gehört offenbar nicht hierher und wird nur ad vocem יונית herangezogen. Die griechische Klugheit, deren sich der schlaue Alte zur Überredung des frommen Hyrkan bediente, bedeutet gewiß nichts anderes, als die den Hellenen entlehnte Überredungskunst, welche gegebene Versprechen und Eide hinwegklügelte, jene griechische Gewissenlosigkeit, von welcher Cicero sagt: Testimoniorum religionem et fidem nunquam ista natio (Graecorum) coluit. Der „Alte" ist hier wohl kein anderer als Antipater und ist durch den einen Zug treffend gezeichnet. An griechische Sprache oder Weisheit ist hier gewiß nicht zu denken; denn diese heißt einfach יונית (Ende Sota) und ist wahrscheinlich erst zur Zeit des Polemos des Hadrian verboten worden. Das Griechische überhaupt zu erlernen, könnte wohl aus irgend einer Veranlassung verboten worden sein, aber griechische Klugheit, die eine Begabung voraussetzt, ist so wenig jedermann zugänglich, daß sie gar nicht einem Verbote unterliegen kann. Der babylonische Talmud spricht auch von einem Erdbeben, das in demselben Jahre vorgefallen sei, und verknüpft es mit jener sakrilegen Perfidie: כיון שהגיע דחזיר לחצי החומה נעץ צפרניו ונידעזעה ארץ ישראל ארבע מאות פרסה על ארבע כאות פרסה. Dasselbe erzählt auch eine andere Quelle, daß im 690. Jahre Roms (64), also in dem Jahre der Belagerung Jerusalems durch Hyrkan und Aretas, in Asien ein furchtbares Erdbeben stattgefunden hat, das viele Städte zerstörte, wodurch Mithribates' Krieger entmutigt wurden, den großartigen Plänen ihres Feldherrn zu folgen (Dio Cassius 37, 11): τὰ γὰρ ἄλλα καὶ ὁ σεισμὸς μέγιστος δὴ τῶν πώποτε συνεχθεὶς αὐτοῖς πολλὰς τῶν πόλεων ἔφθειρεν.

16.

Schemaja und Abtalion.

Der alte Irrtum, daß die beiden Synhedristen Schemaja und Abtalion Proselyten gewesen, beruht sicherlich auf der falschen Auffassung einer Äußerung, deren sich ein Späterer, Akabia b. Mahalalel, in bezug auf dieselben erlaubt hat. Als man seiner Tradition „einer Freigelassenen nicht das Bitterwasser der Eifersucht zu reichen" das Beispiel der beiden Synhedristen entgegenhielt, welche eine Freigelassene wie eine freie behandelt haben, entgegnete Akabia השקה דוכמא (so die L.-A. in Jeruschalmi Moed katon p. 81). Die Erklärung des Wortes דוכמא gibt Jeruschalmi durch דכותיה wieder. Die richtige Erklärung gibt aber R. Hai Gaon (bei Aruch דכם), welcher dem griechischen Worte den richtigen griechischen Sinn vindiziert: דוכמה = δόκημα „zum Schein": sie haben der Freigelassenen einen Schein des vorgeschriebenen Wassers zum Trinken gereicht, um sie zum Geständnis zu bringen. Die spätern Kommentatoren, welche es durch „ihresgleichen" erklären, fehlen gegen den Wortsinn. Hat also dieser Ausspruch nicht die entnehmbare Bedeutung, so hat man keinen vollgültigen Beweis von dem Proselytentum des Schemaja und Abtalion. Im Gegenteil, ihre Synhedrialwürde, ein Amt, wozu Proselyten am wenigsten zugelassen worden wären, spricht entschieden dagegen. Viele haben sich bereits daran gestoßen (vergl. Seder ha-Dorot, Artikel שמעיה). Daß sie aber Ägypter waren, scheint daraus hervorzugehen, daß sich ihr Jünger Hillel auffallenderweise des Ausdrucks הין bedient hat (anstatt drei Kab), weil er die Halacha wörtlich wiedergeben wollte, wie er sie von seinen Lehrern Schemaja und Abtalion vernommen: הין מלא מים שאובים פוסלין את המקוה אלא שחייב אדם לומר בלשון רבו (Edijot I, 3. Vergl. Abraham b. Davids einzig richtige Erklärung; Maimunis dagegen ist höchst gezwungen). Das Auffallende daran, warum Schemaja und Abtalion gerade das Maß הין angewendet haben, erledigt sich durch die Erwägung, daß gerade dieses Maß = ἵνιον ägyptisch ist (vergl. Boeckh, metrologische Untersuchungen, S. 244) Daher die LXX das biblische הין stets wörtlich durch εἴν, ἴν oder ἴν wiedergibt. Schemaja und sein Genosse scheinen demnach Alexandriner gewesen zu sein, oder mindestens in Alexandrien gelebt zu haben. In Palästina war zu ihrer Zeit das Hin nicht mehr im Gebrauche. Die nur in der Haggada angetroffene Nachricht, da Schemaja und Abtalion Proselyten gewesen seien, beruht demnach auf sehr schwachem Grunde. Auch die Stelle (Joma 71 b), wo sie Heiden (בני עמדין) genannt werden, scheint der falschen Annahme zu Liebe entstanden zu sein; ursprünglich mag sie anders gelautet haben. Selbst zugegeben aber, daß sie, weil [obwohl?] von Proselyten abstammend, in das Synhedrion gewählt werden durften, ist es nicht auffallend, daß zu einer und derselben Zeit zwei Abkömmlinge von Proselyten an der Spitze desselben gestanden haben sollten? Man kann die Quellenangaben vielleicht dahin ausgleichen, daß einer von beiden von Heiden abstammte, und zwar אבטליון, dessen Name, so wie der dafür von Josephus gegebene Πολλίων doch jedenfalls fremd und griechisch klingt. Weil aber sein Genosse nicht in Palästina geboren war, mag ein König (w. u.) sie als בני עמדין, als nicht ebenbürtige Israeliten, verhöhnt haben.

Es bleibt noch übrig das Verhältnis von Schemaja und Abtalion zu den von Josephus namhaft gemachten Pharisäern Σαμαίας und Πολλίων (Altert. XIV, 9, 4; XV, 1, 1 und das. 10, 4) auseinanderzusetzen. So gewiß wie an der letzten Stelle lediglich von Hillel und Schammaï die Rede sein kann, so gewiß ist an den beiden ersteren Stellen Schemaja und Abtalion zu verstehen. Der chronologische Kanon, daß Hillel ein Jahrhundert vor der Tempelzerstörung das Synhedrialpräsidium übernommen hat, also um 30, darf nicht angetastet werden, ebensowenig wie die Reihe seiner drei Nachfolger: Simon I., Gamaliel I. (הזקן) und Simon II., der in dem Kriege gegen die Römer unter Nero tätig war. Josephus, der seine Schriften in Rom verfaßte, fern von dem Umgange mit den die Tradition bewahrenden Männern, hat die Meister

Note 16. Schemaja und Abtalion. Note 17. I. Hillel. 713

mit den Jüngern verwechselt, aber doch noch eine schwache Erinnerung behalten, daß Samäas, d. h. Schammaï, ein Schüler Pollions, d. h. Abtalions, gewesen sei. Der Gleichklang von שמעיה und שמאי hat ihn zu dem Irrtum verleitet. Die Identität des Σαμαίας an der ersten und zweiten Stelle des Josephus gibt er selbst an der zweiten an. Also Schemaja und Abtalion sind unter Herodes von der Proskription verschont geblieben, obwohl der erstere sich früher gegen ihn ausgesprochen hatte, weil beide den Jerusalemern geraten hatten, ihm die Tore zu öffnen. Die Nachricht von Herodes' Prozeß wegen willkürlicher Hinrichtung des Ezekia hat der Talmud ebenfalls erhalten (Sanhedrin 19 a); nur muß statt שטח בן שמעון gelesen werden שמעיה. Weil Simon b. Schetach unter Jannai lebte und bei diesem Vorfall von Jannai die Rede ist, haben die Tradenten oder Kopisten Schemaja mit Simon verwechselt. Aber unter diesem Jannai ist nicht Alexander, sondern Hyrkan II. zu verstehen. Die Babylonier haben auch die herodianischen Könige Jannai genannt (vergl. Pessachim 57 a), wo keineswegs von den Hasmonäern die Rede sein kann, da diese selbst Hohepriester waren, sondern wohl von Agrippa I. Vergl. das. p. 87.

17.

I. Hillel.

Es unterliegt keinem Zweifel, daß Hillel eine genealogische Überlieferung aus Babylonien mitgebracht hat, welche in Judäa unbekannt war. Von der historischen Mischna über die zehn verschiedenen Klassen, die aus dem babylonischen Exil heimgekehrt sind, wird ausdrücklich bezeugt, Hillel habe sie mitgebracht, und sie ist noch an der chaldäischen Fassung kenntlich: הלל שנה עשרה יוחסין עלו מבבל כהני לוי ישראלי גרי חרורי ממזרי וכו׳ (Jebamot 37 a, Kiddu-schiu 75 a). An einer andern Stelle haben diese Wörter die hebräische Endung angenommen (Jebamot 85 a): כהנים גרים חרורים. Mein verewigter Freund [Salomon] Rissen [starb 6. April 1872 in Breslau] hat mich auf diesen Unterschied aufmerksam gemacht.

Allerdings konnte Hillel aus Babylonien, wo man auf Familienreinheit außerordentlich skrupulös war, eine dahin zielende Tradition mitgebracht haben. Sonst werden von ihm mehr Interpretationen als Traditionen mitgeteilt. Die Nachrichten darüber haben sich indessen nicht rein erhalten. An einer Stelle werden drei Schriftausgleichungen auf ihn zurückgeführt (Jerusch.-Pessachim VI, p. 33 a): על ג׳ דברים עלה הלל מבבל . . . ודרש והסכים[1] וקבל הלכה. Die eine betrifft den Ausspruch des Priesters bei Aussätzigen: יכול אם אמר הכהן על טמא טהור יהא טהור ת״ל . . . . על זה עלה הלל מבבל. Der zweite Punkt betrifft die Ausgleichung des Widerspruches bezüglich der Tierart zum Passa-

---

[1]) Statt ודרש והסכים möchte ich übrigens lesen: ודרש ולא הסכימו, die Gesetzeslehrer waren mit seiner Deutung nicht einverstanden, bis er sich auf eine empfangene Tradition berufen hat: וקבל הלכה. So ging es ja bei seiner Entscheidung bezüglich des Passaopfers am Sabbat ebenfalls zu, daß man sie erst dann akzeptiert hat, als er sich auf eine Tradition berufen hatte. Übrigens ist der Ausdruck: על זה עלה הלל מבבל irreführend, als wenn es für diese Interpretation ein glücklicher Zufall gewesen wäre, daß Hillel aus Babylonien nach Jerusalem emigriert sei. So wichtig ist er doch keineswegs. Der Ausdruck ist entlehnt dem Vorgange beim Passa-Opfer am Sabbat wobei angeführt ist מי גרם לם שאלה מבבל.

opfer und der dritte die Ausgleichung des Widerspruches über die Dauer des Mazzotfestes. Der erste Punkt wird in derselben Fassung auch Siphra (zu Tasria Perek 9 Ende) und Tossefta Negaim I Ende, aber mit einem anderen Schluß referiert: וה. אחד מן הדברים שעליהם עלה הלל מבבל. Die Ausgleichung des letzten Punktes wird übrigens in Siphra (zu Emor 12) nicht Hillel, sondern einem im zweiten nachchr. Jahrh. lebenden Autor vindiziert ר' שמעון בן אלעזר אומר . . הא כיצד יתקיימו שני כתובים הללו (vergl. Mechilta zu Bo 8, 8 und 17). Stammte diese Ausgleichung tatsächlich von Hillel, so wäre sein Name dabei nicht vergessen worden. Auch das Eigentumsrecht Hillels am zweiten Punkte wird zweifelhaft, wenn man damit Babli Pessachim p. 70b vergleicht. So bleibt nur der erste Punkt als sicher von Hillel stammend bestehen.

Sonst werden keine Halachas von Hillel tradiert. Diejenige über Zinsnahme in Baba mezia [V, 9]: הלל אוסר לומר הלוני עד שיבא בני וכו' stammt nicht von ihm, sonst dürfte nicht das Epitheton הלל הזקן fehlen; sie stammt vielmehr von Hillel, dem Bruder des Patriarchen Jehuda II. aus dem 3. Jahrh. Weiß' Aufzählung der Hillelschen Halachas (a. a. O. p. 171, Note) ist nicht ganz richtig.

Die sieben Interpretationsregeln, die Hillel mit ihrer Terminologie eingeführt hat, und die an 3 Stellen nicht völlig übereinstimmend aufgezählt werden (Prooemium zu Siphra Schluß; Tosefta Synh. VII. Schluß und Abot de R'Nathan c. 37), hat Abraham b. David in der Erklärung zur ersten St. richtig aufgeführt; 1) קל וחומר (2; גזירה שוה (3; בנין אב (המקחישים זה את זה .ד. ה. b) שני כתובים (4 ;(auch sonst als בנה אב aufgeführt); 5) כלל ופרט (6; כיוצא בו ממקום אחר (7) דבר הלמד מענינו. Merkwürdigerweise fehlt היקש, mit welcher Formel Hillel gerade bei Gelegenheit der Anwendung auf das Passaopfern am Sabbat operiert hat (Tossefta Pessachim IV, und Jerusch. das. 33 a). Allein diese Regel ist identisch mit כיוצא בו ממקום אחר, was doch sprachlich dasselbe sagt wie Analogie, nämlich: dasselbe oder das Ähnliche an einer andern Stelle. Vergl. Siphre No. 118; Sebachim 49 b fg. Weil diese Formel aber zu schleppend ist, ist dafür das kürzere היקש in Gebrauch gekommen. R. Jsmael hat weder die eine noch die andere unter den von ihm aufgezählten 13 Regeln, weil היקש sich sehr nahe mit גזירה שוה berührt (Rosch ha-Schana f. 34 a, Menachot 82 a und besonders Raschi zur ersteren Stelle). Es scheint, daß כיוצא בו auch unter der Formel מה מצינו gebraucht wird.

Hillel scheint übrigens aus Babylonien eine genaue Berechnung des synodischen Monats zu 29 Tagen, 12 Stunden, 40 Minuten und einem Bruchteil, mitgebracht zu haben. Im Talmud (Rosch ha-Schana 25 a) tradiert R. Gamaliel II. diese Berechnung: כך מקובלני מבית אבי אבא אין חדושה של לבנה פחות מעשרים ותשעה יום ומחצה ושני שלישי שעה וע"ג חלקים. Nimmt man diese Tradition wörtlich, so würde sie von R' Gamaliel I. stammen. Allein woher sollte dieser allein zu einer so genauen Berechnung gekommen sein, von welcher seine Zeitgenossen nichts gewußt haben? Der Ausdruck מבית אבי אבא scheint sich vielmehr auf Hillel zu beziehen und zu bedeuten: „von meinem Urahnen". Hillel kann diese Berechnung aus Babylonien mitgebracht haben, wo zuerst die Sonnenuhr nach der Polhöhe und die Einteilung des Tages in Stunden eingeführt wurden (Herodot 2, 109) und astronomische Berechnungen heimisch waren.

Infolge der Kenntnis der astronomischen Dauer des Monats wurde sie im Patriarchenhause angewendet, ohne Rücksicht auf die optische Beobachtung des ersten Streifens des jungen Monats. Diese wurde nur noch pro forma angewendet, wie aus mehreren Stellen im Talmud hervorgeht. Es ist nicht zu übersehen, daß Mar-Samuel, welcher sich rühmte, die astronomischen Himmelsbahnen so gut zu kennen wie die Straßen seiner Geburtsstadt, und sich anheischig machte, auf viele Jahre hinaus einen festen Kalender für Monatsdauer und Schaltjahre zu berechnen, ebenfalls wie Hillel aus Babylonien stammte. Hillel II., welcher den festen Kalender eingeführt hat, hat wahrscheinlich astronomische Traditionen aus dem Patriarchenhause gehabt, die er wohl der Berechnung zugrunde gelegt hat.

II. Rabban Gamaliel I.

Das Einstellen der Bergfeuer für die Ankündigung der Monatsanfänge fällt unzweifelhaft noch in die Zeit vor der Tempelzerstörung, nämlich in die Zeit der gesteigerten Erbitterung der Samaritaner gegen die Judäer, und hängt mit den Vorgängen unter Cumanus zusammen. Darauf weist zunächst der Passus in der Mischna (Rosch ha-Schana II, 2) בראשונה היה משיאין משואות משקלקלו הכותים התקינו שיהו שלוחין יוצאין. Zwar berichtet nun der Jeruschalmi z. St. (f. 58 a), daß Rabbi, d. h. der Redakteur der Mischna, diese Feuerzeichen aufgehoben hätte: מי בטל את המשואות? רבי בטל את המשאות. Allein diese Angabe beruht sicherlich auf einer falschen Lesart. Denn die Mischna spricht ja selbst von dem Aufhören derselben, wie von etwas, das lange vorher stattgefunden hat: כראשונה. Auch ist es völlig undenkbar, daß die Bergfeuer auch noch nach dem großen Kriege unter Vespasian und gar noch nach dem Exterminationskriege unter Hadrian bis zu Rabbis Zeit fortgedauert haben sollten, da die Bergfeuer doch als Signale zum Aufstande hätten ausgelegt werden können. Auch hat ja Jerusalem, von wo aus das erste Zeichen gegeben werden sollte, unter Hadrian gar nicht mehr existiert, und unter dem Namen Aelia Capitolina war es den Judäern unzugänglich. Hinter dem Worte רבי muß daher ein Name ausgefallen sein, was schon Z. Frankel bemerkt hat (im Vorwort zu f. Jeruschalmi-Komment. X). Es muß entschieden der Name רבן גמליאל und zwar הזקן ergänzt werden. Denn der Ausdruck משקלקלו הכותים weist auf einen Ausbruch der Feindseligkeit der Samaritaner hin, und diese war gesteigert unter Cumanus, wie Josephus zu diesen Vorgängen den Eingang hat: Σαμαρείταις πρὸς τοὺς Ἰουδαίους ἔχϑρά (Altert. XX, 6, 1). Die Animosität der Samaritaner war dadurch gesteigert, daß der Kaiser Claudius den Judäern gegen sie Recht gegeben und die samaritanischen Gesandten noch dazu hatte hinrichten lassen. In dieser Zeit hat Rabban Gamaliel I. noch fungieren können, da er doch zur Zeit Agrippas I. gelebt hat (B. Pessachim 88 b). Auf diesen R. Gamaliel sind auch die übrigen Bestimmungen zurückzuführen, welche in der Stelle des Jeruschalmi in Verbindung mit dem Aufhören der Bergfeuer angeführt werden: בטל את המשואות והתיר רוצח והתיר עד מפי עד והתיר שירו יוצאין עליו מערב כחוקת שנתקדש. Diese laxe Bestimmung bezüglich der Aussendung von Boten für die auswärtigen Gemeinden noch vor dem Eintreffen der Zeugen für die Sichtbarkeit des ersten Mondstreifens beweist, daß der Autor derselben mehr Wert auf die astronomische Berechnung des synodalen Mondlaufes als auf die Zeugenaussagen gelegt hat. Denn wie sollte schon am Abend, noch vor dem Eintreffen der Zeugen, überallhin der Monatsanfang angekündigt werden, da doch möglicherweise am folgenden Tage die erwarteten Zeugen nicht eintreffen konnten? Der Autor, d. h. Gamaliel, hat demnach den Monatsanfang nach der Berechnung statuiert, unabhängig von Zeugenaussagen. Die astronomisch-synodale Berechnung war im Hause des Patriarchen Tradition (o. S. 439).

Bezüglich der Feuerstationen hat die Tossefta noch eine, welche in der Mischna fehlt und notwendig ergänzt werden muß, nämlich בתבור. Auch die Ergänzung, welche R. Simon ben Eleasar hinzufügt (das.), ist notwendig: רשב״א אומר אף חרים וכייר גדר וחברותיה. Es muß dafür gelesen werden מכוור וגדר, d. h. auch Machärus und Gabara waren Zeichenstationen. Denn sonst hätte man von dem diesseiligen Lande das Feuerzeichen nicht vom Gebirge des Hauran (חוורן) sehen können. — Die letzte Station בית בלתין oder בית בלתי wird im Talmud mit בירם identifiziert, das nach einer Angabe im Talmud nicht gar zu weit von Pumbabita gelegen hat, also in der Nähe des Euphrat gelegen haben muß. Der Name kommt wahrscheinlich von einem Tempel der Beltis her, welcher auf dieser Höhe errichtet gewesen war.

18.
Der Polemos des Varus.

Die Aufstände, welche im ersten Jahre nach Herodes' Tode in allen Teilen Judäas ausbrachen, und die Grausamkeit, mit der sie der kaiserliche Legat Quintilius Varus dämpfte, bezeichnet Josephus als einen besonders unglücklichen Abschnitt in der judäischen Geschichte und stellt sie neben die Kriege unter Antiochos Epiphanes, Pompejus und Titus. In allen diesen Kalamitäten seien die Archive und Genealogien zerstört und die überlebenden Priester genötigt worden, neue Stammregister anzulegen: πόλεμος δ' εἰ κατάσχοι, καθάπερ ἤδη γέγονεν πολλάκις Ἀντιόχου τε τοῦ Ἐπιφανοῦς εἰς τὴν χώραν ἐμβαλόντος, καὶ Πομπηίου Μάγνου, καὶ Κυντιλίου Οὐάρου μάλιστα δὲ καὶ ἐν τοῖς καθ' ἡμᾶς χρόνοις, οἱ περιλειπόμενοι τῶν ἱερῶν καινὰ πάλιν ἐκ τῶν ἀρχαίων γραμμάτων συνίστανται (gegen Apion I, 7). Die Vorgänge unter Varus wurden also als ein eigener Polemos bezeichnet. Daraus erklärt sich ungezwungen die Stelle im Seder Olam rabba (c. 30 Ende): מפולמוס של אסורוס עד פולמוס של אספסינוס פ׳ שנים. Es ist darunter der Krieg des Varus zu verstehen, und der korrumpierte Name, der aus אסורוס אנסטונינוס durch unwissende Kopisten entstanden ist, muß emendiert werden in ורוס oder אורוס, wie der Name griechisch lautet Οὔαρος. Die Zeit stimmt ebenfalls; statt der 74 Jahre von Herodes' Tode bis zum Untergange des Tempels ist die runde Summe von 80 Jahren angenommen worden, wie die unglückliche Zeit von Agrippas I. Tode bis zur Tempelzerstörung, im ganzen nur 27 Jahre, in den talmudischen Quellen mit der runden Zahl 40 Jahr vor dem Untergang bezeichnet wird (vgl. w. u.). Die wichtige Notiz im Seder Olam hat infolgedessen ihre vollständige Richtigkeit. Vergl. B. IV³, S. 440. Wird also der Krieg des Varus 80 Jahre vor der Tempelzerstörung angesetzt, so gewinnen wir daraus die Epoche des Synhedrion der achtziger Jahre (רבנן של שמונים שנה); es waren die Gesetzeslehrer der beiden Schulen Hillel und Schammaï, die nach dem Tode ihrer Meister gewirkt haben. Auf sie werden nämlich gewisse Verordnungen in betreff levitischer Reinheit zurückgeführt (b. Sabbat 15a. Aboda sara 8b). Die Nachricht stammt ebenfalls von R. Jose, dem Verfasser des Seder Olam: כשחלה ר׳ ישמעאל נכרי יוסי שלחו לו אמור לנו ב׳ וג׳ דברים שאמרת לנו משום אביך. שלח להם כך אמר אבא ... פ׳ שנה עד שלא חרב הבית גזרו טומאה על ארץ העמים ועל כלי זכוכית. Aus der nachherodianischen Zeit stammt also jene strenge, gegen die Auswanderung aus dem heiligen Lande gerichtete Verordnung, daß, wer sich im Auslande aufgehalten habe, eo ipso als levitisch unrein gelten solle: טומאת ארץ העמים.

Note 18. Der Polemos des Varus.

Diese Tradition, von einem Tannaiten mitgeteilt, daß 80 (oder 74) Jahre vor der Tempelzerstörung Reisen ins Ausland als verunreinigend erklärt wurden, ist für die innere Geschichte von Wichtigkeit. Sie ist authentischer als die andere, daß bereits José b. Joëser und sein Kollege, d. h. zur Makkabäerzeit, diese Verordnung getroffen hätten (b. Sabbat 14 b): ויוסי ... יוסי בן יועזר. בן יוחנן ... גזרו טומאה על ארץ העמים ועל כלי זכוכית. Sie stammt von einem Amora des vierten Jahrhunderts, wie aus Jerusch. (das. f. 3 d) hervorgeht: אר' זעירא אר' אבינא בשם ר' ירמיה יוסף בן יועזר ... גזרו טומאה על ארץ העמים ועל כלי זכוכית Beide Talmude hatten noch die Kunde, daß eine spätere Epoche dafür tradiert wurde. Aber ihre Ausgleichung des Widerspruches, als wenn diese Verordnung später nur erneuert worden wäre, ist ein schlechter Notbehelf. [Mir ist nicht klar, warum hier ein schlechter Notbehelf vorliegt.] Eine dritte Tradition gibt an, daß sie in Übereinstimmung der beiden Schulen Hillel und Schammaï eingeführt worden sei (Jerusch. das. 3 c). ואלו הן שגזרו (בית הלל ובית שמאי) על פיתן של גוים ... ועל הלכות בעל קרי ועל הלכות ארץ העמים. Richtig ist diese Aufzählung nicht, da sie von der Voraussetzung ausgeht, daß diese und andere Verordnungen zu den sogenannten 18 Verboten (י"ח דבר) gehörten, was aber falsch ist (vgl. w. u.). Aber sie widerspricht doch der Überlieferung, daß die Verordnung betreffs des Auslandes aus alter Zeit herrührte [keineswegs mit Notwendigkeit], und bestätigt die von R. Ismael b. Jose angeführte Tradition, daß sie erst spät von den Hilleliten und Schammaïten ausgegangen sei; denn in den 74 Jahren waren eben diese Schulen fruchtbar an Verordnungen, ganz besonders aber bezüglich der levitischen Reinheitsgesetze.

Sucht man die Veranlassung zu dieser Maßregel, so läßt sie sich aus den unruhigen Zeitläuften nach Herodes' Tode, welche Josephus und die talmudische Tradition als die Zeit des Krieges des Varus bezeichnen, erklären. Im ganzen Lande waren Aufstände ausgebrochen. Die Annahme liegt nahe, daß in dieser Zeit Auswanderungen aus Palästina nach Gegenden, wo Ruhe und Existenzsicherheit herrschte, überhand genommen haben, nach Syrien, Ägypten, Kleinasien. Solche Emigrationen hätten eine Entvölkerung herbeiführen können. Um diese zu verhüten, ist wohl die Maßregel erlassen worden, daß jeder, der das Ausland berührt, levitisch unrein werde, und solchergestalt, zur Teilnahme am Passaopfer z. B., Lustrationen bedürfe. Daß diese Maßregel lediglich gegen die Auswanderung gerichtet war, beweisen zwei Ausnahmegesetze. Auf diejenigen, die aus Babylonien, d. h. aus dem Partherlande, sich direkt nach Palästina begaben, fand sie keine Anwendung. Eine Straße, die direkt von da nach der Grenze Palästinas führte, galt für rein (Tossefta Ohalot 18, 3) חזקת דרכים של עולי בבל אף על פי שמטובלעות בארץ העמים טהורות (משום טומאת ארץ העמים) ר' שמעון בן גמליאל אומר עד פקרם שאדם פונה מימינו ומשמאלו. Ferner Gegenden, die nahe an Palästina grenzten, wenn sie auch von Heiden bewohnt waren, wurden ebenfalls für rein erklärt (das. 4): עיירות המובלעות בארץ ישראל כגון סוסיתא וחברותיה אשקלון וחברותיה אף על פי שפטורות מן המעשר ומן השביעית אין בהן משום ארץ העמים. Dagegen galt Syrien, obgleich es halb und halb als heiliges Land angesehen wurde, dennoch bezüglich des Wohnens daselbst als Ausland (Tossetta Kelim I. 1, 5; b. Gittin 8 a): בג' דרכים שוה סוריא לחוצה לארץ עפרה טמא כחוצה לארץ. Doch wurde für Striche in Syrien, die an Palästina grenzten, eine Ausnahme statuiert (Mischna Ohalot 18, 7): הקונה שדה בסוריא סמוכה לארץ ישראל אם יבול להכנס לה בטהרה טהורה. Aus diesen Ausnahmegesetzen folgt unzweifelhaft, daß die Verordnung lediglich gegen Auswanderung gerichtet war. Babylonien wurde deswegen nicht hineingezogen, weil es entweder als zweites Stammland galt, oder weil es für Auswanderer nicht so verlockend war.

Auswanderungen haben selbstverständlich trotzdem stattgefunden. Deswegen ist die Verordnung erlassen worden, daß, wenn der ausgewanderte Ehemann seiner in Palästina zurückgelassenen Frau einen Scheidebrief zuschickt, diese Zusendung zwar durch einen Zeugen, den Boten, genüge, daß dieser aber seine Anwesenheit bei der Ausstellung bezeugen müsse. Diese Maßregel ist allerdings ursprünglich lediglich für Auswanderer nach der Meeresgegend (מדינת הים), d. h. nach Kleinasien und wahrscheinlich auch nach den griechischen Inseln und Griechenland erlassen worden (Gittin, Anf. und besonders b. das. f. 34 b).

Noch eine andere für die Zeitverhältnisse historisch wichtige, wenngleich absurd klingende Verordnung wird von beiden Talmuden auf die genannten Schulen zurückgeführt, nämlich die, daß die Berührung von heiligen Schriften verunreinige (j. Sabbat 3 c: והספר וידים, nämlich „מטמאין את הידים", mit Anschluß an בית שמאי ובית, „הלל גזרו"). Dem wird nun eine andere Tradition entgegengesetzt, daß levitische Verunreinigung durch ungewaschene Hände bereits von den Häuptern dieser Schulen angeordnet worden sei (b. 14 b: הלל ושמאי גזרו טומאה על הידים; jer. 3 c: הלל ושמאי גזרו על טהרת ידים). Die erstere Notiz nimmt aber an, daß die Verordnung bezüglich der heiligen Schriften lediglich von ihren Nachfolgern herstamme. Die Annahme beider Talmude, daß diese Verordnung gleichzeitig mit der betreffs der 18 Verbote (ח"י דבר) erlassen worden sei, ist nur ein Notbehelf [weshalb denn?]; denn die letztere ist gewiß erst während des großen Krieges gegen die Römer zustande gekommen [kann sich das nicht auf deren endgültige Durchsetzung beziehen?], und zwar lediglich von den Schammaïten und im Widerspruch gegen die Hilleliten (vgl. w. u.). Dagegen war die erstere schon früher in Kraft. Denn R. Jochanan b. Sakkai wurde wegen ihrer Absurdität von den Sadducäern interpelliert (Mischna Jadaim IV, 6): אומרים צדוקים קובלין אנו עליכם פרושים שאתם אומרים כתבי הקדש מטמאין את הידים . . . . אמר ר' יוחנן בן זכאי וכי אין לנו על הפרושים אלא זו בלבד. Nun fanden die Disputationen zwischen Sadducäern und dem genannten Vertreter des Pharisäismus gewiß zur Zeit des Hohepriesters Anan b. Anan statt, als dieser für den Sadducäismus kampfluftig eintrat (vergl. w. u.); dieser fungierte um das Jahr 60 post. Also in dieser Zeit war die Verordnung betreffs der heiligen Schrift bereits eingeführt, 6 Jahre vor dem Ausbruch des Krieges.

Es ist also anzunehmen, wie auch in den Talmuden aufgestellt wird, daß die beiden Schulen in derselben Zeit die Verordnung bezüglich der Verunreinigung des Auslandes und die bezüglich der heiligen Schriften erlassen haben (טומאת כתבי קדש und טומאת ארץ העמים), und zwar zu gleicher Zeit mit einer ganzen Reihe von Erschwerungen betreffs levitischer Reinheit, als wenn sie glaubten, mit solchen Maßregeln das versumpfte Staatswesen retten zu können, oder als ob sie es an levitischem Rigorismus den Essäern gleich tun wollten. Alle diese Bestimmungen gehören also mit hoher Wahrscheinlichkeit in die Zeit des Polemos des Varus oder in Herodes' Todesjahr. Hillel und Schammaï müssen zu dieser Zeit bereits aus dem Leben geschieden gewesen sein; denn die genannten levitischen Bestimmungen mit Ausnahme der Verunreinigung der Hände (ידים) werden in diesen Quellen nicht auf diese Schulhäupter zurückgeführt, sondern auf ihre Jünger. Ihr Tod fiele demnach vor den des Herodes. Von ihren Jüngern sagte eben derselbe R. Jose, der die Tradition von der Einführung der Maßregel gegen das Ausland (טומאת ארץ העמים) erhalten hat, daß, weil sie den belehrenden Umgang mit ihren Meistern nicht nach Gebühr gepflegt haben, eine derartige Differenz bezüglich der religiösen Gesetzesbestimmung eingerissen sei, daß ein Schisma erfolgte und das Judentum nahezu in zwei einander entgegengesetzte Lehren auseinander gegangen wäre[1]). Es sind darunter sowohl diejenigen fanatischen Pharisäer zu verstehen, die aus Haß gegen Herodes sich in Intrigen mit den Weibern und Ehrgeizigen an Herodes' Hofe eingelassen und ihnen Herrschaft und Macht vorgespiegelt hatten, um sie gegen Herodes' Leben aufzustacheln, als auch diejenigen pharisäischen Lehrer, welche die Jünglinge zur Zerstörung des römischen Adlers am Tempel aufgereizt hatten. Es waren Phantasten und Fanatiker, die das Augenmaß für die Wirklichkeit verloren hatten und den Wahn hegten, durch übertriebene und unausführbare levitische Gesetze die durch Herodes' Mißregierung verrenkte religiöse und sittliche Ordnung wieder herstellen zu können. Zu diesen Gesetzen gehörte nicht das Verbot der 18 Dinge (ח"ד דבר) in Bezug auf Heiden, oder das Gesetz der Abschließung von den Heiden; dieses ist erst später durch die Schammaiten allein zustande gekommen (vgl. w. u.).

Der Punkt bezüglich der levitischen Verunreinigung der heiligen Schriften ist nun für die Geschichte und besonders für den Abschluß des Kanon, höchst wichtig. Man muß dabei von dem Motiv ausgehen, welches eine so befremdliche Maßregel veranlaßt hat. R. Jochanan b. Sakkai, der wegen dieser Absurdität von den Sadducäern interpelliert wurde (o. S. 718) rechtfertigte sie damit, daß etwas gerade wegen seines höheren Wertes profaner Benutzung entzogen werden solle: מחוך חבתן הוא טומאתן; man habe die häufige Berührung mit heiligen Schriften vermeiden wollen, damit die Leder, auf die sie geschrieben sind, nicht etwa als Sattel beim Reiten benutzt werden sollten (Tossefta Jadaim Ende). אף כתבי קדש לפי חבתן הן טומאתן שלא יעשם שטיחין על גבי בהמה.

Man kann nicht darüber hinwegkommen, daß diese Vorkehrung nur im Interesse der Hagiographen eingeführt worden sein kann; denn die Rollen des Pentateuchs und der Propheten, die längst zum öffentlichen Gottesdienste gehörten, sind gewiß niemals profaniert, vielmehr als heilig und unantastbar behandelt worden. Dagegen hatten die Hagiographen, welche — mit Ausnahme der Estherrolle — nicht zum synagogalen Gebrauch gedient haben, nicht diesen Charakter, und es konnte einem Reiter einfallen, den Mangel eines Sattels durch die Lederrollen, die mit Hagiographen beschrieben waren, zu ersetzen. Ja, genau genommen, bedeutet der Ausdruck כתבי קדש lediglich Hagiographen. Vergl. Jerusch. Sabbat XVI. p. 16 b בין תורה לנביאים לכתבי הקודש מצילין אותן מפני הדליקה. Er umfaßt also nicht Pentateuch und Propheten (vgl. noch Graetz Salomonischen Prediger, S. 160). So wie für den Pentateuch die eigene Benennung תורה in Gebrauch war, ebenso für die Propheten die Bezeichnung ספרים. Folglich galt der Terminus כתבי קדש lediglich für Hagiographen [Vgl. dagegen Blau, Zur Einleitung in die hl. Schrift, S. 12 ff.]. Ursprünglich war demnach die Verordnung, daß die Berührung mit „heiligen Schriften" verunreinige, nur für diese dritte Klasse der Bibel eingeführt. Erst nach und nach, als den Hagiographen der Charakter der Heiligkeit allgemein zuerkannt worden war, wurde die Maßregel auch auf Pentateuch und Propheten ausgedehnt.

Man kann also annehmen, daß, als zur Zeit des Polemos des Varus (um 4—3 vorchr. Zeit) die Bestimmung von der Verunreinigung der „heiligen"

---

[1]) Jerusch. Sanhedrin 19 c. b. das. 88 b, Tossefta das. VII. 1, Chagiga II, 9. משרבו תלמידי שמאי והלל שלא שמשו רביהון כל צרכן רבו מחלוקות בישראל ונעשו שתי תורות.

Schriften angeordnet wurde, auch darüber verhandelt wurde, den hagiographischen Kanon festzustellen. Gewiß war die damalige Behörde über die meisten hagiographischen Schriften, die den Charakter des Heiligen verdienen, also vor Profanierung geschützt werden sollten, nicht zweifelhaft. Die meisten stammten aus alter Zeit oder trugen an der Spitze den Namen autoritativer Verfasser. So galten die Psalmen als von David stammend, die Sprüche als von Salomo verfaßt, die Klagelieder als von Jeremia, Ruth als aus der Zeit der Richter, das Dreibuch Chronik, Esra und Nehemia als von den letzteren herstammend. Auch Hiob war nicht zweifelhaft. Zweifelhaft war nur noch, ob auch das Hohelied und Kohelet diesen Charakter verdienen. Diese Frage blieb offen und wurde erst später zum Austrage gebracht (vgl. Graetz a. a. O.).

Das Ergebnis, daß der hagiographische Kanon erst in der Zeit nach Herodes' Tode fixiert worden ist, hat eine besondere Wichtigkeit für die Schlußredaktion des Psalters. Sobald bestimmt wurde, daß dieses Buch verunreinigend wirke, muß es doch als ein Ganzes abgeschlossen vorgelegen oder damals abgeschlossen worden sein. Denn so sehr auch die sachliche und chronologische Ordnungslosigkeit in der Reihenfolge der Psalmen, bei der nicht die geringste Rücksicht genommen wurde, ältere Psalmen neben jüngere und solche, die keinerlei Zusammenhang haben, aneinander zu reihen, unverkennbar ist, so zwingen doch zwei Momente zu der Annahme, daß eine Redaktion stattgefunden hat.

Psalm 1 an der Spitze ist gewiß jüngeren Datums und hat keine gedankliche Verbindung mit Psalm 2. Sie sind aber nichtsdestoweniger nicht bloß aneinander gereiht, sondern auch zusammen als ein einheitlicher Psalm angesehen worden (vgl. Graetz, Psalmenkommentar, S. 10 A.). Wie kam die Behörde oder kamen die Redaktoren dazu, sie zusammen zu koppeln? Nun, Psalm 1 prägt die Wichtigkeit der Thora ein, und 2 wurde messianisch gedeutet. Die Redaktoren haben demnach mit Absicht zwei Psalmen oder einen einzigen an die Spitze gestellt, um das Alpha und Omega des Judentums auszudrücken, den Gedanken an die Thora und die Hoffnung auf den Messias. Die 7 Psalmen, welche an je einem Tage in der Woche im Tempel gesungen zu werden pflegten (24, 48, 81, 82, 92, 93, 94), hatten ursprünglich die Aufschrift für die Tagesbestimmung. Im griechischen Texte haben 5 derselben noch die Tagesaufschrift, im Hebräischen ist nur noch die für den Sabbatpsalm geblieben (vergl. Kommentar S. 55). Da die Aufschriften nicht zum Psalm gehören, so können sie nur später bei der redaktionellen Sammlung hinzugefügt worden sein. Nun erscheint die Auswahl dieser Tagespsalmen sonderbar; die meisten derselben sind nicht hymnisch, was doch für den Kultus im Tempel erforderlich wäre. Vielmehr ist Pf. 94 geradezu ein Klagepsalm über Vergewaltigung; Pf. 82 hat zum Inhalte eine direkte scharfe Rüge gegen unwürdige Richter. Selbst der Sabbatpsalm 92 enthält eine stille Klage über glückliche Frevler, gibt aber die Beruhigung, daß ihr Glück nicht von Dauer sein werde. Eine Analogie gibt das Motiv für diese auffallende Auswahl. In den Zwischentagen des Hüttenfestes sind Verse aus dem Klagepsalm 94 für den Kultus gesungen worden, weil sie auf Vergewaltigung von seiten der Fremdherrschaft anspielen (beiläufig auch Verse aus andern Psalmen, welche Rügen gegen Frevler enthalten aus Psalm 50 und 82). Vergl. b. Sukka 55a und Raschis Erklärung dazu.

Eine lange anhaltende Vergewaltigung hat die Nation — in deren Namen die Psalmen klagen — nur von den Römern erlitten, zumal als nach Herodes' Tode die Landpfleger das Volk bedrückten und Römlinge sie unterstützten. Folglich sind der Klagepsalm 94 und die anderen Rügepsalmen direkt wegen

Note 18. Der Polemos des Varus.

ihrer Anspielung auf die Römerherrschaft ausgewählt worden. Man kann nun nicht wohl annehmen, daß diese Auswahl in Herodes' Zeit geschehen ist, als er den Tempel neu erbaut und ihn dem Gottesdienste übergeben hatte. Er würde schwerlich dergleichen gegen seine Patrone, die Römer, zugegeben haben. Und noch weniger ist anzunehmen, daß die Auswahl gegen sein eigenes Tyrannenregiment gerichtet gewesen sei. Man wird also darauf geführt, daß erst nach dem Erlöschen der ersten Herodianer solche pointierte Psalmen von den Leviten gesungen worden sind. Die Tagesaufschrift zu den 7 Psalmen ist demnach mit hoher Wahrscheinlichkeit infolge des Polemos des Varus und des darauf folgenden Druckes von Seiten der Prokuratoren hinzugefügt worden, d. h. der Psalter ist nicht vor der Römerherrschaft gesammelt[?] und redigiert worden. Der Zusammenhang ist klar. Als die Jünger der beiden Schulen rigorose Bestimmungen bezüglich levitischer Reinheit erließen und diese als wirksames Mittel betrachteten, um gewisse Übelstände zu beseitigen, führten sie auch die Maßregel ein, daß die hagiographischen Bücher, um sie vor Profanierung zu schützen, bei der Berührung verunreinigen sollten. Sie mußten demnach auch fixieren, welche Schriften zu dieser Klasse gehören und als heilig behandelt werden sollen. In bezug auf die Psalmen mußten sie die Sammlung abschließen und die erforderlichen Akzessorien, also zunächst die Tagesaufschriften, hinzufügen. An die Spitze der Sammlung stellten sie zwei Psalmen, welche den hohen Wert der Thora und der Messiashoffnung betonen. Dieses Alles erfolgte wohl zur Zeit, als zur Verhütung der Auswanderung ins Ausland die Bestimmung getroffen wurde, daß dieses levitisch verunreinige. Dieses erfolgte nach ungenauer Berechnung 80 Jahr vor der Tempelzerstörung oder genauer zur Zeit des Polemos des Varus, d. h. nach Herodes' Tode. Bei der Redaktion des Psalters sind selbstverständlich[?], wenn nicht sämtliche Akzessorien: Überschriften für Instrumente, Chorleitung, die Bezeichnung מזמור und שיר für historische Veranlassung einer Reihe von Psalmen, so doch jedenfalls die Formel Halleluja im Anfang und die Doxologie zum Schlusse von vier Psalmen angebracht worden. Diese Akzessorien הללויה und ואמר כל העם אמן sind lediglich für die Gemeindeliturgie angebracht (vgl. Pf. Comment, S. 9! fg.). Sie geben nämlich an, wie die Gemeinde zur Aufforderung des vorbeteten Liturgen respondieren soll. Im 3. Makkabäerbuch ist bereits angegeben, daß die Gemeinde zu einem Hymnus mit Halleluja einzufallen pflegte (7, 13) καὶ οἱ.. ἱερεῖς πᾶν τὸ πλῆθος ἐπιφωνήσαντες τὸ ἀλληλούια (vgl. auch Tobit 13, 18).

Übrigens scheint nicht für sämtliche Bücher, welche jetzt zu den Hagiographen gerechnet werden, mit einem male die kanonische Würdigkeit statuiert worden zu sein. Zunächst galt es wohl diejenigen vor Profanation zu schützen, welche gewissermaßen den prophetischen Schriften ähnlich schienen, oder von denen angenommen wurde, daß deren Verfasser vom heiligen Geist inspiriert waren (ברוח הקדש נאמרו); also die Psalmen, welche größtenteils David vindiziert wurden, — den Philo z. B. einen „Propheten" nennt (Mangey I, p. 515) τις προφήτης ἀνήρ, — ferner Ruth, welches mit dem Buch der Richter äußerliche Ähnlichkeit hat, und das Dreibuch Chronik-Esra-Nehemia, als Fortsetzung des Buches der Könige, und wohl auch das Buch Esther. Diese waren gewiß in vielen Exemplaren vorhanden. Die übrigen Hagiographen sind wohl erst später eingereiht worden, sobald jemand, der im Besitze eines hagiographischen Buches war, die Frage richtete, ob es ebenfalls die Hände verunreinige. Daher kommt es, daß über die Zulässigkeit des Hohenliedes und Kohelets die Schulen auseinandergingen. Sirachs Sprüche müssen ursprünglich ebenfalls als hagiographisch angesehen worden sein. Denn sie wurden viel gelesen und sogar als דברי קבלה, d. h. den übrigen ebenbürtig, angeführt. Erst später wurden Sirach und ähnliche Schriften aus dem Kanon der Hagiographen ausgeschlossen (Tossefta Jadaim II, 13: ספרי (l.) ספר) בן סירא וכל ספרים שנכתבו מכאן ואילך אינן מטמאין את הידים). Es wurde nämlich schließlich als Kanon aufgestellt, daß nur solche Schriften dazu gehören, welche während der Fortdauer der Prophetie verfaßt wurden, weil vorausgesetzt wurde, daß zu dieser Zeit der heilige Geist gewaltet und die Autoren inspiriert habe, mit dem Aussterben der letzten drei Propheten aber der heilige Geist aufgehört habe zu inspirieren[1]), und darum die später verfaßten Schriften, Sirach und andere nicht als heilig anzusehen seien. Zu den andern Schriften gehört gewiß mindestens das hebräisch geschriebene erste Makkabäerbuch und vielleicht auch Susanna, das ebenfalls hebräisch abgefaßt war und vor der Tempelzerstörung verfaßt wurde.

Als Resultat dieser Erörterung ergibt sich, daß nach Herodes' Tod eingeführt wurden:

1) die Maßnahme gegen Auswanderung ins Ausland;
2) die Bestimmung für Formulierung bei Zusendung eines Scheidebriefes vom Auslande;
3) die Kanonisierung der Hagiographen und Beratung über die Bücher Kohelet und das Hohelied;
4) die Redaktion des Psalters;
5) die Einführung der regelmäßigen Tagespsalmen für den Levitenchor im Tempel.

---

[1]) Ich glaube jetzt, abweichend von meiner früheren Erklärung, daß der Ausdruck מכאן ואילך an dieser Stelle und in Jerusch. Sanhedr. 28 a וכל ספרים, die Schriften bezeichne, welche nach dem Aufhören der Prophetie verfaßt wurden. Öfter ist in der talmudischen Literatur angegeben: משמת חגי זכריה ומלאכי (נביאים אחרונים) פסקה (נתלקה) רוח הקדש מישראל (Tossefta Sota 13, 2 und Parallelst.), mit den letzten Propheten sei auch der heilige Geist geschwunden. Folglich können die Schriften, die notorisch später verfaßt waren, da ihre Autoren nicht vom heiligen Geist inspiriert waren, nicht als כתבי קדש angesehen werden. מכאן ואילך bedeutet demnach פסק הנבואה. So heißt es im Seder Olam Rabba c. 30 zum Schluß: עד כאן היו הנביאים מתנבאים ברוח הקדש מכאן והילך הט אזנך ושמע דברי חכמים. Dieser Gesichtspunkt war aber zur Zeit der ersten Fixierung des hagiographischen Kanons noch nicht geltend gemacht, sondern lediglich der Inhalt, daher war Sirach mit eingeschlossen, Kohelet aber ausgeschlossen. Erst später ging die Synode zur Zeit der Amtsentsetzung Rabban Gamaliels von einem andern Gesichtspunkte aus, als sie trotz des Widerspruchs der Schammaiten das Hohelied und Kohelet für heilig erklärte, nämlich von dem Werte der an die Spitze gestellten Autoren. Dieser Gesichtspunkt der Beurteilung ist entgegengesetzt der Ansicht, die entweder diese beiden Bücher oder eines derselben nicht aufgenommen wissen wollte, weil Salomo sie vermöge seiner Weisheit verfaßt habe. Es ist dagegen geltend gemacht, alles, was zur Zeit der Propheten niedergeschrieben worden, sei vom heiligen Geist diktiert, also auch das Hohelied und Kohelet.

19.
Die Wahl- oder absetzbaren Hohenpriester in der herodianischen und nachherodianischen Zeit.

Herodes hat alle Heiligtümer des judäischen Volkes entweiht und besudelt. Auch die Hohenpriester hat er begradiert und demoralisiert. Da er dem letzten Hasmonäer nicht die Hohepriesterwürde lassen wollte oder konnte, so hat er zuerst einem Priester aus einer anderen Abteilung diese Stellung übertragen. So führte er Wahl-Hohepriester ein. Bei dieser Wahl war Interesse und Politik maßgebend. Später ging die Berechtigung zur aktiven Wahl auf die römischen Prokuratoren über, welche sie im römischen Interesse und öfter aus Rücksicht auf ihren Säckel ausübten. Die Aufeinanderfolge der absetzbaren Hohenpriester ist für die Geschichte dieser Zeit und noch mehr für die Chronologie von besonderer Wichtigkeit. Darum sei sie hier kritisch beleuchtet.

Die Zahl dieser Priester soll im ganzen achtundzwanzig betragen haben[1]). Indessen kommen nur siebenundzwanzig heraus, wenn man die Hohenpriester zusammenstellt, deren Einsetzung und Absetzung Josephus unter Herodes, Archelaus, der ersten Reihe der Prokuratoren, ferner unter Aprippa I., Herodes II. und Agrippa II. mit Nennung der Namen anführt[2]). Es fehlt also offenbar ein Name. Dieser muß zunächst aufgesucht werden.

Diejenigen Hohenpriester, welche zweimal fungiert haben, dürfen nur einmal gezählt werden; sonst kämen neunundzwanzig und mehr heraus, da Ananel unter Herodes und Joasar unter diesem König und Archelaus zweimal fungiert hat. Auffallend ist noch, daß Josephus erzählt, zur Zeit, als in dem letzten Jahre des Prokurators Felix ein Aufstand in Cäsarea ausgebrochen war, habe Agrippa II. den Hohenpriester Ismaël Phiabi eingesetzt[3]), ohne dabei wie sonst zu bemerken, wer sein Vorgänger gewesen ist. Felix' letztes Jahr war 59. Also innerhalb dieser Zeit ist Ismaël Hoherpriester geworden. Aber dann müßte der Hohepriester, den Josephus vorher einsetzen läßt, nämlich Anania, Sohn Nebedaï, welchen noch Herodes II. nach Agrippas I. Tod eingesetzt hatte (vor 48), mehr als 10 Jahr (47 bis 59) fungiert haben, was durchaus unannehmbar ist. Denn mindestens 48 fungierte ein Ismaël (w. u.). Außerdem lag es in der Politik der herodianischen Herrscher, keinen Hohenpriester lange im Amte zu lassen. Mehrere haben daher nur ein einziges Jahr fungiert. Dieser Umstand und das Fehlen eines Hohenpriesters, um die Zahl 28 voll zu machen, führt darauf, daß zwischen Anania b. Nebedaï und Ismaël b. Phiabi eine Lücke anzunehmen ist.

Die talmudischen Quellen bestimmen die Zahl der Wahl-Hohenpriester auf mehr denn 50. Sie zählen nämlich für die ganze Zeit des zweiten Tempels, 80 bis 85[4]). Da nun die Zahl der Hohenpriester nach der Rückkehr aus dem

---
[1]) Jos. Altert. XX, 10, 5: οἱ πάντες εἰκοσιοκτώ.
[2]) Vergleiche die Reihenfolge der 27 Hohenpriester bei Schürer, Lb. der neutest. Zeitgeschichte S. 418 fg. [jetzt II³, S. 216 ff.] Reland hat den fehlenden Hohenpriester durch Einschiebung des Priesters Jonathan ergänzen wollen (Note zu Havercamps Josephus I, p. 971); aber diese Ergänzung ist nicht richtig, vgl. w. u.
[3]) Jos. das. XX. 8, 8. κατὰ τοῦτον τὸν καιρὸν ὁ . . . Ἀγρίππας δίδωσι τὴν ἀρχιερωσύνην Ἰσμαήλῳ.
[4]) Siphre 131. J. Joma 38 b. Midrasch zu Levitic. 21. אבל בבית אחרון פ' כ"ה
(ויש אומרים פ"א . פ"ה) ובשביל שהיו מוכרין אותו בדמים החתילו שנותיהם מתקצרות. מעשה באחד
ששלח ביד בנו שתי מדות של כסף . . . שוב מעשה באחד ששילח ביד בנו שתי מדות של זהב.

Exile aus der Abteilung Jojada nur 12 betrug (von Josua b. Jozadok bis auf Jason), dazu die zwei von den syrischen Königen eingesetzten, Menelaos und Alkimos = 14, und da die Zahl der hasmonäischen Hohenpriester von Jonathan bis auf Antigonos und Aristobul III. sich auf neun und selbst mit Juda Makkabi, der gewiß auch einige Zeit fungiert hat, im ganzen auf 10 belief, beide zusammen also 24 betrugen, so müßte es an absetzbaren Hohenpriestern noch mehr als 50 gegeben haben. Die Zahl 80 mag demnach korrumpiert sein für 60, nämlich ס statt פ. Schade, daß im Siphre die Namen der Hohenpriester während des zweiten Tempels ausgefallen sind[1]), sonst hätten sie als Korrektiv dienen können. Mit Recht bemerken die talmudischen Quellen, daß diese Hohenpriester sich die Würde durch Simonie verschafft haben. Darum eben haben die Wähler öfter einen Nachfolger eingesetzt, um von diesem abermals reiche Summen zu erhalten.

An mehreren Stellen spricht Josephus von einem Hohenpriester Ananias, von seinem Reichtum, seinem Ansehen und seinem Einfluß, ohne irgendwo anzugeben, zu welcher Zeit er fungiert hat. Nachdem Josephus referiert hat, daß Agrippa II. beim Eintreffen des Prokurators Albinus, des vorletzten vor Florus, den Hohenpriester Anan b. Anan abgesetzt und an dessen Stelle Josua b. Damnaï eingesetzt habe, fährt er fort: „Der Hohepriester Anania nahm mit jedem Tage mehr an Ansehen zu und wurde von seinen Mitbürgern außerordentlich mit Zugetanheit und Hochachtung geehrt. Er war nämlich gewandt, Vermögen zu erwerben. Er hat also Albinus und den Hohenpriester mit Geschenken gewonnen[2])." Also ein angesehener Hoherpriester Ananias während der Funktion eines andern, des Josua b. Damnaï! Das will also sagen, daß dieser Anania früher Hoherpriester gewesen war. Weiterhin schildert Josephus die gewalttätigen Fehden zwischen dem abgesetzten Hohenpriester Josua b. Damnaï und seinem Nachfolger Josua b. Gamaliel (Gamala) und fährt fort: „An Reichtum überragte Ananias, und zwar alle die, welche bereitwillig waren, Sold zu nehmen, gewinnend[3])." Voraufgehend erzählt Josephus, die Sikarier hätten den Schreiber des Tempelhauptmannes Eleasar gefangen und in Fesseln abgeführt. Dieser Eleasar sei der Sohn des Ananias gewesen[4]). Darum hätten sich die Sikarier an diesen gewendet, den Prokurator Albinus zu bewegen, zehn ihrer Genossen aus dem Kerker zu befreien und ihm versprochen, unter dieser Bedingung den gefangenen Schreiber zu entlassen. Aus allem diesem folgt, daß **vor** Josua b. Damnaï ein Hoherpriester Ananias fungiert hat. Aber unmittelbar vor ihm ist kein Raum für ihn, auch nicht zwischen ihm und Ismaël b. Phiabi; denn vor ihm hat keiner mehr als 1 bis 2 Jahre fungiert, zwischen 60 bis 63 Ismaël, Joseph Kabi, Anan b. Anan und Josua b. Damnaï. Dieser Ananias muß also **vor** Ismaël b. Phiabi fungiert haben und ergänzt wohl

---

[1]) Nach Tossaphot Sebachim 101b waren im Siphre die Namen der Hohenpriester aufgezählt.

[2]) Jos. das. XX, 9, 2.

[3]) Das. 9, 4. ὑπερεῖχε δὲ Ἀνανίας τῷ πλούτῳ προσαγόμενος τοὺς λαμβάνειν ἑτοίμους.

[4]) Das. 9, 3. παῖς δὲ ἦν οὗτος (ὁ Ἐλεάζαρος) Ἀνάνου τοῦ ἀρχιερέως. Anstatt Anan muß man unzweifelhaft Ananias lesen, da der Name Ananias zweimal in dieser Relation als der Name desjenigen vorkommt, an den die Sikarier sich gewendet haben, damit er sich bei Albinus für sie verwende.

Note 19. Die Wahl- oder absetzbaren Hohenpriester.

die Zahl 28. Er kann aber nicht identisch mit Ananias b. Nebedaï[1]) sein, wie die Chronologen seit Usher annehmen. Denn dann würde immer noch der 28. fehlen, und das Auffallende wäre nicht beseitigt, daß Agrippa II. diesen so lange, mehr als zehn Jahre, sollte haben fungieren lassen.

Außerdem ergibt sich aus talmudischen Stellen, daß dieser Anania nicht identisch mit dem Sohn Nebedaïs gewesen ist. Wir haben oben gesehen, daß Josephus an diesem Anania den außerordentlichen Reichtum hervorhebt, daß er sämtliche Hohepriester an Vermögen übertroffen habe. Nun wird in talmudischen Quellen der Reichtum eines Hohenpriesters Eleasar b. Charsom als außerordentlich geschildert. Es wird erzählt, die Mutter des Jsmaël b. Phiabi habe ihrem Sohne für seine Funktion am Versöhnungstage ein Gewand aus Linnen im Werte von 100 Minen anfertigen lassen, dagegen die Mutter des Eleasar b. Charsom gar eines im Werte von 20000[2]). Wie übertrieben auch diese Relation ist, so muß ihr ein geschichtlicher Kern zugrunde liegen. Denn es wird in der Mischna als ausgemacht festgestellt, daß die Hohenpriester am Versöhnungstage mit teuren Gewändern von pelusischem und indischem Gewebe abzuwechseln pflegten[3]). Nun wurden allerdings aus dem linum pelusiacum Luxusgewänder verfertigt, und noch teurere aus linum indicum. Solche Halachas in der Mischna sind stets aus einem geschichtlichen Vorkommnis entstanden. Es muß also einmal einen so reichen Hohenpriester gegeben haben, daß er sich den Luxus gönnen konnte, des morgens ein pelusisches und nachmittags ein indisches Gewand anzulegen — und das kann nur [könnte am Ende] der als reich geschilderte Hohepriester Eleasar b. Charsom oder Anania gewesen sein. Von Eleasars Reichtum wird noch mit maßloser Hyperbel erzählt, er habe 1000 Städte auf dem Königsgebirge und 1000 Schiffe auf dem Meere besessen[4]). Reduzieren wir diese Zahl auf ein Minimum, so mag er eine Stadt oder ein Dorf auf dem Königsgebirge sein Eigentum genannt und einige Kauffahrteischiffe auf dem Meere gehabt haben.

Wir haben also zwei von einander unabhängige Nachrichten von einem außerordentlich reichen Hohenpriester, nur nennt ihn die eine Quelle Ananias und die andere Eleasar. Kann man sie nicht kombinieren? Erinnern wir uns, daß Anania einen Sohn hatte, welcher den Namen Eleasar führte. Es war nicht ungewöhnlich, daß der Sohn nach dem Großvater genannt wurde. So kann der Hohepriester Ananias Sohn des Eleasar gewesen sein, und die

---

[1]) Im Talmud wird dieser auch nicht Anania, sondern Jochanan genannt. Keritot. 28 a; Pessachim 57 b. פתחו שערים ויכנס יוחנן בן נדבאי (נרבאי falsch). תלמידו של פנקאי ומילא כריסו מקדשי שמים. Dann wird von seiner Gefräßigkeit erzählt. פנקאי ist wohl ein Spitzname große Schüssel, welche in dem Talmud פינכא heißt (nach L.=A des Aruch) statt פינקא, wie im Syrischen. Da das Wort von πίναξ stammt, so ist ohnehin פנקא richtiger.

[2]) Tossephta Joma I, 21 f. auch b, daf. 35 b: מעשה בר' ישמעאל בן פאבי שעשתה לו אמו כהונת ש[ל]מאה מנה . . . ומעשה בר' א[ל]עזר בן חרסום שעשתה לו אמו כהונת משתי רבא . . . והורידוהו אחיו הכהנים מפני שנראה כהונה כעירום [Nach der Tossephta wäre R. Jsmaël der reichere gewesen]. Es war also punisches Gewebe, das durchsichtig war.

[3]) Mischna Joma III, 7. בשחר היה לובש פלוסין של י"ב מנה ובין הערבים הנדוין של שמונה מאות זו.

[4]) Jerusch. Taanit IV. p. 69 a: עשרת (כ') אלפים עירות היו בהר המלך ולר' אלעזר בן חרסום אלף מכולן וכנגדן אלף ספינות בים. Auch Midrasch Threni zu 2, 2 und Babli Joma 35 b.

talmudischen Quellen können recht gut den eigentlichen Namen desselben vergessen und den Namen des Vaters dafür substituiert haben[1]). Hätte dieser reiche Hohepriester Schiffe ausgerüstet — und zwar, wie sich denken läßt, zum Warentransport — so wäre auch erklärt, was Josephus von Ananias erzählt, er sei gewandt in Erwerbung von Reichtümern gewesen ἦν γὰρ χρημάτων ποριστικός. Die talmudische Quelle würde uns die Mittel angeben, wodurch dieser Hohepriester so reich geworden ist. Es bleibt auch keine Wahl übrig. Wir brauchen durchaus einen Hohenpriester, der die Zahl 28 ergänzen und zwischen Anania (oder Jochanan) b. Nebedäi und Jsmaël, zwischen 48 bis 60[2]), fungiert haben muß. Nun findet sich ein solcher, den zwei verschiedene Quellen als außerordentlich reich schildern. Einen können wir nur unterbringen; folglich müssen wir die Namen kombinieren. Man kann also mit historischer Wahrscheinlichkeit annehmen, daß der Hohepriester, welcher die Zahl und die Lücke ausfüllen helfen muß, Anania b. Eleasar geheißen hat. Diesen hat wohl Agrippa II. ein- und abgesetzt.

Es ist wohl überhaupt nicht anzunehmen, daß Agrippa den Sohn Nebedaïs mehrere Jahre hindurch habe fungieren lassen. Josephus erzählt, daß zur Zeit der Hungersnot während der Anwesenheit der Königin Helena in Jerusalem ein Hoherpriester Jsmaël fungiert hat (w. u.). Wir kennen aber nur Hoherpriester Jsmaël mit dem Beinamen b. Phiabi. Folglich hat um 46 bis 48 ein Hoherpriester dieses Namens fungiert. Wir müssen aber diese Zeit noch mehr limitieren. Im fünften Jahre seiner Regierung hat Claudius nach Agrippas I. Tode (44) Herodes II. die Verfügung über die Pontificalia und das Einsetzungsrecht der Hoherpriester gewährt. Das wäre das Jahr 45. Herodes machte sogleich Gebrauch davon, setzte Elionaios b. Kantheras ab und wählte Josephus b. Kameï (Kamit). Das wäre 45 bis 46. Dann setzte er diesen ab und ernannte Anania (oder Jochanan) b. Nebedaï, also 46 bis 47. Darauf starb Herodes II. (48). Da nun aber während der Prokuratur des Tiber Alexander (46 bis 48) die Hungersnot in Jerusalem wütete, und während der Hungersnot ein Hoherpriester Namens Jsmaël fungiert hat[3]), so folgt zwingend daraus, daß Jsmaël b. Phiabi im Jahre 48 zum Hohenpriester eingesetzt wurde, und zwar, wie sich denken läßt, von Agrippa II., welcher nach dem Tode seines Oheims das Ernennungsrecht erhalten hatte. Es war der erste Hohepriester, den er ernannt hat. Selbstverständlich muß er den Vorgänger Anania b. Nebedai abgesetzt haben; dieser hat also nicht 10 Jahre, sondern höchstens 2 Jahre

[1]) Der seltsame Name בן חרסום könnte ein Spitzname gewesen sein. Dergleichen kamen in der leidenschaftlich bewegten Zeit des zweiten Tempels vor. Ich erinnere an בן ציצית, ferner an בן פרישא und an בן קטיעא, und an בן הנויה. So kann חרסום verschrieben sein in חרסום (wie אמאוס und אמאום und ליסטים = ליסטים) und bedeuten χρυσός = Gold, also Sohn des Goldes, Besitzer von Reichtümern [Die Annahme scheint schon darum ausgeschlossen zu sein, weil sonst χρυσός in der einschlägigen Literatur stets mit כ und nie ohne ו oder י in der ersten Silbe transkribiert wird].

[2]) b. Joma 9 a, wo von der großen Zahl der Hohenpriester die Rede ist — und diese gar auf 300 angegeben ist — werden dem Hohenpriester Eleasar b. Charsom 10 Jahre zugeteilt: עשר שמש רבי אליעזר בן חרסום מ"ד א.

[3]) Jos. III, 15, 3. Κλαυδίου Ῥωμαίων ἄρχοντος Ἰσμαήλου δὲ παρ' ἡμῖν ἀρχιερέως ὄντος. καὶ λιμοῦ τὴν χώραν ἡμῶν καταλαβόντος. Es ist unzweifelhaft, daß Josephus von derselben Hungersnot spricht, wie das. XX, 5, 2, von der unter der Prokuratur des Tiberius Alexander während der Anwesenheit der Königin Helena, d. h. unter Claudius.

Note 19. Die Wahl- oder absetzbaren Hohenpriester.

fungiert. Nun berichtet aber Josephus ausdrücklich, daß Agrippa später, während Felix' alleiniger Prokuratur (53 bis 59), Jsmaël eingesetzt habe (o. S. 723) das muß also zum zweiten Male gewesen sein. In der Zwischenzeit muß der reiche Ananias oder Eleasar b. Charsom oder richtiger Ananias b. Eleasar fungiert haben. Josephus hat durch irgend ein Versehen die Ernennung dieser beiden Hohenpriester übergangen.

Die Aufeinanderfolge der Hohenpriester ließe sich genauer fixieren, wenn wenigstens die Amtsdauer der Prokuratoren, die von Agrippas I. Tode (44) bis zum Ausbruch der Revolution in Judäa (66) Rom und den Kaiser in Judäa vertreten haben, fixiert wäre. Allein man ist dabei ebenfalls nur auf Kombinationen angewiesen; daher werden die Amtsjahre einiger dieser Landpfleger verschieden gezählt. Die Kombination geht von dem chronologischen Konnex aus. Wenn Josephus ein Faktum chronologisch bestimmt und unmittelbar dabei von der Ernennung oder Absetzung eines Landpflegers oder eines Hohenpriesters erzählt, so wird diese als gleichzeitig gesetzt. Allzusicher ist aber diese Übertragung nicht; denn es bleibt fraglich, ob Josephus diese Gleichzeitigkeit beabsichtigt hat, und noch fraglicher, ob er, bei sich manche chronologische Irrtümer hat zuschulden kommen lassen, diese chronologische Aneihung zweier Tatsachen aus einer guten Quelle geschöpft oder sie nur kombiniert hat. Anderweitige Quellen für die chronologische Fixierung gibt es nur wenige, und eine, die für die Präzisierung der Amtsdauer zweier Prokuratoren gewöhnlich herangezogen wird, ist unlauter, ich meine die Apostelgeschichte. Es müssen daher anderweitige Datumsangaben hinzugezogen werden, um die chronologische Reihenfolge der Prokuratoren und damit auch der Hohenpriester zu präzisieren. Diese kritische Vergleichung stellt allerdings Josephus' Angabe in ein günstiges Licht.

Bekannt ist nur Anfang und Ende der zweiten Reihe der Prokuratoren. Der Erste in der Reihe, Cuspius Fadus, wurde nach dem Tode Agrippas I. mit der Verwaltung betraut, also etwa Sommer 44, und der letzte, Gessius Florus, hat nur zwei Jahre das Amt inne gehabt und verlor es beim Ausbruch der Revolution, Sommer 66 (Jos. Altert. XIX, 9, 2 und XX, 11, 1); also von 44 bis 64 in 20 Jahren sechs Prokuratoren, etwa 3 Jahre auf je einen. Die ersten beiden, Fadus und Tiberius Alexander haben das Amt nicht einmal so lange inne gehabt. Laut der Zusammenstellung bei Josephus (XX, 5, 2): Cumanus sei Alexanders Nachfolger geworden, und Herodes II sei im achten Jahre Claudius' gestorben, muß man wohl annehmen, daß Tiberius Alexander nur bis 48 fungiert hat. Fadus' Amtsentsetzung hing wohl mit der durch ihn verursachten Bewegung in Jerusalem wegen der Pontificalia zusammen. Fadus verlangte, daß die hohenpriesterlichen Gewänder, nach vollendetem Gebrauche bei der priesterlichen Handlung, der römischen Wache in der Antonia wieder überantwortet werden sollten, wie z. B. der Reihe nach den Prokuratoren. Die Aufregung wegen dieser Zumutung war aber in Jerusalem so groß, daß der Statthalter von Syrien, Cassius Longinus, selbst in der Hauptstadt eintraf, um einen etwaigen Aufstand niederzuschlagen (das. XV, 11, 4; XX, 1, 1). Dieser Vorfall ist jedenfalls 44 bis 45, nach Agrippas I. Tod, anzusetzen. Darauf entschied Claudius auf das Gesuch der judäischen Gesandten und auf Agrippas II. Verwendung zugunsten der Judäer, betraute damit Herodes II. und stellte darüber eine Urkunde aus. Diese Urkunde enthält mehrere Data, die aber nicht miteinander stimmen. Das sicherste Datum darin ist wohl Claudius' fünftes Tribunat, d. h.

das Jahr 45 (o. S. 361 f.). Also im Jahre 45 hat Claudius die Ernennung und Überwachung der Hohenpriester dem Landpfleger entzogen. Infolgedessen wird wohl Fabus wegen seiner Einmischung abberufen und Tiberius Alexander ernannt worden sein. Es ist daher zu vermuten, daß der erstere das Amt nur 44 bis 45 inne gehabt hat. Die übrigen drei oder vier Jahre 45 bis 48 kämen demnach auf den letzteren.

Seine Abberufung und Ersetzung durch Ventidius Cumanus hing wahrscheinlich mit Hofintriguen zusammen, die der Beleuchtung bedürfen. Tacitus erzählt ganz bestimmt, daß mit Cumanus zugleich Felix zum Prokurator über einen Teil des judäischen Gebietes eingesetzt worden sei (Annal. 12, 54): Atque interim Felix ... aemulo ad deterrima Venditio Cumano, cui pars provinciae habebatur, ita divisis, ut huic Galilaeorum natio, Felici Samaritae parerent, discordes olim, et tum contemptu regentium minus coercitis odiis. Die Vorgänge unter Cumanus heben sich in der Tat deutlicher ab, wenn man die Eifersüchtelei zweier Landpfleger gegen einander als Hintergrund ansieht. Zunächst muß aber Tacitus' Angabe berichtigt werden. Wenn die Provinz geteilt worden war, so kann nicht Cumanus Galiläa und Felix Samaria zugewiesen worden sein, sondern umgekehrt. Abgesehen davon, daß der erstere sonst die Verwaltung über zwei räumlich von einander entfernte und durch das seinem Nebenbuhler zugewiesene Verwaltungsgebiet noch mehr getrennte Landesteile gehabt haben müßte, ich sage: auch abgesehen von dieser Unwahrscheinlichkeit, zeigte sich in der Fehde und dem Prozeß zwischen Samaritanern und Galiläern unter Cumanus, daß dieser für die Samaritaner, Felix dagegen für die Galiläer Partei genommen hat. Josephus erzählt (jüd. Kr. II, 12, 4 bis 5), Cumanus sei bei der Klage der Judäer über den Mord einiger Galiläer durch Samaritaner untätig geblieben, er habe dagegen, als er vernommen, daß an den Samaritanern Repressalien geübt worden seien, sofort eine Cohorte aus Cäsarea gezogen, um den Samaritanern zu Hilfe zu eilen. Ja, er bewaffnete die Samaritaner zum Kampfe (Altert. XX, 6, 1): τούς τε Σαμαρείτας καθοπλίσας. Daraus geht mit Entschiedenheit hervor, daß Samaria zu Cumanus' Verwaltungsgebiete gehört hat, Galiläa dagegen ihm gleichgültig war. Wir können schon jetzt den Grund erraten. Tacitus muß also die Landesteile der Provinz Judäa mit einander verwechselt haben. Das Sachverhältnis erfordert vielmehr, daß wenn eine Teilung stattgefunden hat, die beiden Nachbarterritorien Judäa und Samaria verbunden geblieben und Cumanus zugeteilt, dagegen das im Norden gelegene Galiläa Felix zur Verwaltung überlassen worden waren. Auch Josephus scheint die Geteiltheit des Landes unter Cumanus anzudeuten. Er berichtet, scheinbar überflüssig, daß nach Cumanus' Sturz Felix zum Prokurator von Galiläa, Samaria und Peräa ernannt wurde (jüd. Kr. II, 12, 8) ἐπίτροπον Φήλικα.... τῆς τε Σαμαρείας καὶ Γαλιλαίας κτλ. Cumanus vor ihm muß also nicht sämtliche Teile verwaltet haben. In der Tat, das, was Josephus von den Vorgängen unter Cumanus erzählt, wird erst durch den bitteren Haß der beiden Landpfleger gegen einander erklärt. Tacitus bemerkt nämlich weiter: demzufolge, (d. h. infolge der Feindschaft Cumanus' und Felix' gegen einander) kamen Plünderungen gegen einander vor, Loslassen von Raubgesindel, Ränke, zuweilen auch Kämpfe, und die Beute wurde den Prokuratoren überbracht. Diese freuten sich anfangs darüber, bald aber wurden, bei zunehmender Verderbnis, da das römische Militär sich einmischte, Soldaten getötet. In der Provinz wäre ein Krieg entbrannt, wenn Ummidius Quadratus, Statthalter von Syrien,

Note 19. Die Wahl- oder absetzbaren Hohenpriester.

nicht dazwischen getreten wäre¹) [Anders Schürer I³, S. 570, vergl. bef. Anm. 14 daf.].

Also die Ermordung galiläischer Festreisender, und was daraus folgte, entstand durch die haßerfüllten Reibungen der beiden Landpfleger gegen einander. Der Klage über diesen Landfriedensbruch gab Cumanus kein Gehör. Natürlich. Er hat diese Überfälle gegen Galiläer, die zur Jurisdiktion seines Gegners gehörten, heimlich begünstigt. Darauf schritten die Galiläer zur Selbsthilfe und forderten den Zelotenführer Eleasar ben Dinai auf, gegen die Samaritaner zu ziehen. Diese wurden wieder von Cumanus aufgestachelt, „den Untertanen seines Gegners Schaden zuzufügen." Die Galiläer mit den Dinai (und Alexander) verbrannten einige Dörfer der Samaritaner an der Grenze von Akrabatene. Darauf bot Cumanus die römische Militärmacht auf, und es kam zum Kampfe, wobei, wenn auch die Judäer eine vollständige Niederlage erlitten, römische Soldaten, wie sich denken läßt, umgekommen sind. Das will eben Tacitus mit dem Passus sagen: quum arma militum interjecissent, caesi milites. Eben deswegen hat Quadratus, der die Streitsache untersuchte, die gefangenen Judäer (nach jüd. Kr. II, 12, 6 achtzehn an der Zahl) hinrichten lassen, weil er darin eine Auflehnung gegen die Majestät des römischen Staates erblickt hatte (nach Altert. XX, 6, 2 hat er sie kreuzigen lassen). Quadratus wollte aber die Verantwortlichkeit dieses erbitterten Prozesses nicht übernehmen und wies ihn an den Kaiser selbst. Warum? Weil es sich in letzter Instanz nicht um Galiläer und Samaritaner, sondern um die beiden einander feindlichen Prokuratoren handelte, und beide am Hofe Protektoren hatten. Cumanus mußte sich in Rom einstellen und zwar als Angeklagter. In dem Prozeß, zu dessen Entscheidung der Kaiser selbst eine Gerichtssitzung anberaumte, sollte also im Grunde entschieden werden, welcher von den beiden Landpflegern der moralische Urheber des Gemetzels und in weiterer Folge des Todes römischer Soldaten gewesen sei. Beide machten daher die größte Anstrengung, eine Entscheidung zu ihren Gunsten herbeizuführen. Für Cumanus und die Samaritaner arbeiteten einige Freigelassene des Kaisers, gegen sie Agrippina, die Kaiserin, auf Agrippas warme Verwendung (Jos. Altert. daf. 6, 3): σπουδὴ δὲ μεγίστη τῷ Κουμανῷ καὶ τοῖς Σαμαρίτων ἦν παρὰ τῶν Καίσαρος ἀπελευθέρων καὶ φίλων . . . Ἀγρίππας . . . ἐδεήθη πολλὰ τῆς τοῦ αὐτοκράτορος γυναικὸς Ἀγριππίνης . . . Die Freunde und Ratgeber Claudius' waren Narcissus, Pallas und noch andere. Hier erblicken wir eine Parteigruppierung am Hofe. Agrippina war mit Pallas eng verbunden, man bezichtigte sie geheimer unzüchtiger Verbindung (Tacitus und Dio Cassius); Pallas war Felix' Bruder. Agrippina und Pallas bemühten sich demnach für Felix' Freisprechung und Cumanus' Verurteilung, andere kaiserliche Libertini und Günstlinge für Cumanus. So stellt es auch Tacitus dar. Die ersteren trugen den Sieg davon; die Entscheidung fiel strenge aus. Cumanus wurde in die Verbannung geschickt (Tacitus und Josephus), die samaritanischen Gesandten wurden hingerichtet, und der Militärtribun Celer, welcher gewiß auf Cumanus' Geheiß gegen die Judäer gewütet hatte, wurde gefesselt nach Jerusalem geschickt und zum warnenden Beispiel öffentlich ent-

---

¹) Tacitus An. 12, 54: Igitur raptare inter se, immittere latronum globos, componere insidias, et aliquando proeliis congredi, spoliaque et praedas ad procuratores referre. Hique (Cumanus et Felix) primo laetari, mox gliscente pernicie, quum arma militum interjecissent, caesi milites. Arsissetque bello provincia, ni Quadratus, Syriae rector, subvenisset.

hauptet. Pallas hat also seine gegnerischen Mitgünstlinge ausgestochen, und dieser Sieg kam den Judäern zustatten. Felix wurde nicht bloß freigesprochen sondern auch zum **Landpfleger über ganz Judäa mit allen Teilen ernannt** — aber allerdings scheinbar auf Gesuch der judäischen Abgeordneten; so muß es zwischen der Kaiserin, Pallas und Agrippa abgemacht worden sein.

Versetzen wir uns an den Anfang zurück. Cumanus und Felix bewarben sich gleichzeitig um Palästina's Landpflegerschaft — sie muß sehr einträglich gewesen sein. Beide hatten ihre Protektoren, der letztere seinen eigenen Bruder Pallas, und Cumanus einen oder mehrere der übrigen Günstlinge des Kaisers, die später in dem Prozeß für ihn eintraten. Claudius' Schwäche wollte den einen nicht vor dem andern zurücksetzen, und so traf er die ausgleichende Entscheidung, daß die Provinz Judäa (wie sie Tacitus nennt) geteilt werde, wiewohl sie bis dahin geeint war und nur einem einzigen Prokurator unterstanden hatte. Die Ernennung beider erfolgte — nach Josephus' Andeutung — im Jahre 48. In diesem Jahre wurde Messalina umgebracht, und Agrippina begann ihre Intriguen spielen zu lassen, um Kaiserin zu werden. Am nachdrücklichsten unterstützte sie Pallas (Tacitus Annal. 12, 2). Es war Gegenstand des eigennützigsten Eifers unter Claudius' Freigelassenen, dem Kaiser eine neue Gemahlin und Beherrscherin zu geben (Tacitus das. 12, 1: Orto apud libertos certamine, quis deligeret uxorem Claudio). Pallas' und Agrippinas Schlauheit waren von Erfolg gekrönt. Pallas hat aber nicht uneigennützig geraten; er war, wie gesagt, mit Agrippina aufs innigste verbunden. Er wollte auch seinen Bruder zum Prokurator Palästinas befördert wissen, und Agrippa stand ihm darin kräftig bei. Sobald die Entscheidung getroffen war, daß zwei **Prokuratoren über Judäa** ernannt werden sollten, mußte Tiberius Alexander, der sämtliche Teile Judäas verwaltet hatte, abberufen werden. Man kann also annehmen, daß seine Amtsentsetzung und die Ernennung des Cumanus über Judäa und Samaria und des Felix über Galiläa nach Messalinas gewaltsamem Tode erfolgt ist, nach Herbst 48. Tiberius Alexander hat also von 45 bis Ende 48 fungiert.

Wie lange die beiden gegnerischen Prokuratoren gemeinschaftlich gewirtschaftet haben, ist von Josephus nur angedeutet. Er erzählt gewissermaßen als gleichzeitig: Claudius sandte Felix zum Verwalter von Judäa und beschenkte Agrippa mit Philipps Tetrarchie nach vollendetem 12. Jahre von Claudius' Regierung (im jüd. Kr. II, 12, 8 bemerkt er, daß Felix sämtliche Landesteile unterstellt wurden, d. h. daß sie wieder vereinigt waren). Wir haben gesehen, daß eine gemeinschaftliche Abmachung unter Agrippina, Pallas, dem König Agrippa und den judäischen Delegierten stattgefunden haben muß, Cumanus' Verurteilung durchzusetzen und Felix zum alleinigen Prokurator der Provinz Judäa ernennen zu lassen. Beides ging durch. Aber Agrippa durfte nicht leer ausgehen; auch er sollte belohnt werden, damit den Judäern eine Genugtuung mehr gegeben werde. Wenn es heißt: „Claudius hat beschenkt", so will es so viel sagen, als: „Agrippina hat es im Vereine mit Pallas durchgesetzt." Beide Tatsachen, Agrippas Belehnung mit der ansehnlichen Tetrarchie und dem Königstitel, und Felix' Ernennung zum alleinigen Prokurator, stehen demnach wohl in enger Verbindung. Sie sind beide von denselben leitenden Persönlichkeiten ausgegangen. Da nun Agrippa sicher diese Tetrarchie im Jahre 53 erhalten hat[1]), so ist wohl Felix' Ernennung gleichzeitig erfolgt.

---

[1]) Vgl. Monatsschrift Jahrg. 1877, S. 345 fg.

Note 19. Die Wahl- oder absetzbaren Hohenpriester.

Er ist demnach im Jahre 53 alleiniger Landpfleger geworden. Cumanus hat also nur bis dahin die Verwaltung inne gehabt, von 49 bis 53. Tacitus erzählt zwar Felix' Geschichte unter den Begebenheiten des Jahres 52. Aber das ist nur Schein. Er erzählt eigentlich nur von Pallas' Auszeichnung in diesem Jahre (12, 53) und knüpft daran die häßliche Geschichte seines Bruders Felix (daſ. 54): At non frater ejus, cognomento Felix, pari moderatione agebat. Diese und seine Reibungen mit Cumanus fallen früher, Cumanus' Verurteilung dagegen kann später erfolgt sein. Von Felix' Nachfolge spricht Tacitus an dieser Stelle gar nicht. Es kann also mit Wahrscheinlichkeit angenommen werden, daß Cumanus (gleichzeitig mit Felix) von 49 bis 53 fungiert und Felix die alleinige Prokuratur 53 erhalten hat.

Über die Amtsdauer dieses verworfenen Landpflegers gehen die Meinungen auseinander. Weil er und sein Nachfolger Festus in der Apostelgeschichte genannt werden, und die chronologische Bestimmung des Aufenthaltes des Apostels Paulus und seines Prozesses in Jerusalem, seiner Gefangenschaft und endlich seiner Ankunft in Rom davon abhängig ist, haben die Theologen diesen beiden Landpflegern außerordentlich viel Aufmerksamkeit geschenkt. Voluminöse Abhandlungen sind darüber verfaßt worden. Ganz besonders hat sich Wieseler angelegen sein lassen, diesen Punkt ins Licht zu setzen (Chronologie des apostolischen Zeitalters, in seinem Kommentar zum Galaterbrief, Exkurs und a. a. St.). Die modernen Bearbeiter der neutestamentlichen Zeitgeschichte Renan, Keim, Holtzmann, Hausrath, und die neueren Bearbeiter der Kaisergeschichte, Lehmann (Claudius und Nero) und Hermann Schiller, zogen selbstverständlich von neuem diesen chronologischen Kalkul in ihre Forschungen [Weitere Literatur bei Schürer I³, S. 577, Anm. 38]. Alle diese Forscher differieren aber von einander bezüglich Felix' Amtsdauer um 4 Jahre. Lehmann setzt das Ende derselben 58; andere gehen bis 61 hinab; die meisten jedoch nehmen das Jahr 60 an. Da Josephus keinerlei chronologische Andeutung darüber gibt, so sind alle diese Berechnungen nur Vermutungen. Schürer gesteht zwar aufrichtig ein (neutest. Zeitgesch. 308 N. [jetzt I³, 579]), daß eine sichere Berechnung der Zeit des Wechsels — Felix-Festus — leider nicht möglich sei; nichtsdestoweniger versucht auch er an der Hand der Apostelgeschichte das Jahr 60 für das Ende von Felix' und den Anfang von Festus' Verwaltung wahrscheinlich zu machen. Aber mit dieser Quelle ist nichts anzufangen; sie enthält nur Sagenhaftes und Tendenziöses über Paulus' letzte Anwesenheit in Jerusalem. Woher hätte der Verfasser der Apostelgeschichte das Geheimschreiben des Hauptmannes Lysias an Felix über Paulus (23, 26 ff.) bezogen? Paulus soll zwei Jahre unter Felix in Gefangenschaft in Cäsarea gehalten und erst von Festus nach Rom gesandt worden sein (24, 27; 27, 1 fg.)! So lange? Die Paulus in den Mund gelegte Anrede an Felix: „Dieweil ich weiß, daß du in diesem Volke viele Jahre ein Richter bist, will ich unerschrocken reden" (24, 10), ist historisch ebensowenig zu gebrauchen. Die Zeit von Paulus' letzter Reise nach Jerusalem ist kontrovers. Wir sind also bei der Fixierung von Felix' Prokuratur auf Josephus' Angabe allein angewiesen, und aus dieser ist ein sicheres Datum nicht herauszubringen.

Lehmanns Annahme, daß Felix bereits 58 abberufen worden sei, weil ein Bruder Pallas in diesem Jahre bei Nero in Ungnade gefallen sei (I, 38), ist nicht richtig, da nach Tacitus' Bericht diese Ungnade bereits im Jahre 55 erfolgt ist. Schillers Beweisführung von der Übersendung einiger gefangener Priester unter Felix nach Rom und deren Befreiung durch Josephus im

Jahre 63 ist auch nicht stichhaltig. Josephus erzählt nämlich, Felix habe wegen einer ganz unbedeutenden Sache einige mit Josephus befreundete Priester zur Verantwortung vor Nero nach Rom gesandt, und er sei nach seinem 26. Lebensjahre, also im Jahre 63, nach Rom gereist, um ihre Befreiung zu erwirken zumal als er erfahren hatte, daß sie aus Skrupulosität sich nur von Früchten genährt hätten und keine andere Speise hätten genießen mögen (Vita 3). Wenn, so folgert Schiller (a. a. O. S. 212 N.) gegen Lehmann, Felix im Jahre 58 seinen Posten verloren haben sollte, so müßten die genannten Priester mindestens in diesem Jahre nach Rom transportiert worden sein, und „es wäre doch mehr als sonderbar, wenn Josephus 5 bis 6 Jahre hätte verstreichen lassen, ehe er Schritte zu ihrer Befreiung getan. Seine Worte lassen vielmehr das Gegenteil vermuten, daß er von Anfang an ihre Befreiung im Auge hatte, und dies noch besonders rasch betrieb, als er von ihrer dürftigen Lebensweise Kunde erhielt. Eine solche Kunde brauchte aber keine 4 bis 5 Jahre." Aber diese Argumentation beweist zu viel. Diese Kunde hätte Josephus in einem einzigen Jahre erhalten können, und da er erst im Jahre 63 sich nach Rom zu ihrer Befreiung begab, so müßten sie spätestens im Jahre 62 von Felix transportiert worden, folglich dieser in diesem J. noch Prokurator gewesen sein. Aber bis zu diesem Jahre kann er ja tatsächlich nicht fungiert haben.

Mit diesen gefangenen Priestern muß es übrigens eine eigene Bewandtnis gehabt haben. Sie müssen jedenfalls wegen eines politischen Vergehens angeklagt worden sein; denn wegen einer Kleinigkeit hätte sie Felix nicht in Fesseln zur Verantwortung nach Rom geschickt. Josephus will offenbar dieses Vergehen bemänteln, wenn er angibt: διὰ μικρὰν καὶ τὴν τυχοῦσαν αἰτίαν. Vorauszusetzen ist, daß sie zu den streng Frommen oder zu den Gesetzeslehrern gehört haben, da sie außer Früchten von Heiden nichts genießen mochten: τῆς εἰς τὸ θεῖον εὐσεβείας. Hätten sie nun einen Akt der Rebellion begangen, so brauchte sie Felix nicht zur Rechtfertigung oder Bestrafung dem Kaiser zuzuschicken, sondern hätte sie vermöge seiner Vollmacht hinrichten lassen können. Sie müssen also als strenge Pharisäer in Äußerungen oder Vorträgen etwas ausgesprochen haben, was den Römern mißfällig schien. Möglich, daß sie messianische Hoffnungen rege gemacht haben. Wie dem auch sei, sie **galten als politische Delinquenten.** So war es gefährlich, sich für sie zu verwenden, um nicht in ihren Prozeß verwickelt zu werden. Josephus konnte es daher nicht eher wagen, einen Schritt zu ihrer Befreiung zu tun, als bis er erfahren hatte, daß **Poppäa Sabina** tatsächlich **Kaiserin geworden war, und daß sie eine Vorliebe für das Judentum hegte**[1]). Kaiserin ist Poppäa erst im Sommer 62 geworden, und erst als sie

---

[1]) Schiller bezweifelt Poppäas Proselytentum a. a. O. S. 583 N., aber mit Unrecht. Wenn man es aufs richtige Maß zurückführt, daß Poppäa allerdings nicht mit Ostentation judäische Proselytin gewesen, aber eine Art Hang zu judäischen Riten gehabt habe, so findet man Belege dafür. Warum hätte sie sich sonst für die gefangenen asketischen Priester verwendet? Warum hätte sie Josephus reich beschenkt, wenn nicht aus Vorliebe für Judentum und Judäer? Warum hat sie noch dazu die Petition der judäischen Gesandtschaft bezüglich des Tempels unterstützt, die doch eigentlich gegen das römische Interesse lief? Josephus hatte Audienz bei ihr, hat Worte mit ihr gewechselt. Wenn er also positiv aussagt: θεοσεβὴς γὰρ ἦν, daß Poppäa gottesfürchtig, d. h. Verehrerin des Gottes Israel, gewesen, so ist das Urteil aus eigener Erfahrung geflossen und darf nicht angezweifelt werden.

Note 19. Die Wahl= oder absetzbaren Hohenpriester. 733

festen Fuß im Palatium gefaßt hatte, mag sie, die Kluge, ihre Zuneigung zum Judentum haben durchblicken lassen. Vielleicht haben es nur eingeweihte Judäer in Rom gewußt und nach Jerusalem berichtet. Unter dem Schutz der Kaiserin konnte Josephus den Schritt wagen, sich für die wegen irgend einer für politisch verdächtig gehaltenen Äußerung oder Versammlung gefangenen Priester zu verwenden, deren Los ihm besonders nahe ging, als er erfahren hatte, daß sie sich aus übertriebener Religiosität im Kerker kasteiten. Da nun Poppäa erst Sommer 62 Kaiserin geworden war, so reiste Josephus bei Eintritt der für die Schiffahrt günstigen Jahreszeit 63 nach Rom. Also dieses Argument beweist weder für eine längere, noch für eine kürzere Amtsdauer des Prokurators Felix etwas.

Man muß also dem Datum seiner Abberufung von einer anderen Seite auf die Spur zu kommen suchen. Es ist durchaus sicher, daß die Umwandlung von Cäsarea Philippi in Neronias im Jahre 61 erfolgt sein muß, da das Datum der Münzen darauf hinweist[1]). Nun subsumiert Josephus [Altert XX, 9, 4] diese Tatsache unter die Begebenheiten unter dem Prokurator Albinus. Wir haben gefunden, daß seine Angaben von gleichzeitigen Tatsachen sich bewähren. Dieses Faktum fiel nun gar in Josephus' angehendes Mannesalter; er hatte also ganz sichere Kunde von der Zeit. Daraus ergibt sich der unanfechtbare Rückschluß, daß Albinus bereits im Jahre 61 Prokurator gewesen sein muß. Da nun vor ihm Festus fungiert hat, so kann Felix unmöglich bis zum Jahre 61 fungiert haben, ja nicht einmal bis zum Jahre 60, da doch ein Raum für Festus zwischen Felix und Albinus bleiben muß. Wir können also für den ersteren höchstens das Jahr 59 als Endtermin vindizieren. Dann könnte allenfalls Festus von 59 bis 61 die Verwaltung inne gehabt haben.

Das Datum 59 als Ende von Felix' Prokuratur könnte vielleicht auch noch von einer anderen Seite bestätigt werden. Josephus erzählt ausdrücklich, daß eine Gesandtschaft der Cäsareensischen Judäer sich nach Rom begeben habe, um Felix wegen seiner Bluttat in ihrer Stadt anzuklagen (Altert. XX, 8, 7—9). Daraus folgt, daß Felix wegen dieser Untat abberufen und Festus an seiner Stelle ernannt worden ist. Wer hat seinen Sturz herbeigeführt? Unter Claudius müssen wir bei allen Staatsaktionen darauf hinweisen: cherchez la femme. Felix wurde durch die Gunst Agrippinas ernannt, weil er der Bruder ihres Freundes war. Sie hat ihn wohl auch noch, nachdem Pallas in Ungnade gefallen war, gehalten. Aber im Frühjahr 59 ist Agrippina von ihrem eigenen Sohne ermordet worden. Damit fiel die letzte Stütze für Felix. Mit Agrippinas Tod ging für Poppäa die Glückssonne auf. Es kann nach Tacitus' Angaben nicht zweifelhaft bleiben, daß Poppäa ihren Buhlen Nero zum Muttermord aufgestachelt hat. Agrippina wurde im März 59 ermordet. Es war daher für Poppäa eine Kleinigkeit, Agrippinas Kreatur, Felix zu stürzen, sobald sie Kunde von dem Blutbad, der Plünderung und Einkerkerung der Judäer Cäsareas unter Felix' Teilnahme erhalten hatte. Hat sie doch auch Albinus gestürzt und Gessius Florus zum Landpfleger gemacht. So kann sie auch Felix' Sturz und Festus' Ernennung bewirkt haben. Als Felix abberufen worden war, wagten die Cäsareenser, Klage gegen ihn zu führen, vielleicht ebenfalls auf Poppäas Gunst rechnend. Allein hier kam das römische Interesse ins Spiel, welches erforderte, daß Cäsarea, gewissermaßen die römische Hauptstadt für Judäa, der

[1]) Monatsschr. Jahrg. 1877, S. 348 f. [Vgl. hierzu Schürer I³, S. 589 Anm. 7].

Garnisonsort der römischen Cohorten, den Rom treuen Heiden, und nicht den Judäern zur Verfügung stehe. Insofern hatte Felix in römischem Interesse gehandelt. Josephus sagt zwar, Pallas habe seinen Bruder gedeckt; das kann jedoch nicht richtig sein, da Pallas damals bereits in Ungnade war. Aber einer von den übrigen Staatslenkern und Neros Vormündern, damals noch Seneca und Sophronius Burrus, praefectus praetorio, mögen diesen Gesichtspunkt geltend gemacht haben. Josephus sagte, Neros Erzieher und Sekretär Burrus habe vom Kaiser ein für die Judäer Cäsareas ungünstiges Dekret erlangt. Da sich aber Nero wenig um Staatsgeschäfte zu kümmern pflegte, so mögen die Minister diesen Schulmeister nur gebraucht haben, um von Nero dieses Dekret zu erwirken. Seneca war ein abgesagter Feind des judäischen Geschlechtes; er nennt es [o. S. 402 N.] sceleratissima gens. Er hat wohl entschieden für die Zurücksetzung der Cäsareensischen Judäer gegen die Syrer heimlich gearbeitet. Poppäas Einfluß war damals noch nicht befestigt genug, um, wie später, selbst gegen das römische Interesse zugunsten der Judäer zu intervenieren. Sie hatte eben erst das Hindernis ihrer Verbindung mit Nero, die Kaiserin-Mutter, beseitigt. Ist Nero dafür gewonnen worden, die Gleichstellung der Cäsareensischen Judäer nicht anzuerkennen, sie vielmehr den Syrern gegenüber zurückzusetzen, so durfte Felix wegen seines in demselben Sinne geltend gemachten Verfahrens in Cäsarea eigentlich nicht verurteilt werden. Es zeigt sich auch hierin die Launenhaftigkeit der Neronischen Regierung. Felix wurde wegen seines Verfahrens in Cäsarea abgesetzt und doch nicht verurteilt. Felix' Abberufung scheint jedenfalls mit Agrippinas Tod und mit Poppäas Sieg über dieselbe in Zusammenhang zu stehen, und dieses Moment führt auf das Jahr 59. Bei der Ernennung der Prokuratoren Felix, Festus, Albinus und Florus waren die Weiber am Hofe hinter den Kulissen tätig.

Die Amtsdauer der drei letzten Prokuratoren ist nach den gewonnenen Resultaten leichter zu bestimmen. Festus ist wohl im Jahre 59 an Felix' Stelle nach Judäa gesandt worden. Da, wie wir (o. S. 733) gesehen haben, Albinus bereits im Jahre 61 fungiert haben muß, so fällt demnach Festus' Tod in dasselbe Jahr. Aus Josephus' Relation über das Auftreten des wahnsinnigen Weherufers Jesus b. Ananias (w. u.) unter Albinus zur Zeit des Hüttenfestes — 4 Jahr vor dem Ausbruch des Krieges, 7 Jahr 5 Monate vor der Zerstörung Jerusalems — geht nur hervor, daß Albinus im Jahre 62 oder 63 bereits Prokurator war (Schürer a. a. O. 310 N. [jetzt I³, 583, Anm. 47]), aber nicht, daß er erst damals sein Amt angetreten hat. Er ist wohl bereits 61 Prokurator geworden, eben nach Festus' Tod. Da Gessius Florus im Jahre 64 nach Judäa geschickt wurde, so hat demnach Albinus von 61 bis 64 fungiert.

Die Aufeinanderfolge der Prokuratoren gestaltet sich demnach chronologisch ganz anders, als sie Schürer (a. a. O. 384 [jetzt I³, 565 ff.]) und andere Historiker aufgestellt haben[1]):

1. Cuspius Fadus . . . . 44—45
2. Tiberius Alexander . . . . . 45—48
3. Cumanus über Judäa und Samaria
   und Felix über Galiläa . . . . 49—53
4. Felix allein über sämtliche Landesteile 53—59

---

[1]) Schillers Motivierung a. a. O. 386 ist nicht zutreffend und von Antipathie eingegeben.

Note 19. Die Wahl- oder absetzbaren Hohenpriester.

5. Festus	59—61
6. Albinus	61—64
7. Gessius Florus	64—66[1])

Mit der präziseren Einreihung der Prokuratoren in die Chronologie kann auch die Aufeinanderfolge der Hohenpriester während der letzten zwei Jahrzehnte, die Josephus noch mehr vernachlässigt hat, präziser bestimmt werden. Es ist bereits nachgewiesen worden, daß Josephus in dieser Zeit die Ein- und Absetzung einiger Hohenpriester übergangen hat (oben S. 723, 725). Es fehlen Ismaël b. Phiabi das erste Mal, ferner der wegen seines Reichtums einflußreiche Anania (oder Eleasar ben Charsom). Der erstere muß noch im Jahre 48 fungiert haben, während der großen Hungersnot und der Prokuratur des Tiberius Alexander. Der von Herodes II. eingesetzte Hohenpriester Anania b. Nebedai, welcher auf Joseph Kamit gefolgt war, kann also nicht 10 Jahre fungiert haben, sondern höchstens zwei Jahre. Ismaël fungierte also im Jahre 48. Wenn nun Agrippa, wie es scheint, in Felix' letztem Jahre (59) einen Hohenpriester namens Ismaël $\Phi\alpha\beta\epsilon\iota$ (richtiger $\tau\grave{o}\nu$ $\Phi\iota\alpha\beta\acute{\iota}$) [Altert. XX, 8, 8] einsetzt, so muß Agrippa diesen zum zweiten Male ernannt haben. In der Zwischenzeit muß also ein anderer fungiert haben. Nun erzählt Josephus, infolge der Fehden zwischen Galiläern und Samaritanern in Cumanus' letztem Jahre habe Ummidius Quadratus die Hohenpriester Jonathan, ferner Anania und den Sohn dieses letzteren, Anan, Tempelhauptmann, nach Rom gesendet (j. Kr. II, 12, 6: τοὺς ἀρχιερεῖς Ἰωνάθην καὶ Ἀνανίαν, τόν τε τούτου παῖδα Ἄνανον. In den Altert. (XX, 6, 2) hat Jos. seine Angabe berichtigt; er erzählt, daß Quadratus die Leute des Hohenpriesters Anania und den Hauptmann Anan nach Rom geschickt habe: τοὺς δὲ περὶ Ἀνανίαν τὸν ἀρχιερέα. Indessen muß Jonathan ebenfalls zur Gesandtschaft gehört haben, da Jos. selbst an anderer Stelle (das. 8, 5) erzählt, dieser Jonathan habe beim Kaiser petitioniert, Felix zum Prokurator zu ernennen. Aus der von Josephus selbst nachgetragenen Berichtigung ist also zu entnehmen, daß nicht der Hohepriester Anania nach Rom geschickt worden ist, sondern neben dem Hohenpriester Jonathan „die von Ananias Geschlecht". Daraus geht jedenfalls hervor, daß zur Zeit dieser Gesandtschaft, d. h. in Cumanus' letztem Jahre 53, entweder Jonathan oder Ananias Hoherpriester gewesen sein muß. Es scheint indessen, daß selten ein fungierender Hoherpriester Jerusalem verlassen hat, da er der Repräsentant des Tempels war. Wenn es einmal geschehen ist, so wurde sofort ein anderer an seiner Stelle ernannt. Vgl. weiter unten. Da Josephus bei dieser Gesandtschaft verschweigt, daß an Jonathans Stelle, der faktisch nach Rom gesandt wurde, ein anderer ernannt worden wäre, so scheint es, daß nicht dieser, sondern Anania damals als Hoherpriester fungiert hat. Es folgt wohl auch aus dem Umstande, daß sein Sohn Anan, der Tempelhauptmann, und noch einige seines Geschlechtes nach Rom geschickt worden sind. Anania muß also damals eine

---

[1]) Auch Maddens chronologische Berechnung der Prokuratoren stimmt nicht ganz (international numismata orient. II, p. 173, 187):

Fadus	44—46
T. Alexander	46—48
Cumanus	48—52
Felix	52—60
Festus	60—61
Albinus	62—64
Florus	64—66

offizielle Persönlichkeit gewesen sein. Es würde also daraus folgen, daß dieser Anania, der übermäßig Reiche, im Jahre 53 als Hoherpriester fungiert hat. Aber Jonathan muß wohl auch nicht lange vorher fungiert haben, da er zur Vertretung der Gesandtschaft ausgewählt worden ist. Dieser Jonathan mag der Sohn Anans gewesen sein, welcher früher unter Vitellius eingesetzt worden war. Wir könnten also nach Jsmaël b. Phiabi, welcher 48 fungiert hat, bis 53 zwei Hohepriester einschieben: Jonathan und Anania, den Reichen (Eleasar b. Charsom). In Felix' letztem Jahr, ungefähr gleichzeitig mit den Vorgangen in Cäsarea um 58—59, hat Agrippa II. Jsmaël ernannt (XX, 8, 8), d. h. hat ihn zum zweiten Male eingesetzt. Wenn vor ihm nicht noch ein anderer fungiert hat, so hätten wir zwischen Ende 48 bis 50 in 10 bis 11 Jahren jedenfalls vier Hohepriester, Jsmaël, Jonathan, Anania zum zweiten Male. So kämen auf jeden nicht viel über zwei Jahre Funktionsdauer.

Auf Jsmaël folgte Joseph Σίμωνος παῖς, ἐπικαλούμενος Καβί (XX, 8, 11), d. h. der Sohn des Simon Καμίθου (XVIII, 2, 2), aus der Familie קמחית, derselbe, welcher schon einmal vor Anania b. Nebedäi fungiert hat (XX, 5, 2 o. S. 726). Der Grund des Wechsels war, weil Jsmaël nach Rom als Gesandter gegangen war, um den Streit wegen der Errichtung einer hohen Blendmauer im Tempelvorhofe vor Nero zum Austrag zu bringen. Da der Hoherpriester nicht von Jerusalem abwesend sein durfte, so mußte ein anderer an seiner Stelle ernannt werden. Dieses ging während Festus' Amtsverwaltung vor, d. h. im Jahre 60. Denn ehe noch nach Festus' Tode Albinus eingetroffen war, ernannte Agrippa einen neuen Hohenpriester Anan b. Anan, eben den, der als Sadducäer auftrat (das. 9, 1), d. h. also im Jahre 61. Wegen Klagen über diesen sadducäischen Hohenpriester setzte ihn Agrippa nach dreimonatlicher Funktion ab und gab ihm Jesus b. Damnaï zum Nachfolger. Auch dieser begann also seine Funktion 61. Noch während Albinus' Verwaltung gab ihm Agrippa zum Nachfolger Jesus b. Gamala (Gamaliel, das. 9, 4) und zwar zur Zeit, als er Neronias erbaut hatte (61 bis 63). Der letzte Hoherpriester herodianischer Wahl, Matthias b. Theophil, wurde zur Zeit des Beginnes der Revolution ernannt (das. 9, 7): καθ᾽ ὅν καὶ ὁ πρὸς Ῥωμαίους πόλεμος ἔλαβε τὴν ἀρχήν (das.), d. h. 66. Folglich fungierten seine beiden Vorganger Jesus b. Damnaï und Jesus b. Gamala 61 bis 66, oder präziser von Ende 61 bis anfangs 66, also nur von 62 bis 65. Es kämen also auf jeden ungefähr 2 Jahre.

Die talmudischen Quellen haben einige wertvolle Traditionen bezüglich einiger Wahl-Hohepriester, welche Josephus' Relation ergänzen und erklären. Besonders interessant ist der Weheruf über vier hohepriesterlicher Familien, welche die Demoralisierung derselben unter der zweiten Reihe der Prokuratoren veranschaulicht. Dieser Weheruf wird tradiert Tossetta Menachot 13, 21 und b. Pessachim 57a mit einigen Varianten.

Tossefta I.	Talmud II.
על אלו ועל כיוצא בהן ועל הדומה להן ועל עושין כמעשיהן היה אבא שאול בן בטנית ואבא בן יוחנן איש ירושלים אומר: אוי לי מבית ביתוס אוי לי מאלהן, אוי לי מבית קדרוס (צ. קתרוס) אוי לי מקולמוסן אוי לי מבית אלחנן אוי לי כבית לחישתן אוי לי מבית אלישע אוי לי מאגרופן. אוי לי מבית ישמעאל בן פיאבי. שהד כהנים גדולים ובניהם גזברין וחתניהן אמרכלין ועבדיהן באין וחובטין עלינו במקלות.	עליהם ועל כיוצא בהן אמר אבא שאול בן בטנית משום אבא יוסף בן חנין אוי לי מבית ביתוס אוי לי מאלתן אוי לי מבית חנין אוי לי מלחישתן אוי לי מבית קתרוס אוי לי מקולמוסן: אוי לי מבית ישמעאל בן פיאבי אוי לי מאגרופן. שהם כהנים גדולים .... ועבדיהן חובטין את העם במקלות.

Note 19. Die Wahl- oder absetzbaren Hohenpriester.

Augenscheinlich ist der Text in II besser erhalten als in I; denn die hier gegeißelten 4 hohenpriesterlichen Familien sind auch aus Josephus bekannt. Boëthos, Chanin (Chanan, Anan), Katheras (Kantheras) und Phiabi. Folglich ist אלחנן verschrieben statt חנן. Der Passus מבית אלישע ist eine Art Dittographie oder Randglosse, und dasselbe wie מבית ישמעאל, da Elisa, der Vater des Gesetzlehrers Jsmaël aus der Priesterfamilie Jsmaël Phiabi stammte¹). — Kantheras wird in dieser drastischen Geißelung der ἀρχιερεῖς als eine eigene Familie bezeichnet neben den Boëthos. Josephus führt zwei aus diesem Hause auf: Simon und Elionaios. Er nennt aber den erstern Sohn des Boëthos, welcher mit seinen zwei Brüdern und seinem Vater die Würde inne gehabt hatte (Antiq. XIX, 6, 2): Σὺν τοῖς ἀδελφοῖς οὖν τὴν ἱερωσύνην ἔσχεν ὁ Σίμων (K) καὶ σὺν τῷ πατρί. Er meint damit den Stammvater Boëthos, aus dessen Familie Herodes die zweite Mariamne geheiratet hat. Den Vater dieser Frau nennt Josephus an 3 [nur an 2, und zwar nicht im 18. Buch der Altert.] Stellen Simon b. Boëthos (XV, 9, 3; XVII, 4, 2; XVIII, 5, 1). An der vierten Stelle, eben da, wo er von Simon Kantheras und seinen zwei hohenpriesterlichen Brüdern spricht [XIX, 6, 2], macht er sich des Widerspruches schuldig, als wenn die zweite Mariamne Tochter des Boëthos gewesen, und dieser Boëthos von Herodes zum Hohenpriester eingesetzt worden wäre. Als zwei Söhne des Boëthos nennt Josephus Joasar und Eleasar (XVII, 6, 4; 13, 1). An der ersten Stelle bezeichnet er Joasar als Bruder der Mariamne II., folglich Sohn Simon Boëthos'. Damit stimmt die Angabe an der zweiten Stelle, daß Joasar Sohn des Boëthos, d. h. Simon b. Boëthos und Bruder des Eleasar gewesen ist. Er bezeichnet also immer Simon Boëthos als Vater der Mariamne und nicht Boëthos. Also an 5 Stellen, wo er von diesem Hause spricht, gibt er genau an, daß der erste Hohepriester aus dem Hause Boëthos, oder der Vater der Mariamne, daß demzufolge der Stammvater Boëthos aus Alexandrien niemals Hoherpriester gewesen sei. Folglich ist die Angabe in der Stelle von Simon Kantheras, wo er von dem Hohenpriestertum des Vaters und dreier Söhne spricht, eine Konfusion. Außerdem leidet diese Genealogie an einem noch andern argen Widerspruch. Soll Boëthos Hoherpriester mit seinen drei Söhnen gewesen sein, so hätten zwei derselben den Namen Simon geführt, nämlich Simon unter Herodes und Simon Kantheras unter Agrippa II., und es hätte eigentlich vier Söhne des Boëthos gegeben, zwei Simon, Joasar und Eleasar.

Die Genealogie des Hauses Boëthos in XIX, 6, 2 ist daher als widerspruchsvoll wertlos. Der Stammvater Boëthos war nicht Hoherpriester, sondern sein Sohn Simon, dessen Tochter Mariamne II. war. Seine beiden Söhne waren ebenfalls Hohepriester: Joasar und Eleasar. Simon Kantheras dagegen stammte nicht aus dem Hause Boëthos, sondern bildete eine eigene Hohepriesterfamilie Kantheras, wie in den talmudischen Quellen angeführt wird, neben dem Hause Boëthos.

Von den beiden Familien hat die des Boëthos 3 Hohepriester gestellt (zur Zeit des Herodes und Archelaus), die des Kantheras 2. — Das Haus Anan dagegen hat 6 Hohepriester geliefert. Bei Gelegenheit der Wahl des sadducäischen Hohenpriesters Anan b. Anan bemerkt Josephus (XX, 9, 1), daß Anan der Vater mit seinen fünf Söhnen die Würde inne gehabt habe:

---

¹) Dieselbe Verwechselung kommt auch vor Keritot 28 b: אלישמ (אלישע) statt ישמעאל in der Parallel-Stelle.

τοῦτον δέ φασι τὸν πρεσβύτατον Ἄνανον εὐτυχέστατον γενέσθαι. πέντε γὰρ ἔσχε παῖδας, καὶ τούτους πάντας συνέβη ἀρχιερατεῦσαι ... αὐτὸς πρότερος τῆς τιμῆς ἐπὶ πλεῖστον ἀπολαύσας. . . Diese 5 Söhne waren: 1) Eleasar τοῦ Ἀνάνου, 2) Jonathan Ἀνάνου τοῦ ἀρχιερέως, 3) sein Bruder Theophilos, 4) Matthias, ebenfalls ein Bruder, und endlich 5) Anan b. Anan. Da es sonst keinen anderen Hohenpriester Namens Anan gegeben hat als Ἄνανος τοῦ Σεθ, welchen Quirinius nach Amtsentsetzung des Boëthiben Joasar eingesetzt hat (XVIII, 2, 1), so war dieser Anan ben Seth Stammvater der fünf Söhne des Hauses Anan. — Der griechische Name Theophilos unter den Ananiden weist ebenso auf einen Auswärtigen hin wie Boëthos. Nun gab es zwei Hohepriester, deren Vater Theophilos hieß, Matthia b. Theophilos I. zur Zeit des Herodes und Matthia b. Theophilos zur Zeit des Aufstandes. Den letzteren bezeichnet Josephus als zum Hause des Boëthos gehörig (j. Kr. V, 13, 1) Ματθίαν ... Βοηθοῦ παῖς ἦν ἐκ τῶν ἀρχιερέων. Stammte dieser aus dem Hause Boëthos, so vielleicht auch der gleichnamige Matthia b. Theophilos. Wenn diese Annahme richtig ist, so gehörten auch die Ananiden zum Hause Boëthos. Dafür spräche auch der Umstand, daß der Weberufer auch über das Haus Boëthos seine Klage erhebt, als dessen letzte Glieder doch Eleasar und Joasar nicht lange nach Herodes' Tode abgesetzt waren (o. S. 736 f.), daß es also zur Zeit der Tempelzerstörung erloschen wäre, wenn nicht angenommen wird, daß die Linie Theophilos es bis zu Ende fortgesetzt hätte.

Neben den Familien Boëthos, Anan und Kantheras hat der Weberufer auch das Haus Phiabi der Verworfenheit geziehen. Es betrifft Ismaël b. Phiabi II., der zweimal zuletzt Hoherpriester war. Dagegen der ältere, welcher unter den ersten Prokuratoren fungiert hat, muß ein edler Hoherpriester gewesen sein; denn im Talmud wird seiner mit Lob gedacht[1]).

Das Haus Kamit, welches drei Hohepriester gestellt hat, ließ der Weberufer unangefochten, ein Beweis, daß es nicht den übrigen an Demoralisation gleichkam. Der Name dieses Hauses ist in Josephus vielfach verschrieben. In Altert. XVIII, 2, 2 richtig Simon τοῦ Καμίθου, das. XX, 5, 2 Joseph τοῦ Καμοιδί (Var. Κεμεδί, Καμύδη, Κεμεδῆ) und derselbe (das. 1, 3) τοῦ Καμεί (V. Καμνί), das. 8, 11 Joseph, Sohn Simons τοῦ Καβί, wo es offenbar Kamith oder Kamid lauten soll. Den richtigen Namen gibt die talmudische Tradition קמחית, d. h. Kamith (vgl. w. u).

Die Charakterisierung der ungebührlichen Handlungsweise jedes einzelnen der vier hohenpriesterlichen Häuser und die Tatsache, daß sie sämtlich das Volk mit Stöcken schlagen ließen, beweisen die volle Geschichtlichkeit der Relation von dem Weberufer. Die zuletzt genannte Tatsache bezeugt auch Josephus, daß die Sklaven der Hohenpriester mit Gewalt die Zehnten für sich aus der Tenne eintrieben und die Widersetzlichen mit Schlägen zu traktieren pflegten (Altert. XX, 9, 2).

Die Persönlichkeit dieses Weberufers läßt sich vielleicht noch eruieren. Er muß jedenfalls kurz vor dem Ausbruch des Krieges gelebt haben. Wenn die L. A. in der Tossefta richtig ist, hat er selbst die Mißhandlungen mit angesehen, welche von den Sklaven der Hohenpriester gegen das Volk ausgeübt wurden: וחובטין עלינו במקלות. Er zog auch das Haus Phiabi in seinen Weberuf und meinte damit Ismaël b. Phiabi, der um 58—59 fungiert hat. Die L.A. in I: אבא

---

[1]) Pessachim 56a; Keritot 28b: צוחה צוחה העזרה שאו שערים ראשיכם ויכנס ישמעאל בן פיאבי (l. פיאבי) תלמידו של פנחס וישמש בכהונה גדולה.

שאול בן בטנית ואבא יוסי בן יוחנן איש ירושלם אומר אוי לי... ist verdächtig. Das Wehe kann nur einer ausgerufen haben, und dann ist יוסי בן יוחנן איש ירושלם eine Verwechselung mit einem älteren dieses Namens, dem Zeitgenossen von Jose b. Joeser (B. II, 2, 274). Richtig erscheint daher die L.-A. in II: אמר אבא שאול משום אבא יוסף בן חנין. Der erstere, Abba Saul, welcher noch nach der Tempelzerstörung gelebt hat, überlieferte den Weheruf im Namen eines **Abba Joseph b. Chanin oder Chanan**. Irre ich nicht, so berichtet auch Josephus etwas von diesem Weherufer.

Dieser erzählt nämlich, daß das schrecklichste Vorzeichen für den Untergang Jerusalems das gewesen sei, daß ein schlichter Mann vier Jahre vor dem Ausbruche des Krieges hintereinander 7 Jahre und vier Monate an den Hauptfeste Wehe über Jerusalem, den Tempel und das Volk gerufen habe: „Aἴ, αἴ Ἱεροσαλήμοις" (jüd. Kr. VI, 5, 3). Die Zeit des Beginnes wäre also 63. Den Namen dieses Weherufers nennt Josephus Ἰησοῦς τις υἱὸς Ἀνανίου τῶν ἰδιωτῶν ἄγροικος. Sollte es zwei Weherufer zur selben Zeit in Jerusalem gegeben und beider Vater Anan geheißen haben? Augenscheinlich ist der Jesus b. Anan bei Josephus und Joseph b. Anan im Talmud ein und derselbe. Leicht kann Joseph oder Jose mit Jesus, יוסי mit ישוע, von einem oder dem andern verwechselt worden sein. War derjenige, welcher über Jerusalem Wehe gerufen, derselbe, welcher über die Hohenpriester-Familien Wehe gerufen, dann ist es erklärlich, daß, wie Josephus erzählt, die Vornehmen ihn zum Prokurator Albinus geführt und dieser ihn habe geißeln lassen. Was ging eigentlich die Römer das Weherufen über Jerusalem an? Wenn aber der Weherufer die Hohenpriester-Häuser und ihr Treiben gebrandmarkt hat, dann ist es erklärlich, daß diese ein Interesse daran hatten, ihn stumm zu machen. Erstaunlich wäre nur in der Erzählung die Unempfindlichkeit des Weherufers gegen die Schläge und Schmerzen. Aber davon war Josephus nicht Augenzeuge; denn als dieser Jesus b. Anan und Jose b. Anan zum ersten Male seinen Weheruf erhob (63), war der Geschichtsschreiber in Rom. Er kannte also nur den Vorgang vom Hörensagen und zwar mit Übertreibung. Auch das letzte Weherufen des Mannes über sich selbst und seinen Tod während der Belagerung hörte Josephus nicht mit eigenen Ohren; denn damals war er im Lager der Römer. Er vernahm dessen letztes Ende nur von Überläufern. Dagegen ist die Tradition von dem Weheruf über die Hohenpriester authentisch überliefert von Abba-Saul I., dem Sohne der Batanäerin (בן בטנית), welcher den Tempeluntergang überlebt hat.

Einzelne Notizen über die Wahl-Hohenpriester, welche der Talmud erhalten hat, ergänzen Josephus' Nachricht über dieselben.

I. Matthia b. Theophil I.

Josephus erzählt (Altert. XVII, 6, 4), daß während der Funktion dieses Hohenpriesters unter Herodes ein Verwandter desselben am Versöhnungstage an seiner Stelle habe eintreten müssen, weil er selbst in der Nacht des Versöhnungstages eine Verunreinigung durch Pollution erfahren habe. Der ihn vertretende Hohepriester hieß Joseph, Sohn des Ellemos. Merkwürdigerweise hat sich dieser geringfügige Vorfall in der talmudischen Tradition mit näheren Umständen erhalten. Es wird erzählt: **Joseph, Sohn Ellemos'** aus **Sepphoris**, habe den Hohenpriester vertreten müssen, weil dieser verunreinigt war. Er habe den König befragt, auf wessen Kosten die bem Hohenpriester für diesen Tag obliegenden Opfer dargebracht werden sollten, und der König habe darauf erwidert: er möge sich mit der Ehre begnügen, wenn auch nur einmal, im Allerheiligsten fungiert zu haben[1]). Aus dieser Antwort habe Joseph b. Ellem entnommen, daß er nie zur Hohenpriesterwürde gelangen werde[2]). Erhalten hat sich die Tradition von diesem im ganzen geringfügigen Faktum, weil es seit der Zeit stehender Brauch wurde, den zweiten nach dem Hohenpriester im Range, den Segân, ebenso zur Funktion für den Versöhnungstag sieben Tage vorzubereiten, wie den fungierenden Hohenpriester[3]), um einen untadelhaft levitisch Reinen für den Kultus des wichtigen Tages bereit zu haben.

Charakteristisch für diese Zeit ist der in den Talmuden tradierte Dialog zwischen diesem Joseph b. Ellem und dem Könige, der, wenn auch nicht stenographisch treu, doch dem Hauptinhalt nach historisch sein kann. Der König, der mit ihm redend eingeführt wird, war Herodes, unter welchem eben die Vertretung stattgefunden hat. Ihm deutete Joseph b. Ellem an, daß er, da er einmal fungiert habe, Hoherpriester bleiben möchte. Herodes, der den Wink versteht, deutet ihm aber an, daß er sich mit diesem einen Male begnügen müsse. Daraus entnahm Joseph, er werde nie zum Hohenpriester ernannt werden. Daran erkennen wir den ehrgeizigen Zug dieser hohenpriesterlichen Emporkömmlinge. Joseph b. Ellem hat kein Bedenken getragen, seinen Verwandten aus der Würde verdrängen zu wollen. Diesen Ehrgeiz hat Herodes, selbst Parvenu, geweckt und genährt.

II. Simon b. Kamitos.

Die talmudische Literatur hat noch eine Tradition von einem anderen der absetzbaren Hohenpriester erhalten, die, um historisch verwertet zu werden, erst rektifiziert werden muß. Sie ist an mehreren Stellen enthalten:

Tossefta Joma IV, 20:	Jerusch. an ders. Stelle:	Babli Joma p. 47a:	Midrasch zu Leviticus 20:
מעשה בישמעאל בן קמחית שיצא לדבר עם המלך ערבי וניחוה	מעשה בשמעון בן קמחית שיצא לדבר עם (לטייל Var.)	(a) אמרו עליו על ר' ישמעאל בן קמחית פעם אחת יצא וספר עם.	מעשה בשמעון בן קמחית שיצא לדבר עם המלך הערבי וכו'.

[1]) Vgl. dazu die Äußerung des Hohenpriesters Jonathan (das. XIX, 6, 4): Ἅπαξ δ' ἐνδὺς στολισμὸν ἱερὸν ἀρκοῦμαι.

[2]) An drei Stellen kommt diese Erzählung vor, aber nicht ganz korrekt:

Tossefta Joma I, 4:	Jeruschalmi Joma II, p. 38 d, Megilla I, p. 72 a, Horajot III, 47 d:	Babli Joma p. 12 b:
אמר ר' יוסי מעשה ביוסף בן אולם מצפורי ששמש כהן גדול שעה אחת . . כשיצא אמר לו המלך פר ושעיר שקרבו היום משלמי היה ? משלי או משל כהן גדול . ידע המלך מה אמר לו . אמר מה זה בן אולם ? לא דייך ששמשת חחת כהן גדול שעה . ואתה מבקש ליטול לך כהונה גדולה? באותה שעה ידל בן אולם שהוסע מן הכהונה.	מעשה בבן אילם מצפורין שאירע קרי לכהן גדול ביום הכיפורים ונכנס בן אילם ושמש תחתיו בכהונה גדולה. וכשיצא אמר למלך . . . פר ושעיר של י"כ משלי הן קריבין, או משל כהן גדול? וידע המלך מה הוא שואל . אמר לו: בן אילם אילו לא דייך אלא ששמשת שעה אחת . . ויודע בן אילם שהוסע מכהונה גדולה.	אמר ר' יוסי מעשה ביוסף בן אילם בצפורים שאירע בו פסול בכהן גדול ומינוהו תחתיו.

Die L.-A. im jerusalemischen Talmud ist die korrekteste, nämlich בן אילם, was dem υἱὸς Ἑλλήνων entspricht, und אמר לו למלך statt אמר לו המלך.

[3]) Tossefta das. ר' חנניה בן גמליאל אומר: לכך הסגן מכונה שאם יארע בו פסול ישמש תחתיו.

Note 19. II. Simon b. Kamitos.

צינורא מפיו ונפלה לו על בגדיו ונכנס אחיו ושמש בכהונה גדולה תחתיו וראתה אמן של אלו שני בניה כהנים גדולים ביום אחד.	המלך ערב יום הכפורים ונתזה צינורה של רוק מפיו על בגדיו וטמאתו . ונכנס יהודה אחיו ושמש תחתיו בכהונה גדולה . וראתה אמן שני בניה כהנים גדולים ביום אחד.	ערבי אחד בשוק וניתזה צינורה מפיו על בגדיו ונכנס יש ב ב אחיו ושמש תחתיו וראתה אמן ב' כהנים גדולים ביום אחד. b) שוב אמרו עליו על ר' ישמעאל ב' ק'. פעם אחת יצא וסיפר עם אדון אחד בשוק ונתזה ... ונכנס יוסף אחיו וכו'.	Tanchuma daf. מעשה בשמעון בן קמחית שיצא לדבר עם המלך של ערביים וכו'. Abot di R. Nathan c. 35: ישמעאל בן קמחית שיצא להסיח עם הגמון אחד.

In allen diesen Quellen ist von einer und derselben Begebenheit und einer und derselben Person die Rede. קמחית ist der Familienname dreier Hoherpriester (o. S. 738). Diese drei waren Simon Kamitos unter dem Prokurator Valerius Gratus (17—18 nachchr. Zeit), Joseph Kamitos unter Herodes von Chalkis und Joseph Kamitos II. (τοῦ Σίμωνος), d. h Sohn des ersten, unter Agrippa II. Da es keinen Ismaël Kamitos, sondern nur einen Simon und zwei Joseph gegeben hat, so ist die L.-A. שפעון בן קמחית richtiger und auch die L.-A. יוסף אחיו richtig (statt יהודה oder ישבב, wenn dieser Name nicht etwa dem Ἰώσηπος entspricht). Die L.-A. ערבי oder gar של ערביים מלך, als wenn dieser Hohepriester eine Unterredung mit einem arabischen Könige gehabt hätte, ist eine Korruptel statt ערב יו הכפורים. Auch von einem Könige überhaupt kann nicht die Rede sein, sondern, wie zwei Quellen haben, אדון oder עם הגמון; vielleicht ist die L.-A. entstanden aus ... של מלך. Dieser "Hegemon" kann sehr leicht ermittelt werden; da Simon Kamitos von Valerius Gratus eingesetzt wurde und nicht länger als ein Jahr fungiert hat (Josephus Altert. XVIII, 2, 2), so kann es nur dieser von Tiberius beorderte Landpfleger gewesen sein, mit dem der Hohepriester am Vorabende des Versöhnungstages eine Unterredung hatte, und durch dessen Speichel er sich so sehr verunreinigt glaubte, daß sein Bruder ihn in den Funktionen am Versöhnungstage vertreten mußte. Was hatte der Hohepriester mit dem römischen Landpfleger am Rüsttag des Versöhnungstages zu verhandeln? Sieben Tage vor diesem heiligsten Feste mußte jeder Hohepriester in Abgeschiedenheit von jedem Verkehr in einer Halle des Tempels zubringen und sich Lustrationen unterziehen. Er durfte also während der Zeit und noch weniger am Vorabend des Festes ausgehen. Es kann also keine geringe Sache gewesen sein, welche diesen Simon Kamit veranlaßt hat, die Klausur des Tempels zu verlassen und sich am Rüsttage zum Prokurator zu begeben, um mit ihm eine Unterredung zu halten.

Von Härten und Chikanen, welche Valerius Gratus gegen die Judäer ausgeübt haben sollte, die der Hohepriester etwa hätte abwenden wollen, ist nichts bekannt. Erst sein Nachfolger Pontius Pilatus hat das System der Trakasserien und Beraubungen in Judäa eingeführt. Nun berichtet Tacitus gerade aus dieser Zeit, daß die Provinzen Syrien und Judäa von der Steuerlast sich so sehr bedrückt fühlten, daß sie um Erleichterung zu petitionieren wagten[1]). Ein Gesuch der Art an den Kaiser mußte zunächst beim Landpfleger

---

[1]) Tacitus Annales II, 42: Et provinciae, Syria atque Judaea, fessae oneribus, diminutionem tributi orabant.

angebracht werden, wenn es Erfolg haben sollte. War Valerius Gratus nach Jerusalem gekommen — und anwesend muß er nach der Relation gewesen sein — so war es bringlich, daß der Hohepriester, als Vertreter des Volkes, ihm die Aufwartung machte und ihn um seine Vermittelung für das Gesuch um Steuerverminderung anging. So kann es gekommen sein, daß der Hohepriester Simon Kamit am Rüsttage des Versöhnungstages die Klausur im Tempel verlassen und eine Unterredung mit dem Landpfleger gehabt hat.

III. Simon Kantheras.

Über den stets mit dem Epitheton ornans הצדיק zubenannten Hohenpriester Simon herrscht in der talmudischen Literatur eine so arge Konfusion, daß sie die Nachrichten über ihn historisch wertlos macht. Aber diese Konfusion läßt sich leicht lichten, und dadurch erlangen die Quellenangaben einigermaßen historische Bedeutung. Die Talmude nennen einen Hohenpriester Simon „den Gerechten", welcher Alexander dem Großen entgegengezogen, und dessen Sohn der Erbauer des Oniastempels in Ägypten gewesen sei[1]). Es ist derselbe, den auch Josephus Σίμων ὁ δίκαιος nennt, ein Sohn Onias' I.[2]). Dieser Simon der Gerechte lebte also im Beginne der macedonischen Herrschaft. Nun nennt aber die talmudische Literatur einen Hohenpriester „Simon den Gerechten", welcher zur Zeit des Caligula gelebt und eine Stimme vernommen haben soll, daß dieser Kaiser umgekommen und sein Dekret (eine Bildsäule in den Tempel zu stellen) dadurch vereitelt sei[3]). Der in den Quellen genannte גייס גולקים, zusammengezogen נסקלגוס, korrumpiert קסגלגס, ist kein anderer als Cajus Caligula. Hat nun ein Simon der Gerechte zur Zeit dieses Kaisers als Hoherpriester fungiert, so kann es doch nicht jener ältere Simon justus gewesen sein. Sollten die talmudischen Quellen sich einen solchen Anachronismus von mehr als drei Jahrhunderten haben zu Schulden kommen lassen? Allerdings scheint es so auf den ersten Blick. Denn sowohl in jerus. Joma 43 c d, wie in Babli Menachot 109b, wo von einem Hohenpriester die Rede ist, welcher nicht lange vor der Tempelzerstörung gelebt habe, und nach dessen Tode das Aufhören der Gnadenzeichen als Vorbote des Unterganges, eingetroffen sei, wird hinzugefügt, daß dessen Nachkommen den Bau des Oniastempels veranlaßt haben.

Jeruschalmi:	Babli:
ארבעים שנה שמש שמעון הצדיק את ישראל בכהונה גדולה ובשנה האחרונה אמר להן: בשנה זו אני מת. אמרו לו לכי נמנא אחריך? אמר להן: הרי נחוניון בני לפניכם ... ברח לאלכסנדריא ועמד ובנה שם מזבח.	אותה שנה שמת שמעון הצדיק אמר להן שנה זו הוא מת אמרו לו מנין אתה יודע? אמר להם כל יום הכפורים נזדמן לי זקן אחד לבוש לבנים ... שנה זו נזדמן לי זקן אחד לבוש שחורים . לאחר הרגל חלה שבעת ימים ומת ונמנעו אחיו הכהנים מלברך בשם . בשעת פטירתו אמר להם חוניו בני ישתמש תחתי .. הלך לאלכסנדריא של מצרים ובנה שם מזבח.

[1]) Jona 69a, Megillat Ta'anit IX, 2.
[2]) Altertümer XII, 2, 5.
[3]) Tossefta Sota XIII, 6: שמעון הצדיק שמע בטילת עבידתא דיאמר סנאה להיתיה להיכלא ונהרג קסגלגס ובטלו גזירותיו ובלשון ארמי שמען. In den Parallelstellen Babli Sota 33a, Jerusch., das. 24b Midrasch Canticum zu 8, 9 und Megillat Ta'anit IX ist noch angegeben מבית קדש הקדשים, daß dieser Simon die Stimme aus dem Allerheiligsten vernommen, d. h. während seiner Funktion in demselben. Folglich wird er als Hoherpriester bezeichnet.

Note 19. III. Simon Kantheras.

Allerdings von einer gewissen chronologischen Konfusion sind die Quellen nicht frei zu sprechen, namentlich die beiden genannten — nicht aber die Tossefta — aber Veranlassung muß dazu die Verwechselung zweier Hoherpriester, denen beiden das Epitheton ornans הצדיק beigelegt worden war, gegeben haben. Die Quellen geben ganz bestimmt und richtig an, daß einige Jahrzehnte vor der Tempelzerstörung ein Hoherpriester fungiert hat, der ebenso benannt war, wie der unter der macedonischen Herrschaft also genannte Simon justus.

In den beiden Talmuden ist nämlich angegeben, daß 40 Jahre vor der Tempelzerstörung gewisse Gnadenzeichen aufgehört haben und ein ungünstiges Omen sich ereignet habe, das mit R. Jochanan b. Sakkaï in Verbindung gebracht wird. Dieses Aufhören der Gnadenzeichen wird auf die Zeit nach dem Todesjahr des Hohenpriesters Simon des Gerechten zurückgeführt. Nun können ja die talmudischen Tradenten unmöglich so bodenlos verworren in der Chronologie gewesen sein, daß sie den älteren Simon justus vor der Makkabäerepoche und R. Jochanan b. Sakkaï, den sie selbst zur Zeit der Tempelzerstörung leben lassen, als Zeitgenossen angesehen haben sollten! Stellen wir die Notizen parallel zusammen, so wird sich das Richtige ergeben:

1) Jeruschalmi a. a. O.:	Babli Joma p. 39 b:
חני ארבעים שנה עד שלא חרב בית המקדש היה נר מערבי כבה, ולשונו של זהורית מאדים, וגורל של שם עולה בשמאל והיה נועלין דלתות ההיכל מבערב ומשכימין ומוצאין אותן פתוחין. אמר לו ר' יוחנן בן זכי: היכל! למה אתה מבהילנו? יודעין אנו שסופך ליחרב...	תנו רבנן ארבעים שנה קודם חורבן הבית לא היה גורל עולה בימין, ולא היה לשונו של זהורית מלבין, ולא היה נר מערבי דולק, והיו דלתות ההיכל נפתחות מאליהן עד שגער בהן ר' יוחנן בן זכאי אמר לו: היכל, היכל! מפני מה מבעית עצמך? יודע אני בך שסופך עתיד ליחרב.

Hier wird also das Unterbleiben der Gnadenzeichen und das Aufspringen der Tempelpforte 40 Jahre vor die Tempelzerstörung und in die Zeit R. Jochanan b. Sakkaïs gesetzt. Voraufgehend werden im Jerusch., in der Tossefta und auch im Babli ungünstige Omina für den Untergang mit Simon des Gerechten Tod in Verbindung gebracht, teils die hier genannten und teils andere:

2) Tossefta Sota XIII, 7:	3) Jeruschalmi das. babli das. 39 a:
כל זמן שׁשמעון הצדיק קיים היה נר מערבי תדיר. משמת כבה פעמים דולק מיכן ואילך פעמים כבה ושׁכבה... משמת... תש כוחה של מערכה משמת... נסתלקה הברכה.	כל ימים שהיה שמעון הצדיק קיים היה גורל של שם עלה בימינו מכאן ואילך פעמים עולה בימין ופעמים עולה בשמאל. משמת... (נר מערבי) פעמים דולק פעמים כבה... משמת... (לשון של זהורית) פעמים מלבין פעמים אינו מלבין... משמת... פעמים מתגבר פעמים אינו מתגבר אש של מערכה... משמת... נשתלחה ברכה...

Dieser Konfusion kann nur ein Mißverständnis zugrunde liegen. Wie gesagt, die Tossefta gibt keine Veranlassung zur Annahme, daß ihr Tradent den anachronistischen Schnitzer begangen hätte, diesen Simon den Gerechten, nach dessen Tod der Tempeluntergang durch gewisse Vorzeichen geahnt wurde, mit jenem Simon dem Gerechten zu identifizieren, dessen Nachkomme den Oniastempel erbaut hat. Es muß also zwei Hoherpriester mit dem Namen שׁמעון הצדיק gegeben haben, und es braucht nur ein Hoherpriester Simon ermittelt zu werden, der nicht lange vor der Tempelzerstörung gelebt und den Beinamen „der Gerechte" oder „der Fromme" verdient hat.

Josephus hebt hervor, wie fromm und demütig das Betragen des Königs Agrippa I. gewesen ist, nachdem er nach dem schmählichen Tode des Kaisers Caligula und nach Claudius' Regierungsantritt nach Judäa als König zurückgekehrt war. Darauf fährt er fort: „Da also Agrippa Gott ganz besonders verehrte, entsetzte er den Theophil, Sohn des Anan, der Hohenpriesterwürde, und übertrug die Ehre derselben dem **Simon, Sohn des Boëthos, welcher den Beinamen führte Kantheras**"[1]). Über die angebliche Abstammung dieses Hohenpriesters von Boëthos o S. 737. Dieser Simon Kantheras muß also als höchst fromm gegolten und den religiösen Gesinnungen des Königs entsprochen haben. Er wurde gleich nach Agrippas Rückkehr zum Hohenpriester ernannt, d. h. im Jahre 41 post. Zwischen seiner Amtsführung und der Tempelzerstörung liegen zwar nur 29 Jahre und nicht 40; aber im Talmud werden öfter solche ungenaue Zahlen gebraucht (vgl. w. u.). Es ist also anzunehmen, daß die talmudischen Quellen mit ihrem שמעון הצדיק diesen **Simon Kantheras** gemeint haben, der zur Zeit Agrippas I. fungiert hat. Lebte er in dieser Zeit, so wird er es gewesen sein, der die Stimme aus dem Allerheiligsten vernommen haben wird, die Caligulas Ermordung (24. Januar 41) verkündet hat. Diese Erzählung von der Stimme aus dem Allerheiligsten beruht gewiß auf einer Sage. Sagenhaft erscheint ja auch die Nachricht von der Tochterstimme betreffend Caligulas Ende durch den Umstand, daß der Hohepriester, sei es Simon oder sein Vorgänger, gerade an Caligulas Todestage sie vernommen habe. Dieser erfolgte aber im Winter, und der Hohepriester kam nur am Versöhnungstage in das Allerheiligste. Chronologisch ungenau erweist sich auch die Notiz, daß sich die schweren Pforten des innern Tempels in derselben Zeit, d. h. 40 Jahre vor der Tempelzerstörung, einst von selbst geöffnet hätten, was von R. Jochanan b. Sakkaï als ein böses Omen erklärt worden wäre. Denn Josephus berichtet ebenfalls von diesem Vorfall und zählt dieses Omen neben anderen auf, welche den Untergang des Tempels vorher angedeutet hätten. Er bestimmt ihn aber zur Zeit kurz vor der Revolution und vor dem Ausbruch des Krieges[2]). Aber wie sagenhaft und chronologisch ungenau auch immer diese Quellen sind, so weisen sie doch auf einen zweiten Hohenpriester, Namens „Simon der Gerechte", indem sie die Omina von ungünstiger Vorbedeutung teils auf die runde Zahl von 40 Jahren vor der Tempelzerstörung, teils auf die Zeit nach dem Ableben des Hohenpriesters Simon zurückführen. Mit beiden chronologischen Angaben meinen sie die letzten Jahrzehnte des judäischen Staates. Auch sonst werden diese Jahrzehnte durch die runde Zahl 40 bezeichnet. Es heißt: vierzig Jahre vor der Tempelzerstörung ist die Kriminalgerichtsbarkeit dem judäischen Staate ent-

---

[1]) Josephus Altert. XIX, 6, 2: Ἐντελῶς δ'οὖν. Ὀρχησάσας τὸν θεῖν Ἀγρίππας, Θεόφιλον .. τῆς ἀρχιερωσύνης μετέστησεν, τῷ δὲ Βοηθοῦ Σίμωνι, τούτῳ Κανθηρᾶς ἐπίκλησις ἦν, τὴν ἐκείνου προσιείημι τιμήν.

[2]) Josephus j. Kr. VI, 5, 3. Er erzählt zuerst von dem glänzenden Lichte, das Tempel und Altar wie Tageshelle erleuchtet habe, gibt dabei an, es habe sich gerade vor dem Ausbruche des Krieges ereignet (τοῦτο δ'ἥτικα πρὸ τῆς ἀποστάσεως καὶ τοῦ πρὸς τὸν πόλεμον κινήματος), bestimmt es näher, es sei vor dem Paschafeste am 8. Xantikos (Nisan) geschehen, fügt hinzu, daß an dem Feste selbst desselben Jahres eine Kuh im Tempel selbst ein Lamm geworfen habe und reihet daran die Erzählung von dem Omen der von selbst aufgegangenen Tempelpforte an. Er setzt also auch das letztgenannte Omen in die Zeit kurz vor der Revolution, d. h. in das Jahr 66.

Note 19. III. Simon Kantheras.

zogen worden.¹) Die Tatsache ist richtig, nur die chronologische Angabe ist ungenau. Denn erst seit dem Tode Agrippas I. ist Judäa wieder als römische Provinz behandelt worden. Die zweite Reihe der Prokuratoren hatte die politische Gewalt über das Land und bildete die letzte Instanz für peinliche Strafen. Die 40 Jahre sind demnach auf 26 zu reduzieren; sie wollen also nur angeben: seit dem Tode des letzten Königs von Judäa (denn Agrippa II. war genau genommen nicht König von Judäa), oder seit dem Verlust der letzten staatlichen Selbständigkeit, oder seit dem Tode des frommen Hohenpriesters Simon haben sich die Zustände in Judäa immer mehr verschlimmert.

Man kann noch das Gewebe der talmudischen Relation über die Vorgänge „in den vierzig Jahren", oder, was dasselbe ist, seit dem Tode des Hohenpriesters Simon des Gerechten Faden für Faden zerlegen. Es ist darin Historisches und Sagenhaftes zusammengewebt. Es ist durchaus historisch richtig und mit klarem Verständnisse erkannt, daß mit dem Tode des nationalgesinnten Königs Agrippas I., des Zeitgenossen Simon Kantheras', die traurige Zeit begann, welche mit der Einäscherung Jerusalems und der Verblutung der Nation endete. Der Übermut der in Palästina angesiedelten Griechen und Halbgriechen gegen die judäischen Bewohner, das Bevormundungssystem, die Brutalität und Raublust der Landpfleger Cumanus, Felix und besonders Gessius Florus, die von den Zeloten unüberlegt unternommenen Aufstände, der wüste Patriotismus der Sicarier, die in ihrem Römerhasse Unschuldige und Schuldige heimlich mit ihren Mordwaffen trafen und die Herzen mit Besorgnis und Furcht erfüllten, die falschen Propheten und die falschen Messiasse, welche die gedrückte Lage des Volkes zu unbesonnenen Befreiungsversuchen benutzten und den Prokuratoren Gelegenheit und Vorwand gaben, blutige Exzesse zu üben, dieses alles hat in den letzten Jahrzehnten von Agrippas Tode bis zum Ausbruch der Revolution, welche die unerträgliche Lage zur Notwendigkeit gemacht hatte, die Gemüter verdüstert. Die Ängstlichen erblickten in jedem ungewöhnlichen Umstande, der sonst unbeachtet geblieben wäre, innerhalb dieser Zeit ein ungünstiges Omen für die Zukunft. Dergleichen Portenta wurden vom Gedächtnisse festgehalten, übertrieben und mit Ausschmückung überliefert. Die talmudischen Quellen und Josephus zählen eine Reihe dergleichen Erscheinungen auf, die teils tatsächlich vorgekommen sein mögen, teils der aufgeregten Phantasie ihr Dasein verdankten.

Man führte sie zurück entweder auf die Zwischenzeit vom Tode Agrippas I., d. h. von dem Verlust der letzten Selbständigkeit, bis auf den Tempeluntergang, oder auf die von dem Tode des Hohenpriesters „Simon des Gerechten". Beide bezeichnen einen und denselben Terminus a quo. Der Irrtum liegt nur darin, daß man diese Zwischenzeit zu lang auf die runde Zahl 40 ausgedehnt hat. Es ist also gewiß, daß unter diesem „Simon dem Gerechten" kein anderer Hoherpriester gemeint sein kann, als Simon Kantheras, der zur Zeit Agrippas I. fungiert hat. Da es aber einen älteren Simon ben Gerechten gegeben hat, so haben zwei Versionen die Vorgänge unter dem einen und dem anderen zusammengestellt, entweder weil sie beide für identisch gehalten wurden, oder weil sie bei der Erwähnung des einen auch das, was auf den anderen Bezug hat, aneinander reihen wollten.

¹) Jerusch. Sanhedrin f. 18 a und f. 24 b: קודם לארבעים שנה עד שלא חרב. Auch Babli Sabbat 15 a und Parall. מ׳ שנה עד. כ״ה נוטלו דיני נפשות מישראל Auch Babli Sabbat 15 a und Parall. שלא דנו שלא חרב הבית גלתה לה סנהדרין וישבה לה בחנויות, wozu die richtige Erklärung דיני נפשות.

Wie gesagt, die Tossefta läßt sich diese Verwechselung oder irreführende Zusammenstellung nicht zu Schulden kommen. Alles das, was sie über „Simon den Gerechten" tradiert, kann sich daher nur auf Simon Kantheras beziehen. Sie hat z. B. nicht, daß dieser Hohepriester 40 Jahre fungiert hat. Diese lange Funktionsdauer gehört also Simon Justus I. an[1]). Die Erzählung, daß ein Hoherpriester dieses Namens seinen Tod vorausverkündet habe, ist gewiß eine Sage, gleichviel ob sie sich auf den einen oder den andern bezieht. Wichtig ist aber die Tradition, daß seit dem Tode des Hohenpriesters „Simon des Gerechten" die Priester aufgehört haben, das Tetragrammaton auszusprechen. Es gilt zu konstatieren, welcher der beiden darunter gemeint sein kann.

Die Tossefta knüpft an den Tod des Hohenpriesters Simon eben dieses Faktum (a. a. O.): חלה שבעת ימים ומת ונמנעו חכריו מלברך בשם. Da diese Quelle lediglich von Simon justus II. tradiert wird, so gilt ihre Tradition von diesem Faktum wohl nur diesem Hohenpriester. Auch die Notiz in bab. Joma 39b verknüpft es mit einem Simon schlechthin: חלה שבעת ימים ומת . ונמנעו אחיו הכהנים מלברך בשם. Nur die Notiz in Menachot 109b bringt es mit Simon justus I., d. h. mit dem Stammvater des Erbauers des Oniastempels, in Verbindung: ונמנעו אחיו הכהנים מלברך בשם בשעת פטירתו אמר להם חוניו בני ישמש תחתי. Allein aus anderen Notizen geht hervor, daß das Aussprechen des Gottesnamens Jhwh von den Priestern erst kurz vor der Tempelzerstörung eingestellt worden ist. Es heißt allerdings noch in der Mischna, daß beim Priestersegen außerhalb des Tempels die Ahroniden das Tetragrammaton durch Adonai ersetzt, dagegen im Tempel stets den göttlichen Hauptnamen ausgesprochen haben (Sota VII. 6): ברכת כהנים . . . במקדש אומר את השם ככתבו ובמדינה בכנויו, woraus man folgern könnte, daß dieser Brauch bis zuletzt bestanden habe. Allein selbst der Hohepriester pflegte in der Zeit, die der Tempelzerstörung vor anging, selbst bei der Funktion am Versöhnungstage das Tetragrammaton nur leise auszusprechen (Jeruš. Joma p. 40d): בראשונה היה. אומרו (כהן גדול את השם) בקול גבוה משרבו הפרוצין היה אומרו בקול נמוך Darauf folgt eine Erzählung aus der Zeit kurz vor dem Tempeluntergange: א"ר טרפון עומד הייתי בין אחי הכהנים בשורה והטיתי אזני כלפי כהן גדול ושמעתיו כשהוא מבליעו בנעימת הכהנים. Dieselbe Notiz kommt auch vor bab. Kidduschin p. 71a: תניא אמר ר' טרפון פעם אחת עליתי אחר אחי אמי לדוכן והטיתי אזני אצל כהן גדול ושמעתי[2]) שהבליע שם בנעימת אחיו הכהנים. Wenn demnach der Hohepriester bei der feierlichsten Gelegenheit am Versöhnungstage das Tetragrammaton kaum vernehmbar ausgesprochen hat, so werden sich doch wohl dessen die Priester nicht täglich beim Priestersegen laut bedient haben. Es ist auch angegeben, daß manche

---

[1]) Für die längere Funktionsdauer Simons I. würde auch die Version sprechen, daß er während seines Pontifikats zweimal Asche von der roten Kuh bereitet hat, was nur noch von dem fürstlichen Hohenpriester Johannes Hyrkanos erzählt wird, der in der Tat 31 Jahre fungiert und regiert hat (Para III, 5).

[2]) An dieser Stelle wird zwar diese Notiz nicht auf das Tetragrammaton, sondern auf einen mystischen Namen von 12 Buchstaben bezogen: שם בן שתים עשרה אותיות. Allein die Parallele in Jeruš. beweist, daß es sich nur auf das Tetragrammaton bezieht. In beiden Stellen wird von diesem Namen ausgesagt, daß er verschwiegen werden soll. Jeruš. das.: לא היו חיים כשר עד שרוא (רשם) מתהלם כדן: זה שמי לעולם: זה שמי לעלם. Ebenso Kidduschin das.: ארבעה אותיות חכמים מוסרין אותו ולתלמידיהן פעם אחת בשבוע. דכתיב זה שמי לעולם לעלם כתיב.

Note 19. III. Simon Kantheras.

Ahroniden den Laut und die Aussprache des Tetragrammaton gar nicht mehr gekannt haben, indem die Kundigen ihn nur den Würdigen heimlich überliefert haben (Jeruſch. a. a. O): בראשונה הוא (שם כבתבו) נמסר לכל אדם משרבו הפרוצים (לא היה נמסר אלא לכשרים[1]). Wenn also nicht ſämtliche Prieſter, welche je zweimal im Jahre nach der Reihe der 24 Abteilungen aus den entlegenſten Gegenden Paläſtinas nach Jeruſalem gekommen und eine Woche ſämtliche Funktionen im Tempel auszuüben hatten, die Ausſprache des Tetragrammaton kannten, ſo können ſie ſich doch nicht deſſen beim Prieſterſegen bedient haben. Eben ſo wenig können ihn die Würdigen bei dieſer Gelegenheit ausgeſprochen haben, denn ſonſt würde die Vorſicht, ihn vor den Unwürdigen geheim zu halten, illuſoriſch geweſen ſein.

Es iſt alſo wohl ſicher, daß in einem beſtimmten Zeitpunkte das Ausſprechen des Tetragrammaton im Tempel beim Gottesdienſt eingeſtellt worden iſt, und zwar für die gewöhnlichen Prieſter überhaupt und für den Hohenprieſter am Verſöhnungstage der Art, daß er ihn kaum hörbar hauchen ſoll. Beides gehört einer und derſelben Zeit an. Welcher Zeitpunkt war es? Da Simon der Gerechte damit verknüpft wird, ſo kann darunter nur Simon Kantheras gemeint ſein. Auf dieſe Zeit der Decadenz führt ja auch die Angabe, daß das Ausſprechen des Gottesnamens Jhwh eingeſtellt worden ſei: „als die Entarteten überhand genommen haben" (משרבו הפרוצים). Dieſe Bezeichnung trifft genau mit der Zeit nach dem Tode Agrippas zuſammen, in welcher, wie geſagt, heilloſe Verwirrungen, Zuchtloſigkeit, mit einem Worte Entartung an der Tagesordnung war.

Deutlich genug iſt in einer Miſchna, welche als eine unſchätzbare Geſchichtsquelle angeſehen werden kann, angegeben, daß, als die Mordtaten (der Sikarier) zugenommen haben, man aufgehört habe, ein Sühnopfer für einen heimlich begangenen Mord zu bringen. Näher beſtimmt wird dieſe Zeit durch den Zuſatz: als Elieſer ben Dinai und Tachina aufgetreten ſind. Und als die Ehebrecher überhand genommen haben, habe man aufgehört, eine des Ehebruches verdächtige Frau auf die Probe zu ſtellen. Hinzugefügt wird, R. Jochanan b. Sakkaï habe dieſe Ordalien aufgehoben[2]). Es iſt dieſelbe Zeit, die Joſephus ſchildert als „Beginn der Verwirrung und der Verderbnis", oder von der er berichtet, „daß die Angelegenheit in Judäa ein immer ſchlimmeres Wachstum erhielt"[3]). Schon unter dem Prokurator Fadus, kurz nach Agrippas Ableben, begannen die Unruhen ihm mehr von Ingrimm gegen die Römerherrſchaft als von politiſcher Einſicht und Berechnung des Erreichbaren geleiteten wilden Patrioten. Sie wurden noch vermehrt durch die Söhne des Stifters der Zelotenpartei, Jacob und Simon. Vergebens hatte der zweite Prokurator dieſe ans Kreuz nageln laſſen. Ihre Rächer fehlten nicht; die Stifter der Sikarierbanden Eleaſar ben Dinai und Alexander (wahrſcheinlich identiſch mit

---

[1]) Daſſelbe kommt auch Kidduſchin a. a. O. vor: בראשונה . . . . היו כוסרים אותו לכל אדם משרבו הפרוצים היו כוסרים אותו לצנועים והצנועים שבבהונה מבליעים אותו בנעימת אחיהם הכהנים. Irrtümlich wird dieſes daſ. auf den 12 buchſtabigen Gottesnamen bezogen.

[2]) Mischna Sota IX, 8—9: משרבו הרצחנין בטלה עגלה ערופה. כשבא אליעזר בן דיניי ותחינה בן פרישה היה נקרא חזרו לקרותו בן הרוצחן. משרבו המנאפין פסקו המים המרים ורבן יוחנן זכאי הפסיקן (ſo die richtige L.A.)

[3]) Joſephus j. Kr. II, 12, 1: ἐφ᾽ οὗ θόρυβοί τε ἤρξαντο καὶ φθορὰ πάλιν Ἰουδαίων ἐγένετο. Altert. XX, 8, 5: τὰ δὲ κατὰ Ἰουδαίαν πράγματα πρὸς τὸ χεῖρον ἀεὶ τὴν ἐπίδοσιν ἐλάμβανε.

dem in den talmudischen Quellen genannten Techina) fielen Römer und römisch gesinnte Judäer meuchlings an und erfüllten das Land mit Schrecken. Hand in Hand damit ging die Zügellosigkeit der aristokratischen Familien, wozu zu allererst die hohenpriesterlichen Häuser gehörten, welche es den Römern an Sittenlosigkeit und Unzüchtigkeit nachtun wollten. Das ist die Zeit, von welcher die talmudischen Quellen sagen, „daß die Entartung zugenommen hat": משרבו הפרוצים.

Also in dieser Zeit haben es die ehrlich Frommen für eine Blasphemie gehalten, wenn der dreimalheilige Gottesname von solchen Entarteten und vor dem Ohre solcher Entarteten ausgesprochen werden sollte. Seit dieser Zeit also nannten die Priester beim Priestersegen statt dessen den Namen „Adonaï", und der Hohepriester selbst sprach den Gottesnamen nur leise aus. Mit Recht wird also diese Abrogation äußerlich an die Zeit nach dem Tode des Hohepriesters Simons des Gerechten geknüpft, d. h. wiederum an die trübselige Zeit nach dem Tode Agrippas. Es kann also darunter nur Simon Kantheras verstanden werden, dessen Tod als terminus a quo angesehen wurde.

Auch das, was das Scholion zu Megillat Ta'anit tradiert (wahrscheinlich aus einer untergegangenen Boraita), von der Anrede des Hohepriesters „Simon des Gerechten" an das Volk beim Eintreffen des Schrecken erregenden Befehles Cajus Caligulas, eine Bildsäule in dem Tempel zu stellen, kann recht gut historisch sein, wenn man sich darunter Simon Kantheras denkt, der damals lebte, wenn er auch nicht gerade in dieser Zeit als Hohepriester fungierte. Es wird erzählt, die Nachricht sei am Rüsttag des Hüttenfestes (40 post) eingetroffen, da habe Simon der Gerechte (zum Volke) gesprochen: „Begehet ruhig eure Festtage mit Freuden; denn nicht eins von den (schlimmen) Dingen, die ihr vernommen habt, wird eintreffen. Denn derjenige, welcher seine Gegenwart in diesem Tempel weilen läßt, wird für uns Wunder tun, wie er sie in jedem Zeitalter für unsere Vorfahren getan hat[1])."

Das Resultat dieser Untersuchung hat gewiß einen hohen Grad von historischer Gewißheit. Es läßt sich in Folgendem zusammenfassen. Es gab zur Zeit Agrippas I. einen frommen Hohepriester Namens Simon, dem die Zeitgenossen den Ehrennamen des Frommen oder des Gerechten beigelegt haben, wie jenem Simon im Beginne der Macedonier-Herrschaft. Während seiner Zeit traf der tief verletzende Befehl Caligulas ein, und der fromme Simon hat das bis auf den Tod erschreckte Volk beruhigt Als die Gefahr vorüber und Agrippa I. aus Rom nach Judäa zurückgekehrt war, ernannte er diesen Simon zum Hohepriester. Es war Simon Kantheras. Da die ihm nachfolgenden Hohepriester ihm an Frömmigkeit nicht gleichkamen, so haben die Späteren alle ungünstigen Zeichen, welche nach seinem Tode eingetreten waren, auf seinen Tod zurückgeführt, als wenn er mit seiner Frömmigkeit das Volk hätte schützen und die Übel abwenden können. Wegen seines gleichlautenden Namens mit dem ältern Simon justus wurde er mit diesem verwechselt.

Die Erzählung, daß ein Simon justus nur ein einziges mal vom Opfer eines Nasiräers, des schönen Hirten, genossen habe[2]), bezieht sich weit eher

---

[1]) Megillat Taanit VI, 2: יום ששלח גסקלגס את הצלמים להעמידן בהיכל ובאה אה השמועה ערב יום טוב הראשון של חג אמר להם שמעון הצדיק עשו מועדיכם בשמחה שאין אחד מכל הדברים הללו ששמעתם יקום. כי מי ששכן שכינתו בבית הזה, כשם שעשה נסים לאבותינו בכל דור ודור, כך יעשה לנו נסים בזמן הזה.

[2]) Siphre No. 21; Rabba Numeri c. 10; Tossefta Nasir IV, 7; j. das. 51 c.; Nedarim 36 d.; b. das. p. 9 b.; Nasir 4 b.

auf den zweiten, da sie an den verschiedenen Stellen gleichlautend und mit einer gewissen poetischen Färbung wiedergegeben ist. Aus der Zeit des ersten hätte sich die Tradition nicht in dieser Ausführlichkeit erhalten. Gerade in der Zeit des zweiten Simon gab es in Judäa viele Nasiräer[1]); wahrscheinlich haben diese wegen der drohenden Tempelentweihung unter Caligula dieses Gelübde getan.

IV. Anan b. Anan.

Von einem sadducäischen Hohenpriester aus der Zeit des Tempelbestandes hat sich eine Tradition in der talmudischen Literatur erhalten. Es wird von ihm erzählt, er habe nach der sadducäischen oder boëthosäischen Auslegung des Gesetzes mit dem bereits entzündeten Weihrauchgefäß am Versöhnungstage das Allerheiligste betreten, während nach der pharijäischen Ansicht die Entzündung erst im Allerheiligsten vorgenommen werden sollte. Beim Heraustreten habe er sich vor seinem Vater gerühmt, daß er den Mut gehabt habe, die sadducäische Theorie zu verwirklichen, was die anderen sadducäisch Gesinnten niemals gewagt hätten. Er sei aber drei Tage darauf gestorben. Dieser Vorfall hat so befremdet, daß über die Todesart dieses Hohenpriesters sich Sagen bildeten[2]). Ähnliches wird erzählt von einem sadducäischen Hohenpriester bezüglich der Funktion bei der Zubereitung der Asche von der roten Kuh. Dabei wurde der Hohepriester, welcher die Funktion zu versehen hatte, ebenso vor Unreinheit gewahrt und sieben Tage in Clausur gehalten, wie bei der Vorbereitung für den Versöhnungstag. Die Sadducäer wollten aber dabei eine noch strengere levitische Reinheit beobachtet wissen. Ein Hoherpriester habe es dabei gewagt, nach der sadducäischen Theorie zu verfahren. R. Jochanan b. Sakkai habe ihn aber daran verhindert, indem er ihn am Ohr verwundet, um ihn für die Funktion untauglich zu machen. Drohend habe dieser Hohepriester zu ihm gesprochen, wenn er Zeit haben werde, werde er sich rächen. „Ja, wenn du Zeit haben wirst!" habe jener entgegnet. Dieser sadducäische Hohepriester sei aber **drei Tage** darauf ins Grab gelegt worden[3]).

Der Name und das Zeitalter dieses sadducäischen Hohenpriesters lassen sich ermitteln. Daß in diesen beiden Relationen nur von einem und demselben die Rede ist, kann nicht zweifelhaft sein, wie denn auch der jerusalemische

---

[1]) Josephus XIX, 6, 1: διὸ καὶ Ναζιραίων εὑρᾶσϑαι διέταξε μάλα συχνοὺς (Άγρ.).

[2]) Tossephta Joma I, 8: ‏אחד בכחוסי היה מעשה שכבר ‏:‎ ‏למה צרכו להשביעו?‏ שהקטיר על שבחוץ ויצא ענן הקטורת והרתיע את כל הבית . . . . . כשיצא אמר לו לאביו . כל ימינב היינו דורשין ואין אחד עושין . עד שעמדתי אני ועשיתי . אמר לו אבא . אף על פי שאנו דורשין אין ‏‎‎‏אנו עושין . שומעין אנו לדברי חכמים . . לא שהא שלושה ימים עד שנתנדרו לקבורה. Auch Jerusch. Joma 39 a, wo es zum Schlusse heißt: ‏ויש אומרים יצא חוטמו מונק תולעים. Babli Joma 19 b wird hinzugefügt: ‏עד שמת ‏‎‎‏. וכמין פרסה ‏על‏ עלה בתוך מצחו . והוטל באשפה והיו תולעין יוצאין מחוטמו . ויש אומרים בצאתו ניגף . דתניא ר' חייא כמין קול נשמע בעזרה שבא מלאך וחבטו על פניו . ובכנסו : אחיו הכהנים ומצאו ככף רגל עגל בין כתפיו.

[3]) Tosseph. Parah III, 8: ‏ומעשה בצדוקי אחד שהעריב שמשו ובא לשרוף את הפרה. וידע בו ר' יוחנן בן זכאי ובא וסמך שתי ידיו עליו ואמר לו אישי כהן גדול . מה נאה אתה להיות כ"ג רד טבול אחת . ירד טבל ועלה . אחרי עלה צרם לו באזנו . אמר לו: בן זכאי לכשאפנה לך . אמר לו לכשתפנה . לא שהא שלושה ימים עד שנתנוהו בקבר . בא אבין לפני בני ר' יוחנן בן זכאי אמר לא נצנה בני. Simson von Sens im Commentar zu Parah III. hat zum Schluß die L.-A. ‏שמש‏, ‏לא ‏נצנה בני‏ ‏שהעריב שמשו, was auch nicht recht verständlich ist.

Talmud die Identität dessen, der am Versöhnungstage offen die sadducäische Theorie geltend gemacht, mit dem, der es bei der Funktion der roten Kuh getan hat, angenommen hat. Das, was die talmudischen Quellen erzählen, daß die späteren Sadducäer nicht gewagt haben, ihrer dissentierenden Theorie Folge zu geben, bestätigt Josephus. Er referiert[1]): „Von ihnen (den Sadducäern) wird fast nichts ausgeführt. Selbst wenn sie zur Macht gelangen, fügen sie sich dem, was der Pharisäer spricht, wenn auch ungern und mit Überwindung, weil sie sonst von der Menge nicht geduldet werden würden". Nach Beendigung des Kampfes unter den sadducäischen Fürsten haben also die Sadducäer nicht gewagt, offen ihrer Theorie Geltung zu verschaffen. Es gehörte also eine besondere Kühnheit dazu, wenn ein Hoherpriester der pharisäischen Lehre Opposition gemacht hat, und diesen Mut besaß einzig und allein der Hohepriester Anan, Sohn des Anan, kurz vor dem Ausbruch der Revolution.

Josephus erzählt nämlich von diesem ausdrücklich, daß er als Hoherpriester die sadducäischen Grundsätze betätigt habe. Er sei nämlich sehr kühn und wagehalsig gewesen. Als er nach dem Tode des Landpflegers Festus, ehe noch dessen Nachfolger Albinus in Judäa eingetroffen war, von dem Könige Agrippa II. zum Hohenpriester ernannt worden war, habe er es für gelegen gehalten, ein Tribunal von sadducäischen Richtern einzusetzen, um diejenigen, welche die pharisäischen Richter wegen ihrer milden Auslegung der Strafgesetze verschont hatten, anklagen und steinigen zu lassen[2]). Josephus spricht zwar nur von strafrechtlichen Vollstreckungen in sadducäischem Sinne; aber es läßt sich denken, daß, wenn dieser Anan in bezug darauf die sadducäische Strenge hat walten lassen, er um so mehr bei den Funktionen, die ihm selber als Hohenpriester oblagen, die sadducäische Theorie zur Geltung gebracht haben wird, also bei der Darbringung des Räucherwerkes am Versöhnungstage und bei der Veranstaltung für das Gewinnen der Asche von der roten Kuh. Josephus, der für Römer und Griechen geschrieben hat, überging wohl bei der Erzählung von Anans Sadducäismus alles, was für solche Leser unverständlich gewesen wäre. Anan, Sohn des Anan, war also der Hohepriester, der offen Opposition gegen den Pharisäismus gemacht und sich dessen gerühmt hat, was seine Gesinnungsgenossen aus Furcht niemals gewagt haben. Allerdings die Sage von dem Ende dieses sadducäischen Hohenpriesters paßt nicht recht; denn Anan lebte noch mehrere Jahre und kam erst in der Revolution um. Nichts desto weniger weisen einige Züge in der Sage selbst von dem Ende eines sadducäischen Hohenpriesters ebenfalls auf diesen Anan hin.

Josephus erzählt nämlich weiter von diesem Hohenpriester, er habe nur **drei Monate fungiert**. Denn Agrippa habe ihn auf die Klagen der achtbaren Männer Jerusalems und besonders derer, welche es mit dem Gesetze (der Thora) genau nahmen (καὶ τὰ περὶ τοὺς νόμους ἀκριβεῖς), abgesetzt. Diese

---

[1]) Josephus Altert. XVIII. 1, 4: Πράσσεται τε ἀπ' αὐτῶν (τῶν Σαδδουκαίων) οὐδὲν ὡς εἰπεῖν. Ὁπότε γὰρ ἐπ' ἀρχὰς παρέλθοιεν, ἀκουσίως μὲν καὶ κατ' ἀνάγκας, προσχωροῦσι δ' οὖν οἷς ὁ Φαρισαῖος λέγει, διὰ τὸ μὴ ἄλλως ἀνεκτοὺς γενέσθαι τοῖς πλήθεσιν.

[2]) Daj. XX, 9, 1: Ὁ δὲ βασιλεὺς ἀφείλετο μὲν τὸν Ἰώσηπον τὴν ἀρχιερωσύνην, τῷ δὲ Ἀνάνου παιδί, καὶ αὐτῷ Ἀνάνῳ λεγομένῳ, τὴν διαδοχὴν τῆς ἀρχῆς ἔδωκε ... Ὁ δὲ νεώτερος Ἄνανος, ὃν τὴν ἀρχιερωσύνην ἔφαμεν παρειληφέναι, θρασὺς ἦν τὸν τρόπον, καὶ τολμητὴς διαφερόντως· αἵρεσιν δὲ μετῄει τὴν Σαδδουκαίων, οἵπερ εἰσὶ περὶ τὰς κρίσεις ὠμοὶ παρὰ πάντας τοὺς Ἰουδαίους κτλ.

drei Monate scheinen in der Sage zu drei Tagen zusammengeschrumpft und die Absetzung in den Tod verwandelt worden zu sein. Der später erfolgte bejammernswerte Tod dieses Anan gab wiederum einer anderen Sage Veranlassung zu der Schilderung vom Tode des sadducäischen Hohenpriesters. Anan wurde nämlich samt seinem Parteigenossen Josua b. Gamala nach dem Eindringen der mit den Zeloten verbündeten Idumäer — als Häupter der Gegen-Revolution und als Römlinge — ermordet, und seine Leiche wurde nackt in den Staub geworfen zum Fraß für die Hunde (Josephus j. K. IV, 5, 2): ὀψμπτοι γύμνοι βορά κυνῶν καὶ θηρίων (Ἄνανος καὶ Ἰησοῦς τοῦ Γαμαλιήλ). Dieses Ende des sadducäischen Hohenpriesters steckt auch in dem Zuge (in der Quelle des babylonischen Talmuds), daß er in den Staub geworfen wurde (עד שהוטל באשפה). Die Sage hat also manches von dem tragischen Tod dieses kecken sadducäischen Hohenpriesters Anan erhalten, nur hat sie sein Ende, das erst acht Jahre nach seiner Amtsentsetzung erfolgte, eben nach Sagenart zusammengedrängt und mit dunkler Erinnerung an die drei Monate seiner Funktion in drei Tage umgewandelt.

Was die talmudischen Quellen von einem Hohenpriester erzählen, daß er bei der Funktion am Versöhnungstage und bei der roten Kuh die sadducäische Interpretation keck betätigt habe, bezieht sich also ohne Zweifel [?] auf Anan, den jüngsten der fünf Söhne des älteren Anan. Seine dreimonatliche Hohepriesterwürde fällt in das Interim zwischen dem Tode des Prokurators Festus und der Ankunft seines Nachfolgers Albinus. Und da er während der drei Monate am Versöhnungstage fungiert hat, so fielen diese in den Herbst 61 der nachchr. Zeit (o. S. 733). Erst seit dieser Zeit, und wir dürfen jetzt hinzufügen, infolge von Anans sadducäischer Demonstration, wurde der Brauch eingeführt, dem Hohenpriester einen Eid abzunehmen, daß er an dem Ritus für den Versöhnungstag nichts ändern werde, wie es die Mischna berichtet. D. h. also erst zehn Jahre vor der Tempelzerstörung wurde die Vereidigung eingeführt, wie denn überhaupt die Traditionen in der Mischna über die Eigenheiten bei den Funktionen im Tempel (in Joma, Sukka, Tamid und Middot) erst aus der letzten Zeit des Tempelbestandes stammen. Diesen Eid können also nur vier Hohepriester geleistet haben, welche innerhalb dieser 10 Jahre fungiert haben: Josua b. Damnai, Josua b. Gamala (oder Gamaliel), Matthia b. Theophilus II. und allenfalls auch noch der vom Volke während der Revolution gewählte Pinehas b. Samuel aus Aphta.

Noch ein anderes geschichtliches Faktum läßt sich aus diesem Resultate gewinnen. Die Tossephta Parah führt R. Jochanan b. Sakkai in Unterredung mit diesem sadducäischen Hohenpriester ein und läßt den letzteren ein Drohwort gegen den ersteren aussprechen (לכשאנה לו), weil dieser dessen sadducäische Demonstration bei der Funktion mit der roten Kuh gehindert hat (o. S. 749). Die Chronologie stimmt damit recht gut; denn R. Jochanan b. Sakkai galt bereits vor der Tempelzerstörung als Autorität und hat manches, was nicht mehr zeitgemäß war, aufgehoben. Unter den pharisäischen Gesetzeslehrern (περὶ τοὺς νόμους ἀκριβεῖς), welche beim König Agrippa Beschwerde über Anan wegen seiner sadducäischen Rücksichtslosigkeit geführt hatten (o. S. 750), kann man sich daher auch R. Jochanan denken. Er war damals der Hauptvertreter des Pharisäertums. Seine Disputationen mit Sadducäern werden im Talmud öfter angeführt (Baba batra p. 115b, Menachot p. 65a, Jadajim IV, 6, Tossefta Jad. Ende; Megillat Ta'anit I, 2; V Ende; VIII, 3) stets mit der Einleitung נטפל להם ר' יוחנן ב"ז oder אמר להם. Diese Disputationen scheinen im ganzen historisch zu sein und haben wohl während Anans Pontificats stattgefunden. Denn nach der tragischen Katastrophe des Unterganges Jerusalems war weder Stimmung, noch Gelegenheit für solche Disputationen vorhanden. Dieser Hohepriester Anan hat gewiß die noch vorhandenen Sadducäer und Boëthosäer um sich geschart, da er doch bei seiner Reaktion gegen das Pharisäertum die Stütze einer Partei brauchte. Um ihre Interpretation der pentateuchischen Gesetze und ihre praktische Anwendung apologetisch zu begründen, hat die sadducäische Partei oder richtiger die Schriftgelehrten derselben gewiß mit ihren Gegnern disputiert, und diese haben wohl ihren kundigsten Verfechter, eben R. Jochanan b. Sakkaï, zum Opponieren gewählt. Das gab Veranlassung zu den tradierten Disputationen mit Sadducäern, die eben dadurch historische Sicherheit erhalten.

V. Matthia b. Theophil II.

In der talmudischen Tradition wird noch von einem anonymen Hohenpriester eine Äußerung überliefert, für welche sich der historische Hintergrund ermitteln läßt. Jeder Hohepriester pflegte bei der Darbringung des Räucherwerkes im Allerheiligsten am Versöhnungstage ein Gebet zu sprechen. Dieses Gebet sollte nur kurz gehalten sein, um die im Tempel harrende Menge nicht zu erschrecken, daß ihm etwas zugestoßen sei, weil er länger bei der Funktion weile[1]). Dabei erzählen die Tosefta und auch die beiden Talmude: Ein Hoherpriester habe einst länger als gewöhnlich im Allerheiligsten dabei verweilt, und habe, als er deswegen interpelliert worden, erwidert: „Ich habe für euren Tempel gebetet, daß er nicht zerstört werde"[2]). Diesen Ausdruck muß man befremdlich finden. Warum denn nur „für euren Tempel"? War das Heiligtum nicht eben so gut das seinige, wie das des ganzen Volkes? Man wird schwerlich in der einschlägigen Literatur eine Analogie zu dieser kühlen Ausdrucksweise finden. Und überhaupt, wie kam denn dieser Hohepriester darauf, für die Unverletzlichkeit des Tempels zu beten? Es muß also damals die Gefahr für den Untergang des Heiligtums nahe gewesen sein. Das führt uns in die Zeit des Krieges gegen die Römer. Die Friedensfreunde haben von Anfang an gegen die Revolution und den Krieg geltend gemacht, daß der Bestand des Tempels auf dem Spiele stehe. Der vorletzte Hohepriester Matthia, Sohn Theophils II. (aus der Familie Boëthos), gehörte zu den Römerfreunden. Er wurde während des Terrorismus, welcher sich in Jerusalem seit dem Fall der galiläischen Festungen und Josephus' Übergange zu den Römern gegen alle Lauen richtete, abgesetzt (Jos. j. Kr. III, 3, 7 vergl. o. S. 736). Einer seiner Söhne war zu den Römern entflohen. Später sädelte er noch mit anderen hohenpriesterlichen Aristokraten die Intrigue ein, den wilden Simon bar Giora nach Jerusalem einzuladen, um ihn gegen die Zeloten aufzustacheln, und durch das Übermaß der Anarchie und der Zwietracht eine Gegenrevolution herbeizuführen und den Römern die Tore zu öffnen. Matthia wurde nicht lange

---

[1]) Mischna Joma V, 2: ומתפלל תפילה קצרה . . . . ולא היה מאריך לרבעית את ישראל.

[2]) Tossefta Joma III, (II, 5): מעשה בכהן אחד שהאריך אמרו לו . מה ראית להאריך? אמר להם מתפלל אני עליכם ועל מקדש אבותיכם שלא יחרב. Ähnlich Jerusch. Joma p. 42 c: מעשה באחד שהאריך וגמרו להכנס אחריו (אמרו שמעון הצדיק היה) אמרו. Auch Babli Joma p. 53 b: לו. למה הארכת? אמר להן מתפלל הייתי על מקדש אלהיכם שלא יחרב. התחיל בכהן גדול אחד שהאריך בתפלתו ונכנסו אחריו הכהנים ליכנס אחריו. התחילו הם מבעטין והוא יוצא . אמרו לו מפני מה הארכת בתפלתך? אמר להם קשה בעיניכם שהתפללתי עליכם ועל בית המקדש שלא יחרב!

Reihenfolge und Chronologie der Wahl-Hohenpriester.

darauf blutig dafür bestraft von demselben Simon, den er herbeigerufen hatte (das. IV, 9, 11; V, 13, 1). Matthia war also gewiß ein Feind der Zeloten und der vielen Priester, welche zu ihnen gehörten. Im Herbste 67 war er noch Hoherpriester und fungierte als solcher am Versöhnungstage. Nun denke man sich die Situation. Die Spannung ist in dem Jahre, in welchem Galiläa nach dem verzweifelten Kampf erobert war, hochgradig, noch viel mehr als früher. Auch der geringste von der täglichen Ordnung abweichende Vorgang wirkte aufregend. Nun bleibt noch gar der Hoherpriester lange, viel zu lange, im Allerheiligsten. Was mag darin vorgehen? Die Priester beschließen, wenn auch widergesetzlich, ins Allerheiligste zu bringen, um nachzusehen, was mit dem Hohenpriester geschehen sein mag. Sie treffen ihn beim Heraustreten und fragen ihn haftig, warum er denn so lange im Allerheiligsten zugebracht: „Ich habe für die Erhaltung eures Tempels gebetet. Ist das euch so unangenehm?" (קשה בעיניכם). Aus dem Munde des Hohenpriesters, welcher zu dieser Zeit fungiert hat, ist die Wendung höchst angemessen; sie hat eine Spitze und will sagen: „Durch euer Treiben müßte der Tempel unfehlbar untergehen. Ich habe daher Gott inbrünstig angefleht, daß er diese so nahe Katastrophe abwenden möge" ein früher lebender Hoherpriester und noch weniger Simon der Gerechte (auf den die eingeklammerten Worte in Jerusch. hinweisen) hätte keine Veranlassung gehabt, an den Untergang des Tempels zu denken oder sich so auszudrücken: „für euren Tempel." Man kann daher mit Wahrscheinlichkeit annehmen, daß die talmudische Relation von dem Hohenpriester, der länger als gewöhnlich im Allerheiligsten am Versöhnungstage geweilt und eine so spitzige Antwort erteilt hat, sich auf den vorletzten, zur Zeit der Revolution fungierenden Hohenpriester Matthia, Sohn Theophils, bezieht. Nicht lange darauf wurde dieser Hoherpriester wie gesagt von dem Priesterkollegium wegen seiner zelotenfeindlichen Gesinnung abgesetzt und an seiner Stelle der letzte Hoherpriester Pinehas, Sohn des Samuel aus Aphta, ernannt.

Reihenfolge und Chronologie der Wahl-Hohenpriester.

Zahl	Name	Zeit	gewählt von	Quellen
1.	Ananel Babylonier	37—36 v. Chr.	Herodes I.	Josephus Altertümer XV, 2, 4 [3, 1].
2.	Aristobul	35	"	das. 3, 1 [3].
	Ananel	zum 2. mal	"	das. 3, 3.
3.	Josua, S. Phabes (Phiabi?)	ungewiß	"	Josephus XV, 9, 3.
4.	Simon, Sohn d. Boëthos (Alexandriner)	24	"	das. u. XVII, 4, 2; o. S. 737. 739.
5.	Matthias, S. b. Theophilos I. aus Sepphoris	5	"	XVII, 4, 2 [6, 4]; o. S. 739.
6.	Joasar, S. Simons b. Boëthos	4	"	XVII, 6, 4, v. S. 737.
7.	Eleasar, Bruder des vorigen	3?	Archelaus	das. 13, 1.
8.	Josua, S. Sies (Seth?)	?	"	das.
	Joasar zum zweiten Male	?	"	XVIII, 1, 1 [2, 1].

Graetz, Geschichte der Juden. III.

Zahl	Name	Zeit	gewählt von	Quellen
9.	Anan, S. Seths, Stammvater der Ananiden	6 n. Chr.	Quirinius	daf. 2, 1; XX, 9, 1 vgl. S. 738.
10.	Ismaël, S. Phiabis I.	15	Val. Gratus	XVIII, 2, 2.
11.	Eleasar, S Anans	16	"	daf.
12.	Simon, S. Kamits I.	17	"	daf.
13.	Joseph Kaiphas, (Schwiegersohn des Anan b. Seth?)	18	"	daf. [u. 4, 3. Ev. Matth. 26, 3; 5, 7. Lc. 3, 2. Joh. 11, 49]. 18, 13 f. [24, 28]
14.	Jonathan, S. Anans	36	Vitellius	XVIII, 4, 3 [5, 3].
15.	Theophilos, S. Anans	37	"	daf. 5, 3.
16.	Simon Kantheras, S. d. Boëthos	41	Agrippa I.	XIX, 6, 2; o. S. 737. 742.
17.	Matthias, S. Anans	42—43	"	Altert. XIX, 6, 4.
18.	Elionaios, (S. Simons) Kantheras	43	"	daf. 8, 1 (XX, 1, 3 fehlt der Name).
19.	Joseph, S. d. Kamitos	45	Herodes Agrippa	daf. XX, 1, 3; 5, 2.
20.	Anania (Jochanan), S. d. Nebedaios	46—47	"	XX, 5, 2; vgl. o. S. 723 ff.
21.	Ismaël, S. Phiabis	48	Agrippa II.	daf. 8, 8. [11].
	Jonathan, S. Anans zum zweiten Male	bis etwa 53	"	XX, 8, 5; o. S. 735.
22.	Ananias, S. Eleasars (Charsom, der übermäßig Reiche)	—	"	o. S. 725.
	Ismaël, S. Phiabis zum zweiten Male	59	"	o. S. 736.
23.	Josephus, S. d. Simons Kamithos	60	"	daf. Jos. XX, 8, 11.
24.	Anan, S. Anans	61, 3 Mon.	"	daf. 9, 1 o. S. 749.
25.	Josua, S. d. Damnaios	61	"	daf. 9, 1, 4.
26.	Josua, S. d. Gamaliel (Gamala)	63	"	daf. 9, 7.
27.	Matthias, S. d. Theophilos II.	66—67	"	daf. 10, 1. jüd. Kr. IV, 3, 8, o. S. 752.
28.	Pinehas, S. Samuels	67—68 b. 70	v. d. Priesterschaft	

20.

Die Abfassungszeit der Evangelien.

Die einzige Bezeugung für die Entstehung des Christentums beruht auf der Erzählung in den vier Evangelien. Von diesen vier wird das Johannes-Evangelium von keinem besonnenen Kritiker (mit Ausnahme von Renan) als historische Quelle angesehen und benutzt, weil es den Stifter des Christentums nicht geschichtlich als wirkende Persönlichkeit, sondern mystisch als den fleischgewordenen Logos, der von jeher bei Gott oder in Gott gewesen, darstellt. So bleiben nur die drei synoptisch genannten Evangelien übrig, die das Auftreten, Tun und Reden, den Tod und die Auferstehung Jesu in einer gewissen chronologischen Ordnung erzählen. Von diesen drei wiederum sagt der Verf. des Lucas-Evangeliums selbst aus, daß er nicht Augenzeuge der Vorgänge gewesen. Er gibt zu, daß zu seiner Zeit recht viele evangelische Lebensbeschreibungen existiert haben, die nicht auf Augenzeugenschaft beruht hätten, sondern nur nach Traditionen von Augenzeugen dargestellt gewesen seien. Da diese ihm aber nicht auf Authentie zu beruhen schienen, so schreibe er für seinen Freund Theophilos ein eigenes Evangelium[1]), das aber, wie die Kritiker nicht umhin können einzugestehen, recht eklektisch ist. Derselbe Verf. hat auch die Apostelgeschichte für denselben Theophilos geschrieben, und diese erweist sich als höchst sagenhaft und setzt das Erlöschen des Gegensatzes des Juden- und Heiden-Christentums, des Ebionitismus und Paulinismus, voraus, als wenn ein Apostelkonvent eine Versöhnung herbeigeführt hätte. Dieser Gegensatz bestand aber zur Zeit des Barkochba-Aufstandes noch in aller Schärfe und hat sich erst infolge des hadrianischen Sieges über Judäa und der Verwandlung Jerusalems in die heidnische Stadt Älia Capitolina allmählich abgestumpft. Bis dahin waren noch die Bischöfe oder Vorsteher der Christengemeinde in Judäa Judenchristen, d. h. sie haben noch im schroffsten Gegensatz zu Paulus' zelotisch-antinomistischer Theorie die Beschneidung für ein unbestreitbares fundamentales Gesetz gehalten[2]). Das Lucas-Evangelium ist also erst in der nach-hadrianischen Zeit, nach 140, verfaßt worden.

Die Existenz der beiden ersten synoptischen Evangelien **Matthäus** und **Markus**, aus welchen die schönfärbenden Darsteller in der Gegenwart das Leben Jesu rekonstruieren, ist in der ersten Hälfte des zweiten Jahrhunderts negativ bezeugt.

Papias, Bischof von Hierapolis in Kleinasien, der, ein Freund Polykarps, um 169 als Märtyrer umgekommen sein soll, kannte noch nicht das griechische Evangelium nach Matthäus. Er berichtet: „Matthäus hat in hebräischem Dialekt die Reden Jesu niedergeschrieben, welche ein jeder auf seine Weise ausgelegt hat"[3]) Abgesehen davon, daß ein leiser Tadel darin liegt, daß die von Jesus bei Matthäus überlieferten Sprüche (λόγια) nicht von Evangelien-verfassern in authentischer Weise dargestellt worden sind, folgt auch aus dieser Äußerung des Papias, daß zu seiner Zeit das griechische Matthäus-Evangelium

---

[1]) Lucas I, 1, 2: Ἐπειδήπερ πολλοὶ ἐπεχείρησαν ἀνατάξασθαι διήγησιν... καθὼς παρέδοσαν ἡμῖν οἱ ἀπ' ἀρχῆς αὐτόπται.. ἔδοξε κἀμοὶ ... καθεξῆς σοι γράψαι

[2]) Eusebius Kirchengeschichte IV, 6; V, 12.

[3]) Das. III, 39, 15: Ματθαῖος μὲν οὖν ἑβραΐδι διαλέκτῳ τὰ λόγια συνεγράψατο, ἡρμήνευσε δ' αὐτὰ ὡς ἦν δυνατὸς ἕκαστος.

noch nicht existiert oder in Kleinasien noch nicht kanonisches Ansehen erlangt hatte. Ebensowenig kannte oder anerkannte der Bischof von Hierapolis ein Markus-Evangelium. Er äußert sich darüber[1]): „Markus, Dolmetsch des Petrus geworden, schrieb das von Christus Gesprochene und Geleistete, so weit er sich erinnerte, genau nieder, aber nicht nach einer Ordnung. Denn er hatte den Herrn nicht gehört, noch war er in seinem Gefolge, sondern später hörte er, wie gesagt, von Petrus, welcher je nach Bedürfnis die Lehren (Jesu) angewendet hat, aber nicht, daß er eine Reihenfolge der Sprüche Jesu gegeben hätte. Gefehlt hat Markus nicht, da er nur einiges aufgeschrieben hat, dessen er sich erinnerte; nur auf eins legte er Sorgfalt, daß er nichts weggelassen von dem, was er gehört, und daß er in denselben (den Reden) nichts gefälscht hat." Papias kannte oder beachtete also weder ein Matthäus- noch ein Markus-Evangelium. Weil er Mißtrauen gegen schriftliche (evangelische) Erzählungen hatte, zeichnete er selbst von Älteren überlieferte Sprüche auf, die er zwar nicht von den Aposteln selbst vernommen hatte, aber von ihm glaubwürdig erscheinenden Lehrern, von Aristeon und dem älteren Johannes. Unter den von Papias der Aufzeichnung würdigen Worten von Jesus waren auch solche, welche der von den kanonischen Evangelien beherrschte Kirchenhistoriker Eusebius als sinnlose Parabeln und Lehren und als Mystisches bezeichnet: τίνας τε τινὰς παραβολὰς τοῦ σωτῆρος καὶ διδασκαλίας αὐτοῦ καί τινα ἄλλα μυστικώτερα (παρέθετο ὁ Παπίας). Ganz besonders fand Eusebius die von Jesus überlieferte Lehre von dem tausendjährigen Reich, welches nach erfolgter Auferstehung leiblich auf Erden erstehen werde, sinnlos und albern (a. a. O.). Wie ungewiß und widerspruchsvoll waren demnach die Überlieferungen der älteren Kirche bezüglich des Lebens und der Lehre Jesu! Erst die allmählich entstandenen und für kanonisch gehaltenen Evangelien haben die anderweitigen Überlieferungen verdrängt und ein bestimmteres Bild von dem Stifter gezeichnet. Aber wie alt sind die beiden ältesten synoptischen Evangelien?

Es gilt gegenwärtig als unbestreitbar, daß das Markus-Evangelium durchweg von Matthäus abhängig ist [Die theologische Durchschnittsüberzeugung geht heute vielmehr dahin, daß das Markus-Evangelium als das älteste zu gelten habe, (Vergl. Handkomment. zum N. T. I, S. 3 ff. und Jülicher in Herzogs Real-Enzyklopädie XII³, 295 ff). Nichtsdestoweniger lassen sich wichtige Instanzen gegen diese Annahme geltend machen.], daß es manches daraus weggelassen hat, was zu judäisch und partikularistisch klang und was für die Heidenchristen, für welche es verfaßt wurde, unverständlich oder anstößig scheinen konnte. Dieses kritische Resultat von Markus' Abhängigkeit von Matthäus und von Überarbeitung desselben gibt auch das Kriterium an die Hand, zu erkennen, daß diejenigen Reden, Parabeln und Erzählungen, welche es nicht von Matthäus aufgenommen hat, obwohl sie für seine Tendenz verwertbar waren, in dem ersten Evangelium ursprünglich nicht zu lesen waren. Es gilt also, um die Geschichtlichkeit der evangelischen Darstellung zu würdigen, zu untersuchen, wie alt ist das allerälteste synoptische Evangelium, welches die Aufschrift hat: nach

---

[1]) Daß. Μάρκος μὲν ἑρμηνευτὴς Πέτρου γενόμενος, ὅσα ἐμνημόνευσεν, ἀκριβῶς ἔγραψεν, οὐ μέν τοι τάξει, τὰ ὑπὸ τοῦ Χριστοῦ ἢ λεχθέντα ἢ πραχθέντα. οὔτε γὰρ ἤκουσε τοῦ κυρίου, οὔτε παρηκολούθησεν αὐτῷ, ὕστερον δὲ ὡς ἔφην, Πέτρῳ, ὃς πρὸς τὰς χρείας ἐποιεῖτο τὰς διδασκαλίας, ἀλλ' οὐχ ὥσπερ σύνταξιν τῶν κυριακῶν ποιούμενος λογίων. ὥστε οὐδὲν ἥμαρτε Μάρκος, οὕτως ἔνια γράψας ὡς ἀπεμνημόνευσεν. ἑνὸς γὰρ ἐποιήσατο πρόνοιαν, τοῦ μηδὲν ὧν ἤκουσε παραλιπεῖν ἢ ψεύσασθαί τι ἐν αὐτοῖς.

Note 20. Die Abfassungszeit der Evangelien.

Matthäus (κατὰ Ματθαῖον)? Wie lange nach Jesu Tode ist es verfaßt worden? Es sind darin nicht bloß Spuren und Andeutungen, sondern Tatsachen genug enthalten, welche darauf führen, daß es erst ein Jahrhundert nach Jesu Tode verfaßt wurde.

1. Das Matthäus-Evangelium läßt Jesus einen Fluch über die Pharisäer aussprechen, weil sie Prophetenmörder wären: „daß über euch komme alles Blut, welches auf Erden vergossen worden, von dem Blute Abels bis zum Blute des Zacharia, des Sohnes Berachia, den ihr zwischen dem Altar und dem Innern des Tempels ermordet habt (23, 35)." Ältere und neuere Erklärer erblicken mit Recht in diesem Faktum das, was Josephus erzählt (j. Kr. IV, 5, 4), daß die Zeloten einen biederen und reichen Mann Zacharia, Sohn Baruchs, wegen unpatriotischer Gesinnung angeklagt haben, und daß zwei Fanatiker ihn, obwohl er vom Synhedrion freigesprochen war, mitten im Tempel (ἐν μέσῳ τῷ ἱερῷ) erschlagen und seine Leiche vom Tempel in den Abgrund geschleudert haben. Der Name und der Ort des Mordes stimmen in beiden Erzählungen zu auffallend, als daß an der Identität des Faktums noch der geringste Zweifel bestehen könnte. Dieses Faktum ereignete sich im Winter 67—68 nach Chr., d. h. mehr als 30 Jahre nach seinem Tode. Und doch wird ihm die Anspielung darauf mit allen Umständen in den Mund gelegt und ein Fluch daran geknüpft, daß das von zwei Fanatikern vergossene Blut über die Pharisäer, über Jerusalem, ja über das ganze Volk kommen soll! Zu bemerken ist, daß Markus diesen Passus nicht hat, wohl aber Lukas (11, 51), was also möglicherweise ein späteres Einschiebsel ist [Es scheint doch wohl an die Szene aus II. Chr. 24, 20 ff. zu denken zu sein. Die Verwechselung der Vaternamen findet sich auch im Targum zu Klag 2, 20].

2. Es läßt die Pharisäer und Herodianer an Jesus herantreten mit der Frage, ob es erlaubt ist, dem Kaiser die Abgabe (Κῆνσος) zu geben, und ihn, hinweisend auf das Bild des Kaisers, welches auf der Münze, einem Denar, geprägt ist, antworten: „Gebt dem Kaiser, was des Kaisers ist" (22, 16—21). Unter dem Kensos (census) kann nicht irgend eine Staats- oder Personalsteuer verstanden werden; denn für eine solche genügte nicht ein Denar, sie war vielmehr nach Vermögen klassifiziert. Auch wäre die Frage unverständlich, ob es erlaubt sei, sie zu geben (ἔξεστι δοῦναι). Die römischen Einnehmer haben sich wenig um das Erlaubtsein oder Nichterlaubtsein gekümmert; wo Geld vorhanden war, haben sie die Steuer eingetrieben. Aber eine einzige Steuer oder Abgabe hat den frommen Juden Gewissensskrupel gemacht, nämlich die doppelte Drachme oder der Denar, welchen Vespasian allen Juden unter dem Namen fiscus judaicus aufgelegt hat. Die Abgabe, welche früher jeder als heilige Gabe an den Tempel lieferte und nun für Jupiter Capitolinus geleistet werden sollte, fiel schwer auf das Gewissen und bestimmte manche, sich ihr durch Mittel und Vorwände zu entziehen, so geringfügig sie auch war. Jeder gewissenhafte Jude mußte sich also fragen, ob es gestattet sei, das Didrachmon, das doch eigentlich eine Spende für das Götzentum war, zu leisten. Diese Frage wird nun im Evangelium Jesu vorgelegt, und zwar von Pharisäern im Beisein von Herodianern, d. h. von Römlingen. Sie wollten Jesus damit in Verlegenheit bringen oder ihm eine Falle stellen (ὅπως αὐτὸν παγιδεύσωσιν). Sagte er ja, so konnten ihn die frommen Juden beschuldigen, daß er nicht gewissenhaft sei, Rücksicht auf Menschen nehme und Menschenfurcht zeige. Sagte er nein, so würden ihn die Herodianer anklagen, daß er dem Kaiser ungehorsam sei. So zeichnet sich die in den Evangelien gegebene Situation

recht frappant. Entschieden [?] handelt es sich dabei um den Denar des fiscus judaicus. Jesus zieht sich aus der Schlinge, indem er erklärt, daß der Denar, welcher Inschrift und Bild des Kaisers trage, also ihm gehöre, wohl dem Kaiser gegeben werden dürfe. Da diese Abgabe erst nach der Zerstörung Jerusalems aufgelegt war, also nach 70, so ist selbstverständlich die ganze Erzählung erdichtet. Sie reflektiert die Skrupel der Judenchristen, ob sie sich der Abgabe entziehen sollen. Es geht also entschieden daraus hervor, daß das Matthäus-Evangelium jedenfalls nach der Tempelzerstörung verfaßt worden ist.

3. Ein Vers führt die Abfassungszeit noch um 20 Jahre später. L. 23, 15 läßt Jesus die jüdischen Gesetzeslehrer verwünschen: „Wehe Euch, Schriftgelehrte und heuchlerische Pharisäer, die ihr Meer und Land umziehet, um einen zum Proselyten zu machen (ποιῆσαι ἕνα προσήλυτον), und wenn er es geworden ist, mache ich ihn zum Sohne des Geenna, zwiefach mehr als ihr." Ohne Zweifel spielt der Vers auf ein Faktum an, auf eine Reise der Schriftgelehrten in weite Ferne zu Wasser und zu Land, auf einen Heiden, welchen diese zum Proselyten machen wollten, und auf die Tatsache, daß derselbe sich zum Judentum bekehrt hat. Dieser Proselyt muß [?] eine angesehene Persönlichkeit gewesen sein, daß die Schriftgelehrten, um ihn zu gewinnen, die weite Reise unternommen haben. Alle diese Fakta sind historisch beurkundet. Vier Gesetzeslehrer (der Patriarch Rabban Gamaliel, der Vizepatriarch R. Eleasar b. Asarja, der älteste des Kreises, R. Josua b. Chananja, und der gelehrteste desselben R. Akiba) sind zu Schiff nach Rom gereist. Dort verkehrten sie mit einem hochangesehenen Senator, der Proselyt geworden ist. Dio Cassius erzählt, daß der Konsular Flavius Clemens von seinem Vetter, dem Kaiser Domitian, hingerichtet wurde, weil er eine Vorliebe für das Judentum bekundet habe (die Belege im folgenden Band). Nur diese Fakta [?] meint der B. in Matthäus. Die auf Propaganda ausgehenden ersten Christen waren eifersüchtig darauf, daß Flavius Clemens durch die Bemühung der Schriftgelehrten judäischer Proselyte geworden ist. Nun war Flavius Clemens im Jahre 95 Konsul zugleich mit Domitian. Im Jahre 96 nach seinem Austritt aus dem Amte wurde er hingerichtet. Folglich ist dieses Evangelium erst nach 96, mehr als ein halbes Jahrhundert nach Jesu Tod, verfaßt, oder dieser V. ist, da er bei Markus fehlt, später hinzugefügt.

4. In dem Kapitel von der Parusie heißt es (24, 15): „Wenn ihr sehen werdet den Gräuel der Verwüstung, von dem im Propheten Daniel geweißagt ist, stehend auf heiligem Orte (wer es liest, der merke darauf), dann mögen diejenigen, welche in Judäa sind, auf die Berge fliehen." Es ist unbegreiflich, wie Köstlin und andere Ausleger diesen V. auf die Zerstörung des Tempels durch Titus beziehen und daher die Abfassungszeit des Evangeliums zwischen 70—80 setzen können! Hat denn Titus einen Gräuel der Verwüstung b. h. ein Götzenbild auf den Tempelplatz stellen lassen? Wohl aber tat es Hadrian, als er Jerusalem in Aelia Capitolina verwandelte. Hieronymus in Jesaiam c. 2. Ubi quondam erat templum Dei, ibi Adriani statua et Jovis idolum collocatum est. Ja, Hieronymus selbst legt diesen Vers so aus, daß er sich auf die hadrianische Zeit bezieht. Potest simpliciter intelligi ... de Hadriani equestri statua, quae usque in praesentem diem stetit. Das ganze Kapitel der Parusie, von dem Kriege und Kriegsgeschrei, von solchen, welche sich als Messias ausgeben und die Christen verführen werden, und von der Leidenszeit, welche über die Christen hereinbrechen werde, ist nur durch die Vorgänge des hadrianisch-barkochbaischen Krieges verständlich. Gerade

Note 20. Die Abfassungszeit der Evangelien.

in dieser Zeit, als auch die Christen Anfechtungen hatten, ist zum Troste für sie das Matthäusevangelium niedergeschrieben worden, zwischen 132—135.

5. Man kann noch hinzufügen, daß die Ausfälle gegen die Schriftgelehrten (23, 7 f), auf die Zeit nach der Tempelzerstörung hinweisen. „Sie haben es gerne, auf den Marktplätzen gegrüßt und Rabbi Rabbi[1]) genannt zu werden." Der Titel Rabbi war nämlich vor der Tempelzerstörung nicht üblich, da er nur von Jüngern ihrem Meister gegeben wurde. Solche gesonderte Schulen mit einem Lehrer an der Spitze bestanden aber nicht, so lange das Synhedrion fungierte. Die Gesetzeslehrer, welche vor der Tempelzerstörung geblüht haben, werden daher selbst in den talmudischen Schriften ohne diesen Titel genannt. Die sogenannten Paare (זוגות), von Jose ben Joëser bis Hillel und Schammaï, figurieren sämtlich ohne den Titel Rabbi. Nur die Nachkommen Hillels werden mit dem Titel Rabban (רבן) benannt, weil sie im Synhedrion monarchisch ohne einen zweiten gleichberechtigten Beisitzer fungiert haben. So auch noch Rabban Jochanan Ben-Sakkai, weil er ebenfalls ohne Beisitzer im Kollegium fungiert hat. Erst nach seinem Tode, als zugleich mehrere Schulen entstanden waren, nannten die Jünger je einer Schule ihren Meister „Rabbi". Der Gebrauch des Titels beginnt mit רבי עקיבא, ר' אליעזר, ר' יהושע. Jesus kann daher unmöglich diese und die übrigen Ausfälle gegen die Schriftgelehrten ausgesprochen haben. Sie stammen sämtlich aus der Zeit nach der Katastrophe, als die Spannung zwischen den Führern der Judenschaft und den judenchristlichen Gemeinden zunahm.

Ist das älteste Evangelium erst ein Jahrhundert nach Jesu Tod entstanden, so ist selbstverständlich die Weissagung von dem Untergang des Tempels, daß nicht ein Stein auf dem andern bleiben werde (24, 2), ein echtes vaticinium ex eventu.

Es ist daher begreiflich, daß, wenn dieses Evangelium erst gegen Ende von Hadrians Regierungszeit verfaßt wurde, Papias, der in derselben Zeit und unter Mark-Aurel lebte, diese jedenfalls erste bedeutendere literarische Komposition nicht kannte. Es werden allerdings schon gegen Ende des ersten Jahrhunderts evangelische Kompositionen bemerkt. Sie waren den Gesetzeslehrern, welche zwischen der Tempelzerstörung und dem hadrianischen Krieg lehrten, R. Tarphon, R. Jsmaël und R. Jose, dem Galiläer, bereits unter dem Namen Gilion bekannt[2]). Sie waren gewiß in aramäisch gefärbtem Hebräisch geschrieben. Eines unter diesen wurde nach einer kirchlichen Tradition das Hebräer- oder Nazarener-Evangelium ($Evayyέλιον\ καθ'\ Ἑβραίους$ oder $κατὰ\ Ναζαραίους$) genannt. Es war vielleicht identisch mit demjenigen Matthäus-Evangelium in hebräischer Sprache, von welchem Papias erzählt, daß es für griechisch-redende oder Heiden-Christen von mehreren übersetzt und ausgelegt wurde, und von dessen Übersetzung er mit Mißachtung spricht. Keineswegs ist darunter das kanonische Matthäus-Evangelium zu verstehen, da dieses gar nicht den Charakter einer Übersetzung hat, sondern vielmehr das Gepräge eines griechischen Originals an sich trägt, allerdings in dem schlechten Stile, welcher

---

[1]) Das. V. 8—10 heißt es: „Ihr aber sollt nicht Rabbi, nicht Vater, nicht $καθηγητής$ genannt werden" Das $πατήρ$ entspricht dem aramäischen Titel אבא, welcher wahrscheinlich älteren Lehrern erteilt wurde, z. B. אבא שאול, das $καθηγητής$ ist wohl מורה, „Führer."

[2]) Tossefta Sabbat XIII (XIV.), 5 und Parall. הגליונים וספרי מינין אין מצילין אותן מפני הדליקה בשבת. Dabei die herbe Äußerung über sie von R. Tarphon und R. Jsmaël.

ben hellenistischen Juden, die nicht auf der Höhe der klassischen Bildung, wie Philo, Josephus und der Verf. des Buches der Weisheit, standen, eigen war. Als authentische Geschichtsquelle kann dieses älteste Evangelium keineswegs angesehen werden, da es, wie erwiesen ist, erst ein Jahrhundert nach Jesu Tode verfaßt wurde, und die Apostel, deren Traditionen darin aufgenommen sein könnten literarisch zu ungebildet waren, um Geschichtliches treu zu überliefern. Eine echte Tradition hätte doch mindestens das Chronologische im Leben Jesu geben müssen. Aber dieses ist im Evangelium so verschwommen gegeben, als wenn Jesu Tätigkeit in einem einzigen Jahre vorgegangen wäre.

Der Verfasser des Johannes-Evangeliums, der aus einem gebildeteren griechischen Kreise stammte, verlängert Jesu Tätigkeit auf drei Jahre, nicht etwa weil er einer authentischeren Überlieferung folgte, sondern weil er Anstoß nahm an dem Zusammenschrumpfen einer so großartigen Wirksamkeit in den verschiedenen Städten Galiläas und Peräas und in Jerusalem zu einem Jahre. Es schien ihm eine chronologische Unmöglichkeit.

Dieselbe chronologische Unbestimmtheit und Unmöglichkeit zeigt sich auch in der Erzählung von Jesu Prozeß, Tod und Auferstehung. Zuerst wird im Matthäus-Evangelium angegeben, die Hohenpriester, Schriftgelehrten und Ältesten hätten es vermeiden wollen, Jesu Prozeß an dem Feste vorzunehmen, damit nicht ein Aufruhr im Volke entstehe (26, 5: $μὴ ἐν τῇ ἑορτῇ$). Und im Widerspruch damit wird weiter erzählt, die Hinrichtung sei doch am Feste erfolgt. Denn am Vorabend des Festes der ungesäuerten Brote (V. 17: $τῇ δὲ πρώτῃ τῶν ἀζύμων$, d. h. an dem Tage, an welchem das Paschaopfer geschlachtet zu werden pflegte), trägt Jesus seinen Jüngern auf, das Mahl für das Pascha vorzubereiten; des Abends speist er mit ihnen zusammen, bricht das Brot, trinkt den Kelch (vergessen ist aber das Genießen vom Paschalamm, das doch direkt bestellt worden war, das. „$φαγεῖν τὸ πάσχα$". In der Nacht wird er gefangen und am andern Morgen hingerichtet. Also doch am Feste, was doch vermieden werden sollte. Diese Tageschronologie ist ohnehin ungeschichtlich, da nach der jüdischen Tradition an den Festtagen keine Gerichtssitzung gehalten werden durfte, und umso weniger eine Hinrichtung vorgenommen worden ist. Diese Bestimmung ist nicht etwa bloß rabbinisch, sondern sie ist auch durch Philos Angabe bestätigt. Doch lassen wir es gelten, Jesus sei an dem ersten Tage des Festes hingerichtet worden. Dabei zeigt sich wieder eine andere chronologische Unbestimmtheit. Tages darauf, d. h. an dem Tage nach dem Rüsttage (27, 62 $τῇ δὲ ἐπαύριον, ἥτις ἐστὶν μετὰ τὴν παρασκευήν$) verlangen die Hohenpriester von Pilatus, daß das Grab verschlossen werden solle, damit nicht ein neuer Betrug entstehe[1]).

Aber der Tag nach dem Rüsttag ist ja eben der Festtag, an dem die Hinrichtung geschehen sein soll, denn $παρασκευή$ kann ja hier nur bedeuten $τῆς ἑορτῆς$ und ist ganz gleich dem $πρώτῃ τῶν ἀζύμων$. Sollte darunter der Freitag gemeint sein, so wäre die Umschreibung unnötig und ungeschickt. Es brauchte ja nur angegeben zu werden: am Sabbat, wie denn auch der Abend vor dem Tag der Auferstehung bezeichnet wird, als Abend des Sabbats auf den ersten Tag (28, 1 $ὀψὲ δὲ σαββάτων, τῇ ἐπιφωσκούσῃ εἰς μίαν σαββάτων$). Dem

---

[1]) [Vgl. jetzt über diese Frage Chwolson, das letzte Passamahl Christi und der Tag seines Todes (Petersburg und Leipzig, 1892) und die Aufsätze Kaufmanns (Monatsschr. f Gesch. u. Wissenschaft des Judentums XXXVII, 393 ff.), Chwolsons (das. 537 ff.) und Rosenthals (das. XXXVIII, 97 ff.)].

judenchristlichen Verf. dieses Evangeliums lag aber daran, zu erzählen, daß Jesus auch das judäische Passafest gefeiert habe, um diese Feier dem Gewissen seiner Gemeinde als wichtig und heilig zu empfehlen. Darum verwickelt er sich in einen chronologischen Widerspruch. Das Johannesevangelium dagegen, aus einem heidenchristlichen Kreise stammend und für heidenchristliche Gemeinden geschrieben, denen die jüdische Passafeier gleichgültig war, läßt das Faktum fehlen, daß Jesus das Passamahl gehalten habe, sondern stellt seine letzten Tage so dar, daß er am 13. Nissan das Abendmahl als πάσχα τυπικόν gefeiert und am 14., an einem Freitag, gekreuzigt worden sei. Hier ist der chronologische Widerspruch bezüglich des Endes beseitigt Auch dieser Umstand beweist, daß dem Matthäusevangelium eine geschichtliche Tradition nicht zugrunde lag, sondern, daß es zu einer Zeit verfaßt wurde, als die Osterfeier, welche in den folgenden Jahrhunderten zu einem Schisma führte, bereits Gegenstand einer Differenz war.

Man kann auch konstatieren, daß dieses Evangelium in Pella, einer Stadt der Dekapolis, verfaßt wurde, wohin die geängstigten Glieder der palästinensischen Kirche während des hadrianischen Krieges sich gerettet hatten (nicht während des Krieges unter Vespasian, wie es Eusebius darstellt). Darum ist auch der griechische Stil dieses Evangeliums so barbarisch. Es war die Sprache der Juden in der Mischbevölkerung der Dekapolis.

Es kann hier nicht Gegenstand des Nachweises sein, daß dieses Evangelium sowohl in den Jesus in den Mund gelegten Parabeln, als auch in einem Teile der Bergpredigt geradezu gegen den Apostel Paulus und den Paulinismus schneidig polemisiert.

21.
Präzisierung der Zeit für die die Judäer betreffenden Vorgänge unter dem Kaiser Caligula.

Bekanntlich herrscht eine chronologische Konfusion bezüglich des Faktums von Caligulas wahnwitzigem Befehle, seine Bildsäule im Tempel aufzustellen, und der darauffolgenden Verhandlungen zwischen dem Statthalter Petronius mit dem Volke und dem Kaiser. Die zwei Hauptquellen darüber, Philo (de legatione ad Cajum) und Josephus, differieren darüber unausgleichbar. Nach dem erstern fanden Petronius' Verhandlungen im Sommer statt. Er gibt nämlich als Motiv dafür an, daß der Statthalter das Aufstellen der Bildsäule gegen Caligulas Befehl aufgeschoben habe, weil die Getreidefrucht und alles Übrige in der Reife gewesen. Es sei daher zu befürchten gewesen, daß die Menschen (die Judäer) aus Verzweiflung wegen der zugemuteten Religionsverletzung, da sie ihr Leben geringschätzten, entweder die Äcker verwüsten oder die Ährenfrucht auf den Höhen und in den Ebenen verbrennen würden. Petronius habe es daher für ratsam gehalten, einen Aufschub zu gestatten, damit nicht bloß die Halmfrucht, sondern auch die Baumfrüchte ohne Vernachlässigung eingeheimst werden könnten[1]). Es ist nicht überflüssig, sich diese ganze Auseinander-

[1]) Legatio ad Cajum § 33, ed. Mangey 583: Ἐν ἀκμῇ μὲν γὰρ τὸν τοῦ σίτου καρπὸν εἶναι. κτλ In dem Drohschreiben Caligulas an Petronius läßt diese Quelle diesen Umstand als Vorwand bezeichnen (das. § 34 p. 584, Z. 14—15): συγκομιδὴν αἰτίῳ καρπῶν, und zum Schluß läßt sie Caligula schreiben daß Z. 36: die Ernte, mag sie als Vorwand dienen oder mag es damit seine Richtigkeit haben, wird wohl indeß eingeführt sein können: καὶ γὰρ ἤδη τὰ θέρη, τὴν εἴτε πιθανὴν, εἴτε ἀληθῆ πρόφασιν, συγκεκομίσθαι δύνασθαι.

setzung in dieser Quelle zu vergegenwärtigen, um den historischen Wert derselben richtiger beurteilen zu können. Es folgt also daraus unzweideutig, daß sie, wenn nicht Caligulas Befehl, so doch jedenfalls die darauf erfolgten Schritte Petronius' in den Sommer gesetzt hat.

Josephus setzt aber eben so unzweideutig Petronius' Verhandlung in den **Spätherbst**. Er erzählt, daß die Menge, verzweifelt wegen des beabsichtigten Attentats auf das Heiligtum, in Tiberias vor Petronius versammelt, erklärt habe, lieber zu sterben, als diese Schändung zu erleben. Vierzig Tage hintereinander habe sie diese Drohung der Verzweiflung kund gegeben und habe tatsächlich den Landbau vernachlässigt, obwohl die Zeit zur Aussaat herangekommen gewesen[1]. Noch deutlicher bestimmt Josephus die Zeit für dieses Faktum an einer anderen Stelle. Petronius habe dem Volke verkündet, daß er auf dessen Wunsch eingehe, dem Kaiser die Widersetzlichkeit und die Todesentschlossenheit des ganzen Volkes anzuzeigen und auf eigene Gefahr das Aufstellen der Bildsäule zu unterlassen. Er habe das Volk dabei aufgefordert, die Felder zu bestellen. Das Volk sei darauf hoffnungsvoll an die Feldarbeit gegangen, und es habe sich dabei ereignet, daß, nachdem das ganze Jahr hindurch Dürre geherrscht habe, plötzlich Regen eingetreten sei[2].

Dazu kommt noch ein Scholion zu Megillat Ta'anit, welches ebenfalls diese Begebenheit in den Herbst setzt. Der Text der Megillat Ta'anit gibt nämlich nur unbestimmt an: „am 22. ist aufgehoben worden das Werk, welches der Feind in den Tempel zu bringen befohlen hatte, und Cajus Caligula ist getötet worden." Daß unter נסכלגס Cajus Caligula zu verstehen und das Wort korrumpiert ist (auch in נכלפוס), ist längst erkannt worden (o. S. 748). Das Scholion bezeichnet die Tatsache genauer und bestimmt das chronologische Moment mit außerordentlicher Präzision. Die Nachricht, die Bildsäule aufzustellen, sei in Jerusalem am Vorabend des Hüttenfestes (14. Tischri), und am 22. Schebat die Kunde vom Tode Caligulas eingetroffen. Die aufregende Begebenheit habe also nur im Ganzen vier Monate und acht Tage gedauert (14. Tischri bis 22. Schebat). Die Scholia zu den Gedenktagen der Megillat Ta'anit stammen zwar aus verschiedenen Zeiten, manche aus sehr später Zeit. Aber dieses Scholion muß aus einer alten und historischen Quelle stammen, denn es kennt viele Details, welche auch Philo und Josephus anführen. Es kennt den Statthalter Petronius, den es als Boten oder Gesandten bezeichnet; es führt ferner an, daß die Menge ihn angefleht hat, den Entweihungsversuch aufzugeben: היו צועקים ומתחננים לשליח. Es gibt ferner an, daß die Menge in vielen Städten, welche der Gesandte berührte, in Trauer zubrachte: ראה בני אדם שהיו פושטין בשוקים על השק (ועל האפר). Endlich stimmt auch die von ihm angegebene Zeit aufs Genaueste, wie wir weiter sehen werden. Aus dieser, wenn nicht klassischen, doch beachtenswerten Quelle wird Josephus' Zeitangabe bestätigt, daß der Vorgang im Herbste stattgefunden hat. Der Widerspruch besteht also

---

[1] Josephus Altert. XVIII, 8, 3: καὶ ταῦτα ἐπράσσετο ἐπὶ ἡμέρας τεσσαράκοντα, καὶ τοῦ γεωργεῖν ἀπείροντοι τὸ λοιπὸν ἦσαν, καὶ ταῦτα τῆς ὥρας οὔσης πρὸς σπόρῳ.

[2] Das. 6. προμηθεῖσθαι τῶν εἰς τὴν γεωργίαν ἠξίου τοὺς ἐν τέλει κτλ. Im jüd. Kr. (II, 10, 5) bestimmt Josephus die Zeit in der Art, daß Petronius dem Volke versprochen habe, sich zu dessen Gunsten bei Caligula zu verwenden, als bereits **fünfzig Tage seit dem Beginne der Aussaat vorübergegangen waren**: κατὰ γὰρ ὥραν σπόρου πεντήκοντα ἡμέρας ἀργὰ προςδιέτριβεν αὐτῷ τὰ πλήθη.

Note 21. Präzisier. d. Zeit f. d. d. Jud. betr. Vorg. unter Caligula. 763

in aller Schärfe und kann durchaus nicht ausgeglichen werden. Keims Ausgleichung, daß der Befehl Caligulas und Petronius' erste Verhandlung mit den Judäern in den Sommer des Jahres 39 zu setzen sei, die sich dann den ganzen Winter 40—39, den ganzen Sommer 40 bis zu Caligulas Tod Januar 41 hingezogen habe, dieser Ausgleich ist unhaltbar, und es ist unbegreiflich, wie sich dieser Forscher die Sache so leicht machen konnte, zu bemerken: „die gegenseitige Ergänzung (Philos und Josephus', eines aus dem andern) ist nicht schwer herzustellen" (Geschichte Jesu von Nazara I, 237 e).

Denn nach dieser Annahme hätte sich die Angelegenheit anderthalb Jahre, von Sommer 39 bis Caligulas Tod, Anfangs 41, hingezogen. Wir haben aber eben aus dem Scholion erfahren, daß sie kaum 5 Monate gedauert habe. Selbst aus Josephus' Relation geht hervor, daß die Spannung sich nicht so lange hingezogen hat. Er referiert hinter einander: Petronius habe den Befehl empfangen, die Bildsäule aufzustellen, sei mit Legionen von Antiochien nach Ptolemaïs aufgebrochen, um dort Winterquartiere zu nehmen, habe sich dann, durch den Jammer des Volkes bewogen, nach Tiberias begeben, um mit den judäischen Großen die gefahrvolle Sache in Beratung zu ziehen, und habe auf deren Rat an Caligula ein Schreiben über die Sachlage gerichtet und Rücknahme des Befehles empfohlen. Dieses Alles kann ja in kurzer Zeit aufeinander erfolgt sein, da, wie Josephus angibt, die Menge vierzig Tage flehend und jammernd in Tiberias zugebracht habe.

Die Unrichtigkeit dieser Ausgleichung durch die Prokrastinierung der Zeit bis ins Jahr 39 ergibt sich aus der Philonischen Schrift selbst. Diese läßt Petronius Caligula gegenüber als Grund zur Rücknahme des Befehles geltend machen, weil der Kaiser beabsichtige, eine Reise nach Alexandrien zu unternehmen, und für sein zahlreiches Gefolge zu Land der Ernte Palästinas nicht werde entbehren können (das. § 33, p. 583, Z 14 fg.): λέγεται μὲν γάρ, ὡς λόγος, πλεῖν εἰς Ἀλεξάνδρειαν . . . οὐ χάριτι τῶν Ἰουδαίων, ἀλλ' ἕνεκα τῆς τῶν καρπῶν συγκομιδῆς. Philo läßt darauf Caligula erwidern: die Bedachtnahme auf hinreichende Lebensmittel für sein Gefolge sei ein leerer Vorwand; denn selbst wenn ganz Judäa nichts liefern könnte, würde es ihm, dem Kaiser und seinem Gefolge, an nichts mangeln (das. 34 p. 584, Z. 14 fg.). Nun hat Caligula allerdings beabsichtigt, eine Reise nach Alexandrien zu machen, aber erst im Jahre 40 nach seiner Rückkehr von der germanisch-gallischen Expedition, und zwar nach dem 31. August, wie aus Sueton hervorgeht (Caligula 49). Philo selbst dachte sich also diesen Vorgang im Jahre 40 und nicht ein Jahr vorher [vgl. hierzu die Ausführungen Schürers I², S. 503, und seine chronologische Übersicht das. Anm. 187. Ferner Kohout a. a. O., S. 589 f.].

Dazu kommt noch ein anderer Umstand. Josephus knüpft in den Altertümern (XVIII, 8, 2) Caligulas wahnsinnigen Einfall bezüglich der Statue an die Geschichte von der Gesandtschaft der Alexandriner, als wenn der Streit der Alexandriner um das Bürgerrecht und die Anschuldigung der alexandrinischen Heiden, daß die Judäer dem Kaiser in ihren Proseuchen nicht göttliche Verehrung zollten, ihn darauf gebracht hätte, einen Coup auszuführen und die Verehrung seiner Bildsäule im jerusalemischen Tempel zu erzwingen. Ähnliches berichtet auch die Philonische Schrift an der angeführten Stelle, die, wenn man sie genauer als es bisher geschehen ist, betrachtet, ebenfalls an die Hand gibt, daß sich die Vorgänge in Judäa erst während der gesandtschaftlichen Verhandlungen der Alexandriner abgesponnen haben.

Ehe wir aber diesen Punkt, welcher entscheidend für diese chronologische

Frage ist, in Betracht ziehen, müssen wir uns in der Zeit orientieren. Im Jahre 39 machte Caligula seine kindischen Feldzüge nach Germanien, Gallien und Britannien; die Zeit seiner Abreise ist unbestimmt, nur so viel wissen wir, daß er im Januar 40 in Lyon weilte (Sueton Caligula 17: Tertium (consulatum) autem Luguduni iniit solus). An seinem Geburtstage, 31. August 40, kehrte er nach Rom zurück, und 24. Januar 41 wurde er umgebracht. Der Befehl, seine Bildsäule aufzustellen, müßte also, wenn im Jahre 39 erlassen, noch vor dieser Expedition ergangen sein; auch der erste Depeschenwechsel zwischen Petronius und ihm müßte in diese Zeit gesetzt werden. Allein, sollte Caligula, welcher nicht mit sich spaßen ließ, Geduld gehabt haben, Petronius' Ungehorsam gegen seinen Befehl länger als ein Jahr zu ertragen? Diese chronologische Richtigstellung führt darauf, daß die ganze Bildsäulengeschichte erst nach Caligulas Rückkehr aus Gallien, nach August 40, anzusetzen ist, und so läßt auch Philo die Korrespondenz zwischen Petronius und Caligula nach und von Rom aus führen. Richtig setzt daher Clinton den ganzen Vorgang innerhalb des Jahres 40. (Fasti Rom. ad 40.) The transaction of Petronius, described by Josephus and Philo are fixed by these incidents to An. D. 40. Aber dabei muß die Einschränkung gemacht werden, im Jahre 40 nach dem 31. August, dem Tage der Rückkehr; dann wird aber die Angabe „z. Z. der Ernte", d. h. vor August dieses Jahres, erst recht verdächtig. Und Keims Darstellung, als wenn die Audienz der alexandrinischen Gesandtschaft vor Caligula noch im Winter 39/40 stattgefunden hätte (a. a. O. S. 235), d. h. die Audienz in Italien, während der Kaiser in Gallien war, richtet sich selbst. Schürer, der in dieser Frage Keim folgt, nur daß er den chronologischen Widerspruch nicht so leichten Herzens wie jener nimmt, Schürer hat zwar diesen chronologischen Lapsus gerügt und auf den Passus hingewiesen, daß die Gesandtschaft nach dem sogenannten Siege des Kaisers stattgefunden hat (Lb. der neutest. Zeitgesch. 257e). Aber auch er hat übersehen, daß die Stelle bei Philo geradezu aussagt, die peinliche Spannung in Judäa wegen der Bildsäule sei erst während der Audienz der judäischen Gesandten diesen bekannt geworden, d. h. Winter 40 [Vgl. jetzt Schürers Erwägung der chronologischen Schwierigkeiten a. a. O. S. 501, Anm. 147].

Die Philonische Schrift erzählt nämlich mit dramatischer Lebhaftigkeit: als Philo mit seinen Mitgesandten dem Kaiser von Rom nach Dikäarchia (Puteoli) folgte, bekümmert um den Ausgang ihres Gleichstellungsgesuches und jeden Augenblick der Zulassung zur Audienz gewärtig, näherte sich ihnen jemand mit verwirrtem Blicke und beschwertem Atem, führte sie abseits und sprach, kaum des Wortes mächtig: „Habt ihr das neueste gehört?" (ἠκούσατε τὰ καινά;) Als dieser Ankömmling weiter sprechen wollte, wurde er daran durch einen Tränenstrom gehindert, und so ging es zwei und dreimal. Der Mann konnte sich vor Schmerz nicht fassen. Die Gesandten, über diesen Vorfall erschrocken, ermahnten ihn, ihnen doch endlich seine Unglückskunde zusammenhängend zu erzählen, sie nicht zu verschonen, da sie an Schmerz und Tränen gewöhnt seien: Darauf erwiderte der Trauerbote, von Schluchzen unterbrochen: „Unser Tempel ist hin. Eine kolossale Bildsäule in das Allerheiligste desselben zu bringen, hat Cajus (Caligula) befohlen, und ihr den Namen Zeus beizulegen" (Legatio § 29 M. 573): οἴχεται ἡμῶν τὸ ἱερόν. ἀνδριάντα κολοσσιαῖον εἰσωτάτω τῶν ἀδύτων ἀνατεθῆναι Γάϊος προσέταξε, Διὸς ἐπίκλησιν αὐτοῦ.

Die Gesandten, welche, wie angegeben, im Winter 40 Caligula nachgezogen

Note 21. Präzisier. d. Zeit f. d. d. Jud. betr. Vorg. unter Caligula.

waren, hatten also bis dahin gar keine Ahnung von dieser Sache, sie hatten sie erst von einem Ankömmling als etwas ganz neues, kurz vorher Eingetretenes erfahren. Die Betroffenheit derselben über diese für sie entsetzliche Neuigkeit schildert das folgende drastisch. „Als wir über das Vernommene erstaunt, entsetzt, kaum imstande, einen Schritt vorwärts zu setzen, und auch an Körperkraft gelähmt dastanden, kamen andere Boten, welche dieselbe Schreckenspost überbrachten. Darauf schlossen wir uns gemeinschaftlich ein und betrauerten unser besonderes und das gemeinsame Geschick." Das Besondere betraf die Alexandriner, denen die Gleichheit entzogen wurde, und das Gemeinsame war die drohende Tempelentweihung. „Damit die unerträgliche Mißhandlung nicht für immer erlassen bleibe[1]), sind wir mitten im Winter hinübergeschifft, ohne zu ahnen, welcher Wintersturm zu Lande droht, viel heftiger als der zu Wasser. Wird es denn noch gestattet sein, wegen der (geschändeten) Proseuchen sich zu nähern und den Mund aufzutun bei dem, welcher das Allheilige ($\pi\alpha\nu\iota\epsilon\rho\sigma\nu$) entweiht? Denn offenbar wird der sich wenig um die unscheinbaren und geringer Ehre würdigen Bethäuser kümmern, welcher gegen den hervorragenden und weitberühmten Tempel wütet, auf welchen Morgen- und Abendland hinblicken, welcher der Sonne gleich überallhin erglänzt." Das Weiterfolgende stellt nun dar, wie die alexandrinischen Gesandten unschlüssig waren, ob sie noch Caligula um Erhaltung ihrer Gerechtsame anflehen sollten, aus Furcht, noch mehr Unglück für die Judäer dadurch herbeizuführen. „Denn mit der Entweihung des Tempels ist zu fürchten, daß der neuerungssüchtige und frevelhafte Mann (Caligula) befehlen werde, den Namen des Volkes aus dem Gedächtnisse zu löschen."

Im weiteren Verlaufe erzählt die Schrift ferner, wie er und seine Mitgesandten sich von denen, welche die Unglücksbotschaft überbracht hatten, erzählen ließen, was Caligula bewogen hat, die Tempelschändung zu befehlen (das. § 30 p. 575, Z. 8: $\delta\epsilon\omicron\nu\ \pi\rho\omicron\varsigma\epsilon\xi\eta\gamma\epsilon\tilde{\iota}\sigma\theta\alpha\iota\ \kappa\alpha\iota\ \tau\grave{\alpha}\ \kappa\epsilon\kappa\iota\nu\eta\kappa\acute{o}\tau\alpha\ \tau\grave{o}\nu\ \Gamma\acute{\alpha}\iota\omicron\nu$). Darauf teilen diese mit, daß sein Zorn im allgemeinen dadurch rege geworden sei, weil die Judäer ganz allein ihm göttliche Ehren versagten, insbesondere aber, weil die Judäer in der Stadt Jamnia einen ihm zu Ehren erbauten Altar zerstört hätten, und diese Beleidigung von ihrem Feinde, dem Verwalter Capito, dem Kaiser in starker Übertreibung mitgeteilt worden sei. Darauf habe Cajus beschlossen, statt des von den Judäern in Jamnia zerstörten Altars eine Kolossalbildsäule für das Heiligtum der Hauptstadt errichten zu lassen. Alles dieses erfuhren Philo und seine Mitgesandten von Personen, welche diese Nachrichten mit Trauer und Entsetzen mitteilten. Sie erfuhren es erst, als sie Cajus von Rom nach Puteoli gefolgt waren, um zur Audienz zugelassen zu werden. Während sie noch in Ägypten waren, wußten sie gar nichts von diesem Vorfall, auch nicht als sie mitten im Winter die Reise von Alexandrien nach Italien gemacht hatten, ja nicht einmal während ihres längern oder kürzern Aufenthaltes in Rom, ehe sie nach Puteoli gekommen waren. Diejenigen, welche es den Gesandten voll Entsetzen mitteilten, hatten es selbst erst kurz vorher erfahren; denn sie überbrachten es diesen als etwas ganz neues mit: $\eta\kappa\omicron\acute{v}\sigma\alpha\tau\epsilon\ \tau\grave{\alpha}\ \kappa\alpha\iota\nu\acute{\alpha}$? Ohne Zweifel waren diese Berichterstatter judäische Römer, welche

---

[1]) Der Satz M. 573, Z. 41: $\dot{v}\pi\grave{\epsilon}\rho\ \tau o\tilde{v}\ \mu\grave{\eta}\ \epsilon\dot{\iota}\varsigma\ \ddot{\alpha}\pi\alpha\nu\tau\alpha\varsigma\ \tau\alpha\tilde{\iota}\varsigma\ \dot{\epsilon}\nu\ \alpha\dot{v}\tauο\tilde{\iota}\varsigma\ \pi\alpha\rho\alpha\nuο\mu\acute{\iota}\alpha\iota\varsigma\ \dot{\alpha}\varphi\epsilon\theta\tilde{\eta}\nu\alpha\iota\ \chi\epsilon\iota\mu\tilde{\omega}\nu\omicron\varsigma\ \mu\acute{\epsilon}\sigma\omicron v\ \delta\iota\epsilon\pi\lambda\epsilon\acute{v}\sigma\alpha\mu\epsilon\nu$, ist durchaus unverständlich. Mangey schlägt zwei Emendationen vor, die aber auch nicht besonders befriedigen.

zuerst die Trauerpost aus Palästina vernommen hatten und sie den Gesandten, von deren Schritten sie Kunde hatten, zur Instruktion überbracht haben.

Was folgt nun mit voller Gewißheit aus allem diesen oder aus der eigenen Relation bei Philo? 1) Daß die Vorgänge in Judäa vom Aufstellen der Bildsäule unmöglich im Jahre 39 vorgefallen sein können, sonst hätten die Gesandten vor ihrer Abreise nach Italien, Winter 40, Kunde davon haben müssen. 2) Daß sie aus demselben Grunde auch nicht im Frühjahr 40 vorgefallen sein können, auch abgesehen davon, daß Caligula in dieser Zeit in Gallien oder Germanien geweilt hat. Es folgt aber auch 3) daraus, daß Caligulas die Bildsäule betreffender Befehl erst im Herbst erlassen worden sein muß. Die Gesandten waren mitten im Winter nach Italien zur Audienz gereist, d. h. September-November 40, und erhielten die Nachricht von der beabsichtigten Tempelentweihung erst, als sie bereits einige Zeit in Rom geweilt hatten. Bis die Nachricht darüber von Palästina nach Italien gelangen konnte, kann doch nicht eine gar zu lange Zeit verstrichen sein, oder nur so viel, als die Schiffahrt dauerte. Es folgt also entschieden daraus, daß die Peripetien dieses zu einer Tragödie angelegten Stückes nur innerhalb der Zeit von 5 Monaten spielten, vom 31. August 40, Caligulas Rückkehr von seiner Expedition, bis zum 24. Januar 41, Caligulas Ermordung. Josephus' Zeitbestimmung, daß die Bildsäulengeschichte in Judäa im S p ä t h e r b s t e, während der Saatzeit begonnen hat, wird also von dem Bericht in der Philonischen Schrift selbst bestätigt.

Es folgt indessen noch ein Viertes aus dieser letzten Darstellung von der Art, wie die Kunde Philo und seinen Mitgesandten zugekommen war. Es ergibt sich daraus, daß Philo nicht als klassischer Zeuge gelten kann. Er hatte die erste Nachricht von der beabsichtigten Tempelschändung nicht aus erster, sondern wohl aus zweiter oder dritter Hand erfahren. Er selbst erzählt sie uns so, daß zuerst ein Mann in großer Bestürzung ihnen die Vorfälle nur in allgemeinen Umrissen mitgeteilt habe: „Hin ist der Tempel!" Dann seien noch einige Personen hinzugekommen, und von diesen habe er einiges Detail über die Veranlassung erfahren. Die Berichterstatter selbst waren ohne Zweifel, wie oben angegeben, judäische Römer, welche die Schreckensnachricht nur aus Palästina erhalten haben können. Philo kannte also die Vorgänge nur von solchen, die nicht selbst Zeugen derselben waren. Von wem er den ausführlichen Bericht hatte, den er von § 31 bis 42 mit rhetorischer Ausschmückung wiedergibt, ist nicht bekannt. Er hat ihn erst viel später komponiert, während Claudius' Regierung, nachdem der Ägypter Helicon, der Caligula zur Feindseligkeit gegen die Judäer gereizt hatte, von dem erstern dem Tode geweiht war (§ 30 Ende Mangey II, p. 576, Z. 28 fg.). Philos Bericht, selbst wenn er authentisch von ihm stammen sollte, kann daher bezüglich des Details durchaus nicht als authentische Quelle gelten. Abgesehen davon, daß er mit rhetorischen Floskeln überladen ist, erscheint die Rolle, die er den König Agrippa in diesem Drama spielen läßt, durchaus charakter- und geschichtswidrig. Wir dürfen also auf Philos chronologische Angabe in dieser Geschichte wenig oder gar nichts geben. Er hat sie deswegen in die Erntezeit verlegt, um Raum für die verschiedenen Vorgänge zu haben. Petronius habe die Zeit, die ihm bis zur Anfertigung der Bildsäule geblieben sei, dazu benutzt, um dem Dilemma möglicherweise zu entgehen (§ 31): καιρὸν οὖν σχὼν εἰς τὴν τοῦ συμφέροντος διάσκεψιν . . . προστάττει τὴν κατασκευὴν ἔν τινι τῶν ὑμύρων ποιεῖσθαι. Hätte sich die Geschichte innerhalb eines Zeitraumes von 5 Monaten abgespielt, so hätte Philo das Moment zur rhetorischen Ausschmückung gefehlt, daß Petronius durch die zaudernde Anfertigung der Bildsäule Zeit habe gewinnen wollen. Dieses Moment betont Philo daher wiederholentlich und fügt zuletzt noch ein Faktum hinzu, welches durchaus geschichtswidrig erscheint: Caligula habe in Rom eine Koloßbildsäule anfertigen lassen, um sie auf einem Schiffe nach Jerusalem zum Aufstellen transportieren zu lassen (§ 42, M. 595, Z. 14 fg.). Es widerspricht durchaus Caligulas Charakter, was Philo von dessen Antwortschreiben an Petronius berichtet, es sei scheinbar milde gehalten gewesen. Plausibler ist Josephus' Bericht, daß es außerordentlich streng und gereizt gehalten gewesen sei und den Befehl enthalten habe, Petronius möge sich das Leben nehmen.

Die Zeitangabe bei Philo „zur Zeit der Ernte", hält demnach die Kritik nicht aus. Sie kann nicht richtig sein, weil — da doch darunter nur die des Jahres 40 verstanden sein kann — Caligula in dieser Zeit von Rom abwesend war. Dieses chronologische Moment hat Philo ebensowenig, wie die modernen Forscher beachtet. Philo läßt während dieser Zeit Agrippa in Rom weilen und sich täglich zu Caligula zur Begrüßung begeben, ohne Kunde davon zu haben, daß Petronius geschrieben hat, daß die Ausführung des Befehles wegen der bevorstehenden Ernte bedenklich sei[1]. Philo will damit sagen, daß Agrippa vorher im Sommer in Rom im Verkehr mit dem Kaiser gewesen sei. Allein das ist ja ganz unmöglich, da Caligula zur Zeit, als Petronius von der bevorstehenden Ernte geschrieben haben soll, also Mai-Juni 40, von Rom abwesend war und erst 31. August dahin zurückkehrte, also vom Einsammeln der Ernte nicht mehr die Rede sein konnte [Da Petronius nicht wissen konnte, ob und wann der Kaiser daheim war, so ist dieses Argument nicht durchschlagend]. Die ganze Darstellung bei Philo erweist sich demnach durchaus als unhistorisch.

Josephus' Zeitbestimmung, daß der Vorgang zur Zeit der Aussaat begonnen habe, hat also die chronologische Richtigkeit für sich und wird von Scholion zu Megillat Ta‘anit, wie schon angegeben, unterstützt. Diese Zeit koinzidiert so ziemlich mit der Zeit der Anwesenheit der Gesandten an Caligulas Hofe, wie denn beide Begebenheiten nicht ohne einen gewissen Kausalnexus zueinander stehen. Es ist aber schwer, die Zeit der verschiedenen Peripetien derselben genau zu fixieren, weil nur der Anfangs- und Endpunkt präzisiert sind, Caligulas Rückkehr nach Rom — 31. Aug. — und sein Tod — 24. Jan. 41. Alles übrige dagegen bewegt sich in Unbestimmtheiten. Die Gesandten reisen nach Italien mitten im Winter. Petronius erhielt den Befehl gegen Beginn der Saatzeit. Selbst die bestimmtere Zeitangabe bei Josephus, daß „fünfzig Tage" nach dem gewöhnlichen Beginne der Aussaat verstrichen waren, als Petronius in einem Schreiben Caligula Vorstellungen machte, gibt keinen rechten Anhaltspunkt, weil der Terminus a quo nur unsicher bestimmbar ist. Bestimmte Data geben lediglich Megillat Ta‘anit und das Scholion. Die Nachricht von Caligulas Befehl sei am 14. Tischri eingetroffen und Caligulas Tod in Jerusalem am 22. Schebat bekannt geworden. Indessen bleibt die Frage zu erörtern, ob diese Data zuverlässig sind, und,

---

[1] Legatio § 35: Μετ᾽ οὐ πολὺ μέντοι παρῆν Ἀγρίππας ὁ βασιλεύς, κατὰ τὸ εἰωθὸς ἀσπασόμενος Γάιον. ᾔδει δὲ ἁπλῶς οὐδὲν, οὔτε ὧν ἐπεστάλκει ὁ Πετρώνιος. Agrippa kann recht gut Caligula während der germanisch-gallischen Expedition aufgesucht und ihn nach Rom begleitet haben, wie Dio Cassius angibt (59, 24) ἐπυνθάνοντο τόν τε Ἀγρίππαν αὐτῷ (Γαΐῳ) . . . συνεῖναι. In Rom war man besorgt darüber, daß Agrippa und Antiochos von Commagene, die als Lehrer der Tyrannei Caligulas galten, in seiner Nähe in Gallien weilten.

falls sie es sind, wie sie sich auf die Data des julianischen Kalenders rebuzieren lassen. Gelingt das letztere, so wäre damit auch die erste Ungewißheit abgewiesen, und es ließen sich bestimmtere Zeitpunkte für die verschiedenen Phasen aufstellen.

Diese Phasen müssen wir uns ihrer Reihenfolge nach vergegenwärtigen:

1) Philo und seine Mitgesandten reisten mitten im Winter nach Rom, um Audienz beim Kaiser zu erlangen. Sie werden auf einen spätern Termin bestellt, reisen Caligula nach Puteoli nach, um zum Worte zu gelangen, und hier erfahren sie die sie erschütternde Nachricht von der beabsichtigten Tempelschändung.

2) Der Befehl zu diesem Attentat traf im Beginne der Saatzeit ein. Judäer begeben sich zuerst nach Ptolemaïs und dann nach Tiberias, um Petronius ihren Entschluß, lieber zu sterben, kund zu geben und ihn anzuflehen, die Sache einzustellen.

3) Petronius entschließt sich infolgedessen — nach 50 Tagen — an den Kaiser zu schreiben und ihm die Schwierigkeit der Vollstreckung des ihm zugegangenen Befehles auseinanderzusetzen.

4) Ehe dieser Brief in Caligulas Hand gelangt, interveniert Agrippa, und der Kaiser schreibt an Petronius, die Sache einzustellen.

5) Caligula empfängt Petronius' Bedenklichkeiten enthaltenden Brief, gerät in Wut darüber und erläßt ein Schreiben an ihn, sich selbst zu entleiben.

6) Caligula wird ermordet 24. Januar 41. Nach Josephus lag nur eine geringe Zwischenzeit zwischen Caligulas zweitem Schreiben an Petronius und seinem Tode (Altert. XVIII, 8, 9): καὶ τελευτᾷ μὲν οὐ μετὰ πολὺν χρόνον, ἢ γράψαι Πετρωνίῳ τὴν ... ἐπιστολήν. Das Faktum von Caligulas Todesbefehl an Petronius ist also auch innerhalb des Januar 41 anzusetzen und ebenso das hiesem vorangegangene Schreiben Petronius' an Caligula.

7) Petronius erhält die Nachricht von Caligulas Tode, stellt den ihm gewordenen Auftrag ein, und die Freudennachricht gelangt nach Jerusalem.

Scheinbar ließen sich die beiden Fakta 5, 7 einigermaßen präzisieren. Denn Josephus referiert, Caligulas zweites Schreiben mit dem Selbstmordbefehl für Petronius sei **drei Monate** unterwegs gewesen, während die später abgegangene Anzeige von Caligulas Tode **27 Tage früher** in dessen Hände gelangt sei[1]. Demnach wäre diese unterwegs geblieben 3 Monate — 27 Tage = 2 Monate 3 Tage. Abgegangen ist wohl diese Anzeige von Rom am 24. Januar oder dem darauffolgenden Tage. Folglich mußte sie Ende März in Palästina eingetroffen sein, während das Schreiben mit dem Selbstmordbefehl an Petronius erst gegen **Ende April** überreicht worden sei. Auf diese Angabe hat Schürer keine Rücksicht genommen, obwohl er dabei Josephus' Angabe zitiert. Er bestimmt die Zeitpunkte folgendermaßen: „Anfangs März: Petronius erhält die Nachricht vom Tode Caligulas. Anfangs April: Petronius

---

[1] J. Kr. II, 10, 5: Ἀλλὰ τοὺς μὲν τούτων γραμματοφόρους συνέβη χειμασθῆναι τρεῖς μῆνας ἐν τῇ θαλάσσῃ, τὸν δὲ Γαίου θάνατον ἄλλοι καταγγέλλοντες εὔπλοιαν. Ἔφθη γοῦν τὰς περὶ τούτου Πετρώνιος λαβεῖν ἐπιστολὰς, ἑπτὰ καὶ εἴκοσιν ἡμέραις ἢ τὰς καθ' ἑαυτόν. In den später geschriebenen Altertümern hat Josephus diese Zeitangabe nicht, sondern nur unbestimmt, und eigentlich im Widerspruch damit: „dem Petronius ist das Caligulas Tod meldende Schreiben früher zugekommen und nicht **lange darauf** dasjenige, welches ihm den Selbstmord befohlen hat." Josephus hat sich also selbst berichtigt.

Note 21. Präzisier. d. Zeit f. d. d. Jud. betr. Vorg. unter Caligula.

erhält den Brief mit dem Befehl des Selbstmordes" (L.-B. d. neutest. Zeitgeschichte S. 261 [jetzt I³, S. 506]. Danach bestimmt Schürer die voraufgehenden Fakta chronologisch. Er ging dabei von der Voraussetzung aus, „daß die Nachrichten von Rom resp. Gallien bis Jerusalem und umgekehrt im Durchschnitte etwa **zwei Monate brauchten**".

Diese Voraussetzung ist aber entschieden falsch, und ebenso unrichtig ist Josephus' Angabe, daß die Nachricht von Caligulas Tode Petronius erst in 2 Monaten 3 Tagen erreicht habe. So lange kann die Schiffahrt von Italien nach der Küste Palästinas unmöglich gedauert haben, zumal wenn eine so hochwichtige Nachricht wie die von der Ermordung des wahnwitzigen Tyrannen, welche eine völlige Umwälzung in Aussicht stellte, den Statthaltern zu überbringen war. Ludwig Friedländer hat nach einigen bei Schriftstellern vorkommenden Notizen ausgerechnet, daß der Weg von der italienischen Küste, von Ostia, bis Alexandrien in 15 Tagen zurückgelegt wurde, daß die gewöhnliche Fahrt zwar länger dauerte, aber doch nicht mehr als 20—25 Tage zu dauern brauchte (Sittengeschichte Roms II, 2, S. 14). Nun, der Weg von Alexandrien bis nach Joppe oder einem andern palästinensischen Hafenplatze, welcher gegenwärtig im Dampfer ununterbrochen in kaum 24 Stunden zurücklegen kann, und vom Hafen bis nach Jerusalem kann doch unmöglich mehr als einen Monat gedauert haben? Man darf im Gegenteil von vornherein annehmen, daß eine dringende Nachricht, welche von Rom nach Syrien und Palästina zu überbringen war und sicherlich auf dem kürzesten Wege befördert wurde, kaum länger als einen Monat brauchte. Diese Dauer läßt sich aber auch historisch belegen und dieser Beleg wird eine annähernde chronologische Präzisierung der betreffenden Fakta ermöglichen.

Kaiser Tiberius wurde am 16. März 37 ermordet, und die Nachricht davon traf in Jerusalem zur Zeit des Passafestes ein. Josephus erzählt nämlich, Vitellius, der von Tiberius den Auftrag erhalten hatte, im Interesse des Herodes Antipas den Nabatäerkönig Aretas mit Krieg zu überziehen, habe das Heer vorausmarschieren lassen, und er selbst habe sich zur Zeit des bevorstehenden Festes nach Jerusalem begeben. Am vierten Tage nach seiner Ankunft in Jerusalem sei ihm der Brief mit der Nachricht von Tiberius' Tode eingehändigt worden[1]). Das Fest, von dem hier die Rede ist, kann nur das Passafest gewesen sein. Ein Jahr vorher war Vitellius ebenfalls zur Zeit des Passa in Jerusalem anwesend (Jos. das. XVIII, 4, 3). Nach der von Schürer angenommenen Voraussetzung, daß eine Nachricht von Rom nach Jerusalem ungefähr zwei Monate gebraucht hätte, müßte das Passa im Jahre 37 tief im Monat Mai gefeiert worden sein, nämlich zwei Monate vom 16. März an gerechnet, — was kalendarisch ganz unmöglich ist. Wenn man dagegen diese Dauer auf einen Monat beschränkt, so wäre damals das Fest in die Mitte des April gefallen. In diesen Monat pflegte das Passa öfter zu fallen. Der Beginn des Passamonats Nissan kann nämlich koinzidieren vom 27. Februar bis zum 12. April, das Passafest also vom 12. März bis zum 26. April, niemals aber später[2]).

---

[1]) Josephus Altert. XVIII, 5, 3: αὐτός τε (Οὐιτέλλιος) ... εἰς Ἱεροσόλυμα ἀνῄει. θύσων τῷ θεῷ, ἑορτῆς πατρίου τοῖς Ἰουδαίοις ἐνεστηκυίας ... τῇ τετάρτῃ δὲ καὶ γραμμάτων αὐτῷ παραγενομένων, ἐδήλου τὴν Τιβερίου τελευτήν.

[2]) Es ist kein Zweifel, daß mindestens in dieser Zeit neben der Beobachtung der ersten Mondsichel die astronomische Berechnung für die kalendarische Fest-

Es handelt sich jedoch bei der vorliegenden Untersuchung zunächst um das, was drei Jahre später (40/41) geschehen ist. Die Nachricht von Caligulas Tode am 24. Januar 41 wurde ohne Zweifel so rasch als möglich von den Konsuln und dem Senat nach allen Richtungen der Windrose verbreitet. Für die römischen Gouverneure in Syrien und Palästina war der kürzeste Weg zur Benachrichtigung der zu Wasser über Alexandrien. Da die Schiffahrt zur Winterszeit mit Schwierigkeiten verbunden war, so darf man wohl annehmen, daß ein Monat vergangen ist, bis Petronius und die Bewohner von Jerusalem diese für beide frohe Botschaft erhielten. Sie ist also Ende Februar eingetroffen. Nach Megillat Ta'anit traf sie am 22. Schebat ein, wie bereits öfter angegeben. Der Monat Nissan und das Passafest koinzidierten also auch in diesem Jahre mit dem April.

Mit diesem Kalkul können wir besser operieren, um die chronologischen Data für die Begebenheiten zu präzisieren. Verfolgen wir diese rückwärts. Ende Februar = 22. Schebat traf die Nachricht von Caligulas Tode ein. Nicht lange vor seinem Tode, so bald ihm Petronius' abmahnendes Schreiben zugegangen war, hatte er das Drohschreiben an diesen Statthalter erlassen. Nehmen wir an, daß das erstere zwischen dem 15. und 20. Januar 41 erlassen war, so hatte in dieser Zeit Caligula Petronius' abmahnendes Schreiben bereits erhalten. Es war also etwa Mitte Dezember 40 von Petronius abgesandt worden. Zu dieser Zeit hatte Petronius längere Zeit mit den Judäern verhandelt, nach Josephus 50 Tage nach dem gewöhnlichen Beginn der Ernte. Die Verhandlung nach dem Eintreffen des Bildsäulenbefehles von seiten Caligulas begann also im Oktober. Nach dem Scholion zu Megillat T. traf die Nachricht am 14. Tischri ein, wogegen kalendarisch nichts einzuwenden ist. Die Judäer in Palästina können von dem ihnen auferlegten Zwang im Oktober nach Rom berichtet haben, vielleicht an den damals dort weilenden König Agrippa, damit er für sie bei dem ihm befreundeten Kaiser eine Fürbitte tun möge. Diese Nachricht kann im November in Rom eingetroffen sein, und die Judäer in Rom haben sich beeilt, den alexandrinischen Gesandten sofort Mitteilung davon zu machen. Diese waren mitten im Winter nach Rom gereist. Diese Reise darf aber nicht allzuspät angesetzt werden. Denn da die alexandrinische Gemeinde eine geraume Zeit hindurch von den alexandrinischen Heiden geplagt worden war, so haben sich die Gesandten unstreitig beeilt, sobald die Rückkehr Caligulas bekannt geworden war, sich zu ihm zu begeben, um Abhilfe von ihm zu erbitten. Sie sind also wohl im September [im Oktober!] nach Rom gereist. Im November oder anfangs Dezember können die Gesandten die erschütternde Nachricht erfahren haben, daß dem Tempel in Jerusalem Entweihung drohe, und diese Nachricht machte sie schwankend, welche Schritte sie weiter verfolgen sollten. Die ganze, die Judäer betreffende Angelegenheit, sowohl die Reise der Gesandtschaft an den Hof des Kaisers, wie dessen Befehl vom Aufstellen der Bildsäule, kann also innerhalb der Zeit seit Caligulas Rückkehr von seiner Expedition, von Ende August 40 bis zu

stellung der Monatsanfänge und der Schaltjahre benutzt worden ist. Es hat also eine Ausgleichung des Sonnenjahres und Mondjahres oder die regelmäßige Interkalation innerhalb eines Zyklus stattgefunden, und die Jahresformen dürften nicht viel von denen, welche seit der Einführung eines konstanten Kalenders üblich sind, differiert haben. (Vgl. o. S. 714 f.). [Vgl. zu der ganzen Frage Zuckermann, Materialien zur Entwicklung der altjüdischen Zeitrechnung im Talmud. (Breslau, 1882, 8), S. 57 ff.]

Note 21. Präzisier. d. Zeit f. d. d. Jud. betr. Vorg. unter Caligula.

seinem Tode gegen Ende Januar 41, in fünf Monaten sich abgewickelt haben.

Nach diesen Resultaten können die Angaben Schürers bezüglich der Chronologie dieser Begebenheit berichtigt werden. Die Berichtigung dürfte dem Herrn Verfasser selbst lieb sein, da sein Streben dahin geht, in der neutestamentlichen Zeitgeschichte exakter als seine Vorgänger Keim und Hausrath die chronologischen Punkte zu präzisieren. S. 270 f. [jetzt I³, 334], gibt Schürer an, Petronius müsse seine syrische Statthalterschaft schon im Jahre 39 übernommen haben, da er nach Philo zur Erntezeit, also April 40, bereits in Palästina war. Wir haben aber die Überzeugung gewonnen, daß auf Philos Zeitbestimmung nichts zu geben ist, da er sich selbst widerspricht und selbst angibt, die Vorgänge in Judäa seien während der letzten Monate Caligulas vorgefallen. — S. 256 referiert Schürer: „Im Winter 39/40 schickten [jetzt vielmehr: „im Jahre 40, wahrscheinlich im Frühjahr", vgl. Anm. 174, S. 502] die Alexandriner eine Gesandtschaft an den Kaiser." Das ist unrichtig, da Caligula damals in Gallien oder Germanien weilte, und die Gesandten doch wohl nicht nach Rom gereist sein werden, während der Kaiser von Rom abwesend war. Die Gesandten können erst September 40 nach Rom gekommen sein. — Ebenso unrichtig ist die Darstellung S. 257 [jetzt I³, 507], daß Petronius Winter 39/40 dem knabenhaften Verlangen Caligulas schweren Herzens gehorchte. Der Befehl, die Bildsäule aufzustellen, traf nicht im Jahre 39 ein, sondern, wie wir gesehen, um Oktober 40. Schürers chronologische Fixierung ist um so auffallender, als er mit Recht gegen Keim hervorhebt, daß nicht bloß die Audienz der Gesandtschaft, sondern auch deren erste Begegnung mit dem Kaiser nach dem germanischen Feldzuge, also nach August 40 stattgefunden haben müsse, indem diese selbst die Γερμανικὴ νίκη des Kaisers erwähnt (Leg. § 45 [M II, 598]). Und doch behauptet er: die Gesandten müssen Anfang des Jahres 40 nach Rom gekommen sein (das.). Aber was sollten sie in Rom ausrichten, wenn Caligula zur selben Zeit in Gallien die Reichen ausplünderte und Todesdekrete erließ? Man muß daher das Eintreffen der Gesandtschaft während Caligulas Anwesenheit in Rom ansetzen — wie es ja Philo selbst darstellt — und zwar, wie wir gefunden haben, wohl in dem September 40.

Schürers Tafel der zeitlichen Aufeinanderfolge der berichteten Ereignisse (S. 261e [jetzt I³, S. 506, Anm. 187]) ist daher größtenteils unbrauchbar, da er von zwei falschen Voraussetzungen ausging: Die eine, daß Petronius Bildsäulenbefehl Winter 39/40 eingetroffen sei, und, was eine Konsequenz derselben ist, daß Petronius mit den Judäern deswegen Sommer 40, als die Ernte bevorstand, die Verhandlung geführt habe. Die andere, allerdings nur mutmaßlich aufgestellte Voraussetzung, daß die Nachrichten von Rom nach Palästina und vice versa unterwegs im Durchschnitt zwei Monate brauchten. Schürer fügt hinzu, daß zum Eintreffen der Korrespondenz von Petronius an den Kaiser und vice versa nach und von Gallien ebenso viel Zeit erforderlich gewesen sei. Er stellt daher auf, daß Petronius im April 40 an Caligula, d. h. nach Gallien, berichtet habe, und ebenso, daß Caligula das Schreiben im Juni 40 beantwortet habe, d. h. von Gallien aus. [Von Gallien spricht Schürer a. a. O. nicht.] Diese Annahme steht aber im grellen Widerspruch zu den beiden Hauptquellen, da Philo und Josephus den Depeschenwechsel zwischen Petronius und Caligula nach und von Italien stattfinden lassen. Kurz, Schürer ist ebenso wie Keim, um eine vergebliche Ausgleichung des chronologischen Punktes zwischen Philo und Josephus zu treffen, zu unrichtigen Vor-

49*

aussetzungen und unrichtigen Folgerungen gelangt. Hausrath hat gar das durchaus falsche Datum zum Ausgangspunkt für den Pragmatismus in der Biographie des Apostels Paulus genommen. „Paulus konnte um so leichter seinen Besuch in der fanatischen Stadt (Jerusalem) in tiefes Dunkel hüllen, als im Jahre 39 Caligulas Attentat auf den Tempel die gesamte Bevölkerung in Aufregung setzte.... So blieb Paulus unbehelligt." So Hausrath, neutestamentl. Zeitgesch. III, S. 68 und auch S. 126. Es hat sich aber bis zur Gewißheit herausgestellt, daß diese Aufregung nur von Herbst 40 bis Februar 41 gedauert hat. Die Chronologie ist ohnehin die allerschwächste Seite in Hausraths Darstellung dieser Zeitgeschichte.

22.

Die Vorstadt Bezetha.

Die Lage des Stadtteils oder Quartiers Bezetha in Jerusalem ist der bestbezeichnete topographische Punkt Jerusalems. Nichtsdestoweniger gehen die Ansichten über sie so weit auseinander, daß kaum mehrere namhafte Topographen, die Forschungen darüber angestellt haben, in allen Punkten übereinstimmen. Ein recht anschauliches Bild von der Differenz über die Bezetha und andere topographische Punkte Jerusalems gibt die ausgezeichnete Karte von C. Zimmermann, als Beilage zu der Übersicht gewährenden Begleitschrift: „**Karten und Pläne zur Topographie des alten Jerusalem**", Basel 1876. Es sind drei Terrainkarten; und die vierte, betitelt: „**Restaurierte Stadtpläne des alten Jerusalem**", gibt 14 verschiedene topographische Zeichnungen Jerusalems von 14 Schriftstellern, von denen die meisten die heilige Stadt aus Autopsie kennen gelernt haben, von Robinson an, der zuerst 1841 wissenschaftliche Akkuratesse in diese archäologische Studie gebracht hat, bis auf Conrad Schick, der als Baurat in Jerusalem lebt und 1876 einen Plan entworfen hat, mit welchem Zimmermann seine Übereinstimmung erklärt. Unter diesen Topographen, die auch über die Lage von Bezetha Forschungen angestellt haben, figurieren die Franzosen Graf de Vogüé und General de Saulcy, die Engländer Williams, Fergusson und Warren, einer der drei Ingenieure, welche die Gesellschaft Palestine exploration fund nach Palästina beordert und mit reichen Mitteln zur Erforschung des heiligen Landes versehen hat; ferner die Deutschen Schultz, Sepp, Menke, dessen biblischer Atlas von Palästina nächst der Karte von Kiepert allgemein bekannt ist, ferner Titus Tobler, der so viel für diese Studie geleistet hat, Furrer, der Schweizer Prediger, der zu Fuß das heilige Land in der Länge und Breite durchmessen hat, und endlich noch andere, welche im Verlaufe dieser Untersuchung werden genannt werden. Alle diese differieren bezüglich dieses topographischen Punktes. Die Verschiedenheit der Resultate der Untersuchung über die Lage der Bezetha ist allerdings durch ein dogmatisches Interesse veranlaßt. Jesus ist auf Golgatha gekreuzigt und (nach Johannes 19, 41) in dem Grabgewölbe des Joseph von Arimathia in der Nähe von Golgatha beerdigt worden. Dieses Grabgewölbe muß jedenfalls außerhalb der Stadt ausgehauen gewesen sein. Denn innerhalb Jerusalems durfte kein Grab angelegt werden, weil ein solches levitische Unreinheit verursacht haben würde. Nichtsdestoweniger hat die kirchliche Tradition Jesu Grabmal einen Platz **innerhalb des jetzigen Jerusalem** zugewiesen und dort nicht weit vom Jaffatore und der Höhe, welche allgemein als Oberstadt

Note 22. Die Vorstadt Bezetha.

angenommen wird, die Grabeskirche erbauen lassen. Nun war zur Zeit Jesu das Quartier Bezetha bereits bewohnt, folglich müßte der Gräberplatz auch außerhalb dieser Vorstadt gelegen haben. Die katholischen Topographen hatten und haben aber das höchste Interesse daran, der Bezetha eine solche Lage dicht am alten Jerusalem zu geben, daß der Platz der Grabeskirche innerhalb der jetzigen Stadt zu liegen käme. Dieser Auffassung traten protestantische Topographen entgegen, zuerst Robinson, und der Streit ist noch nicht geschlichtet. Auf den von Zimmermann zusammengestellten Plänen kann man an der Zeichnung für die Bezetha sofort erkennen, ob der Verf. dem katholischen oder katholisierenden Bekenntnisse angehört oder ob er ein Protestant ist. Alle diejenigen topographischen Pläne, welche die Bezetha nächst der Ringmauer um diesen Stadtteil so zeichnen, daß sie der Stadt im Nordwesten näher liegt als im Nordosten, stammen von Katholiken und sind derart angelegt, daß im Westen Raum für Golgatha außerhalb Jerusalems bleiben kann; diejenigen aber, welche einen weiten Bogen von West nach Ost und innerhalb dieses weiten Raumes die Bezetha zeigen, sind Karten protestantischen Ursprungs.

Auffallende Differenzen betreffen noch andere Punkte. Die meisten Topographen identifizieren Bezetha vollständig mit der Neustadt. Nur Sepp legt sie weit auseinander und schiebt die Akra oder Unterstadt dazwischen. Menke, Caspari, Furrer und Tobler geben einen kleinen Raum für die Vorstadt und einen viel größeren Raum für die Neustadt oder Bezetha. Tobler unterscheidet genauer die kleinere alte Vorstadt im Süden und nördlich davon die größere neuere Vorstadt oder Bezetha. Die meisten Topographen nehmen ferner keine Rücksicht auf die Terrainverschiedenheit der Bezetha. Nur Lewin (auf Zimmermanns Plänen, Karte Nr. VI.) unterscheidet Oberbezetha von Unterbezetha. Die erstere legt er westlich und die letztere östlich. Schultz (das. Nr. III) unterscheidet Bezetha oder Neustadt vom Hügel Bezetha; den letzteren zeichnete er südlich von dieser oder der Neustadt. Endlich bildet noch einen Differenzpunkt die Lage der Nordmauer um die Bezetha. Die allermeisten ziehen sie in der Art, daß ein großer Zwischenraum zwischen der Mauer und den Königsgräbern oder dem Grabe (Grabmal, Denkmal) der Helena bleibt, deren Identität durch Robinsons gründliche Untersuchung feststeht. Aber selbst dieser läßt noch einen ziemlichen Zwischenraum zwischen der Mauer und dem Grabdenkmal der Helena. Nur Williams (Nr. II), Fergusson (Nr. V) und Thrupp (Nr. VI) ziehen die nördliche Bezethamauer bis dicht an das Grabdenkmal. Dagegen verlegt Schultz (Nr. III) die Königsgräber innerhalb dieser Mauer. Das Merkwürdige ist, daß alle diese Topographen ihre Pläne von Jerusalem nach Josephus' Angaben angelegt haben. Jeder hat also etwas anderes in dieser Quelle gefunden; denn eine andere gab es für sie nicht. Eine Quelle, die allen diesen Differenzen ein Ende macht, kannten sie nicht. Wir wollen nun diese andere Quelle zu Rate ziehen und sie mit Josephus' Angaben vergleichen. Es wird dann hoffentlich kein Zweifel mehr über die Lage der Bezetha, der Neustadt oder Vorstadt, und über den Gang der Nordmauer oder dritten Mauer aufkommen können.

Gehen wir zunächst von Josephus' bestimmten Angaben aus. An einer Stelle (jüd. Kr. V, 5, 8), wo er von den drei festen Plätzen Jerusalems spricht, dem Tempel, der Antonia und dem Herodespalast in der Oberstadt, fügt er hinzu: „Der Hügel Bezetha war von der Antonia getrennt, wie ich gesagt, und obwohl er, als der höchste von allen (Festen), an einem Teil der Neustadt lag, verdunkelte er nur von Norden her den Tempel" (oder verhinderte von

Norden her die Aussicht auf den Tempel¹). Hier haben wir zwei sichere Angaben, daß der **Hügel Bezetha** sehr hoch war, höher noch als der Tempel und die Antonia, und daß er an einem Teil der Neustadt gelegen war. An einer anderen Stelle (das. V, 12, 2) beschreibt Josephus den Umfang der Belagerungsmauer und sagt, daß sie Titus von dem assyrischen Lagerplatz beginnen ließ, wo er sein Hauptquartier hatte, sie auf die **untere Neustadt** zuführte und von da durch das Kidrontal auf den Ölberg verlängern, dann eine Biegung nach dem Süden machen und den Berg umfassen ließ usw²). Hier ist also von einer **unteren Neustadt die Rede, welche zum Ölberg führte, und zwar durch das Kidrontal**. Offenbar ist dabei von der Nordseite Jerusalems die Rede; denn Josephus beschreibt den Lauf der Belagerungsmauer weiter, wie sie von Süden nach Westen, dann nach Norden eine Wendung gemacht und sich bis zum Dorfe Ἐρεβίνϑων οἶκος hingezogen und nach diesem, das Herodesdenkmal umfassend, sich nach Osten hin an den Punkt wieder angeschlossen hat, wo sie begonnen hatte. Folglich war der Anfang nordöstlich. **In dieser Richtung muß also die untere Neustadt gelegen haben.** Aber auch das Kidrontal und der Ölberg sollen nordöstlich gelegen haben? Das erscheint auffallend, wird aber weiterhin zur Orientierung führen. Auch das Dorf, „Kichererbsenhaus" genannt, wollen wir uns merken.

Die dritte wichtige Stelle bei Josephus (das. V, 4, 2) will genau verstanden sein. Sie lautet: „Diese (nämlich die dritte Mauer), welche vom Hippikusturm begann, gegenüber dem Helenadenkmal vorbeiging und sich an die alte Mauer im Kidrontale anschloß — diese hatte Agrippa um die neuangebaute Stadt umwallt, welche früher schutzlos gewesen. Da sie (die Stadt) an Menge angewachsen war, überschritt sie allmählich die (alte) Umwallung. Nachdem sie (die Einwohner) den vom Tempel nördlich gelegenen Strich an dem Hügel zur Stadt gezogen, gingen sie bald weiter, auch den **vierten Hügel** ringsum anzubauen, welcher Bezetha genannt wird und der Antonia gegenüberliegt, aber von dieser durch eine tiefe Schlucht getrennt..... In der Landessprache wird der neuerbaute Teil Bezetha genannt, was man in der griechischen Sprache Neustadt nennen könnte. Da sie (die Bewohner) hier des Schutzes entbehrten, so begann der Vater des jetzigen Königs die vorhin genannte Mauer."³) Darauf fährt Josephus fort, daß Agrippa in

¹) Ἡ Βεζεϑὰ δὲ λόφος διῄρητο μὲν, ὡς ἔφην, ἀπὸ τῆς Ἀντωνίας, πάντων δὲ ὑψηλότατος ὢν μέρει τῆς καινῆς πόλεως προσῴκιστο, καὶ μόνος τῷ ἱερῷ [Niese: „τὸ ἱερὸν"] κατ᾽ ἄρκτον ἐπισκόττει. Statt προσῴκιστο ist (bei Haverc.) eine bessere L.-A. προσέκειτο. Der Sinn dieses Passus ist unstreitig, daß der Hügel Bezetha, obwohl der höchste von allen Punkten, also auch höher als der Tempel, diesen doch nur von einer Seite verdunkelte, nämlich von der nördlichen, so daß der Tempel auf den übrigen Seiten hoch überragte und gesehen werden konnte. Das Partizip ὢν hat konzessive Bedeutung: wiewohl, obgleich.

²) Ἀρξάμενος δὲ ἀπὸ τῆς Ἀσσυρίων παρεμβολῆς, καϑ᾽ ἣν αὐτὸς ἐστρατοπεδεύσατο, ἐπὶ τὴν κατωτέρω Καινόπολιν ἦγε τὸ τεῖχος, ἔνϑεν διὰ τοῦ Κεδρῶνος ἐπὶ τὸ Ἐλαιῶν ὄρος.

³) Τοῦτο τῇ προσκτισϑείσῃ πόλει περιέϑηκεν Ἀγρίππας, ἥπερ ἦν πᾶσα γυμνή· πλήϑει γὰρ ὑπερχεομένη, κατὰ μικρὸν ἐξείρπε τῶν περιβόλων, καὶ τοῦ ἱεροῦ τὰ προσάρκτια πρὸς τῷ λόφῳ συμπολίζοντες, ἐπ᾽ οὐκ ὀλίγον προῆλϑον, καὶ τέταρτον περιοικηϑῆναι λόφον, ὃς καλεῖται Βεζεϑά, κείμενος μὲν ἀντικρὺ τῆς Ἀντωνίας, ἀποτεμνόμενος δὲ ὀρύγματι βαϑεῖ... ἐκλήϑη δ᾽ ἐπιχωρίως Βεζεϑὰ τὸ νεόκτιστον μέρος, ὃ μεϑερμηνευόμενον Ἑλλάδι γλώσσῃ καινὴ λέγοιτ᾽ ἂν πόλις. Δεομένων οὖν τῶν ταύτῃ σκέπης ὁ πατὴρ τοῦ νῦν βασιλέως καὶ ὁμώνυμος Ἀγρίππας ἄρχεται μὲν οὗ προείπομεν τείχους.

der Vollendung der Mauer durch Claudius gestört wurde, und die Stadt wäre uneinnehmbar gewesen, wenn die Mauer so vollendet worden wäre, wie sie begonnen wurde. Mehreres folgt aus dieser Beschreibung für die Bezetha: 1) ein hoher Hügel wurde Bezetha genannt; 2) er lag gegenüber der Antonia (welche im Nordwesten des Tempels lag); 3) zuerst wurde nur der nördlich vom Tempel gelegene Strich an dem Hügel angebaut und zur Stadt gezogen, dann wurde auch der Hügel selbst von allen Seiten bewohnt ($περιοικηθῆναι$). Es sind demnach zwei Stadtteile zu verschiedenen Zeiten angebaut worden. Zuerst der Teil an dem Hügel Bezetha im Norden vom Tempel, dann der Hügel selbst gegenüber der Antonia, also im Nordwesten vom Tempel. 4) Die dritte Mauer umfaßte die ganze neuangebaute Stadt im Norden. Zum Teil ergänzt wird diese Beschreibung durch die Stelle (Altert. XIX, 7, 2): „Agrippa befestigte auf öffentliche Kosten die Mauern Jerusalems, die sich gegen die Neustadt erstreckten, teils sie erweiternd, teils erhöhend[1]). Hier erzählt Josephus, daß Agrippa an der Vollendung durch den Statthalter Marsus verhindert worden ist. Das will doch eigentlich sagen, daß vor Agrippas Unternehmen die Neustadt eine Art Ringmauer gehabt haben muß, die aber weder hoch noch breit gewesen ist. Josephus berichtigt dieses Faktum in den Altertümern, in welchen er seine früheren Angaben zu berichtigen pflegte, weil ihm später bessere Quellen oder bessere Nachrichten zu Gebote standen. Er berichtigt also damit die Angabe im jüd. Kr., als wenn die neuangebaute Stadt vor Agrippa ganz schutzlos gewesen wäre ($πᾶσα\ γυμνή$). Wir haben also einen Beleg dafür, daß der neue Stadtteil bereits vorher von einer, allerdings schmalen, niedrigen und zur Verteidigung unzulänglichen Ringmauer umgeben gewesen ist.

Fassen wir das hier Gefundene zusammen, so läßt sich folgendes Bild von der Lage und Entstehung des neuen Stadtteils entwerfen. Es gab einen Hügel, genannt Bezetha, welcher sämtliche hohe Punkte Jerusalems überragte ($ὑψηλότατος\ ὤν$). Er lag gegenüber der Antonia (der früheren Baris), d. h. nordwestlich vom Tempel. Als die Bevölkerung Jerusalems zunahm und der Raum innerhalb der alten Mauer nicht mehr ausreichte, bedeckte sich der Strich nördlich vom Tempel allmählich mit Wohnungen, und dieser Teil wurde dann zur Stadt gezogen ($τὰ\ προσάρκτια\ συμπολίζοντες$). Zur Stadt ziehen heißt doch wohl [?] mit einer Umwallung umgeben; dieser Ausdruck deutet also dasselbe an, was Josephus an einer anderen Stelle ausdrücklich angibt, daß der neue Stadtteil noch vor Agrippa eine Art Ringmauer gehabt hat. Dieser Stadtteil lag an dem Hügel Bezetha ($πρὸς τῷ\ λόφῳ$). Dieser neuangebaute Teil hat für die Dauer auch nicht ausgereicht, und so wurde nach nicht langer Zeit ($ἐπ᾽\ οὐκ\ ὀλίγον$) auch der Hügel Bezetha selbst rings herum mit Wohnungen bedeckt ($περιοικηθῆναι\ λόφον$). Das will doch wohl sagen, daß zuerst die niedrig gelegenen Teile nördlich vom Tempel angebaut wurden, weil der hüglige Teil der Bezetha zu unbequem für Wohnungen war. Die Not drängte aber, auch diesen Teil ringsherum zu bebauen. Nachdem auch dieser angebaut war, gab es also zwei Quartiere, die ältere niedrig gelegene Neustadt ($ἡ\ κατωτέρω\ καινόπολις$) und die höher gelegene, nämlich den angebauten Hügel Bezetha.

---

[1]) Τὰ δὲ τῶν Ἱεροσολύμων τείχη, τὰ πρὸς τὴν καινὴν νεύοντα πόλιν ... ὀχυροῦ ... τῇ μὲν εὐρύνων εἰς πλάτος, τῇ δὲ εἰς ὕψος ἐξαίρων, wie Havercamp richtig emendiert hat, statt τὴν μὲν ... τὴν δέ.

Es scheint, daß dieser ganze Stadtteil ohne Unterschied die „Neustadt" genannt wurde, und nur, wenn die Örtlichkeit genauer bezeichnet werden sollte, wurde der niebrig gelegene die „Neustadt", der höher gelegene „Bezetha" genannt. So erzählt Josephus selbst, Cestius habe Bezetha und die Neustadt verbrannt[1]). An einer anderen Stelle nennt Josephus beide Teile schlechtweg „die nördlichen Quartiere" der Stadt, die Titus nach der Erstürmung der (dritten) Mauer ebenso wie Cestius zerstören ließ[2]). Nebenher sei bemerkt: Josephus' Deutung des Namens Βεζεϑά als Neustadt, wobei er an בית-חדתא gedacht hat, ist eine unglückliche Etymologie. Ehe wir die andere Quelle zur Vergleichung heranziehen, sei hier noch auf die Angabe bei Josephus aufmerksam gemacht, daß die untere Neustadt in einer Ebene mit dem Ölberge gelegen hat (ἐπὶ τὴν κατωτέρω Καινόπολιν . . . ἐπὶ τὸ 'Ελαιῶν ὄρος). Wir werden nämlich in der anderen Quelle dasselbe finden, daß die neuerbaute und befestigte Stadt sich auf dem Ölberg befand, daß sie in die obere und untere zerfiel, und daß sie zu verschiedenen Zeiten zur Stadt gezogen wurde.

Zum Verständnis dieser Quelle muß vorausgeschickt werden: 1) daß ein neuer Stadtteil Jerusalems oder eine Vergrößerung der Stadt erst dann einen geheiligten Charakter erhalten hat, wenn eine förmliche Konsekration mit Prozession stattgefunden hat, wie bei der Einweihung der Mauer zur Zeit Nehemias', 2) daß ein solcher Stadtteil durch eine Ringmauer abgeschlossen sein und von dem Raume außerhalb der Stadt getrennt erscheinen mußte. Dieser Umstand ist in der Mischna durch ein Gesetz festgestellt[3]). Die Umwallung und Konsekration eines neuen Stadtteils war für den Genuß von Opferteilen für Laien (קדשים קלים) und für den zweiten Zehnten (מעשר שני) erforderlich, weil solche nur **innerhalb der Mauern Jerusalems** (לפנים מן החומה) verzehrt werden durften. Sollte also ein neuer Stadtteil zu Jerusalem gezogen werden (συμπολίζεσϑαι), dann mußte er durch eine Ringmauer kenntlich gemacht und konsekriert sein.

Nun gibt eine alte Tradition an, daß zwei Stadtteile zu Jerusalem gezogen wurden, die aber einen verschiedenen Charakter erhielten. Diese Tradition wird an 4 Stellen mitgeteilt, und jede derselben hat abweichende L.-A. Diese müssen zuerst festgestellt werden, um die Tradition als historisches Material verwerten zu können. In der Hauptsache ist sie noch am verständlichsten im Scholion zu Megillat Ta'anit erhalten (zu Kap. 6):

I. התחנונה. א:ב שאול אומר שתי בצעין היו בהר המשחה אחת למעלה ואחת למטה. נתקדשה בכל אלו והעליונה לא נתקדשה אלא בבני הגולה שלא בסלך ושלא באורים ותומים. התחתונה של לא היתה (.I שהיתה) קדושתה גמורה חברים ועמי הארץ נכנסין לשם ואוכלין שם

---

[1]) Jüd. Kr. II, 19, 4: Κέστιος . . . ὑπεμπίμπρησιν τήν τε Βεζεϑάν [Niese liest: „Βεζεϑὰν προσαγορευομένην"] καὶ τὴν Καινόπολιν. Die Emendation Relands τὴν καὶ statt καὶ τὴν verbietet das vorangehende Bindewort τέ.

[2]) Das. V, 7, 2: καὶ τὰ προσάρκτια τῆς πόλεως (κατασκάπτουσι), ἃ καὶ πρότερον ὁ Κέστιος.

[3]) Schebuoth II, 3: שאין מוסיפין על העיר ועל העזרות אלא במלך ובנביא ובאורים ותומים ובסנהדרין של שבעים ואחד ובשתי תודות ובית דין מהלכין ושתי תודות אחריהם וכל ישראל אחריהם. In beiden Talmuden z. St. wird diese Halacha auf den Vorgang unter Nehemia zurückgeführt. Freilich bleibt dabei der Umstand auffallend: wie konnten denn damals auch die Urim und Tummim dabei figuriert haben? Die Talmude werfen auch diese Frage auf, ohne sie befriedigend zu beantworten. Und wie konnte gar ein König dabei assistieren?

Note 22. Die Vorstadt Bezetha.

קדשים קלים לא כל שכן מעשר שני. תחתונה (I. העליונה) חברים נכנסין לשם ואין אוכלין שם לא
קדשים קלים ולא מעשר שני. אלא למה לא קדשה? מפני שתהא חורפה של ירושלם.

Diese Stelle gibt also deutlich an, daß auf dem Ölberge zwei (neue) Stadtteile waren, ein unterer und ein oberer, von denen der untere vollständige Heiligkeit (gleich dem alten Jerusalem) hatte, so daß nicht bloß das minder gewissenhafte Volk, sondern auch die „Genossen" (die Frommen) kein Bedenken trugen, dort Opferfleisch und den zweiten Zehnten zu verzehren. Der obere Stadtteil dagegen hatte nicht einen vollständig heiligen Charakter, daher haben die „Genossen" es gescheut, Opfer und Zehnten dort zu genießen. In dieser Stelle muß man also statt שלא היתה lesen שהיתה, da sie sonst keinen Sinn gibt, und statt תחתונה muß man lesen העליונה. Das Wort נכנסין hier und an den übrigen Stellen hat die Bedeutung, daß diejenigen, welche außerhalb Jerusalems Wohnung genommen hatten, sich zum Genuß der Opfer und des zweiten Zehnten in den inneren Stadtteil begaben, um der Pflicht zu genügen. Dann pflegten sie in ihre Quartiere außerhalb der Stadt oder außerhalb der Mauern zurückzukehren. Er setzt nämlich voraus, daß zu den Festzeiten bei dem Andrange der Tempelbesucher die Auswärtigen genötigt waren, außerhalb der Mauern Wohnung zu nehmen und zum Genusse der Opferstücke, was für sie unbequem genug war, sich in das Innere der Stadt zu begeben. Das Beispiel Jesu ist dafür instruktiv. Er hatte (nach den synoptischen Evangelien) in Bethanien außerhalb der Stadt im Hause des Leprosen Simon Quartier genommen, mußte sich aber zum Genuß des Passahlammes nach Jerusalem begeben (vgl. weiter unten).

II. Die zweite Stelle (Babli Schebuoth p. 16 a) lautet im Anfang eben so und hat nur in der Mitte und zum Schlusse Varianten: אבא שאול
אומר: שני ביצעין היו בהר המשחה תחתונה ועליונה. תחתונה נתקדשה בכל אלו. עליונה
לא נתקדשה בכל אלו אלא בעולי גולה שלא במלך ושלא באורים ותומים. תחתונה שהיתה קדושתה
גמורה עמי הארץ נכנסין לשם ואוכלין שם קדשים קלים אבל לא מעשר שני. וחברים אוכלין שם
ק״ק אבל לא מע' שני. עליונה שלא היתה קדושתה גמורה עמי הארץ היו נכנסין שם ואוכלין
שם ק״ק אבל לא מע״ שני. וחברים אין אוכלין שם לא ק״ק ולא מעשר שני.

III. Die dritte Stelle (Tossefta Sanhedrin III, 4) hat im Anfang und in der Mitte Varianten: אבא שאול אומר: שני בצעין היו בירושלים התחתונה והעליונה.
התחתונה נתקדשה בכל אלו. והעליונה לא קדשוה אלא כשעלו בני הגולה שלא במלך ושלא
באורים ותומים. התחתונה . . . עמי הארץ אוכלין . . . התחתונה ק״ק וחברים ק״ק אבל לא מע' ב'.
העליונה שלא היתה קדושתה גמורה. ע״ה אוכלין בה ק״ק אבל לא מע' ב', וחברים לא ק״ק ולא
מעשר שני ומפני מה לא קדשוה מפני שתורפה של ירושלים משם ונ״הה ליכבש משם.

IV. Die vierte Stelle (jerusch. Sanhedrin I, p. 19 b) ist am meisten besetzt: אבא שאול אומר: שתי בצים היו שם התחתונה והעליונה והיא קדושתה גמורה. התחתונה
נתקדשה בכולן, והעליונה בעלותן מן הגולה לא במלך ולא באורים ותומים. לפיכך התחתונה ע״ה
אוכלין שם ק״ק ומע' ב'. וחברים אוכלין שם ק״ק אבל לא מע' ב'. והעליונה ע״ה אוכלין שם
ק״ק אבל לא מע' ב' וחברים אוכלין שם ק״ק ומעשר שני. מפני מה לא קדשוה מפני שהיתה
תורפה ירושלם שם והיתה יכולה ליכבש משם.

Die Varianten sind leicht auszugleichen, sie stammen von nachlässigen Copisten. Drei Stellen I. II. III. haben בצעין; I. und II. בהר המשחה (statt בירושלם oder in III. IV.) Da jene untere als vollständig konsekriert galt, so ist die L.-A. I richtig, daß nicht bloß das Volk, sondern auch die „Genossen" Opfer und zweiten Zehnten dort verzehrt haben. Da aber die obere als nicht vollständig konsekriert galt, so haben die Frommen beides dort nicht genießen mögen; die L.-A. I. II. III. sind also richtig gegen IV. Ebenso ist die L.-A. in denselben festgehalten, daß das Volk in der oberen trotz ihrer unvollständigen Konsekration doch Opfer verzehrt hat und um so mehr den zweiten Zehnten.

Was die Konsekration betrifft, so dachte sich die Tradition die der untern schon zur Zeit der Rückkehr aus Babylonien, und zwar soll sie mit allem Zeremoniell eingeweiht worden sein. Die obere dagegen ist nicht zu dieser Zeit konsekriert worden, sondern — hier sind wohl sämtliche Stellen schadhaft. Statt שלא במלך oder לא במלך muß gelesen werden אלא במלך. Nur der König habe dabei fungiert, die übrigen Requisiten dagegen haben gefehlt. Und eben darum galt ihre Konsekration als unvollständig.

Noch ist eine kritische Bemerkung erforderlich. I. III. IV. haben eine verneinende Frage, auf die Unvollkommenheit der Heiligkeit des obern Teils bezug nehmend: „Warum ist er nicht konsekriert worden?" למה (מפני מה) לא קדשוה. II. hat aber [das. 16 b] neben einer verneinenden auch eine bejahenden Frage als Variante: מפני מה לא קדשוה? שאין מוסיפין . . . . ולמה קדשוה? מפני שתורפה של ירושלים היתה ונוחה היא ליכבש משם. Die Motivierung wie an den übrigen Stellen. Die Ausgleichung der Varianten und Eliminierung der Korruptelen geben folgenden richtigen Text: בצעין¹) היו בהר המשחה התחתונה והעליונה. התחתונה נתקדשה בכל אלו. והעליונה לא נתקדשה כשעלו מן הגולה אלא במלך ושלא באורים ותומים. התחתונה שהיתה קדושתה גמורה חברים ועמי הארץ נכנסין לשם ואוכלין שם ק"ק וכל שכן מעשר שני. העליונה שלא היתה קדושתה גמורה עמי הארץ נכנסין לשם ואוכלין שם ק"ק אבל לא מע' ב' וחברים אין אוכלין שם לא ק"ק ולא מע' ב': ולמה קדשוה? מפני שהיתה תורפה של ירושלים שם ונוחה היא ליכבש משם.

Es ist leicht zu erkennen, daß wir an dieser Quelle eine Parallele zu Josephus' Angabe haben. Es ist offenbar darin von der Neustadt und dem Hügel Bezetha die Rede; der erstern entspricht die התחתונה und dem letztern העליונה. Die unvollständige Einweihung lediglich durch einen König erinnert an Agrippa I., welcher die Mauer erweitern und erhöhen wollte, aber nicht vollenden konnte; darum konnte dieser Stadtteil nicht vollständig eingeweiht werden. Dieses wird auf den obern oder die Bezetha bezogen. Der untere Stadtteil oder die Neustadt wird hier als früher umwallt und konsekriert vorausgesetzt, so daß er denselben geweihten Charakter hatte, wie das alte Jerusalem innerhalb der zwei alten Mauern. Naiv wird die Frage aufgeworfen: Warum hat man den obern Teil nicht konsekriert? Die Antwort ist gescheiter als die Frage, oder vielmehr diese wird bloß um der Antwort willen aufgeworfen. Unvollständig geweiht wurde der höhere Teil, weil die Schwäche Jerusalems dort war und es von da leicht hätte eingenommen werden können. Man muß aber den Gedankengang ergänzen: Dieser Stadtteil wurde nur wegen seiner Schwäche mit einer Mauer umgeben — aber nicht vollendet und daher nicht rituell konsekriert.

Diese talmudische Quelle oder die Tradition des Abba Saul liefert nicht bloß eine Parallele zu Josephus' Angaben, sondern ergänzt und erläutert sie auch. Zunächst ist die Tatsache ins Licht gesetzt, daß der niedere Stadtteil zuerst angebaut worden war. Damit er aber denselben Charakter wie das alte Jerusalem erhalte, wurde er mit einem Wall umgeben. Dieser bestand wohl bloß aus einer niederen Steinmauer. Dieser neue Stadtteil, von dem

---

¹) Das Wort בצעין ist doch wohl abzuleiten von בצע, neuhebräisch „teilen, spalten, trennen" hebr. בקע (s. Levys talmud. Lexikon s. v.); בצעין wäre demnach „Parzellen, Terrainstücke". In der L.-A. בצה ist der Guttural synkopiert.

Note 22. Die Vorstadt Bezetha.

auch Josephus aussagt, er sei zur Stadt gezogen worden, wurde gewiß durch irgend einen Akt konsekriert, und dadurch war es ermöglicht, in demselben auch Opferfleisch und zweiten Zehnten zu genießen. Zu welcher Zeit diese Konsekration stattgefunden hat, wußte der Tradent Abba Saul selbst nicht mehr; man dachte sie sich zur Zeit der Rückkehr aus Babylonien vollzogen; wahrscheinlich ist die Konsekration zur Zeit der Hasmonäer erfolgt. Unter Herodes bestand bereits die Bezetha. Aber dieser neue niedere Stadtteil genügte mit der Zeit dem Bedürfnisse nicht. Die immer mehr anwachsende Bevölkerung begann auch den höheren Teil, den Hügel Bezetha, mit Häusern und Straßen zu bedecken. Die hier angesiedelte Bevölkerung war nun in Verlegenheit, solange dieser Teil nicht umwallt war, da sie Opferteile und Zehnten nicht an ihrem Herde verzehren durfte, sondern sich damit nach den Stadtteilen innerhalb der Mauern begeben mußte. Diesem Bedürfnisse sollte durch Agrippas Unternehmung, eine dritte starke Mauer um die ganze Bezetha, d. h. den Hügel, zu ziehen, abgeholfen werden. Da er aber das Werk nicht vollenden und auch nicht rituell korrekt konsekrieren konnte, so behielt der höhere Teil einen nur unvollständig geheiligten Charakter (עיר העליונה קרושתה גמורה). Die Frommen betrachteten ihn daher als außerhalb Jerusalems gelegen; nur das weniger skrupulöse Volk, die Handwerker, Ackerbauer und die Auswärtigen, nahmen es nicht so genau damit und verzehrten auch in der höher gelegenen Bezetha die geweihten Speisen, das Passahlamm und den Zehnten.

Einen noch größeren Gewinn bietet diese Tradition für die Bestimmung der Lage des Bezetha=Stadtteils. Was bei Josephus nur angedeutet wird (o. S. 774), daß die Neustadt zum Ölberge gehört hat, das ist in der talmudischen Quelle unzweideutig gegeben. Beide Teile lagen auf dem Ölberge (שתי בצעים היו בהר המשחה). Da man aber nicht daran denken kann, sie auf den Ölberg im Osten zu verlegen, so ist man genötigt anzunehmen, daß zwischen der Haupthöhe des Ölberges (Et=Tur) in der Mitte und der nördlichen Höhe, welche von den Christen viri Galilaei genannt wird, ich sage, daß zwischen diesen beiden Punkten die Abdachung nach Westen zu ebenfalls Ölberg genannt wurde. Die verfallenen Gräber unweit der sogen. Richtergräber, welche eine Höhe von 768 Meter messen und südlich von den sogen. Königsgräbern oder dem Grabmal der Helena liegen, können recht gut Reste vom Bezetha=Hügel sein. Denn die beiden neuen Stadtteile haben jedenfalls einen weiten Flächenraum eingenommen. Josephus beschreibt den Lauf der dritten Mauer um Bezetha, und sagt, daß sie gegenüber dem Grabmal der Helena vorbeiging (jüb. Kr. V. 4, 2: ἔπειτα καθῆκον ἀντικρὺ τῶν Ἑλένης μνημείων). Dieses Denkmal lag nur drei Stadien von Jerusalem entfernt (Altert. XX, 4, 3: τρία στάδια τῆς τῶν Ἱεροσολυμιτῶν πόλεως). Damit ist nicht gesagt, daß das Grabmal drei Stadien von der Einfassungsmauer im Norden entfernt war, sondern es könnte eben so gut bedeuten: so weit von der angebauten Stadt. Die Mauer kann dicht beim Grabmal vorbeigezogen sein. Nun beträgt der Raum von der jetzigen Stadtmauer im Norden bis zu den Königsgräbern oder dem Grabmal der Helena mehr als 1 Kilometer, und von dem Nordende der Moschee, dem mutmaßlichen Platze des ehemaligen Tempels, beträgt die Entfernung beinahe 1250 M. Dieser Raum gehörte also größtenteils zu den Stadt= teilen der Bezetha. Der höher gelegene Teil konnte also noch zum Ölberge gerechnet werden. Ob der Hügel Bezetha von seinem Zusammenhange mit dem Ölberg seinen Namen hat, mag dahin gestellt sein. Denn der Name bedeute jedenfalls „Ölhaus" בית־זיתא wie zuerst Blau, wenn ich nicht irre, aufgestellt hat. Nach Josephus' Angabe (o. S. 774) lag der Hügel Bezetha der Antonia gegenüber. Das würde also bedeuten: vom Tempel aus betrachtet, nordwestlich. Diesen Punkt müßte man aber in einiger Entfernung von der Antonia denken. Denn selbstverständlich — und von der talmudischen Tradition wird dies bestätigt — muß der niedrig gelegene Stadtteil näher der Altstadt gelegen haben, da er zuerst bebaut und mit einer Mauer versehen war, während der höher gelegene, welcher erst später zur Stadt geschlagen wurde, entfernter vom alten Jerusalem gelegen haben muß. Oder lag die niedrigere Neustadt mehr östlich, wie Levin aufgestellt hat? Dieser Punkt kann nicht genau ermittelt werden. Jedenfalls müssen, wie gesagt, die beiden neuen Stadtteile einen ziemlich großen Raum eingenommen haben. Die ganze Ebene, die sich in dem gegenwärtigen Jerusalem vom Ende der Nordmauer beim Austreten aus dem Damaskustore und dem Stephanustore bis in die Nähe der Königsgräber oder des Denkmals der Helena erstreckt, gehörte wohl zu Bezetha, also die sogenannten Aschenhügel, der mohammedanische Begräbnisplatz im Norden, die sogenannte Jeremiä=Grotte, die Baumpflanzungen. Robinson hat den Raum zu gering angeschlagen, wenn er ihn auf ungefähr 15 Minuten nördlich vom Damaskustor bis zum Grabmal der Helena berechnet hat; er beträgt viel mehr. Der Umfang läßt sich vielleicht noch durch Zahlen feststellen.

Josephus berechnet den Umfang der ganzen Stadt Jerusalem auf 33 Stadien[1]). Dagegen bestimmt ein Vermesser Syriens, der vor Alexander Polyhistor geschrieben hat, also vor 80—60 vorchr. Z., den C. Müller mit dem Geodäsen Xenophon aus Lampsakus identifiziert, den Umkreis Jerusalems nur auf 27 Stadien (Zitat bei Polyhistor in Eusebius' praeparatio evangel. IX, 36, p. 452: καὶ ἔχειν τὴν περίμετρον τὴν πόλιν (Ἱεροσόλυμα) σταδίων εἴκοσι ἑπτά). De Saulcy hat einen Widerspruch zwischen den beiden Zahlenangaben gefunden und Josephus der Übertreibung und Ungenauigkeit beschuldigt. Aber beide Zahlen können richtig sein. Zum Beweis mag dienen, daß die Belagerungsumfassung, die Titus rings um Jerusalem ziehen ließ, 39 Stadien betrug (Jos. j. Kr. V, 12, 2), da sie in einiger Entfernung von Jerusalem (nach drei Seiten) aufgerichtet war. Der griechische Vermesser oder Xenophon hat gewiß von dem Umfang Jerusalems zu seiner Zeit, spätestens zu Ende des zweiten oder Anfang des letzten vorchr. Jahrhunderts, also etwa zur Zeit Hyrkans I. oder Alexanders I. gesprochen. Damals kann Jerusalem nicht mehr, als 27 Stadien (etwa 5 Kilometer) groß gewesen sein. Josephus berechnete aber den Umfang desselben aus seiner Zeit, als bereits zwei neue Stadtteile hinzugekommen waren. Damals kann Jerusalem 33 Stadien, 6 Stadien mehr, betragen haben. Die Differenz gegen früher wäre also 6 Stadien; diesen Umfang, etwas über 1 Kilometer, muß mindestens die Bezetha gehabt haben.

Die meisten Pläne Jerusalems, welche Zimmermann zusammengestellt hat, erweisen sich nach dieser Untersuchung als falsch, weil sie einmal der Bezetha nur einen schmalen Flächenraum geben und dann Oberbezetha und Unterbezetha oder die niedere Neustadt von der höheren Hügelstadt Bezetha nicht unterscheiden. Ziemlich richtig ist nur der Plan von Schultz, der den Hügel Bezetha zeigt — freilich nicht in richtiger Lage —, ferner der von Williams,

---

[1]) Jüd. Kr. V, 4, 3: τῆς πόλεως δὲ ὁ πᾶς κύκλος σταδίων ἦν τριάκοντα τριῶν.

Note 22. Die Vorstadt Bezetha.

Fergusson, Thrupp (der aber anderweitige topographische Punkte Jerusalems ganz verkehrt enthält) und endlich der von Tobler.

Mit Bezetha stehen noch andere topographische Punkte Jerusalems in Verbindung, zunächst die Lage von Beth-Phage. Aus mehreren talmudischen Notizen darüber geht hervor, daß diese Lokalität zwar sehr nahe bei Jerusalem, aber doch außerhalb desselben gelegen hat. Auswärtige Festgäste, welche in Jerusalem keinen Platz fanden, pflegten in Beth-Phage Quartier zu nehmen, begaben sich zum Kultus in den Tempel oder ins Innere der Stadt und kehrten abends wieder nach Beth-Phage zurück, wie aus der sofort zu besprechenden neutestamentlichen Stelle und auch aus talmudischen Angaben[1]) hervorgeht. Eine der Mauern Jerusalems lief dicht an Beth-Phage vorüber: daher wird in der talmudischen Literatur, wenn ausgedrückt werden soll: an der Grenze Jerusalems, von wo aus der Übergang vom Innern der Stadt nach außen nur ein Schritt ist, Beth-Phage als Beispiel angeführt, לפנים מחומת בית פאגי oder חוץ לחומה בית פאגי. Der Mauerteil, welcher an Beth-Phage vorüberging, hatte also die Benennung: „Mauer von Beth-Phage". Die Etymologie des Wortes ist zweifelhaft. Von פגים, „unreife Trauben" kann es nicht abstammen, da es eben so oft פאגי wie פגי geschrieben wird[2]).

Gestützt wird diese Vermutung durch folgende Betrachtung. Von Jesus erzählen die synoptischen Evangelien, er sei, von Jericho ziehend und sich Jerusalem nähernd, nach Beth-Phage und Bethanien an dem Ölberge eingetroffen[3]). In dem Dorfe Bethanien lassen sie ihn im Hause eines Leprosen Quartier nehmen, sich von da am Tage nach Jerusalem begeben und abends wieder dahin „außer der Stadt" zurückkehren (Markus 11, 11. 12. 19. 14, 3). Auch der Verfasser des Johannesevangeliums hatte noch eine Erinnerung von Jesu Aufenthalt in Bethanien, und er bestimmte die Entfernung von diesem Dorfe bis zur Stadt auf ungefähr 15 Stadien[4]). Jesus hat wohl hier Quartier genommen, weil die Stadt zur Passahzeit voll von Festwallern zu sein pflegte, und er hier keinen Gastfreund hatte, der ihn hätte aufnehmen sollen. Man sieht eigentlich nicht recht ein, wozu auch Beth-Phage genannt wird, da es weiter nicht erwähnt wird. Schließen darf man jedenfalls daraus, daß es nahe bei Bethanien gelegen haben muß. Nun ist Bethanien aus der talmudischen Literatur bekannt; es wird darin בית-היני oder

---

[1]) Die Hauptstellen dafür sind: Siphre Pinehas Nr. 191: הרי שהביא את קדשיו מבית פגי לירושלם שומע אני יאכלם בירושלם וילן בבית פאגי; Tossefta Pessachim VIII, 8: ר' יהודה אומר אין [פסח] השני טעון לינה, אלא כיצד הוא עושה נכנס ושוחט את פסחו בעזרה; M. Menachot XI, 2: ר' שמעון אומר לעולם הוי רגיל לומר שתי; יוצא ומפפיד את אבי בית פני הלחם ולחם הפנים כשרות בעזרה ובשתים בבית פאגי. Die von Amoras angeführten Beispiele sind nicht aus dem Leben gegriffen.

[2]) Vgl. Raschi zu Baba Mezia fol. 90a, der eine eigene Erklärung des Wortes פגי gibt.

[3]) Markus 11, 1, vgl. Lukas, 19, 29: καὶ ὅτε ἐγγίζουσιν εἰς Ἱεροσαλὴμ εἰς Βηθφαγὴ καὶ Βηθανίαν πρὸς τὸ ὄρος τῶν ἐλαιῶν. Matthäus 21, 1. steht zwar nur Beth-Phage, aber Bethanien ist sicherlich ausgefallen; denn auch dieses Evangelium läßt Jesus in Bethanien und nicht in Beth-Phage Wohnung nehmen (26, 6).

[4]) Joh. 11, 1. 18: Ἦν δὲ ἡ Βηθανία ἐγγὺς τῶν Ἱεροσολύμων ὡς ἀπὸ σταδίων δεκαπέντε. Zu Renans Irrtümern gehört auch der, daß er Bethanien 1½ St. von Jerusalem ansetzt (Leben Jesu, c. 21), 15 Stadien sind kaum ½ Meile, also kaum eine Stunde.

בית־האנין ‎(בִּיתּוּנִי = בִּיתֵינִי) בֵּית־יָאנוּ‎ genannt[1]) und bedeutet „Feigen=Dorf" gleich ‎הִינִי‎ abbrev., ‎הִינִי‎, Feigen). Nun ist angegeben, daß die „Kaufhallen von Bet=Hine" oder Bethanien drei Jahre vor Jerusalem zerstört worden seien, als Strafe dafür, daß „sie" eine Erleichterung für das Zehntengesetz aus der Schrift gedeutet hätten[2]). „Sie" kann hier im Zusammenhange nur bedeuten „eine Behörde", welche das Zehntengesetz derart ausgelegt hat, daß Getreidekäufer und Verkäufer vom Zehnten dispensiert sein sollen. Ein weiterer Vergleich ergibt zur Gewißheit, daß diese Behörde keine geringere war als das „Synhedrion", welches mehrere Jahre (angeblich 40 Jahre, o. S. 745) vor der Tempelzerstörung die Quaderhalle im Tempel, den bisherigen Sitzungssaal des Synhedrion, aufgegeben und in den „Kaufhallen" seinen Sitz genommen hat. R. Jose, der auf historische Traditionen Wert gelegt hat, überliefert: 40 Jahre vor der Tempelzerstörung sei das Synhedrion ausgewandert und habe sich in den „Kaufhallen" niedergelassen[3]). Es ist freiwillig ausgewandert, um gewissen Funktionen enthoben zu sein, welche nur in der Quaderhalle Legalität hatten. Das Synhedrion hat demnach seinen Sitz in den Kaufhallen von Bet=Hine oder Bethanien aufgeschlagen. Diese Ortschaft muß also außerhalb Jerusalems gelegen haben. Von diesem seinen Sitze aus hat es wohl manche Gesetze erlassen; in der Erinnerung ist aber nur das eine geblieben, daß es das Zehntengesetz erleichternd interpretiert hat. Diese Erleichterung hat bei den später lebenden, rigorosen Gesetzeslehrern Tadel gefunden, und man hat die Tatsache, daß die „Kaufhallen von Bet=Hine" vor Jerusalem oder vor dem Tempel Zerstörung erfahren haben, als Strafe dafür angesehen.

Orientieren wir uns in der Zeit. Übereinstimmend geben drei Stellen an, daß diese „Kaufhallen" oder der Sitz des Synhedrions drei Jahre vor dem Untergang Jerusalems verwüstet worden seien. Von wem? Doch gewiß von den Römern. Ziehen wir ein Faktum zur Orientierung herbei, so wird sich die Zeit annähernd genau erweisen und die Lage der „Kaufhallen von Bethanien" sich ermitteln lassen.

Der Statthalter von Syrien, Cestius Gallus, hatte eine Truppenmacht zusammengezogen, um Jerusalem wegen der ausgebrochenen Revolution und der Niedermetzelung der römischen Kohorte zu züchtigen. In Emmaus traf er zur Zeit des Hüttenfestes (66) ein (Jos. jüd. Kr. II, 19, 1). Am 30. Hyperberetaios (Tischri) griff er Jerusalem an und verbrannte die Bezetha und die

---

[1]) Erubin 28 a., ‎פני בית הינו‎, Tossefta Schebiit (ed. Zuckermandel) VII, 14: die L.=A. ‎ביתיני‎ oder ‎ביתיאני‎, in den alten Editionen ‎ביתאוני‎, Aruch ‎בישווני‎.

[2]) Baba Mezia, p. 88 a. b.: ‎מפני מה חרבו חנויות של בית הינו (הינו) שלש שנים‎ ‎קודם ירושלים מפני שהעמידו דבריהם על דברי תורה‎ . . . ‎ולא מוכר‎, ‎ולא לוקח‎. Diese L.=A. ‎בית הינו‎ ist gewiß richtiger als die in Siphre zu Deuteron. Nr. 105. ‎אמרו חרבו חנויות בני חנן ג' שנים קודם לארץ ישראל שהיו מוציאים פירותיהם‎ ‎מיד מעשר שהיו דורשים וכו'‎ und Jerusch. Peah I, 6, f. 16 c: ‎דתנא למה חרבו חנות‎ . . . ‎חנויות (חניות) בני חנן שלש שנים עד שלא חרב המקדש דהוון דרשין וכו'‎ Die „Söhne Chanans" sind unbekannte Persönlichkeiten, sie können also nicht eine behördlich legislative Funktion ausgeübt haben, das Gesetz zu interpretieren oder neue Gesetze zu erlassen. Die L.=A. ist also korrumpiert aus ‎בית־הינו‎.

[3]) Sabbat 15 a, Aboda Sara 8 b: ‎מ' שנה עד שלא חרב הבית גלתה לה סנהדרין‎ ‎וישבה לה בחנויות‎ Auch an einer andere Stelle berichtet man von der Dislokation des Synhedrion in die „Kaufhallen" (Rosch ha-Schana, f. 31 a.): ‎עשר מסעות‎ ‎גלתה סנהדרין‎ . . . ‎מלשכת הגזית לחנות (לחניות) ומחנות לירושלם‎. Diese Angabe ist historisch, von den Kaufhallen wanderte das Synhedrion wieder zurück nach Jerusalem zur Zeit der Revolution, wie weiter unten nachgewiesen werden wird.

Note 22. Die Vorstadt Bezetha.

Neustadt (das. 19, 4). Andere Stadtteile haben nicht durch ihn gelitten: denn er gab die Belagerung Jerusalems auf und trat einen fluchtähnlichen Rückzug an (das. 19, 7ff.). Also nur die nördlichen Teile Jerusalems, die neuen Stadt=
teile Bezetha und Neustadt sind von Cestius' Legionen zerstört worden. Es ist nicht daran zu zweifeln, daß die römische Soldateska damals auch die nördliche Umgegend von Jerusalem verwüstet hat, wie später unter Titus. Die „Kauf=
hallen von Bethanien" sind gewiß damals zerstört worden — drei Jahre vor Jerusalem, genau genommen allerdings 3 Jahre und 9 Monate und 10 Tage vor der Zerstörung des Tempels — von Marcheschwan 66 bis 10t. Ab 70. Die Tradition von der Zerstörung der Kaufhallen von Bet=Hine oder Bethanien ist also historisch, sie bezieht sich auf die Verheerung zur Zeit der Expedition des Cestius Gallus. Da dieser aber nur im Norden Jerusalems barbarisch ge=
haust hat, so müssen notwendigerweise die Kaufhallen von Bet=Hine im Norden der Hauptstadt gelegen haben. Kurz, das Dorf Bethanien und das daran grenzende Beth=Phage — an dem die dritte Mauer dicht vorbeiging (o. S. 781) — lagen im Norden Jerusalems.

Die Evangelien geben auch ganz richtig die Lage der beiden Lokalitäten Beth=Phage und Bethanien an: nämlich am Ölberge ($\pi\varrho\grave{o}\varsigma\ \tau\grave{o}\ \check{o}\varrho o\varsigma\ \tau\tilde{\omega}\nu\ \grave{\epsilon}\lambda\alpha\iota\tilde{\omega}\nu$). Freilich solange man unter dem Ölberg nur den gestreckten Rücken im Osten Jerusalems jenseits des Kidrontales versteht, muß man irgend einen Punkt für diese Dörfer in dieser Richtung suchen und das Unglaubliche annehmen, daß Jesus und andere Festwaller täglich denselben beschwerlichen Weg von Bethanien und Beth=Phage auf der Höhe des Ölberges oder von noch weiter östlich her gemacht hätten und zuerst talabwärts, dann zur Stadt, und dann wieder zur Nachtzeit den beschwerlichen Gang zurückgewandert wären. Wer die Gegend einmal besucht hat, wird sofort überzeugt sein, daß das Hinansteigen auf den Ölberg in täglicher Wiederholung kein angenehmer Spaziergang ist. Wir haben aber gefunden, daß die Abdachung im Nordwesten Jerusalems, auf der der Hügel Bezetha lag, ebenfalls „Ölberg" genannt wurde (o. S. 779). Wenn die beiden Dörfer in dieser Richtung gelegen haben, so war der Weg von da zu den nördlichen Vorstädten und umgekehrt nicht gar so weit und nicht gar so beschwerlich. Man muß also die Konjektur aufgeben, Bethanien und Beth=
Phage im Osten von Jerusalem und zwar sehr weit ab davon suchen.

Noch ein anderes Zeugnis führt zu demselben Resultate. Wir haben ge=
funden, daß in Bethanien „Kaufhallen" waren. Kaufhallen dienen doch wohl dazu, damit sich Käufer daselbst einfinden und es nicht allzu unbequem haben, sie aufzusuchen. Nun gibt eine talmudische Notiz an, daß auf dem Öl=
berge sich zwei Zedern befanden, unter welchen Kaufhallen standen. Unter einer dieser Zedern waren vier Hallen für Opfertiere, und eine der Hallen lieferte Tauben für alle Bedürfnisse an Taubenopfern für den Tempel[1]). Also Kaufhallen oder Verkaufsstellen auf dem Ölberge! Konnte man wirklich den

---

[1]) Midrasch zu Threni II, 2: שני ארזים היו בהר המשחה ותחת אחד מהן היו ארבע חניות של מוכרי טהרות ומן האחד היו מוציאין מ' מאה גוזלות לכל חודש ומהן היו ישראל מספיקין לקנין. Versetzt lautet der Passus Jerusch. Taanit IV, p. 69 a.: שני ארזים היו בהר המשחה תחת אחד מהן היו מוכרין ארבע חניות טהרות והאחד היה מוציאין ממנו מ' מאה גוזלות בכל חודש וחודש ומהן היו מספיקין קינין לכל ישראל. Ich weiß nicht, welcher Tirone Herrn Renan bei der Übersetzung dieser Stelle behilflich war. Er kannte sie nämlich, faßte sie aber so verkehrt wie möglich auf. „Auf dem Ölberge standen zwei große Zedern . . . ihre Zweige dienten Scharen von Tauben zur Wohnung" (a. a. O.).

Kaufbedürftigen zumuten, den beschwerlichen Weg zu dem Ölberg im Osten zu machen? Folglich können diese Zedern und die Verkaufshallen nur [Der Schluß ist keineswegs zwingend] im Nordosten von Jerusalem, bei oder in Bethanien gewesen sein. Auch in Bezetha oder in der Neustadt war ein Markt mit Verkaufsläden für Wolle, Erzgefäße und Kleider[1]). Wenn in der Mischna von einem Markte der Wollhändler oder der Taubenzüchter in Jerusalem die Rede ist[2]), so muß man sich darunter die Vorstädte von Jerusalem denken. Die inneren Stadtteile, die Ober- und Unterstadt, waren Quartiere für die vornehmen Geschlechter und Reichen. Hier standen Paläste, das Rathaus, das Archiv, der Xystos. In den engen Gäßchen der Neustadt (πλάγιοι στενωποί) dagegen wohnten die Handwerker und Geschäftsleute. Weiter hinaus nach Norden waren Märkte für Vieh und Vögel, die für das Opferbedürfnis sorgten. Die Kaufhallen des Dorfes Bethanien müssen also im Norden und zwar außerhalb der Bezetha gelegen haben, wo freie Plätze für ganze Viehherden waren, welche besonders zu den Festzeiten zum Kauf feilgeboten wurden.

Es haben sich uns als sicher folgende Resultate ergeben: Die Vorstadt Bezetha bestand aus zwei Quartieren: der Neustadt an dem hohen Hügel Bezetha, dem niedrigen Teile, welcher früher angebaut war, und der eigentlichen Bezetha auf dem Hügel selbst. Beide lagen in dem Terrain, das sich nördlich vom Tempel befand, die Neustadt mehr östlich und die Bezetha mehr westlich. Die letztere Vorstadt wurde erst von Agrippa I. umwallt; die Mauern aber konnten wegen Mißtrauens des römischen Hofes nicht vollendet werden. Indessen muß die Umwallung doch geschlossen gewesen sein. Beide Vorstädte nahmen einen ziemlichen Raum ein, etwa 6 Stadien. Beide galten in der letzten Zeit als Bestandteile Jerusalems und hatten einen, wenn auch verschieden geheiligten Charakter; die Neustadt galt als vollkommen mit der Altstadt gleich, die Bezetha dagegen wurde von den „Genossen" nicht als konsekrierter Stadtteil angesehen. In keiner von beiden kann es einen Begräbnisplatz oder Grabeshöhlen gegeben haben, sonst hätten dort die Opferteile nicht von Laien verzehrt werden dürfen. Daraus folgt, daß Golgatha oder das Grab, worin Jesus beigesetzt wurde, weit ab auch von diesen Vorstädten gelegen haben muß. Die gegenwärtige Lage der Grabeskirche inmitten des heutigen Jerusalem beruht demnach mit Notwendigkeit auf einer mönchischen Fiktion. Das Terrain, auf dem beide Vorstädte lagen, wurde auch als „Ölberg" bezeichnet, selbst noch dasjenige, welches außerhalb desselben lag. Auf diesem lagen die Dörfer oder Vorstädte Beth-Phage und Bethanien (Beth-Hine), und zwar nördlich von Bezetha. Die nördliche Mauer um diesen neuen Stadtteil streifte an Beth-Phage vorüber. In Bethanien waren Verkaufsplätze, wo auch Opfertiere eingekauft zu werden pflegten. Hier hatte das Synhedrion in seiner Eigenschaft als gesetzgebende Behörde eine Zeitlang, angeblich 40 Jahre vor der Tempelzerstörung, seinen Sitz aufgeschlagen, in einer der Hallen von Beth-Hine.

Wenn auch die Zahl 40 unhistorisch ist (o. S. 745), so ist doch an der Tatsache der Auswanderung des Synhedrion nicht zu zweifeln. Diese Tradition fällt wohl zusammen mit der anderweitigen Nachricht im Talm. Jeruschalmi (Sanhedrin I. Anfang und VII, p. 24b), daß noch vor dem vierzigsten

---

[1]) Josephus j. Kr. V, 8, 1: καὶ τῆς καινῆς πόλεως ἐριοπώλιά τε ἦν καὶ χαλκεῖα καὶ ἱματίων ἀγορά.

[2]) Erubin X, 9: מעשה בשוק של פטמים שהיה בירושלים ... ר' יוסי אומר ש״ק של צמרים היה. Das Wort שוק bedeutet nach Aruch und Raschi Taubenzüchter, vgl. Jom-Tob, fol. 29

Note 22. Die Vorstadt Bezetha.

Jahre, von der Tempelzerstörung zurückgerechnet, die peinliche Gerichtsbarkeit dem judäischen Volke genommen worden sei: תני קודם לארבעים שנה עד שלא חרב הבית בטלו דיני נפשות מישראל. Wenn dieses „vor" weit genug bis zur Entthronung des Archelaus' und bis zum Beginn der Prokuratorenverwaltung ausgedehnt werden könnte, so würde diese Nachricht ihre Richtigkeit haben. Denn die Landpfleger hatten allerdings zu ihrer Vollmacht auch die peinliche Gerichtsbarkeit — μέχρι τοῦ κτείνειν λαβὼν παρὰ Καίσαρος ἐξουσίαν (Josephus jüd. Krieg II, 8, 1). Die kirchlichen Traditionen von dem Appellieren des judäischen Gerichtshofes bei Jesu Prozeß an Pilatus und von Paulus' Überantwortung an den römischen Hauptmann, und Josephus' Nachricht, daß die Pharisäer sich über die angemaßte peinliche Gerichtsbarkeit des sadduzäischen Hohenpriesters Anan bei dem Landpfleger Albinus beklagt hätten: ὡς οὐκ ἐξὸν ἦν Ἀνάνῳ χωρὶς τῆς ἐκείνου γνώμης καθίσαι συνέδριον (Altert. XX, 9, 1), würden diesen Umstand bestätigen. Allein unter Agrippa I. ist dies Blutrecht gewiß wieder in integrum wiederhergestellt worden, und erst nach dessen Hinscheiden ist die Aufsicht über die Gerichtsbarkeit der zweiten Reihe der Landpfleger wieder zugefallen. Die peinliche Gerichtsbarkeit war zwar weder an das große Synhedrion, noch an die Quaderhalle gebunden. Jede größere Stadt hatte dafür einen eigenen Gerichtshof von 23 Mitgliedern (M. Sanhedrin 1, 4. Tossafot werfen diese Frage auf und lassen sie unbeantwortet zu Sabbat a. a. O.). Allein in Jerusalem selbst scheint das große Synhedrion auch als Kriminaltribunal fungiert zu haben. Und es muß auch unter den Prokuratoren die peinliche Gerichtsbarkeit ausgeübt haben; nur mußte wohl das Todesurteil dem Landpfleger zur Bestätigung vorgelegt werden. Das geht auch daraus hervor, daß gegen den sadduzäischen Hohenpriester Anan nicht deswegen Anklage erhoben wurde, weil er überhaupt Todesurteile gefällt, sondern weil er sie ohne Zustimmung des Landpflegers vollstreckt hatte. Besaß das Synhedrion dieses beschränkte Recht, so war das Tribunal dafür in der Quaderhalle, dem Orte seiner gewöhnlichen Sitzungen. Die Motivierung des babyl. Talmud für die Auswanderung wegen der häufig vorkommenden Mordtaten, über die es nicht zu Gericht sitzen wollte[1]), könnte dabei doch festgehalten werden. Ausdrücklich ist angegeben, daß seit dem Auftreten des Sikarierführers Eleasar b. Dinai und seiner Genossen das Sühnopfer für Mordtaten, deren Urheber unbekannt geblieben, aufgehoben worden ist (Sota IX, 9). Nun trat wenige Jahre nach Agrippas I. Tod auf. Von dieser Zeit an wurde die Demoralisation des Volkes in den höheren Schichten und infolgedessen das Aufhören der Gnadenzeichen gerechnet. Es würde also dazu stimmen, daß in derselben Zeit sich das Synhedrion selbst durch die Auswanderung aus der Quaderhalle destituiert hat, um nicht als Gerichtshof für die öfter vorkommenden Blutanklagen zu fungieren.

Dieser Zustand dauerte aber nur bis zur Revolutionszeit. Denn mit dieser Zeit, von welcher auf den Münzen die „Erlösung Israels" datiert wurde, ist alles wieder restauriert worden. Das Synhedrion hat die peinliche Gerichtsbarkeit ausgeübt und hat die unzüchtige Tochter eines Ahroniden nach dem Gesetze mit dem Feuertode bestraft (Sanhedr. VII, 2) מעשה בבת כהן שזנתה והקיפוה חבילי זמורות (vgl. dazu Jeruschalmi p. 24„ woraus folgt, daß die Tatsache zur Revolutionszeit erfolgt ist). Damals verließ wohl das Synhedrion wieder die Kaufhallen von Bethanien und wanderte wieder nach der Quaderhalle im Tempel zurück. An der Spitze desselben stand Simon b. Gamaliel I., der eine Rolle während der Revolution und des Krieges spielte (Note 29).

---

[1]) Baba Batra 8b: כיון דחזו דנפישו להו רוצחין ולא יכלו למידן, אמרו מוטב נגלה ממקום למקום כי היכא דלא ליחייב . . . מלמד שהמקום גורם.

23.

Zeit der Anwesenheit der adiabenischen Königin in Jerusalem, der Regierung des Königs Izates und der Bekehrung des Apostels Paulus.

A. Helena.

Der Proselytismus der adiabenischen Königin Helena oder vielmehr ihre Reise nach Jerusalem und ihr Aufenthalt daselbst sind bisher nicht chronologisch ermittelt und fixiert. Es ist aber nicht ohne Wichtigkeit, da sich dadurch anderweitige Fakta der judäischen Geschichte und auch der neutestamentlichen Zeitgeschichte chronologisch einreihen lassen. N. Brüll hat zwar sorgfältig eine chronologische Untersuchung über die Ereignisse, welche das adiabenische Königshaus betreffen, angestellt[1]. Aber gerade diesen orientierenden Punkt, Helenas Reise nach Jerusalem, hat er nicht behandelt. Auch ist er bei aller Sorgfalt für chronologische Akribie von unerwiesenen Punkten ausgegangen. So hat er Josephus' Angabe, daß der adiabenische König 24 Jahre regiert habe, angenommen und zugrunde gelegt; aber diese ist durch ihren eigenen Charakter verdächtig. Auch die numismatischen Resultate, welche er für die Chronologie der Adiabener ausnutzte, sind nicht so kritisch gesichert, daß sie zum Ausgangspunkt genommen werden könnten. Der Engländer Lindsay hat die Geschichte der Parther oder vielmehr die Diadoche der parthischen Könige aus parthischen Münzinschriften zu fixieren gesucht[2]. Aber Egli bemerkt mit Recht, daß Lindsay zu viel auf die Ergebnisse Longperiers gebaut hat, und daß diese keineswegs kritische Gewißheit geben[3]. Zuweilen wird ein chronologischer Punkt negativ fixiert: Der und der parthische König könne in der und der Zeit nicht gelebt oder nicht mehr gelebt haben, da sich von ihm aus dem und dem Jahre keine Münze finde. Zufällige Funde können also leicht das chronologische Resultat erschüttern. Man kann also auf die Ergebnisse der Numismatik allein nicht die Geschichte des adiabenischen Königshauses aufbauen. Man muß vielmehr anderweitige Angaben als Direktive oder Korrektiv dabei anwenden. Josephus besaß zuverlässige Nachrichten über die Geschichte der adiabenischen Proselyten, die er gewiß aus dem Munde der Verwandten des Königs Monobaz vernommen hatte, welche zur Zeit des Krieges gegen die Römer in Jerusalem tapfer gegen die Feinde gekämpft und als Gefangene in Rom mit ihm verkehrt haben[4]. Allerdings auf seine Nachricht, daß Izates vierundzwanzig Jahre regiert und vierundzwanzig Söhne und ebensoviel Töchter hinterlassen habe[5], ist nicht viel zu geben, obwohl er sie aus derselben Quelle bezogen haben mag. Die Zahl 24 macht sie verdächtig. Aber seine anderweitigen Nachrichten über die adiabenisch-judäische Geschichte dürfen, wenn sie nicht kritisch angefochten werden können, als historisch gesichert angenommen und verwertet werden.

---

[1] N. Brüll, Jahrbücher für jüdische Geschichte und Literatur, I. Jahrg. 1874, S. 58 fg. und besonders von S. 66 ff. an.
[2] Lindsay, a review of the history and coinage of the Parthians. Das Buch ist sehr selten.
[3] In Büdingers Untersuchungen zur römischen Kaisergeschichte I., S. 358 fg.
[4] Josephus, jüd. Krieg II, 19, 2; VI, 6, 4.
[5] Das. Altertümer XX, 4, 3.

Note 23. Zeit d. Anwesenh. d. adiaben. Königin in Jerusalem

Josephus gibt an zwei Stellen an, daß zur Zeit der Anwesenheit der Königin Helena in Jerusalem eine grausige Hungersnot geherrscht habe, die viele Bewohner hingerafft habe. An einer dieser Stellen gibt er keinen chronologischen Anhaltspunkt, sondern referiert, daß die Königin ihre Leute teils nach Alexandrien zum Ankauf von Getreide, teils nach Cypern zur Herbeischaffung von Feigen ausgesandt habe[1]). An der andern Stelle[2]) bezeichnet er die Zeit zwar unbestimmt, aber doch bestimmbar: daß nämlich während der Prokuratur des Tiberius Alexander eine fürchterliche Hungersnot in Judäa geherrscht habe, und daß Helena Getreide aus Ägypten zur Verteilung habe ankaufen lassen. Dieser chronologische Punkt läßt sich einigermaßen dadurch ermitteln, daß Josephus dabei erzählt: Auf Tiberius Alexander sei Cumanus gefolgt, und Herodes II. sei gestorben in Claudius' achtem Regierungsjahre, d. h. zwischen 31. Jan. 48 und 30. Jan. 49. (Vergl. o. S. 730, den Nachweis, daß Tiberius Alexander 45 Prokurator war.) Die Hungersnot in Judäa läßt sich demnach zwischen 46—48 limitieren. In dieser Zeit war Helena bereits in Jerusalem. Diese Zeit kann aber durch ein anderes Moment noch mehr limitiert werden.

Noch an einer dritten Stelle spricht Josephus nämlich von derselben Hungersnot und bestimmt ungefähr die Zeit, ohne dabei die Wohltätigkeit der Königin zu erwähnen: „Kurz vor diesem Kriege (gegen die Römer) unter Claudius' Regierung, während bei uns Ismaël Hoherpriester war und die Hungersnot unser Land ergriffen hatte" usw[3]). Diese Angabe enthält auf den ersten Blick einen chronologischen Widerspruch. Denn der Hohepriester Ismaël erhielt, nach Josephus, seine Würde von Agrippa II. unter Neros Regierung, während Felix Prokurator war[4]), etwa 59—60. Es hat allerdings noch einen Hohenpriester Namens Ismaël und auch mit dem Beinamen Phiabi oder Phabi gegeben. Aber dieser kann hier nicht gemeint sein, da er mindestens dreißig Jahre vorher im Beginne von Tiberius' Regierung fungiert hat. Dieser Widerspruch kann indessen leicht gehoben werden, da Ismaël I. zweimal Hoherpriester war (o. S. 723, 726, 736).

Es ist also konstatiert, daß im Jahre 48, während Ismaëls Pontifikats, Helena bereits in Jerusalem war. In welchem Jahre ist sie aber dahin gekommen? Oder in welchem Jahre erfolgte die Bekehrung des adiabenischen Königshauses? Josephus flicht die Geschichte derselben innerhalb Fadus' Prokuratur 44—45 ein. R. Brüll hat Izates' Thronbesteigung um 36 angesetzt, weil er dessen 24jährige Regierungszeit als gesichert hielt und dessen Tod um 60 ansetzte. Indessen, wie schon angegeben, ist diese Zahl zweifelhaft. Nur so viel ist gewiß, daß Izates um 40 bereits König war, da der Partherkönig Artaban infolge der Ränke an seinem Hofe zu Izates

---

[1]) Daſ. XX, 2, 5.

[2]) Daſ. 5, 2. Ἐπὶ τούτοις δὴ καὶ τὸν μέγαν λιμὸν ... συνέβη γενέσθαι. Der Ausdruck ist dunkel. Aber da Josephus vorangehend von Tiberius Alexanders' Nachfolge auf den Prokurator Fadus spricht, so meint er wohl, daß die Hungersnot unter dem ersteren gewütet habe.

[3]) Daſ. III, 15, 2: Κλαυδίου Ῥωμαίων ἄρχοντος, Ἰσμαήλου δὲ παρ' ἡμῖν ἀρχιερέως ὄντος, καὶ λιμοῦ τὴν χώραν ἡμῶν καταλαβόντος κτλ. Es ist nicht zu verkennen, daß Josephus dieselbe Hungersnot gemeint hat, von der er an anderen Stellen spricht [Zur chronologischen Ansetzung der Hungersnot vgl. noch Schürer I³, S. 567 f.].

[4]) Daſ. XX, 8, 8.

Zuflucht nahm und, laut Inschriften, bereits im Jahre 41 gestorben war. Im Jahre 43 regierte Vardanes, nachdem er sich vorher mit seinem Bruder Gotarzes ausgesöhnt hatte¹). Dieser Vardanes, welcher auf die Eroberung Armeniens ausging, das unter römischen Schutze stand, forderte Izates auf, mit ihm gemeinschaftlich die Römer zu bekämpfen. Izates lehnte aber die Teilnahme ab. Er machte geltend, daß seine Mutter mit seinen fünf unmündigen Söhnen in Jerusalem weile, es sei daher für ihn gefährlich, mit den Römern anzubinden, da die Seinigen in einem den Römern unterworfenen Lande lebten²). Tacitus erzählt nun, Vardanes würde Armenien überfallen haben, wenn er nicht von dem Legaten Vibius Marsus zurückgehalten worden wäre, der ihn mit Krieg bedrohte³). Nun war Marsus nur von 42—44 Legat von Syrien. Denn gleich nach Agrippas I. Tod entfernte ihn Claudius von der syrischen Statthalterschaft, aus wohlwollender Erinnerung an den verstorbenen judäischen König, welcher ihn öfter ersucht hatte, seinen Feind Marsus abzuberufen⁴). Vardanes' beabsichtigter Angriff auf Armenien und die Aufforderung an Izates, ihm beizutreten, fallen also nur während Marsus' Statthalterschaft in Syrien, d. h. zwischen 42—44, oder richtiger zwischen 43—44, da Vardanes sich erst im Jahre 43 mit seinem Bruder Gotarzes ausgesöhnt hatte und unbestrittener Herrscher von Parthien geworden war. Damals war also Helena bereits mit ihren fünf Enkeln in Jerusalem. Daraus folgt, daß sie spätestens 43 nach Jerusalem gekommen war. Der Krieg zwischen Izates und dem Araberkönig Abia und dem Partherkönig Vologäses erfolgte jedenfalls erst nach Helenas Reise nach Jerusalem. Wenn nun in der Mischna (Nasir III, 6) angegeben ist, Helena habe gelobt, 7 Jahre das Nasiräergelübde auf sich zu nehmen, falls ihr Sohn glücklich vom Kriege heimkehren würde, und sie habe dann nach glücklichem Erfolge das Gelübde erfüllt und sei nach Ablauf der 7 Jahre nach Palästina gereist, so kann es sich keineswegs auf diesen Krieg beziehen, sondern muß auf einen früheren hinweisen, wenn die Tradition überhaupt mit allen Umständen zuverlässig ist. Denn die Zahl Sieben macht sie verdächtig. Die talmudischen Berichte geben ihr **sieben** Söhne, während Josephus nur von ihren **fünf Enkeln** weiß, und zwar von unmündigen. Andere Quellen machen gar daraus sieben gelehrte Söhne שבעה בנים תלמידי חכמים⁵). Diese Tradition kann also für die Fixierung der Chronologie gar nicht in Betracht kommen. Es ist also so gut wie gewiß, daß Helena um 43 bereits in Jerusalem weilte und noch da war, als die Hungersnot im Jahre 48 wütete. Sie blieb überhaupt da bis nach Izates'

---

¹) Vergl. Berliner Blätter für Münzkunde II, S. 472.
²) Jos. das. XX, 3, 4: Οὗτος δὴ (Οὐαρδάνης) πρὸς Ἰζάτην ἀφικόμενος ἔπειθεν αὐτόν, μέλλων πρὸς Ῥωμαίους πόλεμον ἐκφέρειν, συστρατεύεσθαι καὶ συμμαχίαν ἑτοιμάζειν. Οὐ μὴν ἔπειθεν . . . ἔτι δὲ πεπομφὼς πέντε μὲν . . . υἱοὺς . . . τήν τε μητέρα προσκυνοῦσαν τὸ ἱερόν . . . ὀκνηρότερος ἦν.
³) Tacitus Annales 11, 10: et recuperare Armeniam avebat (Bardanes), ni ab Vibio Marso . . . bellum minitante cohibitus foret.
⁴) Jos. das. XX, 1, 1.
⁵) Tossefta Sukka I, 1 und Parallelst. Was לה betrifft, wo Helena mit ihren Söhnen oder Enkeln in einer Festhütte von vorschriftswidriger Höhe geweilt haben soll, so muß es einen Ort dieses Namens nahe bei Jerusalem gegeben haben, was auch aus anderen Stellen folgt. Sonst wäre es ja undenkbar, daß die „Alten" der Schule mit ihr so oft hätten verkehren können. והיו הזקנים נכנסים ויוצאין בה Vergl. Monatsschr. Jahrg. 1878, S. 42.

Tode[1]). Sie lebte demnach in Jerusalem noch zur Zeit Agrippas I., was wohl zu merken ist.

B. Chronologisches zu Izates' Biographie.

Izates muß viel länger als 24 Jahre regiert haben, wie sich aus den Münzen der Könige von Mesene oder Charakene ergibt, welche Wabbington so lichtvoll behandelt hat (Revue numismatique, nouvelle serie, Jahrg. 1865, p. 305 fg., vgl. Zeitschr. für Numismatik von Sallet, Jahrg. 1881, S. 212). Die Regierungszeit des Königs Abennerig von Charax Spasinu, an dessen Hof Izates wegen des Neides seiner Brüder gegen ihn erzogen wurde, ist nämlich ziemlich genau ermittelt, und dadurch läßt sich annähernd Izates' Geburtsjahr und Regierungszeit fixieren. Die Münzen der Könige von Charakene bieten den Vorteil, daß die darauf befindlichen Data nach der seleucidischen Ära ausgestellt sind. Der von Josephus genannte König Ἀβηννήριγος lautet Ἀβινηργλος auf der von Wabbington zuerst veröffentlichten Münze. Die Inschrift lautet das. p. 367 [Β]ασιλ[έως] ΑΒΙΝΗΡΓΛΟ[Υ] σωτήρ[ου] und in dem Abschnitt für die Jahreszahl ΑΚΤ, d. h. 321 der seleucidischen Zeitrechnung. Der Name Abennerig bei Josephus ist eine Abkürzung. An der Identität von Abinerglos und Abennerigos ist also nicht zu zweifeln. Dieser regierte also 321 Seleucidarum, d. h. im Jahre 9 v. nachchr. Zeitr. Sein Vorgänger Attambalos I., von dem mehrere Münzen vorhanden sind, hat noch 317 Sel. = 5 n. Chr. regiert. Abinerglos' Nachfolger Abinerglos hat nach einer Münze im Jahre 333 Sel. = 21 n. Chr. regiert. Folglich hat Abinerglos = Abennerig höchstens vom Jahre 6 bis zum Jahre 20 regiert. Innerhalb dieser Zeit wurde ihm der junge Izates anvertraut und erhielt die Hand seiner Tochter Symacho (nach Jos. Altert. XX, 2, 1). Izates ist noch beim Leben dieses Königs von Charakene von seinem Vater abberufen worden, also noch vor 20. Er war schon verheiratet, als er, durch das Beispiel der Frauen am Hofe und wohl seiner eigenen Frau angeregt, sich zum Judentume bekannte (das. 2, 3). Izates muß also schon während seines Aufenthaltes am charakenischen Hofe eine gewisse Altersreife gehabt haben, in der er das Neue in sich aufnehmen konnte. Wir müssen ihm zu diesem Schritte und zum Eingehen einer Ehe wenigstens ein Alter von 18 Jahren geben. Er muß also um den Beginn der christlichen Zeitr. geboren sein. In dieselbe Zeit setzt auch Wabbington Izates' Geburt (das. p. 320): Izates avait donc au moins dix ans lorsqu'il fut envoyé en Characène; il était né à peu près au commencement de l'ère chrétienne. Zu demselben Resultate gelangen wir von einem andern Ausgangspunkt. Izates ist 55 Jahre alt geworden (nach Jos. das. 4, 3). Mindestens im Jahre 51, bei Vologeses' (oder Vologäses) Thronbesteigung (nach Prokesch-Osten, Berliner Blätter für Münzkunde II, 274 Nr. 12 regierte dieser 51—78) regierte Izates noch, da dieser Partherkönig ihn (nach Josephus a. a. O. § 2) mit Krieg überzog. Im Jahre 60, als der von Nero eingesetzte halbjudäische König von Armenien, Tigranes, Adiabene weit und breit verwüstete, regierte bereits Monobaz II., Izates' Bruder (Tac. annales 15, 1). Er kann aber auch schon einige Jahre vorher regiert haben. Demnach starb Izates zwischen 51 und 60, fünfundfünfzig Jahre alt. Er kann also nicht lange vor Beg. der chr. Zeitr. geboren sein. Wenn er um 1 geboren ist — denn später kann man das Datum nicht ansetzen — so wäre er 56 gestorben, und sein Bruder ihm in

---

[1]) Jos. das. XX, 4, 4.

diesem Jahre nachgefolgt. Helena muß also mehr als siebzig Jahre alt geworden sein, da sie vor Izates ben Monobaz geboren hat. — Nehmen wir nun an, daß Monobaz I. seinen Sohn um 20 von Charax Spasinu abberufen hat, weil er alt war und nicht lange mehr zu leben glaubte (Jos. das. 2, 2), und daß er zwei Jahre später gestorben sei, also um 22, so hätte Izates in diesem Jahre den Thron bestiegen; er hätte also von um 22 bis um 56 regiert, d. h. etwa 34 Jahre. Wenn Josephus angibt, er habe nur 24 Jahre regiert, so wäre entweder im Texte eine Verwechselung der Zahlbuchstaben K statt Λ oder ein Gedächtnißfehler bei Josephus anzunehmen.

Josephus deutet zwar an, als ob Izates um 41 zur Regierung gelangt wäre; denn er erzählt, er habe bei seinem Regierungsantritt, anstatt seine Brüder von einer anderen Frau umbringen zu lassen, sie als Geiseln teils zu dem parthischen König Artaban, teils nach Rom zu Claudius gesandt (das. 2, 3). Allein diese Angabe erweist sich sogleich als falsch [doch höchstens nur als ungenau], da Artaban und Claudius nicht gleichzeitig regiert haben. Der letztere ist erst Jan. 41 Kaiser geworden, und der erstere hat, nach Münzen bei Prokesch-Osten, das Jahr 41 nicht erlebt. Auch nach einer anderen Seite erweist sie sich als falsch. Doch gesetzt, Izates wäre erst um 41 König geworden, so hätte ja seine Regierung kaum 20 Jahre gedauert, da doch sein Bruder Monobaz II. mindestens im Jahre 60 bereits regiert hat. Die Angabe des Josephus von der Sendung seiner Brüder als Geiseln ist also unhistorisch [höchstens nur ungenau datiert].

Die Chronologie des abiabenischen Königshauses würde demnach folgendermaßen anzusetzen sein:

I	um	1	nachchr. Zeitr.	Izates' Geburt.
II	„	11—12	„	Reise nach Charax Spasinu.
III	„	18	„	Verheiratung mit Symacho.
IV	„	19	„	Bekehrung zum Judentume.
V	„	20	„	Abberufung vom Hofe des Abinerglos-Abennerigos.
VI	„	22	„	Thronbesteigung.
VII	„	43	„	Helenas Reise nach Jerusalem.
VIII	„	51—56	„	Krieg des Vologäses gegen Izates.
IX	„	56	„	Izates' Tod und Monobaz II. Thronbesteigung.
X	„	60	„	Adiabene wird von Tigranes verheert.
XI	„	65 Ende	„	Monobaz' II. Söhne kommen in Begleitung des armenischen Königs Tiridates nach Rom (Dio Cassius 63, 1).

Wenn Izates' Geburt etwa in das 1. oder 2. Jahr der vorchr. Zeitr. fiele, so würden die Nummern I bis IV und XI eine Änderung um 1 bis 2 Ziffern erfordern.

C. Zeit der Bekehrung des Apostels Paulus.

Von diesem chronologischen Ausgangspunkte aus läßt sich die Zeit der Bekehrung des Apostels Paulus und die Veranlassung derselben ermitteln. Die Chronologen schwanken bezüglich des Bekehrungsjahres zwischen 35 und 40, und als Veranlassung dazu nehmen die Kirchenschriftsteller immer noch die Erscheinung bei Damaskus an, wenngleich selbst die halben Rationalisten sie zu einer optischen Vision herabsetzen. Man muß aber davon ausgehen, daß vor Paulus nur innerhalb der Judenheit Propaganda für das junge Christentum

Note 23. Zeit d. Anwesenh. d. abiaben. Königin in Jerusalem. 791

gemacht wurde. Petrus war Apostel für die Beschneidung¹). An das Apostolat für die Heiden oder für die Vorhaut (εὐαγγέλιον τῆς ἀκροβυστίας) dachten die damaligen Vorsteher der jungen Kirche um so weniger, als Jesus ihnen eingeschärft haben soll, den Weg der Heiden nicht zu gehen und nicht einmal in die Städte der Samaritaner einzugehen²). Erst Paulus ist darauf gekommen, den Heiden zu predigen³). Es war eine Neuerung, welche bei den Judenchristen auf Widerspruch gestoßen ist. Wie kam Paulus auf diese Neuerung? Der Gedanke ist in ihm aufgeblitzt, daß die „Fülle der Heiden" in den Abrahamsbund aufgenommen werden soll⁴), und zwar nicht durch die Beschneidung — weil dann der Zutritt eine Unmöglichkeit wäre — sondern durch den Glauben an Jesus als Messias und als auferstandenen Messias. Dieser Gedanke beherrschte Paulus; seine Episteln sind voll davon, seine ganze Tätigkeit ist darauf gerichtet, die Heiden zu gewinnen, damit auch sie Teil an der Verheißung an Abraham haben sollen. Das Keimen eines solchen Gedankens muß psychologisch erklärt werden. Der Umstand ist nicht gleichgültig, daß Paulus' Bekehrung in Damaskus stattgefunden hat. In dieser Stadt gab es judäische Proselyten, und die meisten Frauen waren dem Judentume anhänglich⁵). Noch mehr Eindruck muß es auf Paulus, der, wie er von sich selbst aussagte, ein Übereifriger der väterlichen Überlieferung war⁶), gemacht haben, wenn er Zeuge dessen war, wie eine heidnische Königin aus weiter Ferne von jenseits des Euphrat auf einer Reise, welche mehrere Monate dauerte und mit Gefahren verknüpft war⁷), nach Jerusalem gekommen war, um den dort verehrten Gott anzubeten und im Tempel zu opfern. Hat Paulus dieses erstaunliche Ereignis, von dem ohne Zweifel damals in der judäischen Welt mit Bewunderung gesprochen wurde, v o r seiner Bekehrung erlebt? Wenn sich das nachweisen ließe, so könnte man ohne kritisches Bedenken schließen, daß diese außergewöhnliche Erscheinung, welche auf seinen lebhaften Geist einen gewaltigen Eindruck gemacht, ihn auf den Gedanken geführt hätte, die Heidenwelt für den dem Hause Abraham verheißenen Segen zu gewinnen oder Apostel der Vorhaut zu werden. Die Zeit seiner Bekehrung muß also ermittelt werden.

Leider findet sich in keinem seiner Briefe ein fester chronologischer Anhaltspunkt dafür. Er hatte ebensowenig Interesse für die Zeitbestimmung, wie für die alte Geschichte, die er in arger Konfusion wiedergibt. Nur zwei Andeutungen für die Chronologie geben seine Briefe. Im Galaterbrief erzählt er, daß er nach seiner Bekehrung sich nicht nach Jerusalem zu den (drei) Aposteln begeben, sondern nach Arabien (Auranitis) ging und dann wieder nach Damaskus zurückkehrte. Erst nach d r e i J a h r e n begab er sich nach Jerusalem, blieb nur einige Tage daselbst und reiste nach Syrien und Cilicien. Nach 14 Jahren kam er wieder nach Jerusalem mit Barnabas und dem unbeschnittenen Titus⁸). Die 14 Jahre sind aber nicht von den drei Jahren

¹) Galaterbrief 2, 7. 8: ἀποστολή τῆς περιτομῆς.
²) Matthäus-Evangelium 10, 5.
³) Galaterbr. 1, 16. Römerbr. 11, 13; 15, 16.
⁴) Römerbr. 11, 25.
⁵) Joseph. jüd. Krieg II, 20, 2.
⁶) Galaterbr. 1, 13.
⁷) Jos. Altert. III, 15, 3. Diese Stelle bezieht sich offenbar auf Helena und ihr Gefolge. [A. a. O. ist weder von einer heidnischen Königin noch von deren Gefolge die Rede.]
⁸) Galaterbr 1, 17—18. 21; 2, 1—3.

seiner ersten Reise zu zählen, sondern von seiner Bekehrung, wie die meisten Ausleger annehmen, und besonders der auf chronologische Akribie achtsame Wieseler[1]). Es käme also darauf an zu wissen, in welchem Jahre der Galaterbrief geschrieben ist. Aber darüber läßt sich nichts Bestimmtes angeben, daher ist das Moment der Abfassungszeit ein Tummelplatz für subjektive Exegese und Chronologie. Die Nachschrift der Epistel sagt allerdings, daß sie **aus Rom datiert ist**[2]). Nach Rom kann Paulus zwischen 60—62 gekommen sein (wie nach der Angabe der allerdings chronologisch wenig zuverlässigen Apostelgeschichte angenommen wird). J. Fr. Köhler und Schrader setzen die Abfassungszeit des Galaterbriefes erst in das Jahr 69, **nach der ersten Christenverfolgung in Rom und gar nach Neros Tode.** Aber selbst wenn die Epistel bald nach Paulus' Ankunft in Rom geschrieben sein sollte, so kann man zu den 14 Jahren seiner Bekehrung[3]) noch vier Jahre zugeben, und sie würden doch nicht über das Jahr 44 hinausgehen. Allerdings verwerfen die neueren Ausleger die Nachschrift der Datierung aus Rom als unecht. Aber die Kirchenväter Eusebius, Theodoret und Hieronymus haben sie als echt angenommen. Der letztere beweist sogar aus dem Schlusse des Briefes, wo Paulus von den „Malzeichen" ($\sigma\tau\iota\gamma\mu\alpha\tau\alpha$) spricht, die er an seinem Leibe trage (6, 17), d. h. von seinen Wunden, daß er ihn nach überstandenen Leiden in Rom geschrieben haben müsse.

Die Beweise für die frühere Bekehrung nehmen sich recht seltsam aus. Wieselers Argument stützt sich auf den Tadel an den Galatern, daß sie Tage, Monate, Zeiten und Jahre beobachten; unter Jahren sollen **Sabbatjahre** verstanden sein. Die Epistel an die Galater müsse also im Jahre 55 geschrieben sein, da dieses gerade ein Erlaßjahr gewesen sei[4]) [für dasselbe Jahr entscheidet sich auch Lipsius a. a. O. S. 11 aus anderen Gründen]. Aber was hatten die Galater oder die Kleinasiaten oder die Römer mit dem Sabbatjahre zu tun? Selbst wenn die Galater Judenchristen gewesen wären — sie waren bekanntlich Heidenchristen — so gingen sie die Gesetze des Sabbatjahres gar nichts an, da diese lediglich für Palästina vorgeschrieben sind, und außerhalb dieses Landes kein Judäer verpflichtet war, weder nach biblischer noch nach pharisäischer Vorschrift sie zu erfüllen. Haben die Galater oder Judäer im Auslande überhaupt etwa ihre Felder am Sabbatjahre brach liegen lassen? Dieses Elementare aus der biblischen und pharisäischen oder rabbinischen Gesetzesvorschrift sollte doch bekannter sein. Paulus macht den Galatern zum Vorwurf, daß sie noch in **Heidenweise den Elementen** ($\sigma\tau\omicron\iota\chi\epsilon\tilde{\iota}\alpha$) **dienen und Mondzeiten und Jahre beobachten**[5]). Der Beweis, daß der Galaterbrief im Jahre 55 (oder nach Hausrath im Jahre 53), in einem Sabbatjahre geschrieben sei, und daß demzufolge Pauli Bekehrung 14 (oder 17) Jahre vorher erfolgt sein müsse, beruht also auf Unkenntnis der Verhältnisse und sollte nicht mehr geltend gemacht werden. — Der zweite fast allgemein aufgestellte Beweis

---

[1]) Kommentar zum Galaterbr. S. 90, 590 [S. jedoch Lipsius im Handkommentar zum N. T. II, 2, S. 22].

[2]) πρὸς τοὺς Γαλάτας ἐγράφη ἀπὸ Ῥώμης.

[3]) Von den 14 Jahren seit seiner Bekehrung spricht Paulus auch im Korintherbrief II, 12, 2.

[4]) Komment. zu Galatbr. 4, 10 und S. 542.

[5]) Sonderbar ist es, daß Hausrath diesen Vers richtig auf heidnische Sitten (Neutest. Zg. III, ed. 2, S. 138), aber in Widerspruch mit sich selbst ihn an einer anderen Stelle doch auf das Sabbatjahr bezieht (S. 174) und auch dieses als chronologisches Moment aufstellt (S. 53 N.).

Note 23. Zeit d. Anwesenh. d. abiaben. Königin in Jerusalem. 793

sollte von denen, welche nach 1868 über diesen Punkt geschrieben haben, nicht
mehr geführt werden. Denn nach den bekannt gewordenen Resultaten der na‑
batäischen Münzen ist gerade das Gegenteil erwiesen, daß Paulus nicht
vor 39 in Damaskus oder vielmehr nicht in diesem Jahre daselbst
in Gefahr gewesen sein kann. Das angebliche Argument wird nämlich
aus dem Korintherbrief entnommen, wo Paulus schreibt, der judäische Ethnarch
des Königs Aretas habe ihn in Damaskus bewachen lassen[1]. Nun wird be‑
hauptet, Aretas habe Damaskus infolge des Krieges mit Herodes Antipas
kurz vor Tiberius' Tode 37 verloren; folglich müsse Paulus vor diesem Jahre
in Damaskus gewesen und also vor Tiberius' Todesjahr sich bekehrt haben.
Allein die nabatäischen Münzen, welche der Herzog de Luynes und der Graf
de Vogüé veröffentlicht haben, geben ganz andere historisch-chronologische An‑
haltspunkte. Von diesem Aretas, welcher mit Herodes Antipas in Konflikt
geriet und auf Münzen der „Volksfreund" (רחם עמו, φιλόδημος) genannt wird,
existieren Münzen, welche ergeben, daß er mindestens 44 Jahre regiert hat.
(Vgl. revue numismatique, nouvelle série, Jahrg. 1868, p. 165 fg.). De
Vogüé eruiert daraus unwiderleglich, daß dieser Aretas vom Jahre 7 bis
mindestens zum Jahre 51 regiert haben müsse, da sein Vorgänger, der unselb‑
ständige Obodas, im Jahre 7 starb. De Vogüé behauptet mit Recht, daß
Aretas den Besitz von Damaskus erst von Caligula erhalten haben
müsse. Herodes Antipas, welcher mit ihm in Streit lebte, wurde auf Agrippas
Denunziation von Caligula entthront, und seine Tetrarchie erhielt Agrippa I.
(39). Um Aretas zu belohnen, welcher gewiß ebenfalls bei dem Kaiser gegen
seinen Feind Antipas intriguiert hatte, wurde ihm wohl Damaskus und dessen
Gebiet zugeteilt. De Vogüé bemerkt (a. a. O.): Caligula déposséda Antipas,
et probablement alors donna Damas à Aretas. En effet on ne
trouve aucune médaille impériale frappée dans cette ville pendant les
règnes de Caligula et de Claude. Also gelangte Aretas frühestens
39 [vielmehr 37, da doch Caligula in diesem Jahre die Regierung antrat] in
den Besitz von Damaskus, und regierte noch mindestens 12 Jahre später.
Innerhalb dieser Zeit hat er einen judäischen Ethnarchen über die Gemeinde
von Damaskus gesetzt, vielleicht um sich mit der zahlreichen Judenschaft in
Damaskus oder mit dem König Agrippa auf einen freundschaftlichen Fuß zu
setzen. Denn man findet keinen Ethnarchen in Damaskus weder vor noch nach
dieser Zeit. Dieser Ethnarch, welchen Aretas eingesetzt oder bestätigt hatte,
ließ nun Paulus in Gewahrsam bringen, weil er wahrscheinlich den Judäern
Ärgernis gegeben hatte. Dieses kann also nur zwischen 39 und 51 geschehen
sein, keineswegs vorher. Paulus' Haft in Damaskus erfolgte gewiß nach
seinem zweiten Aufenthalte daselbst, nachdem er aus Arabien dahin zurück‑
gekehrt war[2]. [Vgl. hierzu die gründlichen Ausführungen Th. Zahns in
Herzog-Haucks Real-Enzyklop. XV³, S. 62 f.].

Der dritte Beweis von Pauli Bekehrung in den dreißiger Jahren ist im
besten Falle problematisch. Die Apostelgeschichte berichtet: Paulus sei in

---

[1] II. Korinthbr. 11, 32: Ἐν Δαμασκῷ ὁ ἐθνάρχης Ἀρέτα τοῦ βασιλέως
ἐφρούρει τὴν πόλιν Δαμασκηνῶν, πιάσαι με θέλων.

[2] Hausrath führt noch gewissensruhig in der 2. Auflage seiner neutest.
Zg diesen Beweis auf: „Rückzug des Aretas aus Damaskus kurz vor Tiberius'
Tode, d. h. 17 Jahre vor dem Sabbatjahr (Tišri) 53, das die Galater feiern"
und baut darauf seinen biographischen Kalkül (S. 53), ohne von de Vogüés
numismatischen Ergebnissen Notiz zu nehmen

Korinth mit Aquila aus Pontus und dessen Weibe Priscilla zusammengetroffen, welche mit allen anderen Judäern damals vom Kaiser Claudius aus Rom ausgewiesen worden seien[1]). Aber selbst wenn das Faktum historisch wäre, so würde es auch nichts für die Chronologie in Paulus' Lebenslauf beweisen, da die Zeit der Ausweisung nicht bekannt ist; es ist aber nicht einmal begründet. Denn Dio Cassius erzählt mit unzweideutigen Worten: Es sei Claudius schwer gefallen, die Judäer, welche sich wieder in Rom sehr vermehrt hatten (nach der Ausweisung unter Tiberius) wegen ihrer Menge aus der Stadt zu weisen. Er habe sie daher nicht verbannt, sondern nur denen, welche nach ihrer Sitte lebten, verboten, sich zu versammeln[2]). In der Tat ist es auch nicht denkbar, daß Claudius, welcher mit dem patriotischen König Agrippa I. so eng befreundet war, ja dem er teilweise seine Thronbesteigung verdankte, dessen Stammes- und Religionsgenossen aus Rom vertrieben haben sollte. Allerdings berichtet Sueton, Claudius habe die Judäer, welche durch Anstiftung eines Agitators Chrestus öfter Unruhen verursachten, aus Rom verwiesen[3]). Aber dabei fehlt die Zeitangabe. Wenn das Faktum nicht mit Dio Cassius' Relation in Widerspruch stehen soll, so muß es in Claudius' letzten Jahren stattgefunden haben. Es hängt jedenfalls mit den Streitigkeiten zusammen, welche in Rom zwischen Judäern und Judenchristen entstanden sein müssen. Der impulsor Chrestus ist zwar nicht Christus, aber wohl ein Apostel dieses Namens, welcher auch in einem der Paulinischen Briefe [vgl. oben S. 423] vorkommt. War in Rom eine Bewegung durch einen christlichen Agitator entstanden, so kann sie nicht in Claudius' ersten Jahren, sondern muß in dessen letzten Jahren ausgebrochen sein [so auch Schürer IV³, 32f.], und mag die Ausweisung aus Rom zur Folge[4]) gehabt haben. Jedenfalls ist diese erst nach 44 anzusetzen, d. h.

[1]) Apostelgeschichte 18, 1—2.
[2]) Dio Cassius 60, 6: τούς τε Ἰουδαίους πλεονάσαντας αὖθις, ὥστε χαλεπῶς ἂν ἄνευ ταραχῆς ὑπὸ τοῦ ὄχλου σφῶν, τῆς πόλεως εἰρχθῆναι, οὐκ ἐξήλασε μὲν, τῷ δὲ δὴ πατρίῳ νόμῳ βίῳ χρωμένους ἐκέλευσε (ὁ Κλαύδιος) μὴ συναθροίζεσθαι.
[3]) Sueton, Claudius 25: Judaeos impulsore Chresto assidue tumultuantes Roma expulit.
[4]) Diese Ausweisung kann durchaus keine totale gewesen sein, wie selbst aus Suetons kurz hingeworfener Notiz hervorgeht, wenn man sie mit dem Passus vergleicht, welchen derselbe Historiker gebraucht, um die Ausweisung der Judäer aus Rom unter Tiberius zu erzählen (Tiberius 36). Und in der Tat befanden sich unter Nero Judäer in Rom. Poppäa begünstigte sie (Josephus Ant. XX, 8, 11. Vita 3). Der judäische Schauspieler Alityros war ein Liebling Neros. Aus Senecas Äußerung über die Schädlichkeit der Judäer geht mit Bestimmtheit hervor, daß zu seiner Zeit, d. h. unter Nero, zahlreich auch in Rom gewohnt haben müssen. Es ist allerdings an dieser Stelle nur von solchen die Rede, welche die Riten des Judentumes beobachten, also von ganzen oder halben Proselyten; indessen wenn es solche in Rom gab, oder wenn solche gebildet wurden, müssen auch geborene Judäer gebuldet worden sein, an die sich jene angelehnt haben. Auch aus der Apostelgeschichte (28, 17 fg.) würde folgen, daß Judäer zur Zeit von Paulus' Ankunft (um 62) unter Nero in Rom ungestört gewohnt haben, da der Apostel die Vornehmsten derselben zusammenberufen und sich vor ihnen von der in Jerusalem gegen ihn erhobenen Anklage gerechtfertigt haben soll. Aber diese Quelle ist für das geschichtlich Tatsächliche so unzuverlässig, daß wenig darauf zu bauen ist. Jedenfalls waren unter Nero Judäer in Rom. Folglich kann die von Sueton erzählte Ausweisung unter Claudius nur eine partielle gewesen sein. Nur die Tumultanten nebst Chrestus mögen ausgewiesen worden sein.

nach Agrippas I. Tode. Denn Claudius war diesem König aus Dankbarkeit so sehr zugetan, daß er dessen Wünsche gerne befriedigte. Und Agrippa war patriotisch und angesehen genug, die beabsichtigte Ausweisung der Judäer zu vereiteln. Mag nun die Apostelgeschichte von einem Faktum sprechen, daß Aquila mit andern Judäern aus Rom vertrieben worden sei: für die Zeit von Pauli Bekehrung beweist dieses Faktum gar nichts.

Es ist also kein Schein von Beweis dafür vorhanden[1]), daß Paulus schon in den dreißiger Jahren seine apostolische Laufbahn begonnen hätte, weder von der Verbannung der Judäer aus Rom, noch von Aretas, noch vom Sabbatjahre her. Die Unwahrscheinlichkeit, wo nicht Unmöglichkeit dieser Annahme ergibt sich jedoch schon aus folgender Betrachtung. Jesus soll nach der Berechnung von Bunsen und Keim im Jahre 35 gekreuzigt worden sein, nach Hitzig gar erst ein Jahr später. Und Paulus sollte sich bereits im Jahre 34—35, noch vor Jesu Tode belehrt haben! Dann müßte er Jesum noch gekannt und noch vor dessen Tode sich bekehrt haben? Aber Paulus wiederholt ja oft in seinen Briefen, daß er erst nach Jesu Tode zum Glauben gelangt sei. Er weiß nicht das Geringste von Jesu Tätigkeit. Sein Fundamentaldogma war, daß Jesus hingerichtet und wieder auferstanden sei. Zwischen Jesu Tod und Paulus Auftreten muß vielmehr eine längere Zeit verstrichen sein, in welcher die Jünger, die vor Schrecken bei seiner Gefangennahme und Kreuzigung die Flucht ergriffen hatten, sich in Jerusalem sammeln, sich öffentlich hervorwagen, Verdacht erregen und von Paulus selbst denunziert werden konnten. Dazu gehörte mehr als ein Jahrzehnt seit Jesu Tode. Auch dieses Moment weist auf die vierziger Jahre hin.

Selbst die Apostelgeschichte in ihrer chronologischen Verworrenheit hat noch eine Spur der Erinnerung, daß Paulus nicht lange vor der Hungersnot sich bekehrt hat. Sie erzählt von seiner Bekehrung in Damaskus, von seiner Flucht nach Jerusalem und seinem Predigen daselbst, von den Nachstellungen gegen ihn von seiten der Griechen (der hellenistischen Judäer), von seiner Reise nach Tarsus und von da nach Antiochien, wohin ihn Barnabas geholt, und daß Paulus im Verein mit Barnabas ein ganzes Jahr in Antiochien geweilt und gepredigt hätte[2]). Während seines Aufenthaltes in Antiochien soll ein christlicher Prophet Agabus eine große Teuerung, die da über den „ganzen Erdkreis" kommen sollte, vorausverkündet haben. Infolgedessen hätte jeder

---

[1]) J. P. Lange ist zu demselben Resultate von der Unhaltbarkeit zweier dieser Argumente gekommen. — Das dritte vom Sabbatjahr läßt er ganz unerwähnt (Herzogs R. Enzykl., Artikel Paulus Apostel, S. 242): „Als unsicheren Anhaltspunkt übergehen wir die Herrschaft des arabischen Königs Aretas, das Zusammentreffen des Paulus mit dem Aquila in Korinth" usw. Das Argument, welches er selbst als den festesten Anhaltspunkt für den Anfang von Paulus' apostolischer Laufbahn aufstellt, ist allerdings überzeugend, gibt aber auch ein anderes Datum, als Lange daraus deduziert hat. Er meint nämlich: das sicherste Datum sei das Todesjahr des Königs Agrippa 44. Kurz vorher habe Jakobus' Hinrichtung stattgefunden. Um die gleiche Zeit seien Paulus und Barnabas als Überbringer der antiochenischen Kollekte nach Jerusalem gekommen. Das letztere ist richtig, führt aber geradezu auf das Jahr 48, das Jahr der Hungersnot (vgl. o. S. 787). Folglich kommt man, wenn man von diesem Datum, dem Jahr 48, rückwärts, die Zeit der Bekehrung berechnet, — selbst die Data bei Lange zugegeben — nicht auf das Jahr 39, sondern auf das Jahr 43 [Vgl. jedoch hierzu die Bemerkungen Th. Zahns a. a. O. 63 f.].

[2]) Apostelgeschichte 9, 22 ff., 27—30; 25—26.

der Jünger in Antiochien einen Beitrag zur Unterstützung der Brüder in Judäa (Jerusalem) gespendet. Die gesammelten Spenden seien durch Paulus und Barnabas den „Ältesten" in Jerusalem zugeschickt worden[1]). Dieser ganzen Erzählung liegt die Tatsache von der Hungersnot in Judäa zugrunde, welche die Apostelgeschichte in ihrer sagenhaften Manier auf den ganzen Erdkreis ausdehnt. Da angegeben ist, daß eine Sammlung veranstaltet worden sei, und daß sie die beiden Apostel nach Jerusalem überbracht hätten, so muß die Hungersnot, welche Agabus verkündet haben soll, bereits eingetreten gewesen sein[2]). Nun hat sich uns chronologisch gesichert ergeben daß eine Hungersnot in Jerusalem und Judäa im Jahre 48 gewütet hat, während Tiberius Alexanders Prokuratur, während Ismaels Pontifikat und während Helenas Aufenthalt in Jerusalem (o. S. 726). Folglich hatte der Verf. der Apostelgeschichte trotz seiner bodenlosen Anachronismen eine dunkle Kunde davon, daß Paulus sich nicht lange vor dem Ausbruch der Hungersnot in Judäa bekehrt hat. Denn bis dahin erwähnt die Apostelgeschichte nichts von Paulus' Bekehrungserfolgen. Er hatte, nach ihrer Darstellung, bis dahin nur in seiner Geburtsstadt Tarsus geweilt und ist von da nach Antiochien geholt worden. Erst nach der Zeit der Hungersnot läßt sie Paulus seine apostolischen Reisen durch Kleinasien antreten[3]). Die ganze Erzählung ist zwar durch und durch unhistorisch, weil Paulus selbst seine Erlebnisse ganz anders erzählt. Er sei erst drei Jahre nach seiner Bekehrung nach Jerusalem gekommen, um Petrus zu sehen, und sei nur 15 Tage da geblieben; von Überbringung einer Kollekte während der Hungersnot für die notleidenden Gläubigen ist keine Rede. Darauf sei er erst 14 Jahre nach seiner Bekehrung, also 11 Jahre nach der ersten Reise, nach Jerusalem gekommen. Aber eine Andeutung liegt doch in der Anreihung der Tatsachen in der Apostelgeschichte, daß Paulus' Übertritt nicht gar zu lange vor dem Eintritt der Hungersnot, vor 48, erfolgt ist.

Fällt Paulus' Wandlung von einem fanatischen Verfolger des Christentums in einen Zeloten für dasselbe gleichzeitig mit Helenas Reise nach Judäa in die vierziger Jahre, dann ist sie, die psychologisch ein Rätsel ist, erklärt. Die Reise dieser proselytischen Königin mit ihrem Gefolge und mit fünf jungen Prinzen hat ohne Zweifel großes Aufsehen unter den Judäern erregt. Helena hat gewiß auf ihrem Zuge Damaskus berührt. Die Judäer, Proselyten und Proselytinnen dieser Stadt, sind ihr wohl huldigend entgegen gezogen. Schien nicht dadurch die Prophezeiung der Propheten in Erfüllung gegangen zu sein, daß Fürsten nach Jerusalem wallfahrten werden? Helenas Reise erfolgte entschieden unter Agrippa I., dem Freunde des Kaisers Claudius, welcher die letzten schönen Tage über Judäa brachte. In den drei Jahren seit dem schmählichen Tode Caligulas, dessen Plan, den Tempel durch ein Götzenbild zu entweihen, gescheitert war, bis zum Tode Agrippas, muß unter den höhergestimmten Judäern eine hochgehende Begeisterung geherrscht haben[4]). Von dieser Begeisterung ist gewiß Paulus mit fortgerissen worden, und der wichtige Augen-

[1]) Das. 11, 27—30; 12, 25.

[2]) Eusebius bezieht richtig die von der Apostelgeschichte erwähnte Hungersnot auf die von Josephus erzählte zur Zeit der Helena (Kirchengeschichte II, 12): Er zitiert zuerst die Angabe bei Josephus und fügt hinzu, daß sie mit der Erzählung in der Apostelgeschichte übereinstimme: Σύμφωνα καὶ δ' ἂν εὕροις καὶ ταῦτα τῇ τῶν πράξεων τῶν ἀποστόλων γραφῇ κτλ.

[3]) Apostelgeschichte C. 13—14. [4]) Vgl. den Artikel „das Korbfest bei Philo" Monatsschrift, Jahrg. 1877, S 433 ff.

blick schien ihm gekommen zu sein, daß „die Fülle der Heiden" in den Bund eingehen solle. Die Zeit erschien ihm als Anbruch der messianischen Zeit. Da aber in seinem mit pharisäischen Anschauungen und Auslegungen gefüllten Kopfe das Dogma steckte, daß mit der Messiaszeit die Auferstehung eng verknüpft sein müsse, so war seine Christologie fertig: Jesus sei der Messias gewesen, und er sei auferstanden, oder vielmehr: da er die Auferstehung durchgemacht habe, so müsse er der Messias gewesen sein. Das war das Alpha und Omega der paulinischen Dogmatik und Christologie. Aber dieser Illusion konnte er nur nachhängen, weil er die Zeit für messianisch reif hielt. Die signatura temporis aber war ihm die frappierende Wahrnehmung von der Zunahme der Proselyten in vielen Kreisen und Ländern. Energisch rührig, wie er war, ging er mit Eifer daran, die Heidenwelt zu bekehren, um den Anbruch der Messias=Zeit zur Mittagshöhe zu führen, und wurde so der Apostel der Vorhaut.

24.
Der politische Zelotismus der Schule Schammaïs.

Die aufgestellte Ansicht, daß die Schammaïten Zeloten waren, gehört nicht zu jenen Tatsachen, die sich mit bestimmten und vollen Zitaten belegen lassen, hat darum aber doch mehr Wahrscheinlichkeit als manche Annahme, die auf dem Buchstaben einer sagenhaften Notiz beruht. Man hat mir diesen Punkt streitig gemacht, obwohl er in sich selbst so viel Gewißheit trägt, daß alle diejenigen, welche mit den talmudischen Nachrichten von dem „Hause Schammaïs" vertraut sind, ihn sofort zugeben sollten. Ich bin daher genötigt, die Beweise dafür heranzubringen, die hoffentlich alle diejenigen, welche in den geschichtlichen Urkunden zwischen den Zeilen zu lesen verstehen, überzeugen werden.

1. Die Zeloten Juda b. Zippori und Matthia b. Margol oder Margalot, welche die Jugend in ihren Lehrhäusern gegen den römischen Adler an dem Frontispiz des Tempels aufgestachelt haben, waren Pharisäer, Ausleger des Gesetzes τῶν πατρίων ἐξηγηταὶ νόμων (Jos. Altert. XVII, 6, 2—4; jüd. Krieg I, 33, 2—3). Gehörten sie vielleicht zu den Hilleliten, zu jenen Friedenspredigern, zu jenen עלובין מחו, welche persönliche und politische Beleidigungen mit Gleichmut annahmen, und nicht vielmehr zu jenen heftigen Schammaïten, die ihre Ansicht durch Gewaltmittel zur Geltung brachten? Oder will man sich lieber eine dritte Gattung Pharisäer denken, welche von den Hilleliten und Schammaïten verschieden waren, um nur nicht einen realen Boden für geschichtliche Verhältnisse annehmen zu müssen? Man könnte sogar in Josephus' Worten, daß die beiden pharisäischen Aufwiegler am peinlichsten in den väterlichen Gesetzen waren: μάλιστα δοκοῦντες ἀκριβοῦν τὰ πάτρια (jüd. Krieg l. c.) die Schammaïten wiedererkennen. Sämtliche Pharisäer waren δοκοῦντες μετὰ ἀκριβείας ἐξηγεῖσθαι τὰ νόμιμα (o. S. 694); aber die Schammaïten waren es am meisten, μάλιστα, sie waren die מחמירים, die Erschwerenden, Rigorosen. Zu diesen gehörten eben die Aufwiegler.

2. Noch bestimmter ergibt sich der zelotische Charakter eines Teils der Pharisäer aus einer Relation bei Josephus, deren Tragweite er selbst nicht verstanden hat. Er erzählt: Herodes, welcher von ganzem Volke den Eid der Treue erzwungen und die Widerstrebenden hart gezüchtigt, habe Pollion und Sameas und die meisten ihrer Anhänger (τῶν ἐκείνοις συνδιατριβόντων πλείστους) wegen ihrer Eidverweigerung aus Rücksicht auf Pollion nicht den übrigen gleich bestraft (Ant. XV, 10, 4). An einer anderen Stelle (das.

XVII, 2, 4) berichtet er, daß mehr als 6000 Pharisäer, welche den Eid verweigert hatten, in Geldstrafe verfielen. Die Strafgelder habe Pheroras' Frau, die ihnen anhänglich gewesen, für sie erlegt. Im Eingang zu dieser Erzählung gibt Josephus zu verstehen, daß diese 6000 Pharisäer eine eigene Klasse gebildet haben, welche das väterliche Gesetz mit besonderer Genauigkeit beobachtete: καὶ ἦν γὰρ μόριόν τι Ἰουδαϊκῶν ἀνθρώπων ἐπ' ἀκριβώσει μέγα φρονοῦν τοῦ πατρίου νόμου, οἷς χαίρειν τὸ θεῖον προσποιουμένων ὑπῆκτο ἡ γυναικωνῖτις. Schon aus dieser Schilderung ist eine Klasse der Pharisäer zu erkennen, welche es noch strupulöser mit dem Gesetze nahm. Die darauffolgende Schilderung weist aber geradezu auf ihre zelotische Gesinnung mit Fingern: „Sie werden Pharisäer genannt, sie haben den Königen, so viel sie vermochten, ganz besonders entgegengehandelt, vorsorglich und offen erhoben sie sich, Krieg zu führen und Schaden zuzufügen (nämlich den Königen und Kaisern). Φαρισαῖοι καλοῦνται, βασιλεῦσι δυνάμενοι μάλιστα ἀντιπράσσειν, προμηθεῖς καὶ ἐκ τοῦ προὔπτου εἰς τὸ πολεμεῖν τε καὶ βλάπτειν ἐπηρμένοι". Das will doch nichts anderes sagen, als daß ein Teil der Pharisäer, damals 6000 stark, zu den Zeloten gehörte, den Königen und Kaisern kräftigen Widerstand geleistet und dem Herodes den Eid verweigert hat und deswegen in Strafe genommen worden ist. Was Josephus noch von diesen Pharisäern erzählt, paßt nur auf Schammaïten. Die dem Hofe nahestehenden Weiber waren ihnen anhänglich. Dazu gehörte Pheroras' Frau und Schwiegermutter. Sie waren ihnen anhänglich, weil sie glaubten, daß sie wegen ihrer rigorosen Frömmigkeit ganz besonders bei Gott beliebt seien und die Zukunft zu erschauen vermöchten. Einige dieser Pharisäer hatten Pheroras' Frau vorgeredet, Herodes und seine Nachkommen würden untergehen, und die Herrschaft werde ihr und ihren Kindern zufallen. Deswegen hat sie für sämtliche Pharisäer dieser Observanz die Strafgelder wegen Eidesverweigerung erlegt. Auch mit andern Höflingen haben sie Intriguen angeknüpft. Einem Eunuchen Bagoas, einem Liebling Herodes', verhießen sie Manneskraft, Kinder und Herrschaft. Allerdings haben nicht sämtliche 6000 Pharisäer diese schwindelhaften Intriguen eingefädelt, sondern nur einige von ihnen, und die schuldig Befundenen ließ Herodes hinrichten. Aber diese Schwindeleien haben sie doch nur aus ingrimmigem Haß gegen Herodes, d. h. aus politischem Zelotismus, getrieben, und sie fanden nur Glauben wegen ihrer übertriebenen Frömmigkeit.

So weit wir die Schule Hillels und ihre Äußerungen kennen, können sich die Jünger derselben unmöglich in ein solches unwürdiges Spiel eingelassen haben. Folglich können es nur Anhänger des Hauses Schammaï gewesen sein. Tertium non datur.

3. Den Mitstifter der Zelotenpartei nennt Josephus den Pharisäer Sadduk (Alterth. XVIII, 1, 1). Er und Juda, der Gaulanite oder der Galiläer aus Gamala, haben zuerst das Volk gegen den Zensus aufgewiegelt. Die Identität dieses Sadduk mit dem צדוק תלמיד שמאי ד׳ (Jebamot 15 b) dahingestellt, so war er doch sicherlich kein Hillelite, mithin viel eher als Schammaïte zu denken.

4. Von den Zeloten berichtet Josephus, sie hätten den Sabbat unter allen am strengsten beobachtet, und dennoch hat sie der Eifer getrieben, die Religion zu verletzen, am Sabbat zu kämpfen und Cestius' Heer am Sabbat mit Ungestüm zum Weichen zu bringen (jüd. Krieg II, 19, 2): ἦν γὰρ δὴ τὸ μάλιστα παρ' αὐτοῖς θρησκευόμενον σάββατον. Ὁ δὲ ἐκσείσας αὐτοὺς τῆς εὐσεβείας θυμὸς ἐποίησε πλεονεκτῆσαι καὶ κατὰ τὴν μάχην. Welche

Note 24. Der politische Zelotismus der Schule Schammaïs.

Schule hat die strengen Sabbatgesetze eingeführt? Die Schammaïten; man vgl. den ersten Abschnitt des Traktats Sabbat. Ihre Strenge ging soweit, daß sie für unerlaubt hielten, am Sabbat Almosen zu bestimmen, selbst zur Verlobung von Waisen, und für einen Kranken ein Gebet um Genesung zu verrichten: בית שמאי אומרים אין פוסקין צדקה לעניים בשבת אפילו להשיא יתום ויתומה ואין משדכין בין איש לאשתו ואין מתפללין על החולה בשבת (Tossefta Sabbat c. 17; Sabbat 12a). Also die Zeloten waren die μάλιστα θρησκεύοντες σάββατον, d. h. Schammaïten. Und nun denke man an den Gegensatz. Dieselbe Schule, welche verbietet, nicht nur am Sabbat das Geringste zu tun und zu sprechen, was einen wochentäglichen Anstrich hat, sondern auch vor Sabbat eine Arbeit einzuleiten, die am Sabbat fertig werden könnte, dieselbe Schule hielt es für erlaubt, ja für eine Pflicht, am Sabbat Krieg zu führen, nicht bloß zur Notwehr, nein zum Angriff, zur Belagerung einer Stadt! וכן היה שמאי הזקן אומר עד רדתה אפילו בשבת (Sabbat 19a)[1]). Ist das nicht politischer Zelotismus? Der richtige Takt für geschichtliche Verhältnisse muß von diesem Beweise vollständig überzeugt sein.

5. Über das Kriegführen am Sabbat ist noch ein Wort zu bemerken. Nach Josephus (Alterth. XIV, 4, 2) und Dio Cassius (37, 16) hat Pompejus die Eroberung Jerusalems leicht ausführen können, weil die Belagerten an den Sabbaten die Gegenwehr unterließen. Die kasuistische Auslegung, daß am Sabbat Abwehr erlaubt, sonst aber alles andere verboten sei, wodurch Josephus das Verhalten der Belagerten motivieren will, scheint erklügelt zu sein. Der König Agrippa II. macht unter den Gründen zur geduldigen Unterwerfung unter Rom auch den geltend, daß die Judäer nicht imstande sein würden, den Krieg gegen die Römer mit Energie durchzuführen, da sie bei strenger Beobachtung des Sabbats die Waffen an diesem Tage würden ruhen lassen müssen, wie es ihnen unter Pompejus erging (Τηροῦντες μέν γε τὰ τῶν ἑβδομάδων ἔθη, καὶ πρὸς μηδεμίαν πρᾶξιν κινούμενοι, ῥᾳδίως ἁλώσεσθε, καθάπερ οἱ πρόγονοι Πομπηΐῳ (jüd. Krieg II, 16, 4; Haverc. II, 190). So wenig war damals die Erlaubnis der Kriegführung am Sabbat durchgedrungen. Nur die Zeloten setzten sich über die Bedenklichkeit hinweg und kämpften ohne Skrupel am Sabbat wie an den Werktagen; doch wohl aus keinem andern Grunde, als weil sie nach der schammaïtischen Regel jede Art von Kampf, Angriff wie Verteidigung, für gestattet hielten! Auch dieses Moment würde den Schammaïtismus der Zeloten oder den Zelotismus der Schammaïten beweisen. Wenn es aber im ersten Makkabb. heißt (2, 41), Matthatias und seine Freunde hätten beschlossen, am Sabbat zu kämpfen, so war dieser Beschluß nur auf äußerste Notwehr beschränkt.

Der Zelotismus der Schammaïten, oder daß sie sich an dem Hasse gegen die Herodianer und Römer mit religiösem Patriotismus beteiligt haben, dürfte aus allen diesen Momenten hinlänglich erwiesen sein, und ist nicht, wie man mir zum Vorwurf machte, aus der Luft gegriffen. Vergl. noch Note 28.

---

[1]) In der Tossefta, ed. Zuckerm. ist die L.-A. הלל הזקן דורש עד רדתה אפילו בשבת (Erubin IV, 7); aber in den alten Edd. lautet es שמאי, deutlicher noch in Siphre Nr. 202 אין מקיפין על עיר תחלה בשבת אלא קודם לשבת ג' ימים ואם הקיפום ואירע, darauf Nr. 104 versetzt: עד רדתה אפילו בשבת וו א' מג', שבת להיות אין השבת מפסקת דברים שדרש שמאי הזקן. Vergl. dazu j. Sabbat, p. 4a, b.

25.

Philo und seine Schriften.[1]

Von Philo, dieser souveränen Persönlichkeit, ist biographisch kaum das Allerdürftigste bekannt. Sein Lebensanfang und Lebensende können chronologisch nicht einmal aus seinen Schriften ermittelt werden. Denn nur eine einzige derselben, die Legatio ad Cajum, gibt einen, wenn auch nicht gerade ausreichenden Anhaltspunkt dafür, und diese Schrift ist von zweifelhafter Zeugenwürdigkeit, wie so manche, aus welchen unkritische Forscher den Entwicklungsgang des philonischen Geistes oder doch seiner schriftstellerischen Tätigkeit deduziert haben. Die Probehaltigkeit der unter Philos Namen kursierenden Schriften ist noch nicht sorgfältig genug untersucht worden. Ein Exkurs kann dieses Thema keineswegs erschöpfen. Darum seien hier nur einige Grundlinien gezeichnet.

Zu Philos sämtlichen Werken werden gegenwärtig, außer den längst bekannten, verschiedene Schriften, die erst im Anfang dieses Jahrhunderts aufgefunden worden, gezählt:

1. Die winzige Schrift de festo Cophini ($\pi\varepsilon\varrho\grave{\iota}$ $\varkappa\alpha\varrho\tau\acute{\alpha}\lambda\lambda o\upsilon$ $\dot{\varepsilon}o\varrho\tau\tilde{\eta}\varsigma$).

2. Die etwas größere und orientierende Schrift de colendis parentibus. Beide hat Angelo Mai zum ersten mal 1818 ediert.

3. Eine nur wenige Kapitel zählende Schrift de Deo oder de tribus angelis Abraamo apparentibus.

4. Zwei Bücher de providentia, das erste, angeblich ad Alexandrum, eine trockene Diatribe, und das zweite ein Dialog zwischen Philo und Alexander, aus welchen Eusebius praepar. evangel. ein kleineres und ein größeres Fragment erhalten hat.

5. De animalibus oder de ratione, quam habere etiam bruta animalia dicebat Alexander, von Eusebius zitiert: historia eccles. II, 18, 6. $\mathit{A}\lambda\acute{\varepsilon}\xi\alpha\upsilon$-$\delta\varrho o\varsigma$ $\mathring{\eta}$ $\pi\varepsilon\varrho\grave{\iota}$ $\tau o\tilde{\upsilon}$ $\lambda\acute{o}\gamma o\upsilon$ $\check{\varepsilon}\chi\varepsilon\iota\upsilon$ $\tau\grave{\alpha}$ $\check{\alpha}\lambda o\gamma\alpha$ $\zeta\tilde{\omega}\alpha$, ein Dialog zwischen Philo und Lysimachos. Die letzten drei oder vier Nummern, die sich lediglich in einer armenischen Übersetzung erhalten haben, hat Joh. Baptist Aucher in lat. Übersetzung Venedig 1822 ediert (Nr. 3 erst 1826 mit einer andern Sammlung).

6. Quaestiones et solutiones und zwar:

a) 4 Bücher Quaestiones in Genesin und b) 2 Bücher in Exodum.

Auch diese hat Aucher aus einer armenischen Übersetzung lateinisch ediert 1826. Eusebius zitiert sie (das. 18, 2) unter dem Titel: $\tau\tilde{\omega}\upsilon$ $\dot{\varepsilon}\upsilon$ $\gamma\varepsilon\upsilon\acute{\varepsilon}\sigma\varepsilon\iota$ $\varkappa\alpha\grave{\iota}$ $\tau\tilde{\omega}\upsilon$ $\dot{\varepsilon}\upsilon$ $\dot{\varepsilon}\xi\alpha\gamma\omega\gamma\tilde{\eta}$ $\zeta\eta\tau\eta\mu\acute{\alpha}\tau\omega\upsilon$ $\varkappa\alpha\grave{\iota}$ $\lambda\acute{\upsilon}\sigma\varepsilon\omega\upsilon$. Daraus ist in praepar. ev. ein Bruchstück aus dem ersten Buche und mehrere kleine Fragmente in Johannes Damascenus sacra parallela erhalten (in Mangeys und Richters Ausgaben ausgezogen).

7. Eine Rede oder Predigt über Simson, Sine praeparatione in Sampson oratio.

8. Eine Predigt über Jona, De Jona oratio. Dazu noch ein kleines Fragment, welches einer andern Rede über Jona entnommen zu sein scheint. Auch diese sind in die zweite Sammlung Auchers Philonis Judaei Paralipomena Armena aufgenommen.

---

[1] Vgl. hierzu jetzt die Abhandlung Leopold Cohns über die „Einteilung und Chronologie der Schriften Philos im VII Supplementband des „Philologus" (Leipzig 1899), S. 387—435).]

Note 25. Philo und seine Schriften.

Unzweifelhaft echt philonisch sind die exegetisch-philosophischen Schriften[1]). Er hat sie sämtlich in stetiger Reihenfolge ausgearbeitet und weist in spätern Stücken oft auf früher Gesagtes hin. Er teilte selbst diese in zwei große Abhandlungen (συντάξεις), nennt die erstere κοσμοποιία und die andere οἱ νόμοι (de Abrahamo Anf. M. II, 1). Die erstere enthält allegorisch-philosophische Auslegungen über die Genesis, fast Vers auf Vers bis Genesis 41. Von diesem Faden geleitet, war Mangey im Stande, nicht bloß eine andere Reihenfolge der Schriften als in den älteren Ausgaben zu substituieren, sondern auch die neu aufgefundene Schrift de posteritate Caïni in die richtige Stelle einzureihen.

Die zweite Reihe der Schriften, welche sich mit den Gesetzen des Pentateuchs beschäftigt, beginnt mit Abraham oder eigentlich mit den drei Patriarchen und Joseph, welche Philo als ungeschriebene, lebendig gewordene Gesetze oder Archetypen der Gesetze betrachtet und insofern in dieser Abteilung behandelt (de Abrahamo das. M. II, 2). Diese Abteilung enthielt ursprünglich vier Schriften, nach dem von ihm aufgestellten Schema: τὸν μὲν ἐκ διδασκαλίας, τὸν δ' ἐκ φύσεως, τὸν δ' ἐκ ἀσκήσεως (scil. τρόπον) und τὸν πολιτικόν. Dem ersteren entspricht Abraham, dem zweiten Isaak, dem dritten Jakob und dem πολιτικός Joseph (de Joseph. Anf. M. II, 41). Die zwei Schriften über Isaak und Jakob fehlen aber bis jetzt. Zu der Abteilung über die Gesetze gehören auch drei Schriften über den Gesetzgeber oder Gesetzesinterpreten Mose. Darauf folgen die Bücher über den Dekalog im Allgemeinen und in großen Zügen, und de specialibus legibus. Philo selbst gibt an, daß er dabei die Reihenfolge der Schrift eingehalten habe (de circumcisione Anf.). Τὰ μὲν γένη τῶν ἐν εἴδει νόμων οἱ . . δέκα λόγοι . . τὰ δὲ ἐν μέρει διατάγματα κατὰ τὴν τῶν γραφῆς ἀκολουθίαν . . . An die Spitze der Abhandlungen über die leges speciales stellte Philo die über die Beschneidung, weil diese, obwohl im Dekalog nicht erwähnt, den Judäern seiner Zeit als Fundamentalgesetz galt. Die ganze Abteilung über die Gesetze ist von Philo mit logischer Überlegung geordnet. Sie beginnt mit der Schrift de monarchia, über die Einheit Gottes, und schließt mit der Auslegung des Schlußkapitels zu dem Gesetze in Leviticus 26 de execrationibus, woran sich ganz zuletzt die Abhandlung de nobilitate anreiht, in der auseinandergesetzt wird, worin der wahre Adel besteht. Auch darin wird ganz zum Schlusse auf das „Gesetz" hingewiesen.

Alle diese großen und kleinen Schriften innerhalb der zwei Klassen — von Philo als γραφαί bezeichnet — sind allgemein an Leser gerichtet, keine einzige einer bestimmten Persönlichkeit gewidmet. Die Schriften unter Philos Namen, welche eine Widmung enthalten, sind demnach unecht. Also die Schrift quod omnis probus liber, welche auf die de nobilitate in den Ausgg. folgt;

---

[1]) Ich kann mich nicht der von Ewald und Z. Frankel aufgestellten und zuletzt von Freudenthal mit Beweisstellen versehenen Ansicht anschließen, daß Philos Diatriben ursprünglich oratorische Expektorationen, Homilien oder Predigten gewesen wären (Freudenthal, Pseudo-Josephus, 137 fg.). Denn gerade da, wo der Text eine oratorische Wendung zeigt, z. B. λέγε τὸν νόμον (de Somniis I, 16. M. I, 634) gibt er sich als schriftliche Abhandlung zu erkennen (M. 1, 620): ἐν ταύτῃ (γραφῇ). Und so überall, wo eine oratorische Apostrophe vorkommt. Es wäre befremdlich, wenn ein Schriftsteller ersten Ranges seine Predigten mit Haut und Haar so niedergeschrieben haben sollte, wie er sie gehalten hat. Der homiletische Stil stört doch nur die künstlerisch ausgearbeitete schriftliche Darstellung.

sie ist an einen T h e o b o t u s gerichtet. Sie enthält ohnehin Spuren der Unechtheit, wie Z. Frankel nachgewiesen hat (Programm des jüd. theolog. Seminars 1854, S. 32 A.) [Sie wird jetzt aber von den überwiegend meisten Kritikern für echt gehalten. Vgl. die Literatur bei Schürer III³, 524 und Cohn S. 390.] Ist diese Schrift unecht, so ist auch die darauf Bezug nehmende Schrift de vita contemplativa, sive de supplicum virtutibus oder über die Therapeuten ebenfalls unecht. [Auch diese Schrift wird von namhaften Gelehrten für echt gehalten. Vgl. Schürer a. a. O. 537 f. u. Cohn S. 419 ff. Schürer selbst entscheidet sich übrigens ebenfalls für die Unechtheit.] Sie gibt sich nämlich als Fortsetzung der vorangegangenen „über die Essäer" aus. Die θεραπευταὶ und θεραπευτρίδες sind nämlich weiter nichts als M ö n c h e und N o n n e n, wie sie auch Eusebius als Christen erkannt hat, und Suidas nennt diese Schrift geradezu περὶ διαγωγῆς τῶν Χριστιανῶν. Natürlich, es ist in dieser Schrift die Rede von „Z e l l e n", vom „A b e n d m a h l", von „V i g i l i e n", von der bewährten Jungfräulichkeit der mit den Therapeuten zusammenlebenden Therapeutriden, d. h. von „S c h w e s t e r n"¹). Ist die Schrift über die Essäer quod omnis probus liber unecht, so ist es auch die Schrift, aus welcher Eusebius ein Fragment ausgezogen hat (praepar. evangel. VII, 11, p. 379), angeblich aus Philos Schrift ὑπὲρ Ἰουδαίων ἀπολογίας. Das, was in diesem Fragment über die Essäer ausgesagt wird, widerspricht stracks dem, was von ihnen in der Schrift quod omnis probus liber mitgeteilt wird, wie die Vergleichung beider Stellen ergibt.

Fragment VII, 11, p. 379.	Q. omn. probus liber § 12. II 457 M.
Μυρίους δὲ τῶν γνωρίμων ὁ ἡμέτερος νομοθέτης ἤλειψεν ἐπὶ κοινωνίαν, οἳ καλοῦνται μὲν Ἐσσαῖοι, παρὰ τὴν ὁσιότητα μοὶ δοκῶ, τῆς προσηγορίας ἀξιωθέντες. οἰκοῦσι δὲ **πολλὰς μὲν πόλεις** τῆς Ἰουδαίας, **πολλὰς δὲ κώμας καὶ μεγάλους καὶ πολυανθρώπους ὁμίλους.**	Ἔστι δὲ καὶ ἡ Παλαιστίνη καὶ Συρία καλοκἀγαθίας οὐκ ἄγονος, ἣν . . . τῶν Ἰουδαίων οὐκ ὀλίγη μοῖρα νέμεται. Λέγονταί τινες παρ᾽ αὐτοῖς ὄνομα Ἐσσαῖοι, πλῆθος ὑπὲρ τετρακισχιλίους κατ᾽ ἐμὴν δόξαν, οὐκ ἀκριβεῖ τύπῳ, διαλέκτου ἑλληνικῆς παρώνυμοι ὁσιότητος . . . Οὗτοι τὸ μὲν πρῶτον κωμηδὸν οἰκοῦσι, τὰς πόλεις ἐκτρεπόμενοι κτλ.

Also die eine oder die andere Schrift über die Essäer muß unecht sein. Die eine gibt an, daß die Essäer in vielen und auch in volkreichen Städten wohnen, und die andere das Entgegengesetzte, daß sie Städte geradezu meiden. Aber beide sind es, wie eine auch nur oberflächliche Betrachtung herausfinden muß. [Auch in bezug auf die Schrift περὶ Ἰουδαίων ist die Echtheitsfrage heute noch zweifelhaft. Vgl. Schürer a. a. O. 533, der sich hier den Verteidigern der Echtheit anschließt].

Unecht sind ferner die beiden Bücher über die Providenz (o. S. 800, 4), von denen das erste Alexander gewidmet ist und das zweite einen Dialog bildet. Der an Zitaten aus griechischen Schriftstellern überreiche Inhalt verleugnet Philos Darstellungsweise [Auch hier tritt z. B. Wendland für die Echtheit ein, vgl. Schürer a. a. O. 531]. Nicht minder unecht ist die Schrift de animalibus, ebenfalls ein Dialog, worin das Verwandtschaftsverhältnis Philos zu Alexander geradezu verkehrt dargestellt wird [Auch diese Schrift wird heute fast ausnahmslos als echt angesehen, vgl. Schürer a. a. O. S. 532,

¹) Vergl. o. S. 700.

Note 25. Philo und seine Schriften.

Cohn S. 390]. Kurz, sämtliche im Armenischen erhaltenen größeren Stücke sind unecht, mit Ausnahme dessen, welches de Deo überschrieben ist (o. S. 800, 3). Dieses scheint eine allegorische Auslegung von Genesis 18, 2 zu sein und könnte die Lücke zum Teil ausfüllen, welche zwischen der Schrift de mutatione nominum und der zweiten Schrit de somniis — die erste fehlt, nach Eusebius fehlen auch die vierte und fünfte — wahrgenommen wird [Vgl. auch Schürer a. a. O. S. 510].

Anerkannt unecht ist die Schrift de incorruptibilitate mundi, deren auseinandergerissene Glieder J. Bernays so geschickt wieder eingerenkt hat. Vgl. Berichte der Berliner Akademie 1863, S. 34 fg. [In neuester Zeit sind dennoch einige Gelehrte für die Echtheit eingetreten, vgl. Schürer a. a. O. S. 539, auch Cohn a. a. O. S. 389 hält sie für echt]. Die Schrift de mundo, die augenscheinlich nur ein Abklatsch der erstgenannten Schrift ist, kann noch weniger auf Echtheit Anspruch machen.

Die zwei historischen Schriften in Flaccum und legatio ad Cajum sind zugleich echt und unecht. Eusebius führt die Schrift in Flaccum nicht auf, nennt nur die Schrift περὶ ἀρετῶν (hist. eccles. II. 6, 3), zitiert aus dieser einen Passus und gibt an einer andern Stelle (das. 18, 8) an, Philo habe diesen Titel aus Ironie über Caligulas Lasterhaftigkeit gewählt. Beide Schriften müssen wohl ursprünglich eine einzige ausgemacht haben. Die Schrift legatio in der jetzigen Gestalt wiederholt aber die Drangsale der Judäer Alexandriens mit denselben Worten, wie in der Schrift in Flaccum. Außerdem ist die Erzählung in der ersten Schrift von der beabsichtigten Tempelentweihung durchaus unhistorisch und unchronistisch gehalten. Vergl. darüber o. S. 766. Agrippas Benehmen bei der Kunde von der Tempelentweihung ist charakterwidrig geschildert. Auch was die Schrift legatio über Pilatus erzählt, ist unhistorisch. Ich halte daher diese Schrift für eine Umarbeitung der Philonischen Schrift über die Vorgänge unter Cajus und zwar für eine Umarbeitung von der Hand eines Christen. Bruno Brauer ist zu demselben Resultat gekommen, vielleicht selbständig (Philo, Strauß, Renan und das Urchristentum S. 149 fg.). Die Schrift in Flaccum, Teil einer größeren Erzählung, erweist sich als echt, dagegen die legatio als durchweg unhistorisch und unecht [Vgl. hierzu die Ausführungen Schürers a. a. O. S. 525—530 und Cohn S. 421—424.].

Über die quaestiones ist nicht viel zu sagen. Philo kann selbst in seiner Jugend nicht solche kindische Fragen aufgeworfen und so närrische Lösungen gegeben haben. Sie erweisen sich als unecht durch den Umstand, daß sie den Logos einen „zweiten Gott" nennen, und daß sie Philo in den Mund legen, als hätte er behauptet, Heraklit habe ein Plagiat an Mose begangen und Sokrates sei von dem judäischen Gesetzgeber belehrt worden (o. S. 385, N.) [Vgl. dagegen Schürer III. 3, 497—501 und Cohn 402—404.]. Über die Unechtheit der Homilien in Sampson und de Jona vergl. Freudenthal, PseudoJosephus S. 141 fg. [Vgl. Schürer a. a. O. S. 539].

Eine echte Schrift Philos muß aber hervorgehoben werden, die bisher noch nicht kritisch gewürdigt ist. Eusebius Praep. ev. (VIII, 5, p. 355 b bis 7, p. 361 b) zitiert aus einer Schrift zwei Fragmente ἀπὸ τοῦ πρώτου συγγράμματος (Φίλωνος), ὧν ἐπίγραψεν „ὑποθετικῶς"[1] ἔνθα τὸν ὑπὲρ Ἰου-

---

[1] Die Dindorffsche Ausgabe hat ὑποθετικῶν. [So zitiert auch Cohn a. a. O. S. 418.]. Ist die L.-A. handschriftlich garantiert oder nur die von Valesius vorgeschlagene Emendation?

δαίων, ὡς πρὸς κατηγόρους αὐτῶν, ποιούμενος λόγον. Das erste Fragment ist gegen diejenigen gerichtet, welche Mose einen Gaukler und Schlaukopf nannten: οὕτω καὶ ἐλοιδόρουν γόητα καὶ κέρκωπα λόγων. Das zweite hebt die Ethik des Judentums hervor. Es war also eine Apologie. Aus Josephus (contra Apionem II, 14) erfahren wir, gegen welche Schriftsteller diese Schrift gerichtet gewesen sein kann, nämlich gegen Apollonios Molo, Lysimachos oder Apion, welche behauptet hatten, die Gesetze der Judäer seien unmoralisch, und Mose sei ein Gaukler und Betrüger gewesen. Ἐπεὶ δὲ καὶ Ἀπολλώνιος ὁ Μόλων καὶ Λυσίμαχος καί τινες ἄλλοι . . περί τε τοῦ νομοθετήσαντος ἡμῖν Μωσέως καὶ περὶ τῶν νόμων πεποίηνται λόγους . . τὸν μὲν ὡς γόητα καὶ ἀπατεῶνα διαβάλλοντες κτλ. Gegen diese Judenfeinde hat also Philo geschrieben. Der Titel dieser Schrift lautete ὑποθετικά oder ὑποθετικοί, nämlich zu ergänzen λόγοι: Anleitung zum sittlichen Leben (vergl. Bernays in den Monatsberichten der Berliner Akademie 1876, S. 592 fg. [Gesamm. Abhandlungen I, 262 ff.]. Dieser eigentümliche Titel gibt an die Hand, daß diese Schrift durchaus verschieden war von der bei Eusebius zitierten Schrift ὑπὲρ Ἰουδαίων ἀπολογίας, welche über die Essäer handelte (o. S. 799). Valesius hat beide mit Unrecht zusammengeworfen [Auch Schürer a. a. O. S. 533 vermutet die Identität. Vgl. auch Cohn S. 418 ff.]. Welche Schrift unter dem von Eusebius (hist. eccl. II, 18, 6) angeführten Buch ὁ περὶ Ἰουδαίων αὐτῷ (Φίλωνι) συνταχθεὶς λόγος zu verstehen ist, ob die Hypothetika oder die Apologie, bleibt ungewiß. Der ganze Charakter der Darstellung, der sich in den Fragmenten aus den ὑποθετικά kundgibt, zeugt entschieden für die Echtheit derselben. Stil und Inhalt stechen vorteilhaft ab gegen die in den Machwerken de providentia und de animalibus und selbst gegen die in der legatio.

Da die Echtheit der legatio mindestens zweifelhaft ist, so läßt sich daraus keineswegs etwas für Philos Lebensdauer gewinnen. Man hat nämlich daraus bewiesen, daß er zur Zeit der Gesandtschaft vor Caligula im Jahre 40 bereits in höherem Alter gestanden haben müsse. Aber unmöglich kann Philo selbst ruhmredig von sich gesagt haben: Ἐγὼ δὲ φρονεῖν τι δοκῶν περιττότερον καὶ δι' ἡλικίαν καὶ τὴν ἄλλην παιδείαν (legatio 28, M. II. 572). Wir können nur vermuten, daß er zu dieser Zeit ein Fünfziger gewesen, also um 10 der vorchr. Zeitr. geboren, sein könnte. Sein Bruder, der Arabarch Alexander Lysimachos, muß vom Kaiser Tiberius in die julianische Familie adoptiert worden sein, also nur zwischen 14 und 36 nachchr. Zeit (o. S. 644); er war wohl älter als Philo. Daß dieser in Caligulas Zeit noch nicht in hohem Alter stand, geht daraus hervor, daß er seine Schriften wohl erst unter Claudius (41—54) verfaßt hat. In der Schrift de Somniis (II, 18, M. I, 675) spricht er von einem judenfeindlichen Prokurator Ägyptens: χθὲς δὲ οὐ πρώην ἄνδρα τινὰ οἶδα. Dazu bemerkt Mangey: Flaccum innuere videtur; unde liquet post Flacci praefecturam libellum hunc fuisse conscriptum. Wahrscheinlich meinte er Flaccus' Nachfolger. Indessen gleichviel, das zweite Buch über die „Träume" und folglich die ganze erste Abteilung seiner Schriften über die „Weltschöpfung" (o. S. 801) ist nach Philos Rückkehr von der Gesandtschaft verfaßt worden. Undenkbar ist es überhaupt, daß er diese während der Aufregung in der Leidenszeit der alexandrinischen Judäer mit philosophischer Ruhe geschrieben haben sollte. Ist nun die κοσμοποιία erst nach Caligulas Tode, nach Jan. 41, niedergeschrieben, um so mehr der zweite Teil de legibus.

Damit stimmt auch, was aus dem elegischen Eingang in das Buch de speciall. legibus hervorzugehen scheint, daß er wegen Beteiligung an dem Gemeinwesen den idealen Geistesflug von ehemals eingebüßt habe. Der tugendfeindliche Neid habe ihn plötzlich überfallen und nicht eher geruht, bis er ihn in die große Flut der Sorgen für das Gemeinwesen geworfen hatte: ἤ με καταβαίνειν εἰς μέγα πέλαγος τῶν ἐν πολιτείᾳ φροντίδων (M. II, 300) Damit spielt er wahrscheinlich auf die Drangsale der alexandrinischen Judäer unter Caligula an und auf die an ihn ergangene Aufforderung zur Beteiligung an der Gesandtschaft. Diese Vorgänge hatten ihn aus dem philosophischen Stilleben herausgerissen. Philo hat also wohl seine ersten Schriften unter Claudius verfaßt. Nur die „Hypothetika" (o. S. 803) mögen früher niedergeschrieben sein gegen Apions Machinationen zur Abwehr der Anschuldigung, daß das Judentum menschenfeindlich wäre [Vgl. hierzu die Ausführungen Cohns a. a. O. S. 426 ff.].

26.

Eleasar ben Ananias und die achtzehn Verbote (ח" דבר).

Der innere Zusammenhang, welcher zwischen den strengen Maßregeln der Schammaïten namentlich gegen die Heiden und zwischen dem Paroxysmus der Zeloten im judäischen Kriege gegen die Römer nach meiner Annahme bestehen soll, ist auf fast verketzernden Widerspruch gestoßen, und ich fühle mich auch hier herausgefordert, dieses höchst interessante Thema ausführlich zu behandeln; die Entscheidung über manche literar-historischen Fragen hängt ebenfalls davon ab. Den Ausgangspunkt für dieses Thema bildet die Nachricht der Mischna (Sabbat 13b), daß es zu einer Zeit, als die Weisen einen gewissen Anania ben Chiskia ben Garon während seiner Krankheit besuchten, über gewisse Punkte zur Abstimmung gekommen sei, daß dabei die Schammaïten, die in der Majorität waren, den Sieg über die Hilleliten davon getragen, und daß sie an diesem Tage „18 Dinge" verboten hätten[1]). Die Punkte, die hier zur Ver-

---

[1]) Für jeden Talmudkundigen ist die Angabe in der Mischna [Sabb. I, 4] und die sich daran anknüpfende Bemerkung in der Gemara höchst dunkel. In der ersteren werden einige Bestimmungen bezüglich des Sabbats angeführt, und darauf folgt: נמנו ואלו מן ההלכות שאמרו בעליית חנניה בן חזקיה בן גרון כשעלו לבקרו. Dabei entsteht die Frage, ורבו בית שמאי על בית הלל ח"י דברים גזרו בו ביום gehörten die voraufgehend aufgezählten Sabbatgesetze zu der Kontroverse über die 18 oder die folgenden? אלו חנן או ואלו הנן? (babl. das.). In der Tossefta das. I, 18—19 heißt es dazu: בו ביום אפרו כל הטלטלין מביאין את הטומאה בעובי המרדע. נמנו ורבו בית שמאי על בית הלל. בו ביום אמרו השוכח כלי תחת הצינור וכו'. Hat die Kontroverse sich nur auf 18 Punkte beschränkt und sind dabei die Schammaïten in der Majorität gewesen, oder ist außer über die 18 noch über andere Punkte votiert worden? Im Jerusch. (das. 3 c.) heißt es: תני ח"י דבר גזרו; das ist zu viel. Im Babli dagegen werden nur zweierlei unterschieden (14 b): אמר רב יהודה אמר שמואל ח"י דבר גזרו ובי"ח (ומנו) ובי"ח דבר נחלקו. Ich meine, daß die Konfusion aus dem Mißverständnis des Ausdruckes ח" דבר entstanden ist. Wie weiter nachgewiesen ist, betreffen diese lediglich die Absonderung von Heiden. Es war eigentlich bloß eine einzige Bestimmung, sie umfaßte aber achtzehn Objekte, welche verboten wurden, gewissermaßen: גזרו על ח"י דבר מן הגוים. Diese Abschließung hat die Schammaïtische Schule ganz allein zum Gesetze erhoben: גזרו בית שמאי. Die Hilleliten haben sich gar nicht dabei beteiligt. Sie waren gewiß gegen diese Separation. Aber zu Diskussionen und zur Abstimmung darüber war keine

handlung kommen, sind: 1. der Inhalt der sogenannten achtzehn Dinge, 2. die Zeit und die näheren Umstände, 3. die Urheber derselben und 4. die Konsequenzen.

1. Der Inhalt. Die Frage, welche Punkte zu den achtzehn gehörten: מאי נינהו י"ח דבר (b. Schabb. 13 b.) wußten beide Talmude selbst nicht mehr befriedigend zu lösen. Es ist ein Knäuel, den die Spätern erst recht nicht zu entwirren vermochten[1]). Es wurden so viele Bestimmungen hineingelegt, daß Jeruschalmi dreimal achtzehn zusammenabbiert hat. Um sich herauszufinden, teilte man sie in eine Gruppe von achtzehn, zu welchen die Hilleliten ihre Zustimmung gegeben haben, und in andere achtzehn, wobei die Kontroverse unentschieden geblieben ist. Sobald es aber an ein Aufzählen dieser Gruppen geht, beginnt die Verlegenheit. Zuletzt stellt Jeruschalmi eine beliebige Anzahl zur Auswahl. Aber gerade die achtzehn, welche im Namen des älteren Tanna R. Simon ben Jochaï tradiert werden, bieten einen sichern Anhaltspunkt. Nach diesem Katalog waren sämtliche achtzehn Punkte gegen die Heiden gerichtet. Es ist nämlich verboten worden, zwölferlei Lebensmittel von Heiden zu kaufen, darunter Brot, Wein, Essig, Salsamente und anderes. Die übrigen sechs betrafen: 13. die Erlernung der Sprache der Heiden, 14. die Annahme eines Zeugnisses von Heiden, 15. die Annahme von Gaben von ihnen, 16. und 17. den Umgang mit heidnischen Jünglingen und Mädchen, 18. die Annahme ihrer Erstlingsfrüchte. Die höchst wichtige Stelle [j. Sabb. 3 c.] lautet: דתני ר' שמעון בן יוחי בו ביום גזרו (1) על פיתן (2) ועל גבינתן (3) ועל יינן (4) ועל חומצן (5) ועל צירן (6) ועל מורייסן (7) על כבושיהן (8) על שלוקיהן (9) על מלוחיהן (10) על החלקה (11) על השחיקה (12) ועל השטגן (13) על לשונן (14) על עדותן (15) על מתנותיהן (16) על בניהן (17) על בנותיהן (18) ועל בכוריהן. Wenn das ketzerisch

Nötigung; sie konnten nur nein oder ja sagen. Es sind aber an diesem Tag noch ganz andere Punkte zur Diskussion gekommen, von denen die Tossefta zwei aufzählt. Dagegen hatten die Hilleliten opponiert, blieben aber in der Minorität, mögen es nun 18 verschiedene Bestimmungen, mehr oder weniger gewesen sein. So faßt es Mar-Samuel richtig auf י"ח גזרו וכי"ח נחלקו. Das eine bedeutet 18 Objekte in einem einzigen Gesetz (גזירה על י"ח דבר) und das andere achtzehn verschiedene Bestimmungen Beide Talmude sind aber von dem Mißverständnisse beherrscht, daß unter י"ח גזרו 18 Halachot (י"ח גזירות) gemeint seien, und bestreben sich daher unter den ihnen bekannten Bestimmungen und Verboten die Zahl zu ergänzen, dabei verwickeln sie sich in Widersprüche und begehen Anachronismen. Der jerusalemische Talmud z. B. rechnet dazu טומאת ארץ העמים, die doch schon 80 (74) Jahre vorher eingeführt worden ist (o. S. 716); ferner zählt er dazu ועל י"ח ספיקות שורפין את התרומה was doch erst viel später in Uscha bestimmt wurde (b. Sabbat 15 b und Parallelst.). Wahrscheinlich gehören einer früheren Zeit an alle die Bestimmungen, welche die Gabe für die Priester untauglich machen, und die der Jerusch. mit Unrecht zu den 18 zählt: . . . . י"ח פוסלין את התרומה האכל ראשון והסתה וידיו והטבול יום, und zwar gleichzeitig mit der Bestimmung, daß das Ausland die Hebe verunreinige (o. S. 718). Alle diese Halachot und Geserot, welche beide Talmude mühsam zusammenstellen, ohne doch die Zahl vollzählig machen zu können, haben nichts mit dem י"ח דבר גזרו zu tun. Es sind damals (בו ביום) allerdings auch einige Bestimmungen durch die Majorität getroffen worden (vgl. Tossefta a. a. O.); aber nicht diese wurden auf eine gewaltätige Art erzielt, und nicht über diese hat R. Josua einen Tadel ausgesprochen, sondern über die י"ח דבר, d. h. über das Verbot, mit Heiden zu verkehren.

[1]) Man vergl. Tossefta Sabbat c. I, Babli und Jeruschalmi über diesen Punkt und die Kommentatoren: Maimuni im Mischnakommentar, Serachja ha-Levi zu Alfasi und Lipmann Heller zur Mischna.

erscheint, daß ich, von der talmudischen Zählung abgehend, eine eigene aufstelle, so teile ich diese Ketzerei mit einer anerkannten rabbinischen Autorität, mit einem Freunde R. Tams, kurz mit R. Eliëser b. Nathan aus Mainz (ראב״ן), dem Verf. des אבן העזר oder צפנת פענח. Ja, dieser ist mein Mitschuldiger. Auch er zählt die דבר ח״י nicht wie der babylonische Talmud, sondern wie R. Simon b. Jochaï in Jeruschalmi auf (in Eben ha-Eser No. 388 ed. Prag, p. 62 b unten. Seine Worte lauten: י״ח דבר גזרו . מפורש בירושלמי : תני ר' שמעון בן יוחאי בו ביום גזרו פתיי א' . שמנן ב' . ויינן ג' . חותצן ד' . צירן ה' . מוריסן (l.) מורסגן ו' . כבושיהן ז' . וכו' R. Eliëser b. Nathan ignorierte vollständig die mit so viel Aufwand von Diskussion im babylonischen Talmud herausgebrachte Zählungsweise. Es sei hier noch bemerkt, daß derselbe die Lesart: שמנן statt גבינתן in unseren Ausgaben hatte. Wir können also ruhig bei dem von R. Simon b. Jochaï aufgezählten Katalog der „18 Dinge" bleiben und sie durchweg als gegenheidnisch betrachten.

Dieser Katalog erscheint um so authentischer, als auch der babylonische Talmud zuletzt gezwungen ist, mehrere Punkte als zu den דבר ח״י gehörig aufzunehmen, nämlich das Verbot von heidnischem Brot und Wein, das des Umgangs mit Töchtern der Heiden, sowie des heidnischen Öles: אמר אבימי סנוותאה פתן ושמנן יין ובנותיהן כולן פי״ח דבר הן (b. Sabbat 17, b). Demnach wären die anderweitig (Aboda Sara 35 b 29 b) aufgezählten verbotenen Lebensmittel von Heiden dieselben, deren Verbot die schammaïtische Schule durchgesetzt hat. Die letzten vier Punkte in dem Register lassen die Kommentatoren zum Jeruschalmi dunkel. Den Punkt fünfzehn מתנותיהן erklären sie: man dürfe kein Geschenk von Heiden annehmen; die Unwahrscheinlichkeit dieser Erläuterung ist indessen augenfällig. Josephus gibt aber einen überzeugenden Beleg dazu. Eleasar ben Anania hat beim Ausbruch der Revolution den diensttuenden Priestern vorgeschlagen, keine Gabe und kein Opfer für den Tempel von Heiden anzunehmen (jüd. Krieg II, 17, 2): ἅμα δὲ καὶ κατὰ τὸ ἱερὸν Ἐλεάζαρος υἱὸς Ἀνανία ... τοὺς ... λειτουργοῦντας ἀναπείθει μηδενὸς ἀλλοφύλου [Niese: ἀλλοτρίου] δῶρον ἢ θυσίαν προσδέχεσθαι. Die Gemäßigten gaben sich darauf Mühe zu beweisen, daß man zu jeder Zeit von auswärtigen Völkern Geschenke für den Tempel angenommen habe (τὰς ἀπὸ τῶν ἔξωθεν ἐθνῶν δωρεάς das. 17, 3). Das sind also mit hoher Wahrscheinlichkeit die מתנות, deren Annahme die Schammaïten damals verpönt wissen wollten. Man merke wohl, daß auch Gaben von judenfreundlichen Heiden zurückgewiesen werden sollten[1]). Punkt 16: על בניהן und 18: בכוריהן bleiben ganz unverständlich, wenn sich hier nicht ein Korruptel eingeschlichen hat. Punkt 17 על בנותיהן betrifft sicherlich das connubium, war aber dem babylonischen Talmud selbst ganz unklar (vergl. Aboda Sara 36 b). Das Verbot, Öl von Heiden zu kaufen, gehört nicht in diesen Katalog. Heidenöl war schon früher verboten, wie aus beiden Talmuden hervorgeht. Ein Amora motiviert dieses Verbot durch einen historischen Vorgang. Judäer, welche einmal sich nach dem Markt des „Königsberges" begeben hatten, um Öl einzukaufen, seien niedergemetzelt worden (j. Sabbat 3 d, Aboda Sara 14 d) מי אסר את השמן? ... ר' אבא ר' חנונא בר חייא בשם ר' יוחנן ואית דאמרי בשם ר' יהושע בן לוי שהיו עולין עליו להר המלך ונהרגין עליו. Zu welcher Zeit dieses Faktum vorgefallen ist,

---

[1]) Rubrik 14 על עדותן würde voraussetzen, daß bis dahin Zeugnisse von Heiden angenommen wurden. Es folgt auch aus dem Wortsinne Tossefta Gittin I, 4; Babl. das. 11 a, daß nach einer Ansicht Heiden als Zeugen beim Ausstellen eines Scheidebriefes zulässig seien.

ist weiter nicht bekannt, vielleicht zur Zeit der gesteigerten Feindseligkeit zwischen Judäern und Samaritanern unter Cumanus o. R. 17, II. Dieses Verbot des Heidenöls war eben für die Schammaïten ein Präzedenzfall, den Genuß noch anderer Lebensmittel zu verbieten und eine Scheidewand zwischen Judäern und Heiden aufzurichten. Daß dieses Verbot selbst von auswärtigen Judäern beobachtet wurde, bezeugt Josephus. Die antiochensischen Judäer weigerten sich, von den Leitern der Gymnasien heidnisches Öl anzunehmen, und ließen sich dafür den Wert in Geld zahlen (Altert. XII, 3, 1): τεκμήριον δὲ τοῦτο· τοὺς Ἰουδαίους μὴ βουλομένους ἀλλοφύλῳ ἐλαίῳ χρῆσθαι, λαμβάνειν ὡρισμένον τι παρὰ τῶν γυμνασιάρχων εἰς ἔλαιον τιμὴν ἀργύριον ἐκέλευσεν. Josephus will damit beweisen, daß Vespasian und Titus das Bürgerrecht der antiochensischen Judäer nicht aufgehoben, daß diese es vielmehr noch zu seiner Zeit besessen hatten: ὡς τὴν πολιτείαν ταύτην ἔτι καὶ νῦν διαμένειν. Auch an einer anderen Stelle berichtet Josephus, daß sämtliche syrische Judäer sich enthalten haben, heidnisches Öl zu gebrauchen (jüd. Krieg II, 21, 2), ὡς ἄρα φυλάττοιντο πάντες οἱ κατὰ τὴν Συρίαν Ἰουδαῖοι ἐλαίῳ χρῆσθαι, μὴ δὲ ὁμοφύλων ἐγκεχειρισμένῳ. In der Parallelstelle vita 13 nennt Josephus solches Öl „griechisches Öl": Ἑλληνικὸν ἔλαιον. Das Verbot heidnischen Öls gehört also nicht unter die דבר"ח und fehlt daher in dem oben aufgezählten Katalog.

2. Die Zeit und die nähern Umstände. Wenn wir auch keine deutliche Nachricht über den Ursprung dieser heidenfeindlichen religiösen Absonderungsmaßregeln hätten, so würde eine gesunde Kritik kein Bedenken tragen, sie in die letzten Jahre vor der Tempelzerstörung zu setzen, in welchen zwischen Judäern und Heiden ein vernichtender Rassen- und Religionskrieg geführt wurde, und in den syrischen und dekapolitanischen Ortschaften und überall, wo die Bevölkerung gemischt war, blutige Kämpfe an der Tagesordnung waren. Die beiden Siege der Zeloten über die römische Besatzung unter Metilius und später über Cestius gaben das Signal zu jenem heidnischen Hep-Hep, welches die Zeloten zu Repressalien herausfordern mußte. Doch sehen wir uns nach positiven Beweisen um:

a) R. Josua, der noch als Jüngling im Tempel fungiert hat, sprach mit frischer Erinnerung an die Zeit vor der Zerstörung sein tiefes Bedauern über jenen Tag aus, an welchem die דבר"ח eingeführt wurden und meinte, daß man damals das Maß der Gesetze durch Hinzutun abgestrichen hätte. R. Eliëser hingegen nahm sie in Schutz: ר' אתי היום היה קשה לישראל כיום שעשי בו העגל. ר' אליעזר אומר בו ביום גרשו סאה, ר' יהושע אומר בו ביום מחקו סאה. (Tos. Sabbat 1, 17 u. Jer. Sabbat zur Mischna). Die Anhänger der einander entgegengesetzten Schulen sprechen also von dieser Verordnung wie von etwas Erlebtem. Sie kann also nicht gar zu lange vor der Tempelzerstörung eingeführt worden sein.

b) Im Katalog der verbotenen Lebensmittel ist auch der Käse aufgeführt. Deswegen richtet der jüngere Zeitgenosse R. Ismaël eine Frage an R. Josua, warum denn dieses Verbot erlassen worden sei, worauf die letztere ausweichende Antworten (Mischna Aboda Sara II, 5) gibt: שאל ר' ישמעאל את ר' יהושע כשהיו ... מהלכין בדרך מפני מה אסרו גבינת נכרים? ... השיבו לדבר אחר. Im Talmud wird mit Recht die Frage aufgeworfen, warum denn R. Josua eine Ausflucht gebraucht habe; darauf wird dann erklärt: weil dieses Verbot erst vor noch nicht langer Zeit eingeführt worden ist, גזרה חדשה היא (daf. S. 35 a), und man den Grund einer neuen Verordnung nicht bekannt machen soll, um nicht die Kritik herauszufordern. Daraus folgt, daß das Verbot, Käse von Heiden zu gebrauchen,

Note 26. Eleasar ben Ananias und die achtzehn Verbote. 809

und ebenso das der übrigen, nicht lange vorher, d. h. kurz vor dem Untergang Jerusalems, erlassen wurde.

c) Wir haben oben (S. 807) gesehen, daß die Maßregel, von Heiden keine Gaben für den Tempel anzunehmen, dem das Verbot מתנותיהן in den ח' דבר י"ח entspricht, von dem Zelotenführer Eleasar ben Anania ausgegangen ist, also in die Revolutionszeit gehört.

d) Sehen wir endlich auf die nähern Umstände, wie diese Beschlüsse zustande gekommen sind, so wird der zelotische Charakter dieser Synode nicht verkannt werden können. Daß man, d. h. die Schule Hillels, den Tag als einen Unglückstag betrachtet hat, ist bereits zitiert. Jeruschalmi gibt als Grund dafür an, daß die 18 Dinge nie aufgehoben werden dürften, weil sie mit Blut besiegelt worden seien: מפני שעמדו להם בנפשותיהן (das.). Dieselbe Quelle erzählt, die Schammaiten hätten unten (d. h. vor dem Eingange zum Hause des Anregers dieses Beschlusses) gestanden und ein Blutbad unter den Hilleliten angerichtet: תלמידי בית שמאי עמדו להן מלמטה והיו הורגין בתלמידי בית הלל. Babli schildert die Situation noch anschaulicher: Bewaffnete standen vor dem Eingange um alle hinein, niemanden heraus zu lassen. נעצו חרב בבית המדרש אמרו הנכנס יכנס והיוצא אל יצא (das. 17a). Diese Version ist übrigens ungenau, sie gibt zu verstehen, als wenn alles das noch zu Hillels und Schammais Zeit vorgefallen wäre, und daß das Schwert im Lehrhause gezückt worden wäre — ganz situationswidrig, da doch die ganze Szene in und vor dem Söller des Anania (oder Eleasar) zu denken ist (Tosafot das. 14b unten ist schon daran irre geworden). Jeruschalmi fügt hinzu: Sechs Hilleliten hätten sich hinauf begeben (in den Söller), die übrigen aber seien mit Schwertern und Speeren angefallen worden: הני ששה מהן עלו והשאר עמדו עליהן בחרבות וברמחים. Man hat sich also die Szene so vorzustellen, daß vor dem Eingange der Hauses bewaffnete Trabanten aus der schammaitischen Schule standen, welche die bereits im Hause versammelten Hilleliten verhinderten, es zu verlassen; die Schammaiten verlangten von ihnen ihre Zustimmung zu dieser Maßregel. Ist eine solche gewalttätige tumultuarische Synode, das Seitenstück zu der σύνοδος λῃστρική in Ephesus während des byzantinischen Kirchenstreites, anders denkbar, als unter dem gewaltigen Eindrucke des Aufstandes gegen die Römer und des fanatischen Römerhasses? In friedlichen Zeitläuften hätten schwerlich bei den Diskussionen der beiden Schulen die Schwerter geblitzt. Man muß sich dazu die fieberhafte Aufregung im ganzen Volke bei der Nachricht von dem Gemetzel unter den Judäern in Cäsarea und dann in ganz Palästina und Syrien hinzudenken. Josephus selbst kann nicht umhin, dabei zu betonen, daß das ganze Volk bis zur Wildheit aufgeregt wurde (jüd. Krieg II, 18, 1): πρὸς δὲ τὴν ἐκ τῆς Καισαρείας πληγὴν ὅλον τὸ ἔθνος ἐξαγριοῦται. Die Schammaiten wandten daher Terrorismus an, um die Maßregel der Absonderung von den Heiden gewaltsam durchzusetzen. Schwerlich läßt sich in dem ganzen Verlaufe der nach-hillelschen Zeit ein anderer Moment herausfinden, in dem solche Vorgänge, wie sie sich aus den Quellen ungezwungen ergeben, möglich gewesen wären. Es sei zum Überfluß noch daran erinnert, daß die Schammaiten zu den fanatischen Zeloten gehört haben, wie oben (Note 24) nachgewiesen ist. Eine junge Quelle setzt diesen Tag der zelotischen Synode — wie man sie ohne Bedenken nennen könnte —, der später als ein Fasttag galt, auf den neunten Abar an: בחשעה באדר גזרו תענית שנחלקו ב"ש וב"ה. Daß die Fixierung eines Tages für den Streit beider Schulen sich nicht auf deren häufige Diskussionen, sondern nur auf einen bestimmten, für unglücklich gehaltenen Tag beziehen kann, leuchtet ohne weiteres ein. Wenn das Datum zuverlässig ist, so würde der gegenheidnische Beschluß etwa im Februar — März 67 gefaßt worden sein.

3) **Die Person, welche diese Synode angeregt hat.** In der Mischna [Sabb. I, 4] heißt der, in dessen Söller die Versammlung stattgefunden hat, **Chanania ben Chiskia ben Garon**. Unmittelbar darauf wird die Reminiszenz daran angeknüpft, daß derselbe mit seinem Anhange auch) Megillat Ta'anit gesammelt und niedergeschrieben habe. Nun hat aber das Scholion zu Megillat Ta'anit: ומי כתב מגילת תענית? סיעתו של ר' אלעזר בן חנניה בן חזקיה בן גרון כתבו מגלת תענית (Megillat Ta'anit Ende). Sämtliche ältere Quellen kennen in der Tat nur **Eleasar ben Anania** als Autorität. So die Mechilta (Parascha Jetro 7) und Jalkut zum Pentateuch 295: אלעזר בן חנניה בן חזקיה בן גרון אומר[1] את יום השבת תהא זוכרו מאחד בשבת שאם נתמנה לך מנה יפה תהא מתקנו לשם שבת; Siphré (Friedm. Nr. 295) und Jalkut Propheten 383: ... אלעזר בן חנניה אומר איפה לפר וכו' וכי מדת אלים וכבשים ופרים שוין אלא שאיפה גדולה ואיפה קטנה קרויין איפה; Ebel Rabbati c. 6: מעשה באלעזר ובחנניה (בן חנניה l.) וחזקיה (בן חזקיה) בן גרון שאבד לו ספר תורה שלו לקחה במאה מנה. Folglich muß in der Mischna, wo von der Synode die Rede ist, ebenfalls **Eleasar ben Anania** gelesen werden. Bei gehäuften Namen ist es nicht auffallend, daß einer derselben ausgefallen ist. Damit an der Identität desjenigen, in dessen Hause die Synode tagte, und des Sammlers von M. T. nicht gezweifelt werden könne, verlegt der Verf. der Halachot-Gedolot auch das Sammeln der M. T. in denselben Söller: זקני בית שמאי וזקני בית הלל הם כתבו ... והם כתבו מגלת תענית בעליית חנניה בן חזקיה בית חשמונאי ועד עכשיו לא עלה לדורות[2]) חזקיה בן גרון כשעלו לבקרו בית דין של אחריהם עמדו ומנום וגנזום (Hilchot Soferim p. 104, edit. Wien). Wir haben es also bei der wichtigen Tätigkeit, die von diesem Manne ausgegangen ist, mit **Eleasar ben Anania b. Chiskia aus dem Geschlechte Garon** zu tun. Die Identität dieses in schammaïtischem und zelotischem Sinne wirkenden Eleasar mit jenem Zelotenführer Eleasar, der im Beginne der Revolution eine so energische Tätigkeit entwickelt und den Sieg über die römische Besatzung, die Truppen Agrippas und die Sicarierbanden des Menahem davongetragen, sollte nicht erst bewiesen zu werden brauchen; sie versteht sich nach dem Gange der Untersuchung und den gewonnenen Resultaten ganz von selbst. Doch soll noch an zwei Punkte erinnert werden, welche die Identität noch zweifelloser hinstellen werden:

a) Es ist bereits oben davon gesprochen worden, daß nach Josephus' Nachricht der Zelotenführer Eleasar die Anregung dazu gegeben hat, Gaben und Opfer von Heiden für den Tempel zurückzuweisen, und daß infolgedessen das Opfer für den Kaiser eingestellt wurde. Dieser Eleasar wird als Sohn des Hohenpriesters Anania und als Tempelhauptmann bezeichnet (Jos. jüd. Kr. II, 17, 2): Ἐλεάζαρος υἱὸς Ἀνανία τοῦ ἀρχιερέως. Er war „στρατηγῶν τότε". Er hatte als איש הר הבית die Tempelpolizei und also eine Macht in Händen. War Anania Tempelhauptmann, so muß er auch von priesterlichem Geschlechte gewesen sein, da Laien nicht zu diesem Amte zugelassen

---

[1]) Dieser Spruch macht Eleasar ben Anania als einen Schammaïten kenntlich; denn gerade diese Schule wollte das Beste für den Sabbat aufbewahrt wissen: כ"ש אומרים מחד שביך לשבתיך (Bezah 16 a).

[2]) Der Satz bedeutet, daß bis jetzt sich die Hasmonäerrolle (das erste Makkabäerbuch) nicht finde, d. h. untergegangen sei. Es ist in der Tat im hebräischen Original nicht vorhanden.

Note 26. Eleasar ben Ananias und die achtzehn Verbote. 811

wurden. Er ist also identisch mit dem Eleasar, dem Sohne des Hohenpriesters Ananias, welcher als außerordentlich reich und gebietend geschildert wird (o. S. 724). Wir nehmen also dieselbe zelotische Tendenz bei dem Eleasar ben Anania des Josephus und dem in der talmudischen Literatur wahr.

b) Auch der Name Chiskija kommt im Zusammenhange mit Eleasar vor. Josephus nennt den Bruder des angesehenen, von hohenpriesterlichem Geschlechte stammenden Anania: Ezekias (jüd. Krieg II, 17, 9). Daraus läßt sich mit einiger Sicherheit folgern, daß ein Ahn des Anania den Namen Ezekias oder Chiskia geführt haben wird. Ferner galt der Hohepriester Anania, wie bemerkt, als sehr reich; auch Eleasar ben Chananja im Talmud muß sehr reich gewesen sein, da er im Besitz einer Pentateuchrolle im Werte von 100 Minen (12 906 Mark) war (oben S. 810). Wir können also auch dem Zelotenführer den Namen Ἐλιάζαρος τοῦ Ἀνανία τοῦ Ἐζεκία geben und die Identität desselben mit dem Schammäiten zu hoher Wahrscheinlichkeit erheben. Er gehörte wohl einer Partei an, die derjenigen seines Vaters entgegengesetzt war. Er war durch und durch Zelot, gab den ersten Impuls zum Aufstande, da er das Opfer für den Kaiser einstellen ließ, war Führer im ersten Kampfe in Jerusalem und blieb Sieger (Note 29). Dazu stimmt, daß er den Impuls zu der heidenfeindlichen Absonderungsmaßregel und zur Sammlung des Siegeskalenders Megillat Ta'anit gegeben hat.

Gewiß war der Zweck der Aufzeichnung des Siegeskalenders, dem lebenden Geschlechte vor die Seele zu führen und einzuprägen, daß Gott seinem Volke auch in der nachexilischen Zeit beigestanden und ihm Siege über seine äußern und innern Feinde, über Griechen und Römer, wie über Hellenisten und Sadducäer verliehen hat. Die Gedenktage, die auf die Römer Bezug haben (o. S. 573f.), waren mit aufgenommen, auf die Befreiung von der Steuer an den Kaiser und die Vertreibung der Legionen aus Judäa und Jerusalem infolge von Cestius' Abzug. Der Siegeskalender ist also nach Oktober 66 zusammengestellt worden. Er war ein Werk des Zelotismus. Die andere Quelle sagt zwar, daß die Ältesten „des Hauses" Hillel im Verein mit den Ältesten „des Hauses" Schammaï M. T. aufgezeichnet hätten; aber der Impuls dazu ging gewiß von dem Anhange des Eleasar b. Anania aus, wie die ältere Quelle tradiert, d. h. von den schammaïtischen Zeloten; die Erinnerung an die Siege sollte zum Riesenkampfe ermutigen und begeistern. Die Hilleliten waren nur damit einverstanden; es war für sie kein Grund vorhanden, dagegen Opposition zu machen.

Bezeugt ist ferner, daß in derselben Zeit von den Ältesten beider Schulen in Verbindung mit Anania, d. h. Eleasar b. Anania, die Hasmonäerrolle geschrieben worden sei (o. S. 810): הם כתבו מגילת בית חשמונאי. Gewiß ist damit das erste Makkabäerbuch gemeint, das hebräisch stilisiert war und das Hieronymus noch hebräisch gesehen hat. Es soll die bisher noch unenträtselte Aufschrift gehabt haben: Σαρβηθ Σαρβανέ ἔλ Var. Σαρβαναϊέλ (nach Origines in Eusebius' Kirchengeschichte VI, 25). Was soll aber כתבו, „sie haben geschrieben", bedeuten? Geschrieben war das Buch ja gewiß schon früher, entweder in der letzten Zeit Hyrkans I., dessen Taten zum Schluß darin summarisch erwähnt werden, oder — was wahrscheinlicher ist — zur Zeit der Kämpfe des sadducäischen Königs Alexander Jannaï gegen die Pharisäer. Das Verbum כתב kann demnach hier nur bedeuten „für kanonisch erklären", wie es auch im Talmud (Baba Batra 14 b) gebraucht wird: אנשי כנסת הגדולה כתבו יחזקאל ושנים עשר ומגילת אסתר, wo es doch gewiß nicht „verfassen" bedeuten kann, sondern nur „kanonisieren". Es will also sagen, die Ältesten in Verbindung mit Eleasar b. Anania, haben das erste Makkabäerbuch für die Lektüre empfohlen, wenn nicht gar es würdig befunden, es an den Tempelweihefest (חנוכה) synagogal vorzulesen wie das Buch Esther am Purimfeste. Der Zweck der Kanonisierung desselben ist ersichtlich. Es sollte dem Volke in Erinnerung bringen, wie die Makkabäer, anfangs eine geringe Schar, über die mächtigen Syrer gesiegt haben, und sollte es ermutigen, den Kampf gegen die Römer nicht zu scheuen. Es war ebenfalls ein patriotisch-zelotisches Werk. In einer Partie dieses Buches kommen einige Wendungen vor, die geradezu zelotisch klingen. In der Anrede, die der sterbende Matthatia an seine Söhne hält, ermutigt er sie mit den Worten: „Und nun eifert für das Gesetz (ζηλώσατε τῷ νόμῳ)." „Pinehas, Euer Vater, erhielt in seinem Eifer das Bündnis ewiger Priesterschaft (ἐν τῷ ζηλῶσαι ζῆλον)" (2, 50. 54). Klingt das nicht wie die Schlagworte aus den Reihen der Zeloten? Schwerlich hat sie der sterbende Matthatia gehalten, auch sind sie gewiß nicht stenographisch treu wiedergegeben worden. Sie sind gewiß ebenso fingiert und dem Helden in den Mund gelegt, wie die Reden in der klassischen Geschichtserzählung. Einer der Zeloten mag diese Rede zelotisch gefärbt haben. Doch gleichviel, wie es sich damit verhalten möge: es ist als sicher anzunehmen, daß der Anhang des Eleasar b. Anania, der den Siegeskalender angelegt hat, auch Wert darauf legte, die Hasmonäerrolle oder das erste Makkabäerbuch in die Öffentlichkeit einzuführen, wenn nicht gar zur Klasse der Hagiographen zu erheben.

Dadurch ist es auch erklärlich, wie die Gesetzeslehrer damals darauf gekommen sind, sich mit dem Buche Ezechiel zu beschäftigen. Die Tradition lautet (Sabbat 13b): Anania (d. h. Eleasar b. Anania) sei es zu verdanken, daß das Buch Ezechiel nicht beseitigt worden sei, indem er die Widersprüche in demselben mit die Gesetze im Pentateuch gelöst habe: אמר ר' יהודה אמר רב: ברם זכור אותו האיש לטוב וחנניה שמו שאלמלא הוא נגנז יחזקאל שרי דברי סותרין דברי תורה. מה עשה? העלו לו שלש מאות גרבי שמן וישב בעלייה ודרש. Auch anderweitig wird erzählt, daß er den Widerspruch bezüglich des Maßes für Mehlopfer ausgeglichen habe (o. S. 810). Bemerken wir hier, daß während an dieser Stelle Anania b. Hiskija genannt ist als derjenige, der die Ausgleichung gegeben, in der authentischen Relation im Siphre der Name Eleasar b. Anania lautet. Entschieden ist also an der Stelle im Talmud und in der Mischna der Name Eleasar ausgefallen. Es ist daher gewiß, daß derjenige, der die Aufzeichnung von Megillat Ta'anit veranlaßt hat, auch durch Ausdeutung dafür gesorgt hat, daß der Prophet Ezechiel nicht zu den Apokryphen gezählt wurde. Bemerken wir nur noch, daß die Relation, dieser Interpret des Buches Ezechiel habe 300 Maß Öl für Nachtwachen gebraucht, um die Ausgleichung zu finden, höchst übertrieben ist. Denn selbst, wenn er noch andere Widersprüche zwischen Ezechiel und den pentateuchischen Gesetzen gemerkt und ausgeglichen haben sollte, hätte er unmöglich so viel Öl für die Nacht verbrauchen müssen. Endlich sei noch angemerkt, daß es sich damals keineswegs um die Aufnahme des Buches Ezechiel in den Kanon, sondern nur um die Belassung desselben zum öffentlichen (synagogalen) Gebrauche gehandelt haben kann. Einige Gesetzeslehrer müssen vorgeschlagen haben, es dem Gebrauche zu entziehen (lediglich להגנז, ἀποκρύπτειν), weil seine Opferbestimmungen mit denen im Pentateuch im Widerspruch ständen, aber jedenfalls zugleich gewünscht haben, das Buch vor Profanierung zu schützen, was auch geschehen wäre, wenn Eleasar b. Anania es nicht gedeutet hätte. Das ist der richtige Sinn des „אלמלא הוא נגנז";

ohne Eleasars Intervention wäre das Buch für apokryph erklärt worden. Darin ist zugleich involviert, daß dem betreffenden Buche eine gewisse Heiligkeit innewohnte, daß es also nicht profaniert werden durfte, daß es aber nicht für ratsam galt, öffentlich daraus vorzulesen (Vergl. Gittin 45 b: . . . ספר תורה שכחנו גוי יגנו, נמצא ביד מין יגנו).

Bei der Gelegenheit, als es den Gesetzeslehrern opportun erschien, die Hasmonäerrolle öffentlich zu benutzen, muß also wohl die Kanonfrage wieder zur Sprache gekommen sein, und es ist möglich, daß damals auch über die Kanonizität des Hohenliedes und Kohelets wieder verhandelt worden ist (o. S. 719 f.). Jedenfalls benutzte einer oder der andere, welcher einen Widerspruch zwischen den Opferbestimmungen im Buch Ezechiel und denen im Pentateuch gefunden hatte und nicht überwinden konnte, die Gelegenheit, um vorzuschlagen, jenes dem öffentlichen Gebrauche zu entziehen. Da trat Eleasar b. Anania als Retter dafür auf, löste den Widerspruch per fas et nefas, und die Synode beruhigte sich damit: Ezechiel blieb kanonisch.

So ist der Zusammenhang der Relationen über Eleasar b. Anania erklärlich. Als Zelot hat er mit seinem Anhang die 18 „Dinge" von Heiden verboten, hat den Siegeskalender schriftlich fixiert, hat das hebräische Makkabäerbuch für die synagogale Benutzung eingeführt und bei dieser neuen Aufrollung der Kanonfrage die synagogale Weiterbenutzung des Propheten Ezechiel durchgesetzt.

Joseph Derenburg hat in seinem Buche essai sur l'histoire et la géogr. de la Palestine (p. 272) meine Ansicht, daß der Urheber der Maßregel gegen die Heiden Eleasar b. Anania gewesen, und daß sie zur Zeit der Revolution eingeführt worden sei, adoptiert. Nur gibt er die Identität des Eleasar ben Anania im Talmud mit dem Zelotenführer bei Josephus nicht zu. Seine Einwendungen gegen meine Kombination sind jedoch keineswegs erschütternd. Dagegen bestreitet J. H. Weiß in seiner Schrift (zur Geschichte der jüdischen Tradition I, S. 187, Note) die ganze Kombination. Aber seine Einwendungen sind eher krittelnd als kritisch. Es kommt vor allem darauf an, ob die L.-A. חנניה בן חזקיה oder אלעזר בן חנניה בן חזקיה die richtige ist. Die Erstere ist bestätigt durch drei Quellen und die letztere ebenfalls durch drei. Da es nun leichter erklärlich ist, daß der Name אלעזר in den letzteren ausgefallen ist, aber es unbegreiflich wäre, wie die ersteren dazu gekommen seien, ihn hinzuzufügen, so ist die L.-A. אלעזר kritisch gesichert. Hat Eleasar b. Anania zur Sammlung der Gedenktage beigetragen, so hat er zur Zeit der Revolution gelebt, da darin auch die Siege über die Römer verzeichnet sind. War er Miturheber derselben zur Zeit der Revolution, so muß die Maßregel gegen die Heiden in derselben Zeit durch eine Synode sanktioniert worden sein. In diesem historischen Gewebe hängt Masche an Masche, und keine kann davon gelöst werden.

27.

Das Verhalten der Hilleliten im Kriege gegen die Römer.

Es hat sich aus dem vorhergehenden (Nr. 24 und 26) ergeben, daß die Schammaiten, ihrem Prinzipe getreu, sich zelotisch verhalten haben. Von ihren theoretischen Gegnern, den Anhängern der Schule Hillels, läßt sich im Gegensatz dazu von vornherein annehmen, daß sie nicht für Gewaltmaßregeln und kriegerische Abwehr waren, wenn sie auch den Druck des Römerjoches nicht minder schmerzlich empfunden haben. Es läßt sich aber auch faktisch nachweisen, daß die Hilleliten im Geiste ihres Stifters für Frieden, Ruhe und Ordnung waren. Es hat sich gezeigt, daß sie gegen den Absonderungsbeschluß waren, und daß einige Hilleliten dabei ihr Leben eingebüßt haben. Das Motiv ihrer Antipathie gegen diese Beschlüsse wird nicht angegeben. Die Szene im Tempel vor dem Nikanortore, als es sich um die Einstellung des Opfers für den Kaiser handelte, läßt sich als Differenz der beiden Schulen ansehen. Auf Eleasars Rat hatten die diensttuenden Priester den ersten Schritt zur Revolution, den καταβολὴ πολέμου, getan. Da traten die Gesetzeskundigen unter den Pharisäern, οἱ τῶν Φαρισαίων γνώριμοι, auf und wiesen auf das Gefährliche dieses Schrittes und auf das Abweichen von der Regel hin und machten geltend, daß von jeher Opfer und Gaben von Heiden für den Tempel angenommen worden seien (jüd. Krieg II, 17, 3). Wenn mich mein Sinn nicht ganz täuscht, so ist hierin der Friedensgesang der Hilleliten zu erkennen. Zu den „Ausgezeichneten" der Pharisäer, welche dagegen waren, gehörte gewiß R. Jochanan ben Sakkaï, und dieser war Hillelite. — Sehen wir, wie sich dieser, der Repräsentant der Hilleliten, in diesem Kriege benommen hat. Der haggadische Kommentar Abot di R. Natan hat ein unschätzbares Bruchstück über diesen Punkt gerettet, das durch und durch historisch gehalten ist. Als sich Vespasian Jerusalem nähert, ruft R. Jochanan den Einwohnern Jerusalems zu: „Warum wollt ihr diese Stadt zerstören und den Tempel verbrennen? Der Feind verlangt ja nur von euch einen Pfeil oder eine Lanze und ist nicht abgeneigt abzuziehen." Sie antworteten: „Wie wir seine beiden Vorgänger besiegt haben, werden wir auch ihn besiegen." Vespasian hatte aber (befreundete) Männer auf den Mauern Jerusalems, die ihm von jedem Vorfall Kunde gaben, ihn niederschrieben, die Schrift in einen Pfeil steckten und über die Mauer warfen. Unter anderem zeigten sie Vespasian auch an, daß R. Jochanan zu den Freunden des Kaisers gehöre und so und so die Jerusalemer angeredet habe. Die wichtige Stelle lautet im Original: וצבא אספסינוס להחריב את ירושלים

. . . . כיון שטמע רבן יוחנן בן זכאי שלח וקרא לאנשי ירושלים ואמר להם בני מפני מה אתם מבקשים להחריב את העיר הזאת ואתם מבקשים לשרוף את בית המקדש. וכי מרו מבקש מכם? הא אינו מבקש מכם אלא קשת אחת או חץ אחת וילך לו מכם. אמרו לו כשם שיצאנו על שני שלפנינו[1] והרגנום כך נצא עליו ונהרגנו. היו לאספסינוס אנשים שרוים כנגד חומותיה של ירושלים וכל דבר ודבר שהיו שומעין היו כותבין על החצים וזורקין חוץ לחומה לומר שרבן יוחנן מאוהבי קיסר הוא וכך היה מזכיר לאנשי ירושלים (c. 4). In R. Jochanans Mahnung zur Unterwerfung hören wir das Echo der Reden Agrippas und Josephus'. Man hat in diesem Bruchstücke nur Titus für Vespasian zu emendieren, da ja Vespasian die Belagerung Jerusalems nicht geleitet hat. Wie authentisch diese Notiz ist, geht besonders aus der Erwähnung der beiden Vorgänger hervor. Darunter sind Metilius und Cestius zu verstehen, die beide von den Zeloten besiegt worden sind. Daß diese Notiz aus einer alten Quelle geschöpft ist, beweist ferner der Umstand, daß sie von der hebräischen Benennung der Zeloten, der gräßlichen Hungersnot und der Tapferkeit

---

[1] In der zweiten Version der Abot (ed. Schechter p. 1) lautet der Passus כשם שיצאנו על השרים הראשונים והרגנום. Möglich daß שרים verschrieben wurde in שני in der ersten Version. Aber ebenso gut kann in II das Zahlwort ausgefallen sein, und der Passus mag ursprünglich gelautet haben: על שני שרים הראשונים. Die Handschrift Epstein hat auch das Wort שני. Übrigens muß jedenfalls שלפנינו emendiert werden in שלפניו, wie ein Mf. (Schechter, p. כ"ט) hat.

Note 28. Eine eigentümliche Volkszählung. 815

der Zeloten zu erzählen weiß (c. 6): וכשבא אספסינוס קיסר לדחריב את ירושלים בקשו
קנאים לשרוף כל הטוב באש אמר להם כלבא שבוע . . . ולא השגיחו עליו . מה היו אנשי
ירושלים עושין . היו מביאים העגלים וגוררים אותם במגרים וטחים אותם בטיט . ועד עשו אנשי
ירושלים שולקין את התבן ואוכלין אותו . וכל אחד ואחד מישאל שרוי נגד חוכותיה של ירושלים
אמר מי יתן לי חמש תמרים ואטול חמשה ראשים. נתנו לו חמשה תמרים ירד ונטל חמשה
ראשים מאנשי אספסינוס. הציץ אספסינוס בצואתן וראה שאין בהן מין דגן ואמר לחיילות שלו
ומה אל: שאין אוכלין אלא תבן כך הורגין בהן (בכם l.) אילו היו אוכלין כל מה שאתם אוכלין
ושותין על אחת כמה וכמה שהיו הורגין אתכם.

Der hebräische Name für die kriegerischen Zeloten (קנאים) kommt nur an dieser Stelle vor.

Wir haben also den Abot bi R. Nathan zwei interessante Bruchstücke über den Krieg gegen die Römer zu verdanken, die um so schätzbarer sind, als Josephus' Nachrichten gerade über diese Epoche anerkanntermaßen parteiisch sind. Von Verrätern in Jerusalem, die dem römischen Feldherrn von allen Vorgängen in der belagerten Hauptstadt Kunde gaben, erzählt Josephus mit keiner Silbe. — Eine ähnliche Notiz hat Midrasch Threni (zu 1, 5) aufbewahrt: ג'מים יצא רבן יוחנן בן זכאי לטייל בשוק וראה אותם ששולקין תבן ושותין מימיו אמר בני אדם ששולקין תבן ושותין מימיו יכולין לעמוד בחיילותיו של אספסיאנוס? אמר כל סמא דמילתא ניפוק מהכא (לן l.) '־. Wie dieses Fragment ohne Zweifel einer alten historischen Haggada angehört, so auch die beiden Notizen in Abot bi R. Nathan.

R. Jochanan b. Sakkai, der Führer der Hilleliten, gehörte also entschieden zu den Friedensfreunden, gewiß also auch diese Schule oder mindestens viele Mitglieder derselben.

28.

Eine eigentümliche Volkszählung während des zweiten Tempelbestandes.

Die talmudische Literatur referiert, übereinstimmend mit Josephus, daß einmal in Jerusalem eine Volkszählung vermittelst der geopferten Paschalämmer veranstaltet wurde. Die Zeit und Veranlassung dieser Zählung sind meines Wissens noch nicht untersucht worden; die Ermittelung dürfte ein interessantes Resultat ergeben. Im Talmud (Peßachim p. 64b) wird erzählt: Niemals sei in Jerusalem während der Opferung des Pascha ein Mensch erdrückt worden, nur ein einziges Mal sei zur Zeit Hillels ein Greis bei diesem Anlaß umgekommen, weshalb man dieses Paschafest das der Erdrückung genannt habe. תנו רבנן מעולם לא נתמעך אדם בעזרה חוץ מפסח אחד שהיה בימי הלל שנתמעך בו זקן אחד והיה קוראין אותו פסח מעוכין. Unmittelbar darauf wird erzählt: Der König Agrippa habe einst die Volksmenge Israels kennen lernen wollen, und habe den Hohenpriester bedeutet, am Tage des Paschaopfers sich von jedem Paschalamme eine Niere liefern zu lassen; es hätten sich damals 60 Myriaden Paare von Nieren ergeben, und bei jedem Paschaopfer seien mindestens 10 Personen beteiligt gewesen, noch ungezählt die Unreinen und die Abwesenden. Dieses Pascha habe man ebenfalls durch einen Namen bezeichnet: פעם אחת בקש אגריפס המלך ליתן עיניו באוכלוסי ישראל. אמר לו לכהן גדול כו'
ניך בפסחים נטל כוליא מכל אחד ונמצאו שם ששים ריבוא זוגי כליות כפלים כיוצאי מצרים חוץ
מטמא ושהיה בדרך רחוקה, ואין לך כל פסח ופסח שלא נמנו עליו יותר מעשרה בני אדם והיה
קוראין אותו פסח מעוכין. Diese Tradition ist bei Tossefta (Peßachim IV, 3) entlehnt. Hier kommen jedoch einige Varianten vor. Nicht dem Hohenpriester, sondern den Priestern habe Agrippa die Zählung vermittelst der Nieren des Pascha-

opfers aufgetragen: : אמר להם לכהנים הפרישו לי. Dann heißt es dort zum Schluſſe: Der Tempelberg habe die große Volksmenge nicht faſſen können, und man habe dieſes Pascha das der Erdrückung genannt: לא ובית להר ישראל נכנסו מעוכין פסח נקרא והיה מחזיקן היה. Dieſelbe Nachricht kommt auch im Midraſch zu Threni vor (Anfang hinter der Einleit. [zu 1, 1 עם רבתי העיר]), ohne Angabe des Namens. Darauf wird eine Nachricht von der Erdrückung eines Greiſes am Paſchafeſte mitgeteilt, wie die oben angeführte im Talmud, aber ohne den Zuſatz, daß es zur Zeit Hillels geſchehen ſei: שם והיה מחזיקן היה ולא הבית להר נכנסו אחת פעם זקן אחד ורמסוהו, ואותו הפסח היה קורין פסח מעוכין על שם שמעתו את הזקן.

Die Berichtigung dieſer Angaben und die Zeit und die Veranlaſſung zu dieſer Zählung ergibt die Nachricht bei Joſephus (Jüd. Kr. VI, 9, 3). Joſephus erzählt: Der römiſche Legat von Syrien habe einſt dem Kaiſer Nero, der das Volk der Juden wegen ſeiner Geringzähligkeit verachtete, den Beweis von der großen Volksmenge derſelben geben wollen, und habe die Prieſter gebeten, wenn es möglich wäre, die Menge zu zählen. Bei dem bevorſtehenden Paſchafeſte ſeien 25 Myriaden (oder 27 Myriaden) und noch dazu 6500 Opfer dargebracht worden, und auf jedes Opferlamm ſeien wenigſtens 10 Mann gekommen. So habe die Zählung 2 Millionen und 700 000¹) ergeben, außer der Zahl der Unreinen, welche das Pascha nicht mitfeiern durften. Ὅτι δ' ἐχώρει τοσούτους ἡ πόλις, δῆλον ἐκ τῶν ἐπὶ Κεστίου συναριθμηθέντων, ὅς τὴν ἀκμὴν τῆς πόλεως διαδηλῶσαι Νέρωνι βουλόμενος καταφρονοῦντι τοῦ ἔθνους, παρεκάλεσεν τοὺς ἀρχιερεῖς, εἴ πως δυνατὸν εἴη τὴν πληθὺν ἐξαριθμήσασθαι. οἱ δ' ἐνστάσης ἑορτῆς, ἥπάσχα καλεῖται, καθ' ἣν θύουσιν μὲν ἀπὸ ἐνάτης ὥρας μέχρις ἑνδεκάτης. ὥσπερ δὲ φρατρία περὶ ἑκάστην γίνεται θυσίαν, οὐκ ἐλάσσων ἀνδρῶν δέκα, μόνον γὰρ οὐκ ἔξεστι δαίνυσθαι, πολλοὶ δὲ καὶ συνείκοσιν ἀθροίζονται, τῶν μὲν οὖν θυμάτων εἴκοσι πέντε μυριάδας ἠρίθμησαν, πρὸς δὲ ἑξακισχίλια καὶ πεντακόσια. Γίνονται ἀνδρῶν, ἵν' ἑκάστου δέκα δαιτυμόνας θῶμεν, μυριάδες ἑβδομήκοντα καὶ διακόσιαι καθαρῶν ἁπάντων καὶ ἁγίων. οὔτε γὰρ λεπροῖς οὔτε γονορροικοῖς, οὔτε γυναιξὶν ἐπεμμήνοις οὔτε τοῖς ἄλλως μεμιασμένοις ἐξὸν ἦν τῆσδε τῆς θυσίας μεταλαμβάνειν.

Nach dieſem Berichte war es also der Legat Ceſtius Gallus, der dieſe Volkszählung veranlaßt hat. Darin liegt kein Widerſpruch gegen die Angabe der talmudiſchen Quelle, daß Agrippa dieſelbe veranſtaltet habe, da ſchwerlich der Legat ſich direkt mit den Prieſtern in Verbindung geſetzt, ſondern ihnen wohl den Auftrag nur durch den König Agrippa II. zugeſtellt haben wird.

Beachten wir Joſephus' Bericht ſorgfältig, ſo ergibt ſich daraus ein wichtiges Faktum. Ceſtius wollte vermittelſt der Zählung dem Kaiſer Nero die Überzeugung beibringen, daß das judäiſche Volk numeriſch nicht ſo zu unterſchätzen ſei, wie es dieſem ſchien oder von ſeinen Höflingen dargeſtellt wurde. Er wollte alſo durch eine Tatſache feſtſtellen, daß Judäa eine impoſante Männerzahl ins Feld zu ſenden imſtande ſei und daher nicht gereizt werden dürfe. Um dieſes Reſultat zu erzielen, mußte dafür geſorgt werden, daß an dem Paſcha, welches eine annähernde Volkszählung liefern ſollte, eine beſonders ſtarke Beteiligung ſtattfinde. Es iſt alſo wohl von Ceſtius Gallus, dem Könige

---

¹) Über die Zahl ſelbſt ſind verſchiedene Lesarten; vergl. die Havercampſche Ausgabe des Joſephus [jetzt Nieſe zur Stelle]. Statt εἴκοσι πέντε μυριάδες leſen einige εἴκοσι πάντως μυριάδες ... πρὸς ἑπτά. Die Zahl 60 Myriaden im Talmud iſt jedenfalls übertrieben.

Note 28. Eine eigentümliche Volkszählung.

Agrippa, den priesterlichen Autoritäten und anderen Behörden dem Volke die Weisung zugegangen, sich recht zahlreich zu diesem Pascha einzufinden. Schicken wir voraus, was sich von selbst versteht, daß die talmudischen Quellen und Josephus von einer und derselben Zählung am Pascha sprechen.

Aus diesen Quellen (genauer: aus diesen beiden Quellen, denn sämtliche talmudische Nachrichten fließen aus einer und derselben Tradition und sind nur als Varianten anzusehen) ergibt sich, daß die Beteiligung außerordentlich stark war. Es hatte sich eine so große Menge zu diesem Paschaopfer eingefunden, daß der Tempelberg sie kaum hat fassen können: הר הבית לא היה מחזיקן. Natürlich handelte es sich doch um eine politische Demonstration, durch die dem Kaiser in Rom die Tatsache aufgedrängt werden sollte, daß Judäa eine starke Bevölkerung besitze, und daß auch außerhalb des Landes viele Verehrer Jerusalems und des Tempels existierten, denen das Land der Heiligtümer keineswegs gleichgültig sei. Es galt also als eine Ehrensache, oder richtiger als eine Pflicht für jeden, der zur Schonung des Landes und Volkes beitragen wollte, von diesem Pascha nicht fern zu bleiben. Wie Josephus im Eingange zu dieser Relation zu verstehen gibt, waren auch viele Judäer aus dem Auslande zu diesem Pascha herbeigeströmt[1]). Es ergibt sich daraus, daß nicht bei jedem Pascha, wie bei diesem, eine so starke Beteiligung war, welche eben als politische Demonstration benutzt werden sollte.

Man darf also annehmen, daß jeder fromme oder politisch überlegte Judäer, der nicht durch Unreinheit oder sonst wie verhindert war, sich an diesem Pascha beteiligt haben wird. Die Kategorie der Entfernten (בדרך רחוקה) gab es dieses Mal schwerlich. Je größer die Zahl war, desto eher konnte auf eine nachhaltige Wirkung der Demonstration gerechnet werden. Daher war das Gedränge bei diesem Pascha so groß, daß Menschen erdrückt wurden, und daß man es später, weil das Andenken daran lebendig geblieben ist, das Pascha der Erdrückung genannt hat. Eigentlich sagt der Wortlaut פסח מעוכין aus, daß mindestens mehrere erdrückt wurden. Die Angabe, daß bloß ein einziger Greis den Tod dabei gefunden habe, ist gewiß ungenau. Von selbst leuchtet ein, daß die Lesart im Talmud פסח מעובין falsch ist; es muß auch da wie in der Hauptquelle, aus der die Nachricht entlehnt ist, in der Toßefta nämlich, lauten: פסח מעוכין. Damit ist auch die zuerst aus dem Talmud zitierte Relation beseitigt, als habe auch zur Zeit Hillel's ein solches פסח מעוכין stattgefunden. Dazu war damals keine Veranlassung. Nur ein einziges Mal kam eine so zahlreich besuchte Paschafeier vor, zur Zeit Cestius Gallus' und Agrippas, aber weder vorher noch nachher. Die Relation über Hillel entstand [vielleicht] aus dem Faktum, daß Hillel seine Würde durch eine Entscheidung in Angelegenheit eines Pascha erlangt hat, wobei er eine Debatte führen mußte. Daher nahm diese Quelle an, daß auch dieses Pascha so stark besucht gewesen sei, daß man es das der Erdrückung genannt habe. Es braucht nicht weiter bewiesen zu werden, daß diese Relation sagenhaft ist.

Daß dagegen das „Pascha der Erdrückung" sich zur Zeit Agrippas oder Cestius Gallus' ereignet hat, ist historisch unanfechtbar. Man kann dadurch auch das Jahr dieses „Pascha der Volkszählung" fixieren. Josephus erzählt nämlich von einem Paschafeste, an welchem Cestius Gallus in Jerusalem anwesend war und an dem eine starke Volksdemonstration stattgefunden hat. Diese Nachricht ist für unser Thema wichtig; daher müssen wir sie beleuchten. Jo-

---

[1]) ὁμόφυλον μὲν ἀλλ' οὐκ ἐπιχώριον.

sephus berichtet (daſ. II, 14, 3) über die tyrannische und empörende Regierungs=
weise des letzten römischen Prokurators in Judäa Gessius Florus und be=
merkt, daß trotz des unerträglichen Druckes niemand gewagt habe, bei dem ihm
vorgesetzten Statthalter Cestius Gallus Klage gegen ihn zu führen. Einst aber,
zur Zeit des Paschafestes, als Cestius Gallus in Jerusalem anwesend war,
habe das Volk, nicht weniger als dreißig Myriaden (3000000 Menschen),
denselben angefleht, Mitleid mit dem Elende des Volkes zu haben, und die Pest
des Landes, Gessius Florus, zu entfernen. Cestius Gallus habe darauf dem
Volke Abhilfe für die Zukunft versprochen. Μέχρι μὲν οὖν ἐν Συρίᾳ Κέστιος
Γάλλος ἦν διέπων τὴν ἐπαρχίαν, οὐδὲ πρεσβεύσασθαί τις πρὸς αὐτὸν ἐτόλ-
μησεν κατὰ τοῦ Φλώρου. Παραγενομένων δὲ εἰς Ἱεροσόλυμα τῆς τῶν ἀζύμων
ἑορτῆς ἐνεστώσης, περιστὰς ὁ δῆμος οὐκ ἐλάττους τριακοσίων μυριάδων ἱκέ-
τευον ἐλεῆσαι τὰς τοῦ ἔθνους συμφορὰς καὶ τὸν λυμεῶνα τῆς χώρας Φλῶρον
ἐπεκράγεσαν. ὁ δὲ παρὼν, καὶ τῷ Κεστίῳ παρεστὼς διεχλεύαζεν τὰς φωνάς·
ὅ γε μὴν Κέστιος τὴν ὁρμὴν τοῦ πλήθους καταστείλας καὶ δοὺς ἔμφασιν,
ὡς πρὸς τὸ μέλλον αὐτοῖς τὸν Φλῶρον κατασκευάσειν μετριώτερον, ὑπέστρεφεν
εἰς Ἀντιόχειαν.

Aus diesem Bericht ersehen wir, daß Cestius Gallus einst am Paschafeste,
d. h. an dem Tage, an welchem das Pascha geopfert wurde, in Jerusalem
anwesend war (denn mit dem „Feste der ungesäuerten Brode" חג המצות =
τῶν ἀζύμων ἑορτή bezeichnet Josephus auch das Pascha des vierzehnten Nissan,
vergl. daſ. II, 1—3 und öfter). Diese Anwesenheit des Legaten von Syrien
in der judäischen Hauptstadt ist auffallend. Nur die Prokuratoren pflegten
alljährlich zur Zeit der Paschafeier mit einer Heeresabteilung sich von ihrer
Garnisonsstadt Cäsarea nach Jerusalem zu begeben, um die Entstehung von
Unruhen zu verhüten oder entstandene Tumulte zu dämpfen. Aber der höchste
Beamte Syriens, wovon Judäa geographisch doch nur einen kleinen Teil bildete,
der Stellvertreter des Kaisers in dieser Gegend, war zu vornehm, um sich in
der judäischen Hauptstadt blicken zu lassen. Es muß also eine ganz besondere
Veranlassung gewesen sein, die dieses Mal den Legaten Cestius Gallus nach
Jerusalem geführt hat. Es ist auch in der oben betrachteten Relation nicht an=
gedeutet, daß er sich etwa im Auftrage des Kaisers dahin begeben hätte, um
die beginnende Volksgährung kennen zu lernen und zu überwachen. Wir fanden
im Gegenteil, daß Nero die Widerstandskraft des judäischen Volkes viel zu sehr
verachtete, als daß er selbst bei gespannter Unzufriedenheit es für nötig erachtet
haben sollte, dem Legaten den Befehl zugehen zu lassen, sich an den Herd der
Unzufriedenheit zu begeben.

Aus dem oben Auseinandergesetzten geht indessen klar hervor, welche Ver=
anlassung Cestius Gallus nach Jerusalem geführt hat. Er ist aus eigener
Initiative dahin gegangen, um sich von dem Stande der Angelegenheiten in
Jerusalem, von dem Umfang der Mißstimmung und ganz besonders von der
Zahl der Bevölkerung mit eigenen Augen zu überzeugen und dann an den
Kaiser Bericht erstatten zu können. Es kann kein Zweifel darüber sein,
daß Cestius Gallus' Anwesenheit in Jerusalem zur Paschazeit mit der Volks=
zählung vermittelst der Paschaopferlämmer in innigem Konnex stand. Drei
Millionen Menschen umstanden den römischen Legaten und flehten ihn an,
Judäa von der Pest Gessius Florus zu befreien. Eine solche große Menge kann
doch unmöglich in gewöhnlicher Zeit in Jerusalem anwesend gewesen sein! Aber
diese Menge Hilfeflehender bestand eben aus den zum Paschafeste Eingetroffenen,
wozu Jerusalemer, Bewohner der judäischen Städte und der Nachbarländer,

Note 28. Eine eigentümliche Volkszählung.

Syrer, vielleicht auch Babylonier gehörten. Wegen Gessius Florus, der die Hauptstadt und das Land mit unerhörter Grausamkeit peinigte, war Cestius Gallus nach Jerusalem gekommen.

Bemerken wir noch, daß Josephus die Anwesenheit des Statthalters in Jerusalem zur Paschazeit im Jahre der Revolution verzeichnet, also im Jahre 66, so erhalten wir dadurch ein vollständiges Situationsbild von den Vorgängen in Judäa, ehe die judäische Nation zu den Waffen griff, um sich entweder die Freiheit zu erkämpfen oder endgültig unterzugehen.

Der Klazomenier Gessius Florus, eine Neros würdige Kreatur, der die Freundin der Kaiserin Poppäa zur Frau hatte, tyrannisierte seit zwei Jahren das judäische Volk und hatte einen solchen Schrecken um sich verbreitet, daß niemand wagte, Klagen gegen ihn, sei es beim Kaiser in Rom oder beim Legaten in Antiochien, anzubringen. Schon war dem Volke die Geduld ausgegangen, wie Tacitus bemerkt: duravit tamen patentia Judaeis usque ad Gessium Florum procuratorem (Hist. V, 10). Im stillen bildete sich eine Revolutionspartei, die alles daran setzen wollte, sich des römischen Joches zu entledigen. Der Nominalkönig Agrippa II. und die Römerfreunde, wozu auch die regierenden Hohenpriesterfamilien gehörten, welche Kunde von der gährenden Unzufriedenheit im ganzen Lande und von dem Wunsche, mit Rom zu brechen, hatten, müssen Vorstellungen bei dem Legaten gemacht haben, Gessius Florus zu entfernen oder eines revolutionären Aufstandes gewärtig zu sein. Cestius Gallus durfte sich aber nicht herausnehmen, den blutdürstigen Prokurator ohne weiteres abzusetzen, da dieser vom Kaiser selbst eingesetzt war und zu dessen Lieblingen gehörte. Er scheint indessen Nero den Stand der Angelegenheiten in Judäa geschildert und dabei bemerkt zu haben, daß ein Aufstand in sicherer Aussicht stände, wenn Gessius Florus nicht abberufen würde. Der Kaiser aber verachtete das judäische Volk und achtete nicht auf die geschilderten Gefahren (Νέρων καταφρονῶν τοῦ ἔθνους). Um seinen Vorstellungen Nachdruck zu geben, verabredete er mit dem König Agrippa und den Hohenpriestern eine Volkszählung, durch welche die Widerstandskraft des judäischen Volkes mit Zahlen konstatiert werden sollte. Das nächste Paschafest sollte die Probe abgeben. Da es üblich war, daß das Oberhaupt des Synhedrions zur Paschazeit Rundschreiben an die Gemeinden erließ, so wurde ohne Zweifel auch dieses Mal eine Enzyklika an die Gemeinden Judäas und die angrenzenden Länder gerichtet mit der Aufforderung, sich so zahlreich als möglich bei dem nächsten Paschafeste zu beteiligen, weil die Rettung des Landes davon abhinge.

Diese Weisung wurde befolgt. Eine gewaltige Volksmenge traf in Jerusalem ein, 250000 (oder 270000) Paschalämmer wurden an diesem Paschafeste des Jahres 66 geopfert, was die Zahl von mindestens 2500000 oder 2700000 Beteiligten ergab. Cestius Gallus war zu diesem Zwecke selbst in Jerusalem eingetroffen. Es war das Pascha der Erdrückung, weil bei der großen Menge, die der Tempelberg kaum fassen konnte, Erdrückungen unvermeidlich waren. Diese 2700000 oder drei Millionen Menschen in runder Zahl, die Josephus aufstellt, umstanden ihn und flehten ihn an, sie von Gessius Florus zu befreien. Das war eine gewaltige Volksdemonstration. Cestius Gallus durfte aber dennoch nicht die Amtsentsetzung des Prokurators vornehmen. Er wollte nur mit der statistischen Erfahrung, die er in Jerusalem bei dieser Gelegenheit gesammelt hatte, den Kaiser von der Notwendigkeit, Gessius Florus abzuberufen, überzeugen. Diese Absicht behielt er für sich. Das Volk aber tröstete er für den Augenblick mit der Versicherung, er werde sich bemühen, den Prokurator milder zu stimmen.

Hätte Nero dieser Vorstellung seines Legaten Gehör gegeben, so wäre die Katastrophe von Jerusalem und dem Tempel für den Augenblick abgewendet worden. Unglücklicherweise hatte aber Nero bereits Öl ins Feuer gegossen. Ehe er noch den Bericht des Cestius Gallus in Händen hatte, hatte er schon den Streit um das Bürgerrecht in Cäsarea zwischen den Judäern und Heiden zugunsten der letzteren entschieden. Dadurch entstand ein Kampf in dieser Stadt in dem Monate, welcher auf das „Pascha der Erdrückung" folgte. Gessius Florus schürte das Feuer des Aufstandes noch mehr, um durch Niederwerfung desselben gegen Cestius Gallus Recht zu behalten. Die Volkszählung vermittelst der Paschalämmer fand demnach im Jahre der Revolution 66, einen Monat vor dem Ausbruche des Kampfes in Cäsarea und des dadurch herbeigeführten Aufstandes in Jerusalem, statt. Es war die letzte friedliche Demonstration gegen Rom.

29.

Der erste Schritt zum Kriege gegen die Römer.

Von der Revolution, welche dem großen Krieg gegen die Römer voranging, kann man auch sagen: c'est toujours le premier pas qui coûte. Josephus berichtet (jüd. Kr. II, 17, 2), daß das Unterlassen des Opfers für den Kaiser, zu dem Eleasar b. Anania die damals fungierende Priesterabteilung bewogen hat, der erste Schritt zum Krieg gewesen sei: τοῦτο δ' ἦν τοῦ πρὸς Ῥωμαίους πολέμου καταβολή· τὴν γὰρ ὑπὲρ τούτων θυσίαν Καίσαρος ἀπέρριψαν. Er fügt hinzu, daß die hohenpriesterlichen Häupter und die hervorragenden Pharisäer in einer Versammlung vor dem Nikanortor im Tempel davon abgeraten und viele Gründe dagegen geltend gemacht hätten, daß aber die Revolutionäre unter Leitung des Eleasar sich nicht daran gekehrt hätten.

Eine Erinnerung an diesen folgenschweren Vorgang hat sich auch in der talmudischen Literatur erhalten, und sie knüpft sich an eine Persönlichkeit, die durch ihr Verhalten den Ausschlag gegeben zu haben scheint. R. Jose der Gesetzeslehrer, welcher geschichtliche Überlieferungen tradiert hat, bemerkt bei Gelegenheit eines religiösen Brauches seitens eines Zacharia b. Abkulas, seine Bescheidenheit habe Veranlassung zur Tempelzerstörung gegeben (Tossefta Sabbat XVII, 6: ענוותנותו (של זכריה) בן אבקולס היא שרפה את ההיכל). In wiefern kann diese geachtete Persönlichkeit das große Unglück herbeigeführt haben? Und inwiefern kann die Bescheidenheit dieses Mannes eine solche Wirkung gehabt haben? Sein Name wird aber in einer Sage mit dem Unterlassen des Opfers für den Kaiser in Verbindung gebracht. Diese Sage, welche an Kamza und Bar-Kamza anknüpft, ist in zwei gerade in bezug auf diesen Zacharia abweichenden Relationen enthalten. In der einen (Babli Gittin 56a) wird sie wie folgt erzählt: Ein Bar-Kamza, der von einem Jerusalemer, weil er irrtümlich zu einem Mahle geladen gewesen, beschämt worden sei, habe denunziert, daß die Judäer auf Abfall vom Kaiser sännen, und habe seine Angeberei dadurch glaubhaft gemacht, daß er behauptete, ein Opfer für den Kaiser werde nicht angenommen werden. Er selbst habe aber dem Opfer einen unwesentlichen Fehler beigebracht, um es für den Altar untauglich zu machen. Einige hätten nun zwar geraten, des Friedens wegen das fehlerhafte Tier zu opfern. Zacharia aber hätte davon abgeraten. Auch der Absicht, den Angeber umzubringen, hätte er sich widersetzt. Dadurch wäre das Opfer für den Kaiser verschmäht worden,

Note 29. Der erste Schritt zum Kriege gegen die Römer.

und die Folge davon sei die Tempelzerstörung gewesen; אמר ר' יוחנן ענוותנותו של ר' זכריה בן אבקולס החריבה את ביתנו ושרפה את היכלנו והגלתנו מארצנו. In Palästina lautet die Sage, daß Ben-Kamza bei dem Prokurator die Denunziation gegen die Judäer angebracht und durch das Unterlassen des Opfers bewiesen habe, weil eben dieser Zacharia bei dem Mahle anwesend gewesen sei und bei seiner (Ben Kamza's) Beschämung gleichgültig geschwiegen hätte: היה שם ר' זכריה בן אבקולס והיה ספק בידו למחות ולא מיחה, מיד נפיק ליה אמר בנפשיה אילו מסכיין יתכין בשלוותהון אנא איכול קרצדון (Midrasch zu Klagelied IV, 2). Die Relation schließt: Daher stammt das Wort: wegen Kamza und Ben-Kamza ist der Tempel zerstört worden, דהא דבריאתא אמרין: בין קמצא ובין בן קמצא חרב מקדשא, und daran wird die Tradition des R. Jose angeknüpft, daß Zacharias' Bescheidenheit den Brand des Tempels verschuldet habe. אמר ר' יוסי ענוותנותו של רבי [זכריה] בן אבקולס שרפה את ההיכל.

Aus diesen sagenhaften Relationen geht mit Bestimmtheit hervor, daß dieser Zacharia bei dem Unterlassen des Opfers für den Kaiser irgendwie beteiligt gewesen sein muß.

Dieser Zacharias wird übrigens auch von Josephus genannt. Er bezeichnet ihn neben Eleasar b. Simon, dem Haupte der jerusalemischen Zeloten, als einen der Führer derselben und als einen Priester (jüd. Krieg IV. 4, 1): Ἡσαν δὲ (ἡγεμόνες) Ἐλεάζαρος μὲν υἱὸς Σίμωνος . . . Ζαχαρίας δέ τις υἱὸς Φαλέκου γένος ἐκ τῶν ἱερῶν ἑκάτερος. Sie beide luden die Idumäer ein, ihnen und ihrer Partei Beistand zu leisten gegen die Machinationen Anans und der kontrarevolutionären Partei. Zacharia gehörte demnach zu den Zeloten. Die Identität dieses Zelotenführers Zacharia mit dem im Talmud genannten זכריה בן אבקולס, welche schon Jost [Gesch. d. Judent. u. seiner Sekten, I, 444] gefunden hat. Z. υἱὸς τοῦ Ἀμφικάλου statt Φαλέκου, was zu אבקולס völlig stimmt [Niese setzt auf Grund der meisten und besten Handschriften Ἀμφικάλλει in den Text].

Aus einem Brauche, der von diesem Zacharia tradiert wird, geht hervor, daß er zu den Schammaïten gehört hat oder eigentlich noch viel strenger und skrupulöser als diese war. (Tossefta a. a. O.): זכריה בן אבקולס לא היה נוהג לא כדברי בית שמאי ולא כדברי בית הלל אלא נוטל ומשליך (עצמות וקליפין) מאחורי המטה. Ebenso b. Sabbat 143a: אמרו עליו על רבי זכריה בן אבקולס שהיה מחזיר פני אחוריו המטה וזורק. Er hat also am Sabbat Knochen und Fruchtschalen, sobald sie losgelöst waren, nicht einmal indirekt vermittelst der Tafel bewegen lassen — was doch die Schammaïten gestattet haben. Es ist die strengste Auslegung der Sabbatgesetze, worin die Schammaïten schon sehr weit gingen (o. S. 798). Wir können uns nun danach sein Verhalten zur Frage, ob für den Kaiser noch weiter geopfert werden dürfe, recht gut denken. Die hervorragendsten Pharisäer (οἱ τῶν Φαρισαίων γνώριμοι), zu denen R. Jochanan b. Sakkai gewiß gehört hat (o. S. 814), waren entschieden dafür. Wir dürfen voraussetzen, daß die friedliebenden Hilleliten sich gegen das Unterlassen des Kaiseropfers ausgesprochen haben werden. Gewiß sind bei einem so wichtigen Schritt auch die Anhänger der schammaïtischen Schule über ihre Meinung befragt worden, was Josephus allerdings verschweigt. Aus der Angabe in der talmudischen Literatur kann jedoch nicht daran gezweifelt werden, daß auch der Schammaïte der strengen Observanz Zacharia b. Amphikalos befragt worden ist. Hätte auch er sich in demselben Sinne, wie die hilletitischen Pharisäer ausgesprochen, so hätten wohl die in jener Woche dienstuenden, von dem Agitator Eleasar b. Anania überredeten Priester (οἱ κατὰ τὴν λατρείαν λειτουργοῦντες) das Opfer weiter dargebracht und damit wäre der Umsturzplan in seinem Anfange gescheitert gewesen. Aber der Schammaïte Zacharia hat sich nicht dagegen erklärt. Aus dem an allen Stellen gleichlautenden Ausdruck: ענוותנותו של זכריה בן אבקולס scheint hervorzugehen, daß er sich eines Votums enthalten habe. Dieses Schweigen müssen die dienstthuenden Priester als eine Zustimmung zu dem Antrage angesehen haben, daß das Kaiseropfer nicht dargebracht werden sollte. Und deswegen ist die Klage tradiert worden: dieses Zacharias Zurückhaltung habe an der Zerstörung des Tempels Schuld getragen. Die Hilleliten, welche für den Frieden waren, haben wohl diese Tradition von Zacharias Verhalten bei dieser wichtigen Frage tradiert. Die Sage von Kamza und Bar-Kamza hat übrigens ebenfalls einen historischen Anhalt. Unter den Römerfreunden in Tiberias zur Zeit der Revolution nennt Josephus (Vita 10) einen $Κομψὸς\ ὁ\ τοῦ\ Κομψοῦ$.

30.

Die judäischen Münzen in der nachexilischen Zeit.

Aus winzigen Anfängen hat sich die Studie über jüdische Münzen zu einem umfangreichen Literaturgebiet erweitert und vertieft. Was anfangs nur Sache der Kuriosität war, als man Münzgepräge in hebräischer Sprache und in althebräischem (samaritanisch-phönizischem) Alphabet fand und dann noch dazu entdeckte, daß manche darunter überprägte Kaisermünzen waren, ist gegenwärtig Gegenstand eifriger Forschung geworden. Vor etwa 30 Jahren hat de Saulcy, welcher viele solcher Münzen in Palästina gesammelt hat, zuerst diese Studie angeregt, und seitdem ist dieser numismatische und der damit verbundene historische Stoff in größeren Abhandlungen und Monographien in verschiedenen Zeitschriften vielfach zerstreut beleuchtet worden.

Man unterscheidet nämlich gegenwärtig in der jüdischen Numismatik vier Gattungen[1]):

1) Münzen von Simon Makkabäus;
2) Münzen der Makkabäerfürsten oder Könige;
3) Münzen aus der Zeit des Krieges gegen die Römer unter Vespasian und Titus oder Münzen des ersten Aufstandes, der ersten Revolution und

---

[1]) Zur Übersicht stelle ich hier die Literatur über die jüdische Numismatik nach den Namen der Autoren zusammen. Nach dem Initiator für diese Studie Perez Bayer und noch vor de Saulcy hat Cavedoni (1849) bei Behandlung der biblischen Münzen auch diesen Teil der Numismatik behandelt, dann wieder 1855 in einem Appendix. Nach Cavedoni und de Saulcy haben selbständig in eigenen Schriften oder Sammelwerken darüber geschrieben: H. C. Reichhardt, Graf de Vogüé, M. A. Lewy, Churchil Babington, Raffaele Garucci, v. Werlhof, François Lenormant, Eugen Merzbacher, Frederic Madden. Des letzteren zwei Werke: History of the jewish coinage (1864) und der zweite Band seines international numismata Orientalia (1881) umfassen das Gebiet dieser Literatur vollständig und sind mit ausgezeichneten Abbildungen versehen. Zum Schluß des letzten Werkes sind die Titel der Werke und der Befund der Sammelschriften, in welchen von jüdischen Münzen gehandelt wird, sorgfältig zusammengestellt. Die Quellen und Münzen, die hier nicht besonders bemerkt sind, finden sich in Maddens zwei Werken verzeichnet. Meine Zitate beziehen sich auf das zweite Werk [Eine genaue Bibliographie der einschlägigen Literatur jetzt bei Schürer I³, S. 22—25. 760 f. 765 f.].

Judäische Münzen aus der Zeit des Aufstandes.

Graetz, Geschichte der Juden. III. Bd.   Leipzig, Oskar Leiner.

Note 30. Die judäischen Münzen in der nachexilischen Zeit. 823

4) Münzen des Krieges unter Hadrian oder aus dem zweiten Aufstande, der zweiten Revolution oder Bar=Kochbamünzen.

I. Bezüglich der schön geprägten Silbermünzen mit der Inschrift ירושלים הקדושה (Var. קדשה) auf der einen Seite und שקל ישראל oder חצי השקל auf der andern Seite, herrscht beinahe Einstimmigkeit, was ihre Zeit und ihren Präge= herrn angeht. Sie werden fast von allen Simon Makkabäus beigelegt, obwohl sie nicht seinen Namen und Titel tragen. So weit sie bis jetzt bekannt sind, haben sie alle auf der einen Seite als Emblem eine Mandelblüte (Symbol der aharonidischen Priesterschaft) und auf der andern ein Gefäß mit einem kleinen Griff an beiden Seiten und oberhalb desselben die Jahreszahl. Diese lautet ש״א, ש״ב, ש״ג, ש״ד und ש״ה (ש Abkürzung für שנת). Sie sind während 5 Jahren geprägt worden (Madden, p. 67 fg.). Da Simon das Münzrecht von Antiochos Sidetes im Jahre 173 Seleucidarum erhalten (I. Makkab., 15, 6) und gewiß in demselben Jahre davon Gebrauch gemacht hat, so hätten wir Münzen von ihm während seiner letzten fünfjährigen Regierung von 173 bis 177 (139 bis 135). Mag immerhin sein offizielles Regierungs= jahr schon 172 begonnen haben (nach I. Makkab. 14, 27 fg.; vgl. Merzbacher in v. Sallets Zeitschrift für Numismatik V, 312 fg.), so war damit noch nicht die volle Souveränität gewährt. Denn daß die syrischen Könige bei allen Rechten und Freiheiten, die sie dem judäischen Volke und den Hasm.=Fürsten gewährt hatten, immer noch Ansprüche auf das Herrscherrecht behalten haben, beweist doch ihre Haltung noch gegen Hyrkan I. Der Einwand, welcher gegen diese Simonmünzen besonders von de Saulcy gemacht wurde, ist nicht stich= haltig. Die Abwesenheit von Simons Namen und Titel in der Inschrift, die sich doch bei denen seiner Nachfolger finden, beweist nichts gegen das Faktum, sondern beweist nur für seine Bescheidenheit. Auf den Münzen sollte nur ver= sichtbart werden, daß Jerusalem heilig sei, daß es sich nicht wie unter Antiochos Epiphanes gefallen lassen werde, entweiht und geschändet zu werden. Mit seinem Namen und seiner Würde als Fürst und Hoherpriester mochte Simon nicht prunken.

Die 4 Erzmünzen mit der Inschrift לגאלת ציון auf der einen Seite und שנת ארבע auf der andern, und bei zweien noch dazu חצי und רביע, welche de Saulcy als die einzigen Simon Makkabäus zuschrieb, sind von zweifelhafter Echtheit. Die Embleme sind sehr seltsam. Zwei Exemplare (Pariser Münz= kabinet) haben auf der einen Seite zwei Lulab und auf der andern einen Ethrog. Andere haben auf der einen Seite ebenfalls 2 Lulab und in der Mitte einen kleinen Ethrog, und auf der anderen Seite eine Palme mit kleinen Körbchen. Wieder andere Rev. (B.) 1 Lulab und zwei Ethrog. Endlich ist ein Exemplar auf der einen Seite verwischt und zeigt auf der anderen ein kaum erkläliches Emblem (bei Madden p. 71 fg.).

II. Die Münzen der Makkabäerfürsten, der Nachkommen Simons, von Hyrkan I. (יהוחנן) bis auf Antigonos (מתתיה) sind teils ganz hebräisch, teils hebräisch und griechisch, und im ganzen klar und verständlich. Nur ein einziger Punkt muß noch erörtert werden. Die Hyrkanmünzen zerfallen in 2 Gruppen, die eine hat die Legende יהוחנן הכהן הגדל ראש חבר היהודים (oder היהודים) (bei Madden, p. 80, Nr. 25—30), und die andere hat: יוחנן הכהן הגדל וחבר היהודים (das. p. 76, Nr. 1—24). Die Aristobulmünzen (mit dem hebräischen Namen יהודה) haben nur die Legende, wie in der zweiten Gruppe der Hyrkanmünzen: יהודה כהן גדל (auch גדול) וחבר היהודים (nur eine hat die Variante חבר היהודים ohne das kopulative ו) und eine andere החבר היהודים (das. p. 82 fg.). Das

Wort ראש fehlt auf demselben. Ebenso fehlt es auf den Münzen des Alexander Jannai (hebr. יהונתן). Die Legende lautet durchweg: הכהן יוחנן (Var.) יהונתן הגדל וחבר היהודים (M. p. 88 fg.). Nur auf den Münzen, worauf er nicht als Hoherpriester, sondern als König figuriert, fehlt der Zusatz וחבר, und lautet יהונתן המלך und ΒΑΣΙΛΕΩΣ ΑΛΕΞΑΝΔΡΟΥ (das. p. 85, Nr. 1—3, p. 90, Nr. 3). Auf den Antigonosmünzen findet sich mehr oder weniger deutlich מתתיה הכהן הגדל חבר היהודים ohne den Königstitel in hebräischer, und mit diesem nur in der griechischen Inschrift (das. p. 100 fg.).

Nach dem o. S. 77 f. in der Note Auseinandergesetzten bedeutet unzweifelhaft חֶבֶר so viel als κοινόν Gemeinwesen. Nun gebraucht Josephus für κοινόν auch τὸ συνέδριον τῶν Ἱεροσολυμιτῶν (Vita § 12). Folglich bedeutet חבר היהודים das große Synhedrion (סנהדרין הגדולה oder בית דין הגדול im Talmud). Früher hieß der Rat γερουσία, d. h. זקני בית דין. Da sich aber davon im Hebräischen schwer ein Abstraktum bilden läßt, so wurde dafür, dem κοινόν nachgebildet, חבר eingeführt. (Das Wort Sanhedrin wurde erst in der römischen Zeit gebräuchlich).

Ist nun חבר היהודים der Senat oder das Synhedrion, so ist die Legende auf den Hyrkan-Münzen verständlich. ראש חבר היהודים bedeutet Haupt und Vorsitzender des großen Synhedrion. Ohne diesen Zusatz, und einfach וחבר היהודים, will sagen, daß Hyrkan die Münzen auch im Namen des Synhedrion prägen ließ. Es gibt kein vollgültiges Zeugnis dafür, daß der Hohepriester jedesmal Vorsitzender des hohen Rates oder des Synhedrion gewesen wäre. Denn dieses war die gesetzgebende und gesetzauslegende Behörde, deren Mitglieder Kenntnis der pentateuchischen Gesetze und der Tradition besitzen mußten, da bürgerliche und richterliche Gesetze mit den religiösen zusammenflossen oder aus diesen emanierten. Diese Kenntnis besaß der Hohepriester nicht ohne weiteres. Daher konzentrierte sich in ihm nur die Exekutivmacht. An der Spitze des Synhedrions dagegen stand vielmehr ein Präsident, mit dem Titel נשיא, oder zwei, von denen der andere den Titel אב בית דין führte. Diese waren bis zu Hyrkans Zeit Pharisäer, d. h. Ausleger des Gesetzes (s. Note p. 568, 687 f.). Hyrkan war zuerst nicht zugleich Haupt des Rates. Erst als er mit den Pharisäern gebrochen und Sadducäer in das Synhedrion berufen hatte, scheint er sich auch zum Vorsitzenden desselben gemacht zu haben und daher ließ er auf die Münzen prägen: ראש חבר היהודים. Seine Nachfolger führten nicht mehr diesen Titel. Aristobul und Alexander Jannai waren auf kriegerische Taten erpicht und schenkten den inneren Verhältnissen weniger Aufmerksamkeit. Möglich, daß der letztere während seines Zerwürfnisses mit den Pharisäern auch Haupt des sadducäischen Synhedrions war (vgl. o. S. 705 ff.), und auch auf den Münzen den Titel ראש חבר היהודים geführt hat. Diese mögen aber verloren gegangen sein, und seine Münzen ohne diesen Titel stammen wohl aus der Zeit seiner versöhnlichen Haltung gegen die Pharisäer, als er Simon b. Schetach wieder an seinen Hof berufen hatte. So haben die Bezeichnungen כהן גדל חבר היהודים und ראש חבר היהודים einen tieferliegenden Hintergrund. Außer diesem einen Punkt sind die Münzen der Makkabäerfürsten klar und nicht kontrovers.

III. Dagegen ist die dritte Gattung außerordentlich kontrovers, und die Differenz geht so weit, daß manche Numismatiker sie gar nicht zugeben, und ämtliche Exemplare, welche nicht der Makkabäerzeit angehören, als Bar-Kochebamünzen bezeichnen.

Die kontroversen Münzen der dritten Gattung bilden drei Klassen:

Note 30. Die judäischen Münzen in der nachexilischen Zeit.   825

a) Sogenannte Eleasarexemplare, solche, welche in der Legende mehr oder weniger regelmäßig אלעזר הכהן (oder הכהן) haben.

b) Sogenannte Simonexemplare, welche wieder in zweierlei Spezies zerfallen, nämlich in solche, welche die Legenden zeigen שמעון נשיא ישראל und andere, welche nur den Namen שמעון haben, mit Typen, die auch sonst vorkommen.

c) Lulabexemplare, welche deutlich einen gemeinsamen Typus haben, einen ritualmäßigen Feststrauß, nämlich einen längeren Zweig in der Mitte, als Palme, und seitlich zwei kleinere Zweige, als Figur der Myrte und des Weidenzweiges, alle drei in einem Gefäße und, um das Symbol als Feststrauß noch deutlicher zu machen, links vom Gefäß die Figur eines Zitronat oder Ethrog (אתרוג). Auf der anderen Seite haben dieselben Münzen den Typus eines Portals. Die Legenden auf diesen Exemplaren sind verschieden (vergl. die Tafel).

IV. Die vierte Gattung ist nicht kontrovers. Sie hat bei Verschiedenheit der Typen und Legenden durchweg den Prägherrnnamen שמעון und teilweise שמע. Die Berechtigung, diese Gattung der zweiten Revolution zuzuweisen, nehmen die Numismatiker von dem Umstande her, daß einige Exemplare in der Prägung mehr oder weniger deutlich die Namen von Kaisern haben, welche nach der Tempelzerstörung regiert haben, und am meisten den Namen Trajans, mit lateinischen oder griechischen Buchstaben. Einige zeigen auch Kaiserköpfe. Es sind also deutlich Kaisermünzen aus der Zeit nach der Zerstörung des Tempels, mit hebräischen Stempel und mit eigenen Typen überprägt. Folglich können es nur Bar-Kochebamünzen sein. So lautet die Schlußfolgerung, daß die Simonmünzen durchweg der Bar-Kochebazeit angehören. Die Annahme des Dr. Merzbacher, welche zum Teil von Madden akzeptiert wird, daß nur die überprägten Kaisermünzen dieser Zeit, hingegen die Simonexemplare ohne Zeichen der Überprägung der dritten Gattung angehören, wird von dem Numismatiker von Sallet, Direktor des Berliner Münzkabinetts, widerlegt. Er macht dagegen geltend (Zeitschr. für Numismatik V, S. 113): „Es ist in der Numismatik des Altertums beispiellos und unmöglich, daß Münzen, welche einander im Stil völlig gleichen, ja, sich zum Verwechseln ähnlich sind, 60 Jahre auseinander liegen". Demnach müßten auch sämtliche Lulabmünzen der Bar-Kochebazeit angehören, da sie teilweise den Namen „Simon" haben. v. Sallet stimmt daher der Annahme de Saulcys bei, daß sämtliche Münzen, welche nicht von den Makkabäern geprägt wurden, der vierten Gattung angehören. Aus der Zeit der ersten Revolution gäbe es keine Münzen. Der Beweis, daß Bar-Kocheba tatsächlich Münzen hat prägen lassen, wird aus der talmudischen Literatur geholt, welche מטבע של בן כוזיבא oder מעות כוזביות erwähnt. Das ist der Stand der numismatischen Frage.

Dieser starken Seite kann man aber eine äußerst schwächende entgegensetzen:

1. Der Name Bar-Kocheba, der doch nicht fehlen dürfte, wenn der Held des zweiten Aufstandes Prägherr gewesen wäre, kommt auf keinem einzigen der Exemplare dieser Gattung vor. Die Annahme, daß er den Vornamen „Simon" geführt habe, ist eine auf nichts gegründete Hypothese.

2. Die Eleasarmünzen können noch weniger aus dieser Zeit stammen, weil eine Persönlichkeit mit dem Namen Eleasar, welche damals eine so bedeutende Rolle gespielt haben könnte, um als Prägherr figurieren zu können, völlig unbekannt ist. De Saulcys Hypothese, daß R. Eleasar aus Modin

der Prägherr gewesen sein könnte, weil er Bar-Kochebas Verwandter war, ist bodenlos und wird mit Recht von allen übrigen Numismatikern verworfen. R. Eleasar aus Mobin (ר' אליעזר המודעי) war ein frommer Mann, der während Bethars Belagerung in Sack und Asche gebetet hat. Er war ein Haggadist, d. h. ein Prediger im Geschmacke jener Zeit. Ein solcher Mann eignete sich doch am allerwenigsten zum Prägherrn. Der Zug, der von ihm in den letzten Tagen Bethars erzählt wird, zeigt, daß er keine Ahnung von den politischen oder gar kriegerischen Vorgängen gehabt haben kann.

3. Wenn die Simonmünzen eo ipso Bar-Kochebamünzen gewesen sein, d. h. sämtlich die Legende שמעון gehabt haben sollten, dann hätten sie in der talmudischen Literatur als מטבע של שמעון bezeichnet sein müssen, wie מעות ירושלמיות, d. h. Münzen, auf denen die Prägung Jerusalem (ירושלם) zu lesen war. Sie werden aber כוזביות genannt und nicht שמעוניות.

Während also aus der zweiten Revolution weder ein Simon, noch ein Eleasar mit einer hervorragenden Rolle bekannt ist, braucht man in der Geschichte der ersten Revolution nicht erst nach Personen von dieser Bedeutung und mit solchen Namen zu suchen. Simon ben Gamaliel und Eleasar ben Simon, der „Priester", drängen sich von selbst auf. Sie haben damals eine hohe Stellung eingenommen. Der erstere, bekanntlich aus der Familie Hillel, welcher den Titel „Nasi" geführt hat, hatte nach Josephus eine gewichtige Stimme während des Krieges, und der letztere war Schatzmeister und anerkannter Führer. Auf diese passen die Legenden שמעון נשיא ישראל und אלעזר הכהן so ungesucht, daß, gäbe es keine überprägten Kaisermünzen mit dem Namen Simon, kein Numismatiker daran gezweifelt hätte, daß sämtliche Simon- und Eleasarexemplare der ersten Revolution angehören.

So steht die Forschung bezüglich der Münzen der letzten zwei Gattungen vor einem scheinbar unlösbaren Rätsel. Die Simonmünzen und auch andere, welche mit ihnen Stilähnlichkeit haben, können nicht während des ersten Aufstandes geprägt sein, weil die teilweise Überprägung auf Kaisermünzen auf die nachtrajanische Zeit hinweist. Sie können aber ebensowenig aus der zweiten Revolution stammen, weil aus der Geschichte derselben kein Führer mit dem Namen Simon oder Eleasar bekannt ist.

Um diesem verfänglichen Dilemma zu entgehen, muß man einen anderen Ausgangspunkt suchen.

Die Lulabmünzen[1]) dürften den chronologischen Zweifel beseitigen. Wie schon angegeben, hat diese Klasse fast gleichmäßige Typen. Nur die Legenden auf diesen Münzen sind verschieden. Der Typus ist nämlich unverkennbar ein Feststrauß. Auf der anderen Seite findet sich als Typus ein Portal oder eine Kolonnade, vier Säulen mit einem Architrav und mit noch sonstiger Verzierung oberhalb desselben. Dieses Tetrastylportal ist aber nicht auf allen Exemplaren gleichmäßig geprägt, sondern zeigt manche Formverschiedenheit. Noch ungleichmäßiger sind die Legenden auf diesen Lulabmünzen. Ein Exemplar hat deutlich auf der Lulabseite die Worte: „erstes Jahr

---

1) Mose Alaschkar sah eine solche Münze im Anfang des 16. Jahrhunderts (Responsen Nr. 74) ואתה דע לך שבאו לידי מאות המטבעות... ויש מהן שכתוב בהן שנת כד וכך לנחמת ציון שנת כך וכך למלך פלוני וראיתי באחד מהן צורת לולב אגוד כעין שלנו ואתרוג בצדו סמוך לאנודתו. Die Angabe לנחמת ציון ist wohl ein Gedächtnisfehler; denn bisher ist keine Münze mit dieser Legende bekannt geworden. Es soll wohl heißen: לגאלת oder חרות ציון. Dergleichen sind bekannt (w. u.).

Note 30. Die judäischen Münzen in der nachexilischen Zeit.

zur Erlösung Israels" (שנת אחת לגאלת ישראל) und auf der Portalseite an den beiden Säulenseiten und oberhalb des Architravs das Wort „Jerusalem", (ירושלם), aber keinen Eigennamen. Mehrere Exemplare dagegen haben auf der Lulabseite die Legende: „das zweite Jahr zur Freiheit Israels" (ש"ב לחר' ישראל) und auf der Portalseite ebenso wie das früher genannte „Jerusalem" und ebenfalls keinen Eigennamen. Noch andere wieder auf der Portalseite mehr oder weniger deutlich den Namen „Simon", statt Jerusalem. Endlich eine dritte oder vierte Spezies hat auf der Lulabseite die Worte: „zur Freiheit Jerusalems" (vollständig לחרות ירושלם), aber nicht das Prägungsjahr, und auf der Portalseite den Namen „Simon".

Was die chronologische Präzisierung dieser Münzklasse so zweifelhaft macht, ist der Umstand, daß auf einigen Exemplaren derselben ebenfalls Spuren eines Kaiserkopfes oder griechischer Buchstaben vorkommen, eines die Endung NOC und eines gar ziemlich deutlich in griechischen Buchstaben die Abkürzung von Titus Flavius Vespasianus hat. Diese Exemplare sind demnach Überprägungen römischer Kaisermünzen von Vespasian oder Domitian oder Trajan.

Um aus der Konfusion herauszukommen, muß zunächst die Bedeutung der Typen ermittelt werden. Denn diese, welche sämtliche Lulabmünzen gemeinsam haben, Feststrauß und Portal, sind auffallend genug und müssen irgend welche Beziehung zu gewissen Vorgängen haben. Die naheliegende Bedeutung des Feststraußes ist von den Numismatikern angegeben: The type ot these Symbols — the Ethrog and Lulab — reminded the Jews of the Feast of Tabernales (Madden). Es ist noch hinzuzufügen, daß sie so dargestellt sind, wie sie bei dem Psalmengesang des Hallel gehalten zu werden pflegen: Der Lulab zur rechten und der Ethrog zur linken Hand. Aber eine scheinbare Kleinigkeit bei der Figur des Lulab haben die Numismatiker nicht beachtet. Der Lulab mit den dazu gehörigen zwei Zweigchen stecken auf sämtlichen Exemplaren in einem zierlichen Behältnis. Dieses Behältnis hat die Gestalt eines geflochtenen Körbchens. Es ist offenbar eine Verzierung. Was mag nun diese Verzierung oder dieses Behältnis bedeuten? Der Talmud gibt die Erklärung dazu an die Hand.

Ganz beiläufig tradiert nämlich R. Meïr aus der Mitte des 2. Jahrhunderts: die Vornehmen Jerusalems haben ihren Feststrauß in einem goldenen Körbchen zusammengehalten[1]). Das Bündel von Palme, Myrte und Weide soll nämlich nach dem rituellen Gesetze unten zusammengebunden sein. Nun beruft sich R. Meïr gegenüber der Behauptung, daß das zusammenhaltende Band eine Pflanzenfaser sein müsse, auf das Faktum, daß vornehme Jerusalemer nicht darauf geachtet, sondern die Verbindung vermittelst eines goldenen Körbchens bewerkstelligt haben. Sein

---

[1]) Mischna Sukka III, 8, heißt es: אמר ר' מאיר מעשה באנשי ירושלים שהיו אוגדין את לוליביהן בגימוניות של זהב. Im Talmud ist eine Variante gegeben, welche die Sache noch prägnanter macht (Sukka 37a): אמר ר' מאיר מעשה ביקירי ירושלים שהיו אוגדין את לוליביהן בגימוניות של זהב. Das Wort גימון bedeutet Korb, Körbchen (Vgl. Levy, chaldäisches Wörterbuch s. v.). Perez Bayer hat das Wort גימון mißverstanden und es als Fäden wiedergegeben (de Numis Hebraeorum Samaritani p. 130), et cum aliquando Judaei Hierosolymitani filis aureis fasciculos circumligassent. Infolge dieses Mißverständnisses konnte er die Lulab-Münzen nicht chronologisch unterbringen.

halachischer Gegner gibt das Faktum zu, meint aber: das Bündel sei vermittelst eines Faserbandes innerhalb des Körbchens verbunden gewesen. Nebenher sei bemerkt, daß R. Meïr, als ein Jünger R. Akibas, von demselben Überlieferungen von Sitten und Gebräuchen in Jerusalem empfangen haben kann, da der letztere beim Untergang Jerusalems bereits in vorgerücktem Alter gestanden hat.

Erwägen wir die Bedeutung dieser Tradition von dem goldenen Lulabkörbchen eingehend. Während R. Meïrs Lebenszeit ist diese Sitte nicht gebräuchlich gewesen, sondern nur früher, beim Bestande Jerusalems. Auch außerhalb Jerusalems muß dieser nicht ganz korrekte Brauch, nicht vorgekommen sein, also ausschließlich in Jerusalem. Es kam daher, daß man nur in Jerusalem mit dem Feststrauß Parade gemacht hat. Man hat ihn nicht nur im Tempel und im Bethause beim Rezitieren der Hallelpsalmen in die Hand genommen, sondern hat ihn des Tages über nur selten aus der Hand gelegt. Auch dafür hat der Talmud eine Tradition erhalten[1]. Die Reichen und Vornehmen Jerusalems haben daher den Feststrauß mit einem goldenen Körbchen zur Parade geziert; sie konnten sich diesen Luxus gönnen.

Betrachtet man das Behältnis des Feststraußes an dem Typus der Lulabmünzen, so kann man nicht zweifelhaft sein, daß es eben dieses Körbchen repräsentiert; es erscheint gerippt und wie korbartig geflochten. Es hat einen Fuß oder Griff zum Halten und zwei oder drei Einschnitte. Das Lulabbündel auf diesen Münzen ist demnach so abgebildet oder geprägt, wie es die Vornehmen Jerusalems zu halten pflegten, wie sie damit Staat gemacht haben. Man wird ohne weiteres darauf geführt, daß diese Münzexemplare nur aus der Zeit während Jerusalems Bestand geprägt sein können, da die Sitte, den Feststrauß in ein Körbchen zu stecken, später nicht vorgekommen ist [die letztere Tatsache wird nirgends ausdrücklich bezeugt], die Münzpräger demnach nicht darauf hätten verfallen können, das Bündel in dieser Form abzubilden. Zumal in der Bar-Kochebazeit kann diese Form nicht vorgekommen sein, da der in dieser Zeit lebende R. Meïr sich auf eine Sitte aus früherer Zeit beruft, die demnach zu seiner Zeit nicht üblich war. Man wird auch nicht in Abrede stellen, daß das Behältnis des Lulab auf dem Münztypus nur eine Zierrat sein kann, und dieses kann es nur gewesen sein, wenn es in natura als ein korbartiges Geflecht vorgekommen ist. Ich verweile bei diesem Umstande, weil er den Schwerpunkt für die chronologische Fixierung der Lulabmünzen bildet.

Betrachten wir nun die Kehrseite an diesen Medaillen. Deutlich ist nur daran das Bild eines Portals mit je zwei Säulen an der Seite und meistens mit einem Architrav. So einig die Numismatiker bezüglich des Bündels mit der Frucht an der linken Seite desselben sind, so uneinig sind sie betreffs dieses Typus. Perez Bayer hielt das Portal für das Bild des Mausoleums, welches Simon Makkabi (oder richtiger sein Sohn) zum Andenken an die Hasmonäerfamilie in Modin hat errichten lassen. Diese Erklärung ist mit Recht verworfen worden, weil die meisten Exemplare dieser Klasse den Namen „Jerusalem" tragen. Es wurde auch als Figur der Bundeslade interpretiert,

---

[1] Tossefta Sukka II, 10; Jerusch. daf. p. 54 a: אמר ר׳ אליעזר בן צדוק כך היו אנשי ירושלים עושין: נכנס לבית הכנסת לולבו בידו ולעבור לפני התיבה לולבו בידו לקרות בתורה ולישא את כפיו מניחה בארץ יצא מבית הכנסת לולבו בידו נכנס לנחם אבלים לולבו בידו, נכנס לבקר חולים לולבו בידו, נכנס לבית המדרש נותנו לעבדו או לשלוחו ומחזירו לביתו.

Note 30. Die judäischen Münzen in der nachexilischen Zeit.

was widersinnig ist, da in der nachexilischen Zeit die Bundeslade und ihr Bild unbekannt waren. Andere Numismatiker haben in diesem Typus das Bild des Tempels oder des Tempeltores sehen wollen (Cavedoni, Levy, Merzbacher). Allein auch diese Auslegung trifft nicht zu, denn der herodianische Tempel hatte im Eingang keine Säulenverzierung, und als Pforte kann diese Figur ebensowenig angesehen werden, da die Öffnung durch eine dreireihige Verzierung gewissermaßen verrammelt ist. Merzbacher bezeichnet das Emblem demnach als verschlossene Pforte. Aber eine verschlossene Pforte ist eben kein Eingang, und somit kann es doch nicht die Tempelpforte versinnbildlichen. Was bedeutet also die Portalseite an diesen Lulabmünzen?

Erinnern wir uns, daß die andere Seite einen Feststrauß in optima forma darstellt, und noch dazu mit einer Verzierung an dem Bündel, wie das alles im Leben vorgekommen sein muß. Welche tiefere Bedeutung hat der Portaltypus? Er weicht so sehr von den Emblemen ab, welche auf den meisten Exemplaren der jüdischen Münzen vorkommen. Diese als Palmbaum oder Palmblatt oder als Weinstock sind Symbole für das jüdische Volk. Andere Typen versinnbildlichen den Priesterstand (vgl. w. u.). Was soll aber die Prägung eines Feststraußes auf Münzen? Sie erinnert, ohne daß man zu Künstelei greift, einfach an das Hüttenfest und noch weiter an die Zeit dieses Festes. Dieses Fest wurde durch zweierlei rituelle Symbole begangen, durch den Strauß von vier Pflanzengattungen (ארבע מינים) und durch die leicht gebaute Festhütte (סוכה). Soll dieses Fest typisch dargestellt werden, so müssen beide Seiten desselben versinnbildlicht werden, nicht bloß durch den Strauß, sondern auch durch die Festhütte. Das Portal stellt nun diese Hütte in der Fassade dar, allerdings nicht die erste beste Festhütte, sondern, wie beim Lulab, die eines vornehmen Juden, der damit ebenso Staat gemacht hat, wie mit dem Feststrauß. Es soll eine zierlich gebaute Hütte darstellen.

Solche zierlich gebaute Festhütten mit Säulen sind tatsächlich vorgekommen. In der talmudischen Literatur wird von einer solchen gesprochen, welche auf allen Seiten von Säulen umgeben war, und es wird entschieden, daß diese Säulen rituell als Wände angesehen werden können und daher das Ganze als eine korrekte Festhütte gelten dürfe[1]). Das Beispiel ist gewiß der Wirklichkeit entnommen. Mancher Vornehme hat wohl das oben offene περιστύλιον im Vorhofe seines Hauses oben mit einer leichten Laubdecke versehen und als Sukka benutzt. Von der abiabenischen Proselytenkönigin Helena, welche um 43 (post) mit ihren Enkeln nach Jerusalem gekommen war, um diesen eine jüdische Erziehung zu geben, wird mitgeteilt, sie habe sich eine sehr hohe Festhütte errichten lassen[2]). Schwerlich werden die Wände derselben massiv gewesen sein, was schon wegen der hohen Temperatur in dieser Festzeit nicht anging. Die Hütte wird vielmehr luftig gebaut gewesen sein, und da diese Königin, welche griechisch sprach, wohl auch Geschmack an der leichten, uftigen griechischen Bauart gehabt haben wird, so war ihre Festhütte ohne Zweifel [?] mit Säulen verziert, mindestens an der Fassade, die rituellgesetzlich keine Wand zu sein braucht. Eine solche Festhütte mit einer

---

[1]) Tossefta Sukka I, 8. Jerusch. 52 a: חצר גדולה שמוקפת עמודים הֲרֵי עמודים כדפנות.

[2]) Tossefta das. I, 1, auch Jerusch. 51 d: מעשה בסוכת הילני [המלכה] שהיתה גבוהה יותר מעשרים אמה.

Säulenfassade, wie sie Vornehme in Jerusalem benutzt haben, diente gewiß als Muster für den Typus dieser Münzklasse. Sie bildete das Komplement zum Feststrauß, welcher, wie nachgewiesen, ein Parabestück war.

Betrachtet man das Portal mit dem Tetrastyl als Abbildung einer zierlich gebauten Festhütte, so ist auch eine andere Kleinigkeit am Portale auf diesen Münzen, welche die Numismatiker ebensowenig beachtet haben, erklärt und hat ihre Bedeutung. In der Höhlung des Portals ist nämlich auf den meisten Exemplaren ein Halbkranz aus kleinen Ringen angebracht, und an diesem Halbkranz sind 3 Schnüre mit eben solchen Kügelchen bemerkbar, in der Mitte kleiner als oben und unten. Diese Kügelschnüre können ebenfalls nur eine Verzierung sein, und auch diese wird aus der talmudischen Literatur erklärlich. Es war eben Sitte, in der Festhütte Schnüre von Nüssen oder Mandeln, Weintrauben oder Ährenkränze anzubringen und sie damit zu schmücken. Diese Verzierung hat einen terminus technicus נוי הסוכה, der „Schmuck der Hütte". Das rituelle Gesetz bestimmte, daß eine solche Verzierung, weil sie einmal der Festhütte beigegeben war, nicht eher als bis zum Ausgange des Festes genossen werden dürfte¹). Der Halbkranz und die Schnüre mit den kleinen Ringen oder Kügelchen an dem Portale auf den Münzen sind also nur als Zierrat an der Festhütte anzusehen. Das Portal zeigt eine Verzierung, wie sie an der Festhütte angebracht zu werden pflegte. Es ist also keineswegs als eine Tempelkolonnade anzusehen, sondern als **Abbild der Festhütte eines vornehmen Mannes**, der den Gegenstand der rituellen Pflicht zu verschönern pflegte, wie ja auch der Feststrauß mit einem Zierrat versehen ist. **Beide Typen auf den Münzen, der Lulab und die zierliche Fassade der Festhütte, versinnbildlichen zusammen das Hüttenfest nach beiden Seiten hin.**

Diese Symbole des Festes haben noch eine tiefere Bedeutung, welche die Münzentypen wahrscheinlich darstellen wollten. Der Feststrauß erinnert an **Freude**, wie es in der Thora (Lev. 23, 40) lautet: „Ihr sollt nehmen die Frucht des Baumes Hadar, Palmzweige usw. und sollt euch vor dem Herrn freuen." Das zweite Makkabäerbuch erzählt sachgemäß, daß bei der Einweihung des Tempels durch die Makkabäer zum Zeichen der Freude Palmzweige und überhaupt **Feststräuße** im Tempel zu den Hymnen geschwungen worden seien²). Symbolisiert das Lulabbündel die freudige Stimmung, so versinnbildlicht die Festhütte einen anderen Gedankengang, nämlich den Schutz Gottes für sein Volk. Sagt doch das Gesetz bei der Vorschrift für das Weilen in Gezelten an diesem Feste deutlich (das. V. 42), daß sie an den Vorgang erinnern soll, wie Gott die Vorfahren in der Wüste schützend umgeben hat. Der Vers Jesaia 6, 17 וסוכה תהיה לצל יומם מחרב וגו׳ hat diesen Gedanken noch deutlicher gemacht, und er wurde später noch weiter dahin ausgesponnen, daß die Festhütte vor allem Bösen, auch vor Dämonen schütze³). Mit Vorbedacht haben also diejenigen, welche diese Münzgattung prägen ließen, dieses Emblem gewählt.

---

¹) Tossefta das. I, 7: תולה בה [בסוכה] אגוזין ורמונין וגלוסקאות ואשכולות של ענבים
סיככה כהלכתה.... וחלה בה אגוזים שקדים Babli das. 10 a: ועטרות של שיבולין: ....
אפרסקין ורמונים פרכילי ענבים ועטרות של שיבולין.. אסור להסתפק מהן עד מוצאי יום טב האחרון של חג.

²) II. Makkabb. 10, 6—7.

³) Pesikta d. R. Kahana, ed. Buber, p. 187. סוכה תהיה לצל יומם כל מי
שמקיים מצות סוכה... הקדוש ברוך הוא מסיך עליו מן המזיקין שלא יזיקו אותו.

Note 31. Die judäischen Münzen in der nachexilischen Zeit.

Es sollte die Freude über eine Errungenschaft und das Vertrauen auf den Schutz Gottes für sein Volk vergegenwärtigen.

Die Typen deuten demnach Seelenstimmungen an, und die Legenden geben die Fakta und die Zeit an, auf welche sich die Stimmungen beziehen: „Das erste Jahr zur Erlösung Israels, das zweite Jahr zur Freiheit Israels" drücken in äußerster Kürze einen reichen historischen Inhalt aus, und zwar aus der Zeit [?], als Jerusalem noch bestand.

Von der Gattung Lulabmünzen gibt es, soweit sie bekannt sind, vier Spezies.

Spezies I, wie es scheint, ein unicum im Pariser Kabinet, eine Silbermünze: Auf der Lulabseite, unten von dem Behältnis oder Körbchen angefangen, ringsherum שנת אחת לגאלת ישראל. Der Ethrog etwas unförmig mehr nach oben, ragt aber zum Teil über das Körbchen hinaus. Auf der Portalseite an der Säule rechts יר, oberhalb des Architravs die Buchstaben שו und an der linken Säule לם = ירושלם. Innerhalb der Öffnung des Portals ein Halbkranz mit kleinern Ringen oder Kügelchen; innerhalb dieses Kranzes in der Mitte oben eine kurze Schnur von 4 Ringelchen, weiter unten von 2 und unten wiederum von 4. Eine längere Schnur oberhalb des Architravs von etwa 20 Kügelchen (s. Figur I).

Spezies II. Davon sind 6 oder 7 Exemplare bekannt: 1. in der Sammlung des Grafen de Vogüé (revue numismatique 1860, 2. Note) unvollständig abgedruckt bei de Saulcy Taf. XI, 3. — vgl. Fig. II. — 2. in der Sammlung des Dr. Eugen Merzbacher, München (dessen Gefälligkeit ich einen Abdruck verdanke); — 3. in der Sammlung des Dr. Babington (bei Madden II, 244, Nr. 37); — 4. in der Sammlung des Dr. Welcher v. Moltheim (bei Madden das.); 5. in der Sammlung des Herrn Infante in Spanien (nach Angabe des Dr. Merzbacher, von den Numismatikern als echt befunden, s. Sallet, Zeitschrift für Numismatik I, 224, Nr. 6, IV. 256, Nr. 112). — 6. in der Sammlung Hunter (mitgeteilt von Woide bei Bayer de nummis Anfang (p. VII, Nr. 2); — 7. auch im Besitze eines Herrn Lurie in Mohilew ist angeblich ein gleiches Exemplar (Merzbacher a. a. O.) [vgl. hierzu die Beschreibung der Varianten bei B. Hamburger, die Münzprägungen während des Aufstandes der Israeliten gegen Rom (Berlin 1892), Sonder-Abz., S. 34, Nr. 60—65]. An der Lulabseite vom Fuß angefangen rings herum שב לחר ירושלים. Das Behältnis des Lulab ist bei dieser Spezies am Rande ein wenig stärker als in I. Der Ethrog ragt in Nr. 2 ebenso wenig über das Behältnis hervor. Dagegen in Nr. 1 und Nr. 3 etwas tiefer, so daß die Spitze desselben nur etwa bis zur Hälfte des Behältnisses reicht. — An der Portalseite steht das Wort ירושלם zur Hälfte auf der rechten und zur Hälfte auf der linken Seite in Nr. 1 und 3; dagegen in Nr. 2 wie in I. Nr. 1—3 haben oberhalb des Portals noch dazu die Form eines gleichlinigen kleinen Kreuzes. Diese Nrn. haben ebenso wie I innerhalb des Portals die Schnürverzierung (Halbkranz und Mittelschnüre); nur in 3 ein wenig verschieden; in dem Exemplar Babington auch die Schnur oberhalb des Architravs. Wie die Verzierungen des Portals bei den übrigen Exemplaren beschaffen sind, namentlich ob sie auch die Kreuzform haben, ist mir nicht bekannt, da mir keine Abbildung zu Gesicht gekommen ist, und die Numismatiker nicht darauf geachtet haben. Die Varianten in dieser Spezies deuten an, daß sie nicht von einerlei Prägung stammen. In Nr. 4 sind nach Angabe des Besitzers Moltheim unten am Portal deutlich die griechischen Buchstaben *NO* leserlich.

Spezies III. Davon sind nur zwei Exemplare bekannt: 1) in der Pariser Sammlung (bei de Saulcy, Taf. XIV, 4). — 2) in der Sammlung des Herrn L. Hamburger in Frankfurt a. M. (der mir freundlichst einen Abdruck machte. Es ist nach einem geprägten Exemplar gegossen). Ob sonst noch davon Exemplare vorhanden sind, ist mir nicht bekannt. An der Lulab-Seite wie II שב. לחר ישראל. Der Ethrog gegen die Mitte des Behältnisses. An der Portal-Seite rechts שמ links יע (in 2 das erste verwischt). Oberhalb wie zwei Architrave übereinander statt der Schnurverzierung, und oberhalb des zweiten ein kleiner Stern (in 2 verwischt). Die Verzierung innerhalb des Portals verschieden von F. II. Der Halbkranz am Bogen nicht gleich einer Ringreihe und die Schnürchen bei 2 gleich den andern, aber in 1 ähnlich zwei Stäbchen untereinander. Nr. 2 zeigt undeutliche Spur eines Kaiserkopfes mit der Schleife des Diadems (s. Figur III.).

Spezies IV. Davon sind 5 Exemplare bekannt: 1) im Pariser Münzkabinet (bei de Saulcy s. Fig. IV, 1); 2) im Berliner Münzkabinet (davon hat mir Herr Direktor v. Sallet freundlichst einen Gipsabdruck zugesendet). Es hat die Spur eines Kaiserkopfes mit Schleife und auf der Lulab-Seite, oben Spuren der Buchstaben *NOC*. — 3) in der Sammlung des Reverend Lewis (bei Madden, p. 239, Nr. 19). Es zeigt die Spuren der Buchstaben *T. ΦΛΑΥΙ. OY*. (Τιτος Φλαυιος Ουεσπασιανης); 4) bei Bayer de numis. p. 141, Nr. 2 (s. Figur V.); 5) im Museum Kircherianum (abgedruckt von Merzbacher bei Sallet III, zu S. 214, Taf. V, Nr. 114). Dieses Exemplar hat an der Lulab-Seite oben ziemlich deutlich die Buchstaben *NOC* und rechts kenntlich einen Kaiserkopf, nach rechts die Umrisse von Mund, Nase, Stirn, Auge und Blättchen vom Lorbeerkranz (s. Figur VI.). — Ziemlich gemeinsam ist allen diesen Exemplaren die Umschrift an der Lulabseite לחרות ירושלם und an der Portalseite mehr oder weniger deutlich שמעו. Aber im Detail unterscheiden sich einige von andern. Am wenigsten stimmt Fig. VI. mit den übrigen. Es hat nicht vollständig לחרות ירושלם, sondern am Fuß des Behältnisses die Buchstaben חל, dann nach einem weiten Zwischenraum, welchen der Kaiserkopf mit Blättchen einnimmt, und noch weiter bis auf die linke Seite dicht aneinander ולשם. Es wäre Raum genug gewesen לחרות ירושלם zu prägen. Es macht aber den Eindruck, als sollte der Kopf durch die Überprägung nicht verwischt werden. Gleich sind nur Nr. 1 und 2. Das Lulabbehältnis ist da vierteilig, Nr. 4 fünfteilig, Nr. 5 dagegen nur zweiteilig wie bei I, II, III. — Nr. 1, 2, 5 haben eine nur schwache Spur von Architrav, oberhalb desselben aber ganz gerade Schnüre, Nr. 3 dagegen kaum eine Spur des Architravs über den Säulen, sondern nur die Verzierung einer geraden Schnur und oberhalb derselben eine geschlängelte Linie. Während alle Exemplare oberhalb der Verzierung über den Säulen einen Stern haben, hat ihn Nr. 4 nicht. [Eine genaue Beschreibung aller bekannten Simeonsdenare bei Hamburger a. a. O. S. 15—33, Nr. 6—57.] Diese Einzelheiten erregen den Verdacht der Unechtheit und Fälschung [Von den Fachmännern wird dieser Verdacht nicht bestätigt]. So hat das ח bei חל (in Nr. 5) gar nicht die Gestalt dieses Buchstabens auf anderen Münzen oder im Samaritanischen Alphabet. Auch das ו zum Worte ולשם hat eine seltsame Form. Die Verzierung innerhalb der Öffnung des Portals ist auch verschieden.

Alle diese Spezies, Unterarten und Exemplare können aus der ersten Revolution stammen; es ist nichts an ihnen wahrzunehmen, was dagegen spricht. Auch diejenigen Exemplare, die durch die griechischen Buchstaben *NO* oder *NOC*

Note 30. Die judäischen Münzen in der nachexilischen Zeit.

die Überprägung auf Kaisermünzen verraten, zeugen nicht dagegen, da diese Buchstaben der Rest des Namens *NEPΩNOC* und auf Neromünzen überprägt sein können. Die undeutlichen Spuren von einem Kaiserkopf können ebenso auf Nero hinweisen und nur zur Annahme berechtigen, daß Lulab-Münzen auf römische Münzen geprägt worden sind. Nur das eine Exemplar, welches deutliche Spuren des Namens Titus Flavius Vespasianus zeigt (IV, Nr. 3), kann selbstverständlich nicht der ersten Revolutionszeit angehören. Allein da die Tatsache feststeht, daß die Lulabmünzen durchaus auf den Bestand Jerusalems hinweisen, so kann diese einzige Ausnahme [Hamburger verzeichnet und beschreibt etwa 16 derartige Überprägungen (Nr. 27, 31, 32, 33 in drei, 34 in vier Exemplaren, 44, 50 in drei Exemplaren, 54 und 55) und darunter wenigstens 7 vom Vf. so genannte Lulabmünzen] sie nicht aufheben. Das genannte Exemplar kann unecht, d. h. von einem Falschmünzer nachgeahmt worden sein, um den Preis seines Fabrikats zu erhöhen. Dergleichen Falschmünzerei ist bekanntlich in Italien schwunghaft betrieben worden.

An denjenigen Exemplaren der Lulabmünzen, welche gar keinen Namen eines Prägherrn, sondern lediglich שנת אחת לגאלת ישראל und שב לחר ישראל mit ירושלם (Figur I. II.) haben, ist gewiß nicht zu mäkeln, sie können aus der ersten Revolution stammen. Aber auch die Spezies, welche neben שב לחר ירושלם (oder vollständig לחרות) und statt ירושלם den Namen שמעון haben, brauchen nicht zu den Simon-Münzen geworfen zu werden, welche notorisch in der nachtrajanischen Zeit geprägt sein müssen.

Gehen wir näher auf die Simonmünzen ein. Mehrere Exemplare dieser Klasse haben neben der Inschrift שנת אחת לגאלת ישראל mehr oder weniger deutlich den Namen שמעון נשיא ישראל, und die allermeisten Numismatiker beziehen sie auf Simon ben Gamaliel, den Naßi des Synhedrion, der in [der ersten Revolution eine hervorragende Stelle eingenommen hat¹). Die meisten Exemplare mit diesem Titel, soweit sie bekannt sind, haben als Embleme entweder einen Palmzweig und ein Weinblatt oder einen Palmzweig und eine Lyra. Nur ein einziges Exemplar hat statt dieser Symbole einen Kranz und die Legende שמעון נשיא ישראל und auf der andern Seite eine Urne mit zwei Henkeln und rings um dieselbe die Legende

---

¹) Nach Josephus' Angabe hatte ὁ τοῦ Γαμαλιήλου Σίμων eine große Bedeutung während der ersten Peripetie des Krieges (Vita 38). Er sei von sehr glänzendem Geschlechte gewesen (γένους σφόδρα λαμπροῦ), was bei ihm sagen will: von noch glänzenderem als die Hohenpriestergeschlechter, d. h. er sei von königlich-davidischem Geschlechte gewesen. Josephus deutet auch an, daß dieser Simon an der Spitze der Ratsversammlung gestanden habe. Er berichtet (a. a. O.), Johannes von Gischala habe sich an Simon ben Gamaliel gewendet, daß er das „Gemeinwesen" überrede, ihm, Josephus, die Statthalterei zu entziehen (πεῖσαι τὸ κοινὸν τῶν Ἱεροσολυμιτῶν). Für κοινόν, Gemeinwesen oder höchste Behörde (o. S. 824) nennt Josephus an einer andern Stelle (das. § 12) συνέδριον τῶν Ἱεροσολυμιτῶν. An diese Ratsversammlung erstattete er nach seiner Ankunft in Galiläa Bericht und verlangte von ihr Befehle. Diese Behörde oder dieses Synhedrion oder Koinon muß aus 70 Mitgliedern bestanden haben, denn Josephus erzählt, nach seiner Ankunft in Galiläa habe er 70 alte Männer als Archonten über Galiläa gesetzt (jüd. Kr. II, 20, 5). Warum gerade Siebzig? Entschieden nach dem Muster des Jerusalemischen. Josephus beabsichtigte offenbar, an dem von ihm kreierten galiläischen Synhedrion einen Rückhalt gegen das jerusalemische zu haben. Doch dieses nebenher.

Graetz, Geschichte der Juden. III.

שנת אחת לגאלת ישראל (bei Madden p. 203, N. 7). Nun existiert ein Münz-
exemplar (im Berliner Kabinett), welches dieselben Typen hat, nur in der
Legende verschieden: um die Urne שב לח ישראל und innerhalb des Kranzes nur
den Namen שמעון (ohne das Epitheton נשיא, bei Madden p. 244, N. 39).
Weist Typenähnlichkeit zweier oder mehrerer Münzen auf eine und dieselbe
Zeit und auf einen und denselben Prägherrn hin, so muß ja auch die
letztgenannte Münze auf denselben Simon geprägt worden sein, wenn auch
das Epitheton dabei fehlt! Es ergibt sich daraus, daß manche Münzen, welche
den Namen Simon allein haben, ebenfalls dem Simon, Fürsten Israels,
angehören können. Aus einem uns unbekannten Grunde kann der Titel weggelassen worden sein.

Ein anderer Beweis dafür, daß שמעון schlechthin mit שמעון נשיא ישראל
identisch sein kann, ergibt sich aus den sogenannten Eleasarmünzen. Es
gibt nämlich Exemplare, welche auf der einen Seite deutlich אלעזר הכהן
haben oder die Buchstaben von links nach rechts geprägt והכה רזעלא (Versehen
des Prägers) und auf der andern Seite שנת אחת לגאלת ישראל. Die Echtheit
dieser Münzen wird von keinem Numismatiker bestritten. Demnach hat
ein Priester Eleasar im ersten Jahre der Erlösung (d. h. von den Römern)
Münzen prägen lassen. Dieser Eleasar war höchst wahrscheinlich Eleasar,
Sohn Simons, dem die bei der Flucht der Römer und ihres Führers
Cestius Gallus gewonnene Beute und Kriegskasse anvertraut worden
waren, und der überhaupt die Verwaltung der Staatsgelder in Händen hatte.
Obwohl anfangs bei der Wahl der Befehlshaber für die Landesteile übergangen, erlangte er doch, eben als Verwalter der öffentlichen Gelder, nach und
nach die Oberherrschaft in Jerusalem[1]). Ein anderer Eleasar, welcher
eine Bedeutung gehabt haben sollte, um als Prägherr zu dienen, ist nicht bekannt.
Eleasar b. Anania, welcher den Anstoß zum Aufstande gegeben hat, ist ausgeschlossen. Er spielte später keine Rolle. De Saulcys Hypothese, daß
darunter der in der talmudischen Literatur erwähnte Eleasar aus Modin
(ר' אליעזר המודעי) zu verstehen sei, ist, wie (o. S. 826) angegeben, völlig unhaltbar.
So lange man also nicht eine Eleasarmünze mit Zeichen der Überprägung
aus der Vespasianischen oder nach-Vespasianischen Zeit gefunden hat, muß [?]
man annehmen, daß die Eleasarexemplare dem ersten Aufstand angehören.
Ihre Echtheit ist schon aus dem Grunde [?] gesichert, weil der samaritanisch-
judäische Buchstabe ר sich auf keiner andern Münze findet, also nicht nachgeahmt
sein kann.

Sind nun [höchstens doch „bis auf weiteres"] diese Eleasarexemplare
echt und vor-Vespasianisch, so ist auch die Münze, welche auf der einen Seite
Eleasar um eine Vase und auf der andern Seite שמ, d. h. שמעון, innerhalb
eines Kranzes hat (Madden S. 201, N. 5) — gerade von demselben
Typus, wie das Exemplar, welches deutlich die Legende hat

---

[1]) Josephus' Bericht über diesen Eleasar ist für die Rivalität unter den
Leitern der Revolution wichtig, jüd. Kr. II, 20, 3: τὸν γὰρ τοῦ Σίμωνος
υἱὸν Ἐλεάζαρον καίπερ ὑφ' ἑαυτῷ πεποιημένον τὴν Ῥωμαίων λείαν καὶ
τὰ ἁρπαγέντα Κεστίου χρήματα, πρὸς οἷς πολλὰ τῶν δημοσίων
θησαυρῶν, ὅμως οὐκ ἐπέστησαν ταῖς χρείαις, αὐτόν τε τυραννικὸν ὁρῶντες..
Κατ' ὀλίγον γε μὴν ἥ τε χρεία τῶν χρημάτων καὶ γοητεύων Ἐλεάζαρος
ἐπηρεθίσθη τὸν δῆμον, ὥστε αὐτῷ πειθαρχεῖν περὶ τῶν ὅλων. Also erst
nach und nach hat er eine dominierende Stellung erlangt.

Note 30. Die judäischen Münzen in der nachexilischen Zeit.

שמעון נשיא ישראל — ebenso echt und gehört derselben Zeit an[1]). So ist daraus bewiesen, daß mindestens einige Münzen, welche den Namen „Simon" auch ohne Epitheton נשיא haben, ebenfalls „Simon ben Gamaliel" angehören können. Folglich können die Spezies, welche die Embleme Feststrauß und Festhütte und statt ירושלם den Namen Simon haben (Fig. III—V), da sie vor Jerusalems Untergang geprägt sein müssen [das eben ist ja noch nicht bewiesen], demselben Simon angehören. Nur ist der Titel נשיא bei diesen wie bei anderen weggelassen worden.

Das Resultat der bisherigen Untersuchung kann nunmehr abgeschlossen werden. Es stellt sich heraus, daß Lulabmünzen, d. h. solche, welche als Typen Feststrauß und Fassade einer Festhütte nebst gewissen Verzierungen haben, echt sein müssen. Denn welcher Falschmünzer aus der Zeit, in der Antiquitäten und alte Münzen Wert erlangt hatten, hätte darauf kommen können, den Fuß des Lulab mit einem korbartigen Behältnis zu versehen? Sie müssen ferner noch vor der Zeit der Zerstörung Jerusalems, in welcher eine solche Verzierung an dem Strauß der Vornehmen Jerusalems im Gebrauche war, und die zum Muster für die Prägung gedient haben kann, geprägt worden sein. Ich wiederhole: aus der Zeit nach der Zerstörung können sie nicht stammen, weil die Anwendung eines solchen Zierrats im Leben nicht mehr vorgekommen ist und lediglich durch Tradition in Erinnerung war [Diese Tatsache eben bedarf des Beweises].

Die Legenden auf den Lulabmünzen, welche ein Datum haben, führen auf historische Vorgänge zur Zeit des Abfalls von Rom unter Nero, so wie die Typen „Feststrauß" und „Fassade der Festhütte" die Stimmung dieser Zeit vergegenwärtigen. Vor allem ist der Unterschied von לגאלת und לחרות zu beachten. Das Erste bedeutet „Erlösung", d. h. Beginn der Befreiung von der Fremdherrschaft. חרות dagegen bedeutet „Freiheit",

---

[1]) De Vogüé, der von dieser Münze nur einen Abguß gesehen, hat ihre Echtheit verdächtigt. Aber die Direktoren des Berliner Münzkabinetts Friedländer und v. Sallet, erklären das in diesem Kabinet befindliche Exemplar für echt und für das Original, nach welchem der Abguß angefertigt wurde (a. a. O. V, 113, Note). — Das Vorkommen der Namen Eleasar und Simon auf einer und derselben Münze, ist auf ein Versehen und Vergreifen des Prägers zurückzuführen. Dergleichen hybride Münzen kommen auch sonst vor. Herr Theodor Reinach hat dadurch glücklich einige Exemplare mit befremdlicher Inschrift erklärt. Sie haben nämlich auf der einen Seite שנת אחת לגאלת ישראל und auf der andern שנת ב' לחרות ישראל. Mehrere Numismatiker haben sie infolge dieses Widerspruches im Datum für unecht erklärt (Madden, p. 236). Reinach nimmt aber mit Recht an, daß die Zusammenkoppelung zweier verschiedener Daten von zwei nicht zusammengehörenden Prägstöcken herrühre (Revue des études juives 1887, p. 36 f.). Solche hybride Münzen beweisen die Gleichzeitigkeit beider. Folglich müssen in derselben Zeit, in welcher Eleasarmünzen geprägt wurden, auch Simonmünzen geprägt worden sein. Nebenher sei bemerkt, daß einige Eleasarmünzen als Typus ein Krügchen zeigen, nicht eine Vase. Was mag dieses bedeuten? Gewiß soll es ein Ölkrügchen versinnbildlichen und dadurch andeuten, daß der Prägherr ein Priester oder ein für den Krieg gesalbter Priester (כהן משוח מלחמה) war. Eleasar war Priester. Wenn wir auf Münzen mit einem Krügchen als Emblem stoßen werden, so werden wir zur Annahme berechtigt sein, daß der Prägherr, welcher auf den Münzen genannt ist, ein כהן gewesen sein muß.

d. h. Fortbestand der errungenen Befreiung. Es bezeichnet ein weiteres Stadium in der erlangten Unabhängigkeit. Zu לגאלת gehört שנת אחת und zu לחרות das Datum שנת ב׳ (oder ג׳ usw.). Man findet daher keine Münze, welche die Legende hätte שנת ב׳ לגאלת oder שנת א׳ לחרות. Das Exemplar der Lulabmünze, welches שנת אחת לגאלת ישראל hat (Figur I), ist wohl im ersten Stadium des Abfalls von Rom geprägt worden, und zwar zur Zeit des Hüttenfestes, worauf eben die Typen hinweisen. Das stimmt chronologisch vollständig mit den historischen Vorgängen im Beginne der Revolution, wie sie Josephus erzählt. Am Holzfeste, dem 15. des Monats Ab, sind die in der Akra stationierte römische Kohorte unter dem Tribun Metilius und Agrippas Truppe unter Führung des Babyloniers Philipp von den Zeloten so hart bedrängt worden, daß sie im Herodespalaste auf dem Obermarkt Verschanzung suchen mußten. Am 6. Gorpiaios, d. h. 6. Elul, gewährten die Zeloten Philipps Schar freien Abzug und setzten den Kampf gegen die römische Kohorte fort. Dann kapitulierte diese und wurde zusammengehauen bis auf Metilius. Seit dieser Zeit fühlten sich die Jerusalemer von der Fremdherrschaft frei. Monat und Tag dieses Sieges ist zwar bei Josephus nicht angegeben, aber die Gedenkrolle der Siegestage (Megillat Ta'anit) gibt kurz an: „am 17. Elul wurden die Römer von Jerusalem und Juda aufgehoben". Die Freude über diesen Sieg war so groß, daß sämtliche Einwohner der nicht unbedeutenden Stadt Lydda sich nach Jerusalem zum Hüttenfeste begaben[1]). Die Freude war allgemein. Erst nach diesem Siege konnte man daran gehen, eigene Münzen zu schlagen. Die Legende ergab sich von selbst. „Im ersten Jahre der Erlösung Israels" und „Jerusalem", welches der Inbegriff aller Heiligkeit und Gegenstand der Verehrung für die ganze Nation war. Aber welche Typen sollten für sie neuen Münzen gewählt werden? Da die Prägung wohl nicht lange vor dem Hüttenfeste begonnen hat, so lag es ebenso nahe, die Symbole dieses Festes, Lulabbündel und Festhütte, anzuwenden. Beide ließ man wohl in der schönsten Form darstellen; den Feststrauß mit der Verzierung des Korbgeflechtes, wie ihn die Vornehmen Jerusalems zu tragen pflegten, und die Festhütte ebenfalls nach einem gefälligen Muster, die Fassade einer solchen mit Säulen, Architrav und mit Verzierung von Ringschnüren, der bildlichen Darstellung der an Schnüren aufgezogenen Nüsse, Mandeln oder anderer Früchte. Das Lulab-Bündel sollte zugleich die Freude über den Sieg und die Befreiung von den Römern versinnbildlichen. Ohne Zweifel haben diese Momente diejenigen geleitet, welche die Prägung der ersten Befreiungsmünzen veranlaßt haben.

Wer war damals der Prägherr? Es ist recht bezeichnend, daß die Münze vom ersten Jahre keinen Namen trägt. Diese Abwesenheit beweist eben, daß die Münzen zur Zeit geprägt wurden, als noch keine von den hervorragenden Persönlichkeiten, welche zum Abfall von Rom beigetragen hatten, eine autoritative Stellung erlangt hatte. Es waren die Flitterwochen der jungen Freiheit. Das Synhedrion mit Simon ben Gamaliel an der Spitze hatte unter den Herobianern keine politische Machtbefugnis. Daher stammt die Anonymität auf der Lulab-Münze vom ersten Jahre.

Im Verlaufe des Jahres 66 erlangte der Zelotenhäuptling Eleasar ben Simon durch den Umstand, daß er den Staatsschatz in Händen hatte, und

---

[1]) Josephus jüd. Krieg II, 9, 1: διὰ γὰρ τὴν τῆς σκηνοπηγίας ἑορτὴν ἀναβεβήκει πᾶν τὸ πλῆθος (τῆς πόλεως Λύδδα) εἰς Ἱεροσόλυμα.

Note 30. Die judäischen Münzen in der nachexilischen Zeit. 837

vermöge seiner Volksbeliebtheit die gebietende Autorität in Jerusalem (o. S. 834). Daher wurden die in dieser Zeit ausgegebenen Münzen auf seinen Namen geprägt: „Der Priester Eleasar", und „Erstes Jahr der Erlösung Israels".

In demselben Jahre erlangte aber auch das Sanhedrin, dessen Vorsitzender Simon ben Gamaliel war, Autorität. Dieser Simon war, nach dem Zeugnis seines Gegners Josephus, von abligem Geschlechte als Urenkel Hillels, der von dem königlichen Hause Davids abgestammt haben soll, und zugleich von solcher Einsicht und Gedankenschärfe, daß er die schlechte Lage der Staatsangelegenheiten hätte verbessern können, wenn er die Macht in Händen hätte behalten können (o. S. 833. 838). Da er zugleich der pharisäischen Partei angehörte, wie Josephus noch dazu bemerkt, oder, wie wir sagen müssen, Haupt derselben war, so muß er einen großen Anhang im Volke gehabt haben, das zum allergrößten Teil der Lehre dieser Partei zugetan war (wie Josephus an mehreren Stellen hervorhebt). Es verstand sich von selbst, daß dieser Simon als Spitze und Repräsentant des Gemeinwesens betrachtet wurde. Naturgemäß mußte er als Präger auf den Münzen figurieren. Eleasar ben Simon mußte zurücktreten. Wir haben keinen Anhaltspunkt dafür, welche Vorgänge im Innern diese Veränderung herbeigeführt haben. Infolge dieses Wechsels wurden auch Münzen mit der Legende: „Erstes Jahr der Erlösung Israels" mit dem Namen „Simon, der Fürst Israels" geprägt. Sämtliche Exemplare mit dem Namen und Titel שמעון נשיא ישראל haben das Datum שנת אחת (o. S. 833).

Der pompöse Titel „Fürst Israels" mag aber den Zeloten, welche das demokratische Prinzip der Gleichheit und Herrenlosigkeit zu ihrem Programm gemacht hatten, anstößig gewesen sein. Denn eigentlich war doch dieser Simon nur Oberster des Synhedrions (נשיא בית דין הגדול); ihn als Fürsten von ganz Israel anerkennen, hätte geheißen, sich einem Herrn unterwerfen. Zumal nachdem Josephus durch Unverstand, Feigheit oder Verräterei den Verlust Galiläas verschuldet hatte, und nachdem auch andere aristokratische Führer sich nicht bewährt hatten, spitzte sich die demokratisch-zelotische Empfindlichkeit gegen die jüdische Aristokratie zum Ingrimm gegen dieselbe zu. Dieser Widerwille gegen ein Herrentum über Israel mag bewirkt haben, daß der Titel נשיא ישראל nicht mehr auf Münzen prangen durfte, sondern bei Simons Name שמעון (auf der Münze, welche Simon und Eleasar zugleich hat o. S. 835). An einen andern Simon ist nicht zu denken; denn Simon bar Giora ist ausgeschlossen, da er erst im dritten Jahre des Aufstandes in Jerusalem eingezogen war.

Nun rückte der Beginn des zweiten Jahres heran, d. h. der Monat Tischri und das Hüttenfest (Oktober 67). Aus dieser Zeit können nur die Münzexemplare stammen, welche die Legende haben: „das zweite Jahr der Freiheit Israels". Die Typen sind auf beiden ziemlich gleich, nur daß einige Exemplare nur „Jerusalem" als Legende, andere dafür den Namen „Simon" haben. Diese Differenz ist allerdings auffallend; die Veranlassung kann in den Parteikonflikten gelegen haben, die um diese Zeit ausgebrochen sind. Die Zeloten in Jerusalem, welche die Niederlage in Galiläa dem Verrate der Aristokraten zuschrieben, entsetzten die Abligen und Priester der Ämter in Stadt und Tempel, die sie bis dahin inne gehabt hatten, und ernannten an deren Statt Personen aus ihren Reihen. Selbst den Hohenpriester Matthatia, Sohn Theophils, entkleideten sie seiner Würde und bekleideten damit einen durchs Los gewählten einfachen Priester, Pinehas, Sohn Samuels, aus einem Städtchen Aphta. Darob war die Aristokratenpartei empört. Der zur Verteidigung der Stadt ernannte ehemalige Hohepriester Anan, Sohn Anans, donnerte gegen die angebliche Frechheit und Heiligtumsschändung der demokratischen Zeloten. Auch Simon ben Gamaliel war aufgebracht über die Umkehrung der bisher geltenden Ordnung. Er forderte in Volksversammlungen die Zuhörer auf, sich „den Verderbern der Freiheit" und „Schändern des Heiligen" zu widersetzen[1]). Selbstverständlich entstand dadurch ein Bruch zwischen den Zeloten und ihrem Haupte Eleasar ben Simon einerseits und Simon ben Gamaliel andererseits. Die Zeloten begannen einen Terrorismus gegen ihre Widersacher. Sie säuberten das Synhedrion von den antizelotischen Mitgliedern und ernannten 70 aus dem Volke an deren Statt. Josephus bestimmt zwar nicht den Monat, in welchem dieser Wechsel, namentlich die Wahl des neuen Hohenpriesters, stattgefunden hat. Wahrscheinlich wurde diese Wahl für die Funktion am Versöhnungstage vorgenommen, um den Hohenpriester zu beseitigen, welcher von dem verhaßten König Agrippa eingesetzt und ohnehin als Römling verdächtig war. Der Bruch zwischen den Zeloten und Simon ben Gamaliel kann demnach schon im Monat Tischri, in welchem eben das Hüttenfest gefeiert wird, eingetreten sein. Die ersteren, unwillig über seine agitatorische Parteinahme gegen sie, mögen Münzen mit denselben Typen und Emblemen, wie die, welche seinen Namen trugen, geprägt haben, aber mit Weglassung seines Namens, um zu demonstrieren, daß sie ihn nicht mehr als die Spitze des Gemeinwesens anerkannten. Im Verlaufe der Begebenheiten wird in der Tat sein Name nicht mehr genannt, und Josephus deutet auch an, daß dieser Simon abgesetzt wurde, indem er bemerkt: er wäre imstande gewesen, die schlimme Lage zu verbessern (δυνάμενός τε πράγματα κακῶς κείμενα ... διορθώσασθαι). Es findet sich auch keine Münze weiter mit dem Namen dieses Simon vom zweiten Jahre. Das Exemplar, welches auf der einen Seite ... שמעון und auf der andern ישראל hat (in der Sammlung Wigan [jetzt Graf Cahen], Madden 205, Note 10), zu welcher Merzbacher ergänzt wissen wollte: ש"ב לחר bietet keine Gewißheit, wie Madden mit Recht bemerkt hat. Die Lücke kann eben so gut mit לגאלת ausgefüllt werden [Vgl. hierzu die interessanten Bemerkungen Hamburgers a. a. O. S. 39 f. Jedenfalls gehört auch diese Münze nach dem Urteil der Sachverständigen in die Zeit des hadrianischen Krieges].

Vom zweiten Jahre an gab es keine Persönlichkeit, welche allein das Gemeinwesen hätte repräsentieren und als Prägherr gelten können. Im Herbst 67 war Johannes von Gischala in Jerusalem eingetroffen, der einen großen Anhang hatte und mit Eleasar ben Simon rivalisierte. Im dritten Jahre kam noch Simon bar Gioras hinzu, und jeder dieser Parteiführer beanspruchte die Supremation und hätte dem andern nicht gegönnt, sich als Prägherr zu gerieren. Nur im ersten Jahre gab es zwei Prägherren, zuerst Eleasar und dann Simon ben Gamaliel, aber nach einander.

Es ist möglich, daß die anonymen Münzexemplare, welche das Datum שנת שתים und שנת שלש haben (Madden 206, N. 11, 12), aus der ersten Revolution stammen, in welche sie mehrere Numismatiker setzen, und zwar aus den Jahren, in welchen keine allgemein gebietende Persönlichkeit an der Spitze stand, eben in den Jahren, in welchen die drei Zelotenführer nur über ihre

---

[1]) Josephus j. Kr. IV, 3, 6—9.

Note 30. Die judäischen Münzen in der nachexilischen Zeit.   839

Parteigänger allein Autorität hatten. Die darauf abgebildeten Typen, Weinblatt und biotische Vase, sind nicht ungewöhnlich auf jüdischen Münzen. Auffallend ist nur die Legende חרות ציון, statt „Jerusalem". Zion wird in der, sagen wir, talmudischen Zeit nur metaphorisch und poetisch gebraucht. Dr. Merzbacher führt auch ein ähnliches Exemplar an, das leserlich שנת ארבע hat und die Buchstaben חר, dessen Echtheit ihm indes zweifelhaft schien. — Es gibt allerdings auch Münzexemplare mit dem Datum שנת ארבע und auch mit der Legende לגאלת ציון (Mad. p. 71, Nr. 1—5). Die Numismatiker vindizieren sie Simon Makkabäus. Aber auffallend ist an denselben nicht nur die Bezeichnung ציון, sondern auch לגאלת, das sonst nur beim ersten Jahre gebraucht wird, weil es den Beginn der Befreiung bedeutet (o. S. 836). Außerdem haben zwei Exemplare dieser Spezies den befremdlichen Typus: zwei Lulabsträuße (o. S. 825 ff.). Ihre Echtheit und Zugehörigkeit sind zweifelhaft [Einige Sachverständige wollen gerade diese Münze, und zwar diese allein in die Zeit des Krieges gegen Vespasian setzen. Vgl. Hamburger a. a. O. S. 43].

V. Die zahlreichen Simonmünzen, welche nicht das Epitheton נשיא ישראל haben oder durch die enge Verbindung mit Eleasar oder durch den Lulabtypus auf Simon ben Gamaliel weisen, müssen allerdings in die Hadrianische Zeit gesetzt werden, da mehrere von ihnen die Überprägung auf Kaisermünzen von Trajan und andern Kaisern zeigen, welche nach der Zerstörung Jerusalems regiert haben. Diese Tatsache steht fest. Ob man aber berechtigt ist, sie Bar-Kochebamünzen zu nennen, oder in die zweite Revolution zu setzen, ist fraglich. Die Momente, welche dieser Annahme widersprechen, sind bereits angeführt (o. S. 825). Aus welcher Zeit mag nun diese Münzklasse stammen, welche den Namen שמען auf der einen Seite, und auf der andern die Legende לחרות ירושלם ohne Datum oder mit Datum ש״ב לחרות ישראל hat? Da es höchst ungewiß ist, ob Bar-Kocheba den Namen „Simon" führte, und also dieser nicht damit gemeint sein kann, welche andere hervorragende Persönlichkeit Namens „Simon" mag in der nach-Trajanischen Zeit eine solche dominierende Rolle gespielt haben, daß sie berechtigt gewesen wäre, als Prägherr zu figurieren? Eine solche Persönlichkeit läßt sich vielleicht noch ermitteln, und dadurch das Rätsel der Simonmünzen befriedigender lösen, als durch die Bar-Kocheba-Hypothese. [Das Richtige scheint mir hier Hamburger a. a. O. S. 68 ff. zu haben. Danach ist unter Simon der Sohn Gamaliels II. von Jabneh und unter Eleasar ha-Cohen der bekannte R. Eleasar b. Asarjah, der ahronidischer Herkunft war, zu verstehen.]

Ich will zunächst auf eine höchst seltsame Erscheinung an dieser Münzgruppe aufmerksam machen, welche geeignet ist, die Bar-Kochebahypothese zu erschüttern. Mehrere Exemplare haben nämlich das Wort שמע statt שמען, und es erscheint nicht etwa als Abkürzung von שמען; denn die Prägung zeigt hinlänglichen Raum, daß auch die Buchstaben ן und noch mehr hätten angebracht werden können (bei Mad. Cap. X., Nr. 14, 15, 31 (?), 32, 33, 34, 35, 36) De Saulcy ist diese befremdliche Legende aufgefallen. Er bemerkte dazu (Mélange de Numism. 1877, p. 88): „Es war kein Grund, den Namen Schemaoun abzukürzen, da auf den Münzen reichlich Raum vorhanden ist, die Buchstaben Waw und Nun anzufügen". Aus Not erklärte de Saulcy das Wort שמע als Anfang des jüdischen Bekenntnisses „Höre Israel" (שמע ישראל). Allein was hat eine Münzprägung mit diesem Credo zu tun? Offenbar ist שמע eben so der Eigenname eines Prägherrn, wie שמען.

Auf den sogenannten Simonmünzen kommen also zweierlei Namen vor. Folglich ist auch dadurch die Bar=Kochebahypothese erschüttert. Man muß sich also nach zwei dominierenden Persönlichkeiten in der nach=Trajanischen Zeit umsehen, auf welche die Münzlegenden und zum Teil auch einige Typen besser passen könnten, als auf Bar=Kocheba.

שב לחר ישא   ש מ
(ישראל)   ע

Zwei Persönlichkeiten, zwei Brüder, spielten während der Hadrianischen Regierung eine hervorragende Rolle und waren in der Judenheit hochangesehen: **Julianus und Pappos**. Von ihnen wird folgendes berichtet[1]):

1) Sie wurden die **Großen, der Stolz Israels** genannt: אלו הגאים שהם גאונם של ישראל כגון פפום בן יהודה ולוליינום אלכסנדרי וחבריו. Nebenher sei bemerkt, daß das Wort אלכסנדרי wohl sein Eigenname sein kann: **Julianus Alexander** (vgl. o. S. 651). Jedenfalls will es sagen, daß er aus Alexandrien stammte. Die Quelle für diese Nachricht (Siphra) ist alt, redigiert etwa 2—3 Jahrzehnte nach dem Hadrianischen Krieg.

2) Julianus und Pappos waren in Laodicea in Gefangenschaft geraten und sollten den Tod erleiden, wurden aber durch den Tod ihres Richters gerettet. Zum Andenken daran wurde der Gedenktag **Trajanstag** (יום טוריינוס), 12. Abar, eingesetzt. Der Tag ihrer Errettung war demnach dem Volke bedeutsam.

3) Als der Tempel wieder erbaut werden sollte, haben Pappos und Julianus Wechseltische von Akko bis Antiochien aufgestellt und die Einwanderer aus Babylonien mit Gold, Silber und allen Bedürfnissen versorgt. הושיבו פפום ולוליאנוס טרפזין מעכו עד אנטוכיא והיו מספקין לעולי גולה כסף וזהב וכל צרכם. Wechseltische haben sie aufgestellt, um auswärtige Münzen in inländische, gangbare umzuwechseln, und außerdem haben sie babylonische Juden (das ist die Bedeutung von עולי גולה), die sich am Bau beteiligen wollten, versorgt.

4) Während des Religionszwanges verlangte man von ihnen, zum Scheine Libationswein zu trinken, d. h. Wasser in einem farbigen Glase, sie taten es aber nicht לוליינוס ופפום אחיו שנתנו להם מים בכלי זכוכית צבועה ולא קבל מהן. Weil sie angesehene Männer waren, wollten die römischen Beamten sich mit dem Schein der Gefügigkeit begnügen. An dieser Stelle werden sie als **Brüder** bezeichnet.

5) Sie wurden dann hingerichtet, und infolge ihres Todes wurde der ihretwegen eingesetzte Trajanstag wieder aufgehoben. יום שנהרג לוליינוס ופפום בטל יום טריון.

6) Sie werden als **Märtyrer von Lydda** bezeichnet, und von ihnen wird ausgesagt, daß sie im himmlischen Paradiese einen exemierten Platz einnehmen. הרוגי לוד אין לפנים ממחיצתם ברוך שהעביר חרפתן של לוליאנום ופפום, in einer andern Version הרוגי מלכות אין כל אדם יכול לעמוד במחיצתן . . הם שני אחין דלוד (L.A. des Aruch Art. הרג).

---

[1]) Ich gebe die Zitate über sie hier nur kurz an, die Belegstellen finden sich in B. IV., Note 14, S. 442 und 445 f. [jetzt in der 3. Aufl. S. 413].

Note 30. Die judäischen Münzen in der nachexilischen Zeit.

Aus diesen Notizen kann man fast biographische Züge dieses Brüderpaares skizzieren. Vor allem ergibt sich daraus, daß Julianus Alexander und sein Bruder Pappos eine **Führerrolle** gehabt haben müssen. Die Erzählung, daß sie hingerichtet werden sollten und doch gerettet wurden, bezieht sich ohne Zweifel auf Quietus' Glückswechsel, der von Hadrian abberufen und dann unterwegs hingerichtet wurde. Es war ein unerwartetes Ereignis, daß der Blutrichter Quietus, von Trajan zum Statthalter von Palästina ernannt, ein schmähliches Ende gefunden hat; deswegen wurde ein Gedenktag dafür eingesetzt. Julianus und Pappos, welche in Laodicea in Gefangenschaft geraten waren, müssen sich demnach an dem Polemos des Quietus, d. h. an dem **Aufstande in Palästina unter Trajan**, beteiligt haben. Bei der Rüstung für die Restauration des Tempels haben diese beiden Brüder nach ihrer Rettung eine besondere Rolle gespielt. Sie scheinen zunächst die Spenden für dieselbe in Empfang genommen zu haben, wie die zitierte Quelle andeutet.

Zunächst muß die Tatsache von der intendierten Restauration beleuchtet und konstatiert werden. Dieses Faktum ist nicht bloß aus der bekannten jüdischen Quelle, sondern auch aus dem Pseudo-Barnabas-Brief vollauf bestätigt. Die Worte des Sendschreibens: „wegen ihres (der Juden) Krieges ist er (der Tempel) von den Feinden zerstört worden, **jetzt werden sie und die Diener der Feinde ihn wieder aufbauen**[1]", von einem Zeitgenossen gesprochen, schließen jeden Zweifel aus. Das Sachverhältnis deutet doch eigentlich auch Spartian [Hadr. c. 5] an: Im Beginne seiner Regierung habe Hadrian im ganzen römischen Reiche den Frieden herstellen wollen. Denn in Ägypten sei ein Aufstand ausgebrochen, Lycien und auch Palästina hätten einen rebellischen Sinn gezeigt[2]). Die Folgerung ergibt sich von selbst. Darum

---

[1]) Epistola Barnabae 16, 4: γίνεται. διὰ γὰρ τὸ πολεμεῖν αὐτούς (τοὺς Ἰουδαίους) καθηρέθη (ὁ ναός) ὑπὸ τῶν ἐχθρῶν. νῦν καὶ οὗτοι καὶ οἱ τῶν ἐχθρῶν ὑπηρέται ἀνοικοδομήσουσιν αὐτόν. Die Herausgeber der Patrum Apostolorum opera, v. **Gebhardt, Harnack** und **Zahn**, führen in den Prolegomena zu dieser Epistel eine stattliche Reihe stimmberechtigter Forscher an, welche auf Grund dieses Passus als unzweifelhaft aufstellen, daß zur Abfassungszeit dieser Epistel die Restauration in Angriff genommen war, und daß Hadrian den Juden diese Konzession gemacht hat. Hadrianum circa annum 119 precibus Judaeorum indulgentem templum Hierosolymitanum restituendum jussisse. Das Wörtchen „γίνεται" als Bestätigung des vorausgehenden Verses: „Die Zerstörer des Tempels werden seine Erbauer sein" vergewissert die Tatsache: „Ja, es geschieht". Und darauf νῦν, „jetzt werden die Diener der Feinde den Tempel wieder aufbauen". Gregorovius hat dieses Zeugnis, welches die jüdische Tradition von der Erlaubnis für die Restauration in vollem Umfange bestätigt, nicht gebührend berücksichtigt, und die daraus sich ergebende Tatsache schillernd dargestellt (Kaiser Hadrian, 3. Aufl., S. 36 fg.). **Herm. Schiller** (Gesch. d. röm. Kaiser I, 612, Note 6) ignoriert ganz und gar den Barnabasbrief und faßt Epiphanius' Angabe verkehrt auf, die doch ihrem Kerne nach die Tatsache bestätigt, daß Hadrian Jerusalem hat aufbauen lassen (nicht das spätere Alia), und daß er einen Aufseher über den Bau ernannt habe, wenn auch die Angabe, der Übersetzer Aquila sei der Aufseher gewesen, auf einer Sage beruhen mag.

[2]) Spartian, Hadrianus 5: tenendae per orbem terrarum paci operae intendit ... Nam Lycia denique ac Palaestina rebelles animos efferebant.

eben hat Hadrian, um nicht in Kriege verwickelt zu werden, den Parthern, Agyptern, Lyciern, wie auch den Palästinensern, Zugeständnisse gemacht. Man darf auch das psychologische Moment hinzunehmen, daß Hadrian mit dem Unterlassen kriegerischer Unternehmungen verhüten wollte, daß die siegreichen Feldherren Trajans, seine Nebenbuhler, ihm nicht über den Kopf wüchsen. Gregorovius bemerkt annähernd richtig: „Man darf glauben, daß ihn (Hadrian) Gesandte auch des Synhedrions in Antiochien aufgesucht haben, um die Klagen und Wünsche ihres Landes ihm vorzutragen." Zu einem Vortrag beim Kaiser können nur des Griechischen kundige Männer delegiert worden sein; aber Mitglieder des Synhedrions, d. h. des damaligen Tannaitenkreises, soweit wir sie kennen, waren nicht [?] geeignet, in griechischer Sprache Klagen und Wünsche in der Form unterwürfig, in der Sache aber bringlich, vorzubringen. Geeignet zu einer solchen Gesandtschaft waren lediglich [?] Julianus und Pappos, welche aus griechisch redendem Lande waren und in der Judenheit das höchste Ansehen hatten. Der Wunsch, den die Gesandten vor Hadrian aussprachen, war gewiß der Tempelbau.

Wir kommen nun wieder auf dieses Brüderpaar zurück. Das Zugeständnis zur Restauration des Tempels war von Hadrian bewilligt. Nun wurden Vorbereitungen dazu getroffen. Im Vordergrunde stehen wieder Julianus und Pappos. Sie stellen Wechseltische von Antiochien bis Ptolemaïs auf, sie sammeln die Spenden, sie sorgen für diejenigen, welche aus Babylonien nach Palästina gekommen waren, um sich an dem großen Ereignis zu beteiligen. Das alles geschah im Beginne der hadrianischen Regierung 117—118. Dann entschwinden Julianus und Pappos unseren Blicken und tauchen erst wieder zur Zeit des Hadrianischen Religionszwanges auf, also wohl nach Beendigung des Betharschen Krieges 135. Man verlangt von ihnen zum Scheine Heidenwein zu trinken, sie verweigern es und werden hingerichtet. Sie sind die Märtyrer von Lydda, welche die Sage selig sprach. Infolge der Trauer um ihren Tod ist der Trajanstag aufgehoben worden.

Bisher kennen wir lediglich ihre griechischen Namen. Wir wissen aber auch, daß einer von ihnen auch den hebräischen Namen Schemaja geführt hat. Denn die Umwandlung des Trajanstages in einen Trauertag motiviert eine Quelle: weil Julianus und Pappos hingerichtet worden sind. בטל יום טוריון מפני יום שנהרג לוליינוס ופפוס, und eine andere Quelle: weil Schemaja und sein Bruder hingerichtet worden sind: ¹) בטליה הואיל שנהרגו שמעיה ואחיו. Die Identität des Schemaja mit Julianus (oder Pappos) liegt auf der Hand und ist auch von Derenburg erkannt worden. Also einer von ihnen hatte neben dem griechischen Namen auch den hebräischen Namen שמעיה. Daraus läßt sich schließen, daß der andere ebenfalls einen hebräischen Namen geführt hat. Wie mag er gelautet haben? Eine merkwürdige Tradition führt darauf — wenn ich nicht irre.

Samuel der Jüngere, eine von seinen Zeitgenossen, auch von dem Patriarchen R. Gamaliel, hochverehrte Persönlichkeit, die ein zweiter Hillel genannt wurde, hat vor seinem Tode eine Art Prophezeiung in Sentenzform ausgesprochen, von welcher eine Quelle angibt, die Zeitgenossen hätten den Sinn nicht verstanden. Diese Sentenz lautet: „Simon und Ismael zum

---

¹) Aus Dittographie ist die falsche L.-A. ואחיה אחיו entstanden. Aruch hat aber die richtige L.-A. שמעיה ואחיו erhalten. Vergl. Derenburg Essai sur l'historie p. 422, Note.

Note 30. Die judäischen Münzen in der nachexilischen Zeit.

Untergang, das ganze übrige Volk zur Plünderung, und große Drangsale werden kommen[1])." Warum haben die Zeitgenossen nicht verstanden, was uns doch so leicht verständlich ist? Weil wir die Ereignisse kennen: die Trübsale in dem Polemos des Quietus, das Elend des habrianischen Krieges, den Märtyrertod mehrerer Gesetzeslehrer und auch den Tod eines Simon und Ismael, welche als die ersten unter den zehn Märtyrern gezählt werden. Uns erscheint diese Sentenz des sterbenden Samuel des Jüngeren als eine Warnung, den Zeitgenossen dagegen erschien sie als düstere Prophezeiung, weil sie in einer ruhigen Zeit ausgesprochen worden war, als die Gemüter noch keine Ahnung von der fürchterlichen Katastrophe gehabt haben. Als Urheber des grausigen Elends, das hereinbrechen würde, nannte Samuel zwei Männer: Simon und Ismael. Zwei Männer dieses Namens sind allerdings, wie gesagt, als Märtyrer gefallen; aber die Späteren wußten nicht recht, wer diese waren. Sie identifizierten sie mit Simon ben Gamaliel und Ismael ben Elisa, dem Hohenpriestersohne. Diese Identifizierung ist aber schon von älteren Chronologen bezweifelt worden. Ein Simon ben Gamaliel gehört entschieden nicht zu den zehn Märtyrern, der erste nicht, weil die Märtyrer nur in der hadrianischen Zeit umgekommen sind, und dieser während des ersten Aufstandes gewirkt hat (o. S. 833. 838), und der zweite nicht, weil er in der nach-hadrianischen Zeit Patriarch war. Die Märtyrer Simon und Ismael, welche die Reihe der Märtyrer eröffnen, sind gewiß [?] dieselben, vor deren Agitation Samuel der Jüngere, der friedlich gesinnte, gewarnt hat. Seine Sentenz will offenbar sagen: die zwei Männer an der Spitze werden selbst untergehen und Unglück über das Volk bringen. Agitatoren waren entschieden Julianus und Pappos, und es ist wahrscheinlich, daß er vor ihren Bestrebungen gewarnt hat, da sie im Beginn der Regierung Hadrians eine Führerrolle gespielt haben. שמעיה und ישמעאל decken sich so ziemlich, שמע-יה und ישמע-אל. Hin und wieder werden diese beiden Namen mit einander verwechselt. Führte einer von ihnen, Julianus oder Pappos, den hebräischen Namen שמעיה, so hieß wohl der andere שמעון.

Doch lassen wir diese Kombination auf sich beruhen. Das eine ist doch sicher: einer der beiden Führer hat neben dem griechischen Namen den hebräischen שמעיה geführt. Es ist gar nicht gewagt, anzunehmen, daß dieser Name auf einigen Exemplaren der sg. Simonmünzen geprägt ist, nämlich abgekürzt שמע (o. S. 840). Abgekürzt wurde er, weil es damals als ein Frevel galt, den Gottesnamen יה, außer in der heiligen Schrift zu schreiben und noch mehr zu gravieren. Der volle Name שמעיה durfte [?] nicht geprägt werden. שמע ist durchaus als ein Eigenname anzusehen, was doch auf Münzen erforderlich ist. Schemaja-Julianus (oder Pappos) könnte also der Prägherr dieser Münzen gewesen sein. Er könnte es um so gewisser sein, als er mit seinem Bruder beim Volke in hohem Ansehen stand, Reichtum besaß und die Spenden für den Tempelbau sammelte. Als Hadrian die Konzession zur Restauration gemacht und der Wiederbau begonnen hatte — zuerst mußten allerdings die Trümmer beseitigt werden — prägten wohl die Männer, die an der Spitze standen, Münzen mit ihrem Namen — einer der Prägherren שמע — auf der einen Seite der Name und auf der

---

[1]) Jerusch. Sota 24 b: ובשעת מיתתו אמר (שמואל הקטן) שמעון וישמעאל לחרבא ושאר כל עמא לביזא ועקין סניאין יהוון (יאתון) ובלשון ארמית אמרן ולא ידעו מה אמר. Auch Semachot VIII. ohne den Schluß und Babli Synhedr. 11 a mit dem Einschiebsel וחברוהי לקטלא.

andern Seite לחרות ירושלם. Es mag mit Wissen des Kaisers oder des damaligen Landpflegers geschehen sein. Wenn nun Schemajas Bruder den hebräischen Namen שמעון geführt hätte, so wäre das Rätsel der Simonmünzen befriedigend gelöst, und zugleich das Auffällige beseitigt, daß zwei Prägherren auf gleichzeitigen Münzen genannt sind. Zwei Brüder, Julianus-Pappos oder Schemaja-Simon, die einträchtig für die Restauration gearbeitet haben, waren ohne Eifersucht gegeneinander. Sie werden in den Quellen immer zusammen, wie ein Zwillingspaar, genannt.

Was diese Annahme noch bestätigt, sind die Typen, die auf den Simon- und auch auf den Schema-münzen vorkommen, zunächst zwei Trompeten (auf den Münzen mit Simon bei Madden, Kap. X, Nr. 16—17 und mit שמע Nr. 35, 36). Dieses Emblem bedeutet doch gewiß Priesterschaft: denn nur Priester pflegten beim Gottesdienst Trompeten zu blasen (nicht Leviten). Da nun Julianus auch den Namen Alexander führte (o. S. 840 [dort ist ein solcher Nachweis nicht geführt], so erinnert er an den Arabarchen Alexander, der in die julianische Kaiserfamilie aufgenommen ward und eigentlich Julius Alexander Lysimachos genannt wurde (o. S. 644). Die Arabarchen waren Nachkommen des Onias IV., welcher unter Philometor einen hohen Rang einnahm (o. S. 647) [und die Bemerkungen dazu]. Folglich war wohl Julianus כהן und selbstverständlich auch sein Bruder. Ein anderes Symbol für den Priesterstand war ein Krügchen, das auf ein Salbölkrügchen weist (o. S. 835 N.). Dieses Symbol kommt auf den Simonexemplaren (das. Nr. 1, 2, 3, 4, 5) und auf den Münzen mit dem Namen שמע (Nr. 32—33) vor. Vergl. die Figur auf S. 840.

Also die zwei Brüder, welche im Beginn der Hadrianischen Regierung entschieden und unzweifelhaft die Führerschaft hatten, können die Prägherren dieser Münzgattung gewesen sein. Sie waren in dieser Zeit die Koryphäen. Daß sie römische Münzen mit Kaiserköpfen und Legenden überprägt haben, ist nicht auffallend. Die meisten dieser überprägten Exemplare waren Trajansmünzen.

Diese Münzprägung dauerte nur zwei Jahre, soviel bis jetzt bekannt ist. Die des zweiten Jahres haben das Datum ש"ב mit der veränderten Legende לחרות ישראל statt לחרות ירושלם. Vielleicht kommt man einmal auf das Motiv dieser Änderung. Auf keinen Fall darf diese Gattung Bar-Kochebamünzen genannt werden. Es liegt keine Spur von Beweis dafür vor. Der Stern auf einigen Lulabexemplaren ist keineswegs ein Leitstern. Denn auf andern Exemplaren kommt statt dessen eine Figur in Kreuzform vor (o. S. 831). Kaum darf man sie Revolutions- oder Aufstandsmünzen nennen. Denn sie mögen in einer friedlichen Zeit infolge der von Hadrian bewilligten Konzession geprägt worden sein. Es gab allerdings Bar-Kochebamünzen oder richtiger Bar-Kosibamünzen, die noch im zweiten Jahrh. bekannt waren; aber wir kennen bis jetzt kein Spezimen von denselben [Vgl. zu allen diesen Auseinandersetzungen die besonnenen Erwägungen Schürers I³, S. 766 ff].

(Ende der 2. Hälfte des III. Bandes.)

Register.

Die zweite Hälfte des III. Bandes beginnt mit Seite 371.

A.

Abia, Araberkönig 405.
Ab-Bet-Din 138.
Abila des Lysanias 320.
Abilene 343, 438.
Abinerglos 404.
Absalom, Sohn Hyrkans I. 116.
Absonderung von Heiden 472.
Abtalion (Pollion) 169, 191, 194, 196, 209.
Achiab 216, 243.
Actiaden (Feier in Jerusalem) 218.
Achtzehn Dinge verboten 472.
Ackerbau 110.
Adiabene 403 f., 448, 454, 465 f.
Adida 19, 21, 519.
Adler, römischer im Tempel 226, 235.
Adora 21, 72.
Adramyttium 165
Ägypten, Juden s. Judäer in Ägypten.
Agada 235.
Agape 413.
Agathobulus 403
Agrippa I., judäischer König 318, 319, 320, 342, 357, 359, 441.
Agrippa II., 361, 427, 437, 441, 446 455 f., 481, 482 f., 494, 552, 554 f.
Agrippa, (Minister des Augustus) 227, 228.
Agrippias s. Anthedon.
Agrippina, Kaiserin 437.
Ahroniden s. Priester.
Ain 250.
Akkaron s. Ekron.
Akko s. Ptolemaïs.
Akra 2, 4, 8, 16, 17, 54, 55, 56, 60 120, 152, 205, 218 f., 505, 536.
Akra, Unterstadt von Jerusalem, s. Unterstadt.
Akrabatene 436, 508, 509, 519.
Akrabattine 508.
Akropolis s. Akra.
Alabarch s. Arabarch.
Albinus, Landpfleger 443, 446.
Alexander der Große 24.
Alexander I. Jonathan, Jannai 113, 121, 129 f., 132 f., 548.
Alexander II., König 166, 171, 173.
Alexander Balas 13, 14, 15, 16, 17.

Alexander, Herodes' Sohn 230 f., 253.
Alexander Lysimachos, Arabarch 318, 330, 333, 336, 344, 353 f.
Alexander Polyhistor 326.
Alexander von Kyrene 554.
Alexander, Zelotenführer 431.
Alexander, Theodoros' Sohn, Gesandter 182, 186.
Alexander Tiberius Julius s. Alexander Lysimachos.
Alexander Zebina 68.
Alexandra, Königin s. Salome Alex.
Alexandra, Hyrkans II. Tochter 153, 186, 199, 200 f, 216.
Alexandra, Aristobuls II. Tochter 173.
Alexandra Salome s. Salome Alex.
Alexandrien, Juden in 25, 26, 29, 37, 39, 48, 170, 176, 214, 334 f., 338 f, 344 f., 353 f., 465, 553 f.
Alexandriner, heidnische 322, 329 f., 338 f, 465 f., 546.
Alexandrion 133, 147, 159, 166, 170, 438.
Alexas 244, 247.
Alityras, judäischer Schauspieler 483.
Alkimos 2, 4, 10 f., 27, 30.
Allegorie bei der Schriftauslegung 386 f.
Altertümer, Josephus' 557.
Amathus 125, 128.
Ambivius Marcus, Prokurator 265.
Amenophis 36.
Ammaus s. Emmaus.
Ammaus unweit Jerusalem 544.
Ampius, Titus 174.
Amram, Zelot 360.
Anan I. Hoherpriester 260.
Anan II. Ben Anan, Hoherpriester 445, 474, 488, 512, 513.
Anan Ben Jonathan 468.
Ananel, Hoherpriester 197, 199, 222.
Anania, Hoherpriester 429, 437.
Anania in Mesene 404.
Anania Ben Nebedaï, Hoherpr. 362.
Anania Ben Zadduk 46, 49.
Anania, Onias IV. Sohn 75, 77, 124.
Andran 331.
Andreas 40.
Andromachos 221.
Andronikos 44.
Anilaï 371.

Anona 254.
Anthedon 125, 167, 219.
Anthemion 20 f.
Antigonos, Sohn Hyrkans I. 75, 116, 118 f.
Antigonos II. Matthatia 163, 173, 175, 185, 187, 192, 193, 194 f., 202.
Antiochien 17, 370, 412, 418, 463, 546.
Antiochien, Judäer in 464.
Antiochos, Sohn Alexander Balas' 18.
Antiochos VI., Sidetes 56, 59, 60, 66, 67.
Antiochos VIII., Grypos 69, 74, 122.
Antiochos IX., Kyzikenos 69, 74, 122.
Antiochos XII., 130.
Antiochos von Commagene 342, 353, 358.
Antiochos aus Antiochien, Apostat 464, 546.
Antiochos Asiaticus 147.
Antiochos Eupator 2, 13.
Antiochos Eukaeros 129.
Antiochos Eusebes 131 f.
Antipas, Herodes 234 f., 246, 268, 279, 318, 320 f.
Antipas, Herodianer 428, 510.
Antipater, Herodes' Vater 154 f., 157, 166, 171, 174, 175 f, 178.
Antipater, Herodes' Sohn 194, 231, 233 f., 243.
Antipater, Jasons Sohn 57.
Antipatris 130, 219, 466, 469.
Antonia, die jüngere 314, 319.
Antonia, Burg s. Akra.
Antonius, Triumvir 186, 190, 192, 196, 204, 213.
Antonius Lucius 174.
Apamea 143, 165.
Apelles 339.
Aphta 513.
Aphus s. Jonathan Aphus.
Apion 328, 332, 338, 400, 558.
Apollonius Daos 16.
Apollos 423.
Apostel 296, 409.
Arabarch 34, 177, 214, 344.
Arbela 190.
Archelaus, Herodes' Sohn 246, 252, 253.
Archelaus, Julius 353, 428.
Archelaïs 252.
Archonten in Kyrenaika 229.
Aretas Philhellen, Nabatäerkönig 131 f., 154 f., 157, 166, 251, 315.
Aretas Philodemos 371.
Arethusa 163.
Argarizim s. Garizim.

Arimatthia s. Ramathaim.
Aristeasbrief 40, 379 f.
Aristobul I. Fürst Juda 75, 117,
Aristobul II. 134, 147, 152, 153, 163, 170, 172 f.
Aristobul III. Hoherpriester 198 f.
Aristobul, Agrippa I. Bruder 315, 341, 358, 361, 440.
Aristobul, Herodes' Sohn 230 f.
Armenien, Juden in 373.
Armenpflege 109, 350.
Artaban 372, 405.
Artapan 354.
Asamon, Berg 467.
Asiaten 370.
Asinaï 371 f.
Askalon 16, 220, 507.
Askese 93, 242.
Asochis 123.
Asophon 123.
Asor 18.
Asphar 8.
Assidäer 2, 67, 82.
Assidäische Rolle 98.
Athen, Juden in 373.
Athen, Denkmal für Verenice 551 f.
Athronges 250, 253.
Atlas s. Enoch.
Attalus, König von Pergamus 13.
Auferstehung 84, 87 f., 95, 273, 294, 416.
Augustus Oktavian 186, 205, 213, 214, 222, 227, 243 f., 246, 251 f.
Augustäer 359.
Auranitis s. Hauran.
Auswanderung, Maßregel gegen 260.
Aziz von Emesa 428.
Azotus 16, 163, 167, 246 507 f.

B.

Baba Ben Buta 196, 257.
Babylonien, Juden in 371.
Babylonier, judäische 197 f., 210, 481.
Bagoas 232.
Bakchides 2, 7 f., 10 f., 13.
Banus 483.
Bar-Giora s. Simon bar Giora.
Baris s. Akra.
Barnabas 408, 418, 424.
Barzaphernes 187.
Baskama 22.
Basan s. Batanäa.
Bassus, Statthalter in Agypten 332.
Bassus, Landpfleger in Judäa 548.
Batanäa 220, 268, 481.
Bathyra 198, 481.

Bauten des Herodes 220.
Beamte s. Tempelbeamte, levitische.
Bekehrungseiser 97, 408 f., 410, 419.
Beliar 204.
Ben-Kalba Sabua 528.
Ben-Zizith 528.
Bene-Amri 8.
Bene-Baba 194, 196, 217.
Bene-Bathyra 198.
Berenice, Agrippa I. Mutter 319.
Berenice, Königin, Agrippa I. Tochter 344, 352, 427, 452, 457, 460, 495, 521 f., 533, 539, 546, 552 f., 554.
Berenice, Salomes Tochter 230, 318.
Bergfeuerzeichen 438.
Beschwörungen 95, 212, 295.
Besessenheit 95, 295.
Besimoth 518.
Beth-Agla 11.
Bethanien 300, 432, 505.
Bet-Beltin 438.
Beth-Chonjo, s. Oniastempel.
Bethel 8, 519.
Beth-Gubrin 519.
Bet-Haram, s. Livias.
Bethome 129.
Beth-Horon 8.
Bethlehem 508.
Bet-Maon 477, 486.
Beth-Nimrin 518.
Bethphage 505.
Beth-Ramtha, s. Livias.
Beth-Saida, s. Julias.
Betsan 20, 76, 163, 167, 464.
Bet-Schean, s. Betsan.
Betzur 8, 14, 19, 54, 55.
Bezeta 357, 467, 506.
Birah, s. Akra.
Boethos, Stammvater von Hohenpriestern 222.
Boethos, Stifter der Boethusäer 88, 222.
Boethusäer 88, 222.
Bräuche, religiöse 85.
Brutus 185.
Buch der Weisheit 335, 382 f.
Burrus 442.
Byblos 220.

C.

Cäcina 551.
Cäsar, Julius 171, 174 f., 177, 181.
Cäsar Sextus 179, 180.
Cäsarea am Meere 219, 351, 441, 442, 448, 463.
Cäsarea Philippi 268.
Cäsarenser 359.
Cajus Cäsar 265.
Caligula, Cajus 317, 319, 322, 329, 338 f., 418.
Capellus, s. Kapellus.
Capito 340.
Carabas 330.
Carus 232.
Cassius Longinus 172, 181, 183, 185.
Catullus, Statthalter von Kyrene 554.
Census 254 f, 258.
Cerealis 499, 522, 539.
Cestius, s. Gallus Cestius.
Chabulon 465.
Chäremon 325.
Chagira Ben Nabatai 534 f.
Chanuka, s. Tempelweihe.
Chaphenata 19.
Charakene, s. Mesene.
Charax-Spasinu 404.
Chaßidäer, s. Aßidäer.
Chelkias, s. Helkias.
Chiliasmus 309.
Chorazin 290, 296, 477.
Chorführer, levitischer 107.
Chrestus (Apostel) 371, 423.
Claudius, Kaiser 343, 345, 360, 361, 362, 371, 429, 434, 437, 440, 456.
Christentum 272 f., 297 f., 408, 419 f.
Cicero 164, 325.
Colonia, s. Ammaus unweit Jerusalem.
Confiscation 197.
Coponius 254, 264.
Cornelius, Gesandter 361.
Crassus 171 f.
Cumanus 435, 437 f.

D.

Dabaritta 487.
Dagon, s. Dok.
Dämonenbeschwörung 281, 312.
Dämonenglaube 95, 312.
Damaskus 18, 220, 371, 403, 412, 414, 416, 472 f.
Daniel, Auslegung des Buches 264.
Daniel, Buch 263.
Darius 459.
Davidische Nachkommen 103 f., 206.
Davids Sohn 275.
Decumani 495.
Dekapolis 163, 463.
Delos, Judäer in 174.
Dellius 199.
Delta, Stadtteil in Alexandrien 331.
Demetrios I. 2, 7 f., 9, 10, 12 f., 14.
Demetrios II. Nikator 16, 17, 18, 27, 51, 52, 56, 68.

Demetrios, Arabarch 428.
Demetrios, Chronograph 354.
Demetrios Phalereus 40.
Dialekt, galiläischer 281.
Differenzen zwischen Pharisäern und Sadducäern 89.
Diodor, Jasons Sohn, Gesandter 69.
Diodotos Tryphon 18, 19 f.
Diogenes, Sadducäer 127, 129, 146.
Dion 132, 163.
Dok 62.
Dolabella, Publius 182, 184.
Dolesos 518.
Domitian 557.
Dora 60, 163, 167, 350.
Dorotheos, Gesandter 361.
Doris 194.
Dositheos 28.
Dositheos, Sohn des Kleopatridos, Redner aus Alexandrien 174.
Dostai, s. Theodosius.
Drusilla, Agrippas Tochter 353, 428, 439.
Drusus, Tiberius' Sohn 318.

E.

Ebioniten, s. Judenchristen.
Ehelosigkeit 92, 96, 285, 287.
Ehepakten 138.
Ehescheidung 138, 257, 261.
Eid der Treue 222, 232.
Eidesscheue 93, 222, 285.
Einweihung des Herodianischen Tempels 226.
Einweihung der Mauern Jerusalems 358.
Ekron 16.
Eleasar, Hasmonäer, Hoherpriester 40.
Eleasar Ben-Anan, Hoherpriester 267.
Eleasar Ben-Anania 454 f., 458, 460, 473, 474 f.
Eleasar Ben-Dinaï 361, 431, 436, 440.
Eleasar Ben-Jaïr, Zelot 432, 461, 509, 550.
Eleasar Ben-Pachura (Poïra) 111, 114.
Eleasar Ben-Simon 470, 474, 510, 527.
Eleasar, Hoherpriester, Sohn Simons Boethos 252.
Eleasar, Priester 172.
Eleasar von Machärus 550.
Eleasar, angeblich Hoherpriester 40.
Eleasar, Galiläer 405.
Eleasar Ben-Samea 497 f.
Elia, Prophet 59, 272.
Elionai, Hoherpriester 348, 361.
Elymäer 370.
Emmaus 8, 168, 182, 251, 477, 508, 519.

Engadi 92, 508.
Engellehre 93 f., 396.
Enodias 331.
Epaphrodites 557.
Ephesus, Judäer in 173, 185, 227.
Ephraim, Gebirge 8, 519.
Ephraim, Bezirk 7.
Epitrates 75.
Epiphanes von Commagene 353, 428.
Erdbeben 203.
Erlaßjahr, s. Sabbatjahr.
Erschwerungen, religiöse 3, 257, 472.
Erstlingsfest 345.
Eselskultus 161, 325, 326, 329.
Essäer 82, 90 f., 242, 276, 313, 408.
Essäertum 90 f., 278, 286, 296, 311.
Essener, s. Essäer.
Esther, Buch, griechisch 355.
Ethnarch Hyrkan, s. Hyrkan, Ethnarch.
Ethnarch in Alexandrien 29 f.
Ethnarch in Damaskus 37, 417.
Euergetes II. Physkon 28, 47.
Eukäros, s. Antiochos Eukäros.
Eupolemos, Samaritaner 46.
Eupolemos, Judäer 354.
Evangelium 417 f.
Exorcismus, s. Teufelsbannung.
Ezechiel, prophetisches Buch 474.
Ezekia, Freischarenführer 178.
Ezekielos, Dramatiker 327, 355, 381.

F.

Fabeln über Judentum 162, 322, 327, 329.
Fadus Cuspius 360, 362.
Familiennadel 100.
Fastenrolle 473.
Felix, Landpfleger 428, 435, 439.
Fest des Wasserschöpfens 127, 139.
Feststrauß 113.
Festtagsbestimmung, s. Kalenderberechnung.
Festus, Landpfleger 442.
Fiscus judaicus, s. Judensteuer.
Flaccus, Statthalter in Ägypten 329 f.
Flaccus Norbanus, röm. Statthalter Kleinasiens 165.
Flavius Josephus, s. Josephus Flavius.
Florus, Landpfleger 446 f., 451 f., 453 f., 456, 458, 462.
Freischaren 431, 463, 464, 467, 477, 480, 486.
Fronto, Haternus 539, 543.
Fulvia 266.

G.

Gabalene 72.

Gabara 488, 496 f.
Gabata 148.
Gabiniopolis 168.
Gabinius, Aulus 160, 167, 171.
Gadara 125, 163, 215.
Galaditis 128, 315.
Galaistes 148.
Galba 523.
Galiläa 268, 321, 476, 501.
Galiläer 281 f., 405, 437, 478.
Galiläer s. Zeloten.
Gallus Cestius, Statthalter von Syrien 447, 467, 468 f., 493, 494 f.
Gamala 132, 478, 479, 482.
Gamaliel I. 348 f., 357, 439.
Garizim 43, 46, 71, 264, 498.
Gaulanitis 128, 482.
Gaza 18, 123, 163, 167.
Gebetordnung, synagogale 108.
Gebetordnung im Tempel 105 f., 108.
Gedenktage, s. Halbfeiertage.
Geenna 294.
Gefangene, jüdische, in Rom 164.
Geheimlehre 93.
Geißelstrafe 112.
Geisterbeschwörung 95.
Gemeinde, jüdische, in Rom 164.
Gemeindeverfassung 109.
Gemellus 221.
Genealogien 100, 103 f., 198.
Genarch 29.
Genesaret 476.
Gerasa 132.
Gerichtshof, der große, s. Synhedrion.
Gerichtstage 101.
Gerichtswesen 99 f.
Gerichtsbarkeit für Strafen 254.
Gesandtschaft nach Rom 57, 69, 74.
Geschichtschreibung 81 f., 555, 558.
Geschlechtsregister, s. Genealogien.
Gesetzgebung 101, 209.
Gesetzeslehre 391.
Gesetzeslehre, mündliche 85 f., 88, 101, 115, 169, 209, 400.
Gesetzesstürmerei, Paulus' 419.
Ginäa 436.
Gischala 476, 492, 501, 503.
Glaphyra 230, 253.
Golgatha 306.
Gophnita 182, 508.
Gorion Ben Nikomed 462.
Gottesnamen 93, 96, 395, 430.
Gotteslästerung 304.
Grabenstadt 76.
Grabmal Davids 67, 70
Grabmal der Helena 407.

Grapte, adiabenische Königstochter 506, 522, 527.
Gratus Valerius, Landpfleger 265, 267.
Gratus, Herodes' Hauptmann 250.
Groß-Jdumäa 520.
Gruphina 438.
Grypos, s. Antiochos Grypos.
Gütergemeinschaft 92, 311 f., 409.

H.

Hagiographen 263, 355.
Halbfeiertage 52, 54, 71, 76, 127, 137 f., 141 f., 244, 473.
Halbproselyten 172, 403.
Hallel-Psalmen 108.
Hamat 18.
Hasmonäer 5, 7, 11, 19, 58, 105, 115
Hauran 203, 220, 417, 438.
Hebräische Sprache 81.
Hebron 71, 52, 523.
Heidentum 373 f, 376 f., 382, 400, 402, 418.
Heiliger Geist 94, 276.
Heilige Gesandte 143.
Heilige Schrift, Abschluß 263, 473 f.
Heidenchristen 423.
Hekatäos v. Abdera, Pseudo- 355.
Helena v. Adiabene 363, 403 f., 406 414.
Helikon 339.
Helkia, Sohn Onias IV. 75, 77.
Helkias 341, 347, 353, 428, 443.
Hellenismus, judäischer 43, 353 f., 385 f.
Hellenistenpartei 2, 4, 7, 12, 14, 15, 19, 20, 27, 33, 54.
Hellenisten, christliche 410.
Hemerobaptisten 92.
Herodes I. der Große 178 f., 183, 185 f. 191, 196 f., 200 f., 212, 213, 236 f. 239, 243 f., 246 f., 264.
Herodes II., Agrippas I. Bruder 344, 353, 358, 361, 362.
Herodes, Herodes' I. Sohn 234, 246.
Herodes, Herodes' I. anderer Sohn 246.
Herodes Antipas, s. Antipas.
Herodes Ben-Miar 480.
Herodes Ben-Gamala 480.
Herodias 279, 315, 318, 320.
Herodium 219, 549.
Hexenprozeß 145 f.
Hierosyla 326.
Hillel 206, 255, 283.
Hilleliten, s. Schule Hillels.
Hillelsche Schule, s. Schule Hillels.
Himmelreich 95, 276.

Graetz, Geschichte der Juden III.   54

Hiob 261, 356.
Hippos 163, 215.
Hippikos, Thurm 507, 542.
Hölle, f. Geenna.
Hoher Rat, f. Synhedrion.
Hohenpriesterwürde 14, 51, 99, 103, 104 f., 234, 252. 267, 361 f., 445.
Hohenpriesterliche Familien 429, 510 f.
Hohes Lied, Buch 474.
Holzfest 141, 460.
Horonaim 155.
Hungersnot 7, 221, 406.
Hungersnot in Jerusalem 535, 537.
Hyksos 35.
Hyrkan (Ethnarch) 162, 177.
Hyrkan I. Johann (Jochanan) 61, 64 f., 68 f., 98, 111 f., 113 f., 154.
Hyrkan II 134, 151, 154, 162, 168, 175, 177, 180, 182, 184, 185, 186 f., 188, 198.
Hyrkania 202.
Hyrkanion 133, 147, 222.

J.

Idumäa 71, 265, 508.
Idumäa, Groß- 71 f., 170, 192, 196, 197, 220, 234, 509, 513 f., 515.
Injurienstrafe 115.
Interpretationsregeln 209.
Irene 48.
Isidoros (Blutfeder) 330, 339.
Ismael Phiabi, Hoherpriester 267, 441, 443, 537.
Israel, Bedeutung 384, 393.
Itabyrion, f. Tabor.
Italien, Juden in 266, 371.
Ituräa 78, 119, 220.
Izates 401, 406, 407.
Jahrbücher 82.
Jakim, f. Altymos.
Jakob, Zelotenführer 363.
Jakob Ben-Sosa, Idumäer 509.
Jakobus, Jesu Verwandter 286, 311 f., 411.
Jamnia 163, 246, 318, 340, 507.
Japha (Japhia) 498.
Jaser 508, 517.
Jason von Kyrene 356.
Jannai Alexander, f. Alexander I., König.
Jehuda Ben-Gedidim 114.
Jericho 8, 11, 62, 144, 168, 193, 200, 201, 215, 243, 252, 507.
Jerusalem 14, 19, 32, 53, 66 f., 79 f., 155, 160, 162, 175, 192 f, 194 f., 345, 357, 370, 410, 424, 447, 449, 503, 526, 530, 535, 541.

Jerusalem, Bevölkerung und Umfang 527.
Jesus aus Nazaret 280 f., 306, 307 f., 312.
Jesu Geschwister 280.
Jesusjünger 310 f.
Jhwh, f. Gottesnamen.
Joasar Ben Nomikos 491.
Joasar, Hoherpriester 236, 247, 252.
Jochanan, Makkabäer 5, 8.
Jochanan b. Nedebai, f. Ananias Nebedai.
Jochanan, Sohn der Auraniterin 256.
Jochanan b. Sakkai 430 f., 433, 444.
Jochanan, Sohn Simons, Makkabäer 51, 60, 62, 63.
Johannes der Essäer 474, 507.
Johannes von Gischala 479 f., 487, 502, 512, 513, 516, 527, 542, 547, 548.
Johannes Hyrkanos, f. Jochanan, Sohn Simons.
Johannes Ben Sosa, Idumäer 509.
Johannes der Täufer 276, 284, 287.
Johannes, Apostel 412.
Johannesjünger 278.
Jojada, Priesterabteilung 14.
Jojarib, Priesterabteilung 14, 53, 104.
Jonathan Apphus (Makkabäer) 5, 7, 11, 13, 15, 18, 19, 20, 22.
Jonathan, Synhedrialdelegierter 491.
Jonathan, Sohn Anans, Hoherpriester 314, 348, 437, 439.
Jonathan, Sohn Useels 256.
Jonathan, Zelot 554.
Jonathan, der Sadducäer 113.
Joppe 16, 19, 55, 60, 67, 69, 74, 163, 175, 466, 500.
Jordan-Taufe 278.
José, Sohn Jochanans 3.
José, Sohn Joesers 3.
Joseph von Arimathias 300.
Joseph, Jesu Vater 280.
Joseph, Herodes' Bruder 188, 190 f., 193.
Joseph, Herodes' Schwager 201 f.
Joseph, Sohn Ellems, Hoherpriester 234.
Joseph von Gamala 482, 501 f.
Josephus Flavius 307, 474, 483, 489, 491 f., 496, 499 f., 509 f., 531, 535, 544, 550, 553, 554, 555, 557 f.
Joseph Ben-Gorion 474, 516.
Joseph, Sohn Mennaios 186.
Joseph Kamit, Hoherpriester, f. Kaiphas.
Joseph B. Matthia, f. Josephus Flavius.
Joseph Ben Simon 474.
Josua Ben Anan 530.

Josua Ben Damnai, Hoherpriester 444.
Josua Ben Gamala, Hoherpriester 444, 484, 513, 514.
Josua Ben Perachja 73, 86, 111 f.
Josua Phiabi, Hoherpriester 222.
Josua Ben Sapphia 474, 486, 487.
Josua Ben Saphat 500
Josua Sié, Hoherpriester 252.
Jotapata 478, 496 f.
Jozadak, Hohepriesterfamilie 58.
Juba 253.
Juda, Makkabäer 1, 2, 4, 5, 8, 14, 22.
Juda Aristobul 35, 73.
Juda Aristobul, Fürst, s. Aristobul I.
Juda Ben Chalpai 18.
Juda der Galiläer, s. Juda, Zelotenstifter.
Juda Ben Jair, Zelot 550.
Juda Ben Jonathan 462.
Juda, Sohn Pachura, Poïra 111.
Juda, Sohn Simons, Makkabäer 51, 60.
Juda, Zelotenstifter 250, 251, 255, 297, 362.
Judaea devicta (Münzen) 549.
Judäer in Ägypten 24, 29, 36 f., 47 f., 53, 73, 215, 322.
Judäer in Alexandrien, s. Alexandrien.
Judäer in Antiochien, s. Antiochien.
Judäer in Babylonien oder Parthien 68, 143, 197, 198, 260, 448.
Judäer in Damaskus, s. Damaskus.
Judäer in Ephesus, s. Ephesus.
Judäer in Italien, s. Italien.
Judäer in Kleinasien 143, 165, 173 f., 177, 182, 184 f., 227 f., 261, 349, 373.
Judäer in Rom 164, 178 f., 214 f., 266 f., 371.
Judäer in Sardes, s. Sardes.
Judas Ischariot 303.
Judenchristen 311, 423, 425.
Judentum 3, 4, 23, 55, 162, 271, 345, 373, 376, 391, 393, 399, 418, 420.
Judensteuer 551.
Julias, Stadt 269, 296, 440, 478.
Julius Archelaus 428.
Julius Capellus 480, 486.
Justus von Tiberias 480, 492, 495, 555, 556, 557.

K.

Kaiaphas, s. Kaiphas.
Kaiserbilder 269 f, 315, 333.
Kalenderberechnung für die Festtage 100.
Kaiphas, Joseph, Hoherpriester 267, 304, 314.
Kallimandros 75.
Kampfspiele 545.
Kandake 408.
Kanon der heil. Schrift, s. Heil. Schrift.
Kanzelberedsamkeit, s. Predigt.
Kapellus, Julius, s. Julius Kapellus.
Kapernaum 290, 477.
Kapharsaba, s. Antipatris.
Katholiken 105.
Kendebaios 60 f.
Kenedaï, Abiabener 466.
Kephar-Chanina 477.
Kephar-Zemach, s. Samega.
Kephas, s. Petrus.
Ketuba, s. Ehepakten.
Kindermord 244.
Kleitos 492.
Kleopatra, Jerusalemerin 246.
Kleopatra, Ptolemäus VI. und VII. Gemahlin 48.
Kleopatra, Tochter Ptolemäus VI. 75, 125, 184, 191, 200, 202, 204, 213.
Kleopatra, Syrerin, Frau des Demetrius Nikator und Antiochos' Sidetes 69.
Königsgräber bei Jerusalem, s. Mausoleum.
Kohelet, Buch 236 f., 263, 474.
Kompse Ben-Kompse 480.
Kopfsteuer 9, 259.
Korban, s. Tempelschatz.
Korbfest 346.
Korinth, Judäer in 373.
Kotys von Armenien 358.
Koreai 159.
Kostobar 196, 217.
Kostobar, Herodianer 428.
Kotylas, Zeno 66.
Kreuzestod 306, 535.
Kriegsdienst, Befreiung der Judäer vom 174, 176, 182.
Kriegsepoche des Varus 248.
Kronengelder 9.
Ktesiphon 372.
Kypros, Agrippas I. Frau 318.
Kypros, Antipaters I. Frau 178, 219.
Kypros, Stadt 219.
Kyrenäer 370.
Kyrene 24, 28, 229, 270, 554.
Kyzikenos, s. Antiochos Kyzikenos.

L.

Lagos 3.
Lampo 330.
Landpfleger, s. Prokuratoren.
Landvolk 108, 110 f., 288.
Laodicea in Kleinasien 165, 177.

Lathuros, s. Ptolemäus Lath.
Lebensüberdruß 240 f.
Lentulus, Konsul 173 f.
Leontopolis 31.
Leuchter, siebenarmiger, Symbol 371.
Levitenklassen 444.
Levitische Reinheitsgesetze 89, 90, 262.
Levitenchöre 106.
Libertini 164, 370.
Literatur, judäisch-hellenistische, s. Hellenismus, jüd.
Livia, Kaiserin 265 f., 268.
Livias, Stadt 154, 268.
Logoslehre Philos 369 f.
Longinus Cassius 361.
Lydda 175, 182, 466.
Lysanias, Ptolemäus Sohn 187, 202.
Lysimachos, Pausanias' Sohn, Gesandter 186.
Lysimachos, Schriftsteller 325, 400.

M.

Machäros 193.
Machärus, Festung (Machwar) 133, 142, 171, 438, 466, 545, 549, 550.
Majestätsbeleidigung 115.
Magdala, s. Tarichea.
Magdalena, s. Maria Magdalena.
Makkabäer, s. Hasmonäer.
Makkabäerbuch I. 473.
Makkabäerbuch II. 356.
Makkabäerbuch III. 334, 356.
Makkabäerbuch IV. 423.
Malchos, Nabatäerkönig 495.
Malich 167, 181, 183, 203.
Malthake, Samaritanerin 246, 264.
Manasse 474.
Manetho 35.
Marcus, Arabarchensohn 344, 352 f.
Marescha, s. Marissa.
Maria, Jesu Mutter 290.
Maria Magdalena 290.
Mariamne I. 186, 194, 199, 201 f., 205 f., 214. 230.
Mariamne II. 222, 224.
Mariamne, Agrippas Tochter 353, 428.
Mariamne, Thurm 507.
Marion, Tyrann von Tyrus 185.
Marissa 71, 74.
Marissener 74.
Marsus Vibius 358.
Martha, Frau des Josua b. Gamala 445.
Masada 188, 192, 203, 461, 509, 549.
Maschiach, s. Messias.
Matthatia, s. Antigonos, König.

Matthatia b. Absalom 14, 18, 21.
Matthatia b. Simon Psellos 22.
Matthatia, Sohn Simon Makkabäus 51.
Matthai aus Arbela 86, 111.
Matthia Ben Anan, Hoherpriester 348.
Matthia Ben Margalot 235.
Matthia Ben Theophil I., Hoherpriester 234, 235.
Matthia Ben Theophil II. 445, 511, 522, 536.
Mausoleum in Modin 80.
Mausoleum der Königin Helena 407.
Megaba 8, 71, 154.
Megassar 534.
Megillat Taanit, s. Fastenrolle.
Menahem der Essäer 212.
Menahem, Sikarier-Anführer 432, 461.
Menelaos 2, 4, 11, 27, 33, 34.
Mesene 404.
Messianismus 204, 272, 377, 394.
Messias 59, 270 f., 362.
Messiaszeit 415.
Metilius, Tribun 453, 462.
Methusalem 46.
Michmas 13.
Milet 177.
Mirjam, s. Maria.
Mirjam aus Peräa 538.
Mithridates I. 6.
Moabitis 128.
Modin 22, 80.
Molo, Apollonius 164, 324.
Monobaz 466.
Monobaz I. 403.
Monobaz II. 407, 449.
Morgentäufer, s. Essäer.
Moyses 35.
Moza-ha bei Jerusalem, s. Ammaus.
Münzen, Sieges- über Judäa 549.
Münzen, judäische 59, 77, 118, 132, 136, 167, 188, 462, 470, 471, 505, 507.
Mucianus Licinius 495, 525.
Musikinstrumente im Tempel 107.
Musterrolle des Pentateuchs 37, 108, 144.

N.

Naara 252.
Naarda, s. Nahardäa.
Nabatäa 16.
Nabatäer 8, 71.
Nahardäa 143, 198, 371.
Namenänderungen 399.
Narbata 451, 466.
Nasiräer 3. 90.

Naßi 99, 136.
Nationalopfer 89.
Nazaräer 311, 416.
Nazaret 280, 289.
Nazarener, s. Nazaräer.
Neapolitanus 456.
Nero 434, 440, 442, 448, 449, 450, 456, 465, 494.
Neronias 448.
Nethinim, s. Tempelsklaven.
Netira aus Ruma 497.
Netopha 8.
Neuhebräisch 81.
Niger von Peräa 466, 507, 516.
Nikanor, Arabarch 214, 225.
Nikanor, Tribun 499.
Nikanorthor 225.
Nikodemos Ben Gorion 528.
Nikolaos von Damaskus 198, 221, 229, 233, 327 f.
Nikopolis 220.
Nisibis 143, 372.
Nithai aus Arbela, s. Matthai.
Noachiden 350.
Noachidische Gesetze 350.
Numenios, Sohn des Antiochos 57.

O.

Oberstadt von Jerusalem (Zion) 505 f., 542.
Oboda, Nabatäerkönig 128.
Odura 4, 12.
Offenbarung 399.
Olympische Spiele 220.
Onias, s. Menelaos.
Onias III. 25, 27, 32.
Onias IV. 27, 29, 31, 34, 36, 75.
Oniastempel 31, 33, 34, 75, 174.
Onion, s. Oniastempel.
Ophla 506, 527, 541.
Opfer für den Kaiser im Tempel 215, 459.
Orden, essäischer 90 f., 97.
Ornat, hohenpriesterlicher 314.
Orpheus, Pseudo- 374.
Otho, Kaiser 524, 525.
Osarsiph 35.

P.

Pachura, Söhne, 111, 114.
Pallas 435.
Palmyra 404.
Pakorus 185.
Paneas 246.
Pappos 193.
Parium 177.

Paruschim, s. Pharisäer.
Passahfest 210.
Passah der Erdrückung 449.
Paulus, Apostel 408, 410, 413, 415 f., 417 f., 419 f., 421 f.
Pella 132, 163.
Pentateuch, s. Musterrolle, Thora.
Peräa 208, 321, 508, 517 f.
Pergamum 165.
Petronius 340 f.
Petrus 290, 297, 312, 411, 423 f.
Pforten des Tempels 225 f.
Phallion 157.
Pharaion 8.
Pharan 521.
Pharisäer 83 f., 96 f., 114, 126 f., 128, 129 f., 133 f., 137 f., 153, 222, 232, 234, 341, 409.
Pharos 37.
Phasael, Herodes' Bruder 178, 186, 187, 219.
Phasael, Herodes' Sohn 246.
Phasael, Turm 219, 507.
Phasaelis 219, 246.
Phasiron, Söhne 4, 12.
Pheroras, Herodes' Bruder 230 f., 232, 233.
Phiabi, Hohenpriesterliche Familie 222, 267, 429.
Philadelphia 163, 360.
Philipp, Herodes' Sohn 246, 268.
Philipp, Bathyrener 459, 461, 481.
Philipp aus Ruma 497.
Philippion 173.
Philo der ältere 46.
Philo 319, 336 f., 346, 354, 388, 397, 399, 400.
Phraates 198.
Phokylides, Pseudo- 377.
Phylacterien 112, 381.
Physkon, s. Ptolemäus VII.
Pilatus, Pontius 269, 305, 313 f.
Pineas (Pinehas) B. Klusoth 509.
Pineas (Pinehas) B. Samuel, Hoherpriester 511.
Piraton, s. Pharaton.
Pitholaos 167, 170, 172.
Placidus 494, 496, 502.
Polemon von Cilicien 358, 428.
Pollion, s. Abtalion.
Pompejus 156 f., 171, 174.
Poppäa, Kaiserin 443, 483.
Poesie, hebräische 81.
Posidonius aus Apamea 323.
Predigt 42, 235, 387, 421 f.
Priestertum, hohes 104.

Priesterkollegien 105.
Proscription 197.
Prokuratoren in Judäa 254, 362.
Prosbol 214.
Propheten, Bedeutung 398.
Propheten aus Ägypten 433, 440.
Proselyten 97, 258, 266, 402 f.
Proseuchen 26.
Psalmen 81, 107 f., 113, 140 f., 263, 346.
Pseudo-Messiasse 433, 440.
Pseudo-Orpheus und -Sophokles 374 f.
Pseudo-Phokylides 378.
Ptolemäus I. Lagi 246.
Ptolemäus II. Philadelphus 40, 379.
Ptolemäus VI. Philometor 15, 25, 27, 28, 31, 33, 34, 36, 44, 47.
Ptolemäus VII. oder Euergetes Physkon 47 f., 68.
Ptolemäus VIII. Lathuros (Lathyros) 75, 76, 123.
Ptolemäus b. Chabub 62, 63, 65.
Ptolemäus, Sohn Menaios 147, 173, 185.
Ptolemäus, Bruder Nikolaos' von Damascus 221, 246.
Ptolemais 15, 20, 124, 148.
Purimfest 170.

Q.

Quaderhalle des Tempels 101.
Quadratus, Umidius 437.
Quirinius 254, 259.

R.

Ragaba 133.
Ramathaim 17.
Raphia 167.
Rat der Alten, s. Synhedrion.
Räucherwerk am Versöhnungstage 89, 107.
Regeln, Auslegungs- 209 f.
Reinheit, levitische 85, 90, 257, 260.
Republikaner 158 f.
Rolle der Halbfeiertage, s. Fastenrolle.
Rufus, Herodes, Hauptmann 250.
Rufus, Annius, Prokurator 265.
Ruma 497.

S.

Sabbai 44.
Sabbat 16, 43, 177, 228, 292, 326, 329, 373, 390.
Sabbatjahr 65, 75, 211, 346.
Sabbatjahrtausend, s. Tausendjähriges Reich.
Sabinus 249.
Sadduk, s. Zaduk.

Sadducäer 84, 88, 99, 113, 126 f., 146, 153, 443.
Sagan 11.
Salome Alexandra, Königin 121, 125, 135, 147, 151 f.
Salome, Herodes' Schwester 201 f., 217, 230, 232, 244, 246.
Salomos Heilmittelschrift 95 f.
Salomo-Sklaven 104.
Salz vom toten Meere 9.
Samaria 71, 74, 163, 167, 215, 216, 218, 264.
Samaritaner 43, 45, 46, 70, 71, 436, 470, 498.
Sameas, s. Schemaja.
Samega 71.
Sampsigeramos von Emesa 358.
Sapientia, s. Buch der Weisheit.
Saramalla 192, 199.
Sardes, Judäer in 174, 177.
Sarona, Saron, Ebene 203, 551.
Sartaba, s. Alexandrien.
Saturninus 266.
Säulen-Schranken im Tempel 224.
Saulus, s. Paulus.
Scaurus 156, 166
Schaltjahre 100, 348, 438.
Schammai 212 f., 255.
Schammaiten, s. Schule Schammais.
Schatzmeister des Tempels 105, 144.
Schebna 206.
Schekel Israel 59.
Schemaja, Sameas 169, 180, 191, 194, 206.
Schriftausleger, s. Sopherim.
Schriften, heilige 262 f.
Schrifttum, jüdisches 42.
Schriftzeichen, althebräische 59 f.
Schulen, Einführung derselben 139, 445.
Schule Hillels und Schammais 212 f., 255, 256 f., 349, 473 f.
Schurztuch 92.
Scythopolis, s. Betsan.
Sebaste, s. Samaria.
Sebastos 219, 352.
Sejan 266, 269, 314, 320.
Selene Kleopatra 147.
Seleucia am Meromsee 132, 482.
Seleucia am Tigris 372.
Senat, s. Synhedrion.
Sendschreiben der Jerusalemer an die in Ägypten 53, 72 f., 137.
Sepphoris 190, 192, 251, 467, 476, 482, 492.
Septuaginta 37 f., 40 f., 44, 380.
Sextus Cäsar, s. Cäsar Sext.

Sibma 154.
Sybille, jüd. 204 f., 375 f.
Sicarier 432, 435, 440, 441, 447, 460, 509.
Sichem 45, 71.
Sidetes, s. Antioch. Sid.
Siegestage, s. Halbfeiertage.
Silas 347, 466, 507.
Silo 190, 192.
Simon Makkabäus (Tharsi) 11, 18, 20, 50, 56, 61, 62, 272.
Simon I. Hillels Sohn 255.
Simon Ben Boethos 222, 234, 236.
Simon aus Cypern, Pseudomessias 428, 433.
Simon, Dositheos' Sohn, Gesandter 69.
Simon Ben Ezrom, Zelot 510, 527.
Simon Bar-Giora 466, 474, 509, 520, 521, 528, 542, 547, 548.
Simon Ben Gamaliel I 433, 449, 471, 475, 479, 489 f., 515 f.
Simon Kantheras, s. Simon der Fromme.
Simon, Herodes' Sklave 250.
Simon II. der Fromme, Hoherpriester 340 f., 347, 449.
Simon von Gischala 489.
Simon Kamit, Hoherpriester 267.
Simon Ben Kathla, Idumäer, 509, 513.
Simon, ein Pharisäer 347.
Simon Ben Schetach 122, 125, 130, 136, 137, 138, 139, 144, 145, 146.
Simon, Zelotenführer 363.
Simon B. Saul 464.
Sirach der jüngere 355.
Sittenverfall 427.
Skopos bei Jerusalem 533.
Soem 205 f.
Sogane 132.
Sohem, König 495.
Sohn Davids 273.
Sohn Gottes 298, 304, 384, 418.
Soldtruppen 70, 122, 128.
Sopherim 3, 86 f.
Soreg 10.
Sophokles, Pseudo- 374.
Sosius 193.
Spaltung im Christentum 423.
Spionage unter Herodes 222.
Sprache, hebräische 80, neuhebräische 81.
Stammregister, s. Genealogien.
Stein der Funde 113.
Stephanos 410.
Steuern unter Herodes 223, 230, 247.
Steuerpächter 259, 288, 458.
Steuerverhältnisse 9, 52, 57, 162, 175, 254, 259, 345.

Strabo von Kappadocien 327.
Strafgesetze 86, 88, 102 f.
Strafprozeß 102.
Strafrichter 102.
Stratonsthurm 120, 163, s. Cäsarea.
Stufenpsalmen 140.
Sündenfall 420.
Synagogen 108.
Synagogen in Alexandrien 26 f., 330.
Synagogen in Jerusalem 370.
Synagogen in Kleinasien 228.
Synhedrin, s. Synhedrion.
Synhedrion 102. 117, 126, 168, 210, 348, 370, 471, 473, 514 f.
Synhedrion in Galiläa 485.
Syrien, Juden in 370.

T.

Tabor, Berg 438, 501, 502.
Tarichea 172, 290, 440, 477, 484, 487, 489, 492, 500, 501.
Tausendjähriges Reich 309.
Tempel in Jerusalem 10, 32, 85.
Tempel, herodianischer 223 f.
Tempel, judäisch-ägyptischer, s. Oniastempel.
Tempel, samaritanischer 71.
Tempelbeamte 104, 105, 107, 109, 446, 510.
Tempelgeräte nach Rom gebracht 549.
Tempelhauptmann 105.
Tempelherold 107.
Tempelkultus 106 f.
Tempelordnung 104, 106.
Tempelpforten 319.
Tempelpolizei 105.
Tempelpsalmen 103.
Tempelschatz 142, 270.
Tempelschatzmeister 105.
Tempelsklaven 104.
Tempelspenden 142 f., 165, 177, 214, 227 f., 551.
Tempelweihe 73, 108.
Tephillin, s. Phylakterien.
Tephtai 534.
Tetrarchen 187.
Teufelsbannung 95, 312 f.
Thamna, Thamnata 8, 182, 508.
Theodektes, s. Ezekielos.
Theodoros, Sohn des Zeno Kotylas 125, 132.
Theodas, Judäer in Rom 164.
Theodosios 44.
Theodotos 45.
Theopemptos 381.

Theophil, Hoherpriester 316.
Theophilos, jüd.-hellenischer Schriftsteller 355.
Thessalonien, Juden in 373.
Theudas, Pseudomessias 362.
Thierbilder verpönt 486.
Tholomai 360.
Thora 108, 380 f.
Tiberias 268, 282, 428, 440, 447, 480, 491, 500.
Tiberius, Kaiser 265, 314, 319.
Tiberius, Alexander, Landpfleger 333, 362, 436, 456, 465, 525, 531, 532, 539, 548.
Tiberius Julius Alexander 362.
Tigranes von Armenien 131, 147.
Tittius Markus, Statthalter von Kyrene 220.
Titus 495, 503, 531, 532, 541 f., 545, 547, 551 f., 554, 555.
Titusbogen in Rom 549.
Todesstrafe 102.
Trachonitis 220.
Tradition, s. Gesetzeslehre, mündliche.
Tralles 177.
Tribut 67.
Tripolis 220.
Triumph in Rom über Judäa 548.
Triumvirat 203 f.
Tryphon Diodotos 21, 56, 60.
Tryphon, Gesandter, 361.

U.

Übersetzung, griechische, der heiligen Schrift, s. Hiob, Buch.
Ulatha 221.
Umzäunungen um das Gesetz 257.
Unsterblichkeitsglaube 242 f., 397 f.
Untergang Jerusalems 539 f.
Unterstadt von Jerusalem 539 f.

V.

Varus, Unterfeldherr Agrippas II. 481.
Varus, Kriegsepoche des 248.
Varus Quintilius 233, 248 f., 251.
Ventidius 190.
Verbreitung der Judäer 369, 373.
Verheißung 417.
Vermächtnisse der Schriftkundigen 85 f.
Verordnungen, antisadducäische 139 f.
Verordnungen Cäsars für die Juden 176.
Verordnungen Gamaliels 349.
Verordnungen Hillels 211.
Verordnungen, die achtzehn Dinge betreffend 472.

Verordnungen Hyrkans 110.
Verordnungen, in betreff der Heiden 350.
Versammlung, große 85.
Versöhnungstag 89, 104.
Verunreinigung, levitische der heiligen Schrift 262.
Verzehrungssteuer 9.
Vespasianus, Flavius 494 f., 497, 499, 517, 545, 551, 553.
Vitellius, Kaiser 524, 526.
Vitellius, Statthalter von Syrien 514 f.
Volkszählung 449.
Vorlesung aus dem Gesetze 104, 108.
Vorlesung am Sabbatjahr 346.

W.

Wachen im Tempel 265.
Warnungssäulen im Tempel 224.
Wasserfest 139.
Wasserguß 127, 139.
Wechseltische in Jerusalem 301.
Weidenzweige für den Altar 89.
Weinopfer 107.
Weinkultur in Palästina 159.
Weinstock, goldner 157.
Weisheit, s. Buch der Weisheit.
Weissagung, angebliche 95.
Weltuntergang 419.
Westmauer des Tempels 537.
Willensfreiheit 84, 87.
Wochenfest 68, 89.
Wunderkuren 295, 312.

X.

Xystes 79.

Z.

Zabedäer 18.
Zacharia b. Amphikalos 459, 510.
Zacharia b. Baruch 515.
Zacharia b. Kabutal 445.
Zadok, Sadducäerstifter 87.
Zaddok, Stifter der Zelotenpartei 254, 258.
Zamaris 198, 220 f.
Zebina, Alexander 69.
Zehntengesetz 110 f.
Zeitrechnung 52.
Zeloten 250 f., 257 f., 453 f., 458 f., 467 f., 504 f., 540 f., 552 f.
Zelotenstifter, s. Juda.
Zeno Kotylos 66 f.
Zensus 254, 255.
Zöllner, s. Steuerpächter.
Zoilos 122 f.
Zoar 132, 155.
Zukünftige Zeit 276, 294.

Berichtigungen.

S. 89, Zeile 12 v. o. lies: und die Umkränzung des Altars mit Weidenzweigen (Hosianna).
„ 104, „ 5 „ „ „ Kanaaniter.
„ 121, „ 5 „ u. „ denn bei seinem Regierungsantritt war Alexander ..
„ 133, „ 3 „ o. „ Sartaba.
„ 264, „ 3 „ u. „ Nach Josephus, Altert. XII, Ende, hat man auch zu seiner Zeit apokalyptische Verse in Daniel auf die Römerherrschaft bezogen. Vgl. Hieronymus ....
„ 331, „ 15 „ o. „ Euodion.
„ 470, „ 14 „ „ „ Nur .. die judenchristliche Gemeinde .... Jerusalem verlassen haben und ..... ausgewandert sein soll.
„ 519, Zusatz zu Anm. 3 und 4. Nach der von Plinius erhaltenen Nachricht wäre in Jericho ein hartnäckiger Kampf um die dortigen Balsamgärten ausgebrochen, indem die Judäer sie zerstören wollten, um die kostbaren Stauden nicht den Römern zu überlassen, diese dagegen sich anstrengten, sie zu erhalten (Histor. natural XII, 54): Saeviere in eam (Balsami arbusculam) Judaei, sic ut in vitam quoque suam; contra defendere Romani, et dimicatum pro frutice est.
S. 571, Zeile 2 ff. v. o. Zusatz zu: Die noch immer nicht befriedigend erklärte Lokalität (בית זברי וברי) könnte vielleicht durch Emendierung erklärt werden. Panias und Ulatha in der Ebene am Abhang des Hermon wurde das „Haus Zenons" oder „Zenodoros" von den ehemaligen Besitzern genannt (o. S. 320 Note), οἶκος Ζηνῶνος hebr. בית זנרי, verschrieben בית זברי. Der Rest der Schriftgelehrten (Pharisäer), welche von Alexander bekämpft und besiegt worden, hätten sich zuerst nach Seleucia (סלוקים) am Merom-See gerettet und wären, da sie sich auch da nicht sicher fühlten, nordwärts geflüchtet nach Panias und Ulatha, dem Landstrich, welcher „Zenons Haus" genannt wurde.
„ 641, „ 6 „ u. lies: Die Judäer, welche die Zugänge zu Pelusium militärisch bewachten und sie im Interesse des Königs Ptolemäus Auletes gegen Gabinius verteidigten (v. J. 55), waren doch sicherlich die judäischen Krieger von Onion (Joseph. jüd. Kr. I 8, 7: καὶ τοῖς ταύτῃ Ἰουδαίοις φρουροῦντας τὰς κατὰ τὸ Πηλούσιον ἐμβολάς.
„ 758, „ 14 „ o. „ macht ihr ihn ...